AF331496

DICTIONNAIRE

DE

L'ARMÉE DE TERRE

OU RECHERCHES HISTORIQUES

SUR L'ART ET LES USAGES MILITAIRES

DES ANCIENS ET DES MODERNES,

PAR LE GÉNÉRAL BARON BARDIN,

AUTEUR DU MANUEL D'INFANTERIE,
DU MÉMORIAL DE L'OFFICIER D'INFANTERIE, MEMBRE DE L'ACADÉMIE DES SCIENCES DE TURIN,
COLLABORATEUR DU COMPLÉMENT DU DICTIONNAIRE DE L'ACADÉMIE FRANÇAISE,
DU DICTIONNAIRE DE LA CONVERSATION,
DE L'ENCYCLOPÉDIE DES GENS DU MONDE, ETC., ETC.

DÉDIÉ AU ROI,

Par le Colonel Mollière.

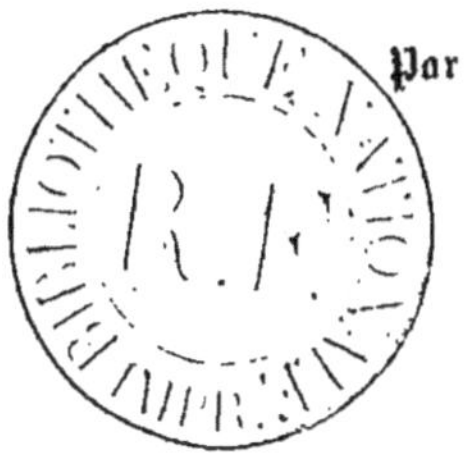

HUITIÈME PARTIE.

PARIS,

J. CORRÉARD, ÉDITEUR D'OUVRAGES MILITAIRES,
RUE DE TOURNON, 20.

1845.

FABBRIANO.

FABBRIANO; **FABERT**; **FABRE**; **FABRETTI**; **FABRI.** V. NOMS PROPRES.

FABRICANT, subs. masc. V. DRAP DE TROUPE. V. ÉCHANTILLON D'ÉTOFFES. V. FACTURE. V. MANUFACTURE D'ÉTOFFES. V. MARCHÉ D'HABILLEMENT. V. MASSE D'HABILLEMENT.

FABRICATION (subs. fém.) d'ARMES. V. ARMES. V. LÉGION ROMAINE N° 6.

FABRICATION de POUDRE. V. POUDRE. V. POUDRERIE.

FABRICATION d'ÉTOFFES. V. ÉTOFFE D'HABILLEMENT. V. INSPECTEUR DE MANU-

FACE A DROITE.

FACTURES. V. MANUFACTURES D'ÉTOFFES.

FABRICE; **FABRICIUS**; **FABRICY.** V. NOMS PROPRES.

FABRIQUE d'ARMES. V. ARMES. V. MANUFACTURES D'ARMES.

FABRIQUE de DRAPS. V. ADMINISTRATION D'ARMÉE. V. CHEF D'ÉTOFFE. V. DÉCATIR. V. DRAP DE TROUPE. V. MANUFACTURE D'ÉTOFFES. V. MARCHÉ D'HABILLEMENT. V. MINISTRE DE LA GUERRE N° 9.

FACE, subs. fém. V. ATTAQUE DE F... V. COUVRE-F... V. FAIRE F...

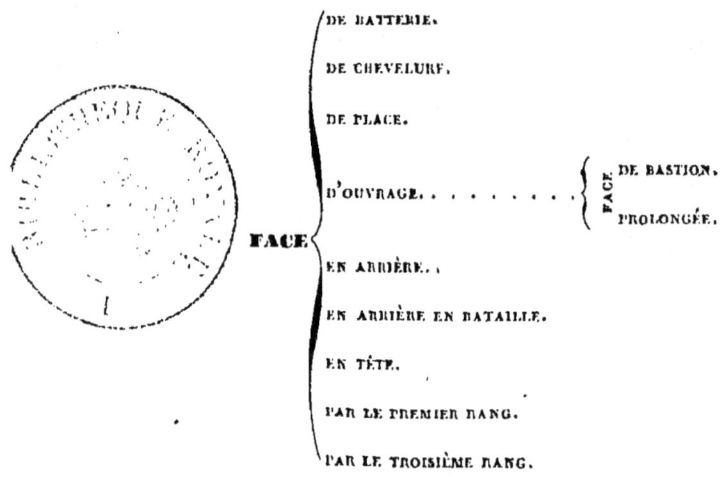

FACE, adv. subs. fém. et interj. (term. génér.). Mot tout LATIN dérivé de *facies*. — En TACTIQUE, on emploie souvent la locution FAIRE FACE, pour signifier se mettre sur une LIGNE perpendiculaire à un aspect donné. — L'expression Face se distingue comme il suit : FACE A DROITE, — A GAUCHE, — A LA VOIX, — A REDAN, — AU FLANC, — BRISÉE, — CONCAVE, — CONVEXE, — DE BATAILLON, — DE BATTERIE, — DE CARRÉ, — DE CHEVELURE, — DE CONTRE-GARDE, — DE DEMI-BASTION, — DE DEMI-LUNE, — DE DRAPERIE, — DE DROITE, — DE FORTIFICATION, — DE GAUCHE, — DE LAME DE BAIONNETTE, — DE LAME DE HACHE, — DE PLACE, — DE REDOUTE, — DE REMPART, — DE TENAILLE, — DE TENAILLON, — DE TROUPE, — D'OUVRAGE, — EN ARRIÈRE, — EN ARRIÈRE EN BATAILLE, — EN DEDANS, — EN DEHORS, — EN TÊTE, — PAR LE PREMIER RANG, — PAR LE TROISIÈME RANG, — PLANE, — PROLONGÉE.

FACE A DROITE. V. A DROITE. V. PAR BATAILLON EN MASSE. V. PAR BATAILLON, F... V. POUR DÉPLOYER F...

FACE A GAUCHE. V. A GAUCHE. V. PAR BATAILLON EN MASSE. V. PAR BATAILLON, F... V. POUR DÉPLOYER F...

FACE A LA VOIX. V. A LA VOIX. V. FACE EN TÊTE.

FACE A REDAN. V. A REDAN. V. FACE D'OUVRAGE.

FACE AU FLANC. V. FLANC. V. FLANC TACTIQUE. V. MILICE ROMAINE.

FACE BRISÉE. V. BRISÉ, adj. V. FACE D'OUVRAGE.

FACE CONCAVE. V. CONCAVE, adj. V. FACE D'OUVRAGE.

FACE (faces) de BASTION (G, 4), OU PAN DE BASTION. Sorte de FACE D'OUVRAGE construit à PANS. — Un bastion de PLACE DE GUERRE a deux faces, ordinairement plates et rectilignes ; l'une d'elles entre dans la composition de la partie que FURETIÈRE, LACHESNAIE (1758, I), etc., nomment FACE DE PLACE, et que d'autres appellent COTÉ DE POLYGONE, OU FRONT D'ATTAQUE DE PLACE. — Les Faces d'un BASTION forment, vers la campagne, un ANGLE SAILLANT qu'on nomme aussi ANGLE FLANQUÉ. — Il y a eu des Faces de bastion que protégeait un TENAILLON. — Les Faces s'unissent au FLANC par l'ANGLE D'ÉPAULE ; elles sont protégées par la LIGNE DE DÉFENSE RASANTE qui part de l'ANGLE FLANQUANT du BASTION collatéral ou par les FEUX DE FLANC DIRECTS ; quelquefois elles le sont aussi par des CASEMATES A FEU et par des FLANCS OBLIQUES. — Les Faces sont les parties faibles des BASTIONS, parce qu'elles sont le moins FLANQUÉES et le plus exposées au FEU et aux BATTERIES A RICOCHETS de l'ENNEMI. Aussi, quand la place est à FOSSÉ SEC, on donne à la partie du FOSSÉ qui répond aux Faces plus de profondeur que les autres parties n'en ont. — En cas de SIÉGE, les Faces peuvent être tourmentées par des COMMANDEMENTS DOMINANTS ; elles sont le point où l'on ATTACHE LE MINEUR ; elles sont le but principal des BATTERIES CROISÉES qui les frappent pour y faire BRÈCHE. — En vue de remédier à la faiblesse des Faces, on les couvre par des DEHORS, on pratique des FEUX FICHANTS, ou ménage des RETOURS qui leur servent d'ÉPAULEMENTS. — La direction des FEUX qui partent des Faces qui se regardent forme des LIGNES dont le croisement s'est appelé ANGLE DE TENAILLE. — Dans les PLACES auxquelles une CITADELLE est attachée, cette circonstance modifie la forme des Faces des BASTIONS qui regardent ou avoisinent la CITADELLE. — Si les REMPARTS de la PLACE sont contre-minés, les CONTRE-MINES règnent le long des Faces, etc. — La CONTRESCARPE, qui est vis-à-vis la Face des BASTIONS, est défendue par le FLANC du BASTION correspondant. — La longueur des Faces diffère suivant les systèmes ; elle est environ le double de celle des FLANCS ; son maximum serait de cent mètres.

FACE de BATAILLON. V. ANGLE ÉMOUSSÉ. V. BATAILLON. V. BATAILLON CARRÉ. V. FRONT DE BATAILLON.

FACE de BATTERIE DE PLATINE (G, 1). Sorte de FACE nommée ainsi par opposition au DOS de la BATTERIE d'un FUSIL DE MUNITION. — La Face est composée d'une feuille d'acier qui doit être de la meilleure qualité possible, et qui garnit la partie de la BATTERIE qui regarde le CHIEN. L'effet que produit la Face est comparable à celui d'un briquet: Le RISEAU de la PIERRE ou son TAILLANT, frappant la FEUILLE, en enlève des particules qu'elle enflamme. L'usure de cette partie occasionne des RATÉS. — Avant de se détériorer, la Face doit pouvoir facilement fournir du FEU pour quatre ou cinq cents COUPS. Quand elle commence à être usée, on remplace la BATTERIE par une neuve, ou bien l'on y applique une autre FEUILLE. C'est une des RÉPARATIONS que doit exécuter l'ARMURIER du corps, comme le voulait l'instruction de 1822 (30 mars), etc. — Dans certains MODÈLES français, la Face de la batterie a été modifiée en 1816.

FACE de CARRÉ. V. ADOSSER. V. CARRÉ. V. CARRÉ PLEIN. V. CARRÉ TACTIQUE. V. ORDONNANCE D'EXERCICE D'INFANTERIE. V. ORDRE EN CARRÉ. V. PEINE DE MORT.

FACE (faces) de CHEVELURE (F). Sorte de FACES qui étaient une des parties de la CHEVELURE militaire française, et dont l'ACCOMMODAGE était un travail compliqué et long. — Le RÈGLEMENT DE 1767 (25 AVRIL), l'ORDONNANCE DE 1776 (31 MAI), le RÈGLEMENT DE 1779 (21 FÉVRIER) voulaient que les Faces fussent roulées en BOUCLES. — Le RÈGLEMENT DE 1786 (1er OCTOBRE) remplaçait les Faces par l'AVANT-GARDE. Les HUSSARDS avaient les Faces nattées en CADENETTES. — Le RÈGLEMENT DE 1792 (24 JUIN) voulait encore que l'OFFICIER D'INFANTERIE portât la BOUCLE. — Il a cessé peu après d'en être ainsi.

FACE de CONTRE-GARDE. V. CONTRE-GARDE.

FACE de DEMI-BASTION. V. DEMI-BASTION.

FACE de DEMI-LUNE. V. CONTRE-GARDE. V. DEMI-CONTRE-GARDE. V. DEMI-LUNE. V. DEMI-LUNE A FLANCS. V. DÉFENSE PÉRIBOLOGIQUE. V. GORGE DE DEMI-LUNE. V. RAVELIN. V. TENAILLON.

FACE de DRAPERIE DE DRAPEAU. V. ATTRIBUT DE DRAPEAU. V. DRAPERIE DE DRAPEAU.

FACE de DROITE DE DRAPERIE. V. ATTRIBUT DE DRAPEAU. V. ATTRIBUT DE FACE DE DRAPEAU. V. DRAPERIE DE DRAPEAU. V. DROITE DE DRAPERIE.

FACE de FORTIFICATION. V. FACE DE PLACE. V. FORTIFICATION.

FACE de GAUCHE DE DRAPERIE. V. ATTRIBUT DE DRAPEAU. V. DRAPERIE DE DRAPEAU. V. GAUCHE DE DRAPERIE.

FACE de LAME DE BAIONNETTE. V. LAME DE BAIONNETTE.

FACE de LAME DE HACHE. V. COLLET DE FER DE HACHE. V. LAME DE HACHE.

FACE de PLACE (G, 4), ou FACE DE FORTIFICATION. Sorte de FACE ou de côté de POLYGONE qui comprend une COURTINE, les deux FLANCS qui se regardent et les FACES qui forment l'ANGLE DE TENAILLE, c'est-à-dire deux FACES et deux FLANCS voisins d'une même COURTINE. Ainsi la Face règne d'une pointe de BASTION à l'autre. — La Face est quelquefois précédée d'une FAUSSE BRAIE. — L'ENCYCLOPÉDIE (1751, C) regarde comme synonymes Face et FRONT DE PLACE.

FACE de REDAN. V. FORT DE CAMPAGNE. V. REDAN.

FACE de REDOUTE. V. REDOUTE. V. REDOUTE DE CAMPAGNE.

FACE de REMPART. V. REMPART. V. REMPART DE FORTERESSE.

FACE de RETIRADE. V. RETIRADE.

FACE de TENAILLE. V. TENAILLE. V. TENAILLE A FLANCS. V. TENAILLE DE FOSSÉ INONDÉ. V. TENAILLE DE FOSSÉ SEC.

FACE de TENAILLON. V. TENAILLON.

FACE de TOUR. V. TOUR. V. TOUR PERMANENTE.

FACE (faces) d'OUVRAGE (term. sous-génér.). Sorte de FACES nommées aussi CÔTÉS. Elles sont les DÉFENSES ou les parties plus ou moins avancées d'un OUVRAGE DE FORTIFICATION vers la campagne. — La rencontre des Faces forme l'ANGLE FLANQUÉ des BONNETTES, des FLÈCHES, des PLATES-FORMES, des RAVELINS, des RETIRADES. — Il y a des FACES A REDAN, — BRISÉES, — CONCAVES, — CONVEXES; il y en a qui renferment des BATTERIES COUVERTES qu'on appelle PLACES BASSES. — Quelquefois on ménage des FOUGASSES au pied des Faces. — Les Faces sont protégées ou APPUYÉES par des FEUX RASANTS. Elles doivent être vues des GUÉRITES. — Les feux des Faces CONTREBATTENT les BATTERIES d'un SIÉGE OFFENSIF, répondent aux FEUX des COMMANDEMENTS DE FRONT, agissent avec efficacité contre l'ATTAQUE du CHEMIN COUVERT, mais sont de peu d'effet contre les COLONNES qui attaquent les SAILLANTS. — Le prolongement des Faces est quelquefois tourmenté par des BATTERIES DE PIERRIERS et DE MORTIERS. Quelquefois les Faces sont balayées par des BATTERIES A RICOCHETS et insultées par la DESCENTE du FOSSÉ. — Nous donnerons quelques détails de plus en traitant des FACES DE BASTIONS et des FACES PROLONGÉES.

FACE EN ARRIÈRE, interj. (G, 6). COMMANDEMENT D'AVERTISSEMENT que l'ORDONNANCE DE 1831 (4 MARS) emploie dans *les cas où la troupe faisant demi-tour à droite, les serre-files doivent rester devant le troisième rang.* — Toutes les fois que les serre-files doivent passer derrière le premier rang qui devient troisième, le commandement : FACE PAR LE TROISIÈME RANG ! est employé au lieu de celui : Face en arrière !

FACE EN ARRIÈRE EN BATAILLE (G, 6). PASSAGE A L'ORDRE EN BATAILLE d'une COLONNE DE PIED FERME qui doit FAIRE FACE EN ARRIÈRE. Cette ÉVOLUTION D'INFANTERIE et de CAVALERIE, que notre LANGUE MILITAIRE n'a pas su caractériser par une désignation propre, pourrait s'appeler VOLTE PARATAXIQUE. — Il n'est fait mention d'aucune MANŒUVRE semblable dans les règlements antérieurs à 1788 et à 1791; l'ÉVOLUTION avait lieu cependant, et voici comment : — On prenait pour base du mouvement, non pas, comme à présent, la SUBDIVISION de la tête, mais au contraire la SUBDIVISION de la queue. Cette dernière faisait une DEMI-CONVERSION à droite, ou une CONVERSION égale à un demi-cercle (à un PÉRISPASME); elle se portait ensuite quatre pas en avant, et FAISAIT FEU. Toutes les SUBDIVISIONS antérieures faisaient TROIS QUARTS DE CONVERSION à droite (ou l'ECTÉRISPASME de la MILICE GRECQUE), et elles se portaient successivement ensuite sur la ligne par le flanc et par le chemin le plus court pour s'y former en bataille. — Cette MANŒUVRE était lourde, difficile et compliquée. — Maintenant cette VOLTE-FACE résulte de procédés simples et courts, non sur la queue, mais sur la tête, et au moyen de la MARCHE PAR LE FLANC. — L'ORDONNANCE DE 1831 (4 MARS) en trace les règles actuelles. Exécuter cette formation étant en COLONNE PAR DIVISIONS SERRÉES EN MASSE était regardé, antérieurement à cette ordonnance, comme le moyen qui offrait et le plus de rapidité et le moins de désunion, deux conditions si essentielles en TACTIQUE. Mais elle a su apporter encore une notable amélioration, en prescrivant, dans ce cas, pour les COLONNES SERRÉES EN MASSE, d'exécuter la CONTRE-MARCHE et de DÉPLOYER. Ainsi elle n'applique plus la formation Face en arrière en bataille, dans son caractère spécial, qu'aux COLONNES A DISTANCE ENTIÈRE OU A DEMI-DISTANCE.

FACE EN ARRIÈRE EN BATAILLE, interj. (G, 6). COMMANDEMENT D'AVERTISSEMENT primitif, communiqué en reprise ou comme l'écho d'un COMMANDEMENT GÉNÉRAL. Il a pour objet de faire exécuter l'ÉVOLUTION ou la FORMATION que l'ORDONNANCE DE 1791 (1er AOUT) intitulait COLONNE AVEC DISTANCE ENTIÈRE LA DROITE EN TÊTE, FACE EN ARRIÈRE EN BATAILLE. — Ce COMMANDEMENT d'avertissement Face en arrière en bataille a lieu lorsqu'un BATAILLON ou une COLONNE, arrivant par devant la LIGNE DE BATAILLE, s'arrête en avant d'elle, et SE FORME OU PASSE DE L'ORDRE EN COLONNE A L'ORDRE EN BATAILLE. Il était suivi, d'après les principes de l'ORDONNANCE DE 1791 (1er AOUT), du commandement : BATAILLON PAR LE FLANC DROIT ! etc. ; selon nos règles actuelles, il précède maintenant le commandement : BATAILLON A DROITE, OU A GAUCHE !

FACE EN DEDANS. V. CARRÉ TACTIQUE. V. EN DEDANS.

FACE EN DEHORS. V. CARRÉ TACTIQUE. V. EN DEHORS.

FACE EN TÊTE, interj. (G, 6). COMMANDEMENT GÉNÉRAL OU COMMANDEMENT D'AVERTISSEMENT primitif, suivi du COMMANDEMENT : PELOTON OU BATAILLON DEMI-TOUR A DROITE ! — Le COMMANDEMENT Face en tête a succédé au COMMANDEMENT FACE A LA VOIX ! encore usité dans la première moitié du dernier siècle : il est le signal de l'ÉVOLUTION qui rétablit l'ORDRE NATUREL, et le fait succéder à l'ORDRE RENVERSÉ. Il était usité à la suite des FEUX EN ARRIÈRE. — Du moins tels étaient les principes de 1791. — L'ORDONNANCE DE 1831 (4 MARS) a apporté à ces règles une modification : elle réserve ce commandement pour les seuls cas où la troupe faisant demi-tour à droite, les serre-files doivent rester à la place où ils se trouvaient ; c'est en cela qu'elle le distingue du commandement : FACE PAR LE PREMIER RANG !

FACE PAR LE PREMIER RANG, interj. (G, 6). COMMANDEMENT GÉNÉRAL et d'AVERTISSEMENT que l'ORDONNANCE DE 1831 (4 MARS) emploie *pour avertir les chefs de peloton qu'ils doivent passer au rang qui va se trouver en tête, et les serre-files se placer derrière le rang opposé.* — Il diffère en cela du commandement : FACE EN TÊTE ! il est, comme celui-ci, suivi du DEMI-TOUR, et rétablit dans l'ordre naturel une troupe qui avait fait FACE PAR LE TROISIÈME RANG.

FACE PAR LE TROISIÈME RANG, interj. (G, 6). COMMANDEMENT GÉNÉRAL et d'AVERTISSEMENT que l'ORDONNANCE DE 1831 (4 MARS) a substitué au commandement : FACE EN ARRIÈRE ! dont le RÈGLEMENT DE 1791 *se servait pour les feux en arrière.* — Il a, quant aux chefs de pelotons et aux serre-files, le même caractère que le commandement : FACE PAR LE PREMIER RANG !

FACE PLANE. V. CALOTTE DE GARDE-SABRE. V. CAPUCE DE GARDE-SABRE. V. PLANE, adj.

FACE PROLONGÉE (G, 4). Sorte de FACE D'OUVRAGE qui, suivant la description qu'en donnent GANEAU et LACHESNAIE (1758, 1), *est la partie de la ligne d'une défense rasante qui est entre l'angle de l'épaule d'un bastion et la courtine, ou c'est la ligne d'une défense rasante coupée par la longueur de la face.* — Ils disent encore que *la Face prolongée est la ligne de la défense rasante diminuée de la Face, c'est-à-dire entre l'angle de l'épaule et la courtine.*

FACINE. V. FASCINE.

FACIUS. V. NOMS PROPRES.

FAÇON (subs. fém.) d'HABILLEMENT. V. ABONNEMENT AVEC LES MAITRES OUVRIERS. V. CONSEIL D'ADMINISTRATION DE CORPS N° 6. V. HABILLEMENT. V. MAITRE OUVRIER N° 4. V. MAJOR CHEF DE BATAILLON N° 6. V. MASSE GÉNÉRALE.

FACTEUR (subs. masc.) DE CORPS (A, 1). Mot dérivé du LATIN *factor*, qui, dans le cas présent, se traduit par porteur de LETTRES transmises par la POSTE, et adressées, soit par des militaires, soit à des militaires. — L'ARRÊTÉ DE L'AN TROIS (27 VENDÉMIAIRE) et le RÈGLEMENT DE 1816 (24 JUILLET) se servaient, dans le sens de Facteur, de l'expression VAGUEMESTRE. Mais, EN TEMPS DE PAIX, un SOUS-OFFICIER est Facteur ; EN TEMPS DE GUERRE, un SOUS-OFFICIER, nommé VAGUEMESTRE, est appelé à la direction des ÉQUIPAGES et chargé des fonctions de Facteur. — Toutefois l'ORDONNANCE DE 1833 (2 NOVEMBRE), qui fait règle actuelle, a renoncé entièrement à la dénomination de Facteur, et n'admet plus en toutes positions que celle de VAGUEMESTRE. — MONDÉSIR (1784, C) fait remonter à l'année 1701 l'institution des Facteurs ; mais l'ENCYCLOPÉDIE (1785, C) témoigne que, jusqu'à la GUERRE DE LA RÉVOLUTION, il n'existait, à l'égard de cet emploi, que des traditions, mais point de règles écrites. La preuve s'en trouve aussi dans l'ARRÊTÉ DE L'AN TROIS (27 VENDÉMIAIRE). — Le Facteur est choisi dans chaque CORPS, OU DÉTACHEMENT, par le CONSEIL D'ADMINISTRATION ou par le CHEF DU DÉTACHEMENT ; cet employé en reçoit un ACTE DE NOMINATION visé par un MEMBRE de l'INTENDANCE ; il l'exhibe aux BUREAUX DE POSTE pour s'en faire reconnaître comme délégué dûment autorisé à retirer seul les LETTRES DE LA POSTE. — Quelques-unes des fonctions du Facteur étaient indiquées dans le RÈGLEMENT DE 1809 (31 AOUT) : elles ont été présentées avec ensemble dans un OUVRAGE moderne (1807, D) ; elles consistent dans la tenue d'un REGISTRE où le Facteur fait INSCRIPTION du RETRAIT des LETTRES CHARGÉES et des ARTICLES D'ARGENT ; il y fait enregistrer, en sa présence, par les employés du BUREAU de la POSTE, les LETTRES et les ARTICLES ou l'ARGENT D'ENVOI dont il fait le CHARGEMENT, et il prend une reconnaissance du montant des versements qu'il fait. — Le Facteur ne doit jamais garder de valeurs dans ses mains au delà du temps strictement nécessaire; il est tenu d'en faire avec la même ponctualité la remise, soit quand il doit verser des ARTICLES D'ARGENT au BUREAU DE LA POSTE, soit quand il les y a perçus pour le compte des destinataires. — En conformité d'un usage établi, le Facteur exigeait un sou de chacun des militaires à qui il remettait une LETTRE; c'était le prix de sa peine, et en quelque sorte l'intérêt de ses déboursés. Cette rétribution lui a été interdite par les ARRÊTÉS DE L'AN DEUX (7 THERMIDOR), DE L'AN TROIS (24 THERMIDOR) et par la CIRCULAIRE DE L'AN CINQ (27 VENDÉMIAIRE). — Le RÈGLEMENT DE 1818 (15 MAI) l'autorisait à percevoir cinq centimes par lettre adressée à des OFFICIERS OU SOUS-OFFICIERS; mais celles qui sont adressées aux SOLDATS ou aux CONSEILS D'ADMINISTRATION étaient exemptes de toute rétribution; celles du CONSEIL doivent être toujours délivrées avant toutes autres, ainsi que celles du COMMANDANT ou du COLONEL du CORPS. — Le Facteur rend au BUREAU DE POSTE les LETTRES DE REBUT non décachetées, et rentre dans les déboursés qu'il avait faits en les recevant. La cause du rebut est indiquée au dos de la LETTRE. — Conformément aux dispositions réglementaires de 1818 (15 mai), le Facteur remettait directement aux OFFICIERS et ADJUDANTS les LETTRES à eux adressées; il remettait à l'ADJUDANT DE SEMAINE celles du PETIT ÉTAT-MAJOR, et aux SERGENTS-MAJORS celles des HOMMES DE TROUPE. — L'ORDONNANCE DE 1831 (7 MAI) reconnaissait comme Facteur, soit le VAGUEMESTRE, soit un FOURRIER; elle leur allouait vingt-cinq centimes par jour, et leur interdisait de rien percevoir pour LETTRES OU PAQUETS. — L'ORDONNANCE DE 1833 (2 NOVEMBRE), qu'il faut consulter, a tracé avec détails les devoirs des VAGUEMESTRES et déterminé leurs fonctions: elle leur interdit expressément de recevoir aucune rétribution sur les LETTRES, PAQUETS OU ARGENT, en sus de la taxe. Il doit porter à domicile les lettres du COLONEL d'abord, du major, du capitaine d'habillement, du trésorier et des officiers supérieurs; remettre directement aux OFFICIERS l'argent venu pour eux, et, s'il le peut, leurs lettres, ou les faire remettre par les SERGENTS-MAJORS, ainsi que celles des hommes de troupe.

FACTEUR DE PRISON. V. COMMANDANT DE PLACE N° 4. V. PRISON. V. PRISON DE PLACE.

FACTEUR D'HOPITAL. V. HOPITAL. V. HOPITAL MILITAIRE.

FACTICE, adj. V. FOUGASSE F…

FACTION. V. ABANDON DE F… V. EN F… V. ENTRER EN F… V. FAIRE F… V. HEURE DE F… V. NUMÉRO DE F… V. RELEVER DE F… V. SORTIR DE F…

FACTION (E), OU ÉCOUTE, OU GUET, OU FONCTION DE SENTINELLE. Militairement parlant, le mot Faction est peu ancien. PHILIPPE DE CLÈVES (1520, A) et DUBELLAI (1535, A) ne s'en servent pas. BRANTOME (1600, A) l'emploie dans un sens qui n'a aucun rapport avec la position ou la POSE d'une SENTINELLE. Il se trouve, il est vrai, dans les ordonnances pénales publiées sous HENRI DEUX. On y voit que *le soldat qui faudra* (manquera de se trouver) *à la Faction, sans licence de son capitaine ou autre excuse légitime, sera passé par les piques.* — Mais là le mot Faction signifie POSTE, RENDEZ-VOUS, PRISE D'ARMES, et non pas devoir ou situation d'une SENTINELLE, puisque, sous le règne de HENRI TROIS, en 1575, il est dit que *le soldat qui abandonnera le guet, escoute ou autre lieu où son sergent l'aura mis, sera passé par les armes.* Ainsi, à cette époque, on ne se servait point encore du mot Faction dans le sens actuel. — GUILLET (1686, D) ne le mentionne que comme signifiant RONDE OU PATROUILLE, ou fonction de la SENTINELLE; mais FURETIÈRE, qui écrivait un peu plus tard, dit le premier que, *être en Faction, c'est être en sentinelle;* et l'ACADÉMIE a ensuite consacré les locutions ENTRER EN FACTION, SORTIR DE FACTION, ÊTRE RELEVÉ DE FACTION. — Dans l'ORDONNANCE DE 1727 (1er JUILLET)', le terme ne prenait cependant pas encore un sens particulier; PEINE DE MORT y était prononcée contre tous soldats *qui quitteront le lieu où ils auront été mis en sentinelle, vedette, ordonnance, ou autre Faction.* — Bien plus tard, on était si peu arrêté sur la signification précise du terme Faction, que LACHESNAIE (1758, I), recopiant GUILLET (1686, B) et FURETIÈRE, le définit: *Fonction du soldat qui fait les rondes, les patrouilles, et surtout qui est en sentinelle.* — Le mot prend positivement son sens actuel dans l'ORDONNANCE DE 1768 (1er MARS), quoique alors le mot FACTIONNAIRE n'eût rien de commun avec une SENTINELLE. — A présent il répond à l'expression latine *vigilia*, dont TACITE se sert; il dérive du LATIN *factio*, ou de l'ITALIEN *fazione*, qui n'avaient nul rapport avec le GUET, la VEILLE, l'ÉCOUTE, mais qui signifiaient fait de guerre ou événement ayant quelque liaison avec la PROFESSION DES ARMES. — Les Factions sont une fonction dont sont exempts les CAPORAUX et les SOUS-OFFICIERS. — Qui croirait qu'il y a analogie dans la manière dont s'accomplissaient les Factions de l'antique MILICE ROMAINE, et dont s'ordonnent les Factions de la CHINE moderne. Nous avons signalé cette similitude. — Originairement, le mot *fazione* donnait, en bon ITALIEN, l'idée d'un PARTI DE GENS DE GUERRE défendant la même cause. Il était la traduction littérale du mot *factio* des ROMAINS. Il rappelait la lutte des FACTIONS DU CIRQUE ; ces Factions ou QUADRILLES étaient des PARTIS verts, bleus, rouges, blancs ; aussi Faction est-il un mot traduit, dans quelques ÉCRIVAINS, par BANDE OU TROUPE. — Dans le seizième siècle, nous n'avions pas encore de langue militaire, nous empruntions tous nos termes des ITALIENS ; à leur imitation, nous fîmes usage du mot Faction comme synonyme de SERVICE des hommes de garde ; cette expression s'introduisit généralement quand la création des LÉGIONS DE FRANÇOIS PREMIER, et plus tard celle des RÉGIMENTS, apportèrent quelque régularité dans le SERVICE. Tout le métier consistait dans les RONDES, PATROUILLES et ESCOUTES ; c'était là les Factions, telles que les décrit l'écrivain italien FLAVIO (1639, B). — Bientôt des POSTES permanents et des CORPS DE GARDE s'établirent ; on fit peu de RONDES ou de PATROUILLES par comparaison aux GUETS OU ESCOUTES ; l'ESCOUTE fut la Faction principale des HOMMES DE GARDE. Le mot SENTINELLE y succéda ; et, depuis 1768, le mot SENTINELLE, qui était caractéristique d'une action avant de l'être d'un agent, fut légalement remplacé par le mot Faction. — Nous pouvons justifier ces assertions en démontrant combien de choses diverses s'étaient appelées Factions avant que le mot fût technique. Ainsi BRANTOME (1600, A) dit, en parlant de François de GUISE, qu'il est *le premier qui a fait la Faction de colonel, de maistre d'artillerie, de maistre de camp, de capitaine et de soldat.* Ici Faction veut dire fonction. BRANTOME dit encore : *Faire des Factions aventureuses et périlleuses*, pour dire se livrer à des entreprises où il y a des dangers à braver. Quelquefois il sous-entend des circonstances de guerre comme en ce passage : *Bref en plusieurs belles Factions a-t-il été (D'Aumale a été) fort heureux.* Il dit, en parlant de Desse : *Il fit ses jeunes guerres en Piedmont et en France, aux siéges de Boulogne, de Metz, bataille de Ranty et autres belles Factions.* — On voit donc que déjà on commençait à employer par corruption le mot Faction pour signifier le lieu où l'on était, en guise du parti pour lequel on combattait. Les soldats ont ainsi étendu et appliqué le mot, et il a perdu son sens originaire pour ne plus signifier, militairement parlant, que POSE DE SENTINELLE, et durée de temps de ce devoir. —

Examinons le terme d'une manière analogue, ou conformément à l'idée qu'on y attache communément de nos jours. — On voit dans TITE LIVE qu'il était défendu aux SOLDATS de tenir en Faction leur BOUCLIER, parce que, quand ils étaient fatigués, et que le sommeil les gagnait, ils étaient enclins à y appuyer leur casque et à sommeiller debout. — Il paraît que, dans la MILICE ROMAINE, les Factions étaient de trois heures. On peut le conjecturer à la lecture de ces vers de LUCAIN :

> *Jam castra silebant ;*
> *Tertia jam vigiles commoverat hora secundos.*

Dans un calme profond déjà le camp repose ;
La troisième heure annonce une seconde pose.

VÉGÈCE (590, A) dit que le signal de l'HEURE des Factions était donné par la TROMPETTE, et que le CORNET annonçait l'instant où finissait la Faction ; mais ici il y a erreur ou amphibologie ; probablement c'était la RELEVÉE des GARDES que le CORNET annonçait. — PROPENCE donne à entendre que c'était la BUCCINE qui appelait les factionnaires.

> *Et jam quarta canit venturam buccina lucem.*

L'aurore et la trompette
Annonçaient aux soldats la quatrième guette.

On se servait, dit VÉGÈCE, de la clepsydre ou de l'horloge à eau pour faire connaître aux BUCCINATEURS l'heure qu'il était. — Portons maintenant nos recherches sur ce qui intéresse les MILICES modernes. — Au temps où les PEINES étaient arbitraires, il était reçu en principe qu'un OFFICIER DE RONDE pouvait tuer de sa main le SOLDAT qui dormait en Faction ; mais aucun article de loi n'en disait mot. Des AUTEURS postérieurs à LOUIS QUATORZE ne se sont pas fait scrupule d'en reparler comme d'un ancien droit consacré et d'une coutume non abrogée, parce que de vieux annalistes avaient raconté qu'ÉPAMINONDAS tua de sa main une SENTINELLE ENDORMIE. — L'ORDONNANCE DE 1755 (1er AOUT) prescrivait que les SENTINELLES endormies seraient PASSÉES PAR LES ARMES. — Dans la CAVALERIE, il est fait des Factions, soit à pied, soit à cheval. — Les Factions d'INFANTERIE ne sont faites que par les APPOINTÉS et les SIMPLES SOLDATS ; on dispense de ce genre de SERVICE les CLAIRONS, les TAMBOURS, etc. Elles sont de deux HEURES ; mais, quand la saison est rigoureuse, les SENTINELLES peuvent être relevées d'HEURE à HEURE. — Le caporal CHEF DE POSTE ou le CAPORAL DE POSTE règlent l'ordre des Factions. — Il est défendu, pendant la Faction, de chanter, de siffler, de parler sans nécessité, etc. — La DÉSERTION que les ordonnances connaissent sous la désignation d'ABANDON DE FACTION, était un CRIME réprimé par la loi avec plus de rigueur que la DÉSERTION SIMPLE; et il en a de tout temps été ainsi. Ce genre de DÉSERTION est une circonstance qui doit être soigneusement relatée sur les états des CONSOMMATIONS D'EFFETS D'ARMEMENT. — Il n'est permis qu'aux SENTINELLES de certains POSTES D'ALARME de cesser spontanément leur Faction. — Les FACTIONNAIRES placés à la porte des ARSENAUX ou des MAGASINS A POUDRE n'ont à la main qu'une ARME BLANCHE, mais non une ARME A FEU. C'est le seul cas où la SENTINELLE D'INFANTERIE ne soit pas armée de son FUSIL. — Du premier mai au premier octobre, les COMMANDANTS DE PLACE peuvent, aux termes de l'ORDONNANCE de 1768 (1ᵉʳ MARS), faire faire, s'il y a nécessité absolue, huit HEURES de Faction à chaque SOLDAT DE GARDE. Le reste de l'année il ne doit pas être exigé plus de six HEURES par SOLDAT. En aucun temps les soldats de GARDE dans les GARNISONS ne doivent faire moins de six HEURES. — Ces mêmes dispositions ont été reproduites dans le RÈGLEMENT DE L'AN HUIT (1ᵉʳ FRUCTIDOR) et dans l'INSTRUCTION DE 1806 (16 AOUT).

FACTION du CIRQUE. V. CIRQUE. V. FACTION. V. SCIAMACHIE.

FACTIONNAIRE, subs. masc. (F). Mot d'abord adjectif, comme le témoigne l'ACADÉMIE; il a été un produit du mot FACTION, quand on entendait par ce substantif une fonction militaire en général, mais non pas encore une fonction de SENTINELLE. — Une ORDONNANCE DE 1654 (20 NOVEMBRE) rapportée par CHENNEVIÈRES, chargeait les COMMISSAIRES *de faire punir les passe-volants, soit soldats empruntés ou autres qui ne seront Factionnaires des* (en fonction réelle dans les) *compagnies où ils se présenteront.* — Factionnaire, comme l'entendait cette ordonnance, signifiait homme enrôlé, faisant personnellement son SERVICE dans une COMPAGNIE D'INFANTERIE, ou un SOLDAT réel, par opposition à SOLDAT simulé, à l'enrôlé fictif. — MANESSON (1685, B) dit, dans son premier volume: *Sentinelle ou Factionnaire est un fantassin armé pour prendre garde à la sûreté du camp.* — C'est comme si MANESSON eût dit: SENTINELLE OU HOMME DE SERVICE, puisqu'alors on était Factionnaire quand on faisait une RONDE, une PATROUILLE, quand on était de GARDE ou d'ORDONNANCE, etc. — Factionnaire a pris ensuite un sens particulier, qui va être expliqué bientôt et dont l'usage s'est perdu. — Peu avant la fin du dernier siècle, le langage soldatesque a fait revivre sous une acception toute différente le mot Factionnaire, et l'a employé comme synonyme de SENTINELLE. Notre LANGUE MILITAIRE a, comme il arrive trop souvent, admis avec légèreté et consacré cette expression quoique inutile, puisqu'elle ne dit rien de plus que SENTINELLE. — On pourrait peut-être chercher à justifier l'emploi du mot Factionnaire en disant qu'il est masculin, ce qui est plus rationnel, et qu'il est générique par rapport aux termes SENTINELLE et VEDETTE, qui en seraient les espèces; mais ceci n'est justifié par aucune définition légale. D'ailleurs une VEDETTE est une SENTINELLE A CHEVAL, et souvent le CAVALIER fait FACTION à pied; ce qui impliquerait une nouvelle difficulté. — Nous concentrerons donc sur le mot SENTINELLE tout ce qui a rapport au SOLDAT D'INFANTERIE en FACTION, et ce qu'on va lire est l'histoire des Factionnaires abolis peu avant la GUERRE DE LA RÉVOLUTION. — On trouve dans BRANTÔME (1600, A) le terme Factionnaires, comme signifiant gens du même parti, complices ou adhérents d'une même FACTION, partisans attachés à un chef. C'était le mot factieux, en ne le prenant pas en mauvaise part, ou du moins en lui donnant un sens adouci: car plus on remonte vers le temps du pouvoir absolu, moins l'idée attachée aux mots faction et factieux implique de criminalité; et au contraire plus on se rapproche du temps où les lois prennent de la consistance, plus le mot factieux comporte une idée odieuse; ce qui prouve que pouvoir absolu et anarchie se tiennent. — L'usage du mot Factionnaire, tel qu'il va être examiné ici, est bien postérieur au temps de la création des RÉGIMENTS; il reste des doutes sur les causes de son adoption; rien de ce qu'on lit n'est propre à dissiper totalement les obscurités du sujet. — LACHESNAIE (1758, I), dans son style obscur et incorrect, donne à entendre que le mot Factionnaire avait pour objet d'indiquer un CAPITAINE qui n'était pas exempt de MONTER LA GARDE, parce qu'originairement le SERVICE du CORPS DE GARDE s'appelait une faction; voici le passage de cet AUTEUR: *On dit: un tel est le premier Factionnaire du régiment, ce qui signifie qu'il est le quatrième capitaine du régiment, le colonel, le lieutenant-colonel et le capitaine des grenadiers ne montant pas les gardes ordinaires, et le major qui est aussi exempt de ce service.* — Pour comprendre ceci ne perdons pas de vue que le COLONEL et le LIEUTENANT-COLONEL étaient, en même temps, chacun CAPITAINE d'une compagnie, et que le terme Factionnaire était synonyme de la locution : militaire susceptible d'être employé à un service commandé à TOUR DE RôLE, ou, comme on disait jadis, à TOUR DE PIQUE; il y avait donc quatre personnages, mais seulement trois genres de CAPITAINES ayant le PREMIER FACTIONNAIRE; savoir: le CAPITAINE de la COLONELLE ou le colonel, le capitaine de la LIEUTENANTE-COLONELLE ou le lieutenant-colonel, le capitaine de la majore ou le MAJOR; le premier Factionnaire ou PREMIER CAPITAINE susceptible, après eux et le CAPITAINE DE GRENADIERS, de monter la garde, ou le capitaine de la troisième ou quatrième CÓMPAGNIE, suivant les temps, était PREMIER FACTIONNAIRE. — Si l'assertion de LACHESNAIE (1758, I) contient un fait vrai, il ne l'a été que d'une manière locale et peu durable; parce que la forme constitutive de l'INFANTERIE FRANÇAISE changeait sans cesse. — LES ORDONNANCES et INSTRUCTIONS DE 1766 (1er JANVIER), 1774 (11 JUIN), 1775 (50 MAI), 1776 (1er JUIN), donnent le nom de Factionnaires aux CAPITAINES DE FUSILIERS, pour les distinguer des CAPITAINES DE GRENADIERS, ainsi que de ceux des COMPAGNIES COLONELLE et LIEUTENANTE-COLONELLE; par opposition à celles-ci, ils se servent aussi du terme COMPAGNIES FACTIONNAIRES. Mais tous ces usages ont changé perpétuellement, puisque, dans les derniers temps c'était le SIXIÈME FACTIONNAIRE qui commandait la COLONELLE. — POTIER (1779, X) dit qu'on appelait Factionnaires les CAPITAINES EN PIED commandant une compagnie portant leur nom. Les CAPITAINE DE GRENADIERS n'étaient pas Factionnaires, parce que leur compagnie ne portait pas leur nom. — Si, en ORDRE DE BATAILLE, on eût compté les CAPITAINES DE FUSILIERS du premier au dernier, l'ordre numérique de ces capitaines n'eût pas été le même que l'ordre numérique des Factionnaires; voici l'explication de cette différence. — Le PREMIER FACTIONNAIRE commandait la PREMIÈRE COMPAGNIE qui, en ORDRE DE BATAILLE, était le PREMIER PELOTON de FUSILIERS du bataillon. Le SECOND FACTIONNAIRE commandait la SECONDE COMPAGNIE qui, en ORDRE DE BATAILLE, était le TROISIÈME PELOTON du BATAILLON, ainsi de suite; mais l'INSTRUCTION DE 1774 (11 JUIN) appelait SECOND FACTIONNAIRE, le CAPITAINE SECOND CHEF DE BATAILLON. — Quelquefois, par une disposition différente, le PREMIER FACTIONNAIRE d'un RÉGIMENT est au PREMIER BATAILLON, le SECOND FACTIONNAIRE est au SECOND BATAILLON, etc. — Dans certains cas, et avant la création des CHEFS DE BATAILLON, le PREMIER FACTIONNAIRE remplissait quelques-unes des fonctions attribuées au GRADE moderne de CHEF DE BATAILLON. — L'ORDONNANCE DE 1775 (26 AVRIL) ne connaissait plus que trois CAPITAINES Faction-

naires, et ce titre ne s'y représente que rarement; il commençait à tomber en désuétude. Il n'était pas employé dans l'ORDONNANCE DE 1788 (17 MARS). — L'ACADÉMIE (1762) prétend qu'un premier capitaine Factionnaire ou le PREMIER FACTIONNAIRE d'un régiment est le capitaine de fusiliers qui, en cas de vacance, passerait au commandement de la compagnie des grenadiers. Rien ne justifie, comme principe général, cette assertion; elle est même erronée, puisque le capitaine de grenadiers n'a pas toujours été premier capitaine; ce capitaine commandait transitoirement le bataillon, et le plus souvent en remplacement des officiers supérieurs. — L'habitude de considérer le mot Factionnaire comme signifiant militaire chargé du service qui consiste à MONTER LA GARDE et à s'acquitter des autres fonctions mécaniques du service était si invétérée, que MIRABEAU (1788, C) applique, en traitant de la MILICE PRUSSIENNE, le mot Factionnaire dans le sens du mot homme de rang; c'était encore une tradition de cette définition de FURETIÈRE: *Simple soldat qui est obligé à tous les services de la guerre.*

FACTIONNAIRE EN GARNISON. V. CLOCHE INSTRUMENTALE. V. CORPS DE GARDE EN GARNISON. V. EN GARNISON. V. JUSTICE MILITAIRE. V. ORDRE DE LA LÉGION D'HONNEUR. V. RONDE.

FACTURE, subs. fém. (B, 1). Mot dérivé du LATIN *factura*, ouvrage, ou de *factor*, artisan, parce qu'une Facture est le mémoire d'un ouvrage terminé, ou le précis et le relevé de la fourniture de certains objets de commerce. — Ici Facture ne s'applique qu'à la FOURNITURE des ÉTOFFES OU EFFETS DE LINGE ET CHAUSSURE que les CORPS perçoivent comme parties prenantes. — L'ORDONNANCE D'ADMINISTRATION DE 1776 (25 MARS) s'est étendue la première à l'égard des Factures. — Maintenant les Factures sont des PIÈCES JUSTIFICATIVES considérées comme un témoignage de la régularité des ACHATS et des MARCHÉS ADMINISTRATIFS dont les ÉTOFFES D'HABILLEMENT ont été l'objet. — Les Factures sont adressées au CONSEIL D'ADMINISTRATION par les FABRICANTS OU FOURNISSEURS; elles doivent exprimer ce que contient chaque BALLOT, faire connaître les qualités, aunages et largeurs; elles sont examinées et visées par les CAPITAINES D'HABILLEMENT; elles sont remises au TRÉSORIER du CORPS comme PIÈCES À L'APPUI des DÉPENSES faites au compte de la MASSE GÉNÉRALE; dans ce cas elles sont confrontées avec le REGISTRE des RECETTES et des CONSOMMATIONS. — Un BORDEREAU des Factures est déposé dans la CAISSE À TROIS SERRURES et y figure au nombre des EFFETS ACTIFS.

FAESCH; FAGES. V. NOMS PROPRES.

FAGOT, subs. masc. (term. génér.). Mot dérivé, suivant Monin, du LATIN *fascis, fasciculus*, FAISCEAU, et suivant Ménage du bas LATIN *facottus*, resté dans l'ITALIEN *fagotto*; cette LANGUE nous a donné le terme Fagot, signifiant BASSON. — Fagot a été synonyme de PASSE-VOLANT, mais ne sera distingué ici qu'en FAGOT D'ALLUMAGE et en FAGOT DE SAPE.

FAGOT (fagots) d'ALLUMAGE (B, 1; E, 5). Sorte de FAGOTS de petite dimension qui font partie du CHAUFFAGE de GARNISON et du chauffage de CORPS DE GARDE. — Dans les pays où il est fait usage de CHARBON DE TERRE, il était fourni, en vertu de l'INSTRUCTION DE 1827 (13 AOUT) un Fagot de cette espèce par vingt RATIONS DE CHAUFFAGE, ou deux Fagots par RATION d'ordinaire équivalant à quinze kilogrammes.

FAGOT d'ARTIFICE. V. ARTIFICE. V. FASCINE GOUDRONNÉE. V. HART.

FAGOT de SAPE (G, 4; H, 1). Sorte de FAGOT fort serré, d'un mètre de long environ et de huit pouces de diamètre; les TRAVAILLEURS d'un SIÉGE OFFENSIF l'emploient à défaut de SAC A TERRE, et s'en servent comme d'une espèce de PARAPET ou plutôt de bouclier; ils le portent devant eux, le placent debout et le fixent au moyen d'un PIQUET qui le traverse verticalement. Ils ferment ainsi l'entre-deux des GABIONS DE SAPE. VILLENEUVE en traite.

FAGOT GOUDRONNÉ. V. FASCINE GOUDRONNÉE. V. FOSSÉ DE FORTERESSE.

FAGOT IDIOPIQUE. V. IDIOPIQUE, adj. V. PASSE-VOLANT.

FAIBLE (subs. masc.) de LAME. Ce mot, d'abord adjectif et qui s'écrivait FOIBLE, dérive, suivant Ménage, du LATIN *flexibilis*, flexible. Ici, par opposition à l'expression FORT, il indique la partie de la LAME d'un SABRE, qui obéit à la main, quand on la fait ployer. — On dit en parlant de la LAME d'une ÉPÉE que ses BATTEMENTS s'exercent sur le Faible. — Le Faible règne à peu près, depuis les deux tiers de la LAME jusqu'à sa POINTE.

FAIBLE CHARGE. V. CHARGE. V. COMMANDANT DE PLACE ASSIÉGÉE. V. FALARIQUE. V. INVESTISSEMENT.

FAIBLESSE de CONSTITUTION, subs. fém. V. CONSTITUTION. V. INFIRMITÉ.

FAIDE, subs. fém. V. DÉFI. V. GUERRE. V. GUERRE PRIVÉE. V. PAIX DE DIEU.

FAIGUET. V. NOMS PROPRES.

FAILLON, subs. masc. V. FANION.

FAIN. V. NOMS PROPRES.

FAIRE (term. génér.). Verbe actif, qui a été une corruption du LATIN *facere*. Il ne sera examiné ici avec quelques détails que sous les rapports suivants : FAIRE BRÈCHE, — FERME, — GARDE, — LE DÉGAT, — MAIN BASSE, — MONTRE, — POINTE, — RENTRER DES FILES, — TÊTE.

FAIRE A DROITE. V. A DROITE. V. CHEF DE DIVISION N° 4. V. CLISE. V. DE PIED FERME. V. MARCHE PAR LE FLANC. V. OBSTACLE. V. ROULEMENT. V. TERRAIN INDIVIDUEL.

FAIRE A DROITE EN BATAILLE. V. A DROITE EN BATAILLE.

FAIRE A GAUCHE. V. A GAUCHE. V. CLISE. V. DE PIED FERME. V. MARCHE PAR LE FLANC. V. OBSTACLE. V. ROULEMENT. V. TERRAIN INDIVIDUEL.

FAIRE A GAUCHE EN BATAILLE. V. A GAUCHE EN BATAILLE. V. FORMATION A DEUX MOUVEMENTS.

FAIRE BANDE A PART. V. BANDE A PART. V. BANDE AGRÉGATIVE.

FAIRE BRÈCHE (H, 1). Les ITALIENS disent *scortinare*, endommager la COURTINE d'une PLACE DE GUERRE. Mais cette expression pourrait induire en erreur, parce qu'on fait rarement BRÈCHE aux COURTINES, mais ordinairement à un des BASTIONS du REMPART. — L'objet des CONTRE-GARDES est de rendre plus difficile le TRAVAIL de la BRÈCHE.

FAIRE CAMPAGNE. V. ADJOINT AU TRÉSORIER. V. APPOSITION DE SCELLÉS. V. ARMÉE AGISSANTE. V. ARTILLERIE DE MARINE. V. ARTILLERIE D'INFANTERIE. V. AUGMENTATION DE FORCES. V. BANNERET N° 5. V. CAMPAGNE. V. CANTONNEMENT. V. CAPOTE DE TROUPE. V. COMPAGNIE FRANCHE. V. CONNÉTABLE N° 6. V. CORDON DE BONNET. V. CORPS D'INTENDANCE N° 8. V. DÉLÉGATION DE TRAITEMENT. V. DRAPEAU D'INFANTERIE FRANÇAISE DE LIGNE. V. EMPEREUR. V. GÉNÉRAL D'ARMÉE N° 7. V. GÉNÉRAL EN CHEF N° 2. V. GENTILHOMME. V. GUERRE DE 1741. V. HÉRITIER DE MILITAIRE. V. HOPITAL MILITAIRE. V. INFANTERIE N° 6. V. JOURNAL DE GUERRE. V. JURISPRUDENCE MILITAIRE. V. JUSTICE MILITAIRE. V. MALADE D'ARMÉE. V. MILICE FRANÇAISE N° 8. V. MILICE ROMAINE N° 9. V. OFFICIER DE COMPAGNIE. V. OFFICIER DU GÉNIE N° 1. V. PIED DE GUERRE. V. PRÉVOT DES MARÉCHAUX. V. REVUE ÉCRITE. V. SEL. V. SELLE DE CAVALERIE. V. SINGULAIRE.

FAIRE CONVERSION A DROITE. V. A DROITE. V. CONVERSION.

FAIRE de PENNON BANNIÈRE. V. BANNIÈRE. V. BANNIÈRE DE CHEVALIER. V. CONNÉTABLE N° 8. V. HÉRAUT D'ARMES N° 4. V. PENNON. V. PREUX.

FAIRE DÉFILER LA PARADE. V. CHEF DE BATAILLON DE SEMAINE N° 1. V. COLONNE ÉPAGOGIQUE N° 4. V. COMMANDANT DE PLACE N° 5. V. DÉFILER LA PARADE. V. PARADE.

FAIRE DEMI-TOUR. V. A DROITE. V. CO-
LONNE ÉPAGOGIQUE Nº 4. V. CONTRE-MARCHE
PHALANGIQUE. V. CONTRE-MARCHE TACTIQUE. V.
DEMI-TOUR. V. DOUBLE HAIE. V. HUSSARD Nº 5.
V. MÉTABOLE. V. ORDONNANCE D'EXERCICE D'IN-
FANTERIE. V. PAS DE COURSE. V. PASSAGE DE
DÉFILÉ EN RETRAITE. V. PASSAGE DE LIGNES. V.
PASSAGE D'OBSTACLE EN RETRAITE. V. PHALANGE
AMPHISTOME. V. RENVERSER. V. RETRAITE EN
ÉCHIQUIER. V. RÉVERSION. V. SERRE-FILE. V.
SERREMENT DE COLONNE.

FAIRE DES ARMES. V. ARMES. V. ESCRIME.

FAIRE DES COURSES. V. COURSE.

FAIRE DES FLANCS. V. FLANC TACTIQUE.
V. ORDRE EN POTENCE.

FAIRE DES HOMMES. V. DRILLE. V. ENGA-
GEMENT DE RECRUE. V. ENROLEMENT. V. HOMME.
V. RACOLEUR. V. RECRUE. V. RECRUTEMENT.

FAIRE DES PRISONNIERS. V. DÉSOLER. V.
PRISONNIER.

FAIRE DES RECRUES. V. RECRUE.

FAIRE DIVERSION. V. DIVERSION.

FAIRE DU BUTIN. V. BATAILLE TACTIQUE.
V. BUTIN. V. PARTI DE GUERRE.

FAIRE EN ARRIÈRE EN BATAILLE. V. EN
ARRIÈRE. V. EN BATAILLE. V. RÉVERSION.

FAIRE FACE. V. A DROITE. V. ALIGNEMENT
DE BATAILLON STATIONNAIRE. V. ALIGNEMENT
DE BRIGADE. V. ALIGNEMENT DE SERRE-FILES EN
BATAILLE. V. BATAILLE DOUBLE. V. BATAILLON
CARRÉ. V. CÉRÉMONIE DE RÉCEPTION DE DRA-
PEAU. V. CONTRE-MARCHE PHALANGIQUE. V.
CONTRE-MARCHE TACTIQUE. V. CONVERSION EN
COLONNE. V. ECPÉRISPASME. V. FACE. V. FORMA-
TION SUR LA DROITE EN BATAILLE. V. GUIDE DE
BATAILLE. V. GUIDE GÉNÉRAL. V. GUIDES SUR LA
LIGNE. V. INVERSION. V. MARCHE DE BATAILLON
EN BATAILLE EN RETRAITE. V. MILICE ROMAINE
Nº 7. V. ORDRE EN POTENCE. V. ORDRE DE BA-
TAILLE D'INFANTERIE. V. PÉRIPLEGMENON. V.
PHALANGE AMPHISTOME.

FAIRE FACE EN ARRIÈRE. V. DEMI-BATAIL-
LON. V. FACE EN ARRIÈRE. V. MARCHE DE BA-
TAILLON EN BATAILLE EN AVANT. V. MARCHE
PROCESSIONNELLE. V. MILICE GRECQUE Nº 6. V.
ORDONNANCE D'EXERCICE D'INFANTERIE. V. ORDRE
EN ÉCHIQUIER. V. PASSAGE DE DÉFILÉ EN RETRAITE.
V. PÉRISPASME. V. RENVERSER UNE LIGNE.

FAIRE FACTION. V. BIVAC. V. CAPORAL DE
POSE. V. CAVALERIE FRANÇAISE Nº 8. V. CON-
SIGNE DE SENTINELLE DE MAGASIN A POUDRE. V.
FACTION. V. FACTIONNAIRE. V. FUSIL D'INFAN-
TERIE. V. MILICE CHINOISE Nº 3. V. MOUSQUE-
TAIRE A PIED Nº 2. V. SENTINELLE.

FAIRE FENÊTRE. V. FENÊTRE. V. TOURNOI.

FAIRE FERME (F), OU TENIR FERME. Mot
tout ITALIEN, *far fermo*. Dans cette LANGUE,
l'impératif *fermo là* signifiait, HALTE OU AR-
RÊTE LA-BAS! — Dans le sens maintenant

usité, Faire ferme, c'est prendre le parti de
s'arrêter, ou c'est se décider à ne point partir, en vue de résister sur le lieu même à
l'ennemi. — En TACTIQUE, l'infanterie, au
lieu de se servir des mots Faire ferme,
comme on le disait au temps de LEBLOND
(1758, B) et de LACHESNAIE (1758, I), a
adopté l'expression ÊTRE DE PIED FERME. —
Autrefois le mot LATIN *firmitas*, pris dans le
sens de lieu où l'on Fait ferme, a amené,
par corruption, l'usage du mot FERTÉ, synonyme de CHATEAU.

FAIRE FEU. V. AJUSTER. V. ARME PORTÉE.
V. ARMER UNE BATTERIE. V. ARQUEBUSE A ROUET.
V. ARQUEBUSE A SERPENTIN. V. ARQUEBUSIER A
PIED. V. AVANCÉE. V. BARRIÈRE DE FORTERESSE.
V. BATTERIE A BARDETTE. V. BIVAC. V. BUT EN
BLANC. V. CAPONNIÈRE. V. CARRÉ TACTIQUE. V.
CAVALERIE FRANÇAISE Nº 7. V. CHARGE CÉLEUS-
TIQUE. V. CHARGE D'INFANTERIE. V. CHEF DE
POSTE FERMÉ. V. CHEF D'ESCORTE DE CONVOI. V.
CHIEN DE FUSIL. V. COFFRE DE FOSSÉ. V. COLONNE
D'ATTAQUE. V. CONSIGNE DE GUERRE. V. CON-
SIGNE DE SENTINELLE D'AVANCÉE. V. CONSIGNE
DE SENTINELLE EN CAMPAGNE. V. CONVOI FUNÈ-
BRE. V. COUVRE-PLATINE. V. DISPOSITION CONTRE
LA CAVALERIE. V. DOUILLE DE BAIONNETTE. V.
DRAGONNE. V. ÉCOUVILLON. V. ÉPAULEMENT DE
FORTIFICATION. V. ESCOPETIER. V. EXÉCUTER. V.
FACE EN ARRIÈRE EN BATAILLE. V. FEU. V. FEU
DE CHAUSSÉE. V. FEU EN AVANÇANT. V. FUSIL
A LA MONTALEMBERT. V. GARDE DE DRAPEAU. V.
GARDE DE TRANCHÉE. V. GRAND MAITRE DES
ARBALÉTRIERS. V. GUERRE CÉLEUSTIQUE. V. HAL-
LEBARDE. V. HALTE-LA. V. INFANTERIE Nº 7,
8. V. LANGUE FRANÇAISE. V. MEURTRIÈRE. V.
MILICE AUTRICHIENNE Nº 7. V. MILICE PRUS-
SIENNE Nº 8. V. MILICE TURQUE Nº 7. V. MOR-
TIER. V. MOUSQUET. V. MOUSQUETAIRE A PIED
Nº 5. V. NATATION. V. OBUSIER. V. ORDRE EN
CARRÉ. V. PARAPET. V. PAS CADENCÉ. V. PAS DE
COURSE. V. PAS DE PELOTON. V. PELOTON D'IN-
FANTERIE. V. PELOTONNEMENT. V. PIERRIER. V.
PIQUET D'EXÉCUTION. V. PLAT DE CROSSE. V. QUI
VIVE. V. RANGS D'INFANTERIE. V. RECONNAIS-
SANCE DE TROUPE ARRIVANTE. V. REDOUTE DE
CAMPAGNE. V. REITRE. V. SENTINELLE. V. TIRE-
BALLE.

FAIRE FILER. V. FILE TACTIQUE. V. FILER.

FAIRE FLOTTER L'ÉTENDARD. V. ÉTENDARD.
V. FLOTTER.

FAIRE FRONT. V. AFFRONTER. V. ALIGNE-
MENT DE BATAILLON STATIONNAIRE. V. ARMÉE
ASSIÉGEANTE. V. CHANGEMENT DE FRONT A DEUX
MOUVEMENTS. V. CONTENIR L'ENNEMI. V. FACE
EN ARRIÈRE EN BATAILLE. V. FEU DE CHAUSSÉE.
V. FRONT. V. FRONTIÈRE. V. GUERRE DÉFENSIVE.
V. GUIDES SUR LA LIGNE. V. HAIE. V. INFLEXION.
V. INVERSION. V. LIGNE TACTIQUE. V. MÉTABOLE.
V. ORDRE EN POTENCE. V. PARALLÈLE, subs. V.

FAIRE LONG-BOIS. V. BOIS. V. BOIS D'HAST. V. LONG-BOIS.

FAIRE MAIGRE. V. GUERRE DE 1741. V. MAIGRE., subs. V. RIZ.

FAIRE MAIN BASSE. V. ESCRIME. V. GUERRILLA.

FAIRE MONTRE de ses forces (F). Déployer un grand APPAREIL de TROUPES. C'est quelquefois une MANŒUVRE qui masque un projet véritable.

FAIRE ORDINAIRE. V. CAPORAL D'INFANTERIE FRANÇAISE DE LIGNE N° 9. V. CAPORAL TAMBOUR. V. CORPS EN ROUTE SUR PIED DE PAIX. V. ORDINAIRE. V. SERGENT D'INFANTERIE FRANÇAISE DE LIGNE N° 6, 10.

FAIRE PAR FILE. V. PAR FILE. V. PASSAGE D'OBSTACLE EN RETRAITE.

FAIRE PAR LE FLANC. V. BOUCLIER. V. CARACOLE. V. CARRÉ DE RETRAITE. V. CAVALERIE FRANÇAISE N° 7. V. CHANGEMENT DE FRONT. V. CHEF DE PELOTON. V. CHEF DE SECTION TACTIQUE. V. CLISE. V. COLONNE SERRÉE PAR DIVISION. V. COLONNE TRANCHÉE. V. CONTRE-MARCHE PARATAXIQUE. V. CONVERSION A PIVOT FIXE. V. CONVERSION PAR LE FLANC. V. FEU DE CHAUSSÉE. V. FILE DE BATAILLON. V. FLANC TACTIQUE. V. FRONT, interj. V. LÉGION ROMAINE N° 5. V. LIGNE. V. MARCHE DE BATAILLON EN COLONNE PAR LE FLANC. V. MARCHE DE BATAILLON PAR LE FLANC. V. MARCHE DE PELOTON PAR LE FLANC. V. MARCHE PROCESSIONNELLE. V. MILICE GRECQUE N° 6. V. MOUVEMENT ÉVOLUTIF. V. OBSTACLE. V. ORDRE MINCE. V. ORDRE PROFOND. V. PAR LE FLANC. V. PARAGOGUE. V. PASSAGE DE DÉFILÉ EN RETRAITE. V. PASSAGE DE LIGNES. V. PASSAGE D'OBSTACLE EN AVANT. V. PELOTONNEMENT. V. PROMPTE MANŒUVRE. V. SERGENT DE REMPLACEMENT. V. SYNTAGME.

FAIRE PARADE de ses forces. V. FORCE. V. PARADE. V. PARADE DE TROUPE.

FAIRE PARTIR. V. CANON D'ARTILLERIE. V. PARTIR.

FAIRE PATROUILLE. V. PATROUILLE.

FAIRE POINTE (H), OU FAIRE UNE POINTE. Présenter une TÊTE DE COLONNE ou plusieurs; faire là seir; percer un pays défendu; s'élancer aventureusement sur l'ENNEMI, ou dans un SIÉGE OFFENSIF. — Quelquefois, on fait une POINTE avec l'intention de rétrograder sans retard, de protéger une RETRAITE, d'assurer le PASSAGE d'un défilé.

FAIRE PRISONNIER. V. ARMES ASSOMPTIVES. V. BARDE DE SAPEUR. V. ESCARMOUCHE. V. GENTILHOMME. V. NON-COMBATTANT. V. PARTI DE GUERRE. V. PRINCE FRANÇAIS. V. PRISONNIER. V. PRISONNIER DE GUERRE.

FAIRE PROFESSION DES ARMES. V. PROFESSION DES ARMES.

FAIRE QUARTIER. V. QUARTIER.

FAIRE RECONNAISSANCE. V. RECONNAISSANCE DE SIÉGE OFFENSIF. V. LANSQUENET.

FAIRE RENTRER DES FILES EN LIGNE (G, 6), OU METTRE DES FILES EN LIGNE. Locution qui exprime une évolution qu'on ne sait par quel substantif désigner, à moins qu'on ne l'appelle rencadrement. Cette ÉVOLUTION rétablit, en partie ou dans son intégrité, le front d'une SUBDIVISION momentanément étrécie par une ABDUCTION ou par l'action de METTRE DES FILES EN ARRIÈRE. Elle a lieu partiellement, quand le CHEF DE SUBDIVISION fait les commandements : UNE FILE DE DROITE, OU DE GAUCHE, EN LIGNE! etc., etc.; elle a lieu totalement s'il commande : EN LIGNE, MARCHE! — NOS RÈGLEMENTS D'EXERCICE DE 1791 (1er AOUT) et DE 1831 (4 MARS), ainsi que notre LANGUE MILITAIRE, demandent également un perfectionnement quant à la manière d'accomplir et d'exprimer l'ÉVOLUTION.

FAIRE RETRAITE. V. ACCULER. V. BATTRE EN RETRAITE. V. CAMP. V. CAPITULATION EN RASE CAMPAGNE. V. CAVALERIE FRANÇAISE N° 8. V. DÉFENSE DE CONVOI. V. RETRAIER. V. RETRAITE. V. RETRAITE STRATEUMATIQUE.

FAIRE ROUTE. V. ARCHIVES DE CORPS. V. ARME A VOLONTÉ. V. ARRIVÉE D'ÉQUIPAGES EN ROUTE. V. ART MILITAIRE DE TERRE. V. BATAILLON EN ROUTE. V. CAPITAINE EN ROUTE. V. COLONNE DE ROUTE. V. COLONNE SKEUOPHORIQUE. V. COLONNE TACTIQUE. V. COMPAGNIE EN ROUTE. V. CONVALESCENT DE CORPS EN ROUTE. V. DERNIER, subs. V. DÉTACHEMENT EN ROUTE. V. GARDE NATIONALE. V. LÉGION ROMAINE N° 5. V. MARCHE-ROUTE. V. POSTE. V. RETARDATAIRE. V. ROUTE. V. STRATÉGIE.

FAIRE SAUTER un HABILLEMENT. V. HABILLEMENT. V. SAUTER.

FAIRE SAUTER un OUVRAGE. V. BOMBE. V. CHEMIN COUVERT. V. CONTRESCARPE. V. GOUVERNEUR DE PLACE ASSIÉGÉE. V. MINE. V. OUVRAGE. V. OUVRAGE DE FORTIFICATION. V. SAUTER.

FAIRE SÉJOUR. V. SÉJOUR.

FAIRE SENTINELLE. V. AGUET. V. INFANTERIE N° 6. V. SENTINELLE.

FAIRE SES PREMIÈRES ARMES. V. ARMES. V. PREMIÈRES ARMES.

FAIRE TAIRE. V. BATTERIE DE SIÉGE OFFENSIF. V. FEU. V. FEU TACTIQUE. V. RÉDUIT DE CHEMIN COUVERT. V. TAIRE.

FAIRE TÊTE à l'ENNEMI (H). Locution empruntée à la vénerie par la LANGUE MILITAIRE FRANÇAISE et par la TACTIQUE. — Faire tête c'est se défendre de front, c'est regarder en face le danger. — Être aux ABOIS, c'est cesser ou être hors d'état de Faire tête, de TENIR TÊTE. — Jusqu'à ce qu'une ARMÉE DONNE, le devoir de son AVANT-GARDE est de

Faire tête. — Un siége offensif doit, au besoin, Faire tête de deux côtés.

FAIRE tête à la marche. v. bataillon carré. v. chef de file. v. marche. v. rompement de peloton. v. tête.

FAIRE un congé. v. congé. v. congé absolu.

FAIRE un détachement. v. détachement. v. intervalle tactique.

FAIRE un régiment. v. régiment. v. régiment d'infanterie française.

FAIRE un siége. v. siége. v. siége offensif.

FAIRE une compagnie. v. compagnie.

FAIRE une défense vigoureuse, une belle défense. v. défense.

FAIRE une embuscade. v. embuscade.

FAIRE une pointe. v. faire pointe. v. pointe.

FAIRE une reconnaissance. v. génie idioplique n° 5. v. reconnaissance. v. reconnaissance de siége offensif.

FAIRE volte-face. v. milice grecque n° 6. v. ourague. v. volte-face.

FAISCEAU, subs. masc. v. arme en f... v. armes de f... v. batonnet de... v. en f... v. formation de f... v. former les f... v. rompre les f...

FAISCEAU (term. génér.). Mot dérivé, suivant Ménage, du latin *fascis*, *fascellus*, faisceau ou fagot. Il donne ici l'idée d'une certaine quantité d'armes rassemblées et maintenues debout. — Les fusils d'un Faisceau se servent réciproquement de soutien, ou s'appuient sur des chevalets disposés en conséquence. — Le mot sera principalement examiné, comme signifiant faisceau d'armes et faisceau de campement.

FAISCEAU d'armes (G, 6). Sorte de faisceaux qu'il ne faut pas confondre avec les faisceaux de campement. — L'ordonnance de 1831 (4 mars) a réparé une lacune des précédents réglements en attachant à l'école du soldat une instruction relative à la manière dont les compagnies d'infanterie doivent former les faisceaux, ou mettre les armes en faisceau. — Les sapeurs sont, pendant la durée des repos, les gardiens des Faisceaux.

FAISCEAU (faisceaux) de campement (E, 2) ou faisceaux d'armes. Sorte de faisceaux ou plutôt de chevalets d'armes construits en bois. Ils ont ou la forme d'un trépied autour duquel le faisceau des fusils forme cône, ou celle d'un râtelier qui offre un double appui aux fusils; ils s'y croisent ou s'y posent obliquement, la crosse à terre, et garnis de leur baïonnette. — La langue militaire nomme aussi Faisceaux les bois ou les chevalets, en les considérant à part

des armes qui y feraient faisceau. La locution, dans ce cas, a, comme on le voit, peu de justesse. — Autant que possible, les fusils des Faisceaux sont garantis des injures de l'air par des abris; il en est surtout ainsi dans les camps d'instruction. Ils sont rangés et alignés à neuf mètres en avant du front de bandière vis-à-vis des files de tentes. Ils sont à cent quarante mètres en arrière des gardes du camp des troupes campées en première ligne. — Les réglements de campagne voulaient qu'il fût fourni un Faisceau par compagnie, mais cette disposition n'a pas été observée. — Le nombre des Faisceaux varie à raison de la force des compagnies campées; il en faut au moins un par quarante hommes. — Le cercle d'ordre et les gardes se rassemblent en avant des Faisceaux. — Autrefois, quand une troupe entrait dans un camp nouveau, elle plaçait les armes aux Faisceaux à l'instant de la batterie aux drapeaux, et par conséquent au même instant on rentrait le drapeau. — Les Faisceaux, ou, pour parler plus correctement, chaque chevalet devaient être plantés solidement et d'aplomb. Autrefois ce soin regardait le fourrier (sergent-major). Il traçait autour du pied du Faisceau, s'il était de forme conique, deux cercles, l'un de quatre pieds de diamètre, l'autre de trois pieds. Il faisait enlever l'entre-deux de la terre, à trois pouces de profondeur, pour la relever en cône autour du Faisceau. Il faisait remplir la circonférence creusée, et l'exhaussait de trois pouces avec des gazons. Il y plantait tout autour des petits piquets à une distance proportionnée à l'épaisseur des crosses de fusils; ces piquets soutenaient les crosses, quand le temps permettait de disposer les fusils la platine en dehors. — Les haches des sapeurs sont jointes au Faisceau de leur compagnie. — Des détails à ce sujet ont été donnés par Bardin (1807, D), D'hénicourt (1756, G), Lachesnaie (1758, 1), Leblond (1748, B), Puységur (1748, C), Sinclair (1773, L), l'*Encyclopédie des Gens du monde*. — Le tarif de 1851 (13 novembre) considérait les Faisceaux comme des effets d'abritement, les accompagnait de batonnets, et distinguait les Faisceaux des compagnies de ceux du piquet.

FAISCEAU (faisceaux) de licteur. v. licteur.

FAISCEAU de projectiles. v. projectile.

FAISCEAU (faisceaux) romains. v. commandement hiérarchique. v. consul. v. dictateur. v. général d'armée n° 5. v. hache. v. héraut. v. manufacture d'armes. v. milice romaine n° 4, 7, 10. v. répression. v. romain, adj.

FAISTE, subs. masc. v. faite.

FAIT (subs. masc.) d'armes. v. action de guerre, v. action d'éclat. v. armes. v. art militaire de terre, v. attaque par stratagème, v. bride de cavalerie, v. chevalerie d'affiliation n° 4. v. chevalier du moyen age n° 9. v. chevalier ecclésiastique. v. Christine de Pisan. v. combat singulier. v. défense de place. v. en f..... v. forteresse. v. fraternité d'armes. v. guerre. v. guerre de 1701; de 1775; de 1792; de 1823. v. guerre de montagnes. v. haut fait. v. historique militaire. v. maitre en f..... v. masse tactique, v. moustache. v. ordre de corps. v. stratagème, v. surprise. v. surprise de place.

‡ **FAIT** (faits) juridique (C, 5). Le mot fait est tout latin; il exprime ici l'action qui donne lieu à un procès-verbal, ou les actes qui motivent l'accusation dirigée contre un prévenu livré à un tribunal militaire. — L'inculpation du Fait ou des Faits est ou réalisée ou dissipée, suivant que l'accusé est déclaré coupable, ou non convaincu, ou seulement convaincu d'un Fait non défendu par la loi. — Tous les Faits d'un procès sont mentionnés dans l'acte d'accusation et dans l'information, et sont développés par le capitaine rapporteur. — Un acquitté ne saurait être repris deux fois pour le même Fait, conformément à l'axiome de tous les temps : *Non bis in idem*. — Le mot Fait présente une idée simple; les circonstances aggravantes compliquent la procédure.

FAITAGE, subs. masc. v. faitière. v. montant de tente. v. toit de tente.

FAITE (subs. masc.) de baraque (C, 2; H, 2). Les mots faite, faiste, qui ont produit l'adjectif faitier et le substantif faitière, dérivent, suivant Ménage et Roquefort, de l'inusité *fastum*, d'où serait venu *fastigium*; il exprime ici la poutrelle supportée par les poteaux faitiers d'une baraque.

FAITES (impératif) un quart de conversion, un demi-quart de conversion. v. conversion. v. demi-quart de conversion. v. quart de conversion.

FAITIER (faitière), adj. v. faite. v. poteau f...

FAITIÈRE (subs. fém.) de tente (B, 1). Ce mot, dont le terme faite est la racine, sert de dénomination à la perche ou au chevron mince qui s'ajuste aux montants, règne d'une extrémité à l'autre d'une tente d'ancien ou de nouveau modèle et supporte la toile. Cette partie recouvre la traverse, et répond à ce qu'on appelle le faite, le faitage d'une baraque.

‡ **FALARIQUE**, subs. fém. (F), ou phalarique, ou phalérique, ou malléole de grande dimension. Le mot Falarique vient du grec et du latin, *phalarica*, parce que, suivant Morin, Phalaris, tyran d'Agrigente en Sicile, passe pour être l'inventeur de cette arme; mais les écrivains sont en dissentiment à cet égard. Le mot Falarique se rapporte, suivant beaucoup de savants cités par Lachesnaie (1758, 1), aux termes *falœ*, *fales*, *phala*, qui signifiaient tour de fortification. Quelques étymologistes le tirent, comme l'a dit Ménage, du grec *falos*, *phalos*, venu de *fao*, *phao*, luire, briller. Il s'applique à des armes dont se servaient les milices grecques et romaines; elles avaient, en grec, plusieurs autres dénominations que mentionne Robinson. — Grégoire de Tours fait synonymes, *falarica* et *lancea*. — Les Falariques étaient des armes de déclic ou brulots dont le fer retenait des paquets d'étoupe garnie de soufre, de bitume, de résine; la hampe en était enduite de matières combustibles et imprégnée d'huile de sapin, qu'on appelait incendiaire; il y avait de ces brulots projectiles qui étaient armés de pelotes de feu grégeois, leur usage répondait à celui de nos lances à feu. — Les légions romaines se sont servies en quelques siéges de Falariques énormes et comparables par le ravage qu'elles faisaient à nos plus grosses bombes ou plutôt aux fusées de grand échantillon; on le voit dans Silius Italicus, qui appelle *trabs*, poutre, la Falarique. Ces corps projectiles consistaient en une poutre hérissée de piquants ou de crochets de fer qui saisissaient et retenaient les matières brûlantes. — Le genre et les dimensions des Falariques ont différé beaucoup, suivant les temps et le génie des peuples; ainsi les plus pesantes étaient armées d'un fer qui avait jusqu'à cinq pieds de long et qui tenait à une hampe de même longueur; ces Falariques étaient mues à l'aide des balistes, des catapultes, des mangonneaux, des scorpions. — Les Falariques plus légères étaient lancées à la main ou avec l'arc, comme le témoigne Virgile; ces dernières étaient surtout des malléoles : aussi Végèce (390, A) confond-il malléoles et Falariques. — Le tir de ces diverses armes avait quelque rapport avec nos coups à faible charge, parce qu'on les lançait d'un jet mou, de peur qu'une projection violente ne les éteignît; ce jet ressemblait à celui de nos projectiles creux et surtout des fusées de guerre dont on commence à se servir, puisqu'on lançait les Falariques à demi enflammées. — L'usage de ces armes était connu des Gaulois et des Espagnols, et régnait encore dans les guerres soutenues en France au temps de la seconde race. En général on employait des brulots de ce genre à l'atta-

que des PORTERESSES, des TOURS de bois et des VAISSEAUX et à la défense des TOURS en maçonnerie. Les ASSIÉGÉS s'en servaient pour incendier les MACHINES des ASSIÉGEANTS. — Il est question des Falariques dans APPIAN (550, A), FESTUS, GANEAU, GRÉGOIRE DE TOURS, SILIUS ITALICUS, TITE LIVE. Ce dernier auteur dit (liv. XXI et XXXIV) que le fer de la Falarique *était de trois pieds de long, afin de percer le corps et les armes;* l'instrument qu'il décrit avait à peu près la forme d'un fuseau; sa HAMPE était carrée, et à la partie où elle se joignait au fer elle se grossissait en ellipse; cette partie creusée enfermait des ingrédients inflammables : on se servait de ce genre de Falariques au siége de SAGONTE. — ISIDORE rapporte qu'une des extrémités de la Falarique était garnie d'une boule de plomb, que la hampe en était faite au tour, que le fer avait une coudée. — Les commentateurs de LUCAIN croient retrouver la Falarique dans les flambeaux projectiles (*fax, faces*) dont il parle; ils représentent la Falarique comme un dard robuste armé d'un large fer. — Les NORMANDS se servaient, comme le remarque DANIEL (1721, A), de Falariques, ou plutôt de MALLÉOLES, au siége de PARIS, en 888. — LÉON (900, A) donne idée des Falariques dans le passage où il recommande l'usage des FLÈCHES garnies d'un paquet de goudron, et lancées par les MANGONNEAUX qu'on nommait *alakatia*. — Les MUSULMANS, assiégés dans JÉRUSALEM, lançaient des Falariques sur l'armée française. On en trouve le témoignage dans l'abbé GUIBERT. — En 1427, l'armée allemande qui assiége Miess y porte, dit MORITZ MEYER, dix-huit cents Falariques; en 1529, les TURCS lancent sur VIENNE des Falariques. — Sous le règne de CHARLES SEPT, DUNOIS assiégeant PONT-AUDEMER, incendie la ville au moyen de Falariques ou de FUSÉES qui étaient au nombre des ENGINS A FEU OU ENGINS VOLANTS dont la MILICE FRANÇAISE se servait. — En 1604, sous les murs d'Ostende, et en 1646, quand ils défendaient Orbitello, les ESPAGNOLS se servaient contre l'armée française de FLÈCHES A GRENADES : c'étaient des Falariques ou des MALLÉOLES perfectionnées. — UFANO en parle dans son traité; on enfilait dans cette FLÈCHE UNE GRENADE OVALE; elle glissait jusqu'auprès du fer; elle avait deux LUMIÈRES; on s'en servit aussi au siége d'Ypres. — Quelques détails sur ces matières se trouvent dans AMMIAN (360, A), APPIAN (150, A), CAHRÉ (1785, E), DESPAGNAC (1751), ENCYCLOPÉDIE (1751, C; au mot *Phalarique*), GANEAU (au mot *Phalarique*), LACHESNAIE (1758, I), MAIZEROY (1771, A), MÉNAGE, MONTAIGNE, MORITZ MEYER, POTIER (1779, X; aux mots

Artillerie et Phalarique), SILIUS, TITE LIVE, VÉGÈCE (390, A), VIRGILE, l'*Encyclopédie du dix-neuvième siècle* (au mot *Arme*).

FALCAIRE, subs. fém. (F) ou FAUCHON A GARDE. Mot que ROQUEFORT dérive du bas LATIN *falcaria*, et qui signifie ÉPÉE en forme de FAUX; mais c'était plutôt un SABRE qu'une ÉPÉE; l'INFANTERIE COMMUNALE en faisait usage. GANEAU témoigne qu'on appelait également Falcaires les SOLDATS pourvus de ce genre d'ARMES A MANCHE.

FALCONET, subs. masc. V. FAUCONNEAU, V. MILICE PERSANE N° 1. V. MILICE RUSSE.

FALLION. V. FANION.

FALLOIS. V. NOMS PROPRES.

FALOT, subs. masc. (B, 1; E, 5), ou FANOT suivant GANEAU, qui dérive ce mot du bas LATIN *phanotus*. D'autres étymologistes le croient analogue à la dénomination que les Byzantins donnaient aux TOURS DE FORTIFICATION. Suivant MORIN, il dériverait du GREC *phalos*, brillant, resplendissant. Il exprime ici une grosse lanterne portative en usage dans les GARNISONS, et mentionnée déjà dans l'ORDONNANCE DE 1768 (1er MARS). — Avant ce réglement, les RONDES portaient ou une lumière ou une MÈCHE allumée; on le voit dans LACHESNAIE (1758, I); mais cela occasionnait des difficultés à l'égard des HONNEURS à rendre aux RONDES D'OFFICIERS. — Actuellement chaque CORPS DE GARDE est pourvu d'un Falot en fer-blanc à quatre faces vitrées; sa hauteur est de trente-deux centimètres, y compris le chapiteau; il a quinze centimètres de face; son chapiteau est garni d'une anse ou poignée. Le fond est renforcé et garni d'une bobèche en tôle. — Le CAPORAL DE CONSIGNE répond du Falot, de même que des autres EFFETS du CORPS DE GARDE. — A l'instant de la FERMETURE des PORTES, ce CAPORAL allume le Falot, s'il en est besoin, afin d'éclairer, depuis la PREMIÈRE BARRIÈRE, ceux qui manœuvrent et ferment les PORTES. — Toute RONDE doit marcher avec un Falot allumé; si c'est une RONDE D'OFFICIER, le Falot est porté par le TAMBOUR de la GARDE de la PLACE D'ARMES, ou par un soldat du POSTE d'où part la RONDE : ce soldat est relevé de POSTE en POSTE; si c'est une RONDE DE SERGENT, ce SOUS-OFFICIER s'éclaire lui-même, et rapporte le Falot au CORPS DE GARDE où il l'a pris. — Le CHEF de POSTE de la PLACE D'ARMES envoie, à l'instant du CERCLE DU SOIR, le CAPORAL DE CONSIGNE, qui y assiste avec le Falot. — Dans le MATÉRIEL des PLACES DE GUERRE, il est aussi compris des Falots suspendus au bout d'un long manche, et destinés à éclairer certains OUVRAGES pendant le cours d'un SIÉGE DÉFENSIF. — Des Falots sont au nombre des EFFETS de campement des MILICES CHINOISE et TUR-

QUE; l'usage en existait dans plus d'une MILICE ANCIENNE.

FALSIFICATION (subs. fém.) D'EFFECTIF. V. CONSEIL PERMANENT N° 5. V. EFFECTIF.

FALSIFIÉ (falsifiée), adj. V. ROUTE F...

FALTE (faltes), subs. fém. (E), ou FAUDE suivant M. LIBEN (p. 19), ou FAUTE suivant ROQUEFORT, ou GIBEL, ou TONNELET. — Le mot Falte est dérivé de l'ITALIEN ou du bas LATIN *falda*, signifiant lame ou plaque; il s'est employé au pluriel absolu.—Les Faltes étaient l'accompagnement ou l'espèce de BASQUES d'une CUIRASSE DE FER PLEIN; elles étaient la partie bouffante qui couvrait le haut des CUISSARDS ou des DEMI-CUISSARDS; c'était un HAUT-DE-CHAUSSES ou un GARDE-CHAUSSES de métal. — Il y a eu des cuirasses à une seule Falte régnant à la hauteur du nombril, c'est-à-dire que le PLASTRON de la CUIRASSE, au lieu d'être d'un seul morceau, était de deux pièces, dont l'une jouait horizontalement sur l'autre, de manière à permettre les inflexions du buste. — Plus ordinairement les Faltes régnaient à partir du dessus des hanches; elles étaient le prolongement de la CUIRASSE; elle s'évasaient à raison de la corpulence du guerrier. C'était une ou plusieurs lames de métal horizontales et mobiles ou à recouvrement; elles étaient lacées ou accrochées à la CUIRASSE et aux CUISSARDS; elles avaient quelque analogie avec une ceinture de pantalon qu'on attacherait au-dessus du bas d'une veste. — Au milieu du devant des Faltes de certaines armures était la BRAGUE. — La forme que les Faltes prenaient dans certaines CUIRASSES a fait donner au mot italien *falda* le sens de basque de pourpoint. On trouve à peu près l'image de ce genre de Faltes dans une gravure où Carré (1785, E) donne l'image du costume d'un HÉRAUT D'ARMES. — La différence entre les Faltes et les TASSETTES est difficile à expliquer. — La différence entre les Faltes et la BRACONNIÈRE dont elles étaient quelquefois recouvertes tenait à ce que la BRACONNIÈRE était ordinairement d'une seule pièce fort évasée, descendant en manière de jupon un peu plus bas que la naissance du fémur, et restant indépendante des CUISSARDS. — La BRACONNIÈRE pouvait se comparer à la partie supérieure d'un panier de jupe de femme, et n'avait pas de BRAGUE; les Faltes au contraire étaient la plupart du temps adhérentes à la cuisse. — Les COUTILLIERS portaient Faltes.

FAMILLE, subs. fém. V. NOM DE F...

FAMINE, subs. fém. V. ATTAQUE PAR F... V. PAR F...

FANDOFLE, subs. fém. V. FONDELLE.

FANFARE, subs. fém. (F), ou FAFFARE.

Mot sur l'étymologie duquel MÉNAGE et MENESTRIER ne sont pas d'accord. Ce dernier AUTEUR le tire assez ridiculement du LATIN *facere*. PASQUIER le croit une onomatopée propre à représenter le son du clairon. ROQUEFORT (1835) le regarde comme exprimant originairement l'air joué dans les grandes chasses à la mort du cerf; il donnait en général idée d'une musique de réjouissance, d'une glorification. Ainsi, dans le dix-huitième siècle et de temps immémorial, les collégiens assistant à une distribution de prix, criaient à tue-tête : *Fanfare!* après chaque couronne délivrée; à ce cri, les musiciens, placés en dehors de la salle, sonnaient une Fanfare. — Ce substantif se retrouve dans l'ESPAGNOL *fanfaria*, provenu, suivant MÉNAGE, de l'ARABE. Il a produit le verbe fanfarer, signifiant donner de la TROMPE, danser, cabrioler. Il a eu un rapport évident avec les termes tout ESPAGNOLS *fanfaron*, *fanfarone*. Cette dernière expression, en usage au temps de la conquête de l'AMÉRIQUE, était le nom donné à un ornement de bonnet, ornement qui était en or du Mexique. C'était une parure de FANFARON, de même qu'une Fanfare était l'expression de sa vanité et de son arrogance; de là ce proverbe que rapporte FURETIÈRE : *L'Espagnol fait beaucoup de fanfares pour peu de chose.* — Une Fanfare, dans le sens où il faut l'entendre ici, était un grand bruit de TIMBALES, de CLAIRONS, de TAM-TAMS, d'INSTRUMENTS de MÉNESTRELS, qui jouaient pour la pompe d'une RÉCEPTION, dans la marche d'une COMPARSE, dans des réjouissances publiques, dans les CARROUSELS et les TOURNOIS. — L'ORDONNANCE DE 1768 (1er MARS) appelle Fanfare la DIANE de la CAVALERIE. Cependant les INSTRUMENTISTES distinguent les SONNERIES D'ORDONNANCE, des Fanfares de CAVALERIE et d'INFANTERIE. Les dernières sont des AIRS de MUSIQUE arrangés pour des INSTRUMENTS DE CUIVRE : elles sont jouées dans l'INFANTERIE par les clairons, et avec le secours de la CLEF; elles sont jouées dans la CAVALERIE par les TROMPETTES, les BUGLES à CLEFS, les OPHICLÉIDES, TROMBONES et CORS. — Les SONNERIES D'ORDONNANCE, au contraire, sont d'invariables morceaux qui n'exigent pas que l'INSTRUMENTISTE se serve de la CLEF de l'INSTRUMENT. — *L'Encyclopédie des Gens du monde* a dit quelques mots des Fanfares.

FANFARON, subs. masc. V. CAPITAINE D'INFANTERIE FRANÇAISE DE LIGNE N° 2. V. FANFARE.

FANION, subs. masc. V. ATTRIBUT DE F... V. CHIFFRE DE F... V. COULEUR DE F... V. DRAPERIE DE F... V. FILE DE F... V. GARDE DE F... V. LAME DE F... V. PORTE-F...

FANION (B, 1; C, 3), ou faillion, comme l'appelle Gaya (1678, B), ou fallion, ou fiche. Roquefort cite, comme synonymes de fanion, les substantifs fénon, phanon, phénon. On a dit aussi fanon pour exprimer un meuble de blason, comme on le voit dans Ganeau. — Quelques auteurs prennent l'une pour l'autre les expressions Fanion, guidon, pennon. — Le mot Fanion, dont l'Académie a oublié de faire mention, répond en tactique à ce que les Italiens appellent *banderuola* ou *pennoncello*, diminutif de *pennone*; il a du rapport avec le vieux terme gonfalon, gonfanon. Il dérive de l'allemand *fahne*, enseigne, drapeau, qui a produit, dans la basse latinité, les mots *fano, fanonis.* — L'Encyclopédie (1751, C) le tire au contraire de l'allemand *fanen*, ou du latin *pannus*, drap ou pièce d'étoffe. — Gébelin lui donne la même origine qu'au terme fanal; mais cette supposition est peu plausible; on verra pourtant qu'il y a des Fanions-fanaux ou falots. — Le Fanion, quant à son usage dans notre armée, et quant au nom français qu'il porte, n'est pas antérieur à la guerre de 1667; il date à peu près de la même époque que le cordeau de campement. Il a toujours eu la draperie en serge, d'un pied carré. Il a d'abord et longtemps été un petit drapeau institué pour le maintien de la police de l'armée ou des corps; on l'a ensuite appliqué au tracé du campement ou au jalonnement des fronts de bandière des régiments. De nos jours, il est devenu, dans l'infanterie, et un moyen d'alignement et un instrument tactique. — Certains étendards chinois que décrit avec détails Amiot (1782, O) sont de véritables Fanions : ils portent deux lanternes, pour obvier à ce que, de nuit, les hommes de la même compagnie ne s'égarent en le perdant de vue. Cette disposition est un grand raffinement de police militaire : elle rappelle un usage des Romains qui éclairaient leurs camps avec des réverbères pendant la nuit. — Anciennement la draperie des Fanions français était de la couleur de la livrée du colonel ou du brigadier. — Dans le siècle dernier, l'usage des Fanions était général. Les troupes impériales, prussiennes, anglaises et hollandaises avaient un Fanion par compagnie; il portait l'inscription du bataillon et de la compagnie. — Un article de M. de Cessac dans l'Encyclopédie (1785, C) contient diverses propositions relatives aux formes qu'il conviendrait de donner aux Fanions. — Le mot Fanion va être distingué en fanion de bagages, — de campement, — de compagnie, — tactique.

FANION de bagages (F). Sorte de fanion mentionné déjà dans l'ordonnance de 1675 (22 mai); elle voulait que le Fanion fût porté dans les marches-routes par *un valet, le plus sage de la brigade.* Il lui était alloué vingt sous de solde par jour. Un officier subalterne accompagnait le Fanion, réunissait tous les valets de la brigade, et les faisait marcher ensemble de manière à ne pas gêner les troupes. Il punissait du fouet le valet quittant son Fanion. Cet officier subalterne a été ensuite remplacé par le vaguemestre de brigade. — Le mot Fanion se trouve dans Ganeau, mais n'était encore que peu répandu alors. Delafontaine (1675, A) ne se sert, dans le même sens, que des mots étendard et banderole. — L'ordonnance de 1753 (17 février) veut que le nom du régiment soit inscrit sur le Fanion; qu'il soit porté par un valet que désigne le major, et qu'il précède les équipages. — Dans les ordonnances du milieu du dernier siècle, il est question d'un Fanion placé à la tête de tous les autres, et remplaçant ainsi l'ancienne enseigne du maréchal des logis. Il est encore question de ce Fanion dans les ordonnances de 1776. — En outre de ce Fanion d'armée, il y en avait de particuliers aux corps; l'ordonnance de 1778 (28 avril) voulait que sur le premier mulet de l'équipage du colonel il y eût un Fanion indicatif du nom du régiment.

FANION de bataillon. v. bataillon. v. chef de bataillon d'infanterie française de ligne n° 5. v. fanion tactique. v. fourrier d'infanterie française de ligne n° 5. v. infanterie française n° 4.

FANION (fanions) de campement (E, 1; F). Sorte de fanions dont l'usage existait dans la milice romaine. Rohan (1757, Q) explique comment avec des Fanions, qu'il appelle banderoles, les légions marquaient le camp, en y employant, suivant ses différents quartiers, des banderoles blanches, rouges et d'autres couleurs. — Conformément à l'ordonnance de campagne de 1778 (28 avril), les fiches ou Fanions étaient hauts de six pieds et ferrés par le bas, chaque campement actif était muni de trois Fanions par bataillon sur lesquels devait être inscrit le nom du régiment et du bataillon. Ces Fanions servaient de jalons pour tracer et aligner le camp. — Le règlement de campement de 1702 (5 avril) disposait que trois Fanions par bataillon seraient fournis de la même manière et en même temps que les autres effets de campement. Le tarif de 1851 (13 novembre) les classait au nombre des effets accessoires de campement.

FANION de compagnie (F). Sorte de fanion qui rappelait les drapeaux de centurie dés COHORTES des LÉGIONS ROMAINES. — Les RÉGLEMENTS DE 1767 (25 AVRIL) et de 1779 (24 FÉVRIER) donnaient un Fanion à chaque FOURRIER, alors sergent-major; c'était une FICHE longue d'une toise, et garnie d'une BANDEROLE de la couleur du RÉGIMENT; c'était la principale MARQUE DISTINCTIVE de la COMPAGNIE. — Quand le CORPS était en route, le FOURRIER plantait ostensiblement son Fanion en dehors de la fenêtre de son logis ou du logis du CAPITAINE, afin que chacun pût venir commodément aux plaintes, aux renseignements, aux réclamations. Rien n'a justifié l'oubli de cet usage et le silence des lois modernes à cet égard. — Dans certains corps où une discipline exacte était observée, nous avons vu pendant la GUERRE DE LA RÉVOLUTION l'usage des Fanions revivre de temps en temps; mais c'était un pur effet de la volonté du COLONEL lui seul.

FANION (fanions) TACTIQUE (E, 1; G, 6), ou FANION DE BATAILLON. Sorte de FANIONS institués à raison de trois par BATAILLON D'INFANTERIE, en vertu de l'ORDONNANCE DE 1788 (12 AOUT). — A partir de cette époque, les Fanions prennent de l'importance dans les EXERCICES de l'INFANTERIE, et s'approprient aux ALIGNEMENTS DE BATAILLONS, conformément aux méthodes du JALONNEMENT prussien, méthodes que PIRSCH venait d'importer récemment de PRUSSE en FRANCE. — En général, le poids du Fanion n'outre-passait guère sept décagrammes ou une livre et demie. — Habituellement, et quand les Fanions ne sont pas en service, ils sont confiés à l'ADJUDANT; il les garde, et il en est responsable. — Dans certains corps, les GUIDES GÉNÉRAUX étaient porteurs d'un Fanion dont la HAMPE était assez mince pour pouvoir s'introduire dans le canon du fusil. — Le DÉCRET DE 1811 (25 DÉCEMBRE) et l'ORDRE DU JOUR DE 1812 (12 FÉVRIER) reconnaissaient par chaque BATAILLON, hormis au PREMIER, qui était GARDE-AIGLE, un Fanion que des décrets antérieurs avaient dénommé ENSEIGNE. Le Fanion du DEUXIÈME BATAILLON était blanc; du TROISIÈME, rouge; du QUATRIÈME, bleu; du CINQUIÈME, vert; du SIXIÈME, jaune. — Ces Fanions étaient non-seulement un instrument tactique, mais aussi une marque distinctive des BATAILLONS et du régiment. C'était l'équivalent d'un DRAPEAU, si ce n'est que la confection en était plus simple et qu'aucun HONNEUR ne leur était rendu. — Une CIRCULAIRE DE 1812 (19 MARS) réglait que la HAMPE de ces Fanions aurait deux mètres six cents millimètres, et que sa draperie aurait huit cents millimètres (trente pouces carrés). Ils étaient portés chacun par un SERGENT-MAJOR; ce PORTE-FANION était

choisi par le COLONEL, et faisait tout à fait fonction de PORTE-DRAPEAU. Dans ce cas, la GARDE du Fanion ne différait pas de la GARDE du DRAPEAU. — L'ORDONNANCE DE 1815 (3 AOUT) attachait un Fanion à chaque BATAILLON de légion. Cette disposition relative aux Fanions a été implicitement abrogée en 1816 par la création des DRAPEAUX DE COULEUR. — Une DÉCISION DE 1827 (30 JUIN) accordait un Fanion par BATAILLON, et en déterminait les couleurs. — L'ORDONNANCE DE 1830 (24 FÉVRIER) en mettait l'acquisition au compte de la MASSE D'ENTRETIEN. — La CIRCULAIRE DE 1830 (11 SEPTEMBRE) le voulait de couleur tricolore et à LANCE de cuivre. — La DÉCISION DE 1830 (20 NOVEMBRE) le voulait moitié rouge garance et moitié bleu. La raison eût demandé qu'il fût de la couleur du POMPON. — L'ORDONNANCE DE 1831 (4 MARS) donne, en guise de DRAPEAU, des Fanions au PREMIER et au TROISIÈME BATAILLON, et les dénomme en manœuvres DRAPEAUX. — DARUT (1787, D) propose de rendre plus faciles les ALIGNEMENTS, en faisant confectionner des Fanions surmontés d'une boule dorée ou coloriée, au-dessous de laquelle *serait une feuille rectangulaire de cuivre d'un pied de large sur huit pouces de haut; qui se trouvât porté parallèlement aux épaules du porte-fanion, et précisément au-dessus de sa tête; de manière que le prolongement de la ligne verticale qui passerait par le milieu du guidon, passât en même temps entre les deux yeux du porte-fanion.* — DARUT fournit des raisons très-sensées pour prouver combien seraient utiles des Fanions d'état-major, c'est-à-dire des cavaliers destinés à servir de POINTS D'ALIGNEMENTS ou de POINTS INTERMÉDIAIRES, et portant à cet effet un casque qui, par sa forme, pût être un guidon commode de JALONNEMENT. Dans la MILICE ANGLAISE, des cavaliers ou ordonnances, isolés des lignes et préposés au maintien de la police, sont reconnaissables par une écharpe, et remplissent au besoin les fonctions tactiques dont DARUT donne l'idée.

FANON, subs. masc. V. BANDEROLE DE CHEVALIER DU MOYEN AGE. V. BANNIÈRE. V. DRAPERIE DE BANNIÈRE. V. FANION. V. GIROUETTE. V. GONFALON. V. GUIDON D'ÉQUIPEMENT. V. LANDREQUIN. V. LANGUE LATINE. V. MILICE TURQUE N° 4. V. ORIFLAMME. V. PENNON.

FANOT, subs. masc. V. FALOT.

FANTACHIN, subs. masc. V. FANTASSIN.

FANTASSIN, subs. masc. (I^r), ou FANTACHIN, comme le dit Henri ESTIENNE, ou GLAIVE suivant GANEAU, ou HOMME DE PIED, ou HOMME D'INFANTERIE, ou PAONNIER, ou PIÉTON, ou PIONNIER suivant ROQUEFORT, ou PEDESCAT suivant M. MONTEIL, ou SOLDAT

D'INFANTERIE. — Les mots INFANTERIE et FANTERIE sont d'origine ESPAGNOLE et ITALIENNE, parce que l'INFANTERIE de ces peuples est née et s'est perfectionnée avant la nôtre; mais le mot Fantassin date de plus loin, dans la LANGUE FRANÇAISE, qu'INFANTERIE; il est mentionné déjà dans l'ORDONNANCE DE 1338 (JUIN); elle donnait aux Fantassins ou GENS DE PIED SANS ARBALÈTE, une PAYE de douze deniers ou quinze deniers par jour, suivant les sénéchaussées; le mot Fantassin succède surtout au mot PIÉTON, depuis l'adoption des ARMES A FEU PORTATIVES. — Les ESPAGNOLS ont d'abord appelé *infante*, enfant ou petit valet; un SOLDAT A PIED, une RECRUE, tandis qu'ils appelaient le cavalier *hombre des armas*, HOMME D'ARMES OU SEIGNEUR. Du mot *infante* ils ont fait *infanteria*. De même l'ITALIE a composé le mot *fanteria* de *fante*, serviteur OU SOLDAT A PIED; son diminutif *fantoccino* est devenu, par corruption, notre mot Fantassin. — Le dernier de ces termes est donc de souche ITALIENNE, tandis que le mot INFANTERIE a son étymologie dans l'ESPAGNOL. — Techniquement parlant, les Fantassins sont antérieurs, dans la MILICE FRANÇAISE, à l'INFANTERIE et postérieurs aux PIÉTONS; c'est en ce sens qu'on dit que quelques FEUDATAIRES menaient à leur suite des Fantassins, dans un temps où il n'existait pas encore d'INFANTERIE. — Les premiers traducteurs de MACHIAVEL (1510, A) commencent à employer les termes FANTERIE, INFANTERIE. Jusque-là on disait dans le même sens BRIGANTS, comme on le voit dans FROISSART, ou bien COMPAGNONS, ou bien ENFANTS; ces deux dernières expressions se trouvent dans quantité d'allocutions militaires: elles sont employées dans une lettre du duc de Bourgogne de 1475 (12 mars) qui parle des *enfants à pié*; il y a une trace de ces usages dans l'emploi du mot ENFANT PERDU, qui s'est conservé si tard dans la langue de la TACTIQUE. En parlant des hommes de l'INFANTERIE, BRANTOME (1600, A) disait: *Aussi sont-ils appelés Fantassins (enfants) d'autant qu'ils sont jeunes, et rien n'est impossible à la jeunesse.* — Enfin Ménage, témoigne qu'on disait porter le CANAPSA (HAVRE-SAC) ou la besace, pour signifier être GOUJAT ou Fantassin, être au SERVICE dans l'INFANTERIE. — L'expression Fantassin est historique, mais elle a été de peu d'usage dans nos troupes; la langue, par une sorte de pudeur, par une justice tardive rendue maintenant à l'INFANTERIE, repousse le mot Fantassin à cause du peu d'élévation de son origine; elle évite de rappeler ces temps où la JUSTICE MILITAIRE soumettait l'HOMME DE PIED à des CHATIMENTS, à une FUSTIGATION, inconnus des CAVALIERS; alors le Fantassin était le valet de l'HOMME D'ARMES et du GENTILHOMME, comme cela se voyait encore de nos jours parmi les MAMELOUKS. — Il est fâcheux cependant que nous manquions d'un substantif simple pour exprimer l'HOMME DE TROUPE D'INFANTERIE; les ALLEMANDS ont été plus sages en faisant *infanteriste*. — Au commencement de la TROISIÈME RACE, les SEIGNEURS FIEFFÉS attachaient, en temps de GUERRE, à leur escorte, non pas des Fantassins, puisque le mot n'existait pas, mais des RIBAUDS, des PIÉTONS, qui s'appelaient: *servientes, famuli, satellites, pedites*; ils les amenaient à l'ARMÉE quoiqu'ils ne fussent astreints, par les conditions du FIEF, qu'à mener de la CAVALERIE; mais, dans leurs MARCHES, ils se faisaient suivre d'HOMMES A PIED, soit en se conformant à un ordre particulier du souverain, soit par ostentation, soit pour leur service particulier, soit pour avoir sous la main des artisans utiles à la guerre, des pionniers indispensables dans les marches. Il en fut ainsi jusqu'à l'établissement de l'INFANTERIE DES COMMUNES qui commence à se former par RANGS et à se revêtir de quelques ARMES DÉFENSIVES, jusque-là réservées aux seuls CAVALIERS. Le HALECRET à HAUSSE-COU et la HALLEBARDE devinrent ensuite des armes de Fantassins. — Au milieu du seizième siècle, des Fantassins deviennent DRAGONS. — Dans le siècle suivant, les Fantassins s'ordonnent en ESCADRES, et concourent à ce qu'on a appelé le MÉLANGE D'ARMES; plus tard il en est tiré des GRENADIERS. — SULLY nous apprend qu'il évaluait en 1610 la dépense d'un Fantassin à vingt et une livres par mois, y compris la SOLDE des OFFICIERS; il ne donnait aux LANSQUENETS, aux SUISSES et aux Français qu'une seule et même SOLDE. — Ainsi la PAYE d'un HOMME DE PIED, PAYE qui subvenait à toutes les FOURNITURES, ne revenait à l'Etat qu'à deux cent cinquante livres, ce qui peut équivaloir à six cents francs, à raison de la différence de la valeur des MONNAIES. — A mesure des progrès administratifs, on parvint à modérer cette dépense; ainsi, en 1654, un Fantassin équipé et armé du MOUSQUET était censé coûter par mois vingt livres, y compris trois livres pour sa subsistance au quartier d'assemblée. Ces vingt livres en représenteraient maintenant un peu plus de quarante; certaines FOURNITURES commençaient à être en dehors de la PAYE. — Ce qui intéresse ce sujet et nos usages modernes prendra plus de développement dans les articles COMPAGNIE D'ÉLITE, EXERCICE A FEU, HOMME DE TROUPE, GUERRE, INFANTERIE, SEIGNEUR, TALONS NU-

MAINS, parce que l'histoire du Fantassin ne pouvait guère s'étendre au delà de l'époque où le mot tombe en désuétude : ainsi l'histoire de l'infanterie proprement dite commence où finit l'histoire du Fantassin proment dit.

FANTASSIN de BATAILLE. V. BATAILLE. V. CHASSEUR A PIED. V. EXERCICE A FEU. V. MANIEMENT D'ARMES.

FANTASSIN de COHORTE. V. COHORTE. V. COHORTE DE LÉGION ROMAINE Nº 4. V. COHORTE MILLIAIRE. V. MILICE ROMAINE Nº 2. V. TERRAIN INDIVIDUEL.

FANTASSIN LÉGER. V. CARRÉ D'EGYPTE. V. EXERCICE A FEU. V. LÉGER, adj. V. PSILAGIE.

FANTERIE, subs. fém. V. FANTASSIN. V. INFANTERIE; id. Nº 3. V. SOLDAT.

FAPIFARE, subs. fém. (F). Mot qui, suivant CARRÉ (1783, E), exprimait autrefois le son de la TROMPETTE; peut-être est-ce la même chose que la FANFARE. Peut-être est-ce ce terme lui-même, que des copistes auraient corrompu.

FAQUIN, subs. masc. (F). Mot tout ITALIEN *facchino*, dérivé de *fasciculus*, faix, faisceau; ce terme, importé d'Italie, est devenu français, suivant ROQUEFORT (1835), dans la première moitié du seizième siècle. Il appartient au temps de la CHEVALERIE; il signifie portefaix, malotru, pauvre diable, ou bien image d'homme comparable au POTEAU D'ESCRIME des anciens. — Quand les CHEVALIERS DU MOYEN AGE se livraient aux exercices du manége ou du CARROUSEL, ils payaient ou mettaient en réquisition un homme du peuple, un Faquin; ce misérable se laissait ARMER DE TOUTES PIÈCES et restait immobile. Chaque CHEVALIER venait rompre des LANCES ou diriger l'ESTOC sur cette cible vivante : cela s'appelait BRIDER, COURRE LE FAQUIN, ROMPRE CONTRE LE FAQUIN, ROMPRE AU FAQUIN. Cet amusement ou cet apprentissage ensanglantaient de temps en temps la LICE. Quoiqu'on n'eût payé le Faquin que pour être battu ou culbuté, on le tuait quelquefois; cet inconvénient, qui dérangeait le divertissement, se reproduisait toutes les fois que les étudiants trouvaient trop bien le JOINT de la cuirasse dans laquelle était emprisonné le patient qu'ils visaient. Ces accidents firent renoncer au Faquin en vie, et l'on se contenta de l'homme postiche ou du mannequin que depuis on appela également le Faquin. — La course ou l'EXERCICE qu'on exprimait par les mots courir ou COURRE LE FAQUIN fut un raffinement de la QUINTANE; PLUVINEL en donne l'image. — Ce Faquin postiche était habillé en Turc, en SARRASIN, à la moresque, ou bien avait le costume de fer; de là vient que les Italiens appelaient ce jeu : *il sarra-*

ceno, lo stafermo, l'huomo armato. — Le Faquin était posé sur un pivot; y restait immobile, si on le frappait entre les yeux, sur le nez, sur le front; c'était le BRIDER; mais il tournait avec rapidité, si la pointe de la LANCE le prenait trop à droite ou trop à gauche, ce qui s'appelait MANQUER LA PASSE; et il frappait en ce cas avec un gros sabre de bois et un sac plein de sable sur le dos du cavalier maladroit. Ce châtiment était accompagné des huées de tous les assistants. — La TACTIQUE, quand elle commença à reprendre crédit, fit oublier les passe-temps du Faquin. — Quelques éclaircissements sur ce sujet se trouvent dans l'*Encyclopédie des Gens du monde.*

FARCI (farcie), adj. V. GABION F... V. ROCHETTE F...

FARCIR (verb. act.) un GABION. V. GABION. V. GABION DE SAPE.

FARIA. V. NOMS PROPRES.

FARINE, subs. fém. (B, 1). Mot tout LATIN, exprimant la substance nutritive extraite suivant les temps, du BLÉ, de l'ORGE, du SEIGLE, etc., etc. — Les SOLDATS de la MILICE ROMAINE confectionnaient eux-mêmes, et d'une manière grossière, la Farine pour la préparation de leur NOURRITURE; il fut un temps où ils y employaient des MOULINS PORTATIFS. — La Farine propre à la fabrication du PAIN DE MUNITION des armées modernes se composait d'abord de MÉTEIL ou d'un mélange de trois quarts de BLÉ et d'un quart de SEIGLE ou d'ORGE; ensuite de deux tiers de BLÉ. Elle est toute de pur FROMENT depuis l'ORDONNANCE DE 1822 (2 OCTOBRE). — La surveillance du BLUTAGE des Farines est une mesure administrative depuis longtemps pratiquée dans les GARNISONS; la même surveillance s'exerçait autrefois en campagne ou était censée s'exercer sur les MAQUILLEURS. — Il est compris des Farines au nombre des DENRÉES DE FORTERESSE, mais les réglements sur les SUBSISTANCES décident qu'en général il n'en doit être admis et emmagasiné qu'en cas de circonstances urgentes. — La consommation des Farines pour la NOURRITURE d'une ARMÉE s'évalue à peu près, par jour et par cent vingt hommes, à raison d'un sac de cent kilogrammes, et son transport par CAISSONS, comparé à celui du pain, est comme un est à trois. — L'INSTRUCTION DE L'AN TROIS (16 VENTOSE) et la production d'ODIER (1824, E; t. VI) s'étendent en observations relatives à la qualité, à l'entretien, à la conservation des Farines, à la surveillance des BOULANGERS et des MAGASINS A FARINE, etc.

FARINE de RIZ. V. RIZ.

FARMAIL, subs. masc. V. FRÉMAILLET.

FARNÉZE. v. NOMS PROPRES.

FARON. v. BARON.

FASCE, subs. fém. v. BANDE D'ÉQUIPEMENT.

FASCINAGE, subs. masc. v. ÉPAULEMENT DE FORTIFICATION. v. FASCINE. v. PONT DE CAMPAGNE. v. REVÊTEMENT. v. RISBERME.

FASCINE, subs. fém. v. A F... v. A LA F... v. BATTRE LA F...

FASCINE (term. génér.), ou FACINE, comme MANESSON (1685, B) l'écrit en plusieurs passages, ou SAUCISSON DE SAPE. Le mot Fascine est dérivé du bas LATIN *fascenina*, *fascennia*, bottes ou faisceaux servant aux clôtures des domaines; ces mots ont produit dans l'ITALIEN *fascina*, *fascinata*. — Les Fascines sont des fagots d'une forme déterminée, qu'on a employés dans la FORTIFICATION PASSAGÈRE, dans les TRAVAUX DE CAMPAGNE, dans les OPÉRATIONS DE SIÉGE, à garnir des TORTUES, des MURS DE BLINDES, etc. — Les GRECS se servaient de Fascines dans leurs constructions défensives, comme le témoigne ROLLIN. CÉSAR (51 avant J.-C.) donne sans cesse idée du FASCINAGE et du GAZONNAGE. — Au MOYEN AGE, les GASTADOURS étaient chargés de la fabrication des Fascines; plus tard on y employait les SUISSES; maintenant l'INFANTERIE doit être dressée à ce travail. — La MILICE ESPAGNOLE, aux temps de sa vigueur et de sa réputation, n'entreprenait une journée de marche pour se rendre à un SIÉGE, qu'après s'être précautionnée de Fascines; on en trouve le témoignage dans le récit suivant que fait BRANTOME (1600, A), en parlant du siége d'Anvers qui eut lieu en 1576 : *Tous sortent de leur ville (Alost), ils marchent déterminez, chaqu'un prenant sa Fascine et la portant sur une espaule; et sur l'autre, l'arquebuse ou la pique.* — Suivant nos usages modernes, les Fascines sont cylindriques; leurs dimensions ont varié depuis quatre jusqu'à douze pieds; il serait à désirer cependant que des règles à cet égard fussent fixes et simples, car le moyen de dresser les soldats à les bien faire consisterait à apporter le moins de diversité possible dans les calculs de leurs mesures. — Ordinairement les Fascines ont deux mètres de long, et huit à quinze pouces de diamètre; elles sont liées de deux, trois ou quatre HARTS, suivant leur longueur; elles se composent de menues branches choisies et dégarnies de leurs feuilles; il doit être laissé dans leur intérieur le moins de vide possible; leur fabrication est regardée comme une des corvées de SIÉGE. — Les principes et les procédés de leur confection ont été décrits par BARDIN (1807, D), POTIER (1770, X), VILLE-

NEUVE, GASSENDI (1819), etc.; suivant ce dernier AUTEUR, six hommes doivent faire douze Fascines dans une heure. — Cette fabrication a lieu au moyen d'ABATIS ordonnés à cet effet dans le voisinage des TRAVAUX. — Les Fascines servent surtout dans les SIÉGES OFFENSIFS. Aussitôt qu'elles sont confectionnées, on les réunit aux autres AMAS DE MATÉRIAUX. — On les emploie à tous les OUVRAGES DE FORTIFICATION PASSAGÈRE, à la réparation des REMPARTS, à la construction des BATTERIES DE BOUCHES A FEU et des BLINDES; on en fait des BARRICADES, des CAVALIERS DE TRANCHÉE; on les dispose en forme d'EMBRASURES, de LOGEMENTS, de RETRANCHEMENTS, de RETIRADE, de TRAVERSES; on les consolide en les PIQUETANT, ou les lardant de PIQUETS. — Les PARCS DE SIÉGE sont un entrepôt de Fascines. — Quand on doit les disposer en massif, on les place en sens contraire et par lits qu'on recouvre de couches de terre battue; ce travail fini se nomme FASCINAGE. — On farcit de pierres les Fascines destinées à combler des Fossés inondés. — On garnit de Fascines les CHANDELIERS DE TRANCHÉE; on en fait des espèces de toitures, pour les galeries qui servent à la DESCENTE et au PASSAGE du FOSSÉ; on en recouvre les FOSSÉS BORGNES. — Les Fascines servent à combler le FOSSÉ d'une DEMI-LUNE ou de tout autre OUVRAGE dont on entreprend l'ATTAQUE; elles servent à adoucir la BRÈCHE. — Lorsqu'il s'agit d'ATTAQUES DE LIGNES, la CAVALERIE marche, munie de Fascines, et court les jeter dans les TRANCHÉES qu'il est important que les BOUCHES A FEU ou l'INFANTERIE franchissent. — Dans la DÉFENSE, on se sert de Fascines pour réparer les BRÈCHES, et pour quantité d'OUVRAGES analogues à ce qui a été dit; on se sert de CROCS pour culbuter, désunir les Fascines de l'ennemi; chaque TRAVAILLEUR A LA TRANCHÉE est pourvu d'une Fascine. — Le mot Fascine se distingue en FASCINE DE SAPE et en FASCINE GOUDRONNÉE.

FASCINE (fascines) DE SAPE (G, 4). Sorte de FASCINES dont on farcit les GABIONS DE SAPE et dont on les recouvre pour exhausser le PARAPET.

FASCINE (fascines) GOUDRONNÉE (G, 4; H, 1), ou FAGOT D'ARTIFICE, ou FAGOT GOUDRONNÉ, ou GOUDRA, ou POISSE suivant GANEAU. Sorte de FASCINES ou de fagots à une ou à deux harts; des ASSIÉGÉS s'en servaient soit en les jetant allumés du haut de la BRÈCHE sur les ASSAILLANTS, soit en les allumant pendant la nuit, et en les jetant dans les FOSSÉS de la PLACE pour éclairer les environs, et savoir ce qui s'y passe. — On se se sert aussi de ce genre de Fascines pour la destruction des PALISSADES. — SIONVILLE

(1756) s'étend sur les procédés de la fabrication de cet ARTIFICE. L'usage des Fascines goudronnées paraît aujourd'hui abandonné; cependant GASSENDI (1819) et COTTY (1822, A) les mentionnent encore.

FATIGUE, subs. fém. V. GARDE DE FATIGUE.

FAUBOURG, subs. masc. V. FORTERESSE. V. PAL.

FAUCHAGE, subs. masc. V. CAMPEMENT TACTIQUE. V. CORVÉE EN CAMPAGNE.

FAUCHAR, subs. masc. V. FAUCHARD.

FAUCHARD, subs. masc. (F), ou FAUCHAR suivant ROQUEFORT, ou FAUCHART, ou FAUCHON A HAMPE, ou FAUSSARD, comme le disent GÉBELIN, MÉNAGE, ROQUEFORT. Le mot Fauchard dérive du LATIN *falcarius*, provenu de *falx*, *falcettus*, FAUX. — Le Fauchard était une sorte de HALLEBARDE ou une ARME DE LONGUEUR dont la HAMPE avait environ deux mètres; dont le FER avait la forme d'une SERPE ou d'une faucille à double tranchant; cette LAME était quelquefois à plusieurs piquants. — CARRÉ (1783, E) regarde Fauchard et BEBAIGUE comme synonymes; dans les dessins qu'il donne de ces ARMES, elles ont une HAMPE de près de trois mètres. — VELLY témoigne, à la date 1550, que la MILICE FRANÇAISE commençait à renoncer à l'usage du Fauchard. — Les Turcs appelaient TERPAN le Fauchard, comme le témoigne l'*Encyclopédie du dix-neuvième siècle* (au mot *Arme*).

FAUCHART, subs. masc. V. FAUCHARD. V. INFANTERIE COMMUNALE.

FAUCHET. V. NOMS PROPRES.

FAUCHEUR, subs. masc. V. ARME PERSONNELLE N° 2. V. CAMPEMENT TACTIQUE. V. COFFRIN DE FAUCHEUR. V. FAUX, subs. fém. V. MARTEAU DE FAUCHEUR. V. MILICE POLONAISE N° 1.

FAUCHION, subs. masc. V. FAUCON.

FAUCHON A GARDE, subs. masc. (F), ou BEDOIL, ou FALCAIRE, ou FOUCHON, ou GOY, ou VEDOIL, suivant LEDUCHAT, MÉNAGE et ROQUEFORT. Il est resté dans l'ANGLAIS *falchion*, comme le témoigne DUANE. — Le mot Fauchon a la même origine que le mot FAUCHARD; il serait plus correctement nommé à manche que à GARDE, parce que sa GARDE, comme celle des autres ARMES A MANCHE, est un véritable manche de couteau de cuisine; mais il en pourrait résulter quiproquo si l'on prenait manche comme synonyme de HAMPE. — Dans les peintures antiques d'Herculanum (*Pitture antiche d'Ercolano*), Persée, délivrant Andromède, est armé d'un Fauchon. Ce genre d'ARMES paraît s'être nommé, à ce que rapporte l'ENCYCLOPÉDIE (1751, C; au mot ÉPÉE), *telum uncum*, dard recourbé. —

Les Romains, probablement à l'imitation des ORIENTAUX, eurent dans leurs ARMÉES des soldats nommés *falcarius, falcarii;* ils étaient armés d'une ÉPÉE ou d'un Fauchon nommé *falcula*, ou *ensis falcatus*. Ces SOLDATS faisaient fonctions de coupeurs de têtes; ISIDORE les nomme *gladiator falcem gerens*. — Le Fauchon était un genre de SABRE usité dans la MILICE FRANÇAISE au temps de Louis NEUF; il s'appelait probablement aussi BEDOIL, parce que c'était une ARME de Bédouins; il ne faut pas le confondre avec le FAUCHON A HAMPE qu'on a nommé VOUGE ou VUORGE. — Il participait de l'espèce et de la forme du BRANC, du CANDJAR, et de la FAUX. BOREL (Pierre) le compare au CIMETERRE des TURCS, à l'ACINACE ou au HERPÉ des PERSANS. — FAUCHET rapporte ce passage du roman du Pèlerin de l'âme :

Ou le fauchon je te ceindray
Ou je ta vie faucheray.

CARRÉ (1783, E) appelle Fauchon l'espèce de branc avec lequel les esclaves des Orientaux décapitent les blessés du champ de bataille. Dans le dessin qu'il en donne, c'est une LAME COURBE à deux TRANCHANTS, dont le moins affilé est convexe. — L'*Encyclopédie du dix-neuvième siècle* (au mot *Arme*) le représente comme un sabre très-courbe dont le tranchant est concave.

FAUCHON A HAMPE. V. A HAMPE. V. ARME POURFENDANTE. V. FAUCHARD. V. FAUX DE DÉFENSE. V. FLÈCHE PROJECTILE. V. HALLEBARDE. V. RANÇON.

FAUCILLE, subs. fém. V. OUTIL DE CAMPEMENT.

FAUCON, subs. masc. V. BEC DE FAUCON. V. FAUCON D'HAST.

FAUCON, subs. masc. et fém. (F), ou FAUCHION, suivant DUANE, ou FAULCON. Mot dérivé de l'ITALIEN *falcone*, oiseau de chasse; *falconnetto*, FAUCONNEAU, en était le diminutif; ces noms d'oiseaux sont devenus ceux d'une ancienne BOUCHE A FEU A TIR DIRECT qui faisait partie de l'ARTILLERIE DE CAMPAGNE des Français. — PAUL JOVE dit qu'il y avait de grands et de petits Faucons qui chassaient une BALLE de la grosseur d'un citron. C'étaient des PIÈCES traînées sur deux roues, et sans avant-train; elles suivaient les mouvements de la cavalerie. — Au temps de SAINT-REMY, le Faucon était un CANON de trois livres de BALLES, et de huit pieds de long; FURETIÈRE le dépeint comme une PIÈCE d'une livre et demie, et ayant trois pouces de diamètre; suivant DUPAIN (1783, F), elle est de deux livres; suivant M. Moritz Meyer et Tartaglia, elle est de six livres. — Manesson (1685, B) dit au contraire que le Faucon est le double du fauconneau, et que c'est une pièce de dix. Peut-être veut-il parler des usages des étrangers, car Saint-Remy semble plus digne de foi, quant aux usages français. — Lachesnaie (1758, I) prend les mots Faucon et fauconneau comme signifiant un canon de une à quatre livres. — Le *Dictionnaire de Trévoux* considère le barce comme un genre de Faucon. — Carré (1783, E) appelle Faucon une petite pièce de campagne portée à dos de mulet ou traînée sur un brancard; mais ceci est plutôt le fauconneau.

FAUCON de vénerie. V. chevalier ecclésiastique. V. haubert. V. rancon. V. vénerie.

FAUCON d'hast. V. hallebarde. V. hast.

FAUCONNEAU, subs. masc. (F), ou fauconnet, suivant Duane. Mot plus usité que le mot Faucon, mais qui a la même racine, et qui en a été le synonyme et le diminutif. C'était une bombarde allongée ou une bouche a feu a tir direct. Roquefort (1855) tire Fauconneau du substantif faulx, ou faux, parce que, dit-il, cette arme *fauche les hommes*. Il était difficile d'imaginer une étymologie moins admissible. Le nom de cette espèce de canon a été l'imitation de celui d'un animal, d'un jeune faucon; c'était autrefois l'usage presque général d'appliquer à des pièces le nom d'animaux malfaisants ou fabuleux. — Il y avait, dans l'origine, des Fauconneaux assez légers pour que les pionniers les portassent à bras. — Le Fauconneau était encore en usage au commencement du siècle passé; alors il pesait de cent cinquante à huit cents livres. — Un genre de Fauconneau de mer s'appelait barce. — Suivant Saint-Remy, ce genre de canon portait depuis un quarteron jusqu'à deux livres de balles; il avait de sept à dix pieds de long. Manesson (1685, B) au contraire donne cinq livres de balle au Fauconneau; Hanzelet, deux et demi; Tartaglia, une balle de plomb de trois livres; le moindre s'appelait émerillon. — En France, pendant le moyen âge, un ou plusieurs Fauconneaux étaient le signe démonstratif d'une armée royale; ainsi le seigneur ou le gouverneur d'un chastel qui ne demandait pas à capituler dès les premiers coups de Fauconneaux tirés contre lui par un général du roi, était pendu aux créneaux du château. — Dans l'artillerie de Charles huit, le Fauconneau prenait rang après la couleuvrine. — En 1528, Hugues de Moncade, vice-roi de Naples pour Charles-Quint, meurt d'un coup de Fauconneau. — En 1536, les Fauconneaux étaient l'artillerie de la cavalerie italienne; sui-

vant M. Moritz Meyer, ceux des Turcs en 1538 étaient des pièces de six. — En 1593, le maréchal de Biron périt au siége d'Epernay d'un coup de Fauconneau. — En 1632, la prise de Raïn, sur le Lech, fut due à une balle de Fauconneau qui fracassa la jambe de Tilly. — Suivant quelques historiens, Charles douze, en Norwége, périt d'une balle de Fauconneau. — Le Fauconneau de mer qu'on nommait espoir, était une petite pièce de bronze placée sur le pont ou sur les hunes et destinée à favoriser les débarquements. — La milice turque défend au moyen de Fauconneaux à fourchette les châteaux de l'Hellespont. — La milice persane fait porter à dos de chameaux les Fauconneaux; que les Anglais appellent falconets; de là vient que, dans les relations françaises de la guerre des Persans et des Russes, en 1826, il a été question de falconets, comme si le mot était encore français comme il l'était au temps où les Anglais l'ont emprunté de notre langue. — En 1807, les Espagnols, mettant en usage toutes les vieilles pièces qu'ils retrouvaient, avaient en batterie des Fauconneaux. La pensée de rajeunir l'usage des Fauconneaux est émise dans un traité de M. Reveroni (1826).

FAUCONNET, subs. masc. v. fauconneau.

FAUCRE, subs. masc. (F), ou faulcre. Mot qui était la traduction du latin *fulcrum*, appui. On l'a nommé aussi arrêt de lance et en anglais *lance-rest*, ou repos de la lance; mais il y avait cette différence, que le Faucre n'appartenait qu'à la cuirasse de fer plein, tandis qu'il y avait des selles d'armes qui avaient un arrêt de lance ou un porte-lance. — Borel (Pierre) dit qu'il est question du Faucre dans le roman de Perceval; Roquefort combat cette assertion et affirme qu'il faut lire fautre et non faucre; mais il faut faire cette différence que ce que Borel et Carré (1785, E) appellent Faucre, était un accessoire de la cuirasse, et que ce que Roquefort appelle fautre était une garniture de la selle d'armes. — Il y avait des Faucres à certaines cuirasses, ce qui entraînait la différence de forme d'un des pauldrons. D'autres armures n'en avaient pas, non plus que les cottes de mailles; cela a tenu aux différents temps et aux différents genres des armes offensives. En voyant une cuirasse sans Faucre, on en peut induire qu'elle appartient à des époques où l'on n'employait pas, comme principal moyen de combat a cheval, la lance, le glaive, la coutille, l'estocade et en général les frées à simple croisette. — Il y avait des Faucres à lance; il y avait des Faucres à épée; il y en avait qui étaient propres à ce double usage. Il y avait des

Faucres dont la branche mobile se coudait en se relevant; d'autres dont cette branche ne se coudait qu'en s'abaissant; d'autres dont la totalité était d'une seule pièce à demeure. — Il y a lieu de supposer que les CUIRASSES qui ne sont pas à Faucre étaient plus propres au COMBAT A PIED, ou qu'elles étaient portées par des GUERRIERS qui, dans le COMBAT A CHEVAL, au lieu de s'escrimer d'ESTOC, maniaient des épées à garde en coquille, ou combattaient à coups de MASSE d'armes, ou frappaient de TAILLE, c'est-à-dire en sabrant. — Les cuirasses à Faucre rappellent au contraire le temps des armes dont la poignée demandait un point d'appui et un moyen de consolidation sur le pectoral droit de la CUIRASSE. — Il se peut que les Faucres dont la branche se relevait aient été un moyen d'accrocher les rênes, fort alourdies par des chaînes de fer dont elles étaient doublées.— Le Faucre de la CUIRASSE de FRANÇOIS PREMIER conservée à JEND'HEUR, est évidemment un Faucre à LANCE. — Il y avait des Faucres près desquels était pratiquée une ligne de plusieurs trous ou pivots où pouvait être insérée l'extrémité de l'arme. — Les Faucres à ÉPÉE ne servaient qu'à des ÉPÉES à lame droite et dans le COMBAT A CHEVAL; ils devenaient, si l'on peut s'exprimer ainsi, la partie jumelle de la POIGNÉE de l'arme.

FAUDACQS. V. NOMS PROPRES.

FAUDE, subs. fém. V. FALTE. V. HAUT-DE-CHAUSSES.

FAULHABER. V. NOMS PROPRES.

FAULCON, subs. masc. V. FAUCON.

FAULCRE, subs. masc. V. FAUCRE.

FAULX, subs. fém. V. FAUX, subs. fém.

FAUSSARD, subs. masc. V. FAUCHARD. V. FAUCHON A GARDE.

FAUSSE ALARME. V. ALARME. V. PARTI DE GUERRE.

FAUSSE ALERTE. V. ALERTE.

FAUSSE ATTAQUE (H). Effort ou insulte simulée qui a pour objet d'opérer une DIVERSION, de déguiser l'ATTAQUE véritable, et en même temps de la FAVORISER. — On prend souvent l'une pour l'autre les expressions Fausse attaque, ou ATTAQUE VOLANTE; cependant il y a à faire la distinction qu'une Fausse attaque a lieu ordinairement contre une PLACE, contre des LIGNES, et qu'une ATTAQUE VOLANTE a lieu en plein champ. — L'ASSAILLANT se porte, assez à l'avance, au point d'une Fausse attaque, pour déterminer l'ENNEMI à des mouvements ou à des déplacements de troupes qui partagent les forces et qui tournent à leur préjudice. Tel est toujours l'objet de ce genre d'OPÉRATION, ou de STRATAGÈME. — ARNOLD (1822, D) et LALLE-

MARD (1825) ont traité spécialement des Fausses attaques.

FAUSSE BOTTE. V. A F...V. BOTTE. V. FAUX, adj.

FAUSSE BRAIE, subs. fém. (F; G, 4), ou faulse braie, comme l'écrit RABELAIS. Ce mot a succédé aux termes BRAIE et BARBACANE; ces deux PIÈCES étaient les avant-murs des TOURS et des PORTES des places de l'ancien système; là Fausse braie était également devenue l'avant-mur des enceintes bastionnées, et occupait un espace de quinze à seize mètres, dont neuf ou dix pour le TERRE-PLEIN, et cinq ou six pour l'épaisseur du PARAPET, qui était à peu près au niveau de celui du CHEMIN COUVERT; c'était ainsi une SECONDE ENCEINTE en dehors de la première. — Suivant BERAULT et BOREL (Pierre); on a dit MOYRIEAUX dans le sens qui s'est appliqué plus tard aux Fausses braies; ce mot était-il une corruption ou un augmentatif de muraille. — Dans la FORTIFICATION moderne des HOLLANDAIS, la Fausse braie était une SECONDE OU BASSE ENCEINTE, une portion d'OUVRAGE régnant extérieurement le long de l'ESCARPE, entre le REMPART et le bord du FOSSÉ; elle était terrassée comme la PREMIÈRE ou principale ENCEINTE; son TERRE-PLEIN était jointif à l'ESCARPE; elle servait comme de REMPART à une BERME; son fossé pouvait être plus profond que celui d'un REMPART ordinaire. Des TRAVERSES la préservaient d'ENFILADE; elle défendait la CONTRESCARPE, quand l'ENNEMI cherchait à s'en rendre maître, servait de couloir aux rondes et battait toutes les parties du FOSSÉ.—L'usage des Fausses braies n'était pas généralement approuvé; DOGEN, FRITACH, MAROLOIS en étaient partisans; DEVILLE (Antoine) ne les voulait que partielles; MANESSON (1685, B) blâmait cette construction; VAUBAN lui a substitué des TENAILLES; la défense par le moyen des Fausses braies est tombée en discrédit, parce que la prise de la DEMI-LUNE rendait nulle leur résistance, que d'ailleurs ces PIÈCES BASSES étaient facilement escaladées, quand le fossé était sec ou quand il était gelé, et que les éclats du REVÊTEMENT du REMPART causaient de grands ravages dans les Fausses braies. — Ces motifs ont fait renoncer à la Fausse braie continue, dont DESPREZ (1735, B) donne le dessin. Quelques AUTEURS lui ont préféré les demi-revêtements et les CAPONNIÈRES, ou bien ils ne construisent des Fausses braies que devant les COURTINES, les FACES, ou certains FLANCS de la PLACE; ils leur donnent différentes formes selon qu'elles ne défendent que quelques-unes de ces parties. — Les ÉCRIVAINS qui ont traité des Fausses braies sont BELAIR (1702), DESPREZ (1735, B), DEVILLE (Antoine), DU-

NAND (Onorato), l'ENCYCLOPÉDIE (1751, C; 1785, C), GOETZMAN, GUILLET (1686, B), MANESSON (1685, B), SIONVILLE (1756, E), l'*Encyclopédie des Gens du monde.*

FAUSSE CONSIGNE, subs. fém. (B, 3; C, 5). L'action de donner une CONSIGNE FAUSSE en présence de l'ennemi était considérée, dans le CODE PÉNAL DE 1793 (12 MAI) et DE L'AN CINQ (21 BRUMAIRE), comme une TRAHISON punissable de MORT.

FAUSSE LANCE, subs. fém. V. LANCE. V. PASSE-VOLANT. V. REVUE D'ADMINISTRATION.

FAUSSE MONTRE. V. MONTRE. V. MONTRE ADMINISTRATIVE. V. MORTE-PAYE. V. PASSE-VOLANT.

FAUSSE PORTE. V. PORTE. V. POTERNE.

FAUSSE POSTE. V. MONTRE ADMINISTRATIVE. V. PASSE-VOLANT. V. POSTE.

FAUSSE PIERRE. V. PIERRE A FEU.

FAUSSE ROUTE. V. FEUILLE DE ROUTE DE MILITAIRE ISOLÉ. V. PORTEUR DE FAUSSE ROUTE. V. ROUTE.

FAUSSE SORTIE. V. SORTIE. V. SORTIE D'ASSIÉGÉS.

FAUSSER (verb. act.) les RANGS. V. ALIGNEMENT TACTIQUE. V. RANG.

FAUSTINUS. V. NOMS PROPRES.

FAUTE, subs. fém. V. FALTE.

FAUTE, subs. fém. (B, 3; C, 5), ou FAUTE MILITAIRE. Le mot Faute dérive du bas LATIN ou de l'ESPAGNOL *falta;* il s'est d'abord écrit FAULTE, qui se retrouve dans l'ANGLAIS *fault.* ROQUEFORT retrouve la racine de ces mots dans le bas latin *fallire,* qu'on lit dans la LOI SALIQUE. — L'ACADÉMIE définit les Fautes comme un manquement au DEVOIR ou à la LOI; mais, militairement, on ne peut pas attacher au mot une acception si étendue, ni considérer la chose à un degré si grave. — Les Fautes ne sont que du ressort de la DISCIPLINE; en cela elles diffèrent des CRIMES et des DÉLITS, qui sont du ressort de la JUSTICE. Elles sont dans la LÉGISLATION MILITAIRE, ce que les CONTRAVENTIONS sont dans la législation qui s'applique aux citoyens non militaires. Cependant, en police civile, on ne donne pas la qualification de COUPABLE à celui qui commet une CONTRAVENTION, tandis que, militairement, commettre une Faute, c'est être COUPABLE. On peut donc définir la Faute, un écart en fait de SUBORDINATION, un manquement au simple DEVOIR militaire, punissables d'une PEINE DE DISCIPLINE. — Au nombre des Fautes sont compris certains ABANDONS, certaines ABSENCES; mais y a-t-il des ABANDONS DE POSTE, des ABSENCES A LA GÉNÉRALE, et qui soient de simples Fautes? C'est un point irrésolu, tant la DISCIPLINE de notre ARMÉE et notre CODE PÉNAL sont loin de la perfection! l'abus était tel, que ce qui n'é-

tait que Faute pour des FRANÇAIS était considéré comme DÉLIT dans le CODE PÉNAL SUISSE observé en France jusqu'en 1830. — Pendant longtemps, les ARMES propres aux SUPPLICES ont été les instruments de la PUNITION des Fautes. Les COUPS et le PIQUET CORRECTIONNELS ont eu ensuite le même objet. — DESPAGNAC (1751, D) témoigne que de son temps la punition des Fautes consistait à *être mis sur le cheval de bois, au piquet, en prison, ou à être chargé de fusils devant le corps de garde.* — L'ORDONNANCE DE 1768 (1er MARS) instituait principalement les ARRÊTS comme répressifs des Fautes. Depuis cette époque, le mot PUNITION a succédé au terme CHATIMENT. — SERVAN (1780, B) se plaint que, de son temps, rien ne soit déterminé encore; qu'on n'ait pas établi de différence entre les Fautes contre la DISCIPLINE générale et contre la DISCIPLINE particulière; et que l'application des moyens correctionnels soit restée arbitraire. — ODIER (1824, E) témoigne que, de son temps, le sujet est loin d'être éclairci. — Des AUTEURS judicieux ont demandé que les Fautes contre le SERVICE et les Fautes d'inconduite fussent punies différemment, et qu'elles fussent distinguées en graves et légères. Ces propositions ont germé; le RÈGLEMENT DE POLICE DE 1788 (1er JUILLET) a, le premier, établi une échelle des Fautes; celui DE 1792 l'a reproduite. — *On ne saurait trop,* dit l'ORDONNANCE DE 1816 (24 JUILLET), *s'attacher à connaître toutes les circonstances qui peuvent atténuer ou aggraver les Fautes, afin que la justice la plus exacte préside à leur répression; mais aussi nulle Faute, surtout si elle est publique, ne doit demeurer impunie.* — Aujourd'hui ce qui est légalement déterminé à l'égard des Fautes se trouve dans les ORDONNANCES DE 1818 (13 MAI) et DE 1833 (2 NOVEMBRE); elles y sont différemment caractérisées selon qu'elles sont contraires au DEVOIR MILITAIRE, commises dans la CHAMBRÉE, ou pendant la durée du SERVICE, en opposition à la DISCIPLINE, à la POLICE, à la PROPRETÉ de l'homme ou des locaux, à la TENUE des EFFETS D'UNIFORME. — ODIER (1818, E) les a définies avec précision, et il les classe en une catégorie étudiée; il y proportionne les punitions; il propose d'assimiler aux DÉLITS les RÉCIDIVES, et, suivant lui, où s'arrête la Faute commence le DÉLIT.

FAUTE D'HOMME DE TROUPE. V. ADMINISTRATION DE COMPAGNIE. V. HOMME DE TROUPE N° 9.

FAUTE D'OFFICIER. V. CONSEIL D'ENQUÊTE DISCIPLINAIRE. V. INSPECTEUR GÉNÉRAL D'INFANTERIE N° 5. V. OFFICIER FRANÇAIS N° 11.

FAUTE GRAVE. V. CASSATION DE SOUS-OFFICIER. V. COLONEL D'INFANTERIE FRANÇAISE DE

LIGNE N° 16, 19. V. COUP DE PLAT DE SABRE. V. FAUTE. V. GARDE EN GARNISON. V. GRAVE, adj. V. MILICE RUSSE. N° 8. V. PRISON DE PLACE.

FAUTE LÉGÈRE. V. BABOUIN. V. CHEF DE POSTE D'HOMME DE GARDE N° 2. V. CORVÉE EN GARNISON. V. COUP DE PLAT DE SABRE. V. FAUTE. V. HOMME DE GARDE. V. LÉGER, adj. V. MILICE PIÉMONTAISE N° 7. V. MILICE PRUSSIENNE N° 9. V. MILICE ROMAINE N° 9. V. PUNITION. V. SALLE DE DISCIPLINE. V. SOUS-OFFICIER N° 11.

FAUTE MILITAIRE. V. CALOTTE DISCIPLINAIRE. V. FAUTE. V. INSPECTEUR GÉNÉRAL D'INFANTERIE N° 5. V. MAJOR CHEF DE BATAILLON N° 4. V. MILICE ROMAINE N° 9. V. MILITAIRE, adj. V. RÉCOMPENSE. V. RÈGLEMENT. V. REMPART DE FORTERESSE. V. SOUS-OFFICIER N° 11.

FAUTEAU, subs, masc. V. BÉLIER OFFENSIF.

FAUTEUIL (subs. masc.) A BASCULE (B, 1; E, 5). Le mot Fauteuil dérive, suivant GANEAU et SPELMAN, du LATIN barbare *faltisdorium*, qu'on a d'abord traduit par faadesteul, faudesteuil, faudesteuf, et quantité de termes analogues que cite ROQUEFORT. — Le terme exprime ici un des EFFETS des CORPS DE GARDE des OFFICIERS. — Dans l'origine ces Fauteuils appartenaient aux MAJORS DE PLACE qui en tiraient un droit de location. — L'ORDONNANCE DE 1768 (1ᵉʳ MARS) en a prescrit l'usage, devenu gratuit. — Conformément au MARCHÉ DE 1822 (5 MARS), le Fauteuil a une hauteur totale d'un mètre dix centimètres et une largeur totale de soixante-dix centimètres ; il est composé de quatre pieds de bois, assemblés du haut par quatre traverses, et du bas par deux seulement avec une entretoise ; le fond en est formé d'un coussin de treillis rembourré en crin, porté par de fortes sangles, recouvert d'une peau de vache ou de veau chamoisée et fixée sur les bords du siége avec des clous en cuivre. — La BASCULE, ou le dos, qui se renverse à volonté, est formé d'un cadre de menuiserie rembourré en crin et garni de même que le siége ; il joue sur un axe horizontal en fer placé à la hauteur du siége, et son degré d'inclinaison est déterminé par deux CRÉMAILLÈRES en fer qui mordent sur une patte fixée au dossier. — Les bras du Fauteuil sont rembourrés en crin et recouverts en peau. — En vertu du même règlement, il est fourni une chaise commune par CHAMBRE D'OFFICIER DE GARDE.

FAUTEUIL D'AMEUBLEMENT. V. AMEUBLEMENT. V. AMEUBLEMENT D'OFFICIER. V. CHAISE.

FAUTEUR (subs. masc.) DE DÉSERTION (B, 5; C, 5). Mot dérivé du LATIN *favere*, favoriser. — L'ORDONNANCE DE 1768 (1ᵉʳ MARS) poursuivait les Fauteurs de désertion, conformément à la DÉCLARATION DE 1751 (5 FÉVRIER), qui les soumettait à la JURIDICTION des PRÉ-

VÔTS DES MARÉCHAUX. La LOI DE L'AN CINQ (21 BRUMAIRE) laissait à leurs juges naturels les Fauteurs de désertion n'exerçant pas le MÉTIER DES ARMES. — La LOI DE L'AN SIX (19 FRUCTIDOR) a appelé du nom de Fauteurs les individus, soit militaires ou non, qui, en fait de conscription, signaient de FAUX CERTIFICATS. La LOI DE L'AN SIX (24 BRUMAIRE), le DÉCRET DE L'AN DOUZE (14 VENDÉMIAIRE), l'ARRÊTÉ DE L'AN DOUZE (19 VENDÉMIAIRE), ordonnaient leur poursuite. — Les individus qui facilitaient l'évasion des CONDAMNÉS AU BOULET et aux TRAVAUX étaient également considérés comme Fauteurs de désertion ; ils étaient passibles de cinq ans de fers. — Le mot Fauteur a reparu dans l'ORDONNANCE DE 1814 (8 AOUT).

FAUTIF, adj. et subs. V. ARMES DE SUPPLICE. V. ARRÊT. V. COUPABLE. V. DÉLIT. V. EMPRISONNEMENT.

FAUTIVEMENT, adv. V. ABSENT F...

FAUTRE, subs. masc. V. FAUCRE. V. FEUTRE.

FAUVE, adj. V. BUFFLETERIE F...

FAUX (fausse), adj. V. FAUSSE BOTTE. V. FAUSSE, etc. V. NOM F...

FAUX, subs. fém. et masc. V. COIN DE F... V. CRIME DE F... V. LAME DE F... V. TRANCHANT DE F...

FAUX, subs. fém. (term. génér.), ou FAULX, ou RONCIE suivant ROQUEFORT. Le mot Faux dérive du LATIN *falx*. Il exprime un instrument d'agriculture que le SOLDAT emploie pour faucher, ou que la fureur humaine a transformé en ARME TRANCHANTE, en FAUCHON A GARDE, en FALCAIRE, en FAUCHARD. — La Faux de FAUCHEUR faisait partie de la CHARGE du SOLDAT ROMAIN. — L'antiquité a hérissé de Faux ses CHARS ; elle a garni de Faux le CORBEAU NAVAL. — Le MOYEN AGE a fait de la Faux une ARME D'ABORDAGE et DE PARAPET. VELLY en parle comme d'une ARME DE LONGUEUR en usage vers 1226. — Des AUTEURS ont proposé d'en faire un instrument et agricole et de guerre. Ainsi JARRO (1771, G) conseille de faire marcher les FOURRAGEURS, depuis le camp jusqu'au lieu du FOURRAGE, en portant la Faux haute, après l'avoir emmanchée à revers. Il regarde comme terrible ce moyen de défense, si l'ennemi cherche à inquiéter le DÉTACHEMENT qui marche au FOURRAGE. — Les Faux se distinguent en FAUX A REVERS, — DE CAMPEMENT, — DE DÉFENSE.

FAUX (subs. masc.), ou CRIME DE FAUX (B, 5; C, 5). Le mot Faux est dérivé du LATIN *falsus* ; il est une abréviation de l'adjectif FAUX, fausse. Il exprime ici l'action d'altérer sciemment une pièce écrite ; de faire usage d'un

EFFET PUBLIC qu'on sait être Faux ; de travestir ou de détourner de leur destination certains ACTES de l'ÉTAT CIVIL ; de corrompre par falsification des ÉTATS DE SITUATIONS, etc. — Le mot Faux donne aussi l'idée du résultat matériel de ces altérations. — Le CODE PÉNAL DE 1793 (12 MAI) punissait de cinq ans de fers les fausses inscriptions sur la MATRICULE et l'emploi d'un FAUX CONGÉ. — La LOI DE L'AN DIX (25 FLORÉAL) regardait le Faux comme un CRIME emportant flétrissure ; elle en remettait la connaissance et la poursuite à un TRIBUNAL SPÉCIAL. — La LOI DE L'AN ONZE (2 FLORÉAL) et celle DE 1807 (7 SEPTEMBRE) s'occupaient également de ce CRIME. — Le DÉCRET DE L'AN TREIZE (25 GERMINAL) poursuivait comme dilapidateurs ceux qui commettaient des Faux en ÉCRITURES COMPTABILIAIRES.

FAUX (subs. fém.) A MURAILLES. V. A MURAILLES. V. CORBEAU OFFENSIF.

FAUX (subs. fém.) A REVERS (B, 1 ; II, 1). Sorte de FAUX principalement considérée comme ARME DE PARAPET. Elle a succédé au COUTEAU DE BRÈCHE, qu'on employait de même à la défense du CORPS DE LA PLACE. — On la nomme à revers, parce que le tranchant, au lieu de regarder l'homme qui tient la HAMPE, regarde l'ennemi contre lequel l'ARME est dirigée. — Au siége de MONS, où LOUIS QUATORZE assistait, l'ennemi fit sans succès usage des Faux à revers. — GASSENDI (1819) regarde, avec raison, cette Faux comme *une mauvaise arme, difficile à manier.*

FAUX (adj.) APPEL. V. APPEL, V. APPEL DE POLICE.

FAUX (adj.) BRAVE. V. BRAVE. V. CAPITAINE D'INFANTERIE FRANÇAISE DE LIGNE N° 2.

FAUX (adj.) CERTIFICAT. V. CERTIFICAT. V. FAUTEUR DE DÉSERTION.

FAUX (adj.) CONGÉ. V. CONGÉ. V. FAUX, subs. masc.

FAUX (subs. fém.) D'ARMES. V. ARMES. V. FAUX DE DÉFENSE.

FAUX (subs. fém.) DE CAMPEMENT (B, 1). Sorte de FAUX qui font partie des EFFETS ou OUTILS DE CAMPEMENT. Elles sont composées d'un MANCHE à POIGNÉE et d'une lame courbe et cambrée. Les règlements sur le campement et l'INSTRUCTION DE L'AN TROIS (16 VENTOSE) en prescrivaient l'usage, mais sans qu'il en ait été distribué aux troupes. Et pourtant, *jamais*, dit ODIER (1824, E), *armée ne devrait se mettre en campagne sans être suffisamment pourvue de Faux.* — L'espèce des Faux distribuées par TENTES était indiquée dans le TARIF DE 1831 (13 NOVEMBRE). Ce document donne pour accompagnement à la Faux les menus objets nommés : AN-

NEAUX, COFFRIN, COINS, ENCLUMETTE, MARTEAU, PIERRE A AIGUISER.

FAUX (subs. fém.) DE CHAR. V. CHAR A FAUX.

FAUX (subs. fém.) DE DÉFENSE (F), OU FAUCHON A HAMPE, OU FAUX D'ARMES. Sorte de FAUX qui est une arme de toute antiquité, et dont CARRÉ (1783, E) et l'*Encyclopédie du dix-neuvième siècle* donnent le dessin. — SAINT-REMY nomme Faux de défense celle qui porte sa LAME emmanchée dans la même direction qu'un FER DE LANCE, au lieu de former le coude comme une Faux à faucher. — La HAMPE de ce genre de Faux était de cinq à six pieds ; son fer, douille y comprise, était de trois pieds, et avait le tranchant concave. — On voit à JENB'HEUR des FAUX D'ARMES portant avec elles un PISTOLET dont on tirait la détente à l'aide d'une cordelette. — Les hommes armés de Faux ou KOSSINIERS ont joué un grand rôle dans la lutte que la MILICE POLONAISE soutenait en 1830.

FAUX DE FAUCHEUR. V. FAUCHEUR. V. FAUX, subs. fém. V. TRANCHANT, subs. masc.

FAUX (adj.) FEU. V. FEU. V. RATÉ.

FAUX (adj.) FOURREAU. V. FOURREAU DE SABRE.

FAUX (adj.) INFIRME. V. COMPAGNIE DE DISCIPLINE. V. INFIRME.

FAUX (adj.) NOM. V. NOM. V. NOM PERSONNEL. V. MATRICULE.

FAUX (adj.) TÉMOIGNAGE. V. FAUX TÉMOIN. V. PROCÈS-VERBAL DE F... V. TÉMOIGNAGE.

FAUX (adj.) TÉMOIN (B, 3 ; O, 5). Individu, soit militaire ou non, considéré ici comme coupable de déclarations mensongères devant un TRIBUNAL MILITAIRE. — Le DÉCRET DE L'AN DEUX (3 GERMINAL), rappelant la LOI DE 1791 (19 OCTOBRE, titre VII, article 44) disposait que, en cas de FAUX TÉMOIGNAGE, le PRÉSIDENT était tenu, soit d'office, soit sur la réquisition de l'ACCUSATEUR MILITAIRE ou de l'ACCUSÉ, d'en faire dresser PROCÈS-VERBAL, de faire arrêter le Faux témoin, de l'interroger, et de délivrer contre lui un MANDAT D'ARRÊT. Si le Faux témoin est militaire, le PRÉSIDENT dresse contre lui un ACTE D'ACCUSATION, et le traduit devant le TRIBUNAL, en présence duquel il a déposé ; si le TRIBUNAL siège hors du territoire français, le Faux témoin, quel que soit son état ou sa position sociale, est traduit comme il vient d'être dit.

FAUX (adj.) TRANCHANT. V. DISEAU DE LAME. V. CONTRE-POINTE. V. POINTE DE LAME DE SABRE. V. SABRE. V. TRANCHANT, subs.

FAVART, subs. masc. V. ARMURE.

FAVEUR, subs. fém. V. CIMIER. V. CONGÉ DE F.

FAVORI, subs. masc. v. BARBE.

FAVORISER (verb. act.) une ATTAQUE, une EXPÉDITION, une SORTIE. V. ATTAQUE. V. ATTAQUE DE GUERRE. V. DIVERSION. V. EXPÉDITION MILITAIRE. V. FAUSSE ATTAQUE. V. POSITION STRATEGMATIQUE. V. PROTÉGER. V. SORTIE. V. SORTIE D'ASSIÉGÉS.

FAVYN; FAWCETT; FAZILLAC. V. NOMS PROPRES.

FÉAGE, subs. masc. v. FÉODALITÉ.

FÉCIAL (féciaux), subs. masc. v. HÉRAUT. V. LÉGION ROMAINE N° 7. V. MILICE ROMAINE N° 10. V. SÉMANTIQUE.

FÉDÉRAL (fédérale), adj. v. ARMÉE F...

FÉDÉRÉ (fédérés), subs. masc. v. BATAILLON DE F... V. MINISTRE DE LA GUERRE EN 1792 (9 MAI).

FÉDÉRIC; FEIGNET. V. NOMS PROPRES.

FEINTE (subs. masc.) d'ESCRIME (G, 5). Mot dérivé du LATIN *fingere*. Il exprime un JEU, un BATTEMENT, une fausse BOTTE sans mouvement de jambes ; un simulacre de coup destiné à une autre partie du corps que celle qu'il menace. Il a pour objet de tromper l'adversaire, de l'induire en un CONTRE-TEMPS, de le décider à parer d'un côté quand on le touche de l'autre. — Quelquefois les Feintes se développent en DEMI-BOTTES. — Il y a des Feintes doubles et simples ; il y en a de deux et de trois TEMPS ou DÉGAGEMENTS. — ANTON est un des ÉCRIVAINS qui ont traité spécialement des Feintes.

FELD-MARÉCHAL. V. ARMÉE AGISSANTE N° 1. V. FELD-MARSCHALL. V. FELD-ZEUGMEISTER. V. MARÉCHAL. V. MILICE ANGLAISE N° 2. V. MILICE AUTRICHIENNE N° 2. V. MILICE BAVAROISE N° 1. V. MILICE HANOVRIENNE N° 1. V. MILICE PRUSSIENNE N° 2. V. MILICE RUSSE N° 2. V. MILICE SUÉDOISE N° 1. V. MILICE WURTEMBERGEOISE N° 1.

FELD-MARÉCHAL-LIEUTENANT. V. FELD-MARSCHALL-LIEUTENANT. V. MILICE WURTEMBERGEOISE N. 1.

FELD-MARSCHALL, subs. masc. (F), OU FELD-MARÉCHAL. Mots moitié français, moitié allemands, qu'on peut traduire par MARÉCHAL de campagne ou de guerre, MARÉCHAL DE CAMP primitif, GÉNÉRAL D'ARMÉE. — Dans la GUERRE DE TRENTE ANS, le grade de FELD-MARÉCHAL était inférieur à celui de GÉNÉRAL ; il répondait au rang d'un MAJOR GÉNÉRAL moderne ou d'un CHEF D'ÉTAT-MAJOR D'ARMÉE. — Dans le siècle suivant, les FELD-MARÉCHAUX des MILICES ANGLAISE, AUTRICHIENNE, NÉERLANDAISE, PRUSSIENNE, RUSSE, etc., étaient des OFFICIERS dont le grade répondait à celui de MARÉCHAL DE FRANCE. WURMSER était FELD-MARÉCHAL. — A l'imitation de cette fiction française, qui suppose indélébile le caractère

et inextinguible l'activité d'un MARÉCHAL DE FRANCE, fût-il centenaire, le Feld-marschall d'AUTRICHE ne vieillit pas ; il faut qu'il meure debout. — Ce qui s'imite le plus de pays à pays, ce sont les priviléges abusifs que la prépotence de quelques personnages réussit à convertir en coutumes. — Le titre de FELD-MARÉCHAL est ridicule et logiquement faux, comme tous ceux dans lesquels entre le mot MARÉCHAL. La LANGUE ALLEMANDE serait assez riche pour en inventer un qui fût plus rationnel. — Le général WELLINGTON a été FELD-MARÉCHAL de cinq royaumes. — En 1833, l'AUTRICHE a neuf FELD-MARÉCHAUX, l'Angleterre sept, la Prusse aucun. En fait de choses militaires, son gouvernement est le plus sage. — En 1837, deux rois étaient FELD-MARÉCHAUX : c'étaient le roi des Belges et celui du Hanovre. — Il y a entre le Feld-marschall d'AUTRICHE et le LIEUTENANT GÉNÉRAL ou FELD-MARSCHALL-LIEUTENANT un grade intermédiaire : c'est le FELD-ZEUGMEISTER.

FELD-MARSCHALL-LIEUTENANT, subs. masc. (F). Mot ALLEMAND et français qui signifie LIEUTENANT du FELD-MARÉCHAL. Dans la MILICE AUTRICHIENNE, le Feld-marschall-lieutenant est un OFFICIER dont le GRADE répond à celui du GÉNÉRAL D'INFANTERIE des autres MILICES ; il est plus éminent que celui de LIEUTENANT GÉNÉRAL de FRANCE. Il est au-dessous du FELDZEUGMEISTER. — Le ministre SAINT-GERMAIN avait été FELD-MARÉCHAL-LIEUTENANT. — Bellegarde fut longtemps revêtu du titre de LIEUTENANT avant d'être nommé FELD-MARÉCHAL. — La qualification de Feld-marschall-lieutenant est une enfilade de termes impropres. Mais l'esprit de routine les perpétuera longtemps encore, tout inexacts et ridicules qu'ils soient ; car un Feld-marschall-lieutenant, qui est à la tête d'un gouvernement territorial, n'est ni le lieutenant d'un maréchal, ni un général de campagne ; et un Feld-marschall-lieutenant qui commande en campagne est un général de division ou de corps, ayant sous lui des généraux-majors, ou, plus logiquement parlant, des généraux de brigade. Les Polonais, les Haïtiens, les Américains du Sud, ont été plus sages en reconnaissant nominalement et techniquement des généraux de division et de brigade.

FELD-ZEUGMEISTER (F). Mot ALLEMAND qui originairement signifiait MAITRE D'ARTILLERIE. Il exprime maintenant le grade d'un GÉNÉRAL COMMANDANT en campagne une RÉSERVE, ou un CORPS sous les ordres d'un GÉNÉRAL D'ARMÉE. — Le Feld-zeugmeister a, dans la MILICE AUTRICHIENNE, un grade intermédiaire entre le FELD-MARSCHALL et le FELD-MARSCHALL-LIEUTENANT. Son titre n'avait pas

d'analogue parmi les dénominations des GÉ-
NÉRAUX FRANÇAIS, et répond quelquefois à
celui de GÉNÉRAL D'ARTILLERIE, quelquefois à
celui de GÉNÉRAL EN CHEF, quelquefois à celui
de GÉNÉRAL D'INFANTERIE. Les langues militaires sont toutes également incorrectes. —
L'*Encyclopédie des Gens du monde* traite du
GRADE de Feld-zeugmeister.

FELDEN; FÉLIBIEN. V. NOMS PROPRES.

FELLAH, subs. masc. V. LANGUE ARABE.
V. MAMELOUCK N° 1.

FÉLONIE, subs. fém. V. BAN ET ARRIÈRE-
BAN. V. CRIME. V. DÉSERTION. V. GUERRE. V.
NOBLESSE. V. PEINE. V. SERF. V. TIMARIOT.

FELTRE. V. NOMS PROPRES.

FELTRE, subs. masc. (F). Mot dérivé du
bas LATIN *filtrum*, ou de l'ITALIEN *feltro*, feutre. Le pays nommé *Feltria*, dans la marche
Trévisane, était le lieu où ce genre d'étoffe
se fabriquait. — En transportant l'idée de
la chose à son emploi le plus général, le
Feltre était, suivant GANEAU, JUSTE LIPSE
(1598, A), LACHESNAIE (1758, I), NICÉTAS,
RIGAULT, une CUIRASSE de laine foulée ou
GAMBESON. — PLINE rapporte qu'on préparait
l'étoffe nommée Feltre dans le vinaigre pour
la rendre impénétrable au tranchant des
épées. On en garnissait les TORTUES et les
MACHINES DE GUERRE; on en tapissait les ouvertures des REMPARTS. — Quoiqu'on ne retrouve pas *filtrum* dans les dictionnaires de
LATIN pur, on y retrouve *filtratio*, action de
passer des liquides dans une chausse de
feutre.

		A LA SUITE DES CORPS.
	D'ARMÉE.	
FEMME	DE MILITAIRE.	FE ME D'OFFICIER.
	SUSPECTE.	D'OFFICIER GÉNÉRAL.

FEMME, subs. fém. (term. génér.). Mot
dérivé du LATIN *fœmina*. — Le sexe non
combattant était regardé par les FRANCS
comme en dehors de la caste des NOBLES.
Tel était le fond de la LOI SALIQUE. — Dans
les GARNISONS françaises, la SENTINELLE et le
SERGENT DE POLICE ne doivent laisser entrer
dans la CASERNE, à moins d'ordre précis et à
ce contraire, que les Femmes qui y sont lo-
gées. Nulle Femme ne doit avoir accès dans
les PRISONS MILITAIRES. — La MILICE ANGLAISE
comprend quantité de Femmes; leur nombre y peut répondre à une ou deux par
chambrée. — Les dispositions de la LÉGIS-
LATION MILITAIRE française, qui ont rapport
aux Femmes, et que relate M. BERRIAT (1825,
F), ont été presque toujours vaines, incom-
plètes, éludées. On en peut dire autant des
innombrables ORDRES DU JOUR publiés dans
l'intention de purger de Femmes les TROU-
PES, les CAMPS, les ARMÉES; enfin la JUSTICE
MILITAIRE reste sans lumières dans les cas,
tels que celui d'adultère, où une Femme lui
serait déférée. Ce cas s'est présenté à Paris
sous le règne actuel. — L'ENCYCLOPÉDIE (1785,
C, supplément) donne un long article sur les
Femmes. — Le mot Femme sera distingué
ici en FEMME ANGLAISE, — D'ARMÉE, — DE
CORPS, — DE GÉNÉRAL, — DE MILITAIRE, —
DE TROUPE, — DÉBAUCHÉE, — D'HOMME DE
TROUPE, — PROSTITUÉE, — PUBLIQUE, — SUS-
PECTE.

FEMME (femmes) A LA SUITE DES CORPS (A,
1; B,1), ou FEMME DE CORPS, ou FEMME DE TROUPE,
ou FEMME D'HOMME DE TROUPE. Sorte de FEMMES
DE MILITAIRES désignées sous le nom de Femmes à la suite par l'ORDONNANCE DE 1778
(28 AVRIL) : elle prescrivait l'expulsion de
toutes celles qui n'étaient pas BLANCHISSEU-
SES. — L'ARRÊTÉ DE L'AN HUIT (7 THERMIDOR)
ne tolérait également dans les CORPS que les
seules Femmes réellement employées au
BLANCHISSAGE ou à la vente des vivres et
boissons; il ne reconnaissait que quatre
BLANCHISSEUSES ou VIVANDIÈRES par BATAIL-
LON; elles étaient choisies surtout parmi les
Femmes mariées à des HOMMES DE TROUPE
en activité dans le CORPS. Celle dont l'époux
mourait à l'ARMÉE pouvait être conservée à la
suite du CORPS. — Une CARTE DE SÛRETÉ était
délivrée aux Femmes, pour témoigner qu'il
leur était permis de suivre leur MARI et de
marcher avec les ÉQUIPAGES. — Les Femmes
malades étaient admissibles dans les HÔPI-
TAUX MILITAIRES. — L'ORDONNANCE DE 1768
(1er MARS) voulait que, en cas de MARCHE-
ROUTE et à l'instant de l'ARRIVÉE des CORPS
au GÎTE, les Femmes ne marchassent qu'à
cent pas en arrière de la TROUPE arrivante.
— L'ORDONNANCE DE 1818 (13 MAI) autorisait

les Femmes de corps à monter en route sur les voitures. L'ORDONNANCE DE 1832 (14 AVRIL) et la CIRCULAIRE DE 1832 (14 AVRIL) règlent le nombre des Femmes autorisées. — Du reste les mesures relatives à la police des Femmes n'ont jamais été observées régulièrement; il fallait sans cesse réitérer les défenses. Ce désordre, sur lequel quantité de GÉNÉRAUX et BONAPARTE lui-même fermaient les yeux, était une des plaies de l'ARMÉE FRANÇAISE. — Mais il y a loin de ces coutumes abusives au singulier emploi qu'on a fait autrefois des Femmes à la suite des CORPS. — Le lecteur est invité à peser les termes et à étudier l'esprit d'un rescrit que cite POTIER (1770, X), et qu'on retrouve dans le Dictionnaire historique d'Ordonnances, par Rogeville. — Charles trois, duc de Lorraine, dans une ordonnance de 1587, prescrivait *que nul homme de guerre, venant au service de cette armée, ne pourra mener avec lui aucune Femme particulière, si ce n'est qu'elle soit sa Femme légitime ; autrement, que toutes Femmes qu'il y aura en cette armée soient publiques et communes à tous; et que, en chaque compagnie, il n'y puisse avoir plus de huit Femmes et icelles communes à tous, sous peine d'avoir le fouet et d'être privées de leurs hardes; et s'il se prouve que quelques soldats ou officiers ayent telles Femmes pour leur particulier, qu'on les chasse, et que dorénavant ils soient inhabiles à pouvoir avoir charge de guerre, outre qu'ils seront châtiés à notre bon plaisir.* — Il paraît que cet usage des huit Femmes était bien plus ancien; on lit dans l'histoire de Bourgogne, par M. de BARANTE, que, en 1465, *une superbe compagnie d'archers à cheval, commandée par le capitaine Mignon, avait traversé la ville (Paris), en bel ordre, bien équipée, ne manquant de rien, et suivie de huit filles de joie chevauchant à la suite de la compagnie, avec leur confesseur.* — Une trace de cet usage des Femmes publiques autorisées a survécu dans les ports ANGLAIS, où les MARINS, retenus à bord par la discipline, jouissent de cette sorte de PRESTATION EN NATURE; ils ne vont pas à la distribution, elle vient les chercher. C'est un moyen de rendre à la circulation l'argent qu'ils ont gagné, et dont la politique administrative et fiscale improuverait la thésaurisation.

FEMME ANGLAISE. V. ANGLAIS, adj. V. FEMME A LA SUITE DES CORPS. V. MILICE ANGLAISE Nº 2.

FEMME (femmes) d'ARMÉE (F). Sorte de FEMMES, soit légitimes, soit non mariées, qui suivent à différents titres, sous différents prétextes, à raison de différentes professions, les ARMÉES AGISSANTES. — LES MILICES

GRECQUES n'avaient pas de Femmes à leur suite. Rarement la MILICE ROMAINE en était accompagnée; pourtant SCIPION, arrivant au commandement du siége de NUMANCE, commença la réforme d'une armée en désordre par l'expulsion de plus de deux mille courtisanes. — Toutefois les ROMAINS admettaient des Femmes dans les CAMPS où séjournaient leurs VÉTÉRANS ; dans ces établissements à demeure, le soldat avait permission de se marier. — Au MOYEN AGE, les ARMÉES FÉODALES regorgent de Femmes. VELLY, à la date 638, rapporte que *les Français avaient coutume de mener leurs Femmes à l'armée;* la plupart y étaient SURGIENNES, ou, comme on dirait, Femmes-chirurgiens, SURGIENS. — Il ajoute que, pour les mettre à l'abri de toute insulte, on avait imaginé les amendes de quinze à soixante sous d'or contre ceux qui leur manquaient de respect; comme si des amendes étaient une punition praticable à l'ARMÉE, et que tout soldat fût possesseur de soixante louis d'or. — Au treizième siècle, chaque adultère de Femme d'armée rendait cinq sous au ROI DES RIBAUDS : c'était un lucratif emploi. — L'armée du duc de Nevers, qui combattit à NICOPOLIS vers 1388, comprenait, dit DARU, *mille chevaliers accompagnés d'un grand nombre de courtisanes.* — M. de BARANTE rend témoignage que, à l'époque de la bataille de MORAT, en 1476, *les filles de mauvaise vie étaient au nombre de deux mille dans le camp des BOURGUIGNONS.* — M. MONTEIL mentionne des ordonnances du quinzième siècle qui ordonnaient aux GENS DU ROI de mettre à pied toute Femme chevauchant à la suite des TROUPES. —VELLY rapporte, à la date 1626, sur le témoignage du *Moine de Vigeois, que, vers la fin du douzième siècle, on comptait, dans une de nos armées, jusqu'à quinze cents concubines, dont les parures se montaient à des sommes immenses.* — L'ORDONNANCE DE 1514 (20 JANVIER) ne permettait pas aux Femmes d'armée de suivre, à cheval, les troupes ; et elle autorisait un chacun à les mettre à pied, et à s'emparer de leur monture. — BRANTOME (1600, A), dans la description qu'il fait de l'ARMÉE qui accompagnait CHARLES — QUINT en ITALIE ; passe du dénombrement des troupes à l'énumération des Femmes : *Il y avoit quatre cents courtisanes à cheval, belles et braves comme princesses, et huit cents à pied, bien à poinct aussi.* — Sous le règne suivant, les Femmes n'étaient pas moins nombreuses. Le duc d'ALBE, quand il gouvernait les Pays-Bas, en souffroit autant que les soldats en vouloient avoir. — Le même abbé BRANTOME fait un autre récit, et il paraît regarder comme tout simples les événements qu'il raconte. On ne saurait peindre en couleurs plus expressives les mœurs du temps où il écrivait. Il dit que, après la troisième paix faite : *Le roi se retira à Angers, et qu'il fallut que les troupes qui étoient en Guyenne repassent (repassassent) la Loire. Strozze (Strozzi), voyant les compagnies embarrassées par trop de Femmes, et ayant fait plusieurs bandons (publication à son de trompe) pour les chasser; ainsi qu'on les passoit sur le pont de Cé, il en fit jetter, pour un coup, du haut en bas, plus de huit cents, pauvres créatures qui, piteusement criant, furent noyées!* — L'ARMÉE du pape qui entra en FRANCE au temps de la Ligue, et qui se recruta de séminaristes que des jésuites y conduisirent, cette armée d'ECCLÉSIASTIQUES fut célèbre par sa dissolution effrénée. En outre des Femmes, elle menait à sa suite des chèvres, qui étaient moins chères à entretenir et servaient au même usage. — La GUERRE DE LA RÉVOLUTION est loin d'avoir présenté d'aussi épouvantables désordres ; cependant de nombreux abus ont existé. La LOI DE 1793 (30 AVRIL) essayait en vain d'y porter remède, en expulsant les Femmes. — DUMOURIEZ avait pour AIDES DE CAMP les demoiselles Fernig, qui se distinguèrent à JEMMAPES ; l'une d'elles, démontée par une balle qui jeta bas son cheval, à l'instant de l'émigration de leur GÉNÉRAL, eut l'adresse de monter en croupe derrière sa sœur. — Dans l'EXPÉDITION d'ÉGYPTE, il avait été défendu aux Français d'amener des Femmes ; il s'y en était cependant introduit, mais en habit d'hommes ; telles étaient madame Verdière et l'épouse du lieutenant de chasseur F... Cette dernière était devenue, comme disait le soldat, la Cléopâtre de l'endroit : elle chevauchait, richement vêtue en hussard, dans le groupe de l'état-major du maître. Cette partie de l'histoire d'un mari, alors jaloux et trompé, est rapportée dans un feuilleton véridique et piquant, inséré dans le journal *le Siècle* (10 septembre 1836). Les Mémoires de madame d'Abrantès en traitent aussi. — Dans ce même pays, les vainqueurs avaient même épousé les mœurs d'Orient. Des officiers avaient, rigoureusement parlant, leur harem indigène : c'était un actif dans l'avoir du possesseur ; plus d'un troc s'y est fait par échange d'esclaves contre des chevaux arabes ou des damas. — En ESPAGNE, un MARÉCHAL DE FRANCE promenait une maîtresse habillée en officier. Sur les pontons de Cadix, des propriétaires de Femmes françaises, mariées ou non, en faisaient trafic ; c'était un encan que dépeint M. Castil-Blaze. — Quand Joseph Bonaparte traînait voluptueusement sa nonchalante royauté autour de sa capitale envahie, des carrossées de Femmes formaient une longue file : c'était le principal parc de munitions que l'armée eût à garder. Les toilettes de cour étaient d'étiquette pour approcher, en rase campagne, la personne royale. Le remballage et le déballage des robes et des atours ne permettaient jamais que l'ARMÉE pût partir et arriver assez tôt. La vanité, la frivolité se disputaient le pas dans de folles pompes sur les champs de carnage, au sein des provinces désolées, au milieu des peuples soulevés.

FEMME DE CORPS. V. CORPS. V. FEMME A LA SUITE DES CORPS. V. JUSTICE MILITAIRE.

FEMME DE GÉNÉRAL. V. FEMME D'OFFICIER GÉNÉRAL. V. GÉNÉRAL. V. HONNEURS FUNÈBRES.

FEMME DE MAUVAISE VIE. V. BAGUETTES CORRECTIONNELLES. V. CHEVAL DE BOIS. V. EXTRAORDINAIRE DES GUERRES. V. FEMME SUSPECTE. V. JUSTICE MILITAIRE. V. MARIONNETTES. V. MAUVAISE VIE. V. PRÉVOT D'ARMÉE.

FEMME (femmes) DE MILITAIRE (term. sous-génér.). Sorte de FEMMES considérées comme unies en MARIAGE à un MILITAIRE EN ACTIVITÉ de service, ou comme VEUVES d'un militaire mort en ACTIVITÉ DE SERVICE. — Pour traiter à fond la question ici élevée, il faudrait que la loi prononçât si elle autorise, encourage, ou défend le mariage des SOLDATS. Cette incertitude est un des vices de notre LÉGISLATION. Du reste la loi a favorisé les épouses de militaires, en consacrant le principe de la DÉLÉGATION possible des TRAITEMENTS. — Les Femmes de militaires se distinguent en FEMMES A LA SUITE DES CORPS, — D'OFFICIER, — D'OFFICIER GÉNÉRAL.

FEMME DE TROUPE. V. FEMME A LA SUITE DES CORPS. V. TROUPE.

FEMME DÉBAUCHÉE. V. DÉBAUCHÉ, adj. V. FEMME SUSPECTE. V. JUSTICE MILITAIRE.

FEMME D'HOMME DE TROUPE. V. FEMME A LA SUITE DES CORPS. V. HOMME DE TROUPE. V. HOPITAL MILITAIRE. V. JUSTICE MILITAIRE. V. MILICE TURCO-ÉGYPTIENNE N° 2, 5.

FEMME (femmes) D'OFFICIER (A, 1). Sorte de FEMMES DE MILITAIRES qui, dans les MILICES bien constituées, n'ont la permission de résider avec leur époux, s'il est en activité de service, que pendant le temps où il est employé, en TEMPS DE PAIX, dans une GARNISON STABLE. — Dans ces mêmes MILICES, et particulièrement dans la MILICE NÉERLANDAISE, il est interdit aux Femmes d'officiers de marcher à la suite des TROUPES quand elles changent de GARNISON. Ces dames doivent voyager à part, indépendamment des corps, et sans s'arrêter dans aucun des gîtes de la route pendant le temps que la TROUPE y stationne. — Dans les CAMPS, dans les CANTONNEMENTS, dans le cours des MARCHES, la présence des Femmes est un inconvénient, une inconvenance, un ridicule ; mais elle devient un mal grave, un abus sérieux en temps de guerre, soit que les CORPS près desquels on les souffre fassent ou non campagne. — Ce qui est dit à l'égard des Femmes des OFFICIERS attachés à des corps est applicable aux Femmes des GÉNÉRAUX, des OFFICIERS D'ÉTAT-MAJOR, des MEMBRES de l'INTENDANCE, des ADMINISTRATEURS, des FOURNISSEURS, des EMPLOYÉS, etc. — Excepté dans la vie calme des GARNISONS de paix, les Femmes et la DISCIPLINE sont ennemis irréconciliables.

FEMME (femmes) d'OFFICIER GÉNÉRAL (F), OU FEMME DE GÉNÉRAL. Sorte de FEMMES ou de dames considérées comme ayant appartenu à d'autres temps, à d'autres nations, car l'urbanité et la convenance interdisent toute critique qui pourrait blesser des contemporains. — TACITE s'est montré moins réservé, et laisse percer trop d'âpreté dans le chapitre premier du livre trois de ses Annales ; il insinue avec rudesse que, chez les ROMAINS, le droit de CARTE BLANCHE était quelquefois celui d'un sexe aussi bien que de l'autre. Il raconte une discussion parlementaire dont les Femmes furent l'objet ; et voici les paroles qu'il met dans la bouche de Celina Severus, leur antagoniste ; on en trouve, dans SANTA-CRUX (1758, A), une traduction d'un style moins mesuré que celle que nous allons en donner, et qui est due à la plume de JABRO (1777, G). — *Le luxe les rend avides. Ce sexe n'est pas seulement débile et timide, il est cruel, ambitieux, dominateur. Si un gouverneur est accusé de péculat, sa Femme est toujours plus chargée que lui. Mettent-elles le pied dans une province, tout ce qui s'y rencontre d'intrigants s'attache à elles ; elles se mêlent d'affaires, et savent les faire réussir. La province a deux magistrats au lieu d'un ; il faut qu'elle entretienne deux collèges, deux tribunaux ; mais les volontés du gouverneur en jupon sont plus tyranniques, plus opiniâtres que celles du gouverneur en cuirasse.......* Valerius Messalinus, se portant défenseur du beau sexe, répond que ce n'est pas tant le caractère des Femmes qu'on a à craindre que la faiblesse des hommes. — On lit dans GUIBERT (1775, E ; Introduction de l'Histoire de la Constitution) : *Lorsque, sous Tibère, on proposa, dans le sénat, de défendre aux gouverneurs de mener leurs Femmes dans les provinces à cause des dérèglements qu'elles y apportaient,*

la demande fut rejetée. Séjan répondit que les temps étaient changés, que les anciennes mœurs romaines étaient trop dures, et qu'il fallait vivre mieux et plus gaiement (mollius et lætitius, dit TACITE). *Qui ne croirait lire l'histoire de nos jours ?* ajoute GUIBERT. — Des souvenirs des temps passés, si l'on arrive aux faits récents, en s'abstenant de toutes déductions qui en pourraient être tirées : on verra, dans l'ancienne cour de France, les Femmes des chefs de l'armée partager avec leur époux un titre militaire, comme toutes FEMMES D'OFFICIERS en jouissent en ALLEMAGNE ; on verra la Femme du CONNÉTABLE et des MARÉCHAUX s'appeler la CONNÉTABLE et les MARÉCHALES ; on verra, dans le siècle dernier, des Femmes de généraux français recevoir, à leur décès, les HONNEURS FUNÈBRES attribués au rang de leurs époux ; on verra, dans le siècle où nous vivons, la veuve d'un général, mort sans avoir été revêtu du grade de MARÉCHAL, recevoir le brevet de MARÉCHALE.

FEMME PROSTITUÉE. V. CHEVAL DE BOIS. V. FEMME SUSPECTE. V. FUSTIGATION. V. PROSTITUÉ, adj. V. ROI DES RIBAUDS.

FEMME PUBLIQUE. V. FEMME A LA SUITE DES CORPS. V. PUBLIC, adj.

FEMME (femmes) SUSPECTE (C, 5), ou FEMME DÉBAUCHÉE. Sorte de FEMMES ou de FILLES que l'ORDONNANCE DE 1750 (25 JUIN) appelle PROSTITUÉES, et que l'ORDONNANCE DE 1768 (1er MARS) appelle DE MAUVAISE VIE. — Une ORDONNANCE de STROZZI, rendue en 1570, portait, en style un peu cru, que *nul soldat ne pourra tenir qu'un goujat, et point de putain, sur peine, aux goujats et putains de surplus, d'avoir le fouet.* — L'ORDONNANCE DE 1570 (10 DÉCEMBRE) porte : *Celui qui se trouvera avec fille de joie à la suite des bandes sera cassé, et lesdites filles nues seront fustigées de verges.* — L'ORDONNANCE DE 1590 (29 JUILLET) ordonnait au GRAND PRÉVÔT qu'il ayt à faire chastier exemplairement toutes putains et paillardes. Une ORDONNANCE DE 1641 (25 MAI) voulait que toutes Femmes suspectes soient chassées des armées et garnisons. — L'ORDONNANCE DE 1768 (1er MARS) réglait qu'en GARNISON les OFFICIERS ou les CAPORAUX DE PATROUILLE qui surprennent des Femmes avec des soldats, les arrêtent pour qu'elles soient livrées au juge du lieu par le COMMANDANT DE PLACE. — La LOI DE 1791 (10 JUILLET) décidait que les Femmes notoirement connues pour mener une vie débauchée, surprises avec les soldats dans leurs quartiers, lorsqu'ils seront de service, ou après la retraite militaire, seraient livrées à la POLICE CIVILE. — Les règlements sur la police enjoignaient aux ADJUDANTS EN GARNISON de s'opposer à ce que des Femmes suspectes s'introduisent dans les CASERNES; ils prescrivaient aux CAPORAUX de s'opposer à ce qu'elles s'introduisent dans les CHAMBRÉES. — Leur présence aux armées a été mainte fois, et presque inutilement toujours, frappée de réprobation par les ORDRES DU JOUR. Mais des personnages élevés en grade donnaient des exemples trop publics pour ne pas se dépouiller par là du droit d'être sévères quand il s'agissait de l'exécution des lois et de la répression du mal. — Dans son langage peu châtié, DUBELLAY (1549, ch. 7) s'écrie, en parlant des équipages : *Surtout qu'il n'y ait personne qui traine balus, coffres, charrettes, ne putains.* — L'ENCYCLOPÉDIE (1785, C, supplément) et LACHESNAIE (1758, 1) font l'énumération des CHATIMENTS divers que les FEMMES DÉBAUCHÉES ont encourus. Suivant les temps, les Femmes ou FILLES DE MAUVAISE VIE surprises dans les GARNISONS ont été exposées dans une cage de fer, torturées sur le CHEVAL DE BOIS, fustigées à coups de BAGUETTES, expulsées des GARNISONS ou des CAMPS, marquées au front, ou flétries d'une fleur de lis, etc. — Dans la GUERRE DE 1756, on leur barbouillait de noir le visage avec une composition qui ne s'effaçait que très-difficilement. — La CIRCULAIRE DE 1832 (10 AVRIL) témoignait que des OFFICIERS FRANÇAIS encouraient le reproche de se faire suivre de Femmes non légitimes.

FÉMORAUX, subs. masc. plur. v. CALEÇON.

FENCIBLE, subs. masc. (F). Mot ANGLAIS francisé qui signifie proprement DÉFENSEUR; il vient du verbe *to fence*, faire ou tirer des armes. — La MILICE ANGLAISE tient sur pied un BATAILLON de Fencibles à MALTE.

FÉNESTRER, verb. act. v. TOURNOI.

FENÊTRE, subs. fém. v. FAIRE F...

FENÊTRE de CASERNE. V. CASERNE. V. CORVÉE DE CHAMBRÉE.

FENÊTRE de GUÉRITE. V. CAPORAL DE POSE. V. GUÉRITE.

FENON, subs. masc. v. FANION. V. PENNON.

FENTE (subs. fém.) de BAUDRIER. V. BAUDRIER. V. CROCHET DE CHAPE.

FENTE de DOUILLE. V. DOUILLE. V. DOUILLE DE BAIONNETTE.

FENTE d'ÉCUSSON. V. DÉTENTE. V. ÉCUSSON DE FUSIL. V. QUEUE DE BATTANT.

FÉODAL (féodale), adj. v. ARMÉE F... V. BANDE F... V. FÉODALITÉ. V. GUERRE F... [V. SEIGNEUR F... V. SERVICE F... V. SERVICE MILITAIRE F... V. SOLDAT F... V. TENUE F...

FÉODALITÉ, subs. fém. (F). Mot très-moderne, puisqu'il ne se trouve pas dans FURETIÈRE. Il n'a pas uniquement le sens que l'ACADÉMIE lui prêtait dans l'édition de 1762; il ne signifierait, suivant elle, que qualité de FIEF, ou bien FOI ET HOMMAGE. ROQUEFORT ne le regarde également que comme exprimant une TENURE d'immeubles à titre de FIEF; mais la coutume, cette reine des langues, en décide autrement. L'acception du terme est plus large; il donne idée de l'ancienne confédération FÉODALE des NOBLES, du régime politique qui en découlait et du noyau du RECRUTEMENT de l'époque. — La Féodalité a été vue par les ÉCRIVAINS sous des aspects si opposés, que MABLY la regardait comme un régime républicain; DUBOS, comme une monarchie à grandes provinces; BOULAINVILLIERS, comme une aristocratie de SEIGNEURS terriens; SISMONDI, comme une oligarchie d'États unis. — L'étymologie du mot se rapporte à celle du substantif FIEF et de l'adjectif FÉODAL, dont on ne connaît pas clairement la racine. Ces expressions répondent à l'ANGLAIS *fee*, FIEF, et au vieux français *fé*, *fée*, qui signifiaient FOI, et qui ont produit FÉAL (fidèle) et FÉAGE (contrat d'INFÉODATION). Tous ces termes ont eu pour dérivés FAIER (INFÉODER), FÉODAL, FEUDAL, FEUDATAIRE, FEUTÉ (FOI), FÉOFFÉ ou FIÉDUÉ (FIEFFÉ), INFÉODATION, etc. Toutes ces manières de parler ont une liaison marquée avec le LATIN barbare *fedum*, que mentionne BODIN. Ce dernier mot a eu pour synonymes : *feodum, feudum, feum, fevum*, cités par FURETIÈRE, etc. — Tels écrivains veulent que les plus anciens de ces substantifs proviennent du LATIN *fides*, ou *fœdus*, ou *fiscus*; tels autres les font dériver de l'ALLEMAND *Feld* (champ ou campagne). GÉBELIN est persuadé qu'ils sont sortis du CELTIQUE ou du goth, *fod, feud*. — Quand les ROMAINS usurpèrent la GAULE, ils la trouvèrent partagée en une quantité de républiques unies par confédération; TACITE en comptait soixante-quatre; l'esclavage y était établi; le pouvoir sacré et judiciaire y était aux mains des druides; les ROTURIERS y formaient une classe soumise aux CHEFS DE GUERRE. Les Césars imposèrent aux vaincus le régime de l'épée, mais le tempérèrent par des formes municipales; les agents militaires, ou les chaînons principaux de cette AUTORITÉ, furent DUCS, COMTES, GOUVERNEURS. — Des peuplades inconnues débordèrent du NORD et inondèrent l'OCCIDENT et le midi de l'EUROPE; le POUVOIR ROMAIN en fut ébranlé; une invasion nouvelle, gagnant de proche en proche, renfermait le germe de la Féodalité, qui devait bientôt et longtemps désoler le monde civilisé, raser ou percer à jour les villes fermées et anéantir la loi municipale. — Dans les contrées où les institutions seraient voisines de l'état de nature, le gouvernement féodal pourrait n'être que l'abus du gouvernement paternel. Supposons un vieillard qui, tel qu'Abraham, serait général, grand propriétaire, chef politique de ses fils, de ses arrière-descendants, de ses esclaves ; on aura en lui un SEIGNEUR féodal ; il sera, à son gré, juge et bourreau ; il immolera Isaac par superstition, ou lui fera grâce par la loi du bon plaisir déguisé sous le nom de droit divin. Mais, dans l'EUROPE, la Féodalité a eu un tout autre caractère ; elle a été la conséquence et l'abus, non d'un gouvernement paternel, mais du gouvernement sauvage et usurpateur des BOURGUIGNONS, des WISIGOTHS, des GOTHS, des FRANCS, des DANOIS, des TARTARES, des NORMANDS, des LOMBARDS, à mesure qu'ils se répandirent dans la partie occidentale dé l'ancien EMPIRE ROMAIN. — Nos ancêtres furent les premières victimes de ces catastrophes. — Les capitaines de race FRANQUE, escortés d'un ÉTAT-MAJOR composé d'ANTRUSTIONS, de BARONS, de FÉAUX, de LEUDES, déchirèrent au NORD des GAULES les possessions ROMAINES, y abolirent les autorités locales, y fondèrent les castes privilégiées ; ils maintinrent l'esclavage dans le régime domestique, ou le transformèrent en servitude de la glèbe ; ils importèrent la loi et l'usage des propriétés saliques, c'est-à-dire tenues à la mode de la caste des Saliens, et dont les mâles seuls héritaient. — Telle était la révolution opérée dans une partie de la FRANCE quand CLOVIS régnait. — Nous aurions ajouté peu à cet aperçu, ou plutôt nous eussions à peine fait mention de la Féodalité, s'il n'importait de démontrer que son histoire et celle de l'ART MILITAIRE se touchent par tous les points, et qu'on ne peut étudier l'un de ces sujets si on s'isole de l'autre. — A ceux qui croiraient la chose purement historique, générale, ecclésiastique, nous répondrons que la Féodalité est essentiellement militaire et constitua un continuel abus de la FORCE ARMÉE ; qu'elle fut une vicieuse répartition du POUVOIR exercé par les SEIGNEURS, les GENTILSHOMMES, les LANCES NOBLES, les SOLDATS ; qu'elle résulta d'une déviation monstrueuse de la FORCE PUBLIQUE dont les ROIS abandonnaient les rênes. — En FRANCE, la Féodalité a eu une durée de dix siècles au moins ; ils se divisent en trois périodes : elle est successivement monarchique, tempérée, aristocratique. — La première commence avec CLOVIS ; elle se fonde sur la possession des territoires acquis par les ARMES ; les vainqueurs asséoient leur camp sur le domaine conquis ; ils s'emparent

du tiers des terres, ou, suivant l'opinion plus croyable de MONTESQUIEU, ils s'approprient ce qui leur convient, et laissent aux GAULOIS le surplus ; ils réduisent en servitude les colons du sol qu'ils s'adjugent ; ils rendent tributaires ceux qu'ils ne dépouillent pas entièrement ; les biens qu'ils confisquent sont partagés par le ROI aux CHEFS ou Saliens, par les CHEFS aux SATELLITES, aux SOLDATS ; la distribution s'en fait en vertu d'une concession qui pour les premiers est à perpétuité, pour les autres à titre temporaire ou viager comme une PENSION. Ce gouvernement du sabre, cette chaîne dont les anneaux vont incessamment se désajustant, cette répartition graduelle dans le principe, mais intervertie bientôt, établit une forme d'administration et un lien politique qui se fondaient sur cet axiome : *Tout relève du monarque*, c'est-à-dire du spoliateur en chef. — La brutalité avait envahi le sol ; l'assentiment calculé des gens d'Église, toujours avides de pouvoirs temporels, consolida l'envahissement et fit d'un chef de BANDE l'oint du Seigneur. Le clergé reçut, en échange de sa condescendance, les FIEFS nommés régales, sorte de temporel dont le revenu retournait, comme FISC royal, au TRÉSOR du souverain, pendant les vacances de la possession. — De nouveaux principes de gouvernement furent consacrés au nom du ciel ; Dieu permit qu'une quantité de peuplades, changées en HOMMES DE POTESTÉ, fussent une propriété transmissible, vassale, taillable. Telle est la Féodalité monarchique, association de provinces acquises à un même maître sous forme d'apanage. — La répartition primitive des terres fut une loterie ; aussi appelait-on en latin *sortes* ce qui revenait aux copartageants. Il est rare qu'un chef de brigands ait le temps ou la volonté de peser dans de justes balances les parts qu'il assigne à ses complices ; il n'est pas moins rare que ceux-ci se contentent du lot obtenu ; de là provient la nécessité où se trouvèrent les rois, alors souverains de nom, ou les MAIRES DU PALAIS, souverains de fait, d'acheter la soumission des SEIGNEURS turbulents ou le dévouement des GENTILSHOMMES tièdes. La concession des BÉNÉFICES n'eut pas d'autre objet. — Il se vit donc alors une NOBLESSE à terres saliques ou transmissibles aux mâles ; une NOBLESSE à domaines libres ou de franc-alleu, dont les deux sexes pouvaient hériter ; et une classe de NOBLES qui jouissaient précairement de terres communes, réparties entre les GUERRIERS ou les BÉNÉFICIERS, en vertu d'une DOTATION à terme destinée à servir de PAYE. — Les SOLDATS terriens rétribués le plus largement, ou qui administrèrent leurs domaines avec plus d'habileté, disposèrent à merci des indigents, dépouillèrent, s'ils le purent, leurs égaux, et attachèrent à la glèbe les fils mêmes de leurs défunts COMPAGNONS D'ARMES, ou les descendants des camarades de leurs pères. Ils n'en agirent autrement que quand ils trouvèrent leur compte à admettre à la VASSALITÉ armée des SOLDATS jusque-là leurs égaux, mais moins favorisés par le sort ou par les sorts (sortibus). — Depuis ce temps, être NOBLE (nobilis homo, gentilis homo), être OFFICIER militaire, SEIGNEUR féodal, CHEVALIER OU GENS D'ARME (caballarius, eques, miles, gens armata), furent tout un. Soyez NOBLE, si par apanage vous êtes riche ; soyez riche, afin de rester NOBLE et apanagé ; soyez armé, afin que le titre soit d'une validité incontestable, que le GRADE reste incommutable, que les terres de GAGNAGE (le théâtre du gain ou du BUTIN) soient le plus productives possible ; tels furent les principes que les privilégiés inculquèrent à leur race ; tel fut le cercle où pivota cette puissance en se consolidant. — Ainsi commence et se soutient la PREMIÈRE RACE. En distribuant aux vainqueurs les terres des vaincus, elle établit pour condition de ce partage l'obligation du SERVICE PERSONNEL et une subordination de vassalité ; mais il ne paraît pas que d'abord ce SERVICE FÉODAL fût limité par l'engagement que contractait le VASSAL, comme cela eut lieu au temps de l'hérédité générale ; le SERVICE participait du mode énergique d'une CONSCRIPTION sans dispense. Tel est le principal caractère de la Féodalité monarchique. — Le contrat d'INFÉODATION liait la puissance souveraine, obligeait celui qui en était revêtu à être le protecteur de ceux qui le servaient, et encourageait le dévouement militaire par la promesse de la protection ; mais cette balance politique était perpétuellement troublée, dans un temps où il n'existait pas de pondération des POUVOIRS. Ainsi, de 481 à 613, les sujets de condition libre et leurs chefs sont continuellement bataillants ; s'ils déposent de temps en temps l'épée, c'est pour discuter leurs droits réciproques dans les assises tumultuaires du CHAMP DE MARS ; la lance y brave le sceptre. Depuis les rois fainéants, ces comices armés se changent en CONCILES où la mitre et le casque se disputent violemment le pas. — Que la Féodalité se soit étendue sur tous les pays où des chefs de race germanique ont régné ; que partout elle ait enfanté une caste nobiliaire, plus ou moins semblable à celle des États franco-germaniques, c'est ce qu'on n'a jamais contesté ; mais on n'est pas tombé d'accord sur les époques où cette grande ré-

volution a commencé. Les ténèbres dont cette partie de l'histoire de l'OCCIDENT est enveloppée ne s'éclairciront jamais entièrement ; car c'est de la coutume seule que la Féodalité est sortie ; nulle part on ne retrouve de titres ou de loi organique qui l'établissent. Quel législateur, en effet, eût été assez ennemi de son pays, assez étranger aux principes de la justice naturelle pour rédiger un tel acte ? M. SISMONDI regarde la Féodalité comme introduite dans les GAULES par les FRANCS ; elle daterait ainsi du cinquième siècle. — Des historiens, des publicistes pensent qu'elle a été une création de CHARLES MARTEL, vers 725 ; il l'aurait instituée, disent-ils, comme un moyen de consolider son usurpation, en y associant, en y compromettant ses adhérents. Mais sur quoi appuyer cette assertion, puisqu'on ne peut recourir à aucun annaliste contemporain ? L'obscurité est telle, que, suivant Velly, la bataille de POITIERS ou de Tours gagnée en 732 par CHARLES, bataille qui est un des plus importants événements pour la monarchie, pour l'EUROPE, peut-être pour le monde, n'a exercé la plume d'aucun historien qui ait vécu à l'époque de ce fait d'armes. Un seul évêque portugais en a parlé. — Il est probable qu'après sa grande victoire CHARLES MARTEL n'aura été que l'imitateur du chef de la PREMIÈRE RACE, en distribuant des DOTATIONS à ses généraux. Cet illustre capitaine, s'appuyant sur la Féodalité pour abattre la PREMIÈRE RACE, ne se doutait pas que la dynastie dont il allait être la souche serait renversée par le même levier. — Incontestablement la Féodalité se développe surtout, en 847, par suite du traité de Mersen-sur-Meuse, qui dégage les GRANDS VASSAUX de l'obligation d'obéir aux sommations du monarque et les dispense de PRENDRE LES ARMES, si ce n'est pour concourir, par des CONTINGENTS à terme, aux GUERRES DE L'ÉTAT. Les FIEFS gagnaient par ce traité ce que la couronne y perdait. L'oligarchie entamait la monarchie. — Cependant M. COURTIN (1827) est d'avis que c'est surtout depuis CHARLES LE CHAUVE et l'édit de PISTES que la Féodalité existe. M. HALLAM aussi la croit un fruit de l'imbécillité des successeurs de CHARLEMAGNE, et pense qu'elle prend naissance à l'époque où le régime des CAPITULAIRES s'éteint, événement qui a lieu vers 882. HALLAM emprunte le fond de cette opinion à VELLY. — On pourrait concilier ces ÉCRIVAINS en disant que si, depuis le cinquième siècle, la Féodalité que nous appelons monarchique ne se présente pas dans nos annales comme une organisation généralement assise, et que si l'histoire des

FIEFS ne s'éclaircit que depuis HUGUES CA-PET, cependant tous les éléments de la Féodalité existaient dès l'irruption des FRANCS ; elle était jusqu'au huitième siècle vague et irrégulière, comme tout ce qui s'appuie sur la force brute et non sur la loi ; mais elle ne débordait pas la royauté ou le pouvoir des MAIRES DU PALAIS. Elle prend une forme plus réglée sous CHARLEMAGNE ; il domine les VASSAUX puissants ; il les maintient sous le coup d'une sévère CONSCRIPTION, qui s'étend jusqu'en ARAGON, jusqu'aux rives de l'Ebre, barrière de l'Empire. — Le ressort comprimé par CHARLEMAGNE se détend sous ses indignes successeurs. — Vers 877, les grands FIEFS sont érigés ; ils sont le fruit des concessions que la cupidité ou la tyrannie de la NOBLESSE arrachent à l'imbécillité de CHARLES LE CHAUVE ; ils énervent l'AUTORITÉ souveraine en la partageant ; tout FONCTIONNAIRE public se donne un FIEF ; tout possesseur de FIEF se déclare FONCTIONNAIRE, et la loi du retour à la couronne est annulée ou éludée ; les PRIVILÉGES jusque-là personnels et temporaires ou viagers deviennent perpétuels ; ce n'est plus l'homme seul qui est noble, c'est son domaine qui le devient ; la NOBLESSE salique se fond dans la NOBLESSE viagère et révocable, quand cette dernière assure et emporte par usurpation l'inaliénabilité de ses gouvernements et attache l'hérédité aux RÉCOMPENSES MILITAIRES appelées BÉNÉFICES ; la fusion des deux classes de NOBLES produit une aristocratie guerrière à FIEFS héréditaires très-inégaux et à tenure de quantité de degrés. — Depuis la fin du neuvième siècle, époque où la FRANCE cesse d'être régie par les CAPITULAIRES, la monarchie se transforme en un faisceau de FIEFS de toutes formes sur lesquels le monarque n'exerce qu'une SUZERAINETÉ équivoque et contestée ; il ne surmonte ce faisceau que comme un premier SEIGNEUR distingué par sa dignité plus que par son AUTORITÉ. — — L'oligarchie armée, rivale du trône désarmé, continua jusqu'à l'établissement des COMMUNES, à avoir pour états généraux les réunions aristocratiques nommées CHAMP DE MARS et CHAMP DE MAI ; c'étaient de dispendieuses orgies et, comme le dit DUBOS, *de grands conseils de guerre*, dont les cours plénières ont été une imitation royale. — Le nombre des GRANDS VASSAUX s'accrut par les irruptions sans cesse renouvelées des DANOIS ou des NORMANDS. L'établissement de ces AVENTURIERS donna le signal de nouveaux bouleversements, et traîna à sa suite la grande oligarchie de la Féodalité ; celle-ci s'étendit sur toute l'EUROPE, vers la fin de la SECONDE RACE ; elle s'appelait aussi CHE-

VALERIE FIEFFÉE, quoique l'existence de la CHEVALERIE MILITAIRE fût bien plus ancienne. — Pendant les siècles qui s'écoulent depuis CHARLEMAGNE, le régime féodal s'étend par le fait de la sous-inféodation, sorte de stipulation politique et pécuniaire, en vertu de laquelle on revendait en détail les grands FIEFS qu'on avait dérobés ou reçus en don. Chaque VASSAL du FEUDATAIRE qui lui est supérieur et immédiat usurpe, à l'imitation de son SUZERAIN, tout ce qu'il peut d'indépendance et de plein pouvoir ; néanmoins l'obligation du SERVICE MILITAIRE, de la MONTRE OU MONSTRE et de la CHEVAUCHÉE (*cavalcada*) continue à être la condition essentielle de la concession et du titre de GENTILHOMME ; le serment nommé HOMMAGE ou action de se faire l'HOMME d'un HOMME, devient le lien sacramentel du régime féodal ; quand, par sa nature, ce lien est serré le plus possible, il produit les locutions HOMMAGE LIGE, HOMME LIGE. — A cette condition du SERVICE PERSONNEL se rattache l'origine du BAN et de l'ARRIÈRE-BAN ; de là aussi ces distinctions de BACHELIERS, de CLIENTS, d'ÉCUYERS FIEFFÉS, de GENS D'ARMES, guidés par des BAILLIS, des BANNERETS, des BARONS, et tenus à servir avec telles ou telles ARMES, pendant tel ou tel temps, sous tel ou tel GONFALON. — On appelait REIZE (*regnum*), le COMMANDEMENT de ce SERVICE, le GOUVERNEMENT militaire terrien, et l'état de présence des TROUPES FÉODALES ; un SEIGNEUR *avait reize*, à ce que dit M. ROQUEFORT, pendant le temps où il pouvait disposer militairement de ses VASSAUX. — Le BAN d'appel consistait dans la brève et rude allocution que cite MONTEIL : *Arrivez ou vous* (je vous) *brûlerai*. C'était la punition des retardataires, sans préjudice à la répression des réfractaires et des fausses lances que plus tard on a nommés PASSEVOLANTS. — Une des obligations de certaines TENURES était le CORNAGE, sorte d'alarme ou de CRI A LA RECOUSSE qui, au moyen du son du COR, annonçait au FIEF dominant une INVASION, une MARCHE de l'ENNEMI. — La Féodalité se fortifie au moyen d'héritages, de cessions, d'adjonctions par alliance ; elle s'agrandit par des empiétements de toute espèce ; elle s'enrichit par des acquêts et des conquêts ; à la fin du dixième siècle, elle règne dans toute son énergie, fond les petites propriétés dans de grands FIEFS, hérisse le sol de FORTIFICATIONS, déploie les BANNIÈRES des seigneurs, tire des familles de SERFS la roture destinée à desservir les GARNISONS, paye de ses sueurs dans les TOURNOIS son APPRENTISE D'ARMES, et renverse les faibles restes de la maison de CHARLEMAGNE. — Sous HUGUES CAPET, tous les FIEFS sont héréditaires.

Une révolution en est la conséquence; le partage des biens-fonds entre les héritiers d'un même père devient forcément inégal; la ligne de masculinité écrase l'autre; le droit de primogéniture prévaut. — Depuis l'apparition du code barbare qu'on a appelé mérovingien, et que Marculfe nous a laissé sous le nom de *Formules*, il existait bien une ligne de masculinité; mais les pères, par leurs testaments, pouvaient n'y avoir point égard. On le voit dans le recueil des anciennes lois françaises (5° livraison, p. 66); mais une loi, on devrait plutôt dire une coutume, qui sort des ténèbres des dixième et onzième siècles, ne remet plus l'alleu paternel ou la terre salique qu'au mâle premier-né. — Telle est la Féodalité aristocratique, la plus dure de toutes, parce qu'elle a été sans contre-poids et sans aucun principe central et régulateur. C'est surtout de cette aristocratie que les historiens se sont occupés; aussi beaucoup d'écrivains ne regardent-ils le système féodal proprement dit que comme un événement ou un régime auquel donnait naissance le dixième siècle, parce que, suivant leur opinion, la constitution féodale est un état politique dont l'existence des fiefs est la condition essentielle, fondamentale. — Ils nous montrent les Normands l'introduisant en Angleterre et en Écosse, et modifiant, dans le royaume de Naples, la Féodalité que déjà les Lombards de Bénévent y avaient importée. C'est depuis cette époque que se fonde cet axiome : *Point de terre sans seigneur;* de là aussi ce droit de rendabletté qui oblige le châtelain vassal de remettre aux troupes du suzerain le château où il convient au maître de s'établir, pour combattre ou se défendre. — La lâcheté, la stupidité des derniers empereurs avaient amené la France à un tel degré d'avilissement et de dépopulation, qu'il n'y avait plus de guerriers, plus de cultivateurs, plus de villes; mais seulement des églises et des couvents. Quelques poignées de Danois, à demi nus, remontant les fleuves sur des bateaux d'osier et de cuir, exerçaient avec plus de facilité la dévastation que ne le firent, au Mexique, les Espagnols couverts de fer, et combattant avec des chevaux bardés, des canons, des hauts-bords. — La race française s'était épuisée au point que, faute de paroisses et de diocésains, l'évêché de Bordeaux avait été transféré à Bourges par une bulle romaine. — Le remède de l'abâtardissement de la France, du dépérissement de l'armée, de la pusillanimité des possesseurs de serfs, ne pouvait se trouver que dans le ressort des intérêts nobiliaires. L'énergie de la Féodalité rendit,

dans le dixième siècle, quelque vaillance aux nobles, quelque plébécule au territoire de l'empire. *Si ceux qui en recueillirent quelques débris,* dit M. Sismondi, *n'étaient supérieurs ni en talents, ni en vertus, ni en énergie aux misérables empereurs, leurs intérêts étaient rapprochés d'eux; ils arrivèrent à les comprendre; ils eurent besoin de forces.* — Ce fut l'ancre du salut de la France prête à périr; ce fut le cruel remède d'un mal affreux. Le pays ne fut pas submergé, mais le despotisme alla s'éparpillant de plus en plus. — La Féodalité châtelaine fit revivre des hommes de cœur, dans un pays où toute dignité d'homme était éteinte. — Cette Féodalité, devenue plus tard si tyrannique, était une nécessité des temps; sans le recours à ce gouvernement, auquel manquait une épée royale, un appui central, toute énergie disparaissait, et la France devenait déserte. Aussi l'aristocratie féodale a-t-elle forcé la couronne même à s'associer au système. — Depuis Hugues Capet, la Féodalité, dépourvue d'un lien central, est un composé d'administrations particulières, dissemblables, dont la hiérarchie est coutumière et provinciale; elle est un chaos de pouvoirs indépendants, continuellement en lutte; et pourtant si elle n'eût succédé à la dissolution de l'empire, la France allait devenir une grande forêt. Nous allons voir au reste à quelles dures conditions la nation survivait. — Le luxe et l'élégance de l'habillement deviennent un privilége de la paix, comme le haubert est un privilége de la guerre. La bannière, le floquet, le pennoncel, se changent en girouettes de formes variées, qui signalent la qualité du domaine. — Chaque seigneurie a son armée, sa cour, son cri, sa noblesse, son roi d'armes. — L'obligation du service personnel est ou restreinte ou étendue suivant des usages sans nombre; ils varient à raison du temps et des localités; ils diffèrent de province à province, de château à château; aussi serait-il chimérique de prétendre en tracer un tableau exact et complet. — La quintane, les expéditions armées, la chasse, la table et tous ses excès, sont le cercle des occupations et du savoir-faire de tous les hommes de haut rang. — Le brigandage, la ruine de l'agriculture, la dépopulation, l'ignorance, s'étaient étendus en proportion de l'abaissement du trône; une valeur brutale, mais chevaleresque, va du moins renaître. Les routes sont bridées par des châteaux forts, les habitants sont désolés, non plus par les Danois, mais par les marches non interrompues et les haltes non moins ruineuses des gens d'armes. La France se divise par nations, comme l'Es-

PAGNE par royaumes. Les traces s'en retrouvaient encore à des dates peu anciennes, puisque, sous la minorité de CHARLES HUIT, les états généraux qu'il convoque se distribuent en six comités, nommés nations; savoir : la nation d'Aquitaine, — de Bourgogne, — de la Langue d'Oc, — de la Langue d'Oyl, — de Normandie, — de Paris. — L'anarchie amène les siècles de plomb, les pestes, un état de fièvre guerrière non interrompue, la légitimation des COMBATS SINGULIERS, et enfin l'anthropophagie. Qu'on n'accuse pas d'exagération ce tableau; depuis l'an 1030, d'horribles famines, dont une entre autres a duré douze ans, avaient changé nos pères en anthropophages. La chair humaine était un objet de commerce public; on transformait en farine les ossements des cimetières; c'était ce qu'on appelait : *Pain odieux.* — Vers 1030, dit l'abbé Millot, *les hommes allaient à la chasse des hommes, pour les dévorer.* — Vers cette époque, *Conrad le Salique*, dit M. SISMONDI, *fit adopter au royaume d'Arles sa législation, elle passa de l'Italie ou de l'Allemagne en France; le système féodal lui dut sa régularité. Il assura l'indépendance des vavasseurs dans les arrière-fiefs, à l'égal de celle des vassaux; il régla les devoirs des seigneurs et des feudataires; il sanctionna l'hérédité.* — Mais ce régime, plus symétrique ou moins mal ordonné, ne tournait qu'au profit de quelques familles puissantes. — La Féodalité ne fait refleurir que l'ESCRIME, l'ÉQUITATION, l'art de fabriquer les ARMURES et de construire des CHATEAUX. Elle favorise, aux dépens de la FORCE PUBLIQUE, les supériorités individuelles; elle acquiert un pouvoir qui ne peut être comparé qu'à l'énergie d'un homme ivre; sa brutalité ne pouvait être réprimée que par les représailles du despotisme; c'est ce qui est arrivé sous LOUIS LE GROS, PHILIPPE AUGUSTE, LOUIS NEUF, PHILIPPE LE BEL, CHARLES SIX, CHARLES SEPT, LOUIS ONZE et LOUIS QUATORZE; mais ne troublons pas l'ordre des temps. — Pendant tout le MOYEN AGE, la Féodalité alimente les GUERRES PRIVÉES, occasionne nos désastres dans les GUERRES NATIONALES, et entrave toutes les opérations des GUERRES DÉFENSIVES, parce que l'indigence de la petite NOBLESSE ne permettait pas que le SERVICE FORCÉ qu'elle devait accomplir à ses frais fût de longue durée; trois mois en étaient le maximum; quarante jours en étaient en général la mesure, et cette durée s'amoindrissait en proportion de la SOUS-INFÉODATION ; à ROUEN, le service n'était que d'un jour. — Qu'attendre d'une MILICE où il s'agissait moins de vaincre que de gagner de riches RANÇONS,

où la principale occupation des BANNERETS, des BAILLIS D'ÉPÉE, de chaque GOUVERNEUR D'UNE PLACE DE GUERRE, était la délivrance des congés réclamés sur un pied inégal par leurs ARBALÉTRIERS, leurs ARCHERS A CHEVAL, leurs HOMMES D'ARMES, leurs sergents (*servientes*). — Tout était pour la Féodalité l'occasion et l'objet d'un commerce fiscal; elle trafiquait honteusement de la justice, des crimes et du sang humain; elle mettait son attache au droit de meurtre, moyennant un rachat dont l'échelle se réglait sur la qualité des individus assassinés; vis-à-vis de sa haute justice, l'or purifiait les consciences; elle vendait le mal sur la terre, comme le clergé vendait le bien dans le ciel; il faut rendre pourtant une justice à l'Eglise, elle travailla, dans le onzième siècle, mais avec peu de succès, à établir la PAIX DE DIEU. — L'organisation des armées ne repose pas sur des institutions meilleures; il n'est MIS EN CAMPAGNE que de la CAVALERIE, c'est-à-dire la troupe qui peut le moins longtemps s'y conserver et s'y suffire. Il n'existe pas d'ARMÉES PERMANENTES; l'ART MILITAIRE DE TERRE s'anéantit, parce qu'il est incompatible avec la CONSTITUTION d'une ARMÉE FÉODALE; les ECCLÉSIASTIQUES fieffés sont forcés au SERVICE PERSONNEL, au mépris des décrets de ROME, et des CAPITULAIRES qui leur interdisaient les ÉPERONS, et ne voulaient voir que des AUMONIERS dans les personnages sacerdotaux. Enfin il n'y avait de régulier et de concerté que les DÉFIS, parce que les DUELS et la GUERRE privée étaient des occupations de tous les jours et de toutes les contrées; les formes des provocations composaient la JURISPRUDENCE à peu près unique; les HÉRAUTS D'ARMES en étaient les régulateurs, les tabellions, les casuistes. — La croisade de 1096 donne naissance à la plus ancienne charte féodale; elle paraît sous le nom d'*Assises de Jérusalem.* Ainsi le premier monument écrit que nous ayons sur la matière est plus voisin de la chute que de la naissance de la Féodalité. — Avant les CROISADES, il n'y avait en FRANCE que des VASSAUX, mais point de sujets de la couronne. Politiquement parlant, ces derniers n'existent que du jour où le souverain cesse d'appeler sous ses ENSEIGNES les VASSAUX et les BANDES FÉODALES, et où il commence à mettre sous les armes l'INFANTERIE COMMUNALE et à enrégimenter des HOMMES D'ARMES attirés par la promesse d'une solde; telle est l'aurore d'une révolution et d'une amélioration qui datent des premières années du douzième siècle. — Nous touchons au règne de LOUIS LE GROS. Il va trafiquer des affranchissements, mais par besoin d'argent plus que par un mouvement d'humanité. — On lit dans les historiens de France (t. XII, p. 128, etc.) : *Les excès des seigneurs appauvrirent les rois. La pénurie des finances fit naître l'idée de vendre quelque portion de liberté aux habitants des bourgs et des villes. Louis le Gros leur vendit le droit de franchise qui ne lui appartenait pas. Il retenait quelquefois la marchandise et son prix.* — Ainsi les chartes des communes leur sont octroyées à prix d'or par l'indigence des rois, et ici commence l'abolition de la Féodalité, parce que cette émancipation donne le jour aux MILICES COMMUNALES, et affaiblit d'autant la puissance des SEIGNEURS; d'ailleurs ceux-ci imitèrent, par cupidité, la conduite des rois, mirent à l'encan la liberté, et subdivisèrent à l'excès les ARRIÈRE-FIEFS. Les peuples commencent à respirer, un rudiment de GARDE NATIONALE est créé, les lumières s'accroissent et cherchent à se répandre. Il en est ainsi surtout depuis l'époque où la stupide ignorance des NOBLES les rend incapables d'aucune fonction dans les ordres sacrés. L'introduction de la roture dans les hautes fonctions de l'Eglise en est la conséquence, et commence à jeter de l'éclat sur des hommes d'un rang jusque-là obscur. Le pouvoir cesse de résider uniquement dans le droit du NAISSEMENT. — En ANGLETERRE, l'état de la barbarie était le même pendant le douzième siècle, comme le témoigne la Chronique saxonne, que WALTER SCOTT relate et traduit; elle offre le tableau des désordres de la noblesse anglo-normande, et des cruautés qu'elle exerçait sous le roi Etienne. *Ils (les nobles) opprimaient le peuple en le forçant à leur construire des châteaux, et, quand ils étaient construits, ils les remplissaient de scélérats ou, pour mieux dire, de diables incarnés, par qui ils faisaient saisir les hommes et les femmes à qui ils soupçonnaient des richesses. Ils les jetaient dans des prisons et leur faisaient subir des tortures plus cruelles que jamais martyr n'en endura. Ils étouffaient les uns dans la boue, suspendaient les autres par les pieds, et allumaient sous eux un grand brasier. Quelquefois ils leur entouraient la tête de cordes à nœuds, qu'ils serraient jusqu'à ce qu'elles pénétrassent dans leur cerveau; ils les jetaient dans des souterrains remplis de vipères, de serpents et de crapauds.* — Epargnons au lecteur le reste de cette affreuse description. — En FRANCE, LOUIS LE GROS commence à soumettre à la couronne cette foule de tyrans à qui une FORTERESSE et un GONFALON donnaient le droit d'écraser le peuple, de désoler les provinces et de lutter contre le trône; ses successeurs l'imitent et agissent comme faisait le gouvernement romain, quand, en de grandes calamités, il se décidait à affranchir des esclaves. La TROISIÈME RACE met sa politique à ranimer le peuple et à comprimer le pouvoir qui avait écrasé la PREMIÈRE et la SECONDE RACE. — LOUIS LE JEUNE, vers 1140, crée dans cette intention une ARMÉE ROYALE. — Les affranchissements, l'institution chaque jour plus répandue des COMMUNES, l'autorité que prennent les MAJORS ou MAIRES qui les régissent, la richesse des chefs du tiers état, préparent le déclin de la Féodalité; on voit surgir, à des époques peu distantes, les lois constitutionnelles de quelques royaumes d'ESPAGNE, les bourgs de l'ANGLETERRE, les républiques d'ITALIE, les immunités des VILLES HANSÉATIQUES, etc. Cet effet s'étend plus ou moins chez tous les peuples, pendant et après les dernières CROISADES; les expéditions extravagantes, funestes, des CROISÉS produisent aussi quelque bien; elles font revivre l'INFANTERIE soldée qui détrônera sans retour la Féodalité, et elles éloignent, appauvrissent ou déciment une NOBLESSE turbulente, indisciplinable. — Les progrès que font les parlements, dont le nom paraît pour la première fois dans l'histoire en 1140, concourent, mais lentement, au même but. — Une cause plus efficace de l'affaiblissement de la Féodalité a été la propagation de la CHEVALERIE D'AFFILIATION; elle commence, pendant les CROISADES, à mettre son épée à l'enchère; cette caste, vendant ses services, prépare la renaissance des ARMÉES PERMANENTES et ROYALES qui deviendront nécessairement antipathiques à la Féodalité. — PHILIPPE AUGUSTE concentre en partie dans ses mains le despotisme des SEIGNEURS. Il sent que l'assiette d'un impôt peut seule consolider sa domination; il essaye de l'établir et de persuader aux contribuables qu'il est spontané, tout en l'appelant *subvention par grâce*; les oppositions qu'il rencontre retardent, pendant plusieurs règnes, l'affranchissement de la FRANCE. — La mort de RICHARD CŒUR DE LION rompt les principaux liens du pouvoir féodal en FRANCE. — LOUIS NEUF rédige un code de coutumes féodales, intitulé : *Establissement de saint Louis :* c'est le plus ancien monument législatif qu'on doive à la famille capétienne. On est fâché de voir un tel acte signé de la sainte main d'un prince inscrit dans la légende chrétienne; le système qu'il légalisait était alors si absurde, que quantité de SEIGNEURS, étant FIEFFÉS en ANGLETERRE et en FRANCE, relevaient à la fois de deux souverains souvent en guerre, et devaient combattre pour le FIEF principal, ou plutôt pouvaient à volonté être les alliés ou les ennemis de leur prince. — Mais rien de moins arrêté que les principes du droit féodal ; ainsi en Champagne le ventre anoblissait ; c'est-à-dire que l'enfant d'un roturier et d'une noble était noble. *En Bourgogne*, dit M. DE BARANTE, à l'année 1477, *la coutume admettait les filles à hériter du fief.* — PHILIPPE LE BEL sent la nécessité d'abolir la MILICE FIEFFÉE, sorte de tribut provincial qu'il s'agissait de rendre royal ; il crée des MILICES NATIONALES ; il travaille à assurer l'entretien de cette nouvelle FORCE ARMÉE par un impôt réparti sur toute la FRANCE ; il devine que le concours des peuples est la seule garantie de la force monarchique. En 1302, il donne pour base à son trône un simulacre de représentation nationale ; il se fait financier *per fas et nefas*, et il devient, à l'aide de ses trésoriers et de ses gens de robe, le maître des SERFS que la Féodalité disputait encore au souverain. Il est absolu le jour où il réussit à lever la taille sur les BARONS, les SEIGNEURS et leurs VASSAUX, comme sur ses VASSAUX propres ; cet impôt, si longtemps refusé, est obtenu en 1304. Le pouvoir, en franchissant cet écueil, arrive à la centralisation. Les états en ordonnant la levée du premier subside, démêlent les rênes du gouvernement et les déposent dans les mains de PHILIPPE ; de nombreux VASSAUX FÉODAUX, immédiatisés par là, deviennent les hommes de la couronne. — Une ORDONNANCE rendue par PHILIPPE DE VALOIS, en 1347, étend et régularise la levée des impôts sur les domaines non royaux. Dès lors la NOBLESSE est pliée à la juridiction royale, qu'elle avait déclinée jusque-là ; le GUIDON est substitué au PENNON ; le tiers état, chaque jour plus nombreux, renaît à l'affranchissement et devient le ferme appui du trône. — Un nouveau coup est porté à la Féodalité en 1413. CHARLES SIX rend une ordonnance qui défend, *sous peine de confiscation de corps et biens, de se mettre en armes, au mandement d'aucun seigneur, sinon de lui* (en vertu de l'ordre du roi) *ou du connétable.* — Sous CHARLES SEPT, la FRANCE eût été en danger de périr, si le système féodal n'eût été dépouillé déjà d'une grande partie de sa prépondérance. Ce prince blesse au cœur la Féodalité en substituant à la MILICE FIEFFÉE les COMPAGNIES D'ORDONNANCES, et en les armant de fer ; car, la COTTE DE MAILLES cessant d'être le privilége exclusif de quelques chefs, le pouvoir s'évanouit avec le privilége ; mais le régime féodal et la théocratie avaient amené les gouvernements circonvoisins à une telle débilité, que l'Alexandre des Osmanlis, Mahomet deux, était à la veille de renouveler l'irruption des Sarrasins, de subjuguer l'EUROPE entière si l'OCCIDENT n'eût eu pour boulevards Hu-

niade et Scanderberg. En eux semble revivre CHARLES MARTEL. — Les efforts de nos souverains n'avaient cependant encore abattu que des tyrans en sous-ordre. Sous LOUIS ONZE de puissants princes, presque ROIS eux-mêmes, possèdent les grands FIEFS de la couronne ; les ducs de Bretagne et de Bourgogne se regardaient à peine comme Français ; mais la mort de CHARLES LE TÉMÉRAIRE, en 1477, fut pour la Féodalité un échec irréparable. — La politique astucieuse de LOUIS ONZE complète l'œuvre de ses prédécesseurs. Il y travaille pour lui et non pour la nation : aussi se garde-t-il d'accorder la franchise aux Parisiens, parce qu'il eût restreint d'autant les perceptions qu'il en tirait arbitrairement. — Pendant les trois siècles qui s'écoulent entre LOUIS LE GROS et LOUIS ONZE, un ordre de choses meilleur avait résulté graduellement de l'accroissement de la prérogative royale, de la multiplication des villes et des bourgs, des progrès de l'industrie, de l'extension du commerce, de l'abolition des BANNIÈRES et des CRIS D'ARMES ; ces modifications, ces bienfaits avaient été le produit de l'institution des MILICES COMMUNALES, de l'emploi des TROUPES D'INFANTERIE nommées BANDES et COMPAGNIES, de la découverte de la POUDRE, de l'AVANCEMENT MILITAIRE mieux réglé, et devenant une faveur dispensée par le souverain lui seul. — Cependant la Féodalité perce encore dans la TACTIQUE si défectueuse des COMPAGNIES D'ORDONNANCE, dans la licence et les exactions de leurs OFFICIERS ; elle survit au MOYEN AGE et aux vues essentiellement militaires de CHARLES HUIT : tout affaiblie qu'elle soit, elle renaît sans cesse ; aussi l'a-t-on appelée l'hydre féodal ; elle s'agite dans les troubles civils du règne de HENRI TROIS ; elle est l'âme de la Ligue. HENRI QUATRE, par la sagesse et la fermeté de son règne, la renferme dans des bornes plus étroites. Elle reparaît sous le faible LOUIS TREIZE, ou du moins elle influe sur les mœurs de ce temps, et ramène les désordres, les dissensions et le mépris des lois. — Le cardinal de RICHELIEU, une fois qu'il est maître de tous les pouvoirs, dompte la Féodalité, non pour alléger les maux du peuple qu'elle écrase, mais pour mettre un terme à la lutte entre les grands et le trône. RICHELIEU et MAZARIN, qui eussent transigé avec la Féodalité, s'ils n'eussent entrevu du danger pour eux-mêmes, greffent le despotisme sur le tronc féodal coupé près de terre. — L'institution de LIEUTENANTS GÉNÉRAUX représentant le roi dans les provinces, depuis LOUIS TREIZE, fut un échec sans remède pour le régime féodal. Les familles des Montmorency dans le Languedoc et la Guyenne, celles des Lesdiguières en Dauphiné, des Joyeuse dans le Lyonnais, des Biron en Bourgogne, des Créqui en Picardie, des Matignon en Normandie, des Rohan en Bretagne, en furent abaissées sans retour. — Bussy-Rabutin, dans ses Mémoires, peint les vexations que, sous Louis quatorze, les seigneurs de l'Auvergne exerçaient sur leurs malheureux vassaux ; plus de trois cents chatelains y faisaient publiquement profession du meurtre, du viol et du brigandage ; leurs déportements furent l'objet des enquêtes nommées *les grands jours d'Auvergne*. — Fléchier nous apprend qu'en 1665, douze mille plaintes sont portées devant les commissaires royaux de ce tribunal ; il ajoute qu'un de ces terribles chatelains *entretenait dans des tours, à Pont-du-Château, douze scélérats dévoués à toutes sortes de crimes, qu'il appelait ses douze apôtres.* — M. de Châteaubriand (1827) remarque que le nombre des accusations dressées à cette époque dans une seule province était précisément le double des jugements criminels qui ont été rendus dans toute la France en 1825. — L'anarchie féodale a régné chez les Polonais, jusqu'au démembrement ; les nobles y nommaient, le sabre à la main, leur souverain, ou repoussaient son élection par le *veto quia veto*. Quand les spoliateurs s'arrachaient, au siècle dernier, les lambeaux de la Pologne, ils ne se doutaient guère qu'ils concouraient au triomphe de la philosophie moderne, en extirpant le dernier rejeton féodal de l'Europe. — Le gouvernement turc était seul demeuré féodal jusqu'au règne de Mahmoud ; aussi une flotte chrétienne dans la Méditerranée faisait-elle trembler cette puissance qui, au quinzième siècle, menaçait de tout envahir. — Il restait en France, des traces nombreuses de l'ancien ordre de choses sous Louis quinze, comme le témoigne Voltaire. La correspondance où brillent surtout ses sentiments d'humanité est celle où il réclame l'affranchissement des serfs de la Franche-Comté. — L'acte de foi et hommage, les droits honorifiques, une partie des droits pécuniaires, tels que l'aide-chevel, les corvées, n'étaient pas encore éteints sous Louis seize, comme le témoigne Henriquez. En 1785, ce prince autorisait seulement le rachat des charges féodales dans les domaines royaux. — Necker effaça les derniers vestiges de la servitude, considérée comme l'état permanent du serf ; mais des droits féodaux, nommés servitudes ou personnelles, ou réelles, ou mixtes, subsistaient encore ; ils s'éteignirent par le décret de l'Assemblée nationale rendu en 1789 (4 août). Le re-

présentant Lapoule, dans un discours à cette occasion, parla des parchemins déposés dans certains chartriers, et peignit les droits qui y étaient consignés comme tellement odieux, tellement atroces, que la plume se refuse à en tracer le tableau. — En 1804 (15 juillet), les membres de la Légion d'honneur, alors naissante, sont convoqués à l'hôtel des Invalides, et le premier consul procède à leur réception par cette formule : *Vous jurez de vous dévouer à la défense des lois de la république ; de combattre, par tous les moyens que la justice, la raison et les lois autorisent, toute entreprise qui tendrait à rétablir le régime féodal ; de concourir de tout votre pouvoir au maintien de la liberté et de l'égalité. Vous le jurez !* — A peu de temps de là une profession de foi de cette couleur eût passé pour séditieuse, et en 1806 (30 mars) Bonaparte restaure, par voie d'ordonnance, la Féodalité. Il érige en douze grands fiefs de l'empire la Dalmatie, l'Istrie, le Frioul, Cadore, Belluno, Conégliano, Trévise, Feltre, Bassano, Vicence, Padoue, Rovigo. Le moindre vice de ce replâtrage était son inutilité. Jadis une poignée de conquérants ne pouvait se maintenir que par l'appauvrissement des peuples et par la terreur ; établir le régime féodal était une conséquence de leur position ; il s'agissait pour eux de vivre ou d'être abattus. Bonaparte ne pouvait se soutenir, lui et sa dynastie, qu'à la faveur des lumières, des lois communes et de la prospérité publique ; rétablir la Féodalité, comme les Turcs l'avaient fait en Asie, rappeler les ténèbres, c'était agir contre lui-même ou préparer la chute de ses successeurs. — Dans l'exposé qui vient d'être offert, on a vu la Féodalité s'affaiblir et se détruire par l'abolition du villenage et des divers genres de servitudes, par la disparition des usurpateurs et le morcellement de leurs domaines ; par le renversement du régime impérial. Elle a été tuée par les progrès de la civilisation, par l'industrie, le commerce, les lumières : elle ne renaîtrait que de la dissolution de l'état social. Quelques esprits ombrageux ont cru lire dans l'avenir que son retour n'était pas impossible ; quelques têtes plus fortes ont vu dans cette préoccupation ou dans ce rêve une peur insensée, car il faudrait que la société, avant d'être ramenée à l'état féodal, retombât dans l'état de barbarie par des convulsions, par des bouleversements heureusement bien rares. Nous aimons à croire que Montesquieu ne s'est pas abusé, quand il a déclaré que *la Féodalité est un événement arrivé une fois dans le monde, et qui n'arrivera peut-être jamais, car c'est le pire des gouvernements.* — Pourtant elle respire encore dans plus d'une page de notre LÉGISLATION ; une couleur de Féodalité se montrait sous LOUIS DIX-HUIT, dans cette constitution gauche et louche qui rétablissait des RÉGIMENTS DE PRINCES, et qui imposait aux COMPAGNIES de l'infanterie française une dénomination tirée du nom de leurs CAPITAINES; une intention féodale perçait surtout dans des projets de lois conçus sous le règne de CHARLES DIX. Mais la Féodalité théocratique, la pire de toutes, s'apprêtait à remuer des épées sans y toucher; elle se composait de ce genre de milices romaines dont Ignace levait les premières recrues; il y aurait eu entre l'ancienne et cette dernière Féodalité, la différence qui existe entre la férocité des tigres et la lâcheté des loups. — HALLAM fait un récit enflé des avantages produits en FRANCE par la Féodalité. Cet écrivain, tout en avouant que cet état de choses ne se fondait pas sur une politique nationale, était impropre à la défense commune, convenait peu à un grand royaume, et enfin constituait l'anarchie, cherche à prouver que la Féodalité n'a pas été sans influence sur le bien-être du genre humain, qu'elle a modifié la licence et la dégradation des règnes postérieurs à celui de CHARLEMAGNE; il prétend que les tenures féodales ont nourri le sentiment de la patrie, et produit la stabilité de la monarchie française, et qu'au MOYEN AGE la MILICE FÉODALE sauva l'EUROPE du danger d'une monarchie universelle, ce qui eût fait périr les germes du commerce et de la liberté qui commençaient à éclore.—Cette opinion est la partie hypothétique de l'OUVRAGE qu'on doit à ce savant ÉCRIVAIN. Soyons plus conséquents, bornons-nous à adoucir les censures des philanthropes, avouons que la Féodalité a retenu sur le bord du précipice la France qui s'y engloutissait au neuvième et au dixième siècle; qu'elle a produit quelque bien, mais par la force des choses, dans son propre intérêt, et sans qu'elle fût animée d'aucune intention méritoire, d'aucun esprit de prévision. Ainsi le droit d'hérédité par primogéniture et de mâle en mâle a consolidé la TROISIÈME RACE; ce genre de majorat royal a produit l'indivisibilité du royaume, qui cesse de se partager comme un héritage de famille; le domaine de la couronne s'est enrichi des acquêts de la personne royale; les princes du sang ont reçu des apanages qui leur tiennent lieu de légitimes, et leur ôtent l'ancien droit de démembrer le domaine public.—Dans un pays où les libertés publiques ont plus de garanties que dans tels ou tels États constitutionnels, en PRUSSE, des droits féodaux se sont maintenus; mais ils sont d'une faible importance. Les seigneurs qui en jouissent nomment le maître d'école, assistent à certaines assemblées, etc. — De nos jours, il n'existe plus réellement de Féodalité qu'en HONGRIE, dans le grand-duché de MECKLENBOURG-Schwerin, en POLOGNE, en RUSSIE, en SARDAIGNE. — LES AUTEURS qui, sous le point de vue HISTORIQUE, ont traité de la Féodalité, sont : BARBAZAN, BEAUMANOIR, BODIN, BONNOR (1488, A), BOULAINVILLIERS, BOUTILLIER, BREQUIGNY, BRUNET, BRUSSEL (*De l'usage des Fiefs*), CAMPDEN (*Britannia*), COQUILLE (*Institutions du Droit français*), CYRIACI (1850), DANIEL (1721, A), DARU (*Histoire de Bretagne,* t. I, p.526, etc.), DUCANGE (au mot *Feodum,* etc.), DUCLOS, l'ENCYCLOPÉDIE (1751, C, au mot *Fief*), EICHORN, GALLAND, M. GUIZOT, GUYOT (1785), HALLAM, HAUTESERRES, HÉREN, HENRIQUEZ, LACURNE, LAURIÈRE, LEFÈVRE, LOYSEAUX, MABLY, MONTEIL, MONTLOZIER, MONTESQUIEU, MONTFAUCON (1729), MURATORI, OLIVIER DE LA MARCHE, PASQUIER, RAYNOUARD, ROBERTSON, SAINT-AMAND (*Essai sur le pouvoir législatif de l'Angleterre*), SISMONDI, SPELMANN, THIERRY (Augustin), VELLY (t. V et VI), VILLARET, le *Dictionnaire de la Conversation,* l'*Encyclopédie des Gens du monde,* l'*Encyclopédie du dix-neuvième siècle* (au mot *Age*).

FÉODÉ (féodée), adj. V. SERGENT F...

FER. V. NOMS PROPRES.

FER, subs. masc. V. ARMURE DE F... V. BAGUETTE DE F... V. BOULET DE F... V. CALOTTE DE F... V. CANON DE F... V. CHAPEAU DE F... V. CHAPEL DE F... V. CHEMISE DE F... V. COIFFE DE F... V. COTTE DE F... V. COSTUME DE F... V. COUCHETTE EN F... V. COURONNE DE F... V. CROISER LE F... V. EN F... V. FERS. V. FLÉAU DE F... V. GRIS DE F... V. HARNOIS DE F... V. MAIN DE F... V. PIÈCE DE F... V. PORTER LE FER ET LA FLAMME. V. POT DE F... V. SOULIER DE F... V. TRICOT DE F...

FER (term. génér.). Le mot Fer est tout LATIN, et a produit le mot FERRET; il se prend quelquefois, au singulier absolu, dans le sens d'ARME ou d'ÉPÉE; en ce cas, on dit : CROISER LE FER, MANIER LE FER, Voir briller le Fer, BLESSURE résultant du Fer de l'ENNEMI. — Par analogie au mot ARME BLANCHE, le terme Fer a produit ENFERRER, signifiant percer d'une ARME A POINTE, blesser de la LAME d'une LANCE. Il a pu donner naissance au mot en désuétude FERÉOR, signifiant COMBATTANT à coups D'ÉPÉE; il a engendré aussi les mots FERREIS, FÉRIR, FÉRIS, FERRAILLER, FERRAILLEUR, FERREIS, FERRÈTE, FERRETTE. — Poétiquement on dit : PORTER LE FER ET LA FLAMME, avoir le Fer à la main, etc. — Dans les TOURNOIS, on se servait du FER COURTOIS, émoussé (ou mousse), REBOUCHÉ, sans émoulure ; dans les COMBATS sérieux, on s'escrimait au contraire du FER ÉMOULU. — Quelquefois le mot Fer se prenait au pluriel absolu comme synonyme de CADÈNE : on lui donne encore la même acception dans la locution PEINE DES FERS ; et poétiquement on dit : être dans les FERS. — Le mot Fer sera distingué ici en FER A CHEVAL, — BARBELÉ, — ÉMOULU.

FER A CHEVAL (G, 4). OUVRAGE DE FORTIFICATION, OU DEHORS, OU PATÉ, qui, dans certaines PLACES, formait demi-cercle, ou avait une forme ovale ; et était situé en avant d'une PORTE. — GUIGNARD (1725, B) regardait les Fers à cheval comme appartenant à l'ancienne FORTIFICATION. Cependant BELAIR (1792) et l'ENCYCLOPÉDIE (1725, C) les mentionnent encore. Suivant eux, c'est une REDOUTE en arc aplati ou de forme à peu près semi-circulaire, ayant un REMPART, un PARAPET et des espèces de FLANCS auxquels un mur crénelé aboutit, de manière à empêcher que l'ENNEMI ne pénétre par la GORGE de l'OUVRAGE. — Ce genre de PIÈCE n'est plus d'usage.

FER A LA MAIN. V. A LA MAIN. V. COMBAT.

FER A ROQUET. V. A ROQUET. V. ROQUET.

FER BARBELÉ (F), OU FER BARBU, ENGLAIGNÉ, ENGLAINÉ. Sorte de Fer qui formait la pointe ou la BARBE de la LAME de certaines ARMES A HAMPE. Ce Fer était, ou en forme de harpon, ou à redents, ou à pointes arrière, ou à double piquant comme la FLÈCHE, ou enfin avait la forme d'une LAME FLAMBOYANTE. — Le Fer de la LANCE avait originairement été barbelé avant de devenir simple ; celui de la PIQUE était uni ; la forme barbelée était particulière au contraire à la HALLEBARDE, au BARBOLE, à la BESAIGUE et à certains CARREAUX. — Il y a eu des POIGNARDS barbelés.

FER BARBU. V. BARBU. V. FER BARBELÉ.

FER BATTU. V. DALLE DE F... V. BARDES. V. BATTU, adj.

FER BRONZÉ. V. ARME A HAMPE. V. BRONZÉ, adj.

FER COULÉ. V. BOULET EN MÉTAL. V. COULÉ, adj.

FER COURTOIS. V. COURTOIS. V. FER. V. ROCHET.

FER D'ANGON. V. ANGON. V. ANGON A MAIN. V. CORSECQUE. V. FLEUR DE LIS.

FER D'ARME A HAMPE. V. ARME A HAMPE.

FER D'ARME D'HAST. V. ARME D'HAST.

FER D'ARZEGAIE. V. ARZEGAIE.

FER DE BEC-DE-CORBIN. V. BEC-DE-CORBIN.

FER DE BEC-DE-FAUCON. V. BEC-DE-FAUCON.

FER DE BESAIGUE. V. BESAIGUE. V. FER BARBELÉ.

FER DE BOURDON. V. BOURDON.

FER DE BRIN D'ESTOC. V. BRIN D'ESTOC.

FER DE CANNE D'ARMES. V. CANNE D'ARMES.

FER DE CARREAU. V. CARREAU. V. FER BARBELÉ.

FER DE CESTRE. V. CESTRE.

FER DE CHEVAL. V. CAVALERIE.

FER DE CORSECQUE. V. CORSECQUE.

FER DE COUTEAU DE BRÈCHE. V. COUTEAU DE BRÈCHE.

FER DE DARD. V. DARD. V. DARD A MAIN. V. DARD PROJECTILE.

FER DE DEMI-PIQUE. V. DEMI-PIQUE.

FER DE DRAPEAU. V. CORDON A CRAVATE. V. CRAVATE DE DRAPEAU. V. DRAPEAU.

FER DE FALARIQUE. V. FALARIQUE.

FER DE FAUCHARD. V. FAUCHARD.

FER DE FLÈCHE. V. ANGON A MAIN. V. FLÈCHE. V. FLÈCHE DE FORTIFICATION. V. FLÈCHE PROJECTILE. V. JAVELOT. V. LANGUE LATINE. V. PLOMBÉE.

FER DE FRAMÉE. V. FRAMÉE.

FER DE GLAIVE. V. GLAIVE.

FER DE HACHE. V. ACIER DE CÉMENTATION. V. COIN D'AIRAIN. V. COLLET DE F... V. CORPS DE MANCHE DE HACHE. V. CORPS D'ÉTUI DE HACHE. V. DOLOIRE. V. DOUILLE DE F... V. DOUILLE DE HACHE. V. ÉTUI DE HACHE. V. HACHE. V. HACHE DE GRENADIER. V. HACHE DE SAPEUR. V. LAME DE F... V. TALON DE F... V. TRANCHANT DE F...

FER DE GONFALON. V. GONFALON.

FER DE HALLEBARDE. V. HALLEBARDE. V. SUPPLICE.

FER DE HAST. V. HAST.

FER DE JAVELINE. V. JAVELINE.

FER DE JAVELOT. V. INSIGNE. V. JAVELO[T]. V. ORDINAIRE ROMAIN.

FER DE LANCE. V. AIGLE. V. ASSAILLANT DE TOURNOIS. V. BANDEROLE DE CHEVALIER. V. CHAR A FAUX. V. CORDON A CRAVATE. V. CRAVATE DE DRAPEAU. V. DJERID. V. DOUILLE DE F... V. DRAPEAU. V. DRAPERIE DE BANNIÈRE. V. ÉCHARPE MILITAIRE. V. HATELLE. V. FAUX DE DÉFENSE. V. FUSÉE HÉRALDIQUE. V. LANCE. V. LANCE A MAIN. V. PENNON. V. ROCHET.

FER DE LORILLART. V. LORILLART.

FER DE MATRAS. V. MATRAS.

FER DE PERTUISANE. V. PERTUISANE.

FER DE PILE. V. PILE, subs. masc.

FER DE PIQUE. V. ARMÉE FRANÇAISE N° 8. V. ÉTENDARD. V. LANGUE DE CARPE. V. PIQUE. V. SALUT.

FER DE RANÇON. V. RANÇON.

FER DE ROQUET. V. ROCHET. V. ROQUET.

FER DE RUSTE. V. RUSTE. V. RUSTRE.

FER D'EFFETS D'UNIFORME. V. EFFET D'UNIFORME.

FER DENTELÉ. V. DARD A FEU. V. DARD A MAIN. V. DENTELÉ, adj. V. FLÈCHE.

FER D'ENSEIGNE. V. ENSEIGNE.

FER D'ÉPIEU. V. ÉPIEU.

FER D'ESPONTON. V. ESPONTON.

FER D'ÉTENDARD. V. ÉTENDARD.

FER D'HANICROCHE. V. HANICROCHE.

FER ÉMOULU (F.). Sorte de FER ou d'ARME BLANCHE qui se prenait par opposition au FER ÉMOUSSÉ et à celui des ARMES COURTOISES. Il était tranchant, aiguisé, affilé, coupant; enfin il était propre à occasionner des BLESSURES dangereuses ou mortelles ; on s'en servait dans les COMBATS A OUTRANCE, à la GUERRE, dans les JUGEMENTS DE DIEU, etc.

FER ÉMOUSSÉ. V. ARME BLANCHE. V. ÉMOUSSÉ, adj. V. FER. V. FER ÉMOULU.

FER ENGLAIGNÉ. V. DARD A MAIN. V. ENGLAIGNÉ, adj. V. FER BARDELÉ.

FER ENGLAINÉ. V. ENGLAINÉ, adj. V. FER BARDELÉ.

FER FORGÉ. V. CANON D'ARTILLERIE. V. FORGÉ, adj.

FER PLEIN. V. ARMURE DE F... V. BRASSARD DE F... V. CUIRASSE DE F... V. PLEIN, adj.

FER REBOUCHÉ. V. FER. V. REBOUCHÉ, adj.

FERAN, subs. masc. V. CHEVAL. V. CHEVAL BARDÉ.

FEREIS, subs. masc. V. CHAPLIS. V. FER.

FÉRENDAIRE, subs. masc. V. FÉRENTAIRE.

FÉRENTAIRE (férentaires) , subs. masc., ou FÉRENDAIRE. Mot tout LATIN *ferentarius*, que l'ENCYCLOPÉDIE (1751, C) et GANEAU font dériver de *ferendo auxilium*, qui porte secours. SALLUSTE (sur Catilina) en parle dans ce sens; mais VARRON dit au contraire que la dénomination des Férentaires de la MILICE ROMAINE ne venait que du verbe *ferre*, porter, parce que leurs ARMES étaient de nature à être portées ou lancées plutôt que maniées. Ce n'était pourtant pas une vérité absolue, puisqu'en outre des FLÈCHES et de la FRONDE, qui étaient leurs ARMES principales, ces soldats avaient l'ÉPÉE, mais comme ARME accessoire. — Les Férentaires étaient ou des TROUPES AUXILIAIRES ou des VÉLITES ou des ARMÉS A LA LÉGÈRE de la LÉGION ROMAINE. Du temps de VÉGÈCE (390, A), ils étaient amalgamés dans les CORPS D'INFANTERIE DE BATAILLE. Il paraît, suivant les récits douteux et mal débrouillés de cet AUTEUR, qu'ils ne différaient point des ROMAINES, qu'ils portaient de même le bouclier; qu'ils étaient en TROISIÈME RANG ou en arrière-ligne; que de là ils combattaient comme JACULATEURS ou FRONDEURS, jetant des PIERRES ou des TRAITS par-dessus la tête de leurs camarades. — LYDIUS appelle du nom de Férentaires les CATAPHRACTES ou PESAMMENT ARMÉS. — Nonius

Marcellus , *De proprietate sermonum* , les dépeint comme n'étant pas appesantis par de lourdes ARMES et comme portant secours à la course. — JUSTE LIPSE (1598, A) regarde les Férentaires comme plus anciens que les VÉLITES, et dit que ces derniers leur furent adjoints à l'époque du siége de Capoue. — LACHESNAIE (1758, I) nous apprend qu'on a donné aussi le nom de Férentaires à des pourvoyeurs chargés de porter des ARMES DOUBLES ou de rechange à la suite des ARMÉES ; peut-être leur fonction était-elle même d'en fournir de la main à la main aux soldats engagés dans le combat. — Ils eussent ainsi rempli une fonction qui, dans les derniers siècles , était celle des GOUJATS.

FEREOR, subs. masc. V. FER.

FERÈTE, subs. fém. V. ÉPÉE. V. FER.

FERETTE, subs. fém. V. ÉPÉE. V. FER.

FERIS, subs. masc. V. CHAPLIS. V. FER.

FERMAIL (fermaux), subs. masc. V. BARDES. V. BOUCLE EN MÉTAL. V. COTTE D'ARMES. V. FRÉMAILLET. V. GIREL.

FERMAILLE, subs. masc. V. FRÉMAILLET.

FERMAILLET, subs. masc. V. FRÉMAILLET.

FERMAL (fermaux), subs. masc. V. BRASSARD DE FER PLEIN. V. FRÉMAILLET.

FERMAT. V. NOMS PROPRES.

FERME, adj. V. PIED F...

FERME (fermes), subs. fém. V. COMMIS DES F...

FERME, subs. masc. ou adv. V. FAIRE F... V. TENIR F...

FERMÉ (fermée), adj. V. CAMP F... V. CASQUE F... V. COLONNE F... V. LIEU F... V. PLACE F... V. POSTE F... V. REDOUTE F...

FERMEIL, subs. masc. V. FRÉMAILLET.

FERMEILLET, subs. masc. V. FRÉMAILLET.

FERMENTÉ (fermentée), adj. V. BOISSON F...

FERMER, verb. act. V. FORTIFICATION.

FERMER (verb. act.) un BAN, un PASSAGE, les PORTES. V. BAN. V. FERMETURE DE PORTES DE FORTERESSE. V. PASSAGE. V. PORTE DE FORTERESSE.

FERMETÉ, subs. fém. V. CHATEAU. V. ENCEINTE. V. FORTERESSE.

FERMETEIT, subs. fém. V. ENCEINTE. V. FERTÉ.

FERMETURE, subs. fém. V. CLOCHE DE F... V. ROULEMENT DE F...

FERMETURE DE BAN. V. ACCOLADE. V. BAN. V. BAN CÉLEUSTIQUE. V. BAN DE SERMENT. V. BATTERIE DE CAISSE. V. RÉCEPTION D'OFFICIER.

V. ROULEMENT. V. ROULEMENT DE F... V. TABOURIN.

FERMETURE de PORTES DE FORTERESSE (E, 5). Le mot Fermeture, ou plutôt le verbe FERMER, dériverait, suivant MÉNAGE, du bas LATIN *firma*, qu'on a traduit par FERME ou lieu fermé. Il pourrait, suivant le même AUTEUR, venir du LATIN *firmitas*, qu'on a traduit par FERTÉ OU CHATEAU. — La Fermeture des PORTES de nos PLACES DE GUERRE concernait les MAJORS DE PLACE, les SOUS-AIDES-MAJORS ou autres OFFICIERS-MAJORS. Les régles en étaient déjà prescrites, avec détails, dans l'ORDONNANCE DE 1665 (25 JUILLET) et dans celle de 1707 (1er AVRIL). — Les régles fixées par l'ORDONNANCE DE 1768 (1er MARS) sur le SERVICE DE GARNISON sont censées en vigueur encore. — La Fermeture a lieu une demi-heure après les premiers coups de la RETRAITE, et une demi-heure avant le soleil couché; elle s'effectue au son de la BATTERIE AUX CHAMPS, exécutée sur le REMPART, par le TAMBOUR du POSTE; le CERCLE DU SOIR a lieu peu après. — Autrefois, et dans certaines PLACES, une sonnerie du BEFFROI, qu'on appelait COUVRE-FEU, annonçait la Fermeture. — Chaque CHEF du POSTE d'une des PORTES de la FORTERESSE envoie chercher, chez le COMMANDANT de place, les CLEFS de la PORTE une demi-heure avant la Fermeture, ou à l'instant où il entend battre la RETRAITE. Pendant ce temps, le CHEF de l'avancée prend les précautions qui le concernent. — Lorsque les CLEFS vont arriver, le CHEF du POSTE de la PORTE fait mettre sa GARDE sous les armes; quand il les a reçues, il envoie le CAPORAL DE CONSIGNE procéder à la Fermeture de la manière indiquée dans la CONSIGNE du POSTE; ce CAPORAL y porte, s'il est nécessaire, un FALOT. — Sitôt les portes fermées, les RONDES commencent. — Si des FORTS sont attenants à la PLACE ou y sont subordonnés, leurs PORTES se ferment de même après la transmission du MOT.

FERMEZ le BASSINET. V. BASSINET. V. CHARGE EN DOUZE TEMPS. V. COMMANDEMENT MIXTE.

FERMILLÈRE, subs. masc. V. FRÉMAILLET.

FERMIER (subs. masc.) de PASSAGE D'EAU. V. DÉTACHEMENT A TRANSPORTER PAR EAU. V. FEUILLE DE ROUTE. V. FEUILLE DE ROUTE DE CORPS. V. PASSAGE D'EAU.

FERMIER des HOPITAUX. V. HOPITAL. V. HOPITAL MILITAIRE. V. SOUS-FERMIER.

FERMILLET, subs. masc. V. FRÉMAILLET.

FERMOIR d'ARMURE. V. ARMURE. V. LACER LE HARNAIS.

FERMTÉ, subs. fém. V. FORTERESSE.

FERRAGE, subs. masc. V. ARTILLERIE D'INFANTERIE. V. CAVALERIE. V. LÉGION ROMAINE. V. MASSE DE HARNACHEMENT. V. PRÉFET D'OUVRIERS.

FERNAND; **FERNEL**; **FÉROSI**. V. NOMS PROPRES.

FERRAILLER, verb. act. V. FER.

FERRAILLEUR, subs. masc. V. DUEL. V. DUELLISTE. V. FER. V. PROCÉDÉ.

FERRANDUS. V. NOMS PROPRES.

FERRANT, adj. V. MARÉCHAL FERRANT.

FERRANT, subs. masc. V. CHEVAL. V. CHEVAL BARDÉ.

FERRARI. V. NOMS PROPRES.

FERRÉ (ferrée), adj. V. BATON F... V. FOURCHE F... V. PIQUET F...

FERREIS, subs. masc. V. CHAPLIS. V. FER.

FERRET, subs. masc. (B, 1), ou AGLOUET, du LATIN *aculeus*, suivant BARBAZAN (1808). Mot improprement formé du mot FER, puisqu'il exprime une garniture ou un accompagnement d'AIGUILLETTE, qui, depuis plus d'un siècle, n'est plus en FER, mais en CUIVRE ou en ARGENT.

FERRÈRE, subs. fém. V. ARME BLANCHE. V. ÉPÉE. V. FER.

FERRETTE, subs. fém. V. ÉPÉE. V. FER.

FERRETE; **FERRETTI**; **FERRI**; **FERRO**; **FERRY**. V. NOMS PROPRES.

FERS, subs. masc. plur. V. ABANDON D'ARMES. V. ABANDON EN TROUPE. V. ABANDON POUR PILLER. V. ABSENCE A LA GÉNÉRALE. V. CADÈNE. V. DÉPOUILLEMENT. V. EMPLOYÉ DES SERVICES. V. FER. V. LIBÉRATION. V. MILICE ANGLAISE N° 10. V. MILICE PIÉMONTAISE N° 7. V. MILICE PRUSSIENNE N° 9. V. MILICE SYKE N° 6. V. PEINE DES FERS. V. PRISONNIER. V. SENTINELLE.

FERTÉ, subs. mas. (F) ou FERMETEIT en LANGUE ROMANE. Ce mot, synonyme de CHATEAU ou de FORTERESSE, et analogue au mot FERMETURE, est, suivant PASQUIER, une corruption du LATIN *firmitas*; il exprime un OUVRAGE à ENCEINTE, une FORTERESSE ou un endroit fortifié, un DONJON ou une POSITION où l'on FAIT FERME. De là les noms de la Ferté-Bernard, — -sous-Jouarre, — -Milon, — -Lowendal, — -Gaucher, et tant d'autres que relatent les dictionnaires géographiques, etc. On trouve dans le roman de Garin ce vers :

Le siége a mis environ la Ferté.

FÉRUSIEN, subs. masc. V. CHIRURGIEN.

FÉRUSSAC. V. NOMS PROPRES.

FERVESTI (fervestie), adj. v. GENDARME DU MOYEN AGE Nº 4. V. HABILLEMENT. V. HABIT. V. HAUSSE-COL.

FERVESTU (fervestue), adj. v. GENDARME DU MOYEN AGE Nº 4.

FÊTE, subs. fém. v. SONNETE DE FESTE.

FEU, interj. (G, 6). Locution impérative et COMMANDEMENT D'EXÉCUTION. C'est le signal auquel l'INFANTERIE doit TIRER. Il équivaut aux mots : tirez le fusil ; il est précédé du mot : JOUE. — Dans les feux de PELOTON, le COMMANDEMENT : Feu! est progressif, mais pour la première fois seulement.

FEU, subs. masc. v. FIEF.

FEU, subs. masc. V. A F... V. A FEU ET A SANG. V. ACTION DE F... V. ALERTE DE F... V. ARME A F... V. ARME A FEU DE GRAND CALIBRE. V. ARME A FEU PORTATIVE. V. ARQUEBUSE A F... V. AU F... V. BALLE A F... V. BASTON A F... V. BOUCHE A F... V. BOUCHE A FEU A TIR COURBE. V. BOUCHE A FEU A TIR DIRECT. V. BOUCHE A FEU D'ARTILLERIE DE COTÉ. V. BOUCHE A FEU D'ARTILLERIE DE SIÉGE. V. BOUCHE A FEU DE BATAILLE. V. BOUCHE A FEU DE CAMPAGNE. V. BOUCHE A FEU DE COMPAGNIE. V. BOUCHE A FEU DE MONTAGNE. V. BOUCHE A FEU DE PLACE ASSIÉGÉE. V. BOUCHE A FEU DE RÉGIMENT SUISSE. V. BOUCHE A FEU DE SIÉGE DÉFENSIF. V. BOUCHE A FEU DE SIÉGE OFFENSIF. V. BOUTE-F... V. CASEMATE A F... V. CESSATION DE F... V. CESSER LE F... V. CHAMP DE F... V. CHEMISE A F... V. COFFRE A F... V. COMMANDEMENT A F... V. COMMANDER LE F... V. COMMENCEZ LE F... V. COUP DE F... V. COUVRE-F... V. CROISER LES F... V. DÉFILEMENT DE F... V. DÉGARNIR L'INFANTERIE DE SON F... V. DEUX F... V. ENGAGER LE F... V. ESSUYER LE F... V. ÉTEINDRE LE F... V. ÊTRE ENTRE DEUX F... V. ÊTRE SOUS LE F... V. EXTINCTION DE F... V. FAIRE F... V. FAIRE TAIRE LE F... V. FAUX F... V. GARDE-F... V. LIGNE DE F... V. LONG F... V. METTRE LE F... V. MONTER LE F... V. ORDRE DE F... V. OUVERTURE DE F... V. OUVRIR LE F... V. PLACE AU F... V. PORTE-F... V. PREMIER F... V. PRENDRE F... V. PROGRESSION DE F... V. QUÈVRE-F... V. SECOND F... V. SOUS LE F... V. SOUTENIR LE F... V. UN F...

FEU

- D'ÉCLAIRAGE.
- GRÉGEOIS.
- PÉRIBOLOGIQUE. { FEU DE FLANC.
- A POUDRE.
- CROISÉ.
- TACTIQUE.... { FEU
  - D'INFANTERIE. { FEU
    - DE BILLEBAUDE. { FEU
      - A DÉPLACEMENT..... { FEU DE CHAUSSÉE.
        - DE PARAPET.
        - EN MARCHANT.
      - A VOLONTÉ.
      - DE DEUX RANGS.
      - DE FILE.
    - DE PIED FERME.
    - HYPOCLASTIQUE. { FEU A GENOU.
      - A GÉNUFLEXION.
      - A TERRE.
    - FEU OBLIQUE..... { A DROITE.
      - A GAUCHE.
    - RÉGLÉ...... { FEU
      - DE BATAILLON.
      - DE CINQ RANGS.
      - DE DEMI-BATAILLON.
      - DE LIGNE.
      - DE QUATRE RANGS.
      - DE RANG.
      - DE SIX RANGS.
      - DE SUBDIVISION...... { FEU DE DIVISION.
        - DE PELOTON.
        - DE SECTION.
      - DE TROIS RANGS.
      - DOUBLE.
      - EN ARRIÈRE.
      - EN AVANÇANT.
      - EN RETRAITE.
  - PLONGEANT.
  - RASANT.

FEU (term. génér.), ou FOU ; ou FU, suivant BARBAZAN. Ces mots, que NICOT dérive du GREC *fos*, lumière, MÉNAGE les tire du LATIN *focus*, foyer. GÉBELIN croit les retrouver dans le CELTIQUE *fo*. ROQUEFORT indique quantité de synonymes ou de corruptions de l'expression Feu. — Ce mot s'emploie, en certaines circonstances, au pluriel absolu ; tel est le cas quand on parle des FEUX de l'ARMÉE, d'un CAMP, d'une CASERNE ; des FEUX ET LUMIÈRES, etc. Au singulier, il donne idée du mot combat à la moderne ; c'est en ce sens qu'on dit ALLER AU FEU, avoir VU LE FEU. Quelquefois il est synonyme des mots : ACTION DE FEU, agent de PYROTECHNIE, ARME A FEU, ARTIFICE PYROBOLOGIQUE, BLESSURE par le feu, CUISINE, DÉCHARGE D'ARME PYRO-BALISTIQUE, FOYER, INCENDIE, LUMINAIRE. Quelquefois il se prend par opposition au mot CHOC. — S'il s'agit du Feu qui bat ou qui FLANQUE, et qu'on pourrait appeler FEU DE GUERRE ou DE BATAILLE, il se divise en FEU PÉRIBOLOGIQUE et en FEU TACTIQUE, qui sont l'un et l'autre réglés conformément aux lois de la BALISTIQUE ; c'est en parlant de ce genre de Feu qu'on dit : DÉGARNIR une troupe, faire TAIRE L'ENNEMI, ÉTEINDRE son Feu, c'est-à-dire prendre sur lui la supériorité du Feu, soit en démontant ses BATTERIES, soit en imposant à son INFANTERIE.— Le mot Feu se distingue en FEU A BALLES, — A MITRAILLE, — A RICOCHET, — AJUSTÉ, — AVEC MOUVEMENT, — CONVERGENT, — COURBE, — D'ARQUEBUSE, — D'ARTIFICE, — D'ARTILLE-RIE, — DE BATAILLON EN AVANÇANT, — DE BATAILLON EN RETRAITE, — DE BIVAC, — DE BRIGADE, — DE CANON, — DE CASEMATE, — DE CAVALERIE, — DE CHARGE, — DE COLONNE, — DE COURTINE, — DE CUISINE, — DE DEMI-RANG, — DE FLANC, — DE FORTIFICATION, — DE FRONT, — DE FUSIL, — DE GUERRE, — DE HAIE, — DE MINE, — DE MOUSQUETERIE, — DE NUIT, — DE PLACE, — DE POURSUITE, — DE PREMIER RANG, — DE QUART DE RANG, — DE REMPART, — DE RETRANCHEMENT, — DE RE-TRAITE, — DE REVERS, — DE SALVE, — DE SIÉGE OFFENSIF, — DE SIX RANGS, — DE TIRAILLEURS, — D'ÉCLAIRAGE, — D'ÉCHARPE, — D'ÉCOLE, — DÉFENSIF, — D'ENFILADE, — D'ENSEMBLE, — D'EXÉCUTION, — D'INCENDIE, — DIRECT, — D'OUVRAGES, — EN AVANT, — EN GAGNANT TERRAIN, — GREC, — GRÉGEOIS ; — IMPAIR, — PAIR, — PAR BATAILLON, — PAR FILE, — PAR LE TROISIÈME RANG, — PAR PE-LOTON, — PAR RANG, — PÉRIBOLOGIQUE, — RÉGULIER, — ROULANT, — SANS MOUVEMENT, — SUCCESSIF, — TACTIQUE, — VERTICAL, — VOLANT.

FEU A BALLE. V. A BALLE. V. COUP DE FU-SIL. V. FEU A POUDRE.

FEU (feux) A DÉPLACEMENT (term. sous-génér.), ou FEU AVEC MOUVEMENT. Sorte de FEUX DE BILLEBAUDE qui sont au nombre des plus anciens FEUX D'INFANTERIE ; ils avaient pour objet de fournir un FEU SUCCESSIF et vif, au moyen d'une marche et d'un DÉBOTTEMENT alternatifs. On les nommait Feux à déplacement par opposition aux FEUX DE PIED FERME. Dans l'origine, et au temps de l'ORDRE PROFOND, c'étaient des FEUX DE SIX RANGS et plus. — D'ESPAGNAC (1751, D) parle d'un Feu à déplacement pour l'exécution duquel toutes les COMPAGNIES PAIRES OU IMPAIRES des BATAILLONS, alors composés de treize COMPAGNIES, se portaient en avant. Les compagnies déboîtées avaient leur TROISIÈME RANG à la hauteur du PREMIER RANG des COMPAGNIES restées immobiles. Quelquefois les mêmes COMPAGNIES qui se déplaçaient, avançaient de huit ou de dix pas pour faire des FEUX OBLIQUES. — Il y a eu des Feux à déplacement exécutés en bataille et EN RE-TRAITE, et d'autres exécutés en colonne. Ils sont tous abolis ; ils se distinguaient en FEU DE CHAUSSÉE, — DE PARAPET, — EN MAR-CHANT.

FEU (feux) A GENOU (G, 6). Sorte de FEU HYPOCLASTIQUE qui différait du FEU A GÉNU-FLEXION, en ce que, dans le Feu à genou, le soldat tirait et chargeait sans se relever. — Il y a lieu de croire que l'accourcissement qu'éprouva la FOURCHETTE DE MOUSQUET, jusque-là gênante par sa longueur, amena la mode du Feu à genou. — GUSTAVE-ADOLPHE les faisait faire comme FEUX A QUATRE RANGS. — MONTÉCUCULI (1692, A) indique en ses mémoires, qu'il faisait exécuter à genou des FEUX DE RANGS en avant et le long de ses PIQUIERS. Si la CAVALERIE chargeait les tireurs, ils se réfugiaient derrière les PIQUIERS qui présentaient aux chevaux une fraise de lances. — A la bataille de PARME en 1740, les quatre rangs de l'INFANTERIE française fusillèrent à genou : c'était ce que les Autrichiens appelaient : *se fusiller à la croate.* Cette manière de charger était très-fatigante, et ce feu était de peu d'effet.

FEU (feux) A GÉNUFLEXION (G, 6). Sorte de FEUX HYPOCLASTIQUES pour l'exécution desquels tous les RANGS chargent, debout, le fusil. Le PREMIER RANG de la troupe, ou bien tour à tour plusieurs RANGS tirent à genou, et se relèvent. Cette action de se relever chaque fois établissait jadis la différence qu'il y avait entre le FEU A GENOU et le Feu à génuflexion. — GUSTAVE-ADOLPHE introduisit le premier de la méthode dans les FEUX D'INFANTERIE ; il adopta dans son armée l'usage de faire agenouiller plusieurs RANGS D'INFANTERIE pour en obtenir des Feux graducls. Il disposait ses MOUSQUETAIRES A PIED sur SIX RANGS. Le SIXIÈME RANG restait seul debout et FAISAIT FEU ; le CINQUIÈME se levait, FAISAIT FEU, et ainsi de suite. — On fit ensuite des FEUX A QUATRE RANGS ; tels furent les essais qui amenèrent l'amincissement de l'INFANTERIE. DELAMONT (1671, A) est un des plus anciens auteurs qui traitent de ces Feux. — Dans le siècle suivant, la TACTIQUE pratiqua des FEUX DE CHAUSSÉE, sous forme de Feux à génuflexion. — L'ORDONNANCE DE 1750 (7 MAI) rangeait encore l'INFANTERIE sur quatre RANGS ; les deux premiers seuls mettaient genou à terre pour exécuter leur feu par chaque rang. — En 1754 et 1755, les RANGS se réduisirent à trois. Il n'y eut plus, à l'imitation des PRUSSIENS, que le premier rang qui pratiquât le Feu à génuflexion. — TURPIN (1757, K) blâme ce genre de Feu, dont le défaut, suivant DELANOUE (1760, F), *est de favoriser la pusillanimité de certains dépourvus de cœur, et faisant les morts.* — DELIGNE (1780, I) dit avoir fait pratiquer fréquemment à la guerre ce Feu, et il ajoute qu'il a l'inconvénient d'*habituer le soldat à ne plus marcher en avant,* et qu'il lui fallait faire relever les rangs à coups de plat d'épée. — Cependant les fameux FEUX EN AVANÇANT de FRÉDÉRIC DEUX étaient des Feux à génuflexion. — SAINT-GERMAIN (1779, C) blâmait le Feu à génuflexion, maintenu encore dans le RÈGLEMENT DE 1769 ; aussi le RÈGLEMENT DE 1776 (1er JUIN) le supprime-t-il ; il y substitue les FEUX DE TROIS RANGS debout. — SERVAN (1780, B) désapprouvait également ce FEU, mais il démontrait l'impossibilité que trois rangs fissent Feu à la fois sans que le PREMIER RANG, s'il ne s'agenouillait, fût compromis par le Feu du TROISIÈME ; il en concluait qu'il fallait ou réduire les RANGS, ou conserver ce genre de Feu, ou recourir au seul FEU DE DEUX RANGS. Prendre l'un ou l'autre de ces partis avait également ses inconvénients. — Sur trois rangs, les FEUX DE BATAILLON, DE DEMI-BATAILLON et de PELOTON, et les FEUX EN AVANÇANT, peuvent être regardés comme n'étant jamais que des Feux à génuflexion. — Des AUTEURS du dernier siècle affirment qu'on a vu des soldats perdre la vie pour s'être blessés en tombant à genou sur un caillou pointu, car il n'en est pas d'un HOMME DE RANG comme d'un chasseur qui peut choisir la place où il se met à genou. Pour obvier à ce danger il y a eu des RÉGIMENTS D'INFANTERIE qui ont fait usage de GENOUILLÈRES en cuir et à la crispin, qui s'ajustaient par-dessus les guêtres de toile noire. L'INSTRUCTION DE 1769 (1er MAI) et l'ORDONNANCE DE 1775 (50 MAI) en prescri-

vaient l'usage. — PICTET (1761, I) est un des ÉCRIVAINS qui a traité des Feux à génuflexion. — Malgré le blâme dont le Feu à génuflexion est l'objet depuis un siècle, l'usage en a été rétabli par le RÈGLEMENT DE 1791 (1er AOUT) comme FEU DE PREMIER RANG, et comme propre à fournir des FEUX OBLIQUES. Il est censé encore en vigueur, mais on pourrait demander s'il est maintenu ou aboli, puisque ce RÈGLEMENT veut qu'en temps de paix l'INFANTERIE ne se forme que sur deux RANGS, et qu'elle n'a presque pas eu recours à ce Feu pendant la GUERRE DE LA RÉVOLUTION, comme le témoignent, dans la censure qu'ils font de ce Feu, GOUVION SAINT-CYR (1829), le général FRIRION (1822, E), et le *Spectateur militaire* (t. XII, p. 548). — Dans la MILICE HOLLANDAISE, ce genre de Feu est aboli en 1851 ; depuis longtemps il est inusité dans les MILICES AUTRICHIENNE, PRUSSIENNE, RUSSE, etc. — Cette incertitude est une des mille imperfections qu'on peut reprocher à l'ART MILITAIRE DE TERRE. — Si l'on regarde comme maintenu l'usage des Feux à génuflexion, il n'est pas hors de propos de remarquer que les principes de TIR que prescrit le RÈGLEMENT ne sont pas les mêmes pour le PREMIER et le SECOND RANG. Ainsi le Feu du RANG agenouillé doit être horizontal ; celui des RANGS debout en diffère, en ce que l'extrémité du CANON du FUSIL doit s'incliner tant soit peu ; enfin la manière dont le TROISIÈME RANG agit au commandement JOUE ! n'est pas tout à fait la même que celle du SECOND RANG. — Le moyen que l'ALIGNEMENT des RANGS debout ne se perde pas pendant l'exécution des Feux, c'est que le TALON gauche ne quitte pas sa place. — L'ORDONNANCE DE 1851 (4 MARS) n'a osé ni conseiller ni abolir le Feu à génuflexion.

FEU A MITRAILLE. V. A MITRAILLE, V. ASSAILLANT DE SIÉGE OFFENSIF.

FEU A POUDRE (G, 6). Sorte de FEU TACTIQUE pris par opposition au FEU A BALLE, et considéré comme un feu d'étude, comme un simulacre de COMBAT. — Le RÈGLEMENT DE 1791 (1er AOUT) veut que, pendant les Feux où l'on ne CHARGE qu'à POUDRE, il soit commandé, de temps en temps : BAGUETTE DANS LE CANON, pour s'assurer si le COUP est parti et s'il ne se trouve pas, dans quelques FUSILS, une triple CHARGE ; le FUSIL est en ce cas déchargé avec le TIRE-BOURRE.

FEU A RICOCHETS. V. A RICOCHET. V. BONNETTE. V. ORDONNANCE D'EXERCICE D'INFANTERIE. V. RICOCHET.

FEU (feux) A TERRE (F). Sorte de FEU HYPOCLASTIQUE qui s'exécutait quand les MÈCHES D'ARQUEBUSIERS ou de MOUSQUETAIRES

A PIED faisaient FEU SUR SIX RANGS ; les trois premiers RANGS exécutaient un FEU D'ENSEMBLE, s'agenouillaient et inclinaient le front jusqu'à terre ; les trois derniers RANGS FAISAIENT FEU debout. — Probablement ce feu se bornait à un petit nombre de DÉCHARGES, et peut-être à trois ; car le moindre défaut de symétrie eût pu avoir des suites funestes.

FEU À VOLONTÉ (F). Sorte de FEU DE BILLEBAUDE ou de FEU ROULANT que quelques AUTEURS prennent par opposition au FEU RÉGLÉ, et que d'autres ont nommé absolument FEU DE BILLEBAUDE, FEU DE FILE. L'ENCYCLOPÉDIE (1785, C) et GUIBERT (1775, E), en parlant du TIR D'INFANTERIE, prennent indifféremment ces locutions l'une pour l'autre. — En 1764, le Feu à volonté était un FEU DE REMPART sur deux RANGS. En 1776, il fut adopté un FEU D'INFANTERIE à peu près pareil : ce fut le FEU DE FILE, devenu lui-même FEU DE DEUX RANGS. — Le Feu des GARNISONS DE BORD est toujours un Feu à volonté.

FEU AJUSTÉ. V. AJUSTÉ, adj. V. AJUSTER. V. ART MILITAIRE DE TERRE. V. EFFET DE LUXE. V. FEU DE BILLEBAUDE. V. FEU DE CHAUSSÉE. V. FEU DE DEUX RANGS. V. FEU D'INFANTERIE. V. FEU EN ARRIÈRE. V. FEU TACTIQUE. V. LIGNE DE BATAILLE. V. MILICE WURTEMBERGEOISE N° 6. V. TIR D'INFANTERIE.

FEU AVEC MOUVEMENT. V. AVEC MOUVEMENT. V. FEU À DÉPLACEMENT. V. FEU DE DEUX RANGS. V. FEU DE DIVISION. V. FEU DE PELOTON. V. FEU DE SUBDIVISION. V. FILE DE BATAILLON.

FEU CASEMATÉ. V. BATTERIE CASEMATÉE. V. CASEMATÉ, adj. V. FOSSÉ SEC. V. OREILLON DE BASTION. V. PÉTARD CATABALISTIQUE.

FEU CONVERGENT. V. BRÈCHE OFFENSIVE. V. CONVERGENT, adj. V. DÉFENSE DE PLACE. V. FEU DE RANGS.

FEU COURBE. V. CANON D'ARTILLERIE. V. COURBE, adj. V. OFFICIER D'ARTILLERIE N° 6.

FEU (feux) CROISÉ (G, 6 ; H, 1, 2). Sorte de FEUX TACTIQUES considérés surtout comme FEUX D'ARTILLERIE et d'INFANTERIE, etc. —Des Feux croisés défendent les CAMPS RETRANCHÉS, les FORTIFICATIONS DE CAMPAGNE, les FORTINS. Ils s'obtiennent au moyen de BATTERIES À REDANS, de LIGNES À CRÉMAILLÈRE, À TENAILLES BRISÉES, et de toute convergence de plusieurs FEUX sur un même point. Quelquefois des FOUGASSES sont creusées sur les points où il n'est pas possible de croiser des Feux. — Les anciens n'avaient aucune idée d'une combinaison et d'un jeu de PROJECTILES qui fussent analogues aux effets de nos Feux croisés. La nature de leurs ARMES DE JET ne s'y prêtait pas comme le font celles qui sont de l'espèce des FUSILS. — M. le colonel LEORIER (1833) a imaginé de faire exécuter en CARRÉ des Feux croisés. On y a aussi essayé en formant en SCIE l'INFANTERIE.

FEU D'ARQUEBUSE. V. ARQUEBUSE. V. ARQUEBUSE À FEU. V. ARQUEBUSE À ROUET. V. ROUET.

FEU D'ARTIFICE. V. ALBERTI (1741). V. ARTIFICE. V. DAGER. V. ETTEN. V. FREZIER. V. FRONSBERG. V. FURTENBACH. V. GENNOVICI. V. HANZELET. V. LACHESNAIE (1758, 1). V. MACHICOULIS. V. MACHINE. V. MARCUS. V. MAYER (1680). V. MILICE CHINOISE N° 6. V. MINEUR FRANÇAIS. V. MOORE. V. MOREL. V. PLATO. V. ROSENTHAL. V. SAPE COUVERTE. V. TRABUCHET. V. VÉGÉTIUS (1511).

FEU D'ARTILLERIE. V. ARME PROJECTILE. V. ARTILLERIE. V. ARTILLERIE D'INFANTERIE. V. ASSAILLANT DE SIÉGE OFFENSIF. V. ATTAQUE DE PLACE. V. AUGOYAT. V. BATAILLE STRATEUMATIQUE. V. BATTRE EN SALVE. V. BATTERIE D'ARTILLERIE. V. CANON D'ARTILLERIE. V. CHEMIN COUVERT. V. COLONNE DE TROUPE. V. DÉFENSE DE PLACE. V. FEU CROISÉ. V. FEU DE FLANC. V. FEU D'INFANTERIE. V. FEU FICHANT. V. FEU OBLIQUE. V. FEU TACTIQUE. V. GENTILHOMME D'ARTILLERIE. V. KNOCK (1759, A). V. LANCE À MAIN. V. OFFICIER D'ARTILLERIE N° 6. V. PANNE. V. SAPE COUVERTE. V. SORTIE EXTÉRIEURE. V. SORTIE INTÉRIEURE. V. TIR D'ARTILLERIE.

FEU (feux) DE BATAILLON (G, 6), ou FEU PAR BATAILLON, comme l'ont appelé d'abord plusieurs ORDONNANCES. Sorte de FEU RÉGLÉ, exécuté par tout un BATAILLON D'INFANTERIE à la fois ; il se nourrit par la CHARGE À VOLONTÉ ; il est le principal parmi les FEUX DE LIGNE, et le plus terrible des FEUX D'INFANTERIE, parce qu'il peut ne se lâcher qu'à très-petite PORTÉE, ainsi que le conseillent quelques AUTEURS ; la MILICE ANGLAISE exécutait de cette sorte, avec aplomb et succès, ce genre de TIR. — Les ORDONNANCES DE 1754 (14 MAI) et DE 1755 (6 MAI) sont les premières qui en traitent ; elles le prescrivaient comme FEU À GÉNUFLEXION. —Le RÈGLEMENT DE 1776 (1er JUIN) le faisait exécuter, au contraire, les trois RANGS restant debout ; par conséquent il était nécessairement alors FEU DIRECT. L'ORDONNANCE DE 1791 (1er AOUT) a rétabli le principe de la génuflexion. — Autrefois le Feu de bataillon était pratiqué en vue d'ENFONCER L'ENNEMI, dans une ATTAQUE EN ORDRE DE BATAILLE ; maintenant d'autres principes ont prévalu. — Suivant les règles en vigueur, le Feu de bataillon est DIRECT OU OBLIQUE ; il diffère par là du FEU DE PELOTON, qui, à la guerre, n'est jamais que DIRECT. Il est tiré EN AVANT OU EN ARRIÈRE ; on a recours à ce dernier moyen, quand il s'agit de ralentir, par de sérieuses DÉCHARGES, l'ardeur d'un ENNEMI devant lequel on exécute une RETRAITE méthodique et en ORDRE

DE BATAILLE. — Le Feu de bataillon est toujours commandé par le CHEF DE BATAILLON, soit qu'il obéisse à un COMMANDEMENT GÉNÉRAL, soit qu'il agisse de lui-même en proférant le COMMANDEMENT MIXTE : FEU DE BATAILLON ! commandement auquel les CHEFS DE PELOTON, la GARDE DU DRAPEAU, etc., reculent. Le CHEF DE BATAILLON prononce ensuite les mots : tel BATAILLON, ARMES, et il modifie, s'il y a lieu, l'exécution, par les mots : OBLIQUE, etc. Il indique la terminaison du Feu, en faisant frapper le COUP DE BAGUETTE, comme signal de la rentrée des CHEFS DE PELOTON, du PORTE-DRAPEAU et de sa garde. — Les FEUX EN AVANÇANT s'exécutaient surtout comme Feux de bataillon. — Toutes les fois que plusieurs BATAILLONS sont réunis, leurs Feux sont annoncés par un COMMANDEMENT GÉNÉRAL ; ces Feux n'ont lieu qu'alternativement de la part des deux BATAILLONS voisins, en commençant par les impairs. — L'exécution alternative des Feux de bataillon a été combinée en 1791, à raison de la COMPOSITION alors en vigueur, c'est-à-dire à raison de la nature des RÉGIMENTS qui n'étaient que de deux BATAILLONS. Cette COMPOSITION venant à varier, comme cela a eu lieu sans cesse, nos principes encore consacrés ont été littéralement faux depuis quarante ans. Telle est la fragilité de notre édifice réglementaire. — Le Feu de bataillon a le désavantage de la GÉNUFLEXION, et celui de DÉGARNIR à la fois de leur feu toutes les ARMES d'un grand front. — Pour remédier au dernier de ces défauts, quelques-uns lui préfèrent le FEU DE DEMI-BATAILLON. Pour remédier à l'autre inconvénient, il y a des tacticiens qui recommandent l'emploi des FEUX DE DEUX RANGS ; mais ce feu a l'inconvénient de livrer une troupe à elle-même, de la sortir de la main de ses chefs, et de rendre les roulements insuffisants pour opérer la cessation du feu ; aussi y a-t-il des AUTEURS qui préfèrent le FEU DE RANGS. Cette question n'est pas encore résolue par des décisions légales. — Quand l'usage des FEUX DE RANGS a reparu, au commencement de ce siècle, on les pratiquait quelquefois comme Feux de bataillon. — Dans l'ORDRE EN ÉCHELONS les Feux s'exécutent à mesure de l'arrivée des ÉCHELONS sur la ligne.

FEU de BATAILLON EN AVANÇANT. V. COMMANDEMENT GÉNÉRAL. V. EN AVANÇANT.

FEU de BATAILLON EN RETRAITE. V. COMMANDEMENT GÉNÉRAL. V. EN RETRAITE.

FEU (feux) de BILLEBAUDE (term. sousgénér.). Sorte de FEUX D'INFANTERIE, dont le nom se prenait par opposition à celui des FEUX RÉGLÉS, ou d'ENSEMBLE ; les premiers étaient individuels et AJUSTÉS, tandis que les FEUX RÉGLÉS sont des Feux par masses et non ajustés. — Au temps de TURENNE, de VENDOME, de CATINAT, les Feux de billebaude étaient les seuls dont les armées françaises fissent usage. La MILICE AUTRICHIENNE les appliquait à la défense des CARRÉS ; vers le même temps les FRANÇAIS et les ANGLAIS les modifiaient sous forme de FEUX DE CHAUSSÉE. — En FRANCE, on a employé d'une manière vague l'expression Feu de billebaude mentionnée dans l'INSTRUCTION DE 1769 (1ER MAI) ; elle n'a pas été conservée par les règlements suivants, mais elle se retrouve dans tous les AUTEURS. — On voyait rarement les anciens Feux de billebaude être des FEUX EN ARRIÈRE. — Des Feux de BILLEBAUDE se MONTAIENT par les deux AILES, à la fois ; mais l'usage français était de ne le MONTER que par la droite. — TURPIN (1769, C) parle d'un Feu de billebaude qui participait des FEUX EN AVANÇANT ; il était d'invention prussienne. Il fut pratiqué plusieurs fois dans la GUERRE DE 1756. Une LIGNE D'INFANTERIE PRUSSIENNE, marchant au petit pas, faisait halte ; les chefs de division commandaient au second rang de COUCHER EN JOUE, le PREMIER RANG restait l'ARME PORTÉE ; le SECOND RANG tirait, faisait demi-tour à droite ; prenait l'ARME du TROISIÈME, se retournait vers le PREMIER RANG et tirait de nouveau ; ce feu participait quelque peu des FEUX DE PELOTON ; la complication et le désuni d'une telle opération devaient rendre bien dangereuse l'exécution de ce genre de Feu ; il n'y avait que les troupes de FRÉDÉRIC qui pussent s'en servir devant l'ennemi. — MAIZEROY (1773, A) prend l'un pour l'autre les Feux de billebaude (BILBAUDE) et ceux de PARAPET. — GUIBERT (1773, E) appelle Feu de billebaude un FEU A VOLONTÉ ou un FEU DE FILE, commençant par l'une et l'autre aile à la fois. Chaque soldat, après le premier commandement prononcé, continuait à charger et à tirer sans attendre de nouveaux ordres. — SINCLAIRE (1775, L) affirme que le régiment Royal-Deux-Ponts a été le premier qui ait perfectionné en FRANCE le Feu de billebaude, et que, dans la GUERRE DE 1756, il en fit plusieurs fois un usage habile et meurtrier ; c'était un FEU DE TROIS RANGS restant debout. — SILVA (1773, F) prétend que, sous FRÉDÉRIC DEUX, les PRUSSIENS ne faisaient jamais usage du Feu de billebaude ; cette assertion tient à ce qu'on n'avait pas une idée nette du sens de cette locution ; car, ailleurs, ce même AUTEUR rend compte avec détail d'un FEU EN AVANÇANT, exécuté par divisions, le SECOND RANG tirant seul et ne faisant Feu qu'après avoir ajusté. Or, TURPIN (1769, C) appelait Feu de billebaude ce FEU EN AVANÇANT. — L'ENCYCLOPÉDIE (1785, C) appelle

Feu de billebaude, ou A VOLONTÉ celui dans lequel les trois rangs tirent, sans que le PREMIER s'agenouille. Ce Feu est impraticable, quand l'INFANTERIE a le sac sur le dos. — Au milieu de ces incertitudes de la SCIENCE et de ces contradictions de la LANGUE, nous nous sommes rangé à l'opinion la plus générale en distinguant le Feu de billebaude en FEU A DÉPLACEMENT, — A VOLONTÉ, — DE DEUX RANGS, — DE FILE.

FEU de BRIGADE. V. BRIGADE. V. BRIGADE D'INFANTERIE FRANÇAISE. V. FEU DE LIGNE. V. FEU D'INFANTERIE. V. MARCHE DE BRIGADE EN BATAILLE.

FEU de CANON. V. CANON. V. CANON D'ARTILLERIE.

FEU de CAVALERIE. V. CAVALERIE. V. CAVALERIE FRANÇAISE N° 7. V. FEU TACTIQUE. V. GUERRE DE 1765. V. MÉLANGE D'ARMES. V. REITRE.

FEU de CHARGE. V. CHARGE. V. CHARGE D'INFANTERIE. V. FEU DE CHAUSSÉE. V. FEU EN AVANÇANT. V. ORDONNANCE D'EXERCICE D'INFANTERIE.

FEU de CASEMATE. V. ASSAILLANT DE SIÉGE OFFENSIF. V. CASEMATE. V. CASEMATE A FEU.

FEU (feux) de CHAUSSÉE (F), OU FEU DE COLONNE, comme l'appelaient BOMBELLES (1754, D) et PICTET (1761, 1). Sorte de FEU A DÉPLACEMENT dont on faisait usage quand on se trouvait sur un terrain trop étroit pour qu'une COLONNE D'INFANTERIE pût s'y déployer. Il était imité de l'ancien FEU DE RANGS et de la CARACOLE. — Le Feu de chaussée s'exécutait quelquefois en changeant de terrain, quelquefois en restant en place; dans certains cas il était FEU EN AVANÇANT. A raison de cette dernière circonstance, il y a des AUTEURS qui l'ont rangé parmi les FEUX DE CHARGE, quoique cette désignation semble peu lui convenir. — On a appelé aussi FEUX DE BILLEBAUDE les Feux de chaussée, parce que quelques-uns étaient SUCCESSIFS et AJUSTÉS. — L'invention des Feux de chaussée remonte au temps des REITRES et des CARABINS, qui l'avaient eux-mêmes imité du COUP DE LANCE que les RANGS de la CHEVALERIE exécutaient chacun à son tour. — DELAMONT (1671, A) rapporte que, dans le dix-septième siècle, l'INFANTERIE exécutait le Feu de chaussée RANG par RANG. — Du temps de TURENNE, les MANCHES de MOUSQUETAIRES A PIED exécutaient quelquefois en face de l'ennemi ce FEU DE RANGS, ou un feu analogue, quelque dénomination qu'il eût : le PREMIER RANG faisait trois pas en avant, tirait, faisait par le flanc vers deux aspects opposés, de manière à se séparer par demi-rang; chaque demi-rang démasquait le RANG qui, à son tour, allait tirer; les demi-rangs filaient par une marche processionnelle le long des flancs de la manche, puis en faisant sur la droite ou sur la gauche par file en bataille, ils se recousaient et devenaient le dernier rang de la MANCHE; à son tour, le SECOND RANG en faisait de même, etc. — Après l'abolition des MANCHES DE MOUSQUETAIRES et après la suppression des PIQUIERS, le Feu de chaussée commença à être regardé comme propre aux ATTAQUES DE LIGNE. Il s'exécutait en COLONNE et par SUBDIVISION. Celle de la TÊTE, que nous supposerons un PELOTON sur quatre RANGS, faisait son Feu, soit d'ENSEMBLE, soit PAR RANG; le peloton se brisait ensuite par DEMI-PELOTONS, qui faisaient à contre-aspect un QUART DE CONVERSION A DROITE et un A GAUCHE. Chaque DEMI-PELOTON se portait en avant, de manière à démasquer le FRONT du second PELOTON. Chaque DEMI-PELOTON FAISAIT PAR LE FLANC DROIT OU GAUCHE, du côté de la QUEUE de la COLONNE, et marchait ensuite jusqu'à ce qu'il arrivât en arrière du dernier PELOTON, FAISAIT HALTE et FRONT, reculait quatre pas, et se recousait en S'ALIGNANT EN ARRIÈRE A DROITE et A GAUCHE. — Tel est le fond de ce DÉBOITEMENT progressif; mais, à défaut d'ordonnances fixes, chaque MAJOR D'INFANTERIE faisait faire ce Feu par des moyens de détails qui ne se ressemblaient pas entre eux. — BOMBELLES (1754, D) proposa des principes qui sont devenus réglementaires; les ORDONNANCES DE 1764 (20 MARS) et DE 1766 (1er JANVIER) commencèrent à mentionner ce genre de Feu comme FEU A GÉNUFLEXION, comme s'exécutant parallèlement à la direction de la CHAUSSÉE, et sur un front égal au tiers de la largeur du chemin. — Ce Feu a été peu pratiqué dans les guerres anciennes; car il avait été imaginé dans l'hypothèse qu'une colonne se prolongeant le long d'une route, y rencontrait inopinément l'ENNEMI : or, depuis l'usage des TROUPES LÉGÈRES et depuis que le SERVICE D'AVANT-GARDE est devenu une science, cette rencontre n'est guère fréquente. Ce Feu a été aboli par l'ORDONNANCE DE 1776 (1er JUIN); sa complication pouvait entraîner une déroute sans remède. — Le même Feu était connu, dans la MILICE ANGLAISE, sous le nom de *street-fire*, et par la milice prussienne sous le nom de *Heckenfeuer*.

FEU (feux) de CINQ RANGS (F). Sorte de FEUX RÉGLÉS dont parle DELAFONTAINE (1667, B; 1675, A), et qui étaient usités encore au temps de LEBLOND (1758, B). Il montre les deux PREMIERS RANGS agenouillés, le troisième debout, mais fort courbé; le quatrième moins, le cinquième tout droit. — Plusieurs

AUTEURS conviennent que, malgré tant de précautions, les premiers rangs avaient souvent leurs cheveux brûlés, et que les officiers, qui alors ne se portaient pas comme à présent en arrière, *recevaient des coups de feu dans leurs habits.*

FEU de COLONNE. V. COLONNE. V. COLONNE TACTIQUE. V. FEU DE CHAUSSÉE.

FEU de COURTINE. V. COURTINE. V. COURTINE DE FORTERESSE. V. FEU FICHANT. V. FLANC DE FORTIFICATION.

FEU de CUISINE. V. CUISINE. V. FOURNEAU DE CUISINE.

FEU (feux) de DEMI-BATAILLON (G, 6). Sorte de FEUX RÉGLÉS, qui ne s'appellent ainsi que depuis le RÉGLEMENT DE 1791 (1er AOUT); les ORDONNANCES D'EXERCICE DE 1774 (11 JUIN), 1775 (30 MAI), 1776 (1er JUIN), les nommaient FEUX DE DEMI-RANG. — Il n'y avait de différence entre les FEUX DE DEMI-RANG et de DEMI-BATAILLON qu'en ce que le premier ne pouvait pas être OBLIQUE, parce qu'il n'était pas un FEU A GÉNUFLEXION, comme le sont devenus les Feux de demi-bataillon et de BATAILLON; mais tous deux étaient également soumis à PROGRESSION. — Les Feux de demi-bataillon s'exécutent soit EN AVANT, soit EN ARRIÈRE, et se sont exécutés EN AVANÇANT. — Le Feu de demi-bataillon, considéré comme FEU DE LIGNE, est SUCCESSIF; ainsi, il n'a lieu, excepté la première fois, que quand il y a quelques armes portées dans le DEMI-BATAILLON qui vient de TIRER. — Ce Feu a lieu à un COMMANDEMENT du genre de ceux qu'on désigne sous le nom de COMMANDEMENTS MIXTES; quelquefois il est précédé d'un COMMANDEMENT GÉNÉRAL. — Le CHEF DE BATAILLON fait exécuter le feu en prononçant les mots : FEU DE DEMI-BATAILLON, DEMI-BATAILLON DE DROITE OU DE GAUCHE, ARMES! Il y ajoute, s'il y a lieu, les mots : OBLIQUE, etc. — Suivant d'anciens principes, les CHEFS DE PELOTON reculaient vis-à-vis de leur créneau, à un pas de leur TROISIÈME RANG, pendant ce feu. Ils se portent maintenant à quatre pas en arrière des serre-files, vis-à-vis le centre de leur peloton. — Quand le FEU DE RANG reprit faveur et fit partie de nos FEUX D'INFANTERIE, on l'exécutait quelquefois comme Feu de demi-bataillon. — Le Feu de demi-bataillon convient mieux que tout autre à l'ORDRE EN ÉCHELONS.

FEU de DEMI-RANG. V. DEMI-RANG. V. FEU DE DEMI-BATAILLON. V. FEU D'INFANTERIE.

FEU (feux) de deux RANGS (G, 6). Sorte de FEUX DE BILLEBAUDE qui ont de l'analogie avec des FEUX D'INFANTERIE qui se sont nommés FEUX A VOLONTÉ et FEUX DE FILE; mais quelques-unes des FEUX A VOLONTÉ pouvaient être OBLIQUES, et les Feux de deux rangs sont toujours DIRECTS. — Plusieurs AUTEURS jugent préférables aux autres FEUX DE LIGNE les Feux de deux rangs. — Nous les rangeons au nombre des FEUX DE BILLEBAUDE, pour nous conformer aux sentiments de la plupart des ÉCRIVAINS; cependant il y a des cas où ils ne peuvent pas être AJUSTÉS, ce qui était le propre des FEUX DE BILLEBAUDE; quand il s'agit des FEUX DE LIGNE, on peut regarder les Feux de deux rangs qui en font partie comme étant des FEUX RÉGLÉS. En cela ils diffèrent aussi des FEUX DE BILLEBAUDE. — Certains FEUX DE RANG que MONTÉCUCULI faisait exécuter étaient vraiment des Feux de deux rangs, mais tout différents de ceux qu'on pratique aujourd'hui. — On trouve le projet d'un Feu de deux rangs dans MAURICE DE SAXE (1757, A) et dans l'instruction que le maréchal de BROGLIE adresse à son armée pendant le quartier d'hiver de 1761 à 1762. — Le FEU DE REMPART de 1764 était un Feu de deux rangs, mais le SECOND RANG ne TIRAIT que son propre FUSIL. — L'ORDONNANCE DE 1766 (1er JANVIER) prescrivait, sous le nom de FEU DE RANG, un feu analogue à celui que nous décrivons ici; mais il en différait, parce qu'il s'exécutait à la fois par la droite et par la gauche de chaque PELOTON; ainsi il allait des ailes au centre. Il différait encore de notre Feu de deux rangs, en ce qu'il s'exécutait quelquefois par le seul SECOND RANG, afin de garder en réserve le feu du PREMIER. C'est par ce dernier motif qu'au lieu de s'appeler Feu de deux rangs, il s'appelait FEU DE RANG, puisque parfois ce n'était qu'un feu d'un seul rang. Quelquefois on exécutait le feu du SECOND RANG en marchant au petit pas. — Les FEUX DE RANG qui ont été rétablis sous BONAPARTE étaient une imitation perfectionnée de cet ancien feu; mais ne nous écartons pas de l'ordre des temps. — L'INSTRUCTION D'EXERCICE DE 1769 (1er MAI) prescrivait le Feu de deux rangs sous le nom de FEU DE BILLEBAUDE. — En 1775 (30 MAI) le Feu de deux rangs ne différait pas de ce qu'il est aujourd'hui, si ce n'est que la première fois chaque HOMME du PREMIER RANG ne devait tirer qu'après avoir entendu partir le second coup du second rang. C'est ce qu'on appelait la PROGRESSION des feux. — En 1776 (1er JUIN), le Feu de deux rangs est remplacé par le FEU DE FILE; les trois rangs tirent debout, et les trois hommes à la fois. — En 1791 on sentit toutes les difficultés que présentaient les FEUX A GÉNUFLEXION, qui permettent seuls de tirer sur trois rangs; on entrevit en même temps la nécessité qu'il y avait de pouvoir faire feu, sur trois rangs, sans s'agenouiller; enfin on ne se dissimula pas le danger, on peut même dire l'impossibilité de faire TIRER trois RANGS, s'ils restent tous debout. L'ORDONNANCE DE 1791 (1er AOUT) régla donc suivant un terme moyen les feux de l'INFANTERIE, et voulut que le SECOND RANG tirât, comme en 1769, ses FUSILS et ceux du TROISIÈME RANG. Il négligeait d'indiquer qu'il faut que les hommes du second rang déboîtent pour FAIRE FEU, ce qui est indispensable pour obtenir un FEU DIRECT. — Maintenant le Feu de deux rangs commence par la droite de chaque PELOTON ; il est ordinairement DIRECT, mais pourrait être OBLIQUE ; il s'exécute successivement jusqu'à la gauche, mais cette progression n'est observée que pour le premier Feu. — L'homme de DEUXIÈME RANG fait feu de son FUSIL et le passe de la main droite, au TROISIÈME RANG, à son camarade de file dont il prend de la main gauche le FUSIL ; il le tire, le recharge, et continue ainsi, tirant deux coups de suite avec le même FUSIL, hormis la première fois. Ainsi l'HOMME DE TROISIÈME RANG ne s'occupe que de fournir un FUSIL chargé. — Ce FEU D'INFANTERIE se démontre dans l'ÉCOLE DU SOLDAT : il s'exécute dans l'ÉCOLE DE PELOTON et DE BATAILLON. — En ligne, et dans les DISPOSITIONS CONTRE LA CAVALERIE, le Feu de deux rangs est annoncé par un COMMANDEMENT GÉNÉRAL ; il s'exécute au COMMANDEMENT du CHEF DE BATAILLON, prononçant les mots : FEU DE DEUX RANGS ; BATAILLON, ARMES ! COMMENCEZ LE FEU ! Le CHEF DE PELOTON se porte à la place qui lui est affectée dans tous les feux actuellement pratiqués, c'est-à-dire à quatre pas en arrière des serre-files ; il se plaçait anciennement en arrière de son créneau et à hauteur du troisième RANG. — EN ARRIÈRE, ou, selon l'expression actuelle, la troupe faisant FACE PAR LE TROISIÈME RANG, le Feu de deux rangs commence par la gauche devenue droite. — En prescrivant le Feu de deux rangs comme un correctif des inconvénients des FEUX DE BATAILLON, les ordonnances de TACTIQUE ont-elles suffisamment pris en considération les événements possibles et les accidents inévitables de la guerre ? Des hommes exposés aux coups de l'ENNEMI ne sont pas comme une machine dont les pièces peuvent aller longtemps sans qu'il en manque et même sans se détraquer. Une fois que des soldats tombent, le Feu de deux rangs devient çà ou là impraticable ; car aucune précaution n'est prise pour y remédier, aucune prévision réglementaire ne s'est occupée de faire continuer le Feu. Si ce sont des hommes du SECOND RANG qui sont blessés, la FILE ne peut plus fournir qu'un seul coup de FUSIL, à moins que l'homme du TROISIÈME RANG ne remplace son camarade

hors de service, et pour cela il faut qu'il l'entraîne hors des rangs, s'il est mort ou sans connaissance. Ce soin ne laisse pas que de demander du temps et de causer du dérangement et du bruit. — Le Feu de deux rangs a d'autres inconvénients ; souvent il se prolonge au delà du ROULEMENT, que le bruit des détonations ne permet pas d'entendre ; ou bien le TROISIÈME RANG, ignorant si le FUSIL qu'il charge a fait feu ou non, y introduit souvent plusieurs cartouches. — L'INFANTERIE de la MILICE ANGLAISE a tiré cependant un parti avantageux des Feux de deux rangs pendant la GUERRE DE LA RÉVOLUTION ; l'ARMÉE FRANÇAISE au contraire s'en est peu servie. — Mais nous n'entreprendrons pas de discuter si ce Feu est adopté à tort ou raison, si le sang-froid et la symétrie qu'il exige peuvent se soutenir dans une action : nous glisserons sur ce sujet, parce que nous avons plus en vue l'histoire des ordonnances que leur critique, et que d'ailleurs, tel qu'il est, et par rapport aux autres feux actuellement adoptés, ce Feu nous paraît encore le moins impraticable sur trois rangs, avec les HAVRE-SACS et dans la réalité du combat. — L'ORDONNANCE DE 1831 (4 MARS) a modifié tant soit peu le Feu de deux rangs ; elle glisse, il est vrai, sur les difficultés qu'il présente ; mais elle en a activé le mouvement ou la progression, en prescrivant qu'à partir de la seconde file du PELOTON l'homme du PREMIER RANG de chaque FILE met en joue à l'instant où son camarade de droite retire son ARME pour la charger. — A l'ÉCOLE DE PELOTON, le COMMANDEMENT : ROULEMENT ! peut indiquer la CESSATION de ce feu, s'il n'est pas exécuté à poudre. — On peut consulter à l'égard des Feux de deux rangs, l'ENCYCLOPÉDIE (1785, C), SILVA (1778, F), SINCLAIRE (1775, L).

FEU DE DIVISION (F). Sorte de FEU DE SUBDIVISION qui s'exécutait par deux PELOTONS à la fois, conformément aux ORDONNANCES DE 1766 (1er JANVIER) et DE 1774 (11 JUIN). Il commençait par les deux PELOTONS IMPAIRS du centre, et continuait alternativement par deux PELOTONS PAIRS et deux PELOTONS IMPAIRS. C'est ce que ces règlements et SILVA (1768, K) appelaient la PROGRESSION des feux. — Tels de ces feux étaient AVEC MOUVEMENT, d'autres SANS MOUVEMENT. — PICTET (1761, I) mentionne le Feu de division au nombre des FEUX D'INFANTERIE qu'il décrit. Il était en usage dans la MILICE AUTRICHIENNE. — FRÉDÉRIC DEUX faisait exécuter comme Feu de division des FEUX EN AVANÇANT. — L'usage en était aboli depuis longtemps dans l'INFANTERIE FRANÇAISE, quand les FEUX DE RANG ont été remis en pratique et proscrits comme pouvant s'exécuter sous forme de Feux de divisions.

FEU (feux) de FILE (F), ou FEU PAR FILE. Sorte de FEU DE BILLEBAUDE, qui était pratiqué déjà du temps de TURENNE; voici comme il s'exécutait. — On faisait marcher, quelques pas en avant et sur le TERRAIN du feu, une ou deux FILES alors profondes, c'est-à-dire un ensemble de six ou de huit, de douze ou de seize hommes; au lieu de leur faire faire un FEU DE SIX RANGS (car on était alors sur six rangs et quelquefois sur huit), on faisait exécuter par ces files un QUART DE CONVERSION, qui équivalait à un DÉVELOPPEMENT; elles formaient un ou deux RANGS; ce qui s'appelait, à ce que dit DELAMONT (1671, A), *border la haie en tête*, c'est-à-dire que les deux FILES se changeaient en deux RANGS, ou que la FILE se changeait en un seul RANG; les hommes FAISAIENT FEU, soit par la droite, soit par les deux ailes suivant leur nombre; ils reformaient la FILE, se retiraient pour se REMBOITER et rechargeaient; les FILES suivantes en agissaient de même; c'était un FEU SUCCESSIF ou de PROGRESSION et une véritable ÉVOLUTION; l'exécution en était lente, embrouillée, de peu d'effet. — Le FEU DE PARAPET participait du genre de ce Feu de file. — C'était surtout dans l'ARMÉE HOLLANDAISE que ce genre de Feu avait été perfectionné. Les FRANÇAIS l'imitèrent à la bataille de STEINKERQUE; ils reconnurent le parti utile qu'on en pouvait tirer, et ils commencèrent à le regarder comme principal, d'accessoire qu'il était. — Dans le dernier siècle, la MILICE PRUSSIENNE pratiquait encore ce Feu, sous le nom de FEU DE HAIE. — A mesure que l'ORDRE MINCE a prévalu et que le TERRAIN INDIVIDUEL s'est resserré, les formes de ce Feu ont totalement changé, et la même dénomination a indiqué une action bien différente. — On s'est moins servi de l'ancien Feu de file quand, à l'imitation des PRUSSIENS, on a donné la préférence aux FEUX RÉGLÉS. Cependant TURPIN (1754, B) témoigne qu'on n'y avait pas renoncé; celui qu'il décrit était successivement exécuté, à commandement, par chaque FILE: ainsi il était très-lent et non à VOLONTÉ; c'était un FEU DE TROIS RANGS; il s'exécutait en MARCHANT, sans que les FILES cessassent d'être FILES pour devenir RANGS, comme autrefois. — L'ORDONNANCE DU 1766 (1er JANVIER) emploie, comme analogue à l'ancien Feu de file, le FEU DE RANGS. — En 1776 (1er MAI), le FEU PAR FILES y fut substitué; il s'exécutait en commençant par l'AILE DROITE; le TROISIÈME RANG déboîtait en appuyant fortement sur le premier. — Exécuter cette espèce de FEU A VOLONTÉ

en faisant TIRER à la fois et debout les trois hommes de chaque FILE, fut bientôt reconnu impossible; aussi l'INSTRUCTION DE 1788 (20 MAI) changea-t-elle le FEU PAR FILES en Feu de files, c'est-à-dire de DEUX RANGS, puisque le TROISIÈME RANG reculait d'un pas et restait l'arme au bras; le RÈGLEMENT DE 1791 (1er AOUT) fit revivre le FEU DE DEUX RANGS. — Le Feu de file était d'une exécution dangereuse; il n'était praticable que parce qu'on mettait alors par terre les HAVRE-SACS avant de FAIRE FEU. Autrement l'épaisseur des HAVRE-SACS eût rendu ce Feu impossible. On a cherché un remède à ce défaut dans l'invention du FEU DE DEUX RANGS. — Aujourd'hui la manière de tirer que pratiquent les CARABINIERS A PIED de la MILICE ANGLAISE est tout à fait conforme à l'exécution du Feu de file primitif.

FEU de FLANC. V. CHARGE D'INFANTERIE. V. FEU D'INFANTERIE. V. FEU OBLIQUE. V. FLANC.

FEU de FLANC (G, 4, 6), ou DÉFENSE DE FLANC. Sorte de FEU PÉRIBOLOGIQUE qui est ou OBLIQUE ou DIRECT. — Suivant le système de VAUBAN, un Feu de flanc direct défend les FACES des BASTIONS. — Cependant il y a des cas où le mot Feu de flanc se prend par opposition au FEU DE REVERS et au FEU DE FRONT ou FEU DIRECT. Ce principe est également applicable, s'il s'agit du FEU D'INFANTERIE, ou bien du FEU D'ARTILLERIE et des DÉFENSES des PLACES.

FEU de FORTIFICATION. V. FEU PÉRIBOLOGIQUE. V. FORTIFICATION.

FEU de FRONT. V. COLONNE DE TROUPE. V. COMMANDEMENT DE FRONT. V. DÉFENSE PÉRIBOLOGIQUE. V. FEU DE FLANC. V. FRONT.

FEU de FUSIL. V. FACE DE BATTERIE. V. FUSIL. V. GRAND RESSORT.

FEU de GUERRE. V. FEU. V. FEU D'INFANTERIE. V. FORCE ARMÉE. V. FUSIL A PISTON. V. GUERRE. V. KNOCK (1759, A). V. RÉGIMENT D'INFANTERIE FRANÇAISE N° 4.

FEU de HAIE. V. FEU DE FILE. V. FEU DE PARAPET. V. FEU DE RANG. V. HAIE.

FEU (feux) de LIGNE (G, 6), ou FEU DE BRIGADE. Sorte de FEUX RÉGLÉS qui, suivant les coutumes actuelles, comprennent des FEUX DE BATAILLON, de DEMI-BATAILLON, de PELOTON ET DE DEUX RANGS. — Une ligne de plusieurs BATAILLONS qui exécutent des CHANGEMENTS DE FRONT SUR LE CENTRE, peut commencer ses Feux aussitôt que deux de ses BATAILLONS sont formés sur la LIGNE nouvelle. — Les FEUX DE BATAILLON et DE DEMI-BATAILLON, qui s'exécutent en ligne, sont comparables, quant au mécanisme, aux FEUX DE PELOTON, qu'un BATAILLON isolé exécuterait; ainsi les BATAILLONS ou DEMI-

BATAILLONS observent les uns par rapport aux autres, et de pair à impair ou l'inverse, la même SUBORDINATION que des PELOTONS exerceraient entre eux.

FEU de MINE. V. MINE. V. MINE A FEU.

FEU de MOUSQUETERIE. V. AUTEUR MILITAIRE (1780, L). V. CHEVAL DE FRISE. V. CRÉMAILLÈRE. V. HAUSSE-PARABALLE. V. KNOCK (1759, A). V. METZ (1806, E). V. MOUSQUETERIE. V. ORDRE PROFOND. V. SARISSE.

FEU de NUIT. V. NUIT. V. SIÉGE DÉFENSIF.

FEU (feux) de PARAPET (F), OU FEU DE HAIE, OU FEU DE REMPART, OU FEU DE RETRANCHEMENT, OU FEU ROULANT. Sorte de FEU A DÉPLACEMENT; mais cependant on a aussi appelé, en 1755, FEU DE REMPART OU ROULANT un Feu de salve ou de réjouissance qui allait progressivement de la droite à la gauche du premier rang, de la gauche à la droite du second rang, etc. — Le Feu de parapet que l'INFANTERIE FRANÇAISE exécutait en conformité de l'ORDONNANCE DE 1764 (20 MARS) rappelait l'ancien FEU DE FILE; ainsi deux FILES se détachaient à la fois, se METTAIENT EN BATAILLE sur deux rangs, faisaient Feu, et rentraient; tel était aussi, dans la MILICE PRUSSIENNE, le FEU DE MILLEBAUDE, décrit par KÉRALIO (1757, F). — Ce genre de Feu est celui qu'on a nommé surtout FEU DE HAIE; l'ORDONNANCE DE 1766 (1er JANVIER) nomme au contraire FEU DE PARAPET, une ÉVOLUTION qui s'exécutait par une troupe rangée en bataille sur six hommes de HAUTEUR, et ayant entre ses SUBDIVISIONS un intervalle de deux pas; lorsque le commandement de COMMENCER LE FEU était fait à une subdivision, le premier rang de cette SUBDIVISION partait, montait sur la BANQUETTE, tirait et revenait par les deux flancs opposés se remettre en SIXIÈME RANG; le SECOND RANG, devenu premier, exécutait le même DÉBOITEMENT, et devenait SIXIÈME RANG à son tour, etc. C'était ainsi un FEU DE RANG. On faisait à chaque Feu gagner un pas en avant à la ligne, afin de conserver la distance primitive entre la troupe et la BANQUETTE. — L'ORDONNANCE DE 1769 (1er MAI) renonçait aux Feux de parapet. — L'ENCYCLOPÉDIE (1785, C) propose un Feu de parapet d'un mécanisme tant soit peu différent. Il rappelle celui que proposaient DESPAR (1753, A, pl. 15) et MAURICE DE SAXE (1757, A); dans ce Feu, trois hommes, placés graduellement sur le TERRE-PLEIN et la BANQUETTE, chargent les quatre FUSILS, qu'ils transmettent successivement à un quatrième homme placé contre le PARAPET. — Depuis que les ordonnances ont établi les FEUX DE FILE, elles ne se sont plus occupées des Feux de parapet.

FEU (feux) de PELOTON (G, 6), OU FEU PAR PELOTON. Sorte de FEUX DE SUBDIVISION de l'espèce nommée FEUX D'ENSEMBLE. Leur usage date du commencement du dernier siècle : à la guerre, ils ne sont que de l'espèce des FEUX DIRECTS et des FEUX A GÉNUFLEXION ; on s'en servait rarement dans les FEUX DE LIGNE. — En 1705, à HOCHSTETT, la CAVALERIE FRANÇAISE est arrêtée sur place par l'effet tout nouveau pour elle des Feux de peloton de l'ENNEMI. Ce TIR avait été inventé par le grand électeur, et pratiqué par son armée pendant la guerre contre les SUÉDOIS et les POLONAIS; il est ainsi d'origine prussienne. — Avant les ordonnances du milieu du dernier siècle, la TACTIQUE pratiquait des Feux de peloton, commençant par le CENTRE et continuant alternativement vers la droite et vers la gauche. Quelquefois c'étaient des FEUX AVEC MOUVEMENT ; les PELOTONS DÉBOITAIENT et se portaient à deux pas de la ligne. Ce moyen était employé surtout pour obtenir des FEUX OBLIQUES, comparables à ceux qui font partie maintenant des FEUX DE BATAILLON, etc. On tirait en échiquier, c'est-à-dire que les premier, cinquième, neuvième et treizième PELOTONS, etc., etc., se portaient les premiers en avant. — L'ORDONNANCE DE 1755 (6 MAI) voulait que le premier Feu fût à la droite du centre, le second à la gauche du centre, le troisième à la droite des fusiliers, le quatrième à leur gauche, le cinquième entre la droite et le centre, etc. — La complication de ces règles oiseuses était infinie; on prétendait, suivant les expressions de MAIZEROY (1773, A), *obtenir des feux musicaux* — BOMBELLES (1754, D) est un des premiers AUTEURS français qui aient traité avec détail des FEUX D'INFANTERIE. — Bientôt parut l'ouvrage de PICTET (1761, I), qui blâmait les difficultés et ce qu'il appelle les casualités de l'ancien Feu; les simplifications qu'il proposait prévalurent dans les ORDONNANCES DE 1766, etc. — Conformément à l'INSTRUCTION DE 1774 (11 JUIN), les CHEFS DE PELOTON ne se plaçaient pas comme à présent derrière le CENTRE de leur PELOTON pour commander le Feu, mais ils faisaient un grand pas en avant, puis à gauche, en appuyant vers le PELOTON qui ne tirait pas. — On sent combien ces principes étaient encore imparfaits; l'ORDRE DE BATAILLE dont ces Feux étaient une coordonnance n'était pas moins défectueux. — Le RÈGLEMENT DE 1791 (1er AOUT) détermina ensuite les règles du Feu de peloton en ligne; il est annoncé par un COMMANDEMENT GÉNÉRAL, et exécuté à la suite d'un COMMANDEMENT MIXTE, et des mots JOUE et FEU; il commence par les PELOTONS IMPAIRS, et il a lieu alternativement par chaque PELOTON de la DIVISION; à cet effet le CHEF du PELOTON PAIR et celui du PELOTON IMPAIR règlent leurs commandements de manière à observer ce qu'on appelle la SUBORDINATION du Feu, et chacun d'eux ne fait tirer que quand il y a quelques ARMES PORTÉES dans l'autre PELOTON de la DIVISION. — Le Feu de peloton est étudié dans l'ÉCOLE DU SOLDAT, sans que tous les HOMMES GRADÉS y soient représentés; ils sont au contraire ou représentés ou réellement présents dans l'ÉCOLE DE PELOTON et dans l'ÉCOLE DE BATAILLON. Dans celle-ci les Feux commencent par les PELOTONS IMPAIRS; pour commencer le Feu, ils ne tirent que successivement; mais ensuite le Feu de chaque PELOTON devient indépendant, par rapport à celui des autres DIVISIONS, et l'intermittence s'établit comme si la DIVISION était isolée. — Les Feux continuent ainsi jusqu'au ROULEMENT. — Dans l'ÉCOLE DE PELOTON, ces Feux peuvent être OBLIQUES; dans l'ÉCOLE DE BATAILLON, ils sont DIRECTS. — Dans l'école DE PELOTON, ils sont quelquefois suspendus par le commandement du MAITRE D'EXERCICE: REDRESSEZ VOS ARMES! — Les Feux de peloton se font, soit EN AVANT, soit EN ARRIÈRE; ils sont prescrits par les ordonnances en vigueur; mais ils ont été rarement pratiqués, comme FEUX DE LIGNE, devant l'ennemi. — Le système du Feu de peloton a été blâmé par DELIGNE (1780, J), MAURICE DE SAXE (1757, A), SILVA (1768, K), TURPIN (1769, C). On le regarde comme une inutile complication de l'EXERCICE DE L'INFANTERIE. — Les ÉCRIVAINS qui avaient assisté aux GRANDES MANOEUVRES de paix de la MILICE PRUSSIENNE prétendirent que, quand elle exécutait des FEUX DE BATAILLON ou de peloton, et qu'elle restait un instant livrée à elle-même, ces Feux dégénéraient bientôt en FEUX DE BILLEBAUDE. Toutes ces opinions ont été jusqu'à ce jour sans influence sur les décisions ministérielles; aucune d'elles n'a renoncé au système des Feux de peloton. — La cessation de ce Feu, quand il n'a pas lieu à poudre, peut être, à l'école de peloton, annoncée par le COMMANDEMENT: ROULEMENT! — Les Feux de peloton ont été pratiqués peu pendant la GUERRE DE LA RÉVOLUTION. Cependant les FEUX DE RANG, rétablis en l'an treize, étaient enseignés comme Feux de peloton. — Les principes de ce Feu ont longtemps demandé à être révisés, puisque ce qui regardait, par exemple, les CAPITAINES DE GRENADIERS, était vague ou contraire aux principes qui conservaient force réglementaire. — L'ORDONNANCE DE 1831 (4 MARS) improuvait à la fois et maintenait le Feu de peloton.

DICTIONNAIRE DE L'ARMÉE.

FEU (feux) DE PIED FERME (F), ou FEU SANS MOUVEMENT. Sorte de FEUX D'INFANTERIE qui étaient les seuls, suivant SERVAN (1780, B), dont on eût dû faire emploi. — Les Feux de pied ferme étaient, dans l'ARMÉE PRUSSIENNE, l'opposé des FEUX EN AVANÇANT et EN RETRAITE. — Dans la nôtre, ils étaient ainsi nommés pour les distinguer des FEUX A DÉPLACEMENT, Feux dans lesquels une partie plus ou moins forte d'un bataillon DÉBOITAIT. Ce dernier genre de Feu ayant été aboli depuis les ordonnances de SAINT-GERMAIN, tous les Feux, hormis ceux de TIRAILLEURS, sont de pied ferme.

FEU DE PLACE. V. DEHORS. V. DESCENTE A CIEL OUVERT. V. FEU PÉRIBOLOGIQUE. V. FORTERESSE. V. FORTIFICATION. V. FOSSÉ DE FORTERESSE. V. GORGE DE FORTIFICATION. V. PARALLÈLE. V. PLACE. V. PLACE DE GUERRE. V. POT A FEU. V. RÉDUIT DE CHEMIN COUVERT. V. TOUR BASTIONNÉE.

FEU DE POURSUITE. V. FEU EN AVANÇANT. V. PROLONGE. V. POURSUITE.

FEU DE PREMIER RANG. V. FEU A GÉNUFLEXION. V. PREMIER RANG.

FEU DE QUART DE RANG. V. FEU D'INFANTERIE. V. QUART DE RANG.

FEU (feux) DE QUATRE RANGS (F). Sorte de FEUX RÉGLÉS qui se sont exécutés de diverses manières. — Du temps de GUSTAVE-ADOLPHE, c'étaient des FEUX DE RANGS, de l'espèce nommée FEUX A GENOU. — BOMBELLES (1754, D) enseigna ensuite un Feu de quatre rangs, qui était un FEU A GÉNUFLEXION. LEBLOND (1758, B) dit qu'on commençait à en faire usage de son temps; il s'exécutait, soit EN AVANT, soit EN ARRIÈRE; les deux PREMIERS RANGS s'agenouillaient; le TROISIÈME et le QUATRIÈME faisaient feu; le SECOND se levait et faisait feu; le PREMIER se levait à son tour, etc. C'était un FEU AUTRICHIEN. — Le FEU DE CHAUSSÉE s'exécutait quelquefois de cette même manière. — On a renoncé au Feu de quatre rangs au milieu de l'autre siècle. Redeviendrait-il possible si le système du FUSIL A LA MONTALEMBERT ou quelque chose d'analogue venait à prévaloir?

FEUX (feux) DE RANGS (G, G), ou FEU PAR RANG suivant l'ORDONNANCE DE 1755 (6 MAI). Sorte de FEUX RÉGLÉS qui ont été de deux espèces, l'une s'exécutant par dislocation des RANGS, l'autre sans qu'ils se séparassent. Ces Feux, alors toujours directs, sont des plus anciens comme FEUX RÉGLÉS. — Tant que l'INFANTERIE se rangea sur six RANGS ou plus, les hommes étaient à RANGS et à FILES OUVERTES; ils FAISAIENT alors un FEU qui avait quelque analogie avec celui qu'on a nommé plus tard FEU DE CHAUSSÉE. Le PREMIER RANG tirait, faisait VOLTE-FACE, et s'écoulait par les espaces ménagés entre les FILES des rangs postérieurs; le SECOND RANG FAISAIT FEU, se retirait de même, etc.—Les Feux de rangs de la seconde espèce sont de l'invention de GUSTAVE-ADOLPHE; il mettait sur quatre rangs ses MOUSQUETAIRES; les deux PREMIERS RANGS agenouillés FAISAIENT FEU à la fois, et quand ils avaient rechargé, le Feu s'exécutait par les derniers rangs.—Par la symétrie de ce Feu, l'un des plus anciens FEUX RÉGULIERS, ce prince résista, à ce que disent ses historiens, à la nombreuse cavalerie des Impériaux.—Ce genre de Feu était un FEU À GENOU; et GUIBERT (1775, E) remarque combien il devait être pénible et difficile pour les hommes agenouillés de recharger dans cette position leur long FUSIL. — MONTÉCUCULI a inventé ensuite les Feux de rang, un à un, ou FEUX SUCCESSIFS d'un seul rang; il faisait débotter et converser des files profondes tirées de ses MARCHES de MOUSQUETAIRES À PIED; il les disposait sur deux RANGS et les faisait tirer chacun à leur tour. Ce FEU DE DEUX RANGS participait des FEUX AVEC MOUVEMENT; on les imita dans les FEUX DE CHAUSSÉE, — DE HAIE, — DE PARAPET, dont on retrouve les détails dans DELAMONT (1671, A) et dans BARDET (1740, A). — Les Feux de rangs sont prescrits par l'ORDONNANCE DE 1766 (1er JANVIER); mais, dans cette ordonnance, le mot Feu de rangs signifie FEU DE DEUX RANGS, et était analogue au FEU DE FILE. —DARUT (1787, D, septième mémoire), GUIBERT (1775, E), MAIZEROY (1775, A), ROGNIAT (1816, B), SILVA (1768, K), TRAVERSE (1758, D), conseillent l'usage de ces Feux; les uns, rang par rang; les autres, par deux rangs à la fois. GUIBERT les préfère même à tous les autres, comme moyen de ne se pas dégarnir de feu. — Ils ne furent point adoptés lors de la rédaction des ordonnances de SAINT-GERMAIN. Ce MINISTRE leur préférait, comme il le dit (1779, C), les FEUX DE FILES. — En l'an treize, un ordre du jour que BONAPARTE fit publier dans la première division territoriale (Paris) a prescrit les Feux de rangs. Cet ordre du jour fut ajouté, comme supplément, au RÉGLEMENT DE 1791 (1er AOÛT); et se retrouve dans des ouvrages modernes (1807, D). — Ils avaient lieu comme FEUX DE BATAILLON, — DE DEMI-BATAILLON, — DE PELOTON OU DE DIVISION, les trois RANGS restant debout. — Ils étaient indiqués comme devant être préférés aux FEUX DE BATAILLON, parce qu'ils DÉGARNISSAIENT moins les armes. — Ce FEU D'INFANTERIE avait, en certains points, quelque analogie avec les FEUX DE TROIS RANGS; il était imité de la MILICE AUTRICHIENNE, qui l'avait appliqué à la défense des CARRÉS. —

Son mécanisme consistait dans un TIR SUCCESSIF; il commençait par les RANGS les moins voisins de l'ENNEMI, il s'exécutait au commandement : Tel rang, ARME, FEU! chaque homme rechargeait de lui-même et sans ordre. — Ce Feu n'est pas assujetti aux SUBORDINATIONS des autres feux, parce qu'il y a constamment des RANGS dont le feu est en réserve. — Dans ce Feu, le TROISIÈME RANG doit se fendre en avant de la jambe gauche, de manière que l'embouchure du canon de son FUSIL dépasse le PREMIER RANG. Quand un COUP DE BAGUETTE est battu, le TROISIÈME RANG se remboîte. Il eût été plus simple, plus préservateur de tout danger, de dresser le premier rang à mettre de lui-même le genou à terre à l'instant du commandement : Troisième rang, ARME! Il se fût ensuite relevé à un signal ou à un instant convenu. Mais ce perfectionnement aurait aussi ses désavantages, que nous examinerons plus loin. — Le Feu de rangs a l'avantage d'être rapide, sûr et silencieux; il est plus réglé et moins compliqué que le FEU DE DEUX RANGS; le commandant tient mieux sa troupe dans sa main; ce système permet au PREMIER RANG de CROISER LA BAIONNETTE, tandis que les rangs postérieurs FONT FEU. — L'ordre du jour dont il a été fait mention permet de faire CROISER LA BAIONNETTE et de faire feu en cette position; mais c'est une mesure irréfléchie, car les fusils, partant ainsi à la hauteur des GIBERNES, peuvent y mettre le feu et causer de graves accidents, ainsi que nous l'avons vu de nos yeux. — Le Feu de rangs est impraticable, le SAC sur le dos; car l'épaisseur du HAVRE-SAC, augmentant de près de deux pieds l'épaisseur des trois RANGS, le TROISIÈME RANG ne peut plus faire feu sans inquiéter et compromettre le PREMIER RANG. Si l'on se décidait à faire changer d'armes, en transportant le fusil du SECOND au TROISIÈME RANG, ce Feu se compliquerait et aurait les inconvénients du FEU DE DEUX RANGS. — Nous avons dit qu'on pourrait exécuter avec moins de danger le Feu de rangs en faisant agenouiller le PREMIER RANG pour recevoir ainsi une CHARGE DE CAVALERIE, tandis que le SECOND et le TROISIÈME RANGS exécuteraient un FEU SUCCESSIF; et ce moyen est peut-être le seul praticable; mais nous avons exposé ailleurs les inconvénients des FEUX À GÉNUFLEXION, et l'opinion universelle les réprouve. — Le Feu de rangs présente encore quelques difficultés, et nécessite quelques exceptions. Ainsi il ne faut pas que les hommes du SECOND et du TROISIÈME RANGS fassent, en CHARGEANT L'ARME, le DEMI À GAUCHE du SEPTIÈME TEMPS de la

CHARGE, autrement la baguette de leur fusil ne trouve plus de place pour faire le moulinet à cause de la position des rangs antérieurs. Les hommes du PREMIER RANG doivent rester constamment effacés pour la facilité du feu du SECOND RANG. — Si ce genre de FEU PAR RANG était perfectionné, si l'on était arrêté sur sa théorie et son mécanisme, il devrait, sans contredit, être employé préférablement à tout autre quand il s'agit des combats contre la CAVALERIE, et des moyens défensifs que doivent prendre les ARRIÈRE-GARDES pour résister aux CHARGES. Mais jusqu'ici les principes incomplets ou les explications superficielles qui ont été mis au jour n'ont fait de ce Feu qu'un Feu de parade inapplicable à la GUERRE. — Il est à regretter que l'ORDONNANCE DE 1851 (4 MARS), qui pouvait rechercher et prescrire ces perfectionnements, n'ait fait aucune mention des Feux de rangs; ils restent ainsi abolis.

FEU de REMPART. V. FEU A VOLONTÉ. V. FEU DE DEUX RANGS. V. FEU DE HAIE. V. FEU DE PARAPET. V. REMPART. V. REMPART DE FORTERESSE.

FEU de RETRAITE. V. PROLONGE. V. RETRAITE.

FEU de RETRANCHEMENT. V. MEURTRIÈRE. V. RETRANCHEMENT.

FEU de REVERS. V. FEU DE FLANC. V. FEU PÉRIBOLOGIQUE. V. FORTIFICATION. V. OUVRAGE EXTÉRIEUR. V. REVERS. V. TIR D'ARTILLERIE.

FEU de SALVE. V. DÉCHARGE D'ARME PYROBALISTIQUE. V. SALVE.

FEU de SECTION (F). Sorte de FEU DE SUBDIVISION qui était prescrit par les ORDONNANCES DE 1755 (6 MAI) et DE 1766 (1er JANVIER). L'INSTRUCTION DE 1769 (1er MAI) voulait que ce FEU commençât par la GAUCHE. Les ordonnances subséquentes ont aboli ce FEU D'INFANTERIE, parce qu'il a été regardé avec raison comme une inutile complication de l'EXERCICE DE L'INFANTERIE.

FEU de SIÉGE OFFENSIF. V. CHAUFFER UNE VILLE. V. DIANE. V. FACE DE BASTION. V. PARALLÈLE. V. SIÉGE OFFENSIF.

FEU (feux) de SIX RANGS (G, 6). Sorte de FEUX RÉGLÉS dont l'usage rappelle l'ORDRE SUR SIX RANGS, et les feux qu'on a nommés FEUX A DÉPLACEMENT, — A TERRE, — DE FILES, — DE RANGS. — On pouvait regarder le Feu de six rangs comme n'étant pas absolument aboli par l'ORDONNANCE DE 1791 (1er AOUT), puisque dans les DISPOSITIONS CONTRE LA CAVALERIE, et à la dernière extrémité les SECTIONS INTÉRIEURES faisaient debout un Feu diagonal.

FEU (feux) de SUBDIVISION (term. sous-génér.). Sorte de FEUX RÉGLÉS, qui s'exécutaient AVEC MOUVEMENT et SANS MOUVEMENT.

— L'ENCYCLOPÉDIE (1751, C) les regarde comme d'invention HOLLANDAISE; s'en servir s'appelait ménager le Feu, parce qu'il y avait toujours ainsi du Feu en réserve par chaque BATAILLON. C'étaient des FEUX D'INFANTERIE qu'on employait comme FEUX EN AVANÇANT; nos RÈGLEMENTS n'en ont conservé qu'un, qui est SANS MOUVEMENT : c'est le FEU DE PELOTON. — Les Feux de subdivision se distinguaient en FEUX DE DIVISION, — DE PÉLOTON, — DE SECTION.

FEU de TIRAILLEURS. V. ARQUEBUSIER. V. TIRAILLEUR.

FEU (feux) de TROIS RANGS, debout (G, 6). Sorte de FEUX RÉGLÉS dont on avait fait plusieurs fois l'essai. — D'anciens FEUX DE FILE et de BILLEBAUDE étaient des Feux sur trois rangs, ainsi que certains FEUX EN AVANÇANT que FRÉDÉRIC DEUX faisait pratiquer dans ses troupes. — L'ORDONNANCE DE 1776 (1er JUIN), institua le Feu de trois rangs, en même temps qu'elle supprima les FEUX A GÉNUFLEXION. Ce système fut aboli en 1791. — Ce même FEU D'INFANTERIE a été en usage bien plus tard, dans la MILICE AUTRICHIENNE, et pour en faciliter l'exécution, on faisait porter au fantassin autrichien un HAVRE-SAC, non pas en hotte, mais en carnassière, afin d'amincir d'autant les RANGS. — Dans le Feu de trois rangs, le TROISIÈME RANG déboîtait, comme cela se fit plus tard dans notre FEU DE RANGS. — Si le FEU DE RANGS eût été conservé, le feu SUR TROIS RANGS pourrait être regardé comme existant encore, mais il ne redeviendra réellement possible que par l'adoption d'un long FUSIL A LA MONTALEMBERT, et voudrait un troisième rang de plus haute TAILLE que les autres. — La milice russe a fait emploi, une des dernières, du Feu de trois rangs.

FEU d'ÉCHARPE. V. BATTERIE D'ÉCHARPE. V. ÉCHARPE.

FEU d'ÉCLAIRAGE (F), ou LUMIÈRE D'ÉCLAIRAGE. Sorte de FEU dont l'usage était prescrit par les vieilles ordonnances; elles voulaient que les RONDES portassent du Feu. L'ORDONNANCE DE 1768 (1er MARS), époque où les FALOTS étaient en usage pour les RONDES, n'exigeait le Feu que dans la main des BOURGEOIS, des passagers, des MILITAIRES qui sortaient après la RETRAITE; il leur était enjoint d'être munis d'un lumignon, ou d'une LANTERNE, ou d'une MÈCHE ALLUMÉE; cette précaution avait pour objet de garantir les SENTINELLES contre les SURPRISES, et était doublement utile dans un temps où les réverbères n'étaient pas encore usités. — L'usage du Feu est interdit dans les SALLES DE DISCIPLINE. — L'EXTINCTION des Feux ou COUVRE-FEU est un usage bien ancien

FEU D'ÉCOLE DE BATAILLON. v. ÉCOLE DE BATAILLON.

FEU DÉFENSIF. v. DÉFENSIF. v. FEU PÉRIBOLOGIQUE.

FEU D'ENFILADE. v. BATTERIE D'ENFILADE. v. CAMP RETRANCHÉ. v. ENFILADE.

FEU D'ENSEMBLE. v. CHASSEUR-PATINEUR. v. ENSEMBLE. v. FEU A TERRE. v. FEU DE BILLEBAUDE. v. FEU DE CHAUSSÉE. v. FEU DE PELOTON. v. FEU D'INFANTERIE. v. FEU RÉGLÉ. v. GUERRE DE 1635. v. MILICE ANGLAISE N° 8. v. MILICE PRUSSIENNE. v. MILICE WURTEMBERGEOISE N° 6. v. SERGENT D'INFANTERIE FRANÇAISE DE LIGNE N° 4. v. SORTIE D'ASSIÉGÉ. v. TIR D'INFANTERIE.

FEU D'EXÉCUTION. v. EXÉCUTION A MORT.

FEU D'INCENDIE. v. CHEF DE POSTE D'HOMME DE GARDE N° 4. v. INCENDIE.

FEU D'INFANTERIE (term. sous-génér.), ou TIR D'INFANTERIE. Sorte de FEU TACTIQUE, considéré principalement par rapport à l'EXERCICE et au genre de TACTIQUE des COMPAGNIES de l'INFANTERIE FRANÇAISE DE BATAILLE. Cependant ce même Feu est également enseigné à notre INFANTERIE LÉGÈRE, puisque, depuis l'instruction à peine connue de 1769 (1er MAI), il n'a pas été publié pour elle de règles particulières, si ce n'est en 1831, 4 MARS. C'était une lacune en tactique, car les TIRAILLEURS, les VOLTIGEURS, les petites TROUPES détachées un JOUR D'ACTION, ne peuvent tirer qu'à volonté, et d'une manière appropriée à leur position ; manière dont les principes sont épars dans les ÉCRIVAINS, sont consignés dans quelques règlements étrangers, mais étaient omis dans les nôtres. — L'histoire des Feux, quoique ce moyen de combat soit tout moderne, est mal éclaircie ; M. ROCQUANCOURT croit qu'au temps où les MOUSQUETAIRES A PIED commencèrent à exécuter des FEUX D'ENSEMBLE, les OFFICIERS mettaient genou à terre pendant que le soldat tirait ; mais on conçoit mal, en ce cas, comment ils pouvaient, dans cette position, commander ou suspendre les Feux. Ce point est resté obscur, parce que le Feu n'était qu'un accessoire de peu d'importance, et que rien n'était réglé en tactique. PUYSÉGUR (1748, C), en dépeignant les méthodes de son temps, fait l'aveu qu'aucune uniformité n'existait ; il en a été ainsi jusqu'à la moitié du dernier siècle. — Les Feux de l'INFANTERIE sont quelquefois TACTIQUES, quelquefois PÉRIBOLOGIQUES ; de ce dernier genre sont les Feux de nuit pour la défense du CHEMIN COUVERT, les FEUX FICHANTS pour la DÉFENSE des REMPARTS et des RETRANCHEMENTS. — Presque toutes les chambres consultatives qu'on a nommées CONSEILS DE LA GUERRE se sont occupées du mode à préférer pour l'exécution des Feux ; le point de perfection n'en est pas mieux atteint ; si l'on en croyait le *Journal de l'Armée* (1855, p. 9), ce serait la branche de l'ART la moins avancée. — On a débattu longtemps la question de savoir s'il faut préférer des FEUX AJUSTÉS à des FEUX D'ENSEMBLE, s'il vaut mieux TIRER vite que tirer juste. Tous nos ÉCRIVAINS ont pris part à ce débat. MAUVILLON (1788, A), METZ (1806, E), etc., en ont traité spécialement ; les plus sensés déclarent unanimement que TIRER vite est le moyen de TIRER mal ; la prestesse amène, disent-ils, la prompte interruption du Feu, parce que bientôt le canon du FUSIL devient brûlant, et que les CARTOUCHES manquent. Mais sur la question d'AJUSTER il y a eu moins d'unanimité ; cependant plusieurs sont convenus qu'il est presque toujours impossible d'exiger que l'INFANTERIE en ligne AJUSTE son Feu ; la meilleure volonté et la DISCIPLINE n'y peuvent rien. — Il n'y a que trois Feux qui soient réellement utiles et usités, le FEU DE BATAILLON, le FEU DE RANGS et le FEU DE DEUX RANGS ; le premier (et nous y comprenons le FEU DE DEMI-BATAILLON) est un FEU A GÉNUFLEXION, c'est-à-dire d'une espèce généralement blâmée et très-rarement employée ; le second ne peut se faire le sac sur le dos, à moins qu'on ne modifie les règles établies ; enfin le FEU DE DEUX RANGS, dans la forme rigoureuse de la loi, quoique moins défectueux que les autres, est encore fort peu praticable à la GUERRE, à cause de la symétrie qu'il exige. Qu'on juge donc par là si les études de MANIEMENT D'ARMES reposent sur des principes, et qu'on dise ce qu'il faut faire un JOUR DE BATAILLE. — Quelques-uns, et BONAPARTE entre autres, recommandent de faire le FEU A VOLONTÉ ; mais, dans celui-ci, les trois RANGS seraient-ils debout ? c'est impossible ; seraient-ils à genou ? l'inconvénient déjà mentionné serait le même..... Faut-il adopter l'ORDRE SUR DEUX RANGS, quoique déjà l'ORDRE MINCE soit trop mince ? la difficulté est grave ; personne ne peut préjuger comment la raison et l'expérience en triompheront ; peut-être des FUSÉES D'INFANTERIE, des FUSILS d'une espèce nouvelle y contribueront-ils. — Le système des Feux de l'INFANTERIE pose donc sur une base sans solidité ; mais il faudrait, en le blâmant, offrir mieux ; c'est là le difficile. — L'ORDONNANCE des RANGS sur le terrain et le genre des ARMES adoptées pour le COMBAT doivent être d'accord ; cette condition est-elle remplie ? tout tient à cette question, qui demande à être reprise de loin. — Les GRECS ont senti que la troupe qui était le mieux sous les yeux, dans la main, à la portée de la voix de ses OFFICIERS, était celle dont l'ordonnance participait le plus de la forme carrée. Les ARMES des Grecs leur permettaient de pratiquer cette ORDONNANCE; ils combattirent toujours en CORPS massés, soit qu'ils aient adapté le genre de l'ARMEMENT à la phalange, ou la forme de la PHALANGE à l'ARMEMENT. — Les ROMAINS faisaient plus d'usage des ARMES PROJECTILES que les GRECS et abordaient l'ENNEMI à coups de PILUM, après l'avoir tourmenté à COUPS DE FRONDE. Par une conséquence de cet usage, ils étendirent davantage leur front et mirent en carré long les SUBDIVISIONS de leur ÉCHIQUIER; mais, sentant l'inconvénient d'un trop grand DÉVELOPPEMENT, ils se ménagèrent un triple appui au moyen d'une SECONDE et d'une TROISIÈME LIGNE, le tout figurait un parallélogramme entrecoupé de vides symétriques. — Quand, au moyen âge, l'ART MILITAIRE, longtemps oublié, reparut en ITALIE et chez les SUISSES, l'INFANTERIE imita à peu près les Grecs, parce qu'elle était armée de même. Quand les ARQUEBUSES A FEU et les PIQUES agirent de concert, elle imita à peu près les ROMAINS, dont les ARMES frappaient, les unes de près, les autres de loin. Quand les PIQUES furent abandonnées pour le Feu, on ne sut plus qui imiter, et l'on marcha d'essais en essais, d'abord en ORDRE DILATÉ, ensuite en ORDRE COMPACTE; on adopta les ordonnances plus ou moins analogues au CARRÉ long. L'INFANTERIE, de VINGT RANGS qu'elle avait quand elle ne comptait que peu d'ARQUEBUSES, ne conserva que DOUZE OU DIX RANGS quand les MOUSQUETAIRES s'y accrurent. — Au temps de TURENNE, on ne connaissait dans toute l'Europe que des FEUX D'ENSEMBLE, on faisait tirer soit en même temps, soit l'une après l'autre, les deux MANCHES D'ARQUEBUSIERS OU DE MOUSQUETAIRES. — MONTÉCUCULI diminua l'épaisseur de son INFANTERIE; il voulut qu'elle fît le Feu sur SIX RANGS; ses Feux étaient ou à déplacement ou sur place; pour exécuter les premiers, les rangs des MOUSQUETAIRES A PIED qui combattaient en ligne, partaient chacun à son tour, par une espèce de CONTRE-MARCHE, venaient successivement tirer sur la FOURCHETTE, et donnaient au besoin des FEUX DE FLANC; pour exécuter les seconds, les RANGS antérieurs mettaient le GENOU A TERRE, et même le visage à terre, et les RANGS postérieurs exécutaient des FEUX D'ENSEMBLE. — L'ORDONNANCE française DE 1672 avait posé le précepte suivant : *Essuyez le Feu de l'ennemi; un ennemi qui a tiré est assurément battu, quand on a son Feu tout entier en l'abordant.* Cette règle prouve que déjà les étrangers connaissaient l'usage des FEUX D'ENSEMBLE; les récits de l'histoire font supposer au contraire que notre ARMÉE ne pratiquait, jusque-là, que les FEUX DE BILLE-

BAUDE OU ROULANTS. — Dans les dernières guerres du dix-septième siècle, on supprima la FOURCHETTE; mais le soldat, pour FAIRE FEU, continua à sortir du RANG; c'était le FEU A DÉBOITEMENT et à EMBOITEMENT. — On reconnut que la nature des ARMES A FEU portatives, l'effet de leurs DÉCHARGES, la nécessité des FEUX D'ENSEMBLE rendaient dangereux, impuissant et vicieux le système d'un ORDRE dont les RANGS étaient si nombreux. — Il était dangereux, parce que le FEU de l'artillerie faisait trop de mal à des masses profondes; impuissant, parce que les RANGS qui excédaient le nombre trois, ne pouvaient pas faire leurs DÉCHARGES, si ce n'est par des méthodes trop compliquées, et bientôt abandonnées; enfin vicieux, parce que toute concordance avait cessé entre la nature des ARMES et la dimension du terrain que l'INFANTERIE occupait. — De là provint l'amincissement progressif, ou ORDRE MINCE, dont l'ORDRE SUR TROIS RANGS demeura le maximum légal, depuis les guerres et les succès du grand électeur de BRANDEBOURG. — Les MOUSQUETAIRES A PIED, jusque-là tirailleurs, mais à commandement, non à volonté, furent partagés en PELOTONS et en DIVISIONS faisant leurs Feux sous les ordres d'un chef plus haut en grade. Le principe de ce Feu était d'établir des DÉCHARGES alternatives, de manière à ne DÉGARNIR la troupe que de la moitié des COUPS DE FUSIL. Les Français connurent et essuyèrent les premiers effets de ce TIR, à la première bataille d'HOCHSTÉT, en 1705; leur CAVALERIE en resta immobile d'étonnement. — Depuis la GUERRE DE 1701, on réussit à améliorer le Feu jusque-là gêné par la BAIONNETTE du FUSIL; on donna à cette BAIONNETTE une forme meilleure; elle fut à douille. Le Feu devint plus rapide, au moyen d'un PORT D'ARMES plus vertical. — A peu de distance de ces époques, le succès de la bataille de STEINKERQUE est décidé par la supériorité du Feu, comme l'a été plus tard la bataille de PARME. Ces deux circonstances mirent en grand crédit le Feu de l'INFANTERIE. — Cependant, en FRANCE, sous le point de vue réglementaire, rien ne se perfectionnait; et jamais le Feu français n'a égalé le Feu allemand. — L'ORDONNANCE D'EXERCICE DE 1707 ne décidait rien. DELAMONT (1671, A), LOSTELNEAU (1647, B), WALHAUSEN (1606, A), étaient à peu près les seuls guides très-imparfaits à qui l'on s'en rapportait. PUYSÉGUR (1748, C) peut être regardé comme le premier qui ait prescrit véritablement des règles, mais elles n'appartenaient qu'à une opinion particulière; dans la GUERRE DE 1741, chaque MAJOR DE RÉGIMENT d'infanterie faisait exécuter les Feux à sa guise, et conformément à ce que lui suggérait son intelligence, et tels d'entre eux employèrent les FEUX A DÉPLACEMENT en bataille, comme FEUX CROISÉS.—Il en fut ainsi jusqu'aux ORDONNANCES DE 1750 (7 MAI) et 1755 (6 MAI). — Les souvenirs de l'ORDONNANCE DE 1672 régnaient encore en 1745 à FONTENOY. Cette ordonnance est toute vivante dans la ridicule fusillade de cette bataille, car les préjugés se déracinent lentement, sous des princes qui ne sont pas militaires. Ecoutons au sujet de l'échauffourée de FONTENOY, l'auteur du Siècle de Louis quatorze; il n'y a rien de plus ni de mieux à dire que ce que va raconter VOLTAIRE. — *Les Anglais avançaient; on était à cinquante pas de distance; un régiment des gardes anglaises, celui de Campbell, et le Royal-Ecossais étaient les premiers. Les officiers anglais saluèrent les Français en ôtant leurs chapeaux; Chavannes, Biron, qui s'étaient avancés, et tous les officiers des gardes françaises, leur rendirent le salut. Milord Hay, capitaine aux gardes anglaises, cria : Messieurs des gardes françaises, tirez. Le comte de Hauteroche, lieutenant, leur dit: Messieurs, nous ne tirons jamais les premiers, tirez vous-mêmes. Les Anglais firent un Feu roulant, c'est-à-dire qu'ils tiraient par divisions, de sorte que le front d'un bataillon sur quatre hommes de hauteur ayant tiré, un autre bataillon faisait sa décharge, et ensuite un troisième, tandis que les premiers rechargeaient; dix-neuf officiers des gardes tombèrent; quatre-vingt-quinze soldats demeurèrent sur la place; deux cent quatre-vingt-cinq y reçurent des blessures; onze officiers suisses tombèrent blessés, ainsi que deux cent neuf soldats. Les premiers rangs emportés, les autres se dispersèrent.* — Le résultat d'abord brillant d'une action aussi ridiculement conduite et que le hasard fit tourner à notre avantage quelques heures plus tard, a inspiré à DUHESNE (1814, C) le passage où il remarque que les Feux des ANGLAIS l'emportaient sur les nôtres et que tandis que les FRANÇAIS ne savaient exécuter qu'un FEU DE BILLEBAUDE A DÉPLACEMENT, A VOLONTÉ, leurs ennemis savaient déjà exécuter des FEUX DE DIVISION et DE BATAILLON. — Ce furent donc les ordonnances publiées depuis le milieu du dernier siècle, qui créèrent la véritable législation des Feux; ils furent d'abord FEUX DE RANG, de DEMI-RANG, DE QUART DE RANG, avant de devenir FEUX DE BATAILLON, DE DEMI-BATAILLON et DE SUBDIVISION. — L'ORDONNANCE DE 1755 (6 MAI) connaissait des Feux par SECTION, par PELOTON, par deux PELOTONS, par DEMI-RANG, par BATAILLON. Mais alors PELOTON, SECTION, etc.; n'avaient pas le même sens que de nos jours. — L'ORDRE SUR TROIS RANGS ayant prévalu généralement; on y appliqua, dans plusieurs milices, les FEUX A GÉNUFLEXION, mais tous les AUTEURS s'accordent à en blâmer le mécanisme; on essaya de faire faire Feu en laissant les trois RANGS debout; l'expérience démontra l'imperfection de cette méthode. Cependant on ne voulut pas amincir à deux RANGS l'INFANTERIE, comme le font, depuis peu, les ANGLAIS et quelques milices qui les imitent; parce qu'un tel ORDRE DE BATAILLE cesse d'être proportionné aux facultés physiques des chefs, qui n'ont ni le temps de parcourir une pareille ligne, ni une voix assez retentissante pour s'en faire entendre, ni des yeux assez perçants pour voir tout ce qui s'y passe. — On fit alors essai du FEU DE DEUX RANGS; mais on reconnut qu'il est d'un emploi presque impossible dans les ACTIONS chaudes, quelque disciplinées et bien exercées que soient les TROUPES. — L'usage de placer en arrière du centre du PELOTON l'OFFICIER qui en commande le Feu n'est pas ancien. L'INSTRUCTION DE 1769 (1ᵉʳ MAI) laissait au premier rang l'officier, qui se retournait à moitié vers sa SUBDIVISION, ou qui s'effaçait, comme on dirait maintenant. — L'INSTRUCTION DE 1774 (11 JUIN) faisait exécuter les Feux à peu près comme à présent. On faisait, en ligne, un FEU DE DIVISION, (c'est-à-dire de SECTION, tant les termes ont varié dans leur acception); les CAPITAINES restaient un peu en avant du RANG, excepté dans les Feux où ils ne commandaient point. Ils se retiraient alors au SECOND RANG. — L'ORDONNANCE DE 1775 (30 MAI) supprimait les FEUX DE DIVISION. Cette ordonnance en connaissait de quatre espèces : — DE BATAILLON, — DE DEMI-BATAILLON, — DE DEUX RANGS, — DE PELOTON. — L'ORDONNANCE DE 1776 (1ᵉʳ JUIN) supprimait les FEUX A GÉNUFLEXION et faisait l'essai bientôt abandonné des FEUX DE TROIS RANGS restant debout.—Le RÈGLEMENT DE 1791 (1ᵉʳ AOUT) plaçait derrière les rangs chaque CHEF DE PELOTON, pendant l'exécution des Feux; prescrivait certaines dispositions particulières aux CHEFS DE PELOTONS IMPAIRS; faisait rentrer les uns et les autres ainsi que les SOUS-OFFICIERS DE REMPLACEMENT à leur place respective, par le signal d'un COUP DE BAGUETTE, et attribuait aux ADJUDANTS-MAJORS une sorte de surveillance des Feux. — Suivant ce RÈGLEMENT, tous les Feux pouvaient être DIRECTS; quelques-uns pouvaient être OBLIQUES. — La suspension des Feux; celui DE DEUX RANGS non compris, pouvait avoir lieu au COMMANDEMENT : REDRESSEZ VOS ARMES ! — DANS L'ÉCOLE DU SOLDAT l'exécution d'un Feu prêt à commencer, s'interrompait au moyen du COMMANDEMENT : LE CHIEN AU REPOS ! ou au moyen du COMMANDEMENT : Roulement ! — Dans les autres ÉCOLES, l'exécution d'un ROULEMENT annonçait la CESSATION des Feux. — Le PREMIER RANG exécutait différemment le temps ; Apprêtez vos armes ! s'il s'agissait de Feux debout ou de FEUX A GÉNUFLEXION ; dans ce dernier cas, il ylsait horizontalement, dans le premier cas, il abaissait tant soit peu le bout du canon ; c'était une BALISTIQUE bien imparfaite. — Une SUBORDINATION ou PROGRESSION de Feux était établie dans les FEUX DE PELOTON par BATAILLON, et dans les FEUX DE BATAILLON par BRIGADE ; il y avait subordination du PREMIER Feu, subordination du SECOND FEU. — La SUBORDINATION du SECOND FEU était plus simple que l'autre ; dans le FEU DE BATAILLON, elle ne s'étendait pas au delà de la DIVISION du BATAILLON ; quelques ARMES PORTÉES dans le PELOTON jumeau de LA DIVISION en donnaient le SIGNAL. Le système de SUBORDINATION était le même dans le Feu de PELOTON à PELOTON, de BATAILLON à BATAILLON, de DEMI-BATAILLON à DEMI-BATAILLON. — Il n'était observé, dans les FEUX DE DEUX RANGS, une progression que pour le PREMIER FEU ; la SUBORDINATION consistait en ce que la SECONDE FILE ne FAISAIT FEU que quand la première PASSAIT L'ARME A GAUCHE. — Postérieurement à la publication de ce document, un FEU DE RANGS PRESCRIT par ordre du jour fut adopté ; le PREMIER, le SECOND et le TROISIÈME RANGS l'exécutaient de la même manière ; il était OU DIRECT OU OBLIQUE. Mais il n'a pas été maintenu dans l'ORDONNANCE DE 1831 (4 MARS). — Une CIRCULAIRE DE 1822 (17 MAI) traitait des principes des Feux, mais ce n'était qu'un assemblage léger d'observations de peu d'utilité. — Dans le dernier siècle, le Feu a perdu un peu de la haute estime qu'on lui avait d'abord accordée ; on l'avait préféré, pendant longtemps, aux CHARGES D'INFANTERIE ; on le regardait comme la force principale de l'ARMÉE, et comme l'opération par excellence dans les COMBATS D'INFANTERIE CONTRE INFANTERIE ; on n'évaluait pas, avec exactitude, les causes qui l'avaient mis en si grand honneur dans la MILICE PRUSSIENNE ; on n'était pas assez convaincu que FRÉDÉRIC DEUX regardait le Feu comme un moyen d'étourdir et d'occuper des SOLDATS de mauvaise volonté ; ce grand homme donnait une preuve d'habileté en pratiquant ce qui eût été une faute de la part de tout autre GÉNÉRAL D'ARMÉE. FRÉDÉRIC savait fort bien qu'à sa bataille de CZASLAW il avait fait tirer un million sept cent mille coups de fusil et qu'ils n'avaient tué ou blessé que deux mille Autrichiens à peine. — En FRANCE, depuis nos dernières guerres il a été mis au jour des opinions prépondérantes qui jettent du blâme sur nos Feux du RÈGLEMENT DE 1791. — BONAPARTE, qui avait conquis et conservé un trône avec les FEUX DE TROIS RANGS, et qui avait sanctionné le principe de ce genre de Feu quand il imagina l'emploi des FEUX DE RANGS pour résister plus fortement aux CHARGES de la cavalerie, paraît avoir changé de sentiment à des époques où il n'était plus en position de transformer ses vouloirs en décrets. — On lit dans BONAPARTE (MONTHOLON, 1823, t. III, p. 77). *Il n'y a de Feux praticables devant l'ennemi que celui à volonté, qui commence par la droite et la gauche de chaque peloton.* — Il y a ici une obscurité et une erreur ; l'erreur tient à ce que depuis un demi-siècle les Feux français ne commençaient plus par la droite et par la GAUCHE, comme on l'avait pratiqué dans certains FEUX DE FILES ou DE SECTION ; l'obscurité de cette proposition résulte de ce que depuis longtemps il n'existait, rigoureusement parlant, plus de FEUX A VOLONTÉ ; les FEUX DE FILE les avaient remplacés, comme les FEUX DE DEUX RANGS remplacèrent ensuite les FEUX DE FILE. Après cela jurez donc, comme disent les savants, *in verba magistri*. — Il est aussi sorti de la même bouche et de la même plume les paroles que voici (MONTHOLON, 4, v) : *Le Feu du troisième rang est imparfait et nuisible au Feu du premier ; L'infanterie ne doit se ranger que sur deux rangs ; il faut lui donner un rang de serre-files d'un neuvième ou un par toise.* — Cette opinion brusque et tardive rappelle les éloges donnés par maints AUTEURS aux méthodes de la MILICE ANGLAISE, dont l'infanterie se bat sur deux rangs, quoique leurs règlements instituent trois rangs. Ces AUTEURS affirment qu'aujourd'hui les Feux anglais ont une grande supériorité sur les nôtres ; tant par le fait du système d'un ORDRE plus mince que par suite de la fréquence des EXERCICES A FEU ; par le perfectionnement du TIR A LA CIBLE et par la qualité parfaite des MUNITIONS. — A l'égard de nos Feux d'infanterie, il y a cette particularité que le RÈGLEMENT DE 1791 (1er AOÛT) voulait aussi qu'en TEMPS DE PAIX nous fussions sur deux RANGS ; ce qui ne s'est pas exécuté pendant les trêves qui ont entrecoupé le tiers de siècle qui a suivi la publication de ce règlement. — Cette modification de l'ORDONNANCE TACTIQUE, ce changement d'ORDRE, suivant les circonstances de paix ou de guerre, tiendraient à un principe vicieux ; il faudrait donc que les INSTRUCTEURS enseignassent pendant la paix ce qu'il serait inutile de savoir aux jours de la GUERRE ; l'axiome contraire est consacré.

— La confédération suisse, dans ses règlements d'exercice de 1826, a imité les Anglais ; elle a renoncé aux feux de peloton et de demi-bataillon, ne les regardant que comme un objet d'études vaines ; les Anglo-Américains avaient adopté déjà le même système. — Il y eut dissentiment à l'égard du tir de but en blanc regardé comme applicable au Feu d'infanterie. — Résumons-nous : l'ordre sur moins de trois rangs est trop mince, mais il convient seul au Feu ; l'ordre sur trois rangs n'est pas lui-même assez robuste, mais il est le maximum auquel il faut s'arrêter, et pour qu'on en tire un véritable feu de guerre, il faut ou qu'on fasse agenouiller le premier rang, afin qu'il n'ait pas la tête cassée par le troisième, ou qu'on dresse le troisième rang à charger ses fusils pour le second, ce qui est aussi difficile à l'apprentissage que dépourvu d'utilité pour le résultat, et dangereux par le fait ; car l'introduction d'un trop grand nombre de charges dans le fusil, et c'est une conséquence fréquente de ce genre de Feu, produit de graves accidents, ils sont inévitables puisque les hommes de ce rang ne s'en aperçoivent que quand, pour la troisième ou quatrième fois ils mettent la baguette dans le canon ; un autre inconvénient est la difficulté de faire cesser ce Feu par le commandement instrumental ou le signal qu'on nomme roulement. — Enfin la dimension des havre-sacs est une gêne pour les Feux. Leur ancienne forme bossue, plus ingrate à l'œil, convenait mieux à la guerre. — Des milices étrangères ont travaillé à remédier aux imperfections des Feux, en mobilisant au besoin le troisième rang, qui se jette en tirailleurs, ou revient fortifier pour l'exécution des charges à la baïonnette les rangs antérieurs dont il s'est momentanément séparé. — Attendons que quelque homme de génie remédie à ces difficultés, en prescrivant des règles exécutables, d'accord entre elles, appuyées sur des principes étudiés, et qui donnent un caractère propre aux Feux de l'infanterie de bataille et de l'infanterie légère ; souhaitons surtout qu'un jour nos règlements fassent connaître dans quels cas de guerre sont applicables les différents Feux. — Les auteurs qu'on peut consulter sur ces matières sont : Bardin (1807, D), Bombelles (1746, A ; 1754, D), Bottée (1750, B), M. le colonel Carrion (1824, A), M. Chameray (1824), M. Cotty (1822, A), Deligne (1780, A), Delvigne (1856, D), Encyclopédie (1751, C ; 1785, C et supplément), Guibert (1773, E), Knock (1759, A), Lachesnaie (1758, I), Lavallière (1675, B), Leblond (1758, B), Lelouterel (1825, I), Léorier (1833), Lostelneau (1647, B), Maurice de Saxe (1757, A), Mauvillon (1788, C), Metz (1806, E), Pictet (1761, I), Puységur (1748, C), Rogniat (1816, B), Russel (1805, B), Saint-Germain (1779, C), Saldern (1783, B), Santa-Cruz (1758, A), Servan (1780, B), Selmnitz (1825, H) Silva (1773, F), Sinclaire (1773, L), Sionville (1756, E), Vanstruben. Enfin les anonymes (1780, L ; 1826, I) ; le *Spectateur militaire* (t. xii, p. 548), le *Journal de l'Armée* (t. iii, p. 205), la *Sentinelle de l'Armée* (t. ii, p. 354). — Des détails curieux et savants donnés à l'égard du Feu de l'infanterie considéré par rapport à la défense du chemin couvert, se trouvent dans un traité qu'on doit à M. le général Rogniat (*Journal des Sciences militaires*, 1827, 22e livraison). — Les Feux d'infanterie se distinguent en feu de billebaude, — de pied ferme, — hypoclastique, — oblique, — réglé.

FEU direct. V. A F... V. direct, adj. V. feu de bataillon. V. feu de deux rangs. V. feu de flanc. V. feu d'infanterie. V. feu oblique. V. feu oblique à droite. V. tir d'infanterie.

FEU (feux) double (F). Sorte de feu réglé que Deligne (1780, I) propose comme un moyen de fournir à la fois des feux en avant et en arrière, en faisant faire demi-tour aux pelotons pairs ; il compare ces Feux à ceux que les Allemands nomment *schræger Pelotons Feuer*. — L'infanterie, réduite à une telle extrémité qu'il lui faille faire ressource de Feux doubles, aurait bien plus utilement recours à l'ordre en carré.

FEU d'ouvrages. V. ouvrage. V. ouvrage de camp.

FEU (feux) en arrière (G, 6). Sorte de feux réglés d'un usage rare. Mauvillon (1788, A) et Mirabeau (1788, C) les appellent feu à front renversé. Deligne (1780, I) prétend les obtenir par des feux doubles. — En ligne, le Feu en arrière est annoncé par un commandement général ; il s'exécutait, selon le règlement de 1791 (1er août), après le commandement d'avertissement : Feu en arrière ! suivi du commandement d'exécution : Demi-tour à droite ! L'ordonnance de 1831 (4 mars) a substitué au premier de ces commandements celui de : Face par le troisième rang ! — Les feux de quatre rangs s'exécutaient, au besoin, comme Feux en arrière. — Les feux de bataillon, de demi-bataillon, de peloton et de deux rangs s'exécutent, en certains cas, en arrière, mais rarement il en est ainsi à la guerre. — Ce genre de Feu, dans lequel le premier rang devient troisième, ne diffère réellement des feux en avant que par les mouvements individuels du CHEF DE PELOTON, des SOUS-OFFICIERS DE REMPLACEMENT et des SERRE-FILES. — Si ce sont des FEUX DE DEUX RANGS qui s'exécutent en arrière, ils commencent par la gauche devenue droite. — A l'égard des FEUX RÉGLÉS, la dénomination des PELOTONS et des DEMI-BATAILLONS reste la même. — Le TROISIÈME RANG, devenu PREMIER, met genou à terre. Les FEUX DE PELOTON commencent de même par les GRENADIERS ou premier peloton; ceux de DEMI-BATAILLON, par le DEMI-BATAILLON DE DROITE; ceux de BATAILLON, par les bataillons impairs. — Le FEU EN ARRIÈRE ne s'exécute qu'après le départ des SERRE-FILES, passant par le CRÉNEAU de leur CHEF DE PELOTON, et se portant en arrière vis-à-vis de la place qu'auparavant ils occupaient de l'autre côté. Les ADJUDANTS-MAJORS, ADJUDANTS et TAMBOURS se portent au même instant derrière le premier rang, en passant le premier par la droite et les autres par la gauche du bataillon. — L'ORDONNANCE D'EXERCICE DE 1791 (1er AOUT, *Ecole de peloton*, n° 59) laissait douter si, dans ce Feu, les SOUS-OFFICIERS, se rendant à leur nouvelle place et traversant le CRÉNEAU, devaient passer devant ou derrière le SERGENT DE REMPLACEMENT. — Après l'achèvement de ce feu, le COMMANDEMENT: FACE EN TÊTE! etc., rétablissait autrefois l'ORDRE NATUREL, qui est repris maintenant par les COMMANDEMENTS: FACE PAR LE PREMIER RANG! etc.

FEU (feux) EN AVANÇANT (G, 6), OU FEU DE BATAILLON EN AVANÇANT, OU FEU EN GAGNANT TERRAIN comme l'appelle DELAMONT (1671; A), OU FEU EN SUIVANT L'ENNEMI comme l'appelle PICTET (1761, I). Sorte de FEU RÉGLÉ dont les formes ont varié beaucoup; il a été autrefois FEU DE BILLEBAUDE; son mécanisme n'est pas sans analogie avec le FEU EN RETRAITE, quoiqu'il en soit l'opposé. — Des AUTEURS l'ont regardé comme FEU DE CHAUSSÉE, OU DE CHARGE, OU DE POURSUITE. Il a été DE PIED FERME et à déplacement. — Au temps des MOUSQUETAIRES A PIED, dont le TERRAIN INDIVIDUEL, ou le TERRAIN de combat était autant vide que plein, et permettait à une FILE de passer entre deux, le mécanisme du Feu en avançant, tel que le décrit DELAMONT (1671, A), consistait en ce qui suit. Le PREMIER RANG, étant de pied ferme, FAISAIT FEU; les FILES du SECOND RANG, traversant les FILES du PREMIER, se portant en avant, et devenant PREMIER RANG, FAISAIENT FEU; le TROISIÈME RANG de même, etc. — Quand le TERRAIN INDIVIDUEL se réduisit, il fallut admettre d'autres règles, et l'on adopta le FEU DE CHAUSSÉE, et les DÉBOITEMENTS EN ÉCHIQUIER. — Ce dernier Feu en avançant fut perfectionné par la MILICE PRUSSIENNE;

SON INFANTERIE, MARCHANT EN BATAILLE au PETIT PAS; un ou plusieurs PELOTONS d'un BATAILLON s'avançaient rapidement ou au PAS DE PELOTON à dix pas en avant de la LIGNE, et FAISAIENT un FEU A GÉNUFLEXION. Ce FEU continuait par des DÉBOITEMENTS successifs; il se simplifia dans la GUERRE DE 1756. — Ce Feu est décrit par BOMBELLES (1754; D); il fut adopté par l'ORDONNANCE DE 1769 (1er MAI). La troupe s'avançait au PETIT PAS ou PAS LENT; chacun des PELOTONS qui devaient TIRER déboîtait au moyen du PAS REDOUBLÉ, marchait six pas, faisait HALTE et FEU; puis, quand la ligne se recousait, il repartait avec le régiment. — L'inconvénient de ce Feu consistait surtout dans la désunion, l'éparpillement toujours dangereux qu'il occasionnait. — Les Feux en avançant se sont exécutés PAR PELOTONS et comme FEUX DE TROIS RANGS, ou comme FEUX DE DIVISION et par le SECOND RANG seulement; ce dernier Feu fut celui que FRÉDÉRIC DEUX fit quelquefois exécuter depuis 1758 jusqu'à la paix, et qu'on a nommé FEU DE BILLEBAUDE. — PICTET (1761, 1) a conseillé de n'employer, pour les Feux en avançant, que les FEUX DE BATAILLON; cette opinion a prévalu. — L'ORDONNANCE DE 1766 (1er JANVIER) les fit faire par BATAILLON et par DEMI-BATAILLON; et si l'INSTRUCTION DE 1769 (1er MAI) les prescrivait encore par SUBDIVISION, c'était comme applicables aux TROUPES LÉGÈRES, non aux corps d'INFANTERIE DE BATAILLE. — Conformément aux ORDONNANCES DE 1774 (11 JUIN); 1775 (30 MAI); 1776 (1er JUIN); ils ne se faisaient plus que par BATAILLON, au COMMANDEMENT GÉNÉRAL: FEU DE BATAILLON EN AVANÇANT! Les BATAILLONS PAIRS FAISAIENT HALTE; les BATAILLONS IMPAIRS, arrivés à six pas en avant, FAISAIENT HALTE, FEU, et ainsi de suite. — Les ORDONNANCES DE 1788 (20 MAI) et DE 1791 (1er AOUT) comprenaient, au nombre des ÉVOLUTIONS DE LIGNE, les Feux en avançant; ils avaient lieu pendant la MARCHE EN BATAILLE AU PAS ORDINAIRE; c'étaient des FEUX DE BATAILLON de l'espèce nommée FEUX A GÉNUFLEXION; ils s'exécutaient au COMMANDEMENT GÉNÉRAL: FEU DE BATAILLON EN AVANÇANT!, BATAILLONS IMPAIRS, COMMENCEZ LE FEU! à ce COMMANDEMENT, ces BATAILLONS prenaient le PAS ACCÉLÉRÉ, s'arrêtaient après avoir parcouru l'espace de trente pas, FAISAIENT FEU, rechargeaient et repartaient au PAS ACCÉLÉRÉ pour regagner leur PLACE DE BATAILLE; ils se remettaient alors au PAS ORDINAIRE; à cet instant, les BATAILLONS PAIRS TIRAIENT à leur tour de la même manière. — Un ROULEMENT faisait cesser le Feu. — DEBLIGNE (1780, 1) et GUIBERT (1775, E) s'étaient prononcés contre l'emploi de ce genre de Feux. — Nos dernières GUERRES ont fourni peu d'exemples de Feux en avançant. L'ORDONNANCE DE 1831 (4 MARS) les a supprimés. — On peut consulter, à l'égard des Feux en avançant: DELIGNE (1780, I), GUIBERT (1773, E), MIRABEAU (1788, O), PICTET (1761, I), SILVA (1768, K).

FEU EN AVANT, V. EN AVANT. V. FEU DE BATAILLON. V. FEU DE DEMI-BATAILLON. V. FEU DE PELOTON. V. FEU DE QUATRE RANGS. V. FEU DOUBLE. V. FEU EN ARRIÈRE. V. FEU RÉGLÉ. V. SERRE-FILE.

FEU EN GAGNANT TERRAIN. V. FEU EN AVANÇANT. V. EN GAGNANT TERRAIN. V. TERRAIN INDIVIDUEL.

FEU EN MARCHANT (F). Sorte de FEU À DÉPLACEMENT qui s'exécutait sans que la TROUPE EN MARCHE au TRÈS-PETIT-PAS, s'arrêtât; c'était de même sans s'arrêter qu'elle devait recharger. — Quelquefois le Feu en marche avait forme de FEU DE FILE. — On a abandonné bientôt ce Feu, toujours défectueux, parce qu'il dérange inévitablement l'ALIGNEMENT des BATAILLONS. — Pour maintenir la TROUPE alignée, on prescrivait aux soldats de TIRER en avançant également l'épaule droite et la gauche; mais c'était en opposition avec les lois physiques du TIR, et avec la conformation du soldat. — L'ORDONNANCE DE 1764 (20 MARS) s'est prononcée contre ce Feu, dont GUIBERT (1773, E) et l'ENCYCLOPÉDIE (1785 C) ont démontré les vices. — SINCLAIRE (1773, L) pourtant le conseille encore en certains cas.

FEU (feux) EN RETRAITE (G, 6), ou FEU DE BATAILLON EN RETRAITE. Sorte de FEUX RÉGLÉS qui étaient habilement exécutés par la MILICE PRUSSIENNE. — BOMBELLES (1754, D) témoigne que, de son temps, ils s'exécutaient par pelotons. L'INSTRUCTION SUR L'EXERCICE DE 1774 en prescrivait l'emploi dans les MARCHES EN BATAILLE, EN RETRAITE, au PAS ORDINAIRE. — Notre Feu en retraite s'exécutait alternativement par les BATAILLONS IMPAIRS et par les BATAILLONS PAIRS; les premiers faisaient HALTE, demi-tour à droite, Feu, et regagnaient ensuite au pas accéléré les BATAILLONS PAIRS, et les dépassaient; ceux-ci, à leur tour, faisaient VOLTE-FACE et TIRAIENT. A cet instant, les BATAILLONS IMPAIRS reprenaient le PAS ORDINAIRE pour que les autres pussent les joindre et les dépasser, etc. — L'ORDONNANCE DE 1776 (1ᵉʳ JUIN) prescrivait, pour l'exécution des Feux en retraite, d'arrêter toute la ligne, et de lui faire faire VOLTE-FACE. — Le Feu en retraite a été également prescrit par le RÈGLEMENT DE 1791 (1ᵉʳ AOÛT) dans les ÉVOLUTIONS DE LIGNE; il est analogue au FEU EN AVANÇANT; ainsi il est à la fois et à DÉPLACEMENT et à FEU FERME. Il s'exécute au COMMANDEMENT

GÉNÉRAL: FEU DE BATAILLON EN RETRAITE, BATAILLONS IMPAIRS, COMMENCEZ LE FEU! — Ce Feu est aboli depuis l'ORDONNANCE DE 1831 (4 MARS).

FEU (feux) FICHANT (G, 6). Sorte de FEUX TACTIQUES considérés comme FEU D'ARTILLERIE et de FORTIFICATION ou comme FEU D'INFANTERIE. — L'expression prend deux acceptions différentes; conformément à la première, le FEU est PLONGEANT, ou d'un TIR dont le point de départ est plus élevé que l'objet visé; dans ce cas, le PROJECTILE s'enterre, ou est censé s'enterrer au point où il frappe. Ainsi le FEU PLONGEANT est bien moins efficace que le FEU RASANT, qui rencontre et insulte successivement plusieurs points. — Suivant l'autre acception, c'est un FEU DE COURTINE ou un FEU D'INFANTERIE, pris par opposition au FEU RASANT. Dans ce cas, c'est une LIGNE DE FEU qu'on appelle aussi DÉFENSE FICHANTE ou LIGNE FICHANTE. Les COUPS à Feu fichant partent de l'ANGLE FLANQUANT des BASTIONS d'une FORTERESSE, et se dirigent vers l'ANGLE FLANQUÉ d'un BASTION collatéral, au lieu de suivre parallèlement la FACE du BASTION on la rasant.

FEU FLANQUANT. V. CAMP RETRANCHÉ. V. FLANQUANT.

FEU GREC. V. FEU GRÉGEOIS. V. GREC, adj.

FEU (feux) GRÉGEOIS (F), ou FEU GREC, car les GRECS s'appelaient d'abord, en LANGUE ROMANE, Gré, Grégeis, Grégeois, Grégois, Greu, etc.; M. ROQUEFORT y ajoute vingt-trois autres synonymes. — Sorte de FEU qui constituait en grande partie la PYROTECHNIE du BAS-EMPIRE, et s'appelait *focus græcensis* ou *ignis græcus*; quelques AUTEURS ont traduit cette locution par *Feu de Médée*. — Les TRABES du BLASON retracent un souvenir du Feu grégeois. — Les historiens regardent unanimement les Feux grégeois comme ayant eu des effets aussi formidables que ceux de la POUDRE A CANON; ce moyen de destruction a été surtout analogue aux FUSÉES DE GUERRE actuelles. — On a supposé que les Feux grégeois avaient été inventés par les BYZANTINS; mais l'usage en était connu dans l'INDE, dès l'antiquité la plus reculée, et il aurait été apporté chez les LATINS du BAS-EMPIRE par des communications dont on a perdu la trace. — AMIOT (1782, O) parle d'une *machine que les Chinois nomment feu dévorant ou boîte de feu, et qu'ils comparent à la machine qu'ils appellent feu du ciel; les effets qu'on lui attribue rappellent l'idée qu'on se forme de l'ancien Feu grégeois. On s'en servait dans les armées chinoises plusieurs siècles avant notre ère. Mais, comme il est aussi dangereux pour ceux qui l'emploient que pour ceux contre qui il est employé, on en* a interrompu l'usage. — Dans le passage suivant du même auteur, on retrouve visiblement et le Feu grégeois et les FUSÉES DE GUERRE. — *Les Chinois appellent tuyaux de feu, de forts bambous de vingt-deux pouces de long. On les lie avec des cordes de chanvre pour empêcher qu'ils ne fendent. On enchâsse chaque tuyau dans un manche de bois fort, au moyen duquel on le tient à la main. Le tuyau et le manche pris ensemble ne doivent pas avoir plus de cinq pieds. On le charge de plusieurs couches de poudre diversement composées, et par-dessus une balle faite avec une certaine pâte. Ces balles sont au nombre de cinq; la portée de ces balles est d'environ cent pieds, et leur effet est d'embraser.* — AMIOT prouve que ces inventions, bien plus anciennes dans la MILICE CHINOISE que l'ère chrétienne, étaient savamment et généralement employées l'an 200 de notre ère. N'en peut-on pas inférer que le commerce de l'INDE et les caravanes TARTARES ont pu fournir abondamment le Feu grégeois des CHINOIS aux TURCOMANS, aux MAURES et à tous les musulmans qui nous en ont donné l'étonnant spectacle, pendant les CROISADES. Il est probable qu'ils le tenaient par trafic de la CHINE, comme on en a de tout temps tiré des vernis et de l'encre. — Des recherches qu'on doit à M. Mac-Culloch, sur cette matière, ont été publiées dans le *Journal anglais des sciences, littérature et arts* en 1824. — Un fait que cet ÉCRIVAIN avance pour prouver que le Feu grégeois n'est pas grégeois ou grec, c'est que le naphte, qui en était le principal ingrédient, est très-commun dans l'INDE, en PERSE, sur la mer Caspienne, et que le nom en était à peine connu en GRÈCE. — Les Assyriens, les Chaldéens, les CHINOIS, les HÉBREUX, les Mèdes, les PERSES, les PHÉNICIENS, ont fait usage du Feu grégeois; il n'a pas été inconnu des FRANCS, des ARABES, des Vandales. Il était surtout employé dans les SIÈGES. — FURETIÈRE rapporte vaguement que des historiens pensent que les GRECS et les ROMAINS se sont servis du Feu grégeois dans quelques-unes de leurs GUERRES. — Dès l'an 350, suivant M. MORITZ MEYER, CONSTANTIN connaissait le Feu grégeois, dont il disait avoir reçu d'un ange le secret. Cet ange était probablement un trafiquant de caravane arabe ou tartare. Mais nous avons quelque appréhension que M. Meyer ou son imprimeur ne se soient trompés de six siècles, puisque c'est Constantin Porphyrogénète (950, A) qui mentionne dans ses écrits ce prétendu don céleste. — Corry (1822, A) rapporte que Claudien, parlant des fêtes publiques qui eurent lieu vers la fin du quatrième siècle,

à l'occasion du consulat de Théodose, dit qu'au milieu des machines et des décorations du cirque, il se voyait des serpenteaux, des dessins enflammés et des Feux d'artifice qui brûlaient sur les planchers sans les endommager. Ce spectacle avait-il du rapport avec le Feu grégeois? — En général, les annalistes ne croient pas que la TACTIQUE des BYZANTINS ait fait usage du Feu grégeois avant le septième siècle; mais dès le sixième, disent-ils, ils connaissaient des inventions comparables à des FEUX D'ARTIFICE. — CARRÉ (1785, E) cite les paroles de Sigibert, qui attribue l'invention du Feu grégeois, vers 670 ou 680, à un transfuge de SYRIE, nommé Babinicus, qui apporta ce secret aux ROMAINS; mais la plus grande partie des ÉCRIVAINS et ceux que FURETIÈRE mentionne regardent le Feu grégeois comme n'ayant point été connu des LÉGIONS ROMAINES après la décadence de l'art, et comme inventé en 660 par CALLINIQUE, architecte d'Héliopolis en SYRIE, sous Constantin trois, surnommé Pogonat ou le Barbu. M. BONTEMPS (1838, A) fixe cette date à l'an 670 ou 675. — Les ÉCRIVAINS s'accordent à dire que ce Feu brûlait dans l'eau, et qu'il différait du Feu naturel par une direction, soit descendante, soit horizontale, suivant la manière dont on le jetait. — M. MORITZ MEYER pense même qu'un composé de salpêtre, soufre et charbon était une des variétés de ce Feu. — PORPHYROGÉNÈTE (950, A) recommandait à son fils de cacher soigneusement aux barbares l'art de composer le Feu grégeois: il lui conseillait d'affirmer qu'un ange l'avait apporté du ciel aux ROMAINS, comme l'attestaient ses prédécesseurs, et défendait d'en divulguer le secret. GIBBON semble croire à ce présent du ciel. — L'ENCYCLOPÉDIE (1751, C) suppose que, au milieu du dixième siècle, la MILICE BYZANTINE possédait seule le secret du Feu grégeois, et qu'il était ignoré des peuples qui avoisinaient l'empire. — DUCANGE, dans ses Dissertations sur JOINVILLE, dit que le Feu grégeois se composait de naphte, de bitume et de soufre; il y entrait aussi de la poix, de la gomme, etc. — JACQUES DE VITRY (Jacobus a Vitriaco) attribue à diverses sources qui coulaient en ORIENT la propriété de fournir les matières qui formaient la base de cette composition. — On lançait par PELOTES le Feu grégeois avec des ARBALÈTES À TOUR, des ARMES À VENT, des BALISTES, des MANGONNEAUX, des MACHINES MONANCONES, des PERRIÈRES, des SIPHONS, ou des pots que les LATINS, suivant l'Echo britannique, appelaient *phiales*. Quelques-unes de ces armes de jet fonctionnaient à la manière des MORtiers. Ces pelotes enflammées paraissaient en l'air avoir la grosseur d'un tonneau ; leur flamme était suivie d'une queue comme une comète ; et, pendant le trajet de ce PROJECTILE, on entendait un bruyant sifflement. Ce genre de Feu grégeois s'est appelé, dès le douzième siècle, ARTILLERIE, et il avait quelque analogie avec le jet des CARCASSES. — On employait sous d'autres formes le Feu grégeois, en l'enfermant dans des vases de terre qui étaient lancés sur l'ENNEMI par des ARBALÈTES DE PASSE et des ENGINS A FEU. Ces ASTIOCHES n'étaient pas sans ressemblance avec nos BOMBES. — On garnissait de Feu grégeois des FLÈCHES, des DARDS, des FALARIQUES, des MALLÉOLES ; on lançait aussi le Feu en le soufflant à travers de grandes SARBACANES, ou SIPHONS de cuivre, comme les INDIENS soufflent de petites FLÈCHES. — MAIZEROY (1771, A) est porté à croire que *celui qu'on renfermait dans les siphons, était une matière liquide et huileuse, semblable à celle dont on a fait l'épreuve au Havre, en* 1758. — En 815, dit Meyer (Moritz), *Les Bulgares s'emparent de Mesembria, et sont nantis de trente-six siphons à Feu grégeois.* — Sous le règne de Léon (900, A), les soldats BYSANTINS avaient dans leurs BOUCLIERS des tubes remplis de Feu grégeois, qu'on allumait, à ce que croient MAIZEROY (1771, A) et PIGAFETTA (1602, B), avec une MÈCHE. C'eût été une image de nos FUSÉES DE GUERRE, si les leurs eussent été volantes. — On prétend qu'on ne parvenait à éteindre le Feu grégeois qu'à l'aide d'un mélange de sable, de vinaigre et d'urine, ou de cuirs saignants ; mais cette assertion est du nombre de celles auxquelles il ne faut ajouter foi qu'avec réserve. — On lit dans HALLAM que *le secret qu'ils (les Grecs) possédaient de la composition d'un Feu inextinguible leur donnait un grand avantage* (sur les SARRASINS). *En* 675, *Constantin Pogonat* (Constantin trois), *empereur de Constantinople, emploie, pour la première fois, dans un combat naval, le Feu grégeois contre les Arabes gouvernés par les califes ommiades.* Petau, auquel ce récit est emprunté, affirme que, dans ce combat, CALLINIQUE brûla, auprès de Cyzique, dans l'Hellespont, toute la flotte SARRASINE montée par trente mille hommes. — En 1098, les vaisseaux d'Alexis Comnène, combattant les Pisans, sont armés, à la poupe et à la proue, de SIPHONS à Feu en forme de têtes d'animaux. — On voit dans le Recueil des historiens de France que, au siège de Montreuil-Bellay, en 1148, Plantagenet fit usage de ce Feu, connu depuis le retour de la CROISADE DE 1096. — En 1191, on s'en sert

au siège offensif de Saint-Jean d'Acre. — En 1193, PHILIPPE AUGUSTE y a recours pour battre, dans la rade de Dieppe, les vaisseaux anglais. — L'histoire affirme que l'ingénieur Gaubert, qui servait dans l'armée de ce prince, était parvenu à rendre inextinguible, même dans l'eau, le Feu grégeois. — Pendant la CROISADE DE 1208, et surtout au siège de Beaucaire, en 1216, on vit, dit M. SISMONDI, les deux armées employer le Feu grégeois dont on avait *appris la composition à la terre sainte.* — VELLY est donc dans l'erreur quand il insinue, aux dates 1249 et 1250, que ce terrible secret n'aurait été révélé aux FRANÇAIS que pendant la CROISADE DE 1248 ; parce que, dans cette expédition, les TURCS désolèrent, par ce moyen, l'armée de Louis NEUF, en faisant un formidable emploi de leur Feu en rase campagne et à l'attaque des RETRANCHEMENTS. — MÉZERAI affirme que, en 1472, au siège de Beauvais, si vaillamment défendu par Jeanne Hachette, cette héroïne repoussait les ennemis avec *du plomb fondu, de la résine, du Feu grégeois.* — CARRÉ (1783, E), s'appuyant sur VILLARET, est persuadé que, dans le quatorzième siècle, *les premiers canons servirent à jeter des pierres, des carreaux, du Feu grégeois.* — Un chimiste romain, nommé Paoli, avait retrouvé, dit-on, une composition dix fois plus terrible que la POUDRE ; il en avait fait l'expérience, en 1702, devant Louis quatorze, qui se serait abstenu d'en permettre l'emploi. — M. MEYER (MORITZ) rapporte cette anecdote, dont l'authenticité a été révoquée en doute. — On a prétendu que, en 1766, Torre, physicien et artificier célèbre, avait retrouvé la composition du Feu grégeois, et qu'il avait offert à Louis QUINZE la communication de ce secret. — Feutry (*Nouveaux Opuscules,* 1779, Paris, et Dijon) et M. MEYER (MORITZ) attribuent à un chimiste nommé Dupré cette proposition faite à LOUIS QUINZE, et ils rapportent cet événement à l'année 1757. M. Dallonville témoigne, dans le *Journal de l'Institut historique* (t. v, p. 213), que le marquis de Montesquiou lui avait dit *avoir été témoin de l'expérience qui eut lieu sur le canal de Versailles, où des bateaux furent incendiés par des boulets qui les atteignirent au-dessous de la ligne de flottaison.* — Si l'on en croit la *Biographie universelle,* au mot *Marcus,* le Feu grégeois aurait été retrouvé à des époques moins anciennes. — M. PAIXHANS (1821) affirme que NAPOLÉON fit voir à un général les écrits relatifs à cet objet. Cette découverte, ou quelque chose de semblable, a percé de nouveau ; M. Congrève et, à son imitation, la milice autrichienne l'ont fait revivre ; ainsi, de tout temps, le Feu grégeois, ou une composition plus ou moins analogue, a été un moyen de guerre, en usage, soit dans une partie du monde, soit dans l'autre ; mais quantité d'AUTEURS se sont égarés en en traitant. Le *Bulletin des Sciences militaires* (1824, p. 570) accuse d'erreurs DANIEL (1821, A), DUCANGE, GIBBON, HOYER, MONTESQUIEU, MORÉRI, SCHOTT, et récemment le docteur Mackintosh. — Les AUTEURS qu'on peut consulter à l'égard du Feu grégeois sont : Albert le Grand, dont le passage original est retracé dans le *Journal des Sciences militaires* (1857, p. 529), ANNE COMNÈNE, APOLLODORE, CARRÉ (1783, E), CINNAMUS, CONSTANTIN (950, A), M. COTTY (1822, A), DANIEL (1721, A), DUCANGE (sur JOINVILLE), ENCYCLOPÉDIE (1751, C), ENÉE (330 avant J.-C.), FURETIÈRE, GANEAU, GARIN, GIBBON, HÉRON (623, A), HOYER (1801), JACQUES DE VITRY, JOINVILLE, LÉON (900, A), MAIMBOURG, MAIZEROY (1771, A), MARCUS, MATTHIEU PARIS, NICÉTAS, PHILON (290 avant J.-C.), PLINE, POTIER (1779, X), PROCOPE, QUINTE CURCE, SCALIGER, SIONVILLE (1756, E) THUCYDIDE, VALTURIN (1472), VILLARET, VITRUVE, VOLTAIRE, le *Dictionnaire de la Conversation*, l'*Encyclopédie des Gens du monde*.

FEU HYPOCLASTIQUE (term. sous-génér.). Sorte de FEU D'INFANTERIE dont l'épithète dérive du GREC *ypoklazo, ypoklazein*, s'agenouiller. Ainsi les PHALANGITES GRECS recevaient hypoclastiquement les charges de cavalerie en pliant le genou droit, après avoir enfoncé en terre le talon de la SARISSE. — La TACTIQUE appelle hypoclastique le feu dans lequel un ou plusieurs RANGS tirent en mettant un genou à terre. Ce feu se distingue en FEU A GENOU, — A GÉNUFLEXION, — A TERRE.

FEU IMPAIR. V. BATTERIE D'ARTILLERIE. V. IMPAIR, adj.

FEU (feux) OBLIQUE (term. sous-génér.). Sorte de FEUX D'INFANTERIE, ainsi nommés par opposition aux FEUX DIRECTS ; on les a aussi nommés FEUX DE FLANC. — Des FEUX D'ARTILLERIE et des FEUX DE FORTIFICATIONS DE CAMPAGNE sont aussi du genre des Feux obliques ; de là vient la dénomination donnée à des constructions spéciales nommées FORTIFICATIONS A FEU OBLIQUE. — Les Feux obliques d'infanterie ont été imaginés en grande partie comme moyen de résistance AUX ATTAQUES EN ÉCHELON, comme l'observe SCHULTZ D'ASCHERADEN. Les FEUX DE BATAILLON et de DEMI BATAILLON sont seuls obliques, s'il y a lieu ; ceux de DEUX RANGS et de PELOTON sont toujours DIRECTS. — GUIBERT (1773, E) s'est étendu sur l'application et les théories

du TIR OBLIQUE. — Au temps de l'ORDRE PROFOND, les FEUX A DÉPLACEMENT furent en partie inventés pour rendre possibles les TIRS de droite et de gauche. — L'ORDRE BRISÉ avait pour objet de fournir des Feux à la fois directs et obliques. — Les Feux obliques étaient surtout dangereux, pour les TIREURS ; de 1776 à 1791, parce qu'alors les trois RANGS faisaient feu en restant tous debout : le danger a diminué depuis le rétablissement des FEUX A GÉNUFLEXION. — L'INFANTERIE a essayé, avec peu de succès, de se ménager, en s'établissant sous forme de SCIE, des Feux obliques. — Les Feux obliques se distinguent en FEU OBLIQUE A DROITE et en FEU OBLIQUE A GAUCHE.

FEU OBLIQUE A DROITE (G, 6). Sorte de FEU OBLIQUE qui ne différait anciennement du FEU DIRECT que par la direction donnée au CANON du FUSIL. L'ORDONNANCE DE 1831 (4 MARS) y a apporté quelques modifications, l'homme du troisième rang, au lieu de se fendre de la partie droite comme dans le FEU DIRECT, avance le pied gauche de seize centimètres vers la pointe du pied droit de l'homme du second rang de sa file et porte le haut du corps en avant.

FEU OBLIQUE A GAUCHE (G, 6). Sorte de FEU OBLIQUE qui est d'invention prussienne, et qui diffère surtout du FEU DIRECT, parce que le TROISIÈME RANG change de créneau, se fend de la jambe gauche à seize centimètres, vers le talon droit de l'homme du second rang de sa file, et porte le haut du corps en avant. C'est ce Feu surtout qui, malgré ces précautions, est dangereux et nécessiterait un CANON DE FUSIL d'une plus grande longueur.

FEU PAIR. V. BATTERIE D'ARTILLERIE. V. PAIR, adj.

FEU PAR BATAILLON. V. FEU DE BATAILLON. V. PAR BATAILLON.

FEU PAR FILE. V. FEU DE FILE. V. PAR FILE.

FEU PAR LE TROISIÈME RANG. V. FEU EN ARRIÈRE. V. ORDONNANCE D'EXERCICE D'INFANTERIE. V. PAR LE TROISIÈME RANG.

FEU PAR PELOTON. V. FEU DE PELOTON. V. FEU EN AVANÇANT. V. GRENADE A CUILLER. V. PAR PELOTON.

FEU PAR RANG. V. FEU A GÉNUFLEXION. V. FEU DE CHAUSSÉE. V. FEU DE RANGS. V. PAR RANG.

FEU (feux) PÉRIBOLOGIQUE (term. sous-génér.), ou FEU DE FORTIFICATION, ou FEU DE PLACE, ou FEU DÉFENSIF. Sorte de FEUX qui sont l'opposé des FEUX TACTIQUES ; dans la DÉFENSE d'un OUVRAGE ou d'une PLACE DE GUERRE, les Feux qui regardent la campagne rasent le GLACIS. — Quelquefois par cette expression, au singulier ou au pluriel, on entend moins un feu réel, qu'une LIGNE DE FEU exécutable, ou une certaine disposition réciproque des parties du POLYGONE, dont l'effet est d'obtenir soit des FEUX DE REVERS, soit des FEUX RASANTS, soit des TIRS FICHANTS, etc. — Quelquefois il s'agit de feux réels, et même de FEUX D'INFANTERIE; c'est en ce sens qu'on dit que les FACES des OUVRAGES CONTRE-BATTENT, par leurs Feux, ceux des ASSIÉGEANTS. — Le Feu péribologique ne sera distingué ici qu'en FEU DE FLANC.

FEU PERPENDICULAIRE. V. A F... V. PERPENDICULAIRE, adj.

FEU PLONGEANT. V. COMMANDEMENT DOMINANT. V. FEU FICHANT. V. NETTOYER. V. PLONGEANT, adj.

FEU PUANT. V. A F... V. CAMOUFLET. V. POUDRE PUANTE. V. PUANT, adj.

FEU (feux) RASANT (G, 6; H, 2). Sorte de FEUX TACTIQUES qui se dirigent à peu près parallèlement au terrain et presque à la hauteur des objets visés; ainsi le PROJECTILE peut nettoyer plusieurs points le long de la LIGNE qu'il parcourt; son effet diffère par là de celui du FEU FICHANT, qui ne frappe qu'un seul point. — Quand on prend le mot Feu rasant dans le sens de FEU PÉRIBOLOGIQUE, on donne à entendre par là qu'il part d'une FORTIFICATION A TIR RASANT, ou du CHEMIN COUVERT; ou bien on exprime ainsi des feux parallèles à une FACE D'OUVRAGE et qui la défendent; ces feux se croisent aux ANGLES DE TENAILLE, aux ANGLES FLANQUÉS, etc. Un SECOND FLANC donne des Feux rasants.

FEU (feux) RÉGLÉ (term. sous-génér.), ou FEU D'ENSEMBLE, ou FEU RÉGULIER. Sorte de FEUX D'INFANTERIE qui sont l'opposé des FEUX A VOLONTÉ, de BILLEBAUDE, de FILE, etc. — Les Feux réglés ont été inventés, suivant l'ENCYCLOPÉDIE (1751, C; au mot *Feu*), par les HOLLANDAIS; on peut en attribuer la première pensée à la MILICE ESPAGNOLE; mais c'est surtout à GUSTAVE-ADOLPHE que l'honneur de l'invention appartient; l'usage s'en répandit, et les formes s'en perfectionnèrent sous le grand électeur de BRANDEBOURG, dans le cours de ses campagnes contre les POLONAIS et les SUÉDOIS. En 1705, la MILICE PRUSSIENNE en donna aux FRANÇAIS le spectacle tout à fait nouveau pour eux, car jusque-là, ils n'avaient fait usage que de FEUX A VOLONTÉ, AJUSTÉS OU ROULANTS. FRÉDÉRIC DEUX améliora le système des Feux réglés, et les Français commencèrent à en faire usage vers le milieu du dernier siècle. La bataille de FONTENOY en démontra la puissance. — L'usage des DÉCHARGES d'ensemble devint général; on en appliqua le système aux FEUX EN AVANT comme aux FEUX EN ARRIÈRE; cette innovation fut imitée successi-

vement par les SUÉDOIS, les AUTRICHIENS, les RUSSES et les FRANÇAIS. — Dans les opérations d'une guerre compassée, les CHARGES D'INFANTERIE doivent se terminer par des Feux réglés ou par des FEUX DE DEUX RANGS; mais rarement les chefs y parviennent; s'ils y réussissent, c'est la preuve d'une rare discipline. — Les Feux réglés se distinguent ou se sont distingués en FEUX DE BATAILLON, — DE CINQ RANGS, — DE DEMI-BATAILLON, — DE LIGNE, — DE QUATRE RANGS, — DE RANGS, — DE SIX RANGS, — DE SUBDIVISION, — DE TROIS RANGS, — DOUBLE, — EN ARRIÈRE, — EN AVANÇANT, — EN RETRAITE.

FEU RÉGULIER. V. FEU DE RANGS. V. FEU RÉGLÉ. V. RÉGULIER, adj.

FEU ROULANT. V. ATTAQUE DE CHEMIN COUVERT A FORCE OUVERTE. V. BALLE DE FUSIL. V. BRÈCHE PRATICABLE. V. DÉCHARGE DE CÉRÉMONIE FUNÈBRE. V. FEU A VOLONTÉ. V. FEU DE PARAPET. V. FEU D'INFANTERIE. V. FEU RÉGLÉ. V. FUSIL D'INFANTERIE. V. GRENADE A MAIN. V. MILICE ANGLAISE N° 7. V. ROULANT, adj.

FEU SANS MOUVEMENT. V. FEU DE DEUX RANGS. V. FEU DE DIVISION. V. FEU DE PIED FERME. V. FEU DE SUBDIVISION. V. SANS MOUVEMENT.

FEU SUCCESSIF. V. COMMENCEZ LE FEU. V. DRAGON FRANÇAIS N° 6. V. FEU A DÉPLACEMENT. V. FEU DE CHAUSSÉE. V. FEU DE DEMI-BATAILLON. V. FEU DE FILE. V. FEU DE RANGS. V. GRENADE A CUILLER. V. SUCCESSIF, adj.

FEU (feux) TACTIQUE (term. sous-génér.). Sorte de FEU ainsi nommé par opposition au FEU PÉRIBOLOGIQUE; ainsi le premier est plutôt le feu en RASE CAMPAGNE; le second le feu de la GUERRE DE SIÉGE. Le premier est toujours AJUSTÉ ou censé ajusté plus ou moins exactement; le second ne peut pas toujours l'être. — L'abolition des BOUCLIERS et autres ARMES de même destination a été une conséquence du Feu. — La manière dont les GENS D'ARMES servaient au MOYEN AGE a changé totalement depuis que la supériorité du Feu, comme moyen de guerre, a été bien reconnue. — Ménager, coordonner, nourrir, diriger les DÉCHARGES de MOUSQUETERIE et d'ARTILLERIE constituent l'art d'employer les Feux tactiques. — ÉTEINDRE LE FEU DE L'ENNEMI ou le FAIRE TAIRE, est un avantage marqué; n'être jamais entièrement DÉGARNI de Feu est prescrit par les règlements; éviter qu'une troupe immobile soit SOUS LE FEU est à la fois habile et humain. — A l'égard des anciens Feux, de ceux en ORDRE BRISÉ, etc., BAUMAN (1777, D) et l'ENCYCLOPÉDIE (1751, C; au mot *Guerre*), peuvent être consultés. L'*Encyclopédie des Gens du monde* traite des usages plus modernes. — Le Feu tactique est FEU D'ARTILLERIE et d'INFANTERIE; quant au Feu de la

CAVALERIE, il n'est qu'un supplément à l'ES-CRIME du CAVALIER; il ne fait pas positivement partie de sa TACTIQUE, et quand l'HOMME DE CHEVAL y a recours, c'est de lui-même, en ajustant, et sans attendre de COMMANDE-MENT. — Les Feux tactiques se distinguent en FEUX A POUDRE, — CROISÉ, — D'INFANTE-RIE, — FICHANT, — RASANT.

FEU VERTICAL. V. A F... V. AUGOYAT. V. VERTICAL, adj.

FEU VOLANT. V. FEU GRÉGEOIS. V. VOLANT, adj.

FEUCHTERSLEDEN. V. NOMS PROPRES.

FEUDATAIRE, subs. masc. (F), ou VASSAL. Ce mot, dont l'origine est analogue à celle des mots FÉODALITÉ et FIEF, donne gé-nériquement idée des GENTILSHOMMES, des ECCLÉSIASTIQUES même, ou des SEIGNEURS FIEF-FÉS qui avaient, à titre passager ou perpé-tuel, la jouissance d'un FIEF, devaient FOI et HOMMAGE à un SUZERAIN, à un GRAND FEU-DATAIRE, étaient tenus au SERVICE, et for-maient la CAVALERIE ou la CHEVALERIE des ARMÉES FÉODALES. — Par extension d'accep-tion, quelques ÉCRIVAINS appellent Feuda-taires les possesseurs des FIEFS de la couronne; ceux-ci étaient PAIRS. — Les Feudataires ont été les OFFICIERS du BAN et ARRIÈRE-BAN; les BARONS et les BANNERETS tenaient, parmi eux, le premier rang; ve-naient ensuite les CHEVALIERS, et en dernière ligne les BACHELIERS, les ÉCUYERS, les GENS D'ARMES, les HOMMES D'ARMES, les VAVASSEURS.

— Sous la TROISIÈME RACE, les Feudataires ou leurs BAILLIS amenaient aux rassemble-ments des ARMÉES DE TERRE, leur GENS-D'AR-MERIE suivie de ses CHEVAU-LÉGERS; quelques-uns même y conduisaient des FANTASSINS; ces troupes étaient retenues par le SUZERAIN; c'est-à-dire jouissaient d'une PAYE conve-nue. Ainsi bien avant PHILIPPE DE VALOIS et sous ce prince, le ROI retenait à son service, pour un temps limité, tant d'ARCHERS À CHEVAL; tant d'ARBALÉTRIERS; tant de GENS D'ARMES. — Les milices persane, suédoise, turque, se sont, des dernières, alimentées au moyen d'un service de Feudataires. Quel-ques aperçus historiques touchant les Feu-dataires sont insérés dans le *Dictionnaire de la Conversation.*

FEUDE, subs. masc. v. FIEF.

FEUILLARD (feuillards), subs. masc. (F). Mot qui a la même étymologie que le mot FEUILLE, et qui est analogue aux feuilles d'arbres; il donne idée de certains accom-pagnements, de certaines enjolivures qui pendaient en manière de rameaux, de lam-beaux, de découpures, et étaient compara-bles aux LAMBREQUINS qui, dans les TOURNOIS, ornaient les CASQUES, les HEAUMES, etc. — Les Feuillards sont restés comme accom-pagnement de la sommité de quelques CAR-TELS D'ARMOIRIES. — On a aussi nommé Feuillards ou FOILLARDS certaines BANDES ou TROUPES qui portaient en guise de COCARDE un rameau vert.

FEUILLE
- COMPTABILIAIRE — FEUILLE
  - D'APPEL — { DE COMPAGNIE, D'EFFECTIF, D'ÉTAT-MAJOR }
  - DE DÉCOMPTE.
  - DE DÉPART.
  - DE JOURNÉES — { DE COMPAGNIE, D'ÉTAT-MAJOR }
  - DE PRÊT.
  - DE RETENUE.
  - DE ROUTE — { DE CORPS, DE MILITAIRE ISOLÉ — { V. DER. D'OFFICIER } }
  - DE SUBSISTANCE.
  - D'ÉMARGEMENT.
- DE BATTERIE.
- DE POLICE — FEUILLE { DE MOUVEMENT, DE RAPPORT — { DE COMPAGNIE, GÉNÉRAL } }

FEUILLE, subs. fém. (term. génér.).
Mot que Gébelin tire du grec *phullon*, mais
qui probablement aura été une corruption
du latin *folium*, et qui a produit le mot
feuillard, etc. — Il se distingue en feuille
comptabiliaire, — d'appel en route, — de
batterie, — de chêne, — de linge et chaussure, — de police, — de présence, — de
prêt de compagnie, — de prêt de petit état-
major, — de prochain service, — de quinzaine, — de rectification, — de revue, —
de revue d'arrivée, — de route de convalescent, — de déserteur, — de détachement,
— de sauge, — de signalement, — de situation, — de visite, — d'enrolé, — d'é-
vacuation, — d'imputation, — d'opinions.

FEUILLE (feuilles) comptabiliaire (B, 1).
Sorte de feuilles principalement considérées
ici comme présentant des états ou des tableaux d'une forme déterminée ; elles s'appellent comptabiliaires, par opposition aux
feuilles de police. Elles sont au nombre
des pièces ou écritures de la comptabilité des
corps ; elles se distinguent en feuille d'appel, — de décompte, — de départ, — de
journée, — de prêt, — de retenue, — de
route, — de subsistance, — d'émargement.

FEUILLE (feuilles) d'appel (term. sous-
génér.), ou feuille de revue, ou montre
comme les appelait l'Italie, ou rolle comme
disait l'ordonnance de 1539 (20 août), ou
livret de revue comme s'exprimait l'instruction de 1777 (11 juin), ou état de mutations comme le voulait la circulaire de
1827 (24 janvier). Sorte de feuilles comptabiliaires qui ressortissent au genre d'appel
qu'on nomme administratif. Elles sont analogues à un des roles du cahier d'appel ; elles
se confectionnaient à l'aide des feuilles de
subsistance. Leur objet et leur tenue sont
d'une grande importance dans le mécanisme de l'administration des corps, puisque leur exactitude assure seule la régularité des revues et de leurs résultats. — Les
Feuilles d'appel sont ou de simples imprimés destinés à recevoir les inscriptions dont
il va être question, ou des pièces qui prennent un caractère comptabiliaire après avoir
reçu les écritures qui doivent y être couchées.
— La première de ces acceptions s'applique
aux Feuilles d'appel que les cantines de
comptabilité transportent, ou dont se mu-
nissent les chefs de certains détachements,
ou les sergents-majors en route. — Il y a
un genre de Feuilles d'appel moins précisément administratives, et qui sont surtout
feuilles de revue ; telles sont les feuilles
remises aux inspecteurs généraux d'armes ;
elles ne demandent pas à être mentionnées
ici. — Les Feuilles d'appel vont être exami-

nées conformément à ce que prescrivaient
l'instruction de 1810 (1er septembre) et l'ordonnance de 1823 (19 mars), et elles seront
envisagées sous le point de vue de leur emploi
et de leurs effets par rapport au corps de l'intendance et au ministère de la guerre. —
La Feuille d'appel est une pièce comptable
contenant l'enregistrement de tout l'effectif
et le détail de toutes les positions ou mutations qui, pendant un trimestre, ont modifié les prestations, la solde et les divers
suppléments ; elle présente par colonnes les
diverses journées ; elle contient les nom,
prénoms, grade et âge des officiers, l'effectif des hommes de troupe et les décomptes.
— Les Feuilles d'appel ont pour matrice les
controles annuels, et fournissent les éléments des extraits de revues ou des revues
générales du trimestre écoulé. La formation
des extraits de revues et des décomptes de
trimestre n'est autre chose que le dépouillement des Feuilles. — Le retard qu'éprou-
verait la transmission des Feuilles est l'objet
de punitions infligées soit par l'intendant
militaire, soit à sa requête. — Les Feuilles
d'appel doivent être commencées le premier
jour du trimestre ; présenter dans l'ordre du
controle annuel les noms, les grades, les
numéros, les dates exactes de transcorporation ; être certifiées, à la fin du trimestre,
par qui de droit, et ne contenir aucun calcul de décompte, cette partie devant rester
en blanc ; elles doivent offrir en tête, lorsqu'il y a lieu, les diverses annotations prescrites par la note que présente le modèle,
et contenir à l'article de chaque grade les
non compris. — Elles sont remises, en même
temps que les états de mutations, au membre de l'intendance à l'instant où il va passer la revue. — En prescrivant ces dispositions, le but de l'ordonnance de 1818 (13
mai) était de faire tenir tellement à jour les
Feuilles, qu'elles présentassent le détail de
tous les mouvements et mutations, et qu'il
n'y eût plus à la fin du trimestre qu'à remplir les colonnes des journées et les décomptes. — Les Feuilles d'appel sont la source
des renseignements relatifs aux enrolés,
déserteurs, militaires changeant de compagnies ou de corps, aux prisonniers de guerre,
etc. ; elles mentionnent la date du brevet de
promotion ou de nomination d'officiers, le
genre de leur changement de classe et
leur position antécédente ; elles offrent
les détails relatifs aux officiers remplacés, aussi bien qu'aux officiers remplaçants. — Les relevés des Feuilles d'appel se
nomment extraits de revue. — Une décision de 1800 (14 septembre) mettait au
compte de la masse d'entretien ou d'habil-

LEMENT l'impression des Feuilles d'appel.
La CIRCULAIRE DE 1827 (24 JANVIER) réglait
la manière dont cette dépense et celle des
ÉTATS DE SIGNALEMENT devaient être suppor-
tées. — Les questions relatives aux Feuilles
d'appel sont traitées dans ODIER (1824, E),
et on lit dans M. Ballyet (1817, p. 525) :
*Les Feuilles d'appel sont trop compliquées ;
ce serait une question de savoir si elles devraient porter un décompte en argent, ou
n'offrir que celui des journées.* — Les Feuilles d'appel se distinguent en FEUILLE D'APPEL
DE COMPAGNIE, — D'APPEL D'EFFECTIF, — D'AP-
PEL D'ÉTAT-MAJOR.

FEUILLE (feuilles) D'APPEL DE COMPAGNIE
(B, 1). Sorte de FEUILLES D'APPEL nommées
ainsi par opposition aux FEUILLES D'APPEL D'É-
TAT-MAJOR ; elles sont rédigées conformément à l'ordre d'ANCIENNETÉ des SOLDATS ;
elles sont tenues par le SERGENT-MAJOR ; il
les relève sur le CONTRÔLE ANNUEL de la COM-
PAGNIE ; il doit, conformément à l'ORDON-
NANCE DE 1818 (15 MAI), les présenter chaque jour au CAPITAINE pour que cet officier
y inscrive, à l'instant du RAPPORT DU MATIN,
les MUTATIONS survenues dans le cours des
vingt-quatre heures. — Avant la REVUE TRI-
MESTRIELLE, le MAJOR vérifie, certifie et signe
les Feuilles. — Le jour de la REVUE DE L'IN-
TENDANCE, le CAPITAINE ou le commandant
de la COMPAGNIE lui présente la Feuille d'appel, après l'avoir vérifiée, certifiée et signée,
mais sans qu'il y soit porté de DÉCOMPTE DE
JOURNÉES. — On constate sur le vu des CO-
LONNES des Feuilles l'exactitude des prises
de COMBUSTIBLE propre au service des cuisines de casernes ; on y vérifiait l'ÉTAT QUA-
TRIDIAIRE (ce terme a été quelque temps en
usage) ; on y trouve le détail de toutes les
MUTATIONS et MOUVEMENTS, les CHANGEMENTS
DE COMPAGNIE ou de CORPS, le NUMÉRO qu'a-
vait le survenant ; on y connaît s'il sort
d'une autre COMPAGNIE du régiment, ou s'il
vient d'un autre CORPS ; on y prend connaissance de l'exposé des renseignements que
l'ordre donné pour le passage a dû contenir.
— Les DÉSERTEURS RENTRÉS y sont mentionnés, ainsi que la date de leur DÉSERTION.

FEUILLE D'APPEL D'EFFECTIF (B, 1). Sorte
de FEUILLE D'APPEL que le SERGENT-MAJOR doit
dresser mensuellement, conformément aux
dispositions de l'ORDONNANCE DE 1818 (15
MAI), puisées elles-mêmes dans l'ARRÊTÉ DE
L'AN TREIZE (25 GERMINAL, art. 22).

FEUILLE D'APPEL D'ÉTAT-MAJOR (B, 1).
Sorte de FEUILLE D'APPEL qui offre le tableau
de l'ÉTAT-MAJOR d'un CORPS D'INFANTERIE.
Elle est tenue d'une manière analogue aux
FEUILLES DES COMPAGNIES ; elle contient l'AP-
PEL du GRAND et du PETIT ÉTAT-MAJOR ; elle

est dressée et certifiée par le TRÉSORIER ; elle
est certifiée, signée et présentée par le MA-
JOR ou par le CHEF DE DÉTACHEMENT, s'il s'agit
d'un DÉTACHEMENT s'administrant lui-même,
au fonctionnaire de l'INTENDANCE, à l'instant où il va passer la REVUE DE L'ÉTAT-MAJOR.

FEUILLE D'APPEL EN ROUTE. V. ABSENCE
EN ROUTE. V. APPEL EN ROUTE. V. EN ROUTE. V.
FEUILLE DE ROUTE DE CORPS. V. MUTATION EN
ROUTE. V. PERMISSIONNAIRE.

FEUILLE DE BATTERIE (C, 1). Sorte de
FEUILLE D'ACIER dont on recouvre la BATTERIE
d'une PLATINE quand elle est usée par les
chocs de la PIERRE. L'acier de cette Feuille,
qu'on nomme ACIER DE FUSION, doit être de
la meilleure qualité possible.

FEUILLE DE CHÊNE. V. CHÊNE. V. CORPS
D'INTENDANCE N° 5. V. GÉNÉRAL FRANÇAIS N°
3. V. OFFICIER GÉNÉRAL FRANÇAIS.

FEUILLE DE DÉCOMPTE (B, 1), OU FEUILLE
DE LINGE ET CHAUSSURE. Sorte de FEUILLE
COMPTABILIAIRE ou de BORDEREAU tenu en for-
me de tableau et appartenant au genre de
DÉCOMPTE nommé DÉCOMPTE D'EXCÉDANT ; ces
Feuilles doivent cadrer avec les LIVRETS IN-
DIVIDUELS. — En considérant ce genre de
Feuilles comme des imprimés non encore
remplis, il est ordonné aux CHEFS des détachements s'administrant eux-mêmes de s'en
fournir avant de quitter le CORPS. — En cam-
pagne ou en route, les CANTINES DE COMPTA-
BILITÉ doivent contenir des Feuilles de décompte en blanc. — On considère comme
PIÈCES COMPTABLES les Feuilles remplies ; elles
sont nominatives et contiennent homme par
homme l'état et le montant des EFFETS DE
PETIT ÉQUIPEMENT qui leur ont été fournis ;
elles indiquent la SITUATION de leur MASSE
INDIVIDUELLE, et font connaître quelle est la
partie de cette MASSE qui peut être l'objet du
DÉCOMPTE. — L'ARRÊTÉ DE L'AN HUIT (8 FLO-
RÉAL) en prescrivait l'usage, et disposait
qu'elles devaient être signées du CAPITAINE
de la COMPAGNIE et remises tous les trois mois
par lui au QUARTIER-MAITRE. Cet arrêté voulait que ces Feuilles fussent présentées tous
les six mois au CONSEIL D'ADMINISTRATION du
CORPS, pour qu'il statuât en conséquence et
qu'il prît une DÉLIBÉRATION relative au PAYE-
MENT à faire à chaque homme pour l'acquittement de l'EXCÉDANT de sa MASSE. — Une
DÉCISION DE 1807 (7 AOUT) voulait que la
Feuille de décompte fût fournie tous les trois
mois. Cette décision exigeait que la Feuille
mentionnât les hommes PRÉSENTS et ABSENTS,
et indiquât la cause de l'ABSENCE. — La CIR-
CULAIRE DE 1813 (25 OCTOBRE) disposait que
les Feuilles de décompte devaient être établies avant l'inscription des RECETTES et DÉ-
PENSES de la MASSE DE LINGE ET CHAUSSURE, et

que les résultats en devaient être examinés par les INSPECTEURS AUX REVUES. — Maintenant les Feuilles de décompte doivent être remises tous les trois mois au TRÉSORIER du CORPS et être vérifiées par lui. — Consultez, sur ce sujet et sur les FEUILLES DE LINGE ET CHAUSSURE, ODIER (1824, E).

FEUILLE de DÉPART DE REMPLAÇANT (B, 1). Sorte de FEUILLE COMPTABILIAIRE prescrite par l'INSTRUCTION DE 1816 (1er FÉVRIER). En conformité de cette instruction, les PRÉFETS faisaient dresser, pour chaque militaire REMPLACÉ qui marchait en personne, ou pour le nouveau REMPLAÇANT qu'il aurait fait admettre, une double Feuille de départ; l'une d'elles était remise au partant en outre de sa FEUILLE DE ROUTE; l'autre était adressée au COLONEL ou au chef du CORPS par la POSTE. — Le COLONEL ou le chef du corps, aussitôt après l'ARRIVÉE de l'individu désigné dans la Feuille, renvoyait cette pièce au PRÉFET, après y avoir rempli le CERTIFICAT D'INCORPORATION qui s'y trouvait en blanc. — Si l'individu mentionné plus haut ne rejoignait pas le CORPS à l'époque indiquée dans la Feuille de départ, le chef du CORPS en donnait de suite connaissance au PRÉFET signataire de la Feuille; il lui adressait copie de cette Feuille, y mentionnait la non-arrivée, et informait de ce même fait le MINISTRE DE LA GUERRE, en lui envoyant le SIGNALEMENT de l'individu non arrivé.

FEUILLE (feuilles) de JOURNÉES (term. sous-génér.), ou FEUILLE DE PRÉSENCE. Sorte de FEUILLES COMPTABILIAIRES qui doivent être dressées trimestriellement, soit par les CORPS dans leur ensemble réuni, soit par les DÉTACHEMENTS s'administrant à part. — L'ORDONNANCE DE 1823 (10 MARS) cessait de faire mention des FEUILLES DE SUBSISTANCE; elle voulait que les Feuilles de journées servissent à la confection des REVUES et au calcul des DISTRIBUTIONS DE RATIONS; qu'elles fussent en triple expédition, nominatives, ouvertes le premier jour du TRIMESTRE, closes à son expiration; on y inscrivait jour par jour les MUTATIONS; elles étaient vérifiées et signées par le MAJOR ou par l'officier chargé de la tenue des CONTROLES ANNUELS du CORPS. — Les Feuilles de journées étaient au nombre des PIÈCES COMPTABLES conservées dans les archives au lieu d'être détruites au bout de deux ans. — S'il y a des EMPLOIS VACANTS d'OFFICIERS, mention en est faite dans celles des Feuilles de journées qui doivent servir à l'établissement des REVUES DE LIQUIDATION; la date et le motif de la VACANCE y sont indiqués. — Les ABSENTS PAR CONGÉ LIMITÉ ou par MISSION, à l'époque d'une REVUE DE LIQUIDATION, sont compris, mais pour mémoire,

dans l'EFFECTIF de ces Feuilles, à compter du jour du départ; il y est fait en même temps mention de l'espèce et de la durée des CONGÉS. — Si des OFFICIERS ABSENTS sont autorisés à toucher hors le CORPS leur SOLDE, ils ne sont compris dans les Feuilles qu'autant que le CONSEIL D'ADMINISTRATION du CORPS a reçu un double des états constatant les payements qui leur auraient été faits. — Le CONSEIL D'ADMINISTRATION adresse, dans les dix premiers jours du TRIMESTRE, au SOUS-INTENDANT les Feuilles de journées du TRIMESTRE expiré. — Ce fonctionnaire vérifie les Feuilles, y appose le vu et vérifié d'usage et les renvoie au CORPS. — Les Feuilles de journées des TROUPES EMBARQUÉES sont surveillées et recueillies par les AGENTS DE LA MARINE; ainsi les GARNISONS DE BORD ne comptent point sur les Feuilles de leurs CORPS. — Deux ans après la clôture de la REVUE D'INSPECTION GÉNÉRALE, les Feuilles de journées cessent de faire partie des ARCHIVES DU CORPS, et elles sont vendues comme VIEUX PAPIERS, en vertu de l'ordre que donne à cet égard le CONSEIL D'ADMINISTRATION du CORPS. — La DÉCISION DE 1824 (3 NOVEMBRE) a donné un nouveau modèle de Feuilles de journées. — La CIRCULAIRE DE 1827 (24 JANVIER) réglait à quel compte elles devaient être fournies. — La DÉCISION DE 1828 (31 OCTOBRE) révoquait la disposition qui voulait qu'elles fussent ouvertes au commencement de chaque TRIMESTRE; elle ne les considérait plus que comme un relevé du CONTROLE ANNUEL et du LIVRE DE COMPAGNIE; il suffisait qu'elles fussent dressées quelques jours avant la fin du TRIMESTRE. — L'ORDONNANCE DE 1837 (25 DÉCEMBRE) supprimait une Feuille de journées. — Ces détails ont occupé la plume d'ODIER (1824, E). — Les Feuilles de journées se distinguent en FEUILLES DE JOURNÉES DE COMPAGNIE et en FEUILLES DE JOURNÉES D'ÉTAT-MAJOR.

FEUILLE (feuilles) de JOURNÉES de COMPAGNIE (B, 1). Sorte de FEUILLES DE JOURNÉES considérées comme propres aux COMPAGNIES D'INFANTERIE FRANÇAISE DE LIGNE; elles contiennent, 1º les MOUVEMENTS et MUTATIONS survenues depuis la dernière REVUE générale de COMPTABILITÉ; 2º le détail des JOURNÉES donnant droit aux diverses espèces de SOLDE, et au SUPPLÉMENT et ACCESSOIRES DE SOLDE, aux FOURNITURES en VIVRES et en CHAUFFAGE; 3º le DÉCOMPTE des sommes et des RATIONS à allouer; 4º le DÉCOMPTE spécial de la portion de la HAUTE PAYE acquittable à l'avance; 5º le nombre des hommes ayant droit aux PREMIÈRES MISES de PETIT ÉQUIPEMENT; 6º enfin le nombre des CONDAMNÉS AUX TRAVAUX PUBLICS et au BOULET à qui l'HABILLEMENT a été fourni. — Les Feuilles sont dressées par le

FOURRIER, certifiées et signées par le CAPITAINE, après qu'il les a collationnées avec le LIVRE DE COMPAGNIE. Cet officier en remet quatre EXPÉDITIONS au MAJOR; celui-ci les vérifie sur le CONTROLE GÉNÉRAL du corps, et les remet au TRÉSORIER pour la confrontation des FEUILLES DE SITUATION INDIVIDUELLES et pour l'établissement des DÉCOMPTES DE SOLDE; elles sont ensuite adressées à l'OFFICIER D'INTENDANCE, qui en renvoie deux au CONSEIL et en garde deux avec les PIÈCES A L'APPUI pour former la REVUE GÉNÉRALE DE LIQUIDATION du TRIMESTRE. — Une DÉCISION DE 1825 (25 AVRIL) n'exige plus que trois EXPÉDITIONS des feuilles. — L'ORDONNANCE DE 1823 (19 MARS, art. 557) permettait qu'à l'armée, quand la confection des Feuilles devient difficile, il soit apporté quelques simplifications dans leur contexte. —Quand les Feuilles vérifiées par le SOUS-INTENDANT sont de retour à la COMPAGNIE, le TRÉSORIER et le CAPITAINE de la COMPAGNIE signent contradictoirement, mais seulement en ce qui regarde les HOMMES DE TROUPE, l'état comparatif des PRESTATIONS allouées et perçues, ce qui donne en résultat la connaissance du TROP ou du MOINS PERÇU.

FEUILLE (feuilles) de JOURNÉES D'ÉTAT-MAJOR (B, 1). Sorte de FEUILLES DE JOURNÉES qui sont tenues d'une manière analogue à ce qui a été dit pour les FEUILLES DE JOURNÉES DE COMPAGNIE; elles sont certifiées et signées par le TRÉSORIER DU CORPS. — En ce qui concerne le PETIT ÉTAT-MAJOR, l'opération de la signature contradictoire de la Feuille revenue du bureau du SOUS-INTENDANT avait lieu entre le TRÉSORIER et l'ADJUDANT-MAJOR.

FEUILLE de LINGE ET CHAUSSURE. V. FEUILLE DE DÉCOMPTE. V. LINGE ET CHAUSSURE.

FEUILLE de MOUVEMENT (C, 5). Sorte de FEUILLE DE POLICE dont la tenue est prescrite par le RÈGLEMENT DE 1818 (13 MAI; art. 106). Elle indique les MUTATIONS, PERMISSIONS, RÉCLAMATIONS qui ont lieu dans le cours de la semaine; elle présente la force comparative d'une semaine et de l'autre. — Chaque CAPITAINE D'INFANTERIE FRANÇAISE DE LIGNE remet, le dimanche, cette Feuille à son chef de bataillon. — Les Feuilles de mouvement, périodiquement remises à l'INTENDANCE, mentionnent l'état de la MASSE des PERMISSIONNAIRES partant.

FEUILLE (feuilles) de POLICE (term. sous-génér.). Sorte de FEUILLE ou d'état qui est nommé ainsi par opposition aux FEUILLES COMPTABILIAIRES, et qui a rapport à la POLICE INTÉRIEURE DE L'INFANTERIE FRANÇAISE. — Les Feuilles de police se distinguent en FEUILLES DE MOUVEMENT et en FEUILLES DE RAPPORT.

FEUILLE de PRÉSENCE. V. FEUILLE DE JOURNÉE. V. MILICE PRUSSIENNE N° 10. V. PRÉSENCE.

FEUILLE de PRÊT (B, 1). Sorte de FEUILLE COMPTABILIAIRE que les anciennes ordonnances ont nommée CARTE DE PRÊT et ensuite ÉTAT DE PRÊT; c'était une espèce d'ABON-COMPTE, au moyen duquel le CAPITAINE touchait pour sa COMPAGNIE, ou le CHEF d'un DÉTACHEMENT pour la troupe qu'il administrait, le montant de la SOLDE de cinq jours, sauf quelques différences résultant des mois de FÉVRIER ou des mois de trente et un jours; ainsi le PRÊT du vingt-six est fait à raison d'autant de jours qu'il en reste pour clore le mois. — L'ORDONNANCE DE 1768 (1er MARS) voulait que, dans les COMPAGNIES, la Feuille fût dressée par le FOURRIER (SERGENT-MAJOR) le jour du prêt; qu'elle fût vérifiée et signée par le CAPITAINE et portée à la caisse par le FOURRIER ou par un des OFFICIERS INFÉRIEURS de la COMPAGNIE. — Au temps où la SOLDE de la troupe était servie, au TRÉSOR PUBLIC, par dix jours, au lieu de l'être par QUINZAINE, cet ÉTAT DE PAYEMENT décadaire s'appelait également Feuille de prêt. — La CIRCULAIRE DE L'AN SIX (15 PLUVIOSE) donnait une autre acception au mot Feuille de prêt. — La Feuille de prêt des COMPAGNIES, vérifiée au moyen de la FEUILLE DE SUBSISTANCES, était signée des OFFICIERS DE SEMAINE, conformément aux dispositions de l'ARRÊTÉ DE L'AN HUIT (8 FLORÉAL). — Il était fait à part une FEUILLE DE PRÊT DE PETIT ÉTAT-MAJOR; elle était signée de l'ADJUDANT-MAJOR et touchée par l'ADJUDANT. — Le QUARTIER-MAITRE ou le TRÉSORIER du corps portait de suite en DÉPENSE, sur le REGISTRE-JOURNAL, le MONTANT des Feuilles de prêt acquittées. — La CIRCULAIRE DE 1827 (24 JANVIER) décidait sur quels fonds le prix des Feuilles serait prélevé. — Les Feuilles de prêt ont été remplacées, en 1823, par les ÉTATS QUATRIDIAIRES, puis rétablies à raison de l'ancienne coupure de cinq en cinq jours, par la DÉCISION DE 1828 (31 OCTOBRE); elle en donnait un nouveau modèle et voulait qu'elles servissent également à la recette des HAUTES PAYES. — L'ORDONNANCE DE 1833 (2 NOVEMBRE) confirmait ces dispositions, et chargeait le SERGENT-MAJOR d'opposer son récépissé sur la Feuille de prêt. — Un exposé de l'usage et de l'emploi des Feuilles de prêt est consigné dans ODIER (1824, E).

FEUILLE de PRÊT DE COMPAGNIE. V. ADMINISTRATION DE COMPAGNIE. V. COMPAGNIE D'INFANTERIE FRANÇAISE DE LIGNE N° 12. V. FEUILLE DE PRÊT. V. OFFICIER DE SEMAINE. V. PRÊT DE COMPAGNIE. V. QUARTIER-MAITRE D'INFANTERIE FRANÇAISE DE LIGNE N° 2. V. SERGENT-MAJOR N° 10.

FEUILLE de prêt de petit état-major. v. adjudant d'infanterie française de ligne n° 16. v. adjudant-major d'infanterie française de ligne n° 10. v. feuille de prêt. v. prêt de petit état-major.

FEUILLE de prochain service. v. cahier d'appel. v. prochain service.

FEUILLE de quinzaine. v. accessoires de solde. v. état de payement. v. masse comptabiliaire. v. payement. v. quinzaine. v. revue écrite.

FEUILLE (feuilles) de rapport (term. sous-génér.). Sorte de feuilles de police qui sont d'un usage journalier dans l'infanterie française ; on les a aussi nommées feuilles de rapport intérieur. — La tenue de la Feuille de rapport était prescrite par le règlement de 1818 (15 mai); elle mentionne les mutations, les événements, les punitions de prison ou autres, les permissions, les demandes, etc. — Elle se distingue en feuille de rapport de compagnie et en feuille de rapport général.

FEUILLE de rapport de compagnie (C, 5). Sorte de feuille de rapport que le règlement de 1792 (24 juin) nommait billet de rapport ; elle est dressée par le sergent-major de chaque compagnie et soumise chaque matin au capitaine, qui y inscrit ses observations et ses propositions. — Cette Feuille est accompagnée des feuilles de route, s'il en est rentré ; les renseignements qu'elle contient sont fondus dans le rapport général.

FEUILLE de rapport général (C, 5). Sorte de feuille de rapport, qu'en conformité du règlement de 1792 (24 juin) l'adjudant de semaine devait dresser dans les bureaux du quartier-maitre ou du trésorier du corps. — Conformément au règlement de 1818 (15 mai), l'adjudant remplissait à huit heures et demie du matin cette Feuille au moyen du dépouillement des feuilles de rapport des compagnies ; il en établissait deux expéditions ; cette opération avait lieu sous les yeux du chef de bataillon de semaine. — L'une de ces expéditions était remise par le chef de bataillon au lieutenant-colonel. — En cas de parade générale, l'adjudant remettait l'autre expédition au major à l'instant de cette parade. — Un résumé du rapport est transmis au commandant de place. — L'ordonnance de 1833 (2 novembre, chap. 22), qu'on peut consulter, n'a apporté à ces règles que de légères modifications.

FEUILLE de rectification. v. feuille de retenue. v. rectification. v. revue d'administration.

FEUILLE de retenue (B, 1). Sorte de feuilles comptabiliaires qui se sont appliquées à divers objets. — L'arrêté de l'an huit (8 floréal) mentionnait principalement la Feuille de retenue comme un moyen d'opérer sur les corps la reprise du montant du prix des journées d'hopitaux ; un cahier de dépouillement était tenu à cet effet. Le décret de l'an treize (25 germinal) a aboli cet usage. — Les Feuilles de retenue ou d'imputation n'ont plus eu pour objet, depuis cette époque, que les déboursés qui motivent une retenue à exercer sur les corps en général, ou bien les dépenses que des militaires, pendant une absence momentanée, hors de leurs corps, pouvaient avoir occasionnées à l'Etat, principalement pour fournitures d'effets de petit équipement ; il convenait que le ministère de la guerre se couvrit de ses avances en en ordonnant l'imputation au compte de qui de droit ; c'était l'objet de la transmission des Feuilles mentionnant l'espèce et la quotité des retenues à exercer au compte de divers. — Ces Feuilles étaient représentées ou récapitulées et le sont encore dans un relevé, qu'on nomme bordereau d'avance ; elles pouvaient être l'occasion d'un rejet, soit partiel, soit total, si les faits qu'elles énonçaient se trouvaient inexacts. — Une circulaire de 1808 (9 septembre) nommait feuilles de rectification les Feuilles de retenue à exercer sur le montant de la solde du corps, en réparation des erreurs qui avaient pu se glisser dans la confection des revues et qui étaient au détriment de l'Etat ; mention du tout était inscrite au registre des délibérations. — L'ordonnance de 1823 (19 mars) nommait Feuilles de retenue ou d'imputation, celles qui constatent les avances faites par l'Etat pour fournitures d'effets de linge et chaussure qui ont lieu au compte des militaires absents de leur corps. Ces effets de retenue sont adressés au conseil d'administration que l'objet concerne, et le montant de l'avance à recouvrer est porté en déduction sur le premier état de solde que le conseil d'administration aurait à toucher. — Le conseil ne peut se refuser à cette déduction ; mais si le mandat de fourniture a été délivré à un homme ne faisant pas réellement partie du corps, circonstance qui constitue une imputation non-recevable, le recouvrement de cette retenue mal fondée a lieu, par augmentation, sur le premier état de payement.

FEUILLE de revue. v. administration militaire. v. feuille d'appel. v. inspecteur aux revues. v. major lieutenant-colonel n° 5. v. pique. v. revue. v. revue écrite. v. sous-inspecteur.

FEUILLE DE REVUE D'ARRIVÉE. V. FEUILLE DE ROUTE DE CORPS. V. REVUE D'ARRIVÉE.

FEUILLE (feuilles) de ROUTE (term. sous-génér.). Sorte de FEUILLES COMPTABILIAIRES que les ITALIENS nomment *itinerario*; les Français employaient autrefois dans le même sens le mot CARTOUCHE; maintenant ils se servent quelquefois par ellipse de l'expression ROUTE en place du mot Feuille de route. — Une Feuille de route est un PASSE-PORT militaire, déterminant les lieux, le temps d'un trajet, les noms et qualités d'un MILITAIRE d'un DÉTACHEMENT ou d'un corps autorisés à voyager, le genre des droits qui leur sont acquis sous le rapport du LOGEMENT, des PERCEPTIONS, des SÉJOURS; c'est un titre imprimé, soit collectif, soit individuel, DÉLIVRÉ sur l'ordre d'une AUTORITÉ compétente, ou par suite d'une invitation faite par qui de droit; il est minuté dans les bureaux de la SOUS-INTENDANCE, ou de la SOUS-PRÉFECTURE. — Enfin le LAISSEZ-PASSER ou le SAUF-CONDUIT, délivrés par un MAIRE ou par ses représentants, ne seraient qu'une autorisation provisoire, valable seulement jusqu'au siége de la SOUS-PRÉFECTURE. — Ainsi l'ordre de route est une chose de gouvernement ou de COMMANDEMENT, et ceci regarde surtout les CORPS et le MINISTRE DE LA GUERRE; la Feuille de route est une chose d'ADMINISTRATION, elle n'est délivrée que sur l'exhibition de l'ORDRE ou de l'invitation mentionnés plus haut. — Les Feuilles de route sont imprimées sur un seul et même modèle dont la forme a été prescrite en l'AN DEUX (6 FRUCTIDOR). Elles sont confectionnées et distribuées par les soins du MINISTÈRE DE LA GUERRE qui les adresse directement lui-même, en TEMPS DE PAIX, aux AUTORITÉS locales, qui les distribuent à raison du droit et du besoin. — L'ITINÉRAIRE est rédigé sur les Feuilles conformément à la CARTE qui détermine les LIEUX D'ÉTAPE et de GITE. — Les Feuilles de route, en général, présentent le numéro de leur enregistrement, le lieu du DÉPART, celui de l'ARRIVÉE, le nombre des JOURNÉES DE MARCHE, les LIEUX DE PASSAGE, les séjours, le nom du porteur ou le nombre d'hommes, les droits aux PRESTATIONS. — Le maniement, la délivrance, la surveillance des Feuilles de route regardent spécialement l'INTENDANCE, de même que cette partie était autrefois un des devoirs des COMMISSAIRES DES GUERRES; mais dans les lieux où réside un COMMANDANT DE PLACE et où, par cas extraordinaire ou habituellement, il ne se trouve pas de fonctionnaire de l'INTENDANCE, le COMMANDANT est chargé de l'examen, du visa, de la délivrance des Feuilles de route; à défaut de COMMANDANT, le PRÉFET ou le SOUS-PRÉFET s'en acquittent; enfin, à défaut de SOUS-PRÉFET, le MAIRE aurait dans ses attributions, le visa de la Feuille et les autres formalités relatives au passage des militaires qui voyagent. — Les MAIRES peuvent délivrer non des Feuilles de route, mais des saufs-conduits jusqu'à la prochaine résidence des AUTORITÉS auxquelles est dévolu le droit de délivrer des Feuilles de route. — Les DÉCISIONS DE 1806 (12 JUILLET) et 1814 (3 SEPTEMBRE) disposaient que les Feuilles de route délivrées par d'autres que les COMMISSAIRES DES GUERRES n'étaient que provisoires et devaient être échangées contre des routes définitives, au premier lieu de résidence d'un MEMBRE du CORPS de l'ADMINISTRATION. — Le DÉPART des CORPS ou des MILITAIRES ne peut tarder au delà du lendemain de la signature de la Feuille de route; s'il en est autrement, la Feuille de route perd sa validité. — Les DISTRIBUTIONS EN ROUTE ne peuvent avoir lieu qu'après qu'il a été fait exhibition de la Feuille de route du CORPS ou du DÉTACHEMENT qui voyagent: même règle à l'égard des BILLETS DE LOGEMENT. — A chaque station ou GITE la Feuille de route reçoit un visa et un timbre qui constatent le fait de l'ARRIVÉE et son époque. — Si une Feuille de route vient à se perdre, le CORPS ou le MILITAIRE qui en étaient porteurs, doivent en faire, au lieu le plus prochain, la déclaration pour obtenir un certificat qui leur tienne lieu de la pièce perdue. — Les Feuilles de route sont retirées aux arrivants et renvoyées au MINISTRE. — Les Feuilles de route se distinguent en FEUILLES DE ROUTE DE CORPS et en FEUILLES DE ROUTE DE MILITAIRE ISOLÉ.

FEUILLE DE ROUTE DE CONVALESCENT. V. CONVALESCENT ABSENT.

FEUILLE DE ROUTE DE CORPS (B, 4). Sorte de FEUILLES DE ROUTE qui ne sont délivrées, en TEMPS DE PAIX et dans l'intérieur, que sur l'ordre du MINISTRE DE LA GUERRE lui-même. Le RÈGLEMENT DE L'AN HUIT (25 FRUCTIDOR) permettait que cet ORDRE fût donné par le GÉNÉRAL COMMANDANT LA DIVISION, mais c'était comme intermédiaire du MINISTRE, ou dans le seul cas où il s'agissait d'un déplacement dans l'INTÉRIEUR de la DIVISION MILITAIRE TERRITORIALE. — La Feuille de route exprime qu'une REVUE D'EFFECTIF a été passée la VEILLE DU DÉPART; elle comprend l'EXTRAIT de cette REVUE et en présente l'ÉTAT DE SITUATION numérique; elle mentionne la quantité de CHEVAUX qui appartiennent au CORPS, le nombre et l'espèce de CONVOIS A LA SUITE, tels que VOITURES ou autres moyens de TRANSPORT MILITAIRES auxquels le CORPS a droit. — Si en ROUTE de nouvelles REVUES doivent être passées, il est de nouveau fait, sur la

Feuille, une inscription de l'EXTRAIT de la REVUE et toutes les MUTATIONS survenues depuis le DÉPART y sont mentionnées ; cette mesure garantit la régularité du service de la SOLDE, du SUPPLÉMENT D'ÉTAPE et des DISTRIBUTIONS DE VIVRES. — Autrefois, l'OFFICIER commandant le LOGEMENT ACTIF était porteur de la Feuille de route ; il est plus convenable qu'elle soit entre les mains du TRÉSORIER si le régiment marche réuni. — Lors de l'ARRIVÉE à la destination, toutes les MUTATIONS inscrites sur la Feuille de route sont confrontées par l'OFFICIER D'INTENDANCE, avec les détails des FEUILLES D'APPEL de la REVUE D'ARRIVÉE. — Les FERMIERS des PASSAGES D'EAU peuvent exiger l'exhibition de la Feuille de route des CORPS ou des DÉTACHEMENTS qui doivent faire le trajet des COURS D'EAU tenus à location.

FEUILLE de ROUTE DE DÉSERTEUR DE L'HOPITAL. V. DÉSERTEUR DE L'HOPITAL. V. ROUTE DE DÉSERTEUR.

FEUILLE de ROUTE DE DÉTACHEMENT. V. CHEF DE DÉTACHEMENT ADMINISTRATIF N° 1. V. DÉTACHEMENT ADMINISTRATIF. V. FEUILLE DE ROUTE DE CORPS. V. ROUTE DE DÉTACHEMENT.

FEUILLE (feuilles) de ROUTE DE MILITAIRE ISOLÉ (term. sous-génér.). Sorte de FEUILLES COMPTABILIAIRES délivrées individuellement à divers : elles indiquent les nom, prénoms, grade, corps, bataillon, et même le SIGNALEMENT du MILITAIRE voyageur ; elles sont données surtout aux porteurs d'un CONGÉ ou d'une PERMISSION, soit quand elle commence, soit quand elle expire, aux porteurs de BILLETS D'ENTRÉE A UN HOPITAL EXTERNE, aux HOMMES SORTANT de l'HOPITAL, à ceux qui ont ORDRE DE REJOINDRE. — S'il s'agit d'un REMPLAÇANT, il a, outre sa Feuille de route, une FEUILLE DE DÉPART. — Toutes les AVANCES faites à des HOMMES ISOLÉS, toutes FOURNITURES D'EFFETS DE PETIT ÉQUIPEMENT sont inscrites au fur et à mesure sur leur Feuille de route. — Les hommes dirigés sur des HOPITAUX EXTERNES doivent, en y arrivant, faire exhibition de la Feuille de route dont ils sont porteurs, en outre de leur BILLET D'ENTRÉE ; quand ils sortent de ces HOPITAUX pour se rendre à leur corps, il leur est délivré une Feuille de route distincte et séparée de leur BILLET DE SORTIE. — Ces Feuilles de route sont accompagnées, s'il y a lieu, de COUPONS DE CONVOI et de COUPONS D'INDEMNITÉ. — Si un MILITAIRE étant en route entre à l'HOPITAL, il est fait mention, sur sa Feuille, de cette circonstance par le signataire de BILLET D'ENTRÉE A L'HOPITAL. — Le RÈGLEMENT DE L'AN HUIT (25 FRUCTIDOR) voulait que les PORTEURS DE FAUSSE ROUTE OU ROUTE FALSIFIÉE, fussent traduits devant les TRIBUNAUX MILI-

TAIRES ; il les soumettait aux peines réservées au CRIME DE FAUX, et mentionnées dans le CODE PÉNAL DE 1705 (12 MAI). — Il y a des Feuilles de route qui stipulent un droit à l'INDEMNITÉ DE ROUTE ; il y en a qu'on appelle Feuille de route sans INDEMNITÉ ; de ce dernier genre sont ordinairement celles qui sont délivrées sur le vu d'un CONGÉ LIMITÉ. — S'il s'agit de CONVALESCENTS ABSENTS de leur corps, la Feuille de route mentionne s'ils ont droit à être transportés sur VOITURES ; elle indique aussi s'ils ont pris des SÉJOURS EN ROUTE, ainsi que la durée de ces SÉJOURS. — Le RÈGLEMENT DE L'AN QUATORZE (18 FRIMAIRE) autorisait la GENDARMERIE à exiger des militaires ISOLÉS l'exhibition de leur Feuille de route. — Les sommes délivrées pour INDEMNITÉ DE ROUTE doivent à mesure y être inscrites, ainsi que les FOURNITURES D'EFFETS DE PETIT ÉQUIPEMENT. — Toutes PRESTATIONS attribuées par une Feuille de route cessent d'être exigibles par le MILITAIRE qui est hors de l'itinéraire tracé sur sa route. — Les HOMMES DE TROUPE voyageant isolément qui n'arrivent qu'après l'expiration de l'époque déterminée par la Feuille de route, cessent d'avoir aucun droit au RAPPEL de la SOLDE ou des INDEMNITÉS DE ROUTE qui leur étaient allouées. — Le militaire isolé qui perd sa Feuille de route n'a droit pendant une durée de six mois à aucun RAPPEL des INDEMNITÉS dont il eût joui, ni au payement de l'EXCÉDANT DE FONDS DE MASSE. L'ORDONNANCE DE 1823 (19 MARS) a prescrit ce laps de temps, afin qu'il permît au corps de recevoir la transmission des renseignements relatifs aux PERCEPTIONS D'EFFETS, etc., qui auraient pu être délivrés au compte du RENTRANT ; ces perceptions sont regardées comme non avenues quand il s'est écoulé six mois sans qu'il se soit élevé de réclamations. — Les Feuilles de route des hommes de troupe RENTRANT leur sont retirées par le SERGENT-MAJOR ; elles sont jointes à la Feuille du RAPPORT du lendemain. — La Feuille de route des MILITAIRES ISOLÉS sera surtout distinguée ici en FEUILLE DE ROUTE D'OFFICIER.

FEUILLE de ROUTE D'ENROLÉ VOLONTAIRE. V. ENROLÉ VOLONTAIRE. V. ROUTE.

FEUILLE de ROUTE D'OFFICIER (B, 1). Sorte de FEUILLE DE ROUTE DE MILITAIRE ISOLÉ, en vertu de laquelle l'OFFICIER peut se faire rappeler, à son arrivée, des deniers de solde auxquels il aurait eu droit à raison du nombre de JOURNÉES DE MARCHE et des LIEUX DE GITES parcourus. — La SOLDE à laquelle l'OFFICIER a droit pendant la durée de la route cesse d'être exigible par lui, si, à moins d'empêchement légitime et dûment constaté, il ne s'est rendu à son poste qu'à une date qui excède le terme fixé par les inscriptions de la Feuille de route. — La CIRCULAIRE DE 1855 (4 FÉVRIER) exigeait que leur SIGNALEMENT y fût inscrit, et enjoignait aux OFFICIERS EN CONGÉ de se munir de PASSE-PORTS civils.

FEUILLE de SAUGE. V. CUILLERON. V. SAUGE.

FEUILLE de SIGNALEMENT. V. CHEF DE DÉTACHEMENT ADMINISTRATIF N° 5. V. SIGNALEMENT. V. SIGNALEMENT DE DÉSERTEUR.

FEUILLE de SITUATION. V. ÉTAT DE SITUATION. V. FEUILLE DE JOURNÉE DE COMPAGNIE. V. MASSE DE LINGE ET CHAUSSURE. V. SITUATION. V. SOUS-INTENDANT MILITAIRE N° 8.

FEUILLE de SUBSISTANCE (B, 1). Sorte de FEUILLE COMPTABILIAIRE qui était mentionnée dans l'ARRÊTÉ DE L'AN HUIT (8 FLORÉAL), dans le DÉCRET DE L'AN TREIZE (25 GERMINAL) et dans la CIRCULAIRE DE 1809 (21 DÉCEMBRE); elle servait de matrice aux ÉTATS périodiques de DISTRIBUTIONS dressés par le FOURRIER (SERGENT-MAJOR), et elle mettait le CAPITAINE à même de constater la sincérité de ces ÉTATS, parce que la Feuille de situation recevait jour par jour l'inscription des MUTATIONS et MOUVEMENTS survenus; elle servait à arrêter entre le CAPITAINE et le QUARTIER-MAITRE le DÉCOMPTE des subsistances; elle mettait à même le CAPITAINE de suivre jour par jour l'emploi des DENIERS de la SOLDE et de former tous les trois mois pour la REVUE ADMINISTRATIVE la FEUILLE D'APPEL. — Ces dispositions ont été modifiées. On lit dans BARDIN (1813, C, p. 530): *La Feuille de subsistance présente les journées par grade donnant droit aux diverses espèces de solde, le décompte de ces mêmes journées, le montant de chaque prêt, les consommations de toute espèce qui ont eu réellement lieu dans la compagnie et les rations allouées par les revues du trimestre. — La Feuille d'appel, qui doit être commencée le premier jour de chaque trimestre et sur laquelle on doit porter les mutations comme sur les contrôles, de manière que, à la fin du trimestre, il n'y ait plus qu'à clore cette Feuille et à établir les récapitulations, doit toujours être accompagnée de la Feuille de subsistance.* — La Feuille de subsistance était vérifiée tous les trois mois par le QUARTIER-MAITRE et soumise aux examens du SOUS-INSPECTEUR; elle contenait une récapitulation des JOURNÉES par GRADE avec le total des sommes dues à chaque GRADE, les produits de la RETENUE DE PETIT ÉQUIPEMENT, le relevé des ÉTATS DE PRÊT, la quantité des RATIONS délivrées, etc.; elle était faite en double EXPÉDITION, l'une était gardée par chaque CHEF DE COMPAGNIE après avoir été visée par le QUARTIER-MAITRE, l'autre était remise au QUARTIER-MAITRE. — La Feuille de subsistance servait à établir le DÉCOMPTE DE PETIT ÉQUIPEMENT, à vérifier la FEUILLE DE PRÊT, à constater le nombre des JOURNÉES DES PRÉSENTS; elle indiquait la quantité de RATIONS DE PAIN qui revenaient à la COMPAGNIE; et elle offrait le relevé des DISTRIBUTIONS, ainsi que le total des RATIONS fournies. — La forme des Feuilles de subsistance a été modifiée par la circulaire de 1811 (4 mars). — L'ORDONNANCE DE 1818 (13 MAI) la mentionne comme un des principaux moyens de la surveillance administrative du CAPITAINE. — L'ORDONNANCE DE 1823 (19 MARS) ne fait plus mention des Feuilles de subsistances, et institue les FEUILLES DE JOURNÉES. — On éclairerait davantage la question des Feuilles de subsistance en recourant à ODIER (1824, E).

FEUILLE de TRAVAILLEURS (C, 3). Sorte de FEUILLE DE POLICE que mentionne l'ORDONNANCE DE 1818 (13 MAI): elle voulait que le MAJOR s'assurât, à l'expiration de chaque TRIMESTRE, si le LIVRET INDIVIDUEL des HOMMES DE TROUPE des COMPAGNIES cadre avec la Feuille des TRAVAILLEURS.

FEUILLE de VISITE. V. ALIMENT D'HOPITAL. V. VISITE. V. VISITE D'HOPITAL.

FEUILLE d'ÉMARGEMENT (B, 1), ou ÉTAT D'APPOINTEMENTS, ou ÉTAT DE MOIS suivant ODIER (1824, E), ou ÉTAT D'ÉMARGEMENT. Sorte de FEUILLES COMPTABILIAIRES et mensuelles qui présentent nominativement par grade, par ancienneté, et d'accord avec les REVUES, la liste des OFFICIERS d'un CORPS D'INFANTERIE FRANÇAISE; il y est indiqué la somme qui revient à chacun d'eux pour solde des APPOINTEMENTS du mois. Chaque OFFICIER signe en marge, ou ÉMARGE cet ÉTAT: ce qui compose ainsi un récépissé collectif que le TRÉSORIER garde et produit en justification du payement des APPOINTEMENTS. — L'ORDONNANCE DE 1823 (19 MARS) donnait le modèle de cet état.

FEUILLE d'ÉVACUATION. V. CORPS D'INTENDANCE N° 8. V. ÉVACUATION DE MALADES. V. HOPITAL MILITAIRE. V. OFFICIER D'INTENDANCE (fonctions).

FEUILLE d'IMPUTATION. V. EFFET D'IMPUTATION. V. FEUILLE DE RETENUE. V. IMPUTATION.

FEUILLE d'OPINIONS. V. CONSEIL PERMANENT N° 5. V. OPINION.

FEUILTRE, subs. masc. V. FEUTRE.

FEUQUIÈRES. V. NOMS PROPRES.

FEURRE, subs. masc. V. FOURRAGE. V. ÉTAPE.

FEURRIER, subs. masc. V. FOURRIER.

FEUTRE, subs. masc. (term. génér.), ou

FAUTRE, ou FEULTRE suivant Roquefort. Mot qui a la même étymologie que l'expression FELTRE (CUIRASSE, GAMBESON). Il dérive du bas LATIN *philtrum*; il signifie principalement étoffe de laine foulée, étoffe à CHAPEAU; mais dans la langue des selliers-harnacheurs et des buffletiers, il sert à désigner toute partie de BUFFLE ou de cuir employée comme soutien ou garniture. Il ne sera donné ici quelque détail qu'à l'égard du FEUTRE DE SHAKO.

FEUTRE de COLLIER DE TAMBOUR. V. BANDE DE COLLIER DE TAMBOUR. V. COLLIER DE TAMBOUR. V. COLLIER D'OLIVE.

FEUTRE de HAVRE-SAC. V. BRETELLES DE HAVRE-SAC. V. HAVRE-SAC.

FEUTRE de SAC DE CAMPAGNE. V. ANNEAU DE SAC DE CAMPAGNE. V. SAC DE CAMPAGNE.

FEUTRE de SHAKO (B, 1). Sorte de FEUTRE qui compose la partie cylindrique ou le cône tronqué du CORPS d'un SHAKO D'INFANTERIE FRANÇAISE DE LIGNE : le Feutre supporte la CALOTTE. — Il a été fait de nombreux essais pour substituer à ce genre de lainage une étoffe en coton.

FEUX (subs. masc. plur.) d'ARMÉE, de BIVAC, de CAMP, de CASERNE. V. ARMÉE. V. BIVAC. V. CAMP. V. CASERNE. V. COMPASSER LES FEUX. V. DÉFENSE PÉRIBOLOGIQUE. V. DÉFILEMENT DE FEUX. V. FEU, subs. masc. V. GÉOLOGIE. V. SALLE DE DISCIPLINE.

FEUX et LUMIÈRES. V. CASERNE. V. CHEF DE POSTE DE POLICE EN GARNISON. V. CUISINIER. V. EXTINCTION DE FEUX. V. LUMIÈRE.

FÈVE, subs. fém. V. LÉGUMES FRAIS. V. LÉGUMES SECS. V. MILICE TURCO-ÉGYPTIENNE Nº 1.

FEVRET. V. NOMS PROPRES.

FÉVRIER, subs. masc. (B, 1; G, 6). Mot dont l'étymologie est toute LATINE. — La différence de sa durée par rapport au reste de l'année était l'occasion de certaines modifications dans les ÉTATS DE QUINZAINE, les FEUILLES DE PRÊT, les ÉTATS QUATRIDIAIRES. — La solde des OFFICIERS est payée, à la fin de Février, comme s'il avait trente jours. — L'ORDONNANCE DE 1818 (13 MAI) prescrivait au LIEUTENANT-COLONEL et à l'INSTRUCTEUR de faire commencer l'EXERCICE des SOUS-OFFICIERS dans la première quinzaine de Février, ou plus tôt si le temps le permet.

FEWTRELL. V. NOMS PROPRES.

FEZI, subs. masc. V. PHÉGY.

FIALETTI; FIAMELLI. V. NOMS PROPRES.

FICELLE, subs. fém. V. CANTINE D'AMBULANCE.

FICHANT (fichante), adj. V. DÉFENSE F... V. FEU F... V. FLANC F... V. FORTIFICATION F... V. LIGNE F... V. TIR F...

FICHE, subs. fém. (E, 1). Mot provenu de l'ITALIEN *ficcare*, planter. — Le mot Fiche a d'abord eu le sens qu'on attache au mot FANION DE CAMPEMENT, et au mot bien plus moderne JALON; dans la première moitié du dernier siècle, il était ordonné aux SERGENTS et aux FOURRIERS DE CAMPEMENT de porter chacun une Fiche. — Les ORDONNANCES DE 1767 (25 AVRIL) et 1775 (30 MAI) voulaient qu'en route chaque FOURRIER (SERGENT-MAJOR) fût porteur d'une Fiche. — L'ORDONNANCE DE 1778 (28 AVRIL) voulait que les trois caporaux qui par chaque bataillon faisaient partie du CAMPEMENT ACTIF fussent munis chacun d'une Fiche ou FANION. — Depuis que le mot FANION a prévalu, le terme Fiche a reçu un sens nouveau; ainsi, suivant l'acception qu'il prend depuis le RÈGLEMENT DE 1792 (5 AVRIL), il donne idée de baguettes ou petits baliveaux dont les HOMMES DE CAMPEMENT se servent comme de JALONS pour relever les marques du CORDEAU DE FRONT et du CORDON MÉTRIQUE.

FIDALGUE, subs. masc. V. MILICE PORTUGAISE Nº 1.

FIDALQUE, subs. masc. V. MILICE PORTUGAISE Nº 1.

FIDÈLE, subs. masc. V. ALDIONNAIRE. V. ANTRUSTION. V. BÉNÉFICE. V. BÉNÉFICIER. V. CHEVALERIE MILITAIRE. V. GARDE DE PRINCE. V. GARDE ROYALE Nº 1. V. LEUDE. V. SEIGNEUR.

FIEF, subs. masc. V. ARRIÈRE-F... V. SEIGNEUR DE F... V. SOUS-F...

FIEF (fiefs, fiez) (F), ou FEU, ou FEUDE, ou FIEU, ou INFÉODATION, ou INFEUDATION, ou FIHÉ, en LANGUE ROMANE, suivant Roquefort. Mot dont l'origine n'est pas clairement démontrée, et qui a produit les mots FÉODALITÉ, FEUDATAIRE, et FIVATIER synonyme de FIEFFÉ ou FIÉVÉ. — L'ENCYCLOPÉDIE (1751, C; au mot *Fief*) le tire du TEUTON *feld* ou *foeld*, signifiant champ, et imités dans l'ANGLAIS *fee*, *fees*; suivant d'autres opinions, il viendrait du TEUTON *feod*, signifiant possession ou octroi d'une SOLDE. — Cujas le dérive de *fides*; d'autres, du GAULOIS *fé* ou *fi*, signifiant FOI; d'autres, du SAXON *feh*, GAGES; PONTANUS, du danois *feid*, service militaire; d'autres, du HONGROIS *foeld*, terre; d'autres, de *foden*, nourrir; d'autres, du vieux SAXON *feod*, possession de solde : de *feod* serait venu le LATIN barbare *feodum*, altéré en *feudum*, et traduit dans le français par féodal, feudal. — Plusieurs écrivains pensent qu'il dérive du LATIN *fœdus*, ou du bas LATIN *fiscus* ou *feodum*, expressions qui signifiaient terre ou DOMAINE (*dominium*) octroyés à des GENTILSHOMMES, à des LEUDES, à condition du SERVICE MILITAIRE, sans concession de PAYE. — Telle serait l'origine du

BAN ET ARRIÈRE-BAN et le principe du système des ARMÉES FÉODALES. — L'institution des Fiefs proprement dits appartient probablement aux premiers temps de la monarchie française, ou du moins les Fiefs, regardés par les ÉCRIVAINS comme existant dès le règne des Carlovingiens, étaient une confirmation des sorts, des lots, des BÉNÉFICES MILITAIRES qui avaient été le lien de la VASSALITÉ établie, plus ou moins formellement, pendant le cours de la PREMIÈRE RACE. — C'étaient des PENSIONS en nature qui ne passaient point aux femmes, parce que les femmes étaient inhabiles au SERVICE MILITAIRE personnel, et que les biens nobles ne pouvaient tomber de lance en quenouille; les femmes n'avaient droit qu'aux propres, c'est-à-dire aux propriétés dont la libre disposition était laissée aux familles. — On croit les GRANDS FIEFS créés vers 877; et, avant l'avénement de HUGUES CAPET, la TENURE en était confiée à des BARONS, des COMTES, des ABBÉS. On lit dans M. SISMONDI, à la date 888 : *On vit les restes des hommes libres, nommés arimans, changer les alleux dont ils étaient propriétaires en Fiefs, qu'ils consentaient à tenir d'un seigneur, sous le nom de oblatio feudis.* — Les Fiefs alors étaient, par usurpation, devenus héréditaires, mais ne pouvaient échoir par héritages qu'aux mâles premiers-nés; à défaut de mâles, ils devaient retourner à la couronne. — La théocratie, qui avait succédé au pouvoir royal, avait tué l'esprit militaire; une poignée de NORMANDS ravageait des provinces entières sans qu'une MILICE NATIONALE leur résistât; le besoin de la défense fit recourir les particuliers à tous les moyens; des laïques puissants transformèrent en FORTERESSES les monastères, en SOLDATS les SERFS; des parents de prélats dépouillèrent de ses CHATEAUX l'Eglise pour les garnir de GENS D'ARMES; quelque bravoure reparut avec le pouvoir assis sur les Fiefs. — Vers 960 surtout, les Fiefs se distinguèrent en dominants et en subordonnés; les petits Fiefs surgirent des SOUS-INFÉODATIONS nommées ARRIÈRE-FIEFS et SOUS-FIEFS, et couvrirent de TOURS et de CHATEAUX la campagne; le nom du Fief devint la désignation et une partie du NOM PROPRE du possesseur. — On a prétendu, mais sans preuves, que vers ces époques, les grands Fiefs n'étaient qu'au nombre de sept. — Quant aux Fiefs à la tête desquels on voit des BANNERETS, ils ne sont mentionnés dans l'histoire que dans les siècles suivants. — Sur ces matières, les avis sont partagés. Bernardin, dans un de ses ouvrages (*Vœux d'un Solitaire*), prétend que les Fiefs ne datent que de la SECONDE

RACE; quelle que soit leur origine, on lui doit, dit LOISEAU, *le mot de suzeraineté, aussi étrange que cette espèce de seigneurie est absurde.* — Les BÉNÉFICES MILITAIRES étaient à vie; les Fiefs furent à perpétuité, soit du consentement libre ou forcé du donataire, soit par l'usurpation violente des SEIGNEURS mis en jouissance; ils étaient tous héréditaires sous HUGUES CAPET; telle est la différence palpable entre le BÉNÉFICIER et le VASSAL FIEFFÉ : le premier jouissait d'une grâce, d'une faveur, d'une RÉCOMPENSE; le second avait en propriété un DOMAINE; il était SEIGNEUR SUZERAIN, ou dominant. Le BÉNÉFICE était une DOTATION, un MAJORAT, ou révocable, ou à réversion forcée; le Fief, qui, suivant certaines conditions, était concédé à un VASSAL, le transformait en SEIGNEUR FIEFFÉ. Plus d'un GENTILHOMME a su cumuler les avantages du FIEFFÉ et du BÉNÉFICIER; telle a été l'origine des grandes fortunes féodales. — Il s'est établi des différences ensuite entre le Fief (*feodum*) et le DOMAINE (*dominicum, dominium*); le DOMAINE était le lieu dont le maître recueillait personnellement les fruits, et dont un CHATEAU était le principal manoir; tandis que le Fief comportait ou pouvait comporter, sans jouissance de château, des portions plus ou moins étendues de terrain, dont le SUZERAIN ne recueillait pas les fruits; il était censé payé de leur valeur par des redevances quelconques : tel était le cas quand il y avait concession de Fiefs donnés à des VAVASSEURS ou à des TENANTS subordonnés; les ARRIÈRE-FIEFS, dont ils devinrent usufruitiers, se subdivisèrent à l'infini par des SOUS-INFÉODATIONS, et furent cédés, soit en VILLENAGE ou à titre précaire, soit en Fiefs propres, et ils continuèrent à faire partie de l'ensemble du Fief du SEIGNEUR ou FIEF-CHEVEL, mais sans être de son domaine; de là les SERGENTERIES, ou Fiefs de SERGENTS, soit MILITAIRES et FÉODÉS, soit CIVILS et ROTURIERS. — L'héritage d'un Fief ouvrait le droit au tribut nommé RELIEF : la captivité d'un FIEFFÉ rendait passif de sa RANÇON le Fief; ces cas et plusieurs autres donnaient lieu à la locution RELEVER LE FIEF. On disait, dans un sens différent, relever d'un Fief, c'est-à-dire être dans sa MOUVANCE, dépendre de lui. — Les Fiefs ont d'abord été tenus par des GENTILSHOMMES que les historiens nomment chevaliers, et même par des femmes CHEVALERESSES ou CHEVALIÈRES. En France, cette TENURE était interdite aux ROTURIERS, mais ne l'était pas aux hommes d'Eglise. — Les veuves qui héritaient de Fiefs, à titre de mères d'enfants mâles, étaient représentées au SERVICE MILITAIRE FÉODAL par des VIDAMES, des VIGUIERS;

quelques-unes même marchèrent, en armes, à la tête de leurs VASSAUX. — Une redevance nommée le SERVICE EN OST, et l'obligation de se présenter aux REVUES nommées MONTRES, étaient toujours imposées aux Fiefs, mais dans des proportions aussi variées que les PEINES infligées pour manquement au SERVICE. Tel Fief devait un CHEVALIER et demi, ou bien un tiers, un quart de CHEVALIER; c'était un effet des sous-inféodations, ou des partages entre héritiers, peut-être entre jumeaux. — Les GENTILSHOMMES de la CHATELLENIE d'Issoudun, en Berry, étaient formellement dispensés d'une obligation presque générale, l'obligation du SERVICE FÉODAL. — Un Fief tenu à PLEINES ARMES, un PLEIN FIEF de HAUBERT, obligeaient le FEUDATAIRE qui le desservait à être pourvu d'un nombre de TROUPES et d'un genre d'équipages déterminés. Une décision de CHARLES SEPT, en 1445, voulait qu'il eût CHEVAL, ÉCU, ÉPÉE, HAUBERGEON, HEAUMÉ et VALETS. — Le pays où les Fiefs ont eu une véritable constitution, c'est l'Angleterre, parce que GUILLAUME le Conquérant, nouveau CLOVIS, spoliant les vaincus, distribua, à son gré, leurs terres. Il avait établi jusqu'à soixante mille FIEFS DE CHEVALIER. — En France, une BANNIÈRE DE CHEVALIER évoquait le BAN par droit de Fief; d'autres Fiefs obligeaient leurs TENANTS à assister aux plaids des SUZERAINS, à être membres des assises du SEIGNEUR; de là originairement le titre de CHEVALIER DE JUSTICE. — Au treizième siècle, les guerres ayant épuisé de NOBLES la France, de grands Fiefs échurent à des acquéreurs non NOBLES; ces ROTURIERS étant regardés d'abord comme non obligés au SERVICE en personne furent soumis à un impôt représentatif en argent, qu'on appelait droit de haut Fief. — Plus tard, les chevaliers, la GENDARMERIE du MOYEN AGE, les GENTILSHOMMES eurent une existence indépendante de celle des Fiefs; leur qualification cessa d'être liée aux droits, aux titres ou aux obligations qui y étaient attachés d'abord; de même aussi les GENDARMES du MOYEN AGE doivent être classés en deux catégories : les GENS D'ARMES FIEFFÉS et les GENS D'ARMES VOLONTAIRES. — D'autres Fiefs, et c'étaient ceux de la moindre espèce, étaient tenus par des ÉCUYERS, que, par cette raison, on nomme ÉCUYERS D'ARMES ou ÉCUYERS FIEFFÉS. — On appelait PENNONNIERS les chefs de Fiefs à PENNON. — Il y a eu des Fiefs qui obligeaient les ECCLÉSIASTIQUES qui s'en trouvaient pourvus à vêtir la CUIRASSE et à COMBATTRE en personne à la GUERRE; les prélats qui étaient dans cette position ne furent relevés de l'obligation de faire partie de l'ARMÉE que sous FRANÇOIS PREMIER. —

Les membres de certaines abbayes, de certains couvents, ne pouvant combattre en personne, des AVOUÉS eurent le gouvernement et l'administration des TROUPES de ces Fiefs, de même que des BAILLIS étaient chargés de la conduite du BAN et ARRIÈRE-BAN, seules forces militaires actives d'alors. — DANIEL (1721, A) regarde les Fiefs comme n'étant tenus qu'à fournir des HOMMES A CHEVAL. Nous avons cependant fourni la preuve que des troupes françaises d'ARRIÈRE-BAN comprenaient de l'INFANTERIE. — On appelait forfaire un Fief, le mettre dans le cas d'être confisqué par le SEIGNEUR féodal, en punition de félonie, de manquement à la FOI ET HOMMAGE, ou en répression de la non-exécution d'une LEVÉE. — On appelait Fief dominant celui de qui un autre relevait; Fief enterin, celui qui était entier; Fief servant, celui qui consistait dans un domaine tenu noblement à FOI ET HOMMAGE. — On appelait régales les Fiefs ecclésiastiques dont le revenu retournait au fisc royal pendant la vacance des emplois. On ne voit pas clairement la cause de cette dénomination, car le mot régale, qui signifie royal, semblerait devoir s'être d'abord étendu à toute espèce de terres données de la main du roi, à FOI ET HOMMAGE et à titre de réversion. — On désignait comme Fiefs de dignité ceux auxquels il était attaché quelques titres d'honneur; tels étaient les baronnies, châtellenies, comtés, duchés, marquisats, principautés. — On appelait FIEF DE SOUDOYER celui qui consistait en une pension viagère ou en une jouissance d'objets mobiliers octroyés par un SEIGNEUR à un GENS D'ARMES pour prix de son SERVICE MILITAIRE. Telle est l'origine de la SOLDE du SONOYER (soudoye) ou du SOLDAT. — Les SOUDOYERS fieffés étaient tenus à FOI ET HOMMAGE comme s'il se fût agi d'un immeuble. — Les Fiefs FRANÇAIS ne commencent à retourner à la couronne, à laquelle ils avaient été en général dérobés, qu'à l'époque où l'impôt s'établit sur toutes les terres : c'est l'époque où la MILICE FIEFFÉE disparaît, où la PAYE s'institue, où la fureur des GUERRES PRIVÉES se tempère. — Cette révolution appartient au règne de PHILIPPE LE BEL et aux immédiatisations du commencement du quatorzième siècle; cependant de GRANDS FIEFS subsistèrent bien plus tard; on sait la lutte qui régnait entre LOUIS ONZE et les GRANDS FEUDATAIRES; l'introduction des corps à CANONS fut un grand coup porté aux Fiefs. — Successivement le système des Fiefs s'est introduit dans les MILICES SUÉDOISE, TURQUE, RUSSE, AUTRICHIENNE, POLONAISE; ainsi les STAROSTIES de POLOGNE étaient des Fiefs d'OFFICIERS; les BOÉTÉELES de SUÈDE, des Fiefs d'OFFICIERS et de SOLDATS; les TIMARS TURCS, des Fiefs d'AVENTURIERS. — L'année 1789 (4 août) a marqué, et probablement à jamais, l'extinction des Fiefs de France, à moins qu'on ne regarde comme une réalité ce rêve de BONAPARTE, qui, en 1808 (30 mars), prétendait reconstituer douze GRANDS FIEFS de l'empire; il avait mis vanité à relever l'échafaudage qui n'avait pu être construit et abattu que par une longue suite de siècles. — Puisque de grands Fiefs se relevaient en France, des esprits soupçonneux se demandaient si cela n'amènerait pas de nouveau cet encan qu'on nommait jadis SOUS-INFÉODATIONS; ainsi il y aurait eu bientôt de moindres Fiefs. La FÉODALITÉ primitive, c'est-à-dire monarchique, eût d'abord ressuscité; des extrémités de l'empire le système eût gagné le cœur de l'État, et l'ancien ordre des choses se fût reproduit sous l'escorte de l'ignorance, de la superstition, des déchirements et des famines. — Cette imitation malhabile de ce qui avait été fait par CLOVIS, CHARLES MARTEL, HUGUES CAPET et les NORMANDS, promettait-il à nos neveux un second MOYEN AGE et de nouveaux siècles de plomb? c'est ce que prédisaient des censeurs dont les craintes étaient exagérées. — M. DE BARANTE (année 1477), BENETON (1742, A), l'ENCYCLOPÉDIE (1751, C), HAUTE-SERRES, LEFEBVRE, LELABOUREUR, l'*Encyclopédie des Gens du monde*, le *Dictionnaire de la Conversation* et les AUTEURS qui ont écrit touchant la FÉODALITÉ peuvent être consultés à l'égard des Fiefs. — Sous le point de vue militaire, les Fiefs se sont distingués en FIEF BANNERET, — DE HAUBERT, — D'ÉCUYER.

FIEF A HAUBERT. V. A HAUBERT. V. FIEF DE HAUBERT. V. GAMBESON.

FIEF (fiefs) **banneret** (F). Sorte de FIEF qui, sous la TROISIÈME RACE, donnait au VASSAL le droit de LEVER BANNIÈRE, et l'obligeait à servir à cheval à la tête d'une TROUPE; il était tenu, suivant les temps ou les coutumes locales, à fournir à son souverain dix ou vingt-cinq COMBATTANTS à cheval et ARMÉS DE TOUTES PIÈCES.

FIEF CHEVEL. V. CHEVEL. V. FIEF.

FIEF de BACHELIER. V. BACHELIER. V. ÉCUYER FIEFFÉ.

FIEF de CHEVALIER. V. CHEVALIER. V. CHEVALERIE FIEFFÉE. V. FIEF. V. HAUBERT. V. REITRE.

FIEF de DIGNITÉ. V. DIGNITÉ. V. FIEF. V. PAIR DE FRANCE.

FIEF de HAUBERT (F), OU FIEF A HAUBERT, comme on dirait fief de CUIRASSE. Sorte de FIEF qui devait fournir au SUZERAIN un ou plusieurs HOMMES A CHEVAL, ARMÉS DE PIED EN CAP et astreints au SERVICE FÉODAL pendant un temps déterminé. Ordinairement le VAS-SAL possesseur de ce Fief, ou ce CHEVALIER FIEFFÉ, était tenu d'être pourvu en tout temps d'une ARMURE DE FER et d'un HAUBERT, et à la première injonction il devenait ainsi le SOLDAT de son SEIGNEUR. — Si des ÉCUYERS FIEFFÉS ont joui, comme c'est probable, de Fiefs de haubert, ils avaient en ce cas le droit de porter le HAUBERT.

FIEF de SATELLITE. V. SATELLITE.

FIEF de SERGENT. V. SERGENT. V. SERGENT FIEFFÉ.

FIEF de SERGENTERIE. V. FIEF. V. SERGENT. V. SERGENT MILITAIRE. V. SERGENTERIE.

FIEF de SODOYER. V. FIEF. V. SODOYER.

FIEF d'ÉCUYER (F). Sorte de FIEF simple ou de fief inférieur qui s'appelait *fedum scutiferi*; il obligeait le possesseur du fief à s'acquitter du SERVICE MILITAIRE FÉODAL, non à cheval, mais à pied, et seulement avec un ÉCU et un JAVELOT. — Le VASSAL de cette classe, qui se nommait ÉCUYER FIEFFÉ, était au-dessus du BACHELIER; il était tenu d'être toujours pourvu d'ARMES LÉGÈRES pour se tenir prêt à accompagner son SEIGNEUR dominant ou le BÉNÉFICIER principal. — Depuis LOUIS LE GROS, le service des ÉCUYERS FIEFFÉS se fit à cheval.

FIEFFÉ. V. NOMS PROPRES.

FIEFFÉ (fieffée), adj. V. BAN F..., V. BARON Nº 5. V. CAVALERIE F..., V. CHEVALERIE F..., V. CHEVALIER F..., V. ÉCUYER F... V. FÉODALITÉ, V. FEUDATAIRE. V. FIEF. V. GENDARME DU MOYEN AGE Nº 1, V. GENDARMERIE F..., V. GENS D'ARMES F..., V. GENTILHOMME. V. GRAND F..., V. HAUBERT. V. MILICE F..., V. NOBLESSE F..., V. SEIGNEUR F..., V. SERGENT F..., V. SERVICE F..., V. SOLDAT F...

FIER (fière), adj. V. FOURCHE-FIÈRE.

FIERTÉ, subs. fém. V. FORTERESSE.

FIEU, subs. masc. V. FIEF.

FIEVÉ (fievée), adj. V. FIEF.

FIÈVRE, subs. fém. V. FIÉVREUX. V. HÔPITAL MILITAIRE. V. MALADIE.

FIÉVREUX, adj. masc. devenu subs. (D, 2, 4). Mot d'étymologie LATINE et mentionné ici par opposition aux expressions BLESSÉ et VÉNÉRIEN. — Les MILITAIRES DE CORPS qui sont atteints de FIÈVRES sont reçus dans les HÔPITAUX MILITAIRES sur le vu d'un BILLET D'ENTRÉE qui témoigne de leur état. — Dans la langue de l'HÔPITAL, on appelle généralement Fiévreux les hommes qui sont attaqués de MALADIES INTERNES, et qui, par cette raison, doivent être traités par les MÉDECINS, tandis qu'au contraire les BLESSÉS le sont par les CHIRURGIENS. — L'INSTRUCTION DE L'AN TROIS (10 PLUVIÔSE) établissait en principe que les étages supérieurs des HÔPITAUX doivent être consacrés aux Fiévreux.

FIFRE, subs. masc. (F), ou PHIFRE, ou piffre, ou fipre, en LANGUE ROMANE, suivant ROQUEFORT, ou PIPEUR suivant MIRADEAU (1788, C). Ces mots dérivent de l'ALLEMAND *pfiffer*, et du bas LATIN *piffarus*, conservé dans l'ITALIEN *piffero*. — Le terme signifie à la fois et l'INSTRUMENT joué et l'INSTRUMENTISTE, ou, en d'autres termes, le FIFRE INSTRUMENTAL et le FIFRE IDIOPLIQUE. — L'INFANTERIE FRANÇAISE a adopté, à l'imitation des Suisses, les Fifres depuis le règne de Louis onze. — Cet INSTRUMENT, dont l'étendue était d'une quinzième, fut d'abord à l'usage des PIQUIERS; il était percé de six trous, non compris ceux du bout et de l'embouchure; il se jouait en FLUTE traversière; il était d'abord l'accompagnement obligé du TAMBOUR et son DESSUS; il s'appelait ARIGOT. Ce dernier terme, aujourd'hui oublié, se compliquait d'une idée d'ivrognerie; et, de même, par des causes pareilles, le substantif Fifre a produit le verbe populaire s'empifrer. — Les premiers TAMBOURS dont on ait fait usage étaient pareils aux TAMBOURINS des montagnes de la SUISSE et de la SAVOIE; aussi, pendant longtemps, a-t-on appelé le TAMBOUR militaire un TAMBOURIN ou un TABOURIN. — Au temps du TAMBOURIN proprement dit, et à la naissance du TAMBOUR de la MILICE FRANÇAISE, l'INSTRUMENT à vent qui accompagnait la percussion était un galoubet joué par le même homme qui tambourinait, comme le font encore les conducteurs d'ours. Telle est l'origine de nos INSTRUMENTS DE HAUT BRUIT. — Les bas-reliefs du tombeau de FRANÇOIS PREMIER nous montrent des Fifres à la bataille de MARIGNAN, livrée en 1515. Les BANDES des LÉGIONS de ce prince comprenaient chacune deux Fifres et quatre TAMBOURINS. Ainsi le tambourin était devenu TAMBOUR, le GALOUBET ou l'ARIGOT étaient devenus Fifre, et chacun de ces instruments n'était plus joué que par un seul homme. — DUBELLAY (1535, A) traite des Fifres de son temps comme d'un instrument généralement connu, qui ne valait pas la peine qu'il l'expliquât. — Sous HENRI QUATRE, sous LOUIS QUATORZE, sous LOUIS QUINZE, il n'y avait pas de COMPAGNIE D'INFANTERIE qui n'eût son Fifre, comme le témoignent PRAISSAC (1622, A), DELAFONTAINE (1675, A), MANESSON (1685, B), l'ENCYCLOPÉDIE (1751, C). Cependant l'ORDONNANCE DE 1685 (18 JANVIER) ne reconnaissait par RÉGIMENT D'INFANTERIE qu'un Fifre. — Les MOUSQUETAIRES A CHEVAL aussi avaient des Fifres. — Lorsqu'on s'occupa de la première création de la MUSIQUE MILITAIRE (et dans ce mot MUSIQUE, les TAMBOURS sont intégralement compris), les Fifres et les HAUTBOIS étaient des SOLDATS qui exécutaient le DESSUS des BATTERIES DE CAISSE, de même que le galoubet avait été le DESSUS du TABOURIN ou TAMBOURIN. Il y avait donc, par BATAILLON, un Fifre et un joueur de HAUTBOIS qu'on appelait CLARINET, d'où est venu bien plus tard le mot CLARINETTE. — Lorsque les GARDES FRANÇAISES eurent une MUSIQUE MILITAIRE, imitée plus tard dans notre INFANTERIE, les HAUTBOIS commencèrent à y jouer à part des TAMBOURS, les Fifres continuèrent toujours à être le fausset des BATTERIES; ainsi les TAMBOURS cessèrent, vers le milieu du dernier siècle, d'être absolument partie intégrante de la MUSIQUE proprement dite, et ils prirent, eux et les Fifres, le nom de PETITE MUSIQUE ou de MUSIQUE DE HAUT BRUIT. — Les Fifres ont été plusieurs fois abandonnés et repris. Jean-Jacques ROUSSEAU se plaint de leur abolition; il veut *qu'il y en ait un par bande de tambours, qu'il soit d'accord avec les autres instruments, qu'il redise les airs des marches de musique, et qu'il accompagne les bruits de caisse;* il avoue qu'on avait trop multiplié les Fifres, et qu'ils étaient par conséquent détestables; il propose d'établir en principe que le Fifre doit reprendre en mineur l'AIR joué en majeur par la MUSIQUE et le répéter deux fois. — Le caprice des CHEFS MILITAIRES ayant souvent décidé seul de l'abolition ou du rétablissement des Fifres, il est difficile d'assigner des dates précises à ces divers changements. — Les ordonnances ne se sont occupées que fort tard de cet objet, et on pourrait dire que, suivant les RÉGIMENTS, ces INSTRUMENTS avaient été abandonnés sans avoir été supprimés précisément ou légalement. — Les ORDONNANCES DE 1766 (19 AVRIL) et DE 1767 (25 AVRIL) reconnaissaient des Fifres INSTRUMENTISTES, habillés comme les CLARINETS. Il y avait, en 1766, un Fifre par BATAILLON; les ORDONNANCES DE 1771 (4 AOUT) et DE 1775 (26 AVRIL) en admettaient deux par BATAILLON D'INFANTERIE FRANÇAISE. Ainsi deux des huit COMPAGNIES DE FUSILIERS du BATAILLON avaient chacune un Fifre; deux, chacune un HAUTBOIS; les autres quatre, chacune un TAMBOUR. Telle était, de 1771 à 1788, toute la MUSIQUE du temps, ou du moins les seuls INSTRUMENTS que la loi reconnût. — L'abolition des Fifres a été la conséquence de l'institution des MUSIQUES MILITAIRES; la mode d'en avoir d'harmoniques, à l'instar des ALLEMANDS, s'est répandue à mesure que des CHEFS de corps se décidaient à faire quitter aux FIFRES IDIOPLIQUES le FIFRE INSTRUMENTAL, pour leur mettre entre les mains des INSTRUMENTS différents et nouveaux. Cette innovation ne remonte qu'à une époque peu reculée; voilà pourquoi les CHEFS

DE MUSIQUE ont été pendant longtemps des hommes de si peu d'importance, qu'ils n'étaient que les seconds et les subordonnés des TAMBOURS-MAJORS. — Les seuls RÉGIMENTS ÉTRANGERS avaient de tout temps conservé l'usage des Fifres. — Le RÈGLEMENT DE 1779 (21 FÉVRIER) donnait aux FIFRES IDIOPLIQUES un HABIT pareil à celui des TAMBOURS, mais sans galons de livrée ; le parement seulement était bordé d'un GALON fin d'argent. — L'OR-DONNANCE DE 1788 (17 MARS) ne reconnut plus de Fifres. — Il ne s'en est point vu dans l'INFANTERIE FRANÇAISE jusqu'à la créa-tion de la GARDE CONSULAIRE ; les Fifres fu-rent rétablis dans cette GARDE par la seule volonté des chefs de ces corps ; les BUREAUX DU MINISTÈRE eurent la déférence de les y reconnaître ; ils furent ensuite établis dans la GARDE IMPÉRIALE, et quelque temps ensuite dans la GARDE ROYALE ; ils n'existaient plus, en dernier lieu, que dans le corps des GRE-NADIERS-GARDES. — Les MILICES ANGLAISE, PORTUGAISE et PRUSSIENNE ont conservé des Fifres. — En 1828, il y a, par compagnie d'infanterie prussienne trois tambours ou Fifres. — Pendant le temps où l'existence des Fifres était reconnue dans l'INFANTERIE FRANÇAISE, les ADJUDANTS et ADJUDANTS-MA-JORS exerçaient sur les Fifres la même sur-veillance que sur les TAMBOURS, s'assuraient de leur présence aux APPELS, etc.

FIFRE IDIOPLIQUE. V. FIFRE. V. IDIOPLI-QUE, adj.

FIFRE INSTRUMENTAL. V. FIFRE. V. INS-TRUMENTAL, adj.

FIGURE, subs. fém. V. COUP DE F...

FIL, subs. masc. V. AFFILER. V. CANTINE D'AMBULANCE. V. DROIT-F... V. ENFILADE. V. FILE. V. FILET.

FIL BLANC. V. BLANC, adj. V. EN F... V. PELOTE DE F... V. PETITE MONTURE.

FIL d'AME DE POIGNÉE D'ÉPÉE. V. AME D'É-PÉE. V. ASTRAGALE. V. POIGNÉE D'ÉPÉE.

FIL de l'ÉPÉE. V. AU F... V. ÉPÉE.

FIL de SABRE. V. ARMURIER DE CORPS N° 5. V. SABRE. V. SABRE D'HOMME DE TROUPE.

FIL d'ÉTOFFE. V. DRAP DE TROUPE V. ÉTOFFE. V. ÉTOFFE D'HABILLEMENT. V. HABILLEMENT.

FIL EN TROIS. V. BOUTON D'HABILLEMENT. V. BOUTONNIÈRE D'HABILLEMENT. V. EN TROIS. V. FIL NOIR. V. NOIR, adj. V. PELOTE DE F... V. PETITE MONTURE. V. TROUSSE DE SOLDAT.

FILASSE, subs. fém. V. CARABINE. V. TIRE-BALLE.

FILE, subs. fém. V. ABDUCTION DE F... V. ALIGNEMENT DE F... V. ALIGNEMENT PAR F... V. ARRIÈRE-DEMI-F... V. CHANGEMENT DE DIRECTION EN MASSE PAR F... V. CHEF DE F... V. CHEF DE DEMI-F... V. CONVERSION PAR F... V. PEU DE F... V. FORMATION DE F... V. FRONT DE F... V. HOMME DE F... V. OUVRIR LES F... V. PAR F... V. PREMIÈRE F... V. QUEUE DE F... V. SECONDE F... V. SERRE-DEMI-F...

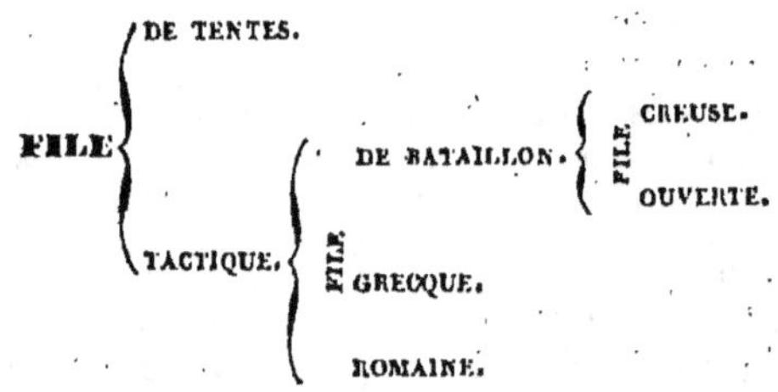

FILE (term. génér.). Ce mot, que GÉDELIN tire du LATIN *filum*, FIL, est devenu féminin parce que la langue soldatesque l'a corrom-pu. Cette conjecture se fonde sur l'analo-gie qu'il a avec les mots DÉFILÉ, DÉFILEMENT, DÉFILER, d'autant que les acceptions du verbe DÉFILER sont aussi bien en rapport avec l'ex-pression File qu'avec le masculin FIL ; mais il est plus croyable que le mot File examiné ici vient de l'ITALIEN *fila*, et que les troupes des CONDOTTIERI l'auront mis en usage ; il signi-fiait d'abord indifféremment RANG et File ; aussi les ITALIENS se servaient-ils de l'expres-sion *fila di fondo* pour exprimer la FILE DE HAUTEUR, ou de fond, ou de PROFONDEUR, c'est-à-dire la File par opposition au RANG.

— Ici le terme se distingue en FILE D'AILE DE SUBDIVISION, — DE CAVALERIE, — DE COHOR-TE, — DE COLONNE, — DE CONVOI, — DE DI-VISION, — DE DRAPEAU, — DE DROITE, — DE FANIONS, — DE GAUCHE, — DE MOUSQUETAIRE, — DE PELOTON, — DE PHALANGE, — DE SUB-DIVISION, — DE TENTES, — D'ENSEIGNES, — D'INFANTERIE, — EN ARRIÈRE, — EN LIGNE, — SERRÉE, — TACTIQUE.

FILE CREUSE (G, G). Sorte de FILE DE BA-TAILLON qui suppose l'usage de l'ORDRE SUR TROIS RANGS. — La File creuse, au lieu d'ê-tre de trois hommes, n'est que de deux, aussi espacés entre eux que si la file conte-nait intermédiairement un homme de SECOND RANG. [illegible]

FILE D'AILE DE SUBDIVISION. V. ABDUCTION ALLONGÉE. V. AILE DE SUBDIVISION.

FILE de BATAILLON (G, G), ou FILE D'INFANTERIE. Sorte de FILE TACTIQUE examinée ici relativement aux usages militaires de la FRANCE. — Entrons dans quelques explications touchant la FILE DE CAVALERIE, puisqu'elle devenait File de BATAILLON, au temps où il n'existait pas d'INFANTERIE permanente, et où la GENDARMERIE descendait de cheval pour combattre à pied. — L'ancienne CHEVALERIE française n'appliquait pas à l'ORDRE DE BATAILLE l'ordre par File; elle ne combattait habituellement que sur un RANG; il en a été autrement en ESPAGNE et en ALLEMAGNE, pays dont la GENDARMERIE avait mis en pratique l'ordre PROFOND, imité plus tard en FRANCE. — Quand la GENDARMERIE (GENS D'ARMERIE) française commença à être comparable à un ensemble d'HOMMES DE TROUPE dont la CHEVALERIE fut en quelque sorte le corps d'officiers, l'emploi des Files, l'arrangement par Files furent la conséquence de ce nouveau mécanisme, mais le nombre des hommes qui composait chaque File est mal connu, parce qu'il était arbitraire; cette innovation amena l'usage du COUP DE LANCE, tel qu'il s'est exécuté dans certains TOURNOIS, ou du moins il y eut des rapports entre l'ARRANGEMENT des hommes et la MANŒUVRE DE GUERRE nommée COUP DE LANCE. — Les SUISSES, ayant les premiers régénéré l'INFANTERIE en ressuscitant les formes GRECQUES, rétablirent la combinaison et le jeu des Files. — En FRANCE, les troupes à ARMES DE LONGUEUR, c'est-à-dire les PIQUIERS, etc., imitèrent au quinzième siècle la forme SUISSE, parce que la PROFONDEUR convenait à ce genre d'ARMES; les troupes à ARMES DE JET, c'est-à-dire les ARCHERS, les ARBALÉTRIERS, les ARQUEBUSIERS A PIED, les MOUSQUETAIRES A PIED, ne combattirent d'abord qu'en TIRAILLEURS, ou sur un petit nombre de RANGS. Ces derniers ne commencèrent à être ordonnés par Files, dans les COMBATS, que depuis le seizième siècle; et, jusqu'aux derniers temps de la PIQUE, les piquiers se tenaient sur un ORDRE plus profond que ne le faisaient ordinairement les TIREURS D'ARMES A FEU PORTATIVES. — Vers le règne de HENRI QUATRE, les FILES D'INFANTERIE commencèrent surtout à être regardées comme un instrument tactique. L'ORDRE DILATÉ, la proportion du TERRAIN INDIVIDUEL et le jeu par DEMI-FILES, rappellent les usages GRECS et SUISSES; de là le nom donné au second CHEF ou au cinquième homme de la File; quand elle était de huit, on le nommait le DEMI-FILE ou le CHEF DE DEMI-FILE; de là l'invention des mots SERRE-FILE et SERRE-DEMI-FILE; de ces formes, qui ne compor-

taient pas l'ACCOUDEMENT, il est résulté l'imitation longtemps en vigueur des CONTRE-MARCHES PHALANGIQUES ou PAR FILES et PAR DEMI-FILES, ainsi que l'imitation de la DANSE PERSIQUE et des nombreux DÉBOÎTEMENTS qu'on a appliqués plus tard au système des FEUX EN AVANÇANT. — Au temps de la grande PROFONDEUR et des BATAILLONS GÉOMÉTRIQUES, un RÉGIMENT de quatre cents SOLDATS était une masse, un BATAILLON A CENTRE PLEIN ayant vingt Files et vingt RANGS non compris les rangs d'officiers; le FRONT égalait la PROFONDEUR. C'est ainsi que le figure MANESSON (1685, t. III, p. 25). — Quand cette INFANTERIE FAISAIT PAR LE FLANC, ou faisait demi-tour, elle continuait à se trouver en COLONNE COMPACTE. — Chaque FILE, au temps de l'ORDRE PROFOND, équivalait à ce qu'on nomme aujourd'hui une ESCOUADE, puisqu'elle avait pour CHEF ou pour premier homme un CAPORAL ou un ANSPESSADE; mais, suivant le langage du temps, et quand les FILES s'accourcirent, on a au contraire appelé ESCOUADE un ensemble de quatre FILES. — Il était affecté à une FILE mesurée de FRONT, un TERRAIN une fois plus large que les épaules d'un homme. — La force de la File varia de vingt à douze, à dix, à huit hommes, avant d'arriver à trois et à deux; les Files, tant qu'elles furent au moins à huit hommes, n'étaient pas jointes par ACCOUDEMENT; elles avaient pour CHEFS DE FILES les ANSPESSADES, remplacés plus tard par les APPOINTÉS. — Quand une COMPAGNIE D'INFANTERIE FRANÇAISE était de cent hommes rangés sur dix Files, chaque File pouvait être une ESCOUADE. — GUSTAVE-ADOLPHE organisa par Files ses ARQUEBUSIERS A PIED et ses mousquetaires à pied comme l'étaient plus anciennement ses PIQUIERS; il composait ce qu'on appelait alors les ESCADRES, d'un ensemble de quatre Files sur six RANGS; ces Files n'étaient pas en ordre permanent et serré comme à présent, et l'ouverture laissée entre elles en favorisait le DOUBLEMENT; on les rétablissait dans l'ordre primitif par le DÉDOUBLEMENT. Par un jeu facile et prompt ces ÉVOLUTIONS, toutes grecques, rendaient ou plus compacte ou plus dilatée la troupe, c'est-à-dire que les RANGS se doublaient aux dépens des Files ou que les Files se doublaient aux dépens des RANGS. — S'il s'agissait de soldats à ARMES DE JET, l'espacement observé avait également pour objet de faire successivement TIRER par des FEUX AVEC MOUVEMENT, et de donner aux TIREURS la facilité d'AJUSTER. — MONTÉCUCULI (1704, I), qui le premier a défini la File, faisait également ses Files de six hommes; un CAPORAL ou un APPOINTÉ en était le CHEF; quatre Files formaient l'ES-

COUADE. — PUYSÉGUR (1748, C) nous apprend que, sous la minorité de Louis QUATORZE, les BATAILLONS de mille hommes avaient leurs Files à huit de HAUTEUR. Pendant la GUERRE DE 1665, les Files continuaient à former UNITÉS TACTIQUES ou unités de bataillon. — Jusqu'en 1678, époque de la PAIX DE NIMÈGUE, les bataillons, alors de dix-sept COMPAGNIES et de neuf cents hommes, avaient leurs Files de six hommes. — Pendant la GUERRE DE 1688, les bataillons, réduits à treize COMPAGNIES et à sept cents hommes, avaient les Files à cinq hommes. — Lors de la GUERRE DE 1701, les Files étaient de quatre HOMMES, et elles n'étaient plus que de trois vers la fin des campagnes. — On voit donc que l'AMINCISSEMENT progressif des Files était un moyen de masquer la diminution du nombre des hommes des BATAILLONS; plus tard on verra précisément, en RUSSIE, BONAPARTE recourir au même moyen. — Jusqu'au milieu du dernier siècle, la loi ne connaissait encore que les Files à quatre hommes. — Toutes les combinaisons tactiques dont nous avons parlé et sur lesquelles il faut consulter, non les ordonnances, mais les AUTEURS, cessèrent dans l'ARMÉE FRANÇAISE dès que le nombre des RANGS tomba au-dessous de huit. Plusieurs des termes mêmes que nous venons d'employer étaient absolument oubliés au milieu du dernier siècle; cependant l'usage de disposer les ESCOUADES par Files se retrouvait encore à cette époque, dans la formation des COMPAGNIES DE GRENADIERS sur le terrain, et d'ESPAGNAC (1751, D) nous apprend que, de son temps, on n'avait pas encore adopté généralement les Files jointives, c'est-à-dire adhérentes latéralement les unes aux autres par le TACT DES COUDES. — La File a continué à être une UNITÉ TACTIQUE jusqu'au temps où parut le livre de PUYSÉGUR (1748, C); il a opéré une révolution importante; la SECTION est devenue UNITÉ TACTIQUE; la File a cessé d'être une unité. — La File de bataillon pouvait recevoir cette dénomination, parce qu'au temps où il n'y avait encore spécialement ni PELOTONS, ni SECTIONS, elle était une SUBDIVISION du BATAILLON, subdivision susceptible d'évoluer à part. A présent elle pourrait être désignée sous le nom de FILE DE PELOTON ou de FILE DE SUBDIVISION, parce qu'elle n'est plus elle-même une SUBDIVISION TACTIQUE du BATAILLON et qu'elle ne manœuvre plus à part et pour son compte, comme elle le faisait en quelques circonstances; elle n'agit isolément que dans quelques FORMATIONS ou dans des ABDUCTIONS, c'est-à-dire dans les cas où il faut METTRE DES FILES EN ARRIÈRE ou les remettre EN

LIGNE. — Jusqu'au temps du ministère de SAINT-GERMAIN, on pratiquait encore des DOUBLEMENTS DE FILES qui rappelaient quelques souvenirs de l'ORDRE PROFOND, puisqu'ils mettaient passagèrement l'INFANTERIE SUR SIX RANGS; il a cessé d'en être ainsi depuis 1774, époque de l'adoption définitive de l'ORDRE MINCE. — Le PAS CADENCÉ était institué depuis 1755, les FRONTS s'étaient élargis, la science de la MARCHE était devenue importante et compliquée, le TACT des coudes pouvait seul en assurer la régularité; ces circonstances amenèrent l'adoption du système de la cohésion des Files, des fonctions plus tactiques attribuées au PORTE-DRAPEAU, et un changement considérable dans les principes de la TACTIQUE; d'importants résultats tiennent à des modifications presque imperçues. — De 1774 à 1791, la File n'a plus été que de trois hommes, et l'ordonnance de 1788 réglait l'étendue des FRONTS CONSTITUTIONNELS, à raison d'un nombre déterminé de Files. — Le RÈGLEMENT DE 1791 (1er AOÛT) connaissait au moins douze Files par PELOTON; l'ORDONNANCE DE 1831 (4 MARS) admet les PELOTONS de paix ou de MANŒUVRES à seize Files, les PELOTONS de guerre à vingt Files. — Maintenant une File est la plus faible fraction de l'UNITÉ TACTIQUE; elle consiste dans un ARRANGEMENT d'hommes alignés dans le sens de la profondeur, les uns en arrière ou en avant des autres, avec un intervalle d'un pied entre dos et poitrine, ou entre HAVRE-SAC et poitrine; elle est habituellement File serrée, mais quelquefois on pratique les FILES OUVERTES. — Chaque File tient, par ACCOUPLEMENT, ou à une File voisine, ou à un GUIDE, ou à un CHEF DE SUBDIVISION, ou à son CAPITAINE. — Jusqu'à la restauration monarchique, la File a été, par le fait, de trois hommes; mais, suivant la lettre de la loi, elle aurait pu en TEMPS DE PAIX n'être que de deux. — Il y a des cas où des Files s'ouvrent accidentellement; c'est ce qui arrive dans les CHANGEMENTS DE DIRECTION DE SUBDIVISION EN MARCHE DU COTÉ DU GUIDE; mais c'est une exception, une dislocation de peu de durée; cette ouverture n'a pas lieu dans les CHANGEMENTS DE DIRECTION DU COTÉ OPPOSÉ AU GUIDE. — L'ÉGALISATION du nombre des Files par chaque COMPAGNIE, ou l'ÉGALISATION des PELOTONS, est ordinairement l'opération préliminaire des études auxquelles on exerce les BATAILLONS DE MANŒUVRES. — On pourrait dire que la MARCHE PAR LE FLANC transforme les Files en autant de RANGS, et les rangs en trois Files profondes. Quand un BATAILLON fait ainsi un A DROITE ou un à gauche, l'ADJUDANT-MAJOR se tient à hauteur de la première File ou de la File de tête de cette MARCHE DE FLANC (de cette CLASSE).— L'ÉVOLUTION qui consistait à METTRE DES FILES EN ARRIÈRE par une ABDUCTION DOUBLE n'était exécutable qu'autant que les Files réunies en troupe et formant COLONNE sont de huit au moins; de même la DOUBLE HAIE n'a été prescrite par les réglements que quand les RANGS et les Files étaient en nombre pair; mais l'un et l'autre de ces mouvements ne sont plus en usage.— La cohésion des Files est une des conditions nécessaires de la conservation des INTERVALLES.— Les Files étaient censées, depuis l'établissement du RANG DE TAILLE, avoir le FRONT plus large que la QUEUE, puisque le premier rang se composant d'hommes plus grands et plus forts, l'ACCOUDEMENT n'était possible ou exigible précisément que de la part de ce PREMIER RANG; de là vient que les ALIGNEMENTS INDIVIDUELS ne s'étudiaient, ni ne se démontraient jamais par le TROISIÈME RANG, parce que l'ACCOUDEMENT des hommes de ce RANG eût rendu plus étroit le FRONT que la QUEUE. L'ORDONNANCE DE 1831 (4 MARS), en établissant sur de nouveaux principes la formation du rang de taille, a donné à la File une forme plus régulière et rendu, par là, plus faciles toutes les marches de front, mais plus particulièrement celles par le TROISIÈME RANG et les MARCHES EN BATAILLE en retraite.— Après avoir autrefois regardé les Files comme devant occuper un TERRAIN tant vide que plein, ce qui répond à plus d'un mètre par homme, on a commencé à appliquer une dimension moindre au calcul des grands FRONTS DE BATAILLE et des grands CAMPEMENTS; on ne supputait plus, à cet égard, dans la première moitié du dernier siècle, qu'à raison de trois hommes par toise.— On voit dans MIRABEAU (1788, C) que dans la MILICE PRUSSIENNE on calculait la largeur des Files à raison de vingt et un pouces. En FRANCE, les ordonnances laissaient indéterminée cette largeur; mais les ÉCRIVAINS l'évaluaient à vingt ou vingt et un pouces; ce qui ne laisse pas que de supposer encore des soldats d'une corpulence assez forte, car le front d'une COMPAGNIE DE VOLTIGEURS, pourrait être mesuré à raison de dix-huit ou de dix-neuf pouces par File.— Pendant la GUERRE DE LA RÉVOLUTION l'INFANTERIE ayant été, en général, composée d'hommes d'une faible stature, des ordonnances ont resserré en proportion de cette circonstance l'étendue du FRONT DE BATAILLE; ainsi le RÉGLEMENT DE L'AN DOUZE (10 BRUMAIRE) évalue l'épaisseur de la File à raison d'un demi-mètre ou de dix-huit pouces et demi.— Le RÉGLEMENT DE 1809 (11 OCTOBRE) est revenu sur cette

évaluation, qu'il a jugée trop faible, et il a supputé à raison de cinq cent dix millimètres par homme.— Une TROUPE D'INFANTERIE qui est en bataille ou qui est par le flanc et sans HAVRE-SACS, doit occuper dans ces deux cas, un TERRAIN pareil; ainsi la PROFONDEUR d'une File ordinaire et SERRÉE est égale à un front de trois hommes; ainsi chaque fantassin pivote sur un carré ou sur un TERRAIN INDIVIDUEL dont le maximum serait de cinq cent vingt millimètres; cette mesure est d'accord avec la loi du TACT des coudes, leur aisance, la facilité de la MARCHE, la conservation des distances.— Cependant dans les grandes ÉVOLUTIONS, et dans l'évaluation des grands FRONTS DE BATAILLE, on peut simplifier les calculs en ne supputant qu'à raison d'un demi-mètre ou de cinq cents millimètres par chaque File. Si le calcul est un peu faible par rapport aux individus, il sera juste par rapport à la masse; ainsi on peut dire qu'un BATAILLON de six cents hommes sur trois rangs répond à un front de cent mètres.— Depuis le RÉGLEMENT DE 1791 (1er AOÛT) le nombre des hommes composant la File a varié, ou a été censé varier à raison des différences du PIED DE PAIX au PIED DE GUERRE; la File devait être, dans le premier cas, de deux hommes; de trois, dans le second. En général, cette FORMATION sur deux hommes n'a pas été mise à exécution.— Les Files effectives d'un BATAILLON bien proportionné, c'est-à-dire ses Files sous les armes et sur le terrain, devraient être, au petit pied, de cent soixante pour les fusiliers partagés en quatre DIVISIONS. Cette quantité, que nous supposons ici être appliquée aux principes de la formation de 1791, composerait avec la totalité des Files de GRENADIERS et avec les FILES CREUSES que forment les chefs de pelotons, un ensemble qui répondrait à peu près à deux cents Files; tel était le front que voulait en manœuvre FRÉDÉRIC DEUX. Cent trente ou cent quarante Files ont été regardées comme le minimum auquel puisse descendre un BATAILLON DE MANŒUVRES.— Mais tous ces raisonnements supposent la File sur trois hommes; et il n'a été bruit pendant quelque temps que de l'adoption générale et unique de l'ORDRE SUR DEUX RANGS, qui en 1791 n'était admis que comme ordre du TEMPS DE PAIX; plusieurs AUTEURS conseillent ce changement; M. le colonel CHAMBRAY (1824) s'y montre favorable et cite en exemple la MILICE ANGLAISE.— Quantité de points se rattachent à cette question délicate; elle intéresse la forme des MANŒUVRES, celle des ARMES de l'INFANTERIE, la révision d'une quantité de réglements, etc., etc. Il existe et il existera toujours une connexion intime entre les formes du COMBAT D'INFANTERIE et la disposition des Files; de même cette disposition amène des changements indispensables dans les règles propres au CAMPEMENT TACTIQUE : ainsi, moins la File a de PROFONDEUR, plus le FRONT du CAMP s'élargit, et cette extension est une source d'inconvénients graves; mais c'est une des considérations dont se sont peut-être trop peu occupés ceux qui tranchent la question de savoir s'il faut admettre absolument et pour toute circonstance les Files à deux hommes : ils se fondent sur ce que la MILICE ANGLAISE en agit ainsi; mais chez les Anglais cette mesure est d'accord avec les proportions des diverses parties du FUSIL : et même on pourrait le dire avec l'exiguïté de leur état militaire de terre.... Mettez une armée russe sur deux rangs, elle occupera trois lieues au lieu de deux; or, une lieue de plus, n'est-ce rien pour le général qui commande les manœuvres? n'est-ce rien par rapport au front du campement, à la rapidité des ordres, à la facilité du commandement, à la surveillance des hommes et au mécanisme des distributions? — Les Files de bataillon se distinguent en FILE CREUSE et en FILE OUVERTE.

FILE de CAVALERIE. V. CARACOLE. V. CAVALERIE. V. CAVALERIE FRANÇAISE Nº 7. V. CHEVAL. V. ESCADRON FRANÇAIS Nº 4. V. FILE DE BATAILLON. V. GUERRE DE 1665. V. FILE ÉQUESTRE. V. LANCE FOURNIE. V. MILICE RUSSE Nº 7. V. RANG DE CAVALERIE.

FILE de COHORTE. V. COHORTE. V. COHORTE DE LÉGION ROMAINE Nº 5. V. FILE ROMAINE.

FILE de COLONNE. V. COLONNE. V. COLONNE DE ROUTE. V. MARCHE DE BATAILLON EN COLONNE.

FILE de CONVOI. V. CONVOI. V. CONVOI PAR TERRE. V. DÉFENSE DE CONVOI.

FILE de DIVISION. V. DIVISION. V. DIVISION DE BATAILLON.

FILE de DRAPEAU. V. CHEF DE BATAILLON D'INFANTERIE FRANÇAISE Nº 5. V. DRAPEAU. V. DRAPEAU D'INFANTERIE FRANÇAISE.

FILE de DROITE. V. CAPITAINE D'INFANTERIE FRANÇAISE DE LIGNE Nº 7. V. DROITE, subs. V. PELOTONNEMENT.

FILE de FANION. V. CHEF DE BATAILLON Nº 5. V. FANION.

FILE de GAUCHE. V. GAUCHE. V. SOUS-LIEUTENANT Nº 4.

FILE de GRENADIERS. V. COMPAGNIE DE GRENADIERS Nº 5. V. GRENADIER. V. GRENADIER D'INFANTERIE FRANÇAISE Nº 7.

FILE de HAUTEUR. V. FILE. V. HAUTEUR TACTIQUE.

FILE de HUTTES. V. CAMP DE HUTTES. V. FILE DE TENTES. V. HUTTE.

FILE de MANIPULE. V. FILE ROMAINE. V. MANIPULE; id. Nº 6.

FILE de MOUSQUETAIRES. V. MOUSQUETAIRE. V. MOUSQUETAIRE A PIED Nº 5.

FILE de PELOTON. V. FILE DE BATAILLON. V. OBSTACLE. V. PELOTON. V. PELOTONNEMENT. V. RENTREZ.

FILE de PHALANGE. V. CONTRE-MARCHE PHALANGIQUE. V. DIPHALANGARCHIE. V. ÉNOMOTIE. V. ÉPITAGME D'INFANTERIE. V. EUTAXE. V. FILE GRECQUE. V. MILICE GRECQUE Nº 6. V. PHALANGE. V. PHALANGE GRECQUE. V. STIQUE. V. STYPHE.

FILE de SUBDIVISION. V. ÉGALISATION DE PELOTON. V. FILE DE BATAILLON. V. SUBDIVISION. V. SUBDIVISION DE COLONNE.

FILE de TENTES (E, 1; G, 5). Sorte de FILE qui, dans les CAMPS actuels, représente les FILES DE HUTTES d'autrefois. — Les Files sont perpendiculaires au FRONT DE BANDIÈRE du CAMP; leur emplacement est déterminé au moyen du CORDEAU DE PROFONDEUR; leur point milieu est donné par les marques du CORDEAU DE FRONT; ce point milieu correspond aux DRAPEAUX et aux FAISCEAUX DE CAMPEMENT. Une File est de six TENTES et loge une COMPAGNIE.

FILE d'ENSEIGNES. V. ENSEIGNE. V. ENSEIGNE AGRÉGATIVE.

FILE d'INFANTERIE. V. CHANGEMENT DE DIRECTION DE BATAILLON EN BATAILLE. V. COMMISSAIRE DES GUERRES Nº 4. V. CONVERSION. V. ENPELOTONNEMENT. V. ÉPITAGME D'INFANTERIE. V. ESCOUADE. V. FEU DE DEUX RANGS. V. FILE DE BATAILLON. V. FILE TACTIQUE. V. LIGNE DE BATAILLE. V. MARCHE EN BATAILLE. V. MARCHE PAR LE FLANC. V. MARCHE PROCESSIONNELLE. V. MARCHE TACTIQUE. V. MILICE RUSSE Nº 7. V. ORDONNANCE D'EXERCICE D'INFANTERIE. V. ORDRE DE PARADE. V. ORDRE OUVERT. V. ORDRE SERRÉ. V. PAS CADENCÉ. V. PASSAGE D'OBSTACLE EN AVANT. V. PASSAGE D'OBSTACLE EN RETRAITE. V. RANG TACTIQUE. V. SOUS-AIDE-MAJOR. V. SOUS-LIEUTENANT Nº 4. V. TORTUE TACTIQUE.

FILE EN ARRIÈRE. V. COLONNE OUVERTE. V. EN ARRIÈRE. V. GUIDE DE SUBDIVISION. V. METTRE DES F... V. MILICE GRECQUE Nº 7.

FILE EN LIGNE. V. EN LIGNE. V. FAIRE RENTRER DES F... V. METTRE DES FILES EN ARRIÈRE.

FILE GRECQUE (F), OU FILE DE PHALANGE, OU STIQUE DE SYNTAGME; OU LOCHOS suivant ROBINSON. Sorte de FILE TACTIQUE qui était le quart de la SYSTASE, l'unité de la PHALANGE, une des moindres fractions de la MILICE GRECQUE: elle se partageait en DEMI-FILES. Quelques AUTEURS appelaient aussi cette subdivision, et ils désignent comme le quart de la File de seize hommes; d'autres regardent la DÉCURIE elle-même comme une demi-file de huit hommes. — L'emploi de la File grecque et ses formes ont été habilement calculés ; elle s'est modifiée pourtant suivant les temps, les pays, la force des ménarchies ; elle composait une décurie ou un lochos, de huit, de douze, ou de seize hommes de hauteur ; c'était le maximum de l'hécatontarchie ; la tétrarchie était la réunion de quatre Files ; la tétraphalangarchie était le maximum du nombre des Files. La File avait pour front le lochague, et pour dernier homme le serre-file ; elle était précédée, fermée et alternativement entrecoupée d'hommes d'élite qui chacun avait un nom spécial. L'ourague en était le dernier homme ; un parastate était l'homme en contiguïté d'une File ; le protostase était le troisième homme, etc. — Les Files se serraient pour l'exécution du périspasme ; elles se doublaient par le syllochisme. — À la renaissance de l'art militaire, un système analogue au jeu des Files grecques a reparu dans les principes de la marche des bataillons en colonne.

FILE (files) OUVERTE (G, 6). Sorte de files de bataillon entre lesquelles il existe des espaces d'une mesure déterminée. Le mot File ouverte se prend par opposition au mot file serrée. — Au temps de l'ordre ouvert, les Files étaient habituellement ouvertes, ce qui rendait faciles certains feux de rangs. — Le vide entre les Files ouvertes se mesure de coude à coude ; le vide entre les rangs ouverts se mesure de dos à poitrine. Cette ouverture des rangs s'obtient par l'évolution qui s'exécute au commandement : En arrière, ouvrez vos rangs ! Un espace de huit pieds les partage en ce cas. — On ouvre légèrement les Files et plus sensiblement les rangs dans la marche au pas de route, ayant l'arme à volonté ; dans ce cas, l'espace entre les rangs, au lieu d'être d'un pied, est d'un mètre si le soldat n'est pas chargé, ou de soixante-dix centimètres de havre-sac à poitrine. — Dans la marche de bataillon en bataille, il importe qu'il n'y ait point de Files ouvertes.

FILE (files) ROMAINE (F). Sorte de file tactique au sujet de laquelle l'histoire nous éclaire peu. — Les auteurs ne disent pas, mais il est probable, que la décurie romaine était une File. — Dans les légions romaines, les Files furent longtemps de dix hommes ; douze, quatorze Files formaient le grand manipule ; cinquante Files, soixante Files formaient une cohorte, au temps où elle devint comparable à un bataillon moderne. — Le nombre des hommes composant la File variait beaucoup aussi. La File n'était plus que de cinq hommes au temps de César ;

du moins il en fut ainsi à Pharsale, mais il paraît que c'était par extraordinaire. C'est surtout depuis Trajan que la File romaine cessa d'avoir son ancienne profondeur. On voit dans Végèce (390, A) qu'au temps de la corruption de la milice, rien à ce sujet n'était bien positivement réglé, et on ne tire même des dissertations de cet écrivain aucunes notions qui fassent connaître clairement quelles sont à cet égard ses propres opinions. — On doit conclure de ce qu'il dit des Files des cohortes romaines, que leur terrain individuel était quelquefois moitié moindre de celui sur lequel les files des manipules avaient agi : ainsi le soldat manipulaire occupa toujours deux mètres carrés ; le soldat de cohorte n'en occupa quelquefois qu'un ; les Files romaines combattaient même parfois en ordre suppressé.

FILE SERRÉE. V. CONTRE-MARCHE PHALANGIQUE. V. DÉDOUBLEMENT. V. FILE DE BATAILLON. V. FILE OUVERTE. V. MARCHE TACTIQUE. V. PAS CADENCÉ. V. SERRÉ, adj.

FILE TACTIQUE (G, 6). Sorte de file qui ne sera examinée ici que comme file d'infanterie. Ce terme donne l'idée d'une agrégation d'hommes de rang placés sur une ligne, un à un, en arrière les uns des autres, ou en file, comme on le dit vulgairement. — Du terme file sont provenus les mots filer, faire filer. — Il fut un temps où l'on ouvrait les files au moyen d'un pas de côté, comme le témoigne Leblond (1768, B, p. 70). Laurens (1773, H) proposait de remettre en usage cette pratique ; mais elle était difficile, confuse et peu utile. — Quelques auteurs ont pris File et lochos dans le même sens. — Les Files ne manœuvrent comme unité tactique que dans certaines formations en bataille ou formations successives. — Le terrain occupé par la File, la disposition de cette petite troupe, sa destination, le nombre de ceux qui l'ont composée, ayant varié beaucoup, on n'en peut donner une idée claire qu'en en traçant succinctement l'histoire, et en distinguant le mot en file de bataillon, — grecque, — romaine.

FILÉ A GRAINE. V. A GRAINE. V. ÉPAULETTE DE LIEUTENANT. V. GRAINE D'ÉPINARDS. V. TORSADE D'ÉPAULETTE.

FILER, verb. neut. V. FAIRE FILER. V. FILE TACTIQUE.

FILET, subs. masc. (term. génér.). Mot dont l'expression fil est la racine ; il se distingue en filet d'armes, — de harnachement, — de vis.

FILET D'ARMES (F). Sorte de filet dont parle Diodore de Sicile dans le récit du siège de Tyr par Alexandre ; il le décrit comme une des armes de PARAPET qu'employaient les ASSIÉGÉS ; c'était une espèce de réseau de pêcheur, ou d'épervier à l'aide duquel ils parvenaient à se saisir des soldats qui manœuvraient les BÉLIERS ; ils les bissaient ensuite au moyen de poulies. Probablement cette ARME A MAILLES ne différait que par sa destination de ce réseau dont se servaient si habilement et de temps immémorial certains cavaliers de l'ORIENT, les GLADIATEURS RÉTIAIRES, que décrit le *Dictionnaire de la Conversation*, et ces soldats que les LATINS appelaient *laqueator, laqueatores*; ceux-ci avaient mission, quand l'ENNEMI était défait, de poursuivre les fuyards et de les faire prisonniers en leur jetant un nœud coulant.

FILET de HARNACHEMENT (B, 1). Sorte de FILET qui est une petite BRIDE ou une sous-bride sans MUSEROLE ni GOURMETTE. — Le mot Filet est mentionné ici comme étant à l'usage des OFFICIERS MONTÉS DE L'INFANTERIE et comme l'accompagnement de la BRIDE DE CAVALERIE.

FILET de VIS (G, 1). Sorte de FILET qui consiste dans une spirale pratiquée au moyen du taraud à certaines PIÈCES D'ARMES : telle est la partie taraudée d'un écrou, tel est le PAS DE VIS d'une TIGE.

FILLE (subs. fém.) de JOIE. V. FEMME A LA SUITE DES CORPS. V. JOIE. V. ROI DES RIBAUDS.

FILLE de MAUVAISE VIE. V. BAGUETTES CORRECTIONNELLES. V. CAMPEMENT TACTIQUE. V. FEMME D'ARMÉE. V. FEMME SUSPECTE. V. MAUVAISE VIE.

FILOUX, subs. masc. plur. V. CONTRE-GARDE.

FILS de CITOYEN ACTIF. V. CITOYEN ACTIF. V. GARDE CONSTITUTIONNELLE.

FIN (fine), adj. V. POUDRE F...

FIN (subs. fém.) de CAMPAGNE. V. CAMPAGNE. V. CANTONNEMENT DE F... V. QUARTIER DE FOURRAGE. V. REVUE DE F...

FINAL (finale), adj. V. LIVRET F... V. REVUE F...

FINANCE (finances), subs. fém. V. CONTROLEUR DES F... V. CONTROLEUR GÉNÉRAL DES F... V. TRÉSORIER GÉNÉRAL DES F...

FINANCE (B, 1 ; F). Ce mot est dérivé de l'ITALIEN *finanze*, car cette LANGUE a produit quantité de nos termes de banque et de calculs commerciaux ; ou peut-être l'expression Finance vient-elle du vieux verbe français *finer*, qui signifiait régler, terminer un compte. La Finance est la conclusion du compte terminé. — Cette expression est considérée ici, ainsi que l'adjectif financier, comme appartenant à l'ADMINISTRATION MILITAIRE. — Autrefois il y a eu en FRANCE un officier militaire qui prenait le titre de GÉNÉRAL

DES FINANCES. C'est du moins ce que DUBELLAI (1555, A) affirme. — A une époque plus moderne, et dans le dernier siècle encore, il y avait des CAPITAINES A FINANCE, dont l'emploi ou le grade était une CHARGE acquise au moyen d'une somme ou Finance déterminée. — Les COMMISSAIRES obtenaient leur charge moyennant Finance. — On achetait de même le COMMANDEMENT des RÉGIMENTS et de certaines COMPAGNIES D'INFANTERIE française. Ces prix ont varié. — L'ORDONNANCE DE 1775 (26 AVRIL.) réglait la Finance des régiments à quarante et à vingt mille livres. — La suppression de la Finance a eu lieu par l'ORDONNANCE D'ADMINISTRATION DE 1776 (25 MARS), au moyen d'une réduction par quart, de mutation en mutation, de sorte qu'à la quatrième mutation le prix en était acquitté.

FINANCES, plur. abs. V. SOUS-INTENDANT N° 8. V. TRÉSOR.

FINANCIER (financière), adj. V. DÉPENSE FINANCIÈRE. V. FINANCE.

FINANCIÈRE, subs. fém. V. A LA FINANCIÈRE.

FINK ; FINLANDAIS. V. NOMS PROPRES.

FIOLE (subs. fém.) A L'HUILE (B, 1 ; G, 1). Le mot Fiole s'est d'abord écrit phiole, et il est peut-être une corruption du LATIN *ampulla* ou de l'ANGLAIS *phial*; il exprime ici une petite BOUTEILLE A L'HUILE, qui était un des EFFETS DE PETIT ÉQUIPEMENT à l'usage des HOMMES DE TROUPE des CORPS D'INFANTERIE. — La Fiole était en fer-blanc ; elle avait la forme d'une cartouche, afin de pouvoir être contenue dans un des TROUS A CARTOUCHES de la GIBERNE ; elle fermait au moyen d'un bouchon de liège. Elle fait maintenant partie de la BOITE A TOURNEVIS.

FIORENZA ; FIRMINO ; FISCHER. V. NOMS PROPRES.

FISC, subs. masc. V. FÉODALITÉ. V. GRADE D'OFFICIER. V. PAYE. V. TRÉSOR D'ARMÉE.

FISCAL (fiscale), adj. V. TAILLE F...

FISICIEN, subs. masc. V. HOPITAL MILITAIRE. V. MÉDECIN. V. MYRE.

FISTULE, subs. fém. (D, 4, 5). Mot tout LATIN qui signifie ulcère et donne idée d'une MALADIE qui se fixe à un des canaux ou des conduits du corps humain. — Les différentes espèces de Fistules, quand elles sont reconnues incurables, sont regardées comme des INFIRMITÉS qui emportent INVALIDITÉ absolue ou relative, et qui deviennent ainsi un CAS DE RÉFORME.

FITZ-CLARENCE. V. NOMS PROPRES.

FIVATIER, subs. masc. V. FIEF.

FIXE, adj. V. APPUI F... V. ARDILLON F... V. BASTILLE F... V. CAMP F... V. ENGIN F... V.

GARNISON F... V. LIGNE F... V. NASAL F... V. PIVOT F...

FIXE, interj. (G, 6). COMMANDEMENT D'EXÉCUTION qui, dans l'ÉCOLE DU SOLDAT, équivaut à cette phrase : Replacez par un PIVOTEMENT la tête dans une position directe, et reprenez l'immobilité ! — Il faudrait, à cette espèce de traduction, ajouter quelque chose s'il s'agit de l'école de peloton, de celle du bataillon. Dans ce cas, le COMMANDEMENT équivaut de plus à ces mots : Chefs de peloton, HOMMES D'ENCADREMENT, etc., reprenez votre place de bataille.

FLA, subs. masc. V. BATTERIE DE CAISSE. V. TAMBOUR INSTRUMENTAL D'INFANTERIE. V. TLA.

FLACHE (subs. fém.) d'EAU (E, 4), ou FLAISCHE, OU FLAQUE, OU FLASCHE, OU FLASQUE. Ces mots dérivent de l'ITALIEN *fiacco*, ruine, destruction ; *fiaccare*, rompre, gâter ; ou, suivant ROQUEFORT, du bas LATIN *flachia*, *flaco*, *flasca*, rendus en ITALIEN par *fiasca*, *fiascone*. — Les mots Flache, FLAQUE, qui ont un même sens, rappellent ces différences si fréquentes dans la LANGUE FRANÇAISE à raison de la manière différente dont les provinces prononçaient le *c* ou le *h*. — Les mots Flache, FLAQUE, sont employés dans le langage des RECONNAISSANCES MILITAIRES, pour donner idée de la rupture du pavé, des creux du terrain, où il se forme des nappes d'eau qui gâtent ainsi les CHEMINS MILITAIRES. — Le CHEF de l'ESCORTE d'un convoi ne doit jamais souffrir que, à moins d'ordres exprès, on arrête aux Flaches d'eau les bêtes du CONVOI sous prétexte de les faire boire.

FLACHON. V. NOMS PROPRES.

FLACONADE, subs. fém. V. FLANCONNADE.

FLAGELLATION, subs. fém. V. FOUET CORRECTIONNEL. V. FUSTIGATION. V. MARTINET. V. SUPPLICE.

FLAGEOLET, subs. masc. V. ARIGOT. V. TAMBOUR INSTRUMENTAL D'INFANTERIE FRANÇAISE.

FLAISCHE, subs. fém. V. FLACHE.

FLAMAND. V. NOMS PROPRES.

FLAMAND (flamande), adj. V. GARDE F... V. LANGUE F...

FLAMARD, subs. masc. V. COUTILLIER. V. FLAMBE.

FLAMBARD, subs. masc. V. FLAMBE.

FLAMBE, subs. fém. (F), ou FLAMBI. Ce mot, probablement dérivé du LATIN, mais analogue au terme SAXON dont il va être parlé, donne l'idée d'une ÉPÉE ou plutôt d'une DAGUE. Il a produit les augmentatifs FLAMARD, FLAMBARD, FLAMNARD, mots à l'é-

gard desquels on peut consulter : CARRÉ (1785, E), M. COTTY (1822), l'*Encyclopédie du dix-neuvième siècle* (au mot *Arme*). — Le mot Flambe semblerait avoir eu quelque rapport avec le mot FLAMBERGE, terme d'argot des voleurs, à ce qu'on a prétendu à tort ou à raison ; cependant on donne à FLAMBERGE une étymologie différente. Des AUTEURS prétendent que ce mot vient du SAXON *flammberg*; cependant l'ESPADON allemand qui répondait à FLAMBERGE, s'appelle *Schwert*. — La Flambe avait la lame ondulée ou flamboyante; l'usage de ce genre de POIGNARD est de toute antiquité dans l'INDE : tels sont les CRICS. — C'est souvent dans la classe la moins éclairée du peuple qu'on peut rechercher les anciennes traces du langage. Il faut donc citer, en preuve de l'emploi du mot Flambe, ce que rapporte DULAURE en parlant du siècle de LOUIS QUATORZE : il dit que sous ce règne des soldats estropiés, ou des gueux qui jouaient le personnage d'invalides sans avoir fait partie de l'ARMÉE, et qui vivaient de vols ou d'aumônes, s'appelaient *narquois* ou *gens de la petite flambe*, ce qui voulait dire mendiants de la courte épée, à cause des ciseaux qu'ils portaient pour couper les bourses. Au temps où nous vivons, le patois des filous appelle flambants ceux qui, par des contes, par des promesses illusoires, exploitent la crédulité des badauds et des recrues, et s'en approprient la bourse. — Des ARMES de l'espèce de la Flambe sont représentées dans l'*Encyclopédie du dix-neuvième siècle* (au mot *Arme*).

FLAMBER (verb. act.) un CANON, une PIÈCE (G, 2). Y brûler une petite quantité de POUDRE pour s'assurer que la LUMIÈRE est libre et que rien n'obstrue le TUBE.

FLAMBERGE, subs. fém. V. ARME D'ESTOC. V. ÉPÉE. V. ESPADON. V. FLAMBE. V. FROBERGE. V. LAMPIAN.

FLAMBOYANT (flamboyante), adj. V. BARIL F... V. BOMBE F... V. ÉPÉE F... V. LAME F...

FLAMBOYER, verb. act. et neut. V. BRANDIR. V. ÉPÉE.

FLAMITZER. V. NOMS PROPRES.

FLAMMARD. V. ARME D'ESTOC. V. FLAMBE.

FLAMME, subs. fém. V. A F... V. DRAPERIE DE F... V. PORTE-F... V. PORTER LE FER ET LA F...

FLAMME A HAMPE (F). Le mot Flamme vient, selon VOSSIUS, du GREC *phlamoulon*, INSIGNE, PANACHE, ornement, DRAPERIE, qui, suivant les usages de la MILICE du Bas-Empire, flottait sur le CASQUE, ou sur la tête des CHEVAUX, ou au haut de la PIQUE d'un FORTE — FLAMME. CHAMBERS, l'*ENCYCLOPÉDIE*

(1751, C), GANEAU, rendent le même témoignage; suivant d'autres écrivains le terme dérive du LATIN *flammulum, flammula,* dont se sert VÉGÈCE, et qui signifiait DRAPEAU, BANDEROLE, ENSEIGNE DE MILICE ROMAINE, PAVILLON, ORIFLAMME. — L'empereur MAURICE (590, A) donnait à chacune des BANDES BYSANTINES une Flamme d'une couleur particulière; la manière de les mouvoir, de les agiter, équivalait à un commandement de SÉMANTIQUE. — La LANGUE MILITAIRE a donné particulièrement le nom de Flamme à un petit DRAPEAU ou à une LANCE dont la DRAPERIE, coupée en pointe ou en fourche, était de peu de largeur. — Les Flammes de mer ont la même origine, parce que c'est en grande partie BYSANCE qui a enseigné à l'OCCIDENT l'art de la MARINE. — Les BANDEROLES, PAVILLONS, PENNONS, que certains CHEVALIERS arboraient, n'étaient autre chose que des Flammes; mais ce qu'on appelle Flamme est surtout une ENSEIGNE DE MARINE: c'est une longue BANDEROLE d'étamine qu'on ARBORE aux vergues, aux hunes, au grand mât, soit pour les orner ou les pavoiser, soit pour donner des signaux convenus, soit pour juger le vent. — L'ORDONNANCE DE MARINE DE 1670 veut que, dans les détachements composés de BATIMENTS DE MER de la MARINE royale, il soit porté au grand mât du vaisseau commandant une Flamme BLANCHE *qui ait de guindant la moitié de la cornette, et dont le battant soit au moins de six aunes.* — *Les Flammes,* dit JABLO (1777, G), *sont de figure fourchue, larges par le haut, extrêmement longues et se terminant en pointe;* *c'est la marque du commandant quand il ne porte point de pavillons aux mâts; cette Flamme est sans girouette, autrement elle n'est considérée que comme un enjolivement. Si plusieurs chefs d'escadre appartiennent à une même division, le plus ancien porte la cornette, les autres ne portent qu'une simple Flamme.* — Les PAVILLONS et les Flammes servent à rendre les honneurs. — La Flamme d'ordre est celle qu'on ARBORE au haut de la vergue d'artimon de l'AMIRAL ou du commandant; elle appelle les officiers à l'ordre.

FLAMME DE CASQUE. V. CASQUE. V. CIMIER.

FLAMME DE COLBACH. V. CHAUSSE DE COLBACH. V. COLBACH.

FLAMME DE GRENADE. V. GRENADE. V. GRENADE DE RETROUSSIS.

FLAMME DE LANCE. V. BLANC NATIONAL. V. LANCE. V. LANCIER. V. MILICE RUSSE N° 4. V. PENNON.

FLAMME DE POMPON. V. POMPON. V. POMPON A FLAMME.

FLAMME DE SCHAKO. V. SCHAKO. V. HUSSARD N° 4.

FLAMMENSTERN. V. NOMS PROPRES.

FLANC, subs. masc. V. A F... V. ANGLE DE F... V. ANGLE DU F... V. ATTAQUE DE F... V. ATTAQUE PAR LES F... V. BATTERIE DE F... V. BRIGADE DE F... V. COMPAGNIE DE F... V. DÉFENSE DE F... V. EN F... V. FACE AU F... V. FAIRE DES F... V. FEU DE F... V. MANOEUVRE DE F... V. MARCHE DE F... V. MOUVEMENT DE F... V. PAR LE F... V. PAR LES F... V. PAS DE F... V. PREMIER F... V. PRENDRE DES F... V. PRÊTER LE F... V. REFUSER LE F... V. SE DONNER DES F... V. SECOND F...

FLANC
- DE FORTIFICATION.. — FLANC — DE BASTION. — FLANC — FICHANT. / RASANT. — OBLIQUE.
- TACTIQUE. . . . . — FLANC DE CAMP.

FLANC (term. génér.). Mot que WACHTER tire de l'ALLEMAND *Flanke.* — Le substantif français est analogue à l'ITALIEN *fianco,* comme la plupart des mots français qui commencent par FL, sont analogues aux mots italiens qui commencent par Fl. — Ce terme *fianco* a peut-être été la souche de l'expression Flanc, prise dans ses acceptions militaires, puisque nos termes de fortification viennent en général d'ITALIE. — L'expression Flanc a donné naissance aux termes FLANÇOIS, FLANCONNADE, FLANQUER, FLANQUEUR, et elle se distingue en FLANC A ÉPAULEMENT, — A ORILLON, — BAS, — BRISÉ, — CONCAVE, — COURBE, — COUVERT, — D'ARMÉE, — D'ATTAQUE, — DE BASTION VIDE, — DE BATAILLON, — DE COLONNE, — DE CONTRE-GARDE, — DE CORPS, — DE COURTINE, — DE DEMI-BASTION, — DE DEMI-LUNE, — DE DEMI-PARALLÈLE, — DE FER A CHEVAL, — DE FORT, — DE FORTIFICATION, — DE MONTAGNE, — DE PIERRE A FEU, — DE REDAN, — DE TENAILLE, — DE TENAILLON, — DE TRANCHÉE, — D'ESCADRON, — D'OUVRAGE, — DROIT, — GAUCHE, — HAUT,

— PÉRIDOLOGIQUE, — RETIRÉ, — TACTIQUE.

FLANC A ÉPAULEMENT. V. A ÉPAULEMENT. V. FLANC DE BASTION.

FLANC A OREILLON. V. A OREILLON. V. FLANC DE BASTION.

FLANC BAS. V. BAS, adj. V. CASEMATE A FEU. V. FLANC DE BASTION. V. MINEUR FRANÇAIS. V. POLIORCÉTIQUE.

FLANC BRISÉ. V. BASTION DE FORTERESSE. V. BRISÉ, adj. V. FLANC DE BASTION.

FLANC CONCAVE. V. BASTION A OREILLON. V. BRISURE DE COURTINE. V. CONCAVE, adj. V. FLANC DE BASTION. V. OREILLON.

FLANC COURBE. V. COURBE, adj. V. FLANC DE BASTION.

FLANC COUVERT. V. BATTERIE CASEMATÉE. V. BASTION A OREILLON. V. CASEMATE A FEU. V. COUVERT, adj. V. ÉPAULEMENT DE FORTIFICATION. V. FLANC DE BASTION.

FLANC d'ARMÉE. V. ARMÉE. V. ARMÉE AGISSANTE N° 4. V. ARTILLERIE STRATOPÉDIQUE. V. ASSURER. V. ATTAQUE DE FRONT EN RASE CAMPAGNE. V. BATAILLE STRATEUMATIQUE. V. CHAMP DE BATAILLE. V. CHARGE DE CAVALERIE. V. COLONNE D'AILE. V. COMBAT CONTRE-CAVALERIE. V. DÉBORDER. V. DÉFENSE DE PLACE. V. ÉCLAIRER. V. GUERRE DE MONTAGNES. V. HARCELER. V. MARCHE OBLIQUE. V. MILICE ROMAINE N° 7. V. MOUVEMENT STRATÉGIQUE. V. ORDRE OFFENSIF. V. POSTE D'HONNEUR. V. TIRAILLEUR.

FLANC d'ATTAQUE. V. ATTAQUE. V. SIÉGE OFFENSIF.

FLANC (flancs) de BASTION (term. sous-génér.). Sorte de FLANCS DE FORTIFICATION qui forment le côté et la DÉFENSE des BASTIONS d'une FORTERESSE, à partir de la COURTINE ou de l'angle flanquant jusqu'à l'ANGLE D'ÉPAULE; à cet ANGLE, le Flanc se joint à la FACE. — Il y a des Flancs qui s'appellent FLANC A ÉPAULEMENT, — A OREILLON, — BAS, — BRISÉ, — COURBE, — DE BASTION VIDE, — DE DEMI-BASTION. — Suivant MANESSON (1685, B), ces Flancs font partie de ce qu'il appelle une AILE DE FORTIFICATION OU UN LONG COTÉ. — Les Flancs du CORPS d'une PLACE, considérés de BASTION à BASTION, défendent la COURTINE intermédiaire, le Flanc du BASTION voisin, sa face, son CHEMIN COUVERT. — On garantit quelquefois par une FAUSSE BRAIE les Flancs qui sont dépourvus d'OREILLON. — L'objet des Flancs est de voir le pied des PARAPETS et la BERME, puisque ces points ne sauraient être aperçus des hommes qui défendent le PARAPET. — S'il est pratiqué des CONTRE-MINES DE REMPART, elles règnent le long du pied des Flancs. — On regarde les Flancs de chaque BASTION comme défendus par son ANGLE FLANQUANT. — On appelle FLANC CONCAVE, OU COUVERT, OU RETIRÉ, le Flanc des BASTIONS A OREILLONS, à batteries casematées,

à POTERNE. — On appelle DEMI-GORGE la distance comprise entre l'ANGLE DU FLANC et la CAPITALE DU BASTION. — Deux Flancs qui se regardent appartiennent à une même FACE DE PLACE, défendent l'ANGLE FLANQUÉ du BASTION voisin et voient réciproquement leur FOSSÉ; la disposition donnée à la CONTRESCARPE a pour objet ce résultat. — Les Flancs DES BASTIONS sont ordinairement COUVERTS par des DEHORS. — La destruction du Flanc d'un ou de plusieurs BASTIONS est l'objet de l'ATTAQUE du CORPS d'une PLACE et des TRAVAUX du MINEUR. — Les Flancs de bastions se distinguent en FLANC FICHANT et en FLANC RASANT.

FLANC de BASTION VIDE. V. BASTION VIDE. V. FLANC DE BASTION.

FLANC de BATAILLON. V. ARTILLERIE D'INFANTERIE. V. BATAILLON. V. BATAILLON D'INFANTERIE FRANÇAISE DE LIGNE N° 7. V. ÉVOLUTION SIMPLE. V. INTERVALLE DE CAMP. V. ORDRE DE BATAILLE D'INFANTERIE. V. RANG DE TAILLE.

FLANC (flancs) de CAMP (G, 4), OU AILE DE CAMP. Sorte de FLANCS TACTIQUES qui sont perpendiculaires au FRONT DE BANDIÈRE. — Un CAMP carré aurait des Flancs, mais n'aurait pas d'AILES, puisque le mot Flanc donne plutôt l'idée d'une ligne, et que le mot AILE donne plutôt l'idée d'un point, d'une corne. — Un CAMP DE GUERRE qu'on disposerait en carré n'aurait ni AILES ni Flancs si les TROUPES CAMPÉES regardaient quatre aspects différents comme le fait un CORPS CARRÉ.

FLANC de CAVALERIE. V. CAVALERIE. V. CAVALERIE FRANÇAISE N° 7. V. COLONNE ÉPAGOGIQUE. V. RANG DE CAVALERIE.

FLANC de COLONNE. V. ALIGNEMENT DE PROFONDEUR. V. CARRÉ TACTIQUE. V. CHARGE D'INFANTERIE. V. COLONNE. V. COLONNE D'ATTAQUE. V. COLONNE ÉPAGOGIQUE N° 4. V. COLONNE TRANCHÉE. V. DÉPLOIEMENT CENTRAL. V. INVERSION. V. TAMBOUR IDIOPLIQUE D'INFANTERIE FRANÇAISE N° 4.

FLANC de CONTRE-GARDE. V. CONTRE-GARDE. V. CONTRE-GARDE A FLANC. V. FLANC DE FORTIFICATION.

FLANC de CORPS. V. CONSIGNE DE POLICE AU CAMP. V. CORPS. V. CORPS CAMPÉ.

FLANC de COURTINE. V. COURTINE. V. COURTINE RENFORCÉE. V. FLANC DE FORTIFICATION. V. FLANC OBLIQUE.

FLANC de DEMI-BASTION. V. DEMI-BASTION. V. FLANC DE BASTION.

FLANC de DEMI-LUNE. V. DEMI-LUNE A FLANC. V. GORGE DE DEMI-LUNE. V. LUNETTE DE DEMI-LUNE.

FLANC de DEMI-PARALLÈLE. V. DEMI-PARALLÈLE. V. FLANC DE FORTIFICATION.

FLANC de FER A CHEVAL. V. FER A CHEVAL. V. FLANC DE FORTIFICATION.

FLANC de FORT. V. FORT.

FLANC de FORTIFICATION (G, 4), OU FLANC D'OUVRAGE, OU FLANC PÉRIBOLOGIQUE. Sorte de FLANC ou de DÉFENSE que nous distinguons ici du FLANC TACTIQUE; le terme a quelquefois la même acception qu'on donnerait au mot ANGLE FLANQUANT, et signifie partie flanquante qui défend une PIÈCE DE FORTIFICATION ou une PLACE DE GUERRE. — On n'admet des Flancs que le moins possible, en construisant des RETRANCHEMENTS, parce qu'ils augmentent la main d'œuvre de l'OUVRAGE et l'étendue du terrain à défendre. — On applique à la FORTIFICATION l'axiome que voici : *Les points flanquants ne doivent être vus que des points qui les flanquent.* Ainsi les Flancs doivent par leur position être garantis de l'ATTAQUE autant que faire se puisse. — Les Flancs de fortification prennent quelquefois la dénomination de PREMIER FLANC et de SECOND FLANC; ce dernier s'appelle aussi FEU DE COURTINE, comme le témoignent BELAIR (1792), GUIGNARD (1725, B), LACHESNAIE (1758, 1), MANESSON (1685, B). — Quand la FACE d'un BASTION ne répond pas directement à l'ANGLE du Flanc, mais se détourne de manière à répondre à un point plus central de la COURTINE, ce point s'appelle SECOND FLANC, et c'est celui d'où le FEU du Flanc raserait la FACE du BASTION, ou produirait un FEU RASANT. — L'emploi ou l'abolition des seconds Flancs, a été un objet de discussions qui nous sont étrangères. Mais les théoriciens français ont généralement préféré au système des seconds Flancs la FORTIFICATION A FEUX RASANTS. — Dans la FORTIFICATION PASSAGÈRE, la construction des FORTS BASTIONNÉS nécessite les FEUX tirés d'un SECOND FLANC. — Il ne saurait entrer dans nos vues de définir toutes les espèces de Flancs connus en FORTIFICATION, tels que les FLANCS DE CONTRE-GARDE, — DE COURTINE, — DE DEMI-PARALLÈLE, — DE FER A CHEVAL, — D'OUVRAGES, etc. — On pourrait à cet égard consulter BELAIR (1792), DEVILLE (Antoine), DUPAIN (1757, B), l'ENCYCLOPÉDIE (1785, C), GUILLET, LACHESNAIE (1758, 1), LEBLOND (1783, P), MANESSON (1685, B), SIONVILLE (1750, E), TRINCANO, etc. — Nous nous bornerons à distinguer les Flancs de fortification en FLANC DE BASTION et en FLANC OBLIQUE.

FLANC de PIERRE A FEU. V. PIERRE A FEU. V. PLOMB A PIERRE.

FLANC de MONTAGNE. V. MONTAGNE.

FLANC de REDAN. V. REDAN.

FLANC de TENAILLE. V. TENAILLE. V. TENAILLE A FLANCS.

FLANC de TENAILLON. V. TENAILLON.

FLANC de TÊTE DE PONT. V. TÊTE DE PONT.

FLANC de TRANCHÉE. V. SORTIE EXTÉRIEURE. V. TRANCHÉE.

FLANC de TROUPES. V. ADOSSER. V. TROUPE.

FLANC d'ESCADRON. V. ESCADRON. V. RANG DE CAVALERIE.

FLANC d'OUVRAGES. V. BATTERIE A RICOCHET. V. ENFILADE. V. FLANC DE FORTIFICATION. V. OUVRAGE DE FORTIFICATION. V. POLIORCÉTIQUE. V. POTERNE. V. REDOUTE DE CAMP RETRANCHÉ. V. SECONDE PARALLÈLE.

FLANC DROIT. V. DROIT, adj. V. FEU DE CHAUSSÉE. V. FLANC BAS. V. PAR LE F... V. TACTICOGRAPHIE.

FLANC FICHANT (G, 4; H, 1). Sorte de FLANC DE BASTION qui prend ce nom quand il est aligné à une portion de la COURTINE.

FLANC GAUCHE. V. GAUCHE, adj. V. FEU DE CHAUSSÉE. V. PAR LE F...

FLANC HAUT. V. HAUT, adj. V. MINEUR FRANÇAIS.

FLANC OBLIQUE (G, 4), OU FLANC DE COURTINE. Sorte de FLANC DE FORTIFICATION qui se compose de la partie de la COURTINE qui voit et défend la FACE du BASTION opposé, quand la LIGNE DE DÉFENSE ne se termine pas sur l'extrémité de la COURTINE. — On dispose les FORTINS de manière à obtenir des Flancs obliques.

FLANC PÉRIBOLOGIQUE. V. FLANC DE FORTIFICATION. V. PÉRIBOLOGIQUE, adj.

FLANC RASANT (G, 4). Sorte de FLANC DE BASTION qui s'aligne à l'ANGLE FLANQUÉ.

FLANC RETIRÉ. V. A F... V. CASEMATE A FEU. V. FLANC DE BASTION. V. RETIRÉ, adj.

FLANC TACTIQUE (G, 0). Sorte de FLANC dont il faut donner l'idée en considérant en quoi ce terme diffère de l'expression AILE TACTIQUE. — Le Flanc est la partie latérale d'une troupe en ORDRE plus ou moins PROFOND, tandis que l'AILE est le point extrême d'une TROUPE DÉPLOYÉE. Il y a encore cette différence que le mot AILE exprime quelquefois un ensemble dont une partie est en avant et une partie sur le côté; tandis que le Flanc n'est jamais que sur le côté; c'est en cela que le Flanc tactique répond au FLANC DE FORTIFICATION. — Les Flancs sont perpendiculaires au FRONT, ou du moins il vaut mieux qu'il en soit ainsi, pour la facilité et la simplicité des MANOEUVRES. — Une TROUPE faisant front de tous côtés cesse d'avoir des Flancs; cette disposition est propre surtout à l'INFANTERIE. — Ce qu'on appelle SE DONNER OU PRENDRE DES FLANCS, c'est INSULTER EN RASE CAMPAGNE les Flancs de l'ENNEMI, au lieu de pousser sur lui des ATTAQUES DE FRONT. — Le succès des AFFAIRES DE POSTE dépend souvent de l'habileté avec laquelle on se DONNE DES FLANCS. — Il est des cas où la résistance, quand un Flanc est compromis, nécessite le PAS DE COURSE. — ASSURER SES Flancs, et principalement contre les CHARGES DE CAVALERIE, est la première règle de l'ART de la DÉFENSE en plaine; ce principe n'intéresse pas moins sur le CHAMP DE BATAILLE une ARMÉE qu'un BATAILLON isolé. — Les changements de front à deux mouvements ont quelquefois pour objet de résister à un ENNEMI par qui l'on serait PRIS EN FLANC, c'est lui REFUSER le Flanc. — Le résultat le plus ordinaire des CONVERSIONS EN COLONNE est de présenter une tête de manière à faire face au Flanc; l'ORDONNANCE DE 1831 (4 MARS) pourrait être interrogée à ce sujet. — Nous distinguerons ici le Flanc tactique en FLANC DE CAMP.

FLANCHIÈRE, subs. fém. V. BUFFLE DÉFENSIF.

FLANCOIS, subs. masc. (F), ou FLANQUOIS. Mot dont l'expression FLANC est la racine; il donne idée de la principale partie des BARDES ou ensemble des pièces dont on couvrait les CHEVAUX DE BATAILLE du MOYEN AGE. — Les Flancois pouvaient se comparer à une espèce de coquille composée de lames de fer ou de cuir bouilli, s'attachant à la SELLE D'ARMES du CHEVAL BARDÉ, et garnissant les flancs et la croupe de l'animal. Les Flancois, le CHANFREIN, le GIREL, la PISSIÈRE complétaient ainsi l'enveloppe défensive; le tout était quelquefois recouvert par une HOUSSE.—Des détails plus étendus à cet égard sont donnés par CANNÉ (1783, E).

FLANCONADE, subs. fém. (G, 5), ou FLACONADE, suivant l'ENCYCLOPÉDIE (1751, C). Mot dérivé du terme FLANC et signifiant littéralement COUP D'ESTOC dans le FLANC, ou BOTTE en QUARTE forcée. — L'ENCYCLOPÉDIE en indique pour parade la QUINTE. — Comme attaque, la Flanconade s'exécute du TALON de l'ÉPÉE, appuyant sur le faible de l'ÉPÉE de l'adversaire et l'entrelaçant pour diriger la POINTE sous son bras.

FLANDIN; FLANDRES. V. NOMS PROPRES.

FLANELLE, subs. fém. V. CEINTURE DE F... V. ÉTOFFE D'HABILLEMENT.

FLANQUANT, adj. V. ANGLE F... V. BATTERIE F... V. DÉFENSE F... V. FEU F... V. LIGNE F...

FLANQUÉ, adj. V. ANGLE F... V. ANGLE FLANQUÉ DE DEMI-LUNE. V. CONTRE-QUEUE D'I-RONDE. V. DEMI-LUNE. V. REDAN F...

FLANQUEMENT, subs. masc. V. FLAN-QUER.

FLANQUER, verb. act. (G, 4; H). Ce mot, qui a pour racine l'expression FLANC, est pris ordinairement dans le même sens que si l'on disait : défendre, soit au moyen de TROUPES ou de TIRAILLEURS, soit par des OU-VRAGES ou des REDOUTES le côté d'un TERRAIN ou d'un CORPS, une AILE ou un FLANC de fortification, une FACE DE BASTION, les pans d'une FORTERESSE, le front d'un ORDRE DE BATAILLE, les faces d'un ORDRE EN CARRÉ. — On Flanque au moyen de FEUX et de PRO-JECTILES dont la direction est à peu près parallèle au FLANC ou au FRONT qu'il s'agit de protéger. L'ACADÉMIE en a fait le substantif FLANQUEMENT, qui est peu usité.—Quelquefois Flanquer, c'est se défendre de l'ENNEMI en lui frappant le FLANC; être Flanqué c'est être appuyé du côté de son FLANC: ainsi les BASTIONS d'une FORTERESSE en Flanquent l'EN-CEINTE, et à son tour le CORPS DE LA PLACE Flanque les DEHORS. — Il est important que les CAMPS DE GUERRE et les DÉFENSES soient Flanqués. — Les CONTREVALLATIONS étaient Flanquées de REDANS. — Autrefois des ESCA-DRONS Flanquaient les CINQUAINS. — Les règles du service de la CAVALERIE veulent qu'elle Flanque les CONVOIS. — A la guerre un des DEVOIRS du CHEF d'un DÉTACHEMENT est de le faire Flanquer par des PELOTONS ou des PATROUILLES. — En campagne, les CO-LONNES COMBINÉES sont appuyées de FLAN-QUEURS et l'étaient dans le siècle passé par des CHASSEURS D'INFANTERIE. — Dans un SIÉGE OFFENSIF, la TRANCHÉE est Flanquée par la PARALLÈLE. — Depuis le perfectionnement des FLANCS les ESCALADES sont devenues bien plus rares. — Le mot Flanquer a signifié aussi accompagner un FLANC, y être jointif; ainsi les BASTILLES, les BRETÈCHES, les CHA-TEAUX étaient Flanqués de TOURS, c'est-à-dire garnis latéralement d'un OUVRAGE qui les fortifiait, mais qui ne les Flanquait pas, si l'on prend Flanquer dans son accep-tion actuelle la plus étendue.

FLANQUEUR (flanqueurs), subs. masc. (H, 2). Mot dont le substantif FLANC est l'o-rigine; il exprime des SOLDATS ou des CORPS qui, en TEMPS DE GUERRE, sont chargés d'éclai-rer les FLANCS d'une ARMÉE, de garder les AILES d'une TROUPE, d'y jouer le rôle de TI-RAILLEURS. — Au temps de CHARLES HUIT, ce qu'on appelait ESCADRON donnait idée de ce qu'on nommerait aujourd'hui CORPS DE CAVA-LERIE servant comme Flanqueurs.—Le plus ordinairement maintenant, une des fonctions des COMPAGNIES DE VOLTIGEURS est d'agir comme Flanqueurs, soit ensemble, soit in-dividuellement; mais c'est une question de TACTIQUE mal résolue. — Le mot Flanqueur a, quelquefois, pris une acception plus éten-due: ainsi, pendant la campagne de 1799, Vandamme commandait un corps de Flan-queurs. — Il a existé dans l'INFANTERIE de la GARDE IMPÉRIALE des RÉGIMENTS DE FLAN-

QUEURS, mais ils ne l'étaient que de nom. — De notre mot Flanqueur, les ALLEMANDS ont fait *flanquir,* qui, dans leur langue, signifie TIRAILLEURS A CHEVAL. — DECKER (1827), MATT (1827, F), le général PRÉVAL (1827), le général RAVICHIO (1827), SOTHEN, VAN-DER-HOOR, se sont occupés de quelques détails relatifs aux fonctions et à la destination des Flanqueurs.

FLANQUEUR NÉERLANDAIS. V. MILICE NÉERLANDAISE N° 1. V. NÉERLANDAIS, adj.

FLANQUOIS, subs. masc. V. FLANCOIS.

FLAQUE, subs. masc. V. POIRE A POUDRE. V. POUDRERIE.

FLAQUE D'EAU (subs. fém.) (G, 7). Mot usité en GÉODÉSIE et dans le style des RECONNAISSANCES MILITAIRES. MÉNAGE le regarde comme un mot FLAMAND; d'autres le dérivent de l'ITALIEN *fiasco.* Il donne idée d'une mare, par allusion à la contenance d'un flacon, d'une bouteille; s'il vient de l'italien on conçoit mal pourquoi l'ACADÉMIE le fait féminin.

FLASCHE, subs. fém. V. FLACHE.

FLASQUE, subs. fém. V. FLACHE. V. POIRE A POUDRE.

FLASQUE, subs. fém. et masc. (F). Mot dérivé de l'ITALIEN *fiascone,* flacon; il signifiait CROSSE, parce que celle des premières ARQUEBUSES A SERPENTIN, fort différente de celle des FUSILS modernes, avait la forme d'une bouteille. — Le mot Flasque n'est plus usité qu'en parlant des AFFUTS de l'ARTILLERIE; elle vient d'en changer la forme à l'instar de la MILICE ANGLAISE et n'a conservé de l'ancienne paire de Flasques de l'ARTILLERIE DE CAMPAGNE que leur partie supérieure; la partie inférieure de l'AFFUT des PIÈCES où s'emboîtait le COFFRET s'unit en une seule CROSSE. — Des explications un peu plus détaillées sont données par M. JACOBY et par le *Dictionnaire de la Conversation.*

FLAVIALE (flaviales), subs. masc. (F). Mot tiré du nom de la famille Flavia, dont l'empereur CONSTANTIN descendait. — Les Flaviales étaient des officiers ou des sous-officiers nommés aussi ORDINAIRES, qui servaient dans les LÉGIONS ROMAINES vers le temps de la corruption de la MILICE. — VÉGÈCE (390, A) mentionne les Flaviales d'une manière confuse et donne à entendre qu'ils étaient assimilés aux CENTURIONS.

FLAVIGNY; FLAVIO; FLAVIUS. V. NOMS PROPRES.

FLAYAU, subs. masc. V. FLÉAU D'ARMES.

FLAYEL, subs. masc. V. FLÉAU D'ARMES.

FLÉAU (fléaux), subs. masc. V. A F... V. BARRIÈRE DE FORTERESSE. V. BARRIÈRE TOURNANTE. V. EN F... V. PIÉTON.

FLÉAU BRISÉ. V. BRISÉ, adj. V. FLÉAU D'ARMES.

FLÉAU D'ARMES (F), ou FLAYAU suivant NICOT, ou FLAYEL, ou FLÉAU BRISÉ, ou FLÉAU DE FER, ou FOUET D'ARMES, ou SCORPION A MAIN. Le mot FLÉAU est provenu du LATIN *flagellum,* fouet; aussi la LANGUE ROMANE a-t elle dit d'abord FLAYAU OU FLAYEL, comme le témoigne ROQUEFORT. — Le terme exprime ici une ancienne ARME CONTONDANTE encore actuellement comprise au nombre des ARMES DE PARAPET, comme on le voit dans COTTY (1822, A), DANIEL (1721), l'ENCYCLOPÉDIE (1785, C, planches), GASSENDI (1819), GIRARD (1756), LACHESNAIE (1758, I), l'*Encyclopédie du dix-neuvième siècle* (aux mots *Arme, Fléau d'armes*). — Le Fléau d'armes consistait en un manche de frêne à l'extrémité duquel était fixée une chaîne de fer qui supportait, ou une masse de plomb ou un globule de métal garni de piquants et comparable par son volume à un boulet de trois, et par ses pointes à une étoile: de là son nom ALLEMAND *morgen-stern,* son nom ANGLAIS *morning-star.* — Il y avait des ANZEGAIES en manière de Fléau d'armes. — Il était surtout l'arme des Hussites: ils le brandissaient, dit l'histoire, de vingt à trente fois dans une minute.

FLÉAU de BOMBARDE. V. BOMBARDE. V. CHAMBRE DE BOMBARDE.

FLÉAU de FER. V. FER. V. FLÉAU D'ARMES.

FLÈCHE, subs. fém. V. A F... V. BARBE DE F... V. BOIS DE F... V. COCHE DE F... V. COTÉ DE F... V. COUP DE F... V. CRAN DE F... V. FER DE F... V. HAMPE DE F... V. LAME DE F... V. PENNE DE F... V. PIED DE F... V. PLUME DE F... V. POINTE DE F... V. TALON DE P... V. TÊTE DE F... V. TIR DE F... V. TIRER UNE F... V. VERGE DE F...

FLÈCHE { DE FORTIFICATION. / PROJECTILE. ... { FLÈCHE A FEU. / FLÈCHE EMPOISONNÉE. } }

FLÈCHE, subs. fém. (term. génér.), ou FLECQUE, ou FLASCHE, ou FLOICHE, comme l'écrivent FURETIÈRE, LORRIS, ROQUEFORT. Ce dernier AUTEUR donne, dans son traité sur la langue romane, bien d'autres synonymes au terme pris dans le sens de FLÈCHE PROJECTILE. — L'ESPAGNOL emploie également le mot *flecha*. — Le mot Flèche et ses analogues sont ou une dérivation du FRANCO-TEUTON, ou un adoucissement de l'ITALIEN *freccia*, ou une imitation du terme ANGLAIS *flight*, tombé en désuétude, mais conservé dans la locution *flight-shot*, COUP DE FLÈCHE. L'expression française vient de l'une ou de l'autre de ces LANGUES, soit parce que les FRANCS leur apportèrent le mot SAXON, soit parce que pendant longtemps les TIREURS DE FLÈCHES au SERVICE DE FRANCE ont été des ITALIENS, soit parce que les ANGLAIS excellaient à TIRER L'ARC avant que les FRANÇAIS n'eussent réussi à cet exercice. — Le mot Flèche a pris des acceptions variées dans la langue militaire, et il se distingue en FLÈCHE A GRENADES, — A MOUSQUET, — A TÊTE, — ARDENTE, — BARBELÉE, — D'AFFUT, — DE FORTIFICATION, — DE PÉTARD, — DE PONT, — DE SARBACANE, — PLOMBÉE, — PROJECTILE.

FLÈCHE A FEU (F), OU BRULOT PROJECTILE, OU FLÈCHE ARDENTE, OU MALLÉOLE. Sorte de FLÈCHE PROJECTILE qui était un diminutif de la FALARIQUE; elle avait de même un FER BARBELÉ, ou bien prenait à son extrémité antérieure la forme d'un fuseau garni d'étoupe et imprégné de poix brûlante ou de FEU GRÉGEOIS. — La MILICE CHINOISE a connu depuis une haute antiquité l'usage des Flèches à feu, usitées bien plus tard dans la MILICE BYZANTINE. — GANEAU (1810, E) parle des Flèches à feu.

FLÈCHE A GRENADE. V. A GRENADE. V. FALARIQUE. V. MILICE ESPAGNOLE. Nº 8.

FLÈCHE A MOUSQUET. V. A MOUSQUET. V. FLÈCHE PROJECTILE.

FLÈCHE A TÊTE. V. A TÊTE. V. BOUÇON. V. BOULE.

FLÈCHE ARDENTE. V. ARDENT, adj. V. FLÈCHE A FEU. V. MALLÉOLE. V. REMPART.

FLÈCHE BARBELÉE. V. BARBELÉ, adj. V. FER BARBELÉ. V. FLÈCHE PROJECTILE.

FLÈCHE D'AFFUT. V. AFFUT.

FLÈCHE D'ARCHER. V. ARCHER. V. ARCHER A PIED.

FLÈCHE DE FORTIFICATION (G, 4), OU REDAN. Sorte de FLÈCHE, de DEHORS, ou d'OUVRAGE à deux COTÉS, qui a dû son nom à sa forme comparée à celle du FER d'une FLÈCHE. — Ordinairement les Flèches appartiennent à la FORTIFICATION DE CAMPAGNE; telles sont certaines REDOUTES; quelquefois elles appartiennent à la FORTIFICATION RÉGULIÈRE, comme FLÈCHES DÉTACHÉES; en ce cas, ce sont des OUVRAGES peu élevés, construits en

avant des ANGLES SAILLANTS OU RENTRANTS du CHEMIN COUVERT au pied du GLACIS; elles en défendent l'approche; on donne vingt-cinq mètres environ à leurs FACES. — JABRO (1777, G) appelle Flèches des parties d'une LIGNE à OUVRAGES DÉTACHÉS. GASSENDI décrit des REDOUTES A FLÈCHE. D'autres AUTEURS et l'ACADÉMIE regardent les mots Flèche et BONNETTE, Flèche et CROCHET comme une même CONSTRUCTION. BELAIR (1792), l'ENCYCLOPÉDIE (1785, C), GUGY (1782, K), LACHESNAIE (1758, I), MANESSON (1685, B), peuvent être consultés sur les applications et l'usage, soit anciens, soit modernes, des Flèches construites comme moyen défensif. — La défense au moyen des Flèches de fortification a donné à quelques tacticiens des derniers siècles l'idée de ranger des masses de troupe, ou d'employer des COINS TACTIQUES, comme autant de Flèches vivantes.

FLÈCHE de FRONDE. V. FLÈCHE PROJECTILE. V. FRONDE.

FLÈCHE de PÉTARD. V. PÉTARD. V. PÉTARD CATABALISTIQUE.

FLÈCHE de PONT. V. PONT A FLÈCHE. V. PONT-LEVIS.

FLÈCHE de SARBACANE. V. FUSIL A SOUFFLET. V. SARBACANE.

FLÈCHE (flèches) EMPOISONNÉE (F), OU SCORPION. Sorte de FLÈCHES PROJECTILES dont l'invention est d'une haute antiquité. Les peuples dans leur enfance, et longtemps avant la découverte du fer, ont généralement fait usage de toutes sortes d'ARMES et de TRAITS EMPOISONNÉS. — Des hordes sauvages savaient infecter, par un procédé sûr, le caillou, l'os, l'arête de poisson dont ils garnissaient leurs ARMES D'HAST. — De grandes nations rendaient vénéneux les métaux, bien avant que l'armée d'ALEXANDRE eût ressenti les effets des ARMES A HAMPE des bracmanes, et des Flèches envenimées dont l'usage était commun dans le royaume de Porus. — Les indigènes de l'Asie trempaient le fer de leurs Flèches dans le suc des plantes délétères ou dans le virus des reptiles que produisait leur pays. Ce secret atroce n'était point connu des AFRICAINS, des PARTHES, des CRÉTOIS. On trouve la preuve de ces assertions dans DIODORE DE SICILE, ISIDORE, PLINE le Naturaliste, ROBINSON, SÉNÈQUE, STRABON, SILIUS, VIRGILE, et le *Dictionnaire de la Conversation* (au mot *Flèche*), qui rappelle entre autres les recherches savantes auxquelles se sont livrés MM. de Paw et Ch. de Coquebert. — Les Latins appelaient ce genre de Flèches *sagittæ Lernæ*, comme on dirait trempées dans le fiel de l'hydre de Lerne. PLINE désigne leur emploi par *irremediabile scelus*, scélératesse sans remède ; *vulnera scythica*, blessures faites par des SCYTHES. ISIDORE appelle SCORPIONS les Flèches empoisonnées. — La Colchide, lieu natal des poisons et patrie des empoisonneurs, était renommée pour la perfection de ces ARMES, qu'à si juste titre on a nommées déloyales. — Des tribus de la nation des FRANCS, avant qu'ils fussent maîtres des GAULES, chassaient à coups de Flèches empoisonnées les bêtes fauves. Il en était de même chez les GAULOIS, qui recouraient dans ce but au suc du figuier sauvage. Pline dit qu'ils se servaient à cet effet du suc du liméum, plante dont le nom n'est pas latin, mais GAULOIS. Ce mot exprimait un végétal sur la nature duquel on n'est pas d'accord, mais qu'on suppose participer de divers genres d'ellébore, de divers genres d'aconit. — Nos ancêtres ne portaient pas à la guerre leurs ARMES EMPOISONNÉES; on peut l'inférer du silence de CÉSAR, qui n'eût pas manqué de le mentionner. Il est probable qu'elles étaient trop coûteuses, trop rares, trop difficiles à confectionner. Elles étaient fort connues en FRANCE sous la SECONDE RACE, comme le témoignent plusieurs capitulaires. — Dans beaucoup d'autres contrées, les ARMES EMPOISONNÉES ont été des ARMES DE GUERRE; les voyageurs l'ont éprouvé chez les Caraïbes, et le débarquement des premiers spoliateurs du nouveau monde fut salué à coups de Flèches empoisonnées. — L'ENCYCLOPÉDIE (1785, C, au mot *Arme*) dit que l'infanterie des Ialofs, peuple d'AFRIQUE, porte des Flèches empoisonnées. — Les naturels de l'AMÉRIQUE méridionale empoisonnent, à ce que rapporte l'ENCYCLOPÉDIE (1751, C, au mot *Flèche*), leurs traits avec le végétal nommé le ou la *piane*, le *curare*, l'*ahouaiguacu*. — L'extraction de la séve du mancenillier de Porto-Rico, le suc des ahouais, plante que décrit GANEAU, la racine des lianes des marais, fournissaient la matière vénéneuse. On l'élaborait, on l'épaississait en une espèce de glu, où il suffisait de plonger le fer pour qu'il pût frapper de mort subite l'être animé qui en était seulement égratigné. Cette propriété que le métal acquérait se conservait pendant un laps de temps dont on ignore la durée précise; mais on est sûr qu'elle n'était pas altérée encore après un espace d'un siècle et demi. On en a fait l'épreuve avec des armes conservées comme objets de curiosité en HOLLANDE. — Si de l'AMÉRIQUE on passe aux INDES orientales, on y trouve la même habileté chez les empoisonneurs d'ARMES. Cette pratique règne dans la plupart des îles de l'océan Indien, le long des côtes depuis l'ARABIE jusqu'à la CHINE, dans le royaume d'Achem, à Ceylan, à Su-

matra, dans la presqu'île du Gange, à Malacca, au Pégu, à Java, etc. — Les Malais empoisonnent des lames avec la racine de l'oupas. — Les MOGOLS ont répugné à imiter cet usage de la contrée qu'ils ont envahie. Il y a aussi des tribus qui y ont renoncé; de ce nombre sont les ARABES, qui, au temps où ils exerçaient la piraterie le long des côtes, étaient redoutés pour leurs JAVELINES EMPOISONNÉES. — Dans le sud de l'ASIE et dans l'archipel Indien, on a retrouvé avec étonnement un usage des AMÉRICAINS du Midi, celui de souffler avec une SARBACANE des TRAITS EMPOISONNÉS; on a désigné ces TRAITS sous le nom d'ALÈNES de Macassar ou d'AIGUILLES À SARBACANES. Les singes, grimpés sur la cime des arbres et frappés à peine de cette ARME dirigée de très-loin, sont morts avant d'être à terre. — On suppose que dans cette partie du monde le fer s'empoisonne à la manière que pratiquaient les anciens bracmanes, et au moyen du venin des serpents profanes, c'est-à-dire ne participant pas aux honneurs d'un culte idolâtre. — La liqueur délétère contenue dans les vésicules des gencives des vipères est habilement extraite et introduite dans des caillots ou des tranches de sang humain. Cette opération a pour objet sans doute de prévenir une cristallisation qui altérerait la qualité de la substance corrosive. — Quant aux insulaires de Java, ils se servent, à ce qu'on assure, de la bave d'une espèce de lézard nommé geccho suivant JANNO (1777, G), ou gecko, ou geuho suivant l'ENCYCLOPÉDIE (1751, C, aux mots *Flèche, Sarbacane*, etc.); ils le suspendent par la queue et le fouettent ou l'aiguillonnent pour lui faire vomir une matière brûlante ou une sanie qu'ils recueillent et font coaguler et fermenter au soleil.—Enfin, si nous reportons nos regards vers nos contrées, quelques faits modernes méritent d'être consignés. — On voit dans les œuvres d'ESPINAR que les chasseurs ESPAGNOLS qui se livraient à la chasse de la grande bête trempaient la pointe des TRAITS D'ARBALÈTE dans un suc préparé et qui avait pour base la substance des racines de l'ellébore blanc (*veratrum album*); on recueillait ces racines au mois d'août. L'effet de la blessure était si rapide, la coagulation du sang si prompte, que l'animal, pour peu qu'il fût touché, était incapable de fuir à deux cents pas et perdait la vie presque à l'instant. Il faut attribuer à cet emploi de l'ellébore blanc sa dénomination espagnole de *yerva du ballesteros*, herbe de l'arbalétrier. — Il y avait, dans les derniers siècles, des cantons des Pyrénées et des Alpes où l'on trempait, à ce qu'affirme JABRO, la pointe des ÉPIEUX et des BAIONNETTES dans une composition où entrait le thora ; on parvenait par là à rendre plus prompte la mort du gibier blessé si peu que ce soit. Il resterait à constater si ce procédé des montagnards était une trace des coutumes immémoriales des FRANCS et des GAULOIS. — L'art d'obtenir ces préparations, art qui a exercé l'industrie du monde entier, est heureusement devenu un secret ; mais on croit que les sucs corrosifs que l'EUROPE fournissait pour cet usage étaient extraits de l'huile de tabac, du thora, du laurier-rose, du figuier, du capri-figuier, de la jusquiame, des différentes variétés d'aconit, et en général des plantes ou arbustes lactescents.— A côté de ces tableaux de la rage humaine, plaçons quelques remarques relatives aux préservatifs connus ; car toutes les tribus, tous les peuples qui empoisonnaient le fer connaissaient des contre-poisons dont ils gardaient ordinairement le secret. Il y avait telles peuplades qui, suivant le récit suspect de plusieurs voyageurs, se guérissaient en prenant des doses d'excréments humains.— Il paraît sûr qu'il faut recourir à l'application des sels alcalins sur la plaie ; les sels de vipère et de corne de cerf étaient regardés comme les plus salutaires. On avale efficacement du sucre, des pincées de sel marin, des tasses d'eau de mer ; mais s'il faut que le blessé fasse cinquante pas pour recourir au remède, il est perdu sans ressource. — L'ENCYCLOPÉDIE (1785, C), ESPINAR, JABRO (1777, G), MAROLLES (1788, H), donnent quelques détails sur les ARMES EMPOISONNÉES.

FLÈCHE PLOMBÉE. V. FLÈCHE PROJECTILE. V. HASTAIRE N° 5. V. MARTIOBARBULE. V. PLOMBÉ, adj.

FLÈCHE PROJECTILE (F), ou DARDE suivant GANEAU. Corruption de l'ITALIEN *freccia,* qui se prononçait *fretchia.* Sorte de FLÈCHE dont le nom se prend ici par opposition à la FLÈCHE DE FORTIFICATION. BOREL (Pierre), CARRÉ (1785, E), ROQUEFORT, nous rappellent les expressions BARBELLE (ou Flèche dentelée), FLIG, FLICH, FLIQUE, FLIS, FLISE, prises également dans la langue romane pour Flèche d'ARC, et dérivés, suivant MÉNAGE, de l'ALLEMAND *Flits, Flitch,* restés dans l'anglais *flight.* LEDUCHAT, RABELAIS, en citent plusieurs synonymes francisés. ROQUEFORT regarde ESLINGUE, GOURGON, PASADOUZ, PASSADOR, PASSADOUR, PASSADOUS, SAETTE, SONGNOLLE, comme synonymes des mêmes termes. Il emploie les infinitifs ESPENER, ESPENNER, pour signifier frapper ou blesser à COUPS DE FLÈCHES ; il témoigne qu'on appelait FLÉCHIER, FLÉGIER (*flecharius, flechiarius*) les fabricants d'ARBALÈTES et de Flèches ; il rappelle que, quand le pied de la Flèche était garni de plumes, on nommait cette partie PANNON, PANON, PENART, PENNE, PENNET, PENNON (du latin *penna*), ou, suivant LACOMBE, EMPENNES ; quelques-uns de ces substantifs ont signifié aussi la Flèche même : c'était le tout pour la partie. Enfin ROQUEFORT rapporte qu'il y avait des Flèches qu'on appelait RAILLONS, REILLONS, d'où est provenu RAILLONNADE, COUP DE FLÈCHE ; qu'il y en avait en forme de CARREAUX ; et qu'on connaissait sous le nom de TACLES, les Flèches dont la HANTE était ferrée, ou dont la plume était collée par opposition aux PENNONS cirés. — La quantité de termes devenus presque barbares, mais que nous avons dû récapituler, témoigne par combien de points le mot Flèche tient à l'HISTORIQUE de la guerre. — La FRÊTE dont parle DUCANGE, Flèche non blessante, et employée au tir du PAPEGAI, a donné son nom au MEUBLE DE BLASON nommé FRÊTE. — On a génériquement rangé parmi les MOUCHETTES certaines Flèches. — On appelait BARBES DE FLÈCHE les arrière-POINTES de leur FER ; mais toutes les Flèches n'étaient pas BARBELÉES ; il y en avait à une seule POINTE. — On a prétendu que les Flèches avaient été inventées par les CRÉTOIS ; c'est une fable comme presque tout ce qui s'est dit à l'égard des inventeurs des MACHINES DE GUERRE de l'antiquité. M. BONTEMPS les croit inventées l'an du monde 2820 ou 1880 ans avant J.-C. — Les Flèches se composaient d'une VERGE et d'une POINTE de FER. Le TALON de la VERGE était EMPENNÉ ou garni d'un EMPANON ou PENON, qui consistait en trois plumes ou en de légères lames de métal nommées AILES ; cet accompagnement avait pour objet de maintenir à peu près directe la trajection de la Flèche, autrement la courbe qu'elle eût décrite dans le trajet eût été trop brusque ; le poids du FER en eût contrarié la direction ; la POINTE n'eût pas frappé le but, ou bien le coup eût été sans force. — HÉRODOTE et les plus anciens AUTEURS témoignent avec quelle dextérité les peuples de l'ORIENT, et surtout les PARTHES se servaient de leurs Flèches.— Elles étaient chez les ÉTHIOPIENS une ARME terrible et une COIFFURE brillante ; ils méprisaient, à ce que nous apprend LUCIEN, l'usage du CARQUOIS et de l'ARCHÈRE ; ils se couronnaient le front de leurs Flèches entrelacées ou disposées dans leur CHEVELURE comme autant de rayons. Ils n'en eussent pas TIRÉ une sur l'ENNEMI avant d'avoir sauté. On aperçoit mal quelle pouvait être l'utilité de cette sorte de danse. LUCIEN prétend qu'elle effrayait l'ennemi.—Les MILICES GRECQUES n'atteignirent jamais à l'habileté des

ASIATIQUES dans l'art du TIR de la Flèche. — Les SCYTHES, les Numides, TIRAIENT les Flèches aussi habilement d'une main que de l'autre et les lançaient derrière eux en fuyant. — Ce TIR en arrière est peut-être une fable à laquelle a donné lieu la manière de combattre des ARCHERS sur CHAMEAU ou des DIMACHIÈRES qui se tenaient en selle dos à dos, de sorte que, suivant le besoin, l'un TIRAIT de l'ARC en avant, l'autre en arrière; le CHAMEAU portait ainsi un SOLDAT DOUBLE. — DION nous entretient des Flèches à FER BARBELÉ; ce FER était façonné avec un tel art, qu'il était impossible de le retirer de la plaie, sans y laisser quelques-uns des aiguillons ou crochets qu'on a nommés BARBILLONS. — Les ÉGYPTIENS avaient des Flèches dont l'extrémité empennée était garnie d'une courte lanière, afin que, en tirant l'ARC de sa main droite, l'ARCHER pût suspendre à cette même main et tenir commodément sept ou huit Flèches qui devaient être lancées à leur tour. — Les MACÉDONIENS avaient des Flèches de FRONDE qui se nommaient CESTRES. — En GRÈCE, la Flèche était l'une des ARMES des PSILITES. — Les anciens s'exerçaient au TIR de la Flèche en prenant pour but un POTEAU ou un taillevas. — Les LÉGIONS ROMAINES se servaient de FLÈCHES PLOMBÉES au TALON; en retombant sur terre, elles y restaient debout, et présentaient une POINTE comme un piquant de CHAUSSE-TRAPE. — Des Flèches de petite dimension étaient surtout à l'usage des TIREURS nommés VÉLENTAIRES; celles-ci étaient à COCHE ou à fourchette; cette partie donnait entrée à la CORDE de l'ARC, et se nommait *crena, crenæ,* qu'on a traduit par CRAN. — Les ROMAINS ont fait emploi aussi de grandes Flèches qui se nommaient TRAGULES (*tragula*), et qui étaient tirées par des ARBALÉTRIERS nommés TRAGULAIRES; ces ARMES A POINTES perçaient d'outre en outre un homme tout armé; elles servaient, comme nous le dit César, à lancer des lettres dans une PLACE ASSIÉGÉE. Le FER robuste de cette Flèche était, à ce qu'on croit, armé d'un crochet. On jetait les TRAGULES, soit avec un ARC, ou une CHIROBALISTE, soit avec de grandes MACHINES NÉVROBALISTIQUES. — Les Flèches qui partaient des BALISTES ou des ANISOCYCLES, se tiraient quelquefois par faisceaux : c'était la MITRAILLE du temps; quelquefois, faute de Flèches ordinaires, les BALISTES lançaient des DARDS A MAIN. — La Flèche était inusitée chez les anciens GERMAINS comme arme de guerre, s'il faut en croire plusieurs AUTEURS, mais elle était connue cependant des FRANCS avant CLOVIS, et c'était surtout chez eux une arme de CAVALERIE; ils renoncèrent aux ARMES DE

TRAIT, à ce qu'affirme MÉZERAY, quand ils se furent rendus maîtres des GAULES. — L'usage des Flèches, assez général dans les GAULES, à ce que dit CÉSAR, fut méprisé des FRANÇAIS primitifs, ou se répandit peu dans leur MILICE. CHARLES MARTEL triompha d'Abdérame à TOURS en opposant des FAUCHONS A HAMPE, des FRAMÉES, des JAVELOTS, aux Flèches et aux ZAGAIES des SARRASINS. — Le combat à COUPS DE FLÈCHES ne commença à être pratiqué avec quelque ensemble qu'au temps des MILICES COMMUNALES, des MALANDRINS, des corps d'ARCHERS A PIED et des FRANCS-ARCHERS; mais ce furent surtout les étrangers au SERVICE de la FRANCE, tels que les GÉNOIS, les GASCONS, les BAIONNIERS, les ANGLAIS, qui excellèrent à se servir de la Flèche. Les indigènes ne la manièrent jamais avec habileté, ou ne la TIRÈRENT habituellement à la guerre qu'avec des ARBALÈTES. — Les SARRASINS et les BYSANTINS connaissaient l'usage des FLÈCHES A FEU ou MALLÉOLES, ce qui était en petit ce que les FALARIQUES étaient en grand. — La horde TARTARE ou scythe, qui, à la fin du neuvième siècle, inonde la Pannonie, se déchaîne contre les Moraves, et forme la nation HONGROISE, met sa force dans les Flèches, et brave avec elles les épées et les lances de l'EUROPE. La terreur que cette arme y inspire est prouvée par cette messe à laquelle les ITALIENS avaient recours à l'apparition de ces usurpateurs; elle différait surtout des autres messes par les mots : *Ab Ungarorum nos defendas jaculis,* défendez-nous des Flèches hongroises. — Dans les troupes de l'OCCIDENT, l'ARCHER portait ses Flèches à la ceinture, surtout pour l'instant du combat; elles étaient ordinairement au nombre de douze. — La RONDELLE était destinée surtout à préserver des atteintes des Flèches. — Les Flèches de guerre et de grande chasse avaient en général deux pieds et demi à trois pieds de long. Celles des ANGLAIS à Azincourt avaient un mètre. Dans les SIÉGES DÉFENSIFS on les TIRAIT ou on les DÉBAILLAIT à travers les ARCHIÈRES ou les BARBACANES; certaines Flèches étaient désempennées, DÉSEMPENNÉES, c'est-à-dire sans plumes, soit qu'elles fussent destinées à être TIRÉES de très-près, soit qu'au lieu de plumes elles eussent des ailes de métal ou de peau, soit qu'enfin elles dussent être TIRÉES en paquets par les grandes ARMES NÉVROBALISTIQUES. — Les barbes du BOIS des Flèches empennées étaient de plumes d'oies; l'emploi de ce genre de plumes, pour cet usage, régnait de toute antiquité dans l'ORIENT et en ÉGYPTE. — En France, dans le treizième siècle, des SERGENTS MILITAIRES combattaient à coups de Flèches. — Après avoir été long-temps des armes décochées au moyen de l'ARC, les Flèches devinrent une ARME DE DÉCLIC lancée par l'ARBALÈTE; c'est ainsi que s'en servaient les ARCHERS A CHEVAL. — Les Flèches employées par les défenseurs d'OR-LÉANS, en 1428, avaient pour EMPANON des AILES de parchemin attachées avec de la cire. — LORRIS appelle PAONNET (d'où le mot PAON-NIER) des Flèches garnies de plumes. — Les Flèches, tant grandes que petites, c'est-à-dire qui étaient ou décochées ou DÉCLIQUÉES par des ARMES DE TRAIT de quelque dimension que ce fût, ont compris : ALÈNE, BONCON, BRULOT-PROJECTILE, CARREAU, CARTAS, CESTRE, DARD A FEU, DARDELLE, FALARIQUE, MALLÉOLE, MATRAS, PARADOUZ, PASADOUZ, PASSADOR, PAS-SADOUR, PASSADOUS, TRAGULE, TRAIT, VIRE, VIRE-FLÈCHE, VIRETON. — La ville de Mâcon a été célèbre pour ses MANUFACTURES de Flèches.— Les ARCHERS s'exerçaient au TIR de la Flèche en visant un BUT qu'on appelait BENSAULT; se livrer à cette étude, c'était BENSAUDER. Placer la Flèche sur l'ARC, c'était l'ENCOCHER; de là le terme de BLASON : FLÈCHE ENCOCHÉE. — La VERGUE OU HAMPE de la Flèche a laissé l'expression vergue dans la MARINE et le BLASON. — Les statuts des armuriers, ou FLÉCHIERS de PARIS, donnés en 1443 (21 décembre), voulaient que les Flèches fussent *de bon bois secq, de deux pieds et demi et de deux doigts de long.* — AMIOT (1782, O) décrit et définit les Flèches qui étaient en usage en CHINE dans le dernier siècle encore, et les nomme *Flèches en sourcils, en ciseaux, à percer la cuirasse, à diviser les épaules,* etc. — Dans la MILICE TURQUE, deux Flèches coûtaient, il y a un siècle, trois aspres ou un sol; la contenance d'un CARQUOIS était de quarante à cinquante Flèches. Il y a une remarquable différence entre ce nombre et les douze Flèches de l'antiquité; peut-être les ÉCRIVAINS anciens auront-ils pris une exception ou une coutume particulière pour une règle générale. Peut-être les Flèches étaient-elles autrefois plus fortes. Le comte de SÉGUR, le fils du Maréchal (1826), dit avoir vu des princes CIRCASSIENS courant au grand galop abattre d'un COUP DE FLÈCHE un chapeau placé au haut d'une perche; il nous apprend aussi que l'armée RUSSE dans l'autre siècle, sous les ordres du général Apraxin, eut à souffrir beaucoup des Flèches des Cabardiens, principale tribu de la Circassie; *elles entraient jusqu'à la plume dans le corps des hommes et des chevaux.* — Ce récit de l'adresse des Circassiens rappelle un trait relégué au rang des fables; c'est l'acte de vengeance d'un ARCHER qui rendit borgne Philippe de Macédoine, en tirant sur lui une Flèche portant l'inscription : *A l'œil droit de Philippe.* — Mais il est sûr que la dextérité de certains ARCHERS passait toute croyance; ils frappaient des oiseaux au vol; atteignaient d'une seconde Flèche une Flèche déjà lancée en l'air; tiraient sur des enfants dont ils ne touchaient que la chevelure, chef-d'œuvre d'habileté renouvelé en 1307 par Guillaume Tell. — De nos jours, des INDIENS, des sauvages de l'AMÉRIQUE, cachent à demi sous leur pied une orange, et tirent verticalement en l'air une Flèche qui en retombant vient percer le fruit sans les blesser. — La MILICE PERSANE, quoique armée en grande partie à l'européenne, n'a pas renoncé aux Flèches. — L'ARMÉE RUSSE a conservé fort tard l'usage des Flèches; et, primitivement, les STRELITZ eux-mêmes s'en servaient. — Il est une remarque philosophique à faire à l'égard des Flèches françaises et modernes; ce ne sont ni ceux qui s'en servaient pour se battre, ni ceux qui les fabriquaient, ni les annalistes du MOYEN AGE, qui nous ont transmis des notions qui éclairent ce sujet. Avant le livre de WILKIN-SON, nous ne devions des renseignements sur les formes diverses des FERS OU LAMES de ces ARMES qu'à un homme qui travaillait à remédier aux blessures qu'elles occasionnaient. C'est le célèbre Ambroise PARÉ, chirurgien des armées de FRANÇOIS PREMIER, qui a véritablement écrit l'histoire des Flèches. — Pour aider à la démonstration des moyens curatifs, il a dépeint les moyens offensifs. Nous voyons dans une gravure de ses ouvrages qu'il y avait des Flèches dont le FER était à douille, la HAMPE s'y insérait; d'autres, dont le FER était à clou, il s'insérait dans la HAMPE; d'autres, dont le FER tenait à peine, afin de se briser dans la plaie. — — Il y avait des fers de Flèche de dix-huit ou de vingt formes particulières, et plusieurs différaient probablement plutôt par le caprice de l'ouvrier que par des raisons d'utilité. — Dans la TACTIQUE moderne, la Flèche est reléguée maintenant parmi les MEUBLES DE BLASON. — Les autres AUTEURS qui donnent des éclaircissements sur l'histoire et l'usage des Flèches sont : BINGHAM, CARRÉ (1785, E), DUANE (1810, E; au mot *Dard*), l'ENCYCLOPÉDIE (1751, C; 1785, C), M. FRAN-COEUR, JABBO (1777, G), MERSENNE, MONCHA-BLON, POTIER (1779, X), ROBINSON, WILKIN-SON, le *Dictionnaire de la Conversation,* l'*Encyclopédie du dix-neuvième siècle,* au mot *Arme*). — Les Flèches projectiles se distinguent en FLÈCHE A FEU, — D'ARCHER, — EM-POISONNÉE.

FLÉCHIER, subs. masc. V. FLÈCHE PRO-JECTILE.

FLÉCHIR, verb. neut. v. GÉNÉRAL D'ARMES N° 9.

FLECQUE, subs. fém. v. FLÈCHE.

FLÉGIER, subs. masc. v. FLÈCHE PROJECTILE.

FLEISCHER; FLEMMING. v. NOMS PROPRES.

FLÉTRISSURE, subs. fém. v. ALTÉRATION D'EFFETS PUBLICS. V. LÉGISLATION, au X (23 FLORÉAL). V. PEINE.

FLEUR, subs. fém. (term. génér.). Mot dérivé du latin, et qui sera distingué ici en FLEUR DE LIS.

FLEUR de BUFFLE. V. ANNEAU A MANCHE DE HACHE. V. BRETELLES DE HAVRE-SAC. V. BUFFLE. V. BUFFLE D'ÉQUIPEMENT. V. CONTRE-SANGLON DE GIBERNE. V. TABLIER DE SAPEUR.

FLEUR de LIS, subs. fém. v. PEINE DE LA F...

FLEUR de LIS (F), ou de LYS. Sorte de FLEURS ou de MEUBLES D'ARMOIRIES à l'égard desquels les historiens sont peu d'accord. — Des antiquaires soutiennent que nos Fleurs de lis furent une imitation des iris vulgairement appelés FLAMBES, qui croissaient sur les rivages de la Lys, où campèrent et s'arrêtèrent les premiers FRANCS. — Le mot Li, s'il faut en croire le *Dictionnaire des Sciences médicales* et M. REY, signifiait blanc en LANGUE CELTIQUE. — D'autres se sont persuadés que ce qu'on a pris pour Fleurs de lis n'était qu'une imitation grossière des ABEILLES brodée sur le manteau de CHILDÉRIC premier et retrouvée à TOURNAY, quand on y ouvrit sa tombe. Cette opinion est celle de DUBOS; il regarde les ABEILLES comme ayant été le symbole des tribus franques; mais des AUTEURS allemands et flamands prétendent que c'étaient des crapauds qui étaient les attributs primitifs des ARMOIRIES françaises. VELLY regarde, au contraire, le LION comme notre ancien emblème; ce serait le lion belgique tombé depuis en partage au royaume des Pays-Bas. — L'ENCYCLOPÉDIE (1751, C) retrouve les Fleurs de lis sur la couronne et le sceptre de Frédégonde, dont le tombeau et l'image se voyaient à Saint-Germain des Prés. — M. REY prétend les retrouver dans le lotus d'Egypte, et dans les sculptures de Denderah; il affirme que Charlemagne donna à la ville de Florence les Fleurs de lis qu'elle a conservées si longtemps, et dont elle a tiré son nom. — Ducarel est persuadé que HUGUES CAPET ajouta des Fleurs de lis à sa couronne. — VELLY, reproduisant le récit de LEGENDRE, dit à la date 1125, que déjà la BANNIÈRE DE FRANCE était parsemée de Fleurs de lis d'or sur un fond BLEU. — D'accord avec cette opinion, Pasquier regarde

les Fleurs de lis comme de même ancienneté que l'ORIFLAMME. DUTILLET prétend les retrouver en 888. — LOUIS SEPT fit graver sur ses monnaies des figures qu'on a supposées l'image de la Fleur de lis; il porta, dit-on, ces ARMOIRIES en ORIENT, à l'époque de la CROISADE DE 1147; le sceau d'une charte de la fin du douzième siècle montre le ROI DE FRANCE avec une couronne qu'on a jugée FLEURDELISÉE, ainsi qu'un ANGON qu'il tenait à la main. — Depuis CHARLES CINQ, la COTTE des HÉRAUTS D'ARMES et des ROIS D'ARMES fut ARMORIÉE de Fleurs de lis. — Mais sur tous ces sujets, les sentiments sont partagés. Ce que l'on croit être des Fleurs de lis ne serait, au jugement de plusieurs, que la représentation d'un FER D'ANGON, puisqu'on retrouve, au dessous des branches supérieures, le collier de fer ou la CLAVETTE qui réunissait les lames de l'ANGON A MAIN ou de la CORSEQUE; c'est le sentiment que VOLTAIRE manifeste, en traitant, dans son *Essai sur les Mœurs*, de la bataille de BOUVINES en 1214 ou 1215 : *Ce qui n'avait été longtemps qu'une imagination de peintre, commençait à servir d'armoiries aux rois de France.* — Une seule Fleur de lis fut d'abord le symbole du sceau, suivant quelques opinions; LOUIS SEPT les répandit sans nombre sur le sceau et le contre-scel; son fils PHILIPPE AUGUSTE fit de ce symbole l'ornement du diadème, et en décora l'ÉTENDARD ROYAL et le BLASON de FRANCE; mais rien ne prouve qu'il les ait portées sur l'ARMURE, comme des peintres se le sont imaginé. — Quant à la CORNETTE ROYALE, qui est bien plus moderne, les uns soutiennent qu'elle était ornée de Fleurs de lis; d'autres le nient formellement. — Les Fleurs de lis étaient semées, d'abord sans nombre, sur l'ÉCU de FRANCE; la quantité en fut réduite à trois par PHILIPPE DE VALOIS suivant les uns, par CHARLES CINQ, ou CHARLES SIX suivant les autres; mais M. REY convient qu'il y a eu dans les usages de telles variétés, que la recherche des époques de modifications est à peu près impossible; ce qu'il fournit de plus concluant sur l'ancienneté et la prééminence des Fleurs de lis, c'est que toutes les langues, au lieu de traduire le mot Fleur de lis, l'ont estropié pour se l'approprier. — A l'exposition des tableaux au Musée, en 1835 (mars), un artiste se trompant de deux siècles, a timbré des trois Fleurs de lis de CHARLES CINQ l'ARMURE de LOUIS SEPT. Si dans des temps aussi éclairés de tels anachronismes ont lieu, comment les assertions des anciens, ou les monuments qu'ils ont laissés ne nous induiraient-ils pas sans cesse en erreur? — A l'égard de ces questions, jusqu'ici confuses, on peut consulter BALUZE (t. II), DELAROQUE, l'ENCYCLOPÉDIE (1751, C), MABILLON, MÉNESTRIER (1770), NANGIS, RIGORD, M. REY, SAINTE-MARTHE, VOLTAIRE. — Dans les derniers siècles, les CASAQUES des HÉRAUTS D'ARMES et des POURSUIVANTS D'ARMES, la CORNETTE des COLONELS GÉNÉRAUX, et ensuite la DRAPERIE de certains DRAPEAUX DE COLONELLE étaient décorées de Fleurs de lis. Ces MARQUES DISTINCTIVES ont été effacées de nos usages peu après que la révolution eut éclaté. — Jusque-là la MARQUE INFAMANTE s'était appelée PEINE DE LA FLEUR, comme le témoigne l'ORDONNANCE DE 1701 (1er MAI, art. 7). — L'ouvrage si étendu, si érudit de M. REY, donne la preuve que dans des pays qui n'ont jamais été français, que dans des provinces qui n'étaient pas encore devenues françaises, qu'à Florence, en Angleterre, en Allemagne, en Hollande, depuis des temps immémoriaux, des Fleurs de lis, ou ce qu'on a jugé en être l'image, se retrouvaient sur les sceaux, dans les armoiries, sur les monuments, et en ornement terminal des sceptres; ne pourrait-on pas en induire que l'angon des Francs, cette arme que les rois francs tenaient en rendant la justice, cette arme qui brillait dans leurs mains quand on les élevait sur le pavois, cette arme retrouvée dans le tombeau de CHILPÉRIC, est devenue le sceptre des monarques qui ont régné sur les pays où les Francs avaient dominé? n'en peut-on pas conclure que ce fer de lance, cet ornement a fait confusion avec la Fleur de lis, et que de cet usage des rois elle est devenue héraldique pour les nobles? Remarquons à l'appui de cette conjecture que la Fleur de lis héraldique est jaune, on ne sait pourquoi, et que le fer d'angon des sceptres était d'or ou doré. — BONAPARTE nous imposa les INSIGNES d'une nouvelle et éphémère dynastie. — Des lois, des décrets, des usages avaient aboli les Fleurs de lis; une simple CIRCULAIRE DE 1814 (23 AVRIL) les faisait revivre, et les substituait aux ABEILLES et aux AIGLES. Les ordonnances relatives à la LÉGION d'honneur les ont introduites dans ses INSIGNES. — Elles étaient redevenues la DISTINCTION NATIONALE. — Le diadème de la reine Victoria étalait, lors de son couronnement, en 1838, des Fleurs de lis, entremêlées de croix de Malte; était-ce en souvenir du vieux héritage un peu extorqué de CHARLES DIX, et du jeune héritage à peu près aussi légitime de BONAPARTE. — On a douté un instant, si à la chute de CHARLES DIX elles seraient maintenues; l'effervescence populaire les avait effacées, ou arrachées; une décision royale les a en partie conservées, tout en les

faisant disparaître de l'ÉTOILE de la LÉGION D'HONNEUR; elles ont fait place, en 1831, à une DÉCORATION au coq gaulois, ne sont restées que comme meuble de BLASON, et ont disparu du nombre des attributs que consacrait la TACTIQUE. — Ce genre de marque distinctive militaire a figuré comme ATTRIBUTS DE BATON DE MARÉCHAL, — DE BONNET, — DE DRAPEAU, — DE FANION, — DE POMPON, — DE RETROUSSIS.

FLEUR de LIS de BOUTON. V. BOUTON. V. BOUTON A ATTRIBUTS.

FLEUR de LIS de RETROUSSIS. V. GRENADE DE RETROUSSIS. V RETROUSSIS.

FLEUR de LIS de SUPPLICE V. PASSE-VOLANT. V. SUPPLICE.

FLEUR de LIS TACTIQUE. V. ÉVOLUTION. V. TACTIQUE, adj.

FLEUR de PEAU. V. BANDEAU DE SCHAKO. V. CONTRE-SANGLON DE GIBERNE. V. PEAU.

FLEURANGES. V. NOMS PROPRES.

FLEURDELISÉ (fleurdelisée), adj. v. ÉPÉE F... V. FLEUR DE LIS.

FLEURET, subs. masc. V. ARME COURTOISE. V. ARME D'ESTOC. V. ASSAUT D'ESCRIME. V. BOUTON DE FLEURET. V. CARRÉ DE LAME D'ARME BLANCHE. V. CONTRE-POINTE D'ESCRIME. V. COUP DE F... V. ÉCOLE D'ESCRIME. V. MAITRE D'ARMES. V. MOUCHE DE F... V MOUCHETER. V. PANIER D'ESPADON. V. PARADE D'ESCRIME. V. RONDELLE DE F... V. SALUT D'ARMES.

FLEURON de HARNACHEMENT. V. AUTEUR MILITAIRE (1818, B). V. CAVALERIE FRANÇAISE N° 2. V. HARNACHEMENT.

FLEURUS; FLEURY. V. NOMS PROPRES.

FLEUTE, subs. fém. V. FLUTE.

FLEUVE, subs. masc. V. AMONT. V. ARMISTICE. V. BERGE. V. FORTERESSE. V. GÉOLOGIE. V. GUERRE DÉFENSIVE. V. NATATION. V. PASSAGE DE RIVIÈRE. V. PONT. V. PONT VOLANT. V. TÊTE DE PONT.

FLEXION, subs. fém. V. ADJUDANT MAJOR D'INFANTERIE FRANÇAISE DE LIGNE N° 11. V. BASE DE F... V. BATAILLON D'INFANTERIE FRANÇAISE DE LIGNE N°7. V. CHANGEMENT DE DIRECTION DE BATAILLON. V. CHANGEMENT DE DIRECTION DE SUBDIVISION EN MARCHE DU COTÉ DU GUIDE. V. CHANGEMENT DE FRONT. V. CHANGEMENT DE FRONT SUR DEUX LIGNES. V. CHEF DE SUBDIVISION TACTIQUE. V. GLISE. V. CONVERSION A PIVOT FIXE. V. CONVERSION A PIVOT MOBILE. V. CONVERSION EN COLONNE. V. DÉCLINAISON EN COLONNE.

FLEXION ÉPITAXIQUE. V. CHANGEMENT DE FRONT SUR DEUX LIGNES. V. ÉPITAXIQUE, adj.

FLEXIONNER, verb. act. V. CHANGEMENT DE FRONT. V. CHANGEMENT DE POSITION.

FLIBUSTE, subs. fém. V. FLIBUSTIER.

FLIBUSTIER (flibustiers), subs. masc.

(F), ou BOUCANIER (de l'ANGLAIS *buccaneer*), ou FRIBUSTIER, suivant GÉDELIN. Ce dernier mot est, dit-on, une corruption de l'ANGLAIS *free-booter*, forban ou franc butineur; mais on serait fondé à croire que Flibustier peut venir de l'anglais *fly-boat*, que l'ACADÉMIE, édition de 1762, traduisait par flibot, et que d'autres ont appelé FLIBUSTE; ce qui signifiait petit vaisseau voguant avec la rapidité d'un oiseau. — L'histoire des Flibustiers ne se rattache qu'indirectement à notre sujet, à notre LANGUE MILITAIRE, à notre ARMÉE DE MER: leurs exploits n'ont avancé en rien l'ART DE LA GUERRE ni de la MARINE; cependant le nom qu'ils ont rendu mémorable devait trouver place ici; leurs aventures sont aussi curieuses que leur origine est obscure; ils ont joué un rôle marquant dans les événements militaires du nouveau monde; c'étaient tour à tour des HOMMES DE TERRE et DE MER aussi étonnants par leur audace sur un élément que sur l'autre. Ce furent d'abord des marins déserteurs ou égarés, réunis dans les îles de l'AMÉRIQUE méridionale, où ils se livraient, à l'aide de CANARDIÈRES et d'ARMES BOUCANIÈRES, à la chasse des taureaux sauvages et des sangliers, dont ils boucanaient la chair: de là leur nom primitif de BOUCANIERS; ils vendaient les peaux aux ESPAGNOLS. Ayant été ruinés par ceux-ci dans ce genre de commerce, ou contrariés dans le métier de pêcheurs qu'ils essayèrent, ils s'en vengèrent par une GUERRE A MORT, et formèrent, vers 1630, une république d'intrépides brigands, qui s'établit dans l'île de la Tortue, et sur les côtes de Saint-Domingue, dont ils furent, tour à tour, maîtres et expulsés; ils se donnèrent pour chefs les plus braves, et se soumirent à des lois rarement violées. — Leurs troupes se composaient surtout de MARINS de races ANGLAISE et FRANÇAISE qui faisaient des incursions dans les INDES occidentales, avant que ces deux nations y eussent formé des établissements; ils poursuivaient sans pitié les ESPAGNOLS, s'attaquaient à leurs gardes-côtes, poursuivaient leurs VAISSEAUX, insultaient leurs colonies, et leur firent souvent payer cher les cruautés dont leurs pères s'étaient souillés dans l'AMÉRIQUE du Sud. — L'existence des Flibustiers était à peine connue, que déjà ils composaient une milice redoutable qui bientôt se distingua par des expéditions brillantes contre les ennemis du nom FRANÇAIS. Associés par petites bandes sous le nom de matelotage, ils se donnèrent la qualification de frères de la côte, et reçurent des ESPAGNOLS le nom de démons de la mer et de *los Indronos*. Un canot était tout l'avoir d'un matelotage de vingt-cinq ou trente

hommes; à mesure que la compagnie s'emparait d'une nouvelle embarcation, elle revenait se recruter à Cuba, à SAINT-DOMINGUE, ou plutôt s'y partager en de nouveaux essaims, et tel matelotage s'éleva jusqu'à cent cinquante hommes dans une seule BARQUE. — En 1637, LOUIS TREIZE reconnaît leur chef Duparquet comme gouverneur de la Martinique. — En 1640, la colonie de SAINT-DOMINGUE est fondée par des Flibustiers des côtes de la Normandie. — Les Flibustiers cachaient leurs associations dans des rades peu fréquentées, dans des îlots déserts que les Anglais appelaient *keys*; plus d'un de ces lieux de station recèle encore des trésors cachés; car l'usage des BOUCANIERS, quand ils n'avaient pas le temps de dépenser en prodigalités et en débauches leur or, était de l'enfouir avec des cérémonies superstitieuses; et combien d'opulents Flibustiers ont péri sans revoir les lieux où leurs doublons et dollars étaient enterrés. — Les lois qui régissaient ces valeureux bandits roulaient presque toutes sur le partage du butin; et, s'il est permis d'employer le mot équité, l'équité n'avait présidé jamais, avec de plus minutieuses précautions, aux répartitions d'objets pillés. — Quelque sages que fussent les principes de l'administration des parts de prises, la constitution politique des copartageants était trop peu solide pour que la prépondérance de tel ou tel chef n'occasionnât pas de fréquentes et criantes injustices; leur histoire est un tissu de dissensions à ce sujet. — La perte d'un œil, d'un bras, d'une jambe, était tarifée, et le prix en était payé sur la valeur du pillage, avant tout autre prélèvement. La fraternité d'armes ne leur était pas inconnue; deux frères, ou même plus, unis par cette sorte d'alliance spontanée, partageaient les mêmes périls, juraient de venger la mort de celui qui périrait et en devenaient héritiers. — Les Flibustiers ne furent d'abord que des écumeurs de mer qui quelquefois se jetaient dans une barque découverte au nombre de cent cinquante et qui, à peine pourvus d'une méprisable artillerie, attaquaient et réduisaient les vaisseaux de haut bord de l'Espagne. Ils ne connaissaient d'autre attaque que l'ABORDAGE; d'autre droit de la guerre que le massacre des équipages et l'incendie des villes saccagées. — Un de leurs chefs, ancien MARIN de Dieppe, nommé Pierre Legrand, montant avec vingt-huit hommes un bateau armé de quatre canons mais faisant eau de toute part et prêt à périr, attaque le vice-amiral des galions, monté par quatre ou cinq cents hommes; il se cramponne au nom ennemi, il fait couler bas son bateau, et se voit en peu d'instants le maître d'un vaisseau riche et formidable. — Jouque, Flibustier français, et Groeff, hollandais, croisent avec trois petits bâtiments devant Carthagène; le gouverneur donne ordre à deux bâtiments de guerre de les expulser, et ce sont les bâtiments de guerre qui sont attaqués et pris. — Lollonois, autre pirate non moins fameux, dont les Espagnols célébrèrent par des réjouissances la mort supposée, s'empare avec vingt et un Flibustiers, en deux canots, d'une frégate défendue par trois cents Espagnols; il en détruit une partie par la mousqueterie, et massacre le reste de sa propre main; ce trait d'audace grossit sa troupe d'une foule d'aventuriers; il en forme une petite escadre, entre dans la baie de Vénézuela à la tête de quatre cents hommes, se rend maître de Maracaïbo, et s'empare des trésors espagnols rassemblés dans cette ville. — C'était la première armée aussi nombreuse de Flibustiers qui se fût vue. — La province de Honduras le vit bientôt sur ses côtes; il y attaque la ville de San-Pedro, dont une garnison nombreuse défendait les remparts, et triomphe d'une place qui eût pu soutenir un siége en règle. — Après lui un Français, nommé Monbars l'Exterminateur, animé de toute l'exécration qu'il avait vouée aux Espagnols, mérita le surnom qui lui était donné. — Une troupe de cinquante Flibustiers entre sur un simple canot dans la mer du Sud; ils poussent jusqu'aux plages de la Californie, entreprennent de regagner la mer du Nord en faisant contre le vent une traversée de deux mille lieues. Au détroit de Magellan, ils changent de route, portent le cap vers le Pérou, se jettent dans le port d'Yauka, y prennent un bâtiment de guerre chargé de plusieurs millions et deviennent l'équipage d'une citadelle flottante. — En 1685, cette milice s'était grossie; douze cents Flibustiers FRANÇAIS attaquent la Vera-Cruz, s'en emparent, emmènent quinze cents esclaves et traversent avec cet embarrassant butin la flotte espagnole, trop intimidée pour essayer d'en tirer vengeance. — Le Pérou sembla bientôt aux Flibustiers une conquête digne d'eux; ils se dirigent vers ce nouvel hémisphère au nombre de quatre mille; ils étaient sur le point d'y fonder peut-être un empire nouveau. La terreur s'était emparée des ESPAGNOLS, ils ne faisaient plus de résistance sur aucun point; mais l'insalubrité du climat, le défaut d'accord entre les chefs des Flibustiers, les excès et les désordres de toute espèce, les tempêtes et les naufrages, éclaircirent bientôt cette ARMÉE, et tout se borna à des affaires partielles et à de sanglants ra-

vages. — Vers le même temps, un autre Français traversait la mer du Nord avec mille hommes; il attaque Campêche, détruit les ESPAGNOLS qui défendent la ville et la citadelle et s'en éloigne après avoir incendié la place. — En 1697, le gouvernement français favorise la sortie de plusieurs corsaires qui partent de nos ports sous la protection de sept vaisseaux de ligne. L'expédition était destinée contre Carthagène, la ville la mieux fortifiée et la plus riche du nouveau monde; l'entreprise ne réussit que par le concours des Flibustiers; ils y firent des prodiges de valeur. A peine la brèche entamée, ils emportent d'assaut tous les ouvrages. — Cette mémorable conquête fut le dernier effort de ces hommes étonnants que l'histoire traite de pirates, mais qu'elle eût salués du titre de héros, qu'elle eût honorés de l'apothéose, si leurs succès eussent eu de la durée. — Ce que les flottes nombreuses des ANGLAIS, de la HOLLANDE et de la FRANCE avaient tenté sans succès dans le nouveau monde, fut entrepris et accompli par une poignée de soldats indomptables et dépourvus cependant d'approvisionnement et presque de patrie. L'ENCYCLOPÉDIE (1751, C, supplément, au mot *Aventurier*), POTIER (1779, X), GANEAU (au mot *Boucanier*) et VOLTAIRE (*Questions sur l'Encyclopédie*) ont jeté quelques lumières sur l'histoire des Flibustiers; l'abbé RAYNAL en a élargi le cadre; elle a été traitée en français par OEXMELIN, Flibustier lui-même; elle l'a été en anglais, sous le titre d'*Histoire des Boucaniers d'Amérique* (*buccaniers*), 1810, Londres; et en allemand, en 1804, par ARCHENHOLTZ. Le même sujet est traité dans l'*Encyclopédie des Gens du monde.*

FLEC, subs. masc. V. FLÈCHE PROJECTILE.

FLÈCH, subs. masc. V. FLÈCHE PROJECTILE.

FLIEGELMAN, subs. masc. (F), ou FLÜGELMAN. Mot tout ALLEMAND que DUANE a reproduit en ANGLAIS sous l'orthographe défectueuse de *fiegelman*. Le terme français Fliegelman signifiait HOMME D'AILE; les AUTRICHIENS s'en servaient dans la première moitié du dernier siècle, comme le témoigne DISPAGNAC (1751, D). — L'INFANTERIE FRANÇAISE adopta, pendant quelque temps, à l'imitation des TROUPES d'Outre-Rhin, l'usage de faire faire l'exercice aux BATAILLONS en leur transmettant en quelque sorte, par un COMMANDEMENT TÉLÉGRAPHIQUE, l'indication des MOUVEMENTS D'ARMES à exécuter; ainsi le voulait l'INSTRUCTION DE 1769 (1er MAI); ce moyen de TACTIQUE s'appelait la SÉMAPHORIQUE. — Il est question d'HOMMES D'AILE dans l'ORDONNANCE DE 1766 (1er JANVIER); elle voulait que l'EXERCICE du BATAILLON (titre X, art. 2) se fit à la muette; la même disposition se retrouve dans l'INSTRUCTION DE 1769 (1er MAI). — Ce système était surtout en usage dans la MILICE PRUSSIENNE, qui ne faisait des MANIEMENTS D'ARMES qu'aux SIGNAUX de l'HOMME D'AILE, usage qui tenait à ce que l'immense quantité de DÉSERTEURS qui affluaient en PRUSSE ne sachant pas l'ALLEMAND, il était bien forcé d'inventer, au lieu d'une langue parlée, une langue télégraphique. — Les ordonnances françaises ont renoncé ensuite à l'HOMME D'AILE, parce qu'on a senti que ce moyen n'était propre que dans le calme de la paix, et devenait d'une exécution impossible pendant la guerre. — Le Fliegelman, ou soldat télégraphe, se tenait en avant d'une des ailes, et la manière dont il maniait un FUSIL en faisant des gestes convenus et conformes aux SIGNAUX que lui donnait le MAJOR ou le chef du corps, devenait le signal du MANIEMENT DES ARMES de tout le RÉGIMENT. — L'usage de l'HOMME D'AILE avait surtout été introduit dans les CORPS FRANÇAIS, par PIRSCH, major du régiment d'Alsace et d'abord officier au service de Prusse. — L'usage des Fliegelmans s'est éteint postérieurement au ministère de SAINT-GERMAIN.

FLIQUE, subs. fém. v. FLÈCHE PROJECTILE.

FLIS, subs. masc. v. FLÈCHE PROJECTILE.

FLISE, subs. fém. v. FLÈCHE PROJECTILE.

FLOBERT. v. NOMS PROPRES.

FLOC, subs. masc. v. AIGUILLETTE. V. COCARDE. V. CRAVATE DE DRAPEAU. V. FLOCHE. V. HOUPE.

FLOCHE, subs. fém. (F). Mot dérivé, ainsi que FLOC et FLOQUET, de l'ITALIEN *fiocco*. Les OFFICIERS D'INFANTERIE FRANÇAISE ont porté, à la manière des ITALIENS et des prélats, de chaque côté du CHAPEAU, de petits GLANDS d'or ou d'argent qu'on nommait Floches.

FLOICHE, subs. fém. v. FLÈCHE.

FLOQUET, subs. masc. v. BACHELIER. V. BRIDE DE HARNACHEMENT. V. CHATEAU. V. COCARDE. V. FÉODALITÉ. V. FLOCHE. V. GIROUETTE. V. GRANDE TENUE. V. HIÉRARCHIE MILITAIRE. V. LANCE A MAIN. V. PAVILLON DE CAMP. V. PENCEL. V. PENNON.

FLORENCE; FLORIANI. v. NOMS PROPRES.

FLORÉAL, subs. masc. v. HUIT.

FLOREST, subs. masc. v. ARME COURTOISE. V. ESCRIME.

FLOTTANT (flottante), adj. v. BATTERIE F... V. PONT F... V. REDOUTE F...

FLOTTEMENT, subs. masc. (F). Mot dont les expressions flotter et flotte donnent l'étymologie; il prend ici un sens purement tactique; il se rapporte au mécanisme du PAS et aux ÉVOLUTIONS D'INFANTERIE, au système de l'ORDRE MINCE, à l'art des BATAILLES,

à la conservation des INTERVALLES; il exprime l'ondulation, le défaut d'adhérence et cette suite d'incertitudes que l'on nomme A-COUPS et qui, dans la MARCHE EN ORDRE DE BATAILLE, dérangent et désaccordent une TROUPE quand elle est mal dressée, quand elle l'est sur des principes faux, ou quand les GUIDES DE SUBDIVISION, le PORTE-DRAPEAU ou les GUIDES GÉNÉRAUX sont malhabiles. — Chaque Flottement amène autant de déviations, parce que la portion de TROUPE qui FLOTTE tombe inévitablement sur une fausse perpendiculaire.

FLOTTER, verb. neut. v. ÉTENDARD. V. FAIRE FLOTTER. V. FLOTTEMENT.

FLOTTILLE, subs. fém. v. GUERRE DE 1830.

FLURANCE. v. NOMS PROPRES.

FLUTE, subs. fém. (F), ou FLEUTE, comme dit RABELAIS. Mot qui viendrait, suivant GANEAU, du LATIN *fistula*, suivant BOREL (Pierre), de *flutta*, signifiant lamproie; il est plus croyable qu'il est dérivé du LATIN *flatus*, souffle, *flator*, joueur de Flûte; les ITALIENS en ont fait *flato*, *flauto*; GÉBELIN croit qu'il a pour racine le CELTIQUE *flo*, souffle. — La Flûte a été un des INSTRUMENTS de la MUSIQUE MILITAIRE des MILICES GRECQUES, dès l'époque où la DISCIPLINE commença à s'y introduire; quelques traducteurs ont nommé ARIGOT cette Flûte. — Le poëte TYRTÉE, à la fois EXCITATEUR, CHEF D'ARMÉE, CHEF d'orchestre, n'est pas moins célèbre par ses élégies que par l'enthousiasme qu'il inspirait aux LACÉDÉMONIENS en les conduisant à la guerre; les sons de sa Flûte enflammaient leur courage, les airs de sa composition animaient leur MARCHE et donnaient le diapason de leurs CRIS DE GUERRE et la cadence des PAS : mais l'INSTRUMENT dont jouait ce MUSICIEN guerrier et que les traducteurs ont appelé une Flûte, ressemblait peu aux Flûtes de nos orchestres. — On est, en général, peu d'accord sur la forme et le genre de la Flûte militaire des anciens; les traducteurs se sont servis du mot Flûte, ne sachant quel autre employer. — Les INSTRUMENTS A VENT des LÉGIONS ROMAINES étaient fort différents de la Flûte; les ROMAINS cependant en employaient militairement le nom latin, et ils appelaient *tibicen*, *tibiator*, les instrumentistes, témoin ce vers connu :

Signa canit Tybicen; ludos, non bella parate.

L'airain qui retentit n'annonce point la guerre,
C'est le signal des jeux.....

— AULUGELLE nous donne aussi l'idée des chalumeaux et des INSTRUMENTS A CORDE employés dans la MUSIQUE MILITAIRE des Orientaux; il appelle *fidicines* et *fistulatores* les joueurs de Flûtes et de harpes que tenait dans son camp Halliates, roi de Lydie. — Les piquiers de Charles huit marchaient, disent les historiens, au son des Flûtes; ces Flûtes n'étaient autres que des fifres: voilà qui explique pourquoi les termes tambours et Flûtes ont été longtemps inséparables. Maintenant la petite flute ou l'octavin est est employée comme dessus dans certaines musiques militaires.

FOARE, subs. masc. v. fourrage. v. étape.

FOCH; FOERSTER. v. noms propres.

FOGASSE, subs. masc. v. fougasse.

FOI (subs. fém.) et hommage. v. antrustion. v. bande agrégative. v. baron n° 1. v. bénéfice militaire. v. chevalerie d'affiliation n° 4. v. chevalier du moyen age n° 1. v. comte n° 3. v. féodalité. v. feudataire. v. fief. v. garde de prince. v. gendarme du moyen age n° 6. v. grand sénéchal. v. guerre privée. v. hommage. v. leude. v. noble. v. noblesse. v. oriflamme. v. seigneur. v. serment.

FOIBLE, adj. et subs. v. faible.

FOILLARD, subs. masc. v. cocarde. v. feuillard.

FOIN, subs. masc. (B, 1). Mot dérivé du latin *fenum*; ici, le Foin est considéré comme une partie du fourrage qui entre dans les subsistances militaires: c'est une des fournitures en nature à laquelle les officiers montés des corps d'infanterie ont droit dans certaines circonstances prévues; le Foin leur est délivré par bottes ou rations, dont le poids était fixé à un taux qui répondait aux tarifs en usage dans la cavalerie; cette fourniture a suivi les variations de ces tarifs. — Le tarif appliqué à la cavalerie légère est devenu, en dernier lieu, celui qui a concerné les officiers montés de l'infanterie. — Le Foin nouveau, considéré comme fourrage de distribution, n'est regardé comme recevable, suivant les pays, qu'après le premier septembre ou le premier octobre. — En campagne, le fourrage vert remplace quelquefois le Foin. — Les caractères distinctifs du bon ou du mauvais Foin sont indiqués avec détail dans une circulaire de 1811 (2 mars). — La milice anglaise est la première qui ait réduit, au moyen de la presse hydraulique, le volume du Foin et l'ait rendu ainsi plus commodément transportable au loin. La guerre de 1833 a donné lieu à l'application de ce moyen. — Le règlement de 1827 (1er septembre) s'occupait de cette denrée; et des détails qui intéressent le sujet se trouvent dans l'ouvrage d'Odier (1824, D).

FOISSAC; FOLARD. v. noms propres.

FOLDIÈRE, subs. fém. v. cuissot. v. jaque de mailles.

FONCÉ (foncée), adj. v. bleu f...

FONCER, verb. neut. (H). Mot analogue au verbe enfoncer. L'expression Foncer est usitée pour signifier fondre sur l'ennemi; mais elle n'est pas précisément regardée comme française par nos professeurs de langue; l'Académie cependant la mentionne dans l'édition de 1762; mais elle eût dû faire observer que c'est une expression soldatesque et de bulletins, et que fondre appartient à un style plus relevé.

FONCTION, subs. fém. v. arrêts de rigueur. v. arrêts simples. v. attribution. v. autorité. v. brevet d'officier. v. commission d'emploi. v. composition. v. corps étranger. v. cumulation. v. distinction. v. emploi. v. en f... v. fonction militaire. v. grade. v. police. v. rang hiérarchique. v. solde de f... v. travail.

FONCTION civile. v. civil, adj. v. milice autrichienne n° 5.

FONCTION constitutive. v. compagnie d'infanterie française de ligne n° 9. v. constitutif, adj. v. service de semaine.

FONCTION d'adjudant. v. adjudant. v. adjudant au camp. v. adjudant de semaine n° 5. v. adjudant d'infanterie française de ligne n° 16, 17, 18, 19.

FONCTION d'adjudant de place. v. adjudant de place n° 4.

FONCTION d'adjudant-major. v. adjudant-major de semaine n° 5. v. adjudant-major d'infanterie française de ligne n° 10, 11.

FONCTION d'aide-chirurgien. v. aide-chirurgien n° 2.

FONCTION d'aide de camp. v. aide de camp n° 4. v. général d'armée n° 6.

FONCTION d'arme personnelle. v. arme personnelle n° 5.

FONCTION d'armée. v. armée. v. armée agissante n° 5. v. armée française n° 6.

FONCTION d'armurier. v. armurier n° 5.

FONCTION d'aumonier. v. aumonier n° 7. v. célébration de mariage. v. culte divin.

FONCTION de banneret. v. banneret n° 5.

FONCTION de bataillon. v. bataillon. v. bataillon d'infanterie française de ligne n° 7.

FONCTION de capitaine. v. capitaine. v. capitaine de remplacement. v. capitaine d'infanterie française de ligne n° 7. v. commandant de compagnie.

FONCTION de capitaine d'habillement. v. capitaine d'habillement n° 3.

FONCTION de CAPORAL. V. CAPORAL. V. CAPORAL DE SEMAINE N° 2. V. CAPORAL D'INFANTERIE FRANÇAISE DE LIGNE N° 12. V. CAPORAL D'ORDINAIRE N° 2.

FONCTION de CAVALERIE. V. CAVALERIE. V. CAVALERIE FRANÇAISE N° 7. V. DÉFENSIVE.

FONCTION de CENTURION. V. CENTURION N° 6.

FONCTION de CHEF DE BATAILLON. V. CHEF DE BATAILLON COMMANDANT DE DÉTACHEMENT. V. CHEF DE BATAILLON DE SEMAINE N° 3. V. CHEF DE BATAILLON D'INFANTERIE FRANÇAISE DE LIGNE N° 9, 10.

FONCTION de CHEF DE DÉTACHEMENT. V. CHEF DE DÉTACHEMENT DE GUERRE N° 4.

FONCTION de CHEF DE DIVISION. V. CHEF DE DIVISION N° 4.

FONCTION de CHIRURGIEN. V. AIDE-CHIRURGIEN N° 2. V. CHIRURGIEN. V. CHIRURGIEN-MAJOR D'INFANTERIE FRANÇAISE DE LIGNE N° 10. V. CORPS EN ROUTE. V. SOUS-AIDE-CHIRURGIEN.

FONCTION de COLONEL. V. COLONEL. V. COLONEL A LA SUITE. V. COLONEL D'INFANTERIE FRANÇAISE DE LIGNE N° 23.

FONCTION de COLONEL GÉNÉRAL. V. COLONEL GÉNÉRAL DE L'INFANTERIE N° 5.

FONCTION de COLONNE. V. COLONNE. V. COLONNE ÉPAGOGIQUE N° 3.

FONCTION de COMMANDANT DE DIVISION. V. COMMANDANT DE DIVISION N° 3.

FONCTION de COMMANDANT DE PLACE. V. COMMANDANT DE PLACE N° 9.

FONCTION de COMMISSAIRE DES GUERRES. V. COMMISSAIRE DES GUERRES N° 4, 6.

FONCTION de COMPAGNIE. V. COMPAGNIE. V. COMPAGNIE D'INFANTERIE FRANÇAISE DE LIGNE N° 8.

FONCTION de COMTE. V. COMTE N° 5.

FONCTION de CONNÉTABLE. V. CONNÉTABLE N° 7. V. COUREUR. V. CRIME.

FONCTION de CONSEIL D'ADMINISTRATION. V. CONSEIL D'ADMINISTRATION N° 4. V. DEMANDE DE REMPLACEMENT.

FONCTION de CONSEIL DE LA GUERRE. V. CONSEIL DE LA GUERRE N° 3.

FONCTION de CONSEIL PERMANENT. V. CONSEIL PERMANENT N° 3.

FONCTION de CORPS D'INTENDANCE. V. CORPS D'INTENDANCE N° 8.

FONCTION de CORPS RÉGIMENTAIRE. V. CORPS RÉGIMENTAIRE N° 4.

FONCTION de DRAGON. V. DRAGON. V. DRAGON FRANÇAIS N° 6.

FONCTION de FOURRIER. V. FONCTION DE CAPORAL. V. FOURRIER. V. FOURRIER D'INFANTERIE FRANÇAISE DE LIGNE N° 9.

FONCTION de GENDARMERIE. V. GENDARMERIE DE POLICE N° 5.

FONCTION de GÉNÉRAL. V. GÉNÉRAL. V. GÉNÉRAL D'ARMÉE N° 7. V. GÉNÉRAL DE BRIGADE.

N° 3. V. GÉNÉRAL DE DIVISION N° 5. V. GÉNÉRAL EN CHEF N° 3. V. GÉNÉRAL FRANÇAIS N° 5.

FONCTION de GÉNIE. V. GÉNIE. V. GÉNIE IDIOPLIQUE N° 5.

FONCTION de GRAND PRÉVOT. V. GRAND PRÉVOT. V. GRAND PRÉVOT DE LA CONNÉTABLIE. V. GRAND PRÉVOT DE L'HOTEL.

FONCTION de GRENADIER. V. GRENADIER. V. GRENADIER D'INFANTERIE FRANÇAISE DE LIGNE N° 1, 6, 7.

FONCTION de HÉRAUT D'ARMES. V. HÉRAUT D'ARMES N° 4.

FONCTION de LIEUTENANT. V. LIEUTENANT. V. LIEUTENANT D'INFANTERIE FRANÇAISE DE LIGNE N° 6.

FONCTION de LIEUTENANT-COLONEL. V. CHEF DE BATAILLON D'INFANTERIE FRANÇAISE DE LIGNE N° 9. V. LIEUTENANT-COLONEL D'INFANTERIE FRANÇAISE DE LIGNE N° 9.

FONCTION de LIEUTENANT DE ROI. V. LIEUTENANT DE ROI N° 2.

FONCTION de LIEUTENANT GÉNÉRAL. V. LIEUTENANT GÉNÉRAL N° 6.

FONCTION de MAITRE OUVRIER. V. MAITRE OUVRIER N° 4.

FONCTION de MAJOR. V. MAJOR CAPITAINE N° 4. V. MAJOR CHEF DE BATAILLON N° 5. V. MAJOR DE PLACE N° 3. V. MAJOR LIEUTENANT-COLONEL N° 2.

FONCTION de MARÉCHAL DE CAMP. V. MARÉCHAL DE CAMP N° 6.

FONCTION de MARÉCHAL DE FRANCE. V. MARÉCHAL DE FRANCE N° 10.

FONCTION de MARÉCHAL DES LOGIS D'ARMÉE. V. MARÉCHAL DES LOGIS D'ARMÉE N° 5.

FONCTION de MESTRE DE CAMP. V. MESTRE DE CAMP N° 5.

FONCTION de MINISTRE. V. MINISTRE. V. MINISTRE DE LA GUERRE ; id. N° 3, 14.

FONCTION de PORTE-DRAPEAU. V. PORTE-DRAPEAU N° 5, 6, 7.

FONCTION de QUARTIER-MAITRE. V. QUARTIER-MAITRE D'INFANTERIE FRANÇAISE DE LIGNE ; id. N° 2.

FONCTION de RÉGIMENT. V. RÉGIMENT. V. RÉGIMENT FRANÇAIS N° 5.

FONCTION de SEMAINE. V. CHEF DE BATAILLON DE SEMAINE. V. SEMAINE.

FONCTION de SERRE-FILES. V. CHEF DE SECTION TACTIQUE. V. SERRE-FILE.

FONCTION de SERGENT. V. SERGENT. V. SERGENT D'INFANTERIE FRANÇAISE DE LIGNE N° 9.

FONCTION de SERGENT-MAJOR. V. PORTE-DRAPEAU N° 1. V. SERGENT-MAJOR N° 4, 7.

FONCTION de SOLDAT. V. SOLDAT.

FONCTION de SOUS-INTENDANT. V. COMMISSAIRE DES GUERRES N° 6. V. MAJOR DE PLACE N° 3. V. SOUS-INTENDANT ; id. N° 8.

FONCTION de SOUS-LIEUTENANT. V. SOUS-LIEUTENANT N° 1, 7.

FONCTION de SOUS-OFFICIER. V. CERCLE D'APPEL. V. SOUS-OFFICIER ; id. n° 8.

FONCTION de TAMBOUR. V. TAMBOUR. V. TAMBOUR IDIOPLIQUE D'INFANTERIE FRANÇAISE n° 6.

FONCTION de TAMBOUR-MAJOR. V. TAMBOUR-MAJOR ; id. n° 9.

FONCTION de TRÉSORIER. V. TRÉSORIER. V. TRÉSORIER DE CORPS n° 6.

FONCTION de TRIBUN. V. TRIBUN ROMAIN; id. n° 6.

FONCTION de VAGUEMESTRE. V. VAGUEMESTRE. V. VAGUEMESTRE D'INFANTERIE FRANÇAISE DE LIGNE.

FONCTION d'ÉCUYER. V. ÉCUYER. V. ÉCUYER DE SUITE n° 4.

FONCTION d'ÉTAT-MAJOR. V. ÉTAT-MAJOR D'ARMÉE n° 5.

FONCTION d'HOMME DE TROUPE. V. HOMME DE TROUPE n° 6, 10.

FONCTION d'INFANTERIE. V. INFANTERIE n° 6.

FONCTION d'INFANTERIE DE BATAILLE. V. INFANTERIE DE BATAILLE n° 6.

FONCTION d'INFANTERIE FRANÇAISE. V. INFANTERIE FRANÇAISE. n° 6.

FONCTION d'INFANTERIE FRANÇAISE DE LIGNE. V. INFANTERIE FRANÇAISE DE LIGNE n° 6.

FONCTION d'INFANTERIE FRANCO-SUISSE. V. INFANTERIE FRANCO-SUISSE n° 5.

FONCTION d'INGÉNIEUR-GÉOGRAPHE. V. INGÉNIEUR-GÉOGRAPHE n° 4.

FONCTION d'INTENDANT. V. INTENDANT. V. INTENDANT MILITAIRE n° 4.

FONCTION d'INSPECTEUR GÉNÉRAL. V. ARRONDISSEMENT. V. INSPECTEUR GÉNÉRAL n° 5. V. INSPECTEUR GÉNÉRAL D'INFANTERIE n° 5.

FONCTION d'OFFICIER. V. CERCLE D'APPEL. V. DISPONIBILITÉ. V. ÉPAULETTE D'OFFICIER. V. GÉNÉRAL DE DIVISION n° 3. V. GRADE D'OFFICIER. V. GRADE FICTIF. V. GRADE SUPÉRIEUR. V. GRAND OFFICIER. V. HAUSSE-COL. V. OFFICIER. V. OFFICIER A LA SUITE. V. OFFICIER DE GARDE. V. OFFICIER DE RONDE. V. OFFICIER D'INFANTERIE FRANÇAISE DE LIGNE. V. OFFICIER EN MISSION. V. OFFICIER EN SECOND.

FONCTION d'OFFICIER D'ARTILLERIE. V. OFFICIER D'ARTILLERIE n° 5.

FONCTION d'OFFICIER D'INFANTERIE FRANÇAISE. V. OFFICIER D'INFANTERIE FRANÇAISE n° 5. V. SERVICE DE JOUR.

FONCTION d'OFFICIER DU GÉNIE. V. OFFICIER DU GÉNIE n° 7.

FONCTION d'OFFICIER FRANÇAIS. V. OFFICIER FRANÇAIS n° 10, 12. V. TRAITEMENT DE DISPONIBILITÉ.

FONCTION MILITAIRE. V. COMTE n° 1. V. GENTILHOMME. V. MARQUIS. V. MILITAIRE, adj. V. MINISTRE DE LA GUERRE n° 3. V. OFFICE. V. PAYE. V. RANG HIÉRARCHIQUE. V. SERVICE. V. SERVICE DE SEMAINE. V. SUBORDINATION.

FONCTIONNAIRE. V. ADMINISTRATEUR MILITAIRE. V. AGE ATOMAQUE D'OFFICIER. V. ARMILUSTRE. V. BAN ET ARRIÈRE-BAN. V. CÉRÉMONIE. V. CLERC. V. COMMISSAIRE. V. COMMISSAIRE DES GUERRES n° 1. V. COMMISSAIRE DU ROI. V. COMMISSAIRE PROVINCIAL. V. COMPTABLE. V. COMPULSEUR. V. CONTRE-SEING. V. CORPS D'INTENDANCE n° 2, 6, 8. V. DUC n° 2. V. EMPLOYÉ. V. ÉTABLISSEMENT MILITAIRE. V. EXTRAIT DE REVUE. V. GÉNÉRAL FRANÇAIS n° 2. V. GÉNIE V. GOUVERNEUR DE PROVINCE. V. GRADE D'OFFICIER. V. GRAND FONCTIONNAIRE. V. GRAND PRÉVÔT. V. GRAND PRÉVÔT DE LA CONNÉTABLIE. V. GRAND PRÉVÔT DE L'HOTEL. V. GRAND SÉNÉCHAL. V. HONNEURS. V. HOTEL DES INVALIDES. V. INSPECTEUR GÉNÉRAL n° 5. V. INSPECTEUR GÉNÉRAL D'INFANTERIE n° 2, 5. V. INTENDANT D'ARMÉE. V. INTENDANT DE PROVINCE. V. INTENDANT MILITAIRE n° 2, 3. V. JUSTICE MILITAIRE. V. LIEUTENANT GÉNÉRAL n° 1, 5. V. MAIRE DE COMMUNE. V. MARÉCHAL DE FRANCE n° 2. V. MARÉCHAL DES LOGIS D'ARMÉE n° 5. V. MARÉCHAL DES LOGIS DE LA CAVALERIE. V. MARIAGE. V. MARQUE DISTINCTIVE. V. MARQUIS. V. MILICE ESPAGNOLE n° 2. V. MINISTÈRE DE LA GUERRE. V. MINISTRE DE LA GUERRE n° 2, 13, 14, 16. V. MONTRE ADMINISTRATIVE. V. NOBLESSE. V. OFFICE. V. OFFICIER n° 2. V. OFFICIER D'ARMES. V. OFFICIER DE SANTÉ. V. OFFICIER D'ÉTAT-CIVIL. V. OFFICIER DU GÉNIE n° 7. V. ORDONNANCE COMPTABILIAIRE. V. ORDRE DE ROUTE. V. PENNON. V. PENSION DE RETRAITE. V. POSTE D'HONNEUR. V. PRÉFET. V. PRÉFET DE DÉPARTEMENT. V. PREMIER COMMIS. V. PRÉVÔT D'ARMÉE. V. PRÉVÔT DE CORPS. V. PRÉVÔT DES MARÉCHAUX. V. PRINCE FRANÇAIS. V. QUARTIER-MAITRE GÉNÉRAL. V. QUESTEUR. V. RÉFORME. V. RÉGIE. V. RÉGIMENT DE MARCHE. V. RÉGIMENT DE PRINCE. V. RÉQUISITION CONSCRIPTIVE. V. REVUE D'ADMINISTRATION. V. REVUE D'HONNEUR. V. REVUE SUR LE TERRAIN. V. ROI DES RIBAUDS. V. SALUT. V. SALUT AVEC ARMES. V. SECRÉTAIRE A LA GUERRE. V. SECRÉTAIRE ÉCRIVAIN. V. SÉNÉCHAL. V. SENTINELLE. V. SERGENT DE BATAILLE. V. SERMENT. V. SOUS-INTENDANT n° 7, 8. V. TAILLE FISCALE V. TRAITEMENT PRESTATIONNAIRE. V. TRÉSOR. V. TRÉSORIER. V. TRÉSORIER DE CORPS. V. TRÉSORIER DE CORPS EN ROUTE. V. TRIBUN ROMAIN.

FOND, subs masc. V. A F... V. COULEUR DE F... V. DRAP DE F... V. FONDRIÈRE.

FOND de CAISSE. V. CAISSE. V. CAISSE A TROIS SERRURES. V. CONSEIL D'ADMINISTRATION n° 5.

FOND de CUVE. V. A F... V. CUVE.

FOND d'HABILLEMENT. V. COULEUR DE FOND. V. FOURREAU DE SABRE. V. HABILLEMENT.

FOND d'HABIT. V. BONNET DE POLICE. V. DRAP DE FOND. V. HABIT.

FOND SANGLÉ. V. COQUETTE EN FER. V. DEMI-FOURNITURE. V. SANGLÉ, adj.

FONDA, v. NOMS PROPRES.

FONDE, subs. fém. v. BOULE. v. FRONDE.

FONDÈFLE, subs. fém. v. FONDELLE.

FONDEFFLE, subs. fém. v. FONDELLE.

FONDELFE, subs. fém. v. FONDELLE.

FONDELLE, subs. fém. (F), ou FONDÈFLE, ou FONDEFFLE, comme l'écrit l'ENCYCLOPÉDIE (1785, C), ou FONDELFE, ou FANDOFLE, ou FRONDELFE, comme l'écrit ROQUEFORT. — Le mot Fondelle dérive du LATIN *funda*, *fundibalista*, *fundibulum*, FRONDE. C'était le nom d'une machine qui différait peu de l'ancien frondibale, ou était peut-être pareille. Il désignait une grande FRONDE dont parle MONSTRELET, et qu'on employait encore postérieurement à la découverte de la POUDRE. C'était une MACHINE armée d'un levier, d'un BRAS où d'un STYLE auquel tenait une espèce de FRONDE ou de CUILLERON qui jetait une grande quantité de PIERRES. — La Fondelle a été analogue AUX ENGINS appelés CLIDE, COUILLARD, ONAGRE, PERRIÈRE. — ROQUEFORT affirme qu'on a également donné le nom de Fondelle au FRONDEUR ou au SOLDAT qui combattait avec la FRONDE, et que le même terme a aussi signifié canon double ou à deux tubes jumeaux.

FONDER (verb. act.) un CAMP. v. CAMP.

FONDERIE, subs. fém. v. ÉTABLISSEMENT MILITAIRE. V. GRAND MAITRE DE L'ARTILLERIE. V. MILICE AUTRICHIENNE N° 6. V. OFFICIER D'ARTILLERIE N° 5, 6.

FONDEUR, subs. masc. v. FRONDEUR.

FONDRE (verb. act.) sur l'ENNEMI. V. ENNEMI. V. FONCER. V. LANGUE FRANÇAISE.

FONDRIÈRE, subs. fém. (G, 7; H). Mot dont l'étymologie est analogue à celle des mots FOND, ENFONCER, etc.; il donne idée des lacunes d'une croûte géologique ou des crevasses d'une plaine creusée par des RAVINES et entrecoupées de CAVINS où séjournent des eaux croupissantes.

FONDS, subs. masc. plur. v. ENLÈVEMENT DE F... V. PERTE DE F... V. REMISE DE F...

FONDS (term. génér.), ou ARGENT MONNAYÉ, ou CENTIMES, ou VALEURS. Mot dérivé du LATIN *fundus*, *fundum*, donnant idée d'une valeur foncière; mais il s'agit ici non d'une valeur foncière, mais financière et en ÉCUS. Le mot est considéré sous le point de vue de la COMPTABILITÉ militaire, et il donne idée des ESPÈCES ou des CRÉDITS qui, en vertu du vote des BUDGETS, sont alloués par le MINISTÈRE et gérés par les CONSEILS D'ADMINISTRATION des CORPS et par l'entremise du MAJOR, sous la surveillance du CORPS de l'INTENDANCE. — L'ORDONNANCE DE 1762 (10 décembre) est la première qui ait réglé l'emploi des DENIERS destinés au PAYEMENT de la SUBSISTANCE et de l'ENTRETIEN des RÉGIMENTS; un TRÉSORIER alors, en avait le maniement, qui peu après, fut confié aux QUARTIERS-MAITRES. — A l'égard de cette gestion, les FONCTIONS, les DEVOIRS, la responsabilité de ces CONSEILS sont soumis à des règles précises; la perception des Fonds au moyen de LIVRETS, l'ENTRÉE des deniers dans la CAISSE A TROIS SERRURES, leur inscription sur le REGISTRE JOURNAL, les REMISES de valeurs au TRÉSORIER, leur maniement, leur MOUVEMENT, n'ont lieu qu'en conformité de règles déterminées; leur existence en CAISSE est vérifiée en présence du CONSEIL par les SOUS-INTENDANTS; le CONSEIL ne les perçoit que sur des ÉTATS en règle et sur exhibition du LIVRET DE SOLDE; il ne les délivre qu'au fur et à mesure des besoins, au TRÉSORIER DU CORPS, et ne les fait répartir qu'en vertu d'AUTORISATION écrite. — Les FONDS EN CAISSE sont vérifiés et comptés à chaque renouvellement de CONSEIL, à chaque CHANGEMENT DE COLONEL. — Les ENLÈVEMENTS, OU PERTES D'ESPÈCES ou de VALEURS qui auraient lieu au détriment de la CAISSE d'un CORPS, soit en tout temps par force majeure, soit en campagne par des événements de guerre, ne peuvent être passés dans la COMPTABILITÉ des CORPS qui ont éprouvé ce genre de perte que par les INSPECTEURS GÉNÉRAUX et qu'après une exhibition de preuves authentiques. — S'il s'agit du SERVICE DES COLONIES, les envois de Fonds sont l'objet de mesures particulières. — L'acception à donner administrativement au mot Fonds et le SERVICE de cette partie sont, au reste, expliqués dans le livre qu'on doit à M. VAUCHELLE. — Le mot Fonds sera simplement distingué en FONDS DE MASSE D'HOMME DE TROUPE.

FONDS de MASSE DE CONDAMNÉ. V. CONDAMNÉ RAYÉ. V. MASSE DE CONDAMNÉ. V. RAPPORT JOURNALIER DE COMPAGNIE.

FONDS de MASSE DE DÉSERTEUR. V. DÉSERTEUR. V. MASSE DE DÉSERTEUR. V. RAPPORT JOURNALIER DE COMPAGNIE.

FONDS de MASSE DE PETIT ÉQUIPEMENT. V. ENFANT D'HOMME DE TROUPE N° 3. V. FONDS DE MASSE D'HOMME DE TROUPE. V. LIVRE DE COMPAGNIE. V. LIVRET INDIVIDUEL. V. MASSE DE PETIT ÉQUIPEMENT. V. SERGENT D'INFANTERIE FRANÇAISE DE LIGNE N° 6.

FONDS de MASSE D'HOMME DE TROUPE (B, 1), ou FONDS DE MASSE DE PETIT ÉQUIPEMENT. Sorte de FONDS qui diffère du DÉPÔT INDIVIDUEL. Ce Fonds représente le résultat de la BALANCE du CRÉDIT et du DÉBIT du compte de la MASSE DE PETIT ÉQUIPEMENT ouvert à l'HOMME DE TROUPE, tandis que le DÉPÔT INDIVIDUEL représente le maximum des DENIERS appartenant à l'HOMME, mais qui doit toujours être en réserve et au complet autant que possible. Ceux-ci doivent être gardés dans la CAISSE du CORPS ou même au trésor, et y rester affectés à des DÉCOMPTES dont la nature diffère suivant certaines circonstances. Il suit de cette distinction que le Fonds de MASSE peut être passif, ce qui arrive toutes les fois que l'homme redoit à sa MASSE, tandis que le DÉPÔT INDIVIDUEL est nécessairement toujours actif. Le LIVRET INDIVIDUEL fait foi de ces diverses circonstances. — Ce qui forme l'EXCÉDANT de la MASSE est l'objet d'un examen du CONSEIL ; il en ordonne le payement ; les DENIERS sont délivrés au CAPITAINE par le TRÉSORIER ; ce dernier en fait inscription sur son REGISTRE-JOURNAL. L'excédant du Fonds de masse est acquis trimestriellement à l'HOMME, s'il a son HAVRE-SAC complet. — Un des DEVOIRS des CONSEILS D'ADMINISTRATION est d'assurer l'exactitude du payement de ces Fonds, d'en autoriser la délivrance, et de remettre le montant des MASSES aux CONSEILS ÉVENTUELS ou au CHEF d'un DÉTACHEMENT prêt à partir et chargé de s'administrer lui-même. — Le Fonds de MASSE appartient en totalité à l'HOMME CONGÉDIÉ, au moment où il est RAYÉ DES CONTROLES ; la mention du payement de cette somme doit être inscrite sur le CONGÉ, à la diligence du MAJOR. Mais si l'HOMME est absent à l'instant de l'expiration de son temps de SERVICE, le Fonds de masse doit être déposé à la caisse des consignations, et il est mis, en cas de DÉCÈS, à la disposition des HÉRITIERS du défunt. — Tout SOUS-OFFICIER PROMU au grade d'officier touche également d'une manière intégrale son Fonds de MASSE à l'instant où son nom change de CONTROLE ou de place sur le CONTROLE, on y prend les annotations voulues. — Quand les hommes changent de CORPS, le CAPITAINE de la COMPAGNIE arrête

et certifie la situation du Fonds de MASSE que rend disponible leur TRANSCORPORATION. — Le Fonds de MASSE des DÉSERTEURS, des HOMMES RAYÉS pour LONGUE ABSENCE ou pour DÉCÈS, des PRISONNIERS DE GUERRE, des hommes CONDAMNÉS à des PEINES AFFLICTIVES, sont acquis à l'Etat et versés à la MASSE D'ENTRETIEN.

FONDS de MASSE D'HOMME RAYÉ. V. FONDS DE MASSE D'HOMME DE TROUPE. V. HOMME RAYÉ. V. MASSE D'HOMME RAYÉ. V. RAPPORT DE COMPAGNIE.

FONDS de PREMIÈRE MISE. V. INSPECTEUR GÉNÉRAL D'INFANTERIE N° 5. V. PREMIÈRE MISE.

FONDS de SOLDE. V. SOLDE.

FONDS d'ENGAGEMENT DE SUISSES. V. CAPITULATION SUISSE. V. ENGAGEMENT DE SUISSES. V. SUISSES.

FONDS d'ORDINAIRE. V. LÉGISLATION (1833, 3 DÉCEMBRE). V. ORDINAIRE. V. ORDINAIRE D'HOMMES DE TROUPE.

FONDS EN CAISSE V. CHANGEMENT DE COLONEL. V. CORPS D'INTENDANCE N° 8. V. EN CAISSE. V. ÉTAT DE SITUATION. V. FONDS.

FONTANIER ; FONTAINE ; FONTAINEBLEAU ; FONTANON. V. NOMS PROPRES.

FONTE, subs. fém. V. BALLE DE F... V. CANON D'ARTILLERIE. V. PIÈCE DE BRONZE. V. PIÈCE DE F... V. PIERRE DE F...

FONTE de SELLE. V. OUTIL DE CAMPAGNE. V. SELLE. V. SELLE DE CAVALERIE.

FONTENILLES ; FONTENOY ; FORBIN ; FORBONNAIS. V. NOMS PROPRES.

FORÇAT, subs. masc. V. CONDAMNÉ POUR DÉSERTION. V. GALÈRES DE TERRE. V. SABOT DE CHAUSSURE.

FORCE, subs. fém. V. EN F... V. FAIRE MONTRE DE SES F... V. FAIRE PARADE DE SES F... V. MONTRE DE SES F...

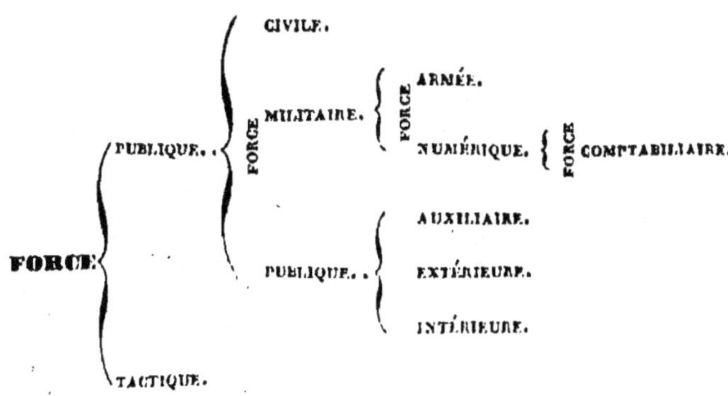

FORCE (term. génér.). Ce mot dérive du LATIN *fortis, fortitudo*, ainsi que les termes ENFORÇAIN, FORT. FORTERESSE, FORTIFICATION. FORTIN. Il en est fait un fréquent usage dans les lois de l'ORGANISATION des ARMÉES et dans la langue de l'ART MILITAIRE DE TERRE. — Il demande à être distingué comme il suit : FORCE CONFÉDÉRÉE, — CONSTITUTIVE, — D'ARMÉE AGISSANTE, — D'ARMÉE FRANÇAISE, — D'ARRIÈRE-GARDE, — D'ARTILLERIE, — DE BATAILLON, — DE BRIGADE, — DE CAVALERIE, — DE COHORTE, — DE COMPAGNIE D'ÉLITE, — DE COMPAGNIE D'INFANTERIE, — DE COMPAGNIE D'ORDONNANCE, — DE CORPS D'INTENDANCE, — DE CORPS RÉGIMENTAIRE, — DE DÉTACHEMENT, — DE DIVISION, — DE DRAGONS, — DE GARDE IMPÉRIALE, — DE GARDE ROYALE, — DE GARDES DU CORPS, — DE GARDES FRANÇAISES, — DE GARNISON, — DE GENDARMERIE, — DE GÉNIE, — DE GROSSE CAVALERIE, — DE HASTAIRES, — DE HUSSARDS, — DE LÉGION, — DE MAISON DU ROI, — DE MAMELUCKS, — DE MANIPULE, — DE MILICE ANGLAISE, — DE MILICE ANGLO-AMÉRICAINE, — DE MILICE AUTRICHIENNE, — DE MILICE BAVAROISE, — DE MILICE CHINOISE, — DE MILICE ESPAGNOLE, — DE MILICE GRECQUE, — DE MILICE HANOVRIENNE, — DE MILICE HOLLANDAISE, — DE MILICE NÉERLANDAISE, — DE MILICE PERSANE, — DE MILICE PIÉMONTAISE, — DE MILICE POLONAISE, — DE MILICE PORTUGAISE, — DE MILICE PRUSSIENNE, — DE MILICE ROMAINE, — DE MILICE RUSSE, — DE MILICE SAXONNE, — DE MILICE SUÉDOISE, — DE MILICE SUISSE, — DE MILICE SYKE, — DE MILICE TURCO-ÉGYPTIENNE, — DE MILICE TURQUE, — DE MILICE WURTEMBERGEOISE, — DE MOUSQUETAIRES, — DE PIQUIERS, — DE PUPILLES, — DE RÉGIMENT, — DE SOUS-INTENDANTS, — DE SUBDIVISION, — DE TERRE, — D'ESCADRON, — D'ESCOUADE, — D'ÉTAT-MAJOR, — D'INFANTERIE, — D'INFANTERIE COMMUNALE, — D'INFANTERIE DE BATAILLE, — D'INFANTERIE FRANÇAISE, — D'INFANTERIE FRANÇAISE DE GARDE ROYALE, — D'INFANTERIE FRANÇAISE DE LIGNE, — D'INFANTERIE FRANCO-SUISSE, — EFFECTIVE, — ÉNERGIQUE, — MILITAIRE ACTIVE, — OUVERTE, — PERMANENTE, — PUBLIQUE, — SOLDÉE, — TACTIQUE.

FORCE ARMÉE (term. sous-génér.). Sorte de FORCE MILITAIRE considérée comme ÉNERGIQUE et distincte par là de la FORCE NUMÉRIQUE. — D'abord le mot Force armée a représenté une portion de la FORCE PUBLIQUE; il exprimait l'ARMÉE DE LIGNE, par opposition à la GARDE NATIONALE. Il en était ainsi en 1790. — Quelquefois, mais incorrectement, le mot Force armée donne l'idée de la MILICE totale d'une nation, de son MILITAIRE en général. C'était ainsi que le DÉCRET DE 1793 (25 JANVIER) employait l'expression. C'est encore ainsi que le fait M. Ch. DUPIN (1820, B). — Quelquefois Force armée est synonyme de FORCE MILITAIRE; mais en ce cas l'expression est inexacte, car la FORCE NUMÉRIQUE est aussi une FORCE MILITAIRE. — Quelquefois le terme donne idée d'une faible fraction de TROUPES : ainsi, quand on crie : A LA GARDE! on invoque le secours de la Force armée. — De même aussi la Force armée fournit des ESCORTES, se rend à la réquisition des SOUS-INTENDANTS, proclame la LOI MARTIALE, et marche en EXÉCUTION MILITAIRE. Cette Force n'est autre chose alors qu'un DÉTACHEMENT plus ou moins nombreux. — De ces trois acceptions différentes prenons la plus large. — Pendant le MOYEN AGE, la Force armée a régné tyranniquement dans l'OCCIDENT, sous le nom de FÉODALITÉ. — En FRANCE, la Force armée n'a consisté pendant longtemps que dans le BAN et l'ARRIÈRE-BAN. — Elle s'est régularisée par l'organisation des ARMÉES modernes; elle est une puissance créée par et pour la civilisation; elle est une association et une combinaison d'agents divers et plus ou moins nombreux; elle ne tire sa solidité que du talent des CHEFS, de la DISCIPLINE des subordonnés et du patriotisme de tous; elle ne vaut que par l'harmonie, non par le nombre: qu'importe en effet à la guerre la multitude sans une bonne CONSTITUTION MILITAIRE, puisqu'alors la DÉSERTION, le défaut d'ADMINISTRATION, les privations de toute espèce et le ravage des MALADIES affaiblissent bien plus une ARMÉE que ne le ferait le FEU de l'ENNEMI. — Le général GIRARDIN regarde la Force des troupes permanentes comme ne devant pas dépasser, sur le pied de paix, le centième de la population; sur le pied de guerre, le cinquantième. Des théoriciens sont d'avis qu'elle peut se porter au quarantième et au quatre-vingtième, ou même au trentième et au soixantième; mais ces dernières proportions sont démesurées. — Les proportions de la Force armée dépendent de la position du gouvernement qui la met sur pied et de la politique de ses voisins; elle doit être prête à l'OFFENSIVE comme à la DÉFENSIVE, être propre à la PAIX comme à la GUERRE, et s'accroître ou se resserrer facilement par le jeu de différents PIEDS; lui imprimer cette faculté de dilatation et de contraction, est une haute preuve des talents d'un MINISTRE DE LA GUERRE; la manier, la mettre en œuvre, est tout l'ART DE LA GUERRE; lui donner l'élan, constitue le principal et le plus éclatant mérite d'un GÉNÉRAL D'ARMÉE. — La Force armée considérée par rapport aux usages français s'est distinguée, en 1790, en force habituelle et en FORCE PUBLIQUE; mais c'est une distinction à laquelle on a renoncé. — Maintenant elle est l'ensemble des moyens de GUERRE dont la loi règle les formes, dont les HOMMES APPELÉS AU SERVICE sont l'âme, et dont les BOUCHES A FEU sont les grands instruments; elle n'est devenue nationale que depuis les dernières années du règne de Louis seize ; car, à l'exception des corps de miliciens, les troupes de France ne se composaient jusque-là que d'hommes ramassés au hasard ; c'étaient la débauche, la séduction, la misère, les coups de tête ou l'esprit d'aventure qui la recrutaient ; elle n'était pas nationale, parce que ce n'est pas appartenir à la nation que de n'appartenir qu'au roi ou à un colonel propriétaire ; mais cet ancien état de choses a cessé depuis l'adoption du système conscriptif et depuis les discussions publiques des budgets de l'armée. — La Force armée, dans l'esprit de la civilisation actuelle, ne doit avoir d'autre but que la tranquillité des peuples et le maintien de la paix ; mais elle doit au besoin être prête à se transformer en armée assiégeante, active, agissante, confédérée, de ligne, étrangère, navale, etc. Ce sont des sujets sur lesquels nous nous sommes suffisamment étendu en traitant de l'armée française. — Plus d'un auteur a proposé d'alimenter les cadres constitutifs de la Force armée en y introduisant les enfants trouvés que leur âge, leur sexe, leur complexion permettent d'y admettre. Bonaparte avait habilement réalisé ce projet par la création du régiment des pupilles de la garde impériale. — Un tableau comparatif des forces militaires de l'Europe en 1828 est donné dans le *Spectateur militaire* (t. iv, p. 532). — De plus grands développements à l'égard de la Force armée en général se trouvent dans les ouvrages spécialement composés sur ce sujet par M. Carrion (1818, G), Ch. Dupin (1820, B), Eikemeyer, Marbot (1825, E), Vaudoncourt (1825, D) et Wolf.

FORCE civile (A, 1 ; B, 1). Sorte de force publique qui n'est mentionnée ici que par opposition à la force militaire et par rapport aux relations établies entre elles deux dans maintes occasions, telles que les cas où les autorités civiles doivent concourir au jeu du mécanisme militaire, etc.

FORCE comptabilaire (B, 1). Sorte de force numérique qui demande à être distinguée de celle qui a rapport non à la comptabilité, mais aux mesures de police et aux états indicatifs du nombre des combattants et des non combattants, etc. Ces deux genres de déclarations de force diffèrent en ce que la signature du conseil d'administration répond de la sincérité de l'une, et que c'est le colonel seul qui est responsable de la véracité des autres et des tableaux de la force militaire proprement dite. — Mais quel est le vrai sens du mot Force, isolément et absolument employé dans les états de situation, dans ceux de la comptabilité, de la police, du service de la guerre ? A-t-il la même acception que le terme effectif ? en est-il différent ? La Force est-elle à la fois une mesure constitutive comme l'est un maximum déterminé légalement, et à la fois une mesure éventuelle et mobile comme toute association soumise aux accroissements ou aux diminutions ? — Nous ne déciderons pas à cet égard : c'est à l'autorité à prononcer. — Plusieurs auteurs sont d'avis que, dans les corps de troupe, la Force est l'expression sommaire du nombre des militaires qui ne sont point indiqués comme absents dans les cases et dans la colonne courante du controle annuel. — Suivant d'autres opinions, et par exemple suivant Lecouturier (1825, A), la Force serait la récapitulation sommaire de tous les hommes inscrits sur les controles annuels et étant en activité de service ; l'effectif, au contraire, serait la récapitulation des hommes disponibles, valides, présents et prêts à faire le service ou à combattre. Cette opinion peut s'appuyer sur les modèles de situation que prescrivaient les anciens règlements de police. — En prenant la chose plus en grand, la Force serait la récapitulation et le total des militaires de tout grade, de tout emploi, tant absents que présents, faisant nombre dans un corps, une troupe, une armée, et y appartenant ou nominalement ou réellement ; car il se peut que, dans un tableau énonciatif de la Force, on fasse involontairement figurer des décédés, des déserteurs, etc. — Dans ce système, l'effectif ne serait qu'une partie de la Force, mais il en serait la partie vraie, palpable. — Il paraît, au contraire, que les rédacteurs des budgets ne considèrent l'expression Force que sous un rapport purement militaire et principalement de combat, et le mot effectif comme l'ensemble général des individus appartenant à l'armée, et que le trésor entretient ou doit entretenir : ainsi la Force serait le total des hommes en activité de service et sous les armes, et de ceux qui ne manquent à un appel sur le terrain que par le fait d'un service qui ne les éloigne que pour une courte durée de temps et vingt-quatre heures au plus. — Mais l'autorité, les écrivains, les règlements, ont laissé toutes ces questions indécises.

FORCE confédérée. v. confédéré, adj.

FORCE constitutive. v. code militaire, v. constitutif, adj. v. force comptabilaire. v. force numérique. v. milice anglo-américaine n° 1.

FORCE d'armée agissante. v. armée agissante n° 2. v. chef d'état-major d'armée.

V. MARCHE D'ARMÉE. V. ORDRE DE BATAILLE.

FORCE D'ARMÉE FRANÇAISE. V. ARMÉE FRANÇAISE N° 4. V. CHEF D'ÉTAT-MAJOR D'ARMÉE. V. ÉTAT DE SITUATION. V. PLAN DE CAMPAGNE.

FORCE D'ARRIÈRE-GARDE. V. ARRIÈRE-GARDE DE CORPS EN ROUTE.

FORCE D'ARTILLERIE. V. ARTILLERIE. V. ARTILLERIE IDIOPLIQUE.

FORCE DE BATAILLON. V. BATAILLON. V. BATAILLON D'INFANTERIE FRANÇAISE DE LIGNE N° 4. V. BATAILLON D'INFANTERIE FRANCO-ÉTRANGÈRE. V. CASERNE. V. COMPAGNIE D'INFANTERIE FRANÇAISE DE LIGNE N° 4. V. COMPAGNIE DE CHASSEURS. V. COMPAGNIE DE FUSILIERS. V. COMPAGNIE DE VOLTIGEURS. V. DIVISION DE BATAILLON.

FORCE DE BRIGADE. V. BRIGADE. V. BRIGADE D'ARMÉE.

FORCE DE CAVALERIE. V. CAVALERIE. V. CAVALERIE DE LIGNE. V. CAVALERIE FRANÇAISE N° 4. V. CAVALERIE LÉGÈRE.

FORCE DE COHORTE. V. COHORTE. V. COHORTE DE LÉGION ROMAINE N° 4, 5.

FORCE DE COMPAGNIE D'ÉLITE. V. COMPAGNIE D'ÉLITE N° 3.

FORCE DE COMPAGNIE D'INFANTERIE. V. ADJUDANT D'INFANTERIE FRANÇAISE N° 15. V. COMPAGNIE DE CHASSEURS. V. COMPAGNIE DE FUSILIERS. V. COMPAGNIE DE GRENADIERS N° 3. V. COMPAGNIE D'INFANTERIE FRANÇAISE DE LIGNE N° 4, 9, 10, 12. V. DÉCÈS. V. SOUS-LIEUTENANT N° 2.

FORCE DE COMPAGNIE D'ORDONNANCE. V. COMPAGNIE D'ORDONNANCE N° 3.

FORCE DE CORPS D'INTENDANCE. V. CORPS D'INTENDANCE N° 3.

FORCE DE CORPS RÉGIMENTAIRE. V. COMPOSITION N° 2 (tableau). V. CORPS RÉGIMENTAIRE N° 1, 4. V. INCORPORATION.

FORCE DE DÉTACHEMENT. V. CERTIFICAT DE CESSATION DE PAYEMENT. V. CHEF DE DÉTACHEMENT DE GUERRE N° 4. V. CHEF D'ESCORTE DE CONVOI. V. CONVOI POLÉMONOMIQUE. V. DÉTACHEMENT.

FORCE DE DIVISION. V. DIVISION. V. DIVISION DE BATAILLON.

FORCE DE DRAGONS. V. DRAGON. V. DRAGON FRANÇAIS N° 3.

FORCE DE GARDE IMPÉRIALE. V. GARDE IMPÉRIALE N° 2.

FORCE DE GARDE ROYALE. V. GARDE ROYALE N° 2.

FORCE DE GARDES DU CORPS. V. GARDES DU CORPS N° 4.

FORCE DE GARDES FRANÇAISES. V. GARDES FRANÇAISES N° 3.

FORCE DE GARNISON. V. BASTION DE FORTERESSE. V. GARNISON.

FORCE DE GENDARMERIE. V. GENDARMERIE DE POLICE N° 2.

FORCE DE GÉNIE. V. GÉNIE. V. GÉNIE IDIOPLIQUE N° 3.

FORCE DE GROSSE CAVALERIE. V. GROSSE CAVALERIE N° 3.

FORCE DE HASTAIRES. V. HASTAIRE N° 2.

FORCE DE HUSSARDS. V. HUSSARD N° 3.

FORCE DE LÉGION. V. COHORTE MILITAIRE. V. LÉGION. V. LÉGION ROMAINE N° 3.

FORCE DE MAISON DU ROI. V. MAISON DU ROI N° 4.

FORCE DE MAMELOUCKS. V. MAMELOUCK N° 2.

FORCE DE MANIPULE. V. MANIPULE N° 3.

FORCE DE MER. V. ARMÉE DE MER. V. MILICE ÉGYPTIENNE.

FORCE DE MILICE ANGLAISE. V. MILICE ANGLAISE N° 3.

FORCE DE MILICE ANGLO-AMÉRICAINE. V. MILICE ANGLO-AMÉRICAINE N° 1.

FORCE DE MILICE AUTRICHIENNE. V. MILICE AUTRICHIENNE N° 3.

FORCE DE MILICE BAVAROISE. V. MILICE BAVAROISE N° 2.

FORCE DE MILICE CHINOISE. V. MILICE CHINOISE N° 2.

FORCE DE MILICE DANOISE. V. MILICE DANOISE N° 2.

FORCE DE MILICE ÉGYPTIENNE. V. MILICE ÉGYPTIENNE N° 2.

FORCE DE MILICE ESPAGNOLE. V. MILICE ESPAGNOLE N° 3.

FORCE DE MILICE GRECQUE. V. MILICE GRECQUE N° 3.

FORCE DE MILICE HANOVRIENNE. V. MILICE HANOVRIENNE N° 1.

FORCE DE MILICE HOLLANDAISE. V. MILICE HOLLANDAISE N° 3.

FORCE DE MILICE NAPOLITAINE. V. MILICE NAPOLITAINE N° 2.

FORCE DE MILICE NÉERLANDAISE. V. MILICE NÉERLANDAISE N° 2.

FORCE DE MILICE PERSANE. V. MILICE PERSANE N° 2.

FORCE DE MILICE PIÉMONTAISE. V. MILICE PIÉMONTAISE N° 1.

FORCE DE MILICE POLONAISE. V. MILICE POLONAISE N° 2.

FORCE DE MILICE PORTUGAISE. V. MILICE PORTUGAISE N° 2.

FORCE DE MILICE PRUSSIENNE. V. MILICE PRUSSIENNE N° 3.

FORCE DE MILICE ROMAINE. V. MILICE ROMAINE N° 3.

FORCE DE MILICE RUSSE. V. MILICE RUSSE N° 3.

FORCE DE MILICE SAXONNE. V. MILICE SAXONNE N° 2.

FORCE DE MILICE SUÉDOISE. V. MILICE SUÉDOISE N° 2.

FORCE de MILICE SUISSE. V. MILICE SUISSE N° 3.

FORCE de MILICE SYRE. V. MILICE SYRE N° 2.

FORCE de MILICE TURCO-ÉGYPTIENNE. V. MILICE TURCO-ÉGYPTIENNE N° 2.

FORCE de MILICE TURQUE. V. MILICE TURQUE N° 3.

FORCE de MILICE WURTEMBERGEOISE. V. MILICE WURTEMBERGEOISE N° 2.

FORCE de MOUSQUETAIRES. V. MOUSQUETAIRE. V. MOUSQUETAIRE A PIED N° 2.

FORCE de PIQUIERS. V. PIQUIER ; id. N° 2.

FORCE de PUPILLES. V. PUPILLE N° 3.

FORCE de RÉGIMENT. V. CORDEAU DE FRONT. V. RÉGIMENT. V. RÉGIMENT D'ARTILLERIE. V. RÉGIMENT D'INFANTERIE. V. RÉGIMENT D'INFANTERIE FRANÇAISE N° 2, 4. V. RÉGIMENT FRANÇAIS N° 3.

FORCE de SOUS-INTENDANTS. V. SOUS-INTENDANT N° 1, 2.

FORCE de SUBDIVISION. V. CHAMBRÉE. V. SUBDIVISION. V. SUBDIVISION ADMINISTRATIVE.

FORCE de TERRE. V. ARMÉE DE MER. V. ARMÉE DE TERRE. V. ARMÉE FRANÇAISE N° 3. V. ÉTAT MILITAIRE. V. GUERRE DE 1775. V. GUERRE DE 1833. V. MILICE ANGLAISE. V. MILICE ÉGYPTIENNE. V. TERRE.

FORCE d'ESCADRON. V. ESCADRON. V. ESCADRON FRANÇAIS N° 3.

FORCE d'ESCOUADE. V. CHAMBRÉE. V. ESCOUADE.

FORCE d'ÉTAT-MAJOR D'ARMÉE. V. ÉTAT-MAJOR D'ARMÉE N° 4.

FORCE d'INFANTERIE. V. INFANTERIE N° 4. V. RÉFORME. V. SIÉGE DÉFENSIF.

FORCE d'INFANTERIE COMMUNALE. V. INFANTERIE COMMUNALE N° 3.

FORCE d'INFANTERIE DE BATAILLE. V. INFANTERIE DE BATAILLE N° 4.

FORCE d'INFANTERIE FRANÇAISE. V. INFANTERIE FRANÇAISE N° 3.

FORCE d'INFANTERIE FRANÇAISE DE GARDE ROYALE. V. INFANTERIE FRANÇAISE DE GARDE ROYALE N° 1.

FORCE d'INFANTERIE FRANÇAISE DE LIGNE. V. INFANTERIE FRANÇAISE DE LIGNE N° 4.

FORCE d'INFANTERIE FRANCO-SUISSE. V. INFANTERIE FRANCO-SUISSE N° 3.

FORCE d'INFANTERIE LÉGÈRE. V. INFANTERIE LÉGÈRE N° 4.

FORCE EFFECTIVE. V. EFFECTIF. V. FORCE NUMÉRIQUE. V. JOURNAL DE GUERRE. V. TENTE.

FORCE ÉNERGIQUE. V. ART MILITAIRE DE TERRE. V. ÉNERGIQUE, adj. V. FORCE ARMÉE. V. FORCE NUMÉRIQUE.

FORCE MILITAIRE (term. sous-génér.). Sorte de FORCE PUBLIQUE présentée ici par opposition à la FORCE CIVILE. — Jusqu'ici l'emploi vague qu'on a fait de ce terme ac-cuse la pauvreté de la LANGUE MILITAIRE. — Quelquefois Force militaire signifie ensemble de TROUPES tant DE TERRE que DE MER ; c'est ainsi que M. Ch. DUPIN (1820, B) et VOLZ emploient cette expression ; M. BALLYET (1828, G) et l'ORDONNANCE DE 1815 (16 JUILLET) ne la conçoivent au contraire que sous l'acception d'ARMÉE DE TERRE. — ÊTRE EN FORCE, se présenter en Force, c'est être en état de se MESURER avec l'ENNEMI. — D'ARÇON (1789, G) lui donnait un sens plus précis, en se servant de l'expression FORCE MILITAIRE ACTIVE. Les publicistes, tels que M. PERNER, la distinguent en Force animée et inanimée. — Embrassons d'abord le mot dans son sens le plus large. — On ne peut avoir que des aperçus incertains sur les Forces de l'EUROPE ; ici c'est un secret diplomatique, là une déception ; souvent un à peu près ou un problème dont le RECRUTEMENT est l'inconnue ; toujours un produit dont les proportions sont continuellement variables. Quelques ÉCRIVAINS cependant ont cherché à en relever les nombres ; suivant eux, pendant le cours de la GUERRE DE 1792, les Forces de terre des puissances européennes se montaient à trois millions six cent mille hommes et les Forces navales se montaient à quatre cent soixante vaisseaux de ligne, trois cent soixante-dix frégates et dix-neuf cent vingt bâtiments de moindre grandeur. — Il résulterait des mêmes calculs que le total des ARMÉES PERMANENTES d'EUROPE, réduites au pied de paix, depuis la dernière occupation de la FRANCE sous LOUIS DIX-HUIT, ne serait plus environ que d'un million huit cent mille hommes sous les armes. — Les aperçus des Forces militaires qui ont constitué à diverses époques la MILICE FRANÇAISE ont été mis au jour par DANIEL (1721, A), M. DÉRODE, GAY-VERNON, M. le général GIRARDIN, M. PAIXHANS, PUYSÉGUR (1748, C), M. SICARD, WEISSE, le *Spectateur militaire* (t. XVI, p. 542), le *Journal des travaux de la Société de statistique* (1835, p. 65). — Mais rien de plus disparate que les appréciations ; elles ne concordent que quand les écrivains sont ou ont des plagiaires. — Un discours prononcé à la tribune en 1820 (17 juin) par M. LAMETH témoigne que trois puissances continentales ont une Force plus que double de l'ARMÉE FRANÇAISE, et qui pourtant coûte moitié moins cher. — Considérons actuellement dans son sens le plus restreint l'expression. — L'ART MILITAIRE DE TERRE est divisible par la pensée en deux grandes branches, le CODE et l'ART DE LA GUERRE. La Force militaire se rapporte à ces divisions ; considérée comme numérique, elle correspond à la première partie ; considérée comme énergique, elle est en rapport avec l'ART DE LA GUERRE. — Souvent l'acception de ces deux genres de Force se confond dans une même pensée ; tel est le cas quand on parle des AUGMENTATIONS DE FORCE, quand on prend ARMÉE et Force comme synonymes, ou quand on dit qu'une troupe est aux ABOIS, qu'elle AFFRONTE l'ENNEMI, qu'elle fait DIVERSION, qu'elle opère A FORCE OUVERTE, etc.; puisqu'il est visible qu'il s'agit à la fois des hommes considérés comme unités arithmétiques et comme instruments de guerre. — Au contraire il y a une séparation absolue des deux acceptions si l'on parle de la FORCE COMPTABILIAIRE, qui est réellement un des deux genres de la Force militaire — Développons cette pensée en distinguant la Force militaire en FORCE ARMÉE et en FORCE NUMÉRIQUE.

FORCE MILITAIRE ACTIVE. V. ACTIF, adj. v. ART DE LA GUERRE. V. DARÇON (1789, G). v. FIEF. V. FORCE MILITAIRE. V. FORCE NUMÉRIQUE. V. MILITAIRE, adj. v. LOI MARTIALE. V. SEIGNEUR.

FORCE NUMÉRIQUE (term. sous-génér.). Sorte de FORCE MILITAIRE ainsi nommée par opposition à la FORCE ARMÉE OU FORCE MILITAIRE ACTIVE qu'on pourrait appeler FORCE ÉNERGIQUE. Cette dernière est du domaine de l'ART DE LA GUERRE; il en règle l'emploi; il en développe les ressources. L'autre appartient aux TEMPS DE PAIX COMME DE GUERRE; elle est une donnée ou un résultat arithmétiques; elle se coordonne à certaines règles du CODE MILITAIRE; elle est une formule d'ÉTAT DE SITUATION, un élément de DÉNOMBREMENT. — L'ART MILITAIRE exprime quelquefois par le mot Force le total dont une TROUPE se compose réellement; quelquefois le total dont elle pourrait être légalement composée; dans ce dernier cas, on se sert aussi des mots FORCE CONSTITUTIVE. Ainsi les RÉGLEMENTS DE 1791 (1er JANVIER et 1er AVRIL), l'ARRÊTÉ DE L'AN ONZE (28 FRUCTIDOR), etc., regardent comme synonymes Force et COMPLET légal. — Ceux qui ont pris dans son acception la plus étendue l'expression Force se sont servis longtemps des mots FORCE EFFECTIVE, comme on le voit dans le rapport ministériel de 1791 (22 juillet) et dans celui DE 1793 (10 MARS). Cette association des termes Force et EFFECTIF en une seule locution a été la cause des incertitudes qui régnent à l'égard du véritable sens qu'il faut attacher, soit au mot Force, soit au mot EFFECTIF. — Quand l'ADMINISTRATION commençait à sortir de l'enfance, une des fonctions des COMMISSAIRES DES GUERRES fut de constater le COMPLET des corps. Ainsi les MONSTRES OU MONTRES

(REVUES sur le terrain) devenaient la base des MONTRES écrites, ou récapitulatives, ou, en d'autres termes, établissaient la Force, donnaient connaissance des Forces. — Il ne peut être fait de DISTRIBUTIONS D'ARMES aux TROUPES qu'à raison de la Force réelle du CORPS qui fait la DEMANDE. — Les diverses FORMATIONS TACTIQUES se coordonnent à un maximum et à un minimum de Force; car au-dessus ou au-dessous d'un nombre donné les MANŒUVRES que veut l'ordonnance deviendraient inexécutables. — La Force numérique se distingue en FORCE COMPTABILIAIRE.

FORCE OUVERTE. V. A F... V. OUVERT, adj.

FORCE PERMANENTE. V. ARMÉE FRANÇAISE Nº 1. V. ARMÉE PERMANENTE. V. PERMANENT, adj. v. VAUDONCOURT (1825, D).

FORCE PUBLIQUE (term. sous-génér.). Sorte de FORCE qui demande à être considérée, ou comme ayant un sens général, ou comme ayant été mal à propos appliquée d'une manière nominale et absolue, à des détails de l'ARMÉE par plusieurs ÉCRIVAINS et dans plusieurs ordonnances. — La Force publique peut aussi s'appeler Force politique; elle est l'ensemble des actes extérieurs du gouvernement et l'accord des moyens qui en assurent l'exécution. — Rien de semblable à une Force publique, rien qui pût l'étayer et l'animer n'existait au temps de la FÉODALITÉ et de la CHEVALERIE : tout était secousse et déchirement. — L'institution des COMPAGNIES D'ORDONNANCE a été l'aurore d'un meilleur ordre de choses, mais les GENS D'ARMES qui composaient le fond de ces compagnies étaient de détestables instruments; et le ressort social qu'on a nommé Force publique n'a vraiment existé que depuis leur disparition. — Si le gouvernement repose sur une base constitutionnelle, sa Force publique se divise en FORCE CIVILE et en FORCE ARMÉE OU FORCE MILITAIRE; ainsi, dans un état bien constitué, la Force publique est réprimante et défensive, et par les lois et par les armes. — C'est dans ce sens que le mot Force publique a pris place dans le tableau qui précède. — Cependant il faut indiquer les acceptions différentes que l'ARMÉE FRANÇAISE lui a données : c'est le moyen de justifier quelques-unes des subdivisions qu'il va produire, et qui n'y appartiendraient pas si notre LANGUE MILITAIRE était moins pauvre. Les produits venus à juste titre ou non de cette racine ne pouvaient être omis ici, quoique en désuétude par le fait des AMALGAMES et par mille autres causes. — Expliquons donc le sens restreint et de détail que le mot Force publique a quelquefois pris. — Suivant les principes professés par l'ASSEMBLÉE CONSTITUANTE, la GARDE NATIONALE serait essentiellement la Force publique ; la FORCE ARMÉE ne serait qu'une émanation de cette GARDE, ou une de ses sections mise en action et mobilisée. — Ce sujet était traité dans le rapport fait à la constituante en 1790 (21 novembre) par Rabaud-Saint-Etienne. — Le décret de 1790 (12 décembre) regarde la Force publique comme la réunion de la force de tous les citoyens. — Les AUTEURS qu'on pourrait consulter au sujet de la Force publique sont : M. ARGENVILLERS, l'ENCYCLOPÉDIE (1785, C), GUIBERT (1790, D), ODIER (1817), M. PAIXHANS (1829), M. ROSTAING, M. le général VAUDONCOURT (1825, D). — La Force publique s'est distinguée en FORCE CIVILE, — MILITAIRE, — PUBLIQUE AUXILIAIRE, — PUBLIQUE EXTÉRIEURE, — PUBLIQUE INTÉRIEURE.

FORCE PUBLIQUE AUXILIAIRE (A, 1 ; F), ou ARMÉE AUXILIAIRE FRANÇAISE. Sorte de FORCE PUBLIQUE qui, suivant les règles posées par l'ASSEMBLÉE CONSTITUANTE, se composait de cent mille GARDES NATIONAUX introduits alors dans l'ARMÉE, et mis à la solde de l'Etat, en 1790, pour seconder la FORCE PUBLIQUE EXTÉRIEURE.

FORCE PUBLIQUE EXTÉRIEURE (F). Sorte de FORCE PUBLIQUE qui se composait de la portion de citoyens commis activement à la défense de l'Etat ; c'était la partie de l'ARMÉE FRANÇAISE nommée ARMÉE DE LIGNE, par opposition à la FORCE PUBLIQUE AUXILIAIRE, ou FORCE PUBLIQUE INTÉRIEURE, ou GARDES NATIONAUX SOLDÉS.

FORCE PUBLIQUE INTÉRIEURE (F). Sorte de FORCE PUBLIQUE ainsi appelée par opposition à la FORCE PUBLIQUE EXTÉRIEURE : elle comprenait la MARÉCHAUSSÉE et la GENDARMERIE de l'ARMÉE FRANÇAISE.

FORCE SOLDÉE. V. GARDE NATIONAL, subs. masc. V. GARDE NATIONALE, subs. fém. V. SOLDÉ, adj.

FORCE TACTIQUE (G, 0). Sorte de FORCE ou de FORCEPS qui signifie ciseaux, PÉPHELGMENON ou TENAILLES ; c'était un ORDRE ou une ÉVOLUTION dont il est question dans DELATOUR (1514, A).

FORCÉ (forcée), adj. V. ARRÊTS F... V. BAILE F... V. CONSIGNE F... V. ENGAGEMENT F... V. ENROLEMENT F... V. LEVÉE F... V. MARCHE F... V. QUARTE F... V. RECRUTEMENT F... V. TRAVAIL F... V. TRAVAUX F...

FORCEPS, subs. masc. V. DELATOUR (1514, A). V. EMBOLON. V. ÉVOLUTION. V. FORCE TACTIQUE. V. PÉPHELGMENON. V. TENAILLE.

FORCER, verb. act. V. LANGUE FRANÇAISE.

FORCER un CAMP, un DÉFILÉ, un PASSAGE, une PLACE, une POSITION, un POSTE, un RETRANCHEMENT. V. ATTAQUE DE GUERRE. V. CAMP. V. DÉFILÉ. V. PASSAGE. V. PLACE. V. POSITION. V. POSTE. V. POSTE STRATEUMATIQUE. V. RETIRADE. V. RETRANCHEMENT.

FORCER une CONSIGNE. V. CONSIGNE. V. CONSIGNE D'INJONCTION. V. CONSIGNE FORCÉE.

FORCER une LIGNE. V. ATTAQUE DE LIGNE. V. CIRCONVALLATION. V. CONTREVALLATION. V. LIGNE. V. LIGNE FORTIFIÉE.

FORCER une MARCHE. V. MARCHE. V. MARCHE D'ARMÉE.

FORCES, subs. fém. V. ART MILITAIRE. V. ATTAQUE DE GUERRE. V. FAIRE MONTRE DE SES F... V. FAIRE PARADE DE SES F... V. MANIER DES F... V. MARÉCHAL DE FRANCE N° 5. V. MILICE POLONAISE N° 5. V. NOBLESSE. V. POUDRE A FEU. V. SEIGNEUR. V. SOLDE. V. STATISTIQUE. V. STRATÉGIE. V. TACTIQUE, subs.

FORESTIER. V. NOMS PROPRES.

FORESTIER (forestière), adj. V. BOIS.

FORÊT, subs. fém. V. BOIS FORESTIER. V. FOUILLER. V. INFANTERIE N° 11.

FORGE (forges), subs. fém. V. ÉTABLISSEMENT MILITAIRE.

FORGE d'ARMURIER. V. ARMURIER N° 5. V. BAGAGE D'ARMÉE. V. CASERNE. V. MILICE ANGLAISE N° 12.

FORGE de CAMPAGNE. V. BAGAGE D'ARMÉE. V. CAMPAGNE. V. PARC D'ARTILLERIE. V. PIÈCE DE CAMPAGNE. V. PRÉLART.

FORGE de MONTAGNES. V. BAGAGE D'ARMÉE. V. MONTAGNE.

FORGE PORTATIVE. V. ARMURIER DE CORPS. V. ÉQUIPAGE D'ARTILLERIE. V. PORTATIF, adj.

FORGÉ (forgée), adj. V. FER F...

FORGEUR (subs. masc.) de LANCES. V. LANCE. V. LANCE DE LANCIER. V. MILICE WURTEMBERGEOISE N° 1.

FORJETER, verb. neut. V. JOUTE.

FORJOUSTER, verb. neut. V. JOUTE.

FORJOUTER, verb. neut. V. JOUTE.

FORLI. V. NOMS PROPRES.

FORMALITÉ ADMINISTRATIVE. V. ADMINISTRATIF, adj. V. ACTE ADMINISTRATIF. V. CONTROLEMENT.

FORMATION, subs. fém. V. NOUVELLE F... V. RÉGLEMENT DE F...

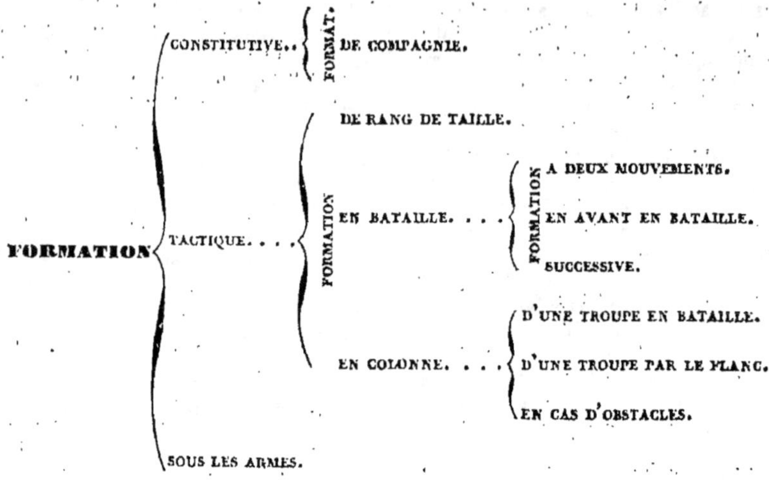

FORMATION (term. génér.). Ce mot, qui tire, ainsi que le verbe FORMER, son étymologie de l'expression LATINE *forma*, appartient à la CONSTITUTION des TROUPES, à leur STRATÉGIE, à leur TACTIQUE ; il se distingue ici en FORMATION A STATIONNEMENT, — COMPOSÉE, — CONSTITUTIVE, — D'ARMÉE, — DE BATAILLON, — DE CAVALERIE, — DE CARRÉ, — DE CHAMBRÉE, — DE COLONNE, — DE DIVISION DE COLONNE, — DE DIVISION D'ARMÉE, — DE FAISCEAUX, — DE FILES, — DE GARDES, — DE GUERRE, — DE PELOTON, — DE PIED FERME, — DE TERZE, — DE TROUPE, — D'INFANTERIE, — D'ORDINAIRE, — EMPROSTATIQUE, — EN ARRIÈRE, — EN BATAILLE COMPOSÉE DE DEUX MOUVEMENTS, — EN LIGNE, — ÉPISTATIQUE, — FACE EN ARRIÈRE, — INVERTIE, — LATÉRALE, — NATURELLE, — ORGANIQUE, — PAR CONVERSION, — PAR DÉPLOIEMENT, — PAR FILE EN BATAILLE, — PAR INVERSION, — SANS STATIONNEMENT, — SIMULTANÉE, — SUR AILE, — SUR DEUX RANGS, — SUR LA DROITE, — SUR LE TERRAIN, — SUR TROIS RANGS, — TACTIQUE.

FORMATION A DEUX MOUVEMENTS (G, 6), OU FORMATION COMPOSÉE, OU FORMATION EN BATAILLE COMPOSÉE DE DEUX MOUVEMENTS. Sorte de FORMATION EN BATAILLE que le RÈGLEMENT DE 1766 (1er JANVIER) commençait à mentionner. Cette ÉVOLUTION peut se pratiquer quand une COLONNE arrive par-derrière la LIGNE DE BATAILLE ou par-devant cette LIGNE. — Dans le premier cas, l'ORDONNANCE DE 1791 (1er AOUT) appliquait le précepte à un BATAILLON isolé, en colonne la droite en tête, et dont elle suppose que les cinq premiers PELOTONS se prolongent déjà sur la LIGNE ; elle leur faisait FAIRE A GAUCHE EN BATAILLE et elle formait en avant les autres PELOTONS au commandement : TROIS DERNIERS PELOTONS EN AVANT EN BATAILLE ! — Dans le second cas, elle formait par les mêmes commandements les cinq premiers PELOTONS, et elle formait en arrière les autres au commandement : TROIS DERNIERS PELOTONS FACE EN ARRIÈRE EN BATAILLE ! — La Formation à deux mouvements s'exécute suivant des principes pareils ou analogues dans les ÉVOLUTIONS DE LIGNE ; mais la CONTRE - MARCHE ÉPAGOGIQUE y est aussi un des moyens qui concourent à l'exécution de mouvements de ce genre.

FORMATION A STATIONNEMENT. V. A STATIONNEMENT. V. FORMATION EN BATAILLE.

FORMATION COMPOSÉE. V. COMPOSÉ, adj. V. FORMATION A DEUX MOUVEMENTS.

FORMATION CONSTITUTIVE (term. sousgénér.), OU FORMATION ORGANIQUE. Sorte de FORMATION que les règlements militaires confondent avec le mot COMPOSITION ; du moins ils se servent d'une manière mal nuancée de ces deux expressions ; quoique, probablement, les rédacteurs des ORDONNANCES prêtent à ces termes des sens différents, mais non définis ; ainsi le RÈGLEMENT DE 1820 (23 OCTOBRE) parlait de la Formation et de la COMPOSITION de l'INFANTERIE. — Cette Formation de CADRES, prise ici par opposition à FORMATION TACTIQUE, peut être regardée comme l'action par laquelle on assemble et on classe des MILITAIRES ou des hommes destinés à le devenir, en les ordonnant conformément aux principes de la COMPOSITION légalement consacrée. — L'ORDONNANCE DE 1771 (19 JUIN) travaillait à établir de la concordance entre la Formation organique et administrative et la formation de combat. — La COMPOSITION est une disposition primordiale ; elle est un principe que la Formation met en action ;

cette dernière est une opération organique et secondaire. — La Formation est donc l'accomplissement de toutes les mesures qui donnent la vie aux régles de la composition et aux prévisions de l'organisation. La Formation est le but auquel tendent les principes généraux de la constitution. Celle-ci est le premier anneau d'une chaîne dont la Formation est le dernier. Ces idées ne sont pas dans la lettre des réglements, elles en seraient tout au plus la substance cachée, l'analyse raisonnée. Plus d'un document pourrait fournir des citations contraires à nos propositions; mais c'est la faute de la législation plus que la nôtre, et il serait difficile de concilier sur un pareil sujet le ministère avec lui-même; aucune unanimité ne régne; chaque rédacteur, chaque commis pose sur ce qu'il énonce le cachet de son savoir-faire, de ses idées, et s'exprime à sa manière comme s'il n'existait ni dictionnaires ni régles de logique. — Les réglements de 1791 (1er janvier, 1er avril, 20 septembre) parlent de Formation et de composition d'une manière vague, et on pourrait induire qu'ils appellent Formation la composition des compagnies. — L'arrêté de l'an quatre (18 nivose) ne se sert que du mot organisation, et n'emploie nulle part le mot Formation. — La loi de l'an six (19 fructidor) n'emploie que le mot Formation, et nulle part le mot composition. — L'arrêté de l'an sept (14 prairial) et la loi de l'an sept (14 messidor) n'établissent aucune nuance entre Formation et composition. — Le décret de l'an onze (15 floréal) ne parle que d'organisation, et nulle part de Formation. — L'arrêté de l'an onze (28 floréal) et un décret de l'an quatorze (12 vendémiaire) emploient le mot Formation dans le même sens que nous proposons de lui donner, et se servent aussi des mots organisation et composition, mais d'une manière mal définie et comme synonymes. — Le décret de 1808 (18 février) et la circulaire du 25 avril emploient le mot composition comme nous le comprenons. — Un décret de 1808 (7 juillet) et une décision du 5 août donnent aux mots organisation et composition l'acception qu'on retrouve ici, et nulle part ces documents ne mentionnent le mot Formation comme synonyme de composition. — Voilà plus d'exemples qu'il n'en faut pour témoigner combien la discussion est permise à l'égard de termes sur lesquels les lois et les dispositions qui en ont force ne savent pas s'accorder entre elles. — Cependant des écrivains connus pourraient être utilement consultés : M. le colonel Carrion (1824, A, t. ii, p. 105) prend le mot Formation dans

le sens que nous attachons au mot composition. Ailleurs (p. 343), il donne au même mot Formation la signification d'ordre tactique. Ailleurs enfin (p. 578), il applique sans différence sensible les termes Formation et composition; il prend aussi le mot constitution (p. 579) comme synonyme de composition. — Quant aux écrivains plus anciens qui ont fait figurer dans leurs écrits le mot Formation, ce sont : Bohan (1781, II), Darut (1787, D), Degrammeville (1789, A), Dubellay (1549, A), Herbin-Dessau, Jackson, Lessac (1789, E), Macdonald, M. Maingarnaud (1822, D), Maizeroi (1777, E), Puységur (1748, C), Walker. — Dans la milice anglaise, c'est l'adjudant général qui est chargé du travail et du détail des Formations. — La Formation des compagnies et des bataillons, la construction des casernes et les régles de la castramétation devraient être en rapport; les moines ont bien soin de proportionner leur manoir à leur nombre et leurs cellules aux statuts de leur régle : l'état militaire s'est montré moins soigneux. On a créé des corps de toute force sans jamais réfléchir s'ils ne seraient pas trop faibles ou trop forts par rapport à la capacité des casernes, à l'importance et aux besoins des garnisons, et si tous les calculs si minutieux, si nombreux, de la castramétation n'en seraient pas bouleversés. A peine était-on arrêté sur la question de savoir à quel bataillon les lois de la Formation attacheraient le drapeau blanc. — En vertu d'un principe posé par l'assemblée constituante, l'ordre de procéder à des formations de troupes et la fixation de leur composition ne devraient émaner que de la législature. Combien a eu peu de durée un principe si sage ! Chaque ministre, quand il s'agit de former des corps et d'en fixer la composition, vise à faire du nouveau, et n'agit que sous les inspirations de son bon plaisir. — Nous nous sommes en général occupé de la Formation sous un rapport d'administration et de service. On peut aussi la considérer sous un rapport qui tient à la fois à des considérations d'organisation et de tactique; ainsi, quand les corps se forment en brigades, en divisions, etc., cette combinaison modifie leurs fonctions, leur tactique, etc.; ainsi les ordonnances d'exercice ont dû être revisées à chaque modification de Formation. — La Formation constitutive demande, par rapport à la marche de notre travail, à être ici distinguée en formation de compagnie.

FORMATION d'armée. v. Argenvilliers (1817, E). v. armée. v. armée française nº 2. v. brigade d'armée. v. colonne comb-

NÉE. v. JARRY (1789, H). v. MULLER (John).

FORMATION de BATAILLON. v. BATAILLON. v. BATAILLON D'INFANTERIE FRANÇAISE DE LIGNE N° 2, 7. v. BATAILLON D'INFANTERIE FRANCO-ÉTRANGÈRE. v. CAPITAINE DE PIQUET. v. CENTRE. v. COMPAGNIE D'INFANTERIE FRANÇAISE DE LIGNE N° 5. v. FORMATION CONSTITUTIVE. v. PELOTONNEMENT.

FORMATION de BRIGADE. v. BRIGADE. v. BRIGADE D'INFANTERIE FRANÇAISE. v. FORMATION CONSTITUTIVE.

FORMATION de CARRÉ. v. APPUI. v. BATAILLON D'INFANTERIE FRANÇAISE DE LIGNE N° 7. v. CARRÉ. v. CARRÉ TACTIQUE. v. ESPACE DE SERRE-FILE. v. ORDONNANCE D'EXERCICE D'INFANTERIE.

FORMATION de CAVALERIE. v. CAVALERIE. v. CAVALERIE FRANÇAISE N° 2. v. COUP DE LANCE. v. MAIZEROY (1777, E).

FORMATION de CHAMBRÉE. v. CHAMBRÉE.

FORMATION de COLONNE. v. COLONNE D'ATTAQUE. v. COLONNE ÉPAGOGIQUE N° 4.

FORMATION de COMPAGNIES (A, 1). Sorte de FORMATION CONSTITUTIVE considérée relativement aux COMPAGNIES D'INFANTERIE FRANÇAISE DE LIGNE et par rapport à leur TACTIQUE et à leur ADMINISTRATION. Les RÉGLEMENTS DE 1791 (1er JANVIER et 1er AVRIL) se servent dans ce sens du mot COMPOSITION. C'était au contraire du mot Formation que se servait le RÉGLEMENT DE 1791 (20 SEPTEMBRE) relatif à l'artillerie. — L'ORDONNANCE DE 1833 (2 NOVEMBRE) emploie l'expression Formation pour donner idée non pas de la CRÉATION d'une COMPAGNIE, mais de la disposition organique de ses SECTIONS, SUBDIVISIONS OU DEMI-SECTIONS et ESCOUADES; le mot COMPOSITION serait, en ce cas, mieux appliqué.

FORMATION de DIVISION D'ARMÉE. v. DIVISION D'ARMÉE. v. FORMATION CONSTITUTIVE.

FORMATION de DIVISION DE BATAILLON EN COLONNE DE PIED FERME. v. CHEF DE SUBDIVISION TACTIQUE. v. DE PIED FERME. v. DIVISION DE BATAILLON EN COLONNE DE PIED FERME. v. EN COLONNE. v. ENDIVISIONNEMENT. v. GISORS (1767, D). v. GUIDES A VOS PLACES.

FORMATION de FAISCEAUX. v. FAISCEAU. v. FAISCEAU D'ARMES.

FORMATION de FILES. v. ABDUCTION SIMPLE. v. FILES.

FORMATION de GARDE. v. APPEL DE POSTE. v. GARDE. v. GARDE ARMÉE.

FORMATION de GUERRE. v. BATAILLON D'INFANTERIE FRANÇAISE DE LIGNE N° 7. v. COMPAGNIE D'INFANTERIE FRANÇAISE DE LIGNE N° 2, tableau. v. COMPOSITION N° 2, tableau. v. GUERRE. v. PIED DE GUERRE.

FORMATION de PELOTON. v. ENPELOTONNEMENT. v. PELOTON. v. PELOTONNEMENT. v. SECTION TACTIQUE.

FORMATION de PIED FERME. v. DE PIED FERME. v. FORMATION DE DIVISION DE BATAILLON. v. PIED FERME. v. SUBDIVISION DE COLONNE.

FORMATION de RANG DE TAILLE (G, 6). Sorte de FORMATION TACTIQUE ou d'ÉVOLUTION qui a pour objet d'ordonner l'INFANTERIE FRANÇAISE soit sur deux RANGS, soit sur trois; le RÈGLEMENT DE 1791 (1er AOUT) ne s'en occupait que superficiellement. L'ORDONNANCE DE 1831 (4 MARS) modifiait l'ancien système, entrait dans plus de détails, et facilitait le mécanisme de cette opération, qui est le préliminaire de toutes les ÉVOLUTIONS D'INFANTERIE. Cependant ce système nouveau et plus complet a été l'objet de censures qu'on trouve dans la *Sentinelle de l'Armée* (t. II, p. 355).

FORMATION de TERZE. v. TERZE.

FORMATION de TROUPE. v. FORMATION CONSTITUTIVE. v. LEBLOND (1758, B). v. MILICE DANOISE N° 1. v. RENVERSER. v. REVUE D'ADMINISTRATION. v. TROUPE.

FORMATION d'INFANTERIE. v. DANGLY (1789, C). v. ÉCOLE DE MARS N° 2. v. INFANTERIE. v. LÉGION DE HENRI DEUX. v. MAIZEROY (1777, E). v. MILICE PRUSSIENNE N° 8. v. MILICE RUSSE N° 7. v. PAS REDOUBLÉ. v. RÉGIMENT D'INFANTERIE FRANÇAISE N° 2, 4. v. RENVERSER.

FORMATION d'ORDINAIRE. v. CHAMBRÉE. v. ORDINAIRE.

FORMATION EMPROSTATIQUE. v. EMPROSTATIQUE, adj. v. FORMATION EN BATAILLE.

FORMATION EN ARRIÈRE. v. EN ARRIÈRE. v. FORMATION EN BATAILLE.

FORMATION EN AVANT EN BATAILLE (term. sous-génér.). Sorte de FORMATION EN BATAILLE qui est du genre de celles qu'on nomme FORMATIONS SUCCESSIVES; elle s'accomplit par une ÉVOLUTION COMPOSÉE. MIRABEAU (1788, C) l'appelle DÉPLOIEMENT EN ÉVENTAIL, et nous apprend que la MILICE PRUSSIENNE l'exécutait en marchant; son PELOTON DE TÊTE faisait le DEMI-PAS, les autres venaient se coudre à lui au moyen du PAS OBLIQUE. — L'INFANTERIE FRANÇAISE ne se forme au contraire EN AVANT EN BATAILLE que de pied ferme, et cette évolution sert rarement en présence de l'ennemi. — Par rapport à un BATAILLON isolé, la Formation EN AVANT EN BATAILLE se fait sur place, et elle a pour objet de prendre une LIGNE DE BATAILLE en avant de la SUBDIVISION qui tient la tête de colonne, et à sa gauche si la COLONNE est en ordre NATUREL ou la droite en tête; à sa droite, si la COLONNE est en ordre RENVERSÉ ou la gauche en tête. Le mouvement a lieu au commandement PAR PELOTON DEMI A DROITE OU DEMI A GAUCHE. — Cette FORMATION EN BA-

TAILLE n'a lieu que pour un BATAILLON isolé et en COLONNE A DISTANCE ENTIÈRE. Chaque SUBDIVISION, hormis celle de la tête, pivote par DEMI-QUART DE CONVERSION, se porte en avant, et joint la ligne par une demi-DÉCLINAISON. — Si la troupe qui MANŒUVRE est de plus d'un BATAILLON, ce mouvement devient une ÉVOLUTION DE LIGNE compliquée et délicate, et il serait préférable de SERRER LA COLONNE pour la déployer ensuite. — Cependant la Formation en avant en bataille est au nombre des ÉVOLUTIONS de l'ÉCOLE DE BRIGADE. Dans ce cas, chaque BATAILLON, sauf celui qui tient la tête, obéit au commandement : BATAILLON, TÊTE DE COLONNE, etc., déboîte et se porte diagonalement en colonne à la hauteur de la LIGNE sur laquelle il s'agit de se former, et vers le point de direction que lui marque l'ADJUDANT-MAJOR. Lorsqu'il est arrivé à distance de peloton de ce point, il fait halte, et opère ensuite pour se former comme un BATAILLON isolé, mais en ménageant les INTERVALLES voulus. — Une des fonctions des AIDES DE CAMP dans cette MANŒUVRE, comme dans toutes FORMATIONS SUCCESSIVES, est de jalonner la LIGNE, et d'en déterminer les AILES.

FORMATION EN BATAILLE (G, G). Sorte de FORMATION TACTIQUE exprimée avec plus de précision par le mot ENBATAILLEMENT DE COLONNE, parce que cette manière de se FORMER est l'action d'une TROUPE EN COLONNE qui SE MET EN BATAILLE; mais nos ORDONNANCES n'ayant su comment rendre cette idée, et leurs rédacteurs n'ayant pas osé créer un substantif que la LANGUE MILITAIRE réclamait, délayaient l'idée dans les mots : *Étant en colonne se former à gauche ou à droite en bataille*, etc.; ils disaient encore en français barbare : *Mouvement de se former à gauche ou à droite en bataille.* — Le mot Formation a pris diverses acceptions pendant la GUERRE DE 1792; il n'est pas employé ici comme synonyme d'ORDRE EN BATAILLE, ainsi que quelques-uns le prennent; il n'y donne pas non plus l'idée de l'action des soldats sortant de la tente ou de la chambre, et venant, chacun pour son compte, prendre, dans la compagnie, leur rang ou leur PLACE DE BATAILLE; car dans ce cas on se sert à tort ou à raison du mot FORMATION SUR LE TERRAIN; mais le terme indique les MOUVEMENTS par lesquels, dans une MANŒUVRE ou à la suite d'un PASSAGE DE DÉFILÉ, etc., plusieurs FILES, SUBDIVISIONS, MASSES OU COLONNES viennent se présenter en bataille sur une même BASE D'ALIGNEMENT. — Du temps de TURENNE, on n'usait encore se former en bataille et se déployer que loin de l'ENNEMI; comme cela se vit aux LIGNES D'ARRAS, à la

bataille d'Ensheim, des Dunes, etc. — PUYSÉGUR (1748, C) attribue nombre de défaites à la lenteur que les troupes mettaient à se ranger en bataille; aussi recommande-t-il surtout les *ordres de bataille les plus simples, le plus tôt formés.* — FEUQUIÈRES (1750, A) nous apprend qu'on regarda comme un surprenant effort de capacité militaire le déploiement de onze COLONNES de l'armée de LUXEMBOURG que PUYSÉGUR parvint, devant NERWINDE, à former en bataille en une demi-heure. — On trouve dans PICTET (1761, I) les premiers principes satisfaisants à l'égard des Formations. — MIRABEAU (1788, C) a donné la description et les figures des diverses Formations prussiennes, et DARUT (1787, D) a traité le même sujet sous le point de vue des usages français. — L'ORDONNANCE DE 1769 (1er MAI) voulait que les TROUPES LÉGÈRES, étant en marche, se formassent en bataille sans avoir préalablement fait HALTE. Les règlements postérieurs ne connaissaient de Formation pour l'INFANTERIE manœuvrant, qu'après une HALTE préparatoire. Souvent BONAPARTE a fait exécuter sur le terrain la FORMATION SANS STATIONNEMENT; celle à STATIONNEMENT lui semblait trop lente : c'est pourtant le seul moyen, si le nombre d'hommes est considérable, d'exécuter le mouvement avec ensemble et sans désordre; il faisait former aussi la ligne par CONVERSION DE DIVISIONS. — La Formation en bataille a lieu de beaucoup de manières, et aucune n'a encore été exprimée par une désignation courte et précise. Ainsi, une troupe se forme EN AVANT, EN ARRIÈRE, intermédiairement ou A DEUX MOUVEMENTS, par INVERSION, par CONVERSION, par DÉPLOIEMENT d'une manière naturelle, ou la droite en tête; de la manière contraire, ou la gauche en tête, ou par INVERSION; d'une manière simultanée, ou d'une manière individuelle et SUCCESSIVE; ou enfin en prenant pour point d'appui l'une des AILES de la SUBDIVISION de la tête; on pourrait simplifier ces explications par l'emploi des expressions : ENBATAILLEMENT à deux MOUVEMENTS, — EMPROSTATIQUE, — ÉPISTATIQUE, — INVERTI, — NATUREL, — PAR CONVERSION, — PAR DÉPLOIEMENT, — SIMULTANÉ, — SUCCESSIF, — SUR AILE. — Dans les FORMATIONS EN ARRIÈRE OU ÉPISTATIQUES, EN AVANT OU EMPROSTATIQUES, ou dans celles A DEUX MOUVEMENTS, la ligne s'établit soit à la hauteur de la TÊTE de la COLONNE, soit à la hauteur de la QUEUE, soit plus ou moins près du centre. — La Formation est naturelle si elle a lieu suivant l'ordre numérique ordinaire des SUBDIVISIONS; elle est INVERTIE, si elle a lieu en renversant l'ordre numérique, c'est-à-dire en mettant la première compagnie à la gauche au lieu d'être à la droite et ainsi des autres. — Les expressions PAR CONVERSION et PAR DÉPLOIEMENT qui peuvent se passer d'être définies, constituent des différences principales et caractéristiques. — La Formation est ou LATÉRALE, OU EN AVANT, OU EN ARRIÈRE; elle est SIMULTANÉE, quand toutes les SUBDIVISIONS arrivent ensemble sur la LIGNE DE BATAILLE; elle est SUCCESSIVE dans le cas contraire et dans les FORMATIONS PAR FILE EN BATAILLE; enfin elle a lieu SUR AILE quand une COLONNE composée d'un nombre indéterminé de corps se déploie en choisissant pour point d'appui l'extrême droite ou l'extrême gauche de la première ou de la dernière SUBDIVISION et s'établit sur un JALONNEMENT de GUIDES DE BATAILLE ou de GUIDES GÉNÉRAUX qui se retirent ensuite au COMMANDEMENT : GUIDES A VOS PLACES! etc. — L'ÉGALISATION des SUBDIVISIONS a surtout pour objet de faciliter les Formations en bataille. — PRENDRE LES DISTANCES est un préliminaire de certaines Formations en bataille. — BORDER LA HAIE, c'est se former en bataille sur un seul rang. — Former le CARRÉ, c'est exécuter une Formation en bataille à quatre ASPECTS. — L'institution de la COLONNE DOUBLE a modifié divers moyens de FORMATION. — La Formation en bataille des COLONNES SERRÉES a été l'objet d'une innovation introduite dans l'ORDONNANCE DE 1831 (4 MARS). — Les AUTEURS qu'on pourrait consulter à l'égard de la Formation en bataille sont DARUT (1787, D), GUIBERT (1773, E), KÉRALIO (1767, F), LEBLOND (1758, C), MIRABEAU (1788, C), PICTET (1761, I), PIRCHER (1771), PUYSÉGUR (1748, C), SILVA (1768, K), SINCLAIRE (1773, L). — La Formation en bataille se distingue en FORMATION A DEUX MOUVEMENTS et en FORMATION EN AVANT EN BATAILLE.

FORMATION EN BATAILLE COMPOSÉE de deux MOUVEMENTS. V. COMPOSÉ, adj. V. FORMATION A DEUX MOUVEMENTS. V. MOUVEMENT.

FORMATION EN COLONNE (term. sous-génér.), ou ORDRE EN COLONNE. Sorte de FORMATION TACTIQUE qui s'accomplit par différents moyens, tels que la COLONNE SERRÉE, etc. — Dans les REVUES SUR LE TERRAIN on se forme en COLONNE pour BORDER LA HAIE. — Les RÈGLEMENTS et la LANGUE MILITAIRE manquent d'un substantif destiné à exprimer et l'action d'une LIGNE DE BATAILLE se formant en colonne et le genre de CONVERSION qui y est propre, etc., etc. On eût pu y employer le mot ENCOLONNEMENT. — La Formation en colonne se distingue en FORMATION EN COLONNE D'UNE TROUPE EN BATAILLE, — EN COLONNE D'UNE TROUPE PAR LE FLANC EN MARCHE, — EN COLONNE EN CAS D'OBSTACLE.

FORMATION EN COLONNE D'UNE TROUPE EN BATAILLE (G, 6), ou, comme le dit verbeusement et incorrectement l'ORDONNANCE DE 1791 (1er AOUT), *évolution propre à passer de l'ordre de bataille à l'ordre en colonne.* Sorte de FORMATION EN COLONNE qu'on eût pu appeler ENCOLONNEMENT DE PARATAXE. — Ces Formations en colonne sont le résultat de la dislocation d'une LIGNE DE BATAILLE se désunissant aux points qui vont devenir PIVOTS de SUBDIVISION ; c'est ainsi une transformation d'une LIGNE s'ordonnant en COLONNE ÉPAGOGIQUE au moyen de CONVERSIONS DE PIED FERME, ou de marches par le flanc. Les TAMBOURS changent en ce cas de position. Une Formation de ce genre peut aussi s'effectuer par ploiement, et au commandement : SUR TELLE DIVISION, LA DROITE OU LA GAUCHE EN TÊTE EN COLONNE!

FORMATION EN COLONNE D'UNE TROUPE EN MARCHE PAR LE FLANC (G, 6), ou, comme dit l'ORDONNANCE DE 1791 (1er AOUT), *action de se mettre en ligne quand on est en marche par le flanc, ou passer de l'ordre par le flanc à l'ordre en colonne.* Sorte de FORMATION EN COLONNE qui est le résultat de l'action de METTRE LES FILES EN LIGNE; on eût pu appeler cette ÉVOLUTION ENCOLONNEMENT DE CLISE.

FORMATION EN COLONNE EN CAS D'OBSTACLE (G, 6). Sorte de FORMATION EN COLONNE que l'ORDONNANCE DE 1791 (1er AOUT) n'a pas su désigner par un substantif. Nous avons essayé d'y remédier par l'expression ABDUCTION EN COLONNE. On a vu dans l'explication de ce terme que, en vertu des principes anciens, ce genre de Formation n'était regardé comme praticable que dans la MARCHE EN BATAILLE au PAS ORDINAIRE. L'ORDONNANCE DE 1831 (4 MARS) n'a pas maintenu cette exclusion, et le mouvement est maintenant usuel, soit au pas ordinaire, soit au pas accéléré. — L'ENCOLONNEMENT EN CAS D'OBSTACLE peut également avoir lieu, soit dans la MARCHE EN BATAILLE EN AVANT, soit dans la MARCHE EN BATAILLE EN RETRAITE. — Si le BATAILLON, se portant en avant, a dû exécuter cette Formation, parce qu'il ne pouvait continuer sa MARCHE sans se rompre momentanément en quelques parties, et si ensuite ce même BATAILLON doit faire retraite, il se maintient dans l'ordre qu'il observait dans la MARCHE EN AVANT. La portion déplacée par le fait de l'OBSTACLE fait demi-tour à droite avec le reste du bataillon; le CHEF de chaque PELOTON mis en colonne reste en arrière du centre; les GUIDES passent au TROISIÈME RANG devenu PREMIER, et se conforment à la DIRECTION que donne le DRAPEAU. — Dans ce cas particulier, lorsque le CHEF du PELOTON le plus distant de la LIGNE DE BATAILLE reconnaît que l'OBSTACLE a cessé, il commande:

Oblique a droite ou à gauche! à l'effet de remettre en ligne le peloton, et de reprendre sa place de bataille. Les pelotons qui marchaient d'abord en avant de lui et qui maintenant le suivent obliquent successivement de même, et rentrent en ligne à mesure qu'il y a possibilité. — Si c'est dans la marche en retraite qu'un bataillon en ordre de bataille est obligé d'exécuter partiellement la Formation en colonne, cette manœuvre devrait-elle s'opérer du côté de l'ennemi ou du côté opposé? Question longtemps indécise : elle ne l'est plus. C'est le premier parti qui a été adopté; mais c'est la seconde de ces méthodes qui, sans nul doute, était préférable.

FORMATION en haie. V. en haie. V. haie.

FORMATION en ligne. V. abduction double. V. abduction simple. V. en ligne. V. ligne tactique. V. mettre des files en arrière.

FORMATION en triangle. V. en triangle. V. triangle tactique.

FORMATION épistatique. V. épistatique. V. formation en bataille.

FORMATION face en arrière en bataille (G, 6). Sorte de formation tactique de l'espèce des formations successives. Un bataillon isolé, étant en colonne par pelotons, se forme en arrière en bataille, en faisant par le flanc du côté opposé aux guides. Chaque peloton, hormis celui de la tête qui est établi d'avance, se dirige vers le point de la ligne jalonné à son intention par un de ses guides. Arrivé sur la ligne de bataille, il la traverse, y converse par file et fait front. — Dans les évolutions de ligne, ce genre de formation est semblable à ce qui vient d'être dit pour le bataillon de tête de colonne, et n'en diffère pour les les autres qu'en ce que chacun d'eux obéit au commandement d'avertissement : Bataillon, tête de colonne! etc., et se porte diagonalement en colonne, vers la ligne de bataille, sur le point jalonné par un aide de camp ou par l'adjudant-major. Lorsque le bataillon est arrivé, il fait halte, et exécute ensuite son mouvement comme un bataillon isolé en se conformant aux intervalles prescrits. — A la guerre, cette évolution a l'inconvénient d'éparpiller trop les subdivisions, et de leur faire prêter, pendant toute la Formation, le dos ou le flanc à l'ennemi. Aussi est-elle peu en usage sur un champ de bataille; il est moins hasardeux et plus prompt de serrer, de contre-marcher et de déployer.

FORMATION invertie. V. formation en bataille. V. inverti, adj.

FORMATION latérale. V. formation en bataille. V. latéral, adj. V. passage de l'ordre en colonne à l'ordre en bataille.

FORMATION naturelle. V. formation en bataille. V. naturel, adj.

FORMATION organique. V. formation constitutive. V. front de bandière. V. ordonnance d'exercice d'infanterie. V. organique, adj.

FORMATION par conversion. V. formation en bataille. V. par conversion.

FORMATION par déploiement. V. déploiement. V. formation en bataille.

FORMATION par file en bataille. V. formation en bataille. V. par file en bataille.

FORMATION par inversion. V. inversion. V. ordonnance d'exercice d'infanterie. V. par inversion. V. subdivision de colonne.

FORMATION sans stationnement. V. formation en bataille. V. sans stationnement.

FORMATION simultanée. V. formation en bataille. V. formation successive. V. simultané, adj.

FORMATION sous les armes (E), ou formation sur le terrain. Sorte de formation considérée par rapport au service d'infanterie et aux réunions de troupes, soit périodiques, soit éventuelles. Elle est du genre des formations en bataille : elle s'opère, soit sur un point désigné à l'avance, soit au centre du quartier, soit dans la cour de la caserne au pied de l'escalier des chambrées, etc. Elle a lieu à la diligence des chefs de subdivision, des adjudant, adjudant-major et chef de bataillon de semaine. — Lessac (1789, E) blâme avec raison le peu d'importance qu'on attachait en France à la promptitude des rassemblements. L'habitude d'une lenteur contractée en temps de paix se faisait sentir à la guerre. — La célérité des Formations était une des qualités de l'armée prussienne; c'était à qui n'arriverait pas le dernier; un coup de bâton attendait le moins pressé. Mais il y aurait d'autres moyens d'émulation.

FORMATION successive (G, 6). Sorte de formation en bataille qui est l'opposé de la formation simultanée. — Les ordonnances de 1791 (1er août) et de 1831 (4 mars) appelaient formations successives celles qui s'exécutent quand les files d'une troupe par le flanc ou les diverses subdivisions d'une colonne arrivent l'une après l'autre sur la ligne de bataille ou sur le tracé des jalonneurs. Telles sont les formations en avant en bataille, face en arrière en bataille, sur la droite en bataille, sur la gauche en

BATAILLE ; et enfin les DÉPLOIEMENTS et les FORMATIONS SUR LA DROITE OU LA GAUCHE PAR FILE EN BATAILLE. — Le rétablissement de la ligne de bataille après une MARCHE DE BATAILLONS en ÉCHELONS présente, dans l'ensemble du mouvement, quelque analogie avec une Formation successive. — Dans les ÉVOLUTIONS de cette nature, chaque ADJUDANT-MAJOR indique à son BATAILLON les POINTS D'ARRIVÉE, en le précédant à cet effet sur la LIGNE où se portent ensuite les GUIDES et le PORTE-DRAPEAU. — C'est dans les Formations successives surtout que le PAS DE COURSE pourrait être pratiqué avantageusement.

FORMATION SUR AILE. V. FORMATION EN BATAILLE. V. SUR AILE.

FORMATION SUR DEUX RANGS. V. MINISTÈRE DE LA GUERRE. V. SUR DEUX RANGS.

FORMATION SUR LA DROITE OU SUR LA GAUCHE EN BATAILLE (G, 6). Sorte de FORMATION TACTIQUE de l'espèce des FORMATIONS SUCCESSIVES. Cette MANŒUVRE ou cet ENBATAILLEMENT s'applique à une COLONNE EN MARCHE, et a pour objet de faire face à l'un des flancs, soit en ORDRE NATUREL, soit en ORDRE INVERTI. Le GUIDE est porté de gauche à DROITE ou l'inverse, afin que le mouvement s'exécute par DÉCLINAISON et non par CONVERSION. La LIGNE s'assure par un JALONNEMENT dont la SUBDIVISION qui marchait en tête forme la BASE D'ALIGNEMENT. — Le COMMANDEMENT : SUR LA DROITE ! etc., n'est usité que depuis l'INSTRUCTION DE 1775 (50 MAI). La MANŒUVRE à laquelle il répond était connue cependant depuis l'ORDONNANCE DE 1755 (6 MAI), mais s'exécutait alors au commandement : A DROITE EN BATAILLE ! — L'ORDONNANCE DE 1791 (1er AOUT) formait la ligne à quatre pas du flanc de la colonne. L'ORDONNANCE DE 1831 (4 MARS) a voulu, avec raison, qu'elle en fût distante au moins de dix pas.

FORMATION SUR LA DROITE PAR FILE OU SUR LA GAUCHE PAR FILE EN BATAILLE (G, 6). Sorte de FORMATION TACTIQUE de l'espèce des FORMATIONS SUCCESSIVES ; elle est déterminée au moyen de JALONNEURS ; elle s'exécute par un BATAILLON ou un PELOTON en marche par le flanc ; cette ÉVOLUTION a lieu au COMMANDEMENT d'AVERTISSEMENT : SUR LA DROITE PAR FILE ! etc. C'est un moyen de se METTRE EN LIGNE ; c'est un ENBATAILLEMENT INDIVIDUEL.

FORMATION SUR LE TERRAIN. V. ADJUDANT D'INFANTERIE FRANÇAISE DE LIGNE N° 16. V. ADJUDANT-MAJOR D'INFANTERIE FRANÇAISE DE LIGNE N° 10, 11. V. BATAILLON D'INFANTERIE FRANÇAISE DE LIGNE N° 7. V. CHEF DE BATAILLON DE SEMAINE N° 3. V. CHEF DE SUBDIVISION. V. FORMATION EN BATAILLE. V. FORMATION SOUS LES ARMES. V. MARCHE TACTIQUE. V. PROSTAXE. V. RÉCEPTION DE DRAPEAUX. V. SUR LE TERRAIN.

FORMATION SUR TROIS RANGS. V. ORDONNANCE D'EXERCICE D'INFANTERIE. V. RANG D'INFANTERIE. V. SUR TROIS RANGS.

FORMATION TACTIQUE (term. sous-génér.). Sorte de FORMATION, ou, comme dit LLOYD (1762, M), sorte de construction ainsi nommée par opposition à la FORMATION CONSTITUTIVE et à celle qui correspond à certaines mesures ou certaines règles de POLICE. — Le système préférable en fait de Formation a occasionné de vifs débats. Beaucoup d'AUTEURS proposent d'adopter, à l'instar de la MILICE GRECQUE, les nombres carrés et la division duodécimale ; c'est en effet celle qui se prête le mieux aux mouvements d'augmentation ou de diminution d'une troupe ordonnée pour le combat. — Le calcul duodécimal admis absolument serait excellent si une certaine quantité d'hommes réunis pouvait être deux jours de suite la même ; l'inconvénient de cette variation n'avait pas lieu chez les GRECS, puisque telles de leurs guerres étaient des campagnes d'un jour. Chez les modernes, les vicissitudes de la FORCE des CADRES étant perpétuelles, inévitables, inopinées, les systèmes de Formations durent prévoir cette nécessité. — A la renaissance de l'ART MILITAIRE DE TERRE, les Formations tactiques ont été modelées sur celles des anciens ; elles ont d'abord et longtemps été arithmétiquement carrées ; les règlements modernes ont dérogé de temps en temps à cette règle, mais par le pur caprice des législateurs et sans que cela tînt à des combinaisons réfléchies et à un plan concerté. — Ne parlons ici que de la Formation des BATAILLONS ; c'est une des hautes questions de l'ART MILITAIRE. — Pendant longtemps on a marché de tâtonnements en tâtonnements ; on a renoncé de bonne heure aux Formations EN ROND, en TRIANGLE et sous les diverses figures dont nous avons parlé à l'occasion des BATAILLONS GÉOMÉTRIQUES. Mais la Formation de l'infanterie n'a commencé à prendre de la précision que dans l'ORDONNANCE DE 1771 (19 JUIN), parce que cette ordonnance s'étudiait à combiner la Formation sous les rapports de la TACTIQUE, de l'ADMINISTRATION MILITAIRE et de la POLICE ; cette idée sage était empruntée des milices de l'antiquité, mais elle n'a pas germé. — Sous le point de vue tactique, le problème et les alternatives à combiner se renferment en ce qui suit : — Déterminer le plan géométrique d'une troupe ; en régler les formes, soit habituelles, soit éventuelles ; mesurer combien doit et peut s'étendre le FRONT par rapport à la PROFONDEUR, ou la PRO-

FONDEUR par rapport au FRONT ; assembler les hommes en phalanges, ou les distribuer en plusieurs LIGNES ; les subdiviser en CADRES et en UNITÉS TACTIQUES, en espaçant ces UNITÉS ou les tenant adhérentes, mais marquées, reconnaissables et subordonnées à une GARDE DU DRAPEAU ; condenser la troupe par l'ACCOUDEMENT des FILES et la COMPRESSION des RANGS, ou conserver certain ESPACE libre ; décider dans quel cas on doit restreindre ou étendre le TERRAIN INDIVIDUEL des HOMMES DE RANG, et quelle doit être la mesure des INTERVALLES ; employer ou non des AILES combattant indépendamment du CENTRE ; s'aider ou se passer de VÉLITES agissant hors du CORPS DE BATAILLE ; combiner, à raison de la Formation purement de guerre, la dimension des CASERNES aussi bien que les mesures applicables au CAMPEMENT. Telles sont les formules entre lesquelles les savants ont à se prononcer. — La Formation n'a pris des proportions et de l'équilibre que depuis l'institution des BATAILLONS modernes. Au temps des PIQUIERS, des MANCHES DE MOUSQUETAIRES, des corps à treize et à dix-sept COMPAGNIES, on était sans lumières et sans principes, et il est vrai de dire qu'avant le milieu du siècle dernier les principes de la Formation étaient encore à découvrir. — Depuis l'ORDONNANCE DE 1762 (10 DÉCEMBRE), quatre ou huit SUBDIVISIONS ont été les membres du BATAILLON. Les GRENADIERS, et depuis 1771 les CHASSEURS, étaient en dehors de l'ENDIVISIONNEMENT. Des règles fausses, des créations brusques, sont venues bouleverser ces raisonnables usages, et remettre en question les principes et l'ART lui-même. — Nous nous sommes suffisament étendu à cet égard en traitant de la tactique du BATAILLON, de l'emplacement occupé par les VOLTIGEURS, de la constitution des COMPAGNIES de l'INFANTERIE FRANÇAISE, des attributions des CHEFS DE DIVISION et de la prise des POINTS DE VUE. — De plus grands détails sur cette matière se trouvent dans M. le général PELET (1828), dans la *Sentinelle de l'Armée* (t. II, p. 354).— La Formation tactique se distingue en FORMATION DE RANG DE TAILLE, — EN BATAILLE, — EN COLONNE, — FACE EN ARRIÈRE EN BATAILLE, — SUR LA DROITE EN BATAILLE.

FORME, subs. fém. V. COMMISSAIRE DU ROI. V. CONSEIL DE RÉVISION. V. DANS LES F... V. PLATE-FORME. V. VIOLATION DE F...

FORME de BONNET À POIL. V. BONNET À POIL. V. CORPS DE BONNET À POIL.

FORME de CHAPEAU. V. CHAPEAU. V. CALOTTE DE CHAPEAU.

FORME de COLBACH. V. AGRAFE DE CORPS DE COLBACH. V. BAGUETTE DE COLBACH. V. CALOTTE DE COLBACH. V. CHAUSSE DE COLBACH. V. COLBACH. V. CORPS DE COLBACH. V. COUVRE-COLBACH.

FORME de PROCÈS. V. BRANCHER, verb. act. V. COMMISSAIRE DU ROI. V. JUGEMENT MILITAIRE. V. JUSTICE MILITAIRE. V. PASSER PAR LES ARMES. V. PRISONNIER DE GUERRE ÉTRANGER. V. PROCÉDURE. V. PROCÈS.

FORME de SIÉGE. V. SIÉGE. V. SIÉGE DANS LES FORMES. V. SIÉGE DÉFENSIF. V. SIÉGE OFFENSIF.

FORMER, verb. act. (term. génér.). Ce mot, qui a la même origine que le mot FORMATION, a donné naissance au mot RÉFORME ; il se prend uniquement ici dans un sens tactique, et il fait principalement partie des locutions suivantes : SE FORMER, FORMER LA COLONNE AVEC DISTANCE ENTIÈRE, — LA COLONNE A DEMI-DISTANCE, — LE BATAILLON SUR LA DROITE, etc., — LES DIVISIONS, — LES HAIES, — LES PELOTONS.

FORMER (Se) (G, 6). Se ranger en un lieu déterminé et suivant un ORDRE TACTIQUE. La locution Se former est d'un usage peu ancien, et elle a produit l'expression FORMATION TACTIQUE. — Les recrues rassemblées pour l'EXERCICE Se forment l'ARME AU PIED. — Dans les ATTAQUES DE LIGNES, l'instant et la manière de Se former sont pour beaucoup dans les chances de succès.

FORMER (Se) EN AVANT EN BATAILLE. V. FORMATION EN AVANT EN BATAILLE. V. FORMER LA COLONNE A DEMI-DISTANCE, etc.

FORMER (Se) EN BATAILLE. V. ASSEMBLÉE CÉLEUSTIQUE. V. BATAILLE TACTIQUE. V. CÉRÉMONIE DE RÉCEPTION DE DRAPEAU. V. CHEF DE FILE. V. CONTRE-MARCHE ÉPAGOGIQUE. V. CORPS EN ROUTE. V. EN BATAILLE. V. FORMATION EN BATAILLE. V. INFANTERIE N° 8. V. INVERSION. V. RANGS OUVERTS. V. SOUS-LIEUTENANT N° 4. V. SUBDIVISION DE COLONNE.

FORMER (Se) EN COLONNE. V. COLONNE ÉPAGOGIQUE N° 1. V. EN COLONNE.

FORMER (Se) EN HAIE. V. BORDER LA HAIE. V. EN HAIE. V. INFANTERIE FRANÇAISE N° 8.

FORMER EN MASSES. V. DÉPLOIEMENT DE MASSES. V. EN MASSES. V. MASSE TACTIQUE.

FORMER (Se) FACE EN ARRIÈRE EN BATAILLE. V. FACE EN ARRIÈRE EN BATAILLE. V. FORMER LA COLONNE A DEMI-DISTANCE, etc.

FORMER la COLONNE A DEMI-DISTANCE, LA DROITE ou la GAUCHE EN TÊTE sur la LIGNE DE BATAILLE (G, 6). Évolution qui ne diffère en rien de celle à distance entière, s'il s'agit de se former FACE EN ARRIÈRE ; et qui n'en diffère, s'il s'agit de se former A GAUCHE ou A DROITE, qu'en ce que préalablement la colonne PREND LES DISTANCES. — Enfin la

COLONNE A DEMI-DISTANCE devant se FORMER EN AVANT EN BATAILLE, le premier et successivement chaque bataillon est SERRÉ EN MASSE, puis établi sur la ligne de bataille par le DÉPLOIEMENT.

FORMER la COLONNE AVEC DISTANCE ENTIÈRE, LA DROITE OU LA GAUCHE EN TÊTE sur la LIGNE DE BATAILLE (G, 6). Locution amphibologique dont l'ORDONNANCE DE 1791 (1er AOUT) se sert à défaut d'un substantif qui n'existe pas et qu'elle eût dû fournir à notre LANGUE MILITAIRE. L'ordonnance cherche à donner par là l'idée de l'ÉVOLUTION qui consiste à former une LIGNE DE BATAILLE (à accomplir un ENBATAILLEMENT), soit A DROITE, soit A GAUCHE, soit en avant, soit face en arrière, étant en colonne avec DISTANCE ENTIÈRE.

FORMER la LIGNE. V. LIGNE. V. MARCHE DE BATAILLON PAR LE FLANC. V. MARCHE PROCESSIONNELLE.

FORMER le BATAILLON SUR LA DROITE OU SUR LA GAUCHE PAR FILE EN BATAILLE (G, 6). Cette ÉVOLUTION, mentionnée pour la première fois dans l'INSTRUCTION DE 1774 (11 JUIN), consiste dans la FORMATION successive d'un BATAILLON qui marche par le flanc. S'il est par le flanc droit, il se forme sur la droite; s'il est par le flanc gauche, il se forme sur la gauche. Dans ce dernier cas, et d'après d'anciennes règles maintenant abolies, le commandement : CHEFS DE PELOTON, A VOTRE PREMIÈRE FILE DE GAUCHE ! annonçait à ces chefs qu'ils devaient quitter la queue du PELOTON, où ils se tenaient alors, pour se porter à la tête. C'est cette dernière place qu'ils occupent maintenant dès le commencement de la marche par le flanc gauche, et par là cette formule d'avertissement est devenue inutile.

FORMER le CARRÉ. V. CARRÉ. V. CARRÉ TACTIQUE. V. DERRIÈRES. V. POUR FORMER LE CARRÉ.

FORMER le CERCLE. V. CERCLE. V. CERCLE DE POLICE. V. MAJOR DE PLACE N° 5.

FORMER le COIN. V. COIN TACTIQUE.

FORMER le SIÉGE, un SIÉGE. V. SIÉGE.

FORMER les DIVISIONS (G, 6). Action d'accoupler deux SUBDIVISIONS d'une COLONNE ROMPUE PAR PELOTONS, et de diminuer ainsi de moitié par ce DOUBLEMENT le nombre des SUBDIVISIONS d'un BATAILLON EN COLONNE. L'ORDONNANCE DE 1776 (1er JUIN) employait avec plus d'exactitude le terme RECOUDRE au lieu de Former. — Former les divisions est une des ÉVOLUTIONS dont on se servait dans certains CHANGEMENTS DE FRONT SUR DEUX LIGNES. — Il peut maintenant être fait abstraction du plus ou du moins de DISTANCE qui sépare les PELOTONS avant qu'ils ne s'accouplent de pied ferme; mais autrefois la locution absolue Former les divisions impliquait

l'idée de l'ORDRE EN MASSE et signifiait, suivant l'expression de l'ORDONNANCE DE 1791 (1er AOUT), *Former les divisions en colonne par pelotons en masse de pied ferme, la droite ou la gauche en tête.* Cette périphrase prolixe témoigne que dans notre LANGUE MILITAIRE le verbe Former manque d'un substantif qui exprime ENDIVISIONNEMENT EN MASSE.

— Cette FORMATION est l'élément de tous les DÉPLOIEMENTS. Antérieurement aux ordonnances actuelles, elle s'exécutait au COMMANDEMENT : FORMEZ LES DIVISIONS, PELOTONS PAIRS PAR LE FLANC GAUCHE ! — Conformément à l'INSTRUCTION DE 1769 (1er MAI), l'INFANTERIE LÉGÈRE devait Former les divisions non pas de pied ferme, mais en marchant en colonne par pelotons, ce qui s'appelait DOUBLER LE FRONT DE LA COLONNE. Cette ordonnance n'eut que peu de durée. — L'INSTRUCTION DE 1774 (11 JUIN) ne reconnut plus même pour les troupes légères cette formation en marchant, qu'elle pouvait utilement étendre à toute l'infanterie. — L'ORDONNANCE DE 1791 (1er AOUT) n'admit aussi cette espèce de doublement que DE PIED FERME, et c'est en quoi surtout l'ÉVOLUTION différa longtemps des règles suivant lesquelles on FORMAIT LES PELOTONS. — L'ORDONNANCE DE 1831 (4 MARS) a gardé du règlement de 1791 la formation des divisions DE PIED FERME, mais sans plus en restreindre l'usage aux seules colonnes serrées; elle a repris de l'INSTRUCTION DE 1769 et généralisé l'usage de Former les divisions en marchant, d'une manière identique à celle adoptée pour FORMER LES PELOTONS.

FORMER les ÉCHELONS. V. EN ARRIÈRE PAR LA DROITE. V. EN AVANT PAR LA DROITE, etc.

FORMER les FAISCEAUX. V. FAISCEAU. V. ORDONNANCE D'EXERCICE D'INFANTERIE. V. TRAVAUX MILITAIRES.

FORMER les HAIES (B, 1; G, 6). Se mettre en haie DE PIED FERME, en COLONNE; locution que l'on confond quelquefois avec l'expression BORDER LA HAIE, quoique chacune d'elles ait un sens propre. — On Forme les haies pour les REVUES D'ADMINISTRATION : à cet effet chaque BATAILLON rompt par COMPAGNIES, et celles-ci se développent sur un seul RANG par le mécanisme opposé à la formation sur trois rangs : le PREMIER et le SECOND RANG font l'un à droite, l'autre à gauche; le TROISIÈME ne bouge; on s'aligne sur lui, et l'on disloque ensuite le RANG DE TAILLE pour composer le RANG D'ANCIENNETÉ. Cette manière rapide de Former les haies est analogue aux principes exprimés dans l'ORDONNANCE DE 1774 (11 JUIN). — L'ORDONNANCE D'EXERCICE DE 1755, pour faire Former les haies, faisait OUVRIR LES RANGS de la troupe en bataille, de manière à établir entre eux un espace égal aux FRONTS DE COMPAGNIE. On exécutait ensuite un QUART DE CONVERSION, qui mettait ainsi sur un seul RANG chaque COMPAGNIE. — Le RÈGLEMENT DE 1766 (1er JANVIER) se servait improprement de l'expression BORDER LA HAIE, au lieu de Former la haie. Il faisait faire par le flanc droit à tout le BATAILLON, hormis aux CAPITAINES, qui, au commandement : Marche ! se portaient en avant, en se faisant suivre de leur PREMIER RANG ; le TROISIÈME RANG, immobile jusqu'à ce que vînt son tour, suivait le PREMIER ; ainsi faisait le SECOND RANG. — On voit que ces règles étaient en accord avec l'ancien RANG DE TAILLE. L'ORDONNANCE DE 1831 (4 MARS), en donnant des principes différents à la formation du RANG DE TAILLE, a dû y approprier de nouvelles règles pour Former les haies, ou se former sur un rang. Celles qu'elle décrit découlent des précédentes, mais sont plus naturelles, plus simples et mieux précisées. Il convient de les y consulter.

FORMER les PELOTONS (G, 6). Locution indiquant l'ÉVOLUTION qui s'exécute quand une COLONNE EN MARCHE PAR SECTION doit accoupler les SECTIONS de chaque PELOTON. — L'objet de cette FORMATION est de passer de l'ORDRE EN SECTION à l'ORDRE EN PELOTON. — L'INSTRUCTION DE 1774 (11 JUIN) est la première qui ait mentionné cette espèce de DOUBLEMENT. — Les pelotons ne se Forment qu'EN MARCHE, tandis que, conformément au RÈGLEMENT DE 1791 (1er AOUT), les DIVISIONS ne se formaient que de PIED FERME. Ce document instituait encore d'autres dissemblances maintenant effacées : ainsi les DIVISIONS n'étaient pas susceptibles de revenir à l'ordre primitif par un DÉDOUBLEMENT. On peut Former ou ROMPRE LES PELOTONS ; on ne rompait point les DIVISIONS. L'ORDONNANCE DE 1831 (4 MARS) a rendu à ces règles plus d'unité. — La formation des PELOTONS pourrait s'appeler ENPELOTONNEMENT.

FORMER UNE LIGNE. V. CONVERSION EN BATAILLANTE. V. INFANTERIE N° 8. V. LIGNE. V. LIGNE DE BATAILLE. V. LIGNE TACTIQUE. V. RENVERSER UNE LIGNE.

FORMEZ la COLONNE, interj. V. CARRÉ TACTIQUE. V. COLONNE. V. COMMANDEMENT D'AVERTISSEMENT. V. COMMANDEMENT GÉNÉRAL.

FORMEZ le CARRÉ, interj. V. CARRÉ. V. COMMANDEMENT GÉNÉRAL.

FORMEZ le PELOTON, interj. V. COMMANDEMENT D'AVERTISSEMENT. V. ENPELOTONNEMENT. V. PELOTON.

FORMEZ les DIVISIONS. V. COMMANDEMENT D'AVERTISSEMENT. V. DIVISION. V. FORMER LES DIVISIONS.

FORMULE d'ACTE CIVIL. V. ACTE D'ÉTAT CIVIL. V. OFFICIER D'ÉTAT CIVIL.

FORMULE d'ARMISTICE. V. ARMISTICE.

FORMULE de CASSATION. V. ADJUDANT D'INFANTERIE FRANÇAISE DE LIGNE N° 22. V. CASSATION. V. CASSATION DE SOUS-OFFICIER. V. SOUS-OFFICIER N° 11.

FORMULE de CITATION. V. CAPITAINE RAPPORTEUR. V. CÉDULE. V. CITATION. V. CODE PÉNAL. V. TÉMOIN.

FORMULE de JUGEMENT. V. ACCUSÉ. V. CODE PÉNAL. V. CONDAMNATION JUDICIAIRE. V. CONSEIL D'ENQUÊTE PUBLIQUE. V. JUGEMENT. V. JUSTICE MILITAIRE.

FORMULE de PLAINTE. V. CODE PÉNAL. V. PLAINTE EN DÉSERTION.

FORMULE de RÉCEPTION. V. ADJUDANT D'INFANTERIE FRANÇAISE DE LIGNE N° 5. V. OFFICIER D'INFANTERIE FRANÇAISE. V. OFFICIER FRANÇAIS N° 2. V. RÉCEPTION D'OFFICIER. V. SOUS-OFFICIER N° 34.

FORMULE de REFUS D'INFORMATION. V. CODE PÉNAL. V. REFUS D'INFORMATION.

FORMULE de SERMENT. V. SERMENT. V. SERMENT MILITAIRE.

FORMULE d'ENROLEMENT. V. ENROLEMENT VOLONTAIRE.

FORMULE d'ÉTAT CIVIL. V. ÉTAT CIVIL.

FORMULE d'INFORMATION. V. AUTORISATION D'INFORMER. V. CODE PÉNAL. V. INFORMATION.

FORMULES de MARCULFE. V. LÉGISLATION 600. V. MARCULFE. V. RÈGLEMENT.

FORMY. V. NOMS PROPRES.

FORNIER, subs. masc. V. BOULANGER.

FORNOUE ; FORQUEVAULT. V. NOMS PROPRES.

FORQUINE, subs. fém. (F), ou FOURQUINE. Mot tout ITALIEN, *forchina*, qui voulait dire petite FOURCHE ou FOURCHETTE D'ARQUEBUSE, ou chevalet en bois à trois pieds. — On a appelé, par abréviation, Forquine l'ARQUEBUSE A CROC OU A FORQUINE, qui a précédé l'invention du FUSIL.

FORRIER, subs. masc. V. FOURRIER.

FORSTER ; FORSTERS. V. NOMS PROPRES.

FORT, adj. et subs. V. CHATEAU F... V. COFFRE F... V. CONTRE-F... V. LIEU F... V. PARAPET DE F... V. PORTE DE F. V. SERVICE DE F...

FORT, subs. masc. (term. génér.), ou FORTELET, resté dans l'ANGLAIS *fortlett*, que DUANE mentionne. Le mot Fort a la même étymologie que le mot FORCE, et se prend comme synonyme de BLOCKHAUS, de CHATEAU, de CHATEAU FORT, de PALANQUE, de PATÉ, d'OUVRAGE A GORGE FERMÉE. Il était déjà question de Forts dans l'ORDONNANCE DE 1290 (15 AOUT). BRANTOME (1600, A) se sert du mot pour donner idée d'un BOULEVARD. VAUBAN (1706) prend comme synonymes CHATEAU ROYAL et Fort, et les considère également comme FORTERESSES de troisième ordre. — Un Fort est une petite PLACE FORTIFIÉE qui n'est habitée que par des GENS DE GUERRE. On appelait FORTS ROYAUX ceux dont la LIGNE DE DÉFENSE était de cent vingt toises. — Les Forts sont destinés à mettre en sûreté un passage, une hauteur, une ÉCLUSE. — Les PIERRIERS étaient un genre de PIÈCES DE CANON employées à la défense des Forts. — Un Fort dépendant d'une PLACE en reçoit le MOT D'ORDRE. — Maintenant un Fort est une petite FORTERESSE placée sous les ordres d'un COMMANDANT DE PLACE. Il a, ainsi que les grandes FORTERESSES, ses CANTINES, ses CASERNES, ses PONTS-LEVIS, et ne renferme pour habitants que des GENS DE GUERRE. — Un Fort est un DEHORS qui, généralement parlant, au lieu d'avoir une GORGE, est fermé. C'est un POSTE FORTIFIÉ, destiné à défendre un passage, à garder un terrain, à protéger contre un COUP DE MAIN un petit territoire, à tenir en sûreté des digues, des inondations, des ÉCLUSES, des vallées; à assurer des POSITIONS, à clore des COLS DE MONTAGNES, à dominer des routes, à former TÊTE DE PONT. — Certains RÉDUITS sont des Forts. Il y a des FORTS MARITIMES, défendus, suivant l'ACADÉMIE, par un NISBAN ; mais en cela l'ACADÉMIE se trompe, comme on en trouve la preuve dans LACHESNAIE (1758, I), Richelet et Wailly. — Le RÈGLEMENT DE 1768 (1er MARS) et l'ORDONNANCE DE 1829 (51 MAI) réglaient plusieurs des détails qui concernent le SERVICE des Forts considérés comme des dépendances ou des AVANT-POSTES d'une FORTERESSE à laquelle ils sont attenants, ou dont ils sont peu distants. — Si le Fort est considéré comme contigu à une VILLE FORTE, le COMMANDANT du Fort ou le GOUVERNEUR, comme on disait autrefois, reçoit le MOT D'ORDRE du COMMANDANT de la VILLE, et règle d'une manière analogue aux usages de la VILLE l'OUVERTURE et la FERMETURE des PORTES du Fort qui communiquent à la PLACE. Il ne peut y recevoir, à titre de prisonnier, aucun étranger qu'en vertu d'un ordre formel du GOUVERNEUR de la VILLE; il doit veiller à ce qu'il reste toujours dans le Fort au moins un tiers des OFFICIERS. — Dans les Forts, soit dépendants, soit indépendants ou DÉTACHÉS des VILLES FORTES, les TROUPES en GARNISON ont droit aux mêmes FOURNITURES que dans les grandes places, et de plus à des TENTES, s'il y a lieu et nécessité. Leur SERVICE, leur POLICE sont pareils. —

Une DÉCISION DE 1825 (12 AOUT) règle quels sont les Forts de PREMIÈRE LIGNE. — Les auteurs qu'on peut consulter à l'égard des Forts et de tout ce qui y est relatif sont : BELAIR (1792), DEVILLE (Antoine), l'ENCYCLOPÉDIE (1751, C), GUIGNARD (1725, B), LACHESNAIE (1758, I), MAIGRET, MANESSON (1685, B), POTIER (1779, X), l'*Encyclopédie des Gens du monde.* — POTIER mentionne des FORTS A CHEMISE, — A DEMI-BASTION, — A TENAILLE, — DÉTACHÉ, — ÉTOILÉ, etc. — Nous distinguerons ici le mot Fort en FORT A ÉTOILE, — BASTIONNÉ, — DE CAMPAGNE.

FORT A CHEMISE. V. A CHEMISE. V. FORT.

FORT A DEMI-BASTION. V. A DEMI-BASTION. V. DEMI-BASTION. V. FORT.

FORT A ÉTOILE (G, 5 ; H). Sorte de FORT ou de FORTIN qui, suivant GANEAU, a d'abord été à cinq BASTIONS; mais il y en a eu aussi de quatre, six, sept, huit côtés. CLAIRAC traitait de ce genre de construction, dont on ne fait plus usage.

FORT A TENAILLE. V. A TENAILLE. V. FORT.

FORT BASTIONNÉ (G, 5 ; H). Sorte de FORT considéré comme isolé d'une PLACE DE GUERRE; tels pourraient être même des FORTS DE CAMPAGNE. — La construction des Forts bastionnés se rapproche de celle des PLACES DE GUERRE; ils sont ordinairement formés en triangle ou en carré dont les pointes se terminent en DEMI-BASTION. La forme carrée est ordinairement préférée, parce que la face du DEMI-BASTION en est mieux défendue, quoiqu'elle ne le soit que par ce qu'on appelle un SECOND FLANC. — GUILLET (1686, B) et LACHESNAIE (1758, I) peuvent être consultés sur ce genre de Forts.

FORT (forts) DE CAMPAGNE (G, 5 ; H). Sorte de FORTS dont il a été traité par CLAIRAC, l'ENCYCLOPÉDIE (1751, C); GUILLET (1686, B), LACHESNAIE (1758, I), MANESSON (1685, B), ROBILANT, SIONVILLE (1756, E) et par les AUTEURS qui se sont occupés de la FORTIFICATION DE CAMPAGNE. — L'ENCYCLOPÉDIE (1785, C) décrit les Forts de campagne comme des PIÈCES de forme soit triangulaire, soit carrée, soit en ÉTOILE, à GORGE fermée; ils ont un FOSSÉ, un CHEMIN COUVERT, un PARAPET palissadé, si faire se peut. — Des Forts à GORGE OUVERTE étaient liés aux LIGNES DE CIRCONVALLATION; ou employés comme TÊTES DE PONT, sous la protection d'autres OUVRAGES. Ils sont quelquefois BASTIONNÉS; quelquefois ils ne consistent qu'en un simple REDAN; quelquefois ils sont composés seulement de deux FACES; quelquefois ils ont des FLANCS protégés par des BATTERIES DE FLANCS placées au delà de la rivière. Ils doivent être en tout cas assez spacieux pour que les TROUPES y défilent sans confusion, soit en

retraite, soit en avant. — On a appelé FOR-
TINS et REDOUTES les Forts de petite dimension et construits à la hâte.

FORT DE LAME. V. BATTEMENT D'ÉPÉE. V.
LAME.

FORT DE LA GUERRE. V. GUERRE.

FORT DE PREMIÈRE LIGNE. V. FORT. V. PRE-
MIÈRE LIGNE.

FORT DÉTACHÉ. V. DEHORS. V. DÉTACHÉ.
V. FORT.

FORT ÉTOILÉ. V. ÉTOILÉ. V. FORT.

FORT MARITIME. V. ARTILLERIE DE CÔTE.
V. FORT. V. MARITIME, adj. V. RISBAN. V. RIS-
BERME. V. SALUT A FEU.

FORT ROYAL. V. FORT, subs. masc. v.
ROYAL, adj.

FORTELESSE, subs. fém. V. FORTE-
RESSE.

FORTELET, subs. masc. V. FORT. V.
FORTERESSE.

FORTERESSE, subs. fém. V. ADMINIS-
TRATION DE F... V. APPROVISIONNEMENT DE F...
V. ARCHITECTURE DE F... V. ARMEMENT DE F...
V. ARRIVÉE DE CORPS DANS UNE F... V. ARTIL-
LERIE DE F... V. ASSIETTE DE F... V. ATTAQUE
DE F... V. AVANCÉE DE F... V. AVANT-FOSSÉ DE
F... V. BANQUETTE DE F... V. BARRIÈRE DE F...
V. BASTION DE F... V. BATARDEAU DE F... V.
BATTERIE DE F... V. BRIDER UNE F... V. CAMP
DE F... V. CAMP SOUS F... V. CANON DE F... V.
CAPITAINE DE F... V. CAPITAINE GÉNÉRAL DES
F... V. CAPITULATION DE F... V. CARRÉ DE F...
V. CATARACTE DE F... V. CAVALIER DE F... V.
CITADELLE DE F... V. CLASSE DE F... V. CHEF DE
F... V. CLOCHE DE F... V. COMMANDANT DE F...
V. COMMUNICATION DE F... V. CONSIGNÉ AUX
PORTES DE F... V. CONTRE-FORT DE F... V. CON-
TRE-MINE DE F... V. CORRIDOR DE F... V. COTÉ
DE F... V. COURTINE DE F... V. CRÉNEAU DE F...
V. DÉFENSE DE F... V. DÉFILÉ DE F... V. EAU
DE F... V. ÉCLUSE DE F... V. ENCEINTE DE F...
V. ESCALIER DE F... V. ESCARPE DE F... V. FOSSÉ
DE F... V. GARDE DE F... V. GOUVERNEUR DE
F... V. GRILLE DE F... V. HABITANT DE F... V.
HARPE DE F... V. HERSE DE F... V. HÔPITAL DE
F... V. LIGNE DE F... V. MAGASIN DE F... V.
MINE DE F... V. PALISSADE DE F... V. PLAN DE
F... V. PONT DE F... V. PORTIER DE F... V.
POSTE DE F... V. POSTE EXTÉRIEUR DE F... V.
PRISE DE F... V. RAYON DE F... V. RELAIS DE
F... V. REMPART DE F... V. SENTINELLE DE F...
V. SILLON DE F... V. SURPRISE DE F... V. TERRE-
PLEIN DE F...

FORTERESSE (G, 4; H), OU ARCE, OU DÉ-
FENS, OU DÉFOSSÉ (c'est-à-dire ENCEINTE A FOSSÉ),
suivant ROQUEFORT, OU FERMETÉ OU FERMITÉ,
suivant GANEAU, OU FERTÉ, OU FJERTÉ (du bas
LATIN firmitas), OU FORTELESSE, OU FORTIRESSE,
OU FORTARESCUM, OU HAUBERT, OU PLACE D'ARMES,

RAMPARKE, OU PLACE DE GUERRE, OU ROC, OU
ROCE, OU ROCHE, comme l'écrivent les historiens qui ont employé la LANGUE ROMANE
et les lexicologues qui en ont fait l'objet de
leurs recherches. — Ces mots ROC, ROCE, que
mentionne GÉBELIN au mot ROCANTIN, étaient
la traduction de l'ITALIEN rocca, lieu fort;
ils ont laissé le substantif ROCANTIN, vieux
défenseur de forteresse, et le verbe roquer
du jeu d'échecs, parce que le joueur y dé-
place la Forteresse, la TOUR, le ROC. — Le
mot Forteresse a la même souche que le
substantif FORCE; il se peut qu'il provienne
directement de l'ITALIEN fortezza, puisque la
LANGUE ITALIENNE a donné à la nôtre presque
tous les termes propres à l'ART DE L'INGÉ-
NIEUR et à l'ARCHITECTURE MILITAIRE; mais il
pourrait venir aussi du bas latin, fortalitium,
fortalitas, forteritia, dont le diminutif français FORTELET a également été le produit.
— L'expression ici examinée donne idée
d'une VILLE ou d'un LIEU FORT sous les ordres d'un CHEF appelé, suivant les temps
CAPITAINE, CASTELLAN, CHATELAIN, GOUVER-
NEUR, COMMANDANT SUPÉRIEUR, COMMANDANT
DE PLACE, CONNÉTABLE, LIEUTENANT DE ROI,
VICE-ROI, etc. — Le terme Forteresse avait,
il y a peu de siècles, quelque chose de plus
technique qu'à présent; il n'est pas absolument tombé en désuétude; mais il se rencontre plus fréquemment dans les récits de
l'histoire, ou dans le style des théories, que
dans le dispositif des lois; elles se servent
plus volontiers, dans le même sens, des expressions PLACE, OU PLACE DE GUERRE, qui
pourtant sont moins caractéristiques, sont
même confuses, à raison de la quantité des
homonymes. — GANEAU (au mot FERMETÉ),
témoigne qu'il y avait autrefois cinq sortes
de Forteresses, savoir : les FERTÉS, c'étaient
les plus fortes; les MARCHES, résidences ou
gouvernements des MARQUIS, des MARGRAVES;
les ROLLAIS; les RECEPTS (le lieu d'emmagasi-
nement du BUTIN); les DONJONS. — Le terme
embrasse génériquement, CHATEAU, CITA-
DELLE, LIEU FORT, PLACE D'ARMES, PLACE DE
GUERRE, PLACE DÉFENDUE, PLACE FORTE, PLACE
FORTIFIÉE, POSTE FORTIFIÉ, VILLE DE GUERRE,
VILLE DÉFENDUE, VILLE FORTE, VILLE FORTIFIÉE.
Les expressions CAMP RETRANCHÉ, FORT, FOR-
TELET, FORTIN, RÉDUIT, REDOUTE, en sont des
diminutifs, ainsi que PLACE DU MOMENT, OU
PLACE PROVISIONNELLE (OU provisoire); comme
disaient BOUSMARD et le Spectateur militaire
(t. XXIII, p. 602). — Esquissons l'histoire
des Forteresses. — Jadis la PRISE d'une Forteresse décidait du sort et de la vie d'un
peuple; aucun FAIT D'ARMES n'était prisé plus
haut; on en a le témoignage dans le glo-
rieux surnom de PORLIORCÈTE et dans l'éclat

de ces ovations de triomphes romains nommés *castellanus triumphus*. Les progrès de la civilisation ont rendu ce genre de victoire moins funeste ; les progrès des sciences l'ont rendu plus facile. — Le temple de JÉRUSALEM était une Forteresse dont les lévites étaient les SOLDATS. — Le CAPITOLE était une Forteresse bâtie à l'imitation de celles de la MILICE GRECQUE. CICÉRON et quantité d'ÉCRIVAINS nous apprennent que ce POSTE était gardé par des CHIENS, avant de l'être par des OIES. — CÉSAR nous fait admirer l'ART qui avait présidé à la construction des TRAVAUX DÉFENSIFS de BOURGES. — APPIAN (150, A) donne la description des TRAVAUX magnifiques que CARTHAGE avait élevés pour sa DÉFENSE. — Les CAMPS COMPACTES des ROMAINS étaient de véritables Forteresses ; JUSTINIEN en fit construire innombrablement ; PROCOPE consacre des pages entières à en citer les noms ; c'étaient, suivant MONTESQUIEU, des *Monuments de la faiblesse de l'Empire...* ; ce paradoxe a été réfuté. — VITRUVE et VÉGÈCE (590, A) témoignent que les Forteresses étaient quelquefois enfermées par une triple ENCEINTE ; et que leur extérieur formait des lignes sinueuses, ou offrait tour à tour des RENTRANTS et des SAILLANTS qui rendaient plus difficile l'INSULTE du BÉLIER. — L'étendue et la solidité des arènes, des cirques, des théâtres romains, se prêtèrent à leur trop fréquente transformation en Forteresses ; telles furent les causes originaires des dégradations qui les ont si déplorablement endommagés ou détruits. CÉSAR fut assiégé dans le théâtre d'Alexandrie ; l'admirable théâtre de Sidé, dans l'Asie-Mineure, fut ensanglanté par d'affreux carnages ; le théâtre presque aussi remarquable d'Orange offre des vestiges d'incendies et de restaurations successives qui témoignent de la fureur des COMBATS ; les barbares du NORD, les SARRASINS se sont fait un rempart des arènes de Nîmes, et tous les monuments du même genre que les siècles avaient respectés portent l'empreinte des GUERRES DE RELIGION. — Depuis les luttes des huguenots, tous les traités militaires conseillent la transformation des églises en redoutes. — La MILICE GAULOISE poussa à un haut degré l'ART de bâtir et de défendre les Forteresses ; elles disparurent sous les FALARIQUES et la DOLOIRE des ROMAINS et des FRANCS ; les ROMAINS ne souffraient de REMPARTS que ceux qu'ils s'appropriaient, ou qu'ils érigeaient ; les FRANCS, peuple de soldats, vivant campés, ne pouvaient ni tolérer, ni ériger des PLACES FORTES ; ils DÉMANTELÈRENT celles qu'ils rencontrèrent, ne voulant promener qu'en plat pays leurs ENSEIGNES et leur usurpation ; il en fut

ainsi jusqu'à la SECONDE RACE. — HÉRODIEN nous apprend que les BERMES des FORTIFICATIONS de BYSANCE passaient pour une merveille ; l'œil cherchait en vain à y distinguer la jointure des pierres — CHARLEMAGNE, imitant à cet égard son père, ne dut la conservation de ses conquêtes en GERMANIE qu'aux soins qu'il prit de BRIDER, par des Forteresses, les peuples asservis ; mais ce monarque ne souffrait pas que ses sujets élevassent de FORTIFICATIONS. — Depuis les irruptions des NORMANDS, la FRANCE commence à se couvrir de PLACES DÉFENDUES ; mais ces barrières, élevées contre les brigands du NORD, se changent bientôt en retraite de sujets insoumis, ou en repaires de brigands. Il en était ainsi quand CHARLES LE CHAUVE portait son faible sceptre ; on le voit dans les menaces que ce prince adresse aux COMTES qui souffrent que le peuple soit tyrannisé par les CHATELAINS ; on le voit dans l'ÉDIT DE PISTES, qui ordonne, en 864, de raser, avant le premier août, toutes les Forteresses bâties sans la permission du souverain. — Bientôt la FÉODALITÉ tire sa force de l'occupation de ses CHATEAUX ; voilà pourquoi quantité d'ÉCRIVAINS l'ont jugée originaire des neuvième ou dixième siècles. — De 931 à 935, dit M. SISMONDI, *la France s'était hérissée de Forteresses* ; elles étaient à la fois et une conséquence forcée et la cause perpétuelle des GUERRES PRIVÉES. — Jusqu'au quinzième siècle, les Forteresses de FRANCE et d'ALLEMAGNE sont surtout des manoirs de SEIGNEURS ou des CHATEAUX FORTS qu'on nommait simplement CHATEAUX ; chaque fois qu'un CHATELAIN avait guerroyé, ce qui s'appelait alors FAIRE LE DÉGAT, il y venait mettre en sûreté le BUTIN qu'on appelait GAGNAGE ; voilà pourquoi les Forteresses des SEIGNEURS féodaux s'appelaient RECEPTS, RECETS, RECHETS (*receptus, receptaculum*, et en ITALIEN *ricetto*), d'où dérivait le verbe RECÉTER, cueillir les fruits de la guerre, les recéler ; aussi chaque SEIGNEUR donnait particulièrement ses soins à s'INCASTELAR, comme dit ROQUEFORT (à se bâtir une Forteresse), à BÉHORDER, ou enceindre sa demeure (à la fortifier). Les professions d'ARCHITECTE et d'INGÉNIEUR n'en faisaient qu'une. — D'autres coutumes régnaient en ITALIE dans le dixième siècle ; les irruptions fréquentes des HONGROIS au cœur de la LOMBARDIE et dans les contrées voisines obligèrent les habitants à s'entourer de solides MURAILLES. C'étaient des PLACES communales et non seigneuriales. — La rivalité des républiques nombreuses de cette péninsule recourt à toutes les ressources de la FORTIFICATION alors connues, et dans les siècles suivants les mathématiques, importées d'Orient par les croisades, donnent une nouvelle vie à l'architecture militaire. On voit alors les villes italiennes se ceindre d'un rempart de briques ou de marbre garni de tours et environné d'un fossé profond. — En 1229, le concile de Toulouse défend aux chrétiens de construire des ouvrages fortifiés, si ce n'est contre les ennemis de la religion ; au premier aperçu on s'étonne de cette intervention des gens d'Eglise dont les demeures aussi étaient autant de places fortes ; mais leur conduite résultait d'une tendance politique du trône et d'une résolution concertée entre les monarques et l'Eglise ; le but du concile était d'entraver, d'énerver la puissance de la noblesse féodale, qui pillait les biens des ecclésiastiques et insultait du haut de ses donjons aux armées royales. — Ces Forteresses, que des siècles plus éclairés ont vues successivement s'écrouler, étaient bâties ordinairement sur des éminences d'un accès difficile ; c'est de là que viennent ces appellations roc, roce, roche, ces noms qui portent témoignage de l'assiette et de l'élévation des monuments de l'ancien temps ; noms si communs en France, tels que Beaumont, Clermont, Montargis, Montfort, Montlhéry, Rochefort, Rochefoucault, etc. — Les Forteresses étaient nombreuses ; si l'on en croit Velly, à la date 1576, on comptait dans la seule Aquitaine *quatorze cents villes fermées et trois mille Forteresses.* Cette énumération excède toutes les probabilités. On sait avec plus de certitude que de Coblentz à Mayence, espace de vingt lieues environ, les rives du Rhin étaient bridées par soixante Forteresses. — Les corvées et les redevances exigées des vilains pourvoyaient aux frais de la construction et à l'entretien des Forteresses ; c'était à eux à les bâtir, les avitailler, les tenir en état, les garder ou y faire la gaite ou la castlegarde. Au couvre-feu, il fallait que tous ceux qui peuplaient ces espèces de prisons se livrassent au repos, et à la diane du beffroi, que tous fussent sur pied. — Si les vassaux ne concouraient pas manuellement aux réparations, aux améliorations du castel seigneurial, ils payaient un droit qu'on nommait forçage (*forcagium, fortagium*). — Quant aux vassaux apanagés qui avaient des Forteresses, ils étaient tenus de les livrer à leurs barons, quand ceux-ci voulaient s'y défendre ou y mettre garnison. Un héraut en notifiait l'injonction. Telle était la loi nommée rendabilité. — Des habitations seigneuriales, construites comme nous l'avons indiqué, bravaient le bélier, l'attaque par escalade, les machines de guerre, les tours roulantes, et les efforts des armées assiégeantes ; pour peu que les assiégés se défendissent, les places ne pouvaient guère être réduites que par famine ou par circonvallation ; mais comment eût-on pu les bloquer, tant qu'on a ignoré l'usage des armées permanentes, et le système des approvisionnements de bouche ? Un plus habile assiégement, comme on disait jadis, n'a été pratiqué que depuis les assiégements par bastides, et n'a pu réussir que depuis l'invention des contrevallations, les progrès de l'administration, les déchirements que la poudre opère, et la toute-puissance des coups de canon. — Les souverains aussi, depuis qu'ils disposèrent en permanence d'une milice, possédaient quelques Forteresses qu'ils confiaient à des capitaines, ou à des chefs de capitaineries qu'on nommait castelans ou connétables. — En 1415, d'Armagnac, connétable de France, avait le gouvernement suprême de toutes les Forteresses du royaume et le commandement sur tous les connétables d'un ordre inférieur qui étaient préposés à la défense de chacune d'elles. — La France possédait, dans le quatorzième siècle, si l'on en croit les assertions de M. Monteil, deux mille villes à enceinte fortifiée, tandis qu'au commencement de la première race il y avait en tout sur pied cent villes à peine, ouvertes presque toutes. — Nous allons emprunter quelques lignes de Guibert (1806, G, p. 575) pour donner une idée des fortifications du moyen âge et des plus beaux restes qui aient survécu à ces époques. — *Aigues-Mortes, ancienne fortification, est ce qui reste de plus parfait peut-être en Europe de l'architecture militaire du siècle de saint Louis, et qui est encore, aux fossés près qui se sont comblés, parfaitement en état. C'est un carré long, flanqué de distance en distance par seize grosses tours à deux rangs de voûtes qui forment dans ces tours des chambres et des souterrains. Les murs de l'enceinte ont huit ou dix pieds d'épaisseur, tous en pierre de taille, et les tours dix-sept ou dix-huit. Les pierres des parements sont toutes taillées en bossage ou en pointe de diamant. Il y a une dix-septième tour plus considérable que toutes les autres et qui les dominait. Cette tour s'appelle la tour de Constance ; et les voûtes du dedans, ainsi que l'escalier, sont travaillées avec luxe. On dit que Philippe le Hardi fit faire cette enceinte à l'imitation de celle de Damiette, soit pour en conserver le triste souvenir, soit parce que ce modèle de fortification lui parut avantageux à imiter.* — Ce tableau se rapporte plus ou moins à tout ce qui subsiste encore des anciens monuments, parmi lesquels le château de Coucy ne mérite pas une des moindres mentions.

Les principes de leur construction répondaient aux règles et aux coutumes que l'ART MILITAIRE observait alors ; ces lieux forts avaient, pour la plupart, des GALERIES souterraines qui communiquaient au loin dans la campagne ; ces habitations étaient surmontées de MACHICOULIS, entrecoupées de CRÉNEAUX et de CANONNIÈRES, et percées d'ARCHIÈRES ; elles avaient des BRAIES, des BAILLES qui en étaient comme l'AVANCÉE ; on entrait par des BASSES-COURTS ou DOUVES inaperçues du dehors ; de loin à loin, des TOURS rondes ou carrées appuyaient les REMPARTS et dominaient la crête aplatie en promenoir qu'on appelait BRETÈQUE ou BRETÈCHE ; les PORTES étaient garnies de harpes ou herses, ou précédées de ponts-levis, ou volants ; certains points d'APPROCHES étaient défendus par des BARBACANES. Des TOURELLES formaient TÊTE DE PONT, OU AVANT-POSTES ; un BEFFROI surmontait ou coiffait le tout ; des MORTES-PAYES en composaient la GARNISON ; mais ce tableau serait trompeur si l'on en induisait que les coutumes qu'il énumère étaient toutes en vigueur à la fois. — La découverte de la POUDRE a changé cette fortification dans la plupart de ses parties ; les BOULEVARDS qui défendaient les PORTES et les TOURNELLES, ont été rasés ; les ARCHIÈRES ont fait place aux EMBRASURES ; les CRÉNEAUX et les MACHICOULIS ont été abandonnés pour les BATTERIES et les PARAPETS ; l'ancien système a disparu depuis l'adoption des BASTIONS, et la disposition du GLACIS et de ses PALISSADES ; depuis l'application de l'art du DÉFILEMENT et la multiplication des MORTIERS ; depuis le calcul savant des ANGLES, l'harmonie des DEHORS, la perfection avec laquelle toutes les parties sont FLANQUÉES. — Quelquefois le bois, mais surtout la pierre et la brique ont été les matières employées dans l'ARCHITECTURE MILITAIRE. Souvent, quand les circonstances étaient urgentes, on en augmentait la force par des OUVRAGES EN TERRE, quelquefois en terre et en bois. — Les CHINOIS élèvent, dit-on, des TOURS en porcelaine. — GUSTAVE-ADOLPHE eut le projet de construire des fortifications plus robustes et de profiter de l'abondance des mines de la SUÈDE pour construire en briques de fer les FORTIFICATIONS suédoises ; M. le colonel PAIXHANS (1830) a fait revivre ce projet ; il propose de cuirasser les têtes de CASEMATES avec des plaques de fonte ; il propose d'ériger des TOURS de fonte pour renforcer un FRONT DE FORTIFICATION. — Résumons une question longtemps obscure d'histoire, de DROIT PUBLIC, de JURISPRUDENCE MILITAIRE. — Quand les ROMAINS dominaient dans les GAULES, le DROIT de fortifier était inhérent à la puissance du sabre ; au MOYEN AGE, la FÉODALITÉ française s'est arrogé ce pouvoir ; la TROISIÈME RACE est parvenue à le ressaisir ; HENRI QUATRE a appliqué aux Forteresses un mode régulier d'administration. — Dans tous les pays, les plans de la DÉFENSIVE dont les Forteresses sont les moyens, leur CONSTRUCTION, leur régime ont dépendu du BARON, du BANNERET, du possesseur terrien. Depuis Louis quatorze, ce droit était en France une prérogative royale. — En 1791, ce droit passa du domaine de la royauté dans celui de la loi : le classement des PLACES conservées et la LOI DU 10 JUILLET étaient la base de ce système. — Le pouvoir exécutif recouvra la haute main à l'égard des Forteresses, parce que leur construction, leurs rapports, leur entretien, sont inséparables du DROIT de PAIX et de GUERRE, et des nécessités de la DÉFENSE ; BONAPARTE en disposa à sa volonté. — L'article 14 de la charte de LOUIS DIX-HUIT confirma ces principes, que consacrèrent de nouveau les LOIS DE 1819 (19 JUILLET) et 1821 (1er AOUT) ; cette branche du pouvoir est restée liée au COMMANDEMENT MILITAIRE exercé par le souverain. — Les Forteresses des empires modernes, celles surtout de la FRANCE, diffèrent immensément des aperçus qui viennent d'embrasser les temps anciens, et elles demandent une description spéciale. — La FRANCE est le royaume qui compte le plus de Forteresses ; après elle viennent l'ESPAGNE, l'AUTRICHE, l'ANGLETERRE, la PRUSSE, la RUSSIE. — Les Forteresses peuvent être comparées à des sentinelles immobiles placées sur des points formant un nœud défensif, ou posées le long de la ceinture d'un Etat, à l'effet de le COUVRIR, de le rendre invulnérable. Ce sont des ÉTABLISSEMENTS à entrepôts de MUNITIONS ; l'assiette et les servitudes en doivent être déterminées par les calculs de la politique, par les règles de l'ART MILITAIRE, ou par les combinaisons de cette science que MAIZEROY (1766, F) et quelques AUTEURS allemands appellent la DIALECTIQUE MILITAIRE, et que d'autres appellent HERCOTECTONIQUE. — Les Forteresses sont le moyen d'une DÉFENSE toujours prête et plus sûre que toutes les ressources qu'on improviserait dans une GUERRE EN RASE CAMPAGNE : un gouvernement pourvu de Forteresses peut solder moins de TROUPES qu'il n'en faudrait pour résister à une GUERRE D'INVASION ; si ce n'est pas le fait en pratique, c'est du moins le but en théorie ; ainsi les Forteresses appartiennent essentiellement à la GUERRE DÉFENSIVE. — Sous un point de vue plus général et à raison de leur destination la plus ordinaire, les Forteresses peuvent être regardées comme les points stratégiques d'un PLAN DE CAMPAGNE, comme autant de BASTIONS dont on entremêle la COURTINE d'un grand empire, dont on ARME SA LIGNE DE FRONTIÈRES, dont on COUVRE ses FRONTS D'ATTAQUE; elles sont destinées à surveiller les DÉBOUCHÉS du royaume, à occuper les points de DÉBARQUEMENT du littoral, à maintenir libre le cours des FLEUVES, à COURONNER les élévations, à mettre en sûreté les ARSENAUX et les CABINETS D'ARMES. — Les places qui ne rempliraient pas ces conditions, celles qui appartiendraient à des LIGNES DÉFENSIVES trop nombreuses ou trop rapprochées, celles qui ne seraient pas en rapport avec des DÉFENSES avoisinantes, avec des COURTINES naturelles, avec des COMMUNICATIONS commodes, celles que la moindre INSULTE pourrait AFFAMER, ne seraient que des constructions gênantes pour les citoyens, peu utiles à la GUERRE et onéreuses à l'État; on pourrait les comparer à un DEHORS qui ne serait pas vu du corps de la PLACE, qui n'en serait pas FLANQUÉ, ou qui ne pourrait être ni armé ni approvisionné à temps. — Avant l'invention des DEHORS, c'est-à-dire jusqu'à HENRI TROIS, le GOUVERNEUR d'une PLACE menacée d'un SIÉGE faisait quelquefois construire, sous la protection du FEU de la PLACE, quelques PLATES-FORMES ou CAVALIERS propres à loger de l'ARTILLERIE; mais ce n'étaient que des FORTIFICATIONS PASSAGÈRES. — Depuis les SYSTÈMES modernes, et à partir de l'invention des RAVELINS, des TENAILLES, etc., une Forteresse est un OUVRAGE DÉFILÉ et précédé de PONTS-LEVIS; elle est environnée d'une première ENCEINTE FLANQUÉE, REVÊTUE, haute de dix mètres environ, appuyée sur la rue militaire et divisée en LIGNES DE DÉFENSE de trois cents mètres au plus; le CORPS DE PLACE est protégé par un CHEMIN COUVERT faisant partie d'une seconde ENCEINTE composée d'OUVRAGES INTÉRIEURS et facilitant le jeu des SORTIES; elle a pour dernière ENCEINTE des DEHORS gradués ou étagés à raison de plusieurs COMMANDEMENTS D'OUVRAGES. — Les Forteresses des FRONTIÈRES de la FRANCE sont, en général, de moindre étendue, de moins d'importance; celles de SECONDE LIGNE sont plus considérables; celles de TROISIÈME LIGNE sont plus grandes, plus défendues, comme renfermant des DÉPOTS, des MAGASINS, des ARSENAUX; à ce classement des Forteresses se coordonne leur ARMEMENT dans les proportions que mentionne le *Journal des Armes spéciales* (t. 1er, p. 261). — Le PROFIL défectueux d'un REMPART rend la DÉFENSE plus difficile que ne le ferait la trop grande étendue de l'ENCEINTE. — La force des GARNISONS est censée se pro-

portionner au nombre des BASTIONS; cependant Neuf-Brisach n'avait que deux à trois BATAILLONS, Landau en avait cinq, dont un à la CITADELLE; or ces deux PLACES étaient également à huit bastions. — Six ou huit cents mètres sont le minimum du diamètre des Forteresses; leur RAYON, que les uns ont appelé d'ATTAQUE, les autres DE DÉFENSE, les autres de SERVITUDE, était délimité par le DÉCRET DE 1811 (24 DÉCEMBRE). — Dans maintes Forteresses, une CITADELLE qui y est enclavée est subordonnée à un COMMANDANT particulier; celui-ci obéit ou obéissait à l'un des OFFICIERS de haut grade, dont l'énumération est présentée plus haut. — Un ou plusieurs FORTS dépendent quelquefois de la Forteresse. — Des CANTINES qu'on a appelées royales y sont autorisées et établies. — La CONTRESCARPE, des ESCALIERS, des GALERIES, des RAMPES, des pas de souris, mettent en COMMUNICATION la Forteresse, ses DEHORS, leurs GRAND'-GARDES. — La mesure du POLYGONE de la place, le nombre de ses BASTIONS, la capacité de leur GORGE, sont coordonnés; la ZONE du TERRAIN est calculée sur les nécessités militaires et ce que peuvent exiger les servitudes, sur les convenances communales, sur les lois conservatrices de la propriété. — Des CASEMATES sont pratiquées sous l'ENCEINTE; des CORPS DE GARDE sont disposés comme le demande la sûreté du POSTE. — La POLICE, le COMMANDEMENT, les APPROVISIONNEMENTS sont des points de haute importance, ainsi que le SERVICE. Il était réglé par l'ORDONNANCE DE 1768 (1er MARS, tit. VII et VIII); elle exprimait (tit. XII, art. 86), avec quelles précautions y devaient être admis les PARLEMENTAIRES ou les TAMBOURS ENNEMIS. — Jadis un MILITAIRE trouvé au delà des LIMITES du RAYON de la PLACE était considéré comme DÉSERTEUR. — L'ORDONNANCE DE 1788 (1er JUILLET) voulait que des poteaux placés à une plus ou moins grande proximité du quartier, suivant le degré de confiance que méritait la conduite ordinaire du régiment, indiquassent, sur toutes les routes, ces LIMITES. Il était infligé des PEINES DE DISCIPLINE aux MILITAIRES arrêtés après les avoir dépassées. — En conformité de l'arrêté de l'an douze (19 vendémiaire) les CAS DE DÉSERTION sont aggravés quand elle a lieu du sein d'une PLACE DE PREMIÈRE LIGNE. — Les règles militaires, consacrées surtout depuis les Valois, déclaraient les étrangers inhabiles au COMMANDEMENT des Forteresses. L'ORDONNANCE DE 1832 (3 MAI) les y reconnaît aptes, après naturalisation. — La LÉGISLATION de LOUIS QUATORZE s'est appesantie sur les cas de la REDDITION des Forteresses. — SAINT-RÉMY et GASSENDI donnent un

aperçu des APPROVISIONNEMENTS et de l'AVI-
TAILLEMENT que les Forteresses exigent ; cette estimation s'établit sur trois données : la durée présumable du SIÉGE, la quantité de défenseurs à employer, la décroissance inévitable et successive du nombre des ASSIÉGÉS. — La LOI DE 1791 (10 JUILLET) considérait les Forteresses sous trois rapports : ÉTAT DE PAIX, ÉTAT DE GUERRE, ÉTAT DE SIÉGE ; c'étaient autant de causes des modifications du COMMANDEMENT, de l'ADMINISTRATION, de la POLICE, et du SERVICE. — Des dispositions plus explicites sur la POLICE des PLACES ressortaient du DÉCRET DE 1814 (24 DÉCEMBRE). — Ainsi qu'il arrive de tout ; on a abusé de la mode des Forteresses, et la quantité de celles qu'on a laissé tomber ou qu'on a détruites témoigne avec quelle légèreté, dans quel intérêt peu national on s'était décidé à les créer. — Depuis que l'ordre de MALTE possédait son rocher, chaque grand maître avait mis sa vanité à y ajouter des FORTIFICATIONS, comme les EMPEREURS romains construisaient des édifices pour y attacher leur nom. Trouver en quel lieu bâtir de nouveaux ouvrages était à Malte le difficile ; mais s'occuper de leur préparer des défenseurs était le moindre souci. Jamais CHEVALIER n'avait prévu que des chrétiens insulteraient le BOULEVARD de la chrétienté et demanderaient les clefs de la puissante CITADELLE où l'art le disputait à la nature. Ils se croyaient encore au temps du concile de Toulouse. Quel fruit ces moines à uniforme ont-ils tiré du luxe prodigieux et sans exemple de leurs FORTIFICATIONS embarrassantes et débiles ? Ils n'ont pas même eu la satisfaction d'être ASSIÉGÉS. La REDDITION a attendu à peine la SOMMATION ; et comme le disait spirituellement le général Desaix : *Nous sommes bien heureux qu'il y ait eu là quelqu'un pour nous ouvrir les portes.* — Des considérations de ce genre ont porté plus d'un moderne à ressusciter cette question politique tant de fois agitée : *Les Forteresses sont-elles nécessaires ou non ?...* — M. DUVIVIER a composé l'ouvrage le plus moderne où cette question soit profondément débattue. — M. le colonel CHAMERAY (1827) s'est occupé aussi, mais d'une manière succincte, de l'utilité, des défauts, de l'emplacement préférable des PLACES DE GUERRE ; de l'importance qu'elles ont, suivant les méthodes de GUERRE, suivant la position plus ou moins centrale de la capitale, etc. — Parmi les ÉCRIVAINS ; il en est plusieurs qui regardent les Forteresses comme des monuments inutiles que l'insouciance laisse dépérir et dont la démolition serait également profitable aux finances de l'État, à l'aisance des habitants, au développement de l'agriculture et de l'industrie ; c'était, à peu près, ce qu'en disait Bonaparte, en parlant de la guerre de siége, et en blâmant la maçonnerie moderne : *Le génie avait un vice radical sur cet objet ; il avait coûté des sommes immenses en pure perte* (M. Lascases, t. II). — Le nord de la FRANCE est surchargé d'une triple LIGNE DE FORTERESSES, propres, comme on dit pompeusement, à ralentir la marche des ARMÉES D'ENVAHISSEMENT, à rendre hasardeuse la LIGNE D'OPÉRATIONS de l'ENNEMI, s'il s'obstine à percer au cœur du pays ; mais cette dispendieuse ceinture n'est qu'un embarras, si une autre partie de la FRONTIÈRE reste ouverte. Il semble voir un ancien gens-d'armes ne se garnir que d'un gantelet, et oublier de revêtir sa cuirasse. — MONTESQUIEU félicite les rois de France de ce hasard admirable *qui a justement placé leur capitale si près de leurs Forteresses du Nord, puisqu'ils sont,* dit-il, *d'autant plus à portée d'en avoir des nouvelles et de transmettre des ordres sur la ligne la plus insultable.* — Quand même cette proximité eût été autrefois un avantage, ce qui est l'opposé du vrai, elle fût devenue désavantageuse depuis l'invention du télégraphe. — L'effroi inspiré par l'invasion de la CHAMPAGNE, en 1792, tous les écrits qui ont été publiés depuis, et surtout les événements de 1814, ont prouvé que cette position excentrique de la capitale est militairement la plaie de la FRANCE. — *Faute de quelques millions dépensés à propos,* disait ODIER (1824, E), *la France est au moment de voir périr le capital immense de ses fortifications ; les dépenses que l'on fait annuellement sont perdues ; il faut se hâter de tout relever, si l'on ne veut s'exposer à tout perdre.* — Les places de petite capacité et qui ne BRIDENT pas une route, ne sont utiles ni comme APPUI d'une ARMÉE AGISSANTE, ni comme BASE de ses OPÉRATIONS ; celles qui sont d'une grande dimension ne sauraient être d'une longue DÉFENSE, à raison de la quantité d'habitants qu'elles renferment et des BOUCHES INUTILES qui y font le désespoir d'un GOUVERNEUR, quand il a l'ordre de TENIR et la volonté de déployer une résistance sérieuse. — On ne saurait pourtant mettre en doute que l'utilité des Forteresses est prouvée par l'histoire et par les critiques mêmes dont elles sont l'objet ; l'étonnante DÉFENSE de Varna, de Schumla, de Silistrie en 1828, ont parlé puissamment en leur faveur, et Alger, s'il eût été construit par de plus habiles ingénieurs, soutenu par des troupes plus exercées et défendu par un gouverneur plus éclairé, eût bravé peut-être les Français. — De ce que les Anglais se sont longtemps refusés à garnir de Forteresses leur

territoire, on a inféré qu'elles étaient des instruments de tyrannie; mais la position géographique des Bretons leur permet de se passer de PLACES FORTES, et leurs bâtiments de mer leur en servent. Avant l'existence de ses hauts-bords, la GRANDE-BRETAGNE n'a-t-elle pas été trois fois conquise, et cette contrée eût-elle été travaillée d'un si grand effroi sous le règne de NAPOLÉON, si elle eût pu opposer de respectables FORTIFICATIONS à la DESCENTE dont elle était menacée?—Cette considération, puisée dans les usages ANGLAIS, ne peut être admise dans un pays continental, et l'on ne peut pas davantage s'autoriser de l'exemple des SUISSES, qui n'ont construit aucuns BOULEVARDS, mais dont le pays est tout un BOULEVARD lui-même. — On lit dans les mémoires de BONAPARTE (MONTHOLON, 1823, t. II, p. 199): *Les places fortes sont utiles pour la guerre défensive comme pour la guerre offensive; sans doute qu'elles ne peuvent pas, seules, tenir lieu d'une armée; mais elles sont le seul moyen que l'on ait pour retarder, entraver, affaiblir, inquiéter un ennemi vainqueur.* — BONAPARTE a dit aussi : *Les Prussiens n'ont pas tenu deux heures à Iéna et ont rendu des places en vingt-quatre heures, qui auraient pu tenir trois mois.* — Il est vrai que, si l'on s'en rapporte à un OUVRAGE moins authentique, il serait échappé à la même bouche, la vérité que voici : *On a beau dire, les Forteresses ne valent pas la faveur du peuple,* (Maximes du Prisonnier de Sainte-Hélène, 1820). — Résumons ici les opinions que les professeurs ont émises sur le genre préférable de Forteresses à adopter. — CUGNOT (1766, C) dit : *Il faut avoir peu de Forteresses, mais si avantageusement situées, qu'elles procurent au pays toute sûreté et aux armées toutes commodités.* — Tout le secret du système à adopter est renfermé dans ces paroles; ce système est fortifié par l'opinion du général SAINTE-SUZANNE, de M. DUVIVIER, etc., etc. — Quant aux données de détails, et qui sont l'A b c de l'ART DE L'INGÉNIEUR, les voici : —Les Forteresses appartiennent à la FORTIFICATION RÉGULIÈRE OU IRRÉGULIÈRE; les PLACES RÉGULIÈRES sont celles dont le POLYGONE a ses COTÉS et ses ANGLES égaux, ou du moins ce sont celles qui n'ont que peu de différence dans leurs ANGLES FLANQUÉS et dans leurs DEMI-GORGES; mais quantité de causes s'opposent à cette symétrie; les PLACES IRRÉGULIÈRES sont, par conséquent, les plus nombreuses. Il n'y a presque que de régulières que les CITADELLES élevées sur un plan carré ou pentagonal; la vénitienne Palma-Nova cependant était un décagone régulier. — Il y a des Forteresses

à BATTERIES CASEMATÉES. — Les Forteresses demandent à être pourvues d'EAU; elles doivent dominer et ne l'être point; ou, en d'autres termes, doivent n'avoir rien à redouter de COMMANDEMENTS VOISINS, n'être pas entourées de BOIS, être proportionnées à l'importance du POSTE et à l'objet de la DÉFENSE; il faut qu'elles jouissent d'un AIR pur, qu'elles se composent d'OUVRAGES d'autant plus exhaussés qu'ils se rapprochent plus du centre, et qu'elles servent de barrières aux DÉBOUCHÉS importants. Leur emplacement doit se lier au système de DÉFENSE. Leur objet est d'arrêter ou de retarder au moins la marche des ARMÉES D'ENVAHISSEMENT, de mettre à couvert tout ce que l'ARMÉE a intérêt d'y conserver, de lui offrir des BASES D'OPÉRATIONS, de protéger et au besoin de recueillir les CONVOIS. — Pour remplir ces conditions, il faut que la LIGNE qui défend soit plus grande et puisse contenir plus d'hommes que la LIGNE défendue; que tous les points soient vus et défendus par plusieurs autres; il faut que les Forteresses soient spacieuses, qu'elles se lient à des POSTES de moindre défense, disposés comme autant de chaînons ou de nœuds de la LIGNE D'OPÉRATIONS; il faut enfin qu'elles contribuent ainsi à assurer et à fortifier les GRANDES MANŒUVRES des masses. — Consacrons maintenant quelques lignes à l'examen de la différence des deux SYSTÈMES principaux. — Les anciens et le MOYEN AGE préféraient les Forteresses exhaussées ou assises sur des MONTAGNES; elles réunissent en effet plusieurs avantages : l'ENNEMI ne peut guère les BRUSQUER; elles sont d'une DÉFENSE plus facile; leurs GUÉRITES voient plus loin; leurs BATTERIES sont plus foudroyantes, contrarient davantage les APPROCHES et plongent mieux sur les lignes de CHEMINEMENT, les PARALLÈLES, les CAVINS; ces Forteresses redoutent moins l'ASSAUT au CORPS DE LA PLACE, parce qu'il est rare que la BRÈCHE en puisse être rendue PRATICABLE; les MALADIES y sont moins à craindre, la conservation des DENRÉES y est mieux assurée; mais il est rare que l'EAU y abonde, souvent elle y manque, et les CITERNES n'y suppléent que d'une manière insuffisante. — Ce goût de nos ancêtres pour les fortifications dominantes tenait à des nécessités de ce temps, à la facilité d'employer des SERFS comme maçons, au genre des ARMES alors en usage, et aux méthodes pratiquées dans la conduite des SIÉGES OFFENSIFS. — D'autres idées ont prévalu, d'autres motifs ont enfanté d'importantes modifications; on a reconnu qu'en se décidant pour les Forteresses basses les frais de construction sont moindres; on a éprouvé que quand la ғoʀтɪfɪcᴀтɪon surmonte peu le sol, les boulets de l'ᴇɴɴᴇмɪ ont moins de prise; les secours et les мᴜɴɪтɪoɴs arrivent plus facilement, les soʀтɪᴇs des ᴀssɪéɢés sont plus efficaces; les ᴅᴇнoʀs de la ᴘʟᴀcᴇ, s'ils étaient enlevés, seraient plus facilement repris, et ils sont habituellement mieux soᴜтᴇɴᴜs; le ғossé peut être défendu corps à corps par la ɢᴀʀɴɪsoɴ; aussi les modernes, s'arrêtant à des opinions opposées à celle des anciens, préfèrent les ᴘʟᴀcᴇs excédant peu le rez-de-chaussée, pourvu qu'elles soient posées sur des points bien choisis et qu'elles soient judicieusement fortifiées. Ils demandent surtout un ғʟᴇᴜvᴇ, une grande ʀɪvɪèʀᴇ, un marais qui en baignent le pied: dans ce dernier cas ils les assainissent par des cʀɪQᴜᴇs.—Ce genre de ᴘʟᴀcᴇs présente, il est vrai, quelques avantages à l'ᴀssɪéɢᴇᴀɴт; ses ᴀттᴀQᴜᴇs sont plus sûres, il n'est pas obligé de construire des ᴘʟᴀcᴇs ᴅ'ᴀʀмᴇs si nombreuses, ni des тʀᴀɴcнéᴇs si profondes. — Le mieux absolu est difficile à rencontrer. — Mais, pour prouver combien il y aurait encore à approfondir ce sujet, exposons les questions et les doutes qui ont été énoncés par les esprits les plus lumineux. — Les parties constituantes de nos Forteresses se coordonnent-elles comme il serait désirable? Les нoᴘɪтᴀᴜx y sont-ils assez spacieux pour le nombre présumable d'нoммᴇs à y admettre, et y sont-ils proportionnés ᴀᴜx cᴀsᴇʀɴᴇs? Les мᴀɢᴀsɪɴs suffisent-ils aux тʀoᴜᴘᴇs, les cнᴀмᴘs ᴅᴇ мᴀɴoᴇᴜvʀᴇs aux ᴇxᴇʀcɪcᴇs de l'ɪɴғᴀɴтᴇʀɪᴇ et des autres ᴀʀмᴇs? — Il y a d'autres questions à élever qui touchent autant à la composition des places qu'aux détails de la construction. — Faut-il que la ɢᴀʀɴɪsoɴ ait beaucoup de terrain pour se défendre, ce qui exige bien plus d'нoммᴇs en résidence, bien plus de ɢᴀʀᴅᴇs sur pied, et accroît les dépenses, les soins et les embarras? Faut-il qu'elle ait peu de ғʀoɴт, ce qui tourne à l'avantage de l'ᴀттᴀQᴜᴇ et rend plus critique la ᴅéғᴇɴsᴇ? — Les ᴘʟᴀcᴇs doivent-elles tenir sous leur cᴀɴoɴ un cᴀмᴘ ʀᴇтʀᴀɴcнé qui bientôt, quelques précautions qu'on prenne, dévore les ᴀᴘᴘʀovɪsɪoɴɴᴇмᴇɴтs. — Doit-on tolérer, hors de leurs ᴘoʀтᴇs, des ғᴀᴜвoᴜʀɢs? Faut-il s'astreindre à fortifier chacun d'eux? Faut-il se résoudre à les raser le jour où il s'agit de repousser une ᴀттᴀQᴜᴇ vigoureuse? — Doit-on en expulser avant l'ɪɴvᴇsтɪssᴇмᴇɴт les вoᴜcнᴇs ɪɴᴜтɪʟᴇs, ou les habitants non approvisionnés? — Doit-on, pendant le sɪèɢᴇ, descendre chez les particuliers, pour détourner leurs provisions au profit de la ɢᴀʀɴɪsoɴ? — Faut-il, en tout temps, y tenir en réserve d'abondantes ᴅᴇɴʀéᴇs et des ғoᴜʀʀᴀɢᴇs encom-

brants, au risque de laisser dépérir, sans profit, l'ᴀvɪтᴀɪʟʟᴇмᴇɴт entassé à grands frais? — Faut-il, pour éviter cette perte, risquer que les мᴀɢᴀsɪɴs ne soient approvisionnés qu'imparfaitement, ou qu'ils ne le soient pas quand les hostilités éclateront? — Les Forteresses doivent-elles être nombreuses au risque de devenir ruineuses pour le trésor, quand les finances de l'État éprouveront quelques embarras; et y aura-t-il jamais moyen d'éviter qu'elles soient onéreuses par une double cause, savoir: par les dépenses forcées de leur entretien et par l'avilissement inévitable des propriétés foncières comparées aux terrains des vɪʟʟᴇs oᴜvᴇʀтᴇs? — N'y a-t-il pas trop de Forteresses sur certains points, trop peu sur d'autres? De savantes recherches faites par un lieutenant-colonel du génie (*Spectateur militaire*, t. vɪɪɪ, p. 40) en signalent quatre-vingts dont la démolition serait un bienfait; mais, à l'égard de ces questions délicates, le мɪɴɪsтèʀᴇ ᴅᴇ ʟᴀ ɢᴜᴇʀʀᴇ reste indécis, ou tient caché son sʏsтèмᴇ, s'il en a un. — Un sʏsтèмᴇ ᴅᴇ ᴅéғᴇɴsᴇ, appuyé sur des calculs de тoᴘoɢʀᴀᴘнɪᴇ, devrait régler la nature, le gisement, la destination, le nombre et le degré d'importance des Forteresses. — Les Forteresses doivent-elles être des cᴀмᴘs ʀᴇтʀᴀɴcнés offrant un terrain de ɢʀᴀɴᴅᴇs мᴀɴoᴇᴜvʀᴇs, servant d'ᴇɴcᴇɪɴтᴇ ou de barrières aux grandes мᴀɴᴜғᴀcтᴜʀᴇs мɪʟɪтᴀɪʀᴇs, aux grands мᴀɢᴀsɪɴs nationaux? Dans ce cas, il faudrait en bien des pays faire table rase et y recommencer la ғoʀтɪfɪcᴀтɪoɴ sur un système et des plans nouveaux. — Doivent-elles n'être habitées uniquement que par des ᴅéғᴇɴsᴇᴜʀs incarcérés ainsi en тᴇмᴘs ᴅᴇ ᴘᴀɪx et ᴅᴇ ɢᴜᴇʀʀᴇ? Permettra-t-on qu'elles contiennent une nombreuse population de воᴜʀɢᴇoɪs, pour qui elles seront une occasion perpétuelle de gêne et de préjudice? — Chaque siècle apportant forcément avec lui vingt ans de ɢᴜᴇʀʀᴇ, les habitants ne payent-ils pas trop cher la protection douteuse qu'ils devront à leurs мᴜʀᴀɪʟʟᴇs pendant le cours des hostilités, en achetant ce bienfait, quelquefois ruineux, par quatre-vingts ans d'entraves et de contrariétés journalières. — Les Forteresses doivent-elles être uniquement un moyen de diminuer la quantité des тʀoᴜᴘᴇs que l'État serait obligé de tenir sur pied et qui ne s'y enfermeraient que pendant la mauvaise saison; ou bien deviendront-elles le cloître où languiront, pendant toute la durée d'un congé, des citoyens arrachés pour le sᴇʀvɪcᴇ мɪʟɪтᴀɪʀᴇ à une vie libre? — Faut-il conserver pour une utilité équivoque les Forteresses où l'on respire un ᴀɪʀ meurtrier? n'est-ce pas là surtout et dans les colonies insalubres que des CHIENS devraient FAIRE LE GUET comme cela avait lieu au Capitole et à SAINT-MALO? Comment a-t-on pu laisser perdre un usage si antique, si simple, si utile. — Plus d'un écrivain s'est livré à l'examen de ces difficultés, mais dans quel digeste du DROIT DE LA GUERRE, dans quelle partie du CODE MILITAIRE, sont les solutions de ces questions qui intéressent de si près l'humanité, la civilisation, la JUSTICE MILITAIRE, l'ART MILITAIRE DE TERRE et les calculs les plus élevés du gouvernement. — L'exposé qui vient d'être tracé se compose de vues générales; voici quelques remarques particulières à la FRANCE. — VELLY affirme qu'en 1587 le duc de Bretagne, assiégeant BREST, avait fait construire sur la mer une Forteresse de bois; quelque chose d'analogue avait été préparé contre ALGER, en 1828; la flotte emportait avec elle ses BÁSTIDES; les bulletins de l'expédition n'en ont pas reparlé. — L'une des plus anciennes Forteresses françaises est la ville de METZ, assiégée sans succès par CHARLES-QUINT, en 1552. Ce boulevard a joui longtemps de la prérogative de n'être gardé en TEMPS DE PAIX que par sa propre GARDE NATIONALE. — Les places de système moderne qui furent construites ensuite appartiennent au règne de HENRI QUATRE: tels furent la CITADELLE d'AMIENS et une partie du château de SEDAN, dont ERRHARD dirigea les travaux. — Il y a des AUTEURS qui ont regardé la construction de NEUF-BRISACH comme ridicule. D'autres, tels que DELIGNE (1780, 1), ont prétendu que VAUBAN avait fortifié MAUBEUGE, parce qu'elle était la résidence d'une chanoinesse dont il était épris. Ce grand INGÉNIEUR, ajoutent-ils, a réparé plus de trois cents VILLES FORTES, et en a construit trente-trois neuves: *Combien y en a-t-il qui aient servi et combien de fois?* — VAUBAN, dans deux mémoires de 1705 et 1706, témoigne que, dans le dix-septième siècle, il y avait en FRANCE cent dix-neuf Forteresses qu'il appelle PLACES FORTES, trente-quatre CITADELLES, cinquante-huit FORTS et CHATEAUX, cinquante-sept RÉDUITS, et vingt-neuf REDOUTES; c'était un total de deux cent quatre-vingt-dix-sept Forteresses de diverses CLASSES. — On comptait, dans le siècle passé, en FRANCE, environ deux cents Forteresses entretenues et ayant chacune un ÉTAT-MAJOR; elles étaient réparties par CLASSES à raison du nombre de leurs BASTIONS; ce nombre était ordinairement de quatre à dix-huit et même plus. Une GALERIE DE PLANS EN RELIEF en contenait les images. On regardait les dépenses que leur PERSONNEL et leurs réparations entraînaient comme équivalant aux sommes qu'une ARMÉE de quarante

mille hommes eût coûtées; cependant, à la fin du dernier siècle, des supputations différentes ont été établies et publiées officiellement comme on le verra plus bas. — Comme il n'y avait guère, depuis la constitution de 1762, que deux cents BATAILLONS D'INFANTERIE FRANÇAISE DE LIGNE sur pied, y compris ceux qui étaient en CORSE, et comme la force de tous ces CORPS était amoindrie par l'absence des SEMESTRIERS et des HOMMES AUX HOPITAUX, on ne pouvait compter qu'un peu plus d'un demi-bataillon par Forteresse; ainsi il n'existait aucune proportion entre le nombre des DÉFENSEURS et les besoins de la défense, ou même de la conservation. La garde des divers OUVRAGES DE FORTIFICATION nécessitait un service écrasant. L'éloignement entre les diverses VILLES FORTES obligeait le gouvernement à tenir toutes les TROUPES éparpillées, et s'opposait aux réunions dans des CAMPS D'EXERCICE; enfin les habitants de plusieurs Forteresses avaient une existence si précaire, que, privés de GARNISON, ils se voyaient hors d'état d'acquitter les impôts. — Le goût excessif des Forteresses ou la disposition à en réduire le nombre ont régné tour à tour en FRANCE; ces circonstances se rattachent au génie différent de deux personnages qui ont joui d'une haute puissance. — LOUIS QUATORZE, qui se croyait le dieu de la GUERRE DE SIÉGE, parce que VAUBAN avait triomphé sous son nom et en sa présence, voulait des Forteresses partout. BONAPARTE, qui était vraiment le héros de la GUERRE EN RASE CAMPAGNE, pensait autrement; mais ce grand homme se laissait quelquefois pourtant enlacer par les opinions du CORPS DU GÉNIE, et il consumait beaucoup de temps, à élaborer, à balancer le budget des Forteresses existantes. Mais par un ARRÊTÉ DE L'AN DOUZE (1ᵉʳ VENDÉMIAIRE) il supprima trente PLACES FORTES. — LASCASES (t. VII, p. 65) nous assure que BONAPARTE *voulait que, par mer, Anvers fût un point d'attaque mortel à l'ennemi, par terre une ressource certaine en cas de désastres, un point de salut national, etc., capable de recueillir une armée défaite, de résister à une tranchée ouverte. Cinq ou six places de la sorte étaient le système de défense nouveau qu'il avait projeté.* — En 1791 (24 mai) pour la première fois, une autorité publique s'est livrée à une discussion approfondie et nationale au sujet des Forteresses. BUREAUX DE PUSY qui prononça le rapport composé à ce sujet, estimait que la FRANCE, si elle était dépourvue de PLACES FORTES, serait dans la nécessité d'entretenir cent mille hommes de plus et que, par conséquent, l'existence des Forteresses équivalait, pour le trésor, à une économie de quarante millions; il n'évalue qu'au montant de la solde de cinq BATAILLONS, le montant des dépenses d'entretien des Forteresses; mais remarquons qu'il ne fait entrer en ligne de compte, ni le CORPS du GÉNIE et ses phalanges d'EMPLOYÉS et d'OUVRIERS, ni l'ÉTAT-MAJOR des PLACES, ni la valeur du mobilier et de l'armement; ce qui, estimé au bas mot à huit millions par an, représente bien huit ou dix mille hommes. — Du travail composé par BUREAUX il ne nous est à peu près resté que la répartition des Forteresses par CLASSES et l'institution des ADJUDANTS DE PLACE. — On comptait, en 1791, cent deux PLACES FORTES, et cinquante-neuf POSTES. Beaucoup étaient inutiles; plusieurs tombaient en ruines; des réparations peu judicieusement ordonnées avaient occasionné de fausses dépenses; des points importants n'étaient pas gardés, ou l'étaient mal. — La restauration a entraîné la perte de cinq Forteresses, Bouillon, Landau, Mariembourg, Philippeville et Sarre-Louis. Plusieurs ont été rasées ou mises hors d'entretien, telles sont : Andaye, Fort-Louis, HUNINGUE, Rodmack, SAINT-QUENTIN ; quelques autres ont acquis une importance plus marquée, telles sont : Avesnes, Belfort, Grenoble, Péronne, Soissons, Verdun. — ODIER (1824, E) est d'avis qu'il manque trois Forteresses au système défensif de la FRANCE, savoir : une à Bourges, ou mieux encore peut-être, *une placée à la jonction de la Loire et de l'Allier, une à Langres, une à Nancy*. — Depuis la PAIX DE 1814, des COMMISSIONS mixtes, des conciliabules de hauts personnages, n'ont cessé de disserter sans rien conclure, et de débattre sans pouvoir s'entendre. — Une COMMISSION créée en 1818, et qui était juge et partie, puisque plus de la moitié de ses membres appartenait au GÉNIE et à l'ARTILLERIE, a opiné pour la conservation de toutes les Forteresses au nombre de cent trente-trois. Par son RAPPORT DE 1821 (1er JUIN) elle proposait de DÉMANTELER une place, pour en reconstruire une autre plus en avant et plus avantageusement; de mettre quatre Forteresses hors d'entretien; de construire trente-sept FORTS. L'ORDONNANCE DE 1821 (1er AOUT) réglait cet objet. — En 1828, les PLACES et POSTES DE GUERRE de FRANCE étaient au nombre de cent cinquante-six. L'ORDONNANCE DE 1829 (31 MAI) en reconnaissait vingt-deux de PREMIÈRE CLASSE, parmi lesquelles, Vincennes; quarante de SECONDE CLASSE, parmi lesquelles STRASBOURG et LILLE; trente-quatre de TROISIÈME CLASSE. — En cette même année, le MINISTÈRE témoignait, en présentant le budget, que l'entière restauration

des Forteresses exigerait une dépense de trois cent quatre-vingt-dix-sept millions. — En 1834, si l'on en croit le *Spectateur militaire* (t. XVI, p. 258), la FRANCE conservait cent cinquante-quatre places à ÉTAT-MAJOR; elles contenaient, suivant GASSENDI, sept mille cent pièces. — Depuis la PAIX DE 1814, les États limitrophes ont élevé de formidables TRAVAUX sur les points faibles; ils ont réparé les VILLES FORTES qui nous avoisinent; ils ont fermé leurs FRONTIÈRES par une triple LIGNE. — Les places dont les OUVRAGES sont agrandis ou sont devenus plus formidables, sont : ERFURT, Fenestrelles, Genève, MAESTRICHT, MAYENCE, NAMUR, Sarre-Louis, Wittemberg. — Celles qui sont relevées sont : ATH, Aussois, CHARLEROY, Coblentz, Cologne, Dinant, Exilles, Liége, MENIN, Minden, MONS, Tournay, Vieux-Brisach. — Au contraire, l'entretien des PLACES de la FRANCE restait incomplet; et la LIGNE de nos FRONTIÈRES pouvait être percée sur plusieurs points, depuis la perte des Forteresses des PAYS-BAS et du PIÉMONT, et depuis que HUNINGUE, Sarre-Louis, Philippeville, Mariembourg, LANDAU, avaient été violemment amputées du sol de la patrie, tel qu'il existait depuis LOUIS QUATORZE. Ces fatales cessions de 1814, imposées à l'insouciance et à l'inhabileté, ont fait expier amèrement à la FRANCE les succès brillants d'un quart de siècle. — Les orateurs parlementaires n'ont pas cru devoir cacher cette plaie. — Le général Sébastiani, dans son rapport sur le budget (2 juin 1821), déclare l'état des Forteresses peu satisfaisant : *En vain une commission créée depuis trois ans a fait un travail; les plans abondent, mais l'impulsion manque; Belfort se rétablit à peine; la frontière de l'Est est sans défense; Lyon et le territoire circonvoisin est à découvert; nos manufactures d'armes sont en l'air, et cependant les parties limitrophes de l'Allemagne et de la Belgique se hérissent de boulevards.* — A ces dénonciations le ministre Villèle répond que *quelques-unes de nos places ont été réparées, mais que quant au plan nouveau de défense, il a été abandonné, parce que son exécution eût demandé soixante ou quatre-vingts millions.* — Peu après cette déclaration, ce même MINISTRE a su trouver un milliard dont il a disposé pour un objet d'une importance secondaire; l'intérêt général était censé subordonné aux lois de l'économie, mais l'intérêt particulier permettait de larges dépenses. — La CIRCULAIRE DE 1825 (12 AOUT) présentait, par chaque DIVISION, l'énumération des Forteresses de FRANCE. — Les PLACES à ÉTAT-MAJOR étaient, en 1828, au nombre de cent soixante-dix. — Les discussions touchant le budget de 1832 témoignent que la FRANCE entretenait quatre-vingt-six Forteresses, non compris LYON et PARIS; que trente sont de PREMIÈRE CLASSE; que le total des PLACES, CITADELLES, FORTS, CHATEAUX OU POSTES FORTIFIÉS de quelque importance est de cent quatre-vingt-trois, ou, suivant le général GIRARDIN, de cent quatre-vingt-un. — Il n'existerait, en 1858, suivant le journal *la Presse* du 26 novembre, que cent vingt et une PLACES DE GUERRE, dont vingt et une de PREMIÈRE CLASSE, quarante-huit de SECONDE, cinquante-deux de TROISIÈME; nous ne mentionnons ces assertions diverses que pour démontrer avec quelle réserve il faut donner créance aux calculs de STATISTIQUE. — La seule frontière du Nord présente trente-trois Forteresses, dont sept de PREMIÈRE CLASSE; une quantité de places d'un ordre inférieur pourrait être supprimée; la dépense de douze millions trois cent mille francs, que le seul matériel du GÉNIE entraîne, pourrait être réduite de moitié. — Tous ceux qui ont abordé la question des Forteresses conviennent que leur ARCHITECTURE est arrivée au point de sa perfection; mais les MINISTRES aussi bien que leurs antagonistes avouent que la FRANCE manque d'un système à la fois politique, militaire et administratif, qui détermine l'espèce, le nombre, l'importance, la capacité, l'emplacement des Forteresses ainsi que les soins et la dépense de leur entretien. — Cet état de choses, ces difficultés ne datent pas d'hier. — *Quel ministre, s'écrie* GUIBERT (1779, D), *osera prendre le grand parti de secouer à cet égard les anciens préjugés, et d'embrasser pour la totalité du royaume un plan général, en conséquence duquel on rasera tout ce qui est inutile pour entretenir parfaitement et pour construire à neuf ce qui sera nécessaire? J'ai proposé ce plan dans l'Essai général de tactique, et ma voix s'est perdue dans le désert. Il faut être placé sur une montagne pour se faire entendre; mais ce qu'il faut peut-être plus encore, c'est que le siècle soit préparé à recevoir la vérité, et que les esprits soient mûrs pour elle.* — Ailleurs il ajoute : *Il n'y en a pas (de* Forteresse) *dans le royaume qui soit bien tenue, quand je me rappelle la propreté des places étrangères, celle de leurs corps de garde et tous leurs édifices militaires.* — L'ADMINISTRATION MILITAIRE aurait à s'occuper de quantité d'améliorations de détails qu'elle néglige et que propose un des militaires expérimentés et savants du siècle. M. MONTGERY (*Journal des Sciences militaires*, 1826, 15ᵉ livraison) fait l'examen du

l'ARTILLERIE des PLACES et de l'ARTILLERIE de SIÉGE DÉFENSIF; la première comprend, en vertu des règlements, une grande variété de PIÈCES et de PROJECTILES. Cet abus résulte de ce qu'on regarde les Forteresses comme devant être, jusqu'aux jours des refontes, le dépôt de tout ce qui est hors de service, de tout ce qui est d'ancien modèle; aussi les REMPARTS sont-ils encombrés d'un MATÉRIEL en partie inutile. Par une fiction déplorable, tout cependant est censé devoir servir, et la quantité en est proportionnée aux ATTAQUES auxquelles le FRONT de la PLACE pourrait avoir à répondre. — M. MONTGERY est d'avis que le MATÉRIEL, réduit au strict nécessaire, comprendrait les calibres de 24, 16, 8, 6, 4; qu'il faudrait ajouter des OBUSIERS de 8, de 6 et de 5 pouces et demi à longues et petites portées, des MORTIERS de 12 et de 8, des PIERRIERS de 15 pouces, des MORTIERS A GRENADES ou à la COEHORN, des TOURTEAUX goudronnés, des BALLES A FEU, des CARCASSES et des FUSÉES DE SIGNAUX. — Il propose de substituer à la quantité des ARMES et des PROJECTILES dont on ne sait quel parti tirer, des ROCHETTES FARCIES de trois cents livres et de cinquante livres, des ARQUEBUSES A ROCHETTES, des ROCHETTES A PLASTRON, des ARQUEBUSES A CROC, des ORGUES A FEU (*repeating guns*) et des ARMES A VAPEUR. — Suivant ces calculs savants, on pourrait donc réduire les PROJECTILES à dix au lieu de vingt-huit espèces, et les BOUCHES A FEU à huit au lieu de dix-sept CALIBRES. — La réparation ou la construction des Forteresses confiées à la garde de la MILICE NÉERLANDAISE ont coûté, après la PAIX DE 1815, cent quarante millions au peuple anglais. La GUERRE DE 1832 a prouvé l'inutilité d'une partie de cette profusion. — La LÉGISLATION française qui a réglé la matière consiste dans les dispositions adoptées par LOUIS QUATORZE et rajeunies par décret de BONAPARTE; ces documents sont les ORDONNANCES DE 1661 (12 OCTOBRE), 1750 (25 JUIN), 1768 (1ᵉʳ MARS), l'ORDONNANCE DE 1788 (1ᵉʳ JUILLET), le rapport de BUREAUX DE PUSY, la LOI DE 1791 (10 JUILLET), la LOI DE 1792 (26 JUILLET), le RÈGLEMENT DE L'AN QUATRE (22 GERMINAL), l'ARRÊTÉ DE L'AN CINQ (11 BRUMAIRE), la LOI DE L'AN SIX (11 FRIMAIRE), l'ARRÊTÉ DE L'AN SEPT (16 MESSIDOR), la CIRCULAIRE DE L'AN NEUF (1ᵉʳ BRUMAIRE), l'ARRÊTÉ DE L'AN DOUZE (1ᵉʳ et 11 VENDÉMIAIRE), la CIRCULAIRE DE L'AN DOUZE (7 MESSIDOR), le DÉCRET DE 1811 (24 DÉCEMBRE), le *Recueil pour l'état-major des places*, 1813, la LOI DE 1819 (19 JUILLET), l'ORDONNANCE DE 1821 (1ᵉʳ AOUT), la CIRCULAIRE DE 1825 (12 AOUT), les ORDONNANCES DE 1829 (31 MAI) et 1832 (5 MAI). — EN TEMPS DE GUERRE, les

GARNISONS des Forteresses ne jouissent de la SOLDE DE GUERRE qu'en vertu d'une décision royale et spéciale; celles qui sont ASSIÉGÉES en jouissent pendant toute la durée du SIÉGE. — Un état comparatif des principales Forteresses des dix-sept puissances de l'Europe se trouve dans le *Journal de la Société de Statistique* (t. IV, p. 554). — Les AUTEURS qu'on peut consulter, sont : ALLARD, ALLENT, ARDUESER, BACHOT, BALLINO, BARDET (1741, C), BEAULIEU, BELAIR (1792), BLONDEL (1599, 1685), BONAJUTI, BORGSDORF, BREZÉ, BRIQUET (1761, H), BRONNER, CARRION (1824, A), CATANÉO (1584, B), CHAMBRAY (1827, 1850), COURNEAUX, DANIEL (1721, A), DARÇON (1774), DAZIN, DECHALES, DEFER, DAREMBERG, DELALLEAU, DEMBARRÈRE, DILICH, DUBOUSQUET (1769, B), DUVIVIER (1826, B), EIKEMEYER, l'ENCYCLOPÉDIE (1751, C, au mot *Place forte*; 1785, C), ERHARD, FAULHABER, FRONSPERG, FUCHS (1625), FURETIÈRE, GAILLARD, GASSENDI, GENTILINI, M. le général GIRARDIN (1835, 1840), M. GRIVET, GROOTE, GUIBERT (1775, K), GUTSCHOVEN, HAUSER (1817), HECQUET (1821, D), HENRION, HOFMANN, HOYER (1828), IVI, JOCHER, KAUSLER (1827), KHEVENHUELLER (1758, C), KINSKI, LACHESNAIE (1758, I; au mot *Place d'armes*, etc.), LAUTERBACH, LEBLOND (1743, A; 1761, B; 1762, G), LESSAC (1789, E), LUDERS, MACHIAVEL, NAGGI, MAIGRET, MALGRAPPE, MALLET (Pierre), MANDAR, MANESSON (1685, B), MAURICE DE SAXE, MILIZIA, MONTALEMBERT, MONTÉCUCULI (1704, D), NOIZET, OKOUNEFF, PATRIZZI, PFAU, POITIERS, POTIER (1779, X, au mot *Place*), PRAISSAC (1622, A; ch. 10), QUINCY (1741, E), RACCIA, RAY (1755, A), RIMPLERS (1678, C), le général ROGNIAT, RUNDEL, SAINTE-SUZANNE, SATTLER, SCHNEIDER, SEIDEL (1820), SERVAN (1780, B), M. SICARD, STRUENSÉE (1775), TASSIN (1636), TERNAY, THANN, TURPIN (1769, C), WENZELL, le *Spectateur militaire* (t. XIII, p. 92; t. XVI, p. 85; t. XXI, p. 241), le *Journal des Sciences militaires* 1834 (juillet, p. 91; septembre, p. 247), le *Dictionnaire de la Conversation* (au mot *Place*), l'*Encyclopédie des Gens du monde*.

FORTERESSE ASSIÉGÉE. V. AFFAMER. V. APPROCHES. V. ASSIÉGÉ, adj. V. ASSIÉGEANT. V. ATTAQUANT. V. ATTAQUE D'EMBLÉE. V. ATTAQUE PAR ESCALADE. V. AVAL. V. BOIS DE CHAUFFAGE DE FORTERESSE. V. BOUCHES INUTILES. V. BRÈCHE PRATICABLE. V. CHEMINEMENT DE SIÉGE. V. CHARIOT COUVERT. V. CIRCONVALLATION. V. CITADELLE. V. CITERNE. V. COMBUSTIBLE DE F... V. COMMANDANT DE PLACE ASSIÉGÉE. V. COMMANDEMENT HIÉRARCHIQUE. V. COMMISSION MILITAIRE. V. CONTRE-MINE. V. CONTRE-MINE DE FORTERESSE. V. CRIQUE. V. EMBRASURE. V. FORTERESSE.

V. GÉNIE IDIOPLIQUE N° 5. V. GOUVERNEUR DE PLACE ASSIÉGÉE. V. GUERRE DE SIÉGE. V. INGÉNIEUR-GÉOGRAPHE N° 1. V. INTENDANT MILITAIRE N° 5. V. INVESTISSEMENT. V. MINE A FEU. V. PARALLÈLE. V. PIERRIER. V. RECONNAISSANCE DE SIÉGE.

FORTERESSE MARITIME. V. CITADELLE. V. CORBEAU DÉFENSIF. V. MARITIME. V. SORTIE D'ASSIÉGÉS.

FORTERESSE SUR RIVIÈRE. V. CITADELLE. V. SUR RIVIÈRE.

FORTIFIANT (fortifiante), adj. v. LIGNE F...

FORTIFICATION, subs. fém. V. AILE DE F... V. ANGLE DE F... V. ART DE LA F... V. BANQUETTE DE F... V. BARRIÈRE DE F... V. BERME DE F... V. BRAIE DE F... V. BRANCHE DE F... V. CAPITALE DE F... V. CAVALIER DE F... V. CHEMISE DE F... V. COMMISSAIRE DES F... V. COMMISSAIRE GÉNÉRAL DES F... V. CORNE DE F... V. COTÉ DE F... V. COURONNE DE F... V. CRÉMAILLÈRE DE F... V. CRIQUE DE F... V. CROCHET DE F... V. DÉGRADATION DE F... V. DIRECTEUR DES F... V. DIRECTEUR GÉNÉRAL DES F... V. ÉCLUSIER DE F... V. ÉCORCHER UNE F... V. ÉPAULEMENT DE F... V. ÉPERON DE F... V. ÉTOILE DE F... V. FACE DE F... V. FEU DE F... V. FLANC DE F... V. FLÈCHE DE F... V. FOSSÉ DE F... V. FRAISE DE F... V. GARDE DE F... V. GARDE DES F... V. GLACIS DE F... V. GORGE DE F... V. INTENDANT DES F... V. OUVRAGE DE F... V. PATÉ DE F... V. PENNE DE F... V. PIÈCE DE F... V. PORTE DE F... V. PROFIL DE F... V. PUITS DE F... V. RAMEAU DE F... V. RAMPE DE F... V. RETRAITE DE F... V. SCIENCE DE LA F... V. SOUS-DIRECTEUR DES F... V. SUR-INTENDANT DES F... V. SURTOUT DE F... V. SYSTÈME DE F... V. TAILLON DE F... V. TAMBOUR DE F... V. TENAILLE DE F... V. TERRAIN DE F... V. TOUR DE F... V. TRAVAILLEUR DE F... V. TRAVAUX DE F... V. TRAVERSE DE F... V. TRÉSORIER DES F... V. VISITE DE F...

FORTIFICATION, subs. fém. (term. génér.), ou HORDIS, ou HORDOIS, ou HOURDER, ou MUNITION, ou PAREMENT, ou ROC, ou WARNESTURE suivant M. ROQUEFORT. — Fortification a eu, en outre, pour analogues la plupart des synonymes du terme FORTERESSE; de là vient que le verbe FERMER, comme le témoigne GANEAU, avait le même sens que FORTIFIER. — Le mot Fortification a la même étymologie que le mot FORCE; il s'applique à cette branche de l'ART MILITAIRE qu'on a appelée PÉRIBOLOGIE; il exprime l'action ou l'ART de FORTIFIER; il indique un genre d'OUVRAGE ou de TRAVAUX par lequel le GÉNIE met une POSITION en état de DÉFENSE, conformément aux lois de la POLIORCÉTIQUE. — Le mot Fortification a deux acceptions principales, suivant qu'il s'emploie au singulier ou au pluriel; la Fortification est une SCIENCE qui ne doit pas être étrangère au GÉNÉRAL D'ARMÉE lui-même. Les FORTIFICATIONS sont des OUVRAGES ou des PIÈCES DÉFENSIVES dont la combinaison et les rapports regardent les INGÉNIEURS, dont les dépenses ressortissent au BUDGET, et dont la construction s'exécute au moyen de MARCHÉS ADMINISTRATIFS passés avec des ENTREPRE- NEURS; dans le premier cas, on dit SYSTÈME de Fortification; dans le second cas, on dit abattre, élever, défendre, démolir, ÉCORCHER, RASER, renverser, faire sauter des FORTIFICA- TIONS, donner aux SENTINELLES les CONSIGNES relatives à la conservation des FORTIFICA- TIONS, etc., etc. — On appelle, en fait de Fortification, PIÈCES HAUTES celles qui do- minent le niveau de la campagne, telles que CONTRE-GARDES, OUVRAGES A CORNE et A COU- RONNE, RAVELINS, TENAILLONS, etc., etc. — Des AUTEURS allemands, tels que M. HAUSER, regardent la Fortification comme une partie de la STRATÉGIE; cette proposition semble peu plausible, à raison du sens que la LANGUE FRANÇAISE attache depuis quelques années au mot STRATÉGIE; mais si l'on y attache, comme le fait la LANGUE ALLEMANDE, sa signification primitive et GRECQUE, si l'on regarde la STRATÉGIE comme l'ART DU GÉNÉ- RAL, comme une branche de la LOGISTIQUE MILITAIRE, comme la partie géométrique de la SCIENCE dont la GUERRE DE SIÉGE est un des chaînons : alors on trouvera conséquente l'opinion de HAUSER. — La Fortification ne saurait nous occuper ici que par rapport au SERVICE, à quelques souvenirs historiques et aux relations établies entre l'INFANTERIE et le GÉNIE, entre les OPÉRATIONS D'ATTAQUES, la puissance des DÉFENSES inertes, la théorie des défenses actives. — A une époque où les règles étaient à peine arrêtées et connues et où l'on manquait de dictionnaires, quan- tité de termes techniques, dont l'usage s'est conservé, étaient familiers déjà à un ÉCRI- VAIN qui appartenait au clergé; on est sur- pris de voir avec quelle justesse RABELAIS emploie la langue des Fortifications dans le prologue de son troisième livre. — La For- tification, considérée à titre d'ART, est re- gardée par l'ENCYCLOPÉDIE (1751, C) comme une partie de l'ARÉOTECHTONIQUE. DESPREZ (1735, B), DUANE, MACHIAVEL (1510, A), MAIZEROY (1766, F), MANESSSON (1685, B), VOLTAIRE, l'ont nommée FORTIFICATION ARTI- FICIELLE par opposition à la FORTIFICATION NA- TURELLE; ils ont distingué celle-ci en RÉGU- LIÈRE et IRRÉGULIÈRE. D'autres ÉCRIVAINS, la considérant sous le point de vue du TRAVAIL matériel, l'ont comparée à une ARME DÉFEN- SIVE IMMOBILE. — Les soins relatifs aux For- tifications regardaient en quelques pays le QUARTIER-MAITRE GÉNÉRAL; ils concernent en

FRANCE le MINISTRE DE LA GUERRE; mais, dans le siècle dernier, les choses de principes étaient si mal arrêtées, qu'il y avait des IN- TENDANTS DE PROVINCES qui se donnaient d'eux-mêmes le titre D'INTENDANTS DES FOR- TIFICATIONS. — La Fortification met en état de DÉFENSE un lieu, soit par les moyens de la SCIENCE, soit en profitant de la POSITION naturelle; le plus souvent elle approprie l'art au TERRAIN. Ceci s'applique surtout à la FORTIFICATION DÉFENSIVE, PERMANENTE et MIXTE. — La FORTIFICATION OFFENSIVE est or- dinairement PASSAGÈRE, et s'appelle le plus souvent FORTIFICATION DE CAMPAGNE; de ce genre sont les TRAVAUX DE SIÉGE OFFENSIF. — Pour ces divers TRAVAUX, on s'est servi de mesures linéaires nommées PAS GÉOMÉTRI- QUE, PAS COMMUN, PORTÉE DE MOUSQUET. — Les ALLEMANDS qui ont écrit en LATIN et les FRANÇAIS, tels que BRÉVIL, qui ont employé la même LANGUE, ont appelé l'ART de forti- fier, *ars fortificatoria;* il y a même quelques ÉCRIVAINS qui ont fait de l'épithète une ex- pression absolue; ils ont créé le substantif *fortificatoria* (la fortificatoire). Ce nom inu- sité eût mieux valu que le mot Fortification, qui a le désavantage de présenter à l'esprit plusieurs idées différentes et confuses. — Les ITALIENS ont donné à la chose ici exa- minée le nom de *munizione,* provenu du LATIN *munimentum;* mais les Latins expri- maient par d'autres termes la FORTIFICATION DE CAMPAGNE. — La Fortification est aussi ancienne que l'ART MILITAIRE; presque tous les peuples ont deviné le problème proposé par MONTÉCUCULI (1704, D) : *Faire en sorte qu'un petit nombre de troupes puisse se dé- fendre contre un plus grand.* — De temps immémorial, l'ASIE, l'ÉGYPTE, la MILICE CHI- NOISE, construisirent des Fortifications; mais il ne paraît pas que THÈBES et Memphis aient eu des REMPARTS, ou du moins l'histoire garde sur ce point le silence; elle nous fait voir ces villes ouvrant leurs PORTES à tous les conquérants. — Les colonies de l'ORIENT in- troduisirent les Fortifications dans la GRÈCE; elle en enseigna l'art aux TOSCANS; la MILICE ROMAINE l'apprit d'eux. — APPIAN (150, A) nous entretient des Fortifications et des étonnantes CASERNES des CARTHAGINOIS. — VITRUVE traite des procédés et des formes alors connus que l'art de FORTIFIER mettait en pratique, et l'historien JOSÈPHE peut être consulté sur l'admirable solidité des TRA- VAUX des anciens et sur la perfection des GALERIES DE COMMUNICATION de leurs FORTE- RESSES. — Mais les systèmes fortificatoires des GRECS et des ROMAINS sont difficiles à comprendre, à raison du peu de précision des termes qui en exprimaient les détails, où à cause de la malhabileté des traducteurs qui ont prétendu les expliquer. Les longues et vaines querelles dont FOLARD (1727, A) et JUSTE LIPSE (1596, A) ont été les instigateurs ou la cause ne tiennent pas à d'autres raisons; ainsi, entre tant d'autres, le mot *agger* signifie tantôt OUVRAGE en général, tantôt CAVALIER surmonté de MACHINES, tantôt TRANCHÉE, tantôt ÉPAULEMENT. TACITE dit de Titus, se consultant au pied des murs de JÉRUSALEM : *Aggeribus, vineisque certare statuit;* il se décida à attaquer à l'aide de REMPARTS et de GALERIES blindées. — Les FRANCS, à l'instar des GERMAINS, ennemis de toutes murailles, rasèrent celles des GAULES. CHILPÉRIC PREMIER commence à en rétablir, et M. SISMONDI en fait mention comme d'un changement dans le système de la GUERRE. Elle devint privée et féodale à mesure que des CHATEAUX FORTS s'élevèrent du dixième au douzième siècle. — Les CROISÉS apprirent de la MILICE BYSANTINE les raffinements que les sciences de l'ORIENT appliquaient à l'art des FORTIFICATIONS. — La Fortification communale, ou considérée comme le moyen de DÉFENSE des habitants, et non comme le moyen d'oppression exercé sur eux par les SEIGNEURS, est originaire d'ITALIE, contrée qui, dant le MOYEN AGE, était couverte de cités populeuses et moins soumises à la domination de la FÉODALITÉ. — Alors, au contraire, toutes les Fortifications FRANÇAISES étaient seigneuriales; la principale corvée des VASSAUX était de BORDER, HORDER, HOURDER les CHASTELS; les réparer, les fortifier, les entourer de HORDS, de HORDIS, de HORDOIS (PALISSADES). — Dans le quinzième siècle, le GÉNÉRAL D'ARMÉE Zisca faisait, pour le temps où il vivait, de si grandes choses en Fortification, que quelques ÉCRIVAINS n'ont pas hésité à le regarder comme le père de la Fortification moderne. — Quand l'ARC fut remplacé par l'ARBALÈTE, les LIGNES DE DÉFENSE se prolongèrent. — Dans le seizième siècle, les BASTILLES, les ÉCHAUGUETTES, les ESCHIFFLES; les HERSES, les MACHICOULIS, les MURAILLES des VILLES FORTES et des CHATEAUX, devenaient impuissants contre l'ARTILLERIE DE SIÉGE; ces défenses furent remplacées par un SYSTÈME nouveau, mis en accord avec la découverte de la POUDRE; les manoirs féodaux commencèrent à se DÉMANTELER; les TOURS s'abaissèrent en TORRIONS, et se coupèrent en BASTIONS taillés à pans; les ouvrages prirent le nom de TRIANGLE. Les MACHICOULIS et les CHÉNEAUX se changèrent en GUÉRITES STABLES; des TRAVAUX AVANCÉS, des PIÈCES construites loin du GLACIS, masquèrent des parties longtemps DÉCOUVERTES, abritèrent la CONTRESCARPE et rendirent inu-

tiles les DOUVES ou BASSES COURTS. Les COURTINES, jusque-là couronnées par une BRÉTÈCHE inabordable du côté intérieur de la place, si ce n'est par les TOURS, permirent aux DÉFENSEURS d'attendre sur un TERRE-PLEIN le combat, et d'y repousser, avec l'aide des PIÈCES BASSES, l'escalade; tandis que les issues de la FORTIFICATION SOUTERRAINE, le débouchement des POTERNES, le jeu des CONTRE-MINES leur prêtaient un puissant secours. — BRANTOME (1600, A) dit que ce fut Prosper COLONNE *qui, le premier, a donné les inventions de bien fortifier les places.* — Ce même AUTEUR parle de BORGIA, qui après avoir réduit la Romagne, Bologne, RAVENNE, fortifia Civita-Castellana à l'aide des sommes qu'il tirait d'ALEXANDRE SIX, son père, *de telle force,* dit BRANTOME (1600, A), *que je pense n'avoir veu jamais place de terre ferme plus forte que celle-là.* — La Fortification fut cultivée ensuite par les ALLEMANDS, les POLONAIS, les HOLLANDAIS, et elle a été portée à sa perfection par les FRANÇAIS. — Fortifier des PLACES est un usage fort ancien en FRANCE; les SEIGNEURS d'abord, les communes ensuite, en firent les frais. Plus tard cette dépense tombait dans l'EXTRAORDINAIRE DES GUERRES. M. MONTEIL témoigne que, au temps de Louis ONZE, *il n'y a pas de villes qui, pour les Fortifications, ne payent une taxe.* Dans les pays vignobles, c'était surtout un impôt sur les vins qui y subvenait. Cette espèce d'abonnement attacha à l'ORDINAIRE DES GUERRES la dépense. Cette centralisation fut le signal des progrès de l'ART et du système moderne, qui ne remonte pas au delà de Louis DOUZE; les TRAVAUX DU GÉNIE furent encouragés surtout sous le règne de FRANÇOIS PREMIER, comme le témoigne DUBELLAY (1535, A). — En 1553, l'emploi de SURINTENDANT DES FORTIFICATIONS fut créé. — A ce premier développement que l'ART prenait succéda en HOLLANDE le perfectionnement qui fut l'ouvrage de MAURICE DE NASSAU. Depuis ce prince, des OUVRAGES DÉTACHÉS masquèrent les PORTES; une LIGNE MAGISTRALE dessina la Fortification intérieure; les DEHORS furent à la fois protégeants et protégés; toutes les parties vulnérables des FORTERESSES furent également COUVERTES. — Dans la MILICE FRANÇAISE, l'éclat que jetait la Fortification commença avec les écrits de DEVILLE (1628) et de BLONDEL (1686); le traité publié sous Louis TREIZE fut réimprimé fréquemment; et, jusqu'à l'apparition de VAUBAN, il a joui d'une vogue méritée. — DEVILLE (Antoine) (1674) embrassait savamment les procédés de l'ATTAQUE, les ressources de la DÉFENSE; la puissance des FEUX DE REVERS; il a répandu de sages maximes et fondé une partie des régles qu'il mettait au jour; mais il a terni son traité par la plus basse des épîtres dédicatoires. — Le goût prononcé de Louis QUATORZE pour la GUERRE DE SIÉGE donna le dernier essor à l'art de FORTIFIER; les bornes de la SCIENCE furent reculées par la haute capacité de VAUBAN, ingénieur sans rivaux, qui devina que l'ART consiste à ne s'astreindre à aucun systéme exclusif, mais à modifier les constructions suivant les dimensions du TERRAIN, la nature, l'élévation, les inflexions du sol. — La charge de DIRECTEUR DES FORTIFICATIONS fut alors créée; cette charge, à l'égard de laquelle LACHESNAIE (1758, 1) peut être consulté, embrassait, mais avec une grande prépondérance, les attributions dont le COMITÉ DU GÉNIE est aujourd'hui revêtu sous les ordres du MINISTRE DE LA GUERRE. — Le systéme de la DÉFENSE a fait surtout un grand pas depuis les découvertes immenses, quoique simples, qu'on doit à VAUBAN; mais, après sa mort, l'ART de l'INGÉNIEUR est resté stationnaire; pour qu'il devînt plus savant, il eût fallu de nouveau l'événement d'un long régne pendant lequel un prince puissant se serait livré par inclination à la GUERRE DE SIÉGE, et aurait mis les trésors de l'Etat à la disposition d'un homme de génie; de telles circonstances ne se répétent que rarement, et ces conditions d'amélioration seraient, comme on le voit, plus à craindre qu'à désirer. — Ce titre de pére de la Fortification, donné par VOLTAIRE à ZISCA, a été mille fois donné ensuite à VAUBAN, et pourtant cet habile ingénieur en est plutôt l'Attila, le Poliorcète, que le pére, puisqu'il a réussi à ne rien laisser inexpugnable, et que, en creusant les PARALLÈLES, faisant jouer le RICOCHET et attachant le mineur, il a remis aux ARMÉES D'ENVAHISSEMENT les clefs des PLACES FORTES. — Maintenant le mérite de la Fortification consiste dans le regard mutuel, la dépendance réciproque, le feu auxiliaire de toutes les parties; il consiste aussi dans la justesse des dimensions de la Fortification, suivant qu'elles doivent se proportionner à la taille de l'homme à pied, à la mesure du CAVALIER sur son cheval, aux espaces occupés par l'ARTILLEUR et son matériel. Chaque OUVRAGE doit être disposé de telle sorte qu'il puisse défendre et lui-même et l'OUVRAGE voisin; enfin les calculs de l'INGÉNIEUR tendent à garantir aussi soigneusement des PROJECTILES de l'ENNEMI le lieu défendu, qu'à riposter aux ATTAQUES par la répartition habile du FEU et par la correspondance des DEHORS. — Le rôle important que la Fortification joue dans la politique et à la GUERRE a été un objet de contesta-

tions animées. — On lit dans BONAPARTE (MONTHOLON, t. v) : *Il est des militaires qui demandent à quoi servent les places fortes, les camps retranchés, l'art de l'ingénieur; nous leur demanderons à notre tour comment il est possible de manœuvrer avec des forces inférieures sans le secours des positions, des Fortifications et de tous les moyens supplémentaires de l'art.* — Cette opinion en faveur de la Fortification, opinion balancée puissamment par d'habiles antagonistes, semble avoir pris une force nouvelle par l'opiniâtre et fructueuse résistance de Varna et de Schumla en 1828. — Passons à quelques considérations réglementaires, positives, historiques. — En FRANCE, il est du devoir des COMMANDANTS des DIVISIONS TERRITORIALES de s'assurer de l'état des FORTIFICATIONS des PLACES sous leurs ordres. — Depuis 1818, la Fortification est enseignée dans notre ÉCOLE D'ÉTAT-MAJOR, comme elle l'a toujours été dans les ÉCOLES MILITAIRES. — En 1791, la dépense totale du matériel du GÉNIE ne dépassait pas deux millions et demi; en l'an huit, cette dépense était portée à cinq millions deux cent mille francs. — L'entretien des FORTIFICATIONS s'est élevé, en 1827, à prés de quatre millions; dans cet ensemble n'est pas comprise la dépense des BATIMENTS MILITAIRES qui, dans la même année, a absorbé cinq millions cinq cent soixante-quatorze mille cent trente et un francs. — En 1829, le total de la dépense générale, rapportée à un terme moyen évalué sur une durée de sept années, est de huit millions huit cent vingt-trois mille sept cent quatre-vingt-dix-sept francs. — Depuis que les traités de 1814 ont affaibli la ligne des FORTERESSES DE FRANCE, on a regardé comme complément indispensable du système défensif du pays les TRAVAUX qui fortifieraient Belfort, BESANÇON, GRENOBLE, Soissons, comme le témoigne la *Sentinelle de l'Armée* (t. IV, p. 89). — Maintenant l'ART de la Fortification, les OPÉRATIONS de l'ATTAQUE, les lois de la DÉFENSE, sont soigneusement étudiés dans la MILICE ANGLAISE, au moyen de simulacres ou de RELIEFS de grande dimension; M. Ch. DUPIN (1820, B) s'étend à ce sujet en détails curieux. — Dans la plupart des MILICES, la Fortification est du ressort d'un CORPS DU GÉNIE; dans la MILICE WURTEMBERGEOISE, elle est dans le département du CORPS de l'ÉTAT-MAJOR. — Les AUTEURS qui se sont occupés de la Fortification et de l'ARCHITECTURE MILITAIRE sont trés-nombreux. — M. COURTIN (1825, E) donne un aperçu curieux des fortifications qui défendent les capitales des différents Etats. — Nous allons présenter la nomenclature des autres écrivains qui ont traité le fond du sujet. Acontius, Aertelmaier, Afflitto, Albe, Alberghetti, Albrecht, Alghisi, Alimani, Allent, Allingham, M. Ambert, Angeli, Ango, Antoni, Ardersoif, Arnold, Arnould, Arthus, Aster, Bachot, M. Bailly, Bakalowicz, Baltard, Barbaro, Barca, Bardet (1740), Barnaud, Behr, Belair (1792), Bélici, Bélidor, Bernard, Béroil, Bilfinger, Bisset, Bitainvieu, Blesson, Blondel (1683), Boeckler, Bombelle, Bonajuti, Bonvicino, Borgo, Borgsdorf, Bourdin, Bousmard, Brack, Breziljac, Brévil., Brioys, Cambray, Cardone, Carrion (1824, A), Cass, Cassani, Catanéo (1567, B; 1573, A), Cavalca, Centorio, Cervellino, Chasseloup, Choumara, Christiani, Ciriacy, Clasen, Coehorn, Cormontaingne, Coronelli, Cugnot (1773, N), Dabigné, Dach, Dailbe, Damant, Darçon (1789, G), Davrignac, Debry, Dechales, Defer, Deidier, Delafontaine (1665, A; 1667, B), Deligne (1805, A), Demarchi, Depas, Despagnac (1757, V), Desprez (1735, B), Deville (1629), Dietrich, Dilich, Dinsdale, Dorenheim, Doegen, Duerer, Duret, Durtubie, Dutertre, Duvignan, Duvivier (1826, B), Eberhard, Eikemeyer, Encyclopédie (1785, C, planches), Errard, Erhard, Eyland, Fabre, Faesch, Fallois, Feignet, Ferrettus (Francisco), Feuchtersleben, Fiamelli, Fiorenza, Flamand, Flavigny, Floriani, Fossé, Fourcroy, Fournier (1650), Friedlein, Fronsperg, Fumée (1615), Furetière, Furttenbach, Gautier, Gaya (François), Gay-Vernon, Geigeri, Gernardt, Glaser, Gleni, Glenie, Goldenberg, Goldman, Goret, Gottfried, Greven, Griendel, Gringallet, Grivet, Gruber, Guarini, Guibert (1773, E), Hartman, Hasselbrinck, Hauser (1828), Hecquet (1821), Heer, Hellenfeld, Hempel, Hennert, Henrion, Herborn, Herdegen, Herman, Herstal, Hervordt, Hillefeld, Himsley, Hirsch, Hoffmann, Holliday, Hondius, Horneck, Horst, Hoste, Hoyer (1815, 1817, 1822), Humbert, Imbert (1830), Ivi, Izzo, Jabro (1777, G), Jacobi, Jombert, Juste Lipse (1576), Kreus, Kriegmann, Lachesnaie (1758, I, au mot *Directeur des Fortifications*), Lajonchère, Lallemant (Henri), Lalonde, Lanario, Landmann, Landsberg, Lantéri, Laon, Laroche-Aymon (1804, D), Latreille, Lauther, Lavergne, Leblond (1748), Lechuga, Leclerc, Lecointe, Lemaitre, Lenormant, Livstingk, Lipénius, Locatelli, Lolooz (1766, A), Lorentsen, Lorini, Maggi, Maggieri, Magiri, Maiero, Maizeroy (1775), Mallet (Pierre), Malte, Malthus (1681), Mansson, Marolois, Mattuschka, Mayer, Medina, Meijer, Mennius,

Merkes, Meyer, Meynier, Miller (Maurice), Montalembert, Montargues, Moore, Mora, Moretti (D.-F.), Morlet, Mueller (1776, etc.), Muller, Musset, Mut, Napoli, Naudin, Neubaeuer, Nikolai, Noizet, Norwood, Nottnagel, Ozanam, Pagan, Papillon de la Ferté, Pernety, Perret, Pfeffinger, Pfingsten, Pirscher, Poitiers, Porroni, Porta, Putaneus, Querelles, Ramelli, Raschini, Redelykheid, Reiche, Reinhold, Reveroni, Rhumelius, Rimpler (1724, E), Rivan, Robilant, Rohant, Rojas, Rosenthal, Rossbach, Rossetti (1678), Rottberg, Roxas, Rozard, Ruecker, Ruggieri, Ruggiero, Rumpf (1824, F), Rus, Ruscelli, Saint-Julien, Sardi, Sarti (Antonio), Savart, Savorgnano, Scala, Scamozzi, Scharnhorst (1790, E), Scheiter, Schille, Schlieffen, Schneider, Schneider (J.), Schœpflin, Schoten, Schramm, Schroeter, Schuebler, Schultz, Schumacher, Sidérius, Simpilio, Sionville, Solm, Stahl, Staliani, Stedler, Steiner, Stettner, Steuben, Stevin, Sthalschwerth, Stolipine, Sturm, Suckow, Tapin, Tartaglia, Taylor, Tensini, Teserin, Trew, Trincano (1768), Uhlich, Vacca (1806, F), Vallo, Vauban (1685, D; 1704, B), Vauvilliers, Venn, Vicenzo, Villegas, Villier, Virgin, Vitruve, Vogt, Vols, Walhausen (1621, A), Werckerner, Werthmueller, Wiedeburg, Wieland, Xilander, Zack, Zabern, Zanchi, Zecède, le *Journal des Sciences militaires* (1838 [janvier], p. 95), l'*Encyclopédie des Gens du monde*. — On a donné aux divers systèmes de Fortification des désignations qui caractérisent leurs différences; on a employé à cet effet les locutions FORTIFICATION ARTIFICIELLE (par opposition à la MIXTE et à la NATURELLE), — CIRCULAIRE (par opposition à la POLYGONALE), — COMPLÈTE (par opposition à celle qui était dépourvue de DEHORS), — de PLACE ou de VILLE (par opposition à la PASSAGÈRE), — DÉFENSIVE, — MIXTE (qui participe de l'ARTIFICIELLE et de la NATURELLE), — NATURELLE, — OBLIQUE (par opposition à la PERPENDICULAIRE), — OFFENSIVE, — PERPENDICULAIRE, — POLYGONALE, — SOUTERRAINE. — Nous nous bornerons ici à distinguer la Fortification en FORTIFICATION A DEMI-FLANC, — A REVERS, — A TENAILLE, — DE CAMPAGNE, — FICHANTE, — IRRÉGULIÈRE, — LÉGÈRE, — PERMANENTE, — PERPENDICULAIRE, — RASANTE, — RÉGULIÈRE, — REVÊTUE.

FORTIFICATION A DEMI-FLANC (G, 4). Sorte de FORTIFICATION qui défend un OUVRAGE situé au milieu des CÔTÉS du POLYGONE, et non aux ANGLES du POLYGONE.

FORTIFICATION A FEUX DIRECTS. V. A FEU DIRECT. V. FORTIFICATION PERPENDICULAIRE.

FORTIFICATION a feux fichants. v. a peu fichant. v. fortification fichante.

FORTIFICATION a peux obliques. v. a feu oblique. v. fortification oblique.

FORTIFICATION a feux perpendiculaires. v. a feu perpendiculaire. v. fortification perpendiculaire.

FORTIFICATION a feux rasants. v. a feu rasant. v. flanc de fortification. v. fortification rasante. v. sapeur.

FORTIFICATION a rebours. v. fortification a revers. v. Rossetti.

FORTIFICATION a revers (G, 4), ou fortification a rebours, comme l'appellent Grassi (1817, H) et plusieurs autres. Sorte de fortification qui appartient à un système suivant lequel c'est l'angle rentrant de la contrescarpe, et non son angle saillant qui se trouve devant l'angle flanqué du bastion. Rossetti a particulièrement traité de ce genre de Fortification.

FORTIFICATION a tenaille angulaire (G, 6), ou fortification étoilée. Sorte de fortification qui se compose d'un certain nombre de côtés qui, par leur réunion, forment autant d'angles rentrants et saillants.

FORTIFICATION artificielle. v. arme défensive immobile. v. artificiel, adj. v. fortification.

FORTIFICATION circulaire. v. circulaire, adj. v. courti de forteresse. v. fortification.

FORTIFICATION complète v. bastion. v. complet, adj. v. fortification.

FORTIFICATION de campagne (G, 4; H, 1), ou fortification passagère. Sorte de fortification ainsi nommée par opposition à la fortification permanente et à cet ensemble de travaux que les Romains nommaient *agger, fossa, vallum.* — La différence principale entre les deux genres de fortification, c'est que l'une est construite, dans toutes les règles, par un ingénieur qui travaille à tête reposée; tandis que l'autre peut être tracée sur-le-champ, et pour ainsi dire improvisée par tout officier, quelle que soit son arme, par tout militaire livré à lui-même vis-à-vis de l'ennemi. — Cependant, depuis les guerres de Louis quinze, la construction des Fortifications de campagne n'a été que rarement du ressort des officiers d'infanterie; elle regarde habituellement les officiers de l'état-major général, et surtout les officiers du génie. — Les Allemands ont rendu par le seul mot, un peu long il est vrai, *Feldbefestigungswissenschaft,* les mots art de la construction des fortifications passagères : telle est l'expression employée

par Jetze, etc. — De prodigieux travaux de campagne ont été exécutés par les soldats de César ; le parti qu'ils tiraient des abatis était des plus habiles. — Avant le règne de Louis quatorze, aucun système de Fortification de campagne n'existait ; aucune coutume qui y suppléât ne régnait ; chacun faisait de son mieux. Dans les guerres que soutint ce prince, on commença à avoir recours à un assemblage continu de fortins, de bastions composés d'une simple chemise ; ils étaient quelquefois précédés de fossés et d'avant-fossés ; ils étaient garnis de batteries de gabions. L'ensemble de ces travaux s'appelait circonvallations, contrevallations, lignes. — Les lignes que Folard (1727, A) proposait d'adopter étaient une suite de flèches liées par des courtines, devant le milieu desquelles une tranchée va joindre une redoute jetée en avant et présentant un saillant à l'ennemi. — Conformément à l'opinion de Maurice de Saxe (1757, A), le moyen de défense préférable était une garniture de redoutes carrées, se présentant angulairement à l'ennemi, ou bien un chapelet de redoutes à quatre bastions, offrant à l'ennemi une de leurs courtines. Son camp retranché devant Maestricht, en 1748, était une ceinture de grandes redoutes liées par des chevaux de frise. — Les lignes dont Frédéric deux fit l'emploi le plus fréquent avaient la forme d'une scie dont l'angle saillant renferme une redoute. Ainsi cet angle forme les faces antérieures de la redoute avancée, tandis que l'angle rentrant forme les faces postérieures d'une arrière-redoute de forme pareille. — Jusqu'ici le genre de Fortification le plus convenable à la guerre de campagne n'a pas été unanimement reconnu, et l'on a vaguement appelé poste fermé ou poste fortifié des ouvrages passagers différant par là des postes péribologiques permanents, qui sont aussi des postes fermés et fortifiés. — La Fortification de campagne a été moins perfectionnée que celle des places de guerre. Tous les auteurs en conviennent ; plusieurs d'entre eux ont démontré qu'elle n'avait fait aucun progrès depuis les guerres soutenues par les anciens, et qu'elle est moins savante qu'elle ne l'était il y a deux mille ans. Parmi ces écrivains, plusieurs proposent de la restaurer ; mais l'indolence s'y opposait, la vanité des troupes y répugnait, les officiers et les soldats voyaient avec dédain les outils de terrassiers, et il existait une disposition invétérée à tourner en ridicule ceux qui maniaient la pioche. — Dans la guerre d'Alger, on a professé cependant de plus raisonnables sentiments ; la nécessité ne permettait pas d'y dédaigner le TRAVAIL du PIONNIER. — L'indifférence que les troupes, dans les guerres d'Europe, mettent à se fortifier en campagne est accompagnée, il est vrai, de moins d'inconvénients qu'autrefois, parce que l'invention et le jet dés OBUS a diminué de beaucoup l'importance des FORTIFICATIONS PASSAGÈRES. De pareils TRAVAUX, capables tout au plus de braver les INSULTES de la cavalerie et de retarder une INFANTERIE résolue, cessent d'être tenables à l'arrivée des OBUSIERS. Il suffit de quelques ARTILLEURS et de quelques pièces d'ARTIFICE pour avoir raison d'un travail de plusieurs jours. — On lit dans les mémoires de BONAPARTE (GOURGAUD, t. II, p. 69) que, *depuis l'invention du canon, l'usage de se retrancher chaque jour, en établissant un camp, et de se trouver en sûreté derrière de mauvais pieux plantés à côté les uns des autres, a dû être abandonné.* — Reproduisons cependant quelques règles, quelques souvenirs tirés de tout ce que l'on a écrit. — On a en général disposé en forme de CRÉMAILLÈRE les FORTIFICATIONS PASSAGÈRES, ou ce que les historiens appellent, d'une manière absolue, les LIGNES. — Par ces ressauts elles résistent mieux aux ATTAQUES, puisque cette forme donne des feux obliques et croisés. — Dans un bon système de Fortification de campagne, les OUVRAGES doivent être détachés plutôt que continus, puisque, s'ils étaient jointifs, leur ensemble serait compromis à la moindre ATTAQUE ; il suffirait que l'ENNEMI forçât un seul point pour ruiner tout l'avantage de la DÉFENSE. — Ces OUVRAGES DÉTACHÉS se ferment au moyen de BARRIÈRES à CHASSIS et à BATTANTS, ou bien avec des CHEVAUX DE FRISE. — La Fortification de campagne comprend les différents OUVRAGES nommés BASTION, FLÈCHE, ÉTOILE, FORT DE CAMPAGNE, FORTIN, POSTE FORTIFIÉ, REDAN, REDOUTE, TÊTE DE PONT, TRAVERSE, etc. — L'art de ce genre de Fortification consiste à savoir mettre promptement en état de DÉFENSE tout lieu, tout POSTE, tout bâtiment qui en est susceptible. L'habileté est d'y faire servir ce qu'on a sous la main, de profiter des ACCIDENTS du sol, des GAZONS qu'il peut fournir, de proportionner les dispositions au nombre des TRAVAILLEURS actuellement présents, de ne donner d'autre importance au travail que celle qu'exige l'ATTAQUE présumée, et que permettent la quantité et la nature des matériaux disponibles, de ne donner d'épaisseur au PARAPET que celle qu'il est nécessaire d'opposer aux COUPS DE BOULET à raison de l'espèce connue ou supposée de l'ARTILLERIE ennemie, et de ne rechercher que le degré de solidité proportionné au genre de DÉFENSE

qu'on se propose ; souvent il faut que la PELLE ; la PIOCHE, la HACHE suffisent comme OUTILS. — L'utilité que l'INFANTERIE peut retirer de ces TRAVAUX résulte du choix judicieux des TIRS par rapport au TERRAIN et à raison des cas présumés de l'INSULTE. L'objet des RETRANCHEMENTS DE CAMPAGNE est de rendre périlleux à l'ENNEMI les DÉFILÉS qui lui restent ouverts, de rendre simples et faciles les moyens de la DÉFENSE du POSTE, de multiplier les BARRIÈRES et les difficultés qu'on oppose à l'ATTAQUE. — Si un OUVRAGE doit être élevé sur un fond vaseux ; si un lieu inondé exige une digue, un gué artificiel, la Fortification de campagne a recours à un ÉPI ; elle le compose de FASCINES et de CLAIES, et lui donne plus ou moins d'élévation suivant qu'il doit être noyé ou non. M. LEGRAND (1837, A) traite de ce genre d'ÉPI. — Dans le siècle passé, la MILICE PRUSSIENNE excellait à exécuter des TRAVAUX DE CAMPAGNE. On a regardé le camp de Buntzelwitz, qui renfermait trente-six mille hommes, comme ayant été le plus beau monument connu de FORTIFICATION PASSAGÈRE, soit par le choix habile du TERRAIN, soit par le nombre et l'espèce des ouvrages, soit par la rapidité de leur construction, qui fut menée à terme en quatre jours. — On lit dans BONAPARTE (MONTHOLON, 1823, t. II, p. 185) : *Les principes des Fortifications de campagne ont besoin d'être perfectionnés : cette partie de l'art de la guerre est susceptible de faire de grands progrès. Si les pièces ne sont pas dans les redoutes, elles tomberont au pouvoir de l'ennemi par une charge heureuse de cavalerie. Les batteries doivent être placées dans les positions les plus avantageuses et le plus en avant possible des lignes de l'infanterie et de la cavalerie, sans compromettre leur sûreté. Il est bon qu'elles commandent la campagne de toute la hauteur de la plateforme ; il faut qu'elles ne soient point masquées de droite et de gauche ; de manière que le feu puisse être dirigé dans tous les sens.* — Dans la MILICE WURTEMBERGEOISE, l'étude de la Fortification de campagne est obligatoire pour tous les OFFICIERS d'infanterie. — Les AUTEURS qui ont traité de la Fortification de campagne sont : AUDORF, BRESSON, M. BONJOUAN, BRICHE, BRUEL (1770, F), CESSAC (1785, B), CLAIRAC (1752, A), CORMONTAINGNE, CUGNOT (1769, G ; 1773, N), M. DESMOND, DUPAIN (1757 ; B) ; DUR-TUBIE, l'ENCYCLOPÉDIE (1785, C), FOCH, POLLARD (1727, A), FOSSÉ, GAILLARD, GAUDI (1768, E), GREVEN, GUGY (1782, K), HAUSER (1824), HOLLEBEN, IMBERT (1834), JETZE, JONES (John) (1832), KRITSCHMER, LACHESNAIE (1758, I), LAFITTE-CLAVÉ, LANTERI,

M. le général Laroche-Aymon (1804, D), Lebas, Lecointe (1759, B), M. Legrand (1837, A), Lelouterel (1825, 1), M. le colonel Léodier (1820, E), Linker, Lochée, Malorty, Marquard, Miller (Maurice), Mirabeau (1788, C), Nikolai, Noizet, Panasch, Peschel (1832), Picht, Racchia, Robilant (1744, B), Rogniat (1816, B), Roland de Virloys (1768), Ruscheler, Savart, Servan (1780, B), Sionville (1756, E), Stranz, Struensée (1773), Tielke, Thincano (1768), Unterberger, Urbain, Wenzell, le *Journal des Sciences militaires* (t. XXVII, p. 279).

FORTIFICATION de place. v. Bellersheim. v. commandant de place n° 5. v. fortification. v. fortification de campagne. v. guérite. v. major de place n° 2, 3. v. pionnier. v. place. v. revêtement. v. ricochet.

FORTIFICATION de ville. v. fortification. v. gouverneur de place assiégée. v. Maggi. v. ville. v. Zanchi.

FORTIFICATION défensive. v. contremine. v. Delamont (1671, A). v. défensif, adj. v. Desprez (1755, B). v. fortification. v. hour.

FORTIFICATION étoilée. v. étoilé, adj. v. fortification a tenaille.

FORTIFICATION fichante (G, 4), ou fortification a feux fichants. Sorte de fortification qui a sur la campagne un commandement plus dominant, par opposition à la fortification rasante. Son inconvénient est de frapper un point, au lieu de battre une ligne.

FORTIFICATION irrégulière (G, 4; H, 1). Sorte de fortification dont le polygone est sans symétrie, et dont les cotés et les angles sont de mesure inégale et de forme disparate. Cette espèce de difformité est une conséquence inévitable des irrégularités du terrain, et comme c'est un inconvénient, moins la Fortification irrégulière diffère de la fortification régulière, meilleure elle est. — L'art de construire les Fortifications irrégulières consiste à profiter des points avantageux que le terrain peut offrir, à y appliquer les moyens les plus propres à surmonter les difficultés qui s'y rencontrent, à placer judicieusement des bonnettes, etc. — Une sinuosité, un pli, un coude, une forme non ordinaire, nécessitent l'emploi de la Fortification irrégulière, et ces accidents influent également sur les forteresses ou sur les lignes fortifiées. — Les auteurs qui ont traité de la Fortification irrégulière sont : Belair (1792), Bellersheim, Cormontaingne, Darle (1787, D), Davrignac, Deidier, Desprez (1755, B), Du-

pain (1742, C), Duret, Fallois, Flurance, Gorit, Leblond (1743, A), Manesson (1671, B), Mauclère, Medrano (1709), Melder, Ozanam, Rivan, Rozard, Saint-Julien (1705), Sionville (1756, E), Staulschwerth, Thincano.

FORTIFICATION légère (G, 4; H, 1). Sorte de fortification en terre qui consiste en un double fossé dont l'entre-deux est étroit et reçoit la terre fouillée, de manière à s'élever en un parapet d'un mètre et demi, à partir du fond du fossé intérieur. — Si le temps le permet, cette Fortification se compose d'un parapet de deux mètres ou plus, ayant son fossé du côté de l'ennemi et son pied garni d'une banquette. Si on élève ce parapet de trois à quatre mètres, on le fait précéder d'un petit glacis, et on lui donne une berme.

FORTIFICATION maritime. v. chenal. v. glacis de fortification maritime. v. maritime. v. risberme.

FORTIFICATION mixte. v. fortification. v. mixte, adj.

FORTIFICATION naturelle. v. arme défensive immobile. v. fortification. v. naturel, adj. v. Reyher.

FORTIFICATION oblique. v. fortification. v. oblique, adj.

FORTIFICATION offensive. v. contremine. v. Delamont (1671, A). v. Desprez (1755, B). v. épaulement de fortification. v. fortification. v. offensif, adj. v. taudis.

FORTIFICATION passagère. v. aréotectonique. v. avancement au grade d'officier particulier. v. boulet en métal. v. claie. v. colonel de légion. v. école de Fontainebleau. v. école de Mars n° 1. v. fascine. v. flanc de fortification. v. forteresse. v. fortification. v. fortification de campagne. v. fossé de fortification. v. garde relevante. v. génie stratopédique. v. grenade a main. v. gué. v. Laisné. v. maréchal de l'host. v. milice anglaise n° 7. v. milice autrichienne n° 6. v. ouvrage de fortification. v. passage de rivière en retraite. v. passager, adj. v. pelle de campagne. v. reconnaissance de terrain. v. redoute de fortification. v. rempart de forteresse.

FORTIFICATION permanente (G, 4). Sorte de fortification ainsi nommée par opposition à la fortification de campagne. — Cette distinction n'est point ancienne, puisque avant le règne de Louis quatorze on ne faisait guère usage de fortification de campagne, à moins qu'on ne donne ce dernier nom aux bastides du moyen age, ou aux tranchées que l'infanterie creusait sans art dans les sièges offensifs. — La Fortification per-

manente, considérée comme moderne, date
à peu près de l'an 1500, et les TURCS ne sont
pas étrangers à ses progrès ; c'est à ce siècle
qu'appartient l'invention des BASTIONS, des
CAVALIERS, des CHEMINS COUVERTS, des GALE-
RIES D'ENVELOPPE, des REDANS, des TÊTES DE
PONT, des CHEMINS DE RONDE posés sur des
CONTRE-FORTS, et des REVÊTEMENTS couronnés
par le CORDON des REMPARTS. — Les soldats
employés aux TRAVAUX des Fortifications, soit
à raison d'un SERVICE commandé par l'ÉTAT-
MAJOR GÉNÉRAL, soit de leur plein gré, doivent obéissance aux INGÉNIEURS, comme les
appelait l'ORDONNANCE DE 1768 (1er MARS) ;
mais, depuis LOUIS SEIZE, ces OFFICIERS sont
appelés OFFICIERS DU GÉNIE. C'est maintenant
sous ce titre qu'ils dirigent les TRAVAILLEURS.
— Les troupes sont passibles des DÉGRADA-
TIONS qui seraient occasionnées par elles à
des OUVRAGES de Fortification. Ces dégâts
doivent être constatés par des VISITES périodiques ; quant à la surveillance journalière
qui doit être exercée à cet égard, elle est
confiée aux ÉCLUSIERS et aux GARDES DU GÉNIE ;
elle concernait les COMMISSAIRES DES GUERRES
sous LOUIS QUATORZE et sous LOUIS QUINZE.
— Les POSTES des PLACES s'opposent à ce que
des bestiaux pâturent dans les Fortifications
ou les FOSSÉS, et il est du devoir des SENTI-
NELLES d'empêcher l'encombrement des PONTS
et d'arrêter les particuliers ou les voitures
qui causeraient quelques DÉGRADATIONS. —
C'est au COMMANDANT DE PLACE, au DIRECTEUR
DES FORTIFICATIONS, aux OFFICIERS DU GÉNIE à
connaître ces différents cas ; ainsi le vou-
laient la LOI DE 1791 (10 JUILLET), le RÈGLE-
MENT DE L'AN 4 (22 GERMINAL), la CIRCULAIRE
DE L'AN NEUF (1er BRUMAIRE), le DÉCRET DE
1811 (24 DÉCEMBRE). — On a classé les For-
tifications permanentes en trois espèces, les
grandes, les moyennes et les petites. — Les
AUTEURS qui en ont traité sont : BIRDWINE,
CLAIRAC (1752, A), CORMONTAINGNE, DU-
FOUR, FAGES-VAUMALE, FALLOIS, FLIPANCE,
GAILLARD, HOLLEBEN, IMBERT (1834), KRETSCH-
MER, MALORTY, MILLER (Maurice), SAVART,
SEA, UNTERBERGER, URBAIN.

FORTIFICATION PERPENDICULAIRE (G,
4), ou FORTIFICATION A FEUX DIRECTS OU à FEUX
PERPENDICULAIRES. Sorte de FORTIFICATION dont
les parties sont ordonnées de telle sorte, que
naturellement elles se défendent par des
TIRS PERPENDICULAIRES à la direction de la
partie défendue. MONTALEMBERT (1776) en a
spécialement traité.

FORTIFICATION POLYGONALE ou plutôt
POLYGONE. V. ENCEINTE DE FORTERESSE. V. FOR-
TIFICATION. V. POLYGONALE, adj. V. POLY-
GONE.

FORTIFICATION RASANTE (G, 4), ou

FORTIFICATIONS A FEUX RASANTS. Sorte de FOR-
TIFICATION ainsi appelée par opposition à la
FORTIFICATION FICHANTE.

FORTIFICATION RÉGULIÈRE (G, 4).
Sorte de FORTIFICATION ainsi nommée par opposition à la FORTIFICATION IRRÉGULIÈRE. —
Toutes les parties du POLYGONE en sont symétriques, ses côtés et ses ANGLES sont égaux
entre eux. — Quelquefois l'une et l'autre de
ces Fortifications comprennent des BONNET-
TES ; dans la Fortification régulière ces BON-
NETTES sont des FLÈCHES détachées. — Il est
rare que le TERRAIN des FORTERESSES permette
de les construire régulières. — Les AUTEURS
qui ont nominalement fait figurer la Fortification régulière dans leurs œuvres sont
BELAIR (1792), CORMONTAINGNE, DAREMBERG,
DAVRIGNAC, DEIDIER, DUPAIN (1742, C), DU-
RET, FALLOIS, GORET, GRUMMERT, LOMBARDI,
MANESSON (1671, B), MAUCLERC, MELDER,
RIVAN, SARTI, STAMSCHWERTH, STRUENSÉE
(1775).

FORTIFICATION REVÊTUE. V. OREILLON
DE BASTION. V. REVÊTUE, adj.

FORTIFICATION SOUTERRAINE. V. BE-
LAIR (1792). V. FORTIFICATION. V. GILLOT. V.
MARESCOT. V. MOUZÉ. V. RIVAN. V. SOUTER-
RAIN, adj.

FORTIFICATIONS, subs. fém. plur.
V. BUDGET. V. FORTIFICATION. V. PRISON. V.
SERVITUDE FORTIFICATOIRE.

FORTIFICATOIRE, adj. V. LIGNE F...
V. MACHINE F... V. SCIE F... V. SERVITUDE F...
V. TERRAIN F...

FORTIFIÉ (fortifiée), adj. V. CAMP F...
V. LIEU F... V. LIGNE F... V. PLACE F... V. PO-
SITION F... V. POSTE F... V. TRAVAIL F...

FORTIFIER (verb. act.) UN CAMP, UN
POSTE, UNE VILLE. V. ARTILLER. V. BASTILLE. V.
BERTRESCHER. V. CAMP. V. CAMP RETRANCHÉ. V.
ÉCLUSE. V. FORTIFICATION. V. GARNISON. V.
HOURDIS. V. HOUR. V. POSTE. V. POSTE FORTIFIÉ.
V. REMPART. V. VILLE.

FORTIN, subs. masc. (G, 4), ou ÉTOILE,
ou petit FORT DE CAMPAGNE. Ce diminutif a la
même racine que le mot FORCE. Il se trouve
dans CHARTIER comme signifiant, dès le quinzième siècle, petite FORTERESSE ou fort de peu
de dimension ; il appartient à la FORTIFICA-
TION DE CAMPAGNE ; il donne idée d'un OU-
VRAGE qui se défend de lui-même ; les Fortins diffèrent par là des REDOUTES DE CAM-
PAGNE ; ils ont le désavantage de ne pouvoir pas contenir autant de monde que ces
REDOUTES : aussi, dans les LIGNES DE CIRCON-
VALLATION, avait-on substitué en général les
REDOUTES aux Fortins. — TURPIN (1785, O)
est d'avis qu'on doit donner le nom de Fortin à toutes les PLACES DE GUERRE dont la

GARNISON ne saurait être de plus de six BATAILLONS. — On voit dans FREITAG qu'anciennement on était dans l'usage de donner aux Fortins la forme carrée ou pentagone ; mais que rarement on les faisait à six ANGLES. — Vers ce même temps on nommait BATAILLONS BASTIONNÉS ceux qui avaient la forme d'un Fortin à quatre BASTIONS. — Suivant les AUTEURS modernes, la manière de construire les Fortins ou forts à ÉTOILES était d'en briser les lignes ou COTÉS à raison de quatre, cinq ou six ANGLES RENTRANTS et SAILLANTS, afin d'obtenir des FEUX CROISÉS, des FLANCS OBLIQUES, des ouvrages qui se flanquent mutuellement. On établissait des RETRANCHEMENTS de ce genre aux extrémités des LIGNES A CRÉMAILLÈRE. — M. LEGRAND (1837, A) définit autrement les Fortins ; suivant lui, ce sont de fortes REDOUTES. — Les Fortins sont ordinairement fermés et à une seule issue ; mais s'ils sont appuyés à un FLEUVE, à une RIVIÈRE, à un terrain de difficile accès, ils peuvent rester à GORGE OUVERTE ; ce sont ainsi des TÊTES DE PONT. — Les Fortins dont l'issue n'est pas apparente appartiennent aux ouvrages qu'on appelle BLOCKHAUS. — Sur certains points des COTES MARITIMES on élève des Fortins destinés à résister aux DÉBARQUEMENTS. — On a donné le nom de BICOQUES et de POSTES FERMÉS à des Fortins d'une faible défense ou d'un usage passager. — La GUERRE DE 1830 renouvelle le vieux usage de Fortins portatifs. — Les AUTEURS qui s'occupent des Fortins sont BELAIR (1792, 1793), GUILLET (1686, B), LACHESNAIE (1758, 1), M. LEGRAND (1837, A), SCHARNHORST.

FORTERESSE, subs. fém. v. FORTERESSE.

FORTIUS. v. NOMS PROPRES.

FORTRESCHE, subs. fém. v. FORTERESSE.

FORTUNE, subs. fém. v. OFFICIER DE F... v. SOLDAT DE F...

FOSCOLO ; FOSSÉ. v. NOMS PROPRES.

FOSSÉ, subs. masc. v. ANGLE DE F... v. AVANT-F... v. BANQUE DE F... v. BOMBE DE F... v. COFFRE DE F... v. CONTRE-F... v. DESCENDRE LE F... v. DESCENTE DE F... v. DOUVE DE F... v. EAU DE F... v. GRENADE DE F... v. PASSAGE DE F... v. PASSAGE DU F... v. SAIGNER UN F...

<table>
<tr><td rowspan="4">FOSSÉ</td><td>DE FORTERESSE...</td><td>FOSSÉ INONDÉ.</td></tr>
<tr><td></td><td>SEC.</td></tr>
<tr><td>DE FORTIFICATION.</td><td>FOSSÉ BORGNE.</td></tr>
<tr><td></td><td>DE REDOUTE.</td></tr>
</table>

FOSSÉ, subs. masc. (term. génér.), ou FOUSSÉ suivant RABELAIS et M. MONTEIL, ou FOSSEIT. Mot dérivé du LATIN *fodere*, creuser ; il a produit plusieurs mots maintenant en désuétude, tels que DEFFOSSÉ, FOSSEUR, FOSSEY, FOSSIER et beaucoup d'autres que mentionne ROQUEFORT en parlant des TRAVAUX DE SIÉGE. — Il donne généralement l'idée d'une TRANCHÉE. — On appelle BERGE ou BANQUE la lisière formée par l'extraction des matériaux tirés du Fossé. — En considérant les Fossés comme un ACCIDENT DE TERRAIN, on recommande aux TROUPES EN CAMPAGNE de les FOUILLER ainsi que leurs BERGES. — On donne le nom de CRIQUE à certains Fossés. — Des PIONNIERS creusent des Fossés pour rompre les CHEMINS MILITAIRES, et ces COUPURES ou CHICANES deviennent alors des OUVRAGES A PARAPET. — Si une VILLE OUVERTE, mais entourée d'un Fossé, est occupée par des TROUPES, le COMMANDEMENT de cette VILLE était dévolu à un OFFICIER D'INFANTERIE, par préférence à tout OFFICIER DE CAVALERIE de même grade. — Les AUTEURS qui ont tracé des préceptes ou expliqué les systèmes relatifs aux Fossés considérés comme défensifs, sont BARDET (1740, A), BELAIR (1792), DANIEL (1721, A), DEVILLE (1674), DUBOUSQUET (1769, A), DUPAIN (1757, B), l'ENCYCLOPÉDIE (1785, C), GUIGNARD (1725, B), GUILLET (1686, B), LACHESNAIE (1758, 1), LEGRAND, (1837, A, au mot *Pas de souris*), MANESSON (1685, B), SIONVILLE (1756, E), TRAVERSE (1758, D), TRINCANO (1758). — Les Fossés défensifs se distinguent en FOSSÉ A FOND DE CUVE, — D'ATTRAPE, — DE BASTILLE, — DE BASTION, — DE BOULEVARD, — DE CAMP, — DE CIRCONVALLATION, — DE CONTRE-GARDE, — DE CONTRESCARPE, — DE DEMI-LUNE, — DE FORT DE CAMPAGNE, — DE FORTERESSE, — DE FORTIFICATION, — DE PLACE, — DE PLACE D'ARMES, — DE RÉDUIT, — DE RETIRADE, — DE SAPE, — DE TAMBOUR, — PERDU.

FOSSÉ A FOND DE CUVE. v. A FOND DE CUVE. v. FOSSÉ SEC.

FOSSÉ BORGNE (G, 4), ou FOSSÉ D'ATTRAPE. Sorte de FOSSÉ DE FORTIFICATION qui est superficiellement recouvert de FASCINES, de planches, etc., cachées elles-mêmes avec de la terre, qui s'enfoncerait sous les pieds de l'ENNEMI.

FOSSÉ D'ATTRAPE. v. ATTRAPE. v. FOSSÉ BORGNE.

FOSSÉ DE BASTILLE. v. BASTILLE.

FOSSÉ DE BASTION. v. BASTION. v. BASTION DE FORTERESSE. v. FLANC DE BASTION. v. LUNETTE DE BASTION. v. MOINEAU.

FOSSÉ DE BOULEVARD. v. BOULEVARD.

FOSSÉ DE CAMP. v. CAMP. v. CAMP DE HUTTES. v. CAMP FORTIFIÉ. v. CAMP RETRANCHÉ.

V. CAMP ROMAIN. V. FOSSÉ DE FORTIFICATION.

FOSSÉ DE CHATEAU. V. CHATEAU.

FOSSÉ DE CIRCONVALLATION. V. CIRCONVALLATION.

FOSSÉ DE CONTRE-GARDE. V. CONTRE-GARDE.

FOSSÉ DE CONTRESCARPE. V. AVANT-FOSSÉ. V. CONTRESCARPE. V. FOSSÉ DE FORTERESSE.

FOSSÉ DE DEMI-LUNE. V. ATTAQUE DE DEMI-LUNE. V. CONSIGNE DE SENTINELLE D'A-VANCÉE. V. FOSSÉ DE FORTERESSE. V. FOSSÉ INONDÉ.

FOSSÉ DE FORT DE CAMPAGNE. V. FORT DE CAMPAGNE.

FOSSÉ DE FORTERESSE (term. sous-génér.), OU FOSSÉ DE PLACE. Sorte de FOSSÉ qui entoure le pied d'une ENCEINTE; les anciens ont, de temps immémorial, fait usage de cette DÉFENSE; les plus grands Fossés que l'histoire mentionne étaient ceux de ROME; DENYS D'HALICARNASSE dit qu'ils avaient cent pieds de largeur et autant de profondeur; les places ainsi entourées bravaient le BÉLIER, les MACHINES DE SIÉGE, la TORTUE D'ESCALADE, à moins qu'au préalable le MUSCULE n'eût été employé à combler le Fossé. — Avant l'invention des DEHORS, les Fossés étaient traversés par les DOUVES OU BASSES-COURTS, et dominés par des MACHICOULIS. — Dans nos usages modernes, le Fossé d'une forteresse est la partie excavée entre une ESCARPE et une CONTRESCARPE; son encaissement est ordinairement à DEMI-REVÊTEMENT OU entièrement revêtu. Son bord extérieur est vu de la sommité de la PLONGÉE. — Quelquefois le Fossé est précédé d'un AVANT-FOSSÉ ou d'un CONTRE-FOSSÉ qu'on appelle aussi FOSSÉ PERDU. — La largeur du Fossé diffère suivant la nature des PIÈCES dont il défend le pied. On regarde, en général, celui du CORPS de la PLACE comme devant être de trente-six mètres, et les Fossés des DEHORS comme devant être de vingt-quatre. — En général, tout Fossé doit être plus large qu'un grand arbre n'est long. — ROUILLANT conseille de les faire très-grands, et insiste sur l'importance de cette précaution. — La profondeur du Fossé, non compris la CUNETTE, doit égaler la hauteur du REMPART; cette profondeur doit excéder un homme de grande taille ou n'être pas moindre de deux mètres; mais il y a des Fossés qui sont creux de cinq à six mètres. — Le Fossé règne du pied des BASTIONS, des COURTINES, des DEMI-LUNES, ou du pied d'une FAUSSE-BRAIE, jusqu'aux OUVRAGES à CORNES, aux CONTRE-GARDES, aux COUVRE-FACES, ou aux autres DEHORS; il est coupé et surmonté par les différentes BRANCHES de la FORTIFICATION; il est abrité par le CHEMIN COUVERT. Des POTERNES, des ESCALIERS situés aux angles, communiquent du fond du Fossé aux PLACES D'ARMES. — Quelquefois c'est du Fossé que partent les CONTRE-MINES du CHEMIN COUVERT, qui se dirigent vers la GORGE des DEHORS. Quant aux CONTRE-MINES du REMPART, elles répondent à des CAPONNIÈRES, ou bien elles traversent le Fossé s'il est de l'espèce nommée FOSSÉ SEC. Dans ce dernier cas, des GALERIES DE COMMUNICATION y sont ménagées. — Il y a des Fossés défendus par une TENAILLE A CAPONNIÈRE. — Il y a des Fossés surmontés d'une BERME. — Des Fossés trop larges sont garnis d'une ENVELOPPE. — La totalité du fond du Fossé doit être soumise au FEU des OUVRAGES qui le défendent. Les fenêtres des GUÉRITES et des ÉCHAUGUETTES doivent y AVOIR DES VUES. Les CASEMATES A FEU et les RÉDUITS sont destinés à le BALAYER. Des RÉCHAUDS l'éclairent la nuit, en cas de SIÉGE. — Les Fossés qu'on regarde comme étant de la meilleure défense sont ceux qui, à la volonté de l'ASSIÉGÉ, peuvent être ou secs ou inondés, et qu'il ne dépend pas de l'ENNEMI de SAIGNER, c'est-à-dire d'étancher par dérivation. On emplit d'EAU cette espèce de Fossé au moyen d'É-CLUSES, ce qui s'appelle DONNER DES CHASSES. — Dans les SIÉGES OFFENSIFS, les feux des LOGEMENTS, les PROJECTILES des BATTERIES DE BRÈCHE frappent le REMPART à deux mètres au-dessus du Fossé pour ouvrir le TROU où s'introduit le MINEUR; si le Fossé est inondé, le MINEUR s'attache à un pied au-dessus du niveau de l'EAU. Tel était du moins, dans les derniers siècles, le moyen de commencer la BRÈCHE. — Cette OPÉRATION et le jeu des BATTERIES A RICOCHETS précèdent la DESCENTE du Fossé, OPÉRATION par laquelle l'INFANTERIE ASSIÉGEANTE travaille à se rendre maîtresse de ce point important; elle y procède à force de FASCINES et au moyen d'une GALERIE D'APPROCHES qu'on nomme DESCENTE COUVERTE, mais qui est quelquefois à CIEL OUVERT. — L'ASSIÉGÉ oppose à cette entreprise et au PASSAGE du Fossé les GRENADES A MAIN ou les BOMBES DE FOSSÉ, les FAGOTS OU FASCINES GOUDRONNÉES, les SORTIES INTÉRIEURES et tous les moyens que son industrie ou son désespoir lui suggèrent pour sa DÉFENSE; il est probable qu'on verra les ARMES A VAPEUR y être utilement employées. — Les Fossés de forteresse se distinguent en FOSSÉS INONDÉS et en FOSSÉS SECS.

FOSSÉ DE FORTIFICATION (term. sous-génér.). Sorte DE FOSSÉ considéré abstraction faite de l'importance de l'OUVRAGE auquel il sert de défense. — En général les CHATEAUX ont été à DOUVES; tous les OUVRAGES DE FORTIFICATION, tous les BOULEVARDS, ont été et sont à Fossés, parce que la terre qu'on en tire sert à la construction du REM-

PART et du PARAPET, et que la partie creusée est une sûreté de plus.— Les dimensions des Fossés, ceux des FORTERESSES exceptés, résultent de la quantité de terre qu'on veut obtenir pour la construction du PARAPET, de la BANQUETTE et du GLACIS. — Les anciens donnaient à leurs Fossés moins de largeur et plus de profondeur que les modernes. Ceux-ci commencèrent à les faire plus larges, quand ils eurent à se garantir contre l'atteinte de l'ESCALE et l'attache du PÉTARD. —Les Fossés des CAMPS ROMAINS avaient trois mètres de large sur deux mètres et demi de profondeur; et au temps où cette MILICE était dans sa vigueur, les SOLDATS portaient avec eux une certaine quantité de PIEUX destinés à construire les RETRANCHEMENTS, à PALISSADER le Fossé, à l'entourer d'un PARAPET. — Les LÉGIONS ne manquaient jamais à l'usage de CEINDRE ainsi le terrain sur lequel elles CAMPAIENT; quelquefois elles en HÉRISSAIENT les bords au moyen de CHAUSSE-TRAPES. — On a appelé inexactement BERGE, et on nomme plus correctement BERME, l'espèce de chemin ou de repos ménagé entre le Fossé et le REMPART qui le surmonte; ce sont surtout les OUVRAGES EN TERRE qui ont besoin de BERMES. Ces BERMES sont à FRAISES. — Les CAMPS FORTIFIÉS OU RETRANCHÉS, les BATTERIES DE SIÉGE, les CONTREVALLATIONS, les LIGNES, et en général les FORTIFICATIONS PASSAGÈRES sont accompagnés d'un Fossé traversé de quelques PONTS de forme appropriée au terrain et au genre de la défense. — Si l'on peut garnir le fond du Fossé avec des ABATIS à branches aiguisées, et si l'on est pourvu, en cas d'ATTAQUE, de GRENADES A MAIN ou de GRENADES DE FOSSÉ, on redoute moins que l'ennemi parvienne à le franchir ou à le combler. — Les Fossés de fortifications se distinguent en FOSSÉS BORGNES et en FOSSÉS DE REDOUTE.

FOSSÉ de PLACE. V. ASSAUT OFFENSIF. V. FOSSÉ DE FORTERESSE. V. MAJOR DE PLACE Nº 2. V. MILICE CHINOISE Nº 5. V. MOT. V. PLACE. V. POLIORCÉTIQUE V. PORTE DE FORTERESSE. V. RAMPE. V. RAVELIN. V. RÉDUIT DE CHEMIN COUVERT. V. RONDE. V. SORTIE D'ASSIÉGÉS. V. TENAILLE. V. TERRAIN FORTIFICATOIRE DE POSTE.

FOSSÉ de PLACE D'ARMES DE SIÉGE OFFENSIF. V. BANQUETTE DE TRANCHÉE. V. PLACE D'ARMES DE SIÉGE OFFENSIF. V. TORTUE MÉCANIQUE.

FOSSÉ de REDOUTE (G, 4). Sorte de FOSSÉ DE FORTIFICATION qui est quelquefois à fond angulaire. On y place, s'il se peut, des corps d'arbres inclinés vers l'ENNEMI, de manière que chaque tronc FRAISE le Fossé dans une largeur d'un mètre sur une profondeur d'un mètre et demi. — LE COINTE (1759, B)

donne à cet égard des renseignements détaillés.

FOSSÉ de RÉDUIT. V. RÉDUIT. V. RÉDUIT DE CITADELLE.

FOSSÉ de RETIRADE. V. RETIRADE.

FOSSÉ de SAPE. V. GABION DE SAPE. V. SAPE. V. TORTUE MÉCANIQUE.

FOSSÉ de TAMBOUR. V. TAMBOUR. V. TAMBOUR DE FORTIFICATION.

FOSSÉ INONDÉ (G, 4). Sorte de FOSSÉS DE FORTERESSE plus larges, mais moins profonds que les FOSSÉS SECS. Cette profondeur est quelquefois de quatre mètres y compris la CUNETTE. — Les Fossés inondés sont à EAU COURANTE ou dormante. Ordinairement des BATARDEAUX les traversent, et des ÉCLUSES DE CHASSE OU DE FUITE sont disposées de manière à empêcher l'EAU de s'y congeler, à produire diverses MANŒUVRES, à étancher le Fossé. — Dans les temps de froid rigoureux, on rend impossibles les MARCHES D'ARMÉES sur la surface de la GLACE, soit en la brisant à force de bras, soit en la rompant à l'aide de la poudre, comme l'explique au mot *Glace* l'*Encyclopédie des Gens du monde*. — On a défendu, au moyen de CASEMATES A FEU ou de TENAILLES, les Fossés inondés. On correspond des DEHORS à ces fossés par des PRAMES. — Les Fossés inondés rendent plus forts les OUVRAGES EXTÉRIEURS, plus difficile l'ATTAQUE de la DEMI-LUNE; ils assurent mieux la PLACE contre les SURPRISES de l'ENNEMI, ils donnent aussi à l'ASSIÉGÉ l'avantage d'être plus positivement instruit du point sur lequel l'ASSIÉGEANT se prépare au PASSAGE du Fossé. Mais ils rendent moins faciles et moins sûres les COMMUNICATIONS de l'ENCEINTE avec la CONTRESCARPE et les OUVRAGES EXTÉRIEURS, et ils gênent les CONTRE-MINES. — Le pied des bastions est quelquefois défendu par des PALISSADES si le FOSSÉ est inondé. — Si une PLACE à Fossé inondé est ASSIÉGÉE, l'ATTACHEMENT du MINEUR dans le REVÊTEMENT y a lieu à un pied au-dessus du niveau de l'EAU. — Des physiciens se sont occupés de nos jours des moyens d'enflammer une MINE à travers un Fossé inondé.

FOSSÉ PERDU. V. AVANT-FOSSÉ. V. FOSSÉ DE FORTIFICATION. V. PERDU, adj.

FOSSÉ SEC (G, 4). Sorte de FOSSÉ DE FORTERESSE qui facilite le départ des SORTIES, l'arrivée des secours, le trajet des ESPIONS, l'introduction des DÉSERTEURS ENNEMIS, la RETRAITE des SORTIES en cas d'échec, le travail des CONTRE-MINES du REMPART, leur communication avec la DOUVE et le CHEMIN COUVERT. — Les Fossés secs défendent avantageusement la CONTRESCARPE et les DEHORS; ils permettent à l'ASSIÉGÉ de s'opposer plus efficacement au PASSAGE du Fossé, parce qu'il peut y élever des TRAVAUX, s'y défendre par des CHICANES. Mais ils sont moins sûrs contre les SURPRISES; ils exigent des GARDES plus nombreuses. — Ils sont quelquefois protégés par des PLACES D'ARMES, traversés de COFFRES, de TENAILLES, de CAPONNIÈRES, et garnis, à cause même de ces TRAVERSES, d'une rangée de PALISSADES; ils sont quelquefois creusés d'une cunette; ils sont plus profonds que les FOSSÉS INONDÉS; cette profondeur va jusqu'à six mètres. — GANEAU (au mot *Fond*) appelle Fossé à fond de cuve, les Fossés secs dont les bords sont également escarpés. — Le Fossé sec peut être moins creux devant la courtine que devant les Faces. — Il est quelquefois construit un petit Fossé intérieur, le long du revêtement des feux casematés. — On descend des bermes au fond du Fossé par des escaliers de pierre nommés PAS DE SOURIS.

FOSSEIT, subs. masc. v. FOSSÉ.

FOSSEUR, subs. masc. v. FOSSÉ. V. GRAND MAITRE DE L'ARTILLERIE. V. GRAND MAITRE DES ARBALÉTRIERS. V. MINEUR FRANÇAIS. V. PIONNIER.

FOSSEY, subs. masc. v. FOSSÉ.

FOSSIER, subs. masc. v. FOSSÉ. V. INFANTERIE; id. N° 2. V. ARTILLERIE IDIOPLIQUE. V. MILICE FRANÇAISE N° 2. V. MINEUR FRANÇAIS. V. OFFICIER DU GÉNIE N° 1. V. OUVRIER D'ARMÉE. V. PIONNIER. V. SOLDAT. V. TORTUE MÉCANIQUE. V. TRENCHEOR.

FOSSOYER, subs. masc. v. GRAND MAITRE DES ARBALÉTRIERS. V. PIONNIER.

FOSTER. V. NOMS PROPRES.

FOU (folle), adj. v. ARME F... V. GARDE F... V. PIÈCE F...

FOU, subs. masc. v. FEU.

FOUCADE, subs. fém. v. FOUGASSE.

FOUCAULT; FOUCHER. V. NOMS PROPRES.

FOUCHON, subs. masc. v. FAUCHON.

FOUDRE, subs. fém. v. A F... V. ATTRIBUT DE RETROUSSIS.

FOUDROYANT (foudroyante). v. BARIL F... V. BATTERIE F... V. BOMBE F... V. COURONNE F... V. HÉRISSON F...

FOUDROYER, verb. act. v. CANONNIER. V. CAVALIER DE TRANCHÉE. V. CITADELLE.

FOUET, subs. masc. v. PLEIN F... V. SAVATE.

FOUET (term. génér.). Mot dont l'étymologie appartient peut-être à la LANGUE CELTIQUE, dans laquelle nos mots monosyllabiques ont en général leur racine. — Le mot Fouet se distingue en FOUET A VÊTEMENT, — CORRECTIONNEL, — INSTRUMENTAL.

FOUET A VÊTEMENTS (C, 3), ou MARTINET.

DICTIONNAIRE DE L'ARMÉE.

Sorte de FOUET composé de plusieurs lanières ou pendants en buffle. Le RÈGLEMENT DE 1775 (2 SEPTEMBRE) prescrivait l'usage de ce Fouet pour épousseter les EFFETS D'HABILLEMENT; il devait y en avoir deux par ESCOUADE.

FOUET CORRECTIONNEL (F). Sorte de FOUET considéré et comme un instrument de PUNITION de l'ancienne JUSTICE MILITAIRE, et par catachrèse comme la PUNITION, le CHATIMENT ou le SUPPLICE mêmes. — Dans la MILICE ROMAINE, les instructeurs ou CAMPIDUCTEURS étaient armés d'un Fouet pour en châtier les élèves paresseux ou malhabiles. — L'ORDONNANCE DE 1570 (10 DÉCEMBRE) soumettait, en France, aux coups de Fouet les GOUJATS fautifs et les FEMMES SUSPECTES. L'ORDONNANCE DU 29 DÉCEMBRE, même année, les infligeait en certains cas aux FOURRIERS EN ROUTE; c'est donc à tort qu'on a attribué, un siècle et demi plus tard, au colonel MARTINET l'invention du MARTINET; ce colonel a peut-être été la cause involontaire de la dénomination de ce genre de Fouet; mais ce n'est pas à lui qu'il faut attribuer l'usage de la FUSTIGATION. — Dans la MILICE RUSSE, le Fouet s'appelle KNOUT: le mot est devenu français. — Le Fouet TARTARE est le nerf de la discipline CHINOISE. — Dans la MILICE ANGLAISE, l'instrument de FUSTIGATION, ou plutôt de FLAGELLATION, est le chat à neuf queues (*cat o'nine tails*): c'est l'ancien martinet français; les coups n'en peuvent outre-passer, par *vacation*, dit le général Foy, le nombre de cinq cents. — On inflige cette PUNITION en plaçant le patient dans le TRIANGLE; les TAMBOURS font l'office de PRÉVÔTS ou de BOURREAUX, et administrent les coups sous la direction du TAMBOUR-MAJOR et en présence des CHIRURGIENS du corps. — Voici la description du chat tel que le dépeignait un discours de M. Wakley, à la chambre des communes en février 1836. Le Fouet est de neuf brins en cordes particulières; chaque corde ayant trois nœuds et se terminant par un corps dur de la grosseur d'un pois. Dès la veille, on donne aux TAMBOURS l'ordre de mouiller le Fouet qu'on suspend ensuite pour le faire sécher. Cette opération donne aux cordes la dureté du fil de fer. Le dos nu d'un homme est crayonné sur le mur de la chambre des TAMBOURS, et on les exerce à frapper de manière à éviter le croisement des brins. A chaque coup, chacun des trente-six nœuds laisse sur le corps du patient une plaie profonde. — On lit dans JAMES (1799, B) que la plupart des PUNITIONS à coups de FOUET sont infligées en répression des mutineries, des mécontentements, des mauvais propos auxquels les SOLDATS sont poussés par les fraudes et les iniquités qui ont lieu dans les distributions du petit équipement. — Il y a dans cette assertion de l'exagération; la passion des liqueurs fortes occasionne la plupart des fautes punies du Fouet.

FOUET d'armes. v. armes. v. arzegaie. v. fléau d'armes. v. masse d'armes. v. massue. v. plomber.

FOUET de charretier. v. charretier. v. train.

FOUET de cosaque. v. cosaque. v. croate.

FOUET de rênes. v. rêne. v. selle de cavalerie.

FOUET (fouets) instrumental (F). Sorte de fouets qui ont figuré parmi les instruments de musique militaire en usage dans l'antiquité. — Les historiens d'Alexandre le Grand rapportent que, dans l'armée de Porus, les Indiens marchaient aux signaux qui leur étaient donnés par le claquement des Fouets des musiciens. — Les Scythes, dit Audouin, à défaut d'instruments, faisaient résonner les cordes de leur arc. On peut induire de cette citation qu'apparemment ils convertissaient momentanément en un Fouet leur arc; seul moyen, à ce qu'il nous semble, de tirer d'un arc des sons qui aient un peu d'éclat. — Suidas donne à entendre qu'au dixième siècle les Indiens employaient en instruments concertants le tambour et le Fouet. — Vossius parle des Fouets dont on jouait dans les fêtes de Cybèle et de Bacchus; il assure qu'on en tirait de véritables effets d'harmonie, et il ajoute que les Tartares, qui avaient conquis vers la fin du dix-septième siècle l'empire chinois, se servaient de Fouets au lieu de trompettes, et que d'un seul mouvement de la main ils faisaient rendre à cet instrument trois sons différents. — Jabro (1777, G) suppose que ces trois sons se composent d'un ton principal ou fondamental, de l'octave de sa quinte, de la double octave de sa tierce; ainsi il compare les variantes de la fondamentale de cet instrument a lanière à une douzième et à une dix-septième, parce que tel est le rapport des sons qu'on obtient des instruments de percussion. — L'habileté et l'énergie avec laquelle certains postillons font, de nos jours, résonner le Fouet, donnent de la probabilité à cet emploi du Fouet comme instrument militaire primitif et comme signe de cadence, parce qu'il était aussi simple à inventer comme moyen musical que la pierre et le bâton comme armes de guerre. — La claquette est un Fouet à grelots.

FOUGACE, subs. fém. v. fougasse. v. fusée de guerre. v. musique.

FOUGADE, subs. fém. v. fougasse.

FOUGASSE, subs. fém. (G, 2, 4), ou coffre fulminant, ou fogasse, ou fougade, ou fougace, ou fougade, ou moindre mine. Mots dérivés de l'italien fugace, qui prend fuite, ou de foga, furie, fougue; à moins que le mot italien fogata n'ait été une corruption de nos mots fougade, fougade; ce qui n'est pas improbable. — L'expression Fougasse a eu pour diminutif fougette, espèce de fusée de guerre. — Les Fougasses sont des contremines passagères qu'on emploie en cas de siége ou pour la défense d'un ouvrage de campagne; elles diffèrent d'un fourneau en ce qu'elles ne sont enfoncées en terre que de cinq à dix pieds environ, à raison du plus ou moins de résistance de la couche supérieure du sol; tandis que, au-dessus d'un fourneau de mine ordinaire, il y a quatre mètres ou beaucoup plus. — On appelle Fougasse et l'ensemble de l'excavation qui forme son fourneau et le caisson d'artifice que le mineur introduit dans cette excavation et qui contient la poudre. — Saint-Remy décrit la Fougasse comme un puits ou petit fourneau de dix pouces de large sur douze de profondeur. — Des assiégés font jouer des Fougasses sous un passage de fossé, une brèche offensive, une contrescarpe, un chemin couvert, un angle saillant, une face de certains ouvrages, ou enfin dans des dehors ou des postes fermés qu'ils se voient hors d'état de garder ou de défendre plus longtemps. — On creuse des Fougasses sur des points qui ne peuvent pas être défendus par des feux croisés, et où il est important de multiplier les dangers que courra l'ennemi. Elles sont d'un grand effet en avant et sur la capitale des ouvrages passagers, parce que l'attaquant s'attend moins à y rencontrer des moyens de défense de cette nature. — Gucy (1782, K) a présenté, dans un tableau, le calcul des degrés de résistance que doit opposer le terrain suivant le degré de profondeur de la Fougasse. Cet auteur donne le nom de Fougasse à une caisse cubique remplie de poudre qu'on met au fond d'un fourneau ou puits de mine; ce puits, situé à quatre ou cinq pas de l'ouvrage défendu, doit avoir un mètre en carré et une profondeur de deux à quatre mètres. On étançonne, s'il est nécessaire, ce puits; on creuse dans sa partie inférieure une excavation qui se rapproche du pied de l'ouvrage, afin que le caisson se trouve sous des terres non remuées qui offrent la résistance principale; le fourneau se proportionne au caisson qu'on peut se procurer. — La quantité de poudre dont on charge une Fougasse se calcule à raison de la profondeur à laquelle on creuse le fourneau et du degré de résistance que présentera, suivant sa nature, le sol excavé. — Au besoin un seau, un BARIL, toute espèce de récipient est employé, à défaut de caisson, par les OFFICIERS DU GÉNIE. — Un SAUCISSON à feu communique au FOURNEAU pour que la plus grande quantité possible de POUDRE PRENNE FEU. — On préserve, s'il est nécessaire, les Fougasses de l'humidité, au moyen de nattes de paille, d'enveloppes goudronnées, de toile cirée, etc. On place le SAUCISSON dans un AUGET ou conduit composé de quatre planches de trois pouces de large. — On fait sauter des Fougasses ensemble ou séparément. — Si des FOURNEAUX DE MINE sont situés à peu de distance de la superficie de la terre, le terrain qui saute par l'explosion s'appelle ENTONNOIR; il peut servir de LOGEMENT à une troupe, aussi bien que l'ENTONNOIR que forme un FOURNEAU DE MINE PERMANENTE. — M. MEYER (Moritz) dit que, en 1726, on pratiquait des FOUGASSES A CAILLOUX; c'étaient des tonneaux solidement cerclés en cordages, et ayant une CHAMBRE en métal, peu large, mais profonde. — On appelle FOUGACE FACTICE celle qu'on fait en enterrant un BOULET CREUX ou une BOMBE qu'on fait sauter au moyen d'une MÈCHE souterraine. — On a nommé MACHINES INFERNALES des Fougasses portatives. — Une déclaration de l'existence des Fougasses est une conséquence d'une REDDITION DE PLACE. — Les AUTEURS qui se sont occupés des Fougasses sont : BRANTOME (1600, A), DEVILLE (1674), DUANE (au mot *Fougette*), l'ENCYCLOPÉDIE (1785, C), GUILLET (1686, B), LACHESNAIE (1758, 1, aux mots *Brèche, Mine, Reddition de place, Sortie*), LEGRAND (1857, A), MAIZEROY (1771, A ; 1773, A), MÉGISZENSKI, Moritz MEYER, REVERONI (1826), SIONVILLE (1756, E), VILLENEUVE (1826).

FOUGASSE A CAILLOUX. V. A CAILLOUX. V. FOUGASSE.

FOUGASSE FACTICE. V. BOMBE. V. FACTICE, adj. V. FOUGASSE.

FOUGEROUX. V. NOMS PROPRES.

FOUGETTE, subs. fém. V. FOUGASSE. V. FUSÉE DE GUERRE. V. RAQUETIER.

FOUGUETTE, subs. fém. V. FUSÉE DE GUERRE.

FOUILLER (verb. act.) des OBSTACLES, un BOIS, un PAYS (H, 2). Mot peut-être dérivé du verbe LATIN *exfodere*, creuser; il se prend ici métaphoriquement pour donner idée des soins et de l'attention avec lesquels les AVANT-GARDES des ARMÉES EN CAMPAGNE et des CONVOIS PAR TERRE, les CHASSEURS D'INFANTERIE, les DÉTACHEMENTS, les GRAND'GARDES, les PARTIS examinent et explorent les BERGES, BOIS, FORÊTS, clôtures, FOSSÉS, GORGES, haies, RAVINS, pour s'assurer que ces lieux

ne cachent aucun ENNEMI, ne recèlent aucune EMBUSCADE.

FOULE, subs. fém. (F). Mot dérivé de l'ITALIEN *fola, folla*, ballet qu'un groupe de cavaliers exécutaient à CHEVAL, dans les CAROUSELS; chacun d'eux, par une action concertée, maniait son CHEVAL au son des instruments sur une figure convenue. — Ce spectacle galant, pratiqué dans les TOURNOIS d'ITALIE, s'y appelait faire la Foule (*far la fola*). Ce jeu de théâtre passe pour avoir été inventé par les NAPOLITAINS; car c'était dans leur pays que la CHEVALERIE rappelait le plus les coutumes des MAURES et des ESPAGNOLS. — On trouve dans LAGUÉRINIÈRE (1751, chap. 22, art. 7) un récit des exercices des Foules napolitaines, et la manière dont on y variait les airs de manége et les courbettes. — Ce maniement symétrique des CHEVAUX, ces SCIAMACHIES, ces représentations, qui se combinaient de simulacres d'actions de guerre, ont été connus aussi sous le nom de COMBATS A LA FOULE, ou de TRÉPIGNÉ. — Il est plus aisé de comprendre que d'expliquer comment le mot Foule, *fola*, a produit FOULOIR et REFOULOIR.

FOULOIR, subs. masc. V. FOULE. V. REFOULOIR.

FOUR, subs. masc. (term. génér.). Mot dérivé du LATIN *furnus*, que GÉBELIN croit originairement ARABE. Le substantif FOURNEAU et peut-être le verbe FOURNIR sont provenus du mot Four. — Il ne s'agit point ici des FOURS DE RACOLAGE tolérés à PARIS et dans les grandes villes, sous LOUIS QUATORZE et LOUIS QUINZE, comme le témoigne Ganeau; c'est-à-dire des lieux de prostitution et d'ivrognerie où des malheureux, attirés par surprise, retenus par force, contractaient envers un RACOLEUR, sous les inspirations de l'ivresse ou de la peur, un ENGAGEMENT de SERVICE réputé VOLONTAIRE; c'était la honte du RECRUTEMENT de ces époques. Il ne sera question du mot que sous le rapport du régime alimentaire de l'ARMÉE, et des essais à l'égard de la POUDRE NUTRITIVE. — Les Fours de BOULANGERIE DE CAMPAGNE et des ÉTABLISSEMENTS STABLES où le PAIN des troupes se fabrique ont été l'objet de détails contenus dans l'INSTRUCTION DE L'AN TROIS (16 VENTOSE). — Le terme sera principalement considéré ici comme FOUR DE CAMPAGNE.

FOUR (fours) DE CAMPAGNE (B, 1), ou FOUR PORTATIF. Sorte de FOURS transportés à la suite des ARMÉES AGISSANTES; VELLY affirme que, dès l'année 1350, la MILICE ANGLAISE était accompagnée des Fours nécessaires à cent mille hommes. M. MONTEIL parle aussi de leurs FOURS PORTATIFS du seizième siècle. — Il y a eu des Fours construits sur des CHA-

RIOTS. Il y en a eu dont on ne voiturait que la carcasse et les matériaux; on les construisait sur place, en terre, ou en pierres, ou en briques; ils étaient susceptibles de recevoir quatre à cinq cents RATIONS DE PAIN, ou du BISCUIT à proportion. — On s'est étudié, sous LOUIS QUATORZE, surtout depuis 1693, à en étendre l'usage et à en perfectionner l'emploi; on les a faits d'abord en tôle; mais ils avaient peu de solidité. — On est parvenu ensuite à en joindre mieux les plaques, mais le transport en était embarrassant et les réparations fréquentes et difficiles. On en a mis sur quatre roues; l'avant-train s'en détachait. Ils étaient susceptibles de fonctionner en marchant; le PAIN y cuisait à un feu de réverbère. — Sous le ministère de DARGENSON des perfectionnements ont été obtenus. — On a préféré les Fours à cintres à ceux de tôle; huit demi-cerceaux en fer supportent une voûte en briques et reposent sur les carreaux de l'âtre. Ce genre de Four exige une maçonnerie et les matériaux et outils analogues; il faut quatre maçons et quatre manœuvres pour bâtir un Four en douze ou quinze heures. — La direction, l'emplacement, la surveillance des Fours regardaient alors les COMMISSAIRES ORDONNATEURS. — Dans l'ARMÉE CONFÉDÉRÉE, la proportion des Fours est telle, qu'ils puissent fournir à la consommation du quart des hommes. — Plusieurs AUTEURS ont senti de quelle utilité pouvait être un habile emploi des Fours de campagne, ou des Fours de fer roulants comme les appelle LACHESNAIE (1758, 1); mais, en ce genre d'ADMINISTRATION, les essais faits jusqu'ici ne donnent pas encore la solution des difficultés de la construction et du transport. Le RÈGLEMENT DE 1827 (1er SEPTEMBRE) en traitait un des premiers. — Les ÉCRIVAINS ou les OUVRAGES qui pourraient suppléer à notre silence sont: AUDOUIN, CANCHIN, CHENNEVIÈRES (1750, C, t. IV), DUPRÉ D'AULNAY, GUIBERT (1773, G), HAUSER, JADRO (1777, G, au mot Vivres), M. LEBAS, LEGRAND (1837, A), NODOT, OMIER (1818, E), POTIER (1779, X), REVERONI (1826), VOGELIUS, l'INSTRUCTION DE L'AN TROIS (16 VENTOSE). — On trouve aussi des détails sur la construction de ce genre de Fours dans un mémoire mentionné dans le *Journal des Sciences militaires* (t. III, année 1826; t. XXVII, p. 327), dans le *Bulletin des Sciences militaires* (1824, p. 121, 506), etc.

FOUR de CASEMATE. V. CASEMATE. V. CASEMATE A FEU.

FOUR de RACOLAGE. V. ENGAGEMENT DE RECRUES. V. FOUR. V. RACOLAGE. V. RACOLEUR.

FOUR PORTATIF. V. FOUR DE CAMPAGNE. V. GUERRE DE 1830. V. MILICE ANGLAISE N° 2. V. PORTATIF, adj.

FOURCHE, subs. fém. V. A FOURCHE.

FOURCHE (term. génér.). Mot dérivé du LATIN *furca*; il a produit les mots FOURQUINE, FOURCHETTE, FOURQUINE; il se distingue en FOURCHE DE TENTE, et en FOURCHE FERRÉE.

FOURCHE A COUTEAU. V. A COUTEAU. V. COUTEAU D'ARMES.

FOURCHE CORRECTIONNELLE. V. CORRECTIONNEL, adj. V. DÉSERTION. V. MILICE ROMAINE N° 9.

FOURCHE D'ARQUEBUSE. V. ARQUEBUSE. V. FORQUINE. V. FOURCHETTE.

FOURCHE D'ARMES. V. ARMES. V. RANÇON.

FOURCHE de CHEVALET D'ARMES. V. CHEVALET D'ARMES.

FOURCHE de REMPART. V. CROC. V. FOURCHE FERRÉE. V. REMPART. V. REMPART DE FORTERESSE.

FOURCHE (fourches) de TENTE (B, 1). Sorte de FOURCHES qui supportent les extrémités de la TRAVERSE FAITIÈRE. — Les ORDONNANCES DE 1778 (28 AVRIL) et DE 1788 (12 AOUT) voulaient que chaque TENTE D'ANCIEN MODÈLE fût pourvue de ses Fourches. — Le MAT remplace maintenant les Fourches.

FOURCHE (fourches) FERRÉE (F), ou FOURCHE DE REMPART, ou FOURCHE-FIÈRE, ou FOURQUE-FILE, ou FOYNE, ou HAVET, suivant ROQUEFORT. Sorte de FOURCHES qui font ou faisaient partie des ARMES DE PARAPET et des OUTILS DE CAMPAGNE; elles servaient à repousser les ESCALADES, à accrocher les ÉCHELLES, à renverser les hommes qui y montaient. A cet effet, une des branches du fer était recourbée en forme de croc ou de DENT. Sous une acception pareille, il est question, dans la Satire Menippée, de la FOURCHE-FIÈRE qui était portée par un ligueur; il la tenait *le bec tirant contre-bas.* — On ne se rend pas facilement compte de ce que signifiait précisément ce mot FOURCHE-FIÈRE. — On peut supposer que l'épithète fière venait du verbe férir, faisant à la troisième personne du singulier présent, il fiert; il frappe.

FOURCHE-FIÈRE. V. FIER, adj. V. FOURCHE FERRÉE. V. PIÉTON.

FOURCHETTE, subs. fém. (F), ou NÉQUILLE, ou CHEVALET, ou FORQUINE. Le mot Fourchette a la même racine que le mot FOURCHE; il est en usage dans la langue des hommes du train, mais nous ne nous en occupons pas sous ce point de vue; on pourrait à cet égard consulter GASSENDI. — Ici le mot Fourchette ne donne idée que d'une FOURCHE D'ARQUEBUSE ou d'un support à manche de bois garni de fer aux deux bouts; l'une des extrémités était armée d'un piquant qui entrait en terre; l'autre avait la forme d'un croissant dans lequel s'encastrait le CANON A MAIN. — En appuyant l'ARME sur la Fourchette, on exécutait les FEUX D'INFANTERIE, si l'on peut appeler ainsi le FEU des premières COULEVRINES A MAIN. — Les FOURCHETTES D'ARQUEBUSE sont ensuite devenues FOURCHETTES DE MOUSQUETS.

FOURCHETTE d'ARQUEBUSE. V. ARQUEBUSE. V. ARQUEBUSE A CROC. V. ARQUEBUSE A FEU. V. ARQUEBUSE A SERPENTIN. V. FOURCHETTE. V. FOURCHETTE DE MOUSQUET. V. PISTOLET.

FOURCHETTE de CHASSEUR PATINEUR. V. CHASSEUR PATINEUR.

FOURCHETTE de CRANEQUINIER. V. CRANEQUIN. V. CRANEQUINIER.

FOURCHETTE de FAUCONNEAU. V. MILICE TURQUE N° 7. V. FAUCONNEAU.

FOURCHETTE de FUSÉE. V. FUSÉE. V. FUSÉE DE GUERRE.

FOURCHETTE de FUSIL DE REMPART. V. FUSIL DE REMPART. V. GUERRE D'ALGER.

FOURCHETTE de MOUSQUET (F). Sorte de FOURCHETTE qui fut une imitation ou une continuation de l'usage de la FOURCHETTE de l'ARQUEBUSE A FEU. — M. MORITZ MEYER regarde les Fourchettes d'ARMES A FEU comme inventées en 1517; mais elles étaient bien plus anciennes. Elles ont été d'abord, dit l'*Echo britanique* (n° 12), de quatre pieds, pour tirer debout; ensuite longues comme une canne, pour TIRER à genou. Dans le premier cas, les MOUSQUETAIRES la portaient sur l'épaule droite; dans le second, elles étaient suspendues au poignet droit; l'embarras de les porter sur une épaule, tandis qu'on portait le MOUSQUET sur l'autre, fut la première cause des FEUX A GENOUX. — D'abord en bois, armées d'un croc et d'un talon de fer, elles furent ensuite, en quelques pays, fabriquées en tube de fer et servant d'étui à la SOIE DE COCHON. — En 1646, la MÈCHE s'y enroulait. — Les SENTINELLES faisaient faction la Fourchette à la main. — GUSTAVE-ADOLPHE supprima progressivement la Fourchette, à partir de 1620; cet exemple fut suivi bientôt dans tous les SERVICES; à la fin du dix-septième siècle, les MOUSQUETS s'étaient allégés et les Fourchettes, qui jusque-là étaient d'un grand embarras quand il s'agissait de fournir une CHARGE D'INFANTERIE, avaient entièrement disparu. — MONTÉCUCULI (1704, D) voulait faire revivre l'usage de la Fourchette et en tirer le même parti qu'on tirait du PAL au MOYEN AGE. — TURPIN (1754, D) parle de Fourchettes de MOUSQUET comme d'instruments encore en usage de son temps, pour la dé-

fense des PLACES DE GUERRE; mais les MOUSQUETS DE REMPART s'appelaient cependant, depuis longtemps déjà, FUSILS DE REMPART. — La CARABINE, pour être tirée avec succès, demanderait l'emploi d'une Fourchette. — GHEYN (1608, A), GIFFART (1696, A), MAROLLES, offrent l'image et la description des Fourchettes.

FOURCHETTE de PÉTRINAL. V. PÉTRINAL.

FOURCHETTE de PIERRIER. V. PIERRIER.

FOURCHETTE de SAPEUR. V. SAPE. V. SAPEUR. V. SAPEUR DU GÉNIE.

FOURCHETTE TACTIQUE. V. ÉVOLUTION. V. TACTIQUE, adj.

FOURCROY; **FOURCY**. V. NOMS PROPRES.

FOURGON, subs. masc. (B, 1), ou CHARIOT à l'usage des troupes. — Le mot Fourgon, suivant GÉPELIN, tiendrait à la même racine que les mots FOURRAGE et FOURRIER. — Il a été attaché, à certaines époques, des Fourgons aux RÉGIMENTS FRANÇAIS; c'était une imitation des usages de la MILICE PRUSSIENNE et une des FOURNITURES DE CAMPEMENT. — Les corps jouissant du TRAITEMENT DE GUERRE étaient pourvus de Fourgons, et avaient droit, en route, non à des COLLIERS, mais à des CHEVAUX DE TRAIT. — La confection des Fourgons du TRAIN est un des objets traités dans le RÈGLEMENT DE 1827 (12 FÉVRIER).

FOURRIER, subs. masc. V. FOURRIER.

FOURNEAU, subs. masc. V. PETIT FOURNEAU.

FOURNEAU (term. génér.). Mot qui a la même origine que le terme FOUR, dont il est un diminutif; il se distingue en FOURNEAU DE CAMPEMENT, — DE CUISINE, — DE MINE.

FOURNEAU de BATTERIE. V. BATTERIE. V. BATTERIE A BOULETS ROUGES. V. CUILLER A BOULETS ROUGES.

FOURNEAU de CAMPAGNE. V. CAMPAGNE. V. FOURNEAU DE CAMPEMENT.

FOURNEAU de CAMPEMENT (B, 1), ou FOURNEAU DE CAMPAGNE, comme l'appelle le TARIF DE 1831 (13 NOVEMBRE). Sorte de FOURNEAU portatif à grille; il faisait partie des USTENCILES DE CAMPEMENT.

FOURNEAU de CASERNE. V. CASERNE. V. FOURNEAU DE CUISINE.

FOURNEAU de CHEMIN COUVERT. V. CHEMIN COUVERT. V. CONTRE-MINE DE CHEMIN COUVERT. V. COFFRE FULMINANT.

FOURNEAU de CONTRE-MINE. V. CONTRE-MINE. V. CONTRE-MINE DE CHEMIN COUVERT. V. CONTRE-MINE PERMANENTE. V. FOURNEAU DE MINE.

FOURNEAU (fourneaux) de CUISINE. (B, 1; G, 4). Sorte de FOURNEAUX dont l'usage est peu ancien. Les cuisines de la CASERNE des PUPILLES DE LA GARDE impériale, à Versailles, ont été des premières disposées à Fourneaux construits, en 1812, sur un système nouveau. — Depuis 1820, le CORPS DU GÉNIE a commencé à construire dans plusieurs garnisons des Fourneaux à un seul foyer pour deux MARMITES; il leur a donné surtout la préférence depuis 1824; le projet était alors d'en étendre l'usage dans toutes les CASERNES du royaume, en vue d'économiser le combustible, et de faire faire la SOUPE, non dans les CHEMINÉES des CHAMBRES, mais par bataillon et non par chambrée. — L'établissement des foyers économiques dans les casernes, depuis 1826 (9 août), a donné sur le CHAUFFAGE une économie annuelle de plus de six cent mille francs. — Le diamètre du Fourneau est réglé de manière à emboîter juste la paroi de la MARMITE OU CHAUDIÈRE. Le fond du Fourneau offre pour soutien à la marmite, un rebord ou des barres de fer, ou une grille dont les dimensions varient selon qu'il s'y brûle du BOIS, des BRIQUETTES, de la HOUILLE, des TOURBES de marais. — On appelle Fourneau à héliçoïdes ou à la RUMFORD les Fourneaux dont la paroi interne est creusée d'une petite CHEMINÉE en forme d'hélice. — On a préféré les Fourneaux à une seule révolution d'un à deux mètres environ de longueur; on s'y est décidé après avoir essayé, à STRASBOURG et à METZ, des Fourneaux dont les hélices étaient à deux et à trois révolutions. — La fumée et la flamme circulant spiralement ainsi, à partir du lieu de la combustion jusqu'à la sommité de la CHAUDIÈRE, l'échauffent sans déperdition de calorique. — On a essayé à METZ d'un autre système à disques en fonte. —Un Fourneau suffit à une SECTION, deux à une COMPAGNIE D'INFANTERIE; il y a en outre, par BATAILLON, un Fourneau de CUISINE DE SOUS-OFFICIERS, ce qui donne par BATAILLON dix-sept GRANDS FOURNEAUX. —Auprès de chaque GRAND FOURNEAU il en est construit un PETIT pour faire chauffer de l'eau, ou pour servir dans le cas où la force d'une COMPAGNIE serait réduite à de faibles dimensions par le départ momentané de quelque DÉTACHEMENT. — La hauteur des Fourneaux est de quatre-vingts centimètres, et la distance ménagée de Fourneau à Fourneau est proportionnée aux localités, aux besoins du service, aux mesures de commodité et de propreté. — Le Mémorial de l'officier du génie (n° 3 et 4) propose de disposer par accouplement les MARMITES. Des expériences soigneusement faites à Paris, au dépôt des fortifications,

ont démontré que les Fourneaux isolés sont préférables. — Il faut un Fourneau pour soixante-six HOMMES; une COMPAGNIE qui ne serait que de ce nombre ne formerait qu'un ORDINAIRE DE SOLDATS et n'emploierait qu'un de ses deux Fourneaux. — Les expériences ont démontré qu'un kilogramme de bois peut suffire à la cuisson de cinq kilogrammes de soupe, viande comprise. —RUMFORD, à qui l'on doit les premiers essais des améliorations de ce genre faites dans les CUISINES militaires de Munich, avait constaté que dans une CHEMINÉE DE CASERNE de l'ancien modèle et sur un FEU à découvert et sans Fourneau, il fallait environ une livre de bois par livre de SOUPE; l'économie obtenue est de quatre cinquièmes. — On a agité la question de savoir s'il ne serait pas préférable de n'avoir qu'une MARMITE par BATAILLON caserné; mais un Fourneau propre à un tel système peut convenir à un HÔPITAL ou à l'hôtel des Invalides, ainsi qu'aux ÉTABLISSEMENTS où le nombre des hommes est constamment ou presque toujours le même; cette méthode ne saurait s'appliquer à un BATAILLON qui, d'un jour à l'autre, s'accroît ou se décompose par des DÉTACHEMENTS. — La face horizontale des Fourneaux doit être revêtue et emboîtée d'une table en fer coulé; leur maçonnerie doit être consolidée par une armature de fer et étreinte par une ceinture de même métal. C'est le seul moyen de prévenir l'ébranlement de la construction et la dégradation que les CUISINIERS y occasionnent en alimentant de COMBUSTIBLE le foyer, en manœuvrant des MARMITES trop lourdes et en les sortant chaque jour des Fourneaux, pour nettoyer la CHAUDIÈRE, pour visiter les HOURDS ou crevasses. — Au-dessus des Fourneaux et à deux mètres du sol, il règne une hotte pyramidale ou manteau de cheminée à l'antique, qui forme l'entonnoir du corps de cheminée de tous les Fourneaux. — Le BOIS DE CHAUFFAGE D'ORDINAIRE ne sera employé que dans une proportion quatre fois moindre, et la MASSE DE CHAUFFAGE y gagnera d'autant, si de telles améliorations sont adoptées dans toutes les CASERNES. — L'INSTRUCTION DE 1827 (13 AOUT) adoptait définitivement le Fourneau à une seule MARMITE. — On peut consulter à l'égard des FOURNEAUX ÉCONOMIQUES un article du *Journal des Sciences militaires* (26° et 27° livraisons), M. CHOUMARA (1831), M. BELMAS et le *Bulletin des Sciences militaires* (1827).

FOURNEAU de FOUGASSE. V. BOMBE. V. FOUGASSE. V. FOURNEAU DE MINE. V. MILICE CHINOISE N° 6.

FOURNEAU de MINE (G, 2, 4; H, 1), ou CHAMBRE DE MINE, comme l'appellent SAINT-

REMY et TRINCANO; mais l'expression CHAMBRE donne plutôt l'idée du vide, et le terme Fourneau exprime plutôt ce vide conique garni de son COFFRE en bois rempli de sa CHARGE de POUDRE. — Cette sorte de Fourneau est pratiquée à l'extrémité d'une excavation en forme de PUITS ou au bout d'une GALERIE souterraine. Il est destiné à faire explosion vers la LIGNE DE MOINDRE RÉSISTANCE, au moyen d'une MÈCHE, ou d'un SAUCISSON, ou d'une FUSÉE. Ainsi les Fourneaux d'ARAIGNÉE, — de FOUGASSE, — de CONTRE-MINE, — de MINE, peuvent être regardés comme des espèces d'ARMES A FUSÉES. — Sous le point de vue défensif, les Fourneaux des CONTRE-MINES qui se dirigent vers les DEHORS répondent à une GORGE D'OUVRAGE. — Dans les SIÉGES OFFENSIFS, l'OPÉRATION qu'on appelait ATTACHEMENT DU MINEUR avait pour objet la confection des Fourneaux destinés à échancrer le CORPS d'une PLACE et à en agrandir la BRÈCHE. — On oppose des GLOBES DE COMPRESSION aux Fourneaux de l'ENNEMI. — Quand les MINEURS qui combattent dans un SIÉGE OFFENSIF ou DÉFENSIF ne font partir que progressivement les Fourneaux, cette manière de régler les explosions s'appelle COMPASSER LES FEUX; aussi les ASSAILLANTS, vainqueurs sur un terrain que plusieurs explosions viennent de tourmenter, ne doivent pas cependant négliger de rechercher les Fourneaux encore chargés. — La fulmination des mines se calcule à l'aide du TÉMOIN OU MOINE. — Les Fourneaux qui sont pratiqués à une juste profondeur, et plus bas que ne seraient les FOUGASSES, s'appellent FOURNEAUX DE PREMIER ORDRE OU GRANDS FOURNEAUX. Ceux qui sont plus bas s'appellent FOURNEAUX DE SECOND ORDRE. De moindres Fourneaux s'appellent CONTRE-PUITS. — On appelle DAME l'espèce de cône de terre qui reste debout entre deux ENTONNOIRS de Fourneaux qui viennent de jouer. — Aussitôt après la signature d'une CAPITULATION DE SIÉGE, les Fourneaux chargés et les bouches de puits, soit dans l'intérieur, soit dans les DEHORS, soit pour la DÉFENSE du CHEMIN COUVERT, sont indiqués et remis par la troupe qui se rend à celle qui est victorieuse. — Les AUTEURS qui traitent de ces sujets sont : BELAIR (1792), CARNÉ (1783, E), GANEAU, GUILLET (1686, B), LACHESNAIE (1758, I), LEBLOND (1743, A), MOUZÉ, VILLENEUVE (1826), le *Journal des Sciences militaires* (1854, novembre, p. 205).

FOURNEAU DE PREMIER ORDRE. V. FOURNEAU DE MINE. V. PREMIER ORDRE.

FOURNEAU DE SECOND ORDRE. V. FOURNEAU DE MINE. V. SECOND ORDRE.

FOURNEAU ÉCONOMIQUE. V. COMBUSTIBLE DE CUISINE. V. ÉCOLE DE MARS. V. ÉCONOMIQUE, adj. V. EFFET AU COMPTE DU GÉNIE. V. FOURNEAU DE CUISINE.

FOURNI (fournie), adj. V. LANCE F...

FOURNIER. V. NOMS PROPRES.

FOURNIMENT, subs. masc. (F). Mot qui a la même origine que le verbe FOURNIR. Il n'a jamais eu, dans les ordonnances, un sens fixe. Il provient de l'ITALIEN *fornimento*, qui signifiait garniture ou ÉQUIPEMENT à l'usage des SOLDATS qui servaient sous les CONDOTTIERI. Le terme a ensuite exprimé, dans l'INFANTERIE FRANÇAISE, l'ensemble de certains EFFETS D'ÉQUIPEMENT DES SOLDATS D'INFANTERIE. Cependant l'ENCYCLOPÉDIE (1751, C) prend comme synonymes POIRE A POUDRE et Fourniment. Suivant elle, c'était un grand PULVÉRIN; le petit PULVÉRIN, ou proprement dit le PULVÉRIN, ne servant que pour l'AMORCE avant l'invention du fusil. — BRANTOME (1600, A) désigne par le mot Fourniment la BANDOULIÈRE des ARQUEBUSIERS A PIED et tout ce qui en dépendait. — On voit dans les gravures de GHEYN (1608, A) que le Fourniment des MOUSQUETAIRES comprenait une POIRE A POUDRE, tandis que celui des ARQUEBUSIERS comprenait un PULVÉRIN d'amorce et des COFFINS OU CHARGES de POUDRE, qui pendaient par deux cordons ou lanières le long des bords de la BANDOULIÈRE. Ainsi les CHARGES A BANDOULIÈRES, qui semblent avoir suggéré l'invention des CARTOUCHES A FUSIL, auraient été antérieures cependant au Fourniment où pendait une POIRE A POUDRE, puisque l'ARQUEBUSE A FEU a été antérieure au MOUSQUET. — SAINT-REMY nomme Fourniment la POIRE A POUDRE et le PULVÉRIN. LACHESNAIE (1758, I, au mot *Composition*) distingue de la GIBERNE le Fourniment ou PULVÉRIN. A leur exemple, plusieurs dictionnaires de langues ont borné au sens de POUDRIÈRE notre mot; mais il semble qu'il faut comprendre généralement sous le nom de Fourniment tout ce qui a fait partie de l'ÉQUIPEMENT du fantassin, tant que l'usage de l'ARQUEBUSE A FEU et du MOUSQUET a régné. BRANTOME sert en cela d'autorité. — Ceux qui ne donnent que la simple acception de POUDRIÈRE à l'expression Fourniment semblent donc se tromper; car la POUDRIÈRE n'était ordinairement qu'une corne de bœuf à peine préparée : or, si le Fourniment n'eût consisté qu'en un pareil objet, comment supposer qu'il fallait aller l'acheter dans les pays étrangers, comme on l'a fait pendant longtemps? — En concevant le Fourniment comme l'ensemble des EFFETS D'ÉQUIPEMENT de l'HOMME DE PIED, y compris le paquet de MÈCHES de réserve attaché au bas de la BANDOULIÈRE, le Fourniment a varié à raison de l'emploi de l'ARQUEBUSE A SERPENTIN et du MOUSQUET A MÈCHE, et à raison du temps où il s'est porté au moyen d'une BANDEROLE ou d'un CEINTURON. — A raison des différentes manières d'exécuter la CHARGE des MOUSQUETS, etc., le Fourniment a subi des modifications : ainsi, tantôt une BANDEROLE ou BANDOULIÈRE a supporté du même côté une POIRE A POUDRE et un SAC A BALLES ; tantôt un CEINTURON A FOURNIMENT a supporté ces objets, et tantôt le Fourniment a compris la BANDOULIÈRE à CHARGES ou à COFFINS, le PULVÉRIN, la GIBECIÈRE ou le SAC A BALLES, la MÈCHE et les menus outils. — Tant qu'il n'y a pas eu de calibres réglés et que l'industrie a été languissante en FRANCE, on tirait les Fourniments des mêmes pays où se fabriquaient les ARQUEBUSES. Ainsi, jusqu'au règne de Louis QUATORZE, c'était à MILAN que la FRANCE s'en approvisionnait. C'est ce qui fait que BRANTÔME (1600, A) donne quelquefois le nom de Fourniment aux armes venues d'ITALIE et à tous leurs accessoires. Il parle maintes fois des *beaux Fourniments de Milan*, parce que cette ville était encore et depuis longtemps en possession d'un grand commerce d'armures et d'armes. Il rapporte aussi, en parlant du siége de ROUEN, que GUISE disait : *Ne voyez-vous que ce sont les grandes charges de leurs Fourniments* (des Fourniments des huguenots) *et leurs bonnes arquebuses que Dandelot* (frère de Coligny et colonel général de l'infanterie) *a ainsi bien armés.* — On lit également dans BRANTÔME que STROZZI disait que *le François en toutes armes a imité l'estranger, fors* (sauf) *qu'aux Fourniments de l'arquebuse.* — Au temps du Fourniment, on chargeait à peu près comme on le fait encore de nos jours à la chasse ; mais, pour plus de célérité, le TIREUR prenait plusieurs BALLES à la fois et les mettait en réserve dans sa bouche : de là était venu l'usage de l'expression BALLE EN BOUCHE. — L'ordonnance de 1703 (2 mars) témoigne qu'il y avait encore à cette époque des BATAILLONS qui se servaient de Fourniments. Il ne cessa d'en être ainsi que quand les COFFINS ou la POIRE A POUDRE furent définitivement remplacés par la GIBERNE, que d'abord et pendant longtemps on appela CARTOUCHE D'ÉQUIPEMENT et DEMI-GIBERNE. — Le mot Fourniment était resté en usage dans l'artillerie ; elle avait le Fourniment à AMORCE, parce que la manière dont elle chargeait ses PIÈCES et les EFFETS D'ÉQUIPEMENT qui y servaient avaient conservé plus tard de l'analogie avec la manière dont on chargeait l'ARQUEBUSE et le MOUSQUET. — Les JANISSAIRES ont gardé des derniers l'usage du Fourniment. — Le *Dictionnaire de la Con-*

versation traite, mais sous un sens trop restreint, du Fourniment.

FOURNIMENT à CEINTURON. V. A CEINTURON. V. BANDOULIÈRE. V. CEINTURON.

FOURNIMENT de CHIRURGIEN. V. CHIRURGIEN. V. CHIRURGIEN DE CORPS.

FOURNIR (verb. act.) une CHARGE, une COURSE (II, 2). Le verbe Fournir est dérivé de l'ITALIEN *fornire*, ou du moins lui est analogue ; il se retrouve dans le mot ANGLAIS *furnish*. Il ne serait point impossible qu'en italien l'expression fût en rapport avec le substantif *forno*, *four* ; car les mots four banal, fournage, fournée, fournier, fournil, ont joué un grand rôle dans la langue de la féodalité et rappellent différents droits imposés à la VASSALITÉ ; mais si le verbe Fournir en provient, il est difficile d'établir par quelle filiation. — Ce verbe a produit les expressions FOURNIMENT, FOURNISSEUR, FOURNITURE. — En ITALIEN, le mot Fournir ne signifiait pas seulement donner, distribuer, répartir ; mais il signifiait aussi compléter, achever. C'est en imitation de cette acception qu'on disait, en langage chevaleresque, Fournir la carrière, c'est-à-dire en accomplir le trajet. — Le mot Fournir une charge, appliqué à l'action des ESCADRONS lançant leurs COURSIERS, s'est introduit à l'instar de la locution Fournir une CARRIÈRE. — Quelques écrivains ont employé Fournir ou faire résistance comme synonyme de faire ferme, et comme l'opposé d'être aux ABOIS. — La FRANCE n'a eu que fort tard une INFANTERIE qui fût à la fois DE BATAILLE et nationale, qui fût à la fois capable d'exécuter une CHARGE et de Fournir résistance.

FOURNISSEUR (subs. masc.) d'ARMÉE. V. ACTE ADMINISTRATIF. V. ACTUAIRE. V. ARMÉE. V. CORPS D'INTENDANCE N° 8. V. DERNIÈRE SEMELLE. V. FEMME D'OFFICIER. V. FOURNIR. V. INFANTERIE N° 1. V. MILICE ANGLAISE N° 12.

FOURNISSEUR de COMPAGNIE. V. CAPITAINE D'INFANTERIE FRANÇAISE DE LIGNE N° 16. V. COMPAGNIE. V. COMPAGNIE D'INFANTERIE FRANÇAISE DE LIGNE N° 12.

FOURNISSEUR de CORPS. V. ACTE ADMINISTRATIF. V. CAPITAINE D'HABILLEMENT. V. CONSEIL DE PRÉFECTURE. V. CORPS. V. CORPS D'INTENDANCE N° 8. V. DÉPART DE CORPS. V. DISTRIBUTION DE RATIONS. V. DURÉE LÉGALE. V. EFFETS D'UNIFORME. V. INFANTERIE LÉGÈRE N° 8. V. INSPECTEUR GÉNÉRAL D'INFANTERIE N° 5. V. MARCHÉ ADMINISTRATIF. V. QUARTIER-MAITRE D'INFANTERIE FRANÇAISE DE LIGNE N° 2. V. TRÉSORIER DE CORPS.

FOURNISSEUR de la GUERRE. V. GUERRE. V. HOTEL DES INVALIDES. V. MINISTRE DE LA GUERRE N° 6. V. POUDRE A FEU.

FOURNISSEUR des VIVRES. V. ABATAGE

DE BESTIAUX. V. ADJOINT AU TRÉSORIER PRÉCÉDANT LE CORPS. V. CHEF D'ORDINAIRE. V. VIVRES.

FOURNISSEUR DES LITS MILITAIRES. V. EFFETS DE LITERIE. V. LIT MILITAIRE.

FOURNISSEUR D'ÉTOFFES. V. ÉCHANTILLON D'ÉTOFFE. V. ÉTOFFE. V. FACTURE. V. SOUS-PRÉFET.

FOURNITURE, subs. fém. V. BON DE F... V. DEMI-F... V. ENTREPRENEUR DE F... V. ENTREPRISE DE F... V. MANDAT DE F... V. PAYEMENT DE F... V. PROCÈS-VERBAL DE F... V. REMISE SUR F... V. TRANSPORT DE F...

FOURNITURE (term. génér.), ou FOURNITURE MILITAIRE. Mot qui dérive du verbe FOURNIR. — Ce que les ORDONNANCES anciennes nommaient Fournitures s'est appelé à certains égards, dans des décisions plus modernes, PRESTATIONS; mais il y avait cette différence que les PRESTATIONS, réglées par le gouvernement, étaient en quelque sorte le devis légal des Fournitures, et que les Fournitures étaient l'accomplissement des PRESTATIONS représentées par les ÉCRITURES et acquittées par les MASSES, comme une des nécessités du TRAITEMENT; ainsi on reconnaissait des BONS DE FOURNITURE, des DEMI-FOURNITURES, des ENTREPRENEURS et des ENTREPRISES DE FOURNITURES. — Une CIRCULAIRE DE 1415 (14 février) déclarait usuraire toute REMISE SUR FOURNITURE, et l'on trouve dans la *Sentinelle de l'Armée* (t. IV, p. 575) quelques détails sur ce genre d'abus. — L'ORDONNANCE DE 1548 (7 avril) réglait le taux des FOURNITURES DE VIVRES. — Les ENTREPRENEURS de Fournitures sont, en certains cas, DISTRIBUTEURS OU LIVRANCIERS, soit par eux-mêmes, soit par leurs délégués.—Les AUTEURS qui ont traité de l'ADMINISTRATION MILITAIRE s'occupent, en général, de la question des Fournitures, des formes de leurs PAYEMENTS, du DROIT à leur perception; ceux qui mentionnent plus techniquement ce sujet, sont: AUBOUIN, M. BERRIAT, M. CANCRIN, ODIER (1824, E), M. QUILLET, le *Dictionnaire de la Conversation*. — Il est traité des Fournitures de SUBSISTANCES dans le RÈGLEMENT DE 1827 (1er septembre) et dans l'ORDONNANCE DE 1853 (2 novembre). — Nous ne donnerons ici quelques développements que relativement aux FOURNITURES DE CAMPAGNE.

FOURNITURE ADMINISTRATIVE. V. ADMINISTRATIF, adj. V. FANTASSIN. V. INFANTERIE FRANÇAISE DE LIGNE N° 6. V. MASSE COMPTABILIAIRE. V. MILICE ROMAINE N° 11. V. PAYE. V. REVUE ÉCRITE. V. SAPEUR D'INFANTERIE.

FOURNITURE AUX HOMMES A LA SALLE DE DISCIPLINE. V. HOMME A LA SALLE DE DISCIPLINE.

FOURNITURE AUX ISOLÉS. V. COUPON DE FOURNITURE. V. EFFET DE PETIT ÉQUIPEMENT.

V. FEUILLE DE ROUTE DE MILITAIRE ISOLÉ. V. HOMME DE TROUPE ISOLÉ. V. ISOLÉ EN ROUTE. V. PRESTATION.

FOURNITURE AUX OFFICIERS. V. OFFICIER. V. OFFICIER FRANÇAIS N° 9. V. TRAITEMENT DE DISPONIBILITÉ.

FOURNITURE COMMERCIALE. V. BAN CONTRE LES DETTES. V. COMMERCIAL, adj.

FOURNITURE D'ARMÉE, ou AUX ARMÉES. V. ADMINISTRATION MILITAIRE. V. APPROVISIONNEMENT D'ARMÉE. V. ARMÉE. V. CORPS D'INTENDANCE N° 8. V. DISCIPLINE. V. MILICE ANGLAISE N° 12. V. MUNITIONNAIRE. V. PIED DE GUERRE.

FOURNITURE D'ARMES. V. ARME D'UNIFORME DE TROUPE. V. ARMES. V. INSPECTEUR GÉNÉRAL D'INFANTERIE N° 4:

FOURNITURE (fournitures) DE CAMPAGNE (B, 1). Sorte de FOURNITURES que spécifiaient le DÉCRET DE 1792 (5 avril) et l'INSTRUCTION DE L'AN DOUZE (16 brumaire): leurs dispositions n'ont pas été longtemps exécutées; de nouvelles règles sont à établir. — Les MILITAIRES ABSOUS jouissaient, pour rejoindre le corps en temps de guerre, des Fournitures de campagne. — Au nombre des Fournitures de campagne délivrées quand la SOLDE DE GUERRE est allouée, on doit mentionner, en vertu d'usages anciens ou maintenus, le BOIS DE CHAUFFAGE obtenu par ABATIS, l'EAU DE VIE et autres LIQUIDES extraordinaires, les CHEVAUX DE PELOTON, les EFFETS DE CAMPEMENT, les FOURGONS, les FOURRAGES, les LÉGUMES SECS, la PAILLE DE COUCHAGE, les SACS A DISTRIBUTION, le SEL, la VIANDE, le VINAIGRE, les VOITURES DE RÉGIMENT.

FOURNITURE DE CASERNEMENT. V. BOIS DE LIT. V. CASERNE. V. CASERNEMENT. V. LIT MILITAIRE. V. PAVILLON DE CASERNE. V. SOUS-INTENDANT N° 7.

FOURNITURE DE CEINTURE A BOULET. V. CEINTURE A BOULET.

FOURNITURE DE CHANDELLES. V. CHANDELLE. V. CLASSE DE CORPS DE GARDE. V. GRAND MOIS D'HIVER.

FOURNITURE DE CHAUFFAGE. V. BOIS DE CHAUFFAGE. V. BUCHE. V. CHARBON DE TERRE. V. CHAUFFAGE. V. CHAUFFAGE DE CAMPAGNE. V. CHAUFFAGE D'OFFICIER. V. COMBUSTIBLE DE CUISINE DE CASERNE. V. CORPS DE GARDE DE GARNISON. V. ENTREPRENEUR DE F... V. ENTREPRISE DE F... V. FEUILLE DE JOURNÉES DE COMPAGNIE. V. MASSE DE CHAUFFAGE. V. MILICE PRUSSIENNE N° 6. V. SERVICE DES COLONIES.

FOURNITURE DE CHAUFFAGE DE POSTE. V. AUTORITÉS CIVILES. V. CHAUFFAGE DE POSTE DE CASERNE. V. CHAUFFAGE DE POSTE DE GARNISON. V. CLASSE DE CORPS DE GARDE. V. CORPS DE GARDE DE GARNISON. V. MARRON DE DISTRIBUTION. V. POSTE D'HOMMES DE GARDE EN GARNISON.

FOURNITURE de CHAUFFAGE EN CAMPAGNE. V. ABATIS DE BOIS DE CHAUFFAGE. V. BUCHERON. V. CHAUFFAGE DE CAMPAGNE. V. EN CAMPAGNE. V. GÉNÉRAL EN CHEF Nº 4.

FOURNITURE de CHEVAL DE SELLE. V. CHEVAL DE SELLE DE CONVOI.

FOURNITURE de COMBUSTIBLE. V. ABATIS DE BOIS DE CHAUFFAGE. V. BOIS ET LUMIÈRES. V. COMBUSTIBLE.

FOURNITURE de COMPAGNIE D'INFANTERIE FRANÇAISE, ou fourniture aux COMPAGNIES. V. ADMINISTRATION DE COMPAGNIE. V. COMPAGNIE D'INFANTERIE FRANÇAISE DE LIGNE Nº 12. V. FOURRIER D'INFANTERIE FRANÇAISE DE LIGNE Nº 9, 11.

FOURNITURE de CONSEIL PERMANENT, ou fourniture aux CONSEILS. V. COMMISSAIRE ORDONNATEUR. V. CONSEIL PERMANENT.

FOURNITURE de CONTROLES ANNUELS. V. CONTROLE ANNUEL.

FOURNITURE de CONVOI. V. COLLIER DE CONVOI. V. CONVOI. V. CONVOI A LA SUITE. V. COUPON DE CONVOI. V. ENTREPRISE DE F... V. MAIRE DE COMMUNE. V. MASSE GÉNÉRALE. V. MUSICIEN Nº 5. V. PRÉFET DE DÉPARTEMENT. V. SOUS-PRÉFET.

FOURNITURE de CORPS DE GARDE, ou fourniture aux CORPS DE GARDE. V. CHANDELLE. V. CLASSE DE CORPS DE GARDE. V. COMMISSAIRE DES GUERRES Nº 6. V. CORPS DE GARDE DE CAMPAGNE. V. CORPS DE GARDE DE GARNISON. V. CORPS DE GARDE DE PASSAGE. V. MAJOR DE PLACE Nº 5. V. MINISTRE DE LA GUERRE Nº 8.

FOURNITURE de CORPS EN ROUTE. V. BILLET DE LOGEMENT. V. CORPS EN ROUTE. V. INDEMNITÉ DE ROUTE. V. VIVRES EN ROUTE.

FOURNITURE de COUCHAGE. V. BOIS DE LIT. V. COLONEL D'INFANTERIE FRANÇAISE DE LIGNE Nº 25. V. COUCHAGE. V. EFFET DE LITERIE. V. FOURRIER D'INFANTERIE FRANÇAISE DE LIGNE Nº 13. V. ENTREPRISE DE F... V. INSPECTEUR GÉNÉRAL D'INFANTERIE Nº 5. V. TRAVERSIN.

FOURNITURE de DRAP. V. DRAP DE TROUPE. V. ENTREPRISE DE F...

FOURNITURE de FOURRAGE. V. FOURRAGE DE DISTRIBUTION.

FOURNITURE de FOYERS. V. COMBUSTIBLE. V. FOYER.

FOURNITURE de LUMINAIRE. V. COMBUSTIBLE. V. LUMINAIRE.

FOURNITURE de PAIN. V. MASSE DE BOULANGERIE. V. MINISTRE DE LA GUERRE EN 1761. V. OFFICIER DE SECTION ADMINISTRATIVE. V. PAIN. V. PAIN BISCUITÉ. V. PAIN DE MUNITION. V. PAIN DE SOUPE. V. SOLDE, subs. fóur. V. TRAIN.

FOURNITURE de PETIT ÉQUIPEMENT. V. COLONEL D'INFANTERIE FRANÇAISE DE LIGNE Nº 11. V. COMPTE OUVERT. V. CONSEIL D'ADMINISTRATION DE RÉGIMENT Nº 5. V. DENIER DE PETIT ÉQUIPEMENT. V. EFFET DE PETIT ÉQUIPEMENT. V. FEUILLE DE RETENUE. V. FEUILLE DE ROUTE DE MILITAIRE ISOLÉ. V. HOMME DE TROUPE ISOLÉ. V. MILICE ESPAGNOLE Nº 11. V. MILICE PIÉMONTAISE Nº 9. V. SOULIER.

FOURNITURE de POUDRE et de PLOMB. V. BALLE DE CIBLE. V. PLOMB D'INFANTERIE. V. POUDRE A FEU.

FOURNITURE de RATIONS. V. BORDEREAU DE DISTRIBUTION. V. CONSEIL D'ADMINISTRATION Nº 5. V. CORPS D'INTENDANCE Nº 8. V. DENRÉE DE DISTRIBUTION. V. DISTRIBUTION DE RATIONS. V. INFANTERIE FRANÇAISE Nº 5 (tableau). V. RATION. V. REVUE SUR LE TERRAIN. V. RIZ.

FOURNITURE de SALLE DE DISCIPLINE. V. DEMI-FOURNITURE. V. DÉTENU A LA SALLE DE DISCIPLINE. V. INSPECTEUR GÉNÉRAL D'INFANTERIE Nº 5. V. SALLE DE DISCIPLINE.

FOURNITURE de SOLDAT. V. CAPORAL D'INFANTERIE FRANÇAISE DE LIGNE Nº 9. V. RECRUE. V. SOLDAT. V. SOLDAT D'INFANTERIE FRANÇAISE DE LIGNE.

FOURNITURE de SUBSISTANCES. V. CORPS D'INTENDANCE Nº 7. V. ÉTAPE. V. GESTION. V. MILICE ANGLAISE Nº 2. V. SUBSISTANCE.

FOURNITURE de TABAC. V. TABAC.

FOURNITURE de VIANDE. V. BOUCHER DE GARNISON. V. BOUCHER MILITAIRE. V. OFFICIER DE SECTION ADMINISTRATIVE. V. PIED DE GUERRE. V. VIANDE.

FOURNITURE de VIVRES. V. ADMINISTRATION MILITAIRE. V. ADJOINT AU TRÉSORIER PRÉCÉDANT LE CORPS. V. AUTORITÉS LOCALES. V. BLANCHISSEUSE. V. COLONEL EN ROUTE. V. COMMIS AUX VIVRES. V. COMMISSAIRE GÉNÉRAL DES VIVRES. V. ENTREPRISE DE F... V. ÉTAPE. V. FEUILLE DE JOURNÉE DE COMPAGNIE. V. LIVRE DE COMPAGNIE. V. MARCHÉ ADMINISTRATIF. V. MILICE FRANÇAISE Nº 8. V. MILICE GRECQUE Nº 8. V. RÉCOMPENSE. V. SERVICE DES COLONIES. V. TRAITEMENT EN NATURE.

FOURNITURE d'EFFETS DE CASERNEMENT. V. EFFET DE CASERNEMENT. V. FOURRIER D'INFANTERIE FRANÇAISE DE LIGNE Nº 13.

FOURNITURE d'EFFETS DE COIFFURE. V. COIFFURE DE CORPS. V. EFFET DE COIFFURE.

FOURNITURE d'EFFETS DE LITERIES. V. AMEUBLEMENT DE PAVILLON. V. ARMOIRE D'OFFICIER. V. CAPOTE DE SENTINELLE. V. COLONEL D'INFANTERIE FRANÇAISE DE LIGNE Nº 8. V. DÉPART DE CORPS. V. EFFET DE LITERIE. V. ENTREPRENEUR DE FOURNITURE. V. INFIRMERIE.

FOURNITURE d'EFFETS D'HABILLEMENT. V. EFFET D'HABILLEMENT. V. HABILLEMENT. V. HABIT. V. INSPECTEUR GÉNÉRAL D'INFANTERIE Nº 4. V. MAJOR CHEF DE BATAILLON Nº 5. V. MILICE NÉERLANDAISE Nº 7. V. MINISTRE DE LA GUERRE EN 1761. V. TAILLE DE MILITAIRE.

FOURNITURE d'ÉQUIPEMENT. V. ÉQUIPE-
MENT D'HOMME DE TROUPE. V. INSPECTEUR GÉ-
NÉRAL D'INFANTERIE N° 5. V. MAJOR CHEF DE
BATAILLON N° 5. V. MASSE GÉNÉRALE. V. MILICE
ESPAGNOLE N° 5, 11. V. PREMIÈRE MISE DE PETIT
ÉQUIPEMENT. V. SERVICE CONSCRIPTIF.

FOURNITURE d'ÉTAPE. V. COMMISSAIRE
DES GUERRES N° 4. V. ENTREPRENEUR DE F... V.
ÉTAPE. V. ÉTAPIER. V. EXTRAIT DE REVUE. V.
FOURRAGE DE DISTRIBUTION. V. INDEMNITÉ DE
ROUTE. V. INDEMNITÉ DE ROUTE D'OFFICIER. V.
SERGENT-MAJOR N° 8.

FOURNITURE d'ÉTAT-MAJOR DE CORPS.
V. ADMINISTRATION D'ÉTAT-MAJOR DE CORPS. V.
ÉTAT-MAJOR DE CORPS N° 5.

FOURNITURE d'ÉTOFFES D'HABILLEMENT.
V. CADIS. V. DRAP DE TROUPE. V. ÉCHANTILLON
D'ÉTOFFES. V. ÉCOLE DE MARS N° 3. V. ENTRE-
PRISE DE F... V. ÉTOFFE D'HABILLEMENT. V.
FACTURE. V. INSPECTEUR GÉNÉRAL D'INFANTERIE
N° 5. V. LÉGISLATION 1822 (14 JUIN). V. MA-
NUFACTURE D'ÉTOFFES. V. MASSE D'HABILLEMENT.
V. MILICE ESPAGNOLE N° 11. V. MINISTRE DE LA
GUERRE N° 9. V. PRISONNIER DE GUERRE ÉTRAN-
GER.

FOURNITURE d'HOPITAL. V. APPROVI-
SIONNEMENT DE SIÉGE DÉFENSIF. V. ENTREPRISE
DE F... V. HOPITAL. V. INTENDANT GÉNÉRAL.

FOURNITURE EN GARNISON. V. CITA-
DELLE. V. EN GARNISON. V. FORT, subs. V.
FOURRAGE DE DISTRIBUTION.

FOURNITURE EN NATURE. V. AMEUBLE-
MENT DE PAVILLON. V. ARME D'UNIFORME DE
TROUPE. V. AVOINE. V. CHAUFFAGE. V. CHEVAL
DE SELLE DE CONVOI. V. CONVOI MILITAIRE. V.
EFFET DE GRAND ÉQUIPEMENT. V. EFFET D'HA-
BILLEMENT. V. EMPLOYÉ. V. EN NATURE. V. EX-
TRAIT DE REVUE. V. FOIN. V. FOURRAGE DE DIS-
TRIBUTION. V. MASSE COMPTABILIAIRE. V. MASSE
GÉNÉRALE. V. MASSE RÉGIMENTAIRE. V. MILICE
ANGLAISE N° 5. V. MILICE CHINOISE N° 7. V.
OFFICIER D'INFANTERIE FRANÇAISE N° 5. V. PAIN
DE MUNITION. V. PRESTATION EN NATURE. V.

PRÊT. V. PRIVILÉGE ADMINISTRATIF. V. RÉGIE.
V. REVUE SUR LE TERRAIN. V. TRANSPORT.

FOURNITURE EN ROUTE. V. ADJOINT AU
TRÉSORIER PRÉCÉDANT LE CORPS. V. BILLET DE
LOGEMENT. V. EN ROUTE. V. HOTE. V. MARCHE-
ROUTE. V. SOUS-INTENDANT N° 8.

FOURNITURE EXTRAORDINAIRE. V. COM-
MANDANT DE DIVISION N° 2. V. EXTRAORDINAIRE,
adj. V. GÉNÉRAL EN CHEF N° 2. V. RÉGIE. V.
PRESTATION.

FOURNITURE MILITAIRE. V. ALLOCA-
TION. V. FOURNITURE. V. MILICE ANGLAISE. V.
MILITAIRE, adj. V. PRÉFET DE CAMP. V. PRÉFET
DE LÉGION. V. REVUE SUR LE TERRAIN.

FOURNITURE MINISTÉRIELLE. V. ACHAT
D'ÉTOFFES. V. ARME D'UNIFORME DE TROUPE. V.
ÉTOFFE D'HABILLEMENT. V. INSPECTEUR GÉNÉRAL
D'INFANTERIE N° 5. V. MINISTÉRIEL, adj. V.
MINISTRE.

FOURNITURE PAR ENTREPRISE. V.
CHAUFFAGE. V. CONVOI MILITAIRE. V. EFFET
D'HABILLEMENT. V. MASSE MINISTÉRIELLE. V.
PAR ENTREPRISE. V. TRANSPORT DIRECT.

FOUBON, subs. masc., ou FOUROU. V.
ARCHER. V. GOUJAT. V. SOLDAT.

FOURQUE, subs. fém. V. TROUPE.

FOURQUE-FILE, subs. fém. V. FOURCHE
FERRÉE.

FOURQUEVAUX. V. NOMS PROPRES.

FOURQUINE. V. FORQUINE. V. FOURCHE.

FOURRAGE, subs. masc. V. A F... V.
ADMINISTRATION DES F... V. ALLER AU F... V.
BALLOT DE F... V. BON DE F... V. BOTTE DE F...
V. CAMP DE F... V. CHAINE DE F... V. CORDE A
F... V. COUVRIR UN F... V. DISTRIBUTION DE F...
V. ENCEINTE DE F... V. ENLÈVEMENT DE F... V.
ESCORTE DE F... V. FAIRE UN F... V. GRAIN DE
F... V. GRAND F... V. INDEMNITÉ DE F... V. MA-
GASIN DE F... V. MARCHÉ DE F... V. MASSE DE
F... V. PAILLE DE F... V. PETIT F... V. PRES-
TATION DE F... V. PRISE DE F... V. QUARTIER DE
F... V. QUARTIERS DE F... V. RATION DE F... V.
SERVICE DES F... V. TRAITÉ DE F...

$$\text{FOURRAGE} \begin{cases} \text{ARMÉ} \dots \begin{cases} \text{AU SEC.} \\ \text{AU VERT.} \end{cases} \\ \text{DE DISTRIBUTION.} \begin{cases} \text{VERT.} \end{cases} \end{cases}$$

FOURRAGE (term. génér.), ou FOUR-
RAGE MILITAIRE. Mot que GÉBELIN suppose
originaire du gothique *fod*, qui aurait également produit FOURGON; il dérive du LATIN
forago, rendu en bas LATIN par *fodrion*, qui
se retrouve dans l'ANGLAIS *fodder*; il s'est

d'abord traduit par *foarc*, ou *foarre*, ou
FEURRE, ou *fouarre*, ou *fourre*; de là le nom
de la rue de Foarre, ou du Fouarre à Paris,
ce qui voulait dire rue du Fourrage. — Dans
plusieurs provinces, *feurre* signifiait paille
de divers GRAINS; *affeurer* c'était, comme

le dit Roquefort, fournir de paille. Peut-être, quand les Français ont commencé à employer le mot Fourrage, l'ont-ils pris du *forraggio* des troupes d'Italie. — Le mot n'a pas les mêmes sens, pris au singulier ou au pluriel; le Fourrage est chose de cavalerie; les fourrages sont chose de budget. — Militairement parlant, l'expression Fourrage a eu plusieurs acceptions; elle est analogue aux mots fourrier et fourrière; ainsi, mettre en fourrière ou en forrière, c'est enfermer des bestiaux dans un pâturage, dans un lieu où il se trouve du Fourrage. — On appelait aussi Fourrage l'action d'aller militairement faucher les terrains ou spolier les granges des environs du camp; la désuétude de ces usages a amené celle de l'expression. — Ordinairement le mot Fourrage exprime les herbages secs, verts, en meules, en trousses, sur pied, en bottes, qui sont propres à la nourriture et à la litière des chevaux des militaires; ou bien ce terme donne l'idée de l'herbe que paissent les troupeaux des armées, ou les moyens d'approvisionnements, voisins des terrains de campement. — Dans d'autres cas, le mot Fourrage prend plus d'extension; il comprend de la paille et de l'avoine; puisque quand on dit : aller au fourrage, cela équivaut à cette locution : Aller chercher la nourriture et la litière des chevaux; mais, s'il s'agit des armées agissantes, le mot Fourrage, pris dans un sens administratif, s'applique également à toutes les productions herbacées, à toutes les graines céréales, et à la paille de couchage des troupes. — Dans le langage des garnisons, cette question : Le Fourrage est-il bon? signifie : La paille, le foin, l'avoine sont-ils de qualité voulue: A la guerre, l'acception serait différente et l'interprétation plus large; s'il s'agissait de fourrage vert, la question signifierait : Les terres de ce canton produisent-elles de bons grains? Car, aux yeux des soldats, le froment sur pied ou même récolté n'est autre chose que du Fourrage. — Les dispositions légales concernant les Fourrages sont innombrables; la première qui ait été rendue au commencement de la guerre de la révolution est de 1792, sans autre date; elle embrassait les différents genres de Fourrage (*Journal militaire*, suppl., p. 582); elle était reproduite dans le règlement de 1792 (5 avril). — Il convient de distinguer le Fourrage en fourrage armé, — de cavalerie, — de cheval de bat, — de corps en route, — de distribution, — d'étape; — d'officier monté, — en argent, — en nature, — en route; — militaire.

FOURRAGE armé (II, 2), ou fourrage-ment, comme l'appellent, sous forme bien préférable, Darut (1787, A), Eugène (1827, D), Potier, etc., imitateurs en cela de l'italien. — Sorte de fourrage dont il n'est question que depuis les derniers siècles, et qui est pris ici par opposition à l'expression fourrage de distribution. — Les anciens ne nous ont laissé aucune lumière sur la manière dont ils fourrageaient. — Onozandre (50, A), Végèce (390, A), Xénophon (570 avant J.-C.), gardent sur cette matière un silence absolu; on peut l'attribuer au peu d'importance et à la faiblesse numérique de leur cavalerie. — César (50 avant J.-C.) parle de l'opération militaire qu'on nomme Fourrage, ou fourragement, mais comme d'une chose tellement connue, qu'elle ne demande pas à être détaillée. — Velly rapporte, à la date 779, que jusque-là l'usage des troupes était de lever arbitrairement, en temps de paix et dans leur propre pays, un droit de Fourrage sur les campagnes; mais que Charlemagne abolit ce droit en octroyant une solde qui pourvut à cet objet. — Depuis les époques où la cavalerie fit toute la force des armées, jusqu'au rescrit de 1638 (avril), ce qui regarde les fourrages est enseveli dans l'oubli, comme toute l'administration militaire de ces époques, si l'on peut appeler administration les coutumes toutes spoliatrices du moyen âge. Le brigandage avait été porté à tel point que, dans la vue d'y mettre un terme, les ordonnances de Louis quatorze déclaraient crime digne de mort l'action de s'écarter de l'enceinte d'un Fourrage; une amende était imposée aux officiers dont les valets allaient isolément au Fourrage. — Maurice de Saxe (1757), Montécuculi (1692, A), Feuquières (1725, D), Puységur (1748, C), tracent les premières règles qui nous aient été transmises à l'égard des Fourrages armés. Le règlement de campagne de 1755 est le plus ancien de ceux qui s'occupent avec détail de ce genre d'opération. — Ces auteurs et tous ceux qui ont marché sur leurs traces regardent les Fourrages comme une espèce de manœuvre d'une haute importance. Suivant les principes mis au jour dans leurs traités, les Fourrages devaient être, suivant les temps, ordonnés, réglés, calculés par le maréchal de camp, ou le maréchal des logis de l'armée, ou le maréchal de camp de jour, comme ils le seraient dans le temps actuel par le chef d'état-major de l'armée. On ne doit y marcher que dans le plus grand ordre; on ne s'y porte qu'après des reconnaissances préalables, poussées sur une grande étendue de terrain par des officiers d'état-major général. — On appelle grands fourrages ceux pour l'exécution desquels deux tiers de l'ARMÉE se mettent en mouvement. — La CAVALERIE et les VALETS armés de FAUX, partent, sous forme de GRANDE CORVÉE. Une ESCORTE constamment sous les armes protége les FOURRAGEURS, en formant une CHAINE DE POSTES. Le fourrage est dirigé par un OFFICIER D'ÉTAT-MAJOR GÉNÉRAL, et surveillé par quelque GENDARMERIE ; toutes les précautions prises sont analogues à celles des CONVOIS PAR TERRE. — Le Fourrage se fait sur un front peu étendu et de manière que la rentrée des FOURRAGES puisse avoir lieu, autant qu'il est possible, sans qu'il soit tiré un seul coup de feu. — Rester maître du pays où une ARMÉE AGISSANTE peut fourrager et parvenir à empêcher qu'on ne gaspille les biens de la terre, était regardé, avant la GUERRE DE LA RÉVOLUTION, comme une des attentions auxquelles un GÉNÉRAL habile et consommé ne manquait jamais. — Aux calculs relatifs à la manière de fourrager et aux produits des Fourrages, se rattachait le calcul de la durée possible d'un CAMPEMENT DE CAVALERIE, ou de ce qu'on appelait un CAMP DE FOURRAGES. — MONTÉCUCULI donne un conseil qui semble sage et méthodique, mais qui a été rarement pratiqué ; il veut qu'on FOURRAGE d'abord au loin, pour frustrer d'autant l'ENNEMI, s'il approche. Mais si l'on agit ainsi, à moins de beaucoup de soins, on dévaste et l'on foule aux pieds tous les FOURRAGES intermédiaires, qui se trouvent perdus. — Les principales règles d'un Fourrage consistent dans le secret, l'à-propos, la diligence, le choix des plus sûrs et des plus courts chemins, la dextérité des botteleurs, l'équilibre du paquetage ; il importe en outre de combiner la quantité plus ou moins grande des grains à cueillir, suivant qu'on doit ou non LEVER LE CAMP, LIVRER BATAILLE, etc. — On sent que cette combinaison ne peut sortir que de la tête du CHEF DE L'ÉTAT-MAJOR de l'ARMÉE. — Si le Fourrage présente trop de dangers, s'il y avait à redouter la catastrophe qu'on a nommée ENLÈVEMENT DE FOURRAGE, c'est-à-dire surprise et déroute des FOURRAGEURS, pour s'en préserver, la CAVALERIE qui FOURRAGE s'y porte sellée et armée, et ne fait au lieu de TROUSSES que des BALLOTS qu'elle rapporte en croupe. — MAURICE DE SAXE (1757, A), Raymond, Roquefort se servent de la locution DONNER LE HARAU, le haraux, le HARO, pour signifier mettre en fuite le Fourrage. Ce substantif HARO, dont aucun ÉCRIVAIN n'a encore recherché l'étymologie, vient de l'ANGLAIS harrow, signifiant détruire, porter le désordre. — Les Fourrages sont protégés, suivant les cas, soit par de gros CORPS D'INFANTERIE, avec du CANON, soit par la quantité et l'es-

pèce de TROUPES A CHEVAL que la circonstance et le pays exigent. Ils sont en général attaqués par des OFFICIERS DE TROUPES LÉGÈRES. — JABRO (1777, G) prescrit minutieusement les moindres détails relatifs aux Fourrages PETITS et GRANDS. Il est hors de notre sujet de les répéter ici ; d'ailleurs tous les ÉCRIVAINS qui vont être cités entrent dans l'examen des principes différents qu'il faut observer, s'il s'agit de FOURRAGER en avant, sur les ailes ou en arrière de l'ARMÉE. — L'instruction de 1822 (5 juillet) sur l'INSPECTION GÉNÉRALE veut qu'il soit fait, dans les CORPS, des répétitions de l'OPÉRATION ou des EXPÉDITIONS militaires qui auraient pour objet de COURIR UN FOURRAGE ; c'est un de ces quiproquo dont notre LÉGISLATION fourmille et dont notre langue est entachée, puisque depuis quarante ans nos TROUPES ne savent plus ce que c'est qu'un GRAND FOURRAGE. — On classait les Fourrages en GRANDS et en PETITS ; on appelait GRANDS ceux qu'on poussait à une certaine distance du CAMP ; on appelait PETITS ceux qu'on faisait dans le voisinage de l'ARMÉE. Mais est-il un seul de nos contemporains qui se souvienne d'avoir ouï prononcer ces expressions dans nos CAMPS. — Les AUTEURS qui ont considéré les Fourrages comme une question qui intéresse l'ART DE LA GUERRE écrivaient presque tous il y a plus de quarante ans. Ce sont : ARNOLD (1822, D), BARDET (1740, A), BOIS-ROGER (1768, B), M. BONJOUAN, DARUT (1787, A), DECKER, DESPAR (1753, A), l'ENCYCLOPÉDIE (1751, C ; 1785, C), FEUQUIÈRES (1750, A), FOERSTER (1823, K), FRÉDÉRIC DEUX (1761, G ; 1821, A), JABRO (1777, G), M. JACQUINOT, LACHESNAIE (1758, I), LALLEMAND (1825), LAROCHE (1770, L), MAIZEROY (1767, E ; 1771, F), MATT, 1827, F), MONTÉCUCULI (1692, A), POTTER (1779, X), PUYSÉGUR (1748, C), RAY DE SAINT-GÉNIES (1755, A), SILVA (1778, F), SIONVILLE (1756, E), TRAVERSE (1758, D), WERKLEIN. — Les Fourrages armés se distinguaient en FOURRAGE AU SEC et en FOURRAGE AU VERT.

FOURRAGE (fourrages) AU SEC (H, 2). Sorte de FOURRAGES ARMÉS qui consistent dans une OPÉRATION qui demande à peine qu'on l'explique, tant elle est simple si on la compare à l'OPÉRATION du FOURRAGE AU VERT. — On fait les Fourrages au sec en répartissant entre un certain nombre de CORPS une certaine étendue de pays dont on partage régulièrement aux TROUPES les meules ou les granges. Ce Fourrage, source de mille abus et d'affreux gaspillage, est cependant d'une nécessité trop souvent inévitable.

FOURRAGE AU VERT (H, 2). Sorte de FOURRAGE ARMÉ qu'il importe surtout d'entourer d'une chaine respectable. — Les armées autrichiennes avaient pour principe, pendant le cours du dernier siècle, de ne fourrager jamais au vert, même en pays ennemi ; réservant ainsi les ressources de leur future subsistance, elles se bornaient aux fourrages au sec.—On regarde un arpent très-productif comme pouvant fournir vingt trousses. Ce calcul pourtant est bien hypothétique ; tel pré ou telle saison donnent le double de telles autres contrées, de telle autre époque. — Quelque régularité qu'on cherche à établir dans les Fourrages, il faut regarder comme perdue la moitié du fourrage coupé. — Ainsi, en calculant le poids des trousses suivant la nature des grains, en évaluant les quantités nécessaires de trousses, et en supputant sur combien de mètres carrés la nature du sol permet de cueillir une trousse, il faut tabler sur le double de la consommation qui aurait lieu en temps ordinaire. — Quelques écrivains ont allégué en faveur des camps minces la facilité plus grande que ces camps avaient à se procurer le fourrage nécessaire, parce qu'on le recueille sur une étendue plus grande ; mais il y a à objecter contre cette opinion que plus le terrain qu'on exploite est étendu, plus le désordre et le gaspillage sont grands, plus il y a de danger que les fourrageurs ne soient enlevés par l'ennemi, ne soient sous le coup du harau, comme dit Maurice de Saxe. — On a regardé avec raison les camps retranchés comme étant ceux d'où il est possible d'entreprendre des Fourrages avec succès. — Nos règlements de campagne (titre du campement) donnent quelques détails sur l'emploi du fourrage récolté sur le terrain du camp.

FOURRAGE de cavalerie. v. caserne. v. cavalerie. v. milice chinoise n° 4. v. officier de cavalerie n° 5.

FOURRAGE de cheval de bat, de trait. v. cheval de bat. v. cheval de trait. v. ration de fourrage.

FOURRAGE de corps en route. v. corps en route sur pied de paix. v. étape.

FOURRAGE (fourrages) de distribution (B, 1). Sorte de fourrages qui font partie des fournitures en nature et des denrées délivrées par rations ; ce genre de service dépend de l'administration de l'armée, et du service des subsistances. — Pour les troupes a cheval, ce genre de prestation est au nombre des fournitures en garnison ; pour les troupes de toutes armes, les Fourrages font quelquefois partie des fournitures de campagne ; pour les officiers montés, la distribution n'en a lieu qu'en campagne, et la ration est la même que pour

la cavalerie légère. — Habituellement les Fourrages sont fournis, soit par entreprise, soit par régie ; cependant, en campagne, ils pourraient être distribués comme produits d'un fourrage armé ; en se servant d'un terme adouci, on pourrait en ce cas, les regarder comme Fourrages de réquisition. — Sous Henri quatre, sous Louis treize, et pendant les premières années du règne de Louis quatorze, le gouvernement ne fournissait pas de Fourrages aux troupes en garnison et en temps de paix ; la paye des maîtres (on appelait ainsi les cavaliers ou hommes de troupe) devait y subvenir sans que l'Etat s'en mêlât ; en route, il en était accordé ; le règlement de 1629 (9 octobre) en avait déterminé les quantités. L'ordonnance de 1635 (14 février) voulait que les rations fussent délivrées par les soins des syndics ou consuls, et remboursées aux communes par les trésoriers de France. — L'ordonnance de 1636 (29 mars) énonçait en quoi consistait le Fourrage de l'étape. — En temps de guerre, le pillage nourrissait les chevaux. — Depuis Louis quatorze, on commença à donner à ce pillage, qu'on nomma fourrage armé, ou fourragement, des formes plus méthodiques. — Les principes d'une administration plus éclairée commençaient à s'établir ; le maître, jusque-là pourvu de deux chevaux au moins, commençait à n'en avoir qu'un. Des roturiers étaient élevés à la dignité de combattants à cheval ; mais leur solde devenait trop faible pour qu'on pût leur faire supporter une dépense telle que celle de la subsistance du cheval, et les Fourrages commencèrent à être, en garnison, une prestation octroyée par le gouvernement. Il en fut ainsi par le fait de l'ordonnance de 1651 (4 novembre) ; elle ne faisait pas mention d'avoine, mais seulement de vingt livres de foin et de dix livres de paille, ou bien de vingt-cinq livres de foin pour tout. L'ordonnance de 1688 fixait la ration de Fourrage à douze livres de foin, douze livres de paille, et trois picotins d'avoine ; c'est la première fois que l'allocation de l'avoine est mentionnée, et la quantité qui s'en est délivrée a varié souvent. — Daru (1787, A) rapporte que, dans les guerres antérieures au temps où il écrivait, les armées allemandes recevaient, en campagne, des distributions d'avoine, de foin et de paille ; cette coutume était préférable aux fourragements de l'armée française et à ce système d'extorsion organisée qui a été l'occasion de tant d'écrits inutiles, de tant de règles si peu praticables ; mais cette mode allemande n'était possible que parce que dans les milices d'Outre-Rhin, on prohibait rigidement les CHEVAUX qui auraient excédé le nombre fixé par les règlements; mais comment eût-on pu assurer un système de distributions dans des ARMÉES où les règles étaient sans force, le luxe sans frein, les subordonnés sans obéissance. — L'ORDONNANCE DE 1727 (15 JUILLET), relative aux FOURNITURES D'ÉTAPE et au SERVICE DES FOURRAGES, fixait à vingt livres de FOIN et à un boisseau d'AVOINE la RATION DE FOURRAGE; ces quantités ont été réduites. — L'ORDONNANCE DE 1733 (25 MARS) réglait la ration des DRAGONS. — L'ORDONNANCE DE 1765 (25 MARS), qui remettait aux CORPS DE CAVALERIE la MASSE DE FOURRAGE, réglait les RATIONS de la CAVALERIE à douze livres de FOIN et deux tiers de boisseau d'AVOINE; celle des DRAGONS, HUSSARDS et TROUPES LÉGÈRES, à onze livres de FOIN et un demi-boisseau d'AVOINE : il était ajouté six livres de PAILLE à chaque RATION. — L'ORDONNANCE DE 1776 (31 MAI) réglait l'administration des Fourrages, supprimait les ENTREPRISES, chargeait les régiments de cavalerie de se pourvoir de Fourrages, et déterminait la composition des RATIONS. — Un document de 1792, sans autre date, (*Journal militaire*, suppl., p. 582), accordait à tous les CHEVAUX DE CAVALERIE vingt livres de FOIN; ceux des CHASSEURS et HUSSARDS n'avaient que deux tiers de boisseau d'AVOINE; les autres, le boisseau entier, ainsi que les CHEVAUX D'ARTILLERIE; les CHEVAUX des OFFICIERS MONTÉS et les chevaux de PELOTON n'avaient que quinze livres de FOIN, et deux tiers de boisseau d'AVOINE; il pouvait être délivré quatre livres de PAILLE, en remplacement de deux livres de FOIN. — La CIRCULAIRE DE L'AN CINQ (7 VENDÉMIAIRE) s'occupait spécialement du Fourrage en route. — L'ARRÊTÉ DE L'AN DIX (9 VENDÉMIAIRE) ne connaissait que deux classes de RATIONS; l'une pour la GROSSE CAVALERIE et les OFFICIERS MONTÉS de toutes ARMES; l'autre, pour les HUSSARDS et CHASSEURS; elle en modifiait le taux aux ARMÉES, en GARNISON dans l'intérieur, en ROUTE dans l'intérieur. La première classe en GARNISON était de cinq kilogrammes de PAILLE, cinq de FOIN, six litres cinquante centilitres d'AVOINE; la seconde classe ne s'élevait, en GARNISON dans l'intérieur, qu'à quatre litres cinquante centilitres : elle comprenait la même quantité de PAILLE et de FOIN. — L'INSTRUCTION DE L'AN TREIZE (12 FRUCTIDOR) et les dispositions des marchés ministériels distinguaient le Fourrage en RATIONS de FOIN, de GRAINS, de SON, de PAILLE; le SON, s'il en était délivré, ne devait être que de mouture de FROMENT. — Le DÉCRET DE 1810 (30 JUIN) changeait ce système, et ne traitait

plus que comme CAVALERIE LÉGÈRE les OFFICIERS MONTÉS de l'INFANTERIE. — La LOI DE L'AN SEPT (26 FRUCTIDOR), l'ARRÊTÉ DE L'AN DIX (19 GERMINAL), le DÉCRET DE 1806 (25 FÉVRIER) réglaient l'administration des Fourrages et le taux des INDEMNITÉS qui le représentaient; vers ces époques, la moyenne proportionnelle de la RATION était évaluée à quatre-vingt-cinq centimes. — Maintenant le Fourrage de distribution se délivre dans des MAGASINS ou des entrepôts dont l'emplacement est indiqué par la voie de l'ORDRE DU JOUR. — Il y a des DIVISIONS TERRITORIALES où l'épeautre peut être admis dans les RATIONS de Fourrage. — La PAILLE DE SEIGLE ne peut être substituée à celle de FROMENT qu'en vertu d'autorisation. — En temps ordinaire, les DISTRIBUTIONS DE FOURRAGE ont lieu pour quatre jours; en campagne, elles ont lieu tous les deux jours; elles devaient être faites, en tout temps, pour deux jours, conformément à l'INSTRUCTION DE 1810 (25 OCTOBRE); la RATION continue à différer, s'il s'agit de la CAVALERIE LÉGÈRE ou de l'autre CAVALERIE. — En TEMPS DE GUERRE, il est rassemblé par précaution des Fourrages dans les FORTERESSES comme DENRÉES DE SIÈGE. — Le CODE PÉNAL DE 1795 (12 MAI) considérait comme un vol fait à l'État l'action de vendre des RATIONS DE FOURRAGE, encore bien qu'on les eût perçues des MAGASINS en vertu d'un droit positif à cette ALLOCATION; ce code punissait de DESTITUTION et d'un an de prison les OFFICIERS coupables de ce trafic; mais c'était une de ces dispositions comminatoires sans cesse enfreintes publiquement; c'était une de ces mesures répressives qui ne répriment rien, parce que l'application de la loi n'a jamais eu lieu, et est même impraticable. — Cette peine injuste était comme non existante, et même elle était ignorée, quoique ce prétendu délit fût fréquent. — Le DÉCRET DE 1810 (30 JUIN) réglait que les Fourrages continueraient, comme par le passé, à n'être délivrables que pour les CHEVAUX présents. — L'objet de cette loi n'a pas été mieux rempli que ne l'avait été la loi pénale de 1795. — L'INSTRUCTION DE 1811 (4 MARS) et le DÉCRET DE 1813 (22 FÉVRIER) fixaient les RATIONS, leur espèce, leurs proportions. Les FOURNITURES DE FOURRAGE avaient lieu au moyen d'ENTREPRISES ou de TRAITÉS consentis par le MINISTRE, annuellement renouvelés d'octobre en octobre, et conformes à un cahier des charges publié dans le *Journal militaire* en juin ou en juillet; les mêmes dispositions s'y répétaient presque textuellement, la seule évaluation des prix y variait. — Le MARCHÉ DE 1835 (15 JUILLET) était conclu pour dix-huit mois. —

LE CORPS D'INTENDANCE avait la surveillance des mesures stipulées dans les MARCHÉS. — Ce qui concerne l'ADMINISTRATION, la nature, les DISTRIBUTIONS de Fourrages était traité dans l'ORDONNANCE DE 1823 (19 MARS, n° 264), dans les RÉGLEMENTS DE L'AN TROIS (25 VENDÉMIAIRE) et DE 1827 (1er SEPTEMBRE), dans les divers MARCHÉS ministériels et dans celui DE 1854 (30 JUIN). — Un des vices de l'ADMINISTRATION des Fourrages est la tolérance et l'abus des SOUS-TRAITÉS; car quelquefois au nombre de trois ou quatre, ces cascades sont ruineuses pour le trésor autant que préjudiciables au bien du service. — La composition, la valeur vénale de la RATION varient suivant la nature des ARMÉS DE CAVALERIE, suivant la POSITION ou circonstance; ainsi elle est plus forte en campagne et en TEMPS DE GUERRE que dans une ROUTE en TEMPS DE PAIX; elle est plus forte en ROUTE ordinaire qu'en GARNISON. Les rations de CHEVAUX DE TRAIT ou de BAT sont dues sur PIED DE PAIX; celles des OFFICIERS MONTÉS de l'INFANTERIE sont l'objet d'une INDEMNITÉ REPRÉSENTATIVE sur PIED DE PAIX, et ne sont délivrées en nature que sur PIED DE GUERRE. — La CAVALERIE de FRANCE est, de toutes celles de l'EUROPE, celle dont les CHEVAUX reçoivent la plus faible ration; mais la quantité seule n'est pas à considérer; la qualité surtout est importante; d'ailleurs elle peut suffire depuis que l'AVOINE a été distribuée au poids et non plus à la mesure de capacité. — Embrasser la question des Fourrages de la CAVALERIE demanderait un grand savoir, un travail considérable et des recherches trop laborieuses, qui n'intéresseraient que les OFFICIERS de cette arme; nous nous restreindrons donc à dire quelques mots des Fourrages qui sont dus aux OFFICIERS MONTÉS de l'INFANTERIE et aux BÊTES DE SOMME ou de TRAIT que les règlements d'organisation reconnaissent dans les CORPS. — Si l'on ne donne pas aux OFFICIERS D'INFANTERIE qui ont droit à un CHEVAL, une RATION DE FOURRAGE pour un DOMESTIQUE, par un ou deux officiers montés, on ne reconnaît donc pas de VALETS D'OFFICIERS; en ce cas, on oblige donc le maître du CHEVAL à le panser lui-même. Si on lui permet de faire soigner sa monture par un soldat, il faut donc révoquer ou transgresser la défense faite par les ordonnances de transformer en DOMESTIQUES les HOMMES DE TROUPE; si l'OFFICIER n'a ni CHEVAL, ni serviteur, on l'oblige donc à aller, à pied, aux FOURRAGES ARMÉS, pour transporter, sur son dos, sa PAILLE DE COUCHAGE. — Des questions aussi insolubles fourmillent dans l'étude de notre LÉGISLATION et dans les replis de notre ADMINISTRATION. — Le SERVICE des Fourrages en cam-

pagne est celui des SERVICES administratifs dans lequel il est le plus difficile d'établir de l'ordre. ODIER (1824, E) témoigne que, pendant le cours de la GUERRE DE LA RÉVOLUTION, des GÉNÉRAUX FRANÇAIS s'en faisaient délivrer jusqu'à cent rations, et il ajoute : *Autant valait dire qu'il n'y avait pas de règlements sur la quotité des rations.* — Les AUTEURS qui se sont occupés des Fourrages sous le point de vue administratif ou légal, sont : AUDOUIN, BERRIAT (1812, A), CHENEVIÈRES (1750, C), DANZIGER, DUPRÉ D'AULNAY, l'ENCYCLOPÉDIE (1785, C), LACHESNAIE (1758, I), ODIER, POTIER (1779, X), QUILLET, M. VAUCHELLE. — Le Fourrage de distribution sera surtout distingué en FOURRAGE VERT.

FOURRAGE D'ÉTAPE. V. CAPITAINE D'INFANTERIE FRANÇAISE DE LIGNE N° 10. V. COMMISSAIRE DES GUERRES N° 4. V. ÉTAPE. V. GITE. V. MARCHE-ROUTE.

FOURRAGE D'OFFICIER MONTÉ. V. INDEMNITÉ REPRÉSENTATIVE. V. FOURRAGE. V. FOURRAGE DE DISTRIBUTION. V. OFFICIER MONTÉ. V. MILICE PRUSSIENNE N° 6. V. OFFICIER EN JUGEMENT.

FOURRAGE EN ARGENT. V. EN ARGENT. V. INDEMNITÉ DE FOURRAGE. V. SOUS-INTENDANT N° 4.

FOURRAGE EN NATURE. V. ARTILLERIE D'INFANTERIE. V. AVOINE. V. BON DE FOURRAGE. V. COLONEL D'INFANTERIE FRANÇAISE DE LIGNE N° 9. V. EN NATURE. V. INDEMNITÉ DE FOURRAGE. V. MARÉCHAL DE FRANCE N° 6. V. MILICE FRANÇAISE N° 8. V. OFFICIER FRANÇAIS N° 16. V. OFFICIER MONTÉ. V. QUARTIER-MAITRE D'INFANTERIE FRANÇAISE DE LIGNE N° 2. V. RATION DE FOURRAGE.

FOURRAGE EN ROUTE. V. EN ROUTE. V. ÉTAPE. V. FOURRAGE DE DISTRIBUTION.

FOURRAGE MILITAIRE. V. FOURRAGE. V. MILITAIRE, adj.

FOURRAGE VERT (B, 1). Sorte de FOURRAGE DE DISTRIBUTION qui s'appelle absolument aussi le VERT. — En campagne, le VERT remplace quelquefois le FOIN, l'AVOINE et la PAILLE. — La RATION de ce Fourrage se calcule par CHEVAL, à raison de vingt-cinq à trente kilogrammes; il en faut moins dans le mois de juin, parce que l'épi est plein. — Le Fourrage vert doit se renouveler tous les quatre jours au plus. — En garnison, le Fourrage vert ne remplace que le FOIN et l'AVOINE. — Les ordonnances en déterminent le poids. Il varie suivant les différentes ARMES DE CAVALERIE; mais ces détails sont étrangers à notre sujet.

FOURRAGEMENT, subs. masc. V. ARMÉE AGISSANTE. V. FOURRAGE ARMÉ. V. FOUR-

RAGE DE DISTRIBUTION. V. MARÉCHAL DES LOGIS D'ARMÉE Nº 5. V. POSTE STRATEUMATIQUE. V. RECONNAISSANCE DE TERRAIN.

FOURRAGER, subs. masc. V. FOURRAGEUR.

FOURRAGER, verb. neut. V. FOURRAGE ARMÉ. V. QUARTIER.

FOURRAGÈRE, subs. fém. V. CHARIOT. V. VOITURE DE PARC.

FOURRAGES, subs. masc. pl. V. BUDGET. V. FOURRAGE.

FOURRAGEUR, subs. masc., ou FOURRAGER, comme s'exprime PHILIPPE DE CLÈVES. V. ARGOULET. V. CAMP DE FOURRAGE. V. CANON D'ALARME. V. CAVALERIE GRAVE. V. CAVALERIE LÉGÈRE. V. CHAINE DE FOURRAGE. V. CHARGER EN F... V. CHEVALERIE D'AFFILIATION Nº 4. V. CORVÉE AU CAMP. V. DÉTACHEMENT A L'ARMÉE. V. DÉTACHEMENT DE GUERRE. V. EN F... V. FAUX, subs. fém. V. FOURRAGE ARMÉ. V. FOURRAGE AU VERT. V. PART DE GUERRE.

FOURRAULT, subs. masc. V. FOURREAU D'ÉPÉE.

FOURRÉ (fourrée), adj. V. BATON F... V. COUP F... V. ÉPÉE F... V. PAYS F...

FOURREAU, subs. masc. (term. génér.), ou FOURREL, ou FUERRE suivant BARBAZAN (1808), ou GAINE qui a produit DÉGAINER, DÉGUAINER, OU SACHÉ, OU SACHÉE, comme le dit ROQUEFORT. Le mot Fourreau est provenu, suivant GÉBELIN, du latin *forellus*; d'autres étymologistes le dérivent du verbe LATIN *fodere*, creuser, fouiller, changé dans le bas LATIN en *foderare*, dont il est resté *fodero* dans l'ITALIEN. — Le terme exprime une partie de certains EFFETS D'ARMEMENT ou d'ÉQUIPEMENT. — Nous n'examinerons ici avec quelque détail les Fourreaux que par rapport aux EFFETS DE TROUPE et à l'INFANTERIE; ils seront distingués en FOURREAU DE BAIONNETTE et en FOURREAU DE SABRE.

FOURREAU d'ARME BLANCHE. V. BOUT DE FOURREAU. V. CORPS DE CHAPE DE FOURREAU. V. CUIR DE FOURREAU. V. DARD DE FOURREAU. V. ÉCOLE DE MARS Nº 3. V. ÉVAGINER. V. ROELLE. V. SOIE DE COCHON.

FOURREAU de BAIONNETTE (B, 1). Sorte de FOURREAU qui est en cuir de vache. — Dans l'INFANTERIE FRANÇAISE DE LIGNE, le corps du Fourreau a été longtemps de couleur naturelle; mais, à l'imitation des corps PRIVILÉGIÉS, il est maintenant de cuir noir et ciré. — Il est assemblé au moyen d'une couture à deux branches, exécutée le long du milieu de la face intérieure, d'une manière correspondante au milieu du PLAT de la LAME. La partie supérieure du corps est garnie d'un COLLET et d'un CONTRE-SANGLON ;

sa partie inférieure porte la garniture nommée BOUT. — Le Fourreau est de la même longueur que la LAME de la BAIONNETTE du FUSIL; il se porte attaché à la BANDEROLE de la GIBERNE, et s'unit à la boucle du PORTE-BAIONNETTE au moyen du CONTRE-SANGLON. — La DÉCISION DE 1818 (22 SEPTEMBRE) fixait la durée du Fourreau à six ans, la DÉCISION DE 1826 (15 FÉVRIER) à cinq ans. — La CIRCULAIRE DE 1829 (30 AVRIL) en réglait les dimensions et le prix. Une NOTE DE 1835 (5 MARS) témoignait que, d'abord fabriqué dans les MANUFACTURES D'ARMES, il l'était ensuite par le SERVICE et sur les fonds de l'HABILLEMENT. — Le remplacement des Fourreaux de baionnettes a lieu de la même manière que le remplacement des FOURREAUX DE SABRE. — Au commandement : REMETTEZ LA BAIONNETTE, le fantassin la retire du FUSIL, et met la BAIONNETTE AU FOURREAU. — Les Fourreaux des BAIONNETTES des ARMES EN MAGASIN doivent être conservés séparés de la BAIONNETTE, parce qu'elle se rouillerait si elle restait engaînée.

FOURREAU de BRIQUET. V. BRIQUET. V. FOURREAU DE SABRE. V. LAME DE BRIQUET. V. MANCHETTE DE SABRE.

FOURREAU de DRAPEAU. V. BÉNÉDICTION DE DRAPEAU. V. DRAPEAU. V. DRAPEAU D'INFANTERIE FRANÇAISE DE LIGNE.

FOURREAU de SABRE (B, 1). Sorte de FOURREAU qui autrefois, suivant ROQUEFORT, se nommait EXSIL OU SACHÉ. — Des Fourreaux sont entièrement en métal et ont leur partie inférieure terminée par une garniture nommée DARD ; autrefois des Fourreaux étaient en cuir, et avaient extérieurement leur partie inférieure garnie d'un FAUX FOURREAU. Ces deux genres de Fourreaux étaient ou sont particuliers aux TROUPES A CHEVAL, et nous ne considérerons ici le Fourreau de sabre que comme FOURREAU DE BRIQUET, ou de sabre-poignard. — Ce dernier a le corps en cuir de vache noirci et ciré; il est joint par une couture qui règne le long de la face intérieure, et qui est exécutée de manière à n'avoir point de saillie; autrement son frottement userait bientôt le pantalon. — Le corps ou le cuir du Fourreau a son extrémité supérieure garnie d'une CHAPE à CONTRE-SANGLON : tel est celui de l'INFANTERIE FRANÇAISE DE LIGNE; il était à BOUTON dans l'INFANTERIE de la GARDE ROYALE. — L'extrémité inférieure du Fourreau est fortifiée par la garniture nommée BOUT. — La DÉCISION DU 22 SEPTEMBRE 1818 fixait à dix ans la durée du Fourreau; elle veut que son REMPLACEMENT et celui du FOURREAU DE BAIONNETTE aient lieu sur les FONDS de la MASSE HABILLEMENT. — Une DÉCISION DE 1821 (30 JANVIER et 15 FÉVRIER) détermine la nature, le prix et les dimensions de toutes les parties du Fourreau. — L'INSTRUCTION DE 1822 (21 SEPTEMBRE) en a donné le dessin gravé. La DÉCISION DE 1824 (18 FÉVRIER) réglait la durée et le remplacement du Fourreau.

FOURREAU DE SABRE D'OFFICIER. V. BOUT DE F... V. CHAPE DE F... V. CHAPITEAU DE CHAPE DE F... V. CROCHET DE CHAPE. V. CUVETTE DE CHAPE.

FOURREAU DE SOIE DE COCHON. V. SOIE DE COCHON.

FOURREAU D'ÉPÉE, OU FOURRAULT suivant RABELAIS. V. ADJUDANT D'INFANTERIE FRANÇAISE DE LIGNE N° 7. V. BOUT DE FOURREAU. V. CHAPE DE F... V. CHAPITEAU DE F... V. CORPS DE CHAPE DE F... V. CROCHET DE CHAPE. V. CUVETTE DE CHAPE. V. ÉPÉE D'OFFICIER. V. ESPACE DE RANGS. V. LAME D'ÉPÉE. V. MAMELIÈRE. V. MESSE MILITAIRE. V. POIGNARD. V. SACHÉ. V. SACHER.

FOURREAU D'ÉPÉE LONGUE. V. ÉPÉE LONGUE.

FOURREAU D'ESTOCADE. V. ESTOCADE.

FOURREL, subs. masc. V. FOURREAU.

FOURRIER, subs. masc. V. A L'ORDRE AUX F... V. ABSENCE DE F... V. ADMINISTRATION DE F... V. AIDE-F... V. ALLOCATIONS DE F... V. APPEL AUX F... V. AVANCEMENT DE F... V. CAPORAL-F... V. CHAMBRE DE F... V. CRÉATION DE F... V. DÉNOMINATION DE F... V. DÉPART DE F... V. DEVOIRS DE F... V. DROITS DE F... V. FONCTIONS DE F... V. FRAIS DE BUREAU DE F... V. GALON DE F... V. GIBERNE DE F... V. GRADE DE F... V. HABIT DE F... V. INSTRUCTION DE F... V. LOCALISATION DE F... V. LOGEMENT DE F... V. MARQUE DISTINCTIVE DE F... V. NOM DE F... V. NOMINATION DE F... V. PAYE DE F... V. PUNITION DE F... V. RANG DE F... V. RÉCEPTION DE F... V. REMPLACEMENT DE F... V. RESPONSABILITÉ DE F... V. SERGENT-F... V. SERVICE DE F... V. SOLDE DE F... V. SUBORDINATION DE F... V. SURVEILLANCE DE F... V. TABLE DE F... V. UNIFORME DE F...

FOURRIER (term. génér.), ou FURIER, comme le dit WALHAUSEN (1617), ou FEURRIER, OU FORRIER, OU FOURIER, suivant ROQUEFORT. Ces mots sont une corruption du LATIN *fodrarius*, préposé au soin du FOURRAGE, ou bien ils sont une imitation de *forrerius, forrator*, fourrageur, ou enfin une traduction de l'ITALIEN *forière*, AVANT-COUREUR. Gébelin croit qu'ils ont la même racine que le mot FOURGON. — Nous donnerons quelques développements à la question étymologique, en traitant du FOURRIER de l'INFANTERIE FRANÇAISE DE LIGNE N° 2. — Il y a eu des Fourriers dans tous les temps; GUILLAUME DE NANGIS les appelait *fodrator*; VILLEHARDOUIN et GANEAU les nommaient FORRIERS; mais ces mots et l'expression *fodrarius* qui les a précédés ne s'appliquaient point uniquement à des militaires. C'étaient ou des employés civils, ou des serviteurs attachés à la maison des souverains; ils eurent d'abord la charge de lever l'impôt nommé *fodrum, foderum*; ils firent ensuite fonctions d'AVANT-COUREURS, précédèrent les princes dans leurs voyages, marquèrent leurs LOGIS, et s'appelèrent aussi, par cette raison, MARÉCHAUX DES LOGIS. — Sirmond, dans ses savantes notes sur les capitulaires de CHARLES LE CHAUVE, prétend qu'il y a toujours eu dans la MILICE FRANÇAISE des Fourriers; mais il n'est pas démontré qu'ils occupassent précisément un GRADE militaire; et ce qui prouve que dans les temps anciens leur profession participait autant du civil que du militaire, c'est que, dans les MILICES du Nord, les Fourriers étaient compris parmi les NON COMBATTANTS. Cette coutume existait encore de nos jours dans les armées d'ALLEMAGNE : ainsi, dans les CAPITULATIONS DE SIÉGE, nous avons vu les Fourriers ALLEMANDS être renvoyés chez eux alors même que les corps dans lesquels ils servaient étaient emmenés comme PRISONNIERS DE GUERRE. — Une ordonnance de PHILIPPE LE BEL, rendue en 1306, nous montre des Fourriers militaires chargés de *départir le logis*. Ces Fourriers pouvaient être comparés à des OFFICIERS D'ÉTAT-MAJOR, ou à des EMPLOYÉS de la cour. — M. MONTEIL dit qu'au quinzième siècle, le Fourrier de la cour portait, comme insigne, un bâton de bois vert, à la vue duquel nul ne pouvait refuser d'ouvrir sa porte. Ce bâton lui servait à frapper, le soir avant le coucher, sur le lit du roi pour constater qu'il ne s'y était blotti personne. — Il est des MILICES, à ce que rapporte ODIER (1824, E), où le GRADE de Fourrier ne s'obtient qu'à la suite d'un CONCOURS présidé par un COMMISSAIRE DES GUERRES. — Un des AUTEURS militaires à la fois le plus savant et le plus ancien, PHILIPPE DE CLÈVES (1520, A), nous parle des Fourriers comme de personnages attachés à la cour, aux princes, aux seigneurs. — Nous allons considérer ici le Fourrier comme un individu militaire, et il sera distingué en FOURRIER D'ARMÉE, — D'INFANTERIE FRANÇAISE DE LIGNE, — MAJOR.

FOURRIER ANGLAIS. V. ANGLAIS, adj. V. MILICE ANGLAISE N° 12.

FOURRIER AUTRICHIEN. V. AUTRICHIEN, adj. V. MILICE AUTRICHIENNE N° 2.

FOURRIER D'ARMÉE (F), ou de l'ARMÉE. OFFICIER de l'ÉTAT-MAJOR GÉNÉRAL, dont le grade existait dans les TROUPES FRANÇAISES depuis le règne de LOUIS TREIZE jusqu'à celui de LOUIS QUINZE ; il était sous les ordres du MARÉCHAL GÉNÉRAL DES LOGIS DE L'ARMÉE ; il MARQUAIT à la CRAIE BLANCHE les LOGEMENTS de l'ÉTAT-MAJOR GÉNÉRAL. — Quand le roi marchait en campagne, le Fourrier de l'ARMÉE et les FOURRIERS sous ses ordres ne devaient se servir que de craie jaune ou d'ocre, parce que le crayon blanc était réservé au seul usage des FOURRIERS de la MAISON MILITAIRE. — Le Fourrier d'armée était tenu d'afficher sur la porte du GÉNÉRAL D'ARMÉE un tableau désignatif du LOGEMENT des GÉNÉRAUX et le nom des villages où ils résidaient. — Une pareille affiche de LOGEMENT devait être placardée à la porte des GÉNÉRAUX COMMANDANT le centre, une aile ou la réserve. — Si le Fourrier d'armée venait à être troublé dans l'exercice de ses fonctions, il avait droit de porter plainte directement au GÉNÉRAL EN CHEF lui-même. — Ce Fourrier était secondé, à ce que dit ROQUEFORT, par des aides nommés SERDELLEAUX, mot analogue au substantif serdeau resté dans les usages de la bouche du roi.

FOURRIER de CAMPEMENT. V. ALLER AU CAMPEMENT. V. CAMPEMENT. V. CAMPEMENT ACTIF. V. CORDEAU DE CAMPEMENT. V. FAISCEAU DE CAMPEMENT. V. FOURRIER D'INFANTERIE FRANÇAISE DE LIGNE N° 9.

FOURRIER de COMPAGNIE HORS RANG. V. COMPAGNIE HORS RANG.

FOURRIER de GRENADIERS. V. COMPAGNIE DE GRENADIERS N° 3. V. GARDE DE DRAPEAU. V. GRENADIER. V. ORDONNANCE D'EXERCICE D'INFANTERIE.

FOURRIER de la MAISON DU ROI. V. CRAIE. V. FOURRIER D'ARMÉE. V. MAISON DU ROI.

FOURRIER de SEMAINE. V. FOURRIER D'INFANTERIE FRANÇAISE DE LIGNE N° 9. V. SEMAINE.

FOURRIER de VOLTIGEURS. V. CARABINE. V. VOLTIGEUR.

FOURRIER d'ÉTAT-MAJOR. V. ÉTAT-MAJOR. V. MILICE WURTEMBERGEOISE N° 1. V. WURTEMBERGEOIS, adj.

FOURRIER des LOGIS DU ROI. V. LOGIS DU ROI. V. MAISON DU ROI N° 4.

FOURRIER d'INFANTERIE FRANÇAISE DE LIGNE (A, 1), ou CAPORAL-FOURRIER, ou SERGENT-FOURRIER. Sorte de FOURRIER qui a fait partie, suivant les temps, des CAPORAUX ou des SOUS-OFFICIERS, et qui appartient à la classe des SOUS-OFFICIERS COMPTABLES. L'institution de son GRADE est peu ancienne ; ses attributions et son RANG ont varié. Nous allons en donner les preuves en examinant ce grade sous les rapports suivants : CRÉATION, DÉNOMINATION, NOMINATION, RÉCEPTION, AVANCEMENT, UNIFORME, LOCALISATION, REMPLACEMENT, LOGEMENT, ALLOCATIONS, TABLE,

DROITS, RANG, SURVEILLANCE, FONCTIONS, DEVOIRS, INSTRUCTION, RESPONSABILITÉ, SUBORDINATION, PUNITIONS, SERVICE, ADMINISTRATION. — N° 1. CRÉATION. — Dans les LÉGIONS ROMAINES, il existait des Fourriers, connus sous le nom de MENSEURS (*mensor*), d'ÉCRIVAINS (*librarius*), de vivrier (*frumentarius*), comme le témoigne ODIER (1824, E). C'étaient des OFFICIERS dont le rang et le GRADE avaient de l'importance. Si, originairement, les Fourriers modernes avaient de l'analogie avec les *mensores* de l'antiquité, ces derniers sont plutôt aujourd'hui représentés par le CHEF D'ÉTAT-MAJOR, par les OFFICIERS DU GÉNIE, par les FONCTIONNAIRES DE L'INTENDANCE. — Il y avait dans la GARDE attachée à la personne des ducs de Bourgogne un Fourrier de la garde, comme on le voit dans le passage où GOLLUT traite des CHEFS D'ESCADRES qui occupaient un grade dans la milice de ce duché. — Des Fourriers figurent dans les BANDES des LÉGIONS DE FRANÇOIS PREMIER ; ils étaient au nombre de quatre par LÉGION, ou d'un par quinze cents hommes ; c'étaient des OFFICIERS d'un rang élevé ; mais ces LÉGIONS n'eurent qu'une courte durée, et les Fourriers disparaissent ; leur nom du moins cesse d'exister : car indispensablement l'emploi était exercé d'une manière ou d'une autre depuis l'institution des RÉGIMENTS FRANÇAIS. On en a la preuve en lisant les traités antérieurs au ministère de CHOISEUL : on y voit que ce qu'on appelait SERGENT D'AFFAIRES n'était autre chose qu'un écrivain qui remplissait à la fois les doubles fonctions aujourd'hui attribuées au SERGENT-MAJOR et au Fourrier. — En 1758 (20 mars) le grade de Fourrier s'établit. — L'ORDONNANCE DE 1762 (10 DÉCEMBRE) reconnut dans l'INFANTERIE un Fourrier par COMPAGNIE ; il avait rang de dernier SERGENT, et succédait au SERGENT D'AFFAIRES. Il était spécialement subordonné au QUARTIER-MAITRE ; sauf le rang, les droits et l'épithète, c'était un sergent-major. — L'ORDONNANCE DE 1764 (10 AOUT) éleva ces Fourriers au rang de premier SERGENT de la COMPAGNIE, et l'ORDONNANCE DE 1765 (13 AOUT) leur donna autorité et commandement sur les autres SERGENTS, et leur alloua par jour un sou de haute-paye. — En 1782, les Fourriers étaient abolis, ou s'étaient transformés en SERGENTS-MAJORS. — L'ORDONNANCE DE COMPOSITION DE 1788 (17 MARS) crée un CAPORAL-FOURRIER. — Une décision DE 1822 (31 JUILLET) crée le grade de SERGENT-FOURRIER. — N° 2. DÉNOMINATION. — L'origine vraie du nom des Fourriers n'est pas démontrée clairement jusqu'ici. — Le mot français vient-il directement du bas LATIN, comme plusieurs le pensent ? Les ITALIENS ont-ils corrompu *fodrarius* en *forière*, avant-coureur? Le substantif dérive-t-il de l'italien *fuora*, ou du latin *foras, foris*, dehors, comme le suppose Skinner? Ces adverbes sont-ils la souche du terme italien *forière*, précurseur, que nous rendons maintenant par Fourrier, comme jadis Wallhausen (1617, C) et ses traducteurs rendaient *furriero* par furier? Cette dernière expression, changée en Fourrier, s'est-elle francisée, comme cela est possible, en passant de la langue des condottieri dans la nôtre? Enfin, y a-t-il du rapport entre notre mot Fourrier et le fourier du vieux langage, qui, dans Roquefort, signifie marchand de foin? Nous laissons à de plus habiles à résoudre ces difficultés et à rechercher quelle similitude il peut y avoir eu entre les fonctionnaires que Hygin (120, A) et Jauro (1777, G) appellent *scolœ*, que M. Liskenne (t. i, p. 512, gravures) appelle hupérètes, et les personnages que Végèce et que Turpin (1780, O) appellent *librarii*. — On lit dans Sirmond, que nous avons déjà cité : *Fodrum, sive foderum, interdum est annona militaris, et a fodro, fodrarius; fodrarii, qui fodrum exigunt*..... On appelle *fodrum* ou *foderum*, un approvisionnement militaire, et du nom de ce tribut on a appelé *fodrarius* (Fourrier) celui qui perçoit la prestation du fourrage. — La ressemblance entre le français Fourrier et furier et l'allemand *furier* et *fuehrer* est frappante ; ce dernier substantif répond au verbe *fuehren*, conduire, parce qu'un Fourrier est un guide, un avant-coureur. On ne peut donc pas supposer que *fuehrer* vienne du latin *fodrarius*, fourrageur ; est-ce donc du tudesque que vient le nom français de ce sous-officier? Nous ne saurions résoudre la question. Mais on pourrait croire que les Italiens et les Français ont pris de l'allemand *fuehrer*, guide, leur mot Fourrier ; que le grade est devenu autre que celui d'un guide, et que les Allemands, imitant ce grade, en ont fait le mot *furier*, sans s'apercevoir qu'ils corrompaient en allemand, de l'allemand corrompu en français. Il se voit plus d'un exemple de ces bizarreries en linguistique. — Dans la milice autrichienne, les *fuehrer* de l'état-major des régiments d'infanterie sont des adjoints de comptabilité ; il y a en outre des Fourriers. Ainsi, si le français a pris *fuehrer* de l'allemand, et l'a corrompu en furier, l'allemand a pris Fourrier du français et l'a germanisé. Ce sont des singularités difficiles à expliquer. — L'existence du *fuehrer* autrichien est imitée ou du moins est l'analogue du Fourrier des légions de François premier ; il y en avait alors quatre par légion : c'étaient des officiers

d'administration revêtus d'un grade élevé. — Les grades que les Fourriers primitifs ont exercés, depuis 1762 jusqu'en 1788, expliquent pourquoi ils étaient connus pendant ce laps de temps sous le nom de sergents-fourriers. — Depuis les ordonnances de 1788 et de 1791, ils ont été nommés caporaux-fourriers, quoique pourtant le seul nom de Fourrier eût dû suffire, puisque le grade une fois connu, il n'y avait aucune utilité à y joindre son indication du rang. Les commis de la guerre n'en ont pas moins reproduit par routine cette prolixe désignation ; ils n'ont pas prévu que cette complication de termes pouvait occasionner un inconvénient ; en effet, l'ordonnance de 1818 (13 mars) regardant comme maintenue cette accolade de deux substantifs, et une décision de 1822 (31 juillet) ayant vicieusement rétabli des sergents-fourriers, ces derniers ne manquèrent pas de demander si ce qui a rapport aux caporaux-fourriers leur était applicable, et bien habile qui leur eût répondu ; le ministre lui-même en eût été empêché, à moins d'interprétations sans fin. — La décision de 1822 donnait la dénomination de sergents-fourriers aux caporaux-fourriers, après deux ans de service et un an de grade ; de telle sorte que la marche des fonctions et les lois de la hiérarchie sont constamment incertaines et changeantes. Un Fourrier obéira-t-il à un sergent quand il sera sûr que bientôt et à jour fixe il sera sergent lui-même? — N° 5. Nomination, réception, avancement. — Depuis que le Fourrier n'était plus sergent-major, il était tiré des caporaux, quelquefois même des simples soldats, à cause de la difficulté de trouver des sujets que leur éducation rendît aptes aux fonctions du grade. Cette forme de nomination était un abus presque inévitable ; cependant l'instruction de 1775 (30 mai) essayait d'y porter remède, et voulait que le Fourrier ne pût être tiré que de la classe des sergents. — L'ordonnance de 1788 (1er juillet) voulait que les Fourriers fussent tirés, soit des sergents, soit des caporaux. — La circulaire de 1791 (1er janvier), relative au décret de 1790 (octobre), remettait au capitaine le droit de choisir son Fourrier sur tous les caporaux de la compagnie, ou parmi les soldats ayant deux ans de service. Ce choix du capitaine devait être soumis à l'approbation du colonel. — Le décret de 1814 (2 avril) ne permettait l'avancement au grade de Fourrier qu'après deux ans et demi de service. — En conformité de la loi de 1818 (2 août), le capitaine de la compagnie dans laquelle un emploi de Fourrier était vacant, devait désigner trois

CANDIDATS inscrits sur le TABLEAU D'AVANCEMENT du BATAILLON pour que le COLONEL en choisît un. — Les Fourriers sont reçus par le CAPITAINE à l'INSPECTION du DIMANCHE ou à la plus prochaine PRISE D'ARMES. — Autrefois on passait du GRADE de Fourrier à celui d'ADJUDANT, parce qu'alors être Fourrier c'était être SERGENT-MAJOR. — La DÉCISION DE 1821 (28 AVRIL) ne donnait au Fourrier le droit d'avancer au GRADE DE SERGENT que concurremment avec les autres CAPORAUX; cependant il avait sur ceux-ci le RANG DE COMMANDEMENT. — N° 4. UNIFORME. — L'ORDONNANCE DE 1767 (25 AVRIL) est la première qui ait déterminé les MARQUES DISTINCTIVES des Fourriers; elle leur donnait deux bandes de GALONS d'argent de douze lignes, cousus obliquement et parallèlement sur le dehors de la manche, au-dessus du pli du bras, comme on y a placé, de nos jours, le DEMI-CHEVRON. L'ordonnance leur donnait de plus un bord de galon fin à la même place que celui des SERGENTS; car depuis 1764 le Fourrier était premier SERGENT. A ce titre, ils étaient autorisés à avoir des CHEMISES à jabot. — L'ORDONNANCE DE 1776 (31 MAI) distinguait les Fourriers par deux bandes de GALON fin de dix lignes, cousues sur le dehors de la manche, au-dessus du coude. Le RÈGLEMENT DE 1779 (21 FÉVRIER) leur donnait deux bandes de galon fin de six lignes, cousues sur l'avant-bras. Leur GIBERNE et leur sabre étaient les mêmes que ceux des SERGENTS. Ils pouvaient de même porter CHEMISE à jabot. — L'INSTRUCTION DE 1791 (1er AVRIL), ne considérant le Fourrier que comme CAPORAL, lui donna les GALONS de ce GRADE, et de plus un GALON fin sur le dehors de la manche, au-dessus du pli du bras. Jusqu'en 1822 rien n'a été changé à cet égard dans l'INFANTERIE FRANÇAISE DE LIGNE. — La DÉCISION DE 1822 (12 SEPTEMBRE) disposait que quand le CAPORAL-FOURRIER devenait SERGENT-FOURRIER, il portait la distinction de sergent, en outre de celle qui est particulière à son emploi de Fourrier, et que ses CHEVRONS D'ANCIENNETÉ seraient en galon fin. — Probablement il prend aussi la GIBERNE de SERGENT. — Une DÉCISION DE 1819 (6 AVRIL) fixait à dix-huit mois la DURÉE DE L'HABIT des Fourriers. — N° 5. LOCALISATION. — Au temps où les Fourriers étaient SERGENTS, leur place en bataille était à la seconde file de gauche de la PREMIÈRE SECTION. — Le RÈGLEMENT DE 1791 (1er AOÛT) les établissait à la GARDE DU DRAPEAU ou au FANION du BATAILLON. — L'ORDONNANCE DE 1831 (4 MARS) les dispense de cette fonction; elle les place, au contraire, en SERRE-FILE derrière la PREMIÈRE SECTION, à la droite du SOUS-LIEU-

TENANT. — Quand on ROMPT PAR DEMI-SECTIONS, l'ordonnance les place derrière le CHEF DE PELOTON. — L'ORDONNANCE DE 1818 (15 MAI) disposait que le *caporal-fourrier ne sera attaché particulièrement à aucune section;* mais ici la disposition n'a rien de tactique : elle décidait qu'en cas de séparation il marchait avec la portion que le CAPITAINE commande. — N° 6. REMPLACEMENT, LOGEMENT. — L'ORDONNANCE DE 1768 (1er MARS) réglait qu'aux DISTRIBUTIONS DE PAIN et autres où le Fourrier (SERGENT-MAJOR) ne pouvait pas assister, il était remplacé par un SERGENT ou par un CAPORAL à qui il remettait les BONS, avec l'agrément du CAPITAINE DE SEMAINE. — Le RÈGLEMENT DE 1792 (24 AVRIL) décidait qu'en CAS D'ABSENCE ou de vacance momentanée, le Fourrier ne devait pas être remplacé, mais que le SERGENT-MAJOR tiendrait ses ÉCRITURES. — L'ORDONNANCE DE 1818 (1er AOÛT) a disposé qu'en l'ABSENCE du Fourrier, le SERGENT-MAJOR se ferait aider, pour les ÉCRITURES, par un CAPORAL ou par un soldat choisi par le CAPITAINE et exempt de service, mais que les registres seraient tenus par le SERGENT-MAJOR lui seul. — Quant aux DISTRIBUTIONS, c'est un SERGENT qui y suppléait le Fourrier, avec l'agrément du MAJOR. — L'ORDONNANCE DE 1768 (1er MARS) décidait que le Fourrier (SERGENT-MAJOR) devait faire chambrée à la CASERNE avec les SERGENTS de la COMPAGNIE. — Le RÈGLEMENT DE 1792 (24 JUIN) voulait que le Fourrier logeât avec le SERGENT-MAJOR et les SERGENTS. — L'ORDONNANCE DE 1818 (15 MARS) veut qu'il partage la CHAMBRE du SERGENT-MAJOR, et que les noms de l'un et de l'autre soient inscrits sur leur porte. — N° 7. ALLOCATIONS, TABLE. — Sous le régime de la restauration, les règlements de l'HOTEL des INVALIDES ne reconnaissaient pas encore de CAPORAUX-FOURRIERS. Cette anomalie, comparable à celle dont nous avons traité en parlant des ADJUDANTS, tenait à ce que les institutions encore observées à l'HOTEL sont d'une date antérieure à la création légale des Fourriers; mais, à l'égard des Fourriers, cette imperfection dans les statuts des INVALIDES est de peu d'importance, puisque le Fourrier est ou un CAPORAL ou un SERGENT. L'inconvénient, au contraire, était grave s'il s'agissait des adjudants, parce qu'ils n'étaient ni OFFICIERS ni SERGENTS, et qu'on ne savait à quelle assimilation s'arrêter. — L'ORDONNANCE DE 1768 ne payait au Fourrier, qui alors était vraiment un SERGENT-MAJOR, que le PRÊT DE SOLDAT; mais tous les quatre mois il lui était fait un DÉCOMPTE du surplus de sa SOLDE. Cette réserve en caisse était en quelque sorte un cautionnement qui répondait des deniers dont le Fourrier avait le maniement. — La DÉCISION DE L'AN ONZE (2 THERMIDOR) et les MARCHÉS DE CHAUFFAGE accordaient au Fourrier la DOUBLE RATION DE COMBUSTIBLE que la MASSE DE CHAUFFAGE allouait aux SOUS-OFFICIERS. — La LOI DE L'AN CINQ (25 FLORÉAL) donnait aux Fourriers PAYE DE SERGENT, à raison des fatigues et des courses qui résultent de leur emploi; mais elle les maintenait dans la classe des CAPORAUX. — Depuis la DÉCISION DE L'AN DOUZE (8 PRAIRIAL), il leur avait été alloué comme FRAIS DE BUREAU une somme mensuelle d'un franc cinquante centimes; elle fut réduite à un franc par la DÉCISION DE 1809 (14 SEPTEMBRE); elle a été élevée à deux francs par la CIRCULAIRE DE 1827 (24 JANVIER). — Les Fourriers vivent à la CASERNE à l'ORDINAIRE des SOUS-OFFICIERS. — L'ORDONNANCE DE 1768 voulait qu'ils missent à l'ordinaire un sou de plus que les soldats. Leur PRÊT subissait la même RETENUE que celui des SERGENTS. — N° 8. DROITS, RANG. — Le Fourrier peut remplacer le SERGENT-MAJOR dans les DISTRIBUTIONS D'EFFETS D'UNIFORME; il peut ordonner au CAPORAL DE SEMAINE de réunir les hommes commandés pour les CORVÉES SIMPLES OU GÉNÉRALES. — En vertu de l'ORDONNANCE DE 1762 (10 DÉCEMBRE), le Fourrier était dernier SERGENT; il devint PREMIER SERGENT par l'ORDONNANCE DE 1764 (1er AOUT). Celle DE 1765 (1er AOUT) consacrait son autorité sur les sergents et lui octroyait un sou de plus. Celle DE 1771 (19 JUIN) le reconnaissait sous le même titre. — L'ORDONNANCE DE 1776 (25 MARS) modifia cette LÉGISLATION : elle créa un Fourrier écrivain et dernier SERGENT; elle fit SERGENT-MAJOR l'écrivain chef. Ainsi les Fourriers de 1775 devinrent les SERGENTS-MAJORS de 1776. — L'ORDONNANCE DE 1788 (17 MARS) faisait marcher nominalement le Fourrier après le SERGENT-MAJOR; mais elle le rangeait parmi les SERGENTS. Cette disposition était plus raisonnable, puisque les chances de l'AVANCEMENT pouvaient faire sortir le Fourrier du rang de dernier SERGENT en vertu de SON ANCIENNETÉ. — Depuis leur CRÉATION jusqu'en 1788, les Fourriers étaient BAS-OFFICIERS; en cette même année ils descendirent au rang de CAPORAL. — Le RÈGLEMENT DE 1791 (1er JANVIER) comprend le Fourrier parmi les SOUS-OFFICIERS, le fait PREMIER CAPORAL, et lui donne le commandement sur les CAPORAUX. Cette disposition était confirmée par le DÉCRET DE L'AN DEUX (2 FRIMAIRE). — L'ORDONNANCE DE 1818 (10 MARS) donne au Fourrier le pas ou le RANG DE COMMANDEMENT sur tous les CAPORAUX de la COMPAGNIE. — Une DÉCISION DE 1822 (31 JUILLET) classait les Fourriers parmi les SOUS-OFFICIERS aussitôt qu'ils avaient deux ans de SERVICE total et une année de SERVICE comme CAPORAUX ou comme Fourriers. Ils prenaient alors le titre de SERGENTS-FOURRIERS. — La CASE que le nom du Fourrier occupait dans le CONTROLE ANNUEL de la COMPAGNIE venait ordinairement à la suite des noms des SERGENTS. Probablement il doit continuer à en être ainsi, quoique, par une disposition nouvelle, le Fourrier puisse être SERGENT au lieu d'être absolument, comme autrefois, CAPORAL. — N° 9. SURVEILLANCE, FONCTIONS. — Dans les usages de la MILICE ROMAINE, les fonctions des MENSEURS avaient quelque analogie avec celles des Fourriers. — VÉGÈCE (590, A) donne également idée des Fourriers sous la qualification de *librarius*, mot que JABBO (1777, G) et quelques AUTEURS traduisent par DÉTAILLEUR OU SERGENT DE DÉTAIL. VÉGÈCE dit : *Librarii, ab eo quod in libros referant rationes, ad milites pertinentes*; teneurs de livres, parce qu'ils y inscrivent les DISTRIBUTIONS et les PRESTATIONS allouées au soldat. — Sous la SECONDE RACE, et peut-être plus anciennement, les Fourriers ou *fodrarii*, qui agissaient par l'ordre des personnages puissants, étaient chargés de lever l'impôt nommé *fodrum*, FOURRAGE, et de le répartir pour la subsistance de la CAVALERIE. L'emploi de ces préposés participait ainsi de celui de percepteur des contributions, de TRÉSORIER et d'INTENDANT D'ARMÉE. — CHARLEMAGNE, examinant l'administration de Louis d'Aquilaine, son fils, approuva et imita l'abolition de l'impôt *fodrum*, qui était une source de vexations. CHARLES donna de sa cassette une paye destinée à nourrir dorénavant les CHEVAUX de sa CAVALERIE. — M. MONTEIL rapporte qu'au quinzième siècle, dans les TROUPES où il commençait à s'établir quelque discipline, le Fourrier, dans les cas de ROUTE, après avoir marqué à la CRAIE le domicile, tenait état des noms des MILITAIRES qu'il y plaçait, et en donnait le relevé aux officiers pour qu'ils allassent s'informer si aucune plainte ne s'élevait, et pour qu'ils pussent surveiller particulièrement ceux qu'ils suspectaient. Nous avons peine à croire à tant de régularité; c'était peut-être écrit en quelque loi, mais ce n'était pas dans les mœurs. — Les édits de HENRI TROIS ajoutaient à la surveillance et aux fonctions des Fourriers l'obligation de tenir un rôle des GOUJATS. — Depuis ce règne, ils marquaient, en campagne, les logements à la CRAIE JAUNE. — Lorsque CHOISEUL créa l'emploi de nos Fourriers, il les chargea, dans l'intérieur des CORPS, *des subsistances, distributions, logement, campement et propreté du quartier et du camp.*

Ils en mesuraient le terrain au moyen du pas de camp. — L'ordonnance de 1768 (1er mars) s'étendait davantage sur les attributions du Fourrier; elle l'exemptait de monter la garde, le chargeait de remettre l'état du logement des compagnies au quartier-maître, sitôt l'assiette du logement fixé; elle voulait qu'il rendît compte, au commandant de la compagnie et au major, des cas où il mettait en prison un soldat; il devait faire l'appel de la compagnie aux heures indiquées, et être responsable de l'exactitude de l'appel rendu. C'était à lui à dresser l'état de prêt de la compagnie, à le faire signer du capitaine, à faire le prêt aux chefs d'escouade en présence de l'officier de semaine, à faire exécuter les réparations d'habillement dont les sergents de subdivision lui annonçaient l'urgence, à conduire les soldats de la compagnie aux distributions, à tenir le contrôle du service des soldats, à tirer les postes à la parade, à rendre l'ordre aux officiers de la compagnie, à transmettre l'ordre à la compagnie, à tirer les rondes et à recevoir les marrons pour les remettre aux officiers de ronde et aux commandants de patrouille. Les Fourriers devaient ramener en ordre les soldats à la caserne après la parade, et faire faire alors les réparations dont pouvait avoir besoin l'habillement des hommes de la garde descendante. — Cette même ordonnance décidait que, en cas de départ, le Fourrier devait partir, à la batterie de la générale, pour aller préparer le nouveau logement. — Mais ce que l'ordonnance de 1768 (1er mars) prescrivait et prescrit encore peut être regardé comme concernant véritablement le sergent-major, et non le Fourrier; car alors sergent-major ou Fourrier étaient même grade. La désignation usitée à cette époque pourrait occasionner aujourd'hui des erreurs, le mot Fourrier ayant tout à fait changé d'acception. — L'ordonnance de 1776, qui, de premier sergent, fit passer le Fourrier au rang de dernier sergent, désignait les Fourriers comme devant *tenir les registres, former les états et pourvoir aux logements.* — L'ordonnance de composition de 1788 veut que le Fourrier *dresse tous les états, tienne les livres et les registres, soit responsable de tous les détails de distributions et de comptabilité envers le quartier-maître, et qu'il soit chargé du logement de la compagnie et de la répartition des fournitures.* — Conformément aux ordonnances sur le service en campagne, deux fourriers de campement par bataillon se rendaient d'avance au camp; c'était à eux à tenir sur le terrain le cordeau de profondeur pour tracer le camp. Ainsi le voulait l'ordonnance de

1778 (28 avril). — Le décret de 1793 (12 août) disait du caporal-Fourrier : *Il ne fera d'autre service que de tenir les registres, former les états et pourvoir au logement de la compagnie.* — Les ordonnances de 1818 (13 mai) et de 1833 (2 novembre) déterminent les fonctions actuelles des Fourriers; elles sont presque toutes d'administration; le service et la direction des travaux ont été attribués au sergent-major. — Les Fourriers écrivent, sous la dictée de l'adjudant de semaine, avant trois heures de l'après-midi, l'ordre du jour sur le livre d'ordre de la compagnie. — Quand la distribution du pain ou en général les distributions de rations ont lieu, le Fourrier reste en dehors du magasin pour maintenir l'ordre parmi les soldats, tandis que l'officier de distribution entre dans le magasin, d'où il appelle tour à tour les Fourriers, qui vont recevoir du préposé aux distributions ce qui leur revient. — Le Fourrier ne surveille plus la tenue du cahier d'ordinaire et la manière dont les caporaux d'ordinaire font faire les corvées relatives à leur gestion. — Les fonctions des fourriers en route ont pris un caractère particulier. — L'ordonnance de 1833 (7 mai) chargeait, en certains cas, un Fourrier des fonctions de facteur. Celle de 1833 (2 novembre) institue un Fourrier de semaine, et le charge de fonctions relatives à l'établissement du rapport. — N° 10. Devoirs. — Le Fourrier doit aller aux distributions en armes et en tenue; il doit se rendre avec promptitude aux appels et aux cercles annoncés par la batterie à l'ordre; il doit, en garnison, concourir à l'assiette du logement, sous la direction du porte-drapeau, de l'aide-major ou de l'adjudant de semaine, et inscrire son nom sur la porte de sa chambre. — Il inscrit journellement, si le sergent-major ne s'en charge lui-même, les mouvements et mutations. — Il doit fournir trimestriellement à l'officier de section l'état nominatif de la section, l'état des effets d'uniforme qui y sont en service et l'indication des travailleurs en ville. — Le Fourrier ou un sergent de semaine doivent transmettre aux officiers inférieurs de la compagnie l'ordre donné au cercle de la parade. — Le Fourrier doit se trouver aux appels de la compagnie et aux classes tactiques auxquelles il est attaché par le capitaine. Il doit rendre compte au major de toutes les punitions. — Le général Kaeg (1796, 1) a traité des devoirs des Fourriers. — N° 11. Instruction, responsabilité, subordination. — L'instruction du Fourrier ne doit pas être moindre sous le rapport tactique que celle des autres sous-officiers; elle est l'objet des mêmes THÉORIES; il eût fallu même que les Fourriers fussent dressés avec plus de perfection, au temps où la GARDE du DRAPEAU leur était confiée; mais on ne s'était jamais occupé de leur donner l'habileté qui convenait : c'était même impossible, à cause de la complication de leurs fonctions. — L'ORDONNANCE DE 1818 (15 MAI) voulait que le MAJOR interrogeât les Fourriers sur ce qui concerne leurs fonctions administratives, et qu'il les réunît souvent à cet effet avec les OFFICIERS DE DÉTAILS et le TRÉSORIER. — Le Fourrier est responsable de toutes les erreurs et de tous les mécomptes qui pourraient avoir lieu dans les DISTRIBUTIONS auxquelles il a assisté comme PARTIE PRENANTE. — Le Fourrier est sous les ordres et la surveillance immédiate du SERGENT-MAJOR; sous sa direction, il tient les ÉCRITURES et fait les INSCRIPTIONS voulues. — Il est sous les ordres du CAPITAINE DE DISTRIBUTIONS toutes les fois qu'il y a des FOURNITURES à percevoir. Il obéit à l'ADJUDANT DE SEMAINE relativement aux CORVÉES DE DISTRIBUTIONS et aux transcriptions de l'ORDRE DU JOUR; il défère aux ordres du PORTE-DRAPEAU relativement au CASERNEMENT. — Nº 12. PUNITIONS, SERVICE. — L'ORDONNANCE DE 1768 (1er MARS) disposait que les Fourriers pouvaient être cassés et mis à la queue de la COMPAGNIE. — Maintenant ce qui regarde la cassation des sous-OFFICIERS leur est applicable.—L'ORDONNANCE DE 1788 (1er JUILLET) voulait qu'au retour des HOMMES DE GARDE le Fourrier retirât les CARTOUCHES DE SERVICE qui avaient pu leur être délivrées. — L'ORDONNANCE DE 1791 (1er JANVIER) décide que *le Fourrier ne fera d'autre service que celui de tenir les registres, former les états, et pourvoir au logement de la compagnie.* — L'ORDONNANCE DE 1818 (15 MAI) voulait que le Fourrier annonçât aux CAPORAUX DE SEMAINE et aux CHEFS D'ORDINAIRE les CORVÉES DE DISTRIBUTIONS; qu'il aidât au rassemblement des HOMMES DE CORVÉE; qu'il communiquât le LIVRE D'ORDRE aux OFFICIERS de la COMPAGNIE et le présentât à leur signature. — Nº 13. ADMINISTRATION. — Nous avons parlé des moyens par lesquels on constate quel est le degré D'INSTRUCTION des Fourriers en fait d'ADMINISTRATION. — Le RÈGLEMENT DE 1800 (10 FÉVRIER) voulait que les RÉPARATIONS de l'HABILLEMENT des SOLDATS fussent exécutées par les soins du CAPORAL-FOURRIER; à cet effet, il présentait l'HOMME au CAPITAINE, faisait connaître à cet officier le genre et l'état de la DÉGRADATION des EFFETS D'HABILLEMENT ou d'ÉQUIPEMENT, et conduisait ensuite le soldat au CAPITAINE D'HABILLEMENT. — LA CIRCULAIRE DE 1817 (22 MAI) voulait que le CAPORAL-FOURRIER accom-

pagnât l'OFFICIER DE SEMAINE allant à la DISTRIBUTION du PRÊT. — En conformité des réglements en vigueur, l'ADMINISTRATION des Fourriers consiste principalement en ce qui suit. — A l'instant de l'ARRIVÉE dans une GARNISON, le Fourrier reconnaît, avec le CAPORAL D'ESCOUADE qui prend possession d'une CHAMBRE, l'état des FOURNITURES D'EFFETS DE CASERNEMENT; il établit le tableau détaillé de ces EFFETS et remet aux CAPORAUX les CLEFS des CHAMBRES. — Le Fourrier dresse les ÉCRITURES de la COMPTABILITÉ de la COMPAGNIE, sauf celles que le SERGENT-MAJOR tient lui-même; il enregistre les ENTRÉES A L'HOPITAL, les MUTATIONS, les CONGÉDIÉS, soit sur le LIVRE DE COMPAGNIE, soit sur toute autre FEUILLE où ils doivent être mentionnés. — Il assiste à toutes les DISTRIBUTIONS D'EFFETS D'UNIFORME et à toutes les DISTRIBUTIONS GÉNÉRALES. — Il sait, au moyen d'un BORDEREAU, ce qu'il doit toucher aux magasins de l'Etat, et il distribue à la COMPAGNIE les objets qui lui reviennent. — Il tient au courant les LIVRETS INDIVIDUELS. — Il dresse les FEUILLES DE PRÊT de la COMPAGNIE, les ÉTATS D'HABILLEMENT, D'ARMEMENT, D'ÉQUIPEMENT, et les FEUILLES DE JOURNÉES qui ont remplacé les FEUILLES DE SUBSISTANCE. — Le Fourrier a surtout dans ses attributions les DÉTAILS du CASERNEMENT de la COMPAGNIE; il tient les ÉTATS et enregistre tout ce qui y a rapport; dresse les AFFICHES tant INTÉRIEURES qu'EXTÉRIEURES des CHAMBRÉES; il présente, le premier de chaque mois, à la signature du CAPITAINE et de l'OFFICIER DE CASERNEMENT le CAHIER où cet enregistrement est tenu.—Le Fourrier vérifie, tous les trois mois, les ÉTATS DE SITUATION des EFFETS D'UNIFORME de la COMPAGNIE, et il rend compte du résultat de cette vérification à l'OFFICIER D'HABILLEMENT. — En cas de DÉPART, et la VEILLE du jour où la COMPAGNIE quitte la CASERNE, le Fourrier fait la REMISE des FOURNITURES DE COUCHAGE au lieu et à l'heure que lui désigne le PORTE-DRAPEAU. — Il reçoit des CAPORAUX D'ESCOUADE les BALLOTS de leur COMPAGNIE, et il les remet au VAGUEMESTRE.—Il a été particulièrement traité des fonctions administratives des Fourriers par BARDIN (1807, D ; 1814, E), M. LECOUPIL (1829), PRAISSAC (1614, A).

FOURRIER D'INFANTERIE FRANCO-SUISSE. V. INFANTERIE FRANCO-SUISSE.

FOURRIER EN GARNISON. V. EN GARNISON. V. FOURRIER D'INFANTERIE FRANÇAISE DE LIGNE Nº 10.

FOURRIER EN ROUTE (E, 4). Sorte de FOURRIER D'INFANTERIE FRANÇAISE DE LIGNE, qui fait partie des hommes envoyés au LOGEMENT; il est accompagné dans cette fonction par un SOLDAT de la COMPAGNIE. — Le départ du Fourrier a lieu une heure avant celui du corps, et ordinairement à la batterie de la GÉNÉRALE ou du PREMIER. Il va au LOGEMENT avec le CAPITAINE DE SEMAINE, le TRÉSORIER, l'ADJUDANT DE SEMAINE et la moitié de la GARDE MONTANTE. — Les règlements anciens voulaient que le Fourrier fût porteur d'une FICHE ou du FANION de la COMPAGNIE, et qu'il inscrivît le nom des SOLDATS sur la porte des HOTES où ils avaient leur LOGEMENT. L'ORDONNANCE DE 1570 (29 DÉCEMBRE) voulait que le Fourrier qui négligerait ce soin reçût le FOUET. Les ORDONNANCES DE 1566 (12 FÉVRIER) et DE 1575 (1er JUILLET) condamnaient à être pendus les Fourriers qui, corrompus par argent, dispenseraient des villages de concourir au LOGEMENT. — Revenons aux temps actuels. — Arrivé au lieu du GITE, le Fourrier reçoit des mains de l'ADJUDANT DE SEMAINE les BILLETS DE LOGEMENT de la COMPAGNIE, sauf ceux des HOMMES AUX ÉQUIPAGES, l'ADJUDANT devant les remettre lui-même au CHEF du POSTE DE POLICE du CORPS. — Le Fourrier inscrit au dos des BILLETS qu'il a reçus le nom des hommes à qui ils sont destinés, ainsi que le BATAILLON et la COMPAGNIE dont ils font partie. — Cette inscription a lieu au moyen du CONTROLE général de la COMPAGNIE dont il doit être porteur; il répartit les BILLETS par CAMARADES DE LIT au moyen d'un CONTROLE D'ESCOUADE dont il doit également être pourvu. Cette dernière disposition, qui émane de l'ORDONNANCE DE 1818 (15 MAI), sera peut-être modifiée si l'usage des CAMARADES DE LIT s'éteint par l'introduction de l'usage des lits à une seule place; mais, à cet égard, rien n'est éclairci. — Le Fourrier tient un CAHIER DE LOGEMENT; il y fait inscription de la demeure des OFFICIERS, etc., etc. — Après cette opération, il va visiter le LOGEMENT de chaque OFFICIER de la COMPAGNIE. — Il se trouve sur la PLACE D'ARMES à l'instant de l'ARRIVÉE du CORPS; aussitôt que le DRAPEAU a été emporté et que la troupe se sépare, il guide sa COMPAGNIE et ses OFFICIERS vers le centre du QUARTIER où elle doit loger; c'est là, et non au cercle d'ordre, comme le prescrivait l'ORDONNANCE DE 1768 (1er MARS), que le Fourrier remet aux OFFICIERS leurs BILLETS DE LOGEMENT. — Les billets des SOLDATS sont délivrés par ESCOUADE à chaque CAPORAL D'ESCOUADE; mais l'ORDONNANCE DE 1818 (art. 457) laisse douter s'ils sont délivrés de la main même du Fourrier ou de celle du SERGENT-MAJOR. — L'ORDONNANCE DE 1768 (1er MARS) prescrivait aussi de distribuer les BILLETS DES HOMMES DE TROUPE sur la PLACE D'ARMES; mais une autre disposition est maintenant observée. — Cette ordonnance de 1768 veut que le Fourrier remette au QUARTIER-MAITRE (AU TRÉSORIER) un ÉTAT DE LOGEMENT. — Aussitôt que le POSTE DE POLICE du RÉGIMENT est installé, le Fourrier porte au CORPS DE GARDE DE POLICE l'indication du LOGEMENT du CAPITAINE et du SERGENT-MAJOR; il remet au CHEF du POSTE cette note, ainsi que les BILLETS DE LOGEMENT des ÉCLOPPÉS et des RETARDATAIRES, afin que ces billets soient remis comme le prescrit la CONSIGNE du PIQUET DE LOGEMENT EN ROUTE. — Le Fourrier remet un ÉTAT général du LOGEMENT au SERGENT-MAJOR; celui-ci le communique au CAPITAINE. — Le Fourrier établit sommairement un autre ÉTAT DE LOGEMENT pour chaque OFFICIER DE SECTION, et il y indique le nom des rues, le numéro des maisons et la demeure du CAPITAINE et du SERGENT-MAJOR. — Une heure après l'ARRIVÉE, le Fourrier rassemble les HOMMES DE CORVÉES destinés à aller aux DISTRIBUTIONS, si ce cas a lieu. — Des précautions nombreuses et sages sont prises pour mettre les hommes de troupe à même de retrouver les chefs auxquels ils peuvent avoir affaire; mais les mesures prescrites par les règlements ne sont pas toujours praticables, ou ne sont généralement utiles que pendant les SÉJOURS. Pour que toutes ces mesures s'accomplissent, il faudrait que le corps arrivât avant la nuit, qu'il ne grêlât ni ne plût, ou ne fit pas tellement froid qu'on ne pût écrire en plein air, etc., etc. — Ces enregistrements minutieux, que nous avons dû indiquer, puisqu'ils sont voulus par la loi, sont loin de valoir l'emploi simple et facile des anciens FANIONS DE COMPAGNIE, que le CAPITAINE ou le SERGENT-MAJOR faisaient flotter au dehors de la fenêtre de leur LOGEMENT. — Si nous n'appréhendions d'apprêter à rire à nos lecteurs, nous leur rappellerions que dans l'armée CHINOISE ce fanion se transforme, pour le temps de la nuit, en une lanterne, de sorte qu'à toute heure, et que de jour comme dans l'obscurité, le soldat CHINOIS peut, en parcourant une ville dont il ne connaît pas les rues, trouver cependant bientôt le domicile de son CAPITAINE. — L'ORDONNANCE DE 1855 (2 NOVEMBRE) reproduisait les principes relatifs aux Fourriers en route.

FOURRIER GREC. V. GREC; adj. V. HÉCATONTARCHIE.

FOURRIER-MAJOR (F). Sorte de FOURRIERS tirés des OFFICIERS SUPÉRIEURS de la CAVALERIE et créés par une ordonnance de 1665; ils étaient attachés à l'ÉTAT-MAJOR général de la CAVALERIE. — Il se voyait dans les régiments de la MILICE PIÉMONTAISE des FOURRIERS-MAJORS.

FOURRIER WURTEMBERGEOIS. V. MILICE

WURTEMBERGEOISE N° 1. V. WURTEMBERGEOIS, adj.

FOURRURE, subs. fém. V. CHEVALIER DU MOYEN AGE N° 4, 6.

FOUSSÉ, subs. masc. V. FOSSÉ.

FOUTOUER, subs. masc. V. ENGIN. V. MACHINE DE GUERRE.

FOYER (subs. masc.) de CUISINE. V. CUISINE DE CASERNE. V. FOURNEAU DE CUISINE. V. FOURNITURE DE FOYER.

FOYER de MINE. V. MINE. V. MINE A FEU.

FOYNE, subs. fém. V. FOURCHE FERRÉE.

FRAC, subs. masc. (F). Mot dont l'étymologie est ANGLAISE, suivant M. ALLOU. — Quand les OFFICIERS D'INFANTERIE FRANÇAISE avaient un HABIT A REVERS, on donnait le nom de Frac, ou de SURTOUT, à un second HABIT OU HABIT SANS REVERS. — Depuis la suppression des REVERS, les devants de l'HABIT ou du Frac sont devenus pareils ; en d'autres termes, l'habit n'est plus qu'un Frac à RETROUSSIS. — Les parties de cet EFFET D'HABILLEMENT comprenaient : BASQUES, BOUTONS, BOUTONNIÈRES, BRIDES, CONTRE-ÉPAULETTES, CORPS, DERRIÈRE, DEVANT, PAREMENT, PASSE-POILS, PATES, QUARTIERS. — Dans certaines armes de CAVALERIE, les OFFICIERS sont autorisés à porter le Frac.

FRACTION (subs. fém.) TACTIQUE. V. AGRÉGATION TACTIQUE. V. BATAILLON D'INFANTERIE FRANÇAISE DE LIGNE N° 7. V. TACTIQUE, adj.

FRAIS (fraîche), adj. V. LÉGUME F... V. TROUPE F...

FRAIS de BUREAU. V. BUREAU. V. INDEMNITÉ DE F... V. SOLDE, subs. fém.

FRAIS de BUREAU D'ADJUDANT. V. BUREAU D'ADJUDANT. V. ADJUDANT D'INFANTERIE FRANÇAISE DE LIGNE N° 12. V. MASSE D'ENTRETIEN.

FRAIS de BUREAU DE CAPITAINE D'HABILLEMENT. V. CAPITAINE D'HABILLEMENT N° 2. V. MASSE D'ENTRETIEN.

FRAIS de BUREAU DE CAPITAINE RAPPORTEUR. V. BUREAU DE CAPITAINE RAPPORTEUR. V. CAPITAINE RAPPORTEUR.

FRAIS de BUREAU DE CHEF D'ÉTAT-MAJOR. V. BUREAU DE CHEF D'ÉTAT-MAJOR. V. CHEF D'ÉTAT-MAJOR D'ARMÉE.

FRAIS DE BUREAU DE CORPS. V. ADMINISTRATION DE CORPS. V. APPOINTEMENTS. V. BUREAU DE CORPS. V. DÉPENSE DE CORPS. V. JOURNAL GÉNÉRAL. V. MASSE D'ENTRETIEN. V. MASSE GÉNÉRALE. V. PREMIÈRE MISE DE F... V. QUARTIER-MAITRE D'INFANTERIE FRANÇAISE DE LIGNE N° 2. V. REGISTRE-JOURNAL. V. SECRÉTAIRE DE TRÉSORIER. V. SOLDE. V. TRÉSORIER DE CORPS.

FRAIS de BUREAU de FOURRIER. V. BUREAU. V. FOURRIER. V. FOURRIER D'INFANTERIE FRANÇAISE DE LIGNE N° 7. V. SERGENT-MAJOR N° 5.

FRAIS de BUREAU DE SERGENT-MAJOR. V. BUREAU. V. SERGENT-MAJOR ; id. N° 5.

FRAIS de BUREAU de TRÉSORIER DE CORPS. V. BILLET D'HOPITAL. V. BUREAU DE TRÉSORIER DE CORPS. V. BUREAU RÉGIMENTAIRE. V. MASSE D'ENTRETIEN. V. QUARTIER-MAITRE D'INFANTERIE FRANÇAISE DE LIGNE N° 2. V. SECRÉTAIRE DE TRÉSORIER. V. TRÉSORIER DE CORPS N° 4.

FRAIS de CULTE. V. APPOINTEMENTS. V. AUMONIER DE CORPS N° 5, 6. V. CHAPELLE DE CORPS. V. CULTE. V. INDEMNITÉ DE F... V. MASSE D'ENTRETIEN. V. MINISTRE DE LA GUERRE EN 1819 (18 NOVEMBRE), 1824 (4 AOUT). V. PREMIÈRE MISE DE F... V. RÉGIMENT D'INFANTERIE FRANÇAISE N° 5.

FRAIS de GÉNÉRAL. V. GÉNÉRAL FRANÇAIS N° 4.

FRAIS de GEOLAGE. V. APPOINTEMENTS. V. CONCIERGE DE PRISON. V. GEOLAGE. V. PAYE.

FRAIS de GEOLE. V. GEOLE. V. PRISON DE PLACE.

FRAIS de GITE et GEOLAGE. V. DÉTENU EN PRISON PUBLIQUE. V. DÉTENU MIS EN JUGEMENT. V. GEOLAGE. V. GITE.

FRAIS de JUSTICE. V. JUSTICE. V. LÉGISLATION 1834 (5 FÉVRIER). V. VAUCHELLE.

FRAIS de MUSIQUE. V. MUSIQUE. V. POUR F... V. RETENUE. V. RETENUE POUR F... V. RETENUE SUR APPOINTEMENTS.

FRAIS de POSTE. V. COMMANDANT DE DIVISION TERRITORIALE. V. INDEMNITÉ D'OFFICIERS. V. MINISTRE DE LA GUERRE. V. POSTE.

FRAIS de PROCÉDURE. V. ACQUITTÉ JUDICIAIREMENT. V. CONSEIL PERMANENT N° 5. V. PROCÉDURE.

FRAIS de RÉPARATIONS. V. DÉPENSE DE CORPS. V. EFFET D'UNIFORME. V. RÉPARATION.

FRAIS de REPRÉSENTATION. V. INDEMNITÉ DE F... V. REPRÉSENTATION.

FRAIS de REPRÉSENTATION DE CHEF DE BATAILLON. V. CHEF DE BATAILLON COMMANDANT. V. REPRÉSENTATION DE CHEF DE BATAILLON.

FRAIS de REPRÉSENTATION DE COLONEL. V. COLONEL D'INFANTERIE FRANÇAISE DE LIGNE N° 9. V. REPRÉSENTATION DE COLONEL.

FRAIS de REPRÉSENTATION DE GÉNÉRAL. V. GÉNÉRAL FRANÇAIS N° 4. V. REPRÉSENTATION DE GÉNÉRAL.

FRAIS de TABLE. V. OFFICIER FRANÇAIS N° 9. V. TABLE. V. TABLE D'OFFICIERS.

FRAIS de TRAITEMENT DE MALADIES LÉGÈRES. V. DÉPENSE DE CORPS. V. MASSE DE MÉDICAMENTS. V. TRAITEMENT DE MALADIES LÉGÈRES.

FRAIS d'ORDINAIRE. V. COMBUSTIBLE DE CUISINE DE CASERNE. V. ORDINAIRE, subs.

FRAIS INTÉRIEURS. V. ABONNEMENT D'ENTRETIEN. V. INTÉRIEUR, adj.

FRAISE, subs. fém. (term. génér.). Mot

que MÉNAGE suppose dérivé de l'ITALIEN *fregio*, ornement. FURETIÈRE pense qu'on a appelé Fraise l'ornement de cou inventé par HENRI DEUX, parce qu'on a trouvé que cette parure avait de la ressemblance avec une fraise de veau. — Il se peut que quand cette parure ou collet de chemise a été à GODRONS, ou à plis ronds empesés, elle ait donné naissance, par une allusion facile à saisir, à la dénomination des lignes de palissades inclinées. Il se peut que ce dernier genre de Fraise appartienne à une autre étymologie. — Le mot va être examiné comme FRAISE DE FORTIFICATION et comme FRAISE D'HABILLEMENT.

FRAISE (fraises) de FORTIFICATION (G, 5), ou FRÈSE. Sorte de FRAISES qui consistent en une garniture ou une rangée de PAULX ou de PIEUX propres à FRAISER un ouvrage, une ESCARPE, une CONTRESCARPE en terre, un DEMI-REVÊTEMENT. — Quelques AUTEURS, tels que Richelet, n'emploient le mot Fraise qu'au pluriel absolu, et ont appelé FRAISEMENT un ensemble de Fraises ou de PALISSADES inclinées. — On pourrait juger que les Fraises sont d'invention française, puisque l'ITALIEN ancien n'a pas de terme technique pour rendre cette idée; mais les FRANÇAIS n'en ont inventé que le nom, car la chose est de toute ancienneté. On voit, au siége d'ALÉSIA, CÉSAR FRAISER la CIRCONVALLATION qu'il y construit. — La disposition diagonale des Fraises de fortification a pu être la cause de la désignation qu'elles ont reçue, parce qu'on les a comparées aux plis roides et empesés que formaient les fraises ou garnitures de col en usage parmi les élégants depuis le seizième siécle. Est-ce parce que le mot vient de l'ITALIEN *fregio*, bordure de dentelles, que DEVILLE (1674) a écrit FRÈSE, au lieu de Fraises. — Enfin, aurait-on corrompu FRAISE en FRISE, ou le contraire; il pourrait, dans un des cas, y avoir analogie avec le verbe italien *frizzare*, piquer. — Les Fraises de fortification sont des PIEUX taillés en pointe, unis par des POUTRELLES ou des LONGRINES, et plantés presque horizontalement dans la face extérieure des BERMES, des DEMI-LUNES, des REDOUTES non revêtues, des ouvrages à demi-revêtement et des RETRANCHEMENTS qui peuvent craindre l'ESCALADE. — Les Fraises sont situées à un mètre au-dessous du PARAPET, ou à la hauteur où régnerait le CORDON du REMPART si l'ouvrage était REVÊTU; elles entrent en terre de quatre pieds, et elles en sortent de trois pieds et demi; elles sont peu distantes entre elles, et s'inclinent de quatre pouces vers le FOSSÉ, afin que les GRENADES A MAIN que l'ennemi y jetterait ne s'y arrêtent pas, mais retombent dans le FOSSÉ. — Quand l'attaque d'un poste fortifié est or-

donnée, le rôle de l'ARTILLERIE D'INFANTERIE est principalement de tourmenter, de déraciner et de renverser les Fraises. — BELAIR (1792) appelle PALISSADES HÉRISSÉES les Fraises des CONTRESCARPES, parce qu'elles sont perpendiculaires à la face qu'elles garnissent, tandis que les Fraises d'ESCARPE sont inclinées en avant. — Il a été traité des Fraises par M. le général COTTY, GASSENDI, Méciszenski.

FRAISE d'HABILLEMENT (F). Sorte de FRAISE qui a été en usage depuis HENRI DEUX jusqu'à LOUIS TREIZE; elles étaient plissées à godrons. Les OFFICIERS, les GÉNÉRAUX, et même, dans certains CORPS, les HOMMES DE TROUPE, portaient la Fraise sur leur CUIRASSE, comme les élégants sur leur JUSTAUCORPS. Cet usage régnait en FRANCE, en ANGLETERRE, aux PAYS-BAS, etc. — Les CENT-SUISSES avaient conservé jusqu'à LOUIS SEIZE la Fraise quand ils étaient en habits de cérémonie; ils l'avaient reprise sous LOUIS DIX-HUIT. — A la Fraise avait succédé le rabat, comme le témoigne Molière dans la comédie des *Fâcheux*; il était analogue à celui que les ecclésiastiques ont conservé. — Le mot Fraise, pris dans le sens de pièce du vêtement, a donné naissance à la dénomination appliquée aux FRAISES DE FORTIFICATION. — Le col a succédé au rabat.

FRAISÉ (fraisée), adj. V. BATAILLON F... V. TÊTE F...

FRAISEMENT, subs. masc. V. FRAISE DE FORTIFICATION. V. FRAISER.

FRAISER (verb. act. et neut.), ou FRAIZER (G, 1, 6). Ce mot, qui a deux sens bien différents, a également deux étymologies qui ne se ressemblent en rien. — S'il s'agit de l'expression Fraiser qui a produit le substantif FRAISURE, ce mot appartient à l'art de l'ARMURIER. M. LEGRAND (1857, A) l'explique. — S'il s'agit du verbe Fraiser synonyme de HÉRISSER un RETRANCHEMENT, et dont on a fait FRAISEMENT, son étymologie est la même que celle du substantif FRAISE DE FORTIFICATION. Peut-être est-il en analogie avec le nom donné au CHEVAL DE FRISE, espèce d'ARME DÉFENSIVE PORTATIVE dont l'ARBRE présente également une ligne de FRAISES. — Des piquiers Fraisaient les bataillons anciens. — On Fraise une TROUPE en la hérissant de BAIONNETTES; on Fraise un REMPART, un POSTE, un RETRANCHEMENT, en y opposant à l'ennemi des ARMES DE PARAPET; on Fraise un OUVRAGE en le fermant de BARRIÈRES TOURNANTES; on Fraise un FOSSÉ DE REDOUTES en l'emplissant d'ABATIS.

FRAISES, subs. fém. plur. V. FRAISE.
FRAISINE, subs. fém. V. LANCE A MAIN. V. LANCE-F...

FRAISURE (subs. fém.) de BASSINET (G, 1). Le mot Fraisure tire son nom de la forme d'un outil d'acier que les ouvriers en fer ont appelé FRAISE, parce qu'il a quelque ressemblance avec le fruit connu sous la même désignation; cet outil sert à FRAISER la cavité demi-circulaire du BASSINET d'un FUSIL DE MUNITION. — La LUMIÈRE répond au-dessus du milieu de la Fraisure.

FRAIZER, verb. act. V. FRAISER.

FRAME, subs. fém. V. FRAMÉE.

FRAMÉE, subs. fém., ou FRAME, comme l'appelle BOREL (Pierre). Mot tout LATIN, *framea*, donnant l'idée d'une ARME DE DEMI-LONGUEUR, d'un PROJECTILE A POINTE, d'un gros JAVELOT, qui était en usage, suivant TACITE, chez les anciens GERMAINS, et que quelques ÉCRIVAINS ont comparé au *pilum* ou PILE, ou à la HASTE des ROMAINS. — ISIDORE croit au contraire que la Framée était une ÉPÉE A DEUX TRANCHANTS, analogue à celle qu'on appelait *spatha*; JAMO (1777, G) accuse d'inexactitude cette opinion. L'ACADÉMIE croit la Framée une lance. — En Germanie, le droit de se montrer armé d'une Framée était conféré publiquement et avec cérémonie. — MONTGAILLON, l'ENCYCLOPÉDIE (1785, C) et CARRÉ (1783, E) nous parlent des Framées. Ce dernier AUTEUR les compare à une PIQUE peu longue qui avait le FER étroit, court et aigu. L'infanterie portait plusieurs Framées, et s'en servait apparemment comme de dards; la CAVALERIE n'avait que le bouclier et la Framée, et s'en servait apparemment comme d'une lance. — VELLY regarde la Framée comme ayant été une arme des FRANCS et une sorte de LANCE ou de HALLEBARDE, dont l'usage leur était plus familier que celui de la FLÈCHE. Dans l'opinion de VELLY, la Framée semblerait avoir fait partie des ARMES FOURVEN-DANTES. Enfin, ROQUEFORT dit que *la Framée paraît être le maillet*. La Framée disparaît à la naissance de la MILICE FRANÇAISE. — M. REY ne croit pas que la Framée soit une autre arme que la FRANCISQUE; il paraît, il est vrai, qu'on appelait Framée, sous le règne de PHILIPPE AUGUSTE, une sorte de FRANCISQUE. — Il est traité de la Framée dans l'*Encyclopédie du dix-neuvième siècle* (au mot *Arme*).

FRAMEILLE, subs. fém. V. FREMAILLET.

FRANC, subs. masc. V. NOMS PROPRES.

FRANC (franche), adj. et subs. V. COMPAGNIE F... V. CORPS F... V. COUP F... V. LÉGION DES F... V. LÉGION F...

FRANC (franque), adj. V. LANGUE F... V. SOLDAT F...

FRANC-ARCHER (francs-archers), subs. masc. (F). La différence entre ce mot et la simple expression ARCHER A PIED vient de ce qu'on surnomma francs des SOLDATS que le souverain affranchissait de contributions publiques nommées tailles, ainsi que de guet et de garde. Cette exemption leur tenait lieu d'une PAYE royale, car ils n'étaient pas rétribués par l'Etat : c'est pourquoi quelques ÉCRIVAINS les ont regardés comme le type de notre GARDE NATIONALE. Mais la comparaison n'est pas juste, parce qu'ils vivaient en TEMPS DE GUERRE sur l'EXTRAORDINAIRE DES GUERRES. — Les Francs-archers, d'abord nommés francs-ARCHIERS, ont été l'INFANTERIE de la MILICE FRANÇAISE ; car, quoi qu'en dise MACHIAVEL (1510, A), il n'y a pas eu de Francs-archers à cheval. — CHARLES SEPT créa, en même temps que ses COMPAGNIES D'ORDONNANCE, un corps de quatre mille ARCHERS A PIED ; mais, trois ans après, par l'ÉDIT de Tours, rendu en 1448 (28 avril), il institua les Francs-archers. Chaque paroisse de cinquante feux reçut l'ordre de tenir en armes un homme propre à la guerre. Cette conscription était au compte des communes, qui consentirent librement à y concourir, et c'était, politiquement parlant, un grand progrès en fait de centralisation ; puisque, d'une part, les Francs-archers soumis aux APPELS de la couronne, remplaçaient les MILICES COMMUNALES qui souvent se refusaient à servir le roi; et que, d'autre part, les peuples se plièrent au MANIEMENT DES ARMES et prirent l'habitude de se cotiser pour mettre une ARMÉE dans les mains du souverain. — CHARLES SEPT avait un autre but : il voulait que les Francs-archers concourussent à rendre plus facile, plus prompte, plus sûre l'évocation du BAN et de l'ARRIÈRE-BAN ; le rôle des Francs-archers était en cela analogue à celui de nos gendarmes, quand il s'agit des LEVÉES par voie d'APPEL. — L'édit nomma aussi ARCHERS DE RÉSERVE ces troupes; il prescrivait d'élire par chaque paroisse un habitant *le plus avisé pour l'exercice de l'arc;* il enjoignait aux Francs-archers de TIRER de l'ARC, ou BERSER, les fêtes et les dimanches. C'est ainsi le premier règlement français où le mot tactique soit sous-entendu, et où le mot EXERCICE soit mentionné. Cet exercice était le PAPEGAI. — Plus anciennement, les SOLDATS des MILICES COMMUNALES jouissaient de quelques priviléges pareils à ceux qui furent octroyés par CHARLES. BENETON (1741, A), du moins, le donne à entendre en qualifiant de Francs-archers les troupes des communes qui combattaient à BOUVINES en 1214; d'autres AUTEURS ont aussi regardé la GARDE DE PARIS comme ayant compris des Francs-archers, mais la matière est mal éclaircie.

—Sur soixante hommes valides et d'un âge convenable, la paroisse en tirait un au sort ; elle lui faisait prêter SERMENT ; elle l'armait, l'habillait, l'équipait aux frais des cinquante-neuf paroissiens que le sort n'avait pas atteints. Telle est l'origine du TIRAGE A LA MILICE. — Les Francs-archers portaient, pour ARMES DÉFENSIVES, des JAQUES OU BRIGANDINES à COLLET DE MAILLES : c'étaient des CORSELETS à l'épreuve de la BALLE du PISTOLET des CHEVAUCHEURS ; leur CHAPERON DE MAILLES se terminait en rond et ne faisait qu'un avec le GORGERIN ; *le nom de la province*, à ce que dit M. MONTEIL, *y était brodé*. Nous doutons du fait de cette broderie. Leur ARMEMENT consistait en ARC, DAGUE, ÉPÉE attachée en arrière du HAUT-DE-CHAUSSES, HUCQUE ou HUGUE DE BRIGANDINE, SALADE, TROUSSE A FLÈCHES. Ceux qui portaient la PIQUE avaient épée de PASSOT, RONDELLE, SALADE. — En TEMPS DE GUERRE, ils devaient, à ce que dit VELLY, toucher une SOLDE de quatre francs par mois ; mais M. BONTEMPS évalue leur PAYE à cinquante sous : peut-être varia-t-elle. SERVAN (1780, B) l'estimait à dix-huit livres par mois, avec exemption d'aides et gabelles. — CHARLES SEPT ne sut ou ne put pas tirer parti des Francs-archers, et, avant de s'en être servi, il les abolit ou les laissa s'éteindre. — Il suffisait que ce prince y eût renoncé pour que LOUIS ONZE les rétablît. Ceux qu'il créa en 1466 devaient former quatorze ou seize mille hommes, répartis dans vingt-huit COMPAGNIES de cinq cents hommes chacune, sous les ordres d'un CAPITAINE particulier. Il y avait un CAPITAINE GÉNÉRAL par corps de sept compagnies. C'était une organisation à peu près à la manière de l'ancienne PHALANGE GRECQUE. Chaque CORPS OU ARME devait se composer de l'agrégation des hommes tirés de paroisses voisines. Les villes et les campagnes alimentaient également cette milice, et la vanité des citadins inventa le sobriquet de FRANC-TAUPIN OU TAUPIERS, pour désigner les Francs-archers des villages. VOLTAIRE (t. XVIII, p. 23) et LACHESNAIE (1758, I, t. III, p. 449) parlent de ces TAUPINS. — LOUIS ONZE tira meilleur parti des Francs-archers ; ils s'appelaient aussi, dit DANIEL, SOLDATS A GAGES MÉNAGERS ; ils le suivirent dans toutes ses expéditions ; mais ils n'assistèrent à aucune grande bataille, hormis à GUINEGASTE en 1479 ; ils s'y firent peu d'honneur ; leur soif du pillage causa la perte de la bataille ; ils furent TAILLÉS EN PIÈCES. — On ignore quel ordre les Francs-archers observaient pendant le combat. — L'usage de la POUDRE, se répandant chaque jour davantage, allait rendre inutile un tel corps, et surtout ceux qui TIRAIENT de l'ARC et de l'ARBALÈTE ; car une partie était pourvue de LANCES ; et les CORPS OU HABILLEMENTS consistaient en ARBALÉTRIERS, ARCHERS, LANCIERS OU PIQUIERS, VOUGES OU ÉPIEUX, HALLEBARDIERS ; ces derniers étaient formés à l'imitation des espadons SUISSES. — Le peu d'instruction des Francs-archers, leur indiscipline, leur disposition au brigandage, malgré une forte PAYE, prouvent que la FRANCE avait imité bien imparfaitement les archers ANGLAIS, qu'on s'était proposé pour modèles, après les terribles leçons qu'ils avaient données à nos TROUPES à CRÉCY et à POITIERS. — Comme l'orgueil et la médiocrité se tiennent, les Francs-archers se prétendirent élevés au rang de NOBLES, puisqu'ils étaient hors de la classe des hommes taillables. — *Le titre de noble*, dit VELLY, *à la date 1444, multiplié presque à l'infini par l'usurpation qu'en firent la plupart de ces guerriers inutiles, fut un inconvénient que Charles sept ne pouvait prévoir*. Cette prétention à la noblesse avait produit l'expression NOBLESSE ARCHÈRE. — L'histoire des Francs-archers est courte comme le fut leur existence ; elle n'appartient qu'à deux règnes. Le poëte VILLON les a peints en disant que ce furent des *paysans à l'armée et des soldats à la campagne*. — LOUIS ONZE les abolit en 1480, soit que leurs prétentions à la NOBLESSE et leur inhabileté l'en eussent dégoûté, soit qu'il jugeât que cette espèce de miliciens n'étaient pas des troupes assez royales. Il substitua à cette CONSCRIPTION l'ENROLEMENT VOLONTAIRE, et, vers la fin de son règne, il les remplaça par un corps de six mille SUISSES et par une levée de dix mille fantassins ou AVENTURIERS répartis par corps nommés BANDES et RECRUTÉS au son du TAMBOUR. — CHARLES HUIT rétablit les Francs-archers en 1485 ; LOUIS DOUZE les abolit définitivement en 1509. — Quelques villes continuèrent à être gardées par des Francs-archers, et plus tard des MILICES BOURGEOISES remplacèrent les SUISSES. — L'ORDONNANCE DE 1578 (11 AOUT) reconnaissait par BANDE quatre archers-francs. — M. le colonel CARRION (1824, A) a prétendu retrouver dans la forme constitutive des Francs-archers le modèle des COMPAGNIES COLONELLES ; mais rien n'est moins démontré. — Les ducs de Bretagne ont tenu aussi sur pied des Francs-archers. — On peut consulter à l'égard des Francs-archers de France : BENETON (1741, A), CHARTIER, DANIEL (1721, A), DARUT, (1787, D), DESPAGNAC, (1751, D), l'ENCYCLOPÉDIE (1751, C ; 1785, C), FAVYN, GANEAU, LACHESNAIE (1758, I), LOUIS ONZE (1480, A), PASQUIER, POTIER (1770, X), RAY DE SAINT-

Géntes (1755, A), Servan (1780, B), Velly, Voltaire, le *Dictionnaire de la Conversation* (au mot *Archer*).

FRANC-TAUPIN. v. franc-archer. v. mineur français. v. taupin.

FRANC-TIREUR. v. armée confédérée. v. enfant perdu. v. évolution. v. fusil a piston. v. infanterie légère n° 4. v. milice hanovrienne n° 1, 2. v. milice russe n° 2, 7. v. milice wurtembergeoise n° 1, 6. v. platine a piston. v. régiment d'infanterie française n° 4. v. tirailleur. v. tireur.

FRANÇAIS (française), adj. v. a la f... v. Académie f... v. adjudant général f... v. armée auxiliaire f... v. armée f... v. artillerie f... v. bande f... v. bataillon f... v. batterie f... v. brigade f... v. brigadier f... v. capitaine f... v. caporal f... v. cavalerie f... v. cavalier f... v. colonel f... v. compagnie f... v. couleur f... v. discipline f... v. dragon f... v. drapeau f... v. empire f... v. escadron f... v. état-major f... v. fusil f... v. garde f... v. gardes f... v. général f... v. génie f... v. grenadier f... v. guerre f... v. infanterie f... v. infanterie française de bataille. v. lancier f... v. langue f... v. légion f... v. lieutenant f... v. milice f... v. militaire f... v. mineur f... v. ministère f... v. officier f... v. ordre f... v. paye f... v. prince f... v. prisonnier de guerre f... v. quartier général f... v. régiment f... v. selle f... v. sergent f... v. service f... v. soldat f... v. sous-lieutenant f... v. sous-officier f... v. spahi f... v. tactique f... v. tambour f... v. territoire f... v. train f...

FRANÇAIS, subs. masc. v. noms propres.

FRANCE, subs. fém. v. armes de F... v. bannière de F... v. chancelier de F... v. colonel général de F... v. enfant de F... v. étendard de F... v. maréchal de F... v. pair de F... v. prévôt de F... v. roi de F... v. sénéchal de F... v. trésorier de F...

FRANCE! interj. v. reconnaissance de troupes arrivantes.

FRANCE; FRANCFORT. v. noms propres.

FRANCHISE (subs. fém.) de lettres. v. bande croisée. v. chef de détachement administratif n° 3. v. colonel d'infanterie française de ligne n° 11. v. conseil d'administration n° 5. v. conseil permanent n° 3. v. corps d'intendance n° 6. v. correspondance administrative. v. correspondance ministérielle. v. droit de f... v. gymnase. v. lettre. v. poste aux lettres.

FRANCIQUE, adj. v. langue f...

FRANCISQUE, subs. fém. (F). Mot tiré du nom du peuple franco-germain, à cause du grand usage qu'il faisait de cette arme. — Quelquefois le soldat la maniait comme une arme pourfendante, ou bien la lançait comme une arme de trait pour déchirer le bouclier de l'ennemi. — On a en général regardé la Francisque comme une hache a deux tranchants, qui est appelée par Isidore de Séville, *franciscam securim.* — Quelques auteurs cependant l'ont confondue avec l'angon a main, ce qui vient de ce que cet angon était, sous un autre nom, l'ancienne Francisque. — En 487, à Soissons, Clovis expédia brutalement, dit-on, un coup de Francisque à un soldat à qui il gardait rancune, parce qu'au partage du butin de la cathédrale de Reims, ce compagnon d'armes, ce fidèle ou féal, avait osé disputer face à face à son chef une pièce de pillage. — Si la Francisque, que quelques-uns ont appelée bésaigue (*bisacuta*), était l'arme des Francs, la hache a double tranchant, dont elle était l'imitation, a été connue de toute antiquité. C'était dans l'Orient un instrument de sacrifice; on en retrouve l'image dans les bas-reliefs de Thèbes en Egypte. — Il ne se voit plus de Francisques dans la milice de Philippe Auguste, ou du moins elles s'appelaient framées. — Les auteurs qui ont traité de la Francisque sont : Carré (1785, E), Cotty (1822, A), Despagnac (1751, D), Ganeau, Lachesnaie (1758, I), M. Planché, Procope, Servan (1780, B), l'*Encyclopédie des Gens du monde.*

FRANCO-ALLEMAND (franco-allemande), adj. v. allemand, adj. v. bande f...

FRANCO-CORSE. v. corse, adj. v. infanterie f...

FRANCO-ÉTRANGER. v. cavalerie f... v. corps f... v. étranger, adj. v. grenadier f... v. infanterie f... v. légion f... v. officier f... v. régiment f... v. soldat f... v. tambour f...

FRANCŒUR. v. noms propres.

FRANCO-GAULOIS. v. casque f... v. gaulois, adj.

FRANÇOIS. v. français, adj. v. noms propres.

FRANCO-ITALIEN. v. infanterie f... v. italien, adj.

FRANCO-SUISSE. v. brigade f... v. corps f... v. fusilier f... v. garde f... v. infanterie f... v. milice f... v. officier f... v. procès f... v. recrutement f... v. régiment f... v. soldat f... v. suisse, adj. v. tambour f...

FRANCO-TEUTON, adj. v. langue f... v. teuton, adj.

FRANGE, subs. fém. v. a p... v. contre-épaulette. v. petite f...

FRANGE A GRAINE. V. A GRAINE. V. GRAINE D'ÉPINARDS. V. PETITE GRAINE.

FRANGE A TORSADES. V. A TORSADES. V. ÉPAULETTES D'OFFICIER SUPÉRIEUR. V. GOUVERNEUR DE PLACE DE GUERRE N° 2.

FRANGE DE GLAND DE DRAPEAU. V. CONTOUR DE GLAND DE DRAPEAU. V. COQUILLAGE DE GLAND DE DRAPEAU. V. CRAVATE DE DRAPEAU. V. GLAND.

FRANGE D'ÉPAULETTE. V. ÉPAULETTE. V. ÉPAULETTE A FRANGE V. ÉPAULETTE D'OFFICIER.

FRANGE D'ÉPAULETTE D'ADJUDANT. V. ÉPAULETTE D'ADJUDANT.

FRANGE D'ÉPAULETTE DE CAPITAINE. V. CAPITAINE D'INFANTERIE FRANÇAISE DE LIGNE N° 6. V. ÉPAULETTE DE CAPITAINE.

FRANGE D'ÉPAULETTE DE COLONEL. V. COLONEL D'INFANTERIE FRANÇAISE DE LIGNE N° 5. V. ÉPAULETTE DE COLONEL.

FRANGE D'ÉPAULETTE DE COMPAGNIE D'ÉLITE. V. ÉPAULETTE DE COMPAGNIE D'ÉLITE.

FRANGE D'ÉPAULETTE DE LIEUTENANT. V. ÉPAULETTE DE LIEUTENANT. V. LIEUTENANT D'INFANTERIE FRANÇAISE DE LIGNE N° 5.

FRANGE D'ÉPAULETTE DE MAJOR. V. ÉPAULETTE DE MAJOR. V. MAJOR-CAPITAINE N° 2. V. MAJOR LIEUTENANT-COLONEL N° 1.

FRANGE D'ÉPAULETTE DE SOUS-LIEUTENANT. V. ÉPAULETTE DE SOUS-LIEUTENANT.

FRANGE D'ÉPAULETTE D'OFFICIER PARTICULIER. V. ÉPAULETTE D'OFFICIER PARTICULIER. V. V. GRAINE D'ÉPINARDS.

FRANGE D'ÉPAULETTE D'OFFICIER SUPÉRIEUR. V. CORDELIÈRES. V. ÉPAULETTE D'OFFICIER SUPÉRIEUR. V. TORSADE D'ÉPAULETTE.

FRANGIPANI. V. NOMS PROPRES.

FRAPPER (verb. act. et neut.) DE TAILLE. V. DE TAILLE. V. ESTRAMAÇON.

FRAPPER D'ESTOC. V. COMBAT A PLAISANCE. V COUTEAU DE BRÈCHE. V. D'ESTOC. V. ROTURIER.

FRAPPER UN BUT. V. BUT. V. COUP D'ARME A FEU.

FRATER, subs. masc. (F; B, 1). Mot tout LATIN qui a servi d'abord à désigner l'employé ou le militaire qui, dans les corps de L'INFANTERIE FRANÇAISE, était à la fois AIDE-CHIRURGIEN et BARBIER. — Avant que les ordonnances se soient occupées des SOLDATS nommés Fraters, il en a existé pendant un siècle et demi sous les noms de BARBIER et de CHIRURGIEN-BARBIER. — Le Frater a commencé à exercer constitutivement un emploi dans les troupes quand les progrès de l'art de la CHIRURGIE n'ont plus permis de laisser aux mêmes mains le scalpel et le rasoir. — Les ORDONNANCES DE 1770 (25 MARS) et DE 1770 (21 JANVIER) reconnaissaient par COMPAGNIE un Frater; ils étaient supprimés en 1782. — Leurs MARQUES DISTINCTIVES consistaient en une BOUTONNIÈRE de laine en forme de patte d'oie sur chaque PAREMENT; elle était bleue sur les parements blancs et blanche sur les parements de couleur. — Les Fraters, suivant des usages de tout temps, étaient rétribués aux frais de l'ORDINAIRE et touchaient un sou par chaque HOMME de la COMPAGNIE et par mois; au moyen de cette rétribution, ils devaient se fournir de savon et de rasoirs. — L'ARRÊTÉ DE L'AN HUIT (8 FLORÉAL) et les ORDONNANCES DE 1818 (13 MAI) et DE 1825 (19 MARS, article 813) maintenaient la dénomination de Frater. L'ORDONNANCE DE 1833 (2 NOVEMBRE) l'a changée, assez ridiculeusement, en celle de PERRUQUIERS. — Il existe des Fraters dans la MILICE PIÉMONTAISE.

FRATERNITÉ (subs. fém.) D'ARMES (F), OU ADOPTION, OU COMPAGNIE D'ARMES. Le mot Fraternité, qui a une étymologie toute latine, signifie ici union par foi jurée. DUCANGE regarde ce lien volontaire et sacramentel comme une coutume existant de toute ancienneté chez les nations du NORD; elle s'appelait chez les Scandinaves *fost-broedalag*, association du sang. — L'histoire des GRECS des premiers siècles de l'ère chrétienne, celle de la CHEVALERIE D'AFFILIATION et de la CHEVALERIE ERRANTE mentionnent fréquemment les cérémonies et l'espèce de contrat temporaire ou à vie par lequel s'attachaient deux ou même plusieurs GUERRIERS; quelquefois ils s'associaient par actes authentiques : plusieurs titres de cette espèce ont survécu au MOYEN AGE. Les contractants se nommaient *fratres jurati*; on en trouve les preuves dans COMMINES, DUCANGE (sur *Joinville*), l'ENCYCLOPÉDIE (1751, C, aux mots *Fraternité* et *Frère*), l'*Encyclopédie des Gens du monde* (au mot *Adoption*). On peut consulter sur le même sujet LACURNE, MONSTRELET, POTIER (1779, X). Il en est question aussi dans VELLY : il s'en occupe avec une certaine étendue à la date 1251, et JOINVILLE en trace un tableau que nous répugnons à rappeler; il nous montre des CHEVALIERS buvant ensemble du vin mêlé de leur sang, et s'écriant *qu'ils étaient frères de sang*. — Les ESPAGNOLS avaient perpétué, dit M. MONTEIL, cette coutume si ancienne; leur INFANTERIE avait ses AMIS D'ARMES dont parle DELANOUE (1550, A, treizième discours), et que MONTLUC (1575, A) appelait CAMARADES RECOMMANDÉS. — Quelquefois les Fraternités se renfermaient dans la durée d'une expédition ou même d'un simple FAIT D'ARMES. Etre FRÈRE D'ARMES, c'était s'engager par serment à être l'ENNEMI juré

des ENNEMIS de son CAMARADE D'ARMES. De là
venait l'expression ANGLAISE *frère conjuré.*
— L'ancienne Fraternité était brutale, im-
morale, insensée, puisque chaque contrac-
tant épousait à l'avance les excès, les hai-
nes, les injustices auxquelles pouvait se
livrer un extravagant. C'était un acte anti-
national, puisque souvent il impliquait coopération forcée à des combats qui étaient
un acte de rébellion envers les lois du pays.
— La CONSCRIPTION est maintenant une Fraternité d'armes nationale et politique. Il est
fâcheux que, quand l'ordre en est donné, le
frère soit tenu de fusiller son frère. — La
question de la Fraternité d'armes est une
de celles que l'*Encyclopédie des Gens du
monde* a traitées.

**FRAVETH; FRÉDÉRIC; FREIND;
FREITACH; FREITAG.** V. NOMS PROPRES.

FRÉMAIL, subs. masc. V. FRÉMAILLET.

FRÉMAILLET, subs. masc. (F), ou CAR-
CAN; ou suivant ROQUEFORT FARMAIL, ou FER-
MAIL, ou FERMAILLE, ou FERMAL, ou FERMEIL,
ou FERMEILLET, ou FERMILLÈRE, ou FERMILLET,
ou FRAMEILLE, ou FREMAIL, ou FURMAIL, et au
pluriel, FERMAUX, FERMAUS, FERMAUX, FER-
MAX, FERMAZ. Mot provenu du verbe fermer.
— Le Frémaillet, qui se rendait en bas LA-
TIN, suivant DUCANGE, par *Fermeilletum,*
était une agrafe ou une BOUCLE EN MÉTAL
qu'on portait d'une manière apparente sur
la ROBE D'ARMES, la CAPELLINE, la CUIRASSE,
l'ARMURE, le MANTEAU, les BARDES, les GRÈVES.
C'était un moyen de LACER LE HARNAIS. Les
romans et l'histoire mentionnent des Fré-
maillets riches par le travail autant que par
la matière. — A la date 1351, Velly, rendant compte de l'institution de l'ORDRE DE
L'ÉTOILE, rapporte qu'il était permis aux
CHEVALIERS, *en l'armure pour la guerre, de
porter le fremail en leur camail ou cote
d'armes ou là où il leur plaira apparemment*
(d'une manière apparente). — Parmi les
MEUBLES DE BLASON figurent les FERMAUX ou
FRÉMAUX : de là l'expression *écu frémaillé,*
ou chargé de FERMAUX. — On peut consulter
sur ces termes M. ALLOU, CARRÉ (1785, E),
DUCANGE.

FRÉMICOURT; FRÉMINVILLE. V.
NOMS PROPRES.

FRÊNE, subs. masc. V. BOIS DE FUSIL.

FRÈRE, subs. masc. V. GROS F...

FRÈRE D'ARMES. V. ARMES. V. CRIME. V.
EXÉCUTION À MORT. V. FRATERNITÉ D'ARMES. V.
JUSTICE MILITAIRE. V. MILICE FRANÇAISE N° 8.
V. SERVICE CONSCRIPTIF. V. SUPPLICE.

FRÈRE-LAY. V. BÉNÉFICE MILITAIRE. V.
HOTEL DES INVALIDES. V. INVALIDE. V. LAY. V.
LÉGISLATION 1758 (4 MARS). V. MOINE-LAY. V.
PROFESSION DES ARMES.

FRÈRE-SERVANT. V. SERGENT MILI-
TAIRE. V. SERVANT.

FRESCHARD. V. NOMS PROPRES.

FRÈSE, subs. fém. V. FRAISE DE FORTIFI-
CATION.

FRET, subs. masc. V. MORNE.

FRÈTE, subs. fém. V. FLÈCHE PROJECTILE.

FRETTE, subs. fém. V. ARME COURTOISE.
V. BAGUETTE. V. MORNE. V. VIROLE DE BAGUETTE
DE TAMBOUR.

FRETTÉ (frettée), adj. V. ARME COUR-
TOISE. V. ESTOCADE.

**FRÉVILLE; FREZIER; FREZZA;
FRIBOURG.** V. NOMS PROPRES.

FRIABILITÉ, subs. fém. V. CERCLE DE
F...

FRIBUSTIER, subs. masc. V. FLIBUS-
TIER.

FRICASSÉE, subs. fém. V. BATTERIE DE
CAISSE. V. MARIONNETTES. V. BOUFFLE.

**FRIDÉRICI; FRIDRICH; FRIED-
LAND; FRIEDLEIN; FRIEDRICH;
FRIOUL; FRARION.** V. NOMS PROPRES.

FRISE, subs. fém. V. CHEVAL DE F... V.
FRAISE.

FRISE de BOUCLIER. V. BOUCLIER.

FRISÉ (frisée), adj. V. PLUME F...

FRITACH. V. NOMS PROPRES.

FROBERGE, subs. fém. (F). Mot dérivé du bas LATIN *froberga*, qui, suivant
ROQUEFORT, exprimait un SABRE ou une ÉPÉE.
— Du temps de Louis SEPT, on estimait surtout les Froberges de Cologne, ou BRANCS
fourbis, à ce qu'affirme GANEAU. — Le
terme FLAMBERGE a été probablement une
corruption de celui-ci, ou peut-être est-ce
l'inverse.

**FROELICH; FROISSARD; FROIS-
SART.** V. NOMS PROPRES.

FROMAGE, subs. masc. V. DENRÉE DE
SIÉGE DÉFENSIF. V. MILICE ROMAINE N° 5. V.
SALAISONS.

FROMANT; FROMENT. V. NOMS PRO-
PRES.

FROMENT, subs. masc. V. BISCUIT. V.
BLUTAGE. V. CHOUCROUTE. V. FARINE. V. FOUR-
RAGE DE DISTRIBUTION. V. FRUMENTAIRE. V.
GRAINS D'APPROVISIONNEMENT EXTRAORDINAIRE.
V. GRAINS DE MANUTENTION. V. MILICE RO-
MAINE N° 5, 9. V. PAILLE DE F... V. PAIN DE
MUNITION. V. PAIN D'HOPITAL.

**FROMM; FROMMAN; FROMMUEL-
LER.** V. NOMS PROPRES.

FRONDE, subs. fém. V. CULOT DE F...
V. PANIER DE F... V. TRAIT DE F...

FRONDE, subs. fém. (term. génér.), ou
BRICOLE, ou ÉLINGUE, suivant GANEAU, ou
ESLINGUE, resté dans l'ANGLAIS *sling*, suivant

DUANE, ou ESPINGALE suivant l'ACADÉMIE, ou ESPINGARDE, ou FONDE, ou FUNDE, ou FUNDIBALLE, ou SPHENDONE suivant Gébelin, ou TENDREFLE, ou TREGET, comme le témoignent DUBELLAY (1535, A), l'ENCYCLOPÉDIE, (1785, C), FAUCHET, MAIZEROY (1777, E) et ROQUEFORT. — Le mot Fronde a été une corruption du LATIN *funda*, qui signifiait BALISTE, et que les ITALIENS ont également altéré en *fronda, fromba, frombola*; mais cette dernière expression signifiait aussi le le caillou, le CORPS PROJECTILE, la BALLE DE FRONDE. — La Fronde est d'une haute antiquité; la peau d'un serpent, les entrailles d'un cadavre, les lianes, ou toute autre production de la nature, en ont donné l'idée, en ont fourni la matière. M. BONTEMPS (1838) la croit inventée l'an du monde 2855. — PLINE prétend que les peuples de la Palestine ont, des premiers, fait usage de la Fronde; les livres saints ne sont pas opposés à cette assertion; mais les origines de ce genre ne sont qu'une vaine recherche. — La Fronde était une ARME NÉVROBALISTIQUE PORTATIVE, à l'usage de l'INFANTERIE et des ARMÉS A LA LÉGÈRE; elle n'était pas inconnue des PERSES, mais ils en faisaient peu de cas; VELLY la donne aux premiers GERMAINS. — La Fronde était d'abord une ARME NATURELLE jetant uniquement des PIERRES; elle servit ensuite à lancer des BALLES, des OLIVES nommées PLOMBÉES, ou GLANDS de PLOMB (*glandes plumbeas*), des masses d'argile rougies au feu en manière de BOULETS ROUGES, enfin des GRENADES. — On perfectionna la Fronde; elle devint une ARME DE TRAIT, un instrument composé et compliqué; elle jeta des CESTRES, des ASTROCHES. Les ARBALÈTES A JALET furent une imitation raffinée de ces derniers usages. Les FRONDIBALES furent des Frondes de grand échantillon. — Du petit au grand, on donna le nom de Fronde à la BALISTE; ainsi le fait HÉRON, peut-être parce que ces MACHINES produisaient des résultats pareils. — Dans la MILICE GRECQUE, la Fronde était une des ARMES des PELTASTES, ou du moins le service des FRONDEURS et des PELTASTES différait peu. — Chez les ROMAINS, la Fronde était maniée ou servie par les ADDITS, les ALLIÉS, les FÉDÉRAIRES. — VIRGILE, FLORUS, VÉGÈCE, croient la Fronde originaire des îles BALÉARES; il est constant du moins que les insulaires de ces contrées excellaient dans l'exercice de cette arme et y étaient dressés dès leur tendre jeunesse. — Les mères, dit FLORUS, astreignaient à cette étude leurs enfants : *Cibum puer a matre non accipit, nisi quem ipsa monstrante, percussit :* La mère ne donne d'aliments à son fils que ceux qu'elle

lui assigne comme but et qu'il a atteints d'un COUP DE FRONDE. — Dans les récits de STRABON, les BALÉARES sont armés de trois Frondes d'une dimension différente et progressive; ils les portent nouées autour de leurs têtes, et leurs femmes même suivent cette mode. — Les Mardes, peuple d'ASIE que subjugua ALEXANDRE, portaient aussi, dit QUINTE CURCE, cette coiffure : *Funda vinciunt frontem; et ornamentum capitis et telum est :* Ils entourent leur CHEVELURE d'une Fronde, elle leur sert et d'arme et de parure. — La même assertion est fournie par DIODORE DE SICILE; mais, dans ses descriptions, le BALÉARE porte une de ses Frondes sur la tête, l'autre autour du corps, et la troisième à la main. — On lit dans GANEAU que les PHÉNICIENS disposaient en ceintures et en écharpes leurs Frondes. — La manière dont tiraient les FRONDEURS ÉGYPTIENS est figurée dans M. WILKINSON. — Le MOYEN AGE, en employant l'expression BALIAIRE, fournissait un témoignage de l'antique réputation des BALÉARES comme TIREURS DE FRONDE. — JUSTE LIPSE met sous nos yeux le dessin des Frondes employées dans les LÉGIONS ROMAINES et représentées sur la colonne Antonine. — VÉGÈCE (390, A) dit, en parlant des ACCENSES, que la PORTÉE de la Fronde était de cinq à six cents pieds, distance qui paraît exagérée; mais il faut se défier encore bien plus de ce que rapportent DION, LUCAIN, OVIDE, au sujet des effets merveilleux des MOBILES que la Fronde mettait en jeu. — Les Frondes se composaient d'une CORDE ou d'une courroie dont la matière a varié suivant les temps et les pays; elle a été de lin, de chanvre, de crin, de corde à boyau, ou d'une espèce de jonc qui croissait abondamment en Espagne. — MERCURIALIS (l. II, c. 12) rapporte que la Fronde était une courroie attachée par l'une de ses extrémités à la main du FRONDEUR; au moyen d'une boucle, les doigts en retenaient l'autre extrémité, mais sans qu'elle fût à demeure, afin qu'elle pût s'échapper facilement, après avoir fait faire en l'air ses révolutions. — Le milieu de la courroie s'élargissait et avait une cavité propre à contenir un caillou, une BALLE, une OLIVE de plomb, etc. La partie élargie s'appelait bourse, CULOT, gîte, PANIER. Ce gîte était en métal, si la Fronde servait à lancer de l'argile recuite ou des PROJECTILES brûlants. — Tous les peuples ont fait usage de la Fronde; l'employer à la GUERRE était surtout le rôle des soldats mercenaires des armées anciennes. — On a prétendu que Clovis avait incorporé dans sa MILICE des FRONDEURS gaulois; cependant cette arme n'était pas employée dans les

COMBATS au temps d'AGATHIAS ; nos ancêtres la méprisaient, parce qu'ils étaient inhabiles à s'en servir ; ils restaient inhabiles, parce qu'ils ne s'y exerçaient pas. Il y a eu peu de peuples chez qui la raison et le calcul aient fondé les coutumes militaires. — Si les FRANÇAIS ont employé la Fronde sous la PREMIÈRE RACE, c'était surtout dans la GUERRE DE SIÉGE. — Au MOYEN AGE, des HOMMES D'INFANTERIE combattaient avec des Frondes à MANCHE, ils les maniaient à deux mains ; la courroie en était assujettie au milieu du MANCHE. Les ITALIENS appelaient cette ARME *mazza frusta*, fouet emmanché. — Les Frondes sans BOURSE s'appelaient ÉLINGUES, suivant MÉNAGE. — Ce qu'on appellerait maintenant décharge ou grêle de PIERRES, se nommait GETTEIS, comme le témoigne Borel (Pierre). — GUILLAUME LE BRETON cite maintes fois la Fronde de la MILICE FRANÇAISE et l'appelle *fonda*. Cette ARME et la grande FRONDE nommée FONDELLE cessent presque d'être employées en rase campagne par notre INFANTERIE; depuis BOUVINES et les autres batailles de PHILIPPE AUGUSTE, on ne s'en servit plus que dans la GUERRE DE SIÉGE. — Au milieu du quatorzième siècle, une partie de la MILICE ESPAGNOLE combattait à coups de Fronde ; VELLY en parle, à la date de 1367. — En 1428 et 1429, il est question, dans les comptes de forteresses et dans le journal du siége d'ORLÉANS, de FRONDES A BATON employées pour la DÉFENSE de la PLACE. — Vers le temps de l'invention des GRENADES, on essayait de les jeter à la Fronde ; mais le danger de ce tir y fit renoncer. — On voit, sous PHILIPPE DE VALOIS, quelques FRONDEURS combattre en Bretagne. — Dans l'armée de CHARLES HUIT, une partie des cinq mille GASCONS qui faisaient la campagne de Naples excellaient dans l'art du FRONDEUR. — En 1572, les protestants assiégés dans Sancerre, se servirent défensivement de Frondes; mais cette arme était tombée dans le discrédit, et on lui donna ironiquement le nom d'*arquebuse de Sancerre*. — Les AUTEURS qui peuvent être consultés à l'égard de la Fronde, sont : BOUCHAUD (1757, G, p. 74), CARRÉ (1785, E), DANIEL (1721, A), DESPAGNAC (1751, D), DILLON, DIODORE DE SICILE, ELIEN (70, A), l'ENCYCLOPÉDIE (1751, C; 1785, C), FLORUS, M. FRANCŒUR, GANEAU, JUSTE LIPSE, LACHESNAIE (1758, I), LUCAIN, MERCURIALIS, MONCHABLON, OVIDE, POLLUX, POTIER (1779, X), ROBINSON, SÉNÈQUE, SIEMIÉNOWICZ, STÉWÉCHIUS, STRABON, VÉGÈCE (300, A), WILKINSON, XÉNOPHON (570 avant J.-C.); l'*Encyclopédie du dix-neuvième siècle* (au mot *Arme*). — Au nombre des variétés de la Fronde des anciens, on doit mentionner le FUSTIBALE, la LIBRILLE et la FRONDE D'ACHAIE.

FRONDE A BATON. V. A BATON. V. FRONDE.

FRONDE A MANCHE. V. A MANCHE. V. FRONDE. V. FRONDE D'ACHAIE. V. FUSTIBALE. V. GIBAULT. V. LIBRILLE.

FRONDE D'ACHAIE (F). Sorte de FRONDE que les ROMAINS nommaient *funda achaica*, parce qu'elle était particulière aux habitants d'Œgium, de Patras, de Dyma et des pays qu'on nomme aujourd'hui la Livadie. — Elle servait à lancer des cailloux sphériques. — On doit croire, d'après ce qu'en disent TITE LIVE et SUIDAS, qu'elle différait des simples Frondes par sa forme et ses effets, car les coups en étaient et plus sûrs et plus terribles que ceux des BALÉARES ; il paraît que c'était aussi une FRONDE A MANCHE, car SUIDAS l'appelle *telum achaicum*, trait des Achéens; à moins que cela ne signifie qu'elle tirait des TRAITS. Ceux qui en faisaient usage ne manquaient jamais non-seulement un homme, mais la partie de son corps qu'ils visaient. — Il est difficile de se rendre un compte satisfaisant de la forme véritable de cette Fronde, qu'on employait et sur mer et dans les SIÉGES. — TITE LIVE se borne à dire que les bras de cette ARME ne se composaient pas d'une seule courroie, et que le CULOT consistait en trois cuirs cousus l'un sur l'autre, afin que le PROJECTILE ne vacillât pas dans sa bourse avant son départ, mais qu'il y restât ferme et bien d'aplomb, et fût chassé ensuite avec autant de roideur que par le ressort d'une corde à boyau.

FRONDEFLE, subs. fém. v. FONDELLE.

FRONDEUR, subs. masc. (F), ou FONDEUR, suivant SIEMIÉNOWICZ (F). Mot qui a la même étymologie que le terme FRONDE, et que les LATINS rendaient par *funditor*. — XÉNOPHON (570 avant J.-C.) nous montre les Frondeurs se servant d'un SAC comparable au FOURNIMENT ou aux GIBERNES, mais porté en avant du SOLDAT pendant la durée de l'action et destiné à contenir les PROJECTILES de la FRONDE. — Les Frondeurs ASIATIQUES faisaient de leur FRONDE l'ornement de leur CHEVELURE. — Dans la MILICE GRECQUE, des PSILITES, devenus plus tard PELTASTES, servaient comme Frondeurs. — A l'imitation de l'ancienne MILICE CARTHAGINOISE, les ROMAINS ont multiplié les Frondeurs dans leurs LÉGIONS, quand la MILICE marchait à sa corruption. Ce genre de service était celui des ACCENSES, des ADDITS, des ALLIÉS; ils combattaient ARMÉS A LA LÉGÈRE; ils étaient généralement désignés sous le nom de FÉRENTAIRES, de RORAIRES, de VÉLITES. Ce dernier mot avait produit le verbe *velitare*, entamer une action, et *velitatio*, combat de vélites. — Il suffisait, dit Végèce (590, A), que le Frondeur accomplît avec son arme une seule révolution au-dessus de sa tête. Cependant Virgile (vers 588) nous peint Mézence faisant faire trois circonvolutions à sa fronde, avant d'en chasser la balle de plomb *qui va se fondre en l'air.* — Le maniement de l'arme différait si c'était la fronde ordinaire, le fustibale, la fibrille. — Juste Lipse (1598, A) trace l'image d'un Frondeur en action et suivi d'un servant portant un sac rempli de pierres. Malliot représente une scène pareille. — La cible à laquelle les Frondeurs romains s'exerçaient à l'art du tir se nommait *scopus*, d'où est provenu le mot *escopette.* — Suidas parle d'un auteur qui vante la dextérité des Carduques : *Lapidibus et plumbeis spheris quas ejaculantur, certo et destinato,* etc. : La pierre ou la balle de plomb qu'ils lancent ne manque jamais le but qu'ils visent. — Diodore de Sicile fait le même éloge des Baléares. — On retrouvait dans la milice française du moyen age un souvenir de l'habileté des habitants des îles Baléares. Le mot baliaire, imité du nom des Baléares, était synonyme de frondeur. — On a pris aussi fondelle dans le sens de Frondeur ; c'était donner, comme l'usage en était fréquent, le nom de l'arme au tirailleur qui la portait. — Carré (1785, E) appelle panetière le fourniment des Frondeurs. — Les combats livrés en 1832 aux Français, à Oran en Afrique, par suite de l'occupation d'Alger, ont prouvé que des Frondeurs arabes se servaient habilement encore de la fronde.

FRONDIBALE, subs. fém. et masc. (F). Mot qui a la même étymologie que fondelle. Machine que des écrivains confondent avec la baliste ; M. Grivet l'en distingue. Suivant la description qu'il en donne, elle jouait sur un axe ; sa pièce principale était une poutre partagée en deux bras inégaux ; l'un d'eux supportait une auge, un sac ou un filet remplis de pierres ; le côté opposé restait en équilibre au moyen d'un contre-poids. On le détachait brusquement, et les pierres étaient lancées violemment sur l'ennemi. — Telle était à peu près la fondelle du moyen age.

FRONSBERGER ; FRONSPERG. v. noms propres.

FRONT, interj. Commandement d'exécution adressé à une troupe par le flanc et de pied ferme. Ce commandement, que les Romains exprimaient par *restitutio*, a succédé à la locution : *Remettez-vous,* et il équivaut à cette autre phrase : Faites par le flanc pour vous rétablir en ordre naturel. — Les à droite et les à gauche sont le moyen d'exécution de ce commandement, dont le but est de rétablir l'ordre en front.

FRONT, subs. masc. v. alignement de f... v. armée a deux f... v. attaque de f... v. attaque de front en rase campagne. v. batterie de f... v. battre de f... v. changement de f... v. commandement de f... v. cordeau de f... v. défense de f... v. deux f... v. embrasser un f... v. en f... v. faire f... v. feu de f... v. marche de f... v. marcher de f... v. marche en f... v. mener de f... v. refuser le f...

$$
\text{FRONT}
\begin{cases}
\text{D'ATTAQUE DE PLACE.}\\
\text{DE FORTIFICATION.}\\
\text{TACTIQUE.} \ldots
\begin{cases}
\text{D'ATTAQUE.}\\
\text{DE BANDIÈRE.}\\
\text{DE BATAILLE.}\\
\text{DE BATAILLON.}
\begin{cases}
\text{FRONT CONSTITUTIONNEL.}
\end{cases}
\end{cases}
\end{cases}
$$

FRONT (terme génér.). Mot tout latin qui a produit les mots fronteau, frontière. Il se distingue en front bastionné, — d'armée, — d'attaque de place, — de bandière de camp de passage, — de bandière de camp défensif, — de bataille d'armée, — de brigade, — de camp, — de carré, — de cavalerie, — de cohorte, — de colonne, — de compagnie, — de division, — de file, — de fortification, — de légion, — de peloton, — de phalange, — de place, — de polygone, — de position, — de régiment, — de section, — de subdivision, — de troupe, — d'échelon, — d'escadron, — d'infan-

TERIE, — D'OUVRAGE, — ÉGAL, — TACTIQUE.

FRONT BASTIONNÉ. V. BASTIONNÉ, adj. V. TENAILLE.

FRONT CONSTITUTIONNEL (F). Sorte de FRONT DE BATAILLON que l'ORDONNANCE DE 1788 (20 MAI) nommait ainsi; elle voulait que, soit en paix, soit à la guerre, le front des BATAILLONS fût calculé invariablement à raison de cent soixante FILES, non compris celles des OFFICIERS. En conformité de cette règle le front du CAMPEMENT devait toujours être de cinquante-cinq toises, y compris dix toises d'INTERVALLE entre les BATAILLONS.

FRONT d'ARMÉE. V. ARMÉE. V. ARMÉE A DEUX FRONTS. V. ARMÉE AGISSANTE N° 4. V. ARTILLERIE STRATOPÉDIQUE. V. AVANT-GARDE D'ARMÉE. V. BATAILLE STRATEUMATIQUE. V. CALIBRE DE CANON D'ARTILLERIE. V. CAMP. V. DÉBORDER. V. ÉCLAIRER. V. ÉVITER LE COMBAT. V. FRONT DE BATAILLE. V. FRONT TACTIQUE. V. MARCHE DE FLANC. V. MARCHE DIAGONALE. V. MARCHE OBLIQUE. V. MARÉCHAL DE CAMP N° 6. V. MILICE GRECQUE N° 6. V. ORDRE A TRIPLE ATTAQUE. V. ORDRE CONCAVE. V. ORDRE PARALLÈLE. V. POSTE D'HONNEUR. V. PUYSÉGUR (1748, C). V. REFUSER LE FRONT.

FRONT d'ATTAQUE (G, 6). Sorte de FRONT TACTIQUE qu'une ARMÉE AGISSANTE déploie en face de l'ENNEMI. — Nos RÉGLEMENTS DE CAMPAGNE ont appelé Front d'attaque une LIGNE DE DRAPEAUX. — Le plus communément les Fronts d'attaque sont perpendiculaires aux grandes ROUTES. — LLOYD (1762, M) établit la distinction que voici : à la portée des gros PROJECTILES le Front d'attaque doit être le plus mince possible (par conséquent le plus étendu); de près il doit se resserrer, multiplier ses ASPECTS par la forme carrée, ou se réduire à la largeur de la COLONNE D'ATTAQUE. — Tel est tout le nœud du problème de l'ORDRE MINCE et de l'ORDRE PROFOND. — Ce qu'en TACTIQUE on appelle techniquement la DISTANCE ou les DISTANCES donne à l'esprit l'idée d'un vide ménagé parallèlement au Front d'attaque.

FRONT d'ATTAQUE DE PLACE (G, 4; II, 1). Sorte de FRONT ou d'étendue de TERRAIN sur lequel les ASSIÉGEANTS ou une partie d'entre eux exercent leurs efforts; ce TERRAIN comprend un des côtés d'une FORTERESSE attaquée par un SIÉGE en règle et trop forte pour être BRUSQUÉE. — Le Front d'attaque embrasse ordinairement deux FACES DE BASTION et une DEMI-LUNE, ou bien un BASTION et deux DEMI-LUNES. C'est en sous-entendant cette différence qu'on dit : attaquer une place sur tel ou tel Front. — Les INGÉNIEURS, qui ont posé pour règle qu'il convient de borner les OPÉRATIONS du SIÉGE à une seule ATTAQUE, avaient surtout pour objet de met-

tre l'ASSIÉGÉ dans la presque impossibilité de diriger des SORTIES contre le noyau d'ATTAQUE; ainsi ce que l'ASSIÉGEANT, quand il arrive à la DERNIÈRE PARALLÈLE, a le plus à craindre dans cette position, c'est le jeu des CONTRE-MINES qui partent du CHEMIN COUVERT. — On suppute la force numérique à donner aux GARNISONS DE SIÉGE, par rapport au nombre des Fronts d'attaque de la PLACE. — Dans les APPROVISIONNEMENTS D'ARTILLERIE des SIÉGES DÉFENSIFS, on fait entrer soixante FUSILS DE REMPART par Front d'attaque.

FRONT de BANDIÈRE (G, 6), ou plutôt de bandières. Sorte de FRONT TACTIQUE qui semble donner l'idée d'une LIGNE DE DRAPEAUX, soit en marche, soit de pied ferme; ainsi un Front de bandières ou un Front d'attaque seraient une seule et même chose; il en était autrefois ainsi, quand BANDIÈRE et BANNIÈRE étaient synonymes. — Mais il est maintenant reçu en CASTRAMÉTATION de n'appliquer qu'aux méthodes du CAMPEMENT cette locution, moitié vieille, moitié nouvelle; ainsi le Front de bandière donne absolument l'idée du développement d'un CAMP D'INFANTERIE, de la face qu'il tourne vers l'ENNEMI, de la LIGNE DES DRAPEAUX plantés pour tracer l'ALIGNEMENT principal, pour dessiner le fond de l'ESPLANADE nommée CHAMP DE BATAILLE. C'est à proprement parler une double rue, partagée par les DRAPEAUX ou les FANIONS, et bordée d'un côté par les FILES DE TENTES ou par le FRONT du CAMP, et de l'autre par les FAISCEAUX DE CAMPEMENT et les SENTINELLES qui gardent les ARMES et leurs accessoires. — Quelques ÉCRIVAINS ont regardé le Front de bandière comme une LIGNE MAGISTRALE à laquelle aboutissent les autres lignes et à laquelle la direction des FLANCS est perpendiculaire. — Le Front de bandière se trace au moyen d'un CORDEAU DE FRONT dont les marques se combinent avec les ALIGNEMENTS DE PROFONDEUR et les FILES DE TENTES. — Le point milieu du Front de bandière de chaque BATAILLON est à cent dix mètres en arrière des LATRINES; mais la règle différerait, s'il s'agissait de BATAILLONS de SECONDE LIGNE. — Les CAPORAUX DE SEMAINE ont charge de faire exécuter le balayage du Front de bandière, etc. — Les RASSEMBLEMENTS DE GARDES, les PARADES ont lieu en avant du Front de bandière. Les HOMMES DE PIQUET logent sur le Front de bandière. — Un coup d'œil exercé juge de la force des TROUPES, par la mesure de leur Front de bandière; mais cette appréciation se combine de plusieurs idées principales; savoir : le nombre d'ENSEIGNES que les TROUPES qu'on cherche à DÉNOMBRER sont en usage de porter, le nombre et l'espèce de CORPS qui parmi ces TROUPES sont dépourvus d'ENSEIGNES en vertu de leur FORMATION ORGANIQUE, la préférence que l'ENNEMI donne à la méthode des CAMPS MINCES ou l'inverse, des camps ayant une SECONDE LIGNE, etc.

FRONT de BANDIÈRE DE CAMP DE PASSAGE. V. BANDIÈRE. V. CAMP DE PASSAGE.

FRONT de BANDIÈRE de CAMP DÉFENSIF. V. BANDIÈRE. V. CAMP DÉFENSIF.

FRONT de BATAILLE (II, 2). Sorte de FRONT TACTIQUE qui donne idée du développement ou de l'ORDRE DÉPLOYÉ d'une TROUPE, abstraction faite de la quantité des HOMMES qui la composent. — Une ARMÉE, un PELOTON, ont également un Front de bataille. Une recrue même a un Front de bataille; on règle parallèlement à ce Front la CARRURE de ses épaules. — Le DOUBLEMENT des SECTIONS réduit à moitié le Front de bataille du PELOTON. — L'expression Front de bataille est une trace de l'usage où l'on était de nommer BATAILLE OU BATAILLON un corps plus ou moins nombreux rangé suivant certaines règles de TACTIQUE. Cette ancienne acception du mot a produit l'usage encore existant de parler des Fronts de bataille en pleine paix; ainsi la loi veut que le jour de leur DÉGRADATION les CONDAMNÉS AU BOULET *défilent devant le Front de bataille*, et c'est de de même devant le Front que les RÉCEPTIONS DE MILITAIRES ont lieu. — Dans l'ORDRE NATUREL, le Front de bataille se compose du PREMIER RANG, dans l'ORDRE RENVERSÉ il se compose du TROISIÈME ou du dernier rang. — On REFUSE LE FRONT à l'ENNEMI quand on cesse de lui être parallèle, ou quand on change subitement la LIGNE DE BATAILLE qu'on avait déployée en face de lui; c'est une des études des GRANDES MANŒUVRES, et de la MARCHE DES BATAILLONS EN BATAILLE. — Le Front d'un corps non formé en CARRÉ a pour limites ses GUIDES généraux et ses FLANCS; mais un CARRÉ n'a que des Fronts et point de FLANCS. — PUYSÉGUR (1748, C) a posé et fait adopter le principe en conformité duquel la PROFONDEUR d'une COLONNE ne doit jamais outre-passer la proportion du Front qu'elle présenterait en bataille. — L'époque où les FILES DE BATAILLON ont cessé d'être UNITÉS TACTIQUES répond à celle où les Fronts se sont élargis et par conséquent où l'ORDRE MINCE a prévalu, en même temps que la mesure du TERRAIN INDIVIDUEL était réduite à son minimum. — Dans l'évaluation des grands Fronts, on peut donc supputer maintenant à raison d'un demi-mètre par largeur de FILE; ainsi le Front de six cents hommes sur trois rangs occupe un terrain de cent mètres. — Le Front d'un CAMP MINCE égale le Front de bataille de la TROUPE CAMPÉE.

FRONT de BATAILLE D'ARMÉE. V. ARMÉE. V. FRONT D'ARMÉE. V. LIGNE A INTERVALLES. V. LIGNE COMBINÉE.

FRONT de BATAILLON (term. sous-génér.), OU FACE DE BATAILLON, comme l'appelle MANESSON (1685, B). Sorte de FRONT TACTIQUE dont la mesure devrait être déterminée d'une manière invariable; la régularité des MANŒUVRES, la perfection des ÉVOLUTIONS, la conservation de la DISTANCE ménagée entre les LIGNES, en dépendent; on a vu au contraire chaque nouveau RÈGLEMENT sur la COMPOSITION changer les dimensions du Front du BATAILLON, perpétuer les tâtonnements et laisser en question les principes qui voudraient le plus de stabilité. — Suivant l'opinion de GUIBERT (1773, E), le Front des BATAILLONS ne devrait avoir ni moins de cent quarante FILES, ni plus de cent quatre-vingts. Les partisans de l'ORDRE PROFOND ne voulaient pas au contraire que le Front excédât soixante à soixante-quinze files. — Le Front de cent soixante FILES en huit PELOTONS est celui qui se subdivise avec le plus de facilité et se prête le mieux au mécanisme du CARRÉ: ainsi la SECTION est de dix FILES, le PELOTON de vingt, la division de quarante, le DEMIBATAILLON de quatre-vingts. Si à ce nombre de cent soixante FILES on ajoute les TAMBOURS, les OFFICIERS, les SERRE-FILES, etc., etc., la FORCE DU BATAILLON sera de cinq cents HOMMES environ, non compris les GRENADIERS; car un grand vice est de les amalgamer, comme on l'a fait, aux DIVISIONS DE FUSILIERS, et d'avoir distrait des FUSILIERS une compagnie nommée VOLTIGEURS. — Sans doute, les CORPS éprouvant des pertes journalières, ou un renouvellement progressif plus ou moins voisin de l'instant de l'affaiblissement, il faut renoncer à l'espoir d'une mesure constamment précise; mais il importerait de s'arrêter du moins à des nombres convenus, avec la résolution de s'en écarter le moins possible, et d'en rétablir le moins tard possible l'intégrité. — Un BATAILLON de cent soixante FILES sur trois RANGS peut conserver, pour peu qu'il soit passablement dressé, la rectitude et l'accord, pendant une MARCHE EN BATAILLE sur un terrain de deux cents mètres qu'il parcourt au PAS ACCÉLÉRÉ; mais, si l'espace est plus considérable ou si le nombre de FILES est plus grand, ce BATAILLON, à moins que son instruction ne soit très-perfectionnée, ne saurait dans cette MARCHE se maintenir aligné et en bon ordre. — La difficulté de la MARCHE EN BATAILLE, *ce ruban que tourmente le vent*, comme disait MESNIL-DURAND (1780), la fréquence des ondulations ou des A-COUP qui brisent l'ALIGNEMENT ou font CREVER le Front; la lenteur des CHANGEMENTS DE FRONT ou des CONVERSIONS EN BATAILLE qu'on a longtemps exécutés tout d'une pièce, ou au plus à deux mouvements, étaient autant d'inconvénients auxquels les partisans de l'ORDRE PROFOND prétendaient remédier par leur système, comme les anciens y avaient remédié par les DOUBLEMENTS et les DÉDOUBLEMENTS. — MAIZEROY (1766, F) déclarait qu'un Front de cent cinquante FILES à quatre RANGS marchait beaucoup mieux qu'à trois RANGS. — SILVA (1778, F) regardait un Front de plus de cent vingt files et de moins de six RANGS comme *flottant et sans solidité;* en l'étrécissant pour le rendre plus robuste, et en s'appliquant à ne lui rien faire perdre de ses moyens de défense, il l'arme de BAIONNETTES assez longues pour dépasser toutes le Front. — On lit dans BONAPARTE (MONTHOLON, 1833, t. II, p. 167). *Un bataillon doit avoir en ligne soixante toises de Front, ce qui exige huit cents hommes présents sous les armes, compris quatre-vingts hommes pour serre-files, les tambours, la musique, les sapeurs, l'état-major, les charretiers; en y ajoutant cent soixante hommes pour la différence de l'effectif au présent, cela donne un complet de neuf cent soixante hommes pour la force du bataillon.* — Ce plan de FORMATION TACTIQUE est jeté au hasard; les calculs qui s'y rapportent ne tiennent point à des vues générales. L'exécution correcte des MANOEUVRES y est entièrement sacrifiée à une pensée dominante, celle de faire de gros BATAILLONS pour qu'ils aient de la solidité et de la durée. Mais les faire volumineux pour pouvoir plus longtemps les user, n'est-ce pas revenir un jour à les voir petits et trop différents d'eux-mêmes? ne vaut-il pas mieux les avoir d'une mesure plus appropriée à leur destination, et dont les variations soient moins marquées? si la dimension en est moyenne, n'est-il pas plus aisé de les réparer à mesure qu'ils tendent à se détruire? — Le Front du bataillon est partagé dans les MANOEUVRES en portions égales dont les CAPITAINES marquent les séparations. Le Front est partagé par le DRAPEAU en deux moitiés à très-peu près égales; en arrière de chaque moitié est la place de bataille de l'ADJUDANT-MAJOR et de l'ADJUDANT SOUS-OFFICIER. — Aucune règle positivement établie ne fait connaître de quel côté il convient d'APPUYER, dans un COMBAT D'INFANTERIE CONTRE INFANTERIE, quand le Front du BATAILLON est éclairé par le feu de l'ENNEMI. Est-ce vers le centre du Front, sans diminuer les RANGS? est-ce en renforçant le PREMIER et le SECOND RANG aux dépens du TROISIÈME et sans réduire le Front? — Les

règles relatives à la mesure et à l'espèce du Front du BATAILLON sont devenues incertaines et louches depuis l'institution des COMPAGNIES DE VOLTIGEURS; depuis qu'on ne sait si l'ORDRE SUR DEUX RANGS prévaudra; si, en guerre, les HOMMES D'ÉLITE pourront combattre à part de leurs bataillons, ou en resteront inséparables. — Le résultat des ALIGNEMENTS D'ENSEMBLE est d'établir le Front perpendiculairement à la PROFONDEUR. — Un BATAILLON CARRÉ, de pied ferme, a autant de Fronts que de côtés; mais s'il marche il n'a plus qu'un Front. — La dimension du Front d'un BATAILLON ne doit pas s'étendre au delà du terme qui alourdirait sa MARCHE, rendrait impuissante la voix du CHEF DE BATAILLON, ou s'opposerait même à ce que de tous les points les COMMANDEMENTS fussent clairement entendus. — Les PLOIEMENTS et les DÉPLOIEMENTS sont l'un des moyens du développement ou de la diminution du Front d'un BATAILLON. — Le Front des bataillons déployés qui combattent est parallèle à l'ennemi; mais on a proposé de les faire combattre aussi en ORDRE BRISÉ. — Le mot Front de bataillon se distingue en FRONT CONSTITUTIONNEL.

FRONT de BRIGADE. V. BRIGADE. V. BRIGADE D'ARMÉE. V. FRONT TACTIQUE. V. MARCHE DE BRIGADE D'INFANTERIE EN BATAILLE.

FRONT de CAMP. V. BATTERIE DE CAMP. V. CAMP. V. CAMP DE GUERRE. V. CAMP DE REPOS. V. CAMP MINCE. V. CAMPEMENT ACTIF. V. CAMPEMENT POLÉMONONIQUE. V. CAMPEMENT TACTIQUE. V. CONSIGNE DE POLICE AU CAMP. V. FILE DE BATAILLON. V. FRONT DE BATAILLE. V. MILICE SYKE Nº 4. V. PEINE DE MORT. V. PUYSÉGUR (1748, C). V. SENTINELLE DE FRONT DE CAMP.

FRONT de CARRÉ. V. CARRÉ. V. CARRÉ TACTIQUE. V. PEINE DE MORT. V. PUPILLE Nº 2.

FRONT de CAVALERIE. V. CAVALERIE. V. CHARGE DE CAVALERIE. V. CHEVAL. V. ESCADRON FRANÇAIS Nº 5.

FRONT de COHORTE. V. COHORTE. V. COHORTE DE LÉGION ROMAINE Nº 5.

FRONT de COLONNE. V. ABDUCTION. V. COLONNE. V. COLONNE DE ROUTE. V. COLONNE ÉPAGOGIQUE Nº 4. V. COLONNE OUVERTE. V. COLONNE PAR PELOTONS. V. COLONNE TRANCHÉE. V. CONVERSION A PIVOT MOBILE. V. DISTANCE. V. EMBOLON. V. MARCHE D'ARMÉE. V. ROMPEMENT DE PELOTONS.

FRONT de COMPAGNIE. V. COMPAGNIE. V. COMPAGNIE DE VOLTIGEURS D'INFANTERIE LÉGÈRE Nº 4. V. COMPAGNIE D'INFANTERIE FRANÇAISE DE LIGNE Nº 9. V. FORMER LES HAIES.

FRONT de DIVISION. V. ABDUCTION PAR LE FLANC. V. ABDUCTION PAR PELOTON EN COLONNE. V. DIVISION. V. DIVISION DE BATAILLON. V. DIVISION D'INFANTERIE. V. OBSTACLE.

FRONT de FILE. V. FILE. V. FILE DE BATAILLON. V. FILE GRECQUE. V. TERRAIN INDIVIDUEL.

FRONT de FORTIFICATION (G, 4), ou FRONT DE PLACE. Sorte de FRONT qui se compose d'une TENAILLE ou d'un côté de POLYGONE y compris les DEHORS qui y répondent, etc. Ainsi, en traçant l'ENCEINTE d'une FORTERESSE, on regarde comme une unité la partie qui règne entre deux BASTIONS consécutifs et qui peut elle-même pourvoir à sa DÉFENSE. — Un PROFIL est perpendiculaire à un Front. — Un ASSIÉGEANT embrasse un Front quand il y dirige ses attaques. — L'ouvrage de M. CHOUMARA (1828) expose avec développement ce qu'on appelle actuellement l'organisation d'un Front de fortification. Quelques idées sur le même sujet sont données par M. GAILLARD.

FRONT de LÉGION. V. ENSEIGNE ROMAINE. V. LÉGION.

FRONT de MANIPULE. V. HASTAIRE Nº 4. V. MANIPULE Nº 1. V. PRINCE DE LÉGION. V. TRIAIRE Nº 4.

FRONT de PELOTON. V. ABDUCTION PAR LE FLANC. V. COLONNE DE ROUTE. V. DOUBLE HAIE. V. ENCADREMENT. V. FEU DE CHAUSSÉE. V. LIGNE COMBINÉE. V. OBSTACLE. V. PELOTON. V. PELOTON D'INFANTERIE. V. SAPEUR D'INFANTERIE.

FRONT de PHALANGE. V. CONTRE-MARCHE PHALANGIQUE. V. DIPHALANGARCHIE. V. MILICE GRECQUE Nº 6, 7. V. PHALANGE. V. PHALANGE ANTISTOME. V. PHALANGE GRECQUE. V. PROTAXE. V. PROTOLOGIE. V. PROTOSTATE. V. SARISSE. V. TÉTRAPHALANGARCHIE.

FRONT de PLACE. V. ATTAQUE DE F... V. BOYAU DE SIÉGE OFFENSIF. V. FACE DE PLACE. V. FORTERESSE. V. FRONT DE FORTIFICATION. V. INGÉNIEUR MILITAIRE. V. PLACE.

FRONT de POLYGONE. V. CÔTÉ DE FORTERESSE. V. POLYGONE.

FRONT de POSITION. V. AVANT-GARDE D'ARMÉE. V. POSITION. V. POSITION STRATEUMATIQUE.

FRONT de RÉGIMENT. V. CÉRÉMONIE DE RÉCEPTION DE DRAPEAU. V. COLONNE ÉPAGOGIQUE Nº 4. V. FRONT TACTIQUE. V. RÉGIMENT. V. RÉGIMENT D'INFANTERIE. V. RÉGIMENT D'INFANTERIE FRANÇAISE Nº 4.

FRONT de SECTION. V. SAPEUR D'INFANTERIE. V. SECTION. V. SECTION TACTIQUE.

FRONT de SUBDIVISION. V. ABDUCTION ALLONGÉE. V. ABDUCTION DOUBLE. V. ABDUCTION EN COLONNE. V. ABDUCTION EN POTENCE. V. ABDUCTION PLEINE. V. ABDUCTION VIDE. V. CHANGEMENT DE FRONT SUR DEUX LIGNES. V. COLONNE DE ROUTE. V. COLONNE OUVERTE. V. GUIDE DE SUBDIVISION. V. INTERVALLE DE SUBDIVISION EN COLONNE. V. MARCHE TACTIQUE. V. METTRE DES FILES EN ARRIÈRE. V. OBSTACLE. V. PASSAGE DE LIGNES. V. PASSAGE D'OBSTACLE. V. ROMPEMENT PAR LA DROITE. V. SUBDIVISION. V. SUBDIVISION DE COLONNE.

FRONT de TROUPE. V. ALIGNEMENT DE F... V. ADOSSER. V. APPUYER. V. ASPECT. V. COIN TACTIQUE. V. DÉBOITEMENT. V. FLANC TACTIQUE. V. FLANQUER. V. INVERSION. V. MÉSOPLÉSIONNAIRE. V. OBLIQUE A DROITE. V. REDOUTE DE CAMPAGNE. V. TROUPE.

FRONT d'ÉCHELON. V. ÉCHELON.

FRONT d'ENSEIGNE. V. ENSEIGNE. V. ENSEIGNE AGRÉGATIVE.

FRONT d'ESCADRON. V. ESCADRON. V. ESCADRON FRANÇAIS Nº 4. V. INTERVALLE DE CAVALERIE. V. RANG D'ESCADRON.

FRONT d'INFANTERIE. V. ESPACE. V. INFANTERIE. V. LIGNE DE BATAILLE. V. MOUSQUETAIRE A PIED Nº 5. V. ORDRE DE BATAILLE D'INFANTERIE. V. ORDRE OUVERT. V. PAS CADENCÉ. V. PELOTONNEMENT. V. PORTE-DRAPEAU Nº 7. V. RÉCEPTION DE DRAPEAU. V. SIGNAL TACTIQUE. V. TAILLE DE MILITAIRE. V. TERRAIN INDIVIDUEL.

FRONT d'OUVRAGE. V. BOMBÉ. V. OUVRAGE. V. OUVRAGE A COURONNE. V. OUVRAGE A TENAILLE. V. OUVRAGE DE FORTIFICATION. V. TÊTE DE PONT.

FRONT ÉGAL. V. A F... V. ÉGAL, adj.

FRONT TACTIQUE (term. sous-génér.). Sorte de FRONT qui se prend par opposition à HAUTEUR, à PROFONDEUR, à AILE TACTIQUE; il donne l'idée d'une FACE DE TROUPE qui regarde ou est censée regarder l'ENNEMI ou le côté de la MARCHE; de là les locutions MARCHER DE FRONT, MENER DE FRONT. — Quelquefois l'expression Front indique une FACE, un RANG non interrompus : tel est le Front d'un BATAILLON; quelquefois cette LIGNE est entrecoupée d'INTERVALLES : tel est le Front d'un RÉGIMENT, d'une BRIGADE, d'une ARMÉE. Quelquefois le Front est continu : tel était celui des CARRÉS qu'on nommait HÉRISSONS, des LIGNES qu'on nommait MURAILLES, de celles qu'on nommait PROSTAXES, etc. — Proportionner ce genre de Front à la nature des ARMES MATÉRIELLES, à l'espèce des TROUPES et à la facilité de leurs MOUVEMENTS, est un grand problème de TACTIQUE. — L'*Encyclopédie des Gens du monde* a traité le mot Front. — Le terme Front se distingue en FRONT D'ATTAQUE, — DE BANDIÈRE, — DE BATAILLE, — DE BATAILLON.

FRONTAL, subs. masc. V. CHANFREIN.

FRONTEAU (subs. masc.) d'ARBALÈTE (F), ou FRONTEAU DE MIRE. Le mot Fronteau dérive du mot FRONT; il exprime une lame de métal ou une pinnule percée de deux petits trous l'un au-dessus de l'autre. Le

Fronteau était attaché sur l'ARBRIER, et y posait verticalement en deçà de la NOIX; il se levait ou se couchait au moyen d'une charnière. — Lorsque le Fronteau était debout, ses trous correspondaient à un GRAIN DE MIRE ou à un petit globule ou alidade suspendu au-dessus de l'extrémité du FUT et qui servait de VISIÈRE; l'œil du TIREUR choisissait un des trous, et réglait son TIR sur le GRAIN DE MIRE. — Les Fronteaux des CARABINES actuelles donnent quelque idée des Fronteaux des arbalètes. — Il y avait aussi des FRONTEAUX D'ARTILLERIE dont DESPREZ (1785, B, p. 227) donne l'image et dont GANEAU fait la description; c'était une manière de bourrelet en métal ou en bois qui s'adaptait au collet d'une PIÈCE D'ARTILLERIE, et donnait moyen de POINTER.

FRONTEAU d'ARTILLERIE. V. ARTILLERIE. V. FRONTEAU D'ARBALÈTE.

FRONTEAU de MIRE. V. FRONTEAU D'ARBALÈTE. V. MIRE.

FRONTIÈRE, adj. et subs. fém. V. GOUVERNEUR DE F... V. LIGNE DE F... V. PLACE F... V. RÉGIMENT F... V. TROUPE F...

FRONTIÈRE (frontières) (G). Mot dérivé du bas LATIN *frontiera* suivant GANEAU, ou du terme français FRONT, parce qu'une Frontière est une LIGNE ou une localité géographique sur laquelle les CORPS ARMÉS FONT FRONT, et regardent un Etat limitrophe. — Au temps du SERVICE FÉODAL, les mots MARCHE, COMARCHE, COMMARCHIE, se sont pris dans le sens de Frontière. — Les six provinces du PORTUGAL se divisaient en quarante-quatre COMARQUES. — Rien n'était moins fixe que les Frontières des souverainetés pendant le MOYEN AGE; l'image des ARMOIRIES du SUZERAIN en étaient le dieu Terme; mais c'était un dieu continuellement en course. — Dans le siècle dernier, les attributions des AUTORITÉS PUBLIQUES étaient si mal déterminées, que des INTENDANTS DE PROVINCE se prétendaient INTENDANT de Frontières, etc. — Les Frontières doivent être militairement envisagées à raison des TRAITÉS DE PAIX qui les reconnaissent, des communications de l'extérieur qui y convergent, des GARNISONS qu'elles exigent, de l'ÉTAT MILITAIRE qui les protége, des DÉBOUCHÉS qu'elles offrent aux ARMÉES, du degré de résistance que leur configuration géologique promet, et de la LIGNE ou des LIGNES DE FORTERESSES, ou d'OUVRAGES, ou de MONTAGNES qui couvrent le cœur de l'Etat ou les grandes MANUFACTURES D'ARMES. Leur bonté consiste à se soutenir mutuellement et à servir de liens entre les COURS D'EAU, les élévations naturelles et les CÔTES MARITIMES. — Des personnages de haute NOBLESSE,

des CAPTALS, des CONNÉTABLES, des MARGRAVES, des MARQUIS, des GOUVERNEURS de provinces, étaient ordinairement préposés en chef à la garde de certaines portions de Frontières, et de ce qu'on appelle maintenant capitaineries, divisions, GÉNÉRALATS en quelques pays. — On a même prétendu, mais avec peu de vraisemblance, que le titre de MARÉCHAL répondait à celui de conservateur de Frontière. — La situation, la nature, le développement des Frontières sont autant de hautes considérations quand il s'agit de donner au pays la CONSTITUTION MILITAIRE qui lui est le plus propre, et de déterminer la mesure de sa MILICE, la proportion de son INFANTERIE. — La LIGNE des Frontières françaises a éprouvé des déplacements trop nombreux, trop considérables, pour que la question puisse être traitée ici; mais, si l'on ne s'occupe que de la délimitation antérieure à la GUERRE DE LA RÉVOLUTION ou de l'affaiblissement des Frontières pendant le régime nommé restauration, on trouvera sur ce sujet quelques lumières dans le rapport à la constituante (1791 [22 juillet]), dans M. le général ALLENT, BOURCET, M. DERODE, M. PAIXHANS, (1829), LLOYD (1801, B), etc., le *Spectateur militaire* (t. XVI, p. 538), l'*Encyclopédie des Gens du monde*.

FRONTIN. V. NOMS PROPRES.

FRUMAIL, subs. masc. V. FRÉMAILLET.

FRUMENTAIRE, subs. masc. (F). Mot dérivé du LATIN *frumentum*, FROMENT, parce qu'il s'appliquait, dans le principe, comme le témoigne l'ENCYCLOPÉDIE (1751, C), à des préposés établis sur les grandes routes pour la sûreté des VIVRES et la protection de leur ouvrage. GANEAU donne à cet égard quelques renseignements. — Le nom de Frumentaires se donnait à des ARCHERS de la MILICE ROMAINE au temps d'ADRIEN. SPARTIEN dit que cet EMPEREUR s'en servait pour être instruit de ce qui se passait : c'étaient ainsi des SOLDATS DE POLICE non réunis en des CORPS particuliers, mais répartis à raison d'un certain nombre par LÉGION. — L'ENCYCLOPÉDIE (1751, C) les compare, à tort ou à raison, aux modernes COMPAGNIES D'ÉLITE. — Des Frumentaires, disent les historiens sacrés, furent chargés de l'arrestation de saint Cyprien. — Dioclétien licencia les Frumentaires, et les remplaça par les CURIEUX, sorte de GENDARMES DE POLICE, à peu près semblables à leurs devanciers.

FU, subs. masc. V. FEU.

FUCHS. V. NOMS PROPRES.

FUERRE, subs. masc. V. FOURNEAU.

FUERRIER, subs. masc. V. FOURNIER.

FUSNIL, subs. masc. V. FUSIL.

FUITE, subs. fém. v. BATTRE EN RETRAITE. v. CHASSER. v. DÉROUTE. v. ÉCLUSE DE F... v. EN F... v. ENFANT PERDU n° 3. v. METTRE EN F... v. RETRAITE STRATEUMATIQUE.

FULMIFÈRE, subs. masc. v. MINE A FEU.

FULMINANT (fulminante), adj. v. AMORCE F... v. ARTILLERIE F... v. BALLE F... v. BOITE F... v. BOUTEILLE F... v. CAPSULE F... v. COFFRE F... v. ENGIN F... v. ÉTOUPILLE F... v. FUSIL F... v. MACHINE F... v. POUDRE F...

FUMÉE. v. NOMS PROPRES.

FUNDE, subs. fém. v. FRONDE.

FUNDERFELT. v. NOMS PROPRES.

FUNDIBALLE, subs. fém. et masc. v. CORPS PROJECTILE. v. FRONDE. v. MACHINE.

FUNÈBRE, adj. v. CÉRÉMONIE F... v. CONVOI F... v. ESCORTE F... v. HONNEURS F... v. POÊLE F...

FUNÉRAILLES, subs. fém. plur. v. COHORTE DE LÉGION ROMAINE n° 6. v. EFFETS DE DÉCÉDÉ EN GARNISON. v. GRATIFICATION. v. MILICE ESPAGNOLE n° 8. v. PORT D'ARMES.

FURETIÈRE. v. NOMS PROPRES.

FURIER, subs. masc. v. FOURRIER.

FURNES ; FURTEMBACH ; FURTTENBACH. v. NOMS PROPRES.

FUSÉAIN, subs. masc. v. FUSÉE DE GUERRE.

FUSÉE, subs. fém. v. A F... v. AFFUT DE F... v. ARME A F... v. BAGUETTE DE F... v. CHASSE-F... v. CHASSIS DE F... v. CHEVALET DE F... v. COFFRET DE F... COUP DE F... v. DÉCOIFFER LA F... v. ÉQUIPAGE DE F... v. ÉQUIPER UNE F... v. FOURCHETTE DE F... v. GRANDE F... v. PÉTARD DE F... v. PLATINE DE F... v. PORTÉE DE F... v. TIR DE F... v. TIRE-F... v. TIREUR DE F...

FUSÉE
{
  D'AMORCE.
  DE GUERRE {
    A MITRAILLE.
    A PARACHUTE.
    DE GRAND ÉCHANTILLON.
    D'INFANTERIE.
    LUMINEUSE.
  }
  HÉRALDIQUE.
}

FUSÉE (term. génér.), ou FUSÉE PROJECTILE. Mot dérivé du LATIN fusus ou de l'ITALIEN fucile, qui porte du feu. Une Fusée est un TUBE rempli de matière inflammable ou de POUDRE A FEU; elle va être surtout examinée comme l'ARME PYROBALISTIQUE d'un FUSÉEN militaire. Elle se distingue en FUSÉE A LA CONGRÈVE, — A BOMBE, — A BOULET, — A GRENADE, — A MAIN, — A OBUS, — D'AMORCE, — DE BALLE A FEU, — DE BOMBE, — DE CAMPAGNE, — DE DOUZE, — DE GRENADE, — DE GUERRE, — DE MINE, — DE PÉTARD, — DE SAC A FEU, — DE SIGNAL, — DE SIX, — DE TROIS, — D'OBUS, — D'UNE LIVRE ET DEMIE, — GRÉGEOISE, — HÉRALDIQUE, — INCENDIAIRE, — PORTE-FEU, — VOLANTE.

FUSÉE A BOMBE. v. A BOMBE. v. FUSÉE D'AMORCE. v. FUSÉE DE GUERRE. v. SCHRAPNELL.

FUSÉE A BOULET. v. A BOULET. v. FUSÉE DE GUERRE.

FUSÉE A GRENADE. v. A GRENADE. v. FUSÉE D'AMORCE. v. FUSÉE DE GUERRE.

FUSÉE A LA CONGRÈVE. v. A LA CONGRÈVE. v. DARCET. v. FUSÉE DE GUERRE. v. MILICE ANGLAISE n° 2, 7. v. MONTGÉRY.

FUSÉE A MAIN. v. A MAIN. v. LANCE A FEU.

FUSÉE A MITRAILLE (G, 2). Sorte de FUSÉE DE GUERRE qui contient cinquante, cent ou deux cents BALLES DE CARABINE. Les Fusées de la moindre charge sont considérées comme FUSÉES D'INFANTERIE.

FUSÉE A OBUS. v. A OBUS. v. FUSÉE D'AMORCE. v. FUSÉE DE GUERRE. v. MILICE AUTRICHIENNE n° 6. v. MILICE PIÉMONTAISE n° 3.

FUSÉE A PARACHUTE (G, 2). Sorte de FUSÉE DE GUERRE dont les Anglais font usage. Elles participent des FUSÉES LUMINEUSES, et elles éclairent autour de leur ligne d'activité pendant une durée de cinq minutes. — Il y a des Fusées à parachute qui sont en même temps FUSÉES INCENDIAIRES.

FUSÉE D'AMORCE (G, 2). Sorte de FUSÉE que la LANGUE FRANÇAISE a d'abord nommée AMORCELETTE et à laquelle ce dernier nom convenait mieux, à cause de la ressemblance qu'il y a entre les locutions FUSÉE DE BALLE A

FEU, — DE BARIL, — DE BOMBE, — DE GRE-
NADE, — DE PIÈCE D'ARTILLERIE, — D'OBUS,
c'est-à-dire AMPOULETTES contenues dans ces
PROJECTILES ; et les locutions FUSÉE A BOMBES,
A GRENADES, — A OBUS, c'est-à-dire FUSÉE DE
GUERRE contenant les uns ou les autres de
ces PROJECTILES CREUX. Même remarque à l'é-
gard des FUSÉES DE PÉTARDS ou des PÉTARDS DE
FUSÉES. — En 1697, au siège de Bruxelles,
un colonel autrichien se sert, pour la première fois, d'ÉTOUPILLES en fer-blanc pour
amorcer le CANON. — Les Fusées d'amorce
ont remplacé, pour le TIR du CANON, les anciennes AMORCES à la main et les CORNETS D'A-
MORCE, supprimés en 1745, suivant M. MEYER
(Moritz). Ce même auteur dit que, en
1811, les Prussiens substituaient à la Fusée
d'amorce en fer-blanc celle en roseau. —
Généralement les Fusées d'amorce consistent
en un cylindre de tilleul, d'aune ou de saule
rempli d'une composition qui brûle dans un
temps donné, et un peu plus court ou un
peu plus long, s'il faut enflammer une
charge ou de plus près ou de plus loin. On
estimait autrefois qu'il fallait que le SOL-
DAT tirant la grenade pût compter jusqu'au nombre vingt-cinq pendant la durée
de la combustion. — Les Fusées de projectiles creux contiennent une préparation d'AR-
TIFICE, et sont coiffées de poix ou de mastic.
De cette circonstance résulte l'expression
DÉCOIFFER LA FUSÉE, c'est-à-dire découvrir le
godet et déployer la mèche qui y est contenue. — On peut consulter, à l'égard des Fusées d'amorce et des ÉTOUPILLES, GASSENDI,
M. FRANCOEUR (au mot *Étoupille*), MEYER
(Moritz [à la date 1771]), POTIER (1779, X),
SIONVILLE (t. II, p. 245), le *Journal des
Armes spéciales* (t. I, p. 26), le *Journal des
Sciences militaires* (1854, p. 84), le *Diction-
naire de la Conversation* (aux mots *Étoupille*
et *Fusée*).

FUSÉE de BALLE A FEU. V. BALLE A FEU.
V. FUSÉE D'AMORCE.

FUSÉE de BARIL ARDENT. V. BARIL ARDENT.
V. FUSÉE D'AMORCE.

FUSÉE de BOMBE. V. BOMBE. V. FUSÉE D'A-
MORCE. V. POT A FEU.

FUSÉE de CAMPAGNE. V. CAMPAGNE. V. FU-
SÉE DE GUERRE.

FUSÉE de DOUZE. V. DOUZE. V. FUSÉE DE
GUERRE.

FUSÉE de GRAND ÉCHANTILLON (G, 2), ou
GRANDE FUSÉE. Sorte de FUSÉES DE GUERRE qui
rappellent la grande FALARIQUE des anciens.
Elles portent un OBUS de neuf livres ; elles
sont voiturées sur un petit AFFUT de campagne ou chariot, dont le COFFRET contient
cinquante-quatre coups. — La portée de ces
PROJECTILES excède de beaucoup celle des

MOBILES jetés par les plus fortes PIÈCES DE
CAMPAGNE. Les plus grosses Fusées portent à
deux mille huit cents ou trois mille mètres ;
on les dirige avec précision à seize cents
mètres. — Elles se tirent au moyen d'un
châssis fait en forme de CHEVALET de peintre ;
Elles sont garnies d'une PLATINE pareille aux
PLATINES DE CANON. — Les plus GRANDES FU-
SÉES que le général CONGRÈVE ait fait fabriquer sont de cent cinquante kilogrammes
et de deux décimètres de diamètre ; leur
CHARGE est de vingt-cinq kilogrammes de
POUDRE ou de matières incendiaires. Ce général avait le projet d'en faire confectionner
de deux cent cinquante à mille kilogrammes. — On commence à appliquer avec succès à la pêche de la baleine le TIR des Fusées de grand échantillon ; elles vont frapper l'animal à une profondeur de vingt pieds,
et elles tuent à l'instant des cétacés de plus
de trente mètres de long.

FUSÉE de GRENADE. V. FUSÉE D'AMORCE.
V. GRENADE. V. GRENADE A MAIN.

FUSÉE (fusées) de GUERRE (term. sous-
génér.), ou CONGRÈVE, ou FOUGETTE, ou FOU-
GUETTE, ou FUSÉE A LA CONGRÈVE, ou FUSÉE
DE CAMPAGNE, ou RAQUETTE, ou ROCHETTE, ou
ROQUETTE. Sorte de FUSÉES ainsi nommées
par opposition aux FUSÉES D'AMORCE. — Les
Fusées de guerre sont des PROJECTILES CY-
LINDRIQUES originaires de l'INDE ; l'usage en
est de la plus haute antiquité chez tous les
grands peuples de l'ASIE et de l'ORIENT. —
Les CHINOIS ont porté de temps immémorial
des Fusées à la guerre ; ils les appellent
flèches de feu et esprit caché. AMIOT (1782,
O) en donne les dessins détaillés ; il retrace
aussi la configuration des boîtes ou CARQUOIS
qui servent à leur transport ; il affirme que
leur double effet est *de percer profondément
et de porter avec elles l'incendie*. — Quelle
que soit l'antiquité des ARMES A FEU de la
MILICE CHINOISE, elle n'a pourtant appliqué,
à ce qu'on croit, la POUDRE analogue à celle
d'EUROPE, que depuis la bataille livrée entre
elle et les Tartares en 1232 ; l'aliment du
feu des Fusées chinoises, leur substance
constitutive étaient donc, avant cette époque, d'une autre nature que la POUDRE. —
Les GRECS et les LÉGIONS ROMAINES combattaient avec des FALARIQUES de grande dimension ; les effets de ces instruments de
guerre étaient les mêmes que ceux des Fusées. — La MILICE BYZANTINE connaissait les
ARMES A FEU PORTATIVES d'une espèce analogue aux FALARIQUES anciennes et aux Fusées modernes ; mais il ne paraît pas que ce
fussent des FUSÉES VOLANTES ; c'étaient plutôt
des TUBES ou des SIPHONS remplis de FEU
GRÉGEOIS ; les SOLDATS les portaient dans un

étui logé dans la concavité du BOUCLIER. — LÉON le Tacticien s'appliqua à perfectionner ce genre d'ARMES qu'on suppose n'être devenues PORTATIVES que vers son règne ; elles étaient une imitation ou un diminutif des grands SIPHONS que mentionnent APOLLODORE et THUCYDIDE, SIPHONS dont CALLYNIQUE renouvela, en 672, l'emploi, et qui étaient, à ce qu'il parait, des espèces de pompes foulantes. — Laissons parler LÉON lui-même (900, A) : *On se servira de petits siphons à la main que les soldats portent derrière leurs boucliers et que nous faisons fabriquer nous-mêmes; ils renferment un feu préparé qu'on lance au visage des ennemis avec un bruit de tonnerre et une fumée enflammée.* — C'é-taient donc des Fusées dont le TIREUR retenait à la main le cylindre. — MAIZEROY (1771, A) rapporte qu'un cylindre préparé à la proue de chaque galère grecque lançait également le FEU GRÉGEOIS ; mais on doute si ces cylindres de mer et de terre étaient des SARBACANES à travers lesquelles les pelotes de feu étaient poussées ou soufflées, ou si c'étaient des tuyaux dont le feu jaillissait pendant une certaine durée de temps, mais sans emporter avec lui l'enveloppe qui contenait l'aliment de l'ignition. — On ne sait pas si, avant LÉON, l'INFANTERIE grecque combattait avec des appareils de ce genre ; mais l'invention en était peu de chose, par comparaison à celle du FEU GRÉGEOIS que les BYZANTINS connaissaient depuis plusieurs siècles. — Les SIPHONS de cette espèce, dont la composition était un secret, s'appelaient *keirosifona*, SIPHONS A MAIN ; ils étaient en cuivre, dit ANNE COMNÈNE ; la matière dont ils étaient chargés et qui se changeait en un feu artificiel se nommait *eskeuasmenon*, et vulgairement feu de Médée, — romain, — grec, — grégeois ; ce dernier nom lui est resté. — En 1378, les VÉNITIENS tirent, sur la Chiozza, des Fusées, comme le témoigne M. MORITZ MEYER. — En 1379 et 1380, l'armée padouane mit le feu à la ville de Mestre au moyen de FUSÉES INCENDIAIRES, qu'on appelait en italien *rochetta*. — Sous CHARLES SEPT, la MILICE FRANÇAISE s'en servait habituellement. — D'anciens comptes de la ville d'ORLÉANS ont rendu témoignage des dépenses faites pendant le siége, en 1428, pour le payement des ingrédients qui entraient dans la composition des Fusées. — On lit dans DANIEL (1721, A) qu'en 1449 des Fusées de guerre sont lancées contre PONT-AUDEMER, défendu par les ANGLAIS. *Dunois profite de l'incendie pour escalader la place.* — BIRINGUCCIO, en 1540, propose d'en renouveler l'usage. — COLLIANO, chef des ingénieurs de l'armée de

CHARLES-QUINT, dit, en 1586, que, de son temps, on éclairait les environs des PLACES DE GUERRE, et que même on portait le désordre dans la cavalerie ennemie au moyen du TIR des Fusées de guerre ; il recommande d'en accroître la PORTÉE par la longueur du TUBE, et d'en augmenter l'effet en y ajoutant des PÉTARDS. — FURTTENBACH, qui écrivait en 1617, décrit une machine qui servait à lancer des fusées qui s'appelaient en allemand *Ragetten* ou *Rachetten;* il conseille d'armer la tête des Fusées d'un fer taillé à dents, afin qu'elles se fichent et se fixent à la place sur laquelle elles frappent ; il propose de les entourer de matières combustibles, pour que l'ENNEMI soit dans l'impossibilité d'y toucher ; il est même d'avis qu'on garnisse de MITRAILLE leur PÉTARD. — Vers le même temps, THIBOUREL aussi en fait mention. — En 1650, SIEMIÉNOWICZ appelait, comme témoigne GAREAU, MANIPULE PYROTECHNIQUE des PÉTARDS de métal joints par un fil de fer, et chargés de poudre et de balles pour être lancées sur l'ENNEMI. — En 1668, GEISSLER faisait, à Berlin, des expériences au sujet des Fusées de guerre. — Depuis la fin du dix-septième siècle jusqu'au commencement du siècle actuel, les Fusées volantes cessèrent d'être en Europe une arme de guerre. RUGGIERI cependant s'efforçait, en 1760, de les y appliquer, comme le témoigne M. MEYER (Moritz). On voit, dans ce même auteur, qu'en 1766 Hyder-Ali avait à son SERVICE cent vingt FUSÉAINS montés sur des CHAMEAUX. — Mais l'usage de ce PROJECTILE CREUX se conserva en ASIE ; les soldats de Tippoo-Saïb, s'aidèrent puissamment de FOUGETTES, en 1770, pour la défense de Seringapatnam, assiégé par les ANGLAIS ; le récipient de la ROUDAR était un TUBE de fer, et la baguette un bambou. — Tippoo avait, suivant M. MEYER (Moritz), cinq mille FUSÉAINS à son service. — La RUSSIE, sous CATHERINE DEUX, n'était pas étrangère à la connaissance de ce genre d'ARTIFICE. On lit dans les Mémoires de SÉGUR (1826) ce qui suit : *Son esprit inventif* (il est question de Prevôt, officier français, et alors colonel dans l'artillerie russe) *ne contribua pas faiblement au succès de Nassau: il fabriqua pour lui des fusées remplies d'une sorte de feu grégeois, liquide et inextinguible; ces fusées étaient percées de plusieurs trous qu'on bouchait avec de la cire; on y suspendait plusieurs fils de fer armés de crochets aigus. Ces mêmes fusées, lancées dans les agrès d'un vaisseau ennemi, s'y attachaient et versaient sur tout le bâtiment des torrents d'une flamme que rien ne pouvait éteindre.* — BELAIR (Julienne), qui avait assisté au siége de Seringapatnam, essaya vainement, au commencement de la GUERRE DE LA RÉVOLUTION, de faire adopter aux FRANÇAIS ce moyen de combattre. — Les étrangers, dans les dernières campagnes, approprièrent à leur ARTILLERIE le système que pratiquait CHARLES SEPT, et que ses arrière-neveux n'avaient pas voulu accueillir ou n'avaient pas su ressusciter. Cette antiquité des Fusées rend inexcusables la LANGUE et le MINISTÈRE qui les ont appelées CONGRÈVES. — En 1805, le lieutenant-colonel CONGRÈVE, renouvelant l'usage oublié des Fusées indiennes, fit en ANGLETERRE des essais nombreux et savants; son exemple a excité, comme on va le voir, l'émulation de toutes les puissances du NORD. Il a donné son nom aux CONGRÈVES, et a perfectionné l'application de ces MOBILES, en les appropriant au SERVICE DE MER d'abord et DE TERRE ensuite. — Donnons une description succincte des Fusées, et d'abord de celles de la MILICE ANGLAISE. — Ce sont des PROJECTILES compris dans l'ARTILLERIE DE CAMPAGNE. Ils sont mis en action par des moyens dépendants de l'art de l'ARTIFICIER MILITAIRE; ils ont été originairement fabriqués à WOOLVICH; ils ne renfermaient d'abord que des matières incendiaires, et le TIR en était très-incertain. M. CONGRÈVE fit jouer pour la première fois, mais sans succès, ces projectiles en 1806 contre la flottille de BOULOGNE; ses compatriotes s'en servirent d'une manière désastreuse contre COPENHAGUE, à Goerde près de Lunebourg, et au bombardement de Flessingue. Dantzig aussi en a éprouvé les effets. Mais elles n'ont produit que de faibles résultats contre plusieurs villes dont GASSENDI fait l'énumération. — Ces Fusées étant presque inextinguibles, on les jugea principalement propres à porter le désordre dans les voiles et dans les cordages des vaisseaux de l'ENNEMI; on les a ensuite appropriées à l'usage des SIÉGES OFFENSIFS, à l'incendie des villes, aux affaires contre la CAVALERIE. — Elles sont devenues ensuite une force motrice de PROJECTILES D'ARTILLERIE. — Maintenant elles ont pris racine dans les usages de la MILICE ANGLAISE, et elles y ont créé une nouvelle ARME PERSONNELLE; elles sont à la fois ARMES PROJECTILES et ARMES PYROBALISTIQUES. — L'ARMÉE ANGLAISE a, pour la première fois, employé des Fusées comme ARTILLERIE DE TERRE, dans les dernières campagnes d'ESPAGNE contre les FRANÇAIS. — A la bataille de LEIPZIG, en 1813, nous avons vu figurer dans l'ARMÉE PRUSSIENNE un ESCADRON de FUSÉENS anglais, ou de FUSÉAINS, comme le dit DUVIGNAN (1834). Il s'appelait *Rocket-corps*, et servait une BATTERIE A LA CONGRÈVE. En souvenir de

cet essai et de cette bataille, le guidon des RAQUETTIERS porte le mot: *Leipzig!* — Il y avait également à la bataille de WATERLOO, en 1815, une COMPAGNIE de CANONNIERS ANGLAIS qui y manœuvra avec des Fusées. — Les Fusées anglaises ont été d'un effet décisif dans la guerre des ANGLAIS contre les Birmans en 1826; elles leur ont servi utilement aussi contre les Ashantes. — Les Fusées anglaises n'étaient d'abord qu'un moyen incendiaire, comme nous l'avons dit; c'étaient des CARCASSES remplies de préparations d'ARTIFICE et de roche à feu. Bientôt on plaça au milieu de ces CARCASSES trois GRENADES, destinées à éclater dans un temps donné. — En campagne, les ANGLAIS portent des FUSÉES A BOMBE, A BOULET, A GRENADE, A OBUS, etc. Ils les lancent presque horizontalement contre les lignes ennemies; elles y font surtout du ravage par l'explosion des GRENADES qu'elles renferment, ou par le choc du MOBILE qu'elles portent avec elles. — De nos jours, les Birmans en confectionnent d'énormes. M. MONTGÉRY dit que *le capitaine Cok en a vu commencer une qui devait contenir dix mille cinq cents livres de poudre*. Se fait-on idée d'une arme qu'un instant emploie et détruit, et qui en Europe ne coûterait pas moins de trente ou quarante mille francs? — Depuis la PAIX DE PARIS, en 1814, il s'est établi dans la MILICE AUTRICHIENNE des ARTIFICIERS chargés de l'étude, de la confection et de la manœuvre des Fusées ou *Raketen*. Ils résident à Vienerisch-Neustadt. L'établissement mystérieux de leurs PROJECTILES est situé à Raketendorf, à six milles de Vienne; ils ont fait, sous les ordres du général Agostin ou Augustin, de savantes expériences, et, en novembre 1820, ces ARTIFICIERS, ou une fraction d'entre eux, ont fait partie de l'armée d'expédition qui a marché sur NAPLES. On ne tire pas ces Fusées sur des troupes plus éloignées que huit cents pas, à ce que dit le *Journal de l'Armée* (t. III, p. 54). — Depuis 1811, la MILICE DANOISE a fait des recherches et des progrès marqués dans ce genre de fabrication. La milice suédoise se sert de Fusées depuis 1815; les AUTRICHIENS en ont fait usage au siége de Huningue, en 1815. — Depuis 1816, la MILICE SAXONNE n'y est pas restée étrangère. — Les ALLEMANDS portent des recherches de cette nature à une perfection qui laissera loin peut-être les expériences anglaises. Les PRUSSIENS, les RUSSES, les SUÉDOIS, les POLONAIS, les SAXONS, s'en occupent avec ardeur. La MILICE PIÉMONTAISE en a acheté de l'ANGLETERRE. — Vers 1820, les AUTRICHIENS ont commencé à les fabriquer suivant d'autres systèmes que les Anglais. — Dès l'année 1810, les ARTILLEURS FRANÇAIS ont confectionné à Vincennes des Fusées simplement incendiaires ; ils ont entrepris quelques travaux pareils à Séville en 1812, à Hambourg en 1813, à TOULON en 1815 ; mais le gouvernement français n'a encouragé en rien, comme le déclare M. MONTGÉRY, les officiers qui se sont occupés de ce genre d'études et de recherches. Ce savant a ajouté : *Il est affligeant que la France se traine à la suite de plusieurs nations*. Mais au temps où il écrivait, la France se traînait-elle ? C'eût été un mouvement en avant, et en 1827 la France militaire était immobile, quand elle ne reculait pas. — Des expériences molles, des essais vagues, des demi-travaux sur divers points n'en ont pas moins coûté à notre pays un demi-million sans avoir produit de résultats. — En 1822 (octobre), l'empereur ALEXANDRE adresse des témoignages de satisfaction au général polonais Bontems, qui trouve un moyen de rendre plus incendiaires et plus meurtrières les Fusées. — On s'occupait, en 1825, de ce genre de fabrication en AMÉRIQUE, aux INDES, en SUÈDE. — L'ESPAGNE, ROME et la TURQUIE sont aussi en retard ; la Péninsule repousse comme innovation les Fusées ; l'armée papale ne s'en soucie guère ; les MAHOMÉTANS ont commencé à s'en servir en 1829, dans la guerre contre la RUSSIE ; un ANGLAIS les leur avait apportées. — En 1827, le gouvernement FRANÇAIS attacha aux travaux des Fusées un ANGLAIS, nommé Bedfort, qui avait travaillé sous les ordres du général CONGRÈVE ; des Fusées à l'instar des ANGLAIS furent fabriquées à l'ÉCOLE DE PYROTECHNIE de METZ. — En 1834, des expériences comparatives des Fusées anglaises et françaises ont eu lieu à LA FÈRE dans le mois de janvier ; les Fusées FRANÇAISES ne sont pas restées inférieures à celles de l'ARMÉE ANGLAISE. Des détails curieux à ce sujet sont consignés dans le *Spectateur militaire* (1835, p. 145). — Examinons l'état de la science en général, le nom que prennent les Fusées, les avantages que cette nouvelle ARME peut présenter. — Les Fusées ont la forme ovale d'une RAQUETTE à jouer ; on les équipe par l'adjonction d'une BAGUETTE de direction ; on en a appelé ROQUET l'enveloppe ou le contenant, quelle qu'en soit la matière ; elles se tirent soit paraboliquement, soit horizontalement, soit à RICOCHET ; on les appuie le long d'un talus naturel, ou pratiqué exprès ; ou bien on les enfile dans des FOURCHETTES, ou des CHEVALETS DE FER ; elles s'allument et se lancent par une queue en fer qui leur sert comme de manche ; leur extrémité an-

térieure est garnie ordinairement d'un PROJECTILE CREUX en fer. — Une Fusée de douze livres, placée sur le sol à l'état libre, part en rasant la terre, sans s'en éloigner de plus de deux mètres ; elle arrive rapidement à quatre ou cinq cents mètres, touche la terre, bondit successivement à de grandes hauteurs, accomplit un trajet aussi étendu que le premier, y perce un épais gazonnage, et éclate au delà en projetant soixante-douze balles dont elle était chargée. C'est l'expérience que rapportait le *Journal militaire anglais* en 1835. — Nous avons vu que FURTTENBACH, qui écrivait il y a deux siècles, parlait de Fusées de guerre qu'il appelle RAKETE. — Les ANGLAIS donnent au même objet le nom de *rocket*, qui est peut-être une corruption du mot ALLEMAND. Ils disent aussi *sky-rocket*, FUSÉE VOLANTE ou qui va au ciel ; *driving-fuxe*, Fusée de chasse, et enfin FOUGETTE ; c'est par ce dernier terme, diminutif de FOUGACE, que les ANGLAIS donnent idée de la Fusée INDIENNE. — Les RAQUETIERS ANGLAIS tirent la Fusée horizontalement à un pied au-dessus de terre. — Le mot RAQUETTE, francisé depuis peu, et signifiant Fusée, vient-il de la ressemblance d'une Fusée à une raquette ? Quelques-uns le croient ; cependant ce n'est pas démontré, puisqu'en ALLEMAND raquette à jouer et Fusée se disent également *Rackete*, et que telle peut être la souche du nouveau mot. — Quant aux FRANÇAIS, ils ne savent pas encore de quelle expression se servir. Nommeront-ils FUSÉENS, ou RAQUETIERS, les hommes ? Diront-ils RAQUETTE, comme le font M. CORRY (1822, A) et GRASSI (1817, H), ou ROCHETTE, comme M. MONTGÉRY, etc. ? L'autorité seule peut décider cette question de LANGUE, d'ART MILITAIRE et d'ARTILLERIE. Le MINISTÈRE prononcera quand il aura jugé qu'il est imprudent de laisser les étrangers nous devancer par leurs découvertes, quand il aura reconnu l'utilité des Fusées dans la GUERRE DE MONTAGNES, quand il sera convaincu que le DROIT DE LA GUERRE et le maintien de la paix réprouvent également une insouciance qui se décorerait du nom de philanthropie. Les ÉCRIVAINS et l'évidence finiront par démontrer que les Fusées sont une commode ARTILLERIE, puisqu'elles confondent en un seul instrument le MOBILE et le moteur ; que leur emploi n'exige ni les préparatifs d'un SIÉGE, ni l'excavation d'une TRANCHÉE ; qu'un AFFUT ou plutôt un simple CHEVALET peu dispendieux en compose l'ÉQUIPAGE ; que le transport de ces ARMES est facile ; que même telles d'entre elles sont ARMES A FEU PORTATIVES ; qu'enfin l'attaque à COUPS DE FUSÉES peut être aussi imprévue que subite. — Mais si la confection des Fusées date de trois mois, l'influence atmosphérique en décompose les éléments, elles cessent d'être d'un bon service. Il faudrait qu'elles fussent fabriquées à mesure, pour ainsi dire, de leur emploi; c'est un inconvénient grave. — En 1828, la MILICE TURCO-ÉGYPTIENNE essaye, avec peu de succès, de créer une BATTERIE DE FUSÉES. — L'ARMÉE qui s'embarque, en 1830, emporte dix-huit cents Fusées tant de terre que de mer; elle en fait essai pour la première fois sur les rivages d'ALGER, et en tire un utile parti contre la cavalerie des barbares. — En 1832 (décembre), mille Fusées de guerre sont expédiées de Valenciennes pour ANVERS. — Le tir des Fusées est devenu, suivant M. BREITHAUPT, aussi sûr que celui de l'ARTILLERIE; on ne peut nier cependant qu'il est inégal, si l'atmosphère n'est pas calme; que ses PORTÉES sont capricieuses; que sa célérité est bien inférieure à celle du BOULET; que le TIR A RICOCHET, si le terrain s'y prête, est seul avantageux; que c'est surtout dans la GUERRE DE SIÉGE, la DÉFENSE ou l'ATTAQUE des CÔTES, qu'il s'appliquerait avec avantage; et que ce serait se priver de la ressource plus précieuse des BOUCHES A FEU, que d'équiper uniquement en Fusées des BATTERIES; mieux vaudrait organiser des AFFUTS de PIÈCES de manière à devenir appareils de Fusées, et surtout y attacher des FUSÉES DE DOUZE et de SIX. — Il n'est pas à notre connaissance qu'en 1831, dans la guerre des POLONAIS et des RUSSES, il ait été fait grand emploi de Fusées. — Il n'y a encore qu'un petit nombre d'ÉCRIVAINS qui aient embrassé, sous le point de vue de la TACTIQUE, le sujet que nous venons d'esquisser. — MARCUS GRÆCUS donne une description de l'art de confectionner les ARMES antiques qui, par leur système, étaient analogues à nos Fusées; MAIZEROY (1771, A) a traduit ce passage de cet AUTEUR. — Ceux qui ont traité des Fusées modernes sont : ANDERSON, BELAIR (1792, au mot *Fougette*), M, BEHM, BONAPARTE (Napoléon-Louis, 1836), M. BREITHAUPT (1831), M. CONGRÈVE, M. le général COTTY (1822, A), DARGET, DUANE (1810, E), DUCANGE, DUPIN (1820, B), DUVIGNAU, M. FRANCŒUR, GASSENDI (1819), GEISSLER, GIBBON, GRASSI (1817, II), HANZELET, HOYER (1827), JACOBY, JAMES (1810, au mot *Rocket*), KROHN, MACDONALD, M. MADELEINE, MERKES, MORERI, M. MONTGÉRY, MOORE (Williams), PAIXHANS (1821), M. ROGNIAT (1816, B), SIMMONS (*Vade-Mecum du canonnier de mer*), THIROUREL, M. le général VAUDONCOURT (1825, D), VOLZ. — Un article savant relatif à toutes ces ques-

tions est inséré, en 1825, dans l'ouvrage périodique de Calcutta intitulé : *Asiatic Journal*; elles sont traitées aussi dans les *Annales de l'Industrie* (1825), le *Nouveau Dictionnaire de marine anglaise*, par Falconnet et Burney, la *Nouvelle Encyclopédie anglaise* (au mot *Rocket*), le *Journal des Sciences militaires* (1825, D), le *Bulletin des Sciences militaires* (1830, p. 216), le *Journal des Armes spéciales* (t. I, p. 47), le *Journal des Sciences militaires* (1824, p. 101; 1835, p. 145; 1838, p. 221, etc.), le *Spectateur militaire* (t. XVIII, p. 407, 458; t. XIX, p. 102; t. XXI, p. 235), le *Dictionnaire de la Conversation*, le *Journal d'Art, Science et Histoire de la guerre*, de Berlin (1834; 1835). — Les Fusées de guerre se distinguent en FUSÉES A MITRAILLE, — A PARACHUTE, — DE GRAND ÉCHANTILLON, — D'INFANTERIE, — LUMINEUSE.

FUSÉE de MINE. V. FOURNEAU DE MINE. V. MINE. V. SAUCISSON A FEU.

FUSÉE de PÉTARD. V. FUSÉE D'AMORCE. V. PÉTARD. V. PÉTARD CATABALISTIQUE.

FUSÉE de SAC A FEU. V. SAC A FEU.

FUSÉE de SIGNAL. V. FORTERESSE. V. MILICE AUTRICHIENNE N° 7. V. SIGNAL.

FUSÉE de SIX. V. MILICE ANGLAISE N° 4. V. SIX.

FUSÉE de TIRAILLEURS. V. FUSÉE D'INFANTERIE. V. MILICE POLONAISE N° 1, 5. V. MILICE SUÉDOISE N° 5. V. TIRAILLEURS.

FUSÉE de TROIS. V. MILICE ANGLAISE N° 4. V. TROIS.

FUSÉE (fusées) D'INFANTERIE (G, 2, 6), OU FUSÉE DE TIRAILLEURS. Sorte de FUSÉES DE GUERRE qui répondent à l'antique usage des ARMES A FEU PORTATIVES de la MILICE BYSANTINE. La MILICE SUÉDOISE en a fait usage une des premières. Ce sont de petites FUSÉES A MITRAILLE égales à une GARGOUSSE de SIX; elles sont chargées d'une cinquantaine de BALLES DE CARABINE; elles portent à deux mille mètres; l'INFANTERIE les lance à la main, ou sur un CHASSIS léger; chaque homme peut porter trois ou quatre de ces Fusées : ainsi une COMPAGNIE D'INFANTERIE transporterait deux à trois cents coups de PAQUETS DE MITRAILLE de six, susceptibles d'atteindre à une distance double de la PORTÉE ordinaire des PIÈCES DE CAMPAGNE.

FUSÉE d'OBUS. V. FUSÉE D'AMORCE. V. OBUS.

FUSÉE d'une LIVRE ET DEMIE. V. LIVRE ET DEMIE. V. MILICE ANGLAISE. V. FUSÉE A PARACHUTE.

FUSÉE GRÉGEOISE. V. FUSÉE DE GUERRE. V. GRÉGEOIS, adj. V. LANGUE GRECQUE.

FUSÉE HÉRALDIQUE (F). Sorte de FUSÉE, c'est-à-dire d'image fuselée ou en fuseau, qui rappelle un genre de FER DE LANCE représenté comme MEUBLE DE BLASON, sous une forme de losange allongée. — Le fusil d'acier sur lequel les bouchers repassent leurs couteaux a pris par corruption, si ce qu'on a prétendu est vrai, ce nom de fusil à raison d'une analogie de forme avec l'ancienne fusée de LANCE. Nous comprenons mal, il est vrai, cette analogie. — On voit dans le *Dictionnaire de la Conversation* que des AUTEURS ont pensé que la Fusée héraldique, supposée l'image d'un fuseau à filer, était la trace d'un signe de déshonneur, parce qu'au temps des CROISADES on envoyait, par ironie, des quenouilles aux DÉCROISÉS. C'est une rêverie, parce que le BLASON est postérieur aux CROISADES, et parce qu'on n'eût pas fait un simulacre honorable d'une image que le préjugé rendait honteuse. Il serait plus croyable, si la Fusée est l'effigie d'une quenouille, qu'elle rappelait une NOBLESSE du ventre, c'est-à-dire venue par la mère, parce qu'elle était tombée en quenouille.

FUSÉE INCENDIAIRE. V. FUSÉE DE GUERRE. V. INCENDIAIRE. V. MILICE PIÉMONTAISE N° 3. V. MOORE (Williams).

FUSÉE LUMINEUSE (G, 2). Sorte de FUSÉE DE GUERRE portant une BOMBE qui ne s'allume qu'au plus haut point de la TRAJECTOIRE du PROJECTILE; elle s'y détache de la fusée, reste suspendue plus de cinq minutes en l'air, au moyen d'un parachute, et éclaire ainsi le point voulu.

FUSÉE PORTE-FEU. V. MINE A FEU. V. PORTE-FEU.

FUSÉE PROJECTILE. V. FUSÉE DE GUERRE. V. PROJECTILE, adj.

FUSÉE VOLANTE. V. FUSÉE DE GUERRE. V. VOLANT, adj.

FUSÉEN, subs. masc. V. FUSÉE. V. FUSÉE DE GUERRE. V. MILICE ANGLAISE N° 2, 8. V. MILICE AUTRICHIENNE N° 2. V. MILICE DANOISE N° 1. V. RAQUETIER. V. SOLDAT. V. TACTIQUE, subs.

FUSELIER, subs. masc. V. FUSILIER.

FUSIL, subs. masc. V. A F... V. AME DE F... V. AMORCE DE F... V. ARMER UN F... V. BAGUETTE DE F... V. BAIONNETTE DE F... V. BALLE A F... V. BALLE DE F... V. BANDER UN F... V. BASSINET DE F... V. BATTERIE DE F... V. BOIS DE F... V. BOUCHE DE F... V. BOUCLE DE F... V. BOURRE DE F... V. BRETELLE DE F... V. CAISSE A F... V. CALIBRE DE F... V. CANON DE F... V. CAPUCINE DE F... V. CARTOUCHE A F... V. CARTOUCHE DE F... V. CHAMBRE DE CANON DE F... V. CHARGE DE F... V. CHARGEMENT DE F... V. CHARGER UN F... V. CHIEN DE F... V. COMMANDEMENT A F... V. CONTRE-PLATINE DE F... V. COUCHE DE F... V. COUP DE F... V. CROSSE DE F... V. CULASSE DE F... V. DÉCHARGE DE F... V. DÉCHARGER LE F... V. DÉMONTAGE DE F... V. DÉMONTER UN F... V. DÉSARMER UN F... V. ÉCUSSON DE F... V. EMBOUCHOIR DE F... V. EMBOUCHURE DE F... V. ESCAMOTER LE F... V. EXERCICE DE F... V. FEU DE F... V. FUT DE F... V. GARNITURE DE F... V. GRAIN DE F... V. GRENADIÈRE DE F... V. GUIDON DE F... V. INSPECTION DE F... V. LUMIÈRE DE F... V. MANIEMENT DE F... V. MARQUE DE F... V. MIRE DE F... V. MODÈLE DE F... V. MONTAGE DE F... V. MONTER UN F... V. MONTURE DE F... V. MOUSQUET-F... V. NUMÉRO DE F... V. PIERRE DE F... V. PLATINE DE F... V. POIGNÉE DE F... V. PORT DE F... V. PORTER LE F... V. REMONTAGE DE F... V. RESSORT DE F... V. SOUFFLET DE F... V. TAMPON DE F... V. TIR DE F... V. TIRER UN F... V. TIREUR DE F... V. TONNERRE DE F...

FUSIL

- A DÉ.
- A LA MONTALEMBERT.
- A PISTON.
- A SOUFFLET.
- A VAPEUR.
- A VENT.
- BRONTIQUE.
- DE VINCENNES.
- D'HONNEUR.
- D'UNIFORME. . . . . . FUSIL
  - DE DRAGON.
  - DE REMPART.
  - D'INFANTERIE. . . FUSIL
    - A LA GRENADIÈRE.
    - DE VOLTIGEUR.
    - D'HOMME DE TROUPE EN ROUTE.
    - D'OFFICIER.
  - S'AMORÇANT SEUL.
- ROPHIPTEUS.

FUSIL, subs. masc. (term. génér.), ou FUSIL, ou ESQUIE suivant ROQUEFORT. GRASSI (1827, H) fait dériver Fusil de *focile*. Il est plus probable qu'il vient de *fucile*. Ces deux mots ITALIENS ont également pour racine *fuoco*, FEU, et signifient fusil, synonyme de briquet à feu. MÉNAGE, LABBE, SCALIGER, sont du reste en désaccord touchant la question étymologique. — Dans le bas LATIN, le Fusil, considéré comme une ARME, se rendait par *schiopettus*, *sclopetus*, dont on a fait ESCOPETTE, ESCLAPOS. —Le CANON, en prenant un FUT, est devenu CANON A MAIN. Ce dernier, en prenant, en 1450, une PLATINE A SERPENTIN, est devenu ESCOPETTE et ARQUEBUSE A CROC. Celle-ci, en prenant un ROUET et un COUVRE-BASSINET, s'est changée en ARQUEBUSE A ROUET, qu'on tirait sans FOURQUINE. L'ARQUEBUSE A FEU et le PÉTRINAL, dont le FLASQUE, pareil à celui de l'ARQUEBUSE NÉVROBALISTIQUE, ne permettait pas d'ÉPAULER, sont devenus MOUSQUET A ROUET, par la transformation du FLASQUE en CROSSE à PLAQUE DE COUCHE. Le MOUSQUET A ROUET, par l'adjonction d'une PLATINE A SILEX et d'une

BAIONNETTE A DOUILLE, est devenu Fusil, dont la métamorphose en FUSIL A PISTON commence à s'opérer. —Le ROUET ayant succédé au système d'inflammation que produisait la MÈCHE, tenue ou à la main ou par le SERPENTIN, servait de fusil-briquet et donnait des étincelles par le frottement d'une PYRITE. Quand la BATTERIE succéda au ROUET, elle devint le FUSIL-BRIQUET, que la PIERRE du CHIEN frappait : de là les expressions fusil d'ARQUEBUSE ou de PISTOLET, ARQUEBUSE ou PISTOLET A FUSIL, expressions qui ont trait au fusil-briquet, non au fusil-arme. — Suivant l'*Echo britannique*, le FUSIL A MAIN fut une amélioration du CANON A MAIN ; elle consistait dans l'addition d'un BASSINET et d'une ALIDADE. L'ANGLAIS se servait, en 1446, de ce FUSIL A MAIN. Le GREC s'en servait, en 1453, à la dernière défense de CONSTANTINOPLE. La DÉTENTE du SERPENTIN, imitée de celle de l'ARBALÈTE, changeait en ARQUEBUSE le FUSIL A MAIN. — Un AUTEUR Italien, Pietro Dellavalle, qui écrivait des voyages publiés en 1617, parle de PLATINES A SILEX : *Pistole a focile che non s'ha da perder tempo a tirar su la ruota ;* ce qui signifie : On a des PISTOLETS à BRIQUET, à fusil ou à BATTERIE ; le TIREUR qui s'en sert y gagne le temps qu'il perdrait à remonter le ROUET. — Voilà pourquoi on a dit originairement PISTOLET A FUSIL, comme on eût dit PISTOLET à briquet à feu, ou à briquet d'acier. — L'expression Fusil, pris comme la partie, et non encore comme le tout, c'est-à-dire comme le principal accessoire de l'ARME A FUSIL, et comme une partie de sa PLATINE, a signifié d'abord, suivant le dictionnaire de l'Académie, *pièce d'acier qui couvre le bassinet.* — L'ENCYCLOPÉDIE (1751, C) regarde le Fusil comme inventé en 1630 ; mais cela s'applique au Fusil de guerre : le Fusil de chasse était bien plus ancien ; un édit de 1515 le mentionnait nominalement. — M. MORITZ MEYER témoigne qu'en 1655 il était délivré des Fusils à PIERRE à des corps de CAVALERIE FRANÇAISE. — L'ORDONNANCE DE 1670 (6 FÉVRIER) prescrivait les dimensions du Fusil, qui commença à être en usage, en 1671, dans le RÉGIMENT des FUSILIERS, et fut substitué au MOUSQUET dans toute l'infanterie, de 1699 à 1703. — SAINT-REMY, à l'article MOUSQUETON, explique que *cette arme se tire avec fusil composé d'un chien et d'une batterie,* tandis que le MOUSQUET ne s'exécute qu'avec une MÈCHE A SERPENTIN. — L'emploi du terme Fusil, pris dans son acception ancienne, se rattache à l'invention de l'ARQUEBUSE A ROUET. — Cependant M. SISMONDI (t. IX, p. 341) prétend qu'en 1449 une armée de vingt mille hommes, pourvue de Fusils, sort de MILAN pour faire lever le siége de MARIGNAN. Le mot Fusil est en ce cas la traduction vague d'un genre d'ARME A FEU qui n'était pas le MOUSQUET A SERPENTIN ni celui à SILEX, puisqu'on voit dans Gabelinus qu'en cette même année 1449 les Fusils employés au siége de Sarnau étaient sans ressorts. — En 1630, le MOUSQUET A FUSIL, ou le Fusil, en prenant le mot dans son sens actuel, commence à être en usage dans des troupes françaises. Les soldats, voulant dans un esprit de brigandage se servir de leurs ARMES, préféraient le ROUET ou le silex à la MÈCHE, parce que c'était plus commode et ne les décelait pas la nuit. — Les sergents avaient la HALLEBARDE, non le Fusil. — Une ORDONNANCE DE 1655 (24 DÉCEMBRE) témoigne que, dans l'INFANTERIE, des soldats faisaient usage du Fusil, contrairement aux ordonnances ou plutôt aux coutumes, et que ces SOLDATS avaient changé leurs mousquets en Fusils, pour courir et piller la campagne. — Cette ordonnance voulait que ces Fusils fussent retirés, et que les SOLDATS fussent armés, les deux tiers de MOUSQUETS et un tiers de

PIQUES. — Depuis le milieu du siècle, on commence à appeler habituellement, par syncope, Fusil le MOUSQUET A FUSIL. Depuis ce temps le mot a donné naissance aux expressions FUSILIER, FUSILLADE, FUSILLER. — De nos jours, des tribus d'ARABES, les MILICES CHINOISE et PERSANE, les INDIENS, conservent encore des Fusils à mèche. — Depuis l'usage du CHIEN, on a dit ARMER (pris de l'ITALIEN) et DÉSARMER un Fusil. Cette dernière locution signifie le METTRE AU REPOS ou à l'ABATAGE. — En 1835 et 1836, un nouveau genre de Fusil propre à l'usage des TROUPES commençait à être mis à l'essai dans des MILICES ÉTRANGÈRES, sous le nom de FUSIL A LA CONSOLE, comme le témoigne le *Spectateur militaire* (t. XXVI, p. 292) et la publication périodique de Munich intitulée : *Allgemeine militær-Zeitung* (n° 55). Un aperçu et une image de ce Fusil étaient insérés dans le *Journal des Sciences militaires* (1836, p. 322 et pl. 16). Les CHASSEURS TYROLIENS le recevaient en 1838. — Un fusil à la HEURTELOUT, un *fusil Robert,* commencèrent à être essayés en RUSSIE ; un *fusil Michel* est mentionné et représenté dans le *Journal des travaux de l'Académie de l'industrie* (vol. VII). Un *fusil Lefaucheux* et *Beringer* répondait au vieux système reproduit dans le *fusil Robert* et dans le FUSIL DE REMPART ; la CARABINE DELVIGNE était mise en essai à VINCENNES. — MAROLLES a traité d'une manière savante de plusieurs espèces d'ARMES A FEU PORTATIVES, mais principalement sous le point de vue de la chasse. — Les autres AUTEURS ou traités qu'on peut consulter sont l'*Encyclopédie des Gens du monde,* le *Dictionnaire de la Conversation* et les ouvrages qui ont traité des ARMES A FEU PORTATIVES. — Le mot Fusil se distingue en FUSIL A BAIONNETTE, — A CANON BRONZÉ, — A DÉ, — A DOUBLE CHIEN, — A FOUDRE, — A LA CONSOLE, — A LA GRENADIÈRE, — A LA MONTALEMBERT, — A MAIN, — A MÈCHE, — A OBUS, — A PERCUSSION, — A PISTON, — A PLATINE, — A ROUET, — A SECRET, — A SILEX, — A SOUFFLET, — A SYSTÈME, — A VAPEUR, — A VENT, — ANGLAIS, — AU CAMP, — AU PIED, — AU RATELIER, — AUTRICHIEN, — BISCAIEN, — BRIQUET, — BRONZIQUE, — CHAROI, — COURT, — DANOIS, — D'ARTILLERIE, — DE CAMPAGNE, — DE CAVALERIE, — DE CHASSE, — DE CHASSEUR, — DE FUSILIER, — DE GARDE NATIONAL, — DE GRENADIER, — DE GUERRE, — DE MALADE, — DE MER, — DE MUNITION, — DE NAGEUR, — DE SENTINELLE, — DE SERGENT, — DE SOUS-OFFICIER, — DE VINCENNES, — D'ÉCLOPPÉ, — DELVIGNE, — D'HOMME DE GARDE, — D'HOMME DE SERVICE, — D'HONNEUR, — D'UNIFORME, — EN FAISCEAU, — ESPAGNOL, — EUROPÉEN,

— FRANÇAIS, — FULMINANT, — HEURTELOUP, — KOPTIPTEUR, — OBUSIER, — PERCUTANT, — PIÉMONTAIS, — PIQUE, — PNEUMATIQUE, — PRÉSENTÉ, — PRUSSIEN, — RAYÉ, — RÉFORMÉ, — RÉPUBLICAIN, — S'AMORÇANT SEUL, — SOUS LE BRAS GAUCHE, — SUR L'ÉPAULE, — SUR L'É- PAULE DROITE.

FUSIL A BAIONNETTE. V. A BAIONNETTE. V. ANSPESSADE. V. ARME DE MAIN. V. ARTILLE- RIE IDIOPLIQUE. V. COMPAGNIE DE GRENADIERS N° 4. V. CORDEAU DE CAMPEMENT. V. DRA- GON FRANÇAIS. V. ENSEIGNE IDIOPLIQUE N° 3. V. FEU D'INFANTERIE. V. FUSIL DE DRAGON. V. FUSIL D'INFANTERIE. V. FUSIL D'OFFICIER. V. FU- SILIER. V. GIBECIÈRE. V. GUERRE DE 1792. V. HALLEBARDE. V. LIEUTENANT D'INFANTERIE FRAN- ÇAISE DE LIGNE N° 3. V. MILICE PERSANE N° 1, 3, 4. V. PONTET DE DOUILLE. V. RÉGIMENT D'ARTILLERIE N° 1.

FUSIL A CANON BRONZÉ. V. A CANON BRONZÉ.

FUSIL A DÉ (F), OU FUSIL A SECRET. Sorte de FUSIL considéré par opposition au FUSIL A BAGUETTE ; il en diffère en ce que le TON- NERRE y est plus étroit que le reste du CA- NON, ce qui exigeait des CARTOUCHES d'une forme particulière et à ressaut, c'est-à-dire moins grosses pour la POUDRE que pour la BALLE, ou bien la BALLE s'y mettoit à part. Elle s'arrêtait sur le DÉ, sans y être poussée et contrainte par une BAGUETTE. Le DÉ était ou un prolongement de la CULASSE, ou un épaississement du TONNERRE, épaississement obtenu soit par l'introduction d'un tube mince en fer, soit par un moindre forage. — Le Fusil à dé fut donné par le MARÉCHAL DE SAXE aux dragons de sa LÉGION. Le régi- ment de Schomberg, ex-dragons de Saxe, en abandonna l'usage. — Suivant la descrip- tion que GASSENDI en fait, ce Fusil avait *un dé de tôle mince, coupé en sifflet, soudé au fond de l'âme.* POITER aussi (1770, X, suppl.) en fait une description assez obscure.

FUSIL A DOUBLE CHIEN. V. A DOUBLE CHIEN. V. FUSIL D'INFANTERIE. V. PLATINE DE FUSIL.

FUSIL A FOUDRE. V. A FOUDRE. V. FUSIL A PISTON.

FUSIL A LA CONSOLE. V. A LA CONSOLE. V. CONSOLE. V. FUSIL.

FUSIL A LA GRENADIÈRE (E, 5). Sorte de FUSIL D'INFANTERIE ainsi nommé quand il est suspendu en sautoir sur le corps du FANTAS- SIN au moyen de la BRETELLE. Il en est ainsi en TEMPS DE PAIX, et EN ROUTE, et pour les TRAVAILLEURS A LA TRANCHÉE. — L'expression à la grenadière rappelle le temps où le GRE- NADIER, se battant à coups DE GRENADES, ne pouvait porter qu'en sautoir son ARME A FEU ; son BONNET A POIL était pointu, pour qu'il pût facilement mettre l'arme en BANDOULIÈRE.

— On a quelquefois mené à l'ESCALADE l'IN- FANTERIE ayant l'ÉPÉE, le SABRE ou la BAION- NETTE à la main et le Fusil à la grenadière. — Les règlements ont omis de prescrire la manière de placer le FUSIL à la grenadière et de le reprendre à l'accoutumée. Cette opération aurait dû être un temps d'exercice. — L'usage du Fusil à la grenadière, et par conséquent de la BRETELLE, avait donné nais- sance au SUPPLICE DES BRETELLES.

FUSIL A LA MONTALEMBERT (F). Sorte de FUSIL qui se charge par la CULASSE, et dont l'invention est attribuée par les uns à CUGNOT (1766, C), par les autres à MONTALEMBERT. M. JOLLOIS témoigne, dans le traité qu'on lui doit, combien est ancien le système des ARMES A FEU de cette forme ; car telles étaient les BOMBARDES employées au siége d'ORLÉANS en 1428 et 1429, ARMES qui appartenaient au siècle précédent. Cette méthode a été l'enfance de l'ART et le premier essai en AR- TILLERIE de grand CALIBRE. — M. MORITZ MEYER mentionne, à la date 1540, un FUSIL qui appartenait à HENRI DEUX, et qui se charge par la CULASSE. — L'ORDONNANCE DE 1669 (AOUT) interdisait *à toute personne, sans distinction de qualité, l'usage des armes brisées par la crosse ou par le canon.* Celle DE 1669 (AVRIL) défendait aux habitants des environs des CAPITAINERIES *d'avoir dans leurs maisons, ni ailleurs, aucuns fusils ni arque- buses simples ni brisés.* On pourrait croire que l'ORDONNANCE appelait ainsi des ARMES se chargeant par la CULASSE ; mais ce n'est pas un fait démontré. — On lit dans l'*Echo britannique* (n° 12) que *le fusil qui se charge de lui-même est originaire d'Italie, d'où il vint vers les dernières années du protectorat de Cromwell.* Il est assurément bien plus ancien. — L'ENCYCLOPÉDIE (1751, C) nomme fusil à la Chaumette celui dont le dessus de la CULASSE pouvait recevoir la CARTOUCHE et la BALLE. Une PIÈCE DE CANON qui avait été inventée par M. de la Chaumette en 1715, comme le témoigne M. MORITZ MEYER, était composée sur ce système. — MAURICE DE SAXE avait adopté pour les MOUSQUETONS et les AMUSETTES de sa LÉGION le mécanisme de la Chaumette. — GASSENDI regardait le Fusil à la Montalembert comme la meilleure des ARMES de ce genre, mais comme impropre à la GUERRE ; il en repoussait l'adoption, par- ce que le système manque de solidité, qu'un prompt encrassement interrompt le jeu des pièces mobiles, et que le mécanisme éprouve bientôt des dégradations, par l'influence des gaz qui s'échappent à l'instant de l'explo- sion. — Ce système de canon brisé s'est appliqué à des FUSILS A SOUFFLET. — Dans plusieurs pays, ce projet de Fusil s'est reproduit. On voit à Jend'heur, dans le cabinet d'armes de M. le maréchal Oudinot, une giberne qui vient d'un cabinet d'armes étranger, et qu'on suppose avoir appartenu à des mineurs allemands ; elle contient six rechanges de fusil placés comme le seraient des cartouches ; elle est plus petite qu'une giberne de cavalerie, elle est cintrée de même. — Ces rechanges appartiennent à une arme dont le tonnerre n'est point à demeure. Elles se composent d'un bout de canon ou d'un tonnerre de quatre pouces de long, n'ayant qu'un orifice et portant avec lui le bassinet et la batterie, sans chien ni détente, parce que ces deux dernières pièces tiennent au fusil même. — Ces rechanges, qu'on tenait chargés et amorcés dans la giberne, étaient destinés à venir successivement s'attacher au fusil, à mesure d'un coup parti. — Il se voit dans le même cabinet plusieurs rechanges pareils ou analogues ; on ignore si une giberne ad hoc était également destinée à les contenir. — Quantité de fusils qui sont des variétés de ce modèle, et qu'on classe en trois groupes, se trouvent au Muséum d'artillerie de Paris, entre autres un mousqueton d'un habile armurier nommé Réclus. — On a persévéré à renouveler des essais maintes fois abandonnés ; on a cherché à résoudre le problème des fusils se chargeant par le tonnerre, au moyen de cartouches portant l'amorce avec elles ou ayant l'amorce composée d'une poudre particulière. — L'ingénieux Julien Leroi s'est appliqué à cette recherche ; il avait fabriqué à Paris cinq cents fusils de munition conformes à son système et agissant par percussion. L'amorce du fusil à la Julien Leroi devait consister non en une capsule fulminante ou en un grain de ciré fulminant, mais en une poudre qui eût été contenue dans un pulvérin. — De grands avantages fussent résultés de ce mode nouveau ; les douze temps de la charge du fusil eussent été réduits, et on eût abrégé cette étude oiseuse, qui dévore une si grande portion de la vie militaire du fantassin. — Le canon du fusil eût pu être allongé de manière qu'un feu de trois rangs fût devenu facile ; la baïonnette eût pu s'accourcir en proportion. — Le courant d'air établi par l'ouverture fréquente du tonnerre eût prévenu le trop grand échauffement de l'arme. — Tenir horizontalement l'arme, en faire mouvoir ou pivoter la crosse, introduire la cartouche, l'enfermer, amorcer, mettre en joue et faire feu, comprenaient tout le maniement de l'arme dans son emploi de guerre. Bourrer devenait superflu ; la balle, plus comprimée, eût porté plus loin et frappé avec plus

de précision. — L'arme eût eu peut-être l'inconvénient de jeter de la flamme, ou, comme disent les soldats, de cracher. Pour s'en préserver, il fallait que l'avant-bras gauche du tireur fût défendu par une garniture de cuir comparable à l'ancien brassard d'archer. — Peut-être l'arme eût-elle entraîné une grande consommation de cartouches ; les gibernes, les caissons n'eussent pu y subvenir, parce que le soldat n'a que trop de disposition à faire feu sans utilité. Le fusil Pottet y était analogue. — Vers l'époque de la restauration, un fusil de chasse nommé à la Pauli avait eu quelque vogue. — A l'exposition des produits de l'industrie en 1823, on voyait un fusil de ce genre qui avait tiré cent vingt coups sans qu'il fût nécessaire de le nettoyer. — Les fusils de remparts employés à la guerre d'Alger et d'Anvers étaient de ce genre ; ils se tiraient à percussion et sur fourchette. — En 1832, l'infanterie permanente de la milice anglo-américaine essayait des carabines de ce genre. Leur adoption eût produit une révolution en tactique. — En 1833 (décembre), une sorte de concours s'était établi entre deux hommes habiles, M. Robert, jeune médecin qui a le génie de la mécanique, et M. Lefaucheux, armurier distingué de la capitale. Des épreuves publiques eurent pour objet de faire connaître les procédés et les effets des deux espèces d'armes de leur invention. Le fusil Lefaucheux est un perfectionnement du fusil Pauli ; il peut fonctionner plus longtemps, plus librement ; son fût se brise un peu en avant de la crosse, dans une direction qui en abaisse ou la crosse ou la bouche. Dans sa dislocation, la crosse emporte avec elle la culasse ; on introduit une cartouche dans le tonnerre, un bourrelet l'y arrête et empêche qu'elle n'y glisse, ce qui occasionne un coup à plomb forcé. La crosse, en se redressant, enferme la cartouche, et sa réunion au canon se consolide au moyen d'une manivelle qui tourne dans la proportion d'un quart de cercle, et qu'on peut appeler la clef du canon, puisqu'elle le ferme pour ainsi dire à deux tours. — Le coup part suivant le mécanisme ordinaire des fusils à percussion. — Ce système ne paraît pas applicable aux fusils de munition. — Le fusil Robert est une invention différente, mais qui rappelle celle qu'on trouve consignée dans le *Mémorial de l'Artillerie*. Il n'a ni platines ni pièces latérales ; tout le jeu, toute la réaction résulte d'un seul ressort contenu dans la crosse. Ce ressort est un peu plus grand et plus développé que le grand ressort des anciennes platines ; son emploi rappelle une invention qu'on doit à un armurier nommé

Leprier. Le fût de ce fusil ne se brise point à la crosse ; mais une branche courbe, qui fait pontet au-dessus du tonnerre, est susceptible de s'enlever ou de s'abaisser. En s'élevant et jouant sur deux pivots où s'attache son extrémité antérieure, elle emporte avec elle le bouton de culasse, ce qui permet ainsi d'introduire une cartouche dans le canon, où un bourrelet la retient et produit un coup forcé. Cette cartouche contient un petit tube de cuivre garni de poudre fulminante ; elle est destinée à produire par percussion l'inflammation.—La branche courbe ou pontet de dessus, que la main droite abaisse après l'avoir ouverte, enferme la cartouche et la contraint à prendre une direction telle, que la broche de fer qui enflammera la poudre fulminante corresponde à l'extrémité du ressort qui va faire fonction de marteau. En se refermant, le pontet de dessus bande le grand ressort : ainsi charger et armer ne consiste plus qu'à abattre l'arme dans la main gauche pour charger ; décrocher le pontet de dessus pour ouvrir le tonnerre ; prendre la cartouche, l'introduire ; abaisser le pontet pour le raccrocher ; l'arme est prête à faire feu : point de baguette, point de capsules, point de nécessité de monter un chien au cran de bandé. Le moyen de désarmer ce fusil est d'appuyer d'une main sur la gâchette, en même temps que de l'autre main on rouvre tant soit peu le tonnerre. Le moyen de le décharger sans le tirer est de soulever entièrement le pontet et d'en retirer la cartouche par son tube de cuivre. — On a reproché à ces cartouches une certaine complication, un défaut de solidité, parce qu'il faut qu'elles soient accompagnées d'une espèce de chapeau en papier à peu près de la forme du dessus d'un étui à aiguilles. La destination de ce chapeau est de prévenir les accidents qu'un choc sur le tube de cuivre pourrait occasionner en communiquant le feu sans qu'on le voulût.

— Les fusils Beringer, Lepage, Tourotte ont été à peu près dans le même genre ; tous sont décrits dans l'*Encyclopédie du dix-neuvième siècle* (au mot *Arme*). — La question du fusil à double orifice a été traitée dans POTIER (1779, X, au mot *Canon de fusil*), le *Mémorial d'Artillerie* (1826), le *Bulletin des Sciences militaires* (1827, p. 52), le *Journal des travaux de l'Industrie agricole*, etc. (vol. II, mars 1834, p. 185, avec gravures), le *Journal de l'Armée* (t. II ; p. 205, 289 à 321), le *Spectateur militaire* (t. XVIII, p. 566.

FUSIL A MAIN. V. A MAIN. V. ARBALÈTE. V. ARQUEBUSE A FEU. V. CANON A MAIN. V. FUSIL.

FUSIL A MÈCHE. V. A MÈCHE. V. BRIDE DE CAVALERIE. V. FUSIL DE REMPART. V. MOUSQUET.

FUSIL A OBUS. V. A OBUS. V. FUSIL DE REMPART. V. GUERRE DE PLAINE. V. ORDONNANCE D'EXERCICE D'INFANTERIE.

FUSIL A PERCUSSION. V. A PERCUSSION. V. CHIEN DE FUSIL. V. ÉPINGLETTE. V. FUSIL A LA MONTALEMBERT. V. FUSIL A PISTON. V. FUSIL DE REMPART. V. MILICE AUTRICHIENNE N° 4. V. MILICE HANOVRIENNE N° 2.

FUSIL A PISTON (F), OU FUSIL A FOUDRE, OU FUSIL A PERCUSSION, OU FUSIL A SYSTÈME, OU FUSIL BRONTIQUE, OU PERCUTANT, OU PERCUTEUR. Sorte de FUSIL qui n'a été d'abord et longtemps qu'une arme de chasse, quoique généralement préféré au FUSIL A SILEX ; car il y a presque aussi loin du Fusil à piston à l'arme à pierre qu'il y avait loin de celle-ci à l'ARQUEBUSE A SERPENTIN. — De fort anciens FUSILS A VENT étaient à piston ; il y a bien longtemps que la chimie connaît l'argent fulminant ; mais l'invention des AMORCES FULMINANTES ne date que de 1786 ; elles étaient de chlorate de potasse ; les inconvénients de leur fabrication, le danger de leur transport, les détériorations qu'elles causaient aux ARMES, retardèrent l'adoption du système. — Les CAPSULES à mercure fulminant de Howard ont été généralement adoptées depuis les premiers lustres du siècle. La question de leur application au FUSIL DE GUERRE est discutée dans le *Journal des Armes spéciales* (t. I, p. 289). — Une commission mixte de GÉNÉRAUX D'INFANTERIE, DE CAVALERIE et D'ARTILLERIE, rassemblée à Paris en 1826, y fut chargée de prononcer sur la possibilité d'appliquer aux ARMES DE GUERRE la fulmination ; et, dans le cas affirmatif, elle eut ordre de rechercher les moyens de substituer aux PLATINES anciennes celles du système percutant. Après trois ans de travaux, elle se décida en 1829 pour les capsules de muriate fulminant de Howard ; mais ne regarda comme admissibles aucun des réservoirs proposés ; trois cents Fusils furent fabriqués pour être un moyen d'expériences positives et d'études pratiques du TIR D'INFANTERIE. — Dans plusieurs MILICES ÉTRANGÈRES, les CORPS SAVANTS avaient devancé ceux de FRANCE dans la solution de cette question d'ART MILITAIRE. — Les ANGLAIS avaient déjà fabriqué pour les troupes une quantité de Fusils à piston. — En 1828, les troupes HANOVRIENNES en ont fait usage au CAMP de Liebenau ; les compagnies d'éclaireurs de douze BATAILLONS en étaient armées. La plupart des FRANCS TIREURS en avaient reçu. — En avril 1833, chaque RÉGIMENT D'INFANTERIE hanovrienne reçut quarante Fusils à percussion. — Dans les PAYS-BAS, on commence à appliquer la POUDRE FULMINANTE à des services publics, et il est présumable qu'elle finira par s'approprier aux FEUX DE GUERRE, à moins que quelques découvertes nouvelles ne fassent renoncer aux FUSILS FULMINANTS. — En 1830, le COMITÉ D'ARTILLERIE de FRANCE s'occupe d'approprier des CAPSULES FULMINANTES aux FUSILS DE MUNITION; et le MINISTRE de la guerre en fait délivrer, par forme d'essai, à la GARDE ROYALE, ainsi que cinquante Fusils à piston par RÉGIMENT D'INFANTERIE de ligne. — L'adoption de la PLATINE à POUDRE FULMINANTE permet de diminuer d'un dixième l'ancienne CHARGE DE POUDRE du FUSIL A SILEX, sans que la PORTÉE en souffre; il en résulte une économie de trois francs sur mille COUPS; mais un avantage bien plus important serait obtenu: le TIREUR aurait la certitude que son COUP ne manquerait presque jamais en face de l'ENNEMI, tandis qu'il est trop souvent préoccupé de la pensée qu'en combattant corps à corps, sa vie peut dépendre d'un RATÉ. — Ils sont dix-neuf fois moins à craindre de la part d'un FUSIL A PERCUSSION; les LONGS FEUX sont rares; la CHARGE s'enflamme malgré la pluie. — Une INSTRUCTION DE 1831 (9 MARS) employait comme Fusil à piston le FUSIL DE REMPART. — En 1833, le ministre déclare à la tribune des députés (14 juin) que, sous forme d'essai, le trente-cinquième RÉGIMENT est armé de Fusils à piston. — En 1834, les CARABINIERS et CHASSEURS A PIED de la MILICE PRUSSIENNE étaient armés de Fusils à piston. — A l'envi de ces innovations, les MILICES BAVAROISE et WURTEMBERGEOISE s'occupaient vivement du nouveau système. — En 1836, suivant le *Journal de l'Armée* (p. 99), des modèles français étaient en épreuve dans le trente-cinquième RÉGIMENT de bataille, et il avait été envoyé à notre armée d'AFRIQUE six cents Fusils à piston; l'ARTILLERIE travaillait en même temps au perfectionnement du FUSIL DE REMPART. — Mais quinze cent mille Fusils étaient alors en magasin; c'était une effrayante idée que celle de la dépense qu'entraînerait leur ajustage suivant le système de percussion; d'autres royaumes, par des motifs analogues, restaient dans la même incertitude à l'égard des ARMES A PERCUSSION. — L'ARMÉE AUTRICHIENNE, si l'on en croit le *Journal des Débats* (du 9 septembre 1838), devait recevoir, le premier mars 1839, carabines, FUSILS et PISTOLETS A PERCUSSION. — Le *Spectateur militaire* (t. XXV, p. 623) témoigne qu'en 1838 la MILICE SAXONNE avait adopté les Fusils à piston. La *Sentinelle de l'Armée* (t. V, p. 74) affirmait qu'en 1839 il en était de même dans les MILICES BAVAROISE et HANOVRIENNE.

Quoique avec plus de lenteur, nous avons aussi réalisé les mêmes perfectionnements; et l'armée française est maintenant entièrement armée de Fusils à piston. — Dès le mois de septembre 1839, le quatrième léger et le vingt-huitième de ligne de l'armée française faisaient essai au CAMP DE FONTAINEBLEAU des Fusils à piston. — Il existe à l'égard du FUSIL A PERCUSSION un mémoire de M. VERGNAUD, un autre de HEURTFLOUT (1837). Ce sujet a été traité par M. THIERY et par l'*Encyclopédie du dix-neuvième siècle* (au mot *Arme*), le *Spectateur militaire* (t. XII, p. 389; t. XXVI, p. 292), le *Journal des Sciences militaires* (août 1836, p. 258), le *Journal de l'Armée* (t. II), la *Sentinelle de l'Armée* (t. III, p. 213).

FUSIL A PLATINE. V. A PLATINE. V. MILICE SYKE N° 3. V. PLATINE DE FUSIL.

FUSIL A ROUET. V. A ROUET. V. MIQUELET.

FUSIL A SECRET, V. A SECRET. V. FUSIL A DÉ.

FUSIL A SILEX. V. A SILEX. V. FUSIL A PISTON. V. FUSIL DE REMPART. V. FUSIL D'INFANTERIE. V. RATÉ.

FUSIL A SOUFFLET (F). Sorte de FUSIL, ou plutôt de SARBACANE A CROSSE qui lance des POSTES PROJECTILES ou de petites FLÈCHES. Ce genre d'ARME a toute l'apparence d'un FUSIL ordinaire, si ce n'est quant à la PLATINE; il participe de la forme des FUSILS A LA MONTALEMBERT et se charge par la CULASSE. Sa CROSSE contient un petit soufflet fait comme un soufflet de foyer; le TIREUR agit sur ce soufflet à l'aide d'une clef qui bande une chaînette; au moyen de la détente qui communique au ressort, le vent, s'échappant avec force, lance le PROJECTILE. — Des Fusils de ce genre se voyaient à JEND'HEUR et au MUSÉUM D'ARTILLERIE. — Il serait à souhaiter que des ARMES de ce genre pussent servir à l'étude de la BALISTIQUE de l'INFANTERIE, puisque ce TIR n'entraînerait pas consommation de POUDRE. — Le *Dictionnaire de la Conversation* s'occupe des Fusils de ce genre à l'article *Canne à vent*, et il en est traité au mot *Arme* dans l'*Encyclopédie du dix-neuvième siècle*.

FUSIL A SYSTÈME. V. A SYSTÈME. V. FUSIL A PERCUSSION.

FUSIL A VAPEUR (F). Sorte de FUSIL construit sur un MODÈLE auquel s'applique le système propre aux ARMES A VAPEUR. — On a affirmé à la tribune, en 1826, que, *dans l'épreuve présidée par le général Wellington, un Fusil à la Perkins, tire deux cent cinquante coups par minute, ou quinze mille coups par heure.* — Des ÉCRIVAINS ont été jusqu'à dire que ce Fusil tire mille coups à la minute, par un rapide mouvement de rotation, soit horizontal, soit vertical. — On lit dans le journal *le Siècle* (28 août 1836): *Dans une exposition d'objets d'industrie à Londres, il y a un Fusil à vapeur qui décharge soixante-dix balles en quatre secondes; on peut le recharger immédiatement avec le même nombre de balles, qu'il lance ou l'une après l'autre ou en volée, de sorte qu'il est possible de décharger quatre cent vingt balles en une minute, ou vingt-cinq mille balles en une heure; le canon peut tourner sur pivot, et prendre toute direction comme le jet d'une pompe.* — M. Révéroni (1826) s'est occupé de quelques recherches sur ce sujet. — Le savant Hoyer (1827) a composé un traité sur les Fusils à vapeur.

FUSIL A VENT (F), OU AÉROTONE, OU FUSIL PNEUMATIQUE. Sorte de FUSIL à l'égard duquel on peut consulter Carré (1785, E), M. le général Cotty (1822, A), Flurance, Gassendi (1819), M. Meyer (Moritz), Massenbach, M. Révéroni (1826), le *Dictionnaire de la Conversation*. — Philon de Bysance fait une description des AÉROTONES, dont il attribue l'invention à Ctesibius; les armes pneumatiques ont été une application de ce système, et des recherches de Héron dans son traité intitulé *Spiritalia*. — Le Fusil à vent a été imaginé par Morin de Lizieux, à ce que rapporte le *Journal des Savants* (1779, p. 174). Cette invention date de 1430, suivant M. Bontemps (1838). Mais M. Meyer (Moritz) attribue la découverte de ce mécanisme à Guter de Nuremberg en 1560. — Suivant ce même AUTEUR, les Tyroliens avaient, en 1792, des Fusils à vent portant vingt BALLES, dont les dix premières tuaient à trois cents pas. Le Fusil à vent est une SARBACANE perfectionnée; il a de l'analogie avec les ARMES A VAPEUR; il a, comme elles, un récipient où s'enferme le fluide, un TUBE où sont admises les BALLES, une soupape qui permet l'échappement d'une portion du fluide. — Il se voit dans le cabinet d'armes de JEND'HEUR des Fusils à vent de toute espèce, les uns A PISTON, les autres A SOUFFLET : tels d'entre eux reçoivent la BALLE par la CULASSE, d'autres par le dessus du tonnerre, d'autres par la bouche; le récipient de quelques-uns consiste en une boule de métal située au-dessus du tonnerre; à d'autres CANONS, le récipient sphérique se visse en dessous du CANON; il y en a dont le CANON se dévisse pour recevoir la BALLE; il y en a dont la pompe se visse à la CROSSE, qui forme elle-même le récipient; il y en a dont le CANON est accompagné d'un tube latéral qui sert de magasin ou de réservoir à un certain nombre de BALLES, et les amène successivement au

point d'où elles doivent être lancées; enfin il se voit un Fusil à vent qui est à la fois pneumatique et à poudre : il est d'origine POLONAISE; peut-être est-ce de ce même pays que vient une PIÈCE A VENT et à poudre qui est conservée dans le même château. — On voit dans M. Révéroni (1826) que Bonaparte goûta d'abord l'emploi d'ARMES A VENT qu'on lui proposait de mettre dans les mains des MINEURS; divers essais furent faits sur le modèle de CARABINES A VENT prises à des TIRAILLEURS AUTRICHIENS et TYROLIENS. — Ces essais n'eurent pas de suite. — Une description et une image du Fusil à vent se trouvent dans l'*Encyclopédie du dix-neuvième siècle* (au mot *Arme*); il en est traité aussi dans l'*Encyclopédie des Gens du monde*.

FUSIL ANGLAIS. V. ANGLAIS, adj. V. FUSIL D'INFANTERIE. V. MILICE ANGLAISE N° 4. V. MILICE DANOISE N° 5.

FUSIL AU BRAS. V. ARME AU BRAS. V. AU BRAS.

FUSIL AU CAMP. V. ARME AU CAMP. V. AU CAMP. V. CHEVALET D'ARMES. V. FAISCEAU DE CAMPEMENT. V. MANTEAU D'ARMES. V. PARC D'ARTILLERIE.

FUSIL AU PIED. V. ARME AU PIED. V. AU PIED.

FUSIL AU RATELIER. V. CHIEN DE FUSIL. V. FUSIL D'INFANTERIE. V. RATELIER D'ARMES.

FUSIL AUTRICHIEN. V. AUTRICHIEN, adj. V. FUSIL D'INFANTERIE,

FUSIL BISCAIEN, V. BISCAIEN, adj. V. FUSIL DE REMPART.

FUSIL-BRIQUET. V. BRIQUET. V. FUSIL.

FUSIL BRONTIQUE (F), OU FUSIL A PISTON. Sorte de FUSIL dont il est mention dans un mémoire de Julien Leroi, et dans M. Francoeur (au mot *Arquebusier*). Il n'y est pas dit ce que signifie l'épithète brontique, qui équivaut au mot fulminant. La PLATINE de ce FUSIL diffère suivant qu'elle est à percussion extérieure ou intérieure.

FUSIL CHAROL. V. CHAROL. V. FUSIL D'INFANTERIE.

FUSIL COURT. V. CARABINE. V. COURT, adj. V. ESPINGOLE. V. MILICE BAVAROISE N° 3. V. MOUSQUETON.

FUSIL DANOIS. V. DANOIS, adj. V. MILICE DANOISE N° 5.

FUSIL D'ARTILLERIE. V. ARTILLERIE. V. FUSIL D'INFANTERIE. V. RÉGIMENT D'ARTILLERIE N° 1.

FUSIL DE BORD. V. BORD. V. ESPINGOLE. V. GARNISON DE BORD.

FUSIL DE CAMPAGNE. V. CAMPAGNE. V. FUSIL DE REMPART. V. MINISTRE EN 1850.

FUSIL DE CAVALERIE. V. CARABINE. V. CAVALERIE. V. CAVALERIE FRANÇAISE N° 5. V. CAVALERIE LÉGÈRE. V. FUSIL. V. MOUSQUETAIRE DE LA GARDE.

FUSIL DE CHASSE. V. CHASSE. V. ESCOPETTE. V. FUSIL A PISTON. V. GORGE DE CHIEN. V. POUDRE FULMINANTE.

FUSIL DE CHASSEUR D'INFANTERIE. V. CHASSEUR D'INFANTERIE.

FUSIL (fusils) DE DRAGON (F). Sorte de FUSILS D'UNIFORME qui ont remplacé, dans les mains des DRAGONS FRANÇAIS, l'ARQUEBUSE A SERPENTIN et le MOUSQUET A MÈCHE dont ils faisaient usage lorsqu'ils n'étaient encore qu'INFANTERIE A CHEVAL. — Ce Fusil était à BAIONNETTE et à COUVRE-DOUILLE; il différait de celui de l'INFANTERIE par un CANON un peu plus court et quelques GARNITURES EN CUIVRE. On l'a nommé, de nos jours, *modèle de l'an neuf*. — Depuis la fin du règne de NAPOLÉON, les DRAGONS FRANÇAIS ont cessé d'avoir le Fusil : ce qui résulta d'un simple ordre du jour ou d'une décision ignorée, mais non d'une ordonnance légale et précise. — Par un abus de mots trop habituel dans notre LANGUE MILITAIRE, une INSTRUCTION DE 1819 (18 MARS) disposait que les VOLTIGEURS D'INFANTERIE *continueront d'être armés de Fusils de dragon*. Or, à cette époque, cette CAVALERIE ne portait plus Fusil. — Un Fusil de quatre pieds six lignes est rendu aux dragons par l'ORDONNANCE DE 1831 (19 FÉVRIER).

FUSIL DE FUSILIER. V. BARRE D'EMBOUCHURE. V. BOIS DE FUSIL. V. CANON DE FUSIL. V. CAPUCINE DE FUSIL. V. COMPAGNIE DE CENTRE. V. CONTRE-PLATINE. V. PALISSADE. V. PONTET DE SOUS-GARDE.

FUSIL DE GARDE NATIONAL. V. GARDE NATIONAL. V. MINISTRE DE LA GUERRE EN 1830 (18 NOVEMBRE).

FUSIL DE GRENADIER. V. BRETELLE DE FUSIL. V. CONTRE-PLATINE. V. FUSIL D'INFANTERIE. V. GRENADE A MAIN. V. GRENADIER Nº 4. V. GRENADIER A CHEVAL. V. GRENADIER D'INFANTERIE FRANÇAISE DE LIGNE Nº 4. V. GRENADIÈRE D'ÉQUIPEMENT.

FUSIL DE GUERRE. V. FUSIL D'INFANTERIE. V. GUERRE. V. POUDRE FULMINANTE.

FUSIL DE MALADE EN ROUTE. V. FUSIL D'INFANTERIE. V. MALADE EN ROUTE.

FUSIL DE MUNITION. V. CHENAPAN. V. CLEF D'ARBALÈTE. V. CLOU DE CHIEN. V. COCHE D'ÉCUSSON. V. CORPS DE PLATINE. V. COUDE DE RESSORT. V. CUILLERON. V. DESSUS DE PIERRE. V. DOUBLURE DE BAGUETTE. V. ÉPINGLETTE. V. ESPALET. V. ÉTOUTEAU. V. FRAISURE. V. FUSIL A PISTON. V. FUSIL D'UNIFORME. V. GACHETTE. V. GORGE DE CHIEN. V. GOUPILLE. V. GOUTTIÈRE DE LAME DE BAIONNETTE. V. GRAIN DE CANON DE FUSIL. V. GRAND RESSORT DE PLATINE. V. GUIDON D'EMBOUCHOIR. V. MACHINE. V. MANUFACTURE D'ARMES. V. MILICE CHINOISE Nº 6. V. MILICE

TURCO-ÉGYPTIENNE Nº 2. V. MONTE-RESSORT. V. MUNITION. V. ORDONNANCE D'EXERCICE D'INFANTERIE. V. PIED DE BATTERIE. V. PLAQUE DE COUCHE. V. PLATINE A PISTON. V. PLOMB A PIERRE. V. POIGNÉE DE FUSIL. V. PONTET. V. RANG DE TAILLE. V. REMPART DE BASSINET. V. REMPART DE PLATINE. V. ROSETTE DE BAGUE. V. SALUT. V. SALUT AVEC ARMES. V. SIÉGE OFFENSIF. V. SOUS-GARDE. V. SUPPORT DE CULASSE. V. TALON DE CROSSE. V. TIR D'INFANTERIE. V. TIRE-BALLE.

FUSIL DE NAGEUR. V. NAGEUR. V. NATATION.

FUSIL (fusils) DE REMPART (H, 1), OU ESPINGARDE, OU FUSIL A OBUS, OU FUSIL BISCAIEN, OU FUSIL DE CAMPAGNE, OU MOUSQUET BISCAIEN. Sorte de FUSILS D'UNIFORME qui faisaient partie des APPROVISIONNEMENTS D'ARTILLERIE et des ARMES DE SIÉGE DÉFENSIF; ils ont succédé aux MOUSQUETS DE REMPART; ils avaient de même huit pieds de long, et jetaient des BISCAIENS : c'étaient de petits CANONS allongés, affûtés, ayant été tirés d'abord A MÈCHE, ensuite A SILEX, quelquefois même de ces deux manières en même temps, comme le faisaient en 1666 ceux de MONTÉCUCULI. On contrariait à coups de Fusils de rempart l'ouverture de la TRANCHÉE. — La MILICE PIÉMONTAISE nomme encore ESPINGARDES ses Fusils de rempart. — La quantité des Fusils de rempart se calculait à raison de soixante par FRONT D'ATTAQUE, le rechange y compris. — En 1818, on essayait en FRANCE des Fusils de rempart chargeables par la CULASSE. — En 1828, on commençait à faire essai, à VINCENNES, de Fusils de rempart imités de l'AMUSETTE du Maréchal de SAXE; cet essai réalisait le projet du FUSIL A LA MONTALEMBERT dont GASSENDI avait déclaré impraticable l'usage. — Le nom de grands Fusils de guerre leur eût mieux convenu que le nom de Fusils de rempart; c'est une des inadvertances de notre LANGUE MILITAIRE : que ne reprenait-on l'ancien nom de CAVALOT, que mentionnent DELAFONTAINE (1675, A), et GANEAU? c'était une petite PIÈCE DE FER battu, pesant de quarante-cinq à soixante livres, se chargeant par la culasse, et portant un projectile d'une livre, une demi-livre ou un quarteron. — L'INSTRUCTION DE 1831 (9 MARS) déterminait la nature, l'emploi, le TIR, le BUT EN BLANC, le MANIEMENT du nouveau Fusil de rempart; elle décrivait SES BALLES, SES CARTOUCHES, SON MONTAGE, SON DÉMONTAGE et les détails de son maniement : cependant cette dernière partie eût été mieux placée dans l'ORDONNANCE DE 1831 (4 MARS). — Le Fusil de rempart était à CANON CARABINÉ, à CHAMBRE MOBILE et se chargeant par la CULASSE; il était du genre des FUSILS A PISTON, il pesait dix kilogrammes, et se tirait appuyé sur un chevalet ou sur un piquet ferré nommé FOURCHETTE; le pivot du Fusil s'y introduisait. Sa CHARGE DE POUDRE était de huit à dix grammes; elle était contenue dans une CARTOUCHE A BALLE du diamètre de 226 dix-millimètres. — La PORTÉE DE l'ARME était de six cents mètres de PLEIN FOUET; mais ses PROJECTILES portaient jusqu'à douze cents mètres. — Le Fusil de rempart semblait destiné à faire une révolution en TACTIQUE; il était susceptible de tirer quinze cents coups, avant d'exiger des réparations; mais il ne tirait pas plus de cinquante COUPS, sans demander à être lavé. — Le nombre des Fusils de rempart se proportionnait dans l'ARMEMENT des PLACES à raison de dix par BASTION ou de soixante par front d'attaque. — Dans la GUERRE DE 1830, l'ARTILLERIE FRANÇAISE portait en AFRIQUE un millier de Fusils de rempart, ou du moins d'ARMES ainsi nommées, quoique ce fussent au contraire des Fusils de plaine ou un genre d'ARTILLERIE DE CAMPAGNE; les canonniers les chargeaient avec des BALLES-OBUS ou des balles INCENDIAIRES; et en firent, à ce qu'on a prétendu, un utile emploi contre les Arabes: cependant c'étaient des armes d'un tir dépourvu de justesse. — Si l'ARME eût dû continuer à tirer des BALLES-OBUS, mieux eût valu l'appeler, comme le faisait le soldat en AFRIQUE, Fusil à répétition; mais il est fâcheux que la LANGUE soit toujours faite par le soldat et jamais par le MINISTÈRE. — Dans la GUERRE DE 1832, l'ARMÉE faisait pour la première fois, en EUROPE, usage de ce genre de Fusils à ANVERS. — La GUERRE DE 1833, où trente-six Fusils de rempart furent mis en service, a donné à connaître que leur entretien exigeait des soins particuliers, et qu'il fallait, pour compter sur deux de ces ARMES, en avoir trois. — On voyait à Rouen, en 1836, dans les ateliers d'un habile ingénieur, M. Perrot, un Fusil de rempart qui fonctionnait parfaitement comme arme à vent. — En 1837, le COMITÉ de l'ARTILLERIE penchait pour l'abandon du Fusil de rempart, ses imperfections l'emportant, disait-on, sur son utilité. — Aux siéges de CONSTANTINE, en 1836 et 1837, il ne fut pas fait usage de Fusils de rempart. — Au commencement de 1838, le commandant MOLLIÈRE recevait, sur sa demande, l'autorisation d'en confier vingt-quatre à des soldats turcs du bataillon de TIRAILLEURS DE CONSTANTINE, qui les nommaient simplement grands Fusils. Au moyen de quelques soins particuliers, il en obtenait, dans maintes occasions, d'excellents résultats. Ces essais continuaient en 1839, et démontraient la puissance de cette ARME quand elle est habilement manœuvrée. — Il

a été traité des Fusils de rempart par COTTY (1832, A), de leurs capsules par M. LEGRAND (1837, A), de leur emploi par M. ROSTAING; on peut aussi consulter le *Journal des Armes spéciales* (t. I, p. 12), le *Journal des Sciences militaires* (1834, p. 69), le *Journal de l'Armée* (t. II, p. 206), la *Sentinelle de l'Armée* (t. III, p. 82; t. V, p. 74), l'*Encyclopédie du dix-neuvième siècle* (au mot *Arme*).

FUSIL de SENTINELLE. V. GUÉRITE. V. SENTINELLE.

FUSIL de SERGENT. V. ARME DE SOUS-OFFICIER DE COMPAGNIE. V. FUSIL D'INFANTERIE. V. SERGENT.

FUSIL de SOUS-OFFICIER. V. EXERCICE D'OFFICIER. V. MANIEMENT D'ARMES. V. SOUS-OFFICIER; id. N° 5, 8.

FUSIL de VINCENNES (F), ou FUSIL-PIQUE. Sorte de FUSIL à CANON brisé dont le TONNERRE se réunissait au TUBE au moyen d'une vis mâle et d'une vis femelle. Il avait été inventé ou fabriqué dans ce château. C'était, comme le témoigne l'ENCYCLOPÉDIE (1751, C), un Fusil susceptible de se charger par le TONNERRE et de recevoir une longue lance formée elle-même d'un tube de fer qui s'allongeait à la manière dont joue une BAGUETTE de fusil quand on la tire presque en en entier.

FUSIL (fusils) de VOLTIGEUR (B, 1). Sorte de FUSILS D'INFANTERIE qui, dans le principe, étaient entièrement pareils aux FUSILS DE DRAGON. Le BOIS et le CANON de ce genre D'ARMES étaient plus courts de cinquante millimètres que le CANON monté du FUSIL DE FUSILIER. — En 1819, le Fusil de voltigeur est donné à toute l'INFANTERIE LÉGÈRE, sans qu'au préalable on ait combiné et décidé si ces Fusils peuvent tirer sur trois RANGS, ou si l'INFANTERIE LÉGÈRE ne tirera que sur deux RANGS. — La forme et la nature de quelques parties de la GARNITURE du Fusil de voltigeur, telles que la CONTRE-PLATINE, le PONTET, la CAPUCINE, l'EMBOUCHOIR, la GRENADIÈRE et sa BOUCLE, la SOUS-GARDE, différaient des pièces analogues du FUSIL DE FUSILIER. — Aucune utilité ne justifiait ces dissemblances, que le COMITÉ de l'artillerie avait établies par des motifs futiles et oubliés: elles subsistaient encore en partie dans la décision de 1822 (30 mars). — Lorsque, en 1822, un nouveau modèle de FUSIL DE FUSILIER a été fabriqué par essai, le CANON de ce fusil n'excédait que de deux pouces environ le CANON du Fusil des voltigeurs, la PLATINE était la même. — La DÉCISION MINISTÉRIELLE DU 1820 (16 juin) réglait la manière dont les Fusils de voltigeur devaient être numérotés, et disposait que la série des

NUMÉROS serait indépendante de celle des COMPAGNIES DU CENTRE.

FUSIL d'ÉCLOPPÉ. V. ÉCLOPPÉ. V. MALADE EN ROUTE.

FUSIL DELVIGNE. V. DELVIGNE. V. TIR D'INFANTERIE.

FUSIL d'HOMME DE GARDE. V. BALLE ROULANTE. V. CAPORAL DE GARDE. V. CARTOUCHE DE SERVICE. V. HOMME DE GARDE.

FUSIL d'HOMME DE SERVICE. V. HAVRE-SAC. V. HOMME DE SERVICE.

FUSIL (fusils) d'HOMME DE TROUPE EN ROUTE (C, 3; E, 5). Sorte de FUSILS D'INFANTERIE à l'égard desquels l'ORDONNANCE DE 1818 (15 MAI) veut que tout SOLDAT OU CAPORAL qui s'arrête momentanément pendant que le corps dont il fait partie continue à faire route remette son Fusil à un camarade. C'est une disposition renouvelée des anciens BANS DE ROUTE.— La même ordonnance veut que dans les MARCHES les OFFICIERS et SOUS-OFFICIERS veillent à ce que la manière dont les Fusils sont portés ne puisse blesser personne, et à ce qu'il n'y soit rien attaché ou suspendu. — S'il y a lieu de mettre des Fusils aux ÉQUIPAGES, ils n'y doivent être reçus que sur un BILLET DU CAPITAINE.

FUSIL (fusils) d'HONNEUR (F). Sorte de FUSILS qui étaient au nombre des ARMES D'HONNEUR et qui, dans l'INFANTERIE de l'ARMÉE FRANÇAISE et dans tous les corps portant FUSIL, étaient décernés comme récompense des BELLES ACTIONS des HOMMES DE TROUPE. — Toutes les GARNITURES des Fusils d'honneur étaient en argent.—Il se voyait, en 1822, à Vincennes, beaucoup de Fusils d'honneur destinés à des Vendéens et qui portaient sur une plaque d'argent l'inscription du nom des personnages qui devaient les recevoir. — Des motifs politiques qu'on ignore les ont fait rester longtemps en magasin.

FUSIL d'INFANTERIE (B, 1), OU FUSIL DE GUERRE. Sorte de FUSIL D'UNIFORME principalement considéré ici comme Fusil français, et comme une des PETITES ARMES de l'armée. Il est ou a été ARME D'ANSPESSADE, d'ARTILLERIE, de BAS OFFICIER, de CHASSEUR, de COMPAGNIES D'INFANTERIE FRANÇAISE DE LIGNE, de DRAGON, de FUSILIER, de GRENADIER, de SOLDAT, de SOUS-OFFICIER et même d'OFFICIER D'INFANTERIE et d'OFFICIER DE DRAGONS.—On regarde le FUSIL A SILEX comme inventé vers 1630 et mis en service en 1680; mais le système en est plus ancien qu'on ne le croit généralement. — Depuis l'invention de la BAÏONNETTE À MANCHE, le Fusil est devenu ARME D'HAST ou ARME D'ESCRIME : il a pris un nouveau perfectionnement dans la GUERRE DE 1688, par l'adoption de la BAÏONNETTE A DOUILLE et par

l'emploi des CARTOUCHES substituées aux anciennes CHARGES; ces circonstances ont amené une révolution considérable dans l'ARMEMENT et dans l'ART MILITAIRE DE TERRE; elles ont occasionné l'abandon des PIQUES et des HALLEBARDES, l'abolition de l'ÉCHARPE militaire et du POT EN TÊTE; elles ont provoqué la réduction de l'ESPACE entre les RANGS, et l'accourcissement des FILES dans les BATAILLONS; elles ont fait oublier le mot féminin MANCHE, pris dans le sens de manche tactique.

— M. COURTIN (au mot *Division*) rapporte que dans la GUERRE DE 1688 les PIQUES de la MILICE AUTRICHIENNE furent remplacées par des Fusils. Il veut dire par des MOUSQUETS.

— Dans l'ARMÉE FRANÇAISE le Fusil a été employé uniquement, dans le principe, comme ARME DE GRENADIER, à raison de quatre et ensuite de six par COMPAGNIE, comme le témoignent les ORDONNANCES DE 1670 (26 MARS), 1675, 1687, 1692. — La manière dont le GRENADIER portait son Fusil, en jetant la GRENADE, ou travaillant de la HACHE, OU MONTANT A L'ASSAUT le SABRE A LA MAIN, nous a laissé l'expression : à la GRENADIÈRE. — Les RÉGIMENTS D'INFANTERIE FRANÇAISE répugnèrent d'abord à se servir du Fusil, parce que la PIERRE A FEU n'enflammait pas toujours la POUDRE, tandis que jamais la MÈCHE de MOUSQUET ne manquait son effet. VAUBAN, pour vaincre cette résistance, imagina et fit exécuter un FUSIL A DOUBLE CHIEN, qui était garni d'une PLATINE A SILEX et d'un SERPENTIN A MÈCHE, afin que si le feu de la BATTERIE venait à manquer, la MÈCHE brûlante ou ignifère y remédiât. — En 1688, une compagnie du régiment de Nivernois fut armée de Fusils de cette espèce; on voyait encore en 1830, au MUSÉUM D'ARTILLERIE de Paris, un FUSIL de ce modèle.— Le perfectionnement de la fabrication des BATTERIES, l'art de tailler en BISEAU le SILEX, d'abord brut à la manière des Arabes Ibériens et des Espagnols, firent tomber dans l'oubli le FUSIL A DOUBLE CHIEN. — Une question jusqu'ici mal résolue, et à la vérité fort difficile, a été le préférable emploi du Fusil du TROISIÈME RANG. — En 1690, la bataille de STEINKERQUE prouva la supériorité des FEUX ROULANTS que les étrangers savaient exécuter; aussi se proposa-t-on dès lors de substituer le Fusil au MOUSQUET, de renoncer aux PIQUES, et de changer en FUSILIERS D'ÉLITE les GRENADIERS, qui jusque-là jetaient la GRENADE. — En 1699, quatre ans avant l'abolition légale ou totale des PIQUES, le Fusil fut mis en service dans quelques corps.—Sur la proposition de VAUBAN, les règlements reconnurent, en 1703, le Fusil comme la seule ARME A FEU de toute l'INFANTERIE FRANÇAISE. La GUERRE DE 1701 prit, par cette circonstance, un caractère nouveau; les seuls sergents étaient restés armés de HALLEBARDES. — VAUBAN ne songeait, à titre d'INGÉNIEUR, qu'à la LIGNE DE DÉFENSE, et ne regardait pas comme de bonnes ARMES la PIQUE et la HALLEBARDE, puisqu'elles étaient impropres à la GUERRE DE SIÉGE : il ne voulait que des Fusils, et il régla sur la longueur de leur PORTÉE la mesure des COURTINES; il ne s'appliqua qu'à multiplier pour la DÉFENSE des FORTERESSES les DÉCHARGES des ARMES PYROBALISTIQUES, et à obtenir des FEUX CROISÉS, — DE RANG, — DE DEUX RANGS, — DE PARAPET. — Chez les plus grands hommes, il existe à leur insu, et il perce toujours quelques idées exclusives et personnelles. — Mais les praticiens de la GUERRE DE CAMPAGNE, les théoriciens en fait de BATAILLES, ne pensaient pas tous comme VAUBAN; la puissance de l'habitude était telle encore dans la GUERRE DE 1733, que l'on continuait à disputer sur la question de savoir s'il fallait préférer le TIR du Fusil au jeu de la PIQUE. — Si l'on en croit l'*Encyclopédie du dix-neuvième siècle* (au mot *Arme*), ce fut en 1777 que fut établi le premier MODÈLE régulier de FUSIL; ce modèle aurait au contraire paru, si l'on s'en rapportait à MEYER (MORITZ), en 1746. — Dès le commencement du siècle, l'usage presque général de cette ARME avait donné naissance au système du PAS CADENCÉ. — Avant le MINISTÈRE de DARGENSON et la constitution de CHOISEUL, les Fusils d'infanterie ne se fabriquaient pas directement aux frais de l'Etat, mais étaient fournis aux SOLDATS par les soins mêmes du CORPS, et en vertu de MARCHÉS particuliers; ils étaient d'un travail très-imparfait; leur uniformité et l'amélioration successive qu'ils reçurent furent la conséquence des décisions ministérielles de 1732, 1744, 1754, 1763, 1766, 1771, 1774 (11 JUIN), et enfin de 1777. — Les premières ordonnances de LOUIS QUINZE donnèrent au Fusil quatre pieds dix pouces; elles prescrivaient l'usage d'un COUVRE-DOUILLE qui servait d'encastrement ou d'étui à la BRANCHE de la BAIONNETTE quand la lame était dans le FOURREAU. — Les variétés de ses MODÈLES ou échantillons officiels depuis 1746 sont indiquées en détail dans le livre de M. GALLAND (Ch.-Ph.). — Dans la GUERRE DE SEPT ANS, le FUSIL DE SERGENT remplaça la HALLEBARDE; mais, dès l'année 1710, les SERGENTS DE GRENADIERS étaient armés du Fusil. — L'ORDONNANCE DE 1767 (25 AVRIL) accourcissait de deux pouces le CANON DE FUSIL, et réglait la pesanteur de l'ARME à huit livres et demie sans la BAIONNETTE, et à dix en l'y comprenant. L'OR-

DONNANCE DE 1777 (2 SEPTEMBRE) s'occupait de ces mêmes détails. — Les Fusils, pour être facilement chargés et MIS EN JOUE, semblent un peu longs à un mètre cinquante-deux centimètres (4 pieds 8 pouces), ceux des GRENADIERS exceptés; cependant l'INFANTERIE CROISANT LA BAIONNETTE avec les Fusils de cette mesure, n'en est dépassée que d'un mètre quarante-sept centimètres (54 pouces), et l'on a supputé que le SABRE DE CAVALERIE manié par un homme de taille, pouvait atteindre à un mètre cinquante-cinq centimètres (57 pouces). — Des considérations de cette nature ont porté plus d'un ÉCRIVAIN, tels que LESSAC (1783, A), etc., à regarder comme trop court le Fusil; cependant on a travaillé, en dépit de leur sentiment, à l'accourcir, afin de pouvoir amincir l'ORDRE déjà trop MINCE de l'INFANTERIE; ainsi un lancier pourrait frapper le dernier RANG d'un BATAILLON, sans craindre d'être lui-même atteint par le premier RANG. — Dans les guerres du dernier siècle, les ALLEMANDS et les PRUSSIENS avaient donné, au lieu de Fusils, des CARABINES à des HOMMES DE PIED; mais les Français regardaient le COUP DE CARABINE comme trop chèrement acheté, comme trop lentement obtenu. — Le modèle de Fusil de 1777 avait subi quelques changements légers en l'an neuf; de là le nom de 1777 *corrigé*, qu'il porta depuis l'an neuf. — Le MINISTÈRE ou le COMITÉ DE L'ARTILLERIE, en 1816, firent fabriquer des Fusils à l'anglaise, c'est-à-dire à BAIONNETTE allongée et à CANON raccourci : cette innovation, introduite à bas bruit, sans expériences préalables et publiques et sans le concours des chefs de l'INFANTERIE, rendait impossibles les FEUX sur trois RANGS; il eût donc fallu modifier en conséquence les éléments de la TACTIQUE; les COMMIS du ministère n'y avaient pas pensé. — Les modèles de 1777, de 1816, de 1822, étaient tous de même calibre, mais différaient entre eux et sans utilité par certaines formes des GARNITURES et de la PLATINE, par certaines dimensions du CANON, etc. — Le modèle de 1816 a été mis au rebut avant d'avoir servi. Trente mille Fusils confectionnés par les ordres d'un ministère qui agissait à la légère ne furent ainsi d'aucun usage; c'était un gaspillage de plus d'un million. — On appelait dans le commerce Fusil n° 1 celui dans la composition duquel il entrait des pièces les unes de 1777, les autres de 1816, etc.; ainsi le modèle n° 1 était comparable à celui qu'on appelait Fusil républicain, et se prenait par opposition au modèle régulier. — Le modèle de 1822 était le seul qui se fabriquât dans les manufactures. — Le Fusil de la milice anglaise garni de sa baionnette pèse dix livres huit onces (5 kilogrammes 17 grammes), — En 1835, le Fusil français était réputé comme l'arme la plus légère, la plus sûre, la plus solide de l'Europe ; telle était du moins l'opinion du comité d'artillerie employé près du ministère de la guerre, et chargé de faire fabriquer nos Fusils. — A cette époque nous écrivions : Ce Fusil n'acquerrait-il pas encore plus de perfection, s'il était à piston, s'il avait une ligne de mire indiquée sur le canon, si le guidon était fixe, au lieu de reposer sur une pièce aussi mobile que l'embouchoir, si le vent de la balle était moindre, si la crosse avait plus de pente, si les balles ne contenaient pas un vide, si le canon était bronzé. La plupart de ces améliorations sont aujourd'hui obtenues, ou en cours d'exécution depuis 1840. — Le Fusil français pèse quatre kilogrammes six cent quarante-six grammes (neuf livres et demie), baionnette comprise ; il pourrait sans inconvénient être plus léger ; on y parviendra. — Il doit durer cinquante ans. Les ordonnances, en en décidant ainsi, ont supposé qu'il tirait cinq cents coups par an, ou vingt-cinq mille coups en total. — L'ordonnance de 1768 (1er mars) est la première qui se soit occupée avec détail du Fusil sous le point de vue du service, de la police, des feux à poudre ; elle voulait qu'il y fût attaché un couvre-platine ; elle autorisait les sentinelles placées aux portes des magasins à poudre à y faire faction sans Fusil ; c'est le seul cas où une consigne prescrive de substituer une arme d'hast du genre des hallebardes au Fusil d'un homme en faction. — Dans la première moitié du dernier siècle, le maniement des armes se faisait, en quelques corps, à la muette et aux signaux donnés par le Fusil du fliegelman ; mais cette mode tudesque n'a pas pris racine, et cet exercice n'a pas eu longtemps un caractère officiel. — Au commencement de la révolution, les Fusils ne suffisant pas à la quantité d'hommes qu'il s'agissait d'armer, les sergents n'en reçurent pas dans les corps de nouvelle formation, et des bataillons de piquiers furent levés. Cette bigarrure cessa en vertu de la décision de l'an quatre (6 germinal), et tous les sergents prirent le Fusil. — Avant l'invention du Fusil, le mot mousquet était un terme de commandement ; on disait : *armez, levez, posez le mousquet.* Depuis l'abolition du mousquet le mot Fusil n'est pas entré dans les commandements. — Le règlement de 1791 (1er août), quoique si bien fait et si près de la perfection, employait d'une manière inexacte et disparate les mots arme ou armes, au lieu du mot Fusil, dans l'é-

noncé des maniements d'armes et des commandements ; il disait *l'arme à volonté,* plutôt que les armes a volonté ; portez-vos armes, plutôt que portez votre arme ; et rien n'explique ces différences. Les instructeurs disent également attaquer, escamoter l'arme ; l'arme au bras ; apprêtez vos armes ; reposez-vous sur vos armes, quoique rien ne justifie l'emploi du pluriel à l'exclusion du singulier, ou le contraire. — Objectera-t-on que, quand on dit l'arme, c'est que le Fusil est à part de la baionnette, et que quand on dit les armes, c'est que la baionnette est au Fusil ? Cette combinaison n'est entrée pour rien dans le choix du mot. — Il paraîtrait plutôt que les rédacteurs des ordonnances ont sacrifié la justesse des expressions à la qualité sonore des commandements. — L'instruction de 1806 (19 juin) est la première qui se soit étendue pertinemment sur les détails relatifs au Fusil. — Les réparations des Fusils et leur prix, la manière de les monter, de les démonter, de les placer au ratelier, la nomenclature des pièces qui les composent, et le tableau synoptique de ces pièces avaient été exposés avec détail dans un ouvrage moderne (1813, B). — Quelques tarifs nouveaux et l'adoption du Fusil à piston ont en partie modifié ces indications, qu'il serait bon de rassembler de nouveau en un précis rapide et simple. — Si l'on en croit M. Moritz Meyer, à la date 1814, il aurait été fabriqué en France, de 1803 à 1814, trois millions neuf cent cinquante-six mille deux cent cinquante-sept Fusils, mais dans ce nombre sont compris les mousquetons, les anciens Fusils s'il en restait en service, les Fusils pris à l'ennemi. — Les règlements voulaient que les caporaux d'escouade fissent entretenir proprement les parties apparentes et non apparentes du Fusil ; que ses vis jouassent facilement ; que son extérieur fût clair sans être poli ou bruni. Pour assurer l'exécution de ces mesures, Cotty (1822, A) proposa et fit adopter la boite a tournevis dont il donnait la description. — La revue mensuelle des Fusils doit être faite par les officiers de compagnie ; ils leur sont présentés ayant le canon et la platine détachés du bois. — Dans des vues analogues, des décisions récentes ont institué une école de démontage. — Le règlement de 1791 (1er août) a distingué certaines parties du Fusil, en bec, talon, plat, tranchant extérieur et intérieur de crosse, etc. ; mais les descriptions émanées du comité de l'artillerie n'ont pas reproduit toutes ces dénominations. Nos décisions légales jurent entre elles perpétuellement, au grand désavantage de l'art et de la langue. — Une invention ingénieuse, dont COTTY (1822, A) rend compte, mais dont il conteste l'utilité, avait pour objet d'éprouver et de constater la qualité des RESSORTS des Fusils. Cette invention était le BLÉMOMÈTRE.—Les RATÉS du Fusil, dont le nombre est fort réduit dans le FUSIL A PISTON, provenaient ou de la LUMIÈRE, ou de la PLATINE, ou de la PIERRE, quelquefois de plusieurs de ces causes; une explication savante à ce sujet se trouve dans le *Spectateur militaire* (1826, p. 599). — Les accidents que peut occasionner une PLATINE restée armée faute de précaution avaient fait inventer les BASSINETS DE SURETÉ de la GARDE IMPÉRIALE : le CHIEN pouvait tomber du CRAN DU BANDÉ sans faire partir le coup. — L'ORDONNANCE DE 1818 (15 MAI) permettait qu'en route les Fusils des malades fussent transportés avec les ÉQUIPAGES du corps et voulait qu'à la CASERNE le nom de l'HOMME DE TROUPE à qui appartient le Fusil fût inscrit sur le RATELIER de la CHAMBRE, à côté de la case destinée à recevoir le Fusil. L'ORDONNANCE DE 1833 (2 NOVEMBRE) a maintenu et reproduit ces règles. — En 1820, le MINISTÈRE DE LA GUERRE annulait la disposition sage du RÈGLEMENT DE 1806 (10 FÉVRIER) qui prescrivait le numérotage des ARMES; le motif de cette mesure était la difficulté de remettre en état, ou de redonner comme neufs, des Fusils que des corps versaient dans les MAGASINS et ARSENAUX, après avoir altéré certaines parties de l'arme par les gravures ou l'empreinte des LETTRES ou des chiffres. Cette suppression du NUMÉRO mettait les CAPITAINES et les MAJORS dans l'impossibilité de procéder d'une manière régulière aux REVUES OU VISITES D'ARMEMENT. — Ce que le MINISTÈRE eût dû prévoir est arrivé; des réclamations se sont élevées de toutes parts; les COLONELS ont représenté que, puisqu'il ne s'agissait de rien moins que de la peine de mort quand un déserteur emportait le FUSIL d'un camarade, il était indispensable qu'un type, une MARQUE officielle et inhérente à ce Fusil pussent témoigner à quel soldat il avait appartenu et dans quelle CHAMBRE il avait été pris. —Le MINISTÈRE, forcé de revenir sur ses pas, a rendu, en 1820 (16 JUIN), une DÉCISION nouvelle relative au NUMÉROTAGE des Fusils. La différence qu'elle a apportée aux anciens usages concernant les EFFETS D'UNIFORME, c'est que les Fusils au lieu d'être numérotés, par chaque COMPAGNIE, depuis un jusqu'au dernier, et d'être reconnaissables par la LETTRE de la COMPAGNIE, ne sont plus numérotés que depuis un jusqu'au dernier numéro du RÉGIMENT, ce qui entraîne les abus que nous expliquerons en traitant des NUMÉROS. — Une DÉCISION DE 1822 (30 MARS) réglait le taux du prix annuel d'ABONNEMENT en conformité duquel les RÉPARATIONS des Fusils devaient être exécutées par l'ARMURIER du corps. — Une décision de 1835 réglait à trente-cinq francs quarante-trois centimes le Fusil de fusilier, et à trente-cinq francs vingt-cinq centimes le Fusil de voltigeur, l'un et l'autre modèle de 1822; à trente et un francs treize centimes le Fusil de dragon. — Le Fusil coûtait, sous le règne de BONAPARTE, trente et un francs d'acquisition au gouvernement; il lui revenait en 1826, pris en MANUFACTURE française, à trente-deux francs, et en 1828 à trente-trois francs: mais à cette somme il faudrait ajouter la dépense que supposent ou entraînent les appointements des OFFICIERS D'ARTILLERIE qui surveillent ces travaux, les honoraires des administrateurs et des employés, la valeur immobilière et mobilière des ÉTABLISSEMENTS, etc.; ce qui porte peut-être à quarante francs le prix de l'arme. Quelques écrivains se sont persuadés que par la voie du commerce on pourrait l'obtenir aussi bon et à meilleur compte. — La fabrication de nos Fusils passait pour moins satisfaisante depuis la restauration, suivant quelques opinions énoncées dans les discussions du budget de 1826; il est sûr qu'à l'instant où éclatait la GUERRE DE 1823 il fallut renouveler les Fusils des deux tiers de l'ARMÉE. —Dans les discussions de 1829, le ministre de la guerre a déclaré que le gouvernement se décidait à la fabrication des ARMES par la voie des entreprises. — La CIRCULAIRE DE 1835 (6 JUIN) réglait à quel prix seraient remboursés les Fusils perdus. — Le *Journal militaire danois*, publié en 1828 (*Nouveau Magasin pour la Science militaire*), témoigne que le Fusil le plus lourd est celui de la MILICE DANOISE; après celui-ci vient le FUSIL PRUSSIEN; le plus léger est le Fusil BAVAROIS; le Fusil FRANÇAIS l'est un peu moins. —Suivant M. MEYER (MORITZ), à la date 1817, voici quel était le degré de justesse comparative des divers FUSILS EUROPÉENS : le FUSIL PRUSSIEN l'emportait de sept huitièmes sur l'ancien; d'un dixième sur les FUSILS ANGLAIS et FRANÇAIS; d'un tiers sur le FUSIL AUTRICHIEN. — Aux mots BALISTIQUE, BUT EN BLANC, CIBLE, DÉFENSE DE CHEMIN COUVERT, EXERCICE, MEURTRIÈRE, PAPEGAI, des détails relatifs au TIR du Fusil ont été donnés. — Dix Fusils FRANÇAIS ne doivent occuper qu'un mètre courant de PORTE-ARMES. — En 1830, trois nouveaux Fusils occupaient le monde militaire : le Fusil CHARON, le Fusil DELVIGNE, dont il est question dans le *Spectateur militaire* (t. XVII, p. 152), et le FUSIL NORTHE-

TEUR. — Une DÉCISION DE 1858 (9 OCTOBRE) avait ordonné, comme essai, la fabrication de dix mille Fusils du système Bruneel, plusieurs fois essayés depuis 1829. — Les AUTEURS qu'on pourrait consulter sur l'histoire, l'espèce, l'emploi du Fusil, l'utilité du PAPEGAI ou de la CIBLE, la manière d'AJUSTER ou de régler le BUT EN BLANC, sont : BARDIN (1807, D; 1809, B; 1814, E), BELAIR (1792), BERGER (1809, E), BOHAN (1781, H), BORDINO, BUCELLAR (1811, C), CARRÉ (1785, E), CHENNEVIÈRES (1750, C), CLÉMENT, COTTY (1806, A; 1822, A), DANIEL (1721, A), DARCY (1777, M), DELIGNE (1780, I), DELVIGNE, l'ENCYCLOPÉDIE (1785, C), EIKEMEYER, FRANCOEUR (au mot *Arquebusier*), FROM (1823, F), GALLAND (Ch.-Ph.), GASSENDI (1819), GAYA (1670, D), GIFFART (1696, A), GROELEN (1755, C), GUIBERT (1770, A), HOYER (1798, etc.), LACHESNAIE (1758, I), LAPORTERIE, LOMBARD (1791), MANESSON (1671, B), MAURICE DE SAXE (1732, A), MAURITIUS (1822, G), MAUVILLON (1788, A), MIRABEAU (1788, C), NADAL, PUYSÉGUR (1748, C), ROGGENBUKE (1822, H), M. le général ROGNIAT (1816, B), SAINT-REMY, SCHARNHORST (1814, E), SELMNITZ (1825, H), SEYDEL, SILVA (1768, K), THON, le *Journal de l'Armée* (t. II, p. 177); le *Journal des Sciences militaires* (1856, p. 519, et pl. 16), le *Dictionnaire de la Conversation*, la *Sentinelle de l'Armée* (t. III, p. 207; t. IV, p. 165), le *Journal d'Art, Science, et Histoire de la Guerre de Berlin*, 1854, 1835. — Le Fusil d'infanterie se distingue en FUSIL À LA GRENADIÈRE, — DE VOLTIGEUR, — D'HOMME DE TROUPE EN ROUTE, — D'OFFICIER.

FUSIL (fusils) d'OFFICIER (F). Sorte de FUSILS D'INFANTERIE qui étaient À BAIONNETTE. L'usage en fut prescrit aux LIEUTENANTS et SOUS-LIEUTENANTS des RÉGIMENTS FRANÇAIS par l'ORDONNANCE DE 1710 (1er DÉCEMBRE); ils étaient plus courts et plus légers que ceux de la TROUPE; ils étaient également ARMES D'OFFICIER DE DRAGONS. — Le *Journal de l'Armée* (t. II, p. 169) prétend *que les officiers n'en furent porteurs qu'en 1758, qu'ils les quittèrent en 1764, les reprirent jusqu'en 1787...* Nous croyons inexactes ces assertions. — Les RÈGLEMENTS DE 1755, 1766 (1er OCTOBRE), 1767 (25 AVRIL), 1769 (1er MAI), 1774 (11 JUIN), 1776 (25 MARS), 1779 (21 FÉVRIER), font mention de ce Fusil, de la DEMI-GIBERNE et de l'ÉPÉE dont il est accompagné, de l'EXERCICE et du MANIEMENT dont il est l'objet. — Les CAPITAINES des COMPAGNIES et l'ÉTAT-MAJOR des régiments eurent, pendant une partie du dernier siècle, l'ESPONTON au lieu de Fusil. Les LIEUTENANTS et SOUS-LIEUTENANTS d'infanterie prêtaient

le SERMENT en tenant le Fusil. — Le Fusil est retiré en 1784 aux OFFICIERS qui en étaient armés. — L'influence du maréchal de PUYSÉGUR avait contribué à maintenir le Fusil au nombre des ARMES des OFFICIERS. L'influence des opinions mises au jour par le maréchal de SAXE et l'exemple des PRUSSIENS, qu'on avait la manie d'imiter, contribuèrent à faire adopter un autre système d'armement. — De nos jours, une partie des OFFICIERS des COMPAGNIES DE VOLTIGEURS ont été également porteurs d'ARMES À FEU.

FUSIL d'UNIFORME (B, 1), ou FUSIL DE MUNITION. Sorte de FUSIL qui, en FRANCE, est à l'usage de plusieurs genres de TROUPES À PIED; mais il ne sera considéré principalement ici que comme une ARME de l'INFANTERIE proprement dite. — La manière de désarmer de son Fusil un CRIMINEL condamné était autrefois une des formes de la DÉGRADATION. — On lit dans GUIBERT (1806, G) une description des Fusils allemands en usage dans le dernier siècle, qui semble fabuleuse à cause du poids qu'il leur donne : *Ils pèsent jusqu'à vingt et une livres, crosses échancrées, font dans les feux la bascule avec une grande facilité, mais tombent extrêmement bas, par conséquent les coups partent sans être ajustés. Chez les Prussiens, cet inconvénient n'est pas tout à fait aussi grand, mais peu s'en faut.* — Le Fusil de la MILICE AUTRICHIENNE a conservé tard la BAGUETTE DE BOIS, a pris ensuite la BAGUETTE CYLINDRIQUE, et avait la LUMIÈRE assez large pour S'AMORCER SEUL; il était lourd et grossier. — Le Fusil français se compose des parties nommées BAGUETTE, BAIONNETTE, BOIS, CANON, GARNITURE et PLATINE. La plupart de ces parties sont marquées d'un NUMÉRO. La partie principale, le CANON, se vérifie dans les ARSENAUX au moyen de l'instrument nommé CHAT D'ARSENAL. — Le Fusil ANGLAIS est à peu près de même poids que le FUSIL FRANÇAIS actuel; sa PORTÉE est plus grande, parce que sa BALLE est plus forte; il a le CANON plus court et la LAME de la BAIONNETTE plus longue; sa longueur totale, BAIONNETTE comprise, égale à peu près celle de l'ARME française. — Les Fusils AUTRICHIENS et PRUSSIENS, regardés comme inférieurs à celui de FRANCE, ont été longtemps à BAGUETTE CYLINDRIQUE. — Les ANGLAIS ont adopté, en 1817, un nouveau modèle de Fusil; son CANON a sept ou huit centimètres de plus que l'ancien. — Le Fusil ANGLAIS est, d'un tiers au moins, plus cher que le nôtre; il a été à CANON BRONZÉ; certaines parties en sont plus soignées. Cependant on peut lire dans M. le général COTTY (1822, A) un parallèle du Fusil ANGLAIS et FRANÇAIS qui est à l'avantage de notre ARME. — Le Fusil de la MILICE RUSSE est une combinaison des modèles ANGLAIS et FRANÇAIS; le Fusil de la MILICE TURQUE, longtemps de toutes formes et sans BAIONNETTE, commence à être imité de celui de FRANCE. — FOURCROY, dans un rapport fait en l'an trois à la CONVENTION, nous apprend : qu'*on a perfectionné les procédés, en faisant par des machines les diverses pièces de fusil.* On s'était efforcé aussi, pendant les cent jours, d'arriver par des procédés analogues à établir des PLATINES IDENTIQUES; mais M. le général COTTY (1822, A) énumère les inconvénients insurmontables que présentent ces essais. — Les imperfections du Fusil sont, comme le témoignait le *Spectateur militaire* (t. XXIV, p. 627), *le recul, le crachement, les ratés, la pesanteur, la résistance de la détente, les battements de la balle trop libre dans le canon.* — Les inventions DELVIGNE et HEURTE-LOUP, CHARON et BRUNEEL, CONSOLE en Autriche, ROBERT et LEFAUCHEUX, à Paris, avaient pour objet de remédier à une partie de ces inconvénients. Le ministère du général Bernard avait été une ère d'épreuves. — Le Fusil d'uniforme se distingue ou s'est distingué en FUSIL DE DRAGON, — DE REMPART, — D'INFANTERIE, — S'AMORÇANT SEUL.

FUSIL EN FAISCEAUX. V. AUX DRAPEAUX. V. EN FAISCEAU. V. FAISCEAU. V. FAISCEAU DE CAMPEMENT.

FUSIL ESPAGNOL, V. ESPAGNOL, adj. V. MILICE ESPAGNOLE N° 4.

FUSIL EUROPÉEN. V. EUROPÉEN, adj. V. FUSIL D'INFANTERIE.

FUSIL FRANÇAIS, V. FRANÇAIS, adj. V. MILICE HELLÉNIQUE.

FUSIL FULMINANT. V. FULMINANT, adj. V. FUSIL A PISTON.

FUSIL HEURTELOUP. V. FUSIL D'INFANTE-RIE. V. HEURTELOUP.

FUSIL KOPTIPTEUR (F). Sorte de Fusil dont l'épithète signifie qui coupe et frappe à la fois l'AMORCE. — Il a été inventé par M. le baron HEURTELOUP. Essayé chez plusieurs puissances étrangères en 1836 et 1837, et soumis à des épreuves publiques à Paris en 1838, il était destiné à devenir FUSIL D'INFANTERIE. Il est de l'espèce des Fusils S'AMORÇANT SEULS; mais cet amorçage a lieu à l'aide d'un procédé ingénieux et nouveau. — Une surface plane et dure qui frappe la POUDRE FULMINANTE l'enflamme; mais si c'est une lame tranchante qui frappe une traînée de cette même POUDRE, elle la sépare sans l'enflammer; l'application de cette découverte a donné naissance au mécanisme du KOPTIPTEUR; vingt-deux pièces, y compris les VIS, le composent. — Déjà en

1821 cet effet de la POUDRE FULMINANTE était connu, comme le témoigne un brevet d'invention qui fut obtenu à cette époque par M. Lebœuf de Valdahon; il employait pour le TIR d'un Fusil une paille de six à sept pouces de longueur, qui était remplie de cette poudre : *au moyen d'un petit repoussoir, auquel la paille était assujettie, elle se présentait près de la lumière et s'en éloignait de même.* Mais ce qui appartenait réellement à M. HEURTELOUP, comme le témoigne le rapport fait à ce sujet à l'Académie des sciences par M. le général ROGNIAT, en 1838, c'était l'invention et l'ajustage d'une PLATINE, dont le mécanisme est tel qu'en ARMANT le Fusil, il se trouve tout AMORCÉ. Pour obtenir ce résultat, l'inventeur garnit de POUDRE FULMINANTE un petit TUBE d'étain qui s'aplatit au laminoir; ce tube, d'un millimètre de diamètre, s'introduit et se loge dans un canal pratiqué dans le dessous du fût et auquel s'imprime à volonté un mouvement de rotation vers la CHEMINÉE de la PLATINE; il l'y amène par un mouvement uniforme. Le CHIEN koptipteur, armé d'une petite lame tranchante, sépare du tube la portion qu'il faut pour l'inflammation, et, frappant en même temps de son MARTEAU ce tronçon qu'il rencontre au-dessous de la CHEMINÉE, il enflamme la CARTOUCHE. Une seconde, et même moins, suffit à l'opération, que le même tube permet de renouveler trente-cinq fois. Ce Fusil, doux à la détente, se met aisément au repos. Les TUBES D'AMORCE se transportent dans un étui métallique. Si l'on arme en tournant le Fusil sens dessus dessous, le COUP ne PART PAS. — Si un RATÉ annonce que les trente-cinq tronçons du tube ont fait fonction de CAPSULE, un nouveau TUBE peut promptement s'ajuster; *toutefois, si l'ennemi le presse (menace le soldat armé du koptipteur), l'auteur lui a réservé dans un bout de tube une dernière amorce, qu'il nomme amorce de miséricorde.* — L'AUTEUR, dans l'épreuve où nous avons assisté, pour prouver qu'il n'y avait pas à craindre de tir involontaire, a mis le feu au TUBE D'AMORCE, par le bout opposé à la CHEMINÉE; il y a eu combustion sans détonation. — Un trou percé obliquement et en avant, en dessous du FÛT, laissé échapper un jet enflammé que produit l'amorce; ce crachement ne peut porter préjudice ni au tireur ni à ses voisins; mais des étincelles pourraient enflammer la giberne d'un rang antérieur : aussi M. HEURTELOUP conseille-t-il le retour à une coutume fréquemment essayée et toujours abandonnée comme dangereuse, celle de l'emploi des GIBERNES A LA CONSE. — Il a été traité du Fusil koptipteur par M. ROGNIAT, le général D'Hautpoul, l'*Encyclopédie du dix-neuvième siècle* (au mot *Arme*), la *Sentinelle de l'Armée* (t. IV, p. 122, 151), le journal *la Presse* (21 juin 1858), le *Spectateur militaire* (t. XXV, p. 216). — Au commencement de 1858, le gouvernement belge faisait fabriquer à Liége des MODÈLES où la PLATINE du koptipteur se combinait au CANON de la CARABINE DELVIGNE. — Si l'on en croit la *Sentinelle de l'Armée* (t. IV, p. 141), l'ARMÉE RUSSE aurait fait confectionner, en trois ans, trois cent mille koptipteurs.

FUSIL PIÉMONTAIS. V. MILICE PIÉMONTAISE Nº 4. V. PIÉMONTAIS, adj.

FUSIL OBUSIER. V. OBUSIER.

FUSIL PIQUE. V. FUSIL DE VINCENNES. V. PIQUE.

FUSIL PNEUMATIQUE. V. FUSIL A VENT. V. PNEUMATIQUE, adj.

FUSIL PORTÉ. V. ARME PORTÉE. V. PORTÉ, adj.

FUSIL PRÉSENTÉ. V. ARME PRÉSENTÉE. V. PRÉSENTÉ, adj.

FUSIL PRUSSIEN. V. FUSIL D'INFANTERIE. V. PRUSSIEN, adj.

FUSIL RAYÉ. V. BATAILLON DE CHASSEURS A PIED. V. CARABINE. V. RAYÉ, adj.

FUSIL RÉFORMÉ. V. RECRUE. V. RÉFORMÉ.

FUSIL (fusils) s'AMORÇANT SEUL (F). Sorte de FUSILS D'UNIFORME qui ont été longtemps en usage dans l'INFANTERIE PRUSSIENNE et AUTRICHIENNE ; leur LUMIÈRE s'évasait coniquement, afin que la POUDRE DE CHARGE pût s'introduire d'elle-même dans le BASSINET. — Ce genre de Fusils comportait des inconvénients nombreux : tels étaient l'affaiblissement du coup, la faiblesse de la PORTÉE, le prompt élargissement d'une LUMIÈRE bientôt usée, le danger de brûler le visage des hommes voisins dans le même rang, enfin la nécessité d'employer de la POUDRE FINE. — Le FUSIL KOPTIPTEUR était par excellence un Fusil s'amorçant seul.

FUSIL SOUS LE BRAS GAUCHE. V. ARME SOUS LE BRAS GAUCHE. V. SOUS LE BRAS GAUCHE.

FUSIL SUR L'ÉPAULE. V. PORT D'ARMES. V. SUR L'ÉPAULE.

FUSIL SUR L'ÉPAULE DROITE. V. ARME SUR L'ÉPAULE DROITE.

FUSILIER, subs. masc. V. ARME DE F... V. BONNET DE F... V. CAPITAINE DE F... V. COMPAGNIE DE F... V. DIVISION DE F... V. ÉPAULETTE DE F... V. ÉPÉE DE F... V. FUSIL DE F... V. GIBERNE DE F... V. LIEUTENANT DE F... V. OFFICIER DE F... V. PELOTON DE F... V. POMPON DE F... V. RÉGIMENT DE F... V. SENTINELLE F... V. SERGENT DE F... V. SERGENT-MAJOR DE F... V. TAMBOUR DE F...

FUSILIER (A, 1), ou FUSELIER, ou FUZELIER. Ces mots, qui tirent leur origine du mot FUSIL, ont eu des acceptions fort différentes. — On a d'abord appelé vulgairement FUZELIERS des CAVALIERS LÉGERS qui avaient l'ARME A FUSIL, c'est-à-dire à briquet. Ainsi ce nom paraît avoir été celui des CORPS D'ARCHERS qui eurent les premiers des ARQUEBUSES A ROUET ; on n'aperçoit pas historiquement de différence entre les FUZELIERS et les PISTOLIERS. — On a ensuite appliqué à l'INFANTERIE le mot FUSELIER, comme le fait DELAFONTAINE (1668, A ; 1675, A). Ce terme avait le même sens que GRENADIER ou ARTILLEUR, puisque dans ce temps-là il n'était donné des FUSILS qu'aux GRENADIERS, et au RÉGIMENT des FUSILIERS DU ROI préposés à la garde de l'ARTILLERIE. Les Fusiliers de ce RÉGIMENT furent les premiers, comme nous l'apprend DANIEL (1721, A), qui furent armés de BAIONNETTES. — Dans les ordonnances de LOUIS QUATORZE, relatives à l'ARME de l'INFANTERIE, le mot SOLDAT rend le sens attaché à présent au mot Fusilier. — Quand le corps des FUSILIERS DU ROI est devenu ROYAL-ARTILLERIE, le terme Fusilier a cessé, pendant quelque temps, d'être en usage ; pourtant, en 1701, les mousquetaires à pied s'étaient changés en Fusiliers. L'expression reparaît dans les ordonnances rendues pendant le ministère de DARGENSON, et alors elle répond à peu près à l'ancien terme ESCOPÉTIER, et elle prend en quelque sorte l'acception qu'elle a conservée, c'est-à-dire la signification d'HOMME DE TROUPE qui n'est ni ANSPESSADE, ni APPOINTÉ, ni GRENADIER, ni SAPEUR, ni TAMBOUR OU FIFRE, ni SOLDAT D'ÉLITE, ni BAS OFFICIER. Cependant on se servait encore, par la force de l'habitude, du terme SOLDAT D'INFANTERIE ; et au lieu de dire COMPAGNIE DE FUSILIERS, on disait COMPAGNIE DU CENTRE, ou BASSE COMPAGNIE, par opposition aux COMPAGNIES de GRENADIERS et des CHASSEURS. — Maintenant les Fusiliers, considérés comme appartenant aux TROUPES DE LIGNE et à l'ARME de l'INFANTERIE DE BATAILLE, sont les HOMMES DE TROUPE qui ne sont ni CARABINIERS, ni GRENADIERS, ni VOLTIGEURS, ni APPOINTÉS, ni CAPORAUX, ni SOUS-OFFICIERS, ni TAMBOURS, ni CLAIRONS. — Remarquons que pourtant, à l'exception des TAMBOURS, tous les MILITAIRES qui viennent d'être désignés portent FUSIL, et par conséquent sont de fait Fusiliers : ainsi se contredit à tout moment notre LANGUE. — Les Fusiliers avaient la POIRE A POUDRE avant l'invention des CARTOUCHES. — Les Fusiliers sont dans l'INFANTERIE DE BATAILLE ce que les CHASSEURS sont dans l'INFANTERIE LÉGÈRE.

— Les MOUSQUETAIRES A PIED portaient l'épée depuis 1676. Les Fusiliers, succédant aux MOUSQUETAIRES, continuèrent à la porter, et ils en furent armés jusqu'en 1767. Depuis que l'épée leur fut retirée, ils ont porté la BAIONNETTE au CEINTURON qui jusque-là avait servi à leur ÉPÉE. Leur BAIONNETTE est attachée maintenant près de leur GIBERNE. — Les Fusiliers ont l'ÉPAULETTE EN DRAP ; elle est de forme russe, et, dans l'origine, elle ne différait des ÉPAULETTES des GRENADIERS et des CHASSEURS que par la couleur de l'étoffe. — Quand on dit de nos jours qu'un Fusilier PREND LES ARMES, cette locution tient au souvenir du temps où il avait plusieurs ARMES, savoir : l'ÉPÉE et le FUSIL ; on userait d'un langage plus correct en disant que le Fusilier prend l'arme, mais tel n'est pas l'usage. — VAUBAN, dans les calculs relatifs à la DÉFENSE DES PLACES, attachait cinq cents Fusiliers ou MOUSQUETAIRES à chaque BASTION. — Dans les TROUPES FRANÇAISES, les EFFETS D'UNIFORME qui constituent la CHARGE que porte sur lui le Fusilier pèsent vingt-quatre kilogrammes environ. — Certaines COMPAGNIES DE DISCIPLINE sont des CADRES de Fusiliers. — Le POSTE de la PLACE D'ARMES des GARNISONS ne se compose de Fusiliers qu'à défaut de grenadiers. — La SENTINELLE des COMMANDANTS DE PLACE est, suivant leur grade, tirée ou des Fusiliers ou des GRENADIERS. — Le RÈGLEMENT DE 1791 (1ᵉʳ AOUT), sur la TACTIQUE, ne formait les DIVISIONS DE BATAILLON que de Fusiliers et plaçait au centre de ce FRONT la GARDE DU DRAPEAU. Cette règle était sage et sensée. Les changements qui ont bouleversé la COMPOSITION des COMPAGNIES D'INFANTERIE FRANÇAISE DE LIGNE, qui l'ont mise en désaccord avec le RÈGLEMENT sur l'exercice, et qui ont institué des COMPAGNIES DE VOLTIGEURS, etc., nécessitaient des modifications à ce RÈGLEMENT. Ainsi la COLONNE D'ATTAQUE ne pouvait plus s'exécuter de la même manière ; ainsi des DIVISIONS se formaient moitié de Fusiliers et moitié de SOLDATS D'ÉLITE, etc. — L'instruction sur l'inspection de 1822 (3 juillet) témoignait qu'il existait dans la GARDE ROYALE des Fusiliers de première classe. C'était une complication fâcheuse. — En 1830, un Fusilier de la garde coûtait, y compris vivres, chauffage, habillement, cinq cent cinq francs quatre-vingt-six centimes ; c'était cent trente-trois francs de plus que le Fusilier de la ligne, qui ne coûtait que trois cent soixante-douze francs seize centimes. — L'admission des Fusiliers dans les COMPAGNIES D'ÉLITE a été subordonnée à des règles qui ont varié. Deux ans, un an, six mois de service ont été, suivant les temps, exigés. — Les AUTEURS qui ont traité nominalement des Fusiliers sont PERRIN-PAKNAJON et PORBECK.

FUSILIER A CHEVAL. V. A CHEVAL. V. CAVALERIE FRANÇAISE Nº 2. V. RÉGIMENT DE CAVALERIE FRANÇAISE Nº 5.

FUSILIER AU CAMP. V. AU CAMP. V. GARDE DE CAMP.

FUSILIER AUTRICHIEN. V. AUTRICHIEN, adj. V. MILICE AUTRICHIENNE Nº 2, 7.

FUSILIER de GARDE. V. CHEF DE POSTE. V. PORTE DE FORTERESSE. V. CHEF DE POSTE D'HOMME DE GARDE Nº 4. V. CLEF DE FORTERESSE. V. DE GARDE. V. DÉCOUVERTE. V. GARDE DE LA PLACE. V. RONDE. V. RONDE D'OFFICIER. V. RONDE MAJOR. V. RONDE SUPÉRIEURE.

FUSILIER de GARDE IMPÉRIALE. V. BRIQUET. V. GARDE IMPÉRIALE Nº 2.

FUSILIER de GARDE ROYALE. V. ARME DE FUSILIER. V. BONNET DE FUSILIER. V. BRIQUET. V. COMPAGNIE DE FUSILIER. V. ÉPAULETTE A FRANGE. V. FUSILIER. V. GARDE ROYALE Nº 2. V. HABIT DE FUSILIER. V. INFANTERIE FRANCO-SUISSE DE GARDE ROYALE. V. LIGNE IDIOPLIQUE.

FUSILIER de LÉGION. V. LÉGION. V. LÉGION DE LOUIS QUINZE.

FUSILIER de LIGNE. V. COMPAGNIE DE F... V. LIGNE. V. LIGNE IDIOPLIQUE. V. SOUS-OFFICIER Nº 5.

FUSILIER d'ÉCOLE DE MARS. V. ÉCOLE DE MARS.

FUSILIER d'ÉLITE. V. ÉLITE. V. FUSIL D'INFANTERIE.

FUSILIER d'INFANTERIE FRANÇAISE DE LIGNE. V. GIBERNE. V. HABIT DE F... V. HAUSSE-COL. V. INFANTERIE FRANÇAISE DE LIGNE. V. RANG DE TAILLE.

FUSILIER DISCIPLINAIRE. V. COMPAGNIE DE FUSILIERS. V. DISCIPLINAIRE, adj.

FUSILIER du ROI. V. ARTILLEUR. V. ARTILLERIE IDIOPLIQUE. V. BAIONNETTE. V. FUSILIER. V. RÉGIMENT DES FUSILIERS. V. ROI. V. SAPEUR D'ARTILLERIE.

FUSILIER ESPAGNOL. V. ESPAGNOL, adj. V. MILICE ESPAGNOLE Nº 2.

FUSILIER FRANCO-SUISSE. V. FRANCO-SUISSE, adj. V. INFANTERIE FRANCO-SUISSE Nº 2.

FUSILIER GUIDE. V. GUIDE. V. GUIDE D'ARMÉE.

FUSILIER HANOVRIEN. V. HANOVRIEN, adj. V. MILICE HANOVRIENNE Nº 1.

FUSILIER HESSOIS. V. HESSOIS, adj. V. MILICE HESSOISE.

FUSILIER NAPOLITAIN. V. MILICE NAPOLITAINE Nº 1. V. NAPOLITAIN, adj.

FUSILIER NÉERLANDAIS. V. MILICE NÉERLANDAISE Nº 1. V. NÉERLANDAIS, adj.

FUSILIER PORTUGAIS. V. MILICE PORTUGAISE. V. PORTUGAIS, adj.

FUSILIER PRUSSIEN. V. MILICE PRUS-
SIENNE N° 2. V. PRUSSIEN, adj.

FUSILIER SAXON. V. MILICE SAXONNE
N° 1. V. SAXON, adj.

FUSILIER SÉDENTAIRE. V. SÉDENTAIRE,
adj. V. VÉTÉRAN SÉDENTAIRE.

FUSILIER VÉTÉRAN. V. VÉTÉRAN. V. VÉ-
TÉRAN SÉDENTAIRE.

FUSILIER WURTEMBERGEOIS. V. MILICE
WURTEMBERGEOISE N° 1. V. WURTEMBERGEOIS,
adj.

FUSILLADE. V. ARMES DE SUPPLICE. V.
ATTAQUE DE CHEMIN COUVERT. V. BANQUETTE.
V. CÉRÉMONIE DE RÉCEPTION DE DRAPEAUX.
V. CHANDELIER DE TRANCHÉE. V. CHARGE DE
CAVALERIE. V. CHARGE D'INFANTERIE. V. CHE-
MIN COUVERT. V. CORBEILLE DÉFENSIVE. V. COUP
D'ARME. V. ORDONNANCE D'EXERCICE. V. SURPRISE.

FUSILLER, verb. act., récip. et neut.
V. ARMES DE SUPPLICE. V. EXÉCUTION A MORT.
V. MARAUDAGE. V. ORDONNANCE OFFICIELLE.

FUSION, subs. fém. V. ACIER DE F...

FUSS. V. NOMS PROPRES.

FUST, subs. masc. V. AFFUT. V. FUT.

FUSTIBALAIRE, subs. masc. V. FUS-
TIBALE. V. MILICE ROMAINE N° 2.

FUSTIBALE, subs. masc. et fém. (F),
OU FRONDE A MANCHE, OU FUSTIBALLE. Mot qui
a été la traduction du LATIN *fustibalus*, produit de *fustis*, bâton, et du GREC *ballein*,
lancer. En résultat, bâton avec lequel on
lance. — Le Fustibale était une variété de
la FRONDE commune. L'ENCYCLOPÉDIE (1751,
C ; 1785, C) et MAIZEROY (1767, A) pensent
que cette ARME se composait d'un bâton de
quatre pieds de long qui portait vers son
milieu une courroie ou un CULOT de cuir au
moyen duquel le FRONDEUR lançait des PIER-
RES, à peu près comme le faisait l'ONAGRE.
— On ne sait pas précisément quelle différence il y avait entre la LIBRAILLE, le Fustibale et certaines PLOMBÉES. — VÉGÈCE (390,
A) mentionne le Fustibale comme une FRONDE
particulière dont se servaient les LÉGIONS RO-
MAINES ; mais il ne prend pas le soin d'indiquer en quoi ces deux MACHINES différaient ;
il se contente de dire que le Fustibale lançait des PIERRES presque aussi loin que la
CATAPULTE. — Les LATINS nommaient *fusti-
balator* le FRONDEUR ainsi armé. MAIZEROY
(1767, A) le nomme FUSTIBALAIRE.

FUSTIBALLE, subs. masc. V. FUSTIBALE.

FUSTIGATION, subs. fém. (F). Mot
dérivé de l'adjectif LATIN *fustigatus*, frappé
du BATON. C'était un des SUPPLICES infligés
par l'ordre des CONSULS ROMAINS. Des détails
à ce sujet sont insérés dans l'*Encyclopédie
des Gens du monde*. — La Fustigation est
une PUNITION, une PEINE, qu'on a pratiquées
longtemps en FRANCE. L'usage s'en est main-

tenu dans plusieurs MILICES du NORD. —
L'ORDONNANCE DE 1570 (10 DÉCEMBRE) faisait
fustiger à coups de FOUET les GOUJATS de l'AR-
MÉE, et à coups de VERGES les FEMMES SUS-
PECTES. — On voit dans BILLON (1612, B) que
sous le règne de HENRI QUATRE la HAMPE de la
HALLEBARDE servait habituellement à corriger
le FANTASSIN fautif. L'ouvrage de MONTGÉON
(1615, D) rapporte les termes qui exprimaient
en détail les divers modes d'application du
MORION : c'est ainsi qu'il appelle la BASTON-
NADE. — Une ordonnance de LOUIS TREIZE
distinguait le CHATIMENT infligé avec le BATON
de celui qui était administré avec la LAME du
SABRE. Le premier était réservé aux FANTAS-
SINS, mais le COUP DE PLAT DE SABRE était le
privilège des CAVALIERS, *parce que*, dit l'ordonnance, *ils sont en grande partie gentilshommes*. — L'ORDONNANCE DE 1704 (10 FÉ-
VRIER) condamne au FOUET quiconque cherche
à se soustraire au SERVICE MILITAIRE. Les PASSE-
VOLANTS étaient soumis à la même peine. —
La pénalité DE 1727, en vigueur pendant
la durée presque entière du siècle dernier,
maintenait le système des différences de RÉ-
PRESSION s'il s'agissait d'HOMMES A PIED OU A
CHEVAL. SAINT-GERMAIN n'avait fait revivre
les COUPS DE PLAT DE SABRE que par un principe d'égalité et en vue d'honorer également
tous les militaires en les traitant en GENTILS-
HOMMES. — L'ORDONNANCE DE 1764 (5 JUIL-
LET) voulait que les FEMMES PROSTITUÉES sai-
sies au camp de Compiègne fussent *punies
du fouet*. — Les Fustigations infligées dans
l'INFANTERIE française pendant le siècle dernier s'exécutaient au bruit de la BATTERIE
nommée la CHARGE ; l'homme puni filait au
milieu de la troupe BORDANT LA HAIE, pendant que les TAMBOURS BATTAIENT LES VERGES,
expression toute ITALIENNE, *battere le verghe*.
Dérisoirement, les SOLDATS nommaient cette
BATTERIE le RIGODON, les MARIONNETTES,
ou la CHARGE. — Vers le même temps, la
BASTONNADE, donnée dans la MILICE PRUS-
SIENNE, s'infligeait sur la PLACE D'ARMES à
l'instant de la GRANDE PARADE ; mais cette
coutume est tombée. — La SCHLAGUE ALLE-
MANDE se donne à coups de BAGUETTE ou de
CANNE, à l'ancienne manière de la MILICE
ROMAINE : le KNOUT touche, mais rarement,
les épaules des RUSSES, et de temps en temps
celles des MANTCHOUS. La MILICE NÉERLAN-
DAISE ne fait que de loin à loin usage de la
PUNITION du BATON. La MILICE HESSOISE a applaudi depuis peu à l'abolition de ce moyen
de RÉPRESSION. — Le CHAT A NEUF QUEUES
(*cat of nine tails*) est un martinet à neuf
branches qui sert à la FLAGELLATION usitée
dans la MILICE ANGLAISE ; mais ce CHATIMENT
s'était adouci depuis que le duc d'YORK était

COMMANDEUR EN CHEF. Le parlement a retenti en 1824 des réclamations du colonel Robert Wilson, qui s'est élevé avec chaleur contre l'abus du GANTELET, *gantlope, gauntlet*. La motion tendant à l'abolition de ce mode de PUNITION a été rejetée à la majorité de cinquante voix contre vingt-quatre. — L'usage de la Fustigation ne s'est maintenu tard que dans les armées où les traditions féodales se sont le plus lentement effacées. On y bâtonnait le soldat, non le gentilhomme. — *Il était naturel*, dit LESSAC (1783, A), *que ces petits tyrans* (les SEIGNEURS *féodaux*), *accoutumés dans leurs terres à tenir toujours la verge levée sur leurs vassaux, en usassent de même lorsqu'ils les trainaient aux armées.* — PIERRE PREMIER avait établi un principe d'égalité dans son armée; la CANNE y tombait sur les épaules d'un général comme sur celles de ses subordonnés; mais les généraux de cette époque et de ce pays n'étaient pas GENTILSHOMMES. — Un peuple républicain connaît la Fustigation : elle est depuis longtemps pratiquée en SUISSE. Il était question en 1829 de l'abolir dans l'INFANTERIE FRANCO-SUISSE, où du reste elle était fort peu pratiquée.

FUT, subs. masc. (term. génér.). Mot dérivé du LATIN *fustis*, bois ; aussi écrivait-on d'abord FUST. Ce terme, synonyme de HAMPE, mais qui a aussi un sens fort différent, a produit le mot AFFUT. Il sera surtout distingué ici en FUT DE CAISSE et en FUT DE FUSIL.

FUT d'ARBALÈTE. V. ARBALÈTE. V. ARBRIER. V. CHIROBALISTE. V. FRONTEAU D'ARBALÈTE.

FUT d'ARQUEBUSE. V. ARQUEBUSE A MAIN. V. ARQUEBUSE A SERPENTIN. V. ARQUEBUSE NÉVROBALISTIQUE.

FUT de CAISSE (B, 1), ou Fût du CORPS de la CAISSE d'un TAMBOUR d'INFANTERIE FRANÇAISE. Sorte de FUT ou de cylindre autrefois en bois de châtaignier ou de chêne, et d'un ou de deux morceaux, à l'imitation des Es-

PAGNOLS. Depuis le règne de LOUIS QUINZE, il a été en cuivre, à l'imitation des SUISSES. Il est formé d'une feuille de cuivre jaune d'un millimètre d'épaisseur. Elle est longue de onze cents millimètres et large de trois cent cinquante ; elle est ployée cylindriquement et jointe au moyen d'une soudure ; elle pèse deux kilogrammes huit cent quatre-vingt-dix grammes. Le Fût ainsi façonné est percé d'un TROU DE RÉSONNANCE, et porte d'un côté le CORPS DE GACHE et de l'autre le PITON A TIMBRE. Les bords inférieur et supérieur du Fût sont consolidés au moyen d'un rotin qu'ils enveloppent et qu'on appelle CERCLE DE FUT. Le côté extérieur du Fût porte le CORDAGE. — L'usage des BRETELLES PORTE-CAISSE a pour objet de tenir la CAISSE sur le dos de l'homme de manière qu'elle n'appuie pas sur l'une de ses PEAUX. — Le diamètre du Fût, celui des CERCLES DE ROULAGE et celui des GRANDS CERCLES sont proportionnés.

FUT de FUSIL. (G, 1). Sorte de FUT qui semblerait devoir exprimer la totalité du BOIS, comme on employait autrefois le terme BASTON A FEU ; mais le mot Fût n'est considéré dans les instructions ministérielles que comme la partie de la MONTURE qu'on nomme aussi DEVANT DE BOIS. Le canon s'y enchâsse et y est retenu au moyen des capucines. — L'adoption des FUSILS KORTIFTEURS eût nécessité l'emploi de FUTS différents.

FUT de MOUSQUET. V. MOUSQUET.

FUT de RIBAUDEQUIN. V. RIBAUDEQUIN.

FUT de TIMBALE. V. TIMBALE.

FUT d'ÉPÉE. V. ÉPÉE. V. ESPAFUT.

FUTURE (subs. fém.) d'OFFICIER. V. OFFICIER.

FUYARD, subs. masc. V. ATTAQUE DE CONVOI. V. CHEF D'ESCORTE DE CONVOI. V. POURSUITE DE FUYARDS. V. RÉFRACTAIRE. V. RÉSERVE DE BATAILLE.

FUZELIER, subs. masc. V. FUSILIER. V. PISTOLIER. V. SOLDAT.

Les chiffres entre parenthèses, qu'on rencontre dans le cours du texte, indiquent le millésime de l'année à laquelle appartiennent la citation ou l'événement.

Les abréviations entre parenthèses, qui sont en tête des articles, sont une concordance du tableau synoptique (*Disc. prélim.*, p. 10) et du vocabulaire sommaire (*Disc. prélim.*, p. 36-37). Ces abréviations donnent le moyen de remonter des conséquences aux principes.

D'autres abréviations indiquent le genre grammatical.

Les caractères italiques dénotent des phrases empruntées.

Les mots en petites capitales sont ainsi configurés comme réclames, comme preuve qu'on peut chercher à sa place générale alphabétique le mot représenté en lettres capitales.

GAAIG.

GAAIG, subs. masc. v. GAIN.

GAAIGNAGE, subs. masc. v. GAIN.

GAAIGNE, subs. masc. v. GAIN.

GAAING, subs. masc. v. GAIN.

GAASTADOUR, subs. masc. v. GASTADOUR.

GABARIT, subs. masc. v. CAISSON DE VIVRES.

GABIE, subs. fém. v. ÉCHAUGUETTE. V. GABION.

GABION, subs. masc. (term. génér.), OU GUABION, comme le dit RABELAIS. Mot dérivé de l'ITALIEN *gabbia*, cage, GABIE, d'où sont provenus l'augmentatif *gabbione* et le substantif italien *gabbiata*, GABIONNADE, OU GABIONADE suivant GANEAU, OU GABIONNAGE.— Plusieurs AUTEURS emploient d'une manière analogue le verbe GABIONNER; il se trouve déjà dans RABELAIS. — Il ne paraît pas que le terme Gabion fût usité, ou du moins répandu, au temps de PHILIPPE DE CLÈVES (1520, A); car cet ÉCRIVAIN ne prend dans le même sens que le substantif MANDE, et plus anciennement RAVOIS s'employait d'une manière analogue. — Une machine que les ROMAINS appelaient METELLA, et dont ils se servaient pour repousser l'ESCALADE, ressemblait par sa forme au Gabion, mais elle avait une destination différente. — Les Gabions sont des ouvrages de vannerie à peu près en forme de tonneau sans fond. Il y en a de deux dimensions : les moins grands, ou GABIONS DE TRANCHÉE, ont un mètre de haut sur un diamètre moindre ; les autres s'appellent GABIONS DE SAPE. — On fait, autant que possible, les Gabions en brins de chêne ; ils sont destinés à être remplis de terre, de gravois ou de branchages ; on les pousse, on les dresse, on les enfaîte pour la confection des BATTERIES, des BLINDES, des CAVALIERS DE TRANCHÉE, des ÉPAULEMENTS, des PARAPETS, des RETIRADES, des SAPES, des TRANCHÉES. — On en emploie aussi à l'ATTAQUE DES BRÈCHES. — La manière de confectionner les Gabions a été décrite avec détail

GABION DE SAPE.

par GASSENDI (1819). — On a donné à de petits Gabions le nom de CORBEILLES DÉFENSIVES. — Dans les SIÉGES OFFENSIFS, les ABATIS exécutés par les TROUPES ont lieu en partie pour trouver les bois propres à la confection des Gabions ; les TRAVAUX de ce genre sont les principales CORVÉES DE SIÉGE. — A mesure que les Gabions sont confectionnés, on les réunit aux autres AMAS DE MATÉRIAUX ; on les transporte aux PARCS DE SIÉGE. — Dans les SIÉGES DÉFENSIFS on se sert de CROCS pour renverser les Gabions de l'ASSIÉGEANT. — La GUERRE DE 1830 a amené l'emploi de Gabions carrés, moitié plus hauts que larges. Leur confection permettait de les transporter aplatis, en les pliant parallèlement à la hauteur. Leur représentation graphique est donnée dans le *Spectateur militaire* (t. x, p. 200). — Les AUTEURS qui ont traité des Gabions sont : BARDIN (1807, D ; 1814, E), CARRÉ (1785, E), DAVELOURT (1608), DUANE (1810, E), DUBOUSQUET (1769, B), l'ENCYCLOPÉDIE (1751, C ; 1785, C), FRANCŒUR, GUILLET (1686, B), LACHESNAIE (1758, I), LAVERGNE, MANESSON (1685, B), SIONVILLE (1756, E), VILLENEUVE, le *Dictionnaire de la Conversation*, l'*Encyclopédie des Gens du monde*. — Nous distinguerons ici les Gabions en GABIONS DE SAPE.

GABION CARRÉ. V. CARRÉ, adj. v. GABION.

GABION (gabions) DE SAPE (G, 4 ; H, 1), OU GABION FARCI, OU GABION ROULANT. Sorte de GABIONS qui n'étaient pas en usage avant VAUBAN, et qui ont remplacé avantageusement les MANTELETS ; ils sont farcis ou bourrés de FASCINES. On s'en sert dans les SIÉGES OFFENSIFS pour préserver du feu de l'ASSIÉGÉ les TRAVAILLEURS. — On ferme les entre-deux des Gabions avec des FAGOTS ; on les surmonte de FASCINES. On s'en sert dans les DESCENTES A CIEL OUVERT, etc. — Les SAPEURS se couvrent de Gabions en les faisant rouler devant eux à mesure qu'ils avancent dans le TRAVAIL. Après les avoir dressés, ils creusent à leurs pieds un FOSSÉ, en jettent la terre dans les Gabions, et forment ainsi un PARAPET. — Des AUTEURS ont proposé comme moyen de défense de renverser et d'inonder ces Gabions au moyen d'ARMES A VAPEUR.

GABION de TRANCHÉE. V. GABION. V. SORTIE EXTÉRIEURE. V. TRANCHÉE.

GABION FARCI. V. FARCI. V. GABION DE SAPE. V. MANTELET. V. SAPE. V. SAPEUR DU GÉNIE.

GABION ROULANT. V. GABION DE SAPE. V. ROULANT. V. SAPE.

GABIONADE, subs. fém. v. GABION.

GABIONNADE, subs. fém. v. GABION. V. PARAPET. V. SAPE.

GABIONNAGE, subs. masc. v. GABION.

GABIONNÉ (gabionnée), adj. v. TRAVERSE G...

GABIONNER, verb. act. v. GABION.

GACE. V. NOMS PROPRES.

GACHE de CAISSE DE PERCUSSION (B, 1). Le mot Gâche est venu du latin *vasca*, signifiant bassin ou vase. Il s'est, par cette raison, écrit d'abord gasche. La transformation du V en G lui a donné son orthographe actuelle, de même que le LATIN *Vascones* a produit le mot Gascons. — Les maçons se servent du verbe gâcher pour signifier, délayer du plâtre, parce qu'ils le saturent d'eau *in vasca*, dans un vase, dans une auge. — Ici le mot Gâche a été emprunté à l'art du serrurier et a produit le substantif GACHETTE. — La Gâche, par rapport au TAMBOUR INSTRUMENTAL, est à peu près prise dans le sens de serrure; elle fait partie du CORPS de la CAISSE; elle est en cuivre laminé, et adhère verticalement au FUT, où elle est fixée au moyen de rivets; elle est distante de cinquante millimètres du bord inférieur du FUT; elle est destinée à donner moyen de tendre et de détendre, à l'aide d'un CROCHET et d'un ÉCROU, la CORDE du TIMBRE. — Les parties de la Gâche sont le CORPS et la TIGE.

GACHETTE, subs. fém. v. GUÉRITE.

GACHETTE de PLATINE (B, 1). Mot dont le terme GACHE, employé en serrurerie, est la racine: il exprime une PIÈCE qui fait partie de l'intérieur du CORPS de la PLATINE d'un FUSIL DE MUNITION. Sa forme participe quelque peu de celle de l'équerre: voilà pourquoi on l'appelle petite GACHE; son DEVANT est percé d'un ŒIL pour le passage de la TIGE de la VIS; son RESSORT a un TENON. — La Gâchette est une bascule qui, depuis les DÉCISIONS DE 1826 (23 juin, 11 juillet et 21 juillet) est en ACIER; l'engrenage de son BEC détermine l'état de la PLATINE; l'un de ces états est le REPOS, l'autre le BANDÉ. — La Gâchette agit par l'effet de son RESSORT et par la pression qu'exerce au-dessous d'elle la DÉTENTE, dont l'action, en soulevant la BRANCHE coudée, ou QUEUE, ou TIGE, opère

le désengrènement du BEC de gâchette, lui fait vider le CRAN DU BANDÉ et détermine la chute du CHIEN. — La Gâchette n'obéit pas à la DÉTENTE quand la NOIX est au CRAN du REPOS; elle n'y obéirait que par la rupture du BEC. — RETAILLER une Gâchette est au nombre des RÉPARATIONS dont cette PIÈCE est susceptible. — A peu de distance de la Gâchette est une MARQUE du BOIS du FUSIL. — Le *Dictionnaire de la Conversation* a traité le mot Gâchette.

GACHIL, subs. masc. v. GUÉRITE.

GADARA, subs. masc. v. AGIEM-CLICH.

GADIS, subs. masc. v. CADIS.

GAFFE, subs. fém. v. LANCE A MAIN.

GAGE, subs. masc. v. ACCEPTER LE G... V. EN G... V. MORT-G... V. RELEVER LE G...

GAGE (term. génér.), ou GAIGE, ou WAHIN, ou WAGERIE, ou WAGIÈRE, ou WAIGE. GÉMELIN croit ces mots provenus du CELTIQUE ou du TEUTON *winn*; M. ROQUEFORT dérive les derniers de ces termes du bas LATIN *vadium*, ainsi que MÉNAGE. — Le mot Gage est en rapport avec l'ITALIEN *gaggio*, signifiant marque palpable, ou représentation matérielle d'une promesse faite, d'un ENGAGEMENT souscrit. — On suppose le substantif Gage analogue par l'étymologie au mot GAIN; car un Gage est une chose gagnée, une assurance de gain ou de possession. — Dans le sens où le terme Gage répond aux vieux usages des COMBATS DE JUGEMENT ou des JUGEMENTS DE DIEU, il dérive directement du LATIN. Dans le sens où il répond à une opération de fiscalité, de banque, de trésorerie, il vient de l'ITALIEN, parce que la langue commerciale est originaire d'ITALIE. Dans ce dernier sens, il s'emploie surtout au pluriel, et il était analogue aux expressions APPOINTEMENTS, ÉMOLUMENTS, HONORAIRES D'OFFICIERS, PAYE DE GENDARMERIE, SOLDE DE TROUPES, TRAITEMENT D'ARMÉE; il a produit les termes ENGAGEMENT, ENGAGER, GAGISTE, RENGAGEMENT, CAISSER AUX GAGES. — L'expression Gage sera examinée particulièrement ici comme GAGE DE BATAILLE.

GAGE de BATAILLE (l'), ou ARRIMENT, ou ARRHES, ou ERRAMENT suivant GANEAU, ou GAGE DE COMBAT. Sorte de GAGE, c'est-à-dire d'objet matériel, portatif, maniable, qui était un signe de DÉFI, un témoignage d'ACCUSATION. — En prenant le fait pour la chose représentative, Gage de combat était synonyme de DUEL, ou de convention d'un COMBAT SINGULIER. — La loi LOMBARDE avait prévu et gradué quantité de CAS CONTENTIEUX sur lesquels influaient les Gages de bataille. Ces cas sont relatés dans BONNON (1481, A). Le même sujet est traité par LAJAILLE et l'AS-

QUIER. — Dans les usages des CHEVALIERS DU MOYEN AGE, le Gage était surtout une provocation ; elle était manifestée par l'action de JETER à terre un GANTELET, un CHAPERON, ou toute autre pièce de vêtement ou d'ARMURE à peu près semblable, et qui tombait sous la main du provocateur. Cet usage, que le bas latin exprimait par *adhramire bellum*, arrher le combat, a laissé quelques traces : ainsi le boxeur ANGLAIS jette à terre, par forme de DÉFI, une pièce de monnaie ; il croirait, sans cela, le pugilat irrégulier, illégal. Le muletier provençal en fait de même quand il met au défi un mulet rétif, et lui propose de parier que la volonté du maître s'accomplira et que celle de la bête cédera. — L'action de RELEVER LE GAGE de bataille s'appelait, au MOYEN AGE, *aerdresse*. ROQUEFORT fait dériver, à tort ou à raison, ce substantif du LATIN *adhœsio*, consentement. — Une ordonnance de PHILIPPE LE BEL regarde le Gage de bataille comme un signe d'ACCUSATION, et défend de le RELEVER si le CRIME n'est capital. Le Gage RELEVÉ amenait ou l'emprisonnement ou la VIVE PRISON. Cette dernière expression donnait idée de la liberté laissée aux contendants, sous caution de hauts personnages, des *gens de bien*. Ensuite s'accomplissait le COMBAT DE JUGEMENT. — L'ORDONNANCE DE 1306 (JUIN) réglait les cas où les Gages de bataille étaient permis. — En 1586, le parlement estime qu'il *écheoit Gage de bataille*, ou, en d'autres termes, il ordonne un COMBAT DE JUGEMENT, qui a lieu derrière l'enclos du Temple. — OLIVIER DE LA MARCHE, écrivain du seizième siècle, déclare *n'avoir de sa vie vu Gage de bataille*. Ainsi c'est au seizième siècle que cette coutume a disparu.

GAGE DE COMBAT. V. COMBAT. V. GAGE DE BATAILLE. V. SIÉGE.

GAGE PLEIGE (F), ou plége de duel. Pour obtenir du seigneur permission de se battre en duel, on devait lui fournir, sous ce nom et comme otages, des gentilshommes parents ou amis. Si celui qui avait fourni Gage pleige était vaincu, il devait une amende au seigneur, et ceux qui l'avaient plégé en étaient responsables.

GAGER, verb. act et neut. V. GAIN.

GAGES, subs. masc. plur. V. COMMISSAIRE DES GUERRES N° 4. V. CONNÉTABLE N° 4. V. FIEF. V. GAGE. V. MILICE ANGLAISE N° 5.

GAGES DE GENDARME. V. GENDARME DU MOYEN AGE N° 5. V. RANÇON. V. SOLDE. V. TRAIN.

GAGES MÉNAGERS (F). Louis onze entretenait en Flandre des soldats à Gages ménagers : c'étaient des soldats percevant dans leurs foyers une légère solde : ils passaient montre chaque mois, et étaient tenus de marcher au premier ordre.

GAGIER, subs. masc. V. SOLDAT.

GAGISTE, subs. masc. (A, 1). Ce mot, emprunté de la langue des comédiens, est militairement d'un usage tout récent ; il tire son étymologie du substantif GAGE, synonyme d'HONORAIRES ou de PAYE. — Depuis le commencement du siècle, l'expression était vulgairement employée dans les RÉGIMENTS D'INFANTERIE, et y avait été apportée par les MUSICIENS DES CORPS. — Il signifiait SOLDAT servant comme MUSICIEN, quoique la loi ne le permît pas, ainsi que le témoigne la CIRCULAIRE DE 1807 (2 NOVEMBRE) : ce Gagiste avait une légère HAUTE-PAYE, et se nommait ainsi par opposition au MUSICIEN reconnu par la loi. — Le mot GAGISTE s'est introduit surtout dans les ordonnances depuis la CIRCULAIRE DE 1821 (24 NOVEMBRE) ; dans l'esprit de cette décision et du RÈGLEMENT DE 1823 (19 MARS), il signifie homme qui, en vertu d'un arrangement libre et volontaire, fait légalement partie d'un CORPS, mais sans être ENRÔLÉ pour y faire le SERVICE purement militaire, sans être lié par un ENGAGEMENT contracté civilement et publiquement, sans être incorporé en vertu d'un APPEL légal, sans être tenu à serment. Ainsi est-il HOMME DE TROUPE, ne l'est-il pas ? figure-t-il sur la MATRICULE ou non ? Nous penchons pour l'affirmative. — Les Gagistes étaient donc les MUSICIENS et les MAITRES OUVRIERS. Si la même désignation ne s'appliquait pas aux AUMONIERS et aux OFFICIERS DE SANTÉ, c'est que, d'une part, le terme GAGE a perdu son ancienne signification, et a pris un sens peu relevé ; et que, d'autre part, les AUMONIERS et les OFFICIERS DE SANTÉ étaient tacitement et moralement assimilés aux officiers. — Conformément aux décisions qui ont été citées plus haut, et qui ne sont pas sans impliquer avec elles-mêmes quelques contradictions et sans faire contraste avec quelques usages, *les musiciens ne peuvent être que Gagistes*. — Même règle était applicable aux MAITRES OUVRIERS. — Les Gagistes n'ont droit ni à l'avancement, ni à la HAUTE-PAYE, ni aux RÉCOMPENSES MILITAIRES ; ils n'auraient droit à la HAUTE-PAYE qu'autant qu'ils seraient ENRÔLÉS COMME SOLDATS. — Le RÈGLEMENT DE 1823 (19 MARS, art. 145 et 146) prévoyait le cas où des Gagistes contracteraient un ENGAGEMENT. — Cette ORDONNANCE laissait entrevoir que, quoiqu'elle appelât Gagistes les MAITRES OUVRIERS, elle faisait une exception pour les MAITRES ARMURIERS, parce qu'ils ont GRADE DE SERGENT. — L'ORDONNANCE DE 1832 (28 AVRIL) permettait que le temps de SERVICE d'un Gagiste qui contractait un ENGAGEMENT militaire lui comptât à partir de l'âge de dix-huit ans. — L'ORDONNANCE DE 1857 (10 JUILLET) énonçait les conditions exigées pour cet ENGAGEMENT. — Ainsi les Gagistes non enrôlés comme SOLDATS n'étaient pas liés par un ENGAGEMENT envers l'Etat, mais contractaient un ENGAGEMENT envers le CORPS, à peu près pareil à celui que prend un acteur vis-à-vis d'un directeur de spectacle. — Des difficultés s'étant élevées à l'égard des PUNITIONS auxquelles des Gagistes prétendaient n'être pas soumis, une DÉCLARATION DE 1857 (25 FÉVRIER) a réglé qu'il ne serait admis de gagistes que dûment avertis qu'ils sont sous l'empire commun de la DISCIPLINE militaire. — Toutefois, par DÉCISION DU 21 MAI 1858, la COUR DE CASSATION mettait au néant un jugement rendu à LYON (septième division militaire), jugement qui infligeait une peine à un Gagiste pour INSUBORDINATION. — LA DÉCISION DE 1857 (18 JUILLET) déclarait à quelles conditions les Gagistes pouvaient contracter un ENGAGEMENT; ces conditions étaient pareilles à celles que la loi imposait aux jeunes FRANÇAIS. — Il doit sortir de ces observations une question d'un haut intérêt : Les Gagistes non enrôlés ne doivent-ils pas être IMMATRICULÉS, puisqu'ils perçoivent une SOLDE militaire des deniers de l'Etat, et puisqu'ils figurent sur des CONTROLES ANNUELS? S'ils sont IMMATRICULÉS, peuvent-ils quitter, avant le temps convenu, le CORPS dont ils font partie, sans être DÉSERTEURS? Pour les DÉLITS de tout autre genre, les Gagistes sont-ils passibles des PEINES à infliger par la JUSTICE MILITAIRE? Un MAITRE OUVRIER, ayant GRADE DE SERGENT, est-il dans une position différente de celle des Gagistes? Un CHEF DE MUSIQUE qui quitterait le CORPS sans autorisation et qui emporterait une ARME A FEU, est-il punissable de MORT? Nous ne connaissons point de solution à ces questions, et nous en tirons une nouvelle preuve de la nécessité d'une LANGUE MILITAIRE moins imparfaite. Toutefois quelques points de ce sujet sont effleurés dans le *Spectateur militaire* (t. XXV, p. 82) et dans la *Sentinelle de l'Armée* (t. IV, p. 157).

GAGNAGE, subs. masc. V. FÉODALITÉ. V. FORTERESSE. V. GAIN. V. GUERRE. V. PAYE. V. SEIGNEUR.

GAGNER, verb. act. V. GAIN.

GAGNER la MESURE. V. COULEMENT D'ÉPÉE. V. MESURE D'ESCRIME.

GAGNER SES ÉPERONS. V. ÉPERON. V. ÉPERON DE BOTTES.

GAGNER TERRAIN. V. EN GAGNANT TERRAIN. V. TERRAIN.

GAGNER une BATAILLE, une MARCHE. V. BATAILLE. V. BATAILLE STRATEGMATIQUE. V. MARCHE. V. MARCHE D'ARMÉE.

GAGUIN. V. NOMS PROPRES.

GAI (gaie), adj. V. LANCE G...

GAIGE, subs. masc. V. APPOINTEMENT. V. GAGE. V. PAYE.

GAIGNAGE, subs. masc. V. BUTIN. V. GAIN. V. PILLAGE.

GAIGNE; **GAIL.** V. NOMS PROPRES.

GAIN, subs. masc. (term. génér.), ou CAPTURE, OU GAAIG, OU GAAIGNAGE, OU GAAIGNE, OU GAAING, OU GAGE, OU GAGNAGE, OU GAIGNAGE, OU PROIE, OU VAAGNAIGE, OU VAAIGNAGE, OU WAAGNAGE, OU WAAGNAIGE, OU WAAGNERIE, OU WAANGNAIGE, OU WAGNAIGE, OU WAHIN, OU WAIGNIAIGE, OU WAIN, OU WAING, OU WIN resté dans l'ANGLAIS. Ces substantifs, relatés et expliqués par ROQUEFORT, et tirés par GÉBELIN du CELTIQUE ou du TEUTON *winn*, ont produit les verbes français GAGER, GAGNER, WAAIGER, WAGNER, WAIGIER, WAIGNER, WAIGNIER. — Le mot Gain dérive du SAXON *gewinnen*; il a joué un grand rôle dans le langage des guerriers FRANÇAIS; il a été synonyme, au temps de la FÉODALITÉ, des substantifs revenus ou honoraires de GUERRE, c'est-à-dire des mots BUTIN, PILLAGE et PROIE; aller au GAGNAGE, c'était se mettre en campagne pour s'emparer de tout ce qui valait la peine qu'on le dérobât; c'était une manière de *gagner sa vie*. Aussi appelait-on terre de GAIGNAGE ou pays à spolier, les champs où un SEIGNEUR ordonnait à ses VASSAUX d'aller porter le ravage, de GAGER ou de WAIGIER, de se dédommager sur l'ENNEMI du tort qu'on avait pu éprouver de sa part; c'est ce qu'en termes adoucis nous appelons se livrer à des REPRÉSAILLES. — Bornons-nous à donner quelques explications au sujet du mot Gain en le considérant comme GAIN COMPTABILIAIRE.

GAIN COMPTABILIAIRE (B, 1). Sorte de GAIN qui donne idée de l'accroissement que prend le total d'un ÉTAT DE SITUATION ou de ce qu'on appelait un ÉTAT QUATRIDIAIRE; c'est un terme de BALANCE; c'est le contre-poids des PERTES.

GAINE, subs. fém. Mot venu, suivant MÉNAGE, du bas LATIN *gaina*, corruption de *vagina*. Il s'est pris comme synonyme de FOURREAU.

GAIS, subs. masc. V. GÉSATE. V. GÊSE.

GAIT, subs. masc. V. GUET.

GAITE, subs. fém. V. FORTERESSE. V. GARDE D'ARMÉE. V. GARDE DE PARIS. V. GUET. V. SENTINELLE.

GAITER, verb. neut. V. GUET.

GALAPENTIN, subs. masc. (F). Mot que ROQUEFORT donne comme synonyme d'ÉPÉE

ou de SABRE; mais il n'en indique ni l'acception précise, ni l'étymologie.

GALBA. V. NOMS PROPRES.

GALE, subs. fém. (B, 1 ; D, 2, 3, 4), ou
GALLE. Mots que FURETIÈRE, MÉNAGE et NICOD
dérivent de l'adjectif LATIN *callus*, *callosus*,
qui aurait produit, suivant eux, dans le bas
LATIN *calla*, *galla*, traduit originairement
par GALLE. — Le substantif Gale répond à
ce que les LATINS appelaient *scabies*; il n'a,
par sa forme et sa consonnance, aucune similitude avec les termes qui, dans les autres
langues, ont la même signification; il a produit les substantifs GALEUX et GALON. — La
Gale est une affection dont quantité d'ordonnances font mention; elles l'ont distinguée en simple et en compliquée; elles ont
regardé celles qui sont opiniâtres et compliquées comme une INFIRMITÉ emportant
CAS DE RÉFORME. — Depuis longtemps la loi
ne permet pas que la Gale simple soit traitée
dans les HOPITAUX MILITAIRES; déjà l'ORDON-
NANCE DE 1768 (1er MARS), relative à l'infanterie, voulait qu'elle le fût à la CASERNE,
ainsi que les MALADIES LÉGÈRES et CUTANÉES;
mais l'ORDONNANCE DE 1768 (21 MAI) prescrivait de la traiter dans les hôpitaux ;
d'autant qu'en temps de paix les TROUPES A
CHEVAL et LÉGÈRES n'avaient pas d'OFFICIERS
DE SANTÉ. — Le RÈGLEMENT DE 1792 (24 JUIN),
qui a en vue les AMBULANCES, ordonnait que,
dans chaque ARMÉE, il fût créé des ÉTABLIS-
SEMENTS spéciaux où seraient reçus les MILI-
TAIRES attaqués de MALADIES CUTANÉES OU VÉ-
NÉRIENNES. — En l'an trois, le ministre de
la guerre voulait que, pendant la belle sai-
son, la Gale simple fût traitée sous la TENTE
ou dans les CANTONNEMENTS par les OFFICIERS
DE SANTÉ des corps. — En l'an quatre (28
GERMINAL), une CIRCULAIRE adressée aux OFFI-
CIERS DE SANTÉ s'étendait sur les mesures à
prendre à cet égard. — L'INSTRUCTION DE
L'AN DIX (24 PLUVIOSE) et les CIRCULAIRES DE
L'AN TREIZE (11 VENTOSE et 11 FLORÉAL) pres-
crivaient les moyens curatifs de la Gale
traitée à la CASERNE. — L'ARRÊTÉ DE L'AN
DOUZE (9 FRIMAIRE) disposait que les CHIRUR-
GIENS des corps continueraient à traiter à la
chambre, à la CASERNE, sous la TENTE, les
MALADIES LÉGÈRES. — Une CIRCULAIRE DE 1813
(9 OCTOBRE) transmettait aux CHIRURGIENS-
MAJORS des mémoires où sont décrites diverses expériences sur la guérison de cette
MALADIE. — L'ORDONNANCE DE 1818 (13 MAI)
prescrivait de nouveau de traiter la Gale à

la caserne. — L'INSTRUCTION DE 1821 (18 JUIL-
LET) excluait de la faveur de participer aux
SEMESTRES les hommes de troupe infectés de
Gale, et les remplaçaient par d'autres PER-
MISSIONNAIRES. — Lorsqu'il est délivré des
CONGÉS ABSOLUS, le CHIRURGIEN-MAJOR signe la
CARTOUCHE après y avoir déclaré que l'HOMME
CONGÉDIÉ n'est point atteint de Gale.

GALÉAIRE, subs. masc. (F), ou GA-
LIAIRE. Mots tous LATINS analogues au subs-
tantif *galea*, CASQUE. — Suivant VÉGÈCE (390,
A), les Galéaires étaient des VALETS ou des
GOUJATS chargés de porter certaines PIÈCES
D'ARMURE des SOLDATS. — Suivant BOCHARD,
les GAULOIS avaient des soldats nommés
Galéaires, probablement à cause de leur
CASQUE.

GALÉANI; GALÉAS. V. NOMS PROPRES.

GALÈCHE, subs. fém. (F), ou GALESCHE,
ou GALLESCHE. Mots que ROQUEFORT regarde
comme synonymes de CUIRASSE légère ; mais
il n'en indique ni l'origine, ni l'étymologie.

GALÉE, subs. fém. V. ARMÉE DE MER. V.
BÉLIER. V. CASQUE. V. CASQUE DE CUIR. V. GA-
LIOTE.

GALÈRE, subs. fém. V. ÉVOLUTION.

GALÈRES, subs. fém. plur. V. ARMÉE DE
MER. V. ARQUEBUSE A CROC. V. BOULET DE CONDAM-
NÉ. V. CÉLEUSTIQUE. V. COMPOSITION. V. CONTRE-
BANDE. V. CRIME. V. DÉGRADATION D'HOMME DE
TROUPE. V. DÉSERTEUR. V. DRAPEAU TRICOLORE. V.
DUEL. V. GÉNÉRAL DES G... V. JUSTICE MILITAIRE.
V. LANGUE FRANÇAISE. V. MARAUDAGE. V. MARCHE-
ROUTE. V. MILICE ESPAGNOLE N° 9. V. MILICE NA-
POLITAINE N° 1. V. PARTI DE GUERRE. V. PEINE
DES G... V. POSTE D'HOMMES DE GARDE. V. PRÉ-
VOT DE CORPS. V. SAMBUQUE DE GUERRE. V. SEN-
TINELLE. V. SERGENT D'INFANTERIE FRANÇAISE
DE LIGNE N° 7. V. TRAVAUX FORCÉS.

GALÈRES DE TERRE (B, 5). L'ORDONNANCE
DE 1775 (12 DÉCEMBRE) les instituait en répression de la DÉSERTION, du MARAUDAGE, et
les établissaient à METZ, STRASBOURG, LILLE
et BESANÇON. Les FORÇATS de ces Galères y
étaient en SABOTS, avaient les CHEVEUX RASÉS,
et recevaient, quand ils étaient libérés, une
CARTOUCHE ROUGE. La création du système des
TRAVAUX FORCÉS OU SPÉCIAUX n'a été, pour
ainsi dire, qu'une copie de cette ORDON-
NANCE. La qualification de FORÇAT, remplacée par celle de CONDAMNÉ, avait seule disparu.

GALÉRI. V. NOMS PROPRES.

GALERIE, subs. fém. V. A G... V. DEMI-
G...

GALERIE (term. génér.), ou WALLERIE suivant ROQUEFORT. Mot probablement imité de l'ITALIEN *galleria*, puisque l'architecture et la FORTIFICATION viennent d'ITALIE ; mais ROQUEFORT le suppose originaire de l'ALLEMAND, et provenu du verbe *wallen*, aller, marcher. DUCANGE le retrouve dans le LATIN *galeria*. — Ce terme donne idée d'un corridor ou d'un couloir, soit souterrain et étançonné, soit en maçonnerie et voûté, soit blindé, soit CRÉNELÉ, soit en relief comme ceux des MACHINES antiques, soit passager comme ceux des TRAVAUX DE CAMPAGNE, soit permanent pour le service d'une FORTERESSE, soit comme servant de communication dans les CASERNES. — Les Galeries se distinguent en GALERIES COUVERTES, — D'APPROCHES, — DE CASERNE, — DE COMMUNICATION, — DE CONTRE-MINE, — DE CONTRESCARPE, — DE MINE, — DE PLANS EN RELIEF, — DE PREMIÈRE ENVELOPPE, — DE TOURNOI, — SOUTERRAINE.

GALERIE CAPITALE (G, 4). Sorte de GALERIES DE MINE qui sont percées le long de la CAPITALE des BASTIONS ou des OUVRAGES analogues.

GALERIE COUVERTE. V. CATAPULTE. V. CONTRE-APPROCHE. V. COUVERT, adj. V. GALERIE D'APPROCHES. V. MACHINE. V. MUSCULE. V. PARALLÈLE, subs. V. SIÉGE OFFENSIF.

GALERIE CRÉNELÉE. V. CRÉNELÉ, adj. V. GALERIE.

GALERIE (galeries) d'APPROCHES (G, 4), OU GALERIE COUVERTE, OU TRUHIE suivant ROQUEFORT. Sorte de GALERIES usitées dans les SIÉGES OFFENSIFS ; les LATINS les nommaient *vinea*, *vineæ*, VIGNES, parce qu'elles ressemblaient à ces berceaux qui ont été connus de toute antiquité en ITALIE, et qui se composaient de vignes mariées à une double rangée d'ormeaux. — Les Galeries d'approches de la MILICE ROMAINE se rendaient par le mot *brachium* : de là cette locution *brachia ducere*, pour signifier creuser ou garantir par des pieux une COMMUNICATION :

ceci concernait les tortues en terre. Mais il était fait usage aussi de TORTUES MÉCANIQUES, qui, rattachées les unes aux autres, formaient une GALERIE COUVERTE. Celles-ci étaient construites au moyen de CLAIES soutenues par des charpentes ; elles étaient à l'épreuve des TRAITS et des PIERRES ; on les recouvrait de cuirs saignants ; elles favorisaient l'accès du BÉLIER, ou le cheminement des SOLDATS qui se portaient aux TOURS, aux MACHINES, aux BRÈCHES des OUVRAGES ; leur largeur et leur hauteur étaient telles, que trois ou quatre SOLDATS chargés ou armés pussent y passer de front et sans être aperçus. — Les PASSAVANTS des bas siècles avaient une destination pareille. — Guillaume LEBRETON nous montre, à la date 1184, PHILIPPE AUGUSTE, formant le siége de Boves, et y faisant construire des GALERIES COUVERTES. Il semblerait, par la description que donne du même fait GUILLAUME GUYART, qu'on appelait CHAT OU CATUS ces Galeries, témoins les vers de cet auteur :

Li minours pas ne sommeillent
  Un chat bon appareillent ;
Tant œuvrent dessous et tant cavent,
Qu'une grant part du mur destravent (renversent).

Mais il semble plutôt que ce CHAT, qu'on a appelé aussi CHAT-CHATEIL, était une TOUR ou une construction en forme de MANTELET sous lequel se cachaient les MINEURS pour travailler en sûreté. — On se servait de Galeries, depuis l'invention de la POUDRE, pour conduire le CANON contre les PLACES dépourvues d'artillerie ; ainsi en usa JEANNE D'ARC à l'attaque de Troyes. — MAURICE DE NASSAU passe pour avoir renouvelé l'usage des Galeries d'approches. — Suivant les systèmes modernes, quand l'ASSIÉGEANT n'est plus qu'à vingt-cinq ou trente mètres du CHEMIN COUVERT, les SAPEURS y marchent en construisant des TRAVAUX que quelquefois ils couvrent de charpentes qu'on nomme MANTEAUX DE TRANCHÉE ; leur travail, en ce cas, prend forme de Galerie. C'est de la même manière qu'ils exécutent la DESCENTE du FOSSÉ, quand elle a lieu comme DESCENTE COUVERTE. — Les AUTEURS qu'on peut consulter à l'égard des Galeries d'approches, et principalement sous le point de vue des usages des anciens, sont : CARRÉ (1783, E), DANIEL (1721, A), DESPREZ (1735, B, p. 227), FOLARD (1727, A), GUISCHARDT (1758, H), JUSTE LIPSE (1596, A), LACHESNAIE (1758, I), MAIZEROY (1771, A), MAUBERT (1762, F).

GALERIE de CASERNE. V. CASERNE.

GALERIE (galeries) de COMMUNICATION (G, 4). Sorte de GALERIES pratiquées dans les FORTERESSES ; on les nomme aussi TRAVERSES ; on s'en sert pour passer le FOSSÉ sans être vu de l'ENNEMI, ou, sous le nom de GALERIES SOUTERRAINES, pour communiquer avec les DEHORS. — Au MOYEN AGE, on les appelait BASSES-COURTS et MOINEAUX. — Les anciens liaient de même les HÉLÉPOLES, les FORTIFICATIONS, les LIGNES, au moyen de Galeries de communication ; il y en avait à MACHICOULIS et à CRÉNEAUX ; ils avaient même des Galeries roulantes, comme le témoignent les gravures de l'ENCYCLOPÉDIE (1751, C).

GALERIE de CONTRE-MINE. V. CONTRE-MINE DE FORTERESSE. V. CONTRE-MINE DE REMPART. V. CONTRE-MINE PERMANENTE. V. CONTRE-PUITS. V. GALERIE DE MINE.

GALERIE de CONTRESCARPE. V. CONTRESCARPE. V. GALERIE D'ENVELOPPE. V. MEUZE.

GALERIE de MINE (term. sous-génér.), OU GALERIE DE CONTRE-MINE. Sorte de GALERIES employées dans la GUERRE DE SIÉGE DÉFENSIF ; elles conduisent à un ou à plusieurs FOURNEAUX de la FORTERESSE ; elles appartiennent à des MINES OU PASSAGÈRES OU PERMANENTES. Celles qu'on ne construit qu'à mesure du besoin consistent en de petites allées souterraines, pratiquées à l'extrémité d'un puits, et consolidées par quelques pièces de charpente qu'on nommait jadis ESTANÇONS OU ESTAPES. — Les Galeries de mine contiennent, quand elles sont chargées, un SAUCISSON ; elles correspondent quelquefois à des conduits moindres qu'on nomme RAMEAUX OU ARAIGNÉES ; celles des CONTRESCARPES répondent aux GALERIES D'ENVELOPPE. — L'ENNEMI a recours aux GLOBES DE COMPRESSION pour renverser les Galeries, ou aux LANCES A FEU PUANT pour les empester. — A raison de la profondeur où se trouvent les Galeries, on les appelle de premier ordre, de second ordre, ou DEMI-GALERIE. — Les Galeries construites en maçonnerie ont au moins deux mètres de haut, sur un mètre de large. — Les AUTEURS dans lesquels on trouverait des notions plus détaillées à ce sujet sont : BELAIR (1792),

DESPREZ (1735, B), DUANE (1810, E), DUPAIN (1757, B), GANEAU, GASSENDI (1819), GUILLET (1686, B), LACHESNAIE (1758, I), SAINT-REMY, SIONVILLE (1756, E), VILLENEUVE (1826), le *Journal des Sciences militaires* (1834, novembre, p. 207), l'*Encyclopédie des Gens du monde*. — Les Galeries de mine se distinguent en GALERIE CAPITALE, — D'ÉCOUTES, — D'ENVELOPPE, — MAGISTRALE, — MAJEURE.

GALERIE de PLANS EN RELIEF. V. ENGIN. V. FORTERESSE. V. PLAN EN RELIEF.

GALERIE de PREMIÈRE ENVELOPPE. V. GALERIE MEURTRIÈRE. V. PREMIÈRE ENVELOPPE.

GALERIE de TOURNOI. V. TOURNOI.

GALERIE (galeries) d'ÉCOUTES (G. 4 ; II, 1). Sorte de GALERIES DE MINE qui partent des GALERIES D'ENVELOPPE et qui se dirigent au loin vers la campagne, parallèlement et à peu de distance des CAPITALES. — Au moyen des Galeries d'écoutes, on est à même de reconnaître si le MINEUR ENNEMI s'avance.

GALERIE (galeries) d'ENVELOPPE (G, 4). Sorte de GALERIES DE MINE pratiquées à l'entour des FORTIFICATIONS PERMANENTES sous l'extrémité du GLACIS ; elles communiquent aux GALERIES MAGISTRALES et à celles de la CONTRESCARPE ou du CHEMIN COUVERT ; elles sont le point de départ des GALERIES D'ÉCOUTES.

GALERIE MAGISTRALE (G, 4). Sorte de GALERIE DE MINE qui est parallèle à la LIGNE MAGISTRALE ou aux côtés d'un OUVRAGE, et qui correspond aux GALERIES D'ENVELOPPE.

GALERIE MAJEURE. V. CONTRE-MINE PERMANENTE. V. MAJEUR, adj.

GALERIE MEURTRIÈRE (G, 4), ou GALERIE DE PREMIÈRE ENVELOPPE. Sorte de GALERIE DE MINE construite parallèlement à la CONTRESCARPE, à six ou sept mètres au-dessous du CHEMIN COUVERT ; elle est en maçonnerie ; elle a trois mètres de haut ; d'autres RAMEAUX de MOINDRES MINES en repartent, sous le GLACIS, dans les directions convenables.

GALERIE SOUTERRAINE. V. GALERIE DE COMMUNICATION. V. SORTIE D'ASSIÉGÉS. V. SOUTERRAIN, adj.

GALESCHE, subs. fém. V. GALÉCHE.

GALET, subs. masc. V. JALET.

GALETTE, subs. fém. V. BISCUIT.

GALETTI. V. NOMS PROPRES.

GALEUX, subs. masc. V. GALE. V. INFIRMERIE.

GALIAIRE, subs. masc. V. GALÉAIRE.

GALIBERTO ; **GALILÉE**. V. NOMS PROPRES.

GALIOTE, subs. fém. (term. génér.). Mot que GÉMELIN croit de souche ORIENTALE ; il est dérivé du GREC moderne ou de l'italien *galea*, galère, d'où sont venus aussi le générique galée, l'augmentatif galon, le diminutif galiot, qui sont espagnol et anglais. — Il ne sera question ici de la Galiote que comme galiote à bombes.

GALIOTE (galiotes) à bombes (G, 2), ou bombarde. Sorte de galiotes dont l'usage appartient surtout à l'armée navale. Elles ont été inventées en 1681 par Bernard Renaud. — Les Galiotes étaient des batiments très-renforcés en bois, à plate varangue, n'ayant que des coursives sans pont, et portant des batteries de mortiers sur un faux tillac construit à fond de cale. — Des Galiotes, d'un genre à peu près pareil, ont porté des machines infernales. — Il y a eu des Galiotes armées de pièces de canon et de pierriers; elles avaient jusqu'à vingt mètres de long et allaient à rames et à voiles. — Cinq bombardes et ensuite huit que le gouvernement français prépare en 1829 contre Alger, portent des mortiers de douze pouces ayant une portée de trois mille six cents à quatre mille mètres; d'autres sont armées de mortiers à la gomer de douze pouces, dont la portée est de dix-huit cents mètres. Chaque Galiote a deux mortiers, trois cent cinquante bombes et une batterie de caronades. Elles rentrent en France sans avoir servi.

GALLAND. V. noms propres.

GALLE, subs. fém. v. gale. v. tour de galle.

GALLÈRES, subs. fém. plur. v. brague.

GALLESCHE, subs. fém. v. galèche.

GALLET, subs. masc. v. jalet.

GALLI. V. noms propres.

GALLICES, subs. fém. plur. v. soulier.

GALLOIS; GALLUCCI. v. noms propres.

GALOCHE, subs. fém. v. chaussure. v. soulier.

GALON, subs. masc. v. jalon.

GALON, subs. masc. (B, 1). Mot dérivé de l'italien *callone*, *gallone*, *gallonare*. Il paraît une imitation du mot gale; il s'est d'abord écrit gallon. — Les Galons sont considérés ici comme une des marques distinctives de l'habillement des troupes, comme particulières à certaines armes, et comme servant à faire reconnaître certains grades, certains emplois. — Le Galon est un travail de passementerie et un tissu en fil, en or ou en argent, en soie ou en laine, etc. Il a figuré sous forme de bordé, de boutonnière, de brandebourg, de bride d'épaulette, de soutache, etc. On s'en est servi comme ornement de bonnet de police, comme ganse de chapeau, corps d'épaulette, chevrons, demi-chevrons d'habillement, etc.

— Les galons de grade des sous-officiers sont de l'espèce de tissu dit à cul-de-dé; ceux des officiers de santé étaient à la mousquetaire; ceux des schakos d'officiers d'infanterie sont à lézardes; ceux de l'infanterie de la garde royale étaient à cordé plain, c'est-à-dire en passementerie dont l'ouvré est uni.

GALON d'adjudant. V. adjudant. V. adjudant d'infanterie française de ligne n° 7.

GALON d'adjudant de place. V. adjudant de place n° 3.

GALON d'ancienneté. V. ancienneté. V. chevron d'ancienneté. V. garde impériale n° 4.

GALON d'appointé. V. appointé.

GALON d'argent. V. argent. V. sous-officier; id. n° 5.

GALON d'armurier. V. armurier de corps n° 2.

GALON de bonnet de police. V. bonnet de police de garde royale. V. bonnet de police d'officier.

GALON de caporal. V. armurier de corps n° 3. V. caporal. V. caporal d'infanterie française de ligne n° 6. V. fourrier d'infanterie française de ligne n° 4.

GALON de capote. V. capote. V. capote d'infanterie française de ligne.

GALON de chapeau V. chapeau. V. maréchal de France n° 5.

GALON de chirurgien. V. chirurgien. V. chirurgien-major d'infanterie française de ligne n° 4.

GALON de fifre. V. fifre.

GALON de fourrier. V. fourrier. V. fourrier d'infanterie française de ligne. n° 4.

GALON de grade. V. galon. V. grade.

GALON de housse. V. housse. V. housse de harnachement.

GALON de livrée. V. caporal-tambour. V. clarinet. V. livrée. V. musicien n° 4. V. tambour idioplique d'infanterie française n° 3. V. tambour-major n° 4.

GALON de musicien. V. collet d'habit de musicien. V. musicien n° 4.

GALON de schako. V. adjudant d'infanterie française de ligne n° 7. V. capitaine d'infanterie française de ligne n° 6. V. colonel d'infanterie française de ligne n° 5. V. compagnie d'infanterie française de ligne n° 6. V. lieutenant-colonel n° 2. V. ministre de la guerre (1821). V. ordonnance d'uniforme. V. schako. V. schako d'homme de troupe. V. schako d'infanterie. V. sous-lieutenant n° 3.

GALON de SERGENT. V. ARMURIER DE CORPS N° 2. V. SERGENT. V. SERGENT D'INFANTERIE FRANÇAISE DE LIGNE N° 4.

GALON de SERGENT-MAJOR. V. MUSICIEN N° 4. V. SERGENT-MAJOR N° 4. V. TAMBOUR-MAJOR N° 4.

GALON de SOUS-OFFICIER. V. CASSATION DE SOUS-OFFICIER. V. MILICE PIÉMONTAISE N° 3. V. SOUS-OFFICIER; id. N° 5, 11.

GALON de TAMBOUR. V. TAMBOUR. V. TAMBOUR D'INFANTERIE FRANÇAISE DE LIGNE.

GALON de TAMBOUR-MAJOR. V. BAUDRIER DE TAMBOUR-MAJOR. V. TAMBOUR-MAJOR; id. N° 4.

GALON d'ÉPAULETTE. V. BOUTONNIÈRE D'ÉPAULETTE A FRANGE. V. CORPS D'ÉPAULETTE D'OFFICIER. V. CONTOUR D'ÉPAULETTE. V. ÉPAULETTE. V. ÉPAULETTE D'OFFICIER.

GALON d'HABIT. V. HABIT. V. MAISON DU ROI N° 4. V. OFFICIER DE CAVALERIE N° 3.

GALON d'INFANTERIE DE GARDE ROYALE. V. CORDÉ PLAIN. V. INFANTERIE DE GARDE ROYALE.

GALON DISTINCTIF. V. CHEVRON D'HABILLEMENT. V. DISTINCTIF, adj. V. MARQUE DISTINCTIVE. V. SOUS-OFFICIER D'INFANTERIE.

GALON d'OFFICIER DE SANTÉ. V. OFFICIER DE SANTÉ.

GALON d'OR. V. CHEVRON D'ANCIENNETÉ. V. GARDE IMPÉRIALE N° 4. V. GRADE D'OFFICIER. V. LIEUTENANT GÉNÉRAL N° 4. V. OR. V. SERGENT D'INFANTERIE FRANÇAISE DE LIGNE N° 4. V. SOUS-OFFICIER N° 5.

GALONNÉ (galonnée), adj. V. CHAPEAU G...

GALOP, subs. masc. V. CAVALERIE FRANÇAISE N° 7. V. CHARGE DE CAVALERIE. V. CHEMINEMENT ÉQUESTRE. V. MILICE SYKE N° 5.

GALOPIN, subs. masc. V. SOUS-AIDE-MAJOR.

GALOUBET, subs. masc. V. ARIGOT. V. ARRIÈRE-BAN. V. AVENTURIER. V. FIFRE. V. MUSIQUE. V. TABOURIN. V. TAMBOUR INSTRUMENTAL. V. TAMBOURIN.

GAMACHES, subs. fém. (P). Mot dérivé, suivant DUCANGE et ROQUEFORT, du bas LATIN *gamachæ*, provenu du LATIN *camba*, JAMBE. Les ALLEMANDS en ont fait *kamaschen*. GIBELIN tire ces différents mots du CELTIQUE. — Les Gamaches étaient des GUÊTRES de cuir épais, pareilles à la CHAUSSURE que portent encore les bouchers de campagne. Des ordonnances les ont aussi nommées BOTTINES. — Les CARABINS, CAVALERIE de souche ESPAGNOLE, en apportèrent la mode; elle fut adoptée par les DRAGONS FRANÇAIS et par les MOUSQUETAIRES A CHEVAL; elle avait cessé pour faire place aux GUÊTRES LONGUES pareilles à celles des CORPS D'INFAN-

TERIE. LES PANTALONS A FAUSSES BOTTES les avaient, en quelque sorte, remplacées.

GAMBAISON, subs. masc. V. GAMBESON.

GAMBASSON, subs. masc. V. GAMBESON.

GAMBE, subs. fém. V. JAMBE.

GAMBESON, subs. masc. (F), ou GAMBASSON, OU CAMBORON, OU CHOPE, OU CONTREPOINTE, OU COTTE GAMBOISIÉE, OU COURPONTIÈRE, OU ESCOUPILE, OU ESCAUPILLE comme disaient les ESPAGNOLS commandés par Cortez, ou CAMBASSON comme l'écrit GASSENDI, OU GAMBESSON, OU GAMBIEX, OU GAMBISON comme l'appelle CARRÉ (1783, E), OU GAMBISSON, OU GAMBOISON comme l'appelle VILLEHARDOUIN, OU GANBESON comme dit BARBAZAN, OU HAMBACK suivant LACOMBE, OU GAUBESON comme l'écrit BOREL (Pierre), OU GAUBISSON, OU GOBESON comme l'appellent DUCANGE et POTIER (1779, X), OU GOBESSON comme l'emploie l'ENCYCLOPÉDIE (1785, C), OU GOBISSON comme dit FAUCHET, OU GOLISSON, OU GOUBISSON, OU GAMBAISON, OU GAUBESSON, OU WAMBAIS, OU WAMBEISON, OU WANBEIS suivant ROQUEFORT, qui donne à ce substantif vingt et un synonymes. — Le mot Gambeson et ceux qu'on voit ici lui ressembler dérivent du bas LATIN *gambesa*, *gambeso*, *gambesones*, *gambicum*, *gambiso*, *gamvisum*, dont la racine se rapporte à *wan*, *want*, signifiant GANT. — On appelait aussi en bas LATIN *feltrum*, francisé dans le mot FEUTRE, le Gambeson, parce qu'il y en avait qui étaient confectionnés en FEUTRE. — On appelait plutôt CAMBORON des doublures en peau piquée; COURPONTIÈRES, des matelassures en toile; JACQUES ou CHOPES, des Gambesons de soldats grossièrement vêtus. — Les ÉCUYERS DE SUITE qui n'avaient pas de FIEFS A HAUBERT ne portaient, suivant DESPAGNAC (1751, D), que le Gambeson. — Avoir l'armure sans Gambeson s'appelait être ARMÉ A CRU. — Le Gambeson rappelle le temps où l'on se servait de l'ARMURE A HAUBERT; dès le commencement du onzième siècle, il était généralement à l'usage des CHEVALIERS; il consistait en une camisole de cuir à peu près pareille aux JACQUES, ou en un POURPOINT de taffetas ou de linge. DUCANGE, dans la *Vie de saint Louis*,. nous apprend que ces VÊTEMENTS descendaient sur les cuisses, étaient rembourrés de crin, d'étoupe ou de laine. Les CHEVALIERS DU MOYEN AGE les portaient sous la COTTE DE MAILLES qui leur servait alors de CUIRASSE, ou simplement quelquefois sous la COTTE D'ARMES qui leur servait de manteau. ROQUEFORT dit que le Gambeson se portait à cru sur la chair; au contraire M. JACOB et plusieurs autres pensent qu'il se portait en dessus du plastron, c'est-à-dire de la PLATINE. — Le Gambeson contre-pointé, comme on disait alors, c'est-à-dire consolidé et rembourré, rompait l'effort de la LANCE et l'empêchait de pénétrer; il amortissait les COUPS de l'ENNEMI et prévenait par sa résistance les meurtrissures que le treillis de fer ou les MAILLES du HAUBERT auraient occasionnées aux membres du CHEVALIER ou aux parties qui n'étaient pas défendues par la PLATE; car, suivant Guillaume LEBRETON, on portait sous le Gambeson un PLASTRON d'acier battu, nommé PLATE ou PLATINE; mais FAUCHET a omis d'en faire mention, ainsi que le remarque DESPAGNAC (1751, D). Peut-être l'usage de cette PLATE, que décrit CARRÉ (1783, E), n'a-t-elle pas été de longue durée, ou n'a-t-elle été que d'un usage local. — Le Gambeson s'est porté aussi sous l'ARMURE DE FER PLEIN. — On voit dans FAUCHET que, dans l'action de se vêtir, les CHEVALIERS n'endossent le Gambeson qu'après avoir mis les CHAUSSES DE MAILLES. — GANEAU s'étend sur le mot Gambeson, et en parle comme à l'usage des AMBACTES. — Lorsque la COTTE DE MAILLES fut abandonnée, l'usage du Gambeson a cessé, ou du moins la JACQUE a succédé à la camisole qu'on avait jusque-là nommée Gambeson. — L'adjectif gambesié s'appliquait à l'homme vêtu du Gambeson.

GAMBESSON, subs. masc. V. GAMBESON.

GAMBIEX, subs. masc. V. GAMBESON.

GAMBISON, subs. masc. V. GAMBESON.

GAMBISSON, subs. masc. V. GAMBESON.

GAMBOA. V. NOMS PROPRES.

GAMBOISIÉ (gamboisiée), adj. V. COTTE GAMBOISIÉE.

GAMBOISON, subs. masc. V. GAMBESON.

GAMELLE, subs. fém. (B, 1). Ce mot, dont l'étymologie n'est pas certaine, mais qu'on retrouve dans le bas LATIN camella ou gamellum, comme le témoignent DUCANGE et le Dictionnaire de la Conversation, nous est venu des chiourmes des ports de l'Italie. Il se disait en bon italien gavetta, qui a la même signification. — Dans l'origine, les Gamelles étaient des écuelles ou jattes de bois, sans rebords et creuses, dont se servait la MARINE, comme le témoigne l'ENCYCLOPÉDIE (1751, C). La capacité de ces Gamelles était appropriée à l'usage de six ou de huit hommes. — Manger à la Gamelle signifiait vivre à l'ordinaire des matelots; c'était quelquefois une punition infligée à des MARINS

vivant ordinairement à la table du capitaine. — Les HOMMES DE TERRE empruntèrent des marins l'usage des Gamelles; mais les leurs furent en métal ou en faïence. — Dans le dernier siècle, on appelait Gamelles de grandes écuelles de terre, qu'en temps ordinaire les BOULANGERS de la GARNISON étaient dans l'usage de fournir aux COMPAGNIES, auxquelles ils vendaient le PAIN DE SOUPE. Cet usage subsiste encore. Mais nous nous occuperons ici des Gamelles considérées comme des EFFETS DE CAMPEMENT; ce sont des vaisseaux de fer-blanc susceptibles d'être suspendus au HAVRE-SAC au moyen d'un anneau en fil de fer. — Une Gamelle est une écuelle assez grande pour contenir la SOUPE d'une ESCOUADE ou d'une TENTE; mais ce principe est vague, puisque aucune règle ne fixe précisément la quantité d'HOMMES qui doivent composer une CHAMBRÉE ou une TENTE. — L'ORDONNANCE DE CAMPAGNE DE 1778 (28 AVRIL) voulait que chaque CHAMBRÉE OU TENTE fût pourvue d'une Gamelle; en campagne, elles étaient fournies des MAGASINS de l'État. — Le décret de 1791 (1er février) disposait que la MASSE DE CAMPEMENT, dont le MINISTRE avait la gestion, pourvoyait à la fourniture de ce genre d'EFFET quand il était donné ordre d'en faire la distribution aux CORPS. — L'INSTRUCTION DE L'AN TROIS (16 VENTOSE) témoigne que le gouvernement faisait fournir de ses MAGASINS les Gamelles. — La LOI DE L'AN SEPT (26 FRUCTIDOR) voulait que le prix des Gamelles fût acquitté par la MASSE DE LOGEMENT. — La CIRCULAIRE DE L'AN NEUF (25 VENDÉMIAIRE) imputait cette dépense sur la MASSE DE CHAUFFAGE et d'USTENSILES DE CAMPEMENT. — L'INSTRUCTION DE L'AN DOUZE (16 BRUMAIRE), recopiée sur d'anciens règlements en désuétude, se trouvait ainsi en opposition avec les règles de l'ADMINISTRATION du temps, et classait au nombre des fournitures faites des MAGASINS de l'État la fourniture des Gamelles. — Le DÉCRET DE 1806 (25 FÉVRIER) voulait que les CORPS eussent toujours en MAGASIN des Gamelles par compagnie, et qu'elles fussent acquises au même compte que les autres EFFETS DE CAMPEMENT. — Au nombre des CONVOIS EN ROUTE est compris le transport de la Gamelle de l'ORDINAIRE; chaque SOLDAT en doit être chargé à son tour. — Conformément au TARIF DE 1831 (13 NOVEMBRE), les GAMELLES DE CAMPEMENT font partie des USTENCILES DE CAMPEMENT; elles sont ou en fer-blanc ou en fer battu; elles sont à l'usage de huit hommes.

GAMELLE DE CAMPEMENT. V. CAMPEMENT. V. GAMELLE.

GAMET. V. NOMS PROPRES.

GANBE, subs. fém. V. JAMBE.

GANBESON. V. GAMBESON.

GANCE, subs. fém. v. GANSE.

GANCHIER, subs. masc. v. GANTELET.

GAND; GANDINI; GANEAU. V. NOMS PROPRES.

GANSE (subs. fém.) de CHAPEAU (B, 1), ou GANCE. Ce mot, dont la racine n'est pas connue, exprime un des ornements du CHAPEAU D'UNIFORME. — Le RÈGLEMENT DE 1779 (24 FÉVRIER) décidait que la CORNE gauche du chapeau devait être arrêtée par une Ganse noire à l'effet de maintenir la COCARDE. — Le RÈGLEMENT DE 1786 (1er OCTOBRE) régla que la Ganse d'officier se composerait d'un GALON étroit en or ou en argent. Mais bientôt une mode suisse prévalut; et cette Ganse, qui saisissait entre ses branches le BOUTON, se transforma en un seul GALON dans le milieu duquel une raie en soie noire figurait l'ancienne séparation des deux branches de la Ganse. — Maintenant la Ganse des OFFICIERS est un GALON d'or ou d'argent, suivant le BOUTON; elle sert à relever la partie du CHAPEAU A TROIS CORNES qu'on nomme BORD DE GAUCHE; une des extrémités de la Ganse est cousue vers le haut de la forme; son autre extrémité est arrêtée par un BOUTON. — Une décision a établi une règle qu'aucune utilité ne justifiait, et voulu que la Ganse de chapeau des OFFICIERS de la GARDE ROYALE fût en métal découpé en ÉCAILLES; que celle des GÉNÉRAUX fût en TORSADES. La DÉCISION DE 1833 (1er JUILLET) rétablissait la Ganse à la suisse.

GANSE de HAUSSE-COL. V. HAUSSE-COL.

GANSE de HUSSARDS. V. HUSSARD N° 4. V. MILICE RUSSE N° 2, 4. V. OFFICIER DE CAVALERIE N° 2.

GANSE de TENTE. V. TENTE. V. TOIT DE TENTE.

GANT, subs. masc. V. JETER LE G... V. RELEVER LE G...

GANT (gants) (F; B, 1), ou WAN, ou WANS, ou WANT suivant ROQUEFORT. Ces mots, empruntés de la LANGUE ROMANE, ou, suivant DUCANGE, de l'ALLEMAND ou du FLAMAND wante, dont le LATIN barbare a fait wantus, wanto, gwantum, et que GÉBELIN fait venir du TEUTON want et hand, main, sont analogues à l'ITALIEN guanto. Cette expression a produit les dérivés GANT DE MAILLES et GANTELET. — Depuis l'adoption du COSTUME DE FER chez les Français, les Gants ont été à l'usage des TROUPES A CHEVAL et de l'INFANTERIE vêtue du HALLECRET; mais l'INFANTERIE moderne n'en portait point, ou du moins il n'en était donné qu'aux SERGENTS, et seulement dans quelques CORPS, comme le témoigne un manuel du régiment de Neustrie

(Bouillon, 1776), régiment que commandait GUIBERT. — Cependant le RÈGLEMENT DE CAMPAGNE DE 1788 comprenait des Gants, ou plutôt des mitaines, parmi les effets d'ÉQUIPEMENT D'HIVER. — En 1795, il fut distribué aux HOMMES DE TROUPE de l'armée du Nord des demi-Gants ou des poignets de mitaine en laine tricotée. — La GARDE IMPÉRIALE, imitant en cela la GARDE NATIONALE et la MILICE ANGLAISE, a donné, la première, l'exemple de l'INFANTERIE gantée en GRANDE TENUE. — Depuis le commencement de ce siècle, les règlements ont accordé aux SAPEURS D'INFANTERIE une paire de GANTS A PAREMENT, vulgairement nommés Gants à la Crispin. — C'est un ornement inutile et même embarrassant; le sapeur ne sait qu'en faire quand il doit manier devant l'ennemi sa hache ou ses armes. — La DÉCISION DE 1833 (25 JUILLET) prescrivait aux OFFICIERS SANS TROUPE et aux OFFICIERS D'INFANTERIE l'usage des Gants en peau blanchie, en fil ou en coton blancs. — La DÉCISION DE 1836 (5 AVRIL) donnait des Gants à toutes les TROUPES A PIED; ceux de l'ARTILLERIE en peau chamoisée; ceux des HOMMES DE TROUPE de l'INFANTERIE en coton blanc. Dans cette disposition du MINISTRE, l'inutilité le disputait à la prodigalité. — La DÉCISION DE 1837 (14 AVRIL) prenait à cet égard les mesures de détail.

GANT A PAREMENT. V. A PAREMENT. V. GANT. V. SAPEUR D'INFANTERIE.

GANT de MAILLES. V. GANT. V. GANTELET DE MAILLES. V. MAILLE.

GANT de SALLE D'ESCRIME. V. ÉCOLE D'ESCRIME. V. SALLE D'ESCRIME.

GANT de SAPEURS D'INFANTERIE. V. EFFET DE GRAND ÉQUIPEMENT. V. GANT. V. SAPEUR D'INFANTERIE.

GANT d'OFFICIER. V. GANT. V. OFFICIER.

GANTELET (gantelets), subs. masc. (term. génér.), ou GANCHIER, ou gant à broches de fer suivant ROQUEFORT, ou GANTELET D'ARMES. — Le mot Gantelet, dont le mot GANT a été la racine, exprime une PIÈCE D'ARMURE en usage au MOYEN AGE; l'ENCYCLOPÉDIE (1751, C) dit même que la CAVALERIE des LÉGIONS ROMAINES portait Gantelets. — Les anciens méprisaient la mode des GANTS; ils les regardaient comme un signe de mollesse; il n'est nulle part question de Gantelets dans HOMÈRE; mais VIRGILE en donne l'idée, en parlant de la blessure d'un guerrier qui venait de quitter son Gantelet. — Les ARCHERS se servaient d'un GANT, ou plutôt d'un BRASSARD, propre à garantir leur bras gauche du contre-coup de la CORDE de leur ARC. Les auteurs qui écrivaient au temps de la MILICE BYZANTINE appelaient ces GANTS chi-

rotheca, dactilotheca. — Les CHEVALIERS DU MOYEN AGE regardaient depuis 1300, à ce que dit LEGENDRE, les GANTS comme un des accessoires indispensables du COSTUME DE FER; les leurs étaient de peau et à parement, le dessus de la main et le PAREMENT étaient recouverts en lames de métal ou en tricot de fer; ceux de la première espèce appartenaient à l'ARMURE PLATE, et recouvraient une partie du GARDE-BRAS; les autres appartenaient à l'ARMURE DE MAILLES. — Il y avait des Gantelets à doigts; d'autres sans doigts, sauf le pouce. — Les Gantelets étaient retenus au bras du GENS D'ARME au moyen d'une courroie qui lui serrait le poignet; quelquefois le PAREMENT du GANT s'ouvrait à charnière, quelquefois il était d'une seule pièce comme l'évasement d'un entonnoir. — Il s'est vu, par extraordinaire, des ÉCUS où le Gantelet était cloué à demeure. — Le Gantelet devenait quelquefois un signe de DÉFI, un GAGE DE BATAILLE; il équivalait, dans un langage muet, à une DÉCLARATION DE GUERRE A OUTRANCE; ainsi, quand un GÉNÉRAL qui attaquait une PLACE JETAIT à terre le Gantelet, il prenait, vis-à-vis de son ARMÉE, l'engagement de ne RELEVER cette PIÈCE D'ARMURE que quand la PLACE se serait RENDUE. — Le prétendu Gantelet de Roland était conservé dans la cathédrale de Langres; il fut montré comme une relique aux gentilshommes de l'arrière-ban qui passaient par cette ville en 1674. — Un CHEVALIER condamné à la DÉGRADATION était dépouillé de ses Gantelets : c'était une des premières PIÈCES D'ARMURE qui lui étaient arrachées. — Le DEXTROCHÈRE, qui était un des MEUBLES DE BLASON du CONNÉTABLE, était une trace de l'usage des Gantelets des CHEVALIERS. — VELLY rapporte, à la date 1392, qu'à ROSBEC l'infanterie FLAMANDE était pourvue de Gantelets; quant à l'INFANTERIE FRANÇAISE, elle n'en a fait usage que rarement; DUBELLAY (1535, A) proposait, comme une innovation, de lui en donner. — MANESSON (1685, B) parle encore de Gantelets qui, de son temps, accompagnaient, dit-il, le CORSELET; mais la mode commençait alors à en être entièrement passée. — Depuis l'extinction de la CHEVALERIE, les GENS D'ARMES et les soldats principaux de la LANCE GARNIE continuèrent à porter le Gantelet. — Dans l'INFANTERIE, le HALLECRET complet comprenait des Gantelets. — Toute la CAVALERIE FRANÇAISE sous HENRI TROIS s'en servait encore; elle était à la veille d'y renoncer. — Les CARABINS avaient un seul Gantelet; il s'appelait GANTELET A COUDE; il garantissait le bras gauche et la main de la bride. — Des images de Gantelets se retrouvent dans

CARRÉ (1783, E) et dans M. JACOB. — L'usage du Gantelet et son abolition ont influé sur la forme des poignées d'armes blanches; tant que l'usage du Gantelet a duré, les armes à manche suffisaient : telle est l'épée de CONNÉTABLE; quand le Gantelet a été abandonné, les armes à garde, ou à panier enveloppant la main, sont devenues indispensables : telles sont les GARDES d'épée et de sabre depuis le dix-septième siècle. — PRÊTER LE GANTELET était synonyme, suivant le *Dictionnaire de la Conversation*, de accepter un défi. — Infliger le Gantelet était la fustigation de la MILICE ANGLAISE. — GANEAU, LACOMBE et LOBINEAU disent qu'on appelait hambrege de fer ou hambregé, ce qui garnissait en dedans le Gantelet des chevaliers. — Nous distinguerons principalement ici le Gantelet d'armes en GANTELET DE MAILLES.

GANTELET A COUDE. V. A COUDE. V. CARABIN. V. GANTELET.

GANTELET D'ARMES. V. ARMES. V. GANTELET. V. HÉRAUT D'ARMES N° 4. V. MILICE RUSSE N° 4. V. PAGE. V. SABRE.

GANTELET (gantelets) DE MAILLES (F), ou GANT DE MAILLES. Sorte de GANTELETS que les CHEVALIERS DU MOYEN AGE ont ajouté, vers le règne de PHILIPPE AUGUSTE, au HAUBERT ou COTTE DE MAILLES; mais ce genre de Gantelet était surtout à l'usage des ARCHERS A CHEVAL, des ARBALÉTRIERS et des COUSTILIERS. Les CHEVAU-LÉGERS de LOUIS ONZE en portaient. — Les TURCS en ont sous le nom de *colgiac:* ce GANT couvre le bras jusqu'au coude; il défend les mains, et sert à parer les coups de tête.

GAOLIER, subs. masc. V. GEOLAGE.

GARANCE, subs. fém. et masc. (B, 1). Mot qui doit son nom à celui d'une plante, et qui exprime une nuance d'un ROUGE particulier. GÉDELIN tire le mot du CELTIQUE *kar,* ROUGE. — Depuis des époques peu anciennes, et surtout depuis le RÈGLEMENT DE 1818 (25 NOVEMBRE), la Garance était une des COULEURS DISTINCTIVES de certaines TROUPES FRANÇAISES. Depuis la DÉCISION DE 1828 (29 MAI), elle était devenue propre à l'INFANTERIE FRANÇAISE DE LIGNE et à quelques parties du costume de la CAVALERIE; elle était la COULEUR TRANCHANTE des CAPOTES, ainsi que du COLLET D'HABIT, des CONTRE-ÉPAULETTES, des PAREMENTS, des PASSE-POILS, des RETROUSSIS de l'INFANTERIE DE BATAILLE. Elle a été aussi celle d'un POMPON. — La DÉCISION DE 1829 (26 JUILLET) substituait dans toute l'INFANTERIE le PANTALON GARANCE au PANTALON BLEU. — En 1831, le Garance était distinctif des LANCIERS.

GARAT, subs. masc. V. CARREAU.

GARCESQUES, subs. fém. plur. v. GRÉGUES.

GARÇON MAJOR, subs. masc. V. ADJUDANT D'INFANTERIE FRANÇAISE DE LIGNE N° 1, 16. V. AIDE-MAJOR ANCIEN. V. HOMME DE TROUPE N° 1. V. MAJOR. V. MAJOR-CAPITAINE. V. SERGENT-MAJOR N° 1. V. SOUS-AIDE-MAJOR.

GARÇON OUVRIER. V. COMPAGNIE HORS RANGS. V. MAITRE OUVRIER N° 4. V. OUVRIER. V. OUVRIER DE CORPS.

GARDE (gardes), subs. masc., fém. et impératif. V. A G... V. A LA G... V. ANCIENNE G... V. APPEL DE G... V. ARCHER DE LA G... V. ARRIÈRE-G... V. ARRIVÉE DE G... V. ASSEOIR LA G... V. AUX G... V. AVANT-G... V. BATTRE LA G... V. BILLET DE G... V. BRIGADIER DES G... V. CAPITAINE AUX G... V. CAPITAINE DE G... V. CAPITAINE DES G... V. CAPORAL DE G... V. CHANGER LA G... V. CHEF DE G... V. CHEVALIER-G... V. COLLET DE G... V. COMPAGNIE DES G... V. CONTRE-G... V. CORPS DE G... V. DE G... V. DESCENDRE DE G... V. DESCENTE DE LA G... V. DOUBLER LA G... V. EN G... V. ENLÈVEMENT DE G... V. ENLEVER UNE G... V. ENSEIGNE DES G... V. ÉQUIPAGES DE LA G... V. ÊTRE EN G... V. EXEMPT DES G... V. FAIRE G... V. FAIRE LA G... V. FORMATION DE G... V. GENDARME DE LA G... V. GENDARMERIE DE LA G... V. GÉNÉRAL DE LA G... V. GRAND'G... V. GRENADIER A CHEVAL DE LA G... V. GUET ET G... V. HOMME DE G... V. HORS DE G... V. HORS LA G... V. HUSSARD DE LA G... V. INSPECTION DE G... V. JEUNE G... V. LIEUTENANT DE G... V. LIEUTENANT DES G... V. MILITAIRE DE G... V. MILITAIRE DE LA G... V. MONTER LA G... V. MOUSQUETAIRE DE LA G... V. MOYENNE G... V. NOUVELLE G... V. OFFICIER DE G... V. OFFICIER DES G... V. PASSE-G... V. PETITE G... V. POSER LA G... V. PRENDRE G... V. PRENDRE LA G... V. RASSEMBLEMENT DE G... V. REDOUBLEMENT DE G... V. REDOUBLER LA G... V. RÉGIMENT DE LA G... V. RÉGIMENT DES G... V. RELEVÉE DE LA G... V. RELEVER LA G... V. SAPEUR DE LA G... V. RENFORCER LA G... V. SAUVEGARDE. V. SE TENIR SUR SES G... V. SERGENT DE G... V. SOLDAT DE G... V. SORTIR DE G... V. SOUS-G... V. SOUS-LIEUTENANT DE G... V. SOUS-OFFICIER DE G... V. TAMBOUR DE G... V. TIRER LA G... V. TOUR DE G...

GARDE

- À VOUS.
- ARMÉE . . . . . . (GARDE)
  - DE CAISSE.
  - DE DRAPEAU.
  - DE POLICE. . . .
    - AU CAMP.
    - EN GARNISON.
    - EN ROUTE.
  - DESCENDANTE.
  - D'HONNEUR.
  - EN CAMPAGNE. (GARDE)
    - AU CAMP.
    - AVANCÉE.
    - DE CAMP.
    - DE FATIGUE.
    - DE TRANCHÉE.
    - D'HONNEUR.
  - EN GARNISON . . (GARDE)
    - DE LA PLACE.
    - EXTÉRIEURE.
  - RELEVANTE.
- -BRAS.
- D'ARME BLANCHE. (GARDE)
  - DE SABRE.
  - D'ÉPÉE.
- D'ESCRIME.
- IDIOPLIQUE . . . . . (GARDE)
  - CONSTITUTIONNELLE.
  - DE PARIS.
  - DE PRINCE.
  - DES CONSULS.
  - DU CORPS LÉGISLATIF.
  - DU DIRECTOIRE.
  - ÉCOSSAISE.
  - IMPÉRIALE.
  - NATIONALE.
  - ROYALE.
  - URBAINE.
- GARDES . . . . . .
  - -CÔTES.
  - DE LA MANCHE.
  - DE LA PORTE.
  - D'HONNEUR.
  - DU CORPS.
  - DU GÉNIE.
  - FRANÇAISES.
  - SUISSES.
  - WALLONNES.

GARDE (term. génér.). Ce mot s'emploie comme substantif des deux genres, quelquefois au pluriel absolu; il se prend aussi comme impératif : telle est la locution GARDE A VOUS; quelquefois il est adjectif, comme on dirait un *homme-garde*; enfin il devient adjectif indéclinable dans les premières syllabes de certaines expressions auxquelles le terme Garde s'incorpore inséparablement, comme dans les périphrases GARDE-AIGLE, GARDE-BRAIE, etc. — Le mot Garde dérive du LATIN barbare *wardia*, provenu lui-même du TEUTON. Si l'on en croit GÉBELIN, on a d'abord traduit en français *wardia* par VARD; cet écrivain dit que c'est en ce sens que LAURIÈRE appelle *banvard* ou *gardien de ban* les gardes champêtres; quelques remarques justifient l'opinion de GÉBELIN et de LAURIÈRE; ainsi le mot BOULEVARD est probablement composé en partie des expressions *wardia, vard*; et ROQUEFORT témoigne qu'on a d'abord dit *gwarder*, pour garder, veiller à l'ÉCHAUGUETTE. — Sous forme de masculin, on appelait GARDES-LIGES les GARDES DU CORPS des SEIGNEURS. — Le mot Garde se distingue ou s'est distingué, en comprenant ici toutes ses différentes formes grammaticales, comme il suit : GARDE A CHEVAL, — A L'HOPITAL, — A PIED, — A VOUS, — A VOUS POUR OUVRIR VOS RANGS, — A VOUS POUR REPOSER, — -AIGLE, — ANGLAISE, — -ARMÉE, — AU CAMP, — AUX PORTES, — BADOISE, — BASSE, — BAVAROISE, — BELGE, — BOURGEOISE, — -BRAIE, — -BRAS, — CÉLEUSTIQUE, — -CHAUSSES, — CIVIQUE, — -COEUR, — -COL, — -COLLET, — COMMUNALE, — -COTES, — CONSULAIRE, — -CUISSE, — D'ADJUDANT COMMANDANT, — DANOISE, — D'ARCHEVÊQUE, — D'ARME BLANCHE, — D'ARTILLERIE, — D'AVANCÉE, — DE BAGAGE, — DE BRIQUET, — DE CASERNE, — DE CIMETERRE, — DE CLEYMORE, — DE COLISMARDE, — DE COLONEL, — DE CONDAMNÉ, — DE CONVOI, — DE CORPS, — DE DEDANS, — DE DEHORS, — DE DRAPEAU EN ROUTE, — DE FANION, — DE FORTERESSE, — DE FORTIFICATION, — DE GARNISON, — DE GÉNÉRAL, — DE LA MANCHE, — DE LA PORTE, — DE LA PRÉVOTÉ, — DE LANCE, — DE LIEUTENANT GÉNÉRAL, — DE MAGASIN MILITAIRE, — DE MARÉCHAL DE CAMP, — DE MARÉCHAL DE FRANCE, — DE PLACE, — DE PLACE ASSIÉGÉE, — DE PLACE D'ARMES, — DE POLICE DE CASERNE, — DE POLICE DE QUARTIER, — DE POLICE EN CAMPAGNE, — DE POLICE EN CANTONNEMENT, — DE PORTE DE FORTERESSE, — DE POSTE, — DE POSTE EXTÉRIEUR, — DE PRÉVOT, — DE QUARTIER GÉNÉRAL, — DE QUEUE DE CAMP, — DE SIÈGE OFFENSIF, — DE SOUVERAIN, — DE TRAVAILLEURS, — DE VILLE, — D'ÉQUIPAGES, — DES SCEAUX, — DES TRABANS, — DESCENDANTE EN GARNISON, — D'ESPADON, — D'HONNEURS, — D'HONNEURS AU CAMP, — D'HONNEURS DE GÉNÉRAL DE BRIGADE, — D'HONNEURS DE GÉNÉRAL DE DIVISION, — D'HONNEURS DE GÉNÉRAL EN CHEF, — D'HONNEURS DE LIEUTENANT GÉNÉRAL, — D'HONNEURS DE MARÉCHAL DE CAMP, — D'HONNEURS DE PRINCE, — D'HONNEURS D'OFFICIER GÉNÉRAL, — D'HONNEURS DU ROI, — D'HONNEURS EN GARNISON, — D'HOPITAL, — D'INFANTERIE, — D'OFFICIER, — D'OFFICIER GÉNÉRAL, — -DRAPEAU, — DU CAMP, — DU CORPS, — DU CORPS DE COLONEL GÉNÉRAL, — DU DRAPEAU, — DU GÉNIE, — DU PARC, — DU ROI, — ESPAGNOLE, — EXTÉRIEURE AU CAMP, — -FEU, — FLAMANDE, — FOLLE, — FRANÇAISE, — FRANCO-SUISSE, — HANOVRIENNE, — HOLLANDAISE, — HONGROISE, — IDIOPLIQUE, — INTÉRIEURE, — -JOUE, — -MAGASIN, — MONTANTE, — MONTANTE EN ROUTE, — MUNICIPALE, — NATIONALE, — NATIONALE DE GARDE IMPÉRIALE, — NATIONALE HAITIENNE, — NATIONALE SÉDENTAIRE, — NÉERLANDAISE, — NOBLE, — ORDINAIRE, — PAYÉE, — PERSANE, — PIÉMONTAISE, — PRÉTORIENNE, — PRUSSIENNE, — -REINS, — RUSSE, — SAXONNE, — SUÉDOISE, — SUISSE, — TURCO-ÉGYPTIENNE, — TURQUE, — WALLONNE, — WURTEMBERGEOISE, et GARDES.

GARDE (subs. fém.) A CHEVAL. V. A CHEVAL. V. ARCHER DE CONNÉTABLIE. V. CARABINE. V. CASAQUE D'ARMES. V. CONNÉTABLIE. V. GARDE DE PRINCE. V. GOUVERNEUR. V. GOUVERNEUR DE PLACE DE GUERRE Nº 3, 4. V. LIVRÉE. V. MAISON DU ROI Nº 2, 4. V. MILICE ANGLAISE Nº 2. V. MILICE DANOISE Nº 1. V. MILICE GRECQUE Nº 2.

GARDE (subs. fém.) A L'HOPITAL. V. A L'HOPITAL. V. CHIRURGIEN DE G...

GARDE (subs. fém.) A PIED. V. A PIED. V. DEUIL. V. GARDES FRANÇAISES Nº 4. V. GARDE DE PRINCE. V. GARDES DU CORPS. V. GRENADIER GARDE A PIED DU CORPS DU ROI. V. INFANTERIE Nº 2. V. INFANTERIE FRANÇAISE Nº 2. V. MAISON DU ROI Nº 2, 4. V. MILICE DANOISE Nº 1. V. TAMBOUR IDIOPLIQUE D'INFANTERIE FRANÇAISE Nº 3.

GARDE A VOUS, interj. (G, 6). COMMANDEMENT PRÉPARATOIRE dont l'usage date de l'INSTRUCTION DE 1774 (11 JUIN); il a succédé par ellipse au COMMANDEMENT D'AVERTISSEMENT : PRENEZ GARDE A VOUS! qui était usité dans l'ORDONNANCE DE 1766 (1er JANVIER), et qui avait remplacé lui-même le terme : ATTENTION! — Dans l'EXERCICE DE DÉTAIL, dans l'ÉCOLE DE BATAILLON, dans les ÉVOLUTIONS de plusieurs CORPS D'INFANTERIE, le commandement Garde à vous a pour objet de fixer l'ATTENTION, et d'annoncer aux troupes qu'elles vont commencer à MANOEUVRER; il n'a lieu que comme premier

COMMANDEMENT; il est suivi des mots PELO-
TON ou BATAILLON; il ne se répète, dans le
courant des EXERCICES, que quand on va les
reprendre après qu'ils ont été interrompus
par les COMMANDEMENTS : REPOS ! ou bien,
EN PLACE, REPOS !

GARDE A VOUS POUR PORTER VOS ARMES,
interj. v. BRIGADE D'INFANTERIE FRANÇAISE.

GARDE A VOUS POUR OUVRIR VOS RANGS,
interj. v. COMMANDEMENT GÉNÉRAL. V. EN AR-
RIÈRE OUVREZ VOS RANGS. V. OUVRIR LES
RANGS.

GARDE A VOUS POUR REPOSER, interj. v.
COMMANDEMENT GÉNÉRAL. V. REPOSER.

GARDE (subs. masc.) AIGLE. V. AIGLE V.
COHORTE MILITAIRE. V. FANION TACTIQUE. V. GAR-
DE-AIGLE. V. PORTE-AIGLE.

GARDE (subs. fém.) ANGLAISE. V. AN-
GLAIS, adj. v. DEUIL MILITAIRE. V. LANCE FOUR-
NIE. V. MILICE ANGLAISE N° 2, 5, 8.

GARDE (subs. fém.) ARMÉE (term. sous-
génér.), ou GARDE DE POSTE, ou GARDE MON-
TANTE, ou garde veillante, ou GUET, ou
VARD, ou VARDE, ou WARD, ou WAURDE, qui,
suivant ROQUEFORT, ont produit les verbes
picards WARDEIR, WARDER, GARDER, et les
interjections GARE, ou WARE, signifiant :
Gardez-vous, prenez garde. — On l'appelle
Garde ARMÉE, pour la distinguer des GARDES
IDIOTIQUES et des mots auxquels l'épithète
armé ne serait pas applicable d'une manière
absolue, comme elle l'est ici : ainsi c'est aux
Gardes armées que se rapportent les locutions
ASSEOIR, CHANGER, DESCENDRE, DOUBLER LA GAR-
DE, ENTRER EN GARDE, FAIRE GARDE, MONTER,
POSER, PRENDRE, REDOUBLER, RELEVER, RENFOR-
CER la Garde, SORTIR DE GARDE. — Rien dans
les AUTEURS anciens, soit historiens, soit
tacticiens, ne nous donne une idée nette et
complète de la manière dont le SERVICE des
Gardes s'accomplissait de leur temps. Les
langues anciennes manquent même d'un
mot pour exprimer ce que nous appelons
POSTE, considéré comme local ou CORPS DE
GARDE, par opposition au terme POSTE considéré comme un ensemble d'HOMMES DE GARDE.
On sait cependant qu'il y avait chez les RO-
MAINS des GUETS (*stationes*), ou des veilles
(*vigiliæ*), des SPÉCULATEURS (*speculatores*)
qui veillaient à la sûreté des ABORDS, des
SENTINELLES (*vigiles*), des RONDEURS, comme
disent quelques modernes (*circitores*), des
POSTES (*mansiones*); que l'ordre était porté
de POSTE en POSTE sur une tablette ou TESSÈRE
qui équivalait à nos MARRONS ; que les CHE-
VALIERS ROMAINS au temps de la république,
et que plus tard les TRIBUNS eux-mêmes faisaient la RONDE; que la BUCCINE annonçait le
moment de la GARDE MONTANTE et DESCEN-
DANTE, les heures de la nuit, l'instant des

POSES, la durée des FACTIONS. C'est à peu près
à cela que se borne tout ce que l'on sait. —
Au temps de la VASSALITÉ, les sujets et les
SERFS étaient assujettis au droit de Garde
envers leur SEIGNEUR. Il paraît que c'était un
véritable droit de GARNISON ou de Garde à
long terme, puisque, en outre de ce droit
que les CHATELAINS percevaient en argent ou
en denrées, ils exigeaient, comme le dit
VELLY, à la date 1270, que les VASSAUX fissent personnellement dans leurs CHATEAUX la
veillée, ou GAITE, ou GUETTE, qui était une
Garde de nuit. — Les règles sur le service
des Gardes datent de peu de siècles ; les
CHEVALIERS DU MOYEN AGE ne savaient pas se
garder, et même se refusaient, par un aveugle orgueil, à faire le GUET, à moins que le
CONNÉTABLE ne fût présent à l'ARMÉE. — Pendant les CROISADES, des catastrophes journalières étaient un résultat de cette ignorance
et de cette résistance à l'accomplissement
d'une aussi importante mesure d'ordre et de
précaution. — En 1494, CHARLES HUIT rend
le RÈGLEMENT DE SERVICE qu'on peut regarder comme le plus ancien, et dont VELLY
résume les dispositions principales. On voit,
à partir de là, quelques principes s'établir
dans la manière de commander les HOMMES
DE SERVICE et de fournir les Gardes armées.
— L'heure où se MONTAIT LA GARDE n'a pas
été toujours la même. — L'ORDONNANCE
DE 1680 (18 OCTOBRE) voulait que la Garde
commençât à trois heures en hiver, à quatre
en été. Peut-être l'instant était-il mieux
choisi que de nos jours, parce qu'il permettait de prolonger davantage les EXERCICES de
la matinée, et que la GARDE DESCENDANTE ou
ANCIENNE GARDE rentrait au moment du RE-
PAS du soir; tandis que, dans nos usages
actuels, il n'y a entre le REPAS du matin et
la PARADE que l'intervalle nécessaire pour
préparer les troupes à MONTER LA GARDE. —
L'heure à laquelle se MONTAIT anciennement
la Garde a changé, parce que les OFFICIERS
dînant de midi à une heure, on les réunissait plus commodément pour la PARADE qu'on
ne l'eût fait à trois et à quatre heures du
soir. D'ailleurs il n'est pas improbable que,
pour jouir de leur après-dînée, les OFFICIERS
auront obtenu que la Garde se montât à
midi. La mode en est devenue générale. —
L'ORDONNANCE DE 1768 (1er MARS) permettait
cependant que pendant les grandes chaleurs
les Gardes fussent montées à dix heures du
matin. — L'ÉTAT-MAJOR des corps ne monte
pas la Garde, non plus que les SERGENTS-
MAJORS, les FOURRIERS et les SAPEURS; mais,
dans le cas rare où le SERVICE se ferait par
BATAILLON ou par RÉGIMENT, les OFFICIERS SU-
PÉRIEURS de l'ÉTAT-MAJOR, les ADJUDANTS et

ADJUDANTS-MAJORS D'INFANTERIE la monteraient, ou du moins il en était quelquefois ainsi quand le SERVICE se faisait avec le DRAPEAU auprès de la personne du ROI ou des PRINCES. — Au temps où parurent les premiers règlements relatifs au SERVICE des Gardes, l'INFANTERIE montait par ESCOUADE. — Les SOLDATS nouveaux ne la devaient MONTER qu'après leur sortie de l'ÉCOLE DE BATAILLON. Cette règle a été peu respectée. — On a adopté la manière moins simple mais préférable de fournir les HOMMES DE GARDE en les prélevant également sur toutes les COMPAGNIES, et ils sont commandés conformément à l'un des RÔLES du CAHIER D'APPEL. On s'est décidé à cette autre forme de SERVICE, parce qu'on a reconnu que la force des ESCOUADES était trop variable de sa nature, et que les POSTES avaient trop ou trop peu de monde. — Le REDOUBLEMENT de la Garde était, dans le siècle passé, une PUNITION que l'ORDONNANCE DE 1788 (1er JUILLET) abolissait comme *pouvant préjudicier à la santé du soldat.* — Le RASSEMBLEMENT des Gardes a lieu en suite de l'ordre que donne à cet égard l'OFFICIER SUPÉRIEUR DE SEMAINE; le CAPORAL DE SEMAINE amène les HOMMES DE GARDE; l'ADJUDANT-MAJOR DE SEMAINE et l'ADJUDANT DE SEMAINE les réunissent. — Les Gardes armées sont inspectées par le CHEF DE BATAILLON DE SEMAINE; elles sont rassemblées et conduites au RENDEZ-VOUS par les ADJUDANTS et ADJUDANTS-MAJORS DE SEMAINE, CAPORAUX et SERGENTS DE SEMAINE. Ces SOUS-OFFICIERS y font les APPELS des SOLDATS DE SERVICE. A l'instant de la FORMATION de la Garde, le COLONEL répondait aux DEMANDES JOURNALIÈRES. — Le commandement des HOMMES DE TROUPE d'une Garde est confié à un CHEF DE POSTE, dont le GRADE varie suivant la localité et le nombre des HOMMES DE GARDE; il fait l'appel de sa Garde aussi souvent qu'il le juge à propos. — Les Gardes ne se MONTENT que la BAIONNETTE AU BOUT DU FUSIL; elles sont rassemblées et distribuées par l'ADJUDANT-MAJOR DE SEMAINE, ou sous ses yeux; il commande la GARDE MONTANTE, à moins qu'un CAPITAINE DE GARDE ne soit son ancien : en ce cas, le DÉFILEMENT de la PARADE a lieu au commandement de ce CAPITAINE. — Les Gardes fournissent à toutes les FACTIONS que l'autorité compétente exige d'elles; leurs fonctions sont surveillées et réglées par le CAPORAL DE CONSIGNE et le CAPORAL DE POSE. En tout lieu, et, de jour comme de nuit, elles doivent être debout et sous les armes aussitôt que le CRI : Aux ARMES! se fait entendre, ou bien en cas d'ALERTE DE BRUIT, — DE FEU, — DE SAINT SACREMENT. — Les Gardes ne sont ordinairement relevées qu'à une heure toujours

la même, hormis dans des circonstances extraordinaires, ou bien dans le cas du DÉPART DU CORPS, etc. — Suivant les cas et la nature du SERVICE, on distribue des CARTOUCHES AUX HOMMES DE GARDE. — Si les Gardes mises en route et dirigées vers leurs POSTES reçoivent CONTRE-ORDRE au delà de certaines limites qui sont déterminées à raison des localités et du genre de SERVICE, les HOMMES commandés et ayant marché sont regardés comme ayant accompli leur TOUR DE GARDE. — Si la Garde assiste à la MESSE, elle fournit des HOMMES pour la garde de l'AUTEL. — L'ORDONNANCE DE 1818 (15 MAI) réglait le prix auquel devait être payée une garde qu'un HOMME DE TROUPE montait pour un camarade librement et moyennant salaire. — L'ORDONNANCE DE 1833 (2 NOVEMBRE) a tracé des règles analogues et maintenant en vigueur. — Les AUTEURS qui peuvent être consultés touchant les Gardes, les formes de leur rassemblement, etc., sont : BARDIN (1807, D; 1809, B ; 1814, E), BOMBELLES (1746, A), DUANE (1810, E, aux mots *Garde* et *Guard*), DUBOUSQUET (1769, B), KERENVEYER (1771, R, au mot *Assemblée*), le *Dictionnaire de la Conversation.* — Les Gardes armées se distinguent en GARDE DE CAISSE, — DE DRAPEAU, — DE POLICE, — DESCENDANTE, — D'HONNEURS, — EN CAMPAGNE, — EN GARNISON, — RELEVANTE.

GARDE AU CAMP (E, 1). Sorte de GARDES EN CAMPAGNE qui sont sous la surveillance du CAPITAINE DE POLICE; leur ASSEMBLÉE ou RASSEMBLEMENT a lieu devant le FRONT DE BANDIÈRE, à l'heure fixée par l'ORDRE DU JOUR. Leur nombre résulte de la forme plus ou moins développée du CAMPEMENT. Elles se réunissent d'abord devant le CORPS, et ensuite par BRIGADE ou par DIVISION. — Autrefois il était délivré aux HOMMES DE GARDE ce qu'on appelait des BALLES ROULANTES. — L'ORDONNANCE DE 1832 (3 MAI) prescrit aux Gardes et PIQUETS de se réunir au centre du RÉGIMENT, à vingt-cinq pas en avant des FAISCEAUX, et de défiler au commandement du plus ancien CAPITAINE DE GARDE.

GARDE AUX PORTES. V. AUX PORTES. V. PORTE DE FORTERESSE. V. POSTE DE PORTE.

GARDE (gardes) AVANCÉE (E, 1), OU GARDE FOLLE suivant GANEAU; mais cette dernière dénomination est tout à fait inusitée et serait peu convenable. Sorte de GARDES EN CAMPAGNE qui étaient autrefois, comme le dit le *Dictionnaire de l'Académie*, les avant-postes des GRAND'GARDES. On jette des Gardes avancées à l'entour des CAMPS, des QUARTIERS DE CANTONNEMENT, etc. Quant aux GARDES DE GARNISON, analogues aux Gardes avancées, on les appelle l'AVANCÉE, les AVANCÉES. —

Les ARMÉES se sont surtout entourées de CORPS DE GARDE AVANCÉS depuis qu'elles ont renoncé AUX CAMPS RETRANCHÉS. — Quoique cette précaution soit l'idée la plus simple, elle n'était pas encore venue aux FRANÇAIS à l'époque de la CROISADE DE 1248. — LOUIS NEUF, en 1249, ne songeait pas plus à se fortifier qu'à se garder. Dans son ARMÉE le SERVICE se faisait si mal, que les ARABES venaient toutes les nuits jusque dans les tentes des FRANÇAIS leur couper la tête. — FRÉDÉRIC DEUX (1821, A), M. le général Laroche-Aymon (1804, D) et tous les AUTEURS qui ont traité des AVANT-POSTES peuvent être consultés sur le genre de SERVICE des Gardes avancées.

GARDE BADOISE. V. BADOIS, adj. V. MILICE BADOISE.

GARDE BASSE. V. BAS, adj. V. GARDE D'ESCRIME.

GARDE BAVAROISE. V. BAVAROIS, adj. V. GRENADIER D'INFANTERIE FRANÇAISE DE LIGNE N° 2. V. MILICE BAVAROISE N° 1.

GARDE BELGE. V. BELGE, adj. V. MILICE BELGE.

GARDE BOURGEOISE. V. BOURGEOIS. V. CINQUANTAINE. V. DIXAINIER. V. GARDE DE PARIS. V. MANIFESTE. V. MILICE. V. MILICE AUTRICHIENNE N° 2. V. QUARTENIER.

GARDE (subs. masc.) BRAIE. V. BRAGUE. V. BRAIES D'HABILLEMENT. V. GARDE-BRAYE. V. PIÈCE D'ARMURE.

GARDE (subs. masc.) BRAS (F), ou MANTEAU D'ARMURE. PIÈCE D'ARMURE qui, suivant quelques récits, servait de garantie à l'AVANT-BRAS des chevaliers qui portaient la CUIRASSE DE FER PLEIN. — Le Gard-ebras s'unissait aux BRASSARDS et aux GANTELETS, et il eût été comme un BRASSARD inférieur. — Suivant d'autres renseignements, il semblerait que le Garde-bras n'était qu'une double défense d'un des deux bras, quelquefois de tous les deux, et une espèce de petit bouclier à demeure qui recouvrait une partie de l'épaulière et préservait du COUP DE LANCE. — Quelquefois le Garde-bras, fixé à demeure sur la partie droite de la cuirasse, s'élevait verticalement en manière de petit rempart demi-circulaire qui répondait au défaut de la BOURGUIGNOTE. Quelquefois il n'y avait de Garde bras que du côté gauche; il était susceptible de quelque mobilité, et équivalait à un bouclier; il était accroché à la cuirasse à sa partie supérieure; il descendait assez pour cacher le bras tenant la bride; c'était une épaisse plaque de métal jouant quelque peu par en haut, ayant la forme du devant d'un mantelet et permettant peu de mouvements au bras gauche. Nous avons vu à JEND'HEUR des Garde bras de ces divers genres. — Une ORDONNANCE rendue en 1559 par

HENRI DEUX donnait le Garde bras aux HOMMES D'ARMES.

GARDE (subs. fém.) CÉLEUSTIQUE. V. ASSEMBLÉE CÉLEUSTIQUE. V. BATTERIE DE CAISSE. V. CÉLEUSTIQUE, adj.

GARDE (subs. fém.) CIVIQUE. V. CIVIQUE, adj. V. GARDE NATIONALE. V. LANDWEHR. V. MILICE BELGE.

GARDE (subs. masc.) COEUR. V. ANIME. V. ARME DÉFENSIVE PORTATIVE. V. CHARGE DE SOLDAT. V. COEUR. V. CUIRASSE. V. GARDE-COEUR. V. HASTAIRE N° 5. V. INFANTERIE N° 5. V. LÉGION ROMAINE N° 4. V. PECTORAL.

GARDE (subs. masc.) CHAUSSES. V. CHAUSSES. V. FAITE. V. GARDE-CHAUSSES.

GARDE (subs. masc.) COL. V. BOURGUIGNOTE. V. COL. V. GARDE-COL.

GARDE (subs. masc.) COLLET (F), ou COLLET DE GARDE, ou PASSE-GARDE comme le disaient les ANGLAIS. Partie d'une CUIRASSE DE FER PLEIN ordinairement située à droite et fixée à demeure sur l'épaulière de la CUIRASSE. On aura idée de la forme de cette espèce de rempart ou de petite gouttière en se figurant un chevalier mettant sa main gauche en avant de son col et n'appuyant que le bas de la paume de la main. — Le Garde collet empêchait que les coups de pointes ne pussent rencontrer quelques-unes des ouvertures ou des défauts de l'armure et de la BOURGUIGNOTE. — Quelquefois il n'y avait un Garde collet que d'un côté, quelquefois de deux.

GARDE (subs. fém.) COMMUNALE. V. COMMUNAL, adj. V. SCHUTTERY.

GARDE (subs. fém.) CONSTITUTIONNELLE (F). Sorte de GARDE IDIOPLIQUE ou de MAISON MILITAIRE qui remplaçait les GARDES DU CORPS licenciés en 1791. Le plan de cette Garde avait été conçu par le ministre Delessart, prédécesseur de DUMOURIEZ aux affaires étrangères. — Elle était créée par les DÉCRETS DE 1791 (30 SEPTEMBRE et 16 OCTOBRE) et organisée par le RÈGLEMENT DE 1791 (13 NOVEMBRE); elle était mise sur pied au commencement de 1792; sa force devait être de douze cents HOMMES DE CAVALERIE et de six cents d'INFANTERIE; ces fantassins devaient être armés d'ÉPÉES A LA ROMAINE. Cent vingt mille francs étaient affectés au total de sa solde. Elle était commandée par le vieux duc de Brissac, massacré après le 2 septembre; elle devait être composée d'un tiers de MILITAIRES tirés de l'ARMÉE, et de deux tiers de FILS DE CITOYEN ACTIF; mais ces derniers, comme le raconte M. Thiers, menacés, repoussés, abreuvés de dégoûts, n'y restèrent qu'en petit nombre, et à mesure furent remplacés par des hommes appartenant au parti de la cour. Cette Garde, qui ne devait pas dépasser dix-huit cents hommes, avait été illégalement portée à six mille, s'il en faut croire les dénonciations qui furent adressées touchant ce fait à l'ASSEMBLÉE LÉGISLATIVE. — Cette Garde fut licenciée en vertu d'un DÉCRET DE 1792 (22 JUILLET) et d'un DÉCRET d'urgence de 1792 (28 AOUT). Il paraît que, quoique dissous en apparence, les MILITAIRES de cette Garde conservèrent cependant la jouissance de leurs émoluments : ce fut du moins un des chefs d'accusation du procès de l'infortuné LOUIS SEIZE.

GARDE (subs. fém.) CONSULAIRE. V. AIGUILLETTE. V. ARMÉE DE LIGNE. V. BUFFLETERIE. V. CHIRURGIEN-MAJOR D'INFANTERIE FRANÇAISE DE LIGNE N° 4. V. COHORTE PRÉTORIENNE. V. COLBACH. V. COMPAGNIE D'INFANTERIE FRANÇAISE DE LIGNE N° 5. V. COMPOSITION. V. CONSUL ROMAIN. V. CONSULAIRE. V. ÉPAULETTE DE TAMBOUR-MAJOR. V. ÉQUIPEMENT DE G... V. FIFRE. V. GIBERNE. V. GUIDE D'ÉTAT-MAJOR. V. HABILLEMENT. V. HABIT. V. INFANTERIE DE BATAILLE N° 3. V. MUSICIEN N° 2. V. MUSIQUE. V. PELOTON. V. PORTE-BAGUETTES. V. PORTE-DRAPEAU. V. PRESTATION. V. RÉGIMENT D'ARTILLERIE N° 2. V. RÉGIMENT DE CAVALERIE FRANÇAISE. V. RÉGIMENT D'INFANTERIE FRANÇAISE; id. N° 2. V. RÉGIMENT FRANÇAIS N° 2. V. RETROUSSIS D'HABIT. V. REVERS D'HABIT. V. SAPEUR D'INFANTERIE. V. SOLDAT. V. SOULIER. V. TAMBOUR IDIOPLIQUE D'INFANTERIE FRANÇAISE N° 3. V. TIMBALE.

GARDE (subs. masc.) COTES. V. ARMÉE SÉDENTAIRE. V. COTE. V. GARDES-COTES.

GARDE (subs. masc.) CUISSE. V. ARMURE. V. COUVRE-CUISSE. V. CUISSE. V. GARDE-CUISSE.

GARDE (subs. fém.) d'ADJUDANT COMMANDANT. V. ADJUDANT COMMANDANT.

GARDE (subs. fém.) DANOISE. V. DANOIS, adj. V. MILICE DANOISE N° 1, 5.

GARDE (subs. fém.) d'ARCHEVÊQUE. V. ARCHEVÊQUE.

GARDE (subs. fém.) d'ARME BLANCHE (term. sous-génér.). Sorte de GARDE qu'on appelle vulgairement ainsi pour signifier MONTURE d'une ÉPÉE ou d'un SABRE; mais l'expression est inexacte : Garde et MONTURE ne sauraient être synonymes; car la Garde consiste positivement dans la BRANCHE ou les BRANCHES qui entourent la poignée et garantissent la main qui tient la poignée. Une arme dépourvue de branche, telle que le SABRE D'ARTILLERIE à pied, a une MONTURE et n'a pas de Garde. C'était aussi le cas des anciennes ARMES A MANCHE. — La POIGNÉE est aussi une PIÈCE DE GARNITURE de la MONTURE, et cependant la LANGUE MILITAIRE confond Garde, MONTURE ou POIGNÉE. — Les Gardes à branche, en coquille, en panier, ne sont en usage que depuis l'abolition des GANTELETS; auparavant on se servait d'ARMES A MANCHE. — Une Garde ou MONTURE se distingue en GARDE DE SABRE et en GARDE D'ÉPÉE.

GARDE (subs. masc.) d'ARTILLERIE. V. ARTILLERIE. V. ARTILLEUR. V. CHAPEAU DE TROUPE. V. CONSOMMATION D'EFFETS D'ARMEMENT. V. DEMANDE DE MUNITIONS D'EXERCICE. V. EMPLOYÉ. V. EMPLOYÉ D'ARTILLERIE. V. ÉTAT-MAJOR D'ARTILLERIE. V. GRENADE DE RETROUSSIS.

GARDE (subs. fém.) d'AVANCÉE. V. AVANCÉE. V. CORPS DE GARDE D'AVANCÉE.

GARDE (subs. fém.) de BAGAGES. V. BAGAGE. V. BAGAGE DE CORPS EN ROUTE.

GARDE (subs. fém.) de BRIQUET. V. BRIQUET.

GARDE (subs. fém.) de CAISSE (E, 1, 5, 4), OU GARDE DE COLONEL, OU GARDE DE DRAPEAU. Sorte de GARDE ARMÉE que l'ORDONNANCE DE 1708 (1er MARS) composait de huit hommes et d'un CAPORAL, parce qu'elle fournissait deux SENTINELLES, l'une aux DRAPEAUX, l'autre à la CAISSE chez l'OFFICIER DE DÉTAILS. — Depuis longtemps, la CAISSE du corps restant dans le même local que le DRAPEAU, une seule SENTINELLE suffit, et cette Garde n'est que de quatre hommes. — Cette Garde n'est pas comprise sur l'état du SERVICE de la PLACE; elle est reçue dans le CORPS DE GARDE le plus voisin; ou bien elle fait partie de la GARDE DE POLICE; elle part directement de la CASERNE à dix heures et demie du matin pour aller relever.

GARDE (subs. fém.) de CAMP (E, 1), ou GARDE DU CAMP; mais cette dernière locution, qui cependant a prévalu, est vicieuse, puisqu'on dit MARÉCHAL DE CAMP, et non pas MARÉCHAL DU CAMP. L'euphonie y est peut-être pour quelque chose. — De tout temps le bon sens et la nécessité ont voulu que des troupes veillassent à la sûreté des CAMPS; la MILICE GRECQUE y consacrait les PROFULAXES. — Chez nos ancêtres, le soin de pourvoir ainsi à la sûreté de tous était laissé à la prudence, à la prévoyance des CHEFS, qui trop souvent négligèrent ce devoir si important, comme on en eut l'exemple dans les CROISADES de LOUIS NEUF. — GUILLAUME LEBRETON dit, en parlant de PHILIPPE AUGUSTE :

Castrum militibus, multoque satellite tutum
Effecit

Piétons et chevaliers veillent autour du camp.

Quelquefois ce genre de GUET se composait de deux ou trois SERGENTS, c'est-à-dire SOLDATS, par CHEVALIER. — Quoi qu'il en soit, on ne connaissait pas encore la locution GARDE DU CAMP OU GARDE DE CAMP dans le seizième siècle; PHILIPPE DE CLÈVES (1520, A) ne se sert, pour donner idée de ce genre de POSTES, que de l'expression GROS GUET.

— BILLON (1641, A) n'emploie dans le même cas que le mot CORPS DE GARDE DE CAMP. — Le RÈGLEMENT DE 1635 (9 SEPTEMBRE) et le RESCRIT DE 1658 (AVRIL) en traitaient le plus anciennement. Les MARÉCHAUX DE BATAILLE étaient chargés de placer les Gardes. — BUSSY-RABUTIN est un des premiers ÉCRIVAINS qui parlent de ce genre de service, et il fait amèrement le reproche aux CORPS PRIVILÉGIÉS de se refuser à GARDER leur CAMP. Cette résistance qu'ils opposaient, et qui se perpétuait depuis les CROISADES, explique pourquoi la chose et le mot sont si peu anciens. — Depuis qu'il a été publié des RÈGLEMENTS DE CAMPAGNE, les GARDES DU CAMP marchaient avec le CAMPEMENT ACTIF, construisaient à leur ARRIVÉE AU CAMP les ÉPAULEMENTS nécessaires à leur sûreté, étaient chargés de la surveillance des PRISONNIERS, fournissaient les SENTINELLES prescrites dans la CONSIGNE particulière, et étaient soumises aux APPELS que devait en faire le LIEUTENANT DE POLICE. — Le terme, examiné dans l'esprit des RÈGLEMENTS actuels, exprime une sorte de GARDE EN CAMPAGNE qui est préposée à la sûreté d'un CORPS faisant partie d'un CAMP MINCE. — Les anciens RÈGLEMENTS ne faisaient pas de différence entre Garde de camp, GARDE DU CAMP et GARDE DE POLICE AU CAMP. — Il vaudrait mieux, mais tel n'est pas l'usage, appeler génériquement Gardes de camp celles qui comprennent l'ensemble des GARDES EXTÉRIEURES et des GARDES DE POLICE. On se conformerait ainsi à l'esprit des RÈGLEMENTS. L'ORDONNANCE DE 1792 (5 JUIN, tit. VI, art. 5) voulant qu'on délivre trois BALLES à chaque soldat des GARDES DU CAMP, il est clair qu'elle a l'intention de comprendre dans cette distribution les GARDES EXTÉRIEURES bien plutôt encore que les GARDES DE POLICE. — Le COLONEL du CORPS devait poser lui-même les GARDES DU CAMP, soit en avant, soit en arrière, suivant que sa troupe campait en PREMIÈRE ou en SECONDE LIGNE. — L'ORDONNANCE DE 1755 (17 FÉVRIER) ne voulait pas que cette Garde eût de TENTES; cependant dans la GUERRE DE 1756 il lui en était donné, puisque, sans cela, elle n'aurait pu veiller à la garde des PRISONNIERS. — Le RÈGLEMENT DE 1792 (5 AVRIL) dispense du service de la GARDE DU CAMP les GRENADIERS. — Maintenant, la GARDE DU CAMP est un détachement de la GARDE DE POLICE; elle se compose, pour un régiment, d'un SERGENT, deux CAPORAUX, un TAMBOUR, et du nombre de FUSILIERS nécessaire à l'entretien des SENTINELLES et à la garde des PRISONNIERS. — La GARDE DU CAMP est commandée par un SERGENT, mais sous l'inspection des OFFICIERS DE POLICE; elle fournit, pour un RÉGIMENT de deux bataillons,

quatre SENTINELLES, dont trois devant les AILES et le centre, à quelques pas en avant du POSTE; et la quatrième devant les ARMES; pour un RÉGIMENT de trois bataillons elle place cinq SENTINELLES en avant du POSTE. La GARDE DU CAMP rend les HONNEURS prescrits, reconnaît les TROUPES ARRIVANTES et envoie à la DÉCOUVERTE; elle fournit devant chaque AILE une SENTINELLE D'AUGMENTATION pendant la nuit. — Le RÈGLEMENT DE CAMPEMENT DE L'AN DOUZE reconnaissait, non dans son texte, mais dans sa gravure, la GARDE DU CAMP; il la plaçait à cent quarante mètres en avant des FAISCEAUX, et voulait qu'elle fût établie dans un POSTE FORTIFIÉ. — La Garde des RÉGIMENTS DE PREMIÈRE LIGNE devait, en vertu du règlement de 1792, être à deux cents pas en avant du front, et celle des RÉGIMENTS DE SECONDE LIGNE devait être à deux cents pas en arrière des TENTES des OFFICIERS SUPÉRIEURS. — Dans les MARCHES, les HOMMES de la NOUVELLE GARDE du camp, OU GARDE MONTANTE, sont en tête du CAMPEMENT DU CORPS, et la GARDE DE POLICE ferme la marche. — La GARDE DU CAMP descendante marche avec le RÉGIMENT, entre le premier et le deuxième bataillon; elle a la baïonnette au canon, et est chargée de la garde des PRISONNIERS. — Depuis la suppression des TENTES, les GARDES DU CAMP n'étaient garanties que par des ABRIVENTS, et il leur était fourni de la PAILLE pour cet objet. — Ces dispositions, toutes légales et non rapportées qu'elles fussent, avaient été rarement observées. L'ORDONNANCE DE 1832 (3 MAI) les a renouvelées en partie et rendues maintenant obligatoires.

GARDE (subs. fém.) DE CASERNE. V. ADJUDANT-MAJOR DE SEMAINE N° 2. V. CASERNE. V. CORPS DE GARDE DE CASERNE. V. GARDE DE POLICE EN GARNISON.

GARDE (subs. fém.) de CIMETERRE. V. CIMETERRE.

GARDE (subs. fém.) de CLEYMORE. V. CLEYMORE.

GARDE (subs. fém.) de COLISMARDE. V. COLISMARDE.

GARDE (subs. fém.) de COLONEL. V. COLONEL. V. GARDE DE CAISSE. V. GARDE DE DRAPEAU.

GARDE (subs. fém.) de CONDAMNÉ. V. CONDAMNÉ. V. JUGEMENT MILITAIRE.

GARDE (subs. fém.) de CONVOI. V. ARRIÈRE-GARDE DE CONVOI. V. AVANT-GARDE DE CONVOI. V. CONVOI.

GARDE (subs. fém.) de CORPS. V. CORPS. V. GARDES DU CORPS. V. MONTRE ADMINISTRATIVE.

GARDE (subs. fém.) de DEDANS. V. DEDANS. V. MAISON DU ROI N° 5.

GARDE (subs. fém.) de DEHORS. V. DEHORS. V. MAISON DU ROI N° 3.

GARDE (subs. fém.) de DRAPEAU (G, 6), OU GARDE DU DRAPEAU. Sorte de GARDE ARMÉE mentionnée ici, non en prenant le mot par rapport au SERVICE EN CAMPAGNE OU EN GARNISON et comme synonyme de GARDE DE CAISSE ou de GARDE DE COLONEL, mais en le considérant dans un sens tactique. — En 1755, deux SERGENTS étaient à droite et à gauche des deux ENSEIGNES du BATAILLON. — En 1766, les deux PREMIERS SERGENTS flanquaient les deux OFFICIERS PORTE-DRAPEAU. — En 1774 et en 1775, les deux PORTE-DRAPEAU avaient près d'eux les huit TROISIÈMES SERGENTS ; cette agglomération s'appelait le PELOTON DES DRAPEAUX. — En 1776, la Garde de chaque DRAPEAU se composa du PREMIER SERGENT et du premier caporal de chacune des quatre COMPAGNIES de fusiliers. — En 1788, on tirait de chacune des quatre divisions du BATAILLON le SERGENT et le caporal les plus instruits tactiquement, pour former les trois RANGS de la Garde du drapeau. — Conformément au RÈGLEMENT DE 1791 (1er AOUT), époque où la FORMATION CONSTITUTIVE des BATAILLONS comprenait neuf COMPAGNIES, et la FORMATION TACTIQUE neuf PELOTONS, les huit PELOTONS DE FUSILIERS fournissaient chacun leur FOURRIER à la Garde du drapeau. — Le FOURRIER DE GRENADIERS ne faisait pas nombre dans cette Garde, parce que sa COMPAGNIE était en tout temps susceptible d'être détachée et qu'il ne devait pas en être séparé. — Ces huit hommes et le PORTE-DRAPEAU formaient trois RANGS : au milieu du PREMIER était le PORTE-DRAPEAU ; il passait au milieu du TROISIÈME, quand le BATAILLON faisait demi-tour à droite. — Les FOURRIERS n'étaient pas les SOUS-OFFICIERS qu'il eût convenu d'affecter à la défense du DRAPEAU ; mais du moins le calcul était arithmétiquement juste ; il cessa de l'être comme nous le dirons bientôt. — La Garde du DRAPEAU se plaçait à la gauche du QUATRIÈME PELOTON et faisait partie de sa seconde section. Elle était ainsi à peu près au milieu des FUSILIERS ; mais non pas au centre du BATAILLON, quand les GRENADIERS y manœuvraient. — La FORMATION changea, il n'y eut plus que six PELOTONS DE FUSILIERS ; celui des GRENADIERS et celui des VOLTIGEURS formèrent l'un le premier, l'autre le dernier PELOTON ; de nouvelles règles eussent dû être prescrites à l'égard du PELOTON GARDE-DRAPEAU, mais il n'en a pas été ainsi ; l'armée obéissait donc à deux dispositions contradictoires, se conformait donc à des mesures inconciliables entre elles : telles sont les taches de notre LÉGISLATION, si le mot tache n'est

trop doux. — Depuis ce système différent de composition, la Garde du drapeau, rassemblée et formée par l'ADJUDANT, s'est placée à la gauche de la SECONDE DIVISION ; elle fait partie de la seconde section du troisième PELOTON DE FUSILIERS. Elle était à peu près au centre du BATAILLON, les GRENADIERS y étant présents. — Si l'on manœuvrait avec des FANIONS au lieu de DRAPEAUX, les règles restaient les mêmes. — Depuis l'ORDONNANCE DE 1831 (4 MARS), ce ne sont plus les FOURRIERS, mais des CAPORAUX au choix de chaque capitaine qui ont été placés à la Garde du drapeau. Les plus habiles dans le mécanisme du pas parmi les CAPORAUX devraient en former le premier rang ; rien pourtant n'est prescrit à cet égard, et on y place ordinairement ceux des compagnies d'élite. — Si les GRENADIERS ou les VOLTIGEURS sont détachés, les deux principaux acolytes du drapeau lui font faute. — Cette ORDONNANCE veut que cette Garde ait l'ARME DANS LE BRAS DROIT et la BAIONNETTE AU BOUT DU FUSIL. — Elle veut qu'elle fasse FEU comme les autres soldats lorsque le BATAILLON est formé en CARRÉ. — Dans la MARCHE DE BATAILLON PAR LE FLANC, la Garde du drapeau est dans le RANG. — Au COMMANDEMENT : BATAILLON EN AVANT ! COMMANDEMENT qui annonce à la TROUPE qu'elle va MARCHER EN BATAILLE, le PREMIER RANG de la Garde du drapeau se porte à six pas en avant, au pas ordinaire ; il devient la BASE D'ALIGNEMENT, et donne la direction et le pas. — Pendant la MARCHE EN BATAILLE, la Garde du drapeau est guidée et surveillée par l'ADJUDANT, car la perfection de sa MARCHE est d'une haute importance, surtout si cette Garde appartient à un BATAILLON DE DIRECTION. — Dans certains cas d'OBSTACLE, le DRAPEAU et les deux hommes qui le flanquent rentrent au PELOTON GARDE-DRAPEAU. Ils reprennent leur place accoutumée dans la MARCHE EN BATAILLE, quand leur PELOTON, après un OBSTACLE passé, rentre en ligne. — L'ADJUDANT gouverne les changements de direction de la Garde du drapeau. — En ordre de bataille, la Garde du drapeau recule pendant l'exécution des FEUX, de manière que le premier rang de cette Garde soit à la hauteur du troisième rang du BATAILLON ; elle ne tire pas, et rentre au COUP DE BAGUETTE. — Dans les MARCHES-ROUTES, si le LIEUTENANT-COLONEL juge à propos d'établir momentanément une Garde au drapeau, il la fait fournir par la COMPAGNIE GARDE-DRAPEAU. — Dans la MILICE ANGLAISE la Garde du drapeau se compose de SOUS-OFFICIERS nommés SERGENTS DE DRAPEAU.

GARDE (subs. fém.) de DRAPEAU EN

ROUTE. V. DRAPEAU. V. EN ROUTE. V. GARDE-DRAPEAU. V. LIEUTENANT-COLONEL EN ROUTE. V. MARCHE-ROUTE.

GARDE (subs. fém.) de FANION. V. FANION. V. FANION TACTIQUE.

GARDE (subs. fém.) de FATIGUE (F). Sorte de GARDE EN CAMPAGNE dont le nom a cessé d'être usité. Les AUTEURS de l'autre siècle et l'ORDONNANCE DE 1753 (17 FÉVRIER) parlent de Gardes de fatigue par opposition aux GARDES D'HONNEUR, en prenant cette dernière locution comme signifiant garde exposée, périlleuse, honorable ; ainsi les Gardes de fatigue étaient celles où il y avait plus de peine et de mal à avoir que de gloire à espérer ; c'étaient des espèces de corvées.

GARDE (subs. fém.) de FORTERESSE. V. FORTERESSE.

GARDE (subs. fém.) de FORTIFICATION. V. FORTIFICATION. V. GARDES DU GÉNIE.

GARDE (subs. fém.) de GARNISON. V. CORPS DE GARDE DE GARNISON. V. GARNISON.

GARDE (subs. fém.) de GÉNÉRAL. V. AVANT GARDE D'ARMÉE. V. CARABIN. V. CORPS PRIVILÉGIÉ. V. ÉVOCAT. V. GÉNÉRAL. V. GÉNÉRAL DE BRIGADE N° 3. V. GÉNÉRAL DE DIVISION N° 5. V. GÉNÉRAL EN CHEF N° 2. V. GÉNÉRALE AU CAMP. V. GUIDE D'ARMÉE. V. GUIDE D'ÉTAT-MAJOR GÉNÉRAL. V. SCRIBES.

GARDE (subs. masc.) de la MANCHE. V. GARDE ÉCOSSAISE. V. GARDES DE LA MANCHE. V. MANCHE.

GARDE (subs. fém.) de la PLACE (E, 5), OU GARDE DE PLACE D'ARMES. Sorte de GARDE EN GARNISON dont le CORPS DE GARDE est sur la place principale ou grande place. Cette Garde est surtout chargée de la police de la ville et reçoit une CONSIGNE particulière ; on lui amène les étrangers, les gens sans aveu, les hommes qui commettent des désordres ; le CHEF DU POSTE décide des mesures qu'il faut prendre à leur égard. — Le service de la place d'armes est affecté aux GRENADIERS de la GARNISON ; un CAPITAINE D'INFANTERIE ou un LIEUTENANT DE GRENADIERS est le CHEF du POSTE de la PLACE. — S'il n'y a pas assez de COMPAGNIES DE GRENADIERS pour qu'elles fournissent à ce service, le POSTE se compose de GRENADIERS et de FUSILIERS entremêlés. — Des TROUPES DE PASSAGE ne montent la Garde à la place qu'en cas de nécessité. — Le CERCLE du soir a lieu devant le POSTE, et le CAPORAL DE CONSIGNE y tient le FALOT. — Telles étaient les dispositions prescrites par l'ORDONNANCE DE 1768 (1er MARS).

GARDE (subs. masc.) de la PORTE. V. GARDES DE LA PORTE. V. PORTE.

GARDE (subs. fém.) de la PRÉVOTÉ. V. COULEUR NATIONALE. V. GRAND PRÉVOT DE L'HOTEL. V. HOQUETON. V. MAISON DU ROI. V. PRÉVOTÉ. V. RIBAUD. V. ROI DES RIBAUDS.

GARDE (subs. fém.) de LANCE. V. LANCE. V. LANCE A MAIN.

GARDE (subs. fém.) de LIEUTENANT GÉNÉRAL. V. LIEUTENANT GÉNÉRAL.

GARDE (subs. fém.) de MAGASIN. V. MAGASIN.

GARDE (subs. fém.) de MARÉCHAL DE CAMP. V. MARÉCHAL DE CAMP N° 5.

GARDE (subs. fém.) de MARÉCHAL DE FRANCE. V. MARÉCHAL DE FRANCE.

GARDE (subs. fém.) de PARIS (A, 1). Sorte de GARDE IDIOPLIQUE dont l'histoire ne commence à s'éclaircir que depuis le règne de PHILIPPE AUGUSTE ; avant ce prince, PARIS était gardé par des ARBALÉTRIERS A PIED. — CHARLES SIX confirma en 1410 leur institution ; leur chef, d'abord nommé ROI, prenait la désignation de MAITRE. Une autre COMPAGNIE existait en même temps, et elle appartenait probablement à une création plus ancienne : c'était celle des ARCHERS A PIED qui, comme celle des ARBALÉTRIERS, a eu successivement un ROI, un CONNÉTABLE, un CAPITAINE GÉNÉRAL. Enfin une troisième COMPAGNIE, qui était, dit-on, établie dès le temps de LOUIS LE GROS, vers 1120, fut constituée par LOUIS NEUF à cent quatre-vingts hommes ; c'était celle des ARQUEBUSIERS. Ces COMPAGNIES étaient sur pied toutes trois encore dans le seizième siècle, suivant M. MONTEIL ; il dit qu'elles comprenaient cent vingt ARCHERS d'ancienne formation, décorés tous de l'ORDRE DE L'ETOILE, soixante ARBALÉTRIERS créés par CHARLES SIX, et cent ARQUEBUSIERS et PISTOLIERS créés sous CHARLES NEUF. Ces COMPAGNIES se trouvaient mentionnées encore dans une ordonnance de LOUIS QUATORZE rendue en 1690 ; jusque-là elles avaient joui de certains privilèges, à charge de marcher à la guerre, aux frais de la ville, si elles en étaient requises ; elles offraient le souvenir et la réunion des trois PETITES ARMES de jet, arc, arbalète, arquebuse. Il y avait en outre, dit le même ÉCRIVAIN, la TROUPE qu'on nommait le GUET : c'était une GARDE non soldée par l'Etat ou la ville, et tenue sur pied aux dépens des corps de métiers ; mais les métiers qui avaient obtenu le privilège d'en être exempts, étaient bien plus nombreux que ceux qui concouraient à son entretien. — Des débris de ces institutions il restait encore, sous LOUIS SEIZE, des COMPAGNIES royales ou confréries de CHEVALIERS DE L'ARBALÉTE et de l'ARQUEBUSE. Dans plusieurs autres VILLES de semblables GARDES étaient une trace des anciennes COMPAGNIES FRANCHES et des FRANCS-ARCHERS DU MOYEN AGE. — En

1357, pendant la captivité du roi Jean, Marcel, prévôt des marchands, établit une nouvelle compagnie d'albalétriers. — Sous le roi Jean, sous Henri trois encore, les gens de métiers, comme on les appelait alors, faisaient à tour de rôle le service de la ville ; ceux qui étaient commandés devaient, à l'entrée de la nuit ou à l'heure du couvre-feu, se présenter devant le Châtelet pour faire le guet. Les clercs du guet leur assignaient leurs postes ; ils n'étaient relevés qu'au point du jour ou à la gaite cornée, c'est-à-dire à l'instant où le son de la corne qui se faisait entendre sur la tour du Châtelet annonçait que la gaite ou guette était finie. — M. Willemin nous montre le costume, l'arc, le carquois du capitaine de la compagnie des cent vingt archers, qui était sur pied vers 1480. — La garde bourgeoise de Paris avait pour capitaines des quarteniers, pour officiers inférieurs des cinquanteniers, pour sous-officiers des dixainiers. — Les compagnies ou confréries dont nous avons parlé étaient comme l'élite de la garde bourgeoise ; il y avait en outre, sous les ordres d'un chevalier du guet, un guet divisé en guet royal et en guet assis ; la police était faite aussi par des archers de l'hôtel de ville, par des sergents du Châtelet, par la connétablie, et par des archers de police sous les ordres du prévôt de Paris, qui avait aussi à sa disposition les sergents de la douzaine. Cette quantité de troupes différentes n'empêchait pas qu'il n'y eût habituellement six à sept mille voleurs exerçant leur métier au sein de la capitale. — Sous Louis quinze et Louis seize, le guet à pied, le guet à cheval, et extraordinairement les régiments des gardes font le service de la ville. Les arbalétriers et les arquebusiers n'étaient plus que des confréries sans aucune attribution publique. — Depuis 1789 il a existé près de dix mille hommes de gardes nationales soldés. — En 1791 (octobre), les régiments portant les numéros 102, 103 et 104, ainsi que les bataillons de chasseurs des barrières, sont créés pour faire le service de la capitale ; mais bientôt ils sont envoyés à l'armée. La garde nationale soldée et non soldée et la gendarmerie restent chargées de la garde de la ville. — Le directoire crée une légion de police, presque aussitôt licenciée qu'instituée. — Bonaparte, premier consul, crée deux régiments d'une garde municipale ; ils se forment chacun de deux bataillons d'une force inférieure à celle des autres bataillons de l'infanterie française. L'un des régiments est habillé de vert et l'autre de rouge pour réaccoutumer les yeux des Parisiens à la couleur de l'habit des Suisses. — Ces corps, qui semblaient appelés à un service spécial et destinés à être en dehors de l'armée française, puisque leurs revues étaient passées par les maires de Paris et qu'ils géraient eux-mêmes la masse de leur pain de munition, font bientôt partie active de l'armée, et à leur réorganisation ils sont placés sous l'administration de l'inspecteur aux revues de la garde impériale ; l'habit blanc leur est alors donné, pour réaccoutumer Paris à l'ancienne couleur que les Parisiens avaient crue longtemps une nuance féodale. — En 1804, la Garde de Paris fournit un bataillon et deux compagnies de grenadiers à l'armée de Hollande. — En 1807, chacun des deux corps de cette Garde avait un bataillon à l'armée d'Allemagne ; le régiment de guerre qu'ils formaient combattit à Friedland et à Dantzig. — Les seconds bataillons, restés en garnison à Paris, reçurent bientôt l'ordre de partir pour l'Espagne ; ils fournirent onze cents hommes à la division Dupont. — En 1812, cette Garde fut impliquée dans la conspiration de Mallet, quoiqu'elle en fût fort innocente : elle fut licenciée par Napoléon à son retour de Russie. — Depuis la restauration, la gendarmerie de Paris en est la véritable Garde. En 1830 elle est dissoute. — On peut consulter Hax (1770), et l'*Encyclopédie des Gens du monde* à l'égard des institutions anciennes de ce genre de Garde. — L'ordonnance de 1830 (16 août) rétablit une garde municipale en un seul corps de deux bataillons et de deux escadrons.

GARDE (subs. fém.) de place. v. garde de la place. v. garde de police en garnison. v. place.

GARDE (subs. fém.) de place assiégée. v. fossé sec. v. place assiégée.

GARDE (subs. fém.) de place d'armes. v. garde de la place. v. place d'armes.

GARDE (subs. fém.) de police (term. sous-génér.). Sorte de garde armée qui est indépendante du service général de la place, de celui du cantonnement ou de celui du camp ; ordinairement elle est en même temps garde de la caisse à trois clefs. — Le colonel détermine la force de cette Garde et le nombre de ses sentinelles. Il décide si elle sera commandée par un officier ; elle est sous la surveillance de l'adjudant-major de semaine ou de l'adjudant de semaine du corps ; elle est préposée au maintien du bon ordre. On appelle officier de police, sergent de police et caporal de police ceux qui la commandent. — Quand l'arrivée d'un corps a lieu, son avant-garde fournit la Garde de police montante. Quand le dé-

PART d'un corps a lieu, une partie de la Garde de police descendante forme ARRIÈRE-GARDE. — Les Gardes de police se distinguent en GARDE DE POLICE AU CAMP, — DE POLICE EN GARNISON, — DE POLICE EN ROUTE.

GARDE (subs. fém.) de POLICE AU CAMP (E, 1). Sorte de GARDE DE POLICE que des ordonnances anciennes nommaient absolument aussi GARDE DU CAMP, OU GARDE DE CAMP, et qui s'appelait autrefois CORPS DE GARDE DE CAMP; elle est composée de trois FUSILIERS par COMPAGNIE et de deux TAMBOURS; les GRENADIERS de l'INFANTERIE DE LIGNE sont exempts de ce SERVICE. — A son ARRIVÉE AU CAMP, la Garde se place à trente pas en avant du TERRAIN marqué, et elle l'entoure de SENTINELLES. — Habituellement elle s'établit au centre du RÉGIMENT, sur l'alignement des CUISINES; elle ne rend point d'HONNEURS, mais elle PREND LES ARMES quand elle doit être inspectée. Telles étaient les dispositions du RÈGLEMENT DE 1792 (5 JUIN), qui voulait que de cette Garde on tirât la GARDE DU CAMP. — La Garde de police fournit la SENTINELLE du DRAPEAU et celle de la TENTE du COLONEL; les HOMMES DE SERVICE en sont commandés par l'ADJUDANT; elle est sous les ordres d'un CAPITAINE DE POLICE secondé par un OFFICIER inférieur; leur SERVICE est commandé par l'ADJUDANT-MAJOR DE SEMAINE. L'OFFICIER SUPÉRIEUR DE JOUR dirige le CHEF du POSTE et s'assure que la CONSIGNE DE POLICE en est exactement observée et qu'elle fournit les SENTINELLES voulues. — Sitôt qu'on bat la GÉNÉRALE, les TAMBOURS de la Garde de police en répètent la BATTERIE. — Le RÈGLEMENT DE 1792 (5 AVRIL) et l'ordonnance de 1832 (5 mai, parag. 41) donnaient des explications sur ce genre de SERVICE; mais rarement on en avait observé les dispositions. —Le poste avancé de la Garde de police, ou avec plus de précision la GARDE DU CAMP, en prenant ce mot dans le sens de local, devient au besoin un lieu de DÉTENTION analogue à la SALLE DE DISCIPLINE.

GARDE (subs. fém.) de POLICE DE CASERNE. V. CASERNE. V. GARDE DE POLICE EN GARNISON.

GARDE (subs. fém.) de POLICE DE QUARTIER. V. GARDE DE POLICE EN GARNISON. V. QUARTIER. V. SALLE DE DISCIPLINE.

GARDE (subs. fém.) de POLICE EN CAMPAGNE. V. EN CAMPAGNE. V. POLICE. V. PRÉVAL (1827).

GARDE (subs. fém.) de POLICE EN CANTONNEMENT. V. CANTONNEMENT. V. EN CANTONNEMENT. V. POLICE.

GARDE (subs. fém.) de POLICE EN GARNISON (E, 4), OU GARDE DE POLICE DE CASERNE. Sorte de GARDE DE POLICE qui n'est pas com-

prise au nombre des autres GARDES faisant le SERVICE de la PLACE. —L'ORDONNANCE DE 1768 (1er MARS) l'appelait GARDE DE POLICE DU QUARTIER, et elle voulait que tout RÉGIMENT caserné eût une Garde de cette espèce, dont le COLONEL déterminait la force et dont il dictait et faisait afficher la CONSIGNE. — S'il ne s'agit que de CONSIGNES journalières et verbales, elles peuvent être données à cette Garde par les OFFICIERS SUPÉRIEURS, par le CAPITAINE DE SEMAINE, par l'ADJUDANT-MAJOR DE SEMAINE et par l'ADJUDANT DE SEMAINE. — La Garde de police ne compose quelquefois qu'un seul et même POSTE avec la GARDE DE la CAISSE A TROIS SERRURES. — La Garde de police est commandée ordinairement par un SERGENT et par un CAPORAL DE POLICE; elle se tient dans un CORPS DE GARDE situé près de la PORTE de la CASERNE en dedans de la cour; elle comprend un TAMBOUR qui ne doit jamais s'en absenter; elle sort sans armes quand il s'agit de rendre les honneurs au COLONEL. — L'ADJUDANT-MAJOR DE SEMAINE passe, quand il le juge à propos, l'INSPECTION de la Garde de police; il y fait afficher les CONSIGNES PERMANENTES. — L'ADJUDANT DE SEMAINE est également chargé de la surveillance de cette Garde; il se fait remettre tous les matins le RAPPORT du POSTE; il y arrête et y signe le REGISTRE DE POLICE qui y est déposé. — L'ORDONNANCE DE 1768 (1er MARS) voulait que la Garde de police envoyât des PATROUILLES dans les CABARETS des environs de la CASERNE, pour en faire sortir les HOMMES MANQUANT AUX APPELS. — La Garde de police peut être requise par un COMMISSAIRE DE POLICE, un JUGE DE PAIX, ou tout citoyen pour rétablir le bon ordre dans les environs du QUARTIER; elle marche également, en partie, à la demande de toute personne en grade.

GARDE (subs. fém.) de POLICE EN ROUTE (E, 4). Sorte de GARDE DE POLICE dont le SERVICE est commandé par l'ADJUDANT DE SEMAINE. — Anciennement une moitié de la GARDE MONTANTE partait avec les hommes ALLANT AU LOGEMENT, l'autre était rassemblée à mesure que le corps se réunissait à la PRISE D'ARMES du DÉPART. A cet effet, les HOMMES DE GARDE sortaient des RANGS de leur compagnie et se formaient. — Le RÈGLEMENT DE 1792 (24 JUIN) voulait que les HOMMES DE TROUPE en état de détention marchassent avec la Garde de police, et que, dans ce cas, cette Garde se tînt dans l'intervalle des deux BATAILLONS, ou, s'il n'y avait qu'un BATAILLON, qu'elle se tînt après le PELOTON de la TÊTE. — Le RÈGLEMENT DE L'AN HUIT (25 FRUCTIDOR) appelait également Garde de police un PIQUET commandé pour le maintien de l'ordre dans les DISTRIBUTIONS DE VIVRES. — L'ORDONNANCE DE 1818 (13 MAI) voulait que le BATAILLON qui tient la tête de la COLONNE fournît une PETITE AVANT-GARDE chargée de conduire les HOMMES PUNIS pendant la route, et de les remettre à la Garde de police; à cet effet, le COLONEL pouvait détacher cette Garde peu avant que le CORPS n'arrivât au GÎTE. — Cette ordonnance nommait donc PETITE AVANT-GARDE ce que le règlement de 1792 appelait Garde de police. — L'ADJUDANT DE SEMAINE chargé d'ALLER AU LOGEMENT reconnaît à l'avance le CORPS DE GARDE de police, et y installe les HOMMES DE GARDE; le SERGENT DE POLICE envoie un d'eux au-devant des ÉQUIPAGES pour leur servir de GUIDE. — L'ORDONNANCE DE 1788 (1er JUILLET) disposait que les OFFICIERS auxquels les ARRÊTS DE RIGUEUR étaient infligés devaient marcher avec la Garde de police; cette disposition a été modifiée dans les règlements plus modernes où il est question des DÉTENUS EN ROUTE. — On pourrait regarder comme Garde de police en route et l'AVANT-GARDE et l'ARRIÈRE-GARDE, puisque l'une se compose de la Garde de police montante, et que l'autre devrait se composer de la Garde de police descendante; cependant le RÈGLEMENT DE 1792 (5 AVRIL, titre XVII, art. 16) voulait que les JOURS DE MARCHE l'ancienne Garde de police rentrât dans les COMPAGNIES. — L'ORDONNANCE DE POLICE DE 1818 (art. 425) contenait une disposition contraire. — L'ORDONNANCE DE 1833 (2 NOVEMBRE) a tracé sur ce sujet des règles mieux déterminées, et qu'il convient de consulter. — L'ADJUDANT-MAJOR DE SEMAINE se rend à la Garde de police le matin pour s'informer de ce qui a pu survenir pendant la nuit; il s'y rend le soir pour donner l'ORDRE et recueillir les BILLETS D'APPEL. — La surveillance des BAGAGES du CORPS, quand ils sont arrivés au GÎTE, regarde la Garde de police. — Les HOMMES D'ORDONNANCE envoyés au COLONEL par les divers détachements se tiennent à la Garde de police. — S'il est assigné, dans les lieux de gîte, un POSTE spécial pour la Garde appartenant AUX TROUPES DE PASSAGE, le CHAUFFAGE de ce POSTE est fourni par les soins des AUTORITÉS CIVILES de l'endroit; mais la Garde de police n'a pas de CHAUFFAGE à réclamer si elle est admise dans un des CORPS DE GARDE occupé par des TROUPES EN RÉSIDENCE. — La Garde de police en route rend à son COLONEL les mêmes HONNEURS QU'EN GARNISON. — A SON ARRIVÉE A LA GARNISON, la Garde de police prend poste au CORPS DE GARDE de la caserne.

GARDE (subs. fém.) de PORTE DE FORTERESSE. V. BANDOULIÈRE. V. CHEF DE POSTE DE PORTE. V. CORPS DE GARDE DE PORTE. V. DÉCOUVERTE. V. FERMETURE DE PORTE. V. HAIE. V. PORTE DE FORTERESSE. V. POSTE DE PORTE. V. RETRAITE CÉLEUSTIQUE. V. SERGENT D'ARMES.

GARDE (subs. fém.) de POSTE. V. EXERCICE D'INFANTERIE. V. GARDE ARMÉE. V. MILICE GRECQUE N° 4. V. MILICE ROMAINE N° 10. V. POSTE. V. POSTE D'HOMMES DE GARDE.

GARDE (subs. fém.) de POSTE EXTÉRIEUR. V. GARDE EXTÉRIEURE. V. MARÉCHAL DE CAMP N° 6. V. POSTE EXTÉRIEUR DE FORTERESSE.

GARDE (subs. fém.) de PRÉVÔT. V. PRÉVÔT. V. PRÉVÔT D'ARMÉE.

GARDE (subs. fém.) de PRINCE (term. génér.), ou EXCUBITEUR suivant GANEAU, ou GARDE DE SOUVERAIN, car ici PRINCE ne signifie pas SOLDAT DE LÉGION ROMAINE, mais dignitaire d'un rang élevé ou du sang royal. — Sorte de GARDE IDIOPLIQUE dont l'usage est aussi ancien que les gouvernements absolus. La puissance et le luxe amènent nécessairement la création des CORPS PRIVILÉGIÉS attachés à la personne d'un chef politique. — La profusion et la mollesse des princes PERSES s'entouraient d'une multitude de NOMOPHORES. — ALEXANDRE LE GRAND les imita; mais ses AGEMA, ses ARGYRASPISTES, furent soumis à un régime plus militaire. — Les SCIPION attachèrent à leur suite quelques soldats de choix. MARIUS s'environna de sicaires. CÉSAR se confia à des guerriers dévoués. Le dictateur POSTHUMIUS et les EMPEREURS ROMAINS eurent pour GARDES DU CORPS les COHORTES PRÉTORIENNES. GALBA s'entoura d'ÉVOCATS. — TACITE, parlant des peuples du Nord, met sur la scène des TROUPES du même genre: c'étaient les ANTRUSTIONS, les FIDÈLES, les LEUDES, que les révolutions politiques changèrent en grands VASSAUX; cette CAVALERIE PRÊTAIT SERMENT à un maître, lui jurait FOI ET HOMMAGE, et recevait des terres en payement des services rendus ou promis. — CHARLEMAGNE, PHILIPPE AUGUSTE et quelques autres souverains eurent leurs CLIENTS, leurs SERGENTS D'ARMES (servientes), leurs COTTES DE MAILLES, leurs ÉCUYERS DU CORPS. — Plus d'un PRINCE a connu, à ses dépens, combien il y a peu à se fier à une Garde trop nombreuse; sous un chef faible, elle est toujours prête à secouer le frein et à s'emparer de la domination: combien de fois les GARDES PRÉTORIENNES n'en ont-elles pas donné la preuve? PIERRE LE GRAND a cru que la conservation de ses jours exigeait le massacre des STRÉLITZ. Les Bourbons connurent la défection des GARDES FRANÇAISES. L'ÉGYPTE a vu périr dans un guet-apens les MAMELOUKS. La TURQUIE a vu noyer ses JANISSAIRES. Qui sait ce qui fût advenu aux petits successeurs du grand NAPOLÉON, s'il eût péri avant sa Garde au lieu de survivre à ses SOLDATS? — GUSTAVE-ADOLPHE avait une Garde, mais peu nombreuse; on y comptait le fameux escadron des chevaux noirs. — CHARLES-QUINT tenait près de sa personne six mille vieux soldats. Depuis lui, les rois d'ESPAGNE ont eu leurs GARDES WALLONNES. — LOUIS QUATORZE a fait revivre ce luxe des EMPEREURS ROMAINS : il a fondu dans sa MAISON MILITAIRE les derniers débris de la GENDARMERIE DU MOYEN AGE; il a donné à ses CAPITAINES DES GARDES et à leurs EXEMPTS un BATON DE COMMANDEMENT imité de celui des chefs des GARDES PRÉTORIENNES. Le goût qu'il avait pour ce genre de faste s'est communiqué à l'ANGLETERRE, à l'ESPAGNE, au PIÉMONT, et a engendré la dénomination singulière de MAISON MILITAIRE pour signifier CORPS SÉDENTAIRES attachés à un palais et composés de GARDES A PIED et A CHEVAL. — FRÉDÉRIC DEUX n'avait point de Gardes du corps, mais un régiment des Gardes; le roi de SUÈDE n'en a point encore. L'empereur d'AUTRICHE a près de sa personne une poignée de HONGROIS et d'arquebusiers nobles : ce sont les seuls corps plus chèrement soldés que les autres, car les MILICES ALLEMANDES étaient en général celles où régnaient le moins de priviléges et la plus sage ORGANISATION. — Les Gardes, en ANGLETERRE, sont un corps où respirent tous les usages du temps de LOUIS QUATORZE, comme le démontre GROSE; leur création date du règne de CHARLES DEUX, qui avait promis à LOUIS QUATORZE de renverser le gouvernement représentatif, et qui avait constitué sa Garde en conséquence. — DUPIN (1820, B) a dit, au sujet de cette Garde : *Elle ne devrait pas former un corps distinct du reste de l'armée. L'honneur de veiller à la conservation du monarque devrait être la récompense de la valeur en temps de guerre et de la discipline en temps de paix. Cette noble récompense, offerte à tous les courages, à toutes les vertus, enflammerait d'émulation les officiers et les soldats : telle devrait être la Garde d'un roi constitutionnel comme le roi de la Grande-Bretagne.* — Sous le point de vue de la tactique et de la composition, les sectateurs du privilége affirment qu'il faut former de troupes d'élite les réserves; de là le fardeau onéreux des GARDES DE SOUVERAIN. — L'influence des exemples de LOUIS QUATORZE avait été grande; celle des institutions militaires de BONAPARTE n'a pas été moindre : plus d'un souverain ont modelé leurs BREVETS A PRIVILÉGE sur les siens. Il a eu pour imitateurs l'empereur ALEXANDRE, le roi de PRUSSE, les monarques des royaumes créés à la fran-

çaise, et enfin le roi nègre Henri. La plupart des trônes se sont environnés, non d'une Garde, mais d'une ARMÉE PRIVILÉGIÉE. Le pape lui-même n'a pas voulu rester en arrière; une capitulation dressée avec son agrément a été rédigée en latin en 1824; elle a été négociée entre Lucerne et la cour de Rome, et signée le 6 septembre; elle a fait revivre une Garde suisse, de deux cents hommes; et, par amour pour les vieilles institutions, il est formellement exprimé dans l'acte de capitulation que la Garde papale conservera *les usages, coutumes, costumes et armes* qui avaient été stipulés lors de la première création de cette même compagnie en 1503. — Nous nous étendrons davantage au sujet des Gardes de prince ou de celles qui leur ont été analogues dans la FRANCE moderne, en parlant de la GARDE DES CONSULS, — DU CORPS LÉGISLATIF, — DU DIRECTOIRE et des GARDES IMPÉRIALE et ROYALE.

GARDE (subs. fém.) de QUARTIER GÉNÉRAL. V. COMMANDANT DE PLACE DE QUARTIER GÉNÉRAL. V. MILICE AUTRICHIENNE N° 2. V. QUARTIER GÉNÉRAL.

GARDE (subs. fém.) de QUEUE DE CAMP. V. QUEUE DE CAMP.

GARDE (subs. fém.) de SABRE D'INFANTERIE (G, 1), ou MONTURE, comme l'appelaient le RÈGLEMENT DE 1792 (24 JUIN) et M. le général COTTY. Sorte de GARDE D'ARME BLANCHE dont la totalité ou les principales parties sont en CUIVRE; elle ne consistait, s'il s'agissait du BRIQUET, qu'en une POIGNÉE, une BRANCHE et une DEMI-CROISETTE ou QUILLON surmontant une LAME légèrement courbe. — La Garde était traversée par la SOIE. — L'adoption du SABRE-POIGNARD modifia ces règles. — S'il s'agit des SABRES DES OFFICIERS, la Garde, ou le PANIER comme l'appelle GASSENDI, comprenait la BRANCHE, la CALOTTE, la CAPUCE, le CORPS de la MONTURE, l'OEIL et la POIGNÉE; cette Garde tenait à une LAME COURBE.

GARDE (subs. fém.) de SIÉGE OFFENSIF. V. GARDE DE TRANCHÉE. V. PREMIÈRE PARALLÈLE. V. SIÉGE OFFENSIF.

GARDE (subs. fém.) de SOUVERAIN. V. ARMÉE FRANÇAISE N° 4. V. CARABIN. V. CAVALERIE DE LIGNE. V. CAVALERIE FRANÇAISE N° 5. V. CHALCASPISTE. V. CHEVAU-LÉGER. V. COMPAGNIE DE GENTILSHOMMES. V. COMTE N° 1. V. CRANEQUINIER. V. DICTIONNAIRE MILITAIRE. V. DISCIPLINE FRANÇAISE. V. DOMESTIQUE MILITAIRE. V. DORYPHORE. V. ÉCOLE RÉGIMENTAIRE. V. FOURRIER D'INFANTERIE FRANÇAISE DE LIGNE N° 1. V. GARDE DE PRINCE. V. GARDE ÉCOSSAISE. V. GARNISON. V. GENDARMERIE DU MOYEN AGE. V. GRADE FICTIF. V. GRADE SUPÉRIEUR. V. GUÊTRE. V. GUIDON IDIOPTIQUE. V. HABIT. V. HAJ-

LEBARDE. V. HALLEBARDIER. V. HERCULIEN. V. HOQUETON. V. INFANTERIE N° 1, 5. V. INFANTERIE DE BATAILLE. V. INFANTERIE FRANÇAISE. V. INFANTERIE FRANÇAISE DE GARDE ROYALE N° 1. V. INFANTERIE FRANÇAISE DE LIGNE N° 1. V. JOVIENS. V. LANCE A MAIN. V. LANCIER. V. LIGNE. V. LIGNE IDIOPLIQUE. V. MAISON DU ROI. V. MAITRE DE LA MILICE. V. MILICE. V. MILICE ANGLAISE N° 2. V. MILICE BAVAROISE N° 1. V. MILICE BYSANTINE. V. MILICE CHINOISE N° 1. V. MILICE COLOMBIENNE. V. MILICE ESPAGNOLE N° 2. V. MILICE FRANÇAISE N° 2. V. MILICE GRECQUE N° 2. V. MILICE HAITIENNE. V. MILICE HESSOISE. V. MILICE NÉERLANDAISE N° 1. V. MILICE PERSANE N° 1. V. MILICE PIÉMONTAISE. V. MILICE SUÉDOISE N° 1. V. MILICE SYKE N° 2. V. MILICE TURCO-ÉGYPTIENNE N° 2. V. MILICE TURQUE N° 2. V. MILICE WURTEMBERGEOISE N° 1. V. MINISTRE DE LA GUERRE EN 1830 (18 NOVEMBRE). V. MOUSQUET. V. MOUSQUETAIRE DE LA GARDE. V. ORDONNANCE D'UNIFORME. V. PENSION DE RETRAITE. V. RENGAGEMENT. V. RIBAUD. V. ROI DES RIBAUDS. V. SCHAKO D'INFANTERIE. V. SERGENT D'ARMES. V. SERMENT. V. SICARD. V. SOUVERAIN. V. TAMBOUR IDIOPLIQUE D'INFANTERIE FRANÇAISE N° 3. V. TRABAN.

GARDE (gardes) (subs. fém.) de TRANCHÉE (E, 1; H, 1), OU GARDES DE SIÉGE. Sorte de GARDES EN CAMPAGNE placées aux principaux POSTES d'un SIÉGE OFFENSIF, et chargées de favoriser l'ouverture de la TRANCHÉE, de défendre les PARALLÈLES, de protéger les TRAVAUX. — Le service des TRANCHÉES se fait par BATAILLON; il commence au point du jour, ce qui s'appelle MONTER LA TRANCHÉE; les Gardes se tiennent, pendant le jour, dans la PARALLÈLE, sur deux ou trois rangs, face à l'ennemi; de nuit, elles se portent au delà du BOYAU, et profitent, s'il se peut, des PLIS du TERRAIN pour se couvrir contre les PROJECTILES DE LA PLACE, ou bien elles s'y tiennent couchées sur le ventre pour y attendre l'ENNEMI, et être prêts à repousser les SORTIES. — S'il y a des POSTES DE CAVALERIE, l'INFANTERIE se porte de préférence aux extrémités de la PARALLÈLE pendant tout le temps que les TRAVAILLEURS mettent à creuser la TRANCHÉE. — A mesure que la TRANCHÉE se perfectionne, les Gardes sont plus nombreuses, et se placent au centre et à l'extrémité de la PARALLÈLE la plus avancée; elles se partagent en un gros corps chargé de FAIRE FEU au besoin, et sont appuyées par des DÉTACHEMENTS ou des pelotons de GRENADIERS prêts à marcher vers l'ENNEMI. — La Garde de la tranchée est appuyée d'une RÉSERVE qui se tient dans la SECONDE PARALLÈLE dès que la TROISIÈME est achevée. Cette troupe est d'une force égale au tiers ou au quart de la totalité des HOMMES DE SERVICE. — La position de la Garde de la TRANCHÉE se règle chaque jour sur les progrès du CHEMINEMENT. — La destination principale de la Garde est de recevoir et de contenir les SORTIES; mais il n'est pas de son devoir de lutter avec opiniâtreté contre les efforts de l'ASSIÉGÉ tant que la PARALLÈLE n'est qu'une ébauche imparfaite. La Garde de la tranchée ne doit point répugner à céder ce TERRAIN à l'ENNEMI, et elle doit se retrancher dans les PARALLÈLES voisines.

GARDE (subs. fém.) de TRAVAILLEURS. V. TRAVAILLEUR. V. TRAVAILLEUR EN CAMPAGNE.

GARDE (subs. fém.) de VILLE. V. COMPAGNIE FRANCHE. V. FRANC ARCHER. V. GARDE DE PARIS. V. GARNISON. V. MILICE BOURGEOISE. V. VILLE.

GARDE (subs. fém.) d'ENSEIGNE. V. ENSEIGNE. V. ENSEIGNE ROMAINE.

GARDE (subs. fém.) d'ÉPÉE. V. DAGUE A ROELLE. V. ENHERDURE. V. ÉPÉE. V. ÉPÉE LONGUE. V. JAVELOT. V. MAMELON DE G... V. SOIE D'ARME BLANCHE.

GARDE (subs. fém.) d'ÉPÉE D'OFFICIER (B, 1), OU PONT D'ÉPÉE. Sorte de GARDE D'ARME BLANCHE dont les parties se nomment ASTRAGALE, BRANCHE, CALOTTE, CIMAISE, CORPS DE MONTURE, CROCHET, POIGNÉE, PONMEAU, PORTÉE, etc. La soie de la LAME y traverse l'OEIL de la PLAQUE, et est ou rivée ou retenue au moyen d'un écrou. — Les règlements veulent que les CHEFS DE POSTE ne reçoivent les RONDES qu'en saisissant la POIGNÉE de leur ÉPÉE.

GARDE (subs. fém.) d'ÉQUIPAGES. V. CHEF DE POSTE DE POLICE EN ROUTE. V. CORPS EN ROUTE SUR PIED DE PAIX. V. ÉQUIPAGES DE CORPS EN ROUTE. V. LOGEMENT DE G...

GARDE (subs. fém.) des CONSULS (F), OU GARDE CONSULAIRE. Sorte de GARDE IDIOPLIQUE qui a eu pour noyau la GARDE DU DIRECTOIRE et la GARDE DU CORPS LÉGISLATIF. — L'ARRÊTÉ DE L'AN HUIT (13 NIVOSE) l'organisa; elle ne comprenait d'abord que deux BATAILLONS de GRENADIERS, une compagnie d'INFANTERIE LÉGÈRE, une compagnie de CHASSEURS A CHEVAL, une d'ARTILLERIE LÉGÈRE et deux ESCADRONS DE CAVALERIE LÉGÈRE; cette garde prend une nouvelle forme, et s'accroît par les ARRÊTÉS DES 13 ET 21 FRUCTIDOR. — Nous ne suivrons pas dans ses innombrables variations cette TROUPE qui, d'une poignée de soldats républicains, s'est changée en une GARDE DE PRINCE, en une ARMÉE de cent mille hommes; elle s'était d'abord recrutée uniquement dans l'INFANTERIE FRANÇAISE DE LIGNE; devenue GARDE IMPÉRIALE, tous les genres d'armes y furent appelés; une JEUNE GARDE (1809, 31 mars), une MOYENNE GARDE, des VÉLITES, des marins, en firent partie; des

Africains, des Hollandais, des Polonais, y furent admis ; une garde nationale y fut introduite ; l'Europe recruta ses pupilles.

GARDE (subs. fém.) des fortifications. v. fortification. v. garde du génie.

GARDE (subs. masc.) des sceaux. v. ordre de Saint-Louis. v. sceaux.

GARDE (subs. fém.) des trabans. v. traban.

GARDE (subs. fém.) descendante (E, 1, 3, 4). Sorte de garde armée que quelques règlements appellent ancienne garde par opposition à la garde relevante ou nouvelle garde. — La descente de la Garde, considérée surtout ici par rapport au service en garnison, a lieu après une durée ordinairement de vingt-quatre heures ; elle ne quitte le poste qu'après que le caporal de consigne a donné à celui qui le relève tous les éclaircissements et tous les renseignements qu'il lui doit, et que quand les chefs des gardes montante et descendante se sont entendus sur tous les points. — Les hommes des Gardes descendantes, après avoir quitté le poste au pas ordinaire, mettent l'arme à volonté ; mais elles portent les armes, si, en revenant au quartier, elles passent devant des corps de garde, ou bien si elles rencontrent des troupes armées. Si un officier la commande, il n'est pas tenu de la ramener jusqu'au quartier. — L'ordonnance de 1768 (1er mars) chargeait les officiers supérieurs de service de s'assurer que les Gardes descendantes rentraient en bon ordre au quartier. — Lorsque les Gardes rentrent à la caserne, le caporal d'escouade s'assure de l'état des effets d'uniforme des hommes rentrants ; et, si le cas a lieu, le fourrier (sergent-major) avise au moyen de faire faire les réparations dont ces effets pourraient avoir besoin. — Le sergent-major retire les cartouches qui auraient été délivrées pour la durée du service.

GARDE (subs. fém.) descendante en garnison. v. chef de garde descendante. v. en garnison. v. garde descendante. v. service en garnison.

GARDE (subs. fém.) d'escrime (G, 5). Sorte de garde, ou de position du corps et de l'épée ou du sabre. — On appelle Garde la manière de se tenir à couvert des bottes de l'adversaire ; le tireur en garde est prêt lui-même à porter des coups. — On dit être en garde, être sur ses gardes, parce que l'escrime a plusieurs règles de Garde que mentionne l'Encyclopédie (1751, C). — La prime, la seconde, la tierce, la quarte, la quinte, sont la première Garde, la seconde Garde, etc. — On dit être hors de garde ; faire garde basse, garde haute, garde ordinaire ;

se tenir en garde, ou sur ses gardes ; se mettre en garde.

GARDE (subs. fém.) d'espadon, v. espadon. v. panier d'espadon.

GARDE (subs. masc.) d'honneur. v. gardes d'honneur.

GARDE (gardes) (subs. fém.) d'honneur (F). Sorte de gardes en campagne que, dans le cours du dernier siècle, on appelait ainsi par opposition aux gardes de fatigue.

GARDE (gardes) (subs. fém.) d'honneurs (E, 2). Sorte de gardes armées dont la destination est de rendre certains honneurs militaires. — Les Gardes d'honneurs diffèrent par le nombre et par l'espèce des hommes, par le grade des chefs qui les commandent, par l'espèce des sentinelles qu'on y pose et des drapeaux qu'on y porte ; elles diffèrent aussi en ce qu'on les pose, soit avant, soit après l'arrivée des dignitaires près desquels elles doivent faire le service. L'instant où elles prennent poste se calcule à raison des fonctions plus ou moins éminentes des personnages à qui les honneurs sont rendus. — Le drapeau blanc était porté à la Garde d'honneurs du roi. — Le règlement de 1818 (13 mai) voulait que l'adjudant-major de semaine tînt un contrôle du service des Gardes d'honneurs. — L'ordonnance de 1832 (3 mai) les range dans le premier tour du service en campagne.

GARDE (subs. fém.) d'honneurs au camp. v. au camp. v. honneurs au camp.

GARDE (subs. fém.) d'honneurs de général de brigade. v. général de brigade n° 3. v. lieutenant d'infanterie française de ligne n° 8.

GARDE (subs. fém.) d'honneurs de général de division. v. général de division n° 5. v. lieutenant d'infanterie française de ligne n° 8.

GARDE (subs. fém.) d'honneurs de général en chef. v. capitaine d'infanterie française de ligne n° 17. v. général en chef n° 2. v. lieutenant d'infanterie française de ligne n° 8.

GARDE (subs. fém.) d'honneurs de lieutenant général. v. lieutenant général.

GARDE (subs. fém.) d'honneurs de maréchal de camp. v. maréchal de camp n° 5.

GARDE (subs. fém.) d'honneurs de maréchal de France. v. maréchal de France.

GARDE (subs. fém.) d'honneurs de prince. v. drapeau de couleur. v. honneurs. v. prince. v. prince français.

GARDE (subs. fém.) d'honneurs d'officier général. v. officier général.

GARDE (subs. fém.) d'honneurs du roi. v. drapeau blanc. v. roi.

GARDE (subs. fém.) d'honneurs en

GARNISON. V. HONNEURS EN GARNISON.

GARDE (subs. fém.) d'HOPITAL. V. HOPITAL MILITAIRE.

GARDE (subs. fém.) d'INFANTERIE. V. INFANTERIE. V. RANGS OUVERTS.

GARDE (subs. fém.) d'OFFICIER. V. BILLET DE GARDE. V. CHEF DE POSTE D'HOMMES DE GARDE N° 1. V. CORPS DE GARDE D'OFFICIER. V. OFFICIER DE CAVALERIE N° 5.

GARDE (subs. fém.) d'OFFICIER GÉNÉRAL. V. OFFICIER GÉNÉRAL.

GARDE (subs. masc.) DRAPEAU. V. BATAILLON G... V. COMPAGNIE EN ROUTE. V. DRAPEAU. V. GARDE DE DRAPEAU. V. PELOTON G...

GARDE (subs. fém.) du CAMP. V. CAMP. V. GARDE DE CAMP. V. LANGUE FRANÇAISE. V. LATRINES DE CAMP. V. REDAN. V. TRIAIRES N° 5.

GARDE (subs. masc.) du CORPS. V. CORPS. V. ESTAFIERS. V. GARDE DE PRINCE. V. GARDES DU CORPS. V. GRAND PRÉVOT DE L'HOTEL. V. GRENADIER GARDE A PIED DU CORPS DU ROI. V. GUIDE D'ÉTAT-MAJOR. V. LANCE FOURNIE. V. LAQUAIS. V. MAISON DU ROI N° 2. V. MAJOR. V. MILICE CHINOISE N° 1. V. MILICE ESPAGNOLE N° 4. V. MILICE PIÉMONTAISE N° 1. V. MORTE PAYE. V. MOUSQUETAIRE DE LA GARDE.

GARDE (subs. fém.) du CORPS DE COLONEL GÉNÉRAL. V. COLONEL GÉNÉRAL ; id. N° 4. V. COMPAGNIE COLONELLE.

GARDE (subs. fém.) du CORPS HELLÉNIQUE. V. HELLÉNIQUE. V. MILICE HELLÉNIQUE.

GARDE (subs. fém.) du CORPS LÉGISLATIF (F). Sorte de GARDE IDIOPLIQUE qui ne se composait que d'INFANTERIE ; elle avait eu pour noyau les GRENADIERS GENDARMES organisés par la CONVENTION NATIONALE en l'an TROIS (4 THERMIDOR). C'était un bataillon de huit cents hommes. — La LOI DE L'AN CINQ (17 BRUMAIRE) l'avait portée à douze cents hommes en deux bataillons. — La LOI DE L'AN SEPT (23 FRUCTIDOR) en portait le nombre à mille deux cent cinquante-six hommes, dont la solde était de quatre cent soixante-douze mille sept cent neuf francs. — La Garde du corps législatif a été l'élément de l'INFANTERIE DE BATAILLE de la GARDE DES CONSULS, devenue ensuite elle-même GARDE DE PRINCE.

GARDE (subs. fém.) du DIRECTOIRE (F). Sorte de GARDE IDIOPLIQUE qui participait des formes d'une GARDE DE PRINCE et qui a été le noyau de la GARDE DES CONSULS. — L'article 166 de la loi sur la conscription de l'an quatre avait créé cette Garde ; elle était de cent vingt hommes à pied et de cent vingt à cheval. — La LOI DE L'AN TROIS (4 THERMIDOR) et celle de l'an six (2 frimaire) avaient réglé son organisation. — La LOI DE L'AN SEPT (23 FRUCTIDOR) établissait le montant de sa dépense à cent soixante-douze mille neuf cent soixante-deux francs, et établissait sa

force à deux cent quatre-vingt-seize hommes. — L'usage des PETITES TORSADES date de l'existence de cette Garde.

GARDE (subs. fém.) du DRAPEAU. V. CARRÉ TACTIQUE. V. DRAPEAU. V. GARDE DE DRAPEAU. V. HALTE DE ROUTE. V. MARCHE DE BATAILLON PAR LE FLANC. V. MARCHE DE BRIGADE D'INFANTERIE EN BATAILLE. V. SERGENT D'INFANTERIE FRANÇAISE DE LIGNE (fonctions).

GARDE (subs. masc.) du GÉNIE. V. CORPS DU GÉNIE. V. GARDES DU GÉNIE. V. GÉNIE. V. GÉNIE IDIOPLIQUE N° 1, 5. V. INGÉNIEUR MILITAIRE. V. OFFICIER DE CASERNEMENT.

GARDE (subs. masc.) du PARC. V. PARC. V. PARC D'ARTILLERIE.

GARDE (subs. fém.) du ROI. V. GARDES DU CORPS. V. GENDARMERIE. V. GRENADE DE RETROUSSIS. V. ROI. V. SERGENT MILITAIRE.

GARDE (subs. fém.) ÉCOSSAISE (F), ou ARCHERS DE LA GARDE ÉCOSSAISE DU ROI, ou COMPAGNIE ÉCOSSAISE. Sorte de GARDE IDIOPLIQUE comparable aux GARDES DU CORPS, mais qui d'abord n'en portait pas le nom. L'ENCYCLOPÉDIE (1751, C) pense qu'ils n'ont été créés que de 1433 à 1441 ; mais d'autres dates sont indiquées dans le *Dictionnaire de la Conversation* (au mot *Gardes du corps*). Il existait une Garde écossaise de quelques hommes dès l'an 886 ; du moins M. SICARD l'affirme. — Les rois de FRANCE avaient plusieurs fois pris à leur service des ECOSSAIS comme auxiliaires des TROUPES FRANÇAISES. C'était un usage établi dès le règne de CHARLES SIX ; mais CHARLES SEPT passe pour être le premier qui ait attaché, à poste fixe, à sa GARDE une COMPAGNIE D'ORDONNANCE de cette nation. Suivant quelques probabilités elle était la première des COMPAGNIES DES GARDES. — La Garde écossaise avait la HUGUE à livrée ; elle prenait le titre d'ARCHERS DE LA GARDE, parce qu'elle s'était originairement composée d'hommes habiles à tirer de l'ARC ; mais elle avait renoncé de bonne heure à cette arme, parce que l'ARC était moins goûté des ECOSSAIS que des ANGLAIS, et que d'ailleurs les archers à cheval ne pouvaient faire qu'un médiocre usage d'une arme aussi peu sûre et aussi embarrassante. — Sous le règne de LOUIS ONZE trois cents archers écossais étaient ordonnés en LANCES FOURNIES et formaient plus de dix-huit cents hommes ; un recensement circonstancié les porte à quatorze cent soixante-neuf ARCS et TROUSSES ; mais ces ARCS ou ARBALÈTES n'étaient plus que des instruments de parade, et ces ARCHERS avaient des ARMES D'HAST et quelques ARMES A FEU. — Des historiens affirment sérieusement que Louis avait créé CAPITAINE GÉNÉRAL de ses ARCHERS la vierge MARIE, et lui avait fait dresser un brevet en règle. —

Les ARCHERS DE LA MANCHE, originairement tirés de la COMPAGNIE ÉCOSSAISE, devinrent ensuite GARDES DE LA MANCHE. — Lors de l'expédition de NAPLES en 1494, CHARLES HUIT avait auprès de sa personne cent ARCHERS ÉCOSSAIS. — Une troupe d'infanterie nommée RÉGIMENT des Gardes écossaises, fort de dix-sept COMPAGNIES et de quinze à dix-sept cents hommes, figure dans la GARDE de nos rois de 1645 à 1648. Ils combattaient à côté des GARDES FRANÇAISES ; en 1648, le RÉGIMENT est à vingt COMPAGNIES de quarante hommes chacune ; il est licencié en 1660. — Il y avait encore, à la fin du règne de Louis QUINZE, une COMPAGNIE écossaise des GARDES DU CORPS ; elle conservait ce titre, quoique depuis longtemps elle fût française. Il ne restait d'autre vestige de son origine que l'usage ridicule du mot *hamir*, corruption de l'écossais *khay hamier*, ou de l'anglais *I am here*, suivant GANEAU (au mot *Écossais*) : cela signifiait *me voilà*. Chaque Garde répondait, à l'appel, *hamir!*

GARDE (gardes) (subs. fém.) EN CAMPAGNE (E, 1). Sorte de GARDES ARMÉES placées ou au BIVAC, ou sous des ABRIVENTS, ou dans des CORPS DE GARDE. — Autrefois les fonctions du MARÉCHAL DE CAMP et ensuite celles du LIEUTENANT GÉNÉRAL DE JOUR consistaient en grande partie à déterminer l'emplacement des Gardes et à en surveiller le service. Le jour d'arrivée, ils conduisaient ou faisaient conduire les Gardes à leur poste. — Les titres dénominatifs de ces OFFICIERS furent abolis en 1793 ; d'autres règles s'établirent. — Le RÉGLEMENT de 1792 (5 JUIN) voulait que la Garde fût BATTUE (que les TAMBOURS annonçassent que la Garde va se monter) à sept heures du matin du 1er mai au 1er septembre, et à huit heures le reste de l'année ; que, après une INSPECTION particulière avant la Garde BATTUE, les Gardes, PIQUETS et DÉTACHEMENTS fussent inspectés par BRIGADE dans les CAMPS ordinaires et par DIVISIONS dans les CAMPS DE SÉJOUR. — Si le SERVICE des Gardes doit être de plusieurs jours, elles se pourvoient en conséquence de vivres, et, s'il en est besoin, elles prennent un supplément d'OUTILS pour rendre plus sûres les défenses du POSTE. — Lorsque les TAMBOURS BATTENT LA GARDE, les Gardes, DÉTACHEMENTS OU PIQUETS se réunissent en avant du centre de la BRIGADE, à dix mètres des FAISCEAUX, pour y passer l'INSPECTION et y défiler. — Si les Gardes doivent se réunir par DIVISION, les HOMMES DE SERVICE de chaque BRIGADE sont conduits en ordre au centre de la DIVISION par l'OFFICIER SUPÉRIEUR DE JOUR ; les GÉNÉRAUX DE BRIGADE et les CHEFS DE CORPS s'y rendent et y trouvent le GÉNÉRAL

DE DIVISION ; le CHEF D'ÉTAT-MAJOR s'y trouve même, si ses fonctions le lui permettent. — Les ORDONNANCES, envoyées par les POSTES EXTÉRIEURS, se rangent en face des Gardes auxquelles elles doivent servir de guides vers leurs POSTES ; elles prennent, après le défilement, la droite des GARDES RELEVANTES. — Telles étaient les seules règles légales et non rapportées sur cette forme de SERVICE ; cependant de tout ce qui vient d'être dit rien ne s'exécutait exactement depuis l'époque où parut ce règlement. Les dénominations données aux MILITAIRES GRADÉS étaient changées ; le SERVICE DE JOUR était tombé en désuétude ; les GÉNÉRAUX méprisaient ces détails. D'autres coutumes, une marche plus rapide, se sont établies ; mais nous avons dû ici invoquer la loi, et non des coutumes inégales et changeantes. — L'ORDONNANCE DE 1832 (5 MAI) a reproduit ou amélioré ces règles. — Ce qui concerne les fonctions des HOMMES DE GARDE quand ils ont PRIS POSTE rentre dans ce qui est prescrit pour les POSTES EN CAMPAGNE, etc. — L'ATTAQUE et l'ENLÈVEMENT de ce genre de POSTES sont au nombre des OPÉRATIONS fréquentes de la PETITE GUERRE. — Le RÉGLEMENT DE 1792 (5 AVRIL) chargeait l'ÉTAT-MAJOR de l'ARMÉE du commandement des Gardes et de tous les détails de la répartition de ce SERVICE. Ce même règlement voulait que les POSTES RETRANCHÉS eussent les armes rangées le long de la BANQUETTE. — Il a été traité des Gardes en campagne par M. BONJOUAN, DRAGOILLOWICZ, FORESTIER. — Les Gardes en campagne se distinguent en GARDE AU CAMP, — AVANCÉE, — DE CAMP, — DE FATIGUE, — DE TRANCHÉE, — D'HONNEUR.

GARDE (gardes) (subs. fém.) EN GARNISON (E, 3). Sorte de GARDES ARMÉES dont le COMMANDANT DE PLACE détermine le nombre, la force, l'emplacement, soit en TEMPS DE PAIX, soit en TEMPS DE GUERRE, tant pour la sûreté et le bon ordre de la VILLE que pour la défense des OUVRAGES, des PORTES, des AVANCÉES, ou des DEHORS. — L'ORDONNANCE DE 1768 (1er MARS) voulait que, en TEMPS DE PAIX, l'espèce et le nombre des CORPS DE GARDE fussent réglés le premier de chaque mois ; que le nombre des POSTES fût coordonné à celui des SENTINELLES nécessaires à la conservation des OUVRAGES, et qu'il fût proportionné à l'EFFECTIF des HOMMES DE TROUPE disponibles pour le SERVICE, de telle sorte que chaque HOMME eût six NUITS DE REPOS et jamais moins de cinq, et que chaque SOLDAT DE GARDE ne fît pas moins de six heures de FACTION. — Cette même ordonnance voulait que, en été et dans les beaux jours, les HOMMES DE GARDE montassent en GUÊTRES BLANCHES, et, dans les mauvais temps, en GUÊTRES NOIRES et les REVERS CROISÉS; mais tous ces usages sont changés. Les HABITS de l'INFANTERIE n'ont plus de REVERS; les GUÊTRES BLANCHES ne sont plus de mode; et on ne porte plus de GUÊTRES D'ÉTOFFE. — L'ORDONNANCE de 1818 (15 MAI) chargeait l'ADJUDANT-MAJOR DE SEMAINE de tenir particuliérement un CONTROLE du SERVICE des Gardes en garnison. — En vertu de l'ORDONNANCE DE 1768 (1er MARS), la Garde était BATTUE ordinairement à NEUF HEURES du matin, ou extraordinairement et pendant les grandes chaleurs à sept heures du matin; mais chaque CHEF DE CORPS pouvait cependant régler l'heure de la BATTERIE de l'ASSEMBLÉE des Gardes, suivant qu'elles devaient se transporter directement de la CASERNE aux POSTES, ou se réunir sur la PLACE D'ARMES aux autres Gardes de la garnison; dans ce dernier cas, elles s'y rendent suivies des SOUS-OFFICIERS DE SEMAINE. — L'ORDONNANCE DE 1818 (15 MAI) voulait que l'ASSEMBLÉE, ou BATTERIE pour l'avertissement de la Garde, fût exécutée à NEUF HEURES, et qu'à onze heures un quart un RAPPEL fût battu pour son RASSEMBLEMENT. On voit combien ces mots ASSEMBLÉE et RASSEMBLEMENT sont inexacts et mal choisis, puisque l'ASSEMBLÉE ne rassemble rien, et que la réunion de la Garde n'a lieu que bien plus tard et à la BATTERIE du RAPPEL. — La MUSIQUE du CORPS se trouve à la réunion des Gardes et à la PARADE, ainsi que le TAMBOUR-MAJOR, les OFFICIERS, les SERGENTS-MAJORS, les SERGENTS DE SEMAINE et CAPORAUX DE SEMAINE; ceux-ci transmettent les ordres qu'ils y reçoivent. — Les RÉCEPTIONS DE SOUS-OFFICIERS ont lieu dans la CASERNE devant la GARDE MONTANTE. — Le CHEF du CORPS décide si les Gardes seront exercées à la CASERNE avant d'en partir; elles y manœuvrent sous les ordres de l'ADJUDANT DE SEMAINE, si elles ne sont pas commandées par un OFFICIER; elles manœuvrent sous les ordres de l'ADJUDANT-MAJOR DE SEMAINE, si elles sont commandées par un LIEUTENANT ou par un SOUS-LIEUTENANT. Elles sont conduites à la PARADE de la garnison, dans le premier cas, par l'ADJUDANT; dans le second, par l'ADJUDANT-MAJOR DE SEMAINE. — Si l'ADJUDANT-MAJOR est moins ancien qu'un CAPITAINE qui ferait partie de la Garde, il marche sous ses ordres. — A cinquante pas de la PLACE, l'OFFICIER qui conduit la Garde lui fait PORTER LES ARMES et les TAMBOURS battent le PAS ORDINAIRE. — Une des fonctions des ADJUDANTS DE PLACE est de rassembler journellement les GARDES ARMÉES, si elles doivent défiler la PARADE GÉNÉRALE. Les Gardes, dans ce cas, sont réparties par sub-

divisions à peu près égales. L'INSPECTION en est passée par le GÉNÉRAL COMMANDANT, ou par le COMMANDANT DE PLACE. — Le MAJOR DE PLACE y coopère, si la GARNISON est nombreuse. — Quand la Garde a défilé et que l'ordre général est donné au CERCLE, les CERCLES D'ORDRE PARTICULIERS se forment; les ordres reçus de l'ÉTAT-MAJOR de la PLACE leur sont communiqués, et le COMMANDEMENT du SERVICE y est détaillé. — L'ORDONNANCE DE 1768 (1er MARS) voulait que les Gardes se rendant à leur POSTE ou DESCENDANT LA GARDE, marchassent L'ARME AU BRAS et au PAS DE ROUTE; mais ces deux dispositions sont contradictoires; il est convenable que les Gardes marchent L'ARME AU BRAS et au PAS ACCÉLÉRÉ si le trajet est court, et qu'elles aillent au PAS DE ROUTE et l'ARME A VOLONTÉ si le trajet est long. — Le RÈGLEMENT DE L'AN HUIT (1er FRUCTIDOR) renouvelait une partie des dispositions de l'ORDONNANCE DE 1768, et réglait la nature et les quantités du CHAUFFAGE accordé aux POSTES. — Les Gardes, qui ne sont composées que de six à onze HOMMES, et qui sont dans le cas de PRENDRE LES ARMES devant la porte du POSTE se forment sur un rang: de douze hommes jusqu'à dix-sept, elles se rangent sur deux; si elles sont de dix-huit hommes et au-dessus, elles se placent sur trois rangs. Si leur CHEF est OFFICIER, il se tient à deux pas en avant du centre; s'il est SOUS-OFFICIER, il occupe le flanc droit. Si la Garde comprend un TAMBOUR, ce TAMBOUR se pose à droite et à part. — Si la Garde est commandée par un CAPORAL, il est à la fois CHEF DE POSTE, CAPORAL DE CONSIGNE et CAPORAL DE POSE; mais il peut se faire aider pour poser et relever les SENTINELLES par le plus ancien soldat du POSTE. — Les Gardes se conforment aux CONSIGNES, soit générales, soit particulières, que le COMMANDANT DE PLACE donne et fait afficher. — Les Gardes qui fournissent des DÉTACHEMENTS ou de PETITS POSTES à quelque distance du CORPS DE GARDE sont rejointes par ces DÉTACHEMENTS lorsque leur SERVICE est fini. — Si des fautes graves sont commises par des HOMMES DE GARDE, le CHEF du POSTE fait arrêter de suite les délinquants, et en rend compte sans délai au COMMANDANT de la PLACE. — Nul HOMME DE GARDE ne peut être arrêté sans la participation du commandant du POSTE. — Les Gardes PRENNENT LES ARMES pour recevoir certaines RONDES et, quand la SENTINELLE crie: AUX ARMES! elle sort sans armes quand la sentinelle crie: HORS LA GARDE! — Les Gardes PRENNENT LES ARMES à l'instant du passage d'une troupe devant le POSTE; elles PORTENT LEURS ARMES, et, si elles ont un TAMBOUR, il bat le PAS ordinaire, ce qui n'a lieu que quand la troupe qui passe est elle-même précédée de tambours ou de trompettes qui battent ou sonnent. — Les Gardes en agissent de même à l'instant de l'arrivée des hommes qui viennent les relever. —. Les Gardes prennent les armes et leurs tambours battent quand les archevêques, évêques ou les dignitaires auxquels ces ecclésiastiques sont assimilés passent devant le poste. — Ce qui concerne les Gardes a été réglé par l'ordonnance de 1833 (2 novembre). — Les Gardes en garnison se distinguent en garde de la place et en garde extérieure.

GARDE (subs. fém.) en route. v. en route. v. homme de garde en route. v. piquet de logement.

GARDE (subs. fém.) espagnole. v. espagnol, adj. v. milice espagnole n° 2, 3, 8, 9. v. régiment d'infanterie. v. terze.

☞ GARDE (gardes) (subs. fém.) extérieure (E, 4). Sorte de garde en garnison que le règlement de 1818 (15 mai) nommait garde de poste extérieur. — Ces Gardes sont considérées ici comme de nature à rester plusieurs jours absentes de la forteresse ou de la garnison auxquelles elles appartiennent. Elles en reçoivent le mot. — Le règlement de 1818 (15 mai) voulait que l'adjudant-major de semaine tint particulièrement un contrôle des Gardes extérieures. — Quelques auteurs appellent aussi Gardes extérieures les grand'gardes.

GARDE (subs. fém.) extérieure au camp. v. au camp. v. découverte. v. défaite. v. extérieur, adj. v. garde de camp. v. grand'garde. v. maréchal de camp n° 6. v. mot.

GARDE (subs. fém.) feu. v. bassinet de fusil. v. feu. v. garde-feu.

GARDE (subs. fém.) flamande. v. flamand, adj. v. gardes wallonnes. v. maison du roi n° 2.

GARDE (subs. fém.) folle. v. fou, adj. v. garde avancée.

GARDE (subs. fém.) française. v. français, adj. v. gardes françaises. v. pas cadencé. v. surprise de place.

GARDE (subs. fém.) franco-suisse. v. franco-suisse. v. infanterie franco-suisse de la garde. v. musicien n° 7.

GARDE (subs. fém.) hanovrienne. v. hanovrien, adj. v. milice hanovrienne.

GARDE (subs. fém.) haute. v. garde d'escrime. v. haut, adj.

GARDE (subs. fém.) hongroise. v. hongrois, adj. v. milice autrichienne n° 4. v. soutache.

GARDE (subs. fém.) hollandaise. v. garde impériale n° 2. v. havre-sac. v. hollandais, adj. v. milice hollandaise n° 2. v. pupille n° 1, 5.

GARDE (gardes) (subs. masc. et fém.) idioplique (term. sous-génér.). Sorte de gardes qui font partie du personnel de l'armée de terre; elles sont principalement considérées ici par opposition aux gardes préposées à la défense des postes, ou au maintien du bon ordre, que nous avons génériquement appelées gardes armées; toutefois gardes armées et Gardes idiopliques ont également un genre de service militaire pour objet. — Si l'on prend au pluriel absolu le mot, il est plus communément masculin; si on l'emploie au singulier, il est féminin. Dans le premier cas, il se distingue en gardes-cotes, — de la manche, — de la porte, — d'honneur, — du corps, — du génie, — françaises, — suisses, — wallonnes. — Dans le second cas, il se distingue en garde constitutionnelle, — de Paris, — de prince, — des consuls, — du corps législatif, — du directoire, — écossaise, — impériale, — nationale, — royale, — urbaine.

GARDE (subs. fém.) impériale (F). Sorte de garde idioplique ou de garde de prince considérée ici par rapport à l'armée française. — Marengo a été l'aurore de cette troupe, Austerlitz son midi, Waterloo le soir de sa vie. — Son histoire est écrite par un anonyme (1821, B). Des détails qui la concernent sont répandus dans le traité du général Foy, dans le *Journal de l'Armée* (t. iii, p. 261), dans le *Dictionnaire de la Conversation* et dans l'*Encyclopédie des Gens du monde*. — Les formes que cette institution avait prises se retrouvent chez d'autres nations, et la France impériale a été imitée par la Russie, la Prusse, l'Espagne. — Occupons-nous ici de ce qui concerne la Garde impériale française sous les rapports suivants : création, composition, force, prérogatives, uniforme, service, administration. — N° 1. Création. — La Garde impériale française a eu pour noyau la garde des consuls, dans laquelle celles du directoire et du corps législatif venaient d'être fondues. — La garde des consuls ne fit que changer de nom en devenant impériale. On peut donc rapporter la création de cette dernière au temps du consulat, et la faire dater des arrêtés de l'an huit (13 et 21 fructidor). L'aperçu historique qui en a été donné suffit au sujet. — N° 2. Composition, force. — La Garde ne formait d'abord qu'une poignée d'hommes; leur dévouement et leur valeur éclatèrent à Marengo; ils furent récompensés bientôt par un grand accroissement de forces et par des distinctions brillantes. — De perpétuelles variations marquèrent l'existence de la Garde : la forme de ses BATAILLONS et de ses PELOTONS, le chiffre de ses COMPAGNIES, le nombre de ses MUSICIENS, le rang de ses SOUS-OFFICIERS, tout différa des usages de l'INFANTERIE DE LIGNE ; ses ESCADRONS ne furent que d'une COMPAGNIE, ses RÉGIMENTS s'accrurent sans mesure ; elle eut un CORPS ADMINISTRATIF particulier, un PERSONNEL MÉDICAL à elle seule ; des dénominations inusitées prirent naissance ; des compagnies d'OUVRIERS D'ADMINISTRATION et d'INFIRMIERS en ont fait partie. — Un volume suffirait à peine à tant de détails ; réduisons-les à l'exposé qui suit. — Originairement, l'INFANTERIE de la Garde est de deux BATAILLONS DE GRENADIERS et d'une COMPAGNIE D'INFANTERIE LÉGÈRE. En 1804, elle n'est que le cinquantième de l'ARMÉE. Bientôt il y est ajouté des BATAILLONS DE CHASSEURS. — Les GUIDES de l'ÉTAT-MAJOR de l'ARMÉE D'ÉGYPTE se changent en CHASSEURS A CHEVAL ; la CAVALERIE directoriale en un RÉGIMENT DE GRENADIERS A CHEVAL. Un RÉGIMENT D'ARTILLERIE à pied et un RÉGIMENT D'ARTILLERIE à cheval sont attachés à cette ARMÉE naissante ; un CORPS DE TRAIN y est institué ; tout y prend une face nouvelle. Il y est créé des qualifications jusque-là inconnues et des emplois qui n'existaient pas dans la LIGNE ; des COLONELS-MAJORS, des ADJUDANTS SUPÉRIEURS sont nommés ; des GRADES de privilége ou GRADES SUPÉRIEURS sont inventés ; des FIFRES sont attachés aux COMPAGNIES D'INFANTERIE, quoique les réglements n'en reconnussent pas ; on y voit reparaître des TIMBALES et un TIMBALIER. Cette TROUPE qui, dans le principe, n'était qu'une LÉGION d'une force ordinaire, comprend bientôt trente-trois BATAILLONS et vingt-cinq ESCADRONS, TRAIN non compris ; elle s'élevait, de 1804 à 1805, à sept mille six cent cinquante-huit hommes, ou, suivant d'autres renseignements, à sept mille sept cent quarante-cinq, savoir : trois mille quatre cent cinquante-quatre vieux FANTASSINS, dix-sept cent soixante-deux VÉLITES, dix-neuf cent quarante-huit CAVALIERS et cinq cent quatre-vingt-un GENDARMES ; mais bientôt le nombre, la forme, la force des BATAILLONS et des COMPAGNIES varient sans cesse dans la JEUNE, la VIEILLE et la MOYENNE GARDE. De 1810 à 1814, les BATAILLONS sont de deux, trois, quatre par RÉGIMENT ; les COMPAGNIES de quatre, six, huit par BATAILLON. — La Garde dévorait l'élite des troupes de ligne : ce RECRUTEMENT faisait leur désespoir. — A la fin de 1811, l'effectif de la Garde (OFFICIERS et GÉNÉRAUX y compris) est de cinquante et un mille neuf cent six hommes. En 1812, cinquante-cinq mille neuf cent quarante-six hommes.

En 1813, quatre-vingt-un mille. En 1814, y compris quatre RÉGIMENTS de GARDES D'HONNEUR, cent douze mille sept cent vingt-six hommes. — La VIEILLE GARDE composait quatorze mille sabres, lances ou baïonnettes. — On voyait figurer dans cette vaste ARMÉE, et l'on y avait vu successivement passer les MAMELOUKS, la GENDARMERIE D'ÉLITE, l'ARTILLERIE A PIED, les VÉLITES A CHEVAL de l'an treize, les CONSCRITS-GRENADIERS et les CONSCRITS-CHASSEURS de 1809, les FLANQUEURS, les TIRAILLEURS-GRENADIERS et les TIRAILLEURS-CHASSEURS de la même année, les FUSILIERS, les corps de JEUNE GARDE et de MOYENNE GARDE, les LANCIERS polonais, la GARDE NATIONALE de 1810, les sous-officiers de l'ÉCOLE DE FONTAINEBLEAU, le RÉGIMENT des PUPILLES créé à neuf BATAILLONS en 1811 et formant une espèce de grande ÉCOLE RÉGIMENTAIRE, les GRENADIERS et les LANCIERS hollandais appelés à Versailles depuis la chute du trône de HOLLANDE. — Elle comprend, en 1812, un BATAILLON d'instruction, trois RÉGIMENTS DE VÉLITES, treize RÉGIMENTS DE JEUNE GARDE, dont deux de TIRAILLEURS-GRENADIERS, deux de TIRAILLEURS-CHASSEURS, quatre de VOLTIGEURS, deux de CONSCRITS-GRENADIERS, deux de CONSCRITS-CHASSEURS, des SAPEURS, des MARINS, etc. Elle comprend, en 1813, de nombreux RÉGIMENTS DE VOLTIGEURS et DE TIRAILLEURS, dont l'existence éphémère ne permet plus d'en retrouver les nombres. — Le 12 mai 1814, elle est licenciée ; la MAISON DU ROI et les corps royaux de France la remplacent, pour disparaître bientôt eux-mêmes. — En 1815 (20 mars), la Garde impériale renaît un instant, et elle est portée à vingt-quatre RÉGIMENTS DE JEUNE GARDE, quatre DE MOYENNE, quatre DE VIEILLE, quatre de CAVALERIE et deux cent quatre-vingt-seize BOUCHES A FEU. Au total, vingt-six mille deux cent soixante-dix hommes. Elle disparaît sans retour en 1815 (1er et 25 septembre), et fait place à la maison militaire et à la garde royale, qui elles-mêmes ne durèrent pas beaucoup plus. — N° 5. PRÉROGATIVES. — Comme tous les CORPS PRIVILÉGIÉS, la Garde a eu les défauts inhérents à son essence. L'espèce d'almanach de cour, intitulé *Etiquette du palais impérial* (1807), lui DONNAIT LE PAS et la droite, et enjoignait aux autres CORPS qui la rencontraient de se mettre en bataille sur son passage. — La Garde impériale n'a pas inspiré uniquement toujours l'émulation de l'ARMÉE ; les BREVETS par privilége et les avantages immenses dont jouissait le CORPS qui entourait le souverain ont éveillé aussi quelquefois la jalousie et excité l'humeur de nos BATAILLONS DE LIGNE. — Les distinctions, écrasantes pour la ligne, qui furent établies par le décret de l'an treize (5 complém.) amenèrent les brevets a priviléges et ce qu'on appela le rang supérieur. Les caporaux eurent paye de sergents de ligne. — L'*Etiquette du palais impérial* (1808, p. 136) compléta le code des priviléges. — Les sous-officiers de la Garde impériale en vinrent à demander, à exiger presque, qu'on les traitât dans les hopitaux comme officiers; il fallut qu'une décision intervînt en 1807 (29 décembre) pour réprimer ces prétentions; le refus de l'autorité fut poli et circonstancié, comme s'il devait être de la nature de la loi d'entrer dans le détail de ce qu'elle ne juge pas à propos d'accorder. Il n'y avait que Napoléon qui pût convenir à une telle Garde, et contenir ce qu'il appelait les vieux grognards; elle eût renversé un souverain dont elle n'eût pas été la création. — N° 4. Uniforme. — La grosse cavalerie et l'infanterie française de la Garde impériale ont déployé dans presque toutes les capitales de l'Europe nos couleurs nationales. Leur habit ne différait de celui de l'infanterie de bataille et de la garde nationale que par des pates de parement et des poches en long. Le caprice de quelques chefs en avait décidé ainsi. — L'infanterie de la Garde conservait les guêtres blanches quand l'armée avait cessé d'en faire usage, et la vieille garde garda de même les guêtres longues quand la ligne commença à les porter courtes. — Les chasseurs a pied de la Garde remirent en vogue les épaulettes vertes de la garde nationale; plusieurs corps de ligne, par esprit d'imitation, donnérent, en contravention à la loi, cette même couleur à leurs épaulettes de voltigeurs; il fallut que l'autorité intervînt pour y mettre ordre. — D'autres différences s'établissent irrégulièrement; les porte-baguettes en buffle se changèrent en une plaque de cuivre; le tricot blanc fut laissé à la troupe de ligne, et fut regardé comme n'étant plus une assez belle étoffe pour les vestes et les pantalons de la vieille Garde; un surcroît considérable de dépenses en résulta. Les chevrons d'ancienneté des sous-officiers furent façonnés en galon d'or; et, à l'égard de l'habillement, la Garde n'eut jamais de régles positives et écrites; elle ne se conforma jamais à celles que le ministre Clarke prescrivait au reste de l'armée; elle lui imposa même l'obligation de souscrire aux modes. à la tenue, aux petites torsades, aux frais de musique qu'elle jugeait à propos d'adopter et de modifier : telle a été toujours la coutume des corps privilégiés; ils ne veulent dépendre que de leurs chefs spé-

ciaux. — Les mousquetons donnés à la ligne ne le furent pas à l'infanterie de la Garde. — Des fusils, des sabres, des briquets, d'un modèle particulier, furent fabriqués pour la Garde; des selles de mamelouks, des selles anglaises-hongroises y furent adoptées par les lanciers; tandis que l'artillerie à cheval et les chasseurs à cheval modifiaient le système de la selle a la hussarde. — Les chefs de corps, c'est-à-dire des généraux de haut grade, donnérent, de leur volonté privée, aux simples fantassins des gants, des boucles de souliers en argent et des dragonnes de sabre. — Le goût que l'infanterie de la Garde prit pour les bonnets a poil fut tel, que, contre toute raison, les chasseurs mêmes de cette infanterie en furent coiffés; la mode de cet accoutrement s'est aussi répandue dans la garde royale, et les officiers de ce dernier corps reçurent aussi les épaulettes a petites torsades que leurs devanciers s'étaient données d'eux-mêmes. — N° 5. Service. — Un parallèle, tout à l'avantage de la Garde impériale, doit être établi entre elle et les anciens corps privilégiés, et surtout les gardes françaises auxquelles on l'a comparée. L'inutile service de ceux-ci se bornait à figurer dans de vaines parades, à entourer et à orner le palais des princes; ils n'avaient jamais le havre-sac aux épaules. La Garde fut au contraire une réserve robuste, et une véritable armée d'élite qui, en plus d'une occasion, fut l'exemple, la récompense, l'espoir de l'armée de ligne. Mais la sœur aînée s'est trop distinguée de sa cadette, et en avait appauvri la légitime. Tout dans le service de la Garde prenait des formes particulières; l'infanterie appelait grenadière la batterie de la générale; dans quelques occasions, elle se transportait par de rapides marches en poste; on n'y donnait plus devant l'ennemi le mot d'ordre, etc., etc. — Nous avons parlé, en traitant de l'age d'enrôlement d'officier, d'un ancien abus qui était à la veille de renaître dans la Garde. — N° 6. Administration. — Le général Lamarque, en 1829, atteste à la tribune que, en 1804, *la Garde, en y comprenant l'état-major du palais, les huit aides de camp, l'état-major particulier, l'artillerie, les hôpitaux, les mamelouks, ne coûtait pas la moitié de ce que coûte, en 1829, la Garde royale.* — Mais il ne faut pas s'en rapporter uniquement à des chiffres écrits dans des lois qui ne sont, en résultats, que des autorisations souvent transgressées. Les prestations étaient des plus arbitraires, des plus disparates; les dépenses effectives ont été un mystère impénétrable; celles que la Garde impériale a occasionnées au trésor public ont été immenses; on vit naître une profusion que les succès de la FRANCE et le rétablissement du crédit pouvaient seuls faire excuser ou laisser inaperçue. — Exiger et obtenir les comptes administratifs de la Garde offraient une difficulté telle, que les SOUS-INSPECTEURS y étaient impuissants. Plus d'une fois NAPOLÉON a déchiré et rejeté les PIÈCES DE COMPTABILITÉ qu'il avait ordonné qu'on lui présentât; et, en l'an douze, ayant convoqué un grand CONSEIL D'ADMINISTRATION où les comptes des GRENADIERS A CHEVAL lui furent les premiers soumis, il laissa apercevoir aux personnages de haute dignité qui entouraient le bureau qu'il était au-dessus de ses forces de tirer à clair une comptabilité pareille; elle était trop vaste, trop changeante, trop dépourvue de règles....!

GARDE (subs. fém.) INTÉRIEURE. V. CORVÉE EN CAMPAGNE. V. INTÉRIEUR, adj.

GARDE (subs. masc.) MAGASIN. V. ADMINISTRATION MILITAIRE. V. BOIS DE LIT. V. DÉPART DE CORPS. V. EFFET DE CAMPEMENT. V. EFFET DE LITERIE. V. EMPLOYÉ. V. GARDE-MAGASIN. V. LIVRET D'ARMEMENT. V. MAGASIN. V. MILICE SYKE N° 2. V. MUNITIONNAIRE. V. OFFICIER D'ARMEMENT. V. PAYE. V. RÉGIE DES VIVRES.

GARDE (subs. fém.) MONTANTE. V. ADJUDANT D'INFANTERIE FRANÇAISE DE LIGNE N° 5. V. APPEL DE G... V. ARME D'UNIFORME DE TROUPE. V. CAPITAINE DE POLICE EN GARNISON. V. CAPORAL TAMBOUR. V. CARTOUCHE DE G... V. CASERNE D'INFANTERIE. V. CHEF DE G... V. COMMANDANT DE G... V. CORPS DE GARDE DE GARNISON. V. CORPS DE GARDE DE POLICE EN GARNISON. V. GARDE DU CAMP. V. GARDE ARMÉE. V. GARDE DESCENDANTE. V. GARDE EN GARNISON. V. GARDE RELEVANTE. V. GUET. V. GUET DE JOUR. V. HAUT LES ARMES. V. HOMME DE GARDE. V. INSPECTION DE G... V. MAJOR DE PLACE N° 2. V. MAJOR GÉNÉRAL. V. MARRON DE SERVICE. V. MESSE MILITAIRE. V. MILICE ROMAINE N° 7. V. MILICE SYKE N° 7. V. MONTANT, adj. V. OFFICIER DE SEMAINE. V. PARADE DE TROUPES. V. PARADE GÉNÉRALE. V. PAS ORDINAIRE. V. PIQUET AU CAMP. V. PIQUET DE LOGEMENT. V. PLACE D'ARMES DE GARNISON. V. PLANTON. V. PREMIÈRE PARALLÈLE. V. SERVICE EN GARNISON. V. SOUS-OFFICIER N° 6, 8, 10. V. TAMBOUR-MAJOR N° 7, 9.

GARDE (subs. fém.) MONTANTE EN ROUTE. V. EN ROUTE. V. FOURRIER EN ROUTE.

GARDE (subs. fém.) MUNICIPALE. V. CASERNE. V. GARDE DE PARIS. V. MUNICIPAL. V. TORSADE D'ÉPAULETTE.

GARDE (subs. fém.) NAPOLITAINE. V. MILICE NAPOLITAINE N° 1, 2. V. NAPOLITAIN, adj.

GARDE (subs. masc.) NATIONAL. V. FORCE PUBLIQUE AUXILIAIRE. V. FUSIL DE G... V. HOMME DE TROUPE N° 4. V. JUSTICE MILITAIRE. V. LIGNE IDIOPLIQUE. V. MINISTRE DE LA GUERRE EN 1830 (18 NOVEMBRE). V. NATIONAL, adj. V. SABRE-POIGNARD.

GARDE (gardes) (subs. fém.) NATIONALE, OU GARDE CIVIQUE (F). Sorte de GARDE IDIOPLIQUE qui a joué un grand rôle dans la GUERRE DE 1792. Elle a constitué l'ARMÉE AUXILIAIRE FRANÇAISE; elle a été le noyau de l'ARMÉE DE LIGNE; ses COMPAGNIES, ses BATAILLONS, ses COHORTES, ont rendu de nombreux et de continuels services, soit à titre de CORPS SÉDENTAIRES et municipaux, soit comme COLONNES MOBILES, soit comme partie plus ou moins active de la FORCE PUBLIQUE, ou force non soldée secondant la FORCE ARMÉE ou FORCE SOLDÉE. — La Garde nationale est la partie virile d'un État constitutionnel et la plus nombreuse partie de sa MILICE. La SUISSE en a fourni le premier modèle. Elle assure le maintien de l'ordre dans la société; elle est une force publique formée de l'élite de la nation. Suivant la lettre de la loi, elle n'est pas précisément un corps; elle est d'une autre nature que l'ARMÉE. On a vu, dans plus d'une occasion, des armées être l'aveugle instrument du pouvoir: la Garde nationale est par essence le soutien de la loi et la garantie des libertés publiques. — Quelques publicistes sont d'avis que la force militaire doit être l'émanation, le produit de la Garde nationale; ils ont vu dans cette institution une réunion de citoyens armés, dont une partie veille à la tranquillité publique, et dont les membres valides et les plus jeunes s'unissent et marchent au jour du danger. Mais ce serait forcer les conséquences d'une sage institution. Loin de nous l'idée qu'un gouvernement prudent renonce jamais à la conservation d'une ARMÉE PERMANENTE. — L'existence des Gardes nationales n'est point un événement nouveau quant au fond, si elle l'est quant à la dénomination. — On retrouve dans la LANDWEHR (landwerium) aragonnaise du neuvième siècle, dans les MILICES des comtés anglais, dans l'histoire des républiques et des MILICES ITALIENNES du MOYEN AGE, des corporations militaires plus ou moins analogues à celle qui nous occupe ici. — Ainsi, aux douzième et treizième siècles, les villes d'ITALIE, dans leurs luttes entre elles ou dans leurs guerres contre les EMPEREURS, jettent en campagne toute leur population propre à la guerre. Ainsi telle d'entre ces cités mettait en armes vingt et trente mille hommes; cette espèce de Garde nationale ou de LEVÉE EN MASSE était, il est vrai, mal organisée, armée avec peu d'uniformité; mais c'était la faute des temps plus que des institutions ; cependant un certain esprit d'ordre unissait les adhérents d'une même cause sous des GONFALONS particuliers, et chaque GONFALONNIER prenait pour point de centre ou de direction le *caroccio*, ou CARROUZE. — Mais ne nous occupons que de ce qui concerne la FRANCE. — M. le colonel CARRION (1824, A) regarde les FRANCS ARCHERS comme le *type primordial de la Garde nationale.* Nous ne saurions nous ranger à son opinion, car les FRANCS ARCHERS étaient purement une MILICE toute royale. — La Garde nationale de FRANCE peut prétendre à une origine plus ancienne : l'affranchissement des communes, vers le règne de Louis LE GROS, a donné naissance aux COMPAGNIES DE PAROISSE, aux MILICES COMMUNALES. La lutte de la FÉODALITÉ agonisante et de la civilisation renaissante allait porter ses fruits. La menace de l'attaque éveillait au sein des cités le besoin de la défense, un BAN d'une forme nouvelle prenait les armes ; soldats contre les SEIGNEURS DE FIEFS voisins ou contre les brigands du dehors, les habitants des communes devenaient en même temps les sentinelles opposées aux perturbateurs internes. Telle est la véritable Garde nationale du MOYEN AGE. — Sous le règne de PHILIPPE QUATRE, en 1313, *les bourgeois de Paris*, dit VELLY, *partirent de l'église de Notre-Dame bien armés; équipés lestement, et vinrent passer, au nombre de vingt mille chevaux et trente mille hommes de pied, auprès du Louvre ; ils allèrent de là dans la plaine de Saint-Germain des Prés, se mettre en bataille et faire l'exercice.* Ce récit est probablement enflé ; mais, en réduisant de beaucoup le tableau, on y trouvera encore tous les éléments d'une magnifique Garde nationale. — En 1467 (le 14 septembre), comme le témoigne la *Chronique scandaleuse du règne de Louis onze, de 1460 à 1483*, imprimée en 1620, ce prince passait une revue de la Garde nationale de Paris, qu'en vertu d'une ORDONNANCE DE 1467 (JUIN) il avait mise sur pied ; elle était vêtue et armée de JAQUES, BRIGANDINES, SALADES, HARNOIS BLANCS, VOULGES, HACHES, etc. Elle se composait d'hommes de métiers, officiers (c'est-à-dire personnages à offices), nobles, marchands, gens d'Église, membres du parlement, etc. Elle avait été convoquée avec ordre d'être armée, ne fût-ce que de bâtons de défense, *sous peine de la hart.* — Elle était divisée par BANNIÈRES, et montait de soixante à quatre-vingt mille hommes ; les seules BANNIÈRES des métiers étaient au nombre de soixante-sept, sous les ÉTENDARDS et GUIDONS du parlement, ou autres cours ou autorités. — Elle occupait les bords de la

Seine et les boulevards au dehors des portes du Temple et de Saint-Antoine. — CHARLES HUIT composa, en 1498, une espèce de Garde nationale placée sous les ordres des GENTILSHOMMES du royaume. C'étaient, dit le général SÉGUR (Philippe, 1835), *des arbalétriers, archers, couleuvriniers et piquiers, prêts à marcher sous des gentilshommes, pour maintenir l'ordre, punir les blasphèmes et défendre le royaume.* L'institution embrassait les six généralités ou les six nations de la FRANCE. — Sous les règnes suivants, on appelle MILICES BOURGEOISES les institutions de ce genre. Il était donné à celles de PARIS une espèce de RÈGLEMENT DE TACTIQUE en janvier 1649. — Les habitants de METZ avaient, en TEMPS DE PAIX, le droit de composer seuls la GARDE de cette FORTERESSE. Cette prérogative excédait toutes celles dont les Gardes nationales plus modernes ont pu jouir ; car, dans les autres PLACES de la FRANCE, elles ont secondé les GARNISONS sans être exclusivement GARNISON elles-mêmes. — Le coup d'œil qu'il convient de jeter sur le sujet ici traité ne doit l'envisager qu'à une époque plus moderne. — PARIS a été le berceau de la Garde nationale française proprement dite. Le bruit du canon tiré contre la Bastille a été pour toute la nation comme un appel et un ordre de convocation. — Un arrêté de l'ASSEMBLÉE CONSTITUANTE DE 1789 (13 JUILLET) la mentionnait sous l'ancien nom de GARDE BOURGEOISE : c'était en quelque sorte son acte de naissance ; mais son nom fut modifié presque aussitôt. — Une LOI DE 1790 (2 JUIN) contenait la définition que voici (art. 12) : *Les Gardes nationales ne sont que les citoyens actifs eux-mêmes armés pour la défense de la loi.* — Les LOIS DE 1790 (18 JUIN et 12 DÉCEMBRE) lui donnaient un caractère municipal ; elles la déclaraient une, comme la nation ; elles lui assignaient un seul et même UNIFORME ; elles y fondaient les vieilles COMPAGNIES D'ARQUEBUSIERS (CHEVALIERS DE L'ARQUEBUSE), les MILICES BOURGEOISES, les confréries armées, quelque dénomination qu'elles portassent. — La LOI DE 1790 (19 JUILLET) réglait l'UNIFORME de la Garde nationale ; les relevés dressés en cette même année ont présenté près de trois millions de citoyens qui avaient revêtu l'habit bleu et ARBORÉ les COULEURS NATIONALES. — En 1791 (22 AVRIL), une levée de trois cent mille GARDES NATIONAUX était décrétée par l'ASSEMBLÉE CONSTITUANTE, en outre de la FORCE SOLDÉE, nommée ARMÉE DE LIGNE. — La LOI DE 1791 (4 et 21 JUIN) la mettait en activité ; celle DU 10 JUILLET disposait que les AUTORITÉS CIVILES ne pourraient assembler la Garde nationale qu'après en avoir averti le COMMANDANT MI-

LITAIRE ; elle déterminait comment son SER-
VICE serait réglé par ce COMMANDANT ; elle
voulait (art. 56) que quand les Gardes nationales servaient avec des TROUPES DE LIGNE,
l'honneur du RANG fût réservé aux premières,
mais que le COMMANDEMENT ne fût déféré
qu'à l'OFFICIER le plus ancien dans le GRADE
le plus élevé de la LIGNE. — La LOI DE 1791
(4 AOUT) appelle à la défense des frontières
la Garde nationale de tous les départements ;
elle est armée et équipée à l'instar de la
LIGNE. Ses bataillons sont de neuf compagnies et de cinq cent soixante-quatorze hommes. Le RÈGLEMENT DE 1791 (5 AOUT) s'occupe
des principaux points de service, de police et
d'administration. — L'ADMINISTRATION MILI-
TAIRE fait à cet égard ce qu'elle n'avait pas
complétement fait encore pour l'ARMÉE ; elle
établit et public les DEVIS détaillés des EFFETS
D'UNIFORME dont les GARDES NATIONAUX doivent être pourvus. — De nombreux et de
valeureux BATAILLONS répondent à l'appel de
la patrie ; ce sont des corps qui vont rivali-
ser avec leurs aînés, les BATAILLONS de ligne
de l'INFANTERIE FRANÇAISE. Ils en diffèrent
par la COULEUR de l'HABIT, par le droit de
nommer leurs OFFICIERS, et parce qu'il ne s'y
voit pas d'AUMONIERS ; mais ils ne diffèrent
de la LIGNE ni par le dévouement ni par
l'instruction, ou, s'ils ont moins d'aplomb
militaire, ils ont plus de dévouement. —
Un chapitre de M. le colonel CARRION (1824,
A), intitulé *Esprit des armées de la République*, en trace un tableau brillant et juste.
— Un RÈGLEMENT DE 1791 (5 AOUT) déterminait la nature du SERVICE des Gardes nationales en activité. — La CONSTITUTION DE 1791
(20 SEPTEMBRE, tit. IV) portait : *Les Gardes
nationales ne forment ni un corps militaire,
ni une institution dans l'Etat ; ce sont les citoyens eux-mêmes appelés au service de la
force publique.* — Des développements sur
son organisation sortaient de la LOI DE 1791
(14 OCTOBRE). Une base plus large, des formes plus complètes étaient données au système, et sa constitution datait de là. — La
LOI DE 1792 (1er MARS) sur le campement
considérait la Garde nationale comme ne
devant manœuvrer que sur deux rangs.
Cette disposition n'a pas été observée. —
Depuis 1793, la Garde nationale de l'intérieur a pris une physionomie militaire, et
fréquemment l'AUTORITÉ mobilisa les citoyens
armés. — Sous le DIRECTOIRE EXÉCUTIF, à l'é-
poque de l'EMBRIGADEMENT, les Gardes nationales soldées se fondent dans les DEMI-
BRIGADES et ne composent plus qu'une seule
FORCE ARMÉE. — LES GARDES NATIONALES SÉ-
DENTAIRES sont mises plus d'une fois en réquisition dans les PLACES DE GUERRE : on les

voit, pendant plus d'un SIÉGE DÉFENSIF, ri-
valiser avec la LIGNE et servir de même sous
les ordres des COMMANDANTS ou des GOUVER-
NEURS DE PLACE, non moins bien que les RÉ-
GIMENTS D'INFANTERIE. — Leur formation a
subi de notables changements par les LOIS
DE L'AN TROIS (15 MESSIDOR), AN QUATRE (18
VENDÉMIAIRE), AN CINQ (13 et 19 FRUCTIDOR) ;
mais le fond du principe de l'existence de la
Garde nationale était toujours maintenu, et
même la LOI DE L'AN CINQ (4 VENDÉMIAIRE) ne
permettait pas qu'aucun citoyen valide pût
en être écarté ou repoussé. — L'ARRÊTÉ DE
L'AN SEPT (13 FLORÉAL) considérait la Garde
nationale comme une partie de la FORCE PU-
BLIQUE, et il réglait ses rapports avec l'AUTO-
RITÉ CIVILE. — La CONSTITUTION DE L'AN HUIT
(22 FRIMAIRE, art. 48) soumettait *la Garde
nationale en activité aux règlements d'administration publique ; la Garde nationale sédentaire n'est soumise qu'à la loi.* — Le RÈ-
GLEMENT DE L'AN HUIT (25 FRUCTIDOR) voulait
que, quand des TROUPES DE LIGNE FAISAIENT
ROUTE et établissaient au LIEU DU GITE leur
POSTE DE POLICE, un détachement de la Garde
nationale sédentaire prît POSTE dans le même
CORPS DE GARDE. — En l'an onze (28 GERMI-
NAL), le premier consul décide que les Gardes nationales ne pourront être mises en
activité que dans le cas d'une attaque de
l'ENNEMI. BONAPARTE commençait à se croire
assez fort par l'ARMÉE pour être dispensé de
ménagements envers la nation. — La CONS-
TITUTION DE L'AN DOUZE garde le silence sur
la Garde nationale. — Le SÉNATUS-CONSULTE
DE L'AN QUATORZE (2 VENDÉMIAIRE ; 1805, 24
décembre), sous le prétexte de réorganiser
la Garde nationale, viole toutes les dispositions légales et sanctionnées ; il prononce
que la Garde nationale mobilisée sera régie
par des décrets ; il dépouille les citoyens
armés du droit de nommer leurs CHEFS, droit
que, suivant les publicistes, cette troupe,
ou du moins les corps d'institution analogue,
quel que fût leur nom, avaient exercé de
tout temps en FRANCE jusqu'à l'établissement
des ARMÉES PERMANENTES. Ces publicistes in-
voquent l'ordonnance rendue par le roi JEAN
en 1563 (6 mars) ; elle laissait les Gardes
des villes décider seules des règles des nominations et de l'AVANCEMENT. — Mais ce
sénatus-consulte, qui remettait au chef de
l'Etat la nomination des OFFICIERS, n'avait
trait qu'à la Garde nationale mobilisée, non
à la GARDE NATIONALE SÉDENTAIRE ; la preuve
s'en trouve dans un DÉCRET DE 1809 (29
AOUT), qui déclare non abrogée la LOI DE 1791
(14 OCTOBRE). — Un DÉCRET DE 1806 (12 NO-
VEMBRE) organise la Garde nationale en LÉ-
GIONS et en COHORTES ; il règle le SERVICE, les

ATTRIBUTIONS, la POLICE de celles de quelques départements du Nord. — En 1809, l'invasion de l'île de Walcheren par les ANGLAIS motive la rapide réunion des Gardes nationales; leurs COHORTES, conduites par des MAJORS D'INFANTERIE tirés des DÉPOTS des RÉGIMENTS, accourent en HOLLANDE au signal que leur donne le télégraphe. — Le SÉNATUS-CONSULTE DE 1812 (13 MARS), rendu pour ainsi dire en présence des armées étrangères qui menaçaient le sol français, constituait en un véritable corps militaire la Garde nationale et la divisait en trois BANS. — Un DÉCRET DE 1813 (5 AVRIL) confiait au ministre de l'intérieur la nomination des OFFICIERS. — Pendant les cent jours, le BLIAUD, ou BLOUSE gauloise, était l'uniforme des Gardes nationales des campagnes. — Une ORDONNANCE DE 1814 (16 JUILLET) restituait aux Gardes nationales leur forme originaire ; elles redeviennent urbaines et municipales. — La Charte ne s'était pas occupée de la Garde nationale : c'était une lacune. — Les ORDONNANCES DE 1814 (5 AOUT) et DE 1815 (31 DÉCEMBRE) accordaient à la Garde nationale de PARIS le droit de faire le SERVICE une fois par an aux Tuileries et d'y remplacer la GARDE ROYALE ; elle fournissait journellement en outre un POSTE D'HONNEUR à la demeure du ROI. — L'ORDONNANCE DE 1815 (27 DÉCEMBRE) dispose que les OFFICIERS seront nommés par le ROI, sur la présentation du COLONEL GÉNÉRAL. — L'ordonnance DE 1816 (18 JUILLET) réorganisait la Garde nationale. L'ORDONNANCE DE 1818 (30 SEPTEMBRE) la replaçait sous l'autorité municipale. — En 1827 (29 AVRIL), le ministère, travaillé d'un mouvement d'humeur, licencie la Garde nationale de PARIS à la suite d'une revue où elle avait salué le roi de mille vivat. — Une ordonnance, rendue *ab irato*, met au néant des dispositions émanées de lois nombreuses, sanctionnées par le temps et fondamentales, telles que celle-ci : *Il y aura toujours une force militaire en activité sous le nom de Garde nationale parisienne* (LOI DE 1790, 27 JUIN). — La LOI DE 1831 (22 MARS) reconstituait sur des bases nouvelles la Garde nationale du royaume ; elle décide que *quand les Gardes nationales serviront avec les corps soldés, elles prendront le rang sur eux*. L'ORDONNANCE mérite ici deux reproches. Que signifie prendre le rang ? Est-ce avoir la droite dans une parade ? Est-ce marcher le premier au feu ? Que signifie corps soldés, quand, en cas de guerre et de commun service, les Gardes nationales seront des corps soldés ? — La LOI DE 1832 (19 AVRIL) réglait les cas où la Garde nationale serait employée par déta-

chements. — En 1835, il lui avait été fourni neuf cent dix-huit mille neuf cent soixante-huit fusils et mousquetons, deux cent quarante-sept mille quatre-vingt-sept sabres, six cent vingt-cinq bouches à feu ; le tout évalué à trente-cinq millions. Cependant un état de statistique dressé en 1835 (juin), par ordre du ministre du commerce, n'évaluait ce qu'elle avait coûté en 1833 qu'à six millions trois cent dix-huit mille francs ; ce qui prouverait que l'acquittement des dépenses aura été imputable sur plusieurs années. — En cette même année 1835, si l'on en croit le *Spectateur militaire* (t. xv, p. 83), les différentes milices avaient une Garde nationale, ou des troupes de genre analogue, dans la proportion suivante :

ARMÉE ANGLO-AMÉRICAINE	1,190,000
— AUTRICHIENNE	400,000
— BAVAROISE	145,000
— BELGE	20,400
— ESPAGNOLE	55,000
— FRANÇAISE	1,400,000
— HOLLANDAISE	12,000
— PRUSSIENNE	389,000

— Quelques vestiges des modes coûteuses que la Garde nationale avait adoptées dans sa manière de se vêtir et dans le choix de mille accessoires se retrouvent dans notre ARMÉE DE LIGNE, et surtout dans les CORPS D'ÉLITE ; elle leur a légué, comme ornements ou EFFETS D'ÉQUIPEMENT, des objets inutiles, des ajustements dispendieux, des coutumes blâmables ou ridicules, tels que des AIGUILLETTES de CAVALERIE, des ATTRIBUTS DE RETROUSSIS en or ou en argent, des PLUMETS, des GRENADES en BRODERIE, des ÉPAULETTES de GRENADIERS et de CHASSEURS, des DRAGONNES, des MANCHETTES DE SABRE, des GANTS de simples FANTASSINS, des BONNETS en manchon et des BARBES postiches que les SAPEURS de la GARDE IMPÉRIALE avaient imitées. C'était aussi d'elles que venaient le COQ et le SERPENT musical. — Sous le régime des cortès, la MILICE ESPAGNOLE fut sur le point de comprendre une Garde nationale. — Au nombre des AUTEURS dont les ouvrages ont eu pour objet l'histoire, l'organisation, l'instruction de la Garde nationale, on peut citer M. AMBERT, M. ARGENVILLERS, BACON (1789), BERTON, BOREL (1791, A), l'ENCYCLOPÉDIE (1785, C), HASSENFRATZ (1793, H), le général LAMARQUE (1820, D), le *Mémorial des Gardes nationales de France, ou Recueil des lois*, etc. (1814), M. SAINTE-CHAPELLE (1850), M. SICARD, le général TARAYRE, le *Journal de Statistique universelle* (t. VII, p. 248), le *Dictionnaire de la Conversation*, l'*Encyclopédie des Gens du monde.* — Enfin la Garde nationale qui a été le type de toutes les autres, celle de Paris, a eu pour historien M. Comte, jurisconsulte célèbre.

GARDE (subs. fém.) NATIONALE DE GARDE IMPÉRIALE. V. MILICE PRUSSIENNE N° 2. V. GARDE IMPÉRIALE N° 2.

GARDE (subs. fém.) NATIONALE HAITIENNE. V. HAITIEN, adj. V. MILICE HAITIENNE.

GARDE (subs. fém.) NATIONALE SÉDENTAIRE. V. ARMÉE SÉDENTAIRE. V. GARDE NATIONALE. V. MILICE PRUSSIENNE N° 2. V. SÉDENTAIRE, adj. V. SENTINELLE.

GARDE (subs. fém.) NATIONALE SOLDÉE. V. ARMÉE SÉDENTAIRE. V. GARDE DE PARIS. V. PAIN DE MUNITION. V. SOLDÉ, adj.

GARDE (subs. fém.) NÉERLANDAISE. V. MILICE NÉERLANDAISE N° 1. V. NÉERLANDAIS, adj.

GARDE (subs. fém.) NOBLE. V. GARDE ROYALE N° 2. V. GARDES DU CORPS. V. MAISON DU ROI. V. NOBLE, adj. et subs.

GARDE (subs. fém.) ORDINAIRE. V. GRAND'GARDE. V. ORDINAIRE, adj.

GARDE (subs. fém.) PAYÉE. V. PAYÉ, adj. V. PRÊT DE COMPAGNIE.

GARDE (subs. fém.) PERSANE. V. MILICE PERSANE N° 1, 3. V. PERSAN, adj.

GARDE (subs. fém.) PIÉMONTAISE. V. MILICE PIÉMONTAISE N° 1. V. PIÉMONTAIS, adj.

GARDE (subs. fém.) POLONAISE. V. MILICE POLONAISE N° 1. V. POLONAIS, adj.

GARDE (subs. fém.) PORTUGAISE. V. MILICE PORTUGAISE N° 1. V. PORTUGAIS, adj.

GARDE (subs. fém.) PRÉTORIENNE. V. COHORTE PRÉTORIENNE. V. DOMESTIQUE MILITAIRE. V. ÉCOLE DE MARS N° 4. V. GARDE DE PRINCE. V. LABARUM. V. MAMELOUK. V. MILICE ROMAINE N° 2. V. PRÉTOIRE. V. PRÉTORIEN. V. TAILLE DE MILITAIRE.

GARDE (subs. fém.) PRUSSIENNE. V. MILICE PRUSSIENNE N° 2, 4, 6. V. PRUSSIEN, adj.

GARDE (subs. masc.) REINS. V. DOS DE CUIRASSE. V. GARDE-REINS. V. REINS.

GARDE (gardes) (subs. fém.) RELEVANTE (E, 1, 3, 4). Sorte de GARDES ARMÉES considérées par opposition aux GARDES DESCENDANTES. — Il y a cette différence entre la GARDE MONTANTE et la Garde relevante, que la Garde relevante prend un POSTE occupé, et que la GARDE MONTANTE prend un POSTE occupé ou non. — Les PARADES se composent principalement des GARDES MONTANTES ou relevantes. — Les HOMMES de la Garde relevante se rendent au POSTE l'ARME AU BRAS ; près d'arriver à leur destination, leur CHEF fait PORTER LES ARMES et prendre le PAS ORDINAIRE à cinquante pas environ du poste qu'il va occuper ; les TAMBOURS de la Garde relevante et de la GARDE DESCENDANTE battent en même temps le PAS ORDINAIRE. — La Garde relevante se forme en bataille à la gauche de l'ANCIENNE GARDE, ou, si elle manque de terrain, elle se range en bataille en face de la Garde qui va être relevée, et le dos au POSTE. — Si la GARDE doit occuper un OUVRAGE DÉFENSIF, une FORTIFICATION PASSAGÈRE, la nouvelle Garde n'est introduite dans le POSTE qu'après avoir été reconnue par l'ANCIENNE GARDE BORDANT LE PARAPET. — Au reste, les formes de l'ARRIVÉE des Gardes à leur POSTE dépendent des circonstances et des localités ; il est du devoir du CHEF du POSTE d'en étudier les règles ordinairement exprimées dans les CONSIGNES *ad hoc*. — Dans tous les cas, lorsque les GARDES sont l'une à côté de l'autre, les CHEFS de la Garde relevante et de la GARDE DESCENDANTE entrent en communication pour tout ce qui concerne le POSTE ; ils donnent et reçoivent les CONSIGNES, et la troupe se conforme, suivant sa position, soit à celles qu'on nomme CONSIGNES DE GUERRE, soit à celles qu'on nomme CONSIGNES DE POSTE DE GARNISON. — Une fois la GARDE relevée, son CHEF prend la désignation de CHEF DE POSTE et se conduit conformément à ce que cette dénomination exprime. — S'il s'agit de GARDES EN CAMPAGNE, quelques dispositions particulières ont lieu en ce cas.

GARDE (subs. fém.) ROYALE. V. ADJUDANT-MAJOR DE G... V. ARTILLERIE A CHEVAL DE G... V. ARTILLERIE A PIED DE G... V. ARTILLERIE DE G... V. BATAILLON DE G... V. BATAILLON DE BATAILLE DE G... V. BONNET DE POLICE DE G... V. BRIGADE DE G... V. CANDIDAT DE G... V. CAVALERIE DE G... V. CAVALERIE LÉGÈRE DE G... V. CHASSEUR A CHEVAL DE G... V. CHEF DE G... V. CHIRURGIEN DE G... V. COIFFURE DE G... V. COLONEL DE G... V. COLONEL GÉNÉRAL DE G... V. COMPAGNIE D'ÉLITE DE G... V. CONSEIL GÉNÉRAL D'INFANTERIE FRANCO-SUISSE DE G... V. CONSEIL GÉRANT DE G... V. DIVISION DE G... V. DRAGON FRANÇAIS DE G... V. ÉLITE DE G... V. ÉTAT-MAJOR DE G... V. FORCE DE G... V. HUSSARD DE LA G... V. INFANTERIE DE G... V. INFANTERIE FRANÇAISE DE G... V. INFANTERIE SUISSE DE G... V. INSPECTEUR GÉNÉRAL DE G... V. LANCIER DE G... V. NOMBRE DE G... V. LIEUTENANT DE G... V. SOLDE DE G... V. TAMBOUR-MAJOR DE G...

GARDE ROYALE (A, 1 ; F). Sorte de GARDE IDIOPLIQUE attachée à des princes régnants, et principalement examinée ici par rapport aux usages de la FRANCE et surtout comme TROUPE D'INFANTERIE. — Dans la MILICE DES PAYS-BAS, il ne se voyait point de Garde ; dans celle d'AUTRICHE, quelques ARCHERS NOBLES, quelques TRABANS, figuraient en petit nombre ; quelques mille hommes gardaient le roi d'ANGLETERRE ; le roi de PRUSSE n'était pas entouré d'une Garde nombreuse : elle participait cependant des formes RUSSE et FRANÇAISE. — La Garde de Ferdinand sept était, pour ainsi dire, toute l'armée d'Espagne. — En FRANCE, la Garde royale proprement dite a existé de la seconde restauration à l'ORDONNANCE DE 1830 (11 AOUT). Le roi en était le COMMANDANT principal. — Les AUTEURS qu'on pourrait consulter relativement aux anciens usages de nature à intéresser le sujet ici traité sont AUDOUIN, BENETON (1755, A), BERRIAT (1812, A), BOULLIER, DANIEL (1721, A), DENNIÉE (1856), LACHESNAIE (1758, I), le *Dictionnaire de la Conversation* et l'*Encyclopédie des Gens du monde*. — Des OUVRAGES où la même question est traitée sont un article de Decamps inséré dans le *Mercure* de 1719 (juillet et août), le *Journal militaire*, les discussions du budget de 1821, et l'opinion du général Sébastiani prononcée le 2 juin de la même année. — Dans l'exposé qui va être offert, la Garde royale sera considérée sous les points de vue suivants : CRÉATION, COMPOSITION, FORCE, NOMBRE, DÉNOMINATION, UNIFORME, ALLOCATIONS, PRÉROGATIVES, RANG, SERVICE. — Nº 1. CRÉATION. — Rattacher à une époque précise la création de la GARDE des souverains de la FRANCE est difficile, parce que le nom de Garde royale est nouveau, quoique le genre d'institution soit ancien : ainsi jadis, sous une acception analogue, on a employé les mots CLIENTS, SATELLITES, SERGENTS D'ARMES, ÉCUYERS DU CORPS, HOMMES D'ORDONNANCE, COMPAGNIE ÉCOSSAISE, SOLDATS AUX GARDES, GARDES DU CORPS, GENTILSHOMMES AU BEC DE CORBIN, MASSIERS, GRANDE GARDE, LANCES, MAISON MILITAIRE. — Essayons cependant une analyse historique qui embrasse ce genre d'AGRÉGATION, quelque nom qu'on lui prête ou qu'il ait porté. — Les monarques des PREMIÈRE et SECONDE RACES avaient pour portiers ou concierges des *ostiarii* choisis parmi les NOBLES. Une partie d'entre eux gardait l'intérieur du palais, mais ce n'étaient pas des militaires ou du moins des HOMMES enrégimentés. — Il y avait près de la personne du ROI des ANTRUSTIONS, des FIDÈLES, des CLIENTS, des LEUDES, des SERGENTS (*servientes*) ; mais rien n'est éclairci sur le genre de service de ces différentes sortes de MILITAIRES ou de TROUPES ; on sait seulement qu'ils avaient plus ou moins d'analogie avec les LATRONS, les ADLECTES, les ÉVOCATS, les PRÉTORIENS et tant d'autres TROUPES que nous avons mentionnées. Bornons-nous donc à quelques recherches relatives aux usages de la TROISIÈME RACE. — PHILIPPE AUGUSTE avait près de lui des SATELLITES et des ARMURES

LÉGÈRES (*armatura levis*) ; il tirait ses CHATELAINS du sein de sa Garde. — En 1237, LOUIS NEUF, effrayé, du moins on l'a dit, du prétendu pouvoir que le Vieux de la Montagne exerçait sur la vie des souverains, quand il les prenait en haine, s'entoure de SERGENTS D'ARMES (*servientes*) et leur donne des MASSES D'ARMES en airain ; ils avaient quelque analogie avec la classe de VASSAUX nommés HOMMES DE SERGENTERIE. Le corps des MASSIERS a eu une longue durée ; à l'ARMÉE, ils ne recevaient le MOT DE L'ORDRE que du CONNÉTABLE lui-même. — Quelques AUTEURS regardent la GARDE ÉCOSSAISE comme instituée par CHARLES SIX ; mais c'est surtout sous LOUIS ONZE qu'elle prit accroissement, aussi plusieurs ÉCRIVAINS l'en ont-ils cru le créateur. Ce monarque y joignit une COMPAGNIE DE GENTILSHOMMES nommée COMPAGNIE DE CENT LANCES DE GENTILSHOMMES DE LA MAISON. — Au quatorzième siècle, comme M. MONTEIL en rend témoignage, il n'était cependant pas encore légalement reçu qu'un souverain pût avoir, comme ARMÉE PERMANENTE, plus de cent hommes d'armes. Une COMPAGNIE de cette force peut être regardée comme le type originaire de nos modernes GARDES DE SOUVERAIN. — Nº 2. COMPOSITION, FORCE. — En 1561, le roi JEAN, en donnant à DUGUESCLIN *cent lances de ses ordonnances*, le créait chef d'une espèce de RÉGIMENT DE GARDE ROYALE ; car ce nom eût pu convenir à certaines COMPAGNIES D'ORDONNANCE, quoique la plupart fussent plutôt des portions d'une ARMÉE ROYALE qu'une MAISON MILITAIRE. — La Garde de CHARLES SEPT se composait d'ARCHERS A CHEVAL et de SERGENTS D'ARMES, auxquels il ajouta vingt-cinq CRANEQUINIERS. — En 1484, les états généraux se plaignent amèrement du luxe excessif et de l'accroissement de la Garde royale, qui est *trois fois plus nombreuse que ne l'était celle de Charles sept*. — Sous CHARLES HUIT, pendant son expédition d'ITALIE, la Garde était de quatre cents ARCHERS A CHEVAL et de deux COMPAGNIES DE GENTILSHOMMES armés de BEC DE CORBIN ; la seconde de ces COMPAGNIES s'appelait les EXTRAORDINAIRES. — En 1515, FRANÇOIS PREMIER, en outre des COMPAGNIES DE GENTILSHOMMES ou GRANDE GARDE, avait près de lui des ARBALÉTRIERS A CHEVAL. On voit un ENSEIGNE remplir dans sa Garde les fonctions de TRÉSORIER et de QUARTIER-MAITRE. — BRANTOME (1600, A), auteur contemporain, dit : *La première charge qu'il eust jamais* (STROZZI) *ce fust aux premières guerres qu'il eust une compagnie de gens de pied, laquelle seule fust destinée pour la Garde du roy*. — L'introduction de l'INFANTERIE dans la Garde des rois DE FRANCE date donc du siècle de FRANÇOIS

PREMIER. — HENRI TROIS, en outre de ses ARCHERS ÉCOSSAIS que commandait le féroce *Larchant*, avait une compagnie de GASCONS créée par d'EPERNON et que le peuple appelait *les quarante-cinq coupe-jarrets.* — Des CARABINS, sorte de CAVALERIE LÉGÈRE, figurent dans la Garde de HENRI QUATRE ; ce prince tient éloignés de sa personne les GENTILSHOMMES AU BEC DE CORBIN, vieux ligueurs fougueux auxquels il n'osait se fier. — En 1621, LOUIS TREIZE abolit les deux COMPAGNIES de BEC DE CORBIN. — LOUIS QUATORZE les rétablit dans sa Garde, à laquelle il donna une grande extension ; il y fondit les anciennes COMPAGNIES D'ORDONNANCE, y fit entrer des CHEVAU-LÉGERS, en augmenta les GARDES FRANÇAISES et GARDES SUISSES, et la divisa, sinon par le nom, du moins par le fait, en Garde roturière et en GARDE NOBLE OU MAISON MILITAIRE. L'exemple de ce souverain fastueux a été imité par quelques puissances étrangères. Blackstone nous apprend que la Garde de Jacques deux était de trente mille hommes : rien ne peut justifier cet appareil oriental ni faire pardonner cette profusion ; des événements trop mémorables ont prouvé en RUSSIE, en FRANCE, en ANGLETERRE, à CONSTANTINOPLE, que le salut des PRINCES ne dépend pas toujours de la quantité de SATELLITES dont ils s'environnent. — LOUIS QUATORZE avait licencié, en 1668, la seconde compagnie de GENTILSHOMMES, autrefois nommés EXTRAORDINAIRES ; en 1725, LOUIS QUINZE abolit la plus ancienne de ces COMPAGNIES A BEC DE CORBIN. — Les prétentions exagérées, le luxe excessif, la grande dépense de la Garde, frappèrent SAINT-GERMAIN ; il y voulut porter remède ; mais, en travaillant à détruire les CORPS PRIVILÉGIÉS, ce MINISTRE prépara sa propre perte. Prétendre extirper de la cour les abus est toujours scabreux. — La Garde royale, créée en FRANCE par les ORDONNANCES DE 1815 (1er SEPTEMBRE et 31 DÉCEMBRE), a été rétablie par celles DE 1816 (11 JUIN et 18 JUILLET) ; elle n'admettait pas de REMPLAÇANTS. Un corps de train y était attaché. Son INFANTERIE devait être de deux ARMES, comme les LÉGIONS DÉPARTEMENTALES ; elle a eu des régiments d'artillerie comme celle de BONAPARTE ; elle a eu des COMPAGNIES DE GRENADIERS comme les autres CORPS de l'INFANTERIE ; mais elle différait surtout du reste de l'ARMÉE, en ce qu'elle a été soumise à des CHEFS en même temps INSPECTEURS, à des COLONELS en même temps GÉNÉRAUX ; elle était UNE ARMÉE dans une ARMÉE ; elle était bien plus, puisqu'elle était commandée par des MARÉCHAUX DE FRANCE et exercée AUX GRANDES MANŒUVRES par des PRINCES DU SANG. — Le MINISTÈRE français n'avait pas cru devoir

se conformer aux usages de l'ANGLETERRE, pays où la constitution ne tolère dans la GARDE DU ROI que des nationaux ; une CAPITULATION avait approché du pied du trône une BRIGADE SUISSE. — Le MINISTÈRE DE LA GUERRE, tout en calquant la Garde royale sur la GARDE IMPÉRIALE, avait disposé autrement les COULEURS de l'INFANTERIE, pour qu'elles ne rappelassent pas ce qu'on appelait alors les COULEURS séditieuses ; de là la suppression du REVERS et l'adoption de la mode des BRANDEBOURGS, mode empruntée des GARDES FRANÇAISE et SUISSE par les étrangers : le tricolore s'est cependant conservé, même dans les CORPS suisses, mais dans un arrangement qui différait des places que les COULEURS occupaient sur l'habit national. — L'ÉTAT-MAJOR de la Garde comprenait quatre MARÉCHAUX DE FRANCE sous le titre de MAJORS GÉNÉRAUX, quatre LIEUTENANTS GÉNÉRAUX, douze MARÉCHAUX DE CAMP, huit COLONELS SOUS-AIDES-MAJORS. — En 1821, quatorze MEMBRES DE L'INTENDANCE étaient chargés de l'ADMINISTRATION DE LA GARDE, quoique cette troupe fût à peine de vingt-quatre mille hommes. Le budget de 1829 témoignait que l'ÉTAT-MAJOR de la Garde comprenait soixante-seize OFFICIERS, dont dix-neuf GÉNÉRAUX. — La Garde de LOUIS DIX-HUIT et de CHARLES DIX se composait d'INFANTERIE, de CAVALERIE, d'ARTILLERIE, de GENDARMERIE, etc. ; en cela elle différait de celles de LOUIS QUINZE et de LOUIS SEIZE. Dans les leurs, il ne se voyait ni ARTILLERIE, ni CHASSEURS A CHEVAL, ni CUIRASSIERS, ni RÉGIMENTS DE GRENADIERS, ni HUSSARDS ; elle en différait aussi en ce que, dans le dernier siècle, la CAVALERIE de la Garde pouvait s'appeler GARDE NOBLE, puisque les HOMMES DE TROUPE y étaient GENTILSHOMMES. — L'INFANTERIE de la Garde, sous la restauration, se partageait en six régiments d'infanterie FRANÇAISE à trois bataillons, et deux régiments d'INFANTERIE FRANCO-SUISSE formés de COMPAGNIES CANTONALES. — Des FIFRES ont été admis et abolis ; des FUSILIERS de plusieurs classes étaient reconnus ; des SOUS-OFFICIERS avaient GRADE SUPÉRIEUR. Les RÉGIMENTS D'ARTILLERIE formaient BRIGADE. — La Garde devait avoir des COMPAGNIES DE CHASSEURS D'INFANTERIE, et par chaque RÉGIMENT un BATAILLON D'INFANTERIE LÉGÈRE ; ces dispositions n'ont pas été réalisées. — La Garde comprenait un RÉGIMENT DE LANCIERS ; c'était le seul qui rappelât une ARME autrefois nombreuse dans l'ARMÉE FRANÇAISE. — L'ARME des DRAGONS y a pris quelques modifications marquées. — Le SERVICE CONSCRIPTIF approprié à la Garde différait de celui de la LIGNE. — Le recrutement de la Garde fut ensuite réglé par l'ORDONNANCE DE 1820 (7 JUIN). —

Y être admis était considéré comme une des récompenses militaires de l'armée française ; ce genre de recrutement regardait les inspecteurs généraux ; quand ils passaient en revue les régiments de ligne, ils tenaient note des militaires qui demandaient à passer dans la Garde, et ils en rendaient compte au ministre. — Un système plausible distribuait en brigades et en divisions l'infanterie et la cavalerie de la Garde, mais non sans intervertir les règles générales de l'armée, puisque la Garde n'avait pas d'inspecteurs généraux ; car dire que les chefs en sont les inspecteurs, c'est abus dans les termes, puisqu'un inspecteur est le grand contrôleur d'un chef de corps et qu'on ne se contrôle pas soi-même. — En 1829, le général Lamarque affirmait à la tribune qu'à l'époque où il parle la force de la Garde est le septième de la force active de la France, tandis qu'en 1804 la Garde du souverain n'était que la cinquantième partie de l'armée. On eût pu demander à l'orateur s'il oubliait que la garde impériale, quand elle s'était enflée jusqu'à cent mille hommes, était le quart ou le cinquième de l'armée. — Les corps qui ont fait partie de la Garde sont indiqués avec plus de détails au tableau n° 2 de l'armée française. — L'ordonnance de 1825 (27 février) réorganisait la Garde ; elle en faisait varier, du pied de guerre au pied de paix, les hommes de troupe ; elle donnait six escadrons à tous ses régiments de cavalerie ; la portait sur pied de guerre à trente-trois mille sept cent vingt hommes, et sur pied de paix à vingt-quatre mille sept cent soixante hommes ; mais dans ce nombre n'était pas compris son état-major. — Ses huit régiments d'infanterie à trois bataillons étaient sur pied de guerre de quinze mille cinq cent quarante hommes, et sur pied de paix de neuf mille sept cent quatre-vingt-dix hommes. — Une sage constitution militaire n'eût pas donné pied de paix et pied de guerre à un corps privilégié, à une armée d'élite ; les hommes d'élite ne s'improvisent pas ; l'application du système de l'augmentation de forces ferait croire que le ministre ne regardait la Garde royale que comme une troupe de ligne : elle coûtait trop cher pour qu'il en soit fait l'aveu. — En 1827, la Garde était de vingt et un mille huit cent quatorze hommes, non compris la maison militaire : cet ensemble absorbait l'élite du recrutement. — Dans la discussion du budget de 1828, le général Gérard a dit que le total des corps de la Garde royale répondait au cinquième de l'armée. Le ministre Decaux a combattu cette assertion : elle ne répond, suivant lui, qu'au huitième ;

peut-être les deux orateurs ont-ils raison. Elle ne serait que le demi-quart de l'armée, si l'armée était complète ; elle en est le cinquième, puisque le pied de paix n'est jamais atteint. Mais quel est l'aveuglement d'un gouvernement et d'un ministère qui se figurent que sur cinq militaires on en puisse tirer un d'élite : c'est ne vouloir ni élite ni ligne. — On voit dans le *Journal des Sciences militaires* (t. xi, p. 150) qu'en 1828 la force de la Garde royale, sur pied de paix, est de treize cent vingt-sept officiers et vingt et un mille sept cent deux hommes de troupe, et que, sur pied de guerre, le nombre des hommes de troupe s'élève à trente mille cinq cent cinquante. — Supposez dans une armée de ligne cent mille hommes d'infanterie appauvris par le tribut prélevé au profit de la cavalerie, de l'artillerie et du génie ; supposez que sur cinq ou sur huit hommes ils doivent donner le plus grand et le plus fort pour la Garde ; qu'ils doivent ensuite fournir tout ce qu'on exige pour la gendarmerie à pied ; que sur quatre ou cinq hommes ils doivent en fournir un pour être grenadier dans le corps même, et vous verrez ce que seront des soldats d'infanterie de ligne, de cette infanterie jadis si vigoureuse et que des écrivains complimenteurs appelaient fantastiquement encore le nerf, l'essence, le fonds de l'armée. — Il a été rendu compte de la composition de la Garde par MM. Amiot (1830) et Sicard (1831). — N° 5. Dénomination, uniforme. — La Garde royale était un corps privilégié dont la dénomination se prenait par opposition à celle de l'armée de ligne. — Différentes ordonnances l'ont nommée arme spéciale, encore bien que toute arme personnelle soit nécessairement spéciale. — Les effets d'uniforme y différaient essentiellement de ceux de la ligne ; le drap y remplaçait le tricot. En vain le ministre Clarke essaya-t-il d'établir à cet égard quelque similitude : la Garde s'y refusa ; elle provoqua et obtint même l'abolition du rokalem, que Feltre voulait faire revivre. — Les drapeaux des corps à pied de la Garde, au lieu de la décoration de la Légion d'honneur et de la croix de Saint-Louis, portaient d'autres emblèmes, tels que ceux de l'ordre du Saint-Esprit. — Au lieu d'une paire de cymbales, un régiment à pied de la garde en avait deux, et, depuis la décision de 1822 (23 décembre), sa musique comprenait un chapeau chinois, instrument qui n'était pas accordé à la ligne. — Les cors harmoniques avaient pris dans la Garde un perfectionnement marqué. — Ses principaux corps avaient adopté l'habit sans revers, et leur exemple a été décisif pour le reste de l'infanterie de l'armée. — A son origine, la Garde a fait essai de souliers comoclaves ; cette innovation n'eut pas de suite. — La Garde royale a pris de la garde impériale l'usage des grades a priviléges, des aiguillettes, et des épaulettes a étoile que portaient les colonels, l'usage des épaulettes a petites torsades que portaient les officiers particuliers, l'usage des redingotes que portaient les hommes de troupe. Le même esprit d'imitation lui avait fait adopter les chapeaux, les dragonnes, les épaulettes a franges que portait la troupe, les boutons a culot en os, le grand équipement à enjolivures dispendieuses, les piqures le long des bandes de buffle de l'équipement, le harnachement plus recherché, plus dispendieux que celui de la ligne. — Elle avait pris à la même source l'usage des casques de cuir et des bonnets a poil à attributs variés, à cordons, à glands, à coquillages, à plaque, à plumet ; mais, au commencement de ce siècle, il n'y avait que les vieux bataillons de la garde impériale qui eussent les bonnets, tandis que pendant la restauration les voltigeurs et les fusiliers même en étaient coiffés. — Les officiers de la Garde avaient des bonnets de police particuliers et des chapeaux à ganse particulière ; et tout, depuis l'épée d'officier et la petite torsade jusqu'à la chape du fourreau de sabre et à la calotte de sa garde, y différait des effets des officiers de la ligne. — Les armes blanches de troupe en différaient aussi. — Les officiers supérieurs avaient des chapeaux a plume noire frisée. — La quantité d'effets d'uniforme qui, dans la Garde royale, étaient inutiles ou surabondants, avaient nécessité l'abusive élévation de la première mise, et faisaient de la charge du soldat un fardeau qui l'écrasait ; la raison, l'économie et cet esprit de prévoyance qui doit embrasser les temps de guerre auraient dû disposer le ministère à de plus sages calculs ; mais l'abus en était poussé au point que le réglement de 1824 (17 août) avait dû prescrire que deux tablettes ou rayons seraient placés dans les chambres des casernes de la Garde, tandis qu'il n'en était placé qu'un dans les chambres de caserne de la ligne. — Tout homme de pied portait le briquet, mais c'était un sabre d'une forme particulière. Les musiques avaient des serpents ; la ligne n'en avait point. — En 1830, chaque soldat avait sous son lit de fer une malle qui contenait ses effets, comme si le havre-sac n'était plus qu'une chose de parade ; cet usage s'était établi par imitation, de régiment à régiment, et, pour ainsi dire, sans que les chefs suprêmes du corps en eussent connaissance.

M. le Dauphin, rencontrant un régiment changeant de garnison, reste tout étonné de la quantité de coffres qui encombraient la route et semblaient être le bagage d'un corps d'armée ; il donna ordre qu'il lui fût rendu compte de cet usage nouveau des malles de soldats, usage dont il ignorait l'existence : les maréchaux de France, qui étaient les grands chefs de cette troupe, n'étaient pas mieux instruits touchant ces usages. — N° 4. Allocations, prérogatives, rang, service. — Les allocations pécuniaires des corps de la Garde, les appointements de ses officiers, les honoraires de ses aumôniers, la solde de ses caporaux suisses, etc., excédaient de plus d'un tiers les budgets de dépense de l'armée de ligne ; depuis sa création jusqu'en 1826, son état-major coûtait, annuellement, à lui seul, plus d'un million. Une armée de quarante mille hommes et le nombre raisonnable d'officiers et d'administrateurs placés à sa tête n'entraîneraient pas plus de dépense que ne le faisait la Garde sur pied de paix. — On voit dans le budget de 1829 que la solde de la Garde était regardée comme excédant d'un tiers celle de la ligne ; que dix mille sept cent vingt hommes de Garde royale coûtaient, pour la solde seule, quatre millions neuf cent quarante-quatre mille deux cent quatre-vingt-treize francs ; et que quatre mille six cent quarante-quatre Suisses coûtaient deux millions deux cent deux mille six cent soixante-dix-huit francs. — La dépense totale que l'infanterie française de la Garde royale entraînait était de huit millions sept cent dix mille six cent trente-deux francs. — En 1830, la dépense occasionnée par la totalité de la Garde, Suisses y compris, était de vingt millions quatre cent-soixante-treize mille six cent quarante-six francs ; ainsi, non compris le matériel de l'artillerie et du train, l'homme moyen coûtait près de mille francs : c'était une dépense démesurée. — Depuis le marché de couchage de 1822, signé en 1824, le couchage de l'homme de troupe de la Garde coûtait un sixième de plus que dans la ligne, c'est-à-dire dix-huit francs par an. — En ce qui regarde l'habillement, les premières mises, le couchage, etc., il existait une différence non moins marquée s'il s'agit de soldats nationaux ou étrangers. — La commission du budget de la chambre des députés a exprimé, en 1829, que l'organisation de la Garde royale est une des principales causes de l'exagération des dépenses ; les équipages militaires lui occasionnent des dépenses superflues, etc. — La création des capitaines en premier, des capitaines en second, et en général l'institution des gra-

DES SUPÉRIEURS ou des BREVETS A PRIVILÉGE, la distinction des ÉPAULETTES A PETITES TORSADES, le RANG plus élevé accordé aux SOUS-OFFICIERS et aux ADJUDANTS par l'ordonnance de 1820 (25 octobre), ont exercé la critique de plus d'un ÉCRIVAIN ; le droit que les COLONELS ont eu de passer MARÉCHAUX DE CAMP après quatre ans de GRADE a désespéré le reste de l'ARMÉE. — L'ordonnance de 1826 (6 décembre) réglait le mode d'AVANCEMENT, de classement, d'admission à la RETRAITE qui étaient particuliers à la Garde. — On lit dans le *Bulletin des Sciences militaires* (1829, 4 avril) ce qui suit : *la Garde royale est une pépinière d'où l'on pourrait tirer au besoin, tous les huit ans, vingt maréchaux de camp, vingt-cinq colonels, soixante-douze lieutenants-colonels et quatre cent seize chefs de bataillon, attendu que les officiers y entrent avec le rang du grade supérieur et en obtiennent le brevet après huit ans ; en ce moment quatorze chefs d'escadron et quatre-vingt-onze capitaines sont brevetés du grade supérieur. Sous le rapport de la retraite, les officiers de la Garde ne sont pas moins favorisés, puisqu'ils obtiennent la retraite du grade supérieur après six ans de service dans la Garde et deux ans d'exercice du grade inférieur.* — La Garde royale marchait après les GARDES DU CORPS, mais avant les CORPS ROYAUX ; ses OFFICIERS SUPÉRIEURS jouissaient des mêmes prérogatives que ceux des GARDES. — En 1829, le général LAMARQUE a prononcé à la tribune des observations sur le même sujet : suivant ses calculs, il y a dans la Garde, en outre d'un état-major général *suffisant pour une armée de cinquante mille hommes, trente maréchaux de camp de grade ou de rang, et cinq cent treize lieutenants-colonels, chefs d'escadron ou chefs de bataillon également de grade ou de rang; c'est-à-dire les quatre cinquièmes de toute l'infanterie et de toute la cavalerie de l'armée, qui n'en ont que six cent quarante-cinq.* — Rien ne s'opposait plus à un SERVICE régulier que de tels abus. — Les services rendus à la FRANCE par la Garde royale proprement dite, pendant les derniers siècles, occupent peu de place dans notre histoire. Les GARDES FRANÇAISES n'ont paru que rarement aux ARMÉES, et y ont causé plus d'embarras qu'ils n'y ont rendu de services; mais la MAISON MILITAIRE s'est montrée avec éclat dans les SIÉGES entrepris par LOUIS QUATORZE. — La Garde royale concourait, suivant son rang, à la composition des CORTÉGES ; elle marchait aux CÉRÉMONIES ROYALES ; son INFANTERIE faisait la police des théâtres royaux. — Sous LOUIS DIX-HUIT, elle faisait concurremment le service avec la GARDE NATIONALE ; dans les dernières années de

son existence elle veillait seule aux avenues des palais royaux. — L'ORDONNANCE DE 1816 (30 OCTOBRE) réglait à quelle distance de la capitale étaient ses GARNISONS et comment elles se réunissaient pour les GRANDES MANOEUVRES. — La Garde royale avait réalisé, mieux que n'avait pu le faire la ligne, les intentions des ordonnances relatives à l'institution des BIBLIOTHÈQUES DE CORPS; tout ce matériel a disparu en 1830. — Depuis quelques années on avait commencé à regarder la GYMNASTIQUE comme une des parties importantes de l'éducation de la Garde.

GARDE (subs. fém.) RUSSE. V. COSAQUE. V. MILICE RUSSE N° 2, 3, 4, 5, 6, 8, 10. V. RUSSE, adj.

GARDE (subs. fém.) SAXONNE. V. MILICE SAXONNE N° 1. V. SAXON, adj.

GARDE (subs. fém.) SUÉDOISE. V. MILICE SUÉDOISE N° 1, 2, 5. V. SUÉDOIS, adj.

GARDE (subs. masc. et fém.) SUISSE. V. GARDES SUISSES. V. INFANTERIE FRANCO-SUISSE N° 3. V. SUISSE, adj.

GARDE (subs. fém.) TURCO-ÉGYPTIENNE. V. MILICE TURCO-ÉGYPTIENNE N° 2, 3, 4. V. TURCO-ÉGYPTIEN, adj.

GARDE (subs. fém.) TURQUE. V. GÉNÉRAL DE BRIGADE. V. JANISSAIRE. V. MILICE TURQUE N° 2, 3, 4. V. TURC, adj.

GARDE (gardes) (subs. fém.) URBAINE (F). Sorte de GARDES IDIOTIQUES qu'on a, en plusieurs circonstances, comprises sous cette dénomination pour donner idée de certaines TROUPES composées en général d'INFANTERIE et spécialement affectées à la Garde des VILLES. — On voit, en 1494, une ordonnance de CHARLES HUIT subordonner aux BARONS, dans les principales VILLES, quelques corps d'ARBALÉTRIERS, d'ARCHERS, de COULEVRINIERS, etc., pour en former la GARNISON et prévenir les désordres que pouvait faire craindre l'absence du monarque qui partait pour une expédition lointaine. Ces MILICES BOURGEOISES étaient le rétablissement momentané de l'INFANTERIE COMMUNALE. — Anciennement le GUET DE PARIS et de nos jours les Gardes municipales et les COMPAGNIES DE RÉSERVE ont été des Gardes urbaines. — La MILICE HAITIENNE a une Garde urbaine.

GARDE (subs. fém.) WALLONNE. V. GARDES WALLONNES.

GARDE (subs. fém.) WURTEMBERGEOISE. V. MILICE WURTEMBERGEOISE N° 1, 3. V. WURTEMBERGEOIS, adj.

GARDE-AIGLE. V. AIGLE. V. GARDE AIGLE.

GARDE-BRAIE. V. BRAIE. V. GARDE BRAIE.

GARDE-BRAS. V. BRAS. V. GARDE BRAS.

GARDE-CHAUSSES. V. CHAUSSE. V. CHAUSSES. V. GARDE CHAUSSES.

GARDE-CŒUR. V. CŒUR. V. GARDE CŒUR.

GARDE-COL. V. COL. V. GARDE COL.

GARDE-COLLET. V. COLLET. V. GARDE COLLET.

GARDE-COTE. V. COTE. V. GARDE COTE.

GARDE-CUISSE. V. ARMURE. V. CUISSE.

GARDE-DRAPEAU. V. DRAPEAU. V. GARDE DRAPEAU

GARDE-FEU. V. FEU. V. GARDE FEU.

GARDE-JOUE. V. BOURGUIGNOTE. V. JOUE.

GARDE-MAGASIN. V. GARDE MAGASIN. V. MAGASIN.

GARDE-REINS. V. GARDE REINS. V. REINS.

GARDER, verb. act. et récipr. V. ABATIS DÉFENSIF. V. ARRÊTS. V. BAN. V. BOIS FORESTIER. V. CAMP. V. CAMP MINCE. V. GARDE ARMÉE. V. GRAND'GARDE. V. RANG. V. RANG TACTIQUE. V. RANG D'INFANTERIE. V. REITRE. V. SERVICE JOURNALIER.

GARDES, subs. fém. et masc. plur. V. AUX G... V. BRIGADIER DES G... V. CAPITAINE DES G... V. COMPAGNIE DES G... V. ENSEIGNE DES G... V. ÊTRE SUR SES G... V. LIEUTENANT DES G... V. OFFICIER AUX G... V. OFFICIER DES G... V. SUR SES G...

GARDES, subs. fém. et masc. plur. (term. génér.). Sorte de GARDES IDIOTIQUES considérées, soit comme des individus, soit comme des AGRÉGATIONS. Ils ou elles se distinguent en GARDES COTES, — DE GOUVERNEUR, — DE LA MANCHE, — DE LA PORTE, — DE LA PRÉVOTÉ, — DE POLICE, — D'HONNEUR, — DU CORPS, — DU GÉNIE, — ÉCOSSAISES, — FRANÇAISES, — LORRAINES, — NATIONAUX, — SUISSES, — WALLONNES.

GARDES (subs. masc. plur.) COTES (A, 1). Sorte de GARDES IDIOTIQUES qui composaient un des CORPS SÉDENTAIRES de l'armée FRANÇAISE, et qui étaient chargés de signaler et de repousser les DÉBARQUEMENTS de l'ennemi. — En 1784, les Gardes côtes sont divisés en CAPITAINERIES, et subdivisés en COMPAGNIES D'OBSERVATION et en COMPAGNIES DU GUET; quelques-uns sont formés en BATAILLONS; et l'effectif du corps est de sept mille environ en 1788. — Les Gardes côtes sont supprimés en 1791. — En l'an quatre, il existe quatorze mille CANONNIERS GARDES-

cotes volontaires. L'ARRÊTÉ DE L'AN QUATRE (10 BRUMAIRE) les réduit à six mille cinq cent dix-huit. — La loi de l'an sept (25 fructidor) en reconnaît cent trente COMPAGNIES, en outre de trois BATAILLONS de GRENADIERS GARDES COTES. Les COMPAGNIES formaient un total de neuf mille cent hommes, et les BATAILLONS un total de trois mille deux cent quatre hommes. — En l'an neuf (16 thermidor), il est créé cent trente COMPAGNIES de Gardes côtes. Elles sont licenciées en 1802 (16 juin). Il en est remis cent sur pied en l'an onze (12 floréal; 1803). Neuf COMPAGNIES nouvelles sont créées en 1810 (16 janvier). — Une ordonnance de 1815 (30 avril) en reconnaît cinquante COMPAGNIES. — Dans l'ouvrage de M. SICARD (1828), une des colonnes du tableau de l'ARMÉE SÉDENTAIRE y réunit sous un même chiffre les COMPAGNIES D'ARTILLERIE SÉDENTAIRE et les Gardes côtes; on y voit que ce genre de troupe a varié maintes fois dans son effectif entre quinze et vingt-deux mille hommes, et qu'il est définitivement *supprimé en 1815*. — Cependant l'organisation de 1825 évalue à sept mille cinq cent cinquante les Gardes côtes.

GARDES (subs. masc. plur.) de GOUVERNEUR. V. GOUVERNEUR. V. GOUVERNEUR DE PROVINCE.

GARDES (subs. masc. plur.) de la MANCHE (F). Sorte de GARDES attachés à la MAISON MILITAIRE de FRANCE, et dont l'origine remonte à l'an 1440. C'étaient d'abord des ÉCOSSAIS ayant le titre d'ARCHERS DE LA MANCHE; ils faisaient partie de la PREMIÈRE COMPAGNIE des GARDES DU CORPS; ils étaient vêtus de COTTES D'ARMES, qui devinrent ensuite HOQUETONS, de couleur blanche et semée de papillotes d'or et d'argent; ils étaient armés de PERTUISANES frangées d'argent et à LAME damasquinée. L'image s'en trouve dans MONTIGNY (1772, 1). — Les Gardes de la manche étaient au nombre de vingt-quatre, y compris le premier homme d'armes : ils servaient par quartiers. — Dans les CÉRÉMONIES ordinaires et à la messe, deux d'entre eux se tenaient en armes près du souverain, à côté de chacune des manches de son POURPOINT. Ils ne prenaient les armes en plus grand nombre que dans les grandes CÉRÉMONIES. — Les Gardes de la manche avaient quelque analogie avec les LATRONS de l'antiquité. — DANIEL (1721, A), l'ENCYCLOPÉDIE (1751, C), GUIGNARD (1725, B), MONTIGNY (1772, 1), POTIER (1779, X), peuvent être consultés à cet égard.

GARDES (subs. masc. plur.) de la PORTE (F). Sorte de GARDES qui, dans l'origine, se sont appelés *ostiarii* ou *custodes*, c'est-à-dire hommes de la porte. Des chronologistes en font remonter l'existence au huitième siècle et disent qu'ils prirent alors la dénomination d'HOMMES D'ARMES, et pourtant la langue française n'existait pas encore.—Les *ostiarii* ne furent longtemps que de simples valets de porte; on ne les rangeait pas au nombre des militaires. En 1490, ils servent sous les ordres d'un capitaine, et deviennent corps militaire. En 1658, leur compagnie est assimilée aux autres corps de la MAISON. — Les Gardes de la porte ne faisaient le service que de jour aux portes des appartements du ROI; ils étaient relevés de nuit par les GARDES DU CORPS. Ils portaient le HOQUETON et la PERTUISANE. L'image s'en trouve dans MONTIGNY (1772, 1).

GARDES (subs. masc. plur.) de la PRÉVOTÉ DE L'HOTEL. V. COULEUR NATIONALE. V. MAISON DU ROI N° 2. V. PRÉVOTÉ DE L'HOTEL. V. RIBAUD.

GARDES (subs. masc. plur.) de POLICE. V. MILICE NAPOLITAINE N° 1. V. POLICE.

GARDES (subs. masc. plur.) d'HONNEUR (F). Sorte de GARDES IDIOPLIQUES créés dans les dernières années du régime impérial. Sous ce titre plus imposant que juste, NAPOLÉON faisait un appel à la vanité; il créait une troupe nobiliaire de CAVALERIE composée de dix mille jeunes élégants qu'il enrégimentait sous l'appât des priviléges. Outre l'avantage de grossir sans grande DÉPENSE son ARMÉE, il avait un motif secret : celui de créer une troupe d'otages qui lui servît de garantie contre la conduite politique des familles riches et influentes. — On lit dans le *Spectateur militaire* (1832, p. 451) que, dans une proposition au corps législatif, il avait témoigné l'intention d'en faire des GARDES DU CORPS. — L'extinction des Gardes d'honneur a précédé la chute du trône impérial.

GARDES (subs. masc. plur.) du CORPS (A, 1). Sorte de GARDES IDIOPLIQUES ou de SOLDATS D'ÉLITE qui sont attachés, d'une manière permanente, à la personne d'un GOUVERNEUR, d'un PRINCE, d'un souverain; il y a eu même des CONNÉTABLES, des COLONELS GÉNÉRAUX de l'INFANTERIE et des cardinaux premiers ministres qui ont eu leurs Gardes du corps. — Déjoces, chez les MÈDES, avait des Gardes avant de posséder un palais. CYRUS avait formé sa Garde dès son enfance; HÉRODOTE prétend que Candaule avait Gygès de Lydie pour CAPITAINE de ses Gardes. — Les CÉLÈRES étaient les Gardes du corps de ROMULUS; les PRÉTORIENS, ceux des EMPEREURS romains; les SOLDURIERS, ceux des Gaules; les ANTRUSTIONS, ceux de la PREMIÈRE RACE; les BARDARIOTES, les LATRONS (*latrunculi*), ceux des empereurs de By-

sance; les PANSERNES à CUIRASSE AILÉE, ceux de la MILICE POLONAISE; les GARDES LIGES, ceux des SEIGNEURS. — Les TROUPES de ce genre sont ordinairement de CAVALERIE; il s'est vu cependant des GARDES A PIED : tel était, sous le régime de la restauration, le CORPS dont les CENT-SUISSES ont été le noyau. Tels étaient les HALLEBARDIERS d'ESPAGNE. — Pendant la GUERRE DE LA RÉVOLUTION, les GUIDES D'ÉTAT-MAJOR ont été des espèces de Gardes du corps. — L'histoire des Gardes du corps et celle de la MAISON MILITAIRE de FRANCE ont été esquissées ou traitées par AUDOUIN, BENETON (1742, A), BRIQUET (1761, H), CARRÉ (1785, E), DANIEL (1721, A), M. DENNIÉE (1856), l'ENCYCLOPÉDIE (1751, C; 1785, C), GUIGNARD (1725, B), LACHESNAIE (1758, 1; au mot *Paye*), LEPIPRE, MONTIGNY (1772, 1), PINARD, POTIER (1779, X), VELLY, le *Spectateur militaire* (t. XX, p. 50, etc.), le *Dictionnaire de la Conversation*. — L'*Almanach royal* faisait connaître la composition des Gardes du corps. — A l'égard des anciens Gardes du corps, l'ENCYCLOPÉDIE (1751, C) peut être consultée. — Une vive critique de ce genre d'institution se trouve dans une pétition publiée par M. Barrey (de) en 1829. — Le sujet va être résumé sous les rapports suivants : CRÉATION, COMPOSITION, FORCE, NOMBRE, UNIFORME, ALLOCATIONS, RANG, PUNITIONS, PEINES. — N° 1. CRÉATION. — Après la disparition des *ostiarii*, des RIBAUDS, des SERGENTS châtelains, il existait, dès l'an 1414 (4 septembre), des GENTILSHOMMES de la MAISON pour la GARDE du CORPS du roi. CHARLES SEPT organisa une COMPAGNIE ÉCOSSAISE. Depuis longtemps déjà des ÉCOSSAIS avaient été admis dans la GARDE de nos souverains. — En 1473, ou peu après, LOUIS ONZE créa une COMPAGNIE D'ARCHERS sous le nom de PETITE GARDE; elle est devenue la première COMPAGNIE française des GARDES DU CORPS. — En 1474, ce prince institue, comme seconde COMPAGNIE des Gardes, les GENTILSHOMMES AU BEC DE CORBIN; il met sur pied une troisième COMPAGNIE également française; elle était de cent ARCHERS A CHEVAL. — FRANÇOIS PREMIER créa une nouvelle COMPAGNIE française, en 1515 : ce qui les porta à quatre. — En 1622, HENRI QUATRE établit une COMPAGNIE DE CHEVAU-LÉGERS de deux cents hommes. — LOUIS TREIZE institue une COMPAGNIE de MOUSQUETAIRES et une autre COMPAGNIE fort inexactement nommée de GENDARMES, puisqu'elle n'avait rien du COSTUME et de l'ARMEMENT qui constituaient essentiellement les anciens GENS D'ARMES. — Un brevet de 1648 (25 février) autorise le cardinal MAZARIN à avoir une compagnie de Gardes *portant* armes *dans les maisons royalles.* — LOUIS QUATORZE, en 1660, créé pour la Garde de sa personne une seconde COMPAGNIE de deux cents MOUSQUETAIRES. — Une GARDE CONSTITUTIONNELLE, qui a été de peu de durée, a succédé aux Gardes du corps. — A la restauration, le cabinet français n'a pas eu l'habileté de discerner qu'on n'était plus au temps où des CORPS PRIVILÉGIÉS pouvaient être créés, à moins que le privilége n'eût son excuse dans un mérite reconnu et des services éclatants; il n'a pas entrevu qu'une GARDE D'ÉLITE qui serait comme la récompense des bons SERVICES rendus dans la LIGNE pourrait seule être plus chèrement rétribuée, sans que personne s'en étonnât; mais un corps de luxe est-il une GARDE D'ÉLITE? — N° 2. COMPOSITION. — Sous HENRI TROIS, les ARCHERS ÉCOSSAIS et la COMPAGNIE des quarante-cinq GASCONS étaient les GARDES DU ROI. Une partie d'entre eux avait ardemment coopéré aux massacres de la Saint-Barthélemy; et, par les ordres de HENRI, ils mirent à mort le duc et le cardinal de GUISE. — Les COMPAGNIES des Gardes du corps de LOUIS QUATORZE se divisaient en six BRIGADES chacune; une COMPAGNIE était commandée par un CAPITAINE, un LIEUTENANT, un CORNETTE ou ENSEIGNE, un EXEMPT à BATON DE COMMANDEMENT et des BRIGADIERS. La qualification d'ENSEIGNE, quoiqu'elle eût perdu toute signification juste, n'en a pas moins eu, dans ce corps, une durée prolongée. — Au nombre des Gardes du corps étaient compris les GARDES DE LA MANCHE; ils s'acquittaient d'un service particulier, ainsi que les GARDES DE LA PORTE. — Depuis LOUIS QUATORZE, les compagnies des Gardes n'avaient, sauf leurs CAPITAINES, que le nombre d'OFFICIERS nécessaires et à peu près pareil à celui des CADRES du reste de l'ARMÉE; les LIEUTENANTS, il est vrai, y étaient CHEFS D'ESCADRON; les BRIGADIERS y étaient LIEUTENANTS, etc. C'étaient autant d'anomalies. Jusqu'au règne de LOUIS SEIZE, la première compagnie, quoique française, avait continué à s'appeler GARDE ÉCOSSAISE. — Les Gardes étaient un des corps qui avaient des TIMBALES. — La FRANCE était, sous LOUIS DIX-HUIT et CHARLES DIX, la seule puissance qui entretînt au pied du trône une troupe d'officiers soldats. C'était une des erreurs de son MINISTÈRE. Cette troupe comprenait cent vingt-quatre CAPITAINES, soixante et onze CHEFS D'ESCADRON, quarante-neuf LIEUTENANTS-COLONELS, vingt colonels, sept MARÉCHAUX DE CAMP, quatre capitaines des Gardes et quatre LIEUTENANTS GÉNÉRAUX. — L'admission dans les Gardes du corps était considérée comme une RÉCOMPENSE MILITAIRE; les INSPECTEURS GÉNÉRAUX D'INFANTERIE étaient chargés de l'examen des OFFICIERS et SOUS-OFFICIERS de la ligne qui sollicitaient cette faveur. A ce sujet, le général LAMARQUE a dit: *On a essayé en vain de renouveler les anciennes formes de RECRUTEMENT volontaire des Gardes du corps; la jeunesse a montré peu de ferveur pour ce service; on a été contraint pour alimenter le CORPS de puiser des sujets dans la classe des SOUS-OFFICIERS de l'ARMÉE.* — N° 3. DÉNOMINATION. — Les Latins appelaient *satellitium* les compagnies, le SERVICE des Gardes d'un prince ou des SINGULAIRES. — Originairement les Gardes du corps se sont nommés SERGENTS et *warde-cors*, comme l'indique ROQUEFORT. — A la date 1034, VELLY témoigne que l'expression Gardes du corps s'appliquait aux domestiques qui avaient soin de la garde-robe du ROI. Sous CHARLES HUIT, il n'est pas encore question militairement de Gardes du corps; le terme ne se légalisa que depuis LOUIS TREIZE. — Nous ne nous occuperons ici des Gardes du corps qu'à partir d'une date plus moderne, et comme ayant fait partie de la MAISON MILITAIRE des ROIS DE FRANCE. — La locution Gardes du corps, ainsi que tant d'autres termes de notre LANGUE MILITAIRE, ne signifie rien si on l'analyse; elle ne prend un sens qu'autant qu'on y ajoute par la pensée la qualification du personnage éminent auquel elle a rapport. — Dans la LANGUE ANGLAISE, le mot analogue, sans valoir beaucoup mieux, est du moins plus expressif; on appelle en ANGLETERRE *life's guards*, Gardes de la vie, les Gardes du corps; on les nomme absolument aussi les GARDES; il en est de même en RUSSIE. — Suivant la différence des MILICES et des SERVICES, les troupes d'une espèce analogue à celle qui nous occupe ici s'appellent ou se sont appelées: Cent-Suisses, CHEVALIERS GARDES, clients, COMPAGNIE DE GENTILSHOMMES AU BEC DE CORBIN, GARDE CONSTITUTIONNELLE, GARDE NOBLE, Gardes à cheval, Gardes à pied, GARDES DE LA MANCHE, GRENADIERS GARDES, HALLEBARDIERS, RIBAUDS, SATELLITES, SERGENTS D'ARMES, TRABANS. — On a d'abord dit indifféremment: GARDES DU ROI et GARDES DE CORPS (et non pas du CORPS) comme on le voit dans ce passage de BRANTOME (1600, A): *Mais lui* (STROZZI, colonel général de l'INFANTERIE), *se faschant de demeurer ainsi arresté et sujet à une garde de corps, ne cessa de prier le roy de lui bailler congé.* — Cette GARDE DE CORPS, qu'il faut considérer ici comme synonyme de GARDE DU ROI, ou de GARDE ROYALE, ne se composait d'abord, sous STROZZI, que d'une seule COMPAGNIE; elle s'augmenta ensuite, comme le témoigne le passage du même AUTEUR, parlant de Cossins : *Il fust blasmé d'avoir esté un grand meurtrier à la Saint-Barthélemy, aussi d'y avoir gagné beaucoup, car il avoit là toutes les enseignes* (il commandait à toutes les COMPAGNIES) *des Gardes du roy* (il n'y avait pas encore de RÉGIMENTS), *dont il estoit mestre de camp, et les y fist bien mener les mains* (bien tuer et piller). — Le nom de Gardes du corps était tombé en désuétude depuis vingt-cinq ans lorsqu'il reparut à l'époque de la restauration. — N° 4. FORCE, NOMBRE. — En 1461, la garde de Louis ONZE, le jour de son entrée à PARIS, était de cent vingt ARCHERS A CHEVAL; chaque ARCHER avait un valet de pied. — PAUL JOVE dit que la garde qui veillait autour de CHARLES HUIT était forte de quatre cents ARCHERS A CHEVAL, dont cent étaient Ecossais. Après eux venaient, plus près de la personne royale, deux cents SERGENTS D'ARMES OU GENTILSHOMMES portant une MASSE D'ARMES ou un BEC DE CORBIN. — Le total de la garde de ce prince était de mille quarante HOMMES, officiers compris; elle se composait de bien plus de chevaux que d'HOMMES; elle comprenait, en 1500, deux mille chevaux. — En 1610, il y avait quatre cent soixante-douze Gardes du corps, et en 1630, six cents. — Sous Louis QUATORZE, les quatre COMPAGNIES des Gardes sont fortes chacune de trois cents à trois cent soixante CHEVAUX; en 1676, elles forment seize cents CHEVAUX. En 1775, elles se composaient de quinze cent quatre-vingt-trois Gardes. — Une ORDONNANCE DE 1824 (16 SEPTEMBRE) reconnaissait cinq COMPAGNIES. Une ORDONNANCE DE 1826 (24 MAI) les réduisait à quatre, dont la force pouvait équivaloir à huit ESCADRONS. — En 1828, la force des Gardes du corps, y compris leur suite, était évaluée à dix-sept cents HOMMES et onze cent quatre-vingts CHEVAUX. — En 1829, le nombre des Gardes du corps, leur suite non comprise, était de treize cent cinquante HOMMES environ. Le MINISTRE DE LA GUERRE déclarait à la séance du 26 juin que le total des COMPAGNIES était de dix-huit cent soixante-quatre hommes, suite y comprise. — N° 5. UNIFORME, ALLOCATIONS. — L'uniforme a d'abord consisté dans le CASQUE, la CUIRASSE, l'ARC suspendu à la BANDOULIÈRE, les FLÈCHES, le JAVELOT. — En 1540, une partie des Gardes avait l'ARQUEBUSE; ceux qui veillaient aux portes de HENRI QUATRE, avaient la COTTE DE MAILLES. Chacune des quatre COMPAGNIES se distinguait par la BANDOULIÈRE. Une ORDONNANCE DE 1598 leur donnait une JAVELINE ou DEMI-PIQUE de cinq pieds et demi. — En 1657, les Gardes reçurent le premier habit d'UNIFORME qui se

soit vu en FRANCE; il était BLEU, avec culotte, veste et bas rouges. — En 1666, ils passaient revue en tenant à la main une MASSE D'ARMES, à ce rapporte POTIER (1779, X). — Les plus anciennes formes de DEUIL militaire dont il existe tradition appartiennent aux Gardes du corps. Au temps où régnait encore la mode des ÉCHARPES, ils la portaient en CRÊPE noir pour honorer la mort de leur maître; cette ÉCHARPE croisait leur BANDOULIÈRE, et ils gardaient cette marque de DEUIL pendant toute la durée des CÉRÉMONIES FUNÉRAIRES. — En 1707, un Garde du corps recevait de SOLDE quatorze sous par jour et sept sous sur le guet. En 1756 (25 décembre), le traitement annuel des Gardes du corps était porté à six cents francs. — Une PENSION DE RETRAITE était accordée aux Gardes du corps, avant qu'une mesure générale à ce sujet s'étendît à toute l'ARMÉE. — En 1818, la partie de la dépense de la MAISON MILITAIRE mise au compte du budget, est évaluée, sur la proposition du MINISTRE DE LA GUERRE, à un million cinq cent mille francs. — En 1829, la dépense du même corps est, comme le témoigne le budget, de trois millions cent quarante mille francs; on lui a donné le nom assez singulier d'abonnement. — La dépense totale des Gardes du corps, tant au compte de la liste civile que de l'abonnement ministériel, excédait six millions, qui auraient suffi à l'entretien de sept RÉGIMENTS DE GROSSE CAVALERIE à six escadrons. — On a supputé que chaque Garde du corps coûtait, terme moyen, cinq mille francs par an. — N° 6. RANG, PUNITIONS, PEINES. — L'importance, le rang, les prérogatives des Gardes du corps, datent surtout du règne de Louis TREIZE. Sous Louis QUATORZE, ils prennent la tête de la CAVALERIE FRANÇAISE, et se montrent avec valeur à la guerre. — La déclaration de 1651 autorisait les Gardes du corps à prendre le titre d'ÉCUYERS, titre nobiliaire de la moindre classe. — Le rang qu'on appelle grade supérieur leur était donné en 1719. — Par une subtilité grammaticale, par une dénomination qui n'avait rien de logique, on distinguait les CAPITAINES qui commandaient les Gardes de ceux qui servaient au RÉGIMENT DES GARDES, en appelant CAPITAINES DES GARDES les premiers, ce qui était bien différent des CAPITAINES AUX GARDES, désignation propre aux seconds. — Sous les règnes de Louis QUINZE et de Louis SEIZE, les Gardes du corps étaient tout à fait distincts du reste de l'ARMÉE. Le BATON était accordé à leurs CAPITAINES. Quoiqu'ils n'eussent jamais servi dans les troupes, ils n'en marchaient pas moins de pair avec les MARÉCHAUX. Pour ne pas perdre le droit à cette assimilation, ces CAPITAINES n'auraient eu garde de consentir à figurer sur le tableau des LIEUTENANTS GÉNÉRAUX, ils eussent été forcés d'en prendre la queue, et de n'y avancer que par ancienneté ; c'eût été payer trop cher des appointements que leur naissance et leur fortune leur faisaient dédaigner ; aussi ne recevaient-ils rien sur les fonds nommés l'ORDINAIRE DES GUERRES. — A la restauration, les Gardes du corps ont pris la droite de la GARDE ROYALE. — L'ORDONNANCE DE 1822 (22 MAI) assurait aux militaires des Gardes le rang de grade supérieur au bout de huit ans et la retraite du grade après quatre ans. Il en résultait, a dit le général LAMARQUE en 1829 (26 juin), *Que, tandis que tout est stationnaire dans l'armée, tandis que les officiers de la ligne, dont l'existence n'est que l'accomplissement d'un devoir sans cesse renaissant, ces officiers qui supportent tout le poids du service, qui passent leur vie dans des forts isolés ou dans des garnisons où ils végètent, sont enchaînés par la paix dans les mêmes grades, les Gardes du corps, profitant du bénéfice de l'ordonnance que je viens de vous citer, croissent en silence et rentrent souvent dans des corps pour y commander ceux-là mêmes dont ils furent les sergents et les caporaux.......* On a donné dans la ligne le nom d'*armée roulante* à ces officiers privilégiés, à ces coureurs de grades, qui, entrant dans la Garde pour obtenir de l'avancement, en sortaient et y rentraient avec un nouveau grade et portaient le découragement dans le cœur des braves officiers de la ligne. — Cet orateur et quelques autres ajoutent que, par leur position, les Gardes du Corps, considérés comme OFFICIERS, n'étaient cependant pas rétribués comme OFFICIERS EN ACTIVITÉ ; il s'ensuivait que les simples Gardes du corps étaient plus que SOUS-OFFICIERS par la SOLDE, et moins qu'OFFICIERS puisqu'ils faisaient faction en épaulettes ; c'était un état d'exception indéchiffrable. — Un procès qui s'est ému à Versailles en 1821 a fait connaître que l'ancienne police de la CALOTTE avait été rétablie dans quelques COMPAGNIES des Gardes du corps.

GARDES (subs. masc. plur.) du CORPS NAPOLITAINS. V. MILICE NAPOLITAINE. V. NAPOLITAIN, adj.

GARDES (subs. masc. plur.) du GÉNIE (A, 1), OU GARDES DE FORTIFICATIONS, OU GARDES DES FORTIFICATIONS. Sorte de GARDES IDIOPLIQUES qui comptaient au nombre des EMPLOYÉS du GÉNIE, dont faisaient partie les ÉCLUSIERS. — Les Gardes du génie sont chargés de surveiller les FORTIFICATIONS et d'en constater les DÉGRADATIONS ; ils ont un UNIFORME, et

pour COIFFURE le CHAPEAU DE TROUPE. — A titre de MILITAIRES à domicile fixe, les Gardes ne sont pas assujettis au payement des CONTRIBUTIONS INDIVIDUELLES, comme le sont les citoyens. — Le RÈGLEMENT DE 1824 (17 AOUT) considérait les Gardes du génie comme des SOUS-OFFICIERS assermentés, préposés à la surveillance du domaine militaire. — La *Sentinelle de l'Armée* (t. IV, p. 565) témoignait que *les Gardes du génie sont assimilés aux officiers ; leur rang est au-dessus des sous-officiers ; ils prennent rang après le sous-lieutenant.* — La haute influence que le corps du Génie exerce avait obtenu du ministre cette prérogative équivoque qui assimilait aux officiers des militaires qu'elle classait au-dessous des officiers. — L'ORDONNANCE DE 1829 (15 DÉCEMBRE) reconnaissait cinq cent six Gardes du génie et OUVRIERS D'ÉTAT, et les divisait en trois CLASSES : cent vingt de la première, cent quatre-vingts de la seconde et deux cents de la troisième. ODIER (1824, E) témoigne que des LIEUTENANTS et des SOUS-LIEUTENANTS pouvaient être Gardes de première classe. — Il y a des Gardes qui font office de CASERNIERS ; on donnait à celui qui était en chef le titre de CONSERVATEUR des BATIMENTS, aux autres le nom de CONCIERGES. — Sur tout ce qui concerne le sujet M. GRIVET peut être consulté.

GARDES (subs. masc. plur.) ÉCOSSAISES. V. ÉCOSSAIS. V. GARDE ÉCOSSAISE. V. SENTINELLE.

GARDES (subs. masc. plur.) FRANÇAISES (F). Sorte de GARDES IDIOPLIQUES qui formaient un CORPS ROYAL et une partie de la GARDE du souverain. Au temps où Stanislas habitait Nancy, il était reconnu, comme le témoigne BRIQUET (1761, II), des GARDES LORRAINES, qui étaient une imitation en petit des Gardes françaises. L'INFANTERIE de la GARDE de Louis DIX-HUIT a été une imitation en grand de ce même CORPS ; mais la vénalité n'y fut pas rétablie. — Les Gardes françaises ont été licenciés en 1789 (21 juillet) et incorporés dans la GARDE NATIONALE SOLDÉE, dans les CHASSEURS des barrières, dans les RÉGIMENTS 102, 103, 104, dans les GENDARMES A PIED. — Les AUTEURS qu'on peut consulter à leur égard sont : AUDOUIN, BOULLIER, BRIQUET (1761, II), DANIEL (1721, A), l'ENCYCLOPÉDIE (1751, C), LACHESNAIE (1758, 1, au mot *Paye*), POTIER (1779, X). — Les Gardes françaises vont être considérés ici sous les rapports suivants : CRÉATION, COMPOSITION, DÉNOMINATION, FORCE, UNIFORME, LOGEMENT, PRÉROGATIVES, INSTRUCTION, TACTIQUE, SERVICE. — N° 1. CRÉATION. — On lit dans BRANTOME (1600, A) : *Le Havre pris, le roy et la reyne sa mère constituèrent nos régiments de gens de pied françois, composés de* *dix enseignes.* — Ainsi la création des Gardes françaises, qui furent d'abord composés de Gascons et de Picards, date du règne de Henri deux, et peut se rapporter à l'année 1558. — En 1563, sous Charles neuf, les Gardes s'appelaient les dix enseignes. — Audouin (t. ii, p. 90) mentionne cette date de 1563 comme celle de la création des Gardes ; mais il prend une réorganisation ou un changement de dénomination pour une création. — L'institution de ce corps, ou son accroissement, rencontra de vives oppositions ; les protestants ne furent pas des derniers à la blâmer. *Convient-il,* disait-on, *à un roi résidant au sein de son royaume d'avoir tant de gardes ; de tout temps la plus sûre garde des rois de France n'a-t-elle pas été le cœur de leurs sujets,* etc. , etc. C'était la paraphrase de ce passage de Claudien :

Non sic excubiæ, nec circumstantia pila
Quam tutatur amor.

C'est l'amour, non le fer, qui sert de garde aux princes.

— Les murmures furent tels, que la reine régente chercha à les apaiser en évitant d'envoyer à l'armée les Gardes françaises, qui y eussent été vus de mauvais œil. Ce corps retomba plusieurs fois au rang des régiments de ligne, fut éloigné de la cour, réparti dans des garnisons de Picardie, ce qui lui fit donner en 1567 le nom de régiment de Picardie, puis rappelé à Paris, puis cassé et réduit à deux compagnies; il fut rattaché à la maison en 1573, se nomma alors la garde française; il fut rétabli en 1574 par Henri quatre, à raison de dix compagnies. — Béneton (1742, p. 517) dit qu'il y avait *vieilles bandes et nouvelles bandes de Picardie.* Nous serions disposé à croire que les vieilles bandes sont restées Gardes françaises, que les nouvelles sont restées régiment de Picardie; on pourrait même supposer que la création des Gardes datait de 1558, que celle du régiment de Picardie ne datait que de 1563; mais les démonstrations de ces faits n'ont jamais été claires. — N° 2. Composition, dénomination. — Les Gardes furent d'abord de dix enseignes, puis de deux compagnies, puis de dix, puis bientôt de douze compagnies. — En 1589, sous Henri quatre, le régiment était de deux mille hommes et de vingt compagnies; en 1601, il était à dix-huit compagnies. A la paix de Vervins, en 1598, il fut porté à vingt-six compagnies. — Cependant les détails donnés à ce sujet par M. Sicard (*Journal des Sciences militaires,* t. xvi, p. 277) sont différents; il a puisé à d'autres sources. Suivant lui, en 1612 seulement, le

régiment des Gardes est porté à vingt compagnies, et en 1615 ces compagnies sont à deux cents hommes. — Le régiment est porté à trente compagnies en 1635; en 1665, il est de six bataillons, le bataillon de huit cents hommes et de six compagnies, dans chacune desquelles un sous-lieutenant commence à être compris. Une compagnie de grenadiers y est attachée en 1689. — Dans le cours du même siècle, une garde écossaise servait de concert avec les Gardes françaises. — En 1775, le grade d'enseigne coûtait dix mille livres, celui de sous-lieutenant vingt mille, celui de lieutenant quarante mille, celui de capitaine quatre-vingt mille. — Les compagnies des Gardes se vendaient, excepté dans les cas où le capitaine venait à décéder sans en avoir disposé : dans ce cas l'avancement avait lieu par ancienneté et sans finance, de grade en grade, sauf l'emploi d'enseigne, que le colonel ou le mestre de camp vendait à son profit. Cette vénalité, qui dans le principe n'avait profité qu'au colonel général de l'infanterie ou au colonel des Gardes, avait été le résultat de la faiblesse des souverains bien plus que de l'avarice du fisc. — Jusqu'à l'instant où furent casernés les Gardes, leur discipline était plus que relâchée; les registres du parlement, et surtout l'arrêt de 1651 (12 janvier), témoignent des brigandages qu'ils exerçaient dans Paris même. Ils avaient la réputation de demander sur les ponts de Paris la bourse ou la vie, et de jeter par-dessus les parapets les passants qu'ils avaient dépouillés; tels sergents tenaient cabaret, ou allaient faire le prêt au cabaret, au grand préjudice des recrues et de l'ordinaire des chambrées. Les ordonnances de 1632 (19 janvier), de 1691 (8 décembre), de 1692 (11 février) et tous les récits historiques en font foi. Cet état de désordre ne cessa que quand le maréchal de Biron devint colonel de ce régiment. — En 1690, le régiment des Gardes françaises est à six bataillons, le bataillon à sept cent quatre-vingts hommes et huit compagnies. — L'ordonnance de 1691 (8 décembre) n'y admettait que des hommes d'une taille de cinq pieds quatre pouces. — Une seconde compagnie de grenadiers est créée en 1710. — Le régent donna aux Gardes une troisième compagnie de grenadiers; il y en avait alors une par deux bataillons. — L'ordonnance de 1759 (septembre) consacrait aux dépenses de l'hôpital le prix de la vente des emplois d'enseignes. — L'ordonnance de 1764 (20 janvier) partageait le corps en trente-trois compagnies, dont une colonelle et trois de grenadiers; celles-ci étaient du double plus fortes que dans la LIGNE. Les BATAILLONS étaient de cinq COMPAGNIES de FUSILIERS et d'une DEMI-COMPAGNIE de GRENADIERS. Chacune des COMPAGNIES de fusiliers portait le nom du CAPITAINE. L'ordonnance attachait au corps seize MUSICIENS, et laissait un DRAPEAU à chaque COMPAGNIE, maintenait dans ses fonctions un PRÉVOT, et reconnaissait deux SERGENTS D'ORDRE : c'étaient des sous-OFFICIERS à part, ou des espèces d'ADJUDANTS; elle instituait un SOUS-TAMBOUR-MAJOR. — Sous Louis SEIZE, le RÉGIMENT était de trente-deux COMPAGNIES en quatre BATAILLONS. — L'ORDONNANCE DE 1771 (14 AVRIL) partageait par DEMI-COMPAGNIES les grenadiers. — L'ordonnance DE 1777 (17 JUILLET) supprimait les SERGENTS D'ORDRE, les créait premiers ADJUDANTS. Il y avait en outre trois autres ADJUDANTS et sept SOUS-AIDES-MAJORS. Elle confirmait l'institution du DÉPOT, créé plus anciennement par la seule volonté du COLONEL, pour l'instruction des jeunes OFFICIERS et des RECRUES. — Les COMPAGNIES de GRENADIERS avaient un CAPITAINE en second et pas d'enseigne; les COMPAGNIES de FUSILIERS, un seul CAPITAINE et un ENSEIGNE. Les autres classes d'OFFICIERS se partageaient en première et en seconde; il y avait des SOUS-AIDES-MAJORS et des ADJUDANTS. Chacun des six BATAILLONS était de quatre COMPAGNIES de FUSILIERS et d'une de GRENADIERS. La même ordonnance de 1771 attachait au DÉPOT trois ENFANTS DE TROUPE par compagnie : ils y entraient à onze ans, et étaient tenus, à seize ans, de contracter un engagement de huit ans; elle reconnaissait par COMPAGNIE un SERGENT-MAJOR et un CHIRURGIEN, en outre d'un CHIRURGIEN-MAJOR, d'un MÉDECIN et d'un AIDE-MÉDECIN; elle reconnaissait un JUGE AUDITEUR des BANDES. — Les Gardes françaises sont le premier RÉGIMENT français qui ait eu des AUMONIERS soldés par l'Etat; une ÉCOLE d'ENFANTS, nommée DÉPOT, dont l'institution des PUPILLES fut une tardive imitation; une MUSIQUE MILITAIRE et des OFFICIERS ayant titre de PORTE-DRAPEAU. C'est le corps qui, le dernier, ait compris un EXÉCUTEUR, un GREFFIER, un MARÉCHAL DE BATAILLE, un MARÉCHAL DES LOGIS. — Dans le dix-huitième siècle, deux GENTILSHOMMES A DRAPEAU étaient adjoints à l'ENSEIGNE. — Chaque COMPAGNIE avait un CANONNIER et des apprentis, un CHIRURGIEN-BARBIER, etc. — Le régiment fabriquait lui-même son PAIN. — Le corps s'appela d'abord la Garde française; mais cette forme de dénomination fut de peu de durée : on y substitua, par corruption, l'emploi du pluriel masculin, et même quelquefois du singulier. On disait : un Garde français, des Gardes françaises, pour signifier des MILITAIRES composant la GARDE FRANÇAISE. — L'épithète française avait pour objet de distinguer ce RÉGIMENT de celui des GARDES SUISSES. On le caractérisait aussi en disant absolument : les Gardes, ou le RÉGIMENT DES GARDES, et pourtant on disait : un SERGENT AUX GARDES, un OFFICIER AUX GARDES. — Les CAPITAINES des COMPAGNIES s'appelaient CAPITAINES AUX GARDES, ce qui était fort différent du titre de CAPITAINE DES GARDES. C'était une des innombrables bizarreries de notre LANGUE. — N° 3. FORCE, UNIFORME, LOGEMENT. — En 1606, les Gardes françaises sont de deux mille hommes; en 1615, leur force est de deux mille sept cent quatre-vingt-dix; en 1735, de quatre mille sept cent quarante-sept hommes; en 1775, de quatre mille cent dix hommes; en 1777, de trois mille huit cent quatre-vingt-dix hommes sur pied de paix, de quatre mille neuf cent quarante-six sur pied de guerre; en 1789, de trois mille six cents hommes. — Quand le RÉGIMENT commença à se partager en BATAILLONS, chacun fut de huit cents hommes en six COMPAGNIES; chaque COMPAGNIE avait dix GRENADIERS portant GRENADES. Ces HOMMES D'ÉLITE faisaient le même service que les GRENADIERS de l'INFANTERIE DE LIGNE, jusqu'à ce qu'ils fussent formés en COMPAGNIES, puis en DEMI-COMPAGNIES. — Les Gardes françaises ont conservé le CORSELET jusqu'en 1641; ils reçurent, en vertu d'une réquisition de la ville de Paris, en 1655, quinze cents JUSTAUCORPS de bure grise et autant de BAS DE CHAUSSES; ils revêtirent, avant la GUERRE DE 1672, l'HABIT D'UNIFORME; ils continuèrent à être coiffés de la BOURGUIGNOTE jusqu'en 1680; ils eurent, dans l'origine, le JUSTAUCORPS gris avec des AIGUILLETTES rouges. — Les PIQUIERS des Gardes françaises avaient encore le POT DE FER et les BRASSARDS DE FER PLEIN à la fin du dix-septième siècle. — Les Gardes eurent ensuite l'HABIT écarlate, comme le témoigne POTIER (1779, X); définitivement, depuis le milieu du dernier siècle, ils prirent, à titre de CORPS ROYAL, l'HABIT bleu de roi, parementé de rouge, orné de BRANDEBOURGS blancs et accompagné du DESSOUS écarlate; ils étaient chaussés de guêtres blanches. Les RÉGIMENTS avaient un DRAPEAU par COMPAGNIE; ces DRAPEAUX étaient bleus, semés de fleurs de lis, et partagés par une croix blanche, hormis celui de la COLONELLE, qui était blanc et chargé de quatre couronnes d'or. — Les SOLDATS AUX GARDES étaient encore armés de l'ÉPÉE dans tout le dernier siècle. — Les OFFICIERS AUX GARDES ont pris fort tard l'UNIFORME; jusqu'au milieu du dernier siècle, ils se présentaient sous les armes en habit de cour de toute couleur et enrichi de broderies de tout genre ; quand ils étaient en DEUIL, leur tenue sous les armes comportait l'habit noir et les pleureuses. — Depuis que l'UNIFORME leur fut prescrit, ils portèrent d'abord, comme le témoigne LACHESNAIE (1758, I, au mot *Eguillette*), l'HABIT écarlate brodé d'argent, avec une ÉCHARPE d'argent en ceinture ; ils prirent ensuite l'HABIT bleu, comme le RÉGIMENT ; en petit uniforme, ils avaient le DESSOUS bleu. Au milieu du siècle, ils n'avaient pas encore d'ATTRIBUTS DE RETROUSSIS ; ils n'ont jamais porté de REVERS. — Après les réformes opérées sous le ministère de SAINT-GERMAIN, les Gardes françaises étaient de quatre mille trois cents hommes. C'était presque le double de l'INFANTERIE FRANCO-SUISSE de la même GARDE. Cette proportion a été en général toujours observée. — Ce RÉGIMENT est le premier dont les GRENADIERS aient porté le BONNET A POIL et le PLUMET ; ils les prirent vers 1730. — Le corps était d'abord le seul dans l'INFANTERIE dont la MUSIQUE eût des CYMBALES, et dont les HAUTBOIS jouassent à part des TAMBOURS. — Ses GRENADIERS avaient des HACHES, moins grandes que celles des SAPEURS de notre temps. — Originairement et pendant longtemps, les Gardes étaient logés chez les habitants des faubourgs de PARIS et des villages voisins qui n'étaient pas par privilége exempts de LOGEMENT. Si des édits de LOUIS QUATORZE, tels que le RÈGLEMENT DE 1691 (8 AOUT), parlaient des CASERNES des Gardes françaises, ces prétendues CASERNES n'étaient encore qu'un projet, qui ne se réalisa que sous le règne suivant. Les CAPITAINES AUX GARDES, pour discipliner mieux des TROUPES dont la conduite était des plus irrégulières, se décidèrent, dans la première moitié du dix-huitième siècle, à prendre à location des maisons entières, où ils commencèrent à réunir tout ou partie de leurs ESCOUADES. Pour couvrir cette dépense, ils prélevaient, quoique aucune loi ne les y autorisât, une imposition sur chaque propriétaire des maisons où jusque-là leurs SOLDATS avaient été placés par BILLETS. Le SERGENT D'AFFAIRES de la COMPAGNIE, muni d'un rôle dressé comme subvention pour location de locaux ou construction de CASERNES, allait de maison en maison lever dans le QUARTIER cette collecte, dont le produit, bien supérieur aux frais de location, quadruplait, dit POTIER (1770, X), les émoluments des capitaines. Il en fut ainsi jusqu'en 1764, époque de la construction des CASERNES de PARIS. — N° 4. PRÉROGATIVES. — Les Gardes françaises prenaient la droite de toute l'INFANTERIE depuis 1670 MARS). A l'ARMÉE, 'e CENTRE de la PRE-

MIÈRE LIGNE était leur POSTE D'HONNEUR. Comme CORPS PRIVILÉGIÉ, ils nourrissaient des prétentions inconciliables avec la DISCIPLINE ; leurs CAPITAINES, achetant leur COMPAGNIE comme CHARGE HONORIFIQUE, ne daignaient pas même tenir leur ESPONTON : c'était un SERGENT qui le portait. Le COLONEL de ce CORPS, dans un temps encore peu éloigné de l'époque de sa création, se refusait à obéir au COLONEL GÉNÉRAL de l'INFANTERIE FRANÇAISE, et pourtant les Gardes ne pouvaient se regarder comme indépendants de ce chef, puisque, suivant l'expression reçue, ils lui payaient des *aumônes*, c'est-à-dire que leur caisse était soumise au PRÉLÈVEMENT d'une RETENUE qui concourait à composer les émoluments du COLONEL GÉNÉRAL. — Le COLONEL avait le droit de porter le BÂTON, comme les OFFICIERS des GARDES DU CORPS. Il ajoutait à l'ÉCUSSON de ses ARMES les DRAPEAUX de son RÉGIMENT, c'est-à-dire le blanc et le bleu. Il était OFFICIER GÉNÉRAL, ou même MARÉCHAL DE FRANCE. — Le MAJOR des Gardes, quand il était à l'ARMÉE, devenait de droit MAJOR GÉNÉRAL, ce qui supposait le GRADE ou de BRIGADIER DES ARMÉES ou de MARÉCHAL DE CAMP. — En vertu des ORDONNANCES DE 1691 (26 AVRIL) et de 1693 (8 MAI), les CAPITAINES étaient COLONELS, et prenaient le commandement avant les COLONELS D'INFANTERIE. — Le TAMBOUR-MAJOR était, en route, traité comme sous-lieutenant. — Des priviléges si exorbitants, des anomalies si criantes, avaient fait de ce CORPS, comme de tous les CORPS PRIVILÉGIÉS, une TROUPE indisciplinable. Le RÉGIMENT se refusait à assister en armes aux PARADES des autres troupes. On vit, au siége de Mouzon, le chef qui y commandait dix COMPAGNIES de ce RÉGIMENT déclarer au LIEUTENANT GÉNÉRAL Castelnau que les Gardes ne devaient obéissance qu'au général d'armée lui seul. TURENNE étant venu au camp pour prononcer à cet égard, transigea habilement avec les exigences d'un CORPS qu'il se croyait obligé de ménager ; au lieu de recourir aux coups d'autorité, il dit, obligeamment à Castelnau qu'il l'exemptait du service de la tranchée, à raison des fatigues qu'il avait déjà éprouvées, et TURENNE en personne passa la nuit dans les OUVRAGES, afin d'ôter par là aux Gardes tout motif d'une désobéissance séditieuse. Il provoqua des ordonnances royales qui apportèrent quelques tempéraments à de tels abus ; mais les vices de l'institution étaient incurables, et Choiseul lui-même manqua de puissance pour les extirper. — Cependant les Gardes n'étaient en réalité que le premier RÉGIMENT de l'INFANTERIE DE LIGNE de l'ARMÉE. Il s'en retrouve une imitation dans la MILICE DAnoise ; le premier régiment y fait fonction de garde a pied. — N° 5. Instruction, tactique. — Les Gardes françaises sont le premier de tous les corps d'infanterie pour lequel il ait été dressé des règlements de manoeuvres ; ils en furent redevables au maréchal de la Feuillade, qui était leur colonel ; et avant même qu'il les commandât, ils faisaient l'exercice dans un temps où aucune autre troupe n'était encore exercée. Les premières règles écrites au sujet des conversions furent empruntées d'eux. — Il a paru sous le règne de Louis quinze un nouveau règlement d'exercice à l'usage des Gardes françaises ; les gravures en étaient habilement exécutées par un officier du même corps nommé Baudouin (1757, C). — Les enfants de troupe des Gardes françaises recevaient une éducation militaire dans l'établissement qu'on nommait dépot des gardes. C'est la plus ancienne de nos écoles régimentaires. — Les casernes des Gardes sont les premières qui aient eu des salles d'exercice. — N° 6. Service. — Les détails du service étaient uniquement de la compétence de l'état-major et des sergents ; les officiers ne connaissaient ni leur métier ni leurs soldats ; ils ne voyaient leur troupe que les jours de revues. Ce vice, presque inhérent aux corps privilégiés quand ils ne font pas la guerre, fut une des causes des déportements et de la défection du régiment. — Quelques auteurs ont comparé aux Gardes françaises la garde impériale ; mais il n'y a eu entre eux de ressemblance qu'à raison des priviléges et de la permanence de résidence. Il y a eu entre eux toute la distance qui sépare des services éclatants et une existence militaire de peu d'illustration. — Le passage du Mein, qui avait mal réussi aux Gardes françaises, fut même l'occasion d'un sobriquet ironique qui leur fut donné par l'armée, et qui n'était pas encore oublié à l'époque de leur licenciement.

GARDES (subs. masc. plur.) liges. V. garde. V. gardes du corps. V. liges.

GARDES (subs. masc. plur.) lorraines. V. gardes françaises. V. lorrain, adj.

GARDES (subs. masc. plur.) nationaux. V. buffleterie. V. force publique auxiliaire. V. garde nationale. V. infanterie française de ligne n° 2. V. national, adj. V. volontaires nationaux.

GARDES (subs. masc. plur.) suisses (l'). Sorte de gardes idiotiques qui étaient au service des rois de France. Deux compagnies sont créées à cet effet en 1478. — Henri quatre avait attaché à la garde de sa personne, en 1589, le régiment suisse de Galati, ou premier régiment ; il était, en 1606,

de six cents hommes en trois compagnies ; il se composait, de 1610 à 1615, de dix enseignes ; il prit, en 1616, le nom de Gardes suisses. Il était à douze compagnies, y compris la générale, espèce de compagnie colonelle ; il fut porté, en 1620, à deux mille hommes. — En 1714, le régiment était de quatre bataillons, divisés chacun en quatre compagnies de deux cents hommes l'une. Il y était compris des trabans. Vers cette époque, l'armée française était en grande partie une armée étrangère. — En vertu de l'ordonnance de 1763 (1er juin), les Gardes suisses comprenaient, en quatre bataillons, onze compagnies de fusiliers, quatre de grenadiers et une compagnie générale. Cette dernière avait pour capitaine le colonel général des Suisses. Les compagnies continuaient à être de deux cents hommes, sous-officiers compris. Seize musiciens étaient attachés au régiment : c'était une musique immense à cette époque. — En 1776, le régiment était de deux mille six cents hommes. — Il y avait dans les Gardes un sergent nommé porte-enseigne, qui accompagnait et secondait l'officier nommé enseigne. Ce corps a eu, jusqu'à son abolition, un prévot. — L'uniforme des Gardes suisses a subi à peu près les mêmes variations que celui des gardes françaises ; mais ils ont conservé des derniers le morion. Ils ont pris vers la même époque le bonnet a poil, et ont gardé pendant la même durée de temps l'épée, le corselet et les brassards. — Les compagnies de fusiliers des Gardes avaient la boucle à la hauteur de l'œil ; elle se composait d'un cuir roulé en tuyau un peu aplati et suspendu par un ruban qui allait de l'une à l'autre sur le haut de la tête. On enduisait l'extérieur de la carte, car on appelait ainsi ce cuir, avec de la terre de pipe délayée ; on passait le peigne de manière que les traces des dents restassent bien visibles, puis on poudrait à grande houppe avec du blanc d'Espagne ou de la poudre commune. — Les compagnies de grenadiers, au lieu de boucles, avaient le tire-bouchon ou le boudin. C'était un cuir soutenu de même que la carte, et autour duquel les cheveux des faces se mariaient aux favoris de la barbe, le tout graissé et poudré jusqu'aux os maxillaires. — Les officiers avaient le hausse-col blanc ; chaque compagnie avait son drapeau. — Les Gardes suisses marchaient après les gardes françaises et avant le reste de l'infanterie ; mais si les gardes françaises n'étaient pas sur les lieux, c'était en ce cas le premier régiment de l'infanterie française de ligne qui prenait la droite sur les Suisses de la Garde, quoiqu'ils fissent partie de l'infanterie de la

MAISON. — Il arrivait souvent que les CAPITAINES aux Gardes suisses étaient en même temps propriétaires d'autres COMPAGNIES, à la tête desquelles ils se faisaient représenter par des CAPITAINES LIEUTENANTS, auxquels ils payaient des émoluments. — JABRO (1777, G) prétend qu'au carnaval les Gardes suisses exécutaient, à la cour et devant leurs OFFICIERS, une espèce de danse comparable à celle que les anciens appelaient DANSE PYRRHIQUE. — L'événement du 10 août 1792 a amené l'abolition des Gardes suisses, rétablis depuis la restauration sous le titre de RÉGIMENTS D'INFANTERIE SUISSE de la GARDE ROYALE de France. Ils ont été licenciés en 1830. — Les anciens Gardes suisses fournissaient à PARIS quantité de TRAVAILLEURS moyennant salaire. Les boutiques de la rue des Lombards surtout en employaient beaucoup).

GARDES (subs. masc. plur.) WALLONNES (F), ou GARDE FLAMANDE, comme l'appelle DANIEL (1721, A). Sorte de GARDES IDIOPLIQUES qui étaient dans le principe un détachement de la MILICE BELGE, et qui sont devenus ensuite un CORPS D'INFANTERIE D'ÉLITE de la MILICE ESPAGNOLE. — La création de cette TROUPE, devenue GARDE du souverain, date du temps où les ESPAGNOLS étaient possesseurs des PAYS-BAS; elle était de plus de quatre mille hommes, et originairement elle se composait de FLAMANDS ou de WALLONS, mais surtout de LIÉGEOIS. — Depuis l'émancipation des PAYS-BAS, les Gardes wallonnes, quoique considérés encore comme CORPS PRIVILÉGIÉS, n'étaient cependant que des AVENTURIERS de toutes les nations. Dans les derniers temps, ce CORPS était au nombre de SIX BATAILLONS. — Jusqu'en 1794, époque où la BELGIQUE fut conquise par les FRANÇAIS, il y avait à LIÉGE un dépôt de recrutement qui pouvait fournir de quatre à cinq cents hommes par an aux Gardes wallonnes. — Après la bataille d'IÉNA, BONAPARTE fit passer en ESPAGNE dix mille prisonniers PRUSSIENS, qui furent incorporés dans les CORPS ÉTRANGERS au service de cette puissance. Il fut choisi parmi ces prisonniers des sujets propres à faire partie des Gardes wallonnes. — Ces PRUSSIENS transplantés ne contribuèrent pas peu à disputer l'ESPAGNE aux armées de BONAPARTE. — En 1820, les Gardes wallonnes ont été licenciés. — En 1823, il s'est agi de rétablir en ESPAGNE un corps du même nom. Si le ROI d'ESPAGNE eût réalisé ce projet, c'eût été à peu près comme si LOUIS DIX-HUIT, roi de FRANCE et de NAVARRE, eût attaché à sa maison militaire une garde navarroise.

GARE, interject. v. GARDE ARMÉE.

GAREAU, subs. masc. v. CARREAU.

GARGOISSE, subs. fém. v. GARGOUSSE.

GARGOUCHE, subs. fém. v. GARGOUSSE.

GARGOUGE, subs. fém. v. GARGOUSSE.

GARGOUSSE, subs. fém. (G, 2), ou GARGOISSE comme on le trouve dans BOREL (Pierre), ou GARGOUCHE comme on le disait dans la MARINE suivant GARNEAU, ou GARGOUGE comme l'écrit CARRÉ (1783, E). Le mot Gargousse a la même origine que le mot CARTOUCHE, et il est une corruption de l'italien cartoccio. FRONSPERGER en mentionnait l'usage, dès le milieu du seizième siècle. — L'ARTILLERIE DE TERRE, après s'être servie d'abord du mot CARTOUCHE, a emprunté à la LANGUE de la MARINE les mots GARGOUCHE et Gargousse; elle établissait par là une différence entre les MUNITIONS DE GUERRE des CORPS D'INFANTERIE et celles de l'ARTILLERIE, et elle différenciait les CHARGES enfermées dans du papier, du parchemin ou de la toile, et les charges enfermées dans de la tôle ou du fer-blanc. — Suivant M. MORITZ MEYER, ce fut GUSTAVE-ADOLPHE qui introduisit, en 1620, dans les TROUPES DE TERRE, ce moyen plus expéditif et moins dangereux; il le substitua à l'usage de la LANTERNE, ou CUILLER, dont on s'était servi jusque-là en campagne, mais dont on se servit bien plus tard dans les SIÉGES DÉFENSIFS et dans les PLACES. — Les Gargousses furent dans le principe des boîtes de bois faites au tour, et ensuite des enveloppes en matières souples, auxquelles on attacha le BOULET, en l'y fixant par un fil de fer. — M. le général MARION ne regarde l'application des Gargousses au service de l'ARTILLERIE DE BATAILLE de FRANCE que comme appartenant seulement à l'année 1740 : ainsi ce serait pendant la GUERRE commencée l'année suivante que cette innovation aurait eu lieu; mais il paraît que cette année 1740 fut celle où l'on appliqua aux PIÈCES DE GRAND CALIBRE un système déjà pratiqué pour les PIÈCES d'un faible CALIBRE. Dès la fin du seizième siècle, DAVELOURT faisait mention de SACHETS en toile contenant poudre et boulet; c'étaient en réalité des Gargousses. Les incertitudes de ce genre tiennent à ce qu'il n'existait rien encore de réglementaire en fait de TACTIQUE. — SAINT-REMY nomme Gargousse l'enveloppe ou le sachet de POUDRE destiné à la CHARGE d'un CANON d'AVANT-GARDE; il nomme CARTOUCHE une enveloppe ou tube rempli de certains PROJECTILES, tels que BALLES DE PLOMB, MITRAILLE, etc. — Les FUSÉES D'INFANTERIE peuvent se comparer à de petites Gargousses. — On a fait des Gargousses en bois, en tôle, et ayant le BOULET attaché avec un fil de fer; les ÉCRIVAINS qui le disent n'expliquent pas comment, en ce cas, agissait le DÉGORGEOIR; on les fit ensuite en parchemin, en vessie, en toile peinte; on a préféré la serge croisée et serrée. — Celles de l'ARTILLERIE DE CAMPAGNE se transportent dans les COFFRES A MUNITIONS. — Les Gargousses pour l'exercice sont en papier. — M. FRANCOEUR traite des Gargousses. — Des images de Gargousses de nouvelle invention sont insérées dans le *Journal des Sciences militaires* (1836, p. 305, et pl. 16).

GARGOUSSIÈRE, subs. fém. Petite giberne militaire, où l'on mettait suivant GAKEAU les petites Gargousses ou CARTOUCHES. V. GIBERNE.

GARGUESQUES, subs. fém. plur. V. GRÉGUES.

GARIN. V. NOMS PROPRES.

GARISON, subs. fém. V. GARNISON.

GARITE, subs. fém. V. GUÉRITE.

GARITER, subs. masc. V. CONSIGNE-PORTIER.

GARITIER, subs. masc. V. CONSIGNE-PORTIER.

GARNESTURE, subs. fém. V. GARNISON.

GARNI (garnie), adj. V. LANCE GARNIE.

GARNIER. V. NOMS PROPRES.

GARNIR, verb. act. V. ARMURE. V. GARNISON. V. POURPOINT.

GARNISAIRE, subs. masc. V. RETENUE SUR G... V. SUR G...

GARNISAIRE (B, 1), OU BUCELLAIRE. Mot qui tire son origine du mot GARNISON; l'usage du terme est nouveau, mais la chose est fort ancienne, et on l'a tour à tour exprimée, comme le témoigne ROQUEFORT, par les locutions GASTEURS (ou gâteurs), MANGEURS, SERGENTS DE CONTRAINTE : ainsi se nommaient les sergents que la justice installait dans le domicile des débiteurs. — Au temps de CHARLES SIX, on appelait ce moyen d'EXÉCUTION *mettre mangeurs dans les maisons.* On en trouve la preuve dans les registres du parlement en l'année 1417. — L'ORDONNANCE de 1660 (21 FÉVRIER) menaçait de CONTRAINTE les Soissonnais qui se refusaient à acquitter quelques impôts; mais on ne voit pas encore figurer le mot Garnisaire. — On a, depuis le dernier siècle, nommé Garnisaires les militaires que leurs chefs plaçaient par mesure de sûreté ou comme punition politique infligée à des particuliers frappés militairement de CONTRAINTE. Ces militaires prenaient leur LOGEMENT chez l'individu que la mesure atteignait, et avaient le droit de se faire compter, à l'instant de leur départ, une somme d'argent dont le taux était le plus souvent arbitraire. — L'envoi des Garnisaires avait

surtout pour objet de faire rentrer les CONTRIBUTIONS imposées en TEMPS DE GUERRE. C'était trop fréquemment le fait d'un abus de la force; la loi a cherché à prévenir des extorsions et à régulariser la mesure. — Un AVIS DU CONSEIL D'ETAT DE 1807 (12 MAI) se sert de ce terme, et depuis cette époque quantité de documents ministériels mentionnent les Garnisaires établis en répression des désobéissances ou des résistances en fait de CONSCRIPTION. — Un DÉCRET DE 1811 (24 JUIN) détermine le montant de l'allocation à laquelle ont droit les Garnisaires; il décide que les OFFICIERS seront payés à six francs par jour, les SERGENTS à cinq, les CAPORAUX à quatre francs cinquante centimes, et les SOLDATS à quatre francs. — Maintenant le mot Garnisaire est consacré pour exprimer un militaire placé dans une maison dont l'hôte est tenu de le traiter comme il traiterait un pensionnaire ou un commensal, en outre d'une rétribution exigée pendant tout le temps que stationne le Garnisaire; ordinairement son séjour se prolonge aussi longtemps que le contraint ou contraignable reste en état de non-acquittement. — L'ORDONNANCE DE 1823 (19 MARS, art. 28) s'occupe, la première, mais bien superficiellement, de ce point de DROIT; elle paraît ne comprendre comme Garnisaires que des SOUS-OFFICIERS et SOLDATS; elle paraît attribuer aux OFFICIERS GÉNÉRAUX EN CAMPAGNE (art. 252) le droit d'envoyer des Garnisaires chez les HABITANTS; elle ne dit pas, mais il serait supposable qu'ils seraient placés chez ceux qui se refuseraient à satisfaire aux RÉQUISITIONS. — Cette même ordonnance veut que dans ce cas les GÉNÉRAUX préviennent de cette mesure l'INTENDANT MILITAIRE du CORPS D'ARMÉE ou de la DIVISION. — Elle dispose aussi que le montant du RAPPEL auquel peuvent avoir droit les Garnisaires pour le temps de la CONTRAINTE est passible de deux sortes de RETENUES : l'une au profit de la MASSE INDIVIDUELLE de l'HOMME DE TROUPE, et jusqu'à due concurrence, si son DÉPÔT n'est pas complet, ou s'il a besoin d'EFFETS DE PETIT ÉQUIPEMENT; le LIVRE DE COMPAGNIE en fait mention : l'autre RETENUE est exercée au profit de l'ORDINAIRE où va vivre l'homme rentrant, et cette RETENUE est égale à celle que supportent les hommes RENTRANT DE PERMISSION. Le Garnisaire n'a pas droit à la fourniture du PAIN DE MUNITION. — Quelques détails touchant les Garnisaires, considérés sous un point de vue plus général, se trouvent dans le *Dictionnaire de la Conversation.*

GARNISON, subs. fém. V. A G... V. A L'ORDRE EN G... V. ABANDON DE G... V. APPEL AU DÉPART DE G. V. APPEL DE MATIN EN G... V.

APPEL EN G... V. ARRIVÉE A LA G... V. ARRIVÉE DE CORPS A LA G... V. BATAILLON DE G... V. BOUCHER DE G... V. BOULANGER DE G... V. CHANGEMENT DE G... V. CHAUFFAGE DE G... V. CHAUFFAGE EN G... V. CHEF DE POSTE DE POLICE EN G... V. CHIRURGIEN EN G... V. CONSIGNE AUX PORTES DES VILLES D'UNE G... V CORPS DE GARDE DE G... V. CORPS DE GARDE DE POLICE EN G... V. DÉPART DE G... V. DISCIPLINE DE G... V. EN G... V. FORCE DE G... V. GARDE DE G... V. GRAND CERCLE DE G... V. HOPITAL DE G... V. LIEU DE G... V. MAITRE DES G... V. MATÉRIEL DE G... V. METTRE EN G... V. METTRE G... V. PARADE DE G... V. PLACE D'ARMES DE G... V. PLACE DE G... V. PORTE DE G... V. POSER G... V. PRISON DE G... V. RECEVOIR G... V. RÉGIMENT DE G... V. RÈGLEMENT DE G... V. SERVICE DE G... V. SIGNAL DE G... V. TENIR G... V. VILLE DE G...

GARNISON, subs. fém. (term. génér.), OU ESTABLIE, OU ESTABLIE, OU ÉTABLIE suivant GANEAU, OU GARISON suivant BARBAZAN, OU GARNESTURE, OU GUARNISON, OU WARNESTURE, OU WARNISON suivant ROQUEFORT. — Le mot Garnison dérive du bas LATIN *garnisio, garnizio, garnizionis*, suivant DUCANGE. GÉBELIN pense qu'il a sa racine dans le verbe TEUTON *warnen*; il est en rapport avec les verbes garnir et DÉGARNIR, et avec le substantif GARNITURE; il a produit le terme GARNISAIRE. Il s'emploie dans les locutions ÊTRE EN GARNISON, ENVOYER UNE GARNISON, METTRE GARNISON, METTRE UNE GARNISON, RENFORCER UNE GARNISON, TENIR GARNISON. — Sous l'empereur CONSTANTIN la vie des CAMPS commença à paraître trop dure à des TROUPES énervées; elles furent MISES en Garnison dans les VILLES des GAULES; ce fut une des causes de la décadence de l'EMPIRE. — Au MOYEN AGE, les GARDES ou les VASSAUX armés des SEIGNEURS CHATELAINS OU SUZERAINS composaient la Garnison des châteaux. — L'expression Garnison a d'abord signifié, non pas un certain nombre d'ARMES PERSONNELLES ou de MILITAIRES commis à la GARDE D'UNE VILLE, d'une TOUR, d'un POSTE, d'un ÉLÉPHANT, d'un VAISSEAU, mais les APPROVISIONNEMENTS de GUERRE et de BOUCHE nécessaires à une ARMÉE DE TERRE, ses ATTIRAILS, les objets dont un POSTE était fourni ou WARNI, c'est-à-dire fortifié : en ce sens, on disait GARNIR UNE PLACE; elle avait pour Garnison le MATÉRIEL qui la garnissait. — GUILLAUME DE NANGIS appelait Garnison l'ATTIRAIL DE GUERRE autre que les ARMES; il dit : *Fugati de prælio, omnem garnisionem quam ducebant cum bellico apparatu, totaliter amiserunt.* Chassés du champ de bataille, ils perdirent non-seulement les provisions (Garnison) qu'ils avaient à leur suite, mais toutes leurs MACHINES, tout leur APPAREIL DE GUERRE. — Le même écrivain,

dans la *Vie de saint Louis* prouve aussi que tel était le sens du mot; il dit : *Æstimantes garnisionem munitionis egressam proforibus exercitum invasisse.....* Ils jugèrent que l'ARMÉE s'était emparée du CONVOI DE MUNITIONS dirigé au dehors. — JUVÉNAL DES URSINS (1349), FROISSART et MONSTRELET donnent souvent encore au mot français Garnison son ancien sens LATIN.—SOUS HENRI QUATRE, le mot Garnison était synonyme de RÉGIMENT au petit pied. Ainsi ce qu'on appelait les Garnisons était les RÉGIMENTS qui, se trouvant réduits à une COMPAGNIE ou à peu de COMPAGNIES, n'étaient employés qu'au service des Garnisons. — Quand le terme Garnison a commencé à avoir son acception actuelle, il a exprimé particulièrement un ensemble d'hommes armés; il est devenu synonyme de ESTABLIE, mot qui n'était pas sans analogie avec le titre de CONNÉTABLE, et qui rappelle le temps où ce CHEF était le MAITRE des Garnisons et pour ainsi dire le ROI des ESTABLIES. Plus d'un CONNÉTABLE a été positivement et techniquement désigné sous la qualification de ROI de l'ARMÉE et de MAITRE DES GARNISONS.—Il y a eu des Garnisons gardées par des CHIENS : tel était le CAPITOLE avant que la garde en fût confiée à des OIES; tel était Saint-Malo. Il y a eu des fossés de Garnisons gardés par des OURS, comme le prouve M. MONTEIL : telle était Berne. Il y a eu des POTERNES ou des mines de Garnison gardées par des ABEILLES, comme le dit JABRO.—Les ROMAINS, depuis l'érection de l'empire, fondèrent des Garnisons qui étaient mi-partie civiles et militaires : tels étaient les CAMPS où ils établissaient leurs VÉTÉRANS, CAMPS qui étaient véritablement de larges CASERNES puissamment FORTIFIÉES. — Dans les commencements de la monarchie française et tant que la FÉODALITÉ a duré, le souverain ne mettait des Garnisons qu'en TEMPS DE GUERRE dans les VILLES exposées aux ENTREPRISES de l'ENNEMI. — Les SEIGNEURS et, depuis PHILIPPE PREMIER, les BOURGEOIS des VILLES affranchies prétendaient que l'établissement d'une Garnison était une violation de leurs priviléges. Souvent les seules MILICES COMMUNALES gardaient les MURAILLES des VILLES françaises à l'approche et pendant le cours d'un SIÈGE. — A la date 1355, VELLY fait mention d'un emploi dont il est rarement question dans les AUTEURS : c'est celui de MAITRE DES GARNISONS; c'était un chef de CONNÉTABLES de FORTERESSES, un chef de CASTELAINS. Budée, dit M. de BARANTE, était, en 1415, MAITRE DES GARNISONS. — CHARLES SEPT habitua les cités à de petites Garnisons, même en TEMPS DE PAIX; mais les COMMUNES qui consentirent à les entretenir, au moyen de l'impôt nommé TAILLE DE GENDARMES, s'opposèrent à ce qu'elles dépassassent une trentaine de soldats des COMPAGNIES D'ORDONNANCE, et il y avait telles COMMUNES dont le MAIRE avait droit de MONTRE, c'est-à-dire de PASSER EN REVUE les TROUPES ROYALES. Les BOURGEOIS voulaient par là se préserver des exactions que les GENS DE GUERRE sont trop enclins à commettre chez leurs HOTES, quand ils se sentent les plus forts. — Louis ONZE, pendant ses fréquentes guerres, accoutuma à de grosses Garnisons les VILLES FRONTIÈRES ; cet usage se maintint et s'enracina sous Louis DOUZE. — Depuis le quinzième siècle, le ROI ou le CONNÉTABLE déléguaient des COMMISSAIRES pour passer MONSTRES des Garnisons ; ce n'étaient plus les maires qui avaient ce droit de MONSTRE. — MACHIAVEL (*Tableau de la France*), dans un aperçu où il trace les usages militaires qui régnaient au temps de Louis DOUZE, donne les renseignements suivants : *Le roi fixe lui-même le lieu des Garnisons et leur nombre, soit en gendarmerie, soit en artillerie ; cependant il y a peu de villes qui n'aient quelques pièces d'artillerie ; même depuis deux ans il y en a beaucoup dans ce royaume où l'on a fondu des canons, aux dépens des habitants ; cette dépense a été couverte par une petite augmentation d'impôts sur les entrées. Quand on ne craint pas de guerre, les Garnisons sont d'ordinaire au nombre de quatre, en Guyenne, en Picardie, en Bourgogne et en Provence ; elles sont augmentées ou changées d'un lieu à un autre suivant les circonstances, etc.* — On voit donc que, suivant le sens que le mot Garnison avait alors, il exprimait plutôt DIVISION TERRITORIALE non à demeure, qu'il ne signifiait TROUPE chargée de la GARDE d'une PLACE et de ses différentes FACTIONS, en prenant le terme FACTION suivant l'acception qu'il avait primitivement. — Sous FRANÇOIS PREMIER, HENRI DEUX et HENRI TROIS, les TROUPES de Garnisons, par suite des guerres de religion, s'impatronisèrent dans les PLACES. Les moindres postes du cœur du royaume furent garnis d'hommes du roi. Le COLONEL GÉNÉRAL de l'INFANTERIE changeait à son gré les Garnisons des BANDES. — HENRI QUATRE cependant, tant que son autorité fut mal assurée, se vit obligé de ménager les prétentions des VILLES ; mais AMIENS, après avoir refusé d'admettre une Garnison, s'étant laissé surprendre par les ESPAGNOLS, le prince profita de cette circonstance pour y METTRE GARNISON ; le monarque ne céda plus aux résistances des échevins ; les Garnisons commencèrent à être généralement établies partout où le SERVICE l'exigeait ; et la

cour les répartit, les changea, les renforça à son gré. — Du reste la plus forte Garnison que soldait HENRI était celle de CALAIS ; il y tenait quatre cents hommes. — En TEMPS DE PAIX, les Garnisons des autres PLACES ne comprenaient qu'une ou deux COMPAGNIES D'INFANTERIE, ou ne consistaient que dans les GARDES OU MORTES-PAYES des GOUVERNEURS. Les BOURGEOIS, formés en une espèce de GARDE URBAINE ou de GARDE NATIONALE, se chargeaient eux-mêmes de la sûreté de la VILLE. — Au commencement du dix-septième siècle, ce qu'on appelait les Garnisons se composait des COMPAGNIES D'INFANTERIE non enrégimentées. — En 1610, SULLY fixe le nombre des hommes qui composent le total des Garnisons françaises ; il s'élève à quatre mille SOLDATS entretenus par l'État. — Des coutumes nouvelles et maintenues se sont établies sous Louis TREIZE et surtout sous Louis QUATORZE. Les Garnisons ont été réglées à raison de la LIGNE des FRONTIÈRES et des FORTERESSES. — Maintenant l'expression Garnison n'a plus rien de son sens ancien ; elle se prend d'une manière active et passive ; ainsi elle donne l'idée de l'ensemble des TROUPES qui garnissent à demeure un POSTE le plus ordinairement fermé, ou bien elle comprend le lieu qui contient cet ensemble de TROUPES. Cette coutume bizarre de donner un nom identique à des choses contraires répond à cette autre habitude qui veut que celui qui donne ou qui reçoit l'hospitalité soit également l'hôte de l'autre ; une VILLE peut dire à une TROUPE : Vous êtes ma Garnison, et une TROUPE peut dire à une ville : Vous êtes ma Garnison. Pour débrouiller le quiproquo, il conviendrait donc de distinguer le terme en GARNISON DE RÉSIDENCE et en GARNISON IDIOPLIQUE. — Si l'on s'en rapporte à un livre dont l'authenticité n'est pas démontrée (*le Prisonnier de Sainte-Hélène*, 1820), BONAPARTE aurait dit : *C'est un principe qu'il faut changer souvent les autorités et les Garnisons, sans cela on aurait bientôt des fiefs et des justices seigneuriales.* — Cette pensée profonde est vraie par rapport aux chefs plus que par rapport aux Garnisons ; elle tire ses témoignages de l'histoire de la PREMIÈRE et de la SECONDE RACE ; les COMTES, les CONNÉTABLES, BARONS et CHATELAINS n'ont fondé la FÉODALITÉ qu'en transformant en souverainetés les Garnisons qui leur avaient été confiées à titre de dépôt. — Des AUTEURS ont avancé qu'il faut, par Garnison, autant de SOLDATS que l'étendue des REMPARTS comprend de pas. — L'ORDONNANCE DE 1727 (13 JUILLET) s'occupait une des premières des CHANGEMENTS DE GARNISONS. — VAUBAN regarde la force de la Garnison des

FORTERESSES comme susceptible d'être évaluée, en TEMPS DE GUERRE, à raison d'un certain nombre de SOLDATS D'INFANTERIE et de
CAVALERIE par BASTION; BOUSMARD et COR-
MONTAIGNE traitent du même objet; mais
cette force dépend de circonstances nombreuses et ne saurait être subordonnée à un
chiffre invariable. — La force ou le nombre
des troupes à donner à chaque Garnison du
royaume, dans différentes hypothèses, devrait
être prévu; mais ce calcul manque dans le
MINISTÈRE DE LA GUERRE, comme le témoigne,
dans un article ex professo, le *Spectateur militaire* (t. x, p. 397, et t. xi, p. 214). Ainsi rien
ne détermine quel devrait être, en cas de SIÉGE
régulier ou d'un simple BLOCUS, le nombre
de TROUPES de telle ou telle Garnison. Suffira-
t-il de dire qu'elles doivent se proportionner
à la force et à l'étendue des OUVRAGES, à la
nature et au nombre des BOUCHES A FEU, à la
solidité ou à l'inexpérience des SOLDATS disponibles? Il y aurait à établir encore tant
d'autres calculs qui seraient déterminants,
tels que la possibilité d'employer la CAVA-
LERIE, la mesure des BASTIONS, la quantité
des DEHORS et des HOMMES DE GARDE qu'ils
exigent, la capacité des MAGASINS, des CA-
SERNES et des CASEMATES, l'importance de la
LIGNE D'OPÉRATIONS sur laquelle est construite
la PLACE, les COURS D'EAUX ou les nappes
d'eaux qui l'avoisinent, les ABORDS défavo-
rables ou dominants qui la compromettent,
les ressources en APPROVISIONNEMENTS et en
légumes, l'énergie ou l'inertie des habitants, etc. — Le RÈGLEMENT DE 1661 (12 oc-
TOBRE) traitait en quelques lignes de l'ordre
à établir dans les Garnisons; Leblanc s'en
était occupé superficiellement dans l'ordonnance de 1727 (15 juillet); mais l'ORDON-
NANCE DE 1768 (1er MARS) peut être regardée
comme le premier et presque l'unique document qui fasse loi à l'égard des Garnisons, de leur SERVICE, de la répartition des
GARDES, de la POLICE de la PLACE, du nombre
des TRAVAILLEURS autorisés, des limites qu'il
est interdit aux MILITAIRES de franchir, etc.
C'est depuis ce RÈGLEMENT que les COMPAGNIES
DE GRENADIERS ont eu la GARDE de la principale PLACE de la ville, que les CAPITAINES
ont eu de préférence le commandement des
PORTES, etc. — Quant aux règles relatives aux
HONNEURS que doivent rendre les Garnisons,
elles ont été retouchées par le DÉCRET DE
L'AN DOUZE (24 MESSIDOR). Quant à la célébration des MESSES MILITAIRES, l'usage en
était très-moderne, et n'a pas duré. — L'OR-
DONNANCE DE 1768 (1er MARS), restée en vigueur jusqu'à ce jour, avait cessé depuis la
guerre de la révolution d'être applicable aux
BOURGEOIS des Garnisons, et ne l'était plus

qu'aux militaires en Garnison. Notre LÉGIS-
LATION languissait dans cet état d'imperfection. — Une ORDONNANCE DE 1776 (31 DÉ-
CEMBRE) voulait que les TRAVAUX qui sont éminemment ceux d'une Garnison, c'est-à-dire
les OPÉRATIONS et les procédés concertés par
lesquels elle doit défendre, en TEMPS DE
GUERRE, les DEHORS, le CORPS de la PLACE et les
POSTES qui lui sont confiés, fussent l'objet
d'une étude sérieuse et suivie; elle voulait
que les DIRECTEURS du GÉNIE, les COMMANDANTS
de PLACE et les COLONELS de l'INFANTERIE se
concertassent pour dresser et façonner à ce
genre de savoir les TROUPES. — Il n'est pas
à notre connaissance que ce vœu d'une de
nos lois les plus sages se soit réalisé, si ce
n'est au camp de SAINT-OMER en 1826; mais
n'intervertissons pas l'ordre des temps. —
Convient-il qu'en TEMPS DE PAIX les Garnisons soient SÉDENTAIRES OU PASSAGÈRES, soit à
époques indéterminées, soit périodiquement? — Aucune méthode à cet égard n'a
pris racine; tout dépend de l'arbitraire ministériel et de l'influence des personnages
qui sollicitent des changements. Le *Journal
de l'Armée* (t. 1er, p. 342) reprochait au ministère *les déplacements continuels des régiments, les inconvénients qu'ils entraînent,
ce qu'ils coûtent au trésor. Un régiment de
cuirassiers a éprouvé douze déplacements de*
1830 à 1835. — Le second régiment de
hussards avait, de 1830 à 1834, changé
douze fois de Garnison, non compris deux
voyages en Belgique, et un au camp de Saint-
Omer. — Il a été constaté qu'un RÉGIMENT
DE CAVALERIE de mille hommes coûte, par
jour, six cents francs de plus en marche
qu'en station; qu'un BATAILLON d'infanterie
de mille hommes coûte, par jour, trois cents
francs de plus qu'en station. — Un article
concernant la fréquence fâcheuse des mutations de Garnisons était inséré dans le *Constitutionnel*, en 1834 (29 octobre), et louait le
ministre de les avoir suspendues jusqu'au
printemps; ce journal agitait à ce sujet
des questions d'une haute portée. Ne serait-
il pas convenable et économique que, si le
système de non-résidence est admis, les
MUTATIONS fussent alternatives, périodiques,
proportionnelles; que, par exemple, la résidence ne fût que de trois ans dans les chefs-
lieux de divisions militaires, de deux dans
les simples chefs-lieux de département, et
d'un an dans les médiocres Garnisons et
dans Paris, qui est regardé comme la meilleure ou du moins la plus enviée; de manière qu'au bout de douze ans, toute l'armée
aurait joui du séjour de la capitale et des
avantages de la proximité du siége du gouvernement? — Ne serait-il pas intéressant

que la capacité et l'importance des Garnisons fussent en un juste accord avec les lois de la FORMATION DES TROUPES et le genre des armes? C'est une haute et difficile question, que l'ART MILITAIRE DE TERRE n'a pas encore résolue chez les grandes puissances. Il serait à désirer qu'en FRANCE le CODE MILITAIRE prononçât sur ce point important de la CONSTITUTION de nos troupes. — BOHAN (1781, H) s'est occupé de la question des GARNISONS FIXES. — DARUT (1787, D) entre dans la discussion des motifs qui devraient les faire préférer aux GARNISONS AMBULANTES. — Les COMITÉS DE LA GUERRE agitèrent en 1782 la question de l'établissement des GARNISONS PERMANENTES à l'instar de celles de PRUSSE; le maréchal de Contades se prononça contre ce système. En effet toutes les résidences ne sont pas également à envier : dans plusieurs il règne un air malsain ; dans d'autres les DENRÉES sont trop chères ; quantité d'entre elles sont des espèces de prisons. N'y tiendra-t-on que des détachements incessamment renouvelés? Mais la police, l'instruction, l'entretien en souffriront. Y mettra-t-on des invalides ou des vétérans? Mais l'humanité répugne à préparer un sort si triste à de braves et vieux soldats. N'y placera-t-on que des CORPS DE DISCIPLINE? Ce serait en quelque sorte faire participer aux rigueurs de la punition les HABITANTS au milieu desquels les coupables sont relégués. — Le caractère léger et curieux des FRANÇAIS se prêtera-t-il à une vie de stabilité et d'ennui? L'HOMME entrant au service veut s'agiter et voyager pour apprendre ; lui interdire le mouvement, c'est lui refuser l'instruction ; c'est lui refuser même la santé, puisqu'il a été constaté que les Garnisons donnent une fois plus de MALADES que les CAMPS D'INSTRUCTION. — Cependant s'il n'existe pas de GARNISONS PERMANENTES où puissent se réunir les MAGASINS d'un corps, ses CHARIOTS DE campagne, ses CHEVAUX, ses ÉQUIPAGES, son MATÉRIEL, ses EFFETS DE CAMPEMENT, ses ATELIERS, etc., ce corps ne saurait être pourvu des objets sans lesquels il lui est impossible d'être prêt, au premier ordre, à ENTRER EN CAMPAGNE : ainsi jadis les GARDES FRANÇAISES, les CARABINIERS A CHEVAL, la PETITE GENDARMERIE, le RÉGIMENT DU ROI, tiraient de la fixité de leur résidence l'avantage d'être toujours pourvus de leur MATÉRIEL DE CAMPAGNE. — Instituer des GARNISONS STABLES était, par ces motifs, une des institutions énoncées dans le RÉGLEMENT de 1788, et les TROUPES ne devaient changer de QUARTIERS que dans les cas extraordinaires. Le CONSEIL DE LA GUERRE était persuadé qu'il devait en résulter une POLICE plus exacte, une DISCIPLINE plus

solide, une économie marquée, une ADMINISTRATION mieux suivie, une marche de DISTRIBUTIONS plus commode, des CONGÉS TEMPORAIRES plus fixes, une amélioration des ÉTABLISSEMENTS MILITAIRES, et enfin l'harmonie entre les MILITAIRES et les citoyens. — Cette ordonnance voulait aussi qu'il fût procuré aux TROUPES, au moyen d'achat ou de location, des jardins divisés par COMPAGNIES et un TERRAIN D'EXERCICE, attenant pour ainsi dire à la Garnison. N'est-il pas surprenant que notre MINISTÈRE n'ait commencé à s'occuper positivement de cette dernière question, jusque-là en projet, que depuis le siècle actuel, et qu'à présent encore les Garnisons françaises manquent en général de CHAMPS DE MANŒUVRES, d'ÉCOLES DE NATATION et de SALLES pour les MANIEMENTS D'ARMES. — La LOI DE 1791 (10 JUILLET) a réglé ce qui concerne les Garnisons, en les considérant surtout à raison des rapports établis entre elles et le CORPS DU GÉNIE. — Différents documents ont envisagé le cas des INHUMATIONS des militaires en Garnison. — Une DÉCISION DE 1808 (8 AVRIL) a déterminé ce qui a trait aux CANTINES STABLES qui peuvent être établies. — L'ORDONNANCE DE 1824 (17 AOUT) a réglé ce qui concerne la POLICE des CASERNES, les CLASSES des CORPS DE GARDE, les fonctions des OFFICIERS DE CASERNEMENT, etc. — Jetons actuellement un coup d'œil sur les usages en vigueur aujourd'hui. — Il est ordinairement placé un ÉTAT-MAJOR permanent à la tête des Garnisons d'une certaine importance; le chef chargé d'y veiller à la POLICE, à la DISCIPLINE, aux HONNEURS à rendre, au BON ORDRE des troupes, s'est appelé suivant les temps : CAPITAINE (chef d'une CAPITAINERIE), CASTELAIN, CASTELAN, CASTELIN, CATELAN, CHATELAIN, COMMANDANT AMOVIBLE, COMMANDANT D'ARMES, COMMANDANT DE PLACE, COMMANDANT TEMPORAIRE, CONNÉTABLE, GOUVERNEUR; sous Louis DIX-HUIT il s'appelait improprement et même à faux LIEUTENANT DE ROI, titre qui s'appliquait dans le principe à un GOUVERNEUR du rang de VICE-ROI ou de lieutenant du roi. — L'ORDONNANCE DE 1830 (10 NOVEMBRE) attachait un AUMONIER aux Garnisons dans lesquelles le nombre des prêtres ne suffirait pas au service divin. — En temps ordinaire, le COMMANDANT DE PLACE est subordonné à un COMMANDANT DE DIVISION TERRITORIALE qui a sous ses ordres une ou plusieurs Garnisons. — En TEMPS DE GUERRE, l'exercice de l'autorité du CHEF d'une Garnison peut varier dans ses formes, suivant des circonstances prévues. — Si une PLACE n'est pas de nature à avoir un ÉTAT-MAJOR permanent et qu'elle REÇOIVE GARNISON, il y est formé temporairement un ÉTAT-MAJOR qui se compose du COLONEL ou du CHEF le plus élevé en GRADE et de ses aides; il y représente la personne d'un COMMANDANT DE PLACE; il est chargé du maintien du BON ORDRE et de la surveillance du MATÉRIEL; il est secondé par l'ADJUDANT-MAJOR et par un des ADJUDANTS des CORPS qui y TIENNENT GARNISON; ces ADJUDANTS et l'ADJUDANT-MAJOR s'acquittent des fonctions d'ADJUDANT DE PLACE. — Quand un CORPS D'INFANTERIE est en Garnison, l'ADMINISTRATION des COMPAGNIES entre en relation avec un BOUCHER et un BOULANGER de la VILLE. — Les ALERTES des POSTES et les CAS D'ALARME ou d'INCENDIE sont annoncés dans les Garnisons suivant des régles particulières. — Les REMPARTS n'étaient autrefois garnis que de GUÉRITES STABLES; cet usage a changé. — La nomenclature des Garnisons de FRANCE, présentée dans l'ordre des DIRECTIONS DU GÉNIE, se trouve dans le traité de M. GRIVET. — Les AUTEURS qui se sont occupés nominalement et avec quelques détails du mot Garnison sont : BOHAN (1781, H), CORMONTAINGNE, DARUT (1787, D), l'ENCYCLOPÉDIE (1785, C), FRONSBERG, GUIBERT (1773, E), MIRABEAU (1788, C), MONRO, POTIER (1779, X), PRINGLE, REVOLAT (1804), WHITMORE, la *Sentinelle de l'Armée* (t. II, p. 590; t. III, p. 45), l'*Encyclopédie des Gens du monde*. — Le mot Garnison sera surtout distingué en GARNISON DE BORD, — DE SIÉGE.

GARNISON AMBULANTE. V. AMBULANT. V. GARNISON.

GARNISON ASSIÉGÉE. V. ABOIS. V. ARBORER. V. ASSIÉGÉ. V. CAPITULATION DE SIÉGE. V. CIRCONVALLATION. V. CONSEIL DE DÉFENSE. V. DÉFENSE DE PLACE. V. DROIT DE LA GUERRE. V. GARNISON. V. GARNISON DE SIÉGE. V. GUERRE DE SIÉGE. V. LIGNE FORTIFIÉE. V. OFFICIER DE SANTÉ. V. PLACE ASSIÉGÉE. V. RAVITAILLER. V. SERVICE DE G... V. SIÉGE OFFENSIF. V. SOLDE DE GUERRE. V. SORTIE. V. SORTIE D'ASSIÉGÉS. V. TRAVAUX DE SIÉGE. V. TROISIÈME PARALLÈLE.

GARNISON ATTAQUÉE. V. AIGARADE. V. ATTAQUÉ. V. ATTAQUE DE PLACE. V. ATTAQUE PAR STRATAGÈME. V. CAPITULATION DE POSTE. V. CITADELLE.

GARNISON de BORD (E, 1), ou GARNISON DE VAISSEAU. Sorte de GARNISON ordinairement composée de DÉTACHEMENTS D'INFANTERIE préposés à la défense d'un BATIMENT de l'Etat. Le personnel de ces Garnisons passe au SERVICE de la MARINE, soit à terme, soit d'une manière permanente, et son embarquement compte comme SERVICE DE CAMPAGNE. — On appelle ces TROUPES Garnison de bord pour les distinguer des TROUPES et des MILITAIRES qui ne seraient considérés sur le VAISSEAU que comme PASSAGERS. — A l'instant de l'EMBARQUEMENT, les TROUPES de la

Garnison du BORD cessent de compter sur les FEUILLES DE JOURNÉES de leur CORPS. — Dans les circonstances où là Garnison doit combattre, elle formait avec les HAVRE-SACS un PARAPET qu'on a appelé BASTINGUE et BASTINGAGE; le signal ou l'ordre de cette espèce de construction s'appelle BRANLE-BAS. — Si le COMBAT a lieu à PORTÉE du FUSIL, l'INFANTERIE du bord exécute des FEUX A VOLONTÉ; mais si elle doit combattre CORPS A CORPS, et s'il s'agit ou de tenter ou de repousser l'ABORDAGE, elle se sert alors, en outre de ses ARMES ordinaires, d'ARMES particulières, telles qu'ÉPÉES LONGUES, ESPONTONS, etc.; à cet effet, il se trouve toujours en réserve sur le BATIMENT une certaine quantité d'ARMES D'ABORDAGE. — Il n'est pas improbable que l'application du mot DIANE, signifiant batterie de caisse, soit originairement due à des Garnisons de bord.

GARNISON de CHATEAU FORT. V. CHATEAU FORT.

GARNISON de CITADELLE. V. CITADELLE. V. COMMANDANT DE CITADELLE.

GARNISON de CORPS PRIVILÉGIÉ. V. CORPS PRIVILÉGIÉ.

GARNISON de FORT. V. FORT.

GARNISON de FORTERESSE. V. ARMES ET BAGAGES. V. ATTAQUE DE CHEMIN COUVERT A FORCE OUVERTE. V. CITADELLE. V. CONTRE-APPROCHE. V. DÉCOUVERTE. V. FORTERESSE. V. GRANDE MANOEUVRE.

GARNISON de GARDE ROYALE. V. GARDE ROYALE Nº 4.

GARNISON de PARIS. V. PARIS. V. SOLDE.

GARNISON de PLACE ASSIÉGÉE. V. CONSEIL DE DÉFENSE. V. DÉFENSE DE PLACE. V. DROIT DE LA GUERRE. V. GENDARMERIE DE POLICE Nº 5. V. PLACE ASSIÉGÉE.

GARNISON de RÉSIDENCE. V. ABSENCE D'OFFICIER. V. ARMÉE DE MER. V. AUBETTE. V. AVANCÉE. V. AVOINE. V. BAIN. V. BATTERIE DE DISTRIBUTION. V. BATTERIE TUMULTUAIRE. V. BATTEUR D'ESTRADE. V. BILLET DE LOGEMENT. V. BOITE A TOURNEVIS. V. CAMP. V. CAMPAGNE. V. CANTINE D'ARMÉE. V. CAPITAINE DE VISITE DE CASERNE. V. CAPITULATION DE POSTE. V. CASERNE. V. CAVALERIE FRANÇAISE Nº 5, 6, 8. V. CHAINE DE SENTINELLES. V. CHATIMENT MILITAIRE. V. CHAUFFAGE DE CANTONNEMENT. V. CHEVAL DE BOIS. V. CHEVAL D'OFFICIER. V. CHIEN DE GUERRE. V. CHIRURGIEN-MAJOR D'INFANTERIE FRANÇAISE DE LIGNE Nº 5, 7, 10, 12. V. COLONEL D'INFANTERIE FRANÇAISE DE LIGNE Nº 18. V. COLONEL PROPRIÉTAIRE. V. COLONISATION. V. COMBUSTIBLE DE CUISINE DE CASERNE. V. COMBUSTIBLE DE CUISINE DE SOLDAT. V. COMÉDIE. V. COMMANDANT AMOVIBLE. V. COMMISSAIRE DES GUERRES Nº 5. V. COMPAGNIE DE GRENADIERS Nº 5. V. COM-

PAGNIE D'INFANTERIE FRANÇAISE DE LIGNE N° 7.
V. CONGÉ DE SEMESTRE. V. CONSEIL D'ADMINISTRATION DE RÉGIMENT N° 3. V. CONSEIL JUDICIAIRE. V. CORPS D'INTENDANCE N° 9. V. CORPS EN ROUTE SUR PIED DE PAIX. V. CORVÉE D'OFFICIER. V. CRIMINEL. V. CUISINIER. V. DÉTENU EN PRISON PUBLIQUE. V. DRAPEAU D'INFANTERIE FRANÇAISE DE LIGNE. V. EAU POTABLE. V. ÉCOLE DE BATAILLON. V. EMPLOYÉ DES SERVICES. V. EN GARNISON. V. ESCOUADE. V. ÉTABLISSEMENT MILITAIRE. V. ÉTAT MILITAIRE. V. EXÉCUTION A MORT. V. EXERCICE TACTIQUE. V. EXTRAORDINAIRE DES GUERRES. V. FALOT. V. FARINE. V. FEMME D'OFFICIER. V. FEMME SUSPECTE. V. FORTERESSE. V. FOURRAGE. V. FOURRIER D'INFANTERIE FRANÇAISE DE LIGNE N° 13. V. GARNISON. V. GÉNÉRAL. V. GRAND BIDON. V. GUÊTRE DE TOILE. V. GYMNASE. V. HABILLEMENT. V. HABIT. V. INFANTERIE FRANÇAISE N° 5, 10. V. INFIRMERIE. V. INHUMATION. V. LANDWEHR. V. LÉGION D'HONNEUR. V. LÉGISLATION, 1661 (12 OCTOBRE). V. LIEUTENANT-COLONEL D'INFANTERIE FRANÇAISE DE LIGNE N° 9, 11. V. LOGEMENT DE MILITAIRE. V. LOGEMENT D'ÉTAT-MAJOR GÉNÉRAL. V. MAJOR. V. MARCHEBOUTE. V. MARIAGE. V. MILICE AUTRICHIENNE N° 2, 3. V. MILICE NÉERLANDAISE N° 5. V. MILICE TURQUE N° 7. V. NOURRITURE. V. NUIT DE REPOS. V. OFFICIER DU GÉNIE N° 7. V. ORDINAIRE DE SOLDAT. V. PARTI DE GUERRE. V. PAS ACCÉLÉRÉ. V. PENSION DE RETRAITE. V. PIQUET CORRECTIONNEL. V. PIQUET D'EXÉCUTION. V. PLACE A GARNISON. V. PORTE-DRAPEAU N° 6. V. POSITION ADMINISTRATIVE. V. PRÉVÔT DES BANDES. V. PRISONNIER DE GUERRE. V. PUPILLE N° 1, 2, 4, 5. V. RANGS OUVERTS. V. RAPPORT. V. RÉCOMPENSE. V. REDOUTE DE CAMPAGNE. V. RÉGIMENT D'INFANTERIE FRANÇAISE N° 2. V. RÉGIMENT FRANÇAIS N° 5, 6. V. RÉGIMENT FRANCO-ÉTRANGER. V. RÉSIDENCE. V. RETRAITE CÉLEUSTIQUE. V. REVUE D'ADMINISTRATION. V. SABOT DE CHAUSSURE. V. SALLE D'ASSEMBLÉE. V. SECRÉTAIRE ARCHIVISTE. V. SÉJOUR. V. SÉMAPHORE. V. SENTENCE. V. SENTINELLE. V. SERGENT-MAJOR N° 7. V. SERVICE DE GARNISON. V. SOUS-AIDE-MAJOR. V. SOUS-INTENDANT N° 8. V. SOUS-LIEUTENANT N° 7. V. SOUS-OFFICIER N° 6. V. STRATAGÈME. V. SUBSISTANCE. V. SURPRISE. V. TACTIQUE, subs. V. TAMBOUR IDIOPLIQUE D'INFANTERIE FRANÇAISE N° 7.

GARNISON de siége (E, 4; H, 1). Sorte de GARNISON dont le PERSONNEL se calcule à raison du nombre et de l'étendue des OUVRAGES DE FORTIFICATION qu'il s'agit de défendre. — Les APPROVISIONNEMENTS nécessaires à l'entretien de la Garnison veulent être proportionnés au personnel avec supputation de ses inévitables et journalières décroissances, et aux animaux à nourrir suivant des prévisions pareilles, ainsi qu'en rapport avec la

durée présumée de la DÉFENSE de la PLACE. — En général, on estime qu'une PLACE susceptible d'une seule ATTAQUE doit être défendue par une Garnison de quatre mille deux cents HOMMES D'INFANTERIE, et à ce nombre on en ajoute cent cinquante pour chacun de ses FRONTS qui excéderaient le nombre de six. — En supposant que l'ensemble total d'une Garnison se monte à quatre mille hommes, on en établit la proportion suivante : trois mille deux cent vingt-cinq HOMMES D'INFANTERIE, trois cent vingt D'ARTILLERIE, cent DU GÉNIE, cent DE CAVALERIE, vingt-cinq OFFICIERS D'ÉTAT-MAJOR et DE SANTÉ, deux cent trente EMPLOYÉS : total égal quatre mille. — Toute Garnison de siége touche la SOLDE DE GUERRE.

GARNISON de VAISSEAU. V. GARNISON DE BORD. V. VAISSEAU.

GARNISON des ILES. V. ILE. V. ILE FRANÇAISE.

GARNISON FIXE. V. FIXE, adj. V. GARNISON. V. GARDES FRANÇAISES. V. SERVICE D'ARMÉE.

GARNISON IDIOPLIQUE. V. ARCHEVÊQUE. V. ATTAQUE DE PLACE. V. AVANCÉE. V. BOMBARDEMENT. V. CAS DE SIÉGE. V. CERCLE DE PARADE DE PLACE. V. CERCLE DE SOIR. V. CHAUFFAGE DE POSTE DE TROUPE DE PASSAGE. V. CHIEN DE GUERRE. V. COMMANDANT DE PLACE N° 9. V. CONTREVALLATION. V. CONVALESCENT ABSENT. V. CORPS DE GARDE DE PASSAGE. V. CORPS DE GARDE DE POLICE. V. CORPS D'OFFICIERS. V. DEHORS. V. DÉPART DE CORPS. V. FORTIN. V. GARDE ARMÉE. V. GARNISON. V. GENDARMERIE DE POLICE N° 5. V. IDIOPLIQUE, adj. V. MILICE ROMAINE N° 11. V. PAS ACCÉLÉRÉ. V. POSTE D'ALARME. V. SEIGNEUR. V. SERVICE D'ARMÉE. V. TENTE.

GARNISON PASSAGÈRE. V. GARNISON. V. PASSAGER, adj.

GARNISON PERMANENTE. V. BIBLIOTHÈQUE DE CORPS. V. CHIEN DE GUERRE. V. GARNISON. V. HOMME A L'HOPITAL. V. HOPITAL MILITAIRE. V. INFIRMERIE. V. PERMANENT, adj.

GARNISON PRISONNIÈRE. V. ARMES ET BAGAGES. V. CAPITULATION DE SIÉGE. V. ESCORTE DE GARNISON. V. MARCHE DE G... V. PAIN DE MUNITION. V. PRISONNIER, adj. V. REDDITION DE PLACE.

GARNISON SÉDENTAIRE. V. GARNISON. V. GESTION. V. HOPITAL MILITAIRE. V. MILICE CHINOISE N° 7. V. SÉDENTAIRE, adj.

GARNISON STABLE. V. COMMISSAIRE DES GUERRES N° 4, 8. V. GARNISON. V. MORTE-PAYE. V. STABLE, adj.

GARNITURE de fusil (B, 1). Le mot Garniture, dont l'étymologie est analogue à celle du mot GARNISON, exprime ici certaines PIÈCES D'ARMES dont une partie sert à attacher le CANON au BOIS, et qui sont distinctes de la BAGUETTE, de la BAIONNETTE et de la PLATINE. — Les PIÈCES de Garniture comprennent le BATTANT DE GRENADIÈRE, le BATTANT DE SOUS-GARDE, la CAPUCINE, la CONTRE-PLATINE, la DÉTENTE, l'EMBOUCHOIR, la GRENADIÈRE, les GOUPILLES, la PLAQUE DE COUCHE, les RESSORTS DE CAPUCINE, D'EMBOUCHOIR ET DE GRENADIÈRE, la SOUS-GARDE ; celles des Garnitures qui attachent au BOIS le CANON sont d'invention française, et diffèrent du système de confection du fusil de chasse. Le FUSIL D'UNIFORME des ANGLAIS, ou plutôt des HOLLANDAIS, et celui des peuples qui l'ont adopté, se rapproche au contraire du fusil de chasse par l'ajustement du CANON au moyen de GOUPILLES, au lieu de TENONS. Les Garnitures françaises sont plus solides et se prêtent mieux au DÉMONTAGE ; mais elles s'opposent à la justesse du TIR. Le mode anglais est plus favorable au TIREUR, et donne moins lieu à ce genre de DÉGRADATION que le SOLDAT FRANÇAIS fait éprouver à son FUSIL en en désajustant les Garnitures. — Les Garnitures des FUSILS D'INFANTERIE, des FUSILS DE DRAGONS et DE VOLTIGEURS, des FUSILS D'HONNEUR, des MOUSQUETONS, différaient surtout de celles des FUSILS ordinaires. — Le FUSIL D'INFANTERIE du modèle de 1816 différait du modèle précédent par quelque variété dans les Garnitures. — La question du système et des inconvénients des Garnitures est traitée dans le *Journal de l'Armée* (t. II, p. 181).

GARNITURE de SABRE-BRIQUET. V. CHAPE DE FOURREAU. V. PIÈCE DE GARNITURE. V. SABRE-BRIQUET.

GARNITURE d'ÉPERONS. V. ÉPERON. V. ÉPERON DE CAVALERIE.

GAROS, subs. masc. V. CARREAU.

GAROT, subs. masc. V. CARREAU. V. LANGUE LATINE. V. TRAIT PROJECTILE.

GARRAU, subs. masc. V. CARREAU.

GARRE, subs. fém. V. GUERRE.

GARREAU, subs. masc. V. CARREAU. V. LANGUE LATINE.

GARREL, subs. masc. V. CARREAU.

GARRIGUES. V. NOMS PROPRES.

GARRO, subs. masc. V. CARREAU.

GARROT, subs. masc. V. CARREAU.

GASCON. V. NOMS PROPRES.

GASON, subs. masc. V. GAZON.

GASPERONI ; GASSENDI ; GASSIER. V. NOMS PROPRES.

GAST, subs. masc. V. DÉGAT. V. GASTADOUR.

GASTADOUR (gastadours), subs. masc. (F), ou DÉGASTADOR, ou GAASTADOUR, ou GUAS-TADOUR, ou VASTADOUR, ou WASTADOUR suivant CARNÉ (1783, E), MAIZEROY (1767, A), MANESSON (1685, B) et ROQUEFORT. — Le mot Gastadour, si répandu jadis dans la MILICE FRANÇAISE et tombé depuis longtemps en désuétude, était analogue à l'ITALIEN *guastatore*, encore usité dans le sens de PIONNIER ; il provient du LATIN *vastator* et du bas LATIN *vastador*, destructeur, de même que DÉGAT ou GAST proviennent de *vastatio*, destruction ; de là aussi les vieux verbes français WASTER, WASTEIN, détruire, resté dans l'ANGLAIS *to waste*. — Le mot Gastadour ou DÉGASTADOR a succédé au substantif VASTADOUR : l'un et l'autre étaient usités dans un temps où les mots GUERROYER ou FAIRE LE DÉGAT étaient positivement synonymes. — Les Gastadours étaient une espèce d'INFANTERIE ou de SAPEURS préposés aux ravages des GUERRES PRIVÉES et aux TRAVAUX des SIÉGES OFFENSIFS. Ils avaient pour armes des PIOCHES, des HACHES, des PILS, des MASSES ; leurs fonctions étaient d'arracher les vignes, de couper les oliviers, d'abattre les arbres à fruits, de culbuter les PONTS, d'incendier les habitations. — Quand ces mœurs barbares se sont un peu adoucies, le mot Gastadour n'a plus signifié uniquement un ravageur, un artisan de destruction ou de DÉGAST, mais un faiseur de TRANCHÉES, un PIONNIER. — Les Gastadours étaient en général de malheureux SERFS que les ARMÉES FÉODALES du MOYEN AGE traînaient à leur suite ou chassaient devant elles comme des troupeaux ; ils étaient employés à toutes les CORVÉES, à tous les travaux grossiers ou serviles. On élevait au rang de gros VARLETS ceux de CES HOMMES DE POESTÉ qu'on jugeait capables d'être les piqueurs des travaux. — A raison du mépris qu'on faisait de la vie des Gastadours, on poussait quelquefois en face de l'ENNEMI ces SOLDATS désarmés et presque nus, et on les exposait à la boucherie pour préserver de meilleures troupes ou pour émousser le sabre et fatiguer le bras des GENSDARMES du parti opposé ; s'il en faut croire quelques chroniques, on ne considérait pas un Gastadour plus qu'une FASCINE : on s'en servait pour combler les fossés, et la CHEVALERIE les transformait en matériaux de construction ; elle en faisait des PONTS de corps humains, comme les TURCS l'ont fait bien plus tard ; dans leur MILICE, des Gastadours GRECS et arméniens marchent sous le nerf de bœuf. — FOLARD (1727, A) prétend qu'en 1658 Amurat quatre, ayant assiégé Bagdad et manquant de matériaux, donna l'ordre de tuer dans chacune de ses tentes trois hommes, afin d'employer en guise de FASCINES leurs cadavres ; mais on ne saurait trop recommander à ceux qui lisent l'histoire de ne croire rien qu'avec défiance, non que les atrocités n'aient été fréquentes dans les GUERRES anciennes, mais parce qu'il est hors de vraisemblance qu'un GÉNÉRAL puisse et ose ordonner à la moitié de son ARMÉE de massacrer l'autre. Il est vrai que le continuateur de Chalcondile, qui rapporte ce fait, dit qu'il ne s'agissait que d'une tribu méprisée, d'une troupe nommée *azapes*, qu'on livrait ainsi au glaive parce qu'elle faisait fonctions de PIONNIERS, et qu'elle *devait servir de ponts à la cavalerie dans les marais et de fascines à l'infanterie dans les siéges offensifs.* — On retrouve quelques-uns de ces souvenirs dans CARRÉ (1783, E), DUANE (au mot *Guastadour*), GANEAU, LACHESNAIE (1758, I), et dans tous nos historiens.

GASTEUR (gasteurs), subs. masc. V. GARNISAIRE.

GASTON. V. NOMS PROPRES.

GATE, subs. masc. V. CHAT OFFENSIF. V. ENGIN. V. MACHINE.

GATTERER. V. NOMS PROPRES.

GATTUS, subs. masc. V. CATTUS. V. CHAT OFFENSIF.

GATUS, subs. masc. V. CATTUS. V. CHAT OFFENSIF. V. REMPART DE FORTERESSE.

GAUBESON, subs. masc. V. GAMBESON.

GAUBESSON, subs. masc. V. GAMBESON.

GAUBISSON, subs. masc. V. GAMBESON.

GAUCHE, adj. et subs. V. A G... V. A GAUCHE ALIGNEMENT. V. A GAUCHE CONVERSION. V. A GAUCHE EN BATAILLE. V. AILE DE G... V. AILE G... V. ATTAQUE DE G... V. AUGE DE G... V. BASQUE DE G... V. BORD DE G... V. BRAS G... V. CAVALERIE FRANÇAISE N° 6. V. COTÉ DE G... V. DEVANT DE G... V. DIVISION DE G... V. EN ARRIÈRE PAR L'AILE G... V. FACE DE G... V. FEU D'INFANTERIE. V. FILE DE G... V. FLANC DE G... V. FORMATION SUR LA DROITE. V. GUIDE DE G... V. LANGUE FRANÇAISE. V. PAN DE G... V. PAR LA G... V. PAR PELOTON DE DROITE ET DE G... V. PAR SECTION DE G... V. PELOTON DE G... V. PIED G... V. SUR LA DROITE OU LA G... V. SUR LA DROITE PAR FILE.

GAUCHE de BATAILLON. V. BATAILLON. V. BATAILLON DE GAUCHE. V. DEMI-BATAILLON DE GAUCHE. V. RANG DE TAILLE.

GAUCHE de CAMP. V. CAMP.

GAUCHE de COLONNE. V. COLONNE. V. COLONNE RENVERSÉE. V. GUIDE A DROITE OU A GAUCHE.

GAUCHE de CORPS EN ROUTE. V. CORPS EN ROUTE.

GAUCHE de DRAPERIE. V. DRAPERIE DE DRAPEAU. V. FACE DE GAUCHE DE DRAPERIE.

GAUCHE de LAME D'ÉPÉE. V. COTÉ DE G... V. LAME D'ÉPÉE.

GAUCHE de SECTION. V. FEU DE SECTION. V. SECTION. V. SECTION TACTIQUE. V. SOUS-LIEUTENANT N° 4.

GAUCHE d'HABIT. V. DEVANT DE G... V. HABIT.

GAUCHE EN TÊTE. V. COLONNE AVEC DISTANCE ENTIÈRE. V. COLONNE LA G... V. EN TÊTE. V. FORMER LA COLONNE AVEC DISTANCE ENTIÈRE LA G... V. FORMER LA COLONNE A DEMI-DISTANCE. V. GUIDE A DROITE OU A GAUCHE. V. INVERSION. V. PLOIEMENT. V. RENVERSER UNE LIGNE. V. SUR TELLE DIVISION EN ARRIÈRE, etc.

GAUCHOS, subs. masc. plur. V. ARME A LACS. V. BARBE DE SAPEUR. V. COSAQUE. V. LANCE A MAIN. V. MILICE BRÉSILIENNE. V. MILICE COLOMBIENNE.

GAUCLIDE, subs. fém. V. CLIDE.

GAUDI. V. NOMS PROPRES.

GAUFOU, subs. masc. V. COUVRE-FEU.

GAUGREBEN ; **GAUHE** ; **GAULE** ; **GAULOIS.** V. NOMS PROPRES.

GAULOIS (gauloise), adj. V. CAVALERIE G... V. COQ G... V. FRANCO-G. V. INFANTERIE G... V. LANGUE G... V. SOLDAT G...

GAURLOT, subs. masc. V. JAVELOT.

GAUTIER. V. NOMS PROPRES.

GAVELOT, subs. masc. V. JAVELOT.

GAY (gaye), adj. V. LANCE G.

GAYA ; GAY-VERNON. V. NOMS PROPRES.

GAYT, subs. masc. V. GUET.

GAZA. V. NOMS PROPRES.

GAZAGUAIE, subs. fém. V. ARZEGAIE.

GAZON, subs. masc. (G, 2, 4), ou GASON, ou VOAZON, ou WAISON, ou WASON, ou WAZON, ou WUASON ainsi que le témoigne ROQUEFORT. — Le mot Gazon dérive, suivant GÉBELIN, de l'ALLEMAND ou du TEUTON *wasen*; il a produit les mots GAZONNAGE, GAZONNEMENT, GAZONNER (revêtir de Gazon); il dérive, suivant DUCANGE, du bas LATIN *waso*; GANEAU en cite d'autres étymologies peu croyables. — Ici il exprime une motte régulièrement taillée en manière de brique, de pierre de taille ou de gros bouchon, et employée à des usages militaires. — Le GAZONNAGE est aussi ancien que les premiers essais en FORTIFICATION. PLINE s'étend sur la manière de l'employer; TITE LIVE cite les cas où l'aridité du sol ne permet pas d'y recourir. — L'ARTILLERIE s'est servie de Gazons pour BOURRER; elle s'en sert pour la confection des BASTIONS, des EMBRASURES, des ÉPAULEMENTS, pour la construction de la CHEMISE de certaines BATTERIES, et surtout des BATTERIES DE SIÉGE OFFENSIF. — On taille de préfé-

quelques-unes même marchèrent, en armes, à la tête de leurs VASSAUX. — Une redevance nommée le SERVICE EN OST, et l'obligation de se présenter aux REVUES nommées MONTRES, étaient toujours imposées aux Fiefs, mais dans des proportions aussi variées que les PEINES infligées pour manquement au SERVICE. Tel Fief devait un CHEVALIER et demi, ou bien un tiers, un quart de CHEVALIER; c'était un effet des sous-inféodations, ou des partages entre héritiers, peut-être entre jumeaux. — Les GENTILSHOMMES de la CHATELLENIE d'Issoudun, en Berry, étaient formellement dispensés d'une obligation presque générale, l'obligation du SERVICE FÉODAL. — Un Fief tenu à PLEINES ARMES, un PLEIN FIEF de HAUBERT, obligeaient le FEUDATAIRE qui le desservait à être pourvu d'un nombre de TROUPES et d'un genre d'équipages déterminés. Une décision de CHARLES SEPT, en 1445, voulait qu'il eût CHEVAL, ÉCU, ÉPÉE, HAUBERGEON, HEAUME et VALETS. — Le pays où les Fiefs ont eu une véritable constitution, c'est l'Angleterre, parce que GUILLAUME le Conquérant, nouveau CLOVIS, spoliant les vaincus, distribua, à son gré, leurs terres. Il avait établi jusqu'à soixante mille FIEFS DE CHEVALIER. — En France, une BANNIÈRE DE CHEVALIER évoquait le BAN par droit de Fief; d'autres Fiefs obligeaient leurs TENANTS à assister aux plaids des SUZERAINS; à être membres des assises du SEIGNEUR; de là originairement le titre de CHEVALIER DE JUSTICE. — Au treizième siècle, les guerres ayant épuisé de NOBLES la France, de grands Fiefs échurent à des acquéreurs non NOBLES; ces ROTURIERS étant regardés d'abord comme non obligés au SERVICE en personne furent soumis à un impôt représentatif en argent, qu'on appelait *droit de haut Fief*. — Plus tard, les chevaliers, la GENDARMERIE du MOYEN AGE, les GENTILSHOMMES eurent une existence indépendante de celle des Fiefs; leur qualification cessa d'être liée aux droits, aux titres ou aux obligations qui y étaient attachés d'abord; de même aussi les GENDARMES du MOYEN AGE doivent être classés en deux catégories : les GENS D'ARMES FIEFFÉS et les GENS D'ARMES VOLONTAIRES. — D'autres Fiefs, et c'étaient ceux de la moindre espèce, étaient tenus par des ÉCUYERS, que, par cette raison, on nomme ÉCUYERS D'ARMES ou ÉCUYERS FIEFFÉS. — On appelait PENNONNIERS les chefs de Fiefs à PENNON. — Il y a eu des Fiefs qui obligeaient les ECCLÉSIASTIQUES qui s'en trouvaient pourvus à vêtir la CUIRASSE et à COMBATTRE en personne à la GUERRE; les prélats qui étaient dans cette position ne furent relevés de l'obligation de faire partie de l'ARMÉE que sous FRANÇOIS PREMIER. —

Les membres de certaines abbayes, de certains couvents, ne pouvant combattre en personne, des AVOUÉS eurent le gouvernement et l'administration des TROUPES de ces Fiefs, de même que des BAILLIS étaient chargés de la conduite du BAN et ARRIÈRE-BAN, seules forces militaires actives d'alors. — DANIEL (1721, A) regarde les Fiefs comme n'étant tenus qu'à fournir des HOMMES A CHEVAL. Nous avons cependant fourni la preuve que des troupes françaises d'ARRIÈRE-BAN comprenaient de l'INFANTERIE. — On appelait *forfaire un Fief*, le mettre dans le cas d'être confisqué par le SEIGNEUR féodal, en punition de félonie, de manquement à la FOI ET HOMMAGE, ou en répression de la non-exécution d'une LEVÉE. — On appelait Fief dominant celui de qui un autre relevait; Fief entier, celui qui était entier; Fief servant, celui qui consistait dans un domaine tenu noblement à FOI ET HOMMAGE. — On appelait régales les Fiefs ecclésiastiques dont le revenu retournait au fisc royal pendant la vacance des emplois. On ne voit pas clairement la cause de cette dénomination, car le mot régale, qui signifie royal, semblerait devoir s'être d'abord étendu à toute espèce de terres données de la main du roi, à FOI ET HOMMAGE et à titre de réversion. — On désignait comme Fiefs de dignité ceux auxquels il était attaché quelques titres d'honneur; tels étaient les baronnies, châtellenies, comtés, duchés, marquisats, principautés. — On appelait FIEF DE SODOYER celui qui consistait en une pension viagère ou en une jouissance d'objets mobiliers octroyés par un SEIGNEUR à un GENS D'ARMES pour prix de son SERVICE MILITAIRE. Telle est l'origine de la SOLDE du SODOYER (soudoye) ou du SOLDAT. — Les SODOYERS fieffés étaient tenus à FOI ET HOMMAGE comme s'il se fût agi d'un immeuble. — Les Fiefs FRANÇAIS ne commencent à retourner à la couronne, à laquelle ils avaient été en général dérobés, qu'à l'époque où l'impôt s'établit sur toutes les terres : c'est l'époque où la MILICE FIEFFÉE disparaît, où la TAYE s'institue, où la fureur des GUERRES PRIVÉES se tempère. — Cette révolution appartient au règne de PHILIPPE LE BEL et aux IMMÉDIATISATIONS du commencement du quatorzième siècle; cependant de GRANDS FIEFS subsistèrent bien plus tard; on sait la lutte qui régnait entre LOUIS ONZE et les GRANDS FEUDATAIRES; l'introduction des corps à GUIDONS fut un grand coup porté aux Fiefs. — Successivement le système des Fiefs s'est introduit dans les MILICES SUÉDOISE, TURQUE, RUSSE, AUTRICHIENNE, POLONAISE; ainsi les STAROSTIES de POLOGNE étaient des Fiefs d'OFFICIERS; les MONÉTAIRES de SUÈDE, des Fiefs d'OFFICIERS et de SOLDATS ; les TIMARS TURCS, des Fiefs d'AVENTURIERS. — L'année 1789 (4 août) a marqué, et probablement à jamais, l'extinction des Fiefs de France, à moins qu'on ne regarde comme une réalité ce rêve de BONAPARTE, qui, en 1806 (30 mars), prétendait reconstituer douze GRANDS FIEFS de l'empire ; il avait mis vanité à relever l'échafaudage qui n'avait pu être construit et abattu que par une longue suite de siècles. — Puisque de grands Fiefs se relevaient en France, des esprits soupçonneux se demandaient si cela n'amènerait pas de nouveau cet encan qu'on nommait jadis SOUS-INFÉODATIONS ; ainsi il y aurait eu bientôt de moindres Fiefs. La FÉODALITÉ primitive, c'est-à-dire monarchique, eût d'abord ressuscité ; des extrémités de l'empire le système eût gagné le cœur de l'Etat, et l'ancien ordre des choses se fût reproduit sous l'escorte de l'ignorance, de la superstition, des déchirements et des famines. — Cette imitation malhabile de ce qui avait été fait par CLOVIS, CHARLES MARTEL, HUGUES CAPET et les NORMANDS, promettait-il à nos neveux un second MOYEN AGE et de nouveaux siècles de plomb ? c'est ce que prédisaient des censeurs dont les craintes étaient exagérées. — M. DE BARANTE (année 1477), BERETON (1742, A), l'ENCYCLOPÉDIE (1751, C), HAUTESERRES, LEFEBVRE, LELABOUREUR, l'*Encyclopédie des Gens du monde*, le *Dictionnaire de la Conversation* et les AUTEURS qui ont écrit touchant la FÉODALITÉ peuvent être consultés à l'égard des Fiefs. — Sous le point de vue militaire, les Fiefs se sont distingués en FIEF BANNERET, — DE HAUBERT, — D'ÉCUYER.

FIEF A HAUBERT. V. A HAUBERT. V. FIEF DE HAUBERT. V. GAMBESON.

FIEF (fiefs) **banneret** (F). Sorte de FIEF qui, sous la TROISIÈME RACE, donnait au VASSAL le droit de LEVER BANNIÈRE, et l'obligeait à servir à cheval à la tête d'une TROUPE ; il était tenu, suivant les temps ou les coutumes locales, à fournir à son souverain dix ou vingt-cinq COMBATTANTS à cheval et ARMÉS DE TOUTES PIÈCES.

FIEF CHEVEL. V. CHEVEL. V. FIEF.

FIEF de BACHELIER. V. BACHELIER. V. ÉCUYER FIEFFÉ.

FIEF de CHEVALIER. V. CHEVALIER. V. CHEVALERIE FIEFFÉE. V. FIEF. V. HAUBERT. V. REITRE.

FIEF de DIGNITÉ. V. DIGNITÉ. V. FIEF. V. PAIR DE FRANCE.

FIEF de HAUBERT (F), OU FIEF A HAUBERT, comme on dirait fief de CUIRASSE. Sorte de FIEF qui devait fournir au SUZERAIN un ou plusieurs HOMMES A CHEVAL, ARMÉS DE PIED EN CAP et astreints au SERVICE FÉODAL pendant un temps déterminé. Ordinairement le VASSAL possesseur de ce Fief, ou ce CHEVALIER FIEFFÉ, était tenu d'être pourvu en tout temps d'une ARMURE DE FER et d'un HAUBERT, et à la première injonction il devenait ainsi le SOLDAT de son SEIGNEUR. — Si des ÉCUYERS FIEFFÉS ont joui, comme c'est probable, de Fiefs de haubert, ils avaient en ce cas le droit de porter le HAUBERT.

FIEF de SATELLITE. V. SATELLITE.

FIEF de SERGENT. V. SERGENT. V. SERGENT FIEFFÉ.

FIEF de SERGENTERIE. V. FIEF. V. SERGENT, V. SERGENT MILITAIRE. V. SERGENTERIE.

FIEF de SODOYER. V. FIEF. V. SODOYER.

FIEF d'ÉCUYER (F). Sorte de FIEF simple ou de fief inférieur qui s'appelait *fedum scutiferi* ; il obligeait le possesseur du fief à s'acquitter du SERVICE MILITAIRE FÉODAL, non à cheval, mais à pied, et seulement avec un ÉCU et un JAVELOT. — Le VASSAL de cette classe, qui se nommait ÉCUYER FIEFFÉ, était au-dessus du BACHELIER ; il était tenu d'être toujours pourvu d'ARMES LÉGÈRES pour se tenir prêt à accompagner son SEIGNEUR dominant ou le BÉNÉFICIER principal. — Depuis LOUIS LE GROS, le service des ÉCUYERS FIEFFÉS se fit à cheval.

FIEFFÉ. V. NOMS PROPRES.

FIEFFÉ (fieffée), adj. V. BAN F..., V. BARON N° 5. V. CAVALERIE F..., V. CHEVALERIE F..., V. CHEVALIER F..., V. ÉCUYER F..., V. FÉODALITÉ, V. FEUDATAIRE. V. FIEF. V. GENDARME DU MOYEN AGE N° 1. V. GENDARMERIE F..., V. GENS D'ARMES F..., V. GENTILHOMME. V. GRAND F..., V. HAUBERT. V. MILICE F..., V. NOBLESSE F..., V. SEIGNEUR F..., V. SERGENT F..., V. SERVICE F..., V. SOLDAT F...

FIER (fière), adj. V. FOURCHE-FIÈRE.

FIERTÉ, subs. fém. V. FORTERESSE.

FIEU, subs. masc. V. FIEF.

FIEVÉ (fievée), adj. V. FIEF.

FIÈVRE, subs. fém. V. FIÉVREUX. V. HOPITAL MILITAIRE. V. MALADIE.

FIÉVREUX, adj. masc. devenu subs. (D, 2, 4). Mot d'étymologie LATINE et mentionné ici par opposition aux expressions BLESSÉ et VÉNÉRIEN. — Les MILITAIRES DE CORPS qui sont atteints de FIÈVRES sont reçus dans les HOPITAUX MILITAIRES sur le vu d'un BILLET D'ENTRÉE qui témoigne de leur état. — Dans la langue de l'HOPITAL, on appelle généralement Fiévreux les hommes qui sont attaqués de MALADIES INTERNES, et qui, par cette raison, doivent être traités par les MÉDECINS, tandis qu'au contraire les BLESSÉS le sont par les CHIRURGIENS. — L'INSTRUCTION DE L'AN TROIS (10 PLUVIOSE) établissait en principe que les étages supérieurs des HOPITAUX doivent être consacrés aux Fiévreux.

les écritures. — Dans le quatorzième siècle, une révolution remarquable s'opère; les GENS D'ARMES de la MILICE FIEFFÉE, jusque-là subordonnés de force et par VASSALITÉ à un chef de territoire, commencent à devenir des SOLDATS voués librement à un SERVICE ROYAL STIPENDIÉ. — CHARLES CINQ, par une ordonnance de 1372, développa les institutions ébauchées par le roi JEAN; il amalgama les GENS D'ARMES et surtout ceux qui avaient été à la SOLDE de la couronne; il leur donna des CAPITAINES, ou plutôt de véritables chefs de RÉGIMENTS, quoique leur corps ne s'appelât que COMPAGNIE, et ne fût nominalement que de cent LANCES; mais les ARCHERS A CHEVAL et la clientèle armée qui les accompagnait, accroissaient jusqu'à douze ou quinze cents HOMMES le total de la COMPAGNIE. — CHARLES SEPT régla, en 1444, que chaque HOMME D'ARMES n'aurait qu'un ÉCUYER ou un COUTILLIER. Cette alternative jette du doute sur le véritable emploi du COUTILLIER; car il paraît que les ÉCUYERS depuis l'institution des COMPAGNIES combattaient à côté de l'HOMME D'ARMES ou en SECOND RANG, et qu'au contraire le COUTILLIER était surtout destiné à voltiger et à faire office de CHEVAU-LÉGER. — Dans l'origine, les Gendarmes de CHARLES SEPT durent être tous de la classe des GENTILSHOMMES; on se relâcha ensuite sur cette condition; il suffisait d'être devenu SERGENT pour être admissible dans les COMPAGNIES de Gendarmes. — On ne sait pas précisément quelle année du seizième siècle ou quelle ordonnance M. MONTEIL a en vue dans le passage où il dit que le CAPITAINE était tenu d'avoir seize CHEVAUX; le LIEUTENANT, huit; le GUIDON, six; le Gendarme, trois; l'ARCHER, deux; mais il est visible qu'il n'en était ainsi qu'avant la disjonction ou le dédoublement des Gendarmes et des ARCHERS. — On appelait REITRES les GENS D'ARMES levés en ALLEMAGNE : c'étaient des STIPENDIAIRES peu estimés, et combattant surtout du PISTOLET; ils étaient mal armés, mal équipés, si on les compare aux GENS D'ARMES de FRANCE et de BOURGOGNE; ces derniers, qui, pendant quelque temps, ont été regardés comme mieux disciplinés que la GENDARMERIE DE FRANCE, ont fait la force de la maison d'AUTRICHE quand elle a possédé les PAYS-BAS. Les GENS D'ARMES D'ESPAGNE ne portaient pas la longue LANCE A ARRÊT, ou du moins il n'y en avait qu'un petit nombre qui fût ainsi armé; la grande partie avait l'ARZEGAIE : cette GENDARMERIE la lançait sur l'ENNEMI quand elle exécutait une CHARGE. Elle passait pour avoir les meilleures armes de l'EUROPE. — BUSSY-RABUTIN, nous dépeignant les GENS D'ARMES de HENRI DEUX, les

représentait suivis de leurs ARCHERS A CHEVAL; et il donne une idée assez exacte du costume, de l'armement et de la monture des uns et des autres. — Toute trace ancienne de ce caractère distinctif des GENS D'ARMES du MOYEN AGE s'efface quand LOUIS QUATORZE abolit tous les GENS D'ARMES au service des princes, et crée la GENDARMERIE de sa MAISON; les CAVALIERS, alors appelés MAITRES, ne sont plus que de purs SOLDATS de sang noble, ou, comme on disait, de famille vivant noblement; ils n'avaient pour toute suite que quelques PALEFRENIERS. — Les Gendarmes ou CATAPHRACTES de POLOGNE, les PANSERNES de ce royaume, ont longtemps survécu aux primitifs GENS D'ARMES du reste de l'EUROPE. — N° 3. DÉNOMINATION. — Le substantif moderne Gendarme, corruption de GENS D'ARMES, dont on supprima la quatrième lettre et ensuite la dernière, appartient à une étymologie qui s'explique d'elle-même; il a produit le terme GENS D'ARMERIE; il s'est pris, suivant les époques, par opposition au terme HOMME OU GENS DE PIED. — Il est difficile de distinguer, dans le huitième et neuvième siècle, les CHEVALIERS et les GENS D'ARMES confondus sous la désignation de *caballarii*, terme dont sont provenues les expressions CAVALIER et CHEVALIER. — Les AUTEURS des onzième et douzième siècles donnent aux GUERRIERS plus anciennement appelés *caballarii*, le titre de *milites* et *equites*, qu'on a également traduit par CHEVALIER. — Les ÉCRIVAINS mentionnent à part les guerriers d'un ordre inférieur, qu'ils nomment *minores milites*; il est supposable que cette dernière désignation était propre aux GENS D'ARMES et aux BACHELIERS. — Quand la LANGUE LATINE est abandonnée, le mot GENS D'ARMES est d'abord un singulier féminin; on disait la GENT D'ARMES comme on eût dit la race des hommes à ARMURE (*gens armata*). La corruption de ce mot en fit d'abord un pluriel masculin; on l'employa ensuite au singulier; mais plus souvent on se servait au singulier de l'expression HOMME D'ARMES. La dépravation du terme alla jusqu'à produire le mot GENS D'ARMERIE, dont est venue GENDARMERIE; peut-être, avant que l'habitude n'en fût prise, cherchait-on à éviter une faute de français en employant des termes analogues; ainsi, pour donner idée des GENS D'ARMES ou de l'HOMME D'ARMES, on disait indifféremment faire prisonnier une ARMURE ou une LANCE, mener à la guerre tant de LANCES, tant d'ARMURES. — Au quinzième siècle, on n'était pas encore bien arrêté sur l'orthographe de notre expression. LOUIS ONZE (1480, A) l'écrit GENS D'ARMES; PHILIPPE DE CLÈVES (1520, A) l'écrit

GENTS D'ARMES, GENS D'ARMES, et commence même à l'écrire GENDARME, comme à présent; ce dernier auteur établit une différence entre les HOMMES D'ARMES et les GENS D'ARMES; il dit : *En ce cas, voudrois-je* (je voudrais) *que tout gens d'armes, homme d'armes et autres vinssent en la place*, etc. Il regarde les GENS D'ARMES et les HOMMES D'ARMES comme étant également couverts D'ARMES DÉFENSIVES; mais les premiers servaient comme CUIRASSIERS A CHEVAL, et les HOMMES D'ARMES comme CUIRASSIERS A PIED; il ajoute qu'on ne doit pas ranger parmi les HOMMES D'ARMES les COUTILLIERS ni les soldats qui ne sont armés que d'un ARC; mais les PIQUIERS et ARBALÉTRIERS à pied sont, suivant lui, des HOMMES D'ARMES. — Il paraît que les distinctions que PHILIPPE DE CLÈVES établissait étaient une conséquence des usages des milices d'ESPAGNE et de BOURGOGNE. — On découvre également dans les historiens du temps que, quand les ANGLAIS étaient maîtres d'une partie considérable de la FRANCE, ils avaient des HOMMES D'ARMES à pied. — Quand l'histoire nous montre, au quinzième siècle, les HOMMES D'ARMES défendant des REMPARTS avec des CANONS A MAIN, on peut regarder ces combattants comme des FANTASSINS. — Ces circonstances et ces remarques semblent jeter quelque lumière sur une difficulté historique dont nous n'avons encore trouvé nulle part la solution. Il se voit, dans les CABINETS D'ARMES des curieux et au MUSÉUM D'ARTILLERIE de PARIS, des ARMURES ÉQUESTRES et des ARMURES PÉDESTRES; probablement les dernières sont ANGLAISES, BOURGUIGNONES OU ESPAGNOLES, et ont été portées par des HOMMES D'ARMES de ces nations, tandis que les ARMURES FRANÇAISES qui se voient dans ces dépôts ne sont apparemment que des ARMURES ÉQUESTRES, puisqu'en FRANCE, suivant l'opinion la plus générale, les HOMMES D'ARMES et les GENS D'ARMES étaient également des HOMMES DE CHEVAL. Ainsi, dans l'édit ou l'ordonnance qui crée les quinze COMPAGNIES appelées HOMMES D'ARMES des ORDONNANCES du roi, les SOLDATS en étaient tous HOMMES DE CHEVAL et non DE PIED. Il est vrai que cet édit ne se trouve ni dans REBUFFE ni dans FONTANON; mais les écrivains contemporains de CHARLES SEPT, et particulièrement Matthieu de Coucy, fournissent des lumières sur ce sujet. — MACHIAVEL (1520, A), parlant des usages de la FRANCE (*Livre du Prince*), fait mention d'HOMMES D'ARMES A PIED qui n'auraient existé que jusqu'à LOUIS ONZE; mais son assertion n'est ni claire, ni concluante. — Ce qui fortifie l'opinion que GENS D'ARMES et HOMMES D'ARMES n'étaient en FRANCE qu'une seule et même chose, c'est que BRANTOME (1600, A), nourri de toutes les traditions et familier avec tous les usages du temps, donne une signification toute pareille aux termes GENS D'ARMES et HOMME D'ARMES, comme le font nos historiens; il emploie même quelquefois encore, par la force de la vieille habitude, l'expression GENT D'ARMES au féminin. — On peut regarder le mot GENS D'ARMES comme se changeant en GENDARME vers l'époque de l'abolition de la LANCE; cependant il y a encore telles ordonnances de LOUIS QUATORZE dans lesquelles l'orthographe ancienne est maintenue. — Les GENS D'ARMES, quand ils ont cessé d'être CHEFS DE LANCES, sont devenus des GENS D'ARMES de la MAISON MILITAIRE. Ce n'étaient plus alors que des SOLDATS nobles ayant rang d'officier. — Depuis le commencement du dix-septième siècle, l'orthographe nouvelle a tout à fait prévalu. Quelques détails des GENS D'ARMES, sous le nom d'HOMMES D'ARMES, se trouvent dans le *Journal de l'Armée* (t. III, p. 226). — N° 4. UNIFORME. — Pour nous rendre compte du costume et de l'armement des GENS D'ARMES, conformons-nous au système déjà énoncé, en les envisageant comme SOLDATS FIEFFÉS, avant de les considérer comme VOLONTAIRES à la SOLDE du prince. — L'ancienne GENDARMERIE était armée suivant le caprice de chaque BANNERET. Ainsi les GENS D'ARMES ne portaient pas tous des LANCES; il y en avait dont les instruments d'attaque ne consistaient que dans la HACHE et la MASSE D'ARMES; plusieurs même prirent, depuis les CROISADES du treizième siècle, l'ARBALÈTE; mais ils abandonnèrent ensuite cette ARME DE TRAIT aux CHEVAU-LÉGERS. — Si les GENS D'ARMES avaient le CHEVAL BARDÉ, ce n'étaient pas des BARDES complètes comme celles des CHEVALIERS, et également l'ARMURE de ces derniers était composée de bien plus de PIÈCES. Les GENS D'ARMES étaient plus comparables aux CATAPHRACTES de l'antiquité; les CHEVALIERS étaient des CATAPHRACTES bien plus FERVESTIS, ou FERVESTUS, comme on disait alors. — CARRÉ (1783, E) prétend que les Gendarmes portèrent les HEUSES; mais le fait ne nous semble pas démontré, parce que cette CHAUSSURE appartenait au genre le plus complet d'ARMURE. — Passons à l'époque où les GENS D'ARMES, qui jusque-là n'avaient marché que sous les INSIGNES personnelles nommées BANNIÈRES et PENNONS, vont servir sous des ÉTENDARDS et des CORNETTES, et s'amalgamer en COMPAGNIES D'ORDONNANCE. — Depuis l'ordonnance de 1373 (15 janvier), ils portent les ARMOIRIES de leurs CAPITAINES sur le HOQUETON *couvert d'orfévrerie*, comme le dit DANIEL; ils prennent ensuite sur les CASA-

QUES la couleur de sa LIVRÉE. — Cette création des CAPITAINES et leur prépondérance étaient un événement marquant, et présageaient la disparition prochaine des BANNE-RETS, jusque-là CHEFS des GENS D'ARMES. — Depuis la création des COMPAGNIES D'ORDONNANCE, en 1445, le HAUBERT disparaît, les GENS D'ARMES montent un CHEVAL BARDÉ complétement; ils portent une ARMURE PLATE non à CUISSOTS, mais à CUISSARDS; ils ont le GARDE-BRAS, les GANTELETS, la LANCE, l'ÉPÉE, la BOURGUIGNOTE, l'ARMET, etc. Ils conservent ce genre d'armement jusqu'à l'époque où les ARMES A FEU vont devenir d'un usage général. — MACHIAVEL (1510, A) blâme le nombre excessif des CHEVAUX que les HOMMES D'ARMES traînaient à leur suite; ceux de FRANCE en avaient jusqu'à quatre; les REITRES d'AL-LEMAGNE n'en avaient qu'un par homme, et un CHEVAL DE BAT par vingt CAVALIERS. — Au temps de MONTLUC (1575, A), les HOM-MES D'ARMES FRANÇAIS portent des COUTELAS tranchants, pour couper les BRAS MAILLÉS OU MANCHES DE MAILLES, et pour s'aider à déta-cher les MORIONS des vaincus. — Les GENS D'ARMES de FRANCE n'ont eu pour SIGNE DE RALLIEMENT que des ÉTENDARDS, jusqu'à l'é-poque où la CORNETTE du COLONEL GÉNÉRAL est devenue CORNETTE blanche de tous les CORPS DE CAVALERIE. — Les GENS D'ARMES des COMPAGNIES D'ORDONNANCE de HENRI DEUX portaient à leur LANCE une BANDEROLE imitée de l'ancienne BANDEROLE des CHEVALIERS: ils avaient ARMET grand et petit. — L'ORDON-NANCE DE 1547 leur donna pour CASQUE la BOURGUIGNOTE. Une image de ce dernier cos-tume se retrouve dans MAIZEROX (1775, A, pl. 4). — Ils quittèrent les CASAQUES qu'ils portaient depuis longtemps, et qui étaient plus amples que celles des CHEVAU-LÉGERS et des MOUSQUETAIRES A CHEVAL. — En équiva-lent des MARQUES DISTINCTIVES que portait la CASAQUE que les Gendarmes abandonnaient, ils prirent l'ÉCHARPE, qui devint une dis-tinction de COMPAGNIE. — En équivalent de la CASAQUE considérée comme VÊTEMENT, le MANTEAU commença à être d'usage; il en différa en ce qu'il était sans manches et sans marques distinctives. — L'ENSEIGNE des GENS D'ARMES était l'ÉTENDARD carré. — Nous som-mes arrivés à l'époque où l'ARMURE s'allége, où le BUFFLE DÉFENSIF s'introduit, où la créa-tion des RÉGIMENTS va effacer l'usage des LANCES FOURNIES, et où la CAVALERIE ne com-battra plus que de l'ÉPÉE et des ARMES A FEU. — N° 5. ALLOCATIONS, SOLDE. — En 1413, comme le témoigne M. DE BARANTE, un cahier de doléances, rédigé par l'Université et présenté par ses mandataires à CHARLES SIX, déclare, comme un des maux de la pa-

trie, que c'est une règle générale que les gens d'armes vivent sur le pays, faute de recevoir leurs gages. Il y avait donc, sous une forme actuellement mal connue, des CORPS quel-conques de GENS D'ARMES rassemblés sous promesse de GAGES. — Sous le règne de CHARLES SEPT, l'impôt nommé TAILLE, ou TAILLE DE GENS D'ARMES, était institué du consentement des communes, pour subve-nir à la subsistance des GENS D'ARMES, qui, en TEMPS DE PAIX, étaient répartis dans le royaume par petites troupes de vingt-cinq ou trente MAITRES. Les villes n'en toléraient pas davantage, afin que les HABITANTS fus-sent moins foulés, et pussent réprimer les désordres auxquels se livraient trop souvent ces CAVALIERS, dont la DISCIPLINE était fort relâchée; MONSTRELET et OLIVIER DE LA MAR-CHE en rendent témoignage. — VILLARET nous montre, à la date 1336, la SOLDE des HOMMES D'ARMES NORMANDS *fixée à trente sols par jour pour chaque chevalier.* SERVAN (1780, B, p. 510) n'évalue, à ces mêmes époques, la paye des HOMMES D'ARMES qu'à treize sous six deniers par jour. — L'ORDONNANCE DE 1351 (4 FÉVRIER) réglait que le PRÊT ne pouvait leur être servi pour plus d'un mois. — M. BONTEMPS témoigne combien, en 1444, la SOLDE était inférieure à ce qu'elle avait été au temps des TROUPES FÉODALES. — Le RÈGLEMENT DE 1517 (24 JANVIER) avait en vue les MONS-TRES, c'est-à-dire les formes du service de la SOLDE de la GENDARMERIE. — L'ORDONNANCE DE 1574 (1er FÉVRIER) réglait les VIVRES et PAYEMENTS des GENS D'ARMES. — LOUIS ONZE, par une ORDONNANCE DE 1477, exigea sous serment que les TRÉSORIERS eussent à servir la SOLDE sans en rien retenir; il voulait qu'ils payassent les *gens d'armes, puis les archers, sans permettre que l'homme d'armes pillât l'archer; il leur enjoignait, en cas qu'ils ne pussent l'empêcher, d'en instruire prompte-ment le commissaire de la guerre ou le roi lui-même.* — L'auteur du *Cours d'histoire militaire* (1813, F) prétend que la PAYE de toute la LANCE GARNIE était par mois de trente francs, qu'il compare à deux cents francs monnaie actuelle. — VOLTAIRE a fait quel-ques recherches sur la PAYE des GENS D'AR-MES; elle était, suivant lui, de deux mille livres par an; celle du CHEVAU-LÉGER, ou des autres ARMÉS A LA LÉGÈRE de la LANCE GARNIE, était de vingt-quatre francs par mois. — D'autres AUTEURS ont évalué la PAYE de l'HOMME D'ARMES à un demi-écu ou quatre francs par jour; mais on a vu, à l'article COMPAGNIE D'ORDONNANCE, combien les cal-culs qui nous ont été transmis sur cette ma-tière ont peu d'authenticité, de justesse ou d'accord entre eux. — N° 6. RANG, SUBOR-

DINATION. — Depuis l'existence des BANNERETS, tels d'entre eux, SEIGNEURS appauvris, dépouillés de leur bannière, réduits à la condition de simples SOLDATS FÉODAUX, servaient comme CHEFS DE LANCE FOURNIE, sous les ordres des BANNERETS à BANNIÈRE. — Le CONNÉTABLE, dès le douzième siècle, était chargé en chef de la direction de la GENS D'ARMERIE. — Au temps des CROISADES, le rang des CHEVALIERS et celui des GENS D'ARMES commencent à être plus marqués; cependant la différence positive qui pouvait exister entre eux est mal éclaircie dans les historiens. Il y a d'inexplicables disparates dans les DÉNOMBREMENTS comparatifs qu'ils offrent. — A BOUVINES, en 1214, disent les annalistes, *ils se voyoient douze cents chevaliers et sept mille autres gens d'armes.* — Dans la CROISADE de LOUIS NEUF, en 1240, on comptait quinze cents CHEVALIERS et quarante mille CAVALIERS. VELLY, parlant de l'armée de PHILIPPE TROIS, dit, à la date 1272, *que le comte de Rhodès commandoit cinquante gens d'armes, dont sept étoient bannerets et vingt-six chevaliers.* — En 1522, le vicomte de Narbonne s'engageait, dit VILLARET, à conduire contre les infidèles trois mille ARBALÉTRIERS A PIED commandés par trente HOMMES D'ARMES; un HOMME D'ARMES pouvait donc se comparer au capitaine de cent ARBALÉTRIERS; mais cela tenait peut-être aux coutumes des provinces méridionales, patrie des tireurs d'ARBALÈTES. — A la bataille de Cassel, en 1328, l'ARMÉE FRANÇAISE était de trente mille hommes, dont la moitié était GENS D'ARMES. A Nicopolis, en 1393, Jean sans Peur commande mille CHEVALIERS et neuf mille HOMMES D'ARMES. — Peut-être ces DÉNOMBREMENTS sont-ils peu exacts; peut-être le mot GENS D'ARMES y est-il quelquefois pris comme signifiant CAVALIER en général, peut-être comme signifiant LANCE FOURNIE; mais, du moins, dans la première de ces citations, il est visible que, suivant la pensée de l'historien, tous les COMBATTANTS à cheval étaient GENS D'ARMES; et pourtant on ne saurait révoquer en doute que quantité de GENS D'ARMES n'étaient point CHEVALIERS. Plus tard, la signification des termes GENS D'ARMES et HOMME D'ARMES prit plus de précision, et l'on n'aurait plus compté les CHEVALIERS au nombre des GENS D'ARMES. — Il paraîtrait qu'il y a eu de l'analogie entre les GENS D'ARMES et les BACHELIERS; cependant ces derniers étaient plutôt des possesseurs de petits FIEFS, ou de BACELLES d'une redevance positive, et les GENS D'ARMES étaient plutôt des soldats éprouvés et d'un âge fait. Du reste, on croit que les uns et les autres étaient compris sous l'expression *minores milites.* — On est donc autorisé à définir les GENS D'ARMES comme ayant été les LANCES des BANNERETS, les subordonnés des CHEVALIERS; les gros CAVALIERS des BACÈLES, et un genre de CUIRASSIERS toujours distincts des ARCHERS A CHEVAL et d'une CAVALERIE LÉGÈRE qui était comme la domesticité de la LANCE FOURNIE. — Jusqu'à l'institution des COMPAGNIES D'ORDONNANCE, les GENS D'ARMES ne dépendaient que du CHEF de la BANNIÈRE ou du PENNON auquel ils étaient attachés; ils étaient purement GENS D'ARMES FIEFFÉS. Plus tard, il en fut tout autrement: les GUERRIERS que l'histoire mentionne depuis le quatorzième siècle sous le nom de GENS D'ARMES sont des GENS D'ARMES volontaires et engagés moyennant une SOLDE; ils sont astreints à un autre genre de SERVICE; ils sont soumis aux obligations du SOLDAT. L'ORDONNANCE DE 1340 (FÉVRIER) déterminait l'autorité exercée sur eux par le CONNÉTABLE. L'ORDONNANCE DE 1373 défendait à l'HOMME D'ARMES de s'absenter sans un congé du CAPITAINE; mais s'il se rendait coupable de DÉSERTION, il n'encourait pas PEINE DE MORT, à ce que dit M. MONTEIL. Apparemment il avait ce privilége à titre de NOBLE; car les SOUDOYERS D'INFANTERIE qui désertaient étaient pendus. — L'ORDONNANCE DE 1573 (15 JANVIER) désignait les COMMISSAIRES DES GUERRES sous la qualification de MENEURS DE GENS D'ARMES. — Une grande REVUE ou MONSTRE de GENS D'ARMES ARMÉS DE TOUTES PIÈCES devait avoir lieu deux fois par an; ils y étaient comptés et inspectés par un MARÉCHAL DE FRANCE en personne; il s'y faisait aider du COMMISSAIRE ou MENEUR DE GENS D'ARMES; les autres REVUES des GENS D'ARMES étaient passées par le CAPITAINE; elles avaient lieu en ROBES LONGUES, c'est-à-dire en CASAQUES ou en MANTEAUX. — Avant le règne de CHARLES SEPT, l'HOMME D'ARMES était un GENTILHOMME de nom et d'armes: du moins plusieurs AUTEURS le disent; mais nous doutons que cette assertion doive être prise à l'absolu; elle serait tout au plus applicable aux anciens CHEVALIERS. — Depuis CHARLES SEPT, il y a eu cette différence marquée entre les anciens CHEVALIERS et les GENS D'ARMES, que les premiers avaient toujours un ÉCUYER DE SUITE, tandis que si l'HOMME D'ARMES avait un ÉCUYER ou un suivant dont la qualité répondît à cet ancien titre, ce n'était plus un ÉCUYER DE SUITE de son seul choix; mais c'était un COMBATTANT placé sous ses ordres par le souverain. — CHARLES, en mettant sur pied les COMPAGNIES, institua peu après le TAILLON, destiné à leur entretien, et que, par cette raison, on appela TAILLE DE GENDARME. — Avant que FRANÇOIS PREMIER ne fût sur le trône, les GENS D'ARMES devaient encore faire preuve de NOBLESSE ; mais la vigueur physique et la bravoure n'étant pas exclusivement le partage des familles nobiliaires, force fut d'être moins exigeant quand les ARMÉES ROYALES s'accrurent, et depuis FRANÇOIS PREMIER quantité de GENS D'ARMES étaient ROTURIERS, d'autant que les NOBLES commençaient à se porter vers l'INFANTERIE dans l'espoir d'y occuper les places d'OFFICIERS. La vie, devenue moins libre, qu'il fallait mener en servant comme GENDARME, éloignait d'ailleurs de cette carrière les jeunes gens des familles distinguées. — L'ORDONNANCE DE 1530 (15 JUILLET) et celle DE 1574 (1er FÉVRIER) traitent succinctement de la police des Gendarmes. — Jusqu'au règne de HENRI TROIS, ou environ, les GENS D'ARMES, subordonnés à des OFFICIERS alors nommés BARONS, étaient des CHEFS de LANCE FOURNIE de trois, quatre, cinq ou six hommes diversement montés. — N° 7. TACTIQUE. — FOLARD (1727, A) et DANIEL (1721, A) pensent que les GENS D'ARMES FRANÇAIS ont combattu sur trois de hauteur ; mais c'est un fait contesté, ou du moins il ne paraît pas que ce fût une pratique commune et permanente. D'ailleurs ces ÉCRIVAINS auraient dû rattacher cette assertion à des époques déterminées ; quantité d'allégations, fondées peut-être, sont trompeuses, parce qu'il y manque l'indication des temps et des lieux où la chose était vraie. — Suivant l'opinion commune, les Gendarmes de FRANCE chargeaient en HAIE, mais ils se tenaient quelquefois sur plusieurs RANGS ou HAIES assez distantes. — Cette espéce d'ORDRE PROFOND était très-ouvert, puisque la longueur de la lance ne permettait pas les rangs serrés. Cette ÉVOLUTION ou MANŒUVRE de tournoi se nommait COUP DE LANCE. — A la guerre, quand la HAIE ou les HAIES faisaient LANCE basse, les CHEVAU-LÉGERS qui avaient ENTAMÉ L'ACTION venaient se grouper en ARRIÈRE-LIGNE, sous la forme d'une RÉSERVE. — Les ARBALÉTRIERS, les ARCHERS, les SATELLITES, les CLIENTS qui appartenaient au parti vainqueur, se précipitaient alors sur les ENNEMIS ébranlés, désarçonnés, abattus ; ils se mettaient plusieurs contre un ; travaillaient à coups de HACHES D'ARMES, de MASSES, de COUTILLES, le Gendarme vaincu ; ils dépiéçaient son armure, à peu près comme on enfonce un coffre-fort, et l'égorgeaient de sang-froid, à l'émulation les uns des autres, à moins qu'ils n'en espérassent une RANÇON lucrative. Quelquefois ils s'entre-tuaient pour le partage de cette rançon. — On voit à BOUVINES un SECOND RANG de LANCES composé d'ÉCUYERS FIEFFÉS. — A la bataille de CRÉCY, en 1340, la GENS D'ARMERIE forme la SECONDE LIGNE OU CORPS DE BATAILLE, et la TROISIÈME LIGNE OU

ARRIÈRE-GARDE. — L'histoire militaire de toutes les nations témoigne qu'en maintes occasions les GENS D'ARMES mirent pied à terre pour combattre comme INFANTERIE. Il en fut ainsi sous PHILIPPE AUGUSTE et PHILIPPE DE VALOIS, sous les rois JEAN, CHARLES CINQ, CHARLES SIX ; même usage régnait dans les troupes de CARMAGNOLE, chez les ANGLAIS, chez les ALLEMANDS. Cette pratique fut surtout fréquente pendant le quinzième siècle ; car il fallait bien que, faute d'une bonne INFANTERIE DE BATAILLE, les GENS D'ARMES en fissent le SERVICE dans les instants difficiles où il y avait à combattre ou à débusquer des HOMMES A PIED. Cette mode régna jusqu'à CHARLES SEPT, mais après son règne on recourut plus rarement à cette ressource. — Des AUTEURS ont cependant douté de cette transformation des CAVALIERS devenant PIÉTONS, parce qu'il semble qu'un HOMME D'ARMES enfermé dans un lourd HARNOIS de fer devait être bien malhabile aux manœuvres des FANTASSINS ; peut-être ne quittait-il le CHEVAL et ne RETAILLAIT-il la LANCE (on appelait ainsi l'action de la raccourcir en DEMI-PIQUE) que pour les ASSAUTS, ou lorsque l'âpreté du TERRAIN y forçait. Quand, au siége de PAVIE, la GENS D'ARMERIE de FRANÇOIS PREMIER MONTAIT A L'ASSAUT, il fallait bien qu'elle s'y portât à pied. — Une fâcheuse atteinte altéra la réputation de la GENS D'ARMERIE, renversée à RAVENNE en 1512 par quelques COULEVRINES, et battue à Novarre en 1513 par les SUISSES. La déconsidération et la ruine de cette CAVALERIE allaient résulter des progrés de l'INFANTERIE et de l'ARTILLERIE. — Depuis que des COMPAGNIES D'ORDONNANCE ou des corps analogues eurent été créés dans différentes contrées, ce furent surtout les ESPAGNOLS et les ALLEMANDS qui combattaient sur plusieurs RANGS ; les premiers occupaient une grande PROFONDEUR, et venaient à la charge en ESCADRONS. — Dans les usages FRANÇAIS, la partie des BARDES qui recouvrait les reins du CHEVAL DE BATAILLE était surtout une défense contre les atteintes que l'animal aurait pu recevoir des rangs postérieurs, s'ils l'avaient involontairement touché du fer de la LANCE ; cependant cette supposition perdrait de sa force, s'il est vrai que les arrière-rangs ne chargeaient que la LANCE haute, ne la baissaient que pour le COUP DE LANCE, et que presque jamais la GENS D'ARMERIE FRANÇAISE, tant qu'elle a combattu de la LANCE, n'a CHARGÉ sur plus d'un RANG et toujours au trot ou au pas ; mais, dans les marches, il fallait bien que les GENS D'ARMES fussent rangés les uns en arrière des autres, comme des FILES DE BATAILLON, et qu'en passant sous les portes des villes, ils tinssent la lance presque horizontalement. Ce sont des faits mal débrouillés ou contestés. — Les chevau-légers, montés sur des courtauds, combattaient autour ou en avant des gens d'armes, qui montaient au contraire des chevaux de bataille. — La première fois qu'on voit la gens d'armerie française se réunir pour des manœuvres concertées, c'est en 1480, sous Louis onze; mais aucune notion ne nous a été transmise à l'égard du genre des exercices auxquels elle se livra sous la direction du maréchal bourguignon Desquerdes. — Ce qui a été dit de l'uniforme des compagnies d'ordonnance éclaire toute la question relative aux armes et aux effets dont les gens d'armes étaient pourvus avant le règne de Henri quatre. — Quand le gens d'arme démonté venait combattre dans les rangs de l'infanterie avec sa lance transformée en demi-pique (*lancia spezzada*), il y conservait une certaine prééminence, un poste distingué; il y prenait le titre de lance-pécat, qui s'est corrompu en anspessade. — N° 8. Service. — Les gens d'armes de diverses nations, et surtout de race allemande, qui étaient au service des Etats de l'Italie, sous les ordres des condottieri, étaient de véritables cavaliers à solde journalière ou mensuelle; les historiens les appellent quelquefois simplement cuirassiers, au lieu de les appeler Gendarmes; leur organisation, toute défectueuse qu'elle fût, a été le modèle des compagnies d'ordonnance des autres peuples; seulement le système s'y modifia suivant les coutumes anciennes et les modes locales. — Dans le quatorzième siècle, Talbot disait : *Si Dieu était homme d'armes, il serait pillard.* Alors homme d'armes ou Gendarme étaient même chose. — Une ordonnance de 1413 (25 mai) s'occupait de la police des Gendarmes; mais la solde de la gens d'armerie était si mal servie, que Villaret, à la date 1422, dit, en parlant des gens d'armes, *que non contents de vivre à discrétion, ils pillaient les provinces. Cette liberté leur paraissait préférable à leur paye, qu'ils abandonnaient volontiers à leurs capitaines, pourvu qu'ils tolérassent leurs désordres. Les rois mêmes autorisaient ce brigandage en donnant des lettres par lesquelles il était permis aux Gendarmes et à leur suite de vivre sur le peuple.* — Charles sept promulgua, depuis 1450, comme le remarque Ménage, plusieurs ordonnances dont l'objet était de réprimer les désordres auxquels se livraient les gens d'armes. — Il paraît qu'avant François premier ils avaient perdu toute réputation, puisque ce prince rendant compte, dans une lettre autographe, de l'affaire de

Marignan livrée en 1515, s'exprime dans les termes qui suivent : *Et ne dira-t-on plus* (ainsi l'on ne dira plus) *que les gens d'armes sont lièvres armés.* — Pour saisir le sens de ce vieux sobriquet, de ce proverbe, consacré, il faut se rappeler les quolibets dont les chevaliers du lièvre avaient été l'occasion et l'objet; mais cette réhabilitation ne touchait qu'à la bravoure; elle n'avait rien de commun avec la discipline. Pendant tout le seizième siècle, les gens d'armes continuent à se livrer à d'affreux désordres : c'étaient des meutes de brigands à qui le nom des grands seigneurs leurs chefs assurait l'impunité. Dulaure en trace le tableau, et parle surtout des gens d'armes du comte de Saint-Pol, qui faisaient la désolation de Paris. — On lit dans les registres manuscrits du parlement (1525, cinq juillet) que le président Gaillard, devant lequel se présentait le nouveau prévôt de Paris, lui dit : *Aujourd'hui le nom de gens d'arme est tant estimé, qu'il semble, quand on en parle, que ce soit l'ennemi de Dieu et de nature.* — Bussi-Rabutin, en blâmant les abus inhérents à l'institution des corps privilégiés, s'étend en reproches contre les gens d'armes, qu'il peint comme impatients de toute discipline; il dit qu'ils ne pouvaient s'accorder ni avec l'infanterie, ni avec la cavalerie légère. Pour saisir le sens de ce reproche, il faut remarquer que depuis quelque temps la cavalerie légère avait cessé de faire partie de l'ordonnance, et servait à part des gens d'armes. — La bataille de Coutras, gagnée par les mousquetaires a pied et par de petits escadrons, démontra la puissance du feu, l'impuissance de la lance, l'utilité du mélange des armes, et la débilité des cavaliers à qui leur longue hampe ne permettait de donner que sur un seul rang. — Cette époque est peu éloignée de celle où la gendarmerie, sauf celle de la maison militaire, sera remplacée par les régiments de cavalerie; la lance alors est abandonnée pour l'épée et le pistolet, la haie est remplacée par l'escadron profond.

GENDARME espagnol. v. espagnol, adj. v. milice espagnole n° 2:

GENDARMER (se), verb. récip. v. gendarme. v. langue française.

GENDARMERIE, subs. fém. v. allocation de g... v. arme de g... v. bataillon de g... v. brigade de g... v. brigadier de g... v. chef d'escadron de g... v. colonel de g... v. commandant de g... v. compagnie de g... v. corps impérial de g... v. corps royal de g... v. création de g... v. division de g... v. escadron de g... v. état-major de g... v. fonction de g... v. grade de g... v. grande

G... V. INSPECTEUR DE G... V. LÉGION DE G... V. LIEUTENANCE DE G... V. LIEUTENANT DE G... V. MARÉCHAL DES LOGIS DE G... V. MOUSQUETON DE G... V. OFFICIER DE G... V. PETITE G... V. PREMIER INSPECTEUR DE G... V. PRÉVOT DE G... V. RANG DE G... V. RECRUTEMENT DE G... V. RÉGIMENT DE G... V. RÉSERVE DE G... V. SERVICE DE G... V. SOLDE DE G... V. SOUS-ARME DE G... V. SOUS-OFFICIER DE G... V. SUBORDINATION DE G... V. TRÉSORIER DE LA G...

GENDARMERIE (term. génér.), ou GENS D'ARMERIE, OU GENT D'ARMERIE. Ce mot, dont l'étymologie est indiquée à l'article GENDARME DU MOYEN-AGE, N° 5, a pris, suivant les époques, des acceptions différentes; il a exprimé pendant longtemps l'ensemble des GENS D'ARMES FIEFFÉS et de leur entourage, et ensuite les corps des GENS-D'ARMES VOLONTAIRES. — Au commencement du seizième siècle, dit M. MONTEIL, l'ARMÉE FRANÇAISE a eu jusqu'à cent cinquante COMPAGNIES DE GENDARMERIE ou dix mille HOMMES D'ARMES, ce qui pouvait équivaloir à soixante mille hommes. — Au milieu du même siècle, l'affaiblissement de la LANCE FOURNIE, qui ne se composait plus que d'un HOMME D'ARMES et d'un ARCHER, ne donnait qu'un total de vingt mille hommes; enfin le DÉDOUBLEMENT ne laissait plus la Gendarmerie qu'à dix mille GENDARMES. — Depuis l'institution de la CAVALERIE LÉGÈRE, le mot Gendarmerie a donné idée de cette portion de GUERRIERS qui, pour le combat, se couvraient de PIÈCES D'ARMURE plus nombreuses et plus robustes que celles du COSTUME défensif des CHEVAU-LÉGERS; cette différence régnait au temps où les mots CAVALERIE et Gendarmerie n'avaient pas le même sens, alors qu'au contraire cavalerie et CAVALERIE LÉGÈRE n'avaient qu'une même signification; on le voit dans un passage de BRANTOME (1600, A) où il parle de Jacques de Savoie : *Il avoit fait l'estat de gens d'armerie, cavalerie et aussi d'infanterie, car il s'est meslé de tous les trois estats.* — La Gendarmerie, formée en des cadres ou AGRÉGATIONS, alors nommées COMPAGNIES, était donc comparable à ce que notre GROSSE CAVALERIE est aujourd'hui, et la CAVALERIE d'alors à ce qu'est notre CAVALERIE LÉGÈRE actuelle. — Quand des RÉGIMENTS DE CAVALERIE commencèrent à exister, les anciennes COMPAGNIES D'ORDONNANCE se trouvaient analogues, à certains égards, à la CAVALERIE LÉGÈRE actuelle; mais elles en différaient en d'autres points : la preuve s'en trouve dans l'ORDONNANCE DE 1633 (14 FÉVRIER), qui défendait aux GENDARMES d'avoir chacun plus de trois CHEVAUX. — Ces COMPAGNIES se fondirent dans la CAVALERIE enrégimentée. — A part de ces divers genres de Gendarmerie, il en

est une autre qui, après en avoir été contemporaine, leur a succédé et les a fait oublier : c'est celle qui répond aux troupes qu'on a appelées la GENDARMERIE DE LA MAISON. — A la dissolution de la MAISON MILITAIRE, vers la fin du dix-huitième siècle, l'expression Gendarmerie était devenue un terme sans emploi et qui semblait prêt à s'effacer du langage de nos troupes. Ces mots estropiés et barbares : Gendarmerie, GENS D'ARMERIE, GENT D'ARMERIE, n'avaient pu être tolérables que jusqu'à l'époque de la suppression des dernières PIÈCES DE L'ARMURE : ils ne s'étaient maintenus plus tard que par la puissance des vieilles habitudes. — Enfin des corps modernes, qui ne ressemblent à tous les autres que par la seule dénomination, ont consisté dans des BATAILLONS DE GUERRE nommés DIVISIONS DE GENDARMERIE A PIED, et dans l'ensemble des troupes de Gendarmerie chargées successivement du maintien de la police de la république, de l'empire et du royaume. — Les distinctions qui viennent d'être établies demandent à être justifiées par un examen qui embrasse : GENDARMERIE BELGE, — DE GUERRE, — DE LUNÉVILLE, DE POLICE, — DE LA MAISON, — DES COLONIES, DU MOYEN AGE, — HELLÉNIQUE, — HESSOISE, — NAPOLITAINE, — PRUSSIENNE, — RUSSE.

GENDARMERIE A CHEVAL. V. A CHEVAL. V. ARME A CHEVAL. V. ARME DE GENDARMERIE. V. COMPOSITION. V. GARDE ROYALE N° 2. V. GENDARMERIE DE POLICE; id. N° 1. V. LIGNE.

GENDARMERIE A CHEVAL de GARDE ROYALE. V. A CHEVAL. V. COMPOSITION. V. GARDE ROYALE.

GENDARMERIE A PIED. V. A PIED. V. ARME DE GENDARMERIE. V. BATAILLON DE GUERRE. V. COMPOSITION. V. CORPS A PIED. V. GENDARMERIE DE GUERRE. V. GENDARMERIE DE POLICE; id. N° 1. V. LIGNE.

GENDARMERIE ALLEMANDE. V. ALLEMAND, adj. V. CAVALERIE. V. GENDARMERIE DU MOYEN AGE. V. REITRE.

GENDARMERIE ANGLAISE. V. ANGLAIS, adj. V. TACTIQUE, subs.

GENDARMERIE AUTRICHIENNE. V. AUTRICHIEN, adj. V. MILICE AUTRICHIENNE N° 2.

GENDARMERIE BAVAROISE. V. BAVAROIS, adj. V. MILICE BAVAROISE N° 1.

GENDARMERIE BELGE. V. BELGE, adj. V. MILICE BELGE.

GENDARMERIE D'ARMÉE AGISSANTE. V. ARMÉE AGISSANTE. V. BLESSÉ. V. CHEVAL TROUVÉ. V. GENDARMERIE DE POLICE N° 1. V. MILICE AUTRICHIENNE N° 2. V. PRÉVAL (1827). V. SAUVEGARDE.

GENDARMERIE de GUERRE (I'). Sorte de GENDARMERIE qu'on pourrait regarder comme ayant été une fraction de la GENDAR-

MERIE DE POLICE et comme un grand détachement guerroyant. — Ce corps de GENDARMERIE A PIED, qui s'est rendu célèbre à l'armée du Nord par sa haute bravoure, avait été composé en grande partie des GARDES FRANÇAISES, qui venaient d'être licenciés. — Les OFFICIERS étaient à la nomination de leurs subordonnés ; tel CAPITAINE redevenait SIMPLE SOLDAT. — Une LOI DE L'AN DEUX (27 PRAIRIAL) refondait en un corps nommé trentième DIVISION les GENDARMES A PIED employés à l'ARMÉE. — Ce corps s'est éteint, comme la chose devait avoir lieu, puisque la loi de sa création exprimait la clause qu'il ne pourrait pas être recruté.

GENDARMERIE de la GARDE. V. GARDE. V. GARDE IMPÉRIALE N° 2. V. GENDARMERIE DE LA MAISON. V. TIMBALE.

GENDARMERIE de la MAISON (F), ou GRANDE GENDARMERIE. Sorte de GENDARMERIE ou de GENS D'ARMERIE prise par opposition aux GENS-ARCHERS. La Gendarmerie de la MAISON existait de fait depuis CHARLES CINQ, et de nom depuis 1468 ; il en est également question sous le règne de FRANÇOIS PREMIER. — Ce prince avait attaché à sa personne un corps de GENDARMES DE LA GARDE. HENRI QUATRE l'augmenta et lui donna la dénomination d'HOMMES D'ARMES de ses ordonnances ; il en fit ensuite CAPITAINE le Dauphin : de là le nom de GENDARMES des ordonnances du Dauphin. — Les GENDARMES de la Garde tenaient la tête de toute la CAVALERIE de la MAISON, en vertu de l'ORDONNANCE DE 1611 (29 AVRIL). — Le nom de cette TROUPE changea de nouveau au couronnement de LOUIS TREIZE ; elle redevint Gendarmerie du roi. — Quand un système d'organisation régimentaire s'établit, la Gendarmerie prit RANG dans la MAISON MILITAIRE ; une partie y fut CAVALERIE D'ÉLITE, l'autre, quoique d'élite aussi par le fait, fut cependant distincte de la CAVALERIE la plus privilégiée. On peut donner idée de ce qu'était cette Gendarmerie en la comparant à la GROSSE CAVALERIE de la GARDE de Louis DIX-HUIT. — Depuis HENRI QUATRE, cette Gendarmerie cessa d'être une ARMURE (UNE TROUPE A ARMURE) et de ne combattre que sur un RANG ; elle a quitté le HOQUETON SOUS LOUIS TREIZE ; elle était comparable à ce qu'on a appelé JEUNE et VIEILLE GARDE ; elle a compris des MOUSQUETAIRES A CHEVAL et des GRENADIERS A CHEVAL ; elle a composé un ensemble de CAVALIERS manœuvrant sur trois RANGS ; elle s'est divisée en COMPAGNIES et en ESCADRONS, mais non en RÉGIMENTS. Le RÉGLEMENT DE 1657 (8 NOVEMBRE) donnait cinquante sous de solde par jour aux GENDARMES ; celui DE 1640 (21 JANVIER) réglait avec quelques détails ce qui

les concernait ainsi que les CHEVAU-LÉGERS. — LOUIS QUATORZE, à la PAIX DES PYRÉNÉES, réforma les COMPAGNIES D'ORDONNANCE des GENTILSHOMMES, sauf quelques-unes qui s'éteignirent à la mort des seigneurs propriétaires ; il amalgama en un seul CORPS les seize COMPAGNIES des princes ; il leur laissa la dénomination inexacte de Gendarmerie ; il forma d'abord quatre COMPAGNIES DE GENDARMES DE LA GARDE, et les augmenta jusqu'à seize : six étaient CHEVAU-LÉGERS ; les autres étaient GENDARMES proprement dits. Malgré ces distinctions et sauf quelques futiles priviléges, il n'y avait pourtant pas de différence entre les CHEVAU-LÉGERS et les GENDARMES, tant étaient bizarres, contradictoires, défectueuses, les organisations des corps ; c'est un mal apparemment incurable, car des législateurs plus modernes ne se sont pas montrés beaucoup plus habiles que leurs devanciers. — Depuis 1665, les GENDARMES de la maison n'avaient plus le pas que sur les GARDES DU CORPS. — Les COMPAGNIES, depuis l'institution de l'UNIFORME, avaient l'HABIT écarlate ; elles se distinguaient par la couleur de la BANDOULIÈRE ; elles étaient armées d'épées en baudrier et de pistolets. — Elles prirent la dénomination de GENDARMES écossais, anglais, bourguignons, flamands, bretons, angevins, bérichons, orléanais ; gendarmes du Dauphin, de la reine, des princes du sang, etc. On appelait chefs d'escadron les quatre premières COMPAGNIES ; on les appelait aussi les GENDARMES D'ORDONNANCE, tandis que les moins anciennes COMPAGNIES devinrent PETITE GENDARMERIE. — Au seizième siècle, la seule NOBLESSE était admissible dans la GENDARMERIE ; mais les ROTURIERS parvenus au GRADE DE SERGENT D'INFANTERIE étaient susceptibles d'y entrer. — La GENDARMERIE D'ORDONNANCE formait huit ESCADRONS de cent vingt MAITRES environ : c'était un millier de chevaux qu'on embrigadait EN TEMPS DE GUERRE avec la CAVALERIE de la MAISON du ROI ; il en fut ainsi dans la GUERRE DE 1667. M. ROCQUANCOURT remarque, à ce sujet, que, depuis les ROMAINS, c'est la première institution d'une TROUPE destinée à former RÉSERVE d'une manière permanente. — Le dictionnaire de l'ACADÉMIE s'exprime avec ambiguïté à l'égard de la Gendarmerie ; il dit en style obscur que cette TROUPE est l'ensemble des GENDARMES et des CHEVAU-LÉGERS, non compris les GENDARMES et les CHEVAU-LÉGERS de la MAISON DU ROI ; cela veut dire que quatre COMPAGNIES de gendarmes étaient COMPAGNIES D'ORDONNANCE ou d'un ordre supérieur, et que le reste des COMPAGNIES de gendarmes était d'un ordre inférieur. — En 1763, seize compagnies de Gendarmerie prennent rang immédiatement après la cavalerie de la maison ; ces compagnies, cette cavalerie, ont changé tant de fois de nom, d'organisation, de numéro, qu'il faudrait, pour en rendre compte, se livrer à un travail aussi immense que peu utile. — Les commissaires des guerres ont appartenu au corps de la Gendarmerie en vertu des ordonnances ou déclarations de 1543 (10 aout), 1553 (janvier), 1574 (22 novembre), 1767 (20 aout), 1776 (1er septembre). — La maréchaussée prenait le pas après la Gendarmerie, et jouissait, à l'hotel des Invalides, des mêmes avantages. — Sous Louis quinze et Louis seize, il ne restait à la cour qu'un faible corps de gendarmerie de la garde : elle portait la cocarde noire ; elle fut réformée par Saint-Germain avant la guerre d'Amérique ; la petite gendarmerie, reléguée en Lorraine, ne faisait aucun service près du trône, et s'appelait gendarmerie de Lunéville. Il restait à Versailles un état-major de gendarmerie ne faisant qu'un service de cérémonie ; il fut réformé en 1787. — On peut consulter sur ces matières Audouin, Briquet (1761, II), Grimoard (1808, G), Lachesnaie (1758, I ; au mot *Paye*), Montigny (1772, 1), Potier (1779, X), M. Tenaille-Champton, le *Spectateur militaire* (t. xx, p. 46).

GENDARMERIE de Lunéville (F), ou petite gendarmerie. Sorte de gendarmerie qui dans la maison du roi était la troupe du moindre rang. Quelques-uns même la considèrent comme à part de la maison militaire, puisqu'elle se composait originairement de compagnies des princes. Son histoire est des plus compliquées ; Potier (1779, X) la retrace en soixante-douze pages in-folio ; elle témoigne quelle versatilité de principes, surtout en fait de corps privilégiés, a désolé l'armée depuis Henri quatre jusqu'à nos jours. — La petite gendarmerie, débris des compagnies d'ordonnance de gentilshommes, réformées par Louis quatorze après la paix des Pyrénées, était d'abord un amalgame de gendarmes fictivement Anglais, Ecossais, Bourguignons, Dauphinois, etc., etc. Le nombre des compagnies qu'ils formaient a été de dix à vingt. Les chevau-légers s'y sont fondus. Leurs habillement, subordination, garnison, rang, genre de service, solde, ont perpétuellement changé. Enfin, par l'ordonnance de 1767 (1er aout), ils devinrent Gendarmerie de Lunéville, à garnison fixe, et leur force fut réglée à dix compagnies. Leur force, en 1765, tout compris, était de douze cents hommes. Les simples gendarmes servaient comme cavaliers ; mais, pas-

sant en d'autres corps, ils prenaient rang comme lieutenants à partir de leur admission comme gendarmes. — Ce corps a été réformé en partie en 1784, et définitivement par l'ordonnance de 1788 (2 mars). — Des aperçus touchant cette matière se trouvent dans M. de la Roche-Aymon (1855) et le *Journal de l'Armée* (t. iii, p. 258).

GENDARMERIE de Paris. v. gendarmerie de police no 1, 5, 6. v. Paris.

GENDARMERIE de police (A, 1). Sorte de gendarmerie qui est désignée ici sous cette dénomination, puisqu'on ne pouvait établir autrement la différence qui a existé entre celle du moyen age, celle de la maison militaire, la gendarmerie des départements, et les divisions de gendarmerie a pied qui ont combattu quelque temps à l'armée du Nord, etc. — Celle dont il va être question s'appelle aussi gendarmerie royale, mais n'a pas toujours été désignée ainsi. — Nous nous étendrons peu à l'égard de cette arme, quelles que soient son utilité et son importance. Traiter le sujet avec détails demanderait un travail qui serait déplacé ici, et dont M. Tenaille-Champton s'est occupé. Quelques aperçus se trouvent aussi sur ce sujet dans le traité du général Girardin, dans le *Spectateur militaire* (t. xvi, p. 89 et 254), dans le *Journal de l'Armée* (p. 566). Bornons-nous à examiner les rapports que la Gendarmerie peut avoir avec l'art militaire de terre, avec la composition de l'armée, avec les temps de guerre, avec les autorités civiles, avec le service des corps d'armée, avec la police des hommes de troupe et les récompenses militaires, etc. Envisageons-la sous les points de vue suivants : création, composition, dénomination, force, uniforme, allocations, rang, fonctions, devoirs, subordination. — No 1. Création, composition. — La maréchaussée, supprimée par les décrets de 1790 (18 aout et 22 septembre), est recréée à l'instant même sous le nom de gendarmerie des départements, corps à la fois civil et militaire ; aussi ses officiers étaient-ils justiciables des tribunaux civils. — L'ordonnance de 1791 (1er janvier) partageait la Gendarmerie en vingt-huit divisions et en quinze cent soixante brigades ; chaque division était commandée par un colonel, et comprenait deux compagnies. — En 1792 (5 janvier), il est créé quatre lieutenants généraux inspecteurs et quatre maréchaux de camp inspecteurs. — En 1792 (5 juin), elle est formée en vingt-six légions comprenant dix-sept cent cinquante brigades à cheval et sept cent cinquante à pied. — La robe courte, ou gendarmerie judiciaire, est transformée vers le même temps en GENDARMERIE DES TRIBUNAUX ; c'était un CORPS DE GENDARMES A PIED. — Les DÉCRETS DE 1792 (24 JUIN) distinguaient les gendarmes en montés et en non montés, principe qui a produit plus tard l'institution de la GENDARMERIE A PIED et de la GENDARMERIE A CHEVAL. Les mêmes décrets attachaient à chaque département, sauf celui de la Seine et quelques autres, quinze BRIGADES de cinq GENDARMES commandées chacune par un BRIGADIER ou par un MARÉCHAL DES LOGIS. — Pendant la GUERRE DE LA RÉVOLUTION, il a été créé pour le service des ARMÉES plusieurs COMPAGNIES, soit à pied, soit à cheval, sous le nom de GENDARMERIE D'ARMÉE. — Cette GENDARMERIE DE GUERRE était mise, en 1809, sous les ordres d'un GRAND PRÉVOT. — La LOI DE L'AN SEPT (23 FRUCTIDOR) donnait pour OFFICIERS à la Gendarmerie des CHEFS DE DIVISIONS et d'ESCADRONS, des CAPITAINES et des LIEUTENANTS ; elle la composait de dix mille cinq cent soixante-quatre hommes pour le service des départements continentaux. — Un PREMIER INSPECTEUR GÉNÉRAL en prend la direction en 1804. — L'érection de l'empire la transforma en GENDARMERIE IMPÉRIALE ; BONAPARTE y ajouta un corps nommé GENDARMERIE D'ÉLITE. A cette même époque, la GENDARMERIE de ligne, si l'on peut nommer ainsi celle qui est à part de la GARDE du souverain, comprenait cinquante-huit ESCADRONS. — Une ORDONNANCE DE 1820 (29 OCTOBRE) divisait la Gendarmerie en vingt-quatre LÉGIONS, partagées en COMPAGNIES, en LIEUTENANCES et en BRIGADES ; elle n'y reconnaissait plus d'ESCADRONS ; elle maintenait une GENDARMERIE D'ÉLITE ; elle y introduisait une GENDARMERIE DE PARIS ; et classait l'ensemble de l'ARME en GENDARMERIE A CHEVAL et en GENDARMERIE A PIED ; elle y reconnaissait une COMPAGNIE des COLONIES et un BATAILLON CORSE. — En 1825, elle était en vingt-quatre LÉGIONS, en outre de la COMPAGNIE D'ÉLITE de la GARDE ROYALE et de la GENDARMERIE DE PARIS. Trois LÉGIONS étaient sous le commandement d'un INSPECTEUR GÉNÉRAL. — En août 1830, deux BATAILLONS de GENDARMERIE A PIED, et plus tard un troisième, sont créés pour le SERVICE des départements de l'Ouest, sous le nom ambigu et mal imaginé de bataillons mobiles. La GENDARMERIE DE PARIS et un corps de luxe nommé Gendarmerie des chasses sont licenciés. — La Gendarmerie s'est d'abord recrutée parmi les SOUS-OFFICIERS de l'ARMÉE ; c'était une espèce de débouché ouvert à cette classe de MILITAIRES. L'ORDONNANCE DE 1820 (29 OCTOBRE) voulait qu'elle fût tirée des HOMMES ayant fait un congé, âgés de vingt-cinq à quarante ans,

et ayant pour les CORPS A CHEVAL sept cent trente-deux millimètres, pour les CORPS A PIED sept cent cinq millimètres ; ils doivent savoir lire et écrire et être porteurs d'honorables certificats. Si ce RECRUTEMENT ne suffit pas, la Gendarmerie est subsidiairement tirée de l'ARMÉE DE LIGNE parmi les HOMMES ayant quatre ans de service, et remplissant les conditions voulues. — Le droit que la Gendarmerie a de puiser dans les CORPS est une des causes qui énervent l'INFANTERIE, et concourt à la priver de sujets propres à être GRENADIERS. — La Gendarmerie de France est une branche de la FORCE PUBLIQUE MILITAIRE et un CORPS ROYAL qui tient la tête de l'ARMÉE SÉDENTAIRE ; elle comprend à la fois et une CATÉGORIE D'ARMÉE et une ARME PERSONNELLE, ainsi que le témoigne le tableau où nous retraçons la COMPOSITION DE L'ARMÉE. — L'ORDONNANCE DE 1820 (29 OCTOBRE) considère la Gendarmerie comme faisant partie intégrante de l'ARMÉE ; ODIER (1824, E) la regarde, quoique d'élite, comme hors ligne ou comme troupe de l'intérieur ; mais cette définition, comme tant d'autres, est vague, parce que nos lois militaires sont créées toutes sans harmonie. Comment dire en effet que la Gendarmerie n'est pas CORPS DE LIGNE, puisqu'il y a eu de la Gendarmerie de GARDE ROYALE, Gendarmerie privilégiée ? comment dire que la Gendarmerie n'est que de l'intérieur, puisqu'elle doit fournir des troupes de police aux ARMÉES agissantes ? Ces propositions sont donc des vérités susceptibles de restrictions, ou plutôt une source d'ambiguïté. — A certains égards, toute la Gendarmerie est CORPS PRIVILÉGIÉ. — Il est vrai que la Gendarmerie ne dépend du MINISTRE DE LA GUERRE que par rapport au RECRUTEMENT, à l'administration, aux inspections et au service extraordinaire en TEMPS DE GUERRE ; tandis que, par ses relations de SERVICE de paix, cette troupe est à la disposition des PRÉFETS, des PROCUREURS DU ROI, des AUTORITÉS CIVILES, bien plus que des CHEFS de l'ARMÉE, comme le témoigne la LOI DE L'AN SIX (28 GERMINAL), en grande partie maintenue. — Il est de l'essence de la Gendarmerie de posséder en propre ses chevaux ; mais, dans plus d'une circonstance impérieuse, le gouvernement s'en est emparé pour les répartir entre les armes de cavalerie qui en manquaient. Cette mesure, qui ne peut être justifiée que par l'urgence, est foncièrement vicieuse : elle prive une arme grave de chevaux généralement vieux et habitués à un service doux, pour les livrer à des armes qui ne sauraient en tirer un bon parti, et qui les voient dépérir bientôt. — En 1815, il fut demandé à la Gendarmerie quatre mille deux cent cinquante cheyaux; elle ne put en donner que trois mille sept cent quarante-deux. — En 1826, le ministère en exigea cinq cents; les gendarmes ne purent en livrer que trois cent dix-huit. — En 1831, une demande de deux cents chevaux n'en obtint que cent soixante-dix-neuf. — Une ordonnance de 1831 (16 août) autorisait la formation de six régiments provisoires de Gendarmerie; en 1833, il n'en avait encore été créé que deux. — Le *Spectateur militaire* (t. xvi, p. 264) évaluait, en 1834, le nombre des officiers dans les vingt-quatre légions à six cent trente-huit, dont soixante-trois supérieurs. — Quelques auteurs ont reproché à la Gendarmerie de comprendre trop de grades élevés, ce qu'ils regardent comme une surcharge pour le trésor et comme une suite naturelle du luxe militaire dans lequel on s'est jeté; ils ont ajouté à cette critique que l'usage de la Gendarmerie est inconnu en Suède, en Angleterre, aux États-Unis. — N° 1. Dénomination, force. — Cette arme a été désignée sous la qualification de Gendarmerie sans que rien justifiât le rajeunissement de cette dénomination; le titre, si on le compare à l'ancienne acception, devenait un contre-sens, puisque les gendarmes nouveaux ne portaient pas la moindre pièce d'armure. Ainsi des législateurs qui voulaient faire oublier le mot maréchaussée, comme empreint d'une teinte d'ancien régime, lui ont substitué, sans le savoir, le terme le plus féodal dont notre langue militaire ait jadis fait usage. — La Gendarmerie s'est d'abord appelée nationale et des départements. — Sous le règne de Napoléon, elle prend le nom de corps impérial de la Gendarmerie. — Elle est un corps d'élite, puisqu'elle ne se recrute que parmi d'anciens militaires, et elle contenait elle-même des corps d'élite : c'étaient la gendarmerie d'élite, créée comme vingt-septième légion en 1805, et la Gendarmerie des chasses, corps institué dans des motifs si frivoles, qu'on doutera un jour qu'il ait pu exister. — Cette confusion de termes prouvait le peu de ressources de notre langue militaire et le décousu des dispositions qui régissent notre milice.

TABLEAU DES DIVERS PIEDS.

ANNÉES.	FORCE.	OBSERVATIONS.
1791	7,475	Ordonnance du 1er janvier. Ce nombre excède d'un quart l'ancienne maréchaussée, qui n'était que de 4,600 ou 4,700 h.
1792	8,783	Officiers y compris. Décret des 14 et 29 avril.
1794	10,000	
1799	12,144	La loi de la fin de cette année (an vii, 23 fructidor) reconnaissait pour le service des départements continentaux 10,564 h., pour le service des départements où se trouvent les armées, 1,580 h.
1804	15,718	Dont 655 officiers. M. Sicard l'évalue, au contraire, à 16,513 h.
1808	21,000	
1814	17,700	
1815	18,010	
1822	14,000	
1825	15,855	
1828	16,505	Y compris 672 officiers. Cependant M. Ballyet (1828, G) l'évalue à moins de 15,000 hommes.
1831	13,612	L'infanterie y correspond à peu près au tiers de la cavalerie.
1832	15,514	
1833	15,682	(Au 1er janvier) et 11,604 chevaux. — Un rapport au roi de 1833 (1er mai) portait l'effectif de la gendarmerie à 15,899 hommes.
1834	28,500	Suivant le *Journal de Statistique universelle* (t. v, p. 67).
1835	16,150	Suivant la *Sentinelle de l'Armée.*
1836		Suivant le *Journal de l'Armée* (t. v, p. 86), elle a 10,617 chevaux.

Nº 3. UNIFORME. — Les COULEURS, les distinctions, le droit de porter les GRENADES DE RETROUSSIS, les boutons d'uniforme, sont les mêmes dans l'ARME A CHEVAL et A PIED; mais la CAVALERIE des LÉGIONS porte l'AIGUILLETTE. — Cette distinction de l'AIGUILLETTE avait été supprimée par la LOI DE 1791 (16 JANVIER); la Gendarmerie s'obstina à la conserver. — En 1793, la GENDARMERIE DE PARIS prit l'aiguillette aux COULEURS TRICOLORES. — Une LOI DE L'AN SIX (28 GERMINAL), qui réorganise la GENDARMERIE NATIONALE, lui rend l'AIGUILLETTE BLANCHE, tant on était convaincu que le blanc était une couleur non royale, mais chevaleresque. — L'ORDONNANCE DE 1826 (22 SEPTEMBRE) réglait l'uniforme de la Gendarmerie, qui a plus varié en quelques années que celui de la MARÉCHAUSSÉE pendant tout le dix-huitième siècle. — La NOTE DE 1832 (4 JUIN) dispensait la Gendarmerie de porter la MOUSTACHE. — Une représentation du costume des GENDARMES est donnée dans le *Journal de l'Armée* (t. III, pl. 8). — Nº 4. ALLOCATIONS, SOLDE. — Dans la fixation de la MASSE DE CAMPEMENT, la Gendarmerie n'était pas comprise; mais, aux ARMÉES, les GENDARMES étaient traités aux HOPITAUX comme les autres MILITAIRES. — BONAPARTE avait promulgué plusieurs décisions relatives aux GRATIFICATIONS à accorder aux GENDARMES en récompense des arrestations par eux faites. — La Gendarmerie coûtait:

En 1790	7,600,000	C'était 1,650 fr. par homme.
1791 { ORDONN. DU 1er JANVIER. }	8,500,000	ou 1,420 fr. par homme, somme inférieure à ce que coûtait le CAVALIER de MARÉCHAUSSÉE.
An VII { LOI DU 23 FRUCTIDOR. }	12,691,600	
En 1813	15,500,000	
1820, 1822	16,000,000	
1827	16,961,000	C'était 2,622,000 fr. de plus que toute la CAVALERIE.
1828	16,825,000	
1829	15,849,000	
1830	19,000,000	Budget, séance du 28 septembre.
1832	18,622,000	ou casernement y compris, 20 millions. Budget, séance du 15 mars.

La dépense moyenne de l'OFFICIER DE GENDARMERIE était de 3,090 francs; la solde moyenne du gendarme de 720 francs. — Quelques avantages sont accordés à la Gendarmerie, quant au quantum de la PENSION DE RETRAITE. — Nº 5. RANG, FONCTIONS. — Les ORDONNANCES DE 1778 (28 AVRIL), DE 1791 (16 FÉVRIER), les DÉCRETS DE 1792 (14 et 29 AVRIL), l'ORDONNANCE DE 1815 (10 SEPTEMBRE), donnaient à la Gendarmerie le pas sur la CAVALERIE, réglaient les FONCTIONS des GENDARMES, leur octroyaient le rang du grade immédiatement supérieur; mais ils ne pouvaient prendre le commandement d'une troupe mixte qu'après les titulaires du même grade ou emploi. — La Gendarmerie, en temps de paix, est un CORPS SÉDENTAIRE employé pour la POLICE du royaume; elle fait, en ce cas, partie des agents mis à la disposition du pouvoir judiciaire et des AUTORITÉS PUBLIQUES. — En TEMPS DE GUERRE, la Gendarmerie s'acquitte, aux ARMÉES AGISSANTES, d'un service analogue, et fait, en ce cas, partie des agents que l'ART MILITAIRE met en jeu dans l'ARMÉE FRANÇAISE; mais les DÉTACHEMENTS consacrés à ce service sont ordinairement en trop faible quantité pour y maintenir une POLICE convenable; l'usage moderne et vicieux de CAMPS MINCES et l'extrême allongement des COLONNES et des bagages rendent d'ailleurs impuissante leur action. — Il a été traité de ce genre de service par M. BONJOUAN. — Une ORDONNANCE DE 1820 (29 OCTOBRE) déterminait les rapports de la Gendarmerie avec les AUTORITÉS, les CORPS ARMÉS, les COLONELS DE L'INFANTERIE FRANÇAISE DE LIGNE, etc.; cette ordonnance réglait le service, les FONCTIONS, l'AVANCEMENT, le RANG des GENDARMES. — La bonté de l'organisation du corps est prouvée par l'utilité, la fréquence de ses services et l'importance de ses PROCÈS-VERBAUX; la Gendarmerie, en plus d'une occasion, a prévenu des secousses séditieuses ou des guerres civiles; pourrait-elle être comptable de la fausse direction quelquefois donnée par des AUTORITÉS malhabiles à un corps qui ne sait qu'obéir? pourrait-elle être comptable de ce que l'esprit de parti y a plus d'une fois introduit des hommes tarés, ou en a éloigné d'excellents officiers? Mais le fond de l'organisation du corps l'a fait triompher de ces imperfections. — La Gendarmerie, dit ODIER (1824, E), ne compterait comme GARNISON que dans une place assiégée. — N° 6. DEVOIRS, SUBORDINATION. — Les DEVOIRS de la Gendarmerie sont tracés par la loi, ce qui n'est le cas d'aucune autre ARME; elle concourt à la réception des ENROLEMENTS VOLONTAIRES et à l'accomplissement des lois sur les LEVÉES; elle est principalement destinée à la répression du vagabondage, à la sûreté des EXÉCUTIONS, à la dispersion par la force de tous RASSEMBLEMENTS ILLÉGAUX OU SÉDITIEUX; mais, dans ce cas, elle ne doit agir qu'en présence de l'AUTORITÉ CIVILE, et après qu'un magistrat a prononcé les mots : *Obéissance à la loi; on va faire usage de la force; que les bons citoyens se retirent.* — Celle DE PARIS a été licenciée en 1830, sous le prétexte de l'oubli de cette formalité..... — Tel est l'aperçu des DEVOIRS de la Gendarmerie considérée comme CORPS SÉDENTAIRE et en partie comme corps civil. Un autre genre de DEVOIRS consiste dans ses rapports avec les CORPS MILITAIRES; ainsi, suivant certaines localités, le COMMANDANT de la Gendarmerie signe et valide des CERTIFICATS D'OFFICIERS DE SANTÉ, donne déclaration de l'admissibilité des ENROLÉS VOLONTAIRES, reçoit le SIGNALEMENT des MILITAIRES qui sont ABSENTS ILLÉGALEMENT, et prend toutes les mesures qui doivent résulter des avis qui lui sont transmis à cet égard par les COLONELS de l'infanterie et des autres corps. — Les GENDARMES, conformément au RÉGLEMENT DE L'AN HUIT (25 FRUCTIDOR), exigent des militaires qu'ils rencontrent voyageant isolés l'exhibition de leur FEUILLE DE ROUTE, et ils arrêtent les porteurs de ROUTES falsifiées, ou ceux qui sont hors du chemin qu'ils doivent suivre. Cette ordonnance voulait même qu'il marchât de la Gendarmerie à la suite des CORPS EN ROUTE DANS L'INTÉRIEUR, pour en ramasser les TRAINARDS. — Des GENDARMES sont chargés de la conduite des hommes CONDAMNÉS POUR DÉSERTION et de celle des MILITAIRES à extraire des PRISONS PUBLIQUES, ou qui y doivent être conduits et DÉTENUS. — L'ORDONNANCE DE 1832 (5 MAI) prescrit quelques règles concernant leur SERVICE DE CAMPAGNE. La répression du MARAUDAGE y exerce surtout leur surveillance. — Enfin, si des EXÉCUTIONS A MORT doivent avoir lieu par suite de JUGEMENTS MILITAIRES, un DÉTACHEMENT de la Gendarmerie doit y maintenir la POLICE. — Les décrets qui ont organisé depuis la révolution la Gendarme-

rie, l'ont soumise à des COLONELS : titre nouveau dans ce genre d'ARME où les GRADES analogues étaient ceux d'INSPECTEUR GÉNÉRAL et de PRÉVOT. — De toutes les armes, la Gendarmerie est celle qui observe ses devoirs et accomplit son service avec le plus d'exactitude ; en 1832, il n'a été mis en jugement qu'un PRÉVENU sur mille trente-quatre hommes.

GENDARMERIE d'ÉLITE. V. BUFFLE-TERIE. V. CAVALERIE DE GARDE ROYALE. V. ÉLITE. V. MAISON DU ROI. V. GENDARMERIE DE POLICE N° 2.

GENDARMERIE des COLONIES. V. GENDARMERIE DE POLICE N° 1.

GENDARMERIE des DÉPARTEMENTS. V. DÉPARTEMENT. V. ENROLÉ VOLONTAIRE. V. GENDARMERIE DE POLICE ; id. N° 1, 2.

GENDARMERIE des TRIBUNAUX. V. GENDARMERIE DE POLICE N° 1. V. TRIBUNAL.

GENDARMERIE d'ORDONNANCE. V. GENDARMERIE DE LA MAISON. V. GENDARMERIE DE POLICE N° 1. V. PAYE. V. ORDONNANCE.

GENDARMERIE du MOYEN AGE (F), ou GENS D'ARMERIE. Sorte de GENDARMERIE à l'égard de laquelle il y a peu à s'étendre ici, puisque les détails que nous avons donnés sur les GENS D'ARMES des temps anciens expliquent suffisamment le sujet. Sous le rapport historique, il convenait cependant de faire figurer l'expression, puisque quantité d'écrivains appellent Gendarmerie l'ensemble des HOMMES DE CHEVAL qui constituaient d'abord les ARMÉES FÉODALES; ils nomment également Gendarmerie la totalité des corps connus sous la désignation de LANCES ou de COMPAGNIES D'ORDONNANCE; ainsi la même qualification se rapporte à d'anciens corps tout à fait distincts de la Gendarmerie actuelle DE POLICE. — La Gendarmerie du MOYEN AGE comprenait des hommes à GRANDE PAYE; perdre ce genre de GAGES, c'était être CASSÉ AUX GAGES. — Les ORDONNANCES DE 1553 (12 FÉVRIER), 1549 (12 novembre), traitaient de sa SOLDE; l'ORDINAIRE DES GUERRES y subvenait. L'ORDONNANCE DE 1584 (9 FÉVRIER) réglait ses attributions. — Après ces époques et depuis la création des RÉGIMENTS, on a appelé Gendarmerie de FRANCE, mais pendant une courte durée de temps, ce qu'on nommerait maintenant GROSSE CAVALERIE. — Voilà trois espèces de Gendarmerie, avant d'arriver à la GENDARMERIE moderne. La première est la féodale ou la FIEFFÉE; elle était subordonnée aux FEUDATAIRES principaux et aux BANNERETS; elle était tenue à un SERVICE FORCÉ, mais d'une durée fort limitée; elle ne touchait point de SOLDE; elle devait subsister, à la guerre, du revenu du FIEF; elle recevait dans ses rangs les guerriers de diverses classes qui appartenaient à la CHEVALERIE FIEFFÉE. — La seconde est noble aussi ; elle se distribue en COMPAGNIES D'ORDONNANCE ; elle dépend du CONNÉTABLE ; elle est soumise aux REVUES des MARÉCHAUX ; elle revêt l'ARMURE PLATE ; elle est stipendiée et porte les armes de son plein gré. La CHEVALERIE D'AFFILIATION y tenait un rang distingué. — La troisième appartient au temps où la LANCE FOURNIE s'éteint et où l'on combat de l'ÉPÉE et du PISTOLET. — Des historiens ont regardé la Gendarmerie comme plus ancienne que la CHEVALERIE, parce qu'ils comprennent sous le nom de Gendarmerie la GARDE des souverains ou leur MAISON MILITAIRE. Ainsi LEBEAU appelle Gendarmerie la CAVALERIE qui combattait au temps de Bélisaire et de Narsès. — HUGUES CAPET maintint l'institution de la Gendarmerie qu'il trouva établie sous la SECONDE RACE ; c'était un mélange informe de GROSSE CAVALERIE et de CAVALERIE LÉGÈRE : c'était cette force armée mentionnée dans les capitulaires. Les *caballarii, cavallarii, kavallarii,* qui y sont désignés, constituaient les CHEVALIERS OU GENDARMES FIEFFÉS. Les tournois étaient leur école militaire. — Les premières ORDONNANCES qui traitent de la Gendarmerie soldée datent DE 1351 (DERNIER AVRIL) et de 1373 (13 FÉVRIER), sous le roi JEAN et sous CHARLES CINQ. — FROISSARD fait le dénombrement de la Gendarmerie par BANNIÈRES ; mais quand les BANNIÈRES et les PENNONS disparurent, ces corps prirent chacun leur ÉTENDARD : telle est l'origine de ce genre de drapeau et la cause des diversités qu'on y remarquait. — Le Moine de Saint-Denis dépeint, sous le règne de CHARLES SIX, la Gendarmerie comme un composé de soldats qui ne vivent que de rapine et qui portent partout la désolation et le ravage. — CHARLES SEPT essaya, par la création des nouvelles COMPAGNIES D'ORDONNANCE, qui devinrent alors la seule CAVALERIE de FRANCE, de remédier à cet état de choses ; mais ses efforts furent incomplets, car dans les remontrances que, dans le siècle suivant, la ville de Paris adressait au roi, elle déplorait *les excès de la Gendarmerie et de la garde du roi, leurs rançonnements, pilleries, inhumanités, cruautés barbaresques, forcements de filles,* etc. — L'ORDONNANCE DE 1514 (20 JANVIER) travaillait à y remédier. — Jusqu'au règne de LOUIS DOUZE, la NOBLESSE de FRANCE ne prenait parti que dans la Gendarmerie ; mais les GENTILSHOMMES commencent à cette époque à entrer dans l'INFANTERIE et dans la CAVALERIE LÉGÈRE. Cette révolution se combine avec le système du MÉLANGE D'AR-

MES. — En 1550, les ARCHERS de la Gendarmerie prennent l'équipement de CHEVAU-LÉGERS. — BRANTOME (1600, A) nous apprend que c'est de son temps que la CAVALERIE LÉGÈRE des LANCES FOURNIES se sépare de la Gendarmerie, avec laquelle elle faisait corps ; mais plus anciennement déjà la FRANCE avait à son service de la CAVALERIE LÉGÈRE étrangère. — Sous HENRI TROIS, la Gendarmerie a un GOUJAT par trois soldats. — Une ORDONNANCE *sur le règlement de Gendarmerie* DE 1574 (1er FÉVRIER) avait pour objet de la mettre sur un pied meilleur. — Sous HENRI QUATRE, de 1600 à 1609, la Gendarmerie, c'est-à-dire la GROSSE CAVALERIE de FRANCE, se compose de dix-neuf COMPAGNIES de force inégale formant en tout seize cent quarante hommes et peut-être le double de CHEVAUX ; mais, dans l'organisation de l'armée qui était à la veille de se rassembler en 1610, il est question de CAVALERIE soudoyée, mais non plus de Gendarmerie ; elle existait cependant encore comme la principale ARME A CHEVAL, ou comme l'ensemble de la GROSSE CAVALERIE : ainsi, en 1640, elle est de vingt COMPAGNIES ou cornettes formant deux mille trois cent trente-huit hommes. — La Gendarmerie existant au commencement du règne de LOUIS QUATORZE comprenait des COMPAGNIES de CHEVAU-LÉGERS qui portaient la même ARMURE que les GENS D'ARMES ; ainsi la dénomination de GENS D'ARMES ou d'hommes à ARMURE PLATE, par opposition à d'autres corps armés plus légèrement, avait perdu sa justesse. — La Gendarmerie s'éteint à la PAIX DES PYRÉNÉES, ou si le mot se conserve jusqu'à LOUIS SEIZE, il ne donne plus l'idée que d'une poignée de CAVALIERS divisés en quelques COMPAGNIES faisant partie de la CAVALERIE de la GARDE du prince et en une espèce de régiment nommé PETITE GENDARMERIE. — CORBEC, DELATOUR (1514, A), ISNARD, ont traité spécialement de l'ancienne Gendarmerie. M. le général ROGNIAT (1816, B) s'en est occupé d'une manière générale, ainsi que le *Journal de l'Armée* (t. III, p. 225-257).

GENDARMERIE ESPAGNOLE. V. CAVALERIE FRANÇAISE Nº 7. V. ESPAGNOL, adj. V. GENDARMERIE DU MOYEN AGE. V. MILICE ESPAGNOLE Nº 6.

GENDARMERIE FIEFFÉE. V. FIEFFÉ, adj. V. GENDARMERIE DU MOYEN AGE.

GENDARMERIE FLAMANDE. V. FLAMAND, adj. V. RIBAUD.

GENDARMERIE HAITIENNE. V. HAITIEN, adj. V. MILICE HAITIENNE.

GENDARMERIE HELLÉNIQUE. V. HELLÉNIQUE, adj. V. MILICE HELLÉNIQUE.

GENDARMERIE HESSOISE. V. HESSOIS, adj. V. MILICE HESSOISE.

GENDARMERIE IMPÉRIALE. V. GENDARMERIE DE POLICE; id. N° 1. V. GROSSE CAVALERIE N° 1. V. IMPÉRIAL, adj.

GENDARMERIE JUDICIELLE. V. GENDARMERIE DE POLICE; id. N° 1. V. JUDICIEL, adj.

GENDARMERIE NAPOLITAINE. V. MILICE NAPOLITAINE N° 1. V. NAPOLITAIN, adj.

GENDARMERIE NATIONALE. V. GENDARMERIE DE POLICE; id. N° 1, 2, 3. V. NATIONAL, adj.

GENDARMERIE POLONAISE. V. MILICE POLONAISE N° 1. V. POLONAIS, adj.

GENDARMERIE PRUSSIENNE. V. MILICE PRUSSIENNE N° 2. V. PRUSSIEN, adj.

GENDARMERIE ROYALE. V. GENDARMERIE DE POLICE. V. GROSSE CAVALERIE N° 1. V. ROYAL, adj.

GENDARMERIE RUSSE. V. MILICE RUSSE N° 2. V. RUSSE, adj.

GENDARMERIE TURCO-ÉGYPTIENNE. V. MILICE TURCO-ÉGYPTIENNE N° 2. V. TURCO-ÉGYPTIEN, adj.

GENDARMERIE VOLONTAIRE. V. GENDARMERIE DU MOYEN AGE. V. VOLONTAIRE.

GENDARMERIE WURTEMBERGEOISE. V. MILICE WURTEMBERGEOISE N° 1. V. WURTEMBERGEOIS, adj.

GÊNE, subs. fém. V. PEINE.

GÉNÉRAL (générale), adj. V. ACTION G... V. ADJUDANT G... V. ADMINISTRATION G... V. ALIGNEMENT G... V. APPEL G... V. ASSAUT G... V. BORDEREAU G... V. BRIGADIER G... V. CAPITAINE G... V. CERCLE G... V. CHAPELAIN G... V. CHIRURGIEN-MAJOR G... V. COLONEL G... V. COMMANDANT G... V. COMMANDEMENT DE G... V. COMMANDEMENT G... V. COMMIS G... V. COMMISSAIRE G... V. COMMISSAIRE GÉNÉRAL DE CAVALERIE. V. COMMISSAIRE GÉNÉRAL DES ARMÉES. V. COMMISSAIRE GÉNÉRAL DES SUISSES. V. COMMISSAIRE GÉNÉRAL DES VIVRES. V. COMMISSAIRE GÉNÉRAL ÉCOSSAIS. V. COMPAGNIE G...

V. CONDUCTEUR G... V. CONSEIL G... V. CONSIGNE G... V. CONTROLE ANNUEL G... V. CONTROLEUR G... V. CORNETTE G... V. CORVÉE G... V. DÉPOT G... V. DIRECTEUR G... V. EFFECTIF G... V. ENGAGEMENT G... V. ÉTAT-MAJOR G... V. ÉTENDARD G... V. FEMME DE GÉNÉRAL. V. GÉNÉRALE. V. GOUVERNEUR G... V. GUIDE G... V. INGÉNIEUR G... V. INSPECTEUR G... V. INSPECTION G... V. INTENDANT G... V. JOURNAL G... V. JUSTICE G... V. LIEUTENANT-COLONEL G... V. LIEUTENANT G... V. MAITRE G... V. MAJOR G... V. MARÉCHAL DE CAMP G... V. MARÉCHAL G... V. MASSE G... V. MESTRE DE CAMP G... V. MONITEUR G... V. MOT D'ORDRE G... V. MUNITIONNAIRE G... V. ORDRE G... V. PARADE G... V. PARC G... V. PAYEUR G... V. POSITION G... V. PRÉVOT G... V. PROCUREUR G... V. QUARTIER G... V. RAPPORT G... V. REGISTRE G... V. REVUE G... V. SECRÉTAIRE G... V. SERGENT G... V. SERGENT-MAJOR G... V. SORTIE G... V. SURINTENDANT G... V. TAMBOUR G... V. TRÉSORIER G...

GÉNÉRAL (subs. masc.). V. ALLOCATIONS DE G... V. ANCIENNETÉ DE G... V. ART DU G... V. AUTORITÉ DE G... V. AVANCEMENT DE G... V. BRODERIE DE G... V. CEINTURE DE G... V. CHAPEAU DE G... V. COMMISSION DE G... V. CORNETTE DE G... V. DÉNOMINATION DE G... V. DEVOIR DE G... V. DROIT DE G... V. EMPLOI DE G... V. ENSEIGNE DE G... V. ÉPAULETTE DE G... V. ÉPÉE DE G... V. FEMME DE G... V. FONCTIONS DE G... V. GARDE DE G... V. GRADE DE G... V. GRAND G... V. HABIT DE G... V. HONNEUR AUX G... V. INSIGNE DE G... V. INSTRUCTION DE G... V. LOGEMENT DE G... V. NOMBRE DE G... V. NOMINATION DE G... V. PANTALON DE G... V. PATENTE DE G... V. PAYE DE G... V. PEINE DE G... V. PENNON DE G... V. PENSION DE G... V. PROMOTION DE G... V. PUNITION DE G... V. RANG DE G... V. REVUE DE G... V. SCIENCE DU G... V. SENTINELLE DE G... V. TENTE DE G... V. TENUE DE G... V. TRAITEMENT DE G... V. UNIFORME DE G...

GÉNÉRAL { FRANÇAIS.. { GÉNÉRAL { D'ARMÉE. / AU CORPS D'ÉTAT-MAJOR. / D'AVANT-GARDE. / DE BRIGADE. / DE DIVISION. / EN CHEF. } / MAJOR.

GÉNÉRAL (généraux) subs. masc. (term. génér.), ou GÉNÉRAL MILITAIRE. Mot qui tire sa racine de l'adjectif LATIN *generalis*. La LANGUE FRANÇAISE ne s'en sert sous forme de substantif que depuis peu de siècles; on ne le trouve pas dans les ouvrages de BONNOR (1481, A) ni de LOUIS ONZE (1480, A). DUBELLAY (1535, A) et BRANTOME (1600, A) sont les premiers qui l'emploient, mais d'une manière non spéciale; l'acception absolue, technique, militaire en est bien plus moderne. Depuis qu'il a pris le sens actuel sous lequel il va être examiné, il a produit les dérivés, GÉNÉRALAT, GÉNÉRALE, GÉNÉRALISSIME et LIEUTENANT DU GÉNÉRAL. — Les GRECS rendaient le mot Général par *strategos*; les Latins en avaient fait *strategus*. On lit dans Plaute : *Strategum te facio huic convivio :* Soyez le roi du festin. — Des ÉCRIVAINS MILITAIRES avaient fait de ces termes grec et latin les substantifs : *stratége, stratègue.* — Les ROMAINS, au temps de la république, rendaient le mot Général par *consul, magister, dux, dictator,* et, au temps des EMPEREURS, par *comes*; tel était le comte des archers, *comes sagittarius*; le comte des écuries ou de la cavalerie, *comes stabuli.* — Dans la FRANCE primitive, les DUCS, les LEUDES, les comtes, étaient Généraux. — BENETON (1741, A) ne fait remonter qu'à LOUIS TREIZE le titre de Général, parce qu'il ne le considère que dans le sens légal qu'il avait au milieu du dernier siècle; mais, avant d'être réglementaire, le terme existait vulgairement depuis longtemps; ainsi BRANTOME (1600, A) nous dit qu'Antoine de Lève *estoit Général du terze de Naples.* Ailleurs il dit : *Le prince d'Orange faisoit faction* (fonctions) *non-seulement de Général, mais de simple capitaine et soldat.* — Dans cette application du mot, BRANTOME ne cherchait pas à désigner un GRADE déterminé; AVOIR CHARGE et droit de COMMANDEMENT, soit dans le civil, soit dans le militaire, soit dans les ordres sacrés, c'était être Général : ainsi il y avait un général des monnaies, un GÉNÉRAL DES FINANCES, des dominicains, des franciscains, des GALÈRES, DES VIVRES. — Sous HENRI QUATRE, un capitaine pouvait devenir Général, puis redevenir CAPITAINE. Le président Hénault remarque que François de Guise, simple CAPITAINE D'HOMMES D'ARMES, avait eu plus d'une fois le COMMANDEMENT des ARMÉES, sans que les MARÉCHAUX eussent réclamé ou refusé d'obéir à ses ordres. — Depuis PHILIPPE AUGUSTE, et pendant le MOYEN AGE, le mot CAPITAINE signifiait CHEF suprême des TROUPES ou d'une TROUPE. Le nombre des CAPITAINES s'étant accru outre mesure, on désigna par

le titre de CAPITAINE GÉNÉRAL celui qui les commandait tous. Par ellipse on a ensuite fait substantif l'épithète, en l'isolant de son substantif ancien. — A ce titre de général se rattachait surtout le droit suprême de JUSTICE : c'était un motif de plus pour que l'expression prévalût; elle était d'ailleurs brève, sonore, flatteuse. — Au quinzième siècle, les termes COLONEL et MESTRE DE CAMP ayant commencé à se répandre, comme l'avait fait plus anciennement le titre de CAPITAINE, il en résulta le besoin de distinguer un premier COLONEL des COLONELS inférieurs qui avaient surgi en foule; on vit donc figurer les COLONELS GÉNÉRAUX et les MESTRES DE CAMP GÉNÉRAUX; cette circonstance et la création des COMMISSAIRES GÉNÉRAUX, etc., contribuèrent également à enraciner le mot Général, qui succéda aux autres dans le seizième siècle. — Les militaires d'un GRADE élevé ont toujours été chatouilleux en fait de titres. Ils souffraient impatiemment que cette qualification s'appliquât, comme le témoigne le *Dictionnaire de la Conversation,* à quantité de gens non militaires; ils imaginèrent, au dix-septième siècle, le mot OFFICIER GÉNÉRAL, qui pourtant ne disait pas davantage et ne faisait qu'alourdir la désignation. — FRÉDÉRIC DEUX, dans ses ordres du jour, disait, Mes Généraux, et non mes OFFICIERS GÉNÉRAUX; cet usage a restreint plus tard l'emploi du terme OFFICIER GÉNÉRAL, parce qu'il était de mode d'imiter la PRUSSE. — Ce titre, d'abord si relevé, de Général eut le même sort que toutes les désignations de GRADES; chaque jour rapetisse leur valeur primitive; il en a été ainsi du MAITRE chez les ROMAINS et les BYSANTINS, du CAPITAINE chez les ALLEMANDS et dans le bas latin, du CHEFFTAIN de FRANCE dans le MOYEN AGE, du CAPORAL ou CAPORION de l'ITALIE, et du COLONEL dans les pays méridionaux. — Le titre de Général s'étant donc multiplié outre mesure, il fallut recourir à des termes nouveaux; de là l'emploi des périphrases : Général d'armée et Général en chef. — Ce moyen de faire refleurir un titre usé rappelait ce qui s'était vu autrefois dans divers pays; le BAILLI, le BANNERET, le CONNÉTABLE, le MARÉCHAL, le SÉNÉCHAL, le VAVASSEUR, n'avaient ressaisi une partie de la considération dont leur titre vieilli se dépouillait qu'en s'intitulant : GRAND BAILLI, GRAND BANNERET, etc. — Pour rendre de l'éclat à un GRADE, à un rang, on en grossit l'épaulette, on en élargit la broderie, on la brillante de paillettes; mais ce n'est que le témoignage de l'altération, ce n'en est jamais le remède. — Ensuite le temps est venu où c'était trop peu d'être GÉNÉRAL D'AR-

MÉE OU GÉNÉRAL EN CHEF; on a fait alors des GÉNÉRALISSIMES et on a refait des CAPITAINES GÉNÉRAUX : car il y a de vieilles modes qui se ravivent; les titres de ROI, de CONSUL, d'EMPEREUR se sont aussi usés et rajeunis. — Le GÉNÉRAL D'ARMÉE veut être examiné sans acception de pays; ce qui le regarde est un point d'histoire universelle. Le GÉNÉRAL EN CHEF demande à être dépeint sous un rapport national et plus didactique, parce que c'est le terme dont la loi française moderne fait usage. — Nous distinguerons le mot Général en GÉNÉRAL ANGLAIS, — ANGLO-AMÉRICAIN, — AU CAMP, — AUTRICHIEN, — BAVAROIS, — BUÉNOS-AYRIEN, — CHINOIS, — COMMANDANT, — COMMANDANT D'ARRONDISSEMENT, — COMMANDANT DE DÉPARTEMENT, — COMMANDANT DE DIVISION, — COMMANDANT DE PROVINCE, — COMMANDANT DE SIÉGE, — D'ARMÉE, — D'ARRIÈRE-GARDE, — D'ARTILLERIE, — DE BATAILLE, — DE BRIGADE D'ARTILLERIE, — DE BRIGADE DU GÉNIE, — DE BRIGADE TURC, — DE CAMPEMENT, — DE CAVALERIE, — DE CORPS D'ARMÉE, — DE CORPS D'ÉTAT-MAJOR, — DE DIVISION DE JOUR, — DE DIVISION TURC, — DE JOUR, — DE LA GARDE, — DE LA MAISON, — DE LÉGION, — DE MER, — DE TERRE, — DES AVENTURIERS, — DES FINANCES, — DES GALÈRES, — DES VIVRES, — D'INFANTERIE, — DIRECTEUR DU DÉPOT DE LA GUERRE, — DISPONIBLE, — DIVISIONNAIRE, — DU CADRE DE RÉSERVE, — DU GÉNIE, — EMPLOYÉ, — EN ACTIVITÉ, — EN CAMPAGNE, — EN DISPONIBILITÉ, — EN RETRAITE, — ESPAGNOL, — FRANÇAIS, — GREC, — INSPECTEUR, — LIEUTENANT, — MAJOR, — MEXICAIN, — NÉERLANDAIS, — NORWÉGIEN, — ROMAIN, — RUSSE, — SAXON, — SUÉDOIS, — SYRE, — TURC, — TURCO-ÉGYPTIEN, — VÉNITIEN, — WURTEMBERGEOIS.

GÉNÉRAL ANGLAIS. V. ADJUDANT GÉNÉRAL ANGLAIS. V. ANGLAIS, adj. V. MILICE ANGLAISE Nº 2, 3, 8, 10, 11, 12.

GÉNÉRAL ANGLO-AMÉRICAIN. V. ANGLO-AMÉRICAIN, adj. V. MILICE ANGLO-AMÉRICAINE Nº 1.

GÉNÉRAL AU CAMP. V. AU CAMP. V. CAMP DE TENTES. V. CONSIGNE DE POSTE AU CAMP.

GÉNÉRAL (généraux) au CORPS D'ÉTAT-MAJOR (A, 1; F). Sorte de GÉNÉRAUX FRANÇAIS qui ont été placés dans une catégorie particulière, quand le CORPS de l'ÉTAT-MAJOR a été créé; ce fut un essai sans résultat et un système bientôt abandonné; c'était l'invention d'une qualification plutôt que d'un emploi; mais l'adoption de ce titre nouveau blessait la logique et la LANGUE, puisque tous les GÉNÉRAUX d'une nation appartiennent à tout l'ÉTAT-MAJOR d'une nation. — La manie de créer des distinctions nouvelles s'arrête-t-elle jamais? — Ce qui a été dit du corps de l'ÉTAT-MAJOR et des écrivains qui en ont traité suffit à l'éclaircissement du sujet.

GÉNÉRAL AUTRICHIEN. V. AUTRICHIEN, adj. V. MILICE AUTRICHIENNE Nº 2, 6, 8, 11. V. MILICE RUSSE Nº 7. V. ORDRE D'AUTRICHE. V. RÉCOMPENSE.

GÉNÉRAL BAVAROIS. V. BAVAROIS, adj. V. MILICE BAVAROISE Nº 1, 4. V. SURPRISE DE QUARTIERS.

GÉNÉRAL CARTHAGINOIS. V. CARTHAGINOIS, adj. V. MILICE CARTHAGINOISE. V. SUPPLICE.

GÉNÉRAL BUÉNOS-AYRIEN. V. MILICE BUÉNOS-AYRIENNE.

GÉNÉRAL CHINOIS. V. CHINOIS, adj. V. MILICE CHINOISE Nº 1.

GÉNÉRAL COMMANDANT. V. ACCUSATION. V. ARMÉE CONFÉDÉRÉE. V. ARRÊTS DE RIGUEUR. V. ATTAQUE DE PLACE. V. BREVET D'OFFICIER GÉNÉRAL. V. CAMP D'INSTRUCTION. V. CAPITAINE DE DISTRIBUTION; id. Nº 2. V. CAPORAL D'INFANTERIE FRANÇAISE DE LIGNE Nº 15. V. CAPOTE D'INFANTERIE FRANÇAISE DE LIGNE. V. CENTURION; id. Nº 5. V. CÉRÉMONIE DE RÉCEPTION DE DRAPEAU. V. CHEF DE DÉTACHEMENT ADMINISTRATIF; id. Nº 2. V. CHEF DE GUERRE. V. CHEF DE POSTE FERMÉ. V. COLONEL DE TRANCHÉE. V. COLONEL D'INFANTERIE FRANÇAISE DE LIGNE Nº 6, 21, 24, 29, 31, 32. V. COMMANDANT. V. COMMANDANT D'ARRONDISSEMENT. V. COMMANDANT DE PLACE Nº 7, 10, 12. V. COMMISSAIRE DES GUERRES Nº 7, 8. V. COMPAGNIE DE VOLTIGEURS Nº 4. V. COMPAGNIE D'INFANTERIE FRANÇAISE DE LIGNE Nº 9. V. CONGÉ DE CONVALESCENCE. V. CONGÉ DE SEMESTRE D'OFFICIER. V. CONGÉ OUTRE-PASSÉ. V. CONSEIL DE RECRUTEMENT. V. CORPS DE GARDE DE GARNISON. V. CORPS D'INTENDANCE Nº 8. V. CORRESPONDANCE EN CAS DE SIÉGE. V. COUR MARTIALE; V. DEMANDE DE MUNITIONS D'EXERCICE. V. DISCIPLINE FRANÇAISE. V. DISTRIBUTION EXTRAORDINAIRE. V. DIVISION MILITAIRE. V. DRAPEAU D'INFANTERIE FRANÇAISE DE LIGNE. V. EAU-DE-VIE. V. ÉTAT DE SITUATION. V. FELD-ZEUGMEISTER. V. FEUILLE DE ROUTE DE CORPS. V. FOURRIER D'ARMÉE. V. GÉNÉRAL D'ARMÉE Nº 2. V. GÉNÉRAL DE BRIGADE Nº 1. V. GÉNÉRAL DE DIVISION Nº 2. V. GÉNÉRAL FRANÇAIS Nº 1. V. GOUVERNEUR DE PLACE DE GUERRE Nº 5. V. GRAND'GARDE. V. GRAND-MAITRE DE L'ARTILLERIE. V. GRAND PRÉVOT. V. HÉRAUT. V. HÉRAUT D'ARMES Nº 4. V. JUGEMENT MILITAIRE. V. LÉGISLATION, cinquième siècle. V. MARÉCHAL DE BATAILLE. V. MINISTRE DE LA GUERRE Nº 15. V. OFFENSIVE. V. PERMISSIONNAIRE. V. PILLAGE. V. PUNITION. V. SIGNAL TACTIQUE. V. SOUS-INTENDANT Nº 0. V. THEUMELLE. V. VISITE DE CORPS.

GÉNÉRAL COMMANDANT D'ARRONDISSEMENT. V. COMMANDANT D'ARRONDISSEMENT. V. CERTIFICAT D'OFFICIER DE SANTÉ.

GÉNÉRAL COMMANDANT DE DÉPARTEMENT.

V. CHANGEMENT DE COMPAGNIE. V. COMMAN-
DANT DE DÉPARTEMENT. V. COMMANDANT DE DI-
VISION TERRITORIALE; id. N° 2. V. COMMANDANT
DE PLACE N° 12. V. CONSEIL DE RECRUTEMENT. V.
DEMANDE DE MUNITIONS D'EXERCICE. V. OFFICIER
D'INFANTERIE FRANÇAISE N° 1. V. REMPLAÇANT.
V. REMPLACEMENT D'ENROLÉ.

GÉNÉRAL COMMANDANT DE DIVISION TER-
RITORIALE. V. COMMANDANT DE DIVISION TERRI-
TORIALE. V. CONSEIL PERMANENT N° 2. V. CORPS
D'INFANTERIE N° 9. V. ENROLÉ VOLONTAIRE.
V. GOUVERNEMENT. V. GOUVERNEUR. V. OFFICIER
D'ARTILLERIE N° 5. V. PRÉVENU. V. RECRUE.

GÉNÉRAL COMMANDANT DE PROVINCE.
V. COMMANDANT DE PROVINCE. V. COMMISSAIRE
DES GUERRES N° 8.

GÉNÉRAL COMMANDANT DE SIÉGE. V.
COMMANDANT DE SIÉGE. V. PARC DE SIÉGE. V.
SIÉGE. V. SIÉGE OFFENSIF.

GÉNÉRAL D'ARMES. V. ARME. V. ARME
PERSONNELLE. V. GÉNÉRAL FRANÇAIS N° 1.

GÉNÉRAL (généraux) d'ARMÉE (F). Sorte
de généraux qui sont appelés ARRAIOURS,
ARRAYERS, ARRAYEURS, ARRAYOURS (mots pro-
venus de arroy, comme le témoigne M. RO-
QUEFORT), CHEFS D'ARMÉE AGISSANTE, CONNÉTA-
BLES, DUCS, GUIÈRES, MÉGÉDUCS, MARÉCHAUX,
SEIGNEURS, SIRES DE L'HOST, SIRES DE L'OST,
MINISTRES DE LA GUERRE, etc. Les substantifs
francisés AGA, BACHA, BEY, DEY, HETMAN, KAN,
PACHA, PODESTAT, VIZIR, ont un sens analogue.
—Les RAIS primitifs étaient des Généraux
d'armée, si l'on en croit BOREL (Pierre). — Les
ÉCRIVAINS mentionnés ci-après peuvent être
consultés à l'égard des Généraux d'armée :
ARGENTI, ARMSTRONG, BASTA (1606), BAUM-
GAERTNER (1786, E), BÉNETON (1741, A),
BIRON (1611, A), BISSACCIONI (1642, A),
BISMARK, BONAPARTE, BRAND (1829), BRÉZÉ,
(1770), CARRION (1824, A), CATANÉO (1575,
A), CENTORIO (1558), M. le colonel CHAM-
BRAY (1827; 1829), CHARLES (le prince)
(1818, A), CISNEROS, COLTELLI, CONCHA, CO-
TEREAU, DELAFONTAINE (1675, A), DELASI-
MONNE, DESPAGNAC (1751, D), DESPAR (1753,
A), DUANE, DUBOUSQUET (1769, B), l'ENCYCLO-
PÉDIE (1751, C; 1785, C; aux mots Campa-
gne et Offensive), FEUQUIÈRES (1750, A),
FOLARD (1727, A), FRÉDÉRIC DEUX (1760, E,
dernier chant), GANEAU, GAYA (1681, A),
général GIRARDIN (p. 147), GRIMAREST, GOU-
VION SAINT-CYR (1829, t. 1, p. 225), GUI-
BERT (1773, E), GUIGNARD (1725, B), GUIL-
LET (1686, B), KAUSLER (1827), KIRCHHOF,
LACHESNAIE (1758, I; aux articles Disposi-
tion, Secret, Vitesse), LANCELOT, LAON
(1652, B), LASCASES, LENORMAND (1832, A),
LESSAC (1785, A), LLOYD (1762, M), MAURICE
DE SAXE (1757, A), MONTÉCUCULI (1704, D),
M. le général MONTHOLON, NAUDÉ, ODIER

(1824, E), ONOZANDRE (1600, B), PINARD,
POTIER (aux mots Disposition d'une armée,
Guerre, Lieutenant, Partage de commande-
ment), PUYSÉGUR (1748, C), QUINCY (1728,
B), ROHAN (1638, C), SAINT-GERMAIN (1779,
C), SANTA-CRUZ (1758, A), SILVA (1768, K),
TISSOT-GRENUS, TURPIN (1785, O), TURENNE)
(Mémoires de), VAUBAN (Traité de la guerre,
VAULTIER, VITON (au mot Commandant d'armée), WHITMORE, ZURLAUBEN (1762, E); les
ouvrages anonymes intitulés : Essai sur les
qualités et les connaissances nécessaires à un
Général d'armée, Cours d'histoire militaire
(1815, F), la Sentinelle de l'Armée (n° 20,
p. 135; t. III, p. 49), etc., etc.—Nous nous
proposons de considérer ici d'une manière
générale, et sans acception de temps ou de
nations, les grands CAPITAINES; nous traite-
rons des GÉNÉRAUX FRANÇAIS, comme sujet à
part. — Quelques aperçus légués par BONA-
PARTE (MONTHOLON, 1823, t. II, p. 11 et
32) offrent un parallèle des généraux illustres et des actions dont leur histoire témoigne. — *Alexandre a fait huit campagnes, pendant lesquelles il a conquis l'Asie
et une partie des Indes; Annibal en a fait
dix-sept, une en Espagne, quinze en Italie,
une en Afrique; César en a fait treize,
huit contre les Gaulois, cinq contre les légions de Pompée; Gustave-Adolphe en a
fait trois, une en Livonie contre les Russes,
deux en Allemagne contre la maison d'Autriche; Turenne en a fait dix-huit, neuf en
France, neuf en Allemagne; le prince Eugène de Savoie en a fait treize, deux contre
les Turcs, cinq en Italie contre la France,
six sur le Rhin ou en Flandre; Frédéric en a
fait onze, en Silésie, en Bohême et sur
les rives de l'Elbe. Napoléon a fait quatorze campagnes, deux en Italie, cinq en
Allemagne, deux en Afrique et en Asie, deux
en Pologne et en Russie, une en Espagne,
deux en France.* — Dans les notes qu'il met
au Manuscrit de Sainte-Hélène, BONAPARTE
déclare qu'il a livré cinquante batailles rangées et les a toutes gagnées, excepté deux
(LEIPZIG et WATERLOO). — Le bénéfice de
quarante-huit victoires si mémorables s'est
donc dissipé par une seule DÉFAITE! Quel
champ immense ouvert à nos réflexions!
Quelle carrière que celle où la gloire s'efface,
si elle ne s'augmente; où la ruine commence, dès que la fortune cesse de croître!
C'est l'enfance montant lentement à la maturité pour retomber subitement à l'enfance. — FRÉDÉRIC DEUX, tirant d'utiles leçons de ses revers, descendit du théâtre de
Mars comme un acteur longtemps applaudi
quitte la scène où il craint d'être éclipsé. —
BONAPARTE, qui, comme le disait COURIER,

avait caché sous une couronne vulgaire son *beau et large front de soldat*, n'a pas eu la sagesse de FRÉDÉRIC, ou n'était pas en position d'en agir de même; il a tout perdu, persuadé que le Général de vingt-sept ans respirait encore en lui. — Parlerons-nous de CARNOT, ce géomètre praticien des temps modernes, ce météore des déchirements et du bouleversement dont il a été ou s'est efforcé d'être le modérateur? Dans l'occasion, il fait du conventionnel un grenadier, comme à Wattignies, à Maubeuge; ou bien un chef de camp volant, comme à Furnes; généralissime de cabinet, sans entourage, sans secrétaires; stratége, si jamais le nom fut mérité, il manie en chef pendant dix-sept mois quatorze ARMÉES, en travaillant seize heures par jour; ses défenseurs contre les accusations de Legendre le proclament *l'organisateur de la victoire*; ses historiens le citent comme ayant sauvé mille fois plus d'hommes que Robespierre n'en a fait périr; il devine BONAPARTE; il met en scène ce filleul, dont la plume vraie ou supposée a accusé de peu de capacité son parrain de guerre; l'ovation funéraire de TURENNE, l'hommage rendu au premier grenadier de France, sont dus à CARNOT, alors descendu au fauteuil de ministre, et bientôt retombé, grâce à son inflexibilité, dans le silence d'une vie studieuse et retirée. La résistance d'ANVERS, au milieu des agonies du grand empire, est le dernier service rendu par le sexagénaire, que rajeunissait le danger. — Examinons, abstraction faite des hommes et des temps, mais surtout par rapport à notre pays, le général d'armée sous les aspects suivants : CRÉATION, DÉNOMINATION, NOMBRE, NOMINATION, UNIFORME, DROITS, PRÉROGATIVES, FONCTIONS, DEVOIRS, INSTRUCTION. — N° 1. CRÉATION. — S'il n'existe une ARMÉE PERMANENTE que depuis CHARLES SEPT, si nous n'avons une ARMÉE vraiment FRANÇAISE que depuis HENRI QUATRE, si la renaissance de l'ART MILITAIRE DE TERRE date en FRANCE de deux siècles à peine, depuis quand le titre de Général d'armée peut-il être décerné dans notre milice? La réponse sera facile : HENRI QUATRE est le père de nos Généraux. — Il s'était vu à la tête des TROUPES DE FRANCE des hommes de génie, des connétables célèbres, des CAPITAINES valeureux, des héros inspirés; mais ce n'étaient pas des Généraux, en prenant le terme sous l'acception qu'il doit avoir en TACTIQUE, en économie politique, en classement social. Des noms étrangers ont brillé avec plus d'éclat et avant et après HENRI QUATRE. — MAURICE DE NASSAU et GUSTAVE-ADOLPHE tiennent le premier rang parmi les grands

hommes que les modernes peuvent déjà appeler anciens et que les FRANÇAIS comptent parmi leurs législateurs militaires. Ces princes devaient eux-mêmes beaucoup à l'antiquité; il convient donc d'étendre nos recherches au delà de l'histoire de notre pays; le sujet est si grand qu'il y aurait à craindre de dire trop peu. — L'antiquité et le MOYEN AGE n'offrent qu'un petit nombre de CHEFS D'ARMÉE que nous devions citer; car nous n'évoquerons pas tous les CAPITAINES de PLUTARQUE, nous laisserons à part les GUERRIERS de la FRANCE féodale que passe en revue M. MAZAS, et nous ferons un choix parmi les COLONELS que mentionne BRANTOME (1600, A) et les grands hommes que l'auteur du *Cours d'histoire* (1813, F) rassemble dans sa galerie. — BONAPARTE a récapitulé les noms de premier ordre depuis les ROMAINS jusqu'à nos jours; mais il a omis des personnages trop distingués pour ne pas figurer dans un tableau de ce genre. — A la suite des habiles Généraux dont la notice vient d'être tracée, BÉLISAIRE et NARSÈS entrent en scène; après eux, jusqu'au quatorzième siècle, peu de CHEFS DE TROUPE déploient une TACTIQUE assez habile, ou agissent dans une sphère assez élevée, pour que le titre de Général leur puisse être donné. Sans doute il doit y avoir eu parmi les CONDOTTIERI des hommes supérieurs; leurs succès prouvent d'autant plus de talent que ces GUERRIERS ne disposaient que d'éléments imparfaits. CAPITAINES dépourvus comme ils l'étaient d'antécédents classiques et de principes fixes, ils ne pouvaient tirer que de leurs inspirations leurs ressources; mais le secret de leur habileté a péri avec eux : c'est un malheur pour l'ART, soit que la postérité les range parmi les héros, ou les flétrisse du nom de brigands. — Cependant le CONDOTTIERE HAUKWOOD mérite une mention particulière, et son éloge doit rejaillir sur EDOUARD TROIS et sur le PRINCE NOIR; il s'était formé à leur école et dans leurs ARMÉES, ainsi que plusieurs PARTISANS non moins habiles. — Vers le même temps, en ORIENT et en ASIE, TAMERLAN déployait sa terrible domination. S'il n'eût été qu'un GUERRIER ordinaire, eût-il soumis à son glaive une étendue de pays aussi vaste que celle que les ROMAINS et ALEXANDRE avaient possédée? — Lorsqu'en violant toutes les garanties le concile de PRAGUE eut livré au bûcher, en 1410, Jean Huss, ses compatriotes indignés s'honorent du nom de Hussites; ils courent aux armes : *Ils trouvèrent à leur tête* (dit HALLAM) *un de ces hommes dont le génie, mis en action par des événements fortuits, semble n'avoir rien emprunté à des lumières étrangères. Jean*

Zisca n'avait été formé à aucune école où il eût pu apprendre l'art de la guerre; cet art était dans son enfance en Bohême plus que partout ailleurs; il devint un des plus grands capitaines qui eussent paru en Europe. Ses exploits sont d'autant plus merveilleux, qu'il était privé de la vue. — *Zisca a été désigné comme l'inventeur de l'art moderne de la fortification. Par son habileté la montagne voisine de Prague, à laquelle l'esprit de fanatisme donna le nom de Thabor, devint un retranchement inexpugnable.* — *On a comparé Zisca à Annibal pour ses stratagèmes; lorsqu'il manquait de cavalerie, il plaçait de distance en distance des rangs de chariots remplis de soldats pour garantir ses troupes de la cavalerie ennemie. Son poste était auprès du principal étendard; et là, après s'être fait expliquer la position de l'ennemi et les localités, il donnait ses ordres.* — *Zisca ne fut jamais battu, et l'enthousiasme que son génie inspira fut tel, que quelques-uns de ceux qui avaient servi sous lui ne voulurent obéir à aucun autre Général et prirent le nom d'orphelins.* — *Zisca avait instruit dans* l'ART DE LA GUERRE *des hommes à demi sauvages, alors qu'un peuple inconnu, les Suisses, humiliait l'arrogante* AUTRICHE *et écrasait* CHARLES LE TÉMÉRAIRE. — VOLTAIRE *rapporte que la ferveur patriotique du grand* ZISCA *alla jusqu'à exiger qu'à sa mort il fût fait de sa peau un* TAMBOUR *dont le son annoncerait aux siens la victoire, aux ennemis leur* DÉFAITE. *Ce tambour, vrai ou supposé, a longtemps fait partie des antiquités de l'arsenal de* VIENNE. — HUNIADE, *Hongrois ou Valaque, quitta pour le parti des armes sa forge de maréchal ferrant, et parvint, à force de mérite, au rang de grand maréchal de Hongrie. Devenu vayvode et régent du royaume, il arrêta l'effort des* TURCS *en 1442; défait souvent, il n'était abattu jamais par ses* DÉFAITES; *son nom devint si terrible à ses ennemis, qu'ils s'en servaient comme d'un épouvantail vis-à-vis de leurs enfants désobéissants ou mutins. Son dernier et brillant exploit fut la défense de Belgrade en 1456. A la tête d'une* ARMÉE *tumultuaire il pénètre dans cette forteresse, fait une sortie dans laquelle* MAHOMET DEUX, *l'Alexandre des* MUSULMANS, *est blessé, mis en déroute, forcé de* LEVER LE SIÉGE. *Cet événement important ranime l'espoir de* l'EUROPE; *et, en récompense de ce service, Matthias Corvinus, fils d'Huniade, est porté au trône de* HONGRIE. — *Castriot, chef d'une faible tribu, et appelé* SCANDERBEG *par les musulmans, illustre aux mêmes époques son nom, relève le trône de Pyrrhus, brave vingt ans de suite les armes ottomanes et défie,*

du haut des montagnes de l'Épire, ce même MAHOMET qui avait soumis ou fait trembler le reste de l'EUROPE. — On a dit qu'il n'y avait de Général appelé aux grandes choses que celui qui en même temps était prince souverain; cette opinion est celle de GUIBERT (1773, E); elle est développée dans l'ENCYCLOPÉDIE (1785, C; au mot *Conseil de guerre*); LLOYD manifeste le même sentiment dans ce qu'il dit de FRÉDÉRIC DEUX, et l'on ne saurait nier que la grande guerre, la guerre de conquête, exige la DICTATURE. — S'il n'est souverain, disent les auteurs, le Général a des envieux à redouter, des intrigues de cour à déjouer, des instructions inexécutables à ménager; sa tête et son temps sont absorbés par les rapports à rédiger et les comptes à rendre. Trop heureux s'il n'est pas tenu de correspondre avec une maîtresse, au lieu de n'avoir affaire qu'au maître; ce sont deux positions bien différentes; les Généraux de Louis QUATORZE ont été vainqueurs; ceux de madame de Maintenon et de madame de Pompadour ont été battus. — Mais si le sceptre et l'ÉPÉE DE CONNÉTABLE sont dans une même main, les progrès de la science et l'éclat de la gloire dédommagent-ils de ce que la patrie perd en sécurité et en indépendance? Le bonheur des peuples est compromis si l'homme qui réunit le double caractère de Général et de souverain possède en même temps le génie et l'amour de la guerre. FRÉDÉRIC DEUX en eut le génie, mais non l'amour; il est mort sur un trône respecté. LOUIS QUATORZE se crut Général pour avoir vu quelques SIÉGES; il eut l'amour de la guerre, sans en avoir le génie, et creusa un abîme qui pensa l'engloutir. BONAPARTE, plus célèbre, plus puissant qu'eux, eut le génie et l'amour de la guerre, et sa puissance s'est brisée. — On a vu plus de Généraux dignes de monter au trône que de souverains appelés par leur mérite à être Généraux. Quelquefois pourtant la nature s'est complu à prodiguer les qualités guerrières à ceux que le sort plaçait sur les sommités sociales: ainsi brillèrent GUSTAVE-ADOLPHE, NASSAU, HENRI QUATRE, le grand CONDÉ. LUXEMBOURG, EUGÈNE, CHARLES DOUZE et surtout FRÉDÉRIC. — Un brigand habile et heureux peut être un grand CAPITAINE; mais on appelle positivement Général d'armée ou le monarque qui dédaigne la mollesse du trône et prend les armes en personne, ou le lieutenant à qui le chef du gouvernement confie l'ÉPÉE, qu'il croit mieux placée dans les mains d'un représentant que dans les siennes. La différence de position sociale de ces deux personnages doit être prise en considération par leurs historiens et leurs juges,

Le mérite personnel, qui peut seul assurer le succès, doit être grand, quelque rang que tienne celui qui commande; mais, à mérite égal, pour un roi ce succès est facile, pour un lieutenant il est laborieux. — Si le Général n'est pas souverain, il y a de plus à faire distinction entre le chef qui a CARTE BLANCHE ou celui que la cour tient en lisière. — Pendant le cours de la TROISIÈME RACE, il n'y a que PHILIPPE CINQ, Charles le Bel, CHARLES CINQ, François deux et LOUIS SEIZE qui n'aient pas paru aux ARMÉES. Peut-être la civilisation interdira-t-elle aux rois le droit de faire la guerre hors du royaume, comme s'y oppose la loi anglaise. Dans les États constitutionnels, le casque et la couronne ne doivent pas orner le même front.— En ordre de bataille, un colonel n'est pas en avant de son régiment; de même un roi doit se tenir au cœur de ses États; l'intérêt du peuple défend au monarque de jouer sa couronne ou sa vie, comme l'ont fait LOUIS NEUF, JEAN, FRANÇOIS PREMIER, EDOUARD TROIS, GUSTAVE-ADOLPHE, CHARLES DOUZE et BONAPARTE. — N° 2. DÉNOMINATION. — Chez les GRECS, le Général était ARCHISTRATÉGE, PHALANGARQUE, POLÉMARQUE, STRATÉGE ; à ATHÈNES, ARCHONTE ; à ROME, sous la république, CONSUL, DICTATEUR, PRÉTEUR, PROCONSUL, QUESTEUR, TRIBUN ; sous les EMPEREURS, COMTE, HUPOSTRATÉGUE, HUPERSTRATÉGUE, MAITRE DE LA MILICE, *magister equitum, juventutis,* etc. De là vient que pendant si longtemps le mot MAITRE, transmis par la basse latinité, a figuré dans les usages militaires du MOYEN AGE. — Au mot *magister* des premiers ROMAINS a succédé le mot *imperator;* ce titre, uniquement militaire d'abord, a été donné ensuite comme la récompense d'une victoire remportée; bientôt la qualité d'EMPEREUR a exprimé un pouvoir politique. — Après ces dénominations vinrent les titres de PATRICE, de MAIRE DU PALAIS, de GUIÈRE; ce dernier terme, suivant M. ROQUEFORT, répondait au *dux exercituum* des Romains; mais on ne saurait comparer les Généraux modernes aux CONSULS : car ceux-ci ne commandaient l'armée que de concert ou alternativement, tandis que le Général d'armée n'a que des subordonnés et point de collègue.— Quelquefois le mot DUC a eu un sens analogue au terme Général d'armée; quelquefois il a eu une signification différente. — A la fin du MOYEN AGE, plusieurs ÉCRIVAINS appelaient CHEFS DE GUERRE, et plus récemment CAPITAINES, les personnes de ce rang.— Le titre de Général d'armée est peu ancien; PINARD témoigne qu'en 1621 le marquis de Lavalette, depuis duc d'Epernon, n'avait que le titre de LIEUTENANT GÉNÉRAL, et que telle

était aussi la qualification de Saint-Chamand en 1630; le président Hénault ne fait remonter qu'à 1633 la dénomination de Général d'armée, et DANIEL (1721, A) ne la rapporte qu'à l'an 1658.— Mais, dès 1515, le simple titre de GÉNÉRAL équivalait au titre actuel de Général d'armée. Le GÉNÉRAL était beaucoup moins payé que le MARÉCHAL, et un peu moins que le SÉNÉCHAL. — En cas d'absence ou d'intérim, le Général était remplacé par le MARÉCHAL DE CAMP ou par le SERGENT DE BATAILLE. — Beaucoup de relations historiques ou d'ordonnances du siècle dernier maintenaient une distinction entre Général et OFFICIER GÉNÉRAL : car, par la force de l'habitude, la première de ces dénominations conservait le sens de CHEF dominant; on prenait l'autre sous l'acception de subordonné de ce CHEF : cette distinction est maintenant entièrement effacée. Ne pas dire GÉNÉRAL EN CHEF ou Général d'armée en parlant de celui qui a le haut COMMANDEMENT, c'est s'expliquer d'une manière ambiguë et incomplète; dire officier général, c'est se servir d'un terme vague et diffus.— Quelques documents officiels ont appelé GÉNÉRAUX COMMANDANTS les Généraux d'armée.—La dénomination de Général d'armée emporte-t-elle nécessairement en France l'idée du COMMANDEMENT de plusieurs CORPS D'ARMÉE? C'est une question à laquelle aucune décision officielle ne répond. — N° 3. NOMBRE. — Dans la MILICE ROMAINE, depuis l'expulsion des rois jusqu'au rétablissement du despotisme, le COMMANDEMENT fut souvent confié à deux CONSULS à la fois : ainsi Varron et Fabius commandèrent de concert. Une république ombrageuse regardait ce partage d'autorité comme une sauvegarde contre les empiétements du pouvoir militaire. De grands désastres résultèrent du défaut d'unité. Mais, avant de blâmer cette coutume d'un peuple jaloux de sa liberté, il faudrait se demander si c'était la tyrannie ou l'ENNEMI que les ROMAINS avaient le plus à craindre. L'histoire décide la question : Rome s'est tuée de ses propres mains. — A la fin de la GUERRE DE 1756, la cour partagea le commandement entre SOUBISE et DESTRÉES. C'était une faute ajoutée à tant d'autres. — *L'unité du commandement est la chose la plus importante à la guerre; deux armées ne doivent jamais être placées sur un même théâtre.* Telle est l'opinion de BONAPARTE (M. le général MONTHOLON, t. II); il a redit en cela les paroles de MONTÉCUCULI (1704, D).—ODIER (1824, E) en donne également la paraphrase dans ce passage : *Il n'en faut qu'un* (un Général d'armée), *car on doit soigneusement conserver l'unité de la pensée militaire.* — EUGÈNE et MARLBOROUGH cependant agirent de concert ; mais la bonne intelligence établie entre eux a été un exemple unique peut-être dans l'histoire. — Après avoir examiné le nombre des Généraux par rapport à une seule ARMÉE AGISSANTE, il faut s'en occuper par rapport à toute une MILICE, et reprendre dès son principe l'histoire des GRANDS FONCTIONNAIRES, des GRANDS OFFICIERS. — A la naissance de la monarchie française, le ROI est Général d'armée ; sous les première et seconde races, il a pour lieutenant et quelquefois pour rival le GRAND MAITRE DE LA MILICE, le MAIRE DU PALAIS ou le GRAND SÉNÉCHAL. — Lorsque le GRAND SÉNÉCHAL commande en l'absence du souverain, ses droits sont absolus, et il est secondé par le CONNÉTABLE. A l'abolition de l'office du SÉNÉCHAL, le CONNÉTABLE s'élève en dignité ; il a le titre de frère du ROI ; il commande sans responsabilité ; il a un MARÉCHAL DU PALAIS pour aide ou prévôt. —

— Les ROIS reconnaissent par expérience que le degré de la parenté est trop intime et l'autorité du frère trop étendue ; ils laissent vaquer l'emploi de CONNÉTABLE pour en préparer l'extinction. — Depuis FRANÇOIS PREMIER, le nombre des MARÉCHAUX commence à s'accroître sans mesure ; les souverains en multiplient le GRADE par faiblesse, ou le prodiguent par politique, pour avoir moins à en redouter les prétentions. — Un monarque jaloux de tout partage d'autorité efface de notre MILITAIRE la dignité de CONNÉTABLE. Les MARÉCHAUX DE FRANCE doivent à cette révocation du généralissimat le GRADE de Général d'armée, qu'ils n'avaient jusquelà exercé de droit positif qu'en l'absence du CONNÉTABLE ou comme substituts de ce DIGNITAIRE. — L'extension des projets et du pouvoir de LOUIS QUATORZE l'obligeant à grossir ses ARMÉES, il les subordonne chacune à un MARÉCHAL ; mais la quantité de ces dignitaires ou l'importunité des sollicitations obligent parfois le monarque à réunir plusieurs MARÉCHAUX dans une ARMÉE, comme l'avait fait LOUIS TREIZE. C'était renouveler les CONSULS ROMAINS, sans qu'ici rien pût excuser l'abus ; il en résulta des altercations violentes ; les CHEFS DES ARMÉES élevèrent des réclamations passionnées ; la patrie et le bien du SERVICE ne furent plus rien pour eux ; l'exil leur paraissait plus supportable que l'obéissance à un collègue et que la déférence au prince ; plus d'un revers, tels que celui de HOCHSTETT, en furent la suite ; on renouvela l'essai d'un mauvais remède ; des titres nouveaux furent créés : nous avons eu des MARÉCHAUX GÉNÉRAUX, des CAPITAINES GÉNÉRAUX, etc. — La même marche se répète ainsi depuis quinze siècles.

Les gouvernements qui se succèdent laissent tour à tour se déconsidérer la valeur désignative des GRADES, et les rois sont obligés presque périodiquement d'enter un titre rajeuni sur un tronc mourant. — Le DÉCRET DE 1790 (18 AOUT) reconnaissait, en remplacement des maréchaux abolis, quatre Généraux d'armée. — L'ASSEMBLÉE CONSTITUANTE se proposait à peu près en cela pour modèles les MILICES AUTRICHIENNE et RUSSE, qui connaissaient une classe de généraux nommés en Russie GÉNÉRAUX EN CHEF, et en Autriche FELD-ZEUG-MEISTER, ce qui équivaut à général d'INFANTERIE ou de CAVALERIE. Ils prenaient rang entre les FELD-MARÉCHAUX et les FELD-MARÉCHAUX-LIEUTENANTS. — Suivant le système français, il y avait un Général d'armée par sept LIEUTENANTS GÉNÉRAUX à peu près, et par seize MARÉCHAUX DE CAMP ; mais une fixation aussi précise ne pouvait longtemps se maintenir. — Sans doute il conviendrait qu'en TEMPS DE PAIX, comme en TEMPS DE GUERRE, des CHEFS désignés à l'avance fussent prêts à prendre le COMMANDEMENT à l'instant de la GUERRE ; ils se croiraient ainsi obligés à la culture des hautes études, auxquelles il n'est plus temps de se livrer quand le canon gronde ; jusquelà ils se tiendraient en haleine par des exercices utiles, par la réunion de leurs TROUPES dans des CAMPS D'INSTRUCTION ; ils seraient debout au jour du danger, mais peut-être alors ils auraient atteint un âge avancé, ce qui serait un inconvénient grave. La loi pourrait, à la vérité, poser à l'avance cette limite que les GRECS appelaient l'AGE ATOMAQUE, ou la saison d'inhabileté ; mais cette mesure aussi est délicate ; d'ailleurs cette organisation complète de la HIÉRARCHIE MILITAIRE, ce droit d'exercer qui serait restreint en des limites légales, ne conviendraient ni au MINISTRE qui veut se faire des créatures ou payer des courbettes, ni aux maîtresses ou aux confesseurs dont l'influence en souffrirait, ni aux courtisans toujours empressés d'avoir de hautes places sans se donner la peine de les mériter par les sueurs et l'étude. — N° 4. NOMINATION. — Un BREVET appelé PATENTE, comme le témoigne VOLTAIRE (*Essai sur les mœurs*, année 1628), était le titre qui, dans les siècles derniers, conférait le COMMANDEMENT en chef. — La nomination des Généraux d'armée dépend du choix du chef de l'État, ou bien ce GRADE est le fait d'un droit acquis par l'ANCIENNETÉ. — L'ANCIENNETÉ décide toujours, sauf ratification, si la vacance a lieu pendant le cours d'une guerre flagrante et sur un point éloigné de la résidence du souverain : tel fut le cas à la mort de TURENNE, de KLÉBER et d'un gouverneur de l'Algérie. Mais il n'est pas de règle, si sage soit-elle, qui ne comporte ses désavantages. L'ancienneté, a dit ODIER (1824, E), donne aux ARMÉES D'ÉGYPTE et de SAINT-DOMINGUE les généraux à qui peut être reprochée la perte de ces colonies. — Dans les temps ordinaires, l'ANCIENNETÉ est rarement la condition déterminante du choix; car le BATON DE COMMANDEMENT ne tomberait souvent qu'aux mains des vieillards; or, un âge avancé est un mauvais titre. Ce qui importe au bien de l'Etat, ce n'est pas que l'ancien arrive au COMMANDEMENT d'une ARMÉE, mais que celui qui en est revêtu ait obtenu par de bons services tous les grades antérieurs. Malheur aux Généraux ou usés ou improvisés ! — Il est plus désirable que possible que le BATON soit toujours le prix du mérite éprouvé; il est malheureusement trop rare que la raison et l'utilité publique fassent taire le bon plaisir. Rien de plus commun que de voir des Cadenet, des VILLEROI, des LAFEUILLADE, des SOUBISE, parmi les solliciteurs et les courtisans. Il est difficile aussi qu'un prince jeune et ébloui par des idées de gloire n'aspire pas au COMMANDEMENT; mais, quand la naissance est un droit au GÉNÉRALAT, suffira-t-il qu'un mentor soit donné à un chef inexpérimenté, au lieu de remettre le gouvernement de l'ARMÉE au CAPITAINE qui, comme guide ou conseil, va en supporter le fardeau sans en recueillir la gloire. — De HENRI QUATRE à TURENNE, la primauté suivait l'ORDRE DU TABLEAU; elle donnait seule droit au COMMANDEMENT. Cette prérogative vicieuse, puisqu'elle peut être celle dont jouirait un homme courbé sous le poids des années ou dépourvu de capacité, avait pourtant un côté plausible : elle substituait un droit militaire au droit absurde de la naissance. — TURENNE ne reconnaissait que le droit de l'expérience et du savoir; il osa le premier fouler aux pieds l'ORDRE DU TABLEAU; il nous apprend dans ses mémoires qu'à la bataille des Dunes il donna le commandement de l'aile droite à CRÉQUI, quoiqu'il y eût des LIEUTENANTS GÉNÉRAUX plus anciens. — N° 5. UNIFORME. — A toutes les époques, un CHEF DE GUERRE a dû chercher à se rendre reconnaissable par son entourage, ses INSIGNES, son DEXTRIER. La nécessité d'être distingué de loin par son armée est une idée simple; elle a amené l'usage du CHEVAL BLANC, cheval de tout temps attelé au char des triomphateurs. Cette robe, comme disent les académistes de manége, figure dans toutes les miniatures qui ornent les manuscrits du MOYEN AGE; elle était, suivant M. DE BARANTE (année 1461), un *signe de souveraineté*.

Un autre moyen de distinction, que BRANTOME (1600, A) mentionne dans un passage relatif aux TIMBALES, consistait à se faire précéder d'INSTRUMENTS A CHOC : en ALLEMAGNE, c'étaient des TIMBALES ; en FRANCE, sous CHARLES NEUF et HENRI QUATRE, c'étaient des TAMBOURS. Bien plus tard eut lieu l'invention de l'UNIFORME et des COULEURS NATIONALES. — A PHARSALE, POMPÉE, voyant sa DÉFAITE irréparable, quitta le PALUDAMENTUM, ou manteau de Général, afin de cacher sa fuite sous un habit conforme à sa mauvaise fortune. — Chez les CURIOTES, la TENTE du Général est ornée d'un DRAPEAU, qui annonce, par la manière dont il est posé, s'il est ou non permis d'y pénétrer. Il y va de la vie pour qui enfreindrait cette consigne. — L'AIGLE accompagnait le commandant des troupes PERSES. Les FAISCEAUX des licteurs et la BUCCINE précédaient les Généraux de la LÉGION ROMAINE avant qu'ils adoptassent l'AIGLE. — Les queues de cheval, ou plutôt d'une certaine espèce de taureaux, sont d'une haute antiquité, et sont encore l'INSIGNE des PACHAS en ORIENT. — Le CÁNNOUZE marchait avec les Généraux du MOYEN AGE. Le PENNON, la CORNETTE, le GUIDON et l'ÉTENDARD GÉNÉRAL étaient, à des époques plus modernes, le signe distinctif des CHEFS des ARMÉES FRANÇAISES. Enfin le PANACHE, le HEAUME à CIMIER couronné, ont rempli le même objet. — La verge ÉGYPTIENNE s'est changée en brin de SARMENT chez les ROMAINS, et est devenue le BATON distinctif de la primauté des DOMESTIQUES de la PREMIÈRE RACE. De leurs mains il a été repris par celles de nos Généraux d'armée, mais n'a été porté par eux à la guerre que quand le CHAPEAU A DEUX CORNES a succédé à la coiffure de fer. — MAURICE DE SAXE, se conformant aux conseils que donne MONTÉCUCULI (1693, F), faisait porter devant lui comme ENSEIGNE de Général une lance de hulan. — De nos jours, la BRODERIE sur toutes les tailles et l'ÉPÉE DE COMMANDEMENT sont les témoignages extérieurs du GRADE; mais ce sont des moyens sans effets : le chef, reconnaissable sur le parquet des salons, est méconnaissable sur le terrain de bataille, depuis la désuétude du PENNON et du CHEVAL BLANC. BONAPARTE n'avait trouvé moyen d'y remédier que par la simple redingote grise. — N° 6. DROITS, PRÉROGATIVES. — Comment tracer le tableau des DROITS ? Les législateurs des temps modernes et de la FRANCE ne s'en sont pas plus occupés que des devoirs; il n'existe que quelques traditions, quelques souvenirs des pouvoirs confiés aux anciens LIEUTENANTS DE ROI. Il n'a été publié sur cette matière que l'ORDONNANCE DE 1638

(SEPTEMBRE), qui laissait au Général la faculté de réclamer ou non les avis d'un CONSEIL délibératif. Le *Journal des Sciences militaires* (t. XXV, p. 209) adjurait, en 1851, le MINISTÈRE *de déterminer les titres, les pouvoirs, les droits des Généraux*; mais à l'égard des devoirs nous ne connaissons rien encore de réglé. — Les COMMANDANTS de premier ordre ne se conduisent plus tout à fait, il est vrai, comme au temps où le CHEF de l'ARMÉE ROYALE rendait des ORDONNANCES de bon plaisir, administrait souverainement la JUSTICE MILITAIRE, disposait de la vie ou de la destinée des DÉSERTEURS, envoyait à la potence les ARQUEBUSIERS ennemis, si l'ARQUEBUSE ne lui semblait pas de bonne guerre; faisait BRANCHER les individus présumés ESPIONS; faisait pendre, sans JUGEMENT, aux CRÉNEAUX les GOUVERNEURS DE PLACE *qui tenoient au canon*, c'est-à-dire se défendaient en osant résister aux FAUCONNEAUX du ROI; faisait égorger des GASTADOURS pour combler un marais ou composer un pont, faisait précipiter dans un fleuve des centaines de FEMMES D'ARMÉE, etc. On a vu à TURIN, en juillet 1801, à ce que rapporte le *Journal des Sciences militaires* (juin 1850, p. 351), le général DELMAS, qui y commandait, essayer de réprimer une désobéissance militaire en tuant de sa main deux canonniers, tandis que son AIDE DE CAMP mettait à mort un capitaine d'artillerie, ce qui amena, par représailles, le meurtre de l'AIDE DE CAMP, et nécessita la fuite du Général. Mais des mesures d'une dictature aussi acerbe, mais des EXÉCUTIONS aussi expéditives que l'étaient celles de nos anciens PRÉVÔTS, ne se renouvelleront pas, ou seront rares. Cette amélioration, au reste, est due à la modification des mœurs, à l'empire de la mode, non à la loi. Le législateur s'est borné à traiter des CÉRÉMONIES FUNÈBRES et du CRÊPE DE DEUIL; il s'est contenté de tracer des règles d'aussi mince importance que celles qui ont trait à la convocation des CONSEILS DE RÉVISION, etc. — La mesure de l'AUTORITÉ permise est restée en question, et nous lisons (*Journal de l'Infanterie*, etc., t. I, p. 249) qu'en 1795, au passage du Rhin, *Championnet prononça peine de mort contre tout grenadier qui ferait feu dans la traversée.* On ne saurait blâmer cette dictature de guerre, mais encore faudrait-il que la loi en prévît les cas. — ODIER (1824, E) a essayé de suppléer au silence de la législation. Suivant lui, les droits du Général sont illimités, s'il s'agit de la SUBSISTANCE et de la sûreté de son ARMÉE; ils consistent à gouverner et administrer le pays occupé par ses troupes, mais en y respectant la justice établie; il autorise seul le départ des courriers, ou interrompt toute correspondance qu'il jugerait préjudiciable; il suspend la liberté de la presse, lève des CONTRIBUTIONS ou en délègue le droit, mais en confiant toujours à d'autres mains la perception et le maniement des deniers; il exerce RÉQUISITIONS vis-à-vis les AUTORITÉS PUBLIQUES, *soit quant à la personne, soit quant aux propriétés des citoyens.* La nécessité qui se reproduit chaque jour en campagne (t. II, p. 24) *l'investit du droit de réquisition, droit que les LOIS DE 1791 (14 OCTOBRE) et de l'AN TROIS ((28 NIVOSE) ne lui donnaient que sur les chefs de l'administration de l'armée.* — En cela il y a coutume, abus même; c'est un droit immense, effrayant, s'il n'est renfermé en certaines limites non encore tracées. Espérons, ajoute ODIER (1824, E), que cet ordre de choses se convertira en loi écrite, et que le pouvoir dictatorial sera mieux défini. *Accordez*, dit Bentham, *une autorité qu'on prendrait au mépris des lois.* — ODIER, on le voit, ose qualifier une autorité que les Généraux osent prendre; il l'appelle dictature ou COMMANDEMENT de premier degré; il classe ce pouvoir à part de la HIÉRARCHIE; à son avis, faute de loi écrite, il n'y aurait pour le CHEF d'une ARMÉE d'autres liens que la conscience et la responsabilité. Fragile barrière, vain épouvantail, placés entre la cupidité et les serrures du TRÉSOR. Mais l'histoire ne déclare-t-elle pas que les généraux BONAPARTE et HOCHE disposaient à leur gré de millions dont ils cachaient à la trésorerie la source et l'emploi. Ainsi se fit le dix-huit fructidor. — Et pourtant l'esprit du DÉCRET DE 1791 (14 OCTOBRE) et de la LOI DE L'AN TROIS (28 NIVOSE) semblait borner les droits à mouvoir les troupes, les exercer, les inspecter; DONNER LE MOT; promulguer des RÈGLEMENTS DE SERVICE, de POLICE, de DISCIPLINE; conduire la GUERRE sur le plan adopté; décider du genre de coopération des personnages attachés à l'ARMÉE; les admettre, les maintenir, ou les interdire; avoir la haute main sur les COMMANDANTS DE PLACE du territoire que l'ARMÉE embrasse; exercer, par écrit, pleine RÉQUISITION sur les valeurs et matières militaires; modifier même, en cas de nécessité, des TARIFS; mais c'était plus généralement, comme nous l'avons prouvé, des formes coutumières que des actes consacrés par la légalité. — Ainsi les droits reposent sur les opinions émises par les ÉCRIVAINS, sur des traditions confuses, sur des coutumes équivoques. S'il a été fugitivement question des droits des Généraux, c'est dans de défectueux règlements, depuis longtemps en désuétude, quoique non abrogés formellement. Ainsi une ORDONNANCE DE 1776 (25 MARS), ordonnance inconnue plutôt qu'éteinte, leur laissait, en temps de guerre, le droit de donner ou de refuser leur approbation à l'EXÉCUTION des JUGEMENTS A MORT ; ils partageaient, dans cette position, le droit royal de FAIRE GRACE. — A défaut de principes fixes et officiels, essayons de tracer un aperçu moral des droits dont les récits de l'histoire nous entretiennent. — A mille pas de ROME, le Général ROMAIN avait droit de vie et de mort. Pendant tout le MOYEN AGE, les CAPITAINES décidaient en tout lieu de l'existence de tout ce qui les environnait, comme le ferait encore un chef de Caraïbes. — Une pareille autorité ne saurait convenir à notre temps, ni à nos mœurs. Nous avons cependant vu de nos yeux, dans des pays insurgés, bien des EXÉCUTIONS arbitraires. — Au temps où l'on portait l'armure de fer, un Général, jetant son GANTELET, dénonçait ainsi la guerre. — A titre d'envoyé ou de parlementaire, un héraut en faisait de même : de là l'expression jeter, relever le gant. — Depuis l'institution du MINISTÈRE DE LA GUERRE, le respect des ORDONNANCES, le maintien du mode légal de l'ADMINISTRATION des corps, l'observation stricte de la COMPOSITION établie et des formes consacrées en fait de DISCIPLINE et de POLICE, doivent marquer la limite des droits du Général ; cette règle a été trop enfreinte ; car, suivant les termes d'ODIER (1818, E), *ce n'est pas le fait du Général d'instituer la règle, le contraire serait une cause de confusion; c'est le fait du ministre de donner cette règle.* — Des peines d'un genre inaccoutumé ont été imaginées et infligées par MAURICE DE SAXE, BROGLIE, SAINT-GERMAIN. Quantité de corps ont pris naissance sans que leur création ait été prononcée par une autorité compétente, par le chef du gouvernement, par la puissance législative. Les CHASSEURS D'INFANTERIE, les SAPEURS DE CAVALERIE, les HUSSARDS, les DRAGONS, les DROMADAIRES, les LANCIERS, les ARMES D'HONNEUR, et tant d'autres innovations, bonnes peut-être en elles-mêmes, ont été des créations illégales que la faiblesse du gouvernement ou la déférence du MINISTÈRE ont légitimées. Un caprice, une proposition jetée au milieu des conversations d'un banquet militaire, ont plus d'une fois produit des changements d'une aussi grave conséquence. — Ainsi, de son autorité privée, CUSTINE, en 1793, établissait à CAMBRAI une ÉCOLE pour l'étude du PAS UNIQUE. Sous la république et le DIRECTOIRE, BONAPARTE inventa, sans nulle participation du gouvernement, la DOUBLE PAYE et les ARMES D'HONNEUR. Au temps du

consulat, BRUNE imaginait les COMPAGNIES D'ÉLITE de la CAVALERIE FRANÇAISE ; il les a instituées, il les a fait payer, avant de savoir si le chef du gouvernement approuverait cette modification à la COMPOSITION, et si les autres GÉNÉRAUX EN CHEF étaient dans l'intention d'imiter cette innovation. — Dans les ARMÉES AGISSANTES de notre MILICE, le Général d'armée est le président-né du CONSEIL DE GUERRE ; mais les attributions, la convocation ou l'emploi de ce genre de CONSEIL restent bien vagues. — Ainsi BONAPARTE en ITALIE, HOCHE en ALLEMAGNE, levaient, comme nous l'avons dit déjà, et comme M. THIERS le témoigne, des millions, dont ils disposaient sans la participation et même à l'insu de la TRÉSORERIE ; à NAPLES, Championnet expulsait de son autorité le fonctionnaire civil que le gouvernement français y avait établi pour contre-balancer la puissance militaire, et en tempérer l'arbitraire. Bernadotte et Joubert refusaient, dans la même année, le COMMANDEMENT de l'ARMÉE D'ITALIE, parce que le POUVOIR militaire n'y était pas illimité. — Le général agit, suivant qu'il a ou non CARTE BLANCHE ; il décide seul de certains ARMISTICES ; il promulgue les DÉCLARATIONS DE GUERRE que le pouvoir politique le charge de proclamer ; il règle les CARTELS D'ÉCHANGE ; il a des ESPIONS à sa disposition ; il peut, dans le rayon du terrain de son ARMÉE, subordonner à des COMMANDANTS SUPÉRIEURS les COMMANDANTS DE PLACE. — Dans la MILICE ANGLAISE, les Généraux d'armée ont un pouvoir illimité quant à la direction des troupes, et ils disposent à leur gré de larges APPROVISIONNEMENTS ; mais ils n'auraient pas droit, dans une campagne, de changer un bouton de l'habit d'uniforme. — Ce qui est dit ici de l'ARMÉE ANGLAISE n'est qu'une remarque et non un conseil ; il s'en faut que dans l'ARMÉE DE TERRE de nos voisins tout soit à imiter. — Les prérogatives des Généraux ont consisté dans le nombre de leurs AIDES DE CAMP et dans le grade dont ces AIDES DE CAMP étaient pourvus ; car des BRIGADIERS, des COLONELS, des GÉNÉRAUX, ont rempli ce genre de FONCTIONS. — Il faut aussi regarder comme prérogatives les places réservées pour le Général et sa suite aux CÉRÉMONIES PUBLIQUES, les HONNEURS rendus par les BATTERIES DE caisse, les COUPS DE CANON tirés à poudre sur son passage ou à son arrivée, enfin le droit d'être accompagnés et gardés par une COMPAGNIE DE GUIDES, comme les généraux ROMAINS l'étaient par des AVOCATS, ceux du MOYEN AGE par des ESTAFIERS, les anciens GOUVERNEURS par des MONTRE-PAYES. — N° 7. FONCTIONS. — Depuis la création de notre monarchie, les fonctions de COMMANDANT des TROUPES AGISSANTES des ARMÉES DE TERRE ont été exercées, suivant les temps, par les souverains en personne et par les DIGNITAIRES ou les OFFICIERS qu'on a nommés : AMIRAL, AVOUÉ, BAILLI, CAPITAINE, CAPTAL, CHÉFETAIN, COLONEL, COMMANDEUR, COMTE, CONNÉTABLE, DAPIFER, DUC, DUC DE FRANCE, GÉNÉRAL, GÉNÉRAL EN CHEF, GÉNÉRALISSIME, GRAND BANNERET, GRAND MAITRE DE LA MILICE, MAIRE DU PALAIS, MARÉCHAL; PRINCE DE LA MILICE, SÉNÉCHAL. — Quand les ARMÉES n'étaient que de faibles CORPS, les moindres détails ne roulaient que sur le Général et son MARÉCHAL DE L'OST. Entre ces OFFICIERS et les CAPITAINES, il n'y avait, avant la création des COLONELS, aucun GRADE intermédiaire; c'était une trace des formes de la MILICE GRECQUE. — Il continua fort tard à en être ainsi; puisque, sous HENRI QUATRE; et pendant une partie du règne de LOUIS TREIZE, il n'y avait encore que de bien faibles TROUPES sur un pied permanent. — Depuis ces époques, l'accroissement des ARMÉES nécessita successivement la création de GRADES et d'EMPLOIS nouveaux, qui déchargèrent d'une partie de ses FONCTIONS le Général; il n'a plus eu que la direction des OPÉRATIONS purement de GUERRE; quant aux soins de l'APPROVISIONNEMENT, à la composition et au mécanisme des FOURRAGES ARMÉS, à la transmission des ORDRES, à la conduite des COLONNES COMBINÉES, ces détails et quantité d'autres ont regardé le CHANCELIER, le CHEF DE L'ÉTAT-MAJOR, le GRAND MAITRE DE L'ARTILLERIE, le MARÉCHAL DE CAMP, le MARÉCHAL DES LOGIS DE L'ARMÉE, les FOURRIERS D'ARMÉE, les ADMINISTRATEURS, les COMMISSAIRES DES GUERRES et les INTENDANTS. — Il y a cette différence entre l'ART MILITAIRE et l'ART DE LA GUERRE que, suivant les règles et les formes du premier, le Général combine un PLAN, prépare une CAMPAGNE, conduit une ARMÉE, se décide pour la DÉFENSIVE ou l'OFFENSIVE, et dispose une BATAILLE; tandis que c'est dans les ressources de l'ART DE FAIRE CAMPAGNE qu'il trouve journellement le secret des OPÉRATIONS convenables, les moyens de modifier ses MANŒUVRES, de disposer ses CORPS DE RÉSERVE, de cacher ses desseins, de dissimuler ses MARCHES, de deviner les intentions de l'ENNEMI et de faire tourner à son avantage les AFFAIRES DE PLAINE. — S'il s'agit de l'ART MILITAIRE et de la SCIENCE propre du Général, le silence de la méditation lui porte conseil; s'il s'agit de l'ART DE LA GUERRE, il opère au milieu du tumulte des ARMES; là c'est de son propre et unique savoir, c'est de l'habileté acquise par l'expérience qu'il tire secours, quand il ap-

plique en présence de son adversaire les leçons qu'il a puisées dans les ORDONNANCES, dans les ÉCRIVAINS, dans l'HISTOIRE, et quand il subordonne à la STRATÉGIE la TACTIQUE particulière à chaque ARME. — Aura-t-il des TROUPES faibles celui qui, ayant su les dresser avec talent, réussira, au besoin, à les électriser par la chaleur de ses élans, et qui dans la trempe et la ténacité de son caractère trouvera la supériorité des conceptions et l'audace qui triomphe des difficultés ? — Il n'est départi qu'à l'homme de génie de faire l'application de tant d'admirables ressources; de même qu'aux jours de péril, lui seul peut, dans des cas rares, suppléer par des inspirations heureuses, par la soudaineté du génie, comme dit Montaigne, à l'incomplet des études ou aux lacunes de la loi. — La supériorité d'esprit du Général, le don de la combinaison, le coup d'œil, préparent, ménagent, saisissent les circonstances; son habileté est de varier à propos le jeu des ressorts qu'il met en œuvre, et de les approprier aux événements. Mais ce savoir positif, fruit de l'éducation qu'on doit à l'application et aux maîtres, ne profite qu'à l'aide d'une autre étude, l'étude des hommes; celle-ci ne se cultive que dans le commerce de la société, le fracas des armes, le mouvement des affaires; elle est l'éducation que les êtres privilégiés se donnent à eux-mêmes; elle constitue ce genre de savoir par lequel le Général, suivant l'expression de BONAPARTE, *emploie les hommes comme les arithméticiens emploient les chiffres.* — Connaître et juger ses seconds, ses émules, ses adversaires; tirer le plus utile parti de ses subordonnés; s'introduire pour ainsi dire dans la pensée et dans le cabinet de ses ENNEMIS, sont encore les importants secrets d'une tête supérieure; cette dernière et merveilleuse qualité, cette faculté de pénétrer les intentions et de discerner les actions non visibles de l'ENNEMI, cette révélation qui est le produit de la puissance du raisonnement bien plus que le fruit de l'espionnage, étaient le mérite distinctif de Désaix, si l'on en croit DUHESME (1814, C). — Le jour d'une BATAILLE, des soins nombreux, délicats, importants, regardent le Général, et vont exercer toutes ses facultés; mais plus la TROUPE qu'il commande est nombreuse, moins il doit s'occuper des détails; loin d'en être écrasé, il doit les dominer; qu'il se borne à l'entente des ATTAQUES, à la prévision des mécomptes et à la combinaison des résistances; ainsi son génie ne s'éteindra pas dans la science, il trouvera au contraire en elle un auxiliaire. — S'il est sur la DÉFENSIVE, il donnera toute son attention au CHAMP DE BATAILLE de son CAMP et à la sûreté des moyens de RETRAITE. — S'il prend l'OFFENSIVE, il aura présent à l'esprit le THÉATRE général de l'action, les ACCIDENTS du TERRAIN que sa vue embrasse et du terrain inaperçu, la situation et l'intensité des FORCES qu'il met en jeu; ses regards se porteront sans cesse sur l'avenir, afin d'être à même de faire jouer sans confusion le grand ensemble de ses TROUPES; mais cet accord, cette direction de tant d'agents vers un seul but, suppose des dispositions pleines de méthode, des ordres distribués avec clarté et parvenus à temps, une subordination imperturbable et préparée longtemps à l'avance, une intelligence profonde du MÉLANGE D'ARMÉS, ou plutôt de l'appui qu'elles se prêtent, enfin la confiance sans bornes des subordonnés dans leur CHEF. — Telle est cette science que les savants des derniers siècles ont nommée ARÉOTECTONIQUE, OU ART DU GÉNÉRAL, que les GRECS appelaient STRATÉGIE, que des modernes appellent POLÉMONOMIE, STRATOLOGIE, STRATONOMIE; tous ces termes expriment l'art de mouvoir hostilement de grandes masses, en appliquant aux circonstances les instruments dont l'étude et la pratique enseignent l'emploi. — On lit dans M. LAS-CASES (t. VI, p. 242) cette pensée de BONA-PARTE : *Que la guerre ne se composait que d'accidents, et que, bien que tenu de se plier à des principes généraux, un chef ne devait jamais perdre de vue tout ce qui pouvait le mettre à même de profiter de ces accidents: le vulgaire appellerait cela bonheur; et ce ne serait pourtant que la propriété du génie.* — MONTESQUIEU (*Lettres persanes,* XLVIIIe) a dit : *Un homme qui n'a pas les qualités d'un Général à trente ans ne les aura jamais; celui qui n'a pas ce coup d'œil qui montre tout d'un coup un terrain de plusieurs lieues dans toutes ses situations différentes, cette présence d'esprit qui fait que dans une victoire il se sert de tous ses avantages, et dans un échec de toutes ses ressources, n'acquerra jamais ses talents.* — TURPIN (1785, O) esquisse d'une manière analogue les fonctions du Général : *c'est le génie, dit-il, qui, recueillant les exemples et les principes, discute, compare dans le moment tous les rapports avec toutes les circonstances possibles, prend de l'expérience ce qui peut convenir au moment, et trouve dans les principes dont il est rempli des ressources toujours nouvelles contre les difficultés renaissantes.* — Toutes ces propositions sont justes, ces conseils sont excellents; mais il faudrait s'entendre sur l'application. Les AUTEURS que nous citons semblent supposer que quelques

données théoriques vont parfaire l'éducation du Général, qu'un petit nombre d'axiomes lui suffiront pour boussole, parce qu'apparemment il est de l'étoffe dont les Généraux doivent être faits. Si donc une noble ambition enflamme de jeunes militaires, peut-être conviendrait-il de leur dire : La nature vous a-t-elle départi la perspicacité, la bravoure de tous les instants, une grande vigueur d'organes, une santé robuste, le calme, le COUP D'ŒIL? Concevrez-vous un PLAN DE CAMPAGNE avec la prévision de toutes les hypothèses qui peuvent s'y rattacher et le calcul des événements qui peuvent l'aider ou le contrarier? l'exécuterez-vous avec ténacité? le modifierez-vous, s'il le faut, avec rapidité? Ne risquerez-vous la chance des COMBATS que quand les profits de la réussite l'emporteront de beaucoup sur les désavantages du non-succès? Pourrez-vous mouvoir en sens divers les nombreuses portions d'une ARMÉE avec cette tranquillité méditative d'un joueur d'échecs maître de son damier, avec cet à-propos savant d'un musicien qui anime les accords d'un immense orchestre? — Si le ciel vous a doué si heureusement, préparez-vous de bonne heure à justifier ses dons; pliez constamment votre esprit à l'apprentissage et aux perfectionnements de l'ART DE LA GUERRE. Quand la CAM-PAGNE s'ouvrira, soyez infatigable, incorruptible, accessible à tous, égal, équitable, et la carrière des grands Généraux va s'ouvrir devant vous; de brillants succès vont être le fruit du talent, de la vaillance et de ce courage d'esprit que les anciens ont nommé *virtus, fortitudo.* Déjà la renommée tresse la couronne; mais tant d'éclat ne vous est réservé qu'autant que les circonstances vous auront favorisé et que la fortune vous aura souri; car CÉSAR (51 avant J.-C.) veut trois choses : l'énergie aveugle des soldats, la sublimité du CHEF et les faveurs du destin. Ces trois conditions remplies, les fonctions du métier ne seront pour vous qu'un jeu; vos soldats vont vous ouvrir les routes de la victoire et vous broder un HABIT de MARÉCHAL, de CONNÉTABLE, de prince. — Mais, si vous ne possédez pas complétement cet ensemble de qualités, si vous ne portez pas en vous cette résolution qui, dans les instants décisifs, saisit l'occasion; si vous n'avez pas acquis cette expérience qui juge les plans, les mûrit, s'y attache; si vous manquez de cette confiance qu'on ne puise que dans la vigueur du caractère; si enfin vous n'avez que de la valeur, du zèle, du patriotisme, le talent de l'école, l'instruction des livres, ce n'est pas assez : défiez-vous des séductions de votre amour-propre, ne prenez pas la responsabilité d'un COMMANDEMENT en chef, contentez-vous de briller au second rang. — N° 8. DEVOIRS. — Quels sont les devoirs des Généraux ? où sont-ils burinés ? en quelle charte, dans quel CODE DE DROIT PUBLIC MILITAIRE ? Où est-il question des RÈGLEMENTS qu'ils peuvent promulguer, des RÉCOMPENSES qu'ils peuvent décerner, de la répartition du BUTIN, des CONTRIBUTIONS DE GUERRE, des EXÉCUTIONS MILITAIRES qui seront infligées sur les terres de l'ennemi, des RÉQUISITIONS qui seront frappées sur les provinces alliées ou sur le territoire de la nation, et enfin de ce DROIT vandale de porter la torche dans les manoirs ou dans les communes qui résistent au Général, ne lui fournissent pas ce qu'il requiert, gênent ses mouvements, ou compromettent sa sécurité ? — Reposons-nous en donc sur la conscience, la capacité, les lumières et le caractère généreux des habiles hommes que le choix infaillible du souverain élèvera à ce poste éminent de l'ordre social, à cette fonction dont il est si difficile de prescrire les règles, à cette autorité dont il serait si utile de poser les limites. — Jamais encore il n'y a eu en FRANCE de RÈGLEMENT ou d'instruction ministérielle adressés aux Généraux, et présentant l'ensemble complet de leurs devoirs ; leurs personnes ne figurent même pas dans les leçons de notre TACTIQUE, et leur grade a été oublié dans le texte de notre CODE PÉNAL MILITAIRE ; cette affligeante insouciance, cette inexplicable incurie du MINISTÈRE DE LA GUERRE n'a pas été une des moindres causes de plus d'un revers éprouvés par NOS ARMÉES ; NOS MINISTRES cependant eussent pu puiser des conseils à bonne source. FRÉDÉRIC DEUX (1761, G) avait composé lui-même une ordonnance adressée à ses Généraux. Bien avant que ce prince n'eût tenu la plume et l'épée, VÉGÈCE (390, A), qui n'avait manié que la plume, et assez médiocrement, avait copié dans les livres de ses précurseurs et avait retracé les devoirs du Général. De savantes leçons avaient été données aussi par THUCYDIDE ; elles embrassaient la conduite que doit tenir celui qui gouverne une ARMÉE, les règles qu'il doit observer, les précautions dont il doit user ; c'est chez l'historien grec que SANTA-CRUZ (1738, A), MONTÉCUCULI (1692, A) et FEU-QUIÈRES (1750, A) ont puisé une partie des principes et des préceptes qu'ils proposent. — Ce silence des COMMIS DE LA GUERRE, cette absence fâcheuse de documents officiels, nous réduisent à reproduire des exemples, à retracer des souvenirs puisés dans l'histoire ; leur force morale leur donne presque une

force légale. — On ne voit guère, parmi les Généraux illustres des derniers siècles, que HENRI QUATRE, CATINAT, VAUBAN, qui aient allié la sensibilité et la guerre, et qui aient envisagé la PROFESSION DES ARMES comme un sacrifice auquel le philosophe lui-même est contraint dans certaines positions de la vie. — BONAPARTE pourtant eut des retours apparents et publics de sensibilité ; plus d'un BULLETIN a déploré le sang versé, plus d'une page qu'il a écrite ou dictée sont des modèles à conserver. — On lit dans ses mémoires (M. le général MONTHOLON, t. III, p. 259) : *La conduite d'un Général dans un pays conquis est environnée d'écueils ; s'il est dur, il irrite et accroît le nombre de ses ennemis ; s'il est doux, il donne des espérances qui font ensuite ressortir davantage les abus et les vexations inévitablement attachés à l'état de guerre.* — Ailleurs il dit (MONTHOLON, t. V, p. 25) : *La gloire et l'honneur des armes est le premier devoir qu'un Général qui livre bataille doit considérer ; le salut et la conservation des hommes ne sont que secondaires.* — *La première qualité du Général en chef est d'avoir une tête toujours froide, sur laquelle les objets ne produisent que des impressions justes ; il ne doit se laisser ni éblouir ni abattre par les bonnes ou les mauvaises nouvelles ; les sensations successives ou simultanées qu'il reçoit dans le cours d'une journée doivent se classer dans son esprit, et n'y occuper que la place juste qu'elles méritent.* — *Il est des hommes qui, par leur constitution physique et morale, se font de toute chose un tableau dépourvu de justesse. Inutilement ces hommes uniraient savoir, esprit, courage et mille bonnes qualités, la nature ne les a point appelés au commandement des armées et à la direction des grandes opérations de la guerre.* — *L'armée une fois rangée en bataille, le Général en chef doit, à la pointe du jour, reconnaître la position de l'ennemi, ses mouvements de la nuit, et, sur ces données, former son plan, expédier ses ordres, diriger ses colonnes, etc.* — *La vraie sagesse pour un Général est dans une détermination énergique..... Qu'il se tienne à l'avant-garde pour de là diriger les mouvements de son armée* (MONTHOLON, t. II, p. 175). — N° 9. INSTRUCTION. — Les GRECS donnaient l'armure du Général à Minerve, déesse de la sagesse, ou, plus correctement parlant, déesse de la science ; ils faisaient par là allusion à l'indispensable liaison des sciences, de la prudence et de la GUERRE. Peut-être sous-entendaient-ils, que la SCIENCE DES ARMES marche en tête de toutes les autres. La forme de leurs écoles publiques justifie cette supposition. — POLYBE (150 avant J.-C.)

fait à l'occasion d'ANNIBAL une savante peinture de la profession du Général et des qualités qu'il doit posséder. — Quelle honte, s'écrie SCIPION, si un Général dit : *Non putabam*, Je n'y avais pas songé. — CICÉRON veut que le Général possède toutes les sciences ; ce serait trop exiger, depuis le prodigieux développement qu'elles ont pris ; il veut surtout quatre qualités : science, bravoure, bonheur, ART DU COMMANDEMENT.—La science et l'ART de commander semblent ne composer qu'un tout inséparable. Mais CICÉRON établit une distinction : il appelle science la capacité d'un homme éclairé, lettré, habitué au maniement des affaires politiques et aux discussions de la tribune ; il appelle ART du COMMANDEMENT cette faculté acquise au moyen des études spéciales, cette assurance, ce savoir-faire d'un homme rompu de bonne heure à la PROFESSION DES ARMES et à ses moindres DÉTAILS. — MAZARIN, dont le despotisme et le génie étaient imprégnés de superstition, se contentait de demander, quand on lui proposait un Général d'armée : *Est-il heureux* (heureux). — Vauvenargues, militaire et écrivain distingué, disait : *La prévoyance, la fécondité, la célérité de l'esprit sur les objets militaires, ne formeraient pas un grand capitaine, si la sécurité dans le péril, la vigueur du corps dans les opérations laborieuses du métier et enfin une activité infatigable n'accompagnaient les autres talents.*— Ce n'est pas assez, dit LESSAC (1783, A), qu'un Général soit habile ; il faut qu'il ait la réputation de l'être : cette réputation fait la moitié de sa force. Un CHEF méprisé, fût-il un grand homme, ne peut qu'être vaincu. — Quand LOUIS QUATORZE remit à la tête des ARMÉES VILLEROI, qui n'était connu que par des revers, il commit une faute qui fut punie par la perte de la bataille de RAMILLIES ; elle ébranla son trône.— En traitant de la science du Général d'armée, les expressions génie et universalité se présentent sous la plume ; mais le savoir acquis par des études positives peut seul être ici l'objet de quelque examen. Les formules, les analyses, que nous hasarderions ne sauraient atteindre cette transcendance, cette union des plus rares facultés de l'esprit, qui est le sublime, ou, comme dit Bonaparte, le divin de l'ART.—On peut former le vœu que le Général d'armée soit un homme universel ; mais un tel vœu ne se réalise pas une fois par siècle. — Le Général doit avoir une teinture des arts graphiques, des LANGUES étrangères, des MATHÉMATIQUES, de la GÉOLOGIE, de la GÉOGRAPHIE, de la TOPOGRAPHIE, de la FORTIFICATION et de la science du CHIFFRE : autrefois du moins on exigeait cette dernière étude ; il

doit avoir interrogé l'HISTOIRE, compulsé les LOIS MILITAIRES, et consulté la STATISTIQUE des divers peuples, leurs manières de combattre, leur CASTRAMÉTATION ; il doit s'être formé le COUP D'ŒIL par un exercice opiniâtre, avoir acquis par un studieux apprentissage l'art de juger les TERRAINS, de choisir les CHAMPS DE BATAILLE, d'y approprier l'ordonnance des TROUPES ; il est indispensable qu'il connaisse la mesure mathématique et comparée des CHEMINEMENTS divers, la vélocité possible des CHARGES des ARMES différentes, l'artifice des COLONNES COMBINÉES, et cette science que l'ENCYCLOPÉDIE (1751, C) appelle APONÉCOMÉTRIE ; il doit être familier avec la TACTIQUE de chaque troupe, avoir approfondi la STRATÉGIE et l'art des CAMPEMENTS de toutes les époques, s'être occupé de la science de l'ADMINISTRATION, être en état de contrôler par les CARTES TOPOGRAPHIQUES les rapports des ESPIONS et d'estimer par leurs déclarations la justesse des CARTES ; être assez versé dans la BALISTIQUE pour savoir quelle est la PORTÉE des divers PROJECTILES et avoir assez bonne vue pour distinguer à l'œil nu leurs effets ; il faut qu'il puisse apprécier les distances des BATTERIES et les résultats qu'elles produiront ; juger de loin et de près de l'espèce des BOUCHES A FEU ; évaluer les masses d'hommes, leur contenance en individus, les motifs de leur placement, leur nature ; pressentir les ENFILADES et combiner les DÉFILEMENTS, discerner un système de FORTIFICATION sans traîner à sa suite un INGÉNIEUR, et avoir des lumières et non des préjugés sur l'ART DES SIÉGES OFFENSIFS et DÉFENSIFS. — Inexpert dans l'application du langage des ÉVOLUTIONS, comment transmettrait-il, au milieu d'un COMBAT, ses COMMANDEMENTS par la bouche des AIDES DE CAMP, souvent peu manœuvriers ? Si le CHEF ou ses truchements s'écartent du texte rigide et des formules précises de l'ORDONNANCE, comment seront-ils compris et obéis ? Il fallut toute l'habileté de FRÉDÉRIC pour remédier à temps à la bévue d'un AIDE DE CAMP qui portait à la seconde ligne le contre-pied de l'ordre à transmettre. S'il se fût agi de la première ligne, le mal eût été peut-être sans remède. — TURPIN (1783, O) remarque que *le Général qui ne sait que l'infanterie, ou la cavalerie, ou l'artillerie, ou le génie, parce qu'il sort de ces armes, n'est qu'un officier supérieur, et non un Général.*—Il faut au contraire que le Général ait de chacune de ces branches des notions justes et étendues, sinon complétement positives, afin d'être à même de voir de haut, de juger habilement les rapports d'ARMES à ARMES et l'APPUI réciproque qu'elles se prêtent sur le CHAMP DE BATAILLE. — Une qualité plus importante qu'elle ne le paraît, c'est la volonté immuable de donner l'exemple du respect pour les LOIS, pour les simples RÈGLES établies et pour les formes de la DISCIPLINE. FRÉDÉRIC DEUX n'a obtenu la perfection dans son ARMÉE qu'en se pliant rigoureusement lui-même à toutes les RÈGLES militaires qu'il trouva usitées ou qu'il introduisit. PIERRE LE GRAND créa son ARMÉE en se soumettant le premier à l'obéissance, et en commençant par apprendre à battre la caisse. — Est-ce à l'étude à former les Généraux ? faut-il les demander tout formés à la nature, comme elle avait produit les Ney, les Masséna, tandis que nous avons vu être malheureux à la guerre des Généraux qui ne manquaient ni de zèle ni de bravoure et qui dans les dissertations sur l'art militaire révélaient de l'habileté et de la profondeur : nul ne savait en écrire ou en parler mieux que Baraguay, Marmont, Menou, Regnier. — Il est essentiel aussi que le Général s'impose une vie simple, comme l'était celle de GUSTAVE-ADOLPHE : le défaut contraire a été reproché à BONAPARTE. M. CHAMBRAY (1823), dans le tableau où il dépeint les équipages du quartier impérial partant pour la RUSSIE, retrace une MARCHE qui semble celle d'un satrape de Perse ou d'une ARMÉE ANGLO-INDIENNE. — Quand une action est présumable, le Général interroge les indices qui pourraient lui révéler si l'ENNEMI médite l'OFFENSIVE, s'il est disposé à ne prendre conseil que de l'événement, ou s'il flotte dans ses projets ; à la suite de cette appréciation, il porte sa pensée sur les lignes de CONVOIS, les points de rassemblement des FORCES, la position, l'espèce, le nombre des ÉTABLISSEMENTS SANITAIRES, les ressources en MUNITIONS, la nature des ORDRES à donner. — Tout ce qui vient d'être énoncé se trouve indiqué et conseillé partout ; c'est l'A B C du MÉTIER, mais à l'application commence la difficulté. — Le grand art est de réduire l'ENNEMI sans TIRER L'ÉPÉE, ainsi que le fit habilement BERWICK ; de l'abuser, le désoler, l'affaiblir, en lui DONNANT DE LA JALOUSIE partout, comme faisait VENDOME, et de ne recourir qu'à des STRATAGÈMES que l'honneur puisse avouer ; de rendre ruineuse pour lui la lutte, d'en retirer des avantages sans les acheter par des sacrifices, comme y réussit VILLARS. Nous avons déjà nommé mille fois les professeurs à qui appartient l'honneur de ces conseils. — Au milieu des foudres de l'ARTILLERIE, il n'est donné qu'à l'héroïsme et au génie de discerner nettement la scène, et de savoir ranimer la TROUPE qui fléchit ; d'être intrépide et froid : tel était TURENNE ; c'est quand toutes les épées brillent, qu'il est

méritoire de combattre en soldat, et d'observer en philosophe : ainsi faisait CÉSAR. C'est au plus fort de la tourmente que le Général doit considérer le TERRAIN qu'il a intérêt de conserver, les modifications que demande l'ORDRE DE BATAILLE, les POSTES qu'il couvre, les APPUIS qu'il s'est donnés, les COMMUNICATIONS qu'il s'est ménagées, la supériorité que l'une des deux ARMÉES peut tirer du THÉATRE où elle manœuvre, les ressources que lui assurent les LIGNES D'OPÉRATIONS et les points de secours qui sont comme les nœuds ou les chaînons de ces LIGNES : embrasser ce vaste ensemble était une des qualités de BONAPARTE. — Mais, comme nous nous sommes promis d'offrir la vérité plus par images que par aphorismes, laissons de côté les conseils, encore bien que leur origine réponde de leur justesse. — Vouloir qu'en un seul cerveau tous les éléments de succès soient réunis serait s'attacher à une chimère. — Chacun des guerriers parvenus à la célébrité ont brillé par une faculté propre. La route qui mène au triomphe n'est pas uniforme, plane, directe. Tel est né pour le genre de GUERRE qu'on a nommé de PLAINE, OFFENSIVE, EN RASE CAMPAGNE ; tel, pour la GUERRE DE MONTAGNE ou la GUERRE DÉFENSIVE. On a vu des Généraux obtenir une réputation achetée à peu de frais ; d'autres échouent après de sublimes efforts. L'injuste renommée publie les résultats bien plus qu'elle ne pèse le mérite vrai. Une juste part d'éloges ou de critiques est bien difficile à faire ; il faudrait savoir de quels moyens a pu disposer le Général d'armée, de quels instruments il lui était loisible de se servir, quel était le degré de mérite ou la portée du génie de ses adversaires et par quelles circonstances il a été aidé ou contrecarré. La difficulté de l'enquête doit rendre bien réservés les juges. — ALEXANDRE a conquis une multitude de royaumes en ne remettant rien au lendemain ; c'était, disait-il, tout son secret ; ce secret pourtant ne lui eût pas suffi s'il n'en eût possédé bien d'autres. — PYRRHUS a été regardé par ANNIBAL comme le second capitaine du monde, parce qu'il possédait éminemment cette faculté heureuse de captiver la bienveillance des peuples avec lesquels il traitait. Ce jugement n'est pas entièrement ratifié par l'histoire ; mais on ne contestera pas du moins que PYRRHUS ne fut, en fait de CASTRAMÉTATION, le précepteur des ROMAINS et qu'il n'ait été l'émule d'ALEXANDRE et le modèle d'ANNIBAL.. — ANNIBAL s'est illustré par les vues stratégiques, la longanimité, l'habile maniement de la CAVALERIE, l'art de faire vivre, de conserver, de renouveler les ARMÉS et d'animer d'un seul esprit des soldats de nations diverses. Son armée était pourtant la sentine des peuples, *colluvies omnium gentium*, si l'on en croit les historiens. — CÉSAR a réussi par cette détermination trop rare de ne se regarder que comme le premier soldat de son armée ; il apportait une application minutieuse, infatigable, à tirer parti des moindres ressources de l'ART ; il ne regardait rien comme terminé, s'il restait la moindre chose à faire : *Nil actum reputans, si quid superesset agendum.* — Le duc d'ALBE maîtrise les événements en y assortissant, avec un rare à-propos, la circonspection ou l'énergie ; il trouve dans l'art des POSITIONS, et dans la ressource des RUSES, le moyen de DÉSOLER L'ENNEMI sans engager de lutte décisive ; il change en cela la forme de l'ART. Depuis lui on ne fait plus consister le mérite du Général dans la soif des BATAILLES, ni toute la gloire du soldat dans le mépris de la mort ; on place le mérite au contraire dans le succès obtenu par le raffinement du calcul et dans les victoires remportées sans combattre, ou en ne combattant que comme, où, et quand on le veut. — MAURICE DE NASSAU est le créateur de la POLIORCÉTIQUE moderne et le restaurateur de la CASTRAMÉTATION antique. *Médiocre dans tout le reste, a dit Raynal (Histoire du Stathoudérat), il posséda la guerre en grand maître ; il la fit toujours en héros. Il a formé école ; Turenne en est sorti.* — HENRI QUATRE brille par la valeur personnelle et le talent séduisant et naturel de donner l'élan aux troupes. Dans sa bouche, dit LESSAC (1783, A), *une courte harangue était, pour ses soldats, des traits de flamme ; plus camarade que roi, son étude était de gagner les cœurs.* — FARNÈZE devine qu'il faut que les ARMÉES marchent dans l'ordre où elles doivent combattre. — GUSTAVE-ADOLPHE n'a pas eu son pareil pour l'habileté dans l'ORGANISATION des TROUPES, la perfection du CAMPEMENT, la répartition religieuse du BUTIN et la sagesse des RÈGLEMENTS. — CONDÉ possédait cette supériorité que Bossuet attribuait aux *illuminations soudaines.* C'était l'homme des BATAILLES ; la maturité de l'âge compléta les qualités dont la nature avait orné son adolescence. Héros à son début, il se montra Général consommé dans la campagne de 1656. — Chez lui, a dit BONAPARTE (MONTHOLON, t. II ; et LASCASES, t. VII), *la science semblait un instinct. Turenne au contraire ne s'était formé qu'avec peine et à force d'instruction.* — Cet admirable TURENNE, qui, suivant les mêmes autorités, *s'est montré dans la campagne de 1674 infiniment supérieur à Montécuculi, savait,* comme le dit VOLTAIRE, faire beaucoup avec

peu, réparer à mesure ses échecs, choisir habilement ses seconds et avouer ses fautes ; il avait le secret de ménager la vie des hommes ; il différait du grand CONDÉ, son rival de gloire, par le flegme sous lequel il voilait la sagacité qui triomphe des événements, et par cette force d'âme qui ne désespère jamais de la DÉFENSIVE et qui finit par assurer le succès d'une CAMPAGNE. Aussi Duclos a dit : *Il fallait qu'un homme si peu avantageux fût bien sûr de son plan, pour dire, en parlant de Montécuculi : Pour aujourd'hui, je le tiens. Le coup de canon qui, dans ce moment, enleva ce grand homme, emporta aussi son secret. Aucun officier ne put l'imaginer ; pour le deviner il fallait le génie qui l'avait trouvé.* — LUXEMBOURG a manié avec confiance et succès des troupes plus nombreuses qu'il ne s'en était encore réuni sous un même CHEF ; ses prédécesseurs eussent jugé téméraire l'essai. — MONTÉCUCULI, nourri d'un petit nombre de principes profondément étudiés, les a appliqués aux campagnes les moins semblables ; il a soumis la guerre à la puissance des méthodes ; il a travaillé à perfectionner les MARCHES et les CAMPEMENTS, dont on commençait, depuis peu, à deviner l'importance. — CHARLES DOUZE excellait aux PASSAGES des RIVIÈRES ; nul général n'a eu plus d'intrépidité, nulle ARMÉE ne l'a emporté sur la sienne pour l'austérité de la DISCIPLINE. *Il avait trouvé le moyen de rendre ses troupes presque insensibles à la faim, au froid, à la fatigue.* — CATINAT, le calculateur Catinat, comme dit EUGÈNE (1727, D), se mêlait aux jeux de ses soldats ; son rang et sa profession n'excluaient ni la philosophie ni la sensibilité ; il y a entre VAUBAN et lui cette similitude que leurs disgrâces de cour leur ont fait autant d'honneur que leurs succès de guerre. CATINAT serait en première ligne si, trop circonspect, ses qualités n'eussent tourné en défaut, si la résolution eût secondé davantage le talent. — MARLBOROUGH, éclairé et équitable, légitimait sa dictature, en n'appelant au partage des GRADES que les plus capables ; élève de l'école de TURENNE, il y avait appris beaucoup, mais n'y avait pas profité des exemples du désintéressement : l'histoire ne le lui a pas pardonné. Peut-être sa gloire dut-elle beaucoup aux reflets de celle d'EUGÈNE ; peut-être les campagnes de 1703 et 1704 ne justifient-elles pas cette supériorité que les ANGLAIS lui décernent ; mais la fermeté cependant a été regardée comme une de ses qualités ; elle lui fit abjurer le COMMANDEMENT le jour où le droit de CARTE BLANCHE lui échappait. — VENDÔME avait, suivant les paroles de RAYNAL, *le bonheur de tirer dans l'occasion du soldat plus qu'on* n'a le droit d'en attendre ; il participait en cela, comme le remarque VOLTAIRE, des qualités de son aïeul HENRI QUATRE ; sa libéralité allait jusqu'à la prodigalité. *Il réparait, dit* LESSAC (1783, A), *par l'affection de ses troupes ce que son indolence portait de préjudice à ses projets.* — EUGÈNE naquit avec la passion de la guerre ; sa fortune voulut que sa jeunesse et son âge mûr ne fussent qu'un long combat ; il s'y précipite sur des THÉÂTRES variés, dans des circonstances graves, et avec tous les avantages d'un grand nom et d'une position supérieure. Dédaigneux des minuties de la tenue et des puérilités de la petite tactique, il nourrit de plus hautes pensées ; il ne se montre pas moins habile en ADMINISTRATION que dans la GUERRE OFFENSIVE ; des adversaires grands hommes, des antagonistes médiocres, travaillent comme de concert à sa renommée ; pour lui point d'entreprise sans succès, point de défaite sans gloire, point de campagne sans blessures ; il ne s'occupait un JOUR D'AFFAIRE que de l'AFFAIRE seule. Sa manière ne consistait, à ce que dit MAURICE DE SAXE, qui s'étudiait à l'imiter, *qu'à profiter des situations, baisser la main, se porter à toutes jambes dans l'endroit défectueux et payer de sa personne.* — VILLARS a brillé par l'activité, la résolution, l'audace sur le CHAMP DE BATAILLE et par le bonheur ; soit hasard, soit talent, et probablement grâce à l'un et à l'autre, il sut, à DENAIN, fasciner les yeux d'EUGÈNE,

Disputer le tonnerre à l'aigle des Césars,

effacer le souvenir de MALPLAQUET. Pourquoi la soif de l'or a-t-elle terni sa réputation d'habile Général ! — Le mérite particulier de BERWICK, à ce que dit MONTESQUIEU, était de faire une GUERRE DÉFENSIVE, de relever les choses désespérées, de connaître toutes les ressources. — Vers les mêmes époques s'illustraient LOWENDAL et MAURICE DE SAXE ; l'un et l'autre ont noblement acquitté envers leur patrie adoptive la dette de la naturalisation. Le premier était propre aux entreprises qui eussent effrayé tout autre ; BERG-OP-ZOM en rend témoignage. Le dernier a deviné l'aptitude des Français à la STRATÉGIE ; mais, se défiant du caractère français, et ne voyant dans ses plus braves soldats que des guerriers moins pourvus de persévérance que propres aux coups de collier, il ne donnait ou ne recevait une BATAILLE qu'à l'ombre d'une chaîne de REDOUTES. D'autres temps ont amené d'autres idées. — FRÉDÉRIC DEUX, *tacticien par excellence,* a dit BONAPARTE, *avait eu le secret de faire de ses soldats des machines par excellence.* Il était admirable par la concep-

tion d'un PLAN DE CAMPAGNE, la conduite d'une GUERRE vive, la justesse des dispositions un JOUR D'ACTION, la précision des CHARGES, la combinaison des COLONNES, la science mécanique de la CAVALERIE, la symétrie des YEUX, la rigidité et la simplicité de l'ADMINISTRATION en tout temps, et la persévérance dans les méthodes. — Si, comme on le prétend, il était peu éclairé en POLIORCÉTIQUE, il s'est montré admirable dans la GUERRE DE CAMPAGNE, par l'accord de ses OPÉRATIONS et l'harmonie des formes de son ARMÉE ; supérieur à ses pertes, il sortait victorieux d'une DÉFAITE. — Enfin BONAPARTE s'est mis hors de pair par l'étendue des vues, l'intelligence de la STRATÉGIE, les déterminations subites ; la rapidité d'exécution. Quand il agissait, la foudre avait frappé avant que l'éclair eût brillé ; à peine en âge viril, il comptait autant de victoires que d'années ; ce n'était pas seulement, comme CONDÉ, l'homme des BATAILLES, c'était l'homme des invasions, l'homme de l'à-propos dans la tempête. *Quoique aventureux,* a dit le général FOY, *il ne manquait ni de suite, ni de méthode ; il n'usait ni ses soldats, ni ses trésors, là où suffisait l'autorité de son nom. Toujours prêt à combattre, il choisissait l'occasion et le terrain. Il a donné quarante batailles, pour huit ou dix qu'il a reçues.* — MOREAU n'a pas été traité par tous ses contemporains avec une unanimité aussi laudative ; cependant des écrivains, bien capables de le juger, en ont tracé le portrait que voici : le général LAMARQUE a dit de lui : *Le bon, le simple et quelquefois le sublime Moreau, ce la Fontaine des champs de bataille qu'il fut si facile d'égarer,.... je lui ai vu faire souvent des choses sublimes, sans qu'il s'en doutât ou qu'il y attachât aucun prix.....* Général d'inspiration, a dit en parlant du même personnage le général FOY, *il fut le premier de l'époque dans l'art de faire combattre un nombre limité de troupes sur un terrain donné.* — Mais des Généraux d'un ordre si supérieur sont de rares météores. FEUQUIÈRES, comme le remarque l'ENCYCLOPÉDIE (1751, C), s'est fait l'accusateur criminel des Généraux de son temps ; à peine en mentionne-t-il un, excepté TURENNE, CONDÉ et LUXEMBOURG, dont la conduite soit autre chose qu'un tissu d'inadvertances ou de maladresses. — CONDÉ à vingt-trois ans, BONAPARTE à vingt-sept, étaient de grands Généraux ; BERWICK et VILLARS l'étaient encore à quatre-vingts ans ; ce double exemple est des plus rares. L'âge d'un Général est de trente-cinq à cinquante ans ; l'être plus tôt ou plus tard c'est une exception. — La profession de Général devient chaque jour plus difficile à raison des progrès toujours croissants que font les découvertes humaines, et de cet esprit d'innovation qui ne laisse rien en place; mais quand même l'homme destiné à commander acquerrait tout ce qui peut s'enseigner ou s'apprendre, il n'en tirerait aucun fruit, si la nature ne lui a départi cette rare faculté d'esprit qui consiste à discerner tout ce qu'il faut faire actuellement, et à écarter de soi tout ce qui serait une distraction ou un hors-d'œuvre. — S'il était réduit à opter entre le savoir acquis et la capacité innée, peut-être vaudrait-il mieux que ce fût le savoir qui lui manquât. Le succès est plus souvent le prix des dons naturels que de la théorie; ainsi se montrèrent au premier rang Masséna en Suisse et à Gênes, et Ney en Russie. — HALLAM a dit : *Il serait absurde de supposer que ces éléments du génie que la nature donne aux caractères énergiques, le coup d'œil sûr au milieu du désordre, la fermeté dans les résolutions, la promptitude dans l'exécution, l'art de prévoir les attaques, la fécondité des ressources et des stratagèmes, que tous ces moyens aient manqué aux chefs d'une armée barbare ou féodale; ce sont des qualités aussi essentielles au chef d'une tribu indienne qu'au capitaine accompli.* — Mais de ce que des êtres privilégiés ont reçu de la nature un cœur intrépide, une âme forte, un esprit élevé et entreprenant, et qu'ils ont trouvé, par fortune, les occasions de mettre à profit ces rares qualités, s'ensuit-il que, à la légère, il soit permis de se croire appelé à des destinées pareilles? — L'orgueil, qui est un mauvais conseiller, n'abuse que trop souvent ceux qui visent au généralat; ils transigent avec eux-mêmes; s'ils n'ont pas, de leur propre aveu, la somme voulue de talents acquis, ils se fient à leur étoile, ils s'attribuent les qualités dont la nature gratifie à leur naissance quelques favoris, ils prennent la témérité pour de la vocation; c'est pour stigmatiser cette présomption que le prince CHARLES (1818, A) a dit : *Cet adage, si rebattu de nos jours, que l'on naît Général, est une des nombreuses erreurs de notre siècle, un de ces lieux communs qu'emploient la vanité et la nonchalance pour se dispenser des efforts pénibles qui mènent à la perfection. Sans doute le génie naît avec nous, mais le grand homme doit être formé. Le génie n'est pas l'édifice, il n'en est que la base. Quelquefois il néglige la marche systématique de l'enseignement et devance, pour ainsi dire, l'expérience. Il ne saisit les résultats que par instinct sans s'arrêter aux principes, parce qu'ils se développent en lui comme une proportion inconnue; plus souvent encore il s'égare dans de fu-*

nestes erreurs, et quand dans son vol il atteint l'immortalité, c'est plus fréquemment l'effet d'un hasard heureux que celui de son propre mérite. —Ce tableau est plein de vérité et de talent. On a prêté gratuitement au *Prisonnier de Sainte-Hélène* (Maximes, etc., 1820) un sentiment contraire qu'il ne peut avoir professé : *On tient fort à ce que les jeunes gens étudient la guerre dans les livres, c'est un bon moyen pour avoir de mauvais généraux.* Et avec quoi celui qui a imaginé cet aphorisme veut-il qu'on fasse des Généraux? Est-ce avec les faveurs de la cour, les orages des révolutions, les dissipations et les frivolités de la jeunesse au sein des grandes villes? — Comment BONAPARTE s'est-il montré grand homme et génie supérieur, si ce n'est quand il a été à même de recueillir le fruit des profondes études dont il avait occupé sa jeunesse, et quand il a pu appliquer sur le TERRAIN ce savoir exact dont il tire souvent dans ses mémoires une vanité bien excusable. — Voici des paroles plus authentiques qui sortent de sa bouche. On lit dans M. le général MONTHOLON (1823, t. II, p. 52): *Les Généraux en chef sont guidés par leur propre expérience ou par leur génie. La tactique, les évolutions, la science de l'ingénieur et de l'artilleur, peuvent s'apprendre dans des traités à peu près comme la géométrie; mais la connaissance des hautes parties de la guerre ne s'acquiert que par l'expérience et par l'étude de l'histoire des guerres et des batailles des grands capitaines..... Apprend-on dans la grammaire à composer un chant de l'Iliade, une tragédie de Corneille?* — On lit dans M. OMÉARA (t. II, p. 251): *L'esprit d'un Général devrait ressembler pour la propriété et pour la clarté au verre d'un télescope de campagne, et ne jamais faire de tableaux. De tous les Généraux qui m'ont précédé, et peut-être qui me suivront, le plus grand de tous est Turenne. Le Maréchal de Saxe n'était que Général; il n'avait pas d'esprit; Luxembourg en avait beaucoup; Frédéric extrêmement, et il voyait promptement et parfaitement les choses. Marlborough, grand Général, avait beaucoup d'esprit. Si je juge Wellington par ses dépêches et sa conduite envers Ney, je serais tenté de dire que c'est un homme de peu d'esprit et sans grandeur d'âme. En sa qualité de Général cependant, il faudrait remonter au temps de Marlborough pour trouver son pareil dans votre nation. — Le Général qui commettait le moins de fautes devait être estimé le plus grand, le plus habile; et Wellington en avait autant commis que d'autres.* — On lit dans M. LASCASES (t. II, p. 46) : *Les périls des Généraux de nos jours ne pouvaient se com-*

parer à ceux des temps anciens. Il n'y avait pas de position où un Général ne pût être atteint par l'artillerie. Jadis les Généraux ne couraient de risques que quand ils chargeaient eux-mêmes; ce qui n'était arrivé à César que deux ou trois fois. — Ce qui était le plus désirable et tirait aussitôt quelqu'un hors ligne, c'est que chez lui l'esprit fût en équilibre avec le caractère ou le courage. Si le courage était de beaucoup supérieur, le Général entreprenait vicieusement au delà de ses conceptions, et au contraire il n'osait pas les accomplir si son caractère ou son courage demeuraient au-dessous de son esprit. Quant au courage moral, il (BONAPARTE) avait trouvé fort rare celui de deux heures après minuit, c'est-à-dire le courage de l'improviste qui, en dépit des événements les plus soudains, laisse néanmoins la même liberté d'esprit, de jugement et de décision. Il n'hésitait pas à prononcer qu'il était celui qui s'était trouvé avoir le plus de ce courage, et qu'il avait vu fort peu de personnes qui ne fussent demeurées de beaucoup en arrière. Il disait qu'on se faisait une idée peu juste de la force d'âme nécessaire pour livrer, avec une pleine méditation de ses conséquences, une de ces grandes batailles d'où vont dépendre le sort d'une armée, d'un pays, la possession d'un trône. Aussi observait-il qu'on trouvait rarement des Généraux empressés à donner bataille; ils prenaient bien leur position, s'établissaient, méditaient leurs combinaisons; mais là commençaient leurs indécisions; et rien de plus difficile et pourtant de plus précieux que de savoir se décider. — Parlant d'ardeur et de courage, l'empereur disait : *Il n'est aucun de mes Généraux dont je ne connaisse ce que j'appelle son tirant d'eau : les uns en prennent jusqu'à la ceinture, d'autres jusqu'au menton, enfin d'autres par-dessus la tête, et le nombre de ceux-ci est bien petit.* — Les Généraux des ARMÉES DE TERRE et ceux des armées de mer sont comparés dans un parallèle habilement tracé de la main de BONAPARTE (M. le général GOURGAUD, t. II, p. 189, 190, 191). Il n'en sera emprunté ici que ce qui regarde la terre : *On naît avec les qualités propres pour commander une armée de terre. Alexandre, Condé, ont pu commander dès leur plus jeune âge; l'art de la guerre de terre est un art de génie, d'inspiration. Le Général de mer n'a besoin que d'une science, celle de la navigation. Celui de terre a besoin de toutes ou d'un talent qui équivaut à toutes, celui de profiter de toutes les expériences et de toutes les connaissances. Un Général de mer n'a rien à deviner, il sait où est son ennemi, il connaît sa force. Un Général de terre ne sait jamais rien certainement, ne voit jamais bien son ennemi, ne sait jamais positivement où il est. Lorsque les armées sont en présence, le moindre accident de terrain, le moindre bois cache une partie de l'armée. L'œil le plus exercé ne peut pas dire s'il voit toute l'armée ennemie, ou seulement les trois quarts. C'est par les yeux de l'esprit, par l'ensemble de tout le raisonnement, par une espèce d'inspiration que le Général de terre voit, connaît et juge. Le Général de mer n'a besoin que d'un coup d'œil exercé; rien des forces de l'ennemi ne lui est caché.* — Ce qui rend difficile le métier de Général de terre, c'est la nécessité de nourrir tant d'hommes et d'animaux; s'il se laisse guider par les administrateurs, il ne bougera plus, et ses expéditions échoueront. — *Le Général de terre ne connaît jamais le champ de bataille où il doit opérer; son coup d'œil est celui de l'inspiration; il n'a aucuns renseignements positifs. Les données pour arriver à la connaissance du local sont si éventuelles, que l'on n'apprend presque rien que par expérience. C'est une facilité de saisir tout d'abord les rapports qu'ont les terrains selon la nature des contrées; c'est enfin un don qu'on appelle coup d'œil militaire, et que les grands Généraux ont reçu de la nature. Cependant les observations qu'on peut faire sur des cartes topographiques, la facilité que donnent l'éducation et l'habitude de lire sur ces cartes, peuvent être de quelque secours.* — On lit dans une peinture animée et savante qu'on doit à M. le général Lamarque (*Notice nécrologique sur Suchet*) : *Le Général en chef doit embrasser un horizon presque sans bornes; il dépend des hommes et des événements, et il doit les maîtriser; c'est à lui à deviner les projets de l'ennemi, à apprécier les moyens d'attaque et de défense, à juger les points vulnérables, à profiter des ressources qu'offre le pays, ou à en créer par son génie; comptable envers sa conscience, il l'est aussi envers l'armée, envers le gouvernement, envers la patrie.* — M. le colonel CARRION (1824, A) termine l'ouvrage qu'il a composé sur l'ART DE LA GUERRE par une peinture brillante où il met en scène le Général d'armée; il a attaché comme épigraphe à ce passage un vers d'OVIDE qui peut également servir de conclusion au présent article :

Sors tua mortalis; non est mortale, quod optas.

Mortel! fourniras-tu la carrière d'un dieu?

Ne posons pas la plume sans rappeler qu'il y aurait à se fixer sur un problème qui intéresse de près la gloire du Général : quel est le point précis où une ARMÉE est trop nombreuse pour que la DISCIPLINE s'y conserve, pour que l'ADMINISTRATION y soit possible, pour qu'il y ait accord parfait entre la masse de ceux qui obéissent et la somme des forces de celui qui commande? — La plus rare capacité ne peut rien contre la nécessité de cet équilibre. Dans la marche ordinaire des choses, une ARMÉE proportionnée est le seul instrument de la victoire; deviner cette proportion est le nœud de l'ART; et pourtant, *entre une armée moderne et son chef,* a dit LESSAC (1783, A, ch. 24), *il n'y a plus de proportion. Dans cette harmonie ou son absence il y a un abîme ou la victoire.*

GÉNÉRAL D'ARRIÈRE-GARDE. V. ARRIÈRE-GARDE D'ARMÉE AGISSANTE. V. GÉNÉRAL D'AVANT-GARDE. V. GRAND MAITRE DES ARBALÉTRIERS. V. MAITRE DES ARBALÉTRIERS.

GÉNÉRAL D'ARTILLERIE. V. ARTILLERIE. V. ARTILLERIE D'ARMEMENT. V. ARTILLERIE DE CAMPAGNE. V. CLOCHE DE FORTERESSE. V. COMMISSAIRE DES GUERRES N° 6. V. ÉTAT-MAJOR D'ARTILLERIE. V. FELD-ZEUG-MEISTER. V. FUSIL A PISTON. V. GÉNÉRAL EN CHEF N° 5. V. GÉNÉRAL FRANÇAIS N° 1. V. LAVALLIÈRE (1675, B). V. MILICE AUTRICHIENNE N° 7. V. MILICE NÉERLANDAISE N° 1. V. OFFICIER D'ARTILLERIE N° 5. V. QUARTIER-MAITRE GÉNÉRAL.

GÉNÉRAL D'AVANT-GARDE (H, 2). Sorte de GÉNÉRAL FRANÇAIS considéré comme éclairant la MARCHE d'une ARMÉE AGISSANTE. — Jadis le GRAND MAITRE DES ARBALÉTRIERS était Général d'avant-garde, comme plus anciennement le MARÉCHAL DE FRANCE l'avait été lui-même. — Jusqu'au règne de LOUIS SEIZE, on appelait PARTISAN ce qu'on a ensuite nommé Général d'avant-garde; plusieurs de ces partisans déployèrent une remarquable habileté. — BONAPARTE, dans ses Mémoires (M. le général MONTHOLON, t. I, p. 261), a dit: *L'art d'un Général d'avant-garde, ou d'arrière-garde, est, sans se compromettre, de contenir l'ennemi, de le retarder, de l'obliger à mettre trois ou quatre heures à faire une lieue. La tactique seule donne les moyens d'arriver à ces résultats; elle est plus nécessaire à l'avant-garde ou à l'arrière-garde que dans toute autre position.*

GÉNÉRAL DE BATAILLE. V. BATAILLE. V. GÉNÉRAL MAJOR.

GÉNÉRAL (généraux) DE BRIGADE. (F). Sorte de GÉNÉRAUX FRANÇAIS que le RÈGLEMENT DE 1791 (1er AOUT) ne mentionnait pas, parce que cette dénomination et celle des GÉNÉRAUX DE DIVISION n'étaient point encore consacrées. Ce même RÈGLEMENT ne faisait pas davantage mention de MARÉCHAUX DE

CAMP ni de LIEUTENANTS GÉNÉRAUX, parce que, tactiquement, leurs GRADES n'avaient rien de réglementaire, ou du moins de constitutif. — L'ORDONNANCE DE 1831 (4 MARS) s'occupe peu des uns et des autres, quoique les Généraux de brigade et de DIVISION soient les pivots de la TACTIQUE et du SERVICE DE CAMPAGNE, et quoique les MARÉCHAUX DE CAMP et les LIEUTENANTS GÉNÉRAUX figurent, à tort ou à raison, dans les lois de la COMPOSITION. — Il n'existe plus en FRANCE de Généraux de brigade depuis 1814; mais, à l'imitation des usages français, ce GRADE se retrouve dans quelques contrées : Boyer et Bolivar ont eu le bon esprit de l'instituer dans les MILICES HAITIENNE et COLOMBIENNE; il s'était conservé dans les MILICES POLONAISE et PIÉMONTAISE; les MILICES TURCO-ÉGYPTIENNE et TURQUE avaient sagement admis ce même usage; Rome a des Généraux de brigade; et en 1832 un PACHA, Général de brigade de la GARDE ottomane, nommé Mohammed-Emir-Namick, est envoyé en mission à Londres par sa cour. — ODIER (1824, E) et VITON peuvent être consultés à l'égard des Généraux de brigade de FRANCE. — Nous examinerons ce qui se rapporte aux Généraux de brigade en divisant la matière comme il suit : DÉNOMINATION, NOMBRE, UNIFORME, ALLOCATIONS, LOCALISATION, DROITS, AUTORITÉ, PRÉROGATIVES, FONCTIONS. — N° 1. DÉNOMINATION. — Les Généraux de brigade ont été désignés sous ce titre depuis 1793 jusqu'en 1814 (16 mai). — Leur dénomination remplaçait avantageusement celle de MARÉCHAL DE CAMP, qui était sans justesse, et n'était propre qu'aux temps où le système des BRIGADES n'était pas inventé, ou du moins où on ne les constituait que transitoirement et où régnait l'usage ridicule du SERVICE DE JOUR. — Quand on créa la BRIGADE, elle n'était pas commandée de droit positif par un MARÉCHAL DE CAMP. Les officiers qui avaient cette qualification étaient sans attributions fixes; le GÉNÉRAL EN CHEF ne savait où les rattacher comme anneaux de la DISCIPLINE et comme agents de la TACTIQUE; aussi le gouvernement créait-il quelquefois des BRIGADIERS pour commander les BRIGADES, ou bien le CHEF du plus ancien corps devenait BRIGADIER. — L'usage qu'on adopta en 1793 était ancien cependant déjà dans d'autres MILICES. On voit dans KÉRALIO (1757, F) que dans le cours du siècle dernier on appelait Généraux de brigade ceux qui commandaient des corps de cette nature dans la MILICE PRUSSIENNE. — Le RÈGLEMENT DE 1791 (1er AOUT, n° 325) donnait le nom de COMMANDANT EN CHEF au général commandant deux BRIGADES, ou au moins huit BATAILLONS

D'INFANTERIE; il donnait le nom de CHEF DE BRIGADE au COMMANDANT de quatre BATAILLONS au moins; il le regardait non comme OFFICIER SUPÉRIEUR, mais comme OFFICIER GÉNÉRAL, puisqu'il lui attribuait des AIDES DE CAMP. — Quand ce nouveau système de MANOEUVRES commença à être pratiqué, on reconnut bientôt qu'il était indispensable d'appeler Général de brigade l'officier désigné au RÉGLEMENT comme CHEF DE BRIGADE, et d'appeler GÉNÉRAL DE DIVISION l'officier désigné au RÉGLEMENT comme COMMANDANT EN CHEF; on s'y détermina, et en imitation des usages de la MILICE PRUSSIENNE, et parce qu'en 1793 d'autres ordonnances commencent à donner une acception différente et non tactique, mais constitutive, à la locution CHEF DE BRIGADE. — En 1793 (10 mars), le titre de Général de brigade n'était pas mentionné dans le rapport incomplet de DUBOIS-CRANCÉ à la CONVENTION; les expressions MARÉCHAL DE CAMP et LIEUTENANT GÉNÉRAL y figurent encore, mais furent abolis peu après, comme ne présentant aucune idée juste; car le sens s'en était altéré depuis longtemps. A cette époque le Général de brigade est donc introduit dans l'ÉTAT-MAJOR de l'ARMÉE. — Le RÉGLEMENT DE 1792 (5 AVRIL) mentionne le titre de Général de brigade; mais c'est un véritable anachronisme, une interpolation plus moderne, puisqu'alors le grade n'existait pas. S'il figure dans ce réglement, c'est dans les réimpressions qui furent retouchées par les COMMIS DE LA GUERRE depuis 1793; ils y biffèrent, en vertu d'ordres formels, les anciennes qualifications, et y introduisirent vaille que vaille ce qu'on trouve de relatif aux Généraux revêtus du titre ici examiné. — En 1814 (16 MAI), une des erreurs ou une des obséquiosités du MINISTÈRE DE LA GUERRE a été d'abolir le titre de Général de brigade pour lui substituer celui de MARÉCHAL DE CAMP. Il ne s'agissait pas alors de faire des choses raisonnables; mais il importait de faire sa cour aux hommes de cour en ressuscitant de vieux souvenirs. — L'INSTRUCTION DE 1831 (20 SEPTEMBRE) mentionne les maréchaux de camp faisant fonction de Général de brigade, et l'ORDONNANCE DE 1832 (5 MAI, art. 23, p. 3 et 50), encore bien qu'elle ne reconnaisse pas les Généraux de brigade, est forcée de recourir à cette qualification. — N° 2. NOMBRE, UNIFORME, ALLOCATIONS. — Ce qui a été dit du nombre des MARÉCHAUX DE CAMP peut éclairer le présent sujet. — Chaque Général de brigade était apte ou préposé au COMMANDEMENT d'une des BRIGADES d'une ARMÉE ou d'un CORPS D'ARMÉE. — On comptait ordinaire-

ment deux Généraux de brigade pour un GÉNÉRAL DE DIVISION, en appliquant surtout cette supputation à une DIVISION D'INFANTERIE. — L'arrêté de l'AN SEPT (23 FRUCTIDOR) reconnaissait cent quarante Généraux de brigade. — Conformément à l'arrêté de l'AN NEUF (8 GERMINAL), l'ÉTAT-MAJOR de l'ARMÉE comprenait deux cent vingt-trois Généraux de brigade, non compris les INSPECTEURS AUX REVUES, qui leur étaient assimilés. — Dans l'année 1813 leur nombre s'élevait à trois cent soixante-treize. — Les Généraux de brigade s'empressèrent, quand ils prirent l'ÉPAULETTE, d'y faire broder deux ÉTOILES, pour témoigner qu'ils regardaient leur rang comme plus élevé que n'avait été celui des BRIGADIERS, qui n'avaient sur l'ÉPAULETTE qu'une ÉTOILE. — Ils ceignirent la CEINTURE bleu de ciel, et travaillèrent constamment, eux et leurs brodeurs, à élargir leurs BRODERIES. — Le RÉGLEMENT DE L'AN DOUZE (1er VENDÉMIAIRE) consacra ces dispositions. — La LOI DE L'AN SEPT (23 FRUCTIDOR) portait la totalité de leur solde à huit mille francs, et la totalité de l'allocation, artillerie et génie non compris, à un million cent vingt mille francs, plus quatre mille francs à ceux qui étaient employés activement. — N° 3. LOCALISATION, DROITS, AUTORITÉ, PRÉROGATIVES, FONCTIONS. — LES PRÉFETS DE LÉGION de l'antiquité avaient quelque ressemblance avec les modernes Généraux de brigade. — En ORDRE DE BATAILLE, les Généraux de brigade se tiennent à soixante-dix pas en arrière du centre de leur BRIGADE. — En COLONNE, ils se placent sur le flanc du CÔTÉ de la DIRECTION, à trente ou quarante pas en dehors des GUIDES et à hauteur du centre de leur brigade. — Si la TROUPE DÉFILE pour rendre les HONNEURS, ils marchent à la tête de leur BRIGADE, à quatre pas en avant des OFFICIERS SUPÉRIEURS, et ils ont leur AIDE DE CAMP près d'eux, du côté opposé à la personne à qui on rend les honneurs. — Dans le cours des ÉVOLUTIONS ou des GRANDES MANOEUVRES, le Général de brigade recevait directement les ordres du GÉNÉRAL DE DIVISION, soit par l'entremise d'un AIDE DE CAMP, soit sous forme de COMMANDEMENT VOCAL, et il les transmettait à haute voix aux CHEFS DE BATAILLON de sa BRIGADE; mais, selon l'ORDONNANCE DE 1831 (4 MARS), il ne s'acquitte plus de ces fonctions intermédiaires entre le COMMANDANT EN CHEF et les CHEFS DE BATAILLON; il se borne à surveiller la prompte exécution des mouvements préparatoires et à rectifier dans sa brigade les erreurs qui se commettraient. — Le RÉGLEMENT DE 1792 (5 AVRIL) attribuait au Général de brigade commandant une DIVISION les mêmes honneurs qu'au GÉNÉRAL DE DIVISION ; il accordait aux Généraux servant à la tête de leur BRIGADE une GARDE de deux escouades ; un TAMBOUR la conduisait, mais n'y restait pas. — Le DÉCRET DE L'AN DOUZE (24 MESSIDOR) accorde aux COMMANDANTS DE DÉPARTEMENT, pour leur ENTRÉE D'HONNEUR, une GARDE de trente hommes commandée par un LIEUTENANT et ayant un TAMBOUR prêt à battre. — Habituellement la GARDE des Généraux de brigade COMMANDANTS DE DÉPARTEMENT était de quinze hommes commandés par un SERGENT et sans TAMBOUR ; elle fournissait deux SENTINELLES FUSILIERS. Les Généraux qui étaient employés, mais sans commander un département, n'avaient qu'une SENTINELLE. — Le RÈGLEMENT DE 1792 (5 JUIN) prescrivait aux Généraux de brigade d'adresser, le premier de chaque mois, au CHEF D'ÉTAT-MAJOR de l'ARMÉE un état de situation de la BRIGADE; mais c'était une des erreurs qui se rencontrent dans ce règlement ; car ce serait au CHEF D'ÉTAT-MAJOR de la DIVISION que la SITUATION devrait être adressée. — Depuis la GUERRE DE LA RÉVOLUTION, l'emploi de CHEF D'ÉTAT-MAJOR DE DIVISION était rempli par un Général de brigade. — L'année 1830 aurait dû rétablir les Généraux de brigade et effacer le titre usé, inexact, inintelligible même, de MARÉCHAL DE CAMP. On attendait du MINISTRE ce retour à de plus sages principes : l'espoir a été trompé. — Ces fluctuations de la LÉGISLATION produisent un inconvénient et une difficulté, c'est de transporter du grade éteint au GRADE succédant les attributions. Prendre ce soin est le rôle de la raison et de la logique, puisque la loi y est inhabile. Ainsi ce que l'ORDONNANCE DE 1818 (15 MAI) appliquait au MARÉCHAL DE CAMP était et probablement redeviendra une des fonctions du Général de brigade ; il serait de sa compétence d'accorder certains PERMIS DE DÉCOUCHER, ou d'approuver certains PERMIS D'ABSENCE, de recevoir et de transmettre les demandes de PERMISSIONS DE MARIAGE, de se tenir au courant des CONGÉS OUTRE-PASSÉS par des OFFICIERS EN PERMISSION, d'exprimer son AVIS en cas de CASSATION DE SOUS-OFFICIERS, d'informer de ces divers événements le GÉNÉRAL DE DIVISION. — L'ORDONNANCE DE 1832 (3 MAI, § 50, etc.) en est revenue à se servir dans quelques cas de l'expression Général de brigade.

GÉNÉRAL de BRIGADE D'ARTILLERIE. V. ARTILLERIE. V. POUDRERIE.

GÉNÉRAL de BRIGADE DU GÉNIE. V. BRIGADE. V. GÉNIE. V. GÉNIE IDIOMAQUE N° 5.

GÉNÉRAL de BRIGADE TURC. V. MILICE TURQUE N° 2. V. TURC, adj.

GÉNÉRAL de CAMPEMENT. V. CAMPEMENT. V. CAMPEMENT ACTIF.

GÉNÉRAL de CAVALERIE. V. CAVALERIE. V. CHARGE DE CAVALERIE. V. COMMISSAIRE GÉNÉRAL DE LA CAVALERIE. V. D'HARAMBURE. V. DICTATEUR. V. DIVISION DE CAVALERIE. V. FUSIL A PISTON. V. GÉNÉRAL D'ARMÉE N° 3. V. GÉNÉRAL FRANÇAIS N° 1. V. LÉGION ROMAINE N° 6. V. MILICE AUTRICHIENNE N° 2, 7. V. MILICE PRUSSIENNE N° 2. V. MILICE RUSSE N° 2. V. RÉGIMENT DE CAVALERIE FRANÇAISE N° 2. V. SERVICE DE CAMPAGNE. V. TACTIQUE, subs.

GÉNÉRAL de CORPS D'ARMÉE. V. CORPS D'ARMÉE. V. LIEUTENANT GÉNÉRAL.

GÉNÉRAL de CORPS D'ÉTAT-MAJOR. V. CORPS D'ÉTAT-MAJOR. V. MINISTRE DE LA GUERRE EN 1817 (12 SEPTEMBRE).

GÉNÉRAL (généraux) de DIVISION (F), ou GÉNÉRAL DIVISIONNAIRE. Sorte de GÉNÉRAL FRANÇAIS auquel sont applicables la plupart des remarques historiques et critiques que l'article GÉNÉRAL DE BRIGADE renferme. — Il y a eu des Généraux de division de diverses armes ; mais nous ne les examinerons ici que par rapport aux DIVISIONS D'INFANTERIE, en prenant DIVISION comme signifiant ensemble d'une certaine quantité de BATAILLONS formés en BRIGADE, comme ils le sont pour le SERVICE DE CAMPAGNE. — La série nominale des Généraux de division se trouve dans VITON. — Nous examinerons ce sujet sous les rapports suivants : CRÉATION, DÉNOMINATION, NOMBRE, UNIFORME, ALLOCATIONS, LOCALISATION, DROITS, PRÉROGATIVES, FONCTIONS. — N° 1. CRÉATION. — Jusqu'en 1814 (16 MAI), les COMMANDANTS des DIVISIONS TERRITORIALES étaient des Généraux de division, et en cela il y avait une liaison naturelle entre la forme désignative de ce COMMANDEMENT, en partie gouvernemental, et le commandement purement tactique. — Quoique les DIVISIONS D'ARMÉE eussent été l'objet de divers essais en 1776 et 1788, c'était cependant un projet toujours ajourné ou repoussé ; aussi a-t-on vu que la création des Généraux de division ne date réellement que de 1793 (25 février). — N° 2. DÉNOMINATION. — Quoique la dénomination de Général de division n'ait pas pu résister aux innovations rétrogrades de 1814 (16 MAI), et que le MINISTÈRE d'alors se soit empressé de l'abroger officiellement, elle est pourtant tellement nécessaire au mécanisme de la LANGUE MILITAIRE, qu'il serait inévitable de s'en servir, toute proscrite qu'elle soit, s'il s'agissait d'instituer, comme cela aura lieu un jour, une ÉCOLE DE DIVISION D'INFANTERIE, ou bien si l'on veut donner idée des GRANDES MANŒUVRES et des formes du COMMANDEMENT TACTIQUE. — Ce n'est pas qu'intrinsèquement l'expression Général de division soit bonne, puisqu'un terme périphrasé ne saurait, militairement parlant, être d'un usage satisfaisant ; mais du moins elle était significative et claire, et le besoin de s'en servir perce dans l'ORDONNANCE DE 1818 (2 AOUT) ; on y voit (art. 30) : *En campagne, les généraux commandant les divisions remplaceront les inspecteurs d'armes.* — Les rédacteurs de l'ordonnance sentaient si bien le vice tactique de l'expression LIEUTENANT GÉNÉRAL, qu'ils en éludaient l'emploi en tournant dans un cercle vicieux. — On voit aussi dans l'ORDONNANCE DE 1825 (19 MARS, art. 35) que *le ministre peut autoriser les officiers généraux commandant les divisions actives à confirmer les nominations d'officiers dans les compagnies d'élite.* — Cette verbeuse circonlocution prouve uniquement que, pour ne pas dire Général de division, on fait une lourde périphrase de six mots. — L'ORDONNANCE DE 1832 (5 MAI, § 30) se sert encore de l'expression GÉNÉRAL DIVISIONNAIRE. — Les MILICES COLOMBIENNE, HAITIENNE, PIÉMONTAISE, POLONAISE, avaient encore en 1831 des Généraux de division. — La MILICE NÉERLANDAISE, encore bien qu'elle ait des LIEUTENANTS GÉNÉRAUX, a en outre des Généraux de division. — N° 3. NOMBRE, UNIFORME, LOCALISATION, ALLOCATIONS. — Il y aurait à consulter pour l'éclaircissement du sujet le nombre des LIEUTENANTS GÉNÉRAUX. — La LOI DE L'AN SEPT (23 FRUCTIDOR) instituait quatre-vingts Généraux de division : il y en avait eu jusqu'à deux cent trente-six. — L'ARRÊTÉ DE L'AN NEUF (8 GERMINAL) en reconnaissait dans le cadre de l'ÉTAT-MAJOR cent dix-huit, non compris les INSPECTEURS EN CHEF, qui leur étaient assimilés. Il y en avait cent vingt en 1801. Il y en avait en 1813 cent soixante-huit. Ils allaient être remplacés par les LIEUTENANTS GÉNÉRAUX. — La CEINTURE écarlate fut un des insignes des Généraux de division, et la double BRODERIE les distingua des GÉNÉRAUX DE BRIGADE. Le RÈGLEMENT DE L'AN DOUZE (1ᵉʳ VENDÉMIAIRE) prononça à cet égard. — On peut inférer des termes du RÈGLEMENT DE 1791 (1ᵉʳ AOUT, ÉVOLUTIONS DE LIGNE, n° 641) que, dans les DÉFILEMENTS D'HONNEURS, quand un Général de division était d'un GRADE moins élevé que la personne qui recevait les HONNEURS, il devait DÉFILER à quatre pas en avant du général qui commandait la BRIGADE de la tête. Cette règle est reproduite dans l'ORDONNANCE DE 1831 (4 MARS, ÉVOLUTIONS DE LIGNE, n° 980). — En 1791, le GRADE des Généraux de division n'était pas le plus élevé : au-dessus d'eux il y avait des MARÉCHAUX DE FRANCE ; mais,

à la suppression des MARÉCHAUX, il n'y avait plus d'OFFICIERS GÉNÉRAUX qui primassent les Généraux de division, hormis celui ou ceux d'entre eux qui momentanément exerçaient les FONCTIONS DE GÉNÉRAL EN CHEF. De là vient qu'à la suite d'une GRANDE MANOEUVRE OU d'une REVUE, le Général de division le plus éminent en dignité doit, suivant l'esprit du RÈGLEMENT DE 1791 (1ᵉʳ AOUT), faire DÉFILER devant lui les autres généraux ; mais, en cela comme en tant d'autres points, notre LÉGISLATION n'est pas d'accord avec elle-même. — La LOI DE L'AN SEPT (23 FRUCTIDOR) n'accordait aux Généraux de division, y compris les GÉNÉRAUX EN CHEF, que douze mille francs de SOLDE en tout, plus six mille francs à ceux qui étaient employés activement. La totalité de l'allocation, artillerie et génie non compris, se montait à neuf cent soixante mille francs. — On peut supposer ces principes applicables aux LIEUTENANTS GÉNÉRAUX, mais ce n'est pourtant écrit nulle part. Dans le labyrinthe de notre LÉGISLATION MILITAIRE il faut se guider à l'aide de suppositions et procéder par inductions. — N° 4. DROITS. — En temps de guerre, les Généraux de division pouvaient prononcer à l'égard des RÉCOMPENSES méritées pour ACTIONS D'ÉCLAT, ou du moins ils étaient autorisés à proposer au GÉNÉRAL EN CHEF de donner de l'AVANCEMENT aux militaires qui s'étaient rendus dignes de ces distinctions. — Les Généraux de division d'une armée agissante, dit ODIER (1824, E), *ont le droit de réquisition à l'égard des chefs d'administration de leur troupe, en tout ce qui est d'un service urgent.* — Ils ne peuvent ordonner *proprio motu* des mouvements de troupes que quand ils en sont légalement requis, ou quand des circonstances extraordinaires l'exigent. — Les CORPS D'ARMÉE ont été commandés, en l'an cinq, par un des Généraux de division du CORPS. — En l'an neuf, BONAPARTE prit un parti différent : il introduisit un grade nouveau dans l'ÉTAT-MAJOR DE L'ARMÉE ; il mit à la tête de chaque CORPS D'ARMÉE un LIEUTENANT GÉNÉRAL. Ce titre n'avait plus son acception primitive : c'était un grade à poste fixe, et non plus éventuel ou précaire comme au temps où le chef de l'ARMÉE avait pour substituts, d'abord un seul, puis ensuite quantité de LIEUTENANTS GÉNÉRAUX. — Cette innovation, ou plutôt cette résurrection d'un titre de l'ancien régime modifié par une acception qui le rehaussait, flatta l'amour-propre des Généraux de division, qui montèrent d'un degré. — A la restauration, l'abolition des Généraux de division les ayant métamorphosés en LIEUTENANTS GÉNÉRAUX, ils ont cru qu'ils devenaient des personnages plus considérables ; mais par le fait leur qualification n'a plus rien signifié ; la HIÉRARCHIE a eu deux anneaux brisés par la destruction de deux GRADES utiles ; elle n'a rien gagné au rétablissement des GRADES anciens, et pour une courte durée de temps la vanité seule y a trouvé son compte. — L'INSTRUCTION DE 1831 (20 SEPTEMBRE) donnait au Général d'une DIVISION ACTIVE le droit de prononcer les CASSATIONS DE SOUS-OFFICIERS et les PUNITIONS D'OFFICIERS qu'il était réservé aux LIEUTENANTS GÉNÉRAUX d'ordonner. — N° 5. PRÉROGATIVES, FONCTIONS. — Le RÈGLEMENT DE 1792 (5 AVRIL) affectait aux LIEUTENANTS GÉNÉRAUX COMMANDANT UNE DIVISION une GARDE D'HONNEUR de quatre escouades commandée par un LIEUTENANT ou par un SOUS-LIEUTENANT, et ayant un TAMBOUR qui salue le général en exécutant un RAPPEL. Le DÉCRET DE L'AN DOUZE (24 MESSIDOR) fixait cette GARDE à trente hommes. — Les Généraux de division avaient le droit de constater par leur signature la sincérité des CERTIFICATS attestant les cas de BLESSURES reçues à la guerre. — Les fonctions des DIVISIONNAIRES, mieux déterminées que ne l'étaient celles des LIEUTENANTS GÉNÉRAUX, auxquels ils succédaient à GRADE à peu près égal, amenèrent l'abolition du SERVICE DE JOUR. — A l'ARMÉE, ils étaient secondés par un CHEF D'ÉTAT-MAJOR qui correspondait avec le CHEF D'ÉTAT-MAJOR de l'ARMÉE ; ils recevaient et transmettaient le MOT. — Ils étaient informés sans délai des JUGEMENTS MILITAIRES rendus dans leur DIVISION. — L'INSTRUCTION DE 1831 (20 SEPTEMBRE) maintenait les généraux commandant une DIVISION ACTIVE dans la jouissance des HONNEURS MILITAIRES que leur accordait le DÉCRET DE L'AN DOUZE (24 MESSIDOR). — Le RÈGLEMENT DE 1792 (5 JUIN) voulait que les Généraux de division assistassent, en campagne, au rassemblement des GARDES. — Dans les ÉVOLUTIONS DE LIGNE, ils transmettent leurs ordres aux GÉNÉRAUX DE BRIGADE, soit sous forme de COMMANDEMENTS VOCAUX, soit à voix basse et par intermédiaires. — Le général LAMARQUE, dans un article (*Spectateur militaire*) où il compare aux généraux d'armée ceux de division, exprime quelle distance sépare ces deux grades. — Le DIVISIONNAIRE, dit-il, est le *simple exécuteur des ordres qu'il reçoit ; ses mouvements sont prévus, sa route est tracée, ses vivres lui arrivent, les forces qu'il a à combattre sont calculées.* — Mais il y a tant de circonstances où la nécessité transforme momentanément le Général de division en GÉNÉRAL D'ARMÉE, qu'on s'abuserait en supposant qu'une capacité ordi-

naire puisse suffire à de telles fonctions. — L'INSTRUCTION DE 1831 (20 SEPTEMBRE) voulait que le Général d'une DIVISION ACTIVE, qui a son QUARTIER GÉNÉRAL dans la circonscription d'une SUBDIVISION TERRITORIALE, fût sous les ordres du LIEUTENANT GÉNÉRAL commandant la DIVISION TERRITORIALE et lui rendît compte. L'ORDONNANCE DE 1832 (5 MAI, § 213) a maintenu des règles analogues.

GÉNÉRAL DE DIVISION DE JOUR. V. COLONEL DE PIQUET. V. DE JOUR. V. DIVISION. V. GRAND'GARDE.

GÉNÉRAL DE DIVISION DU GÉNIE. V. CONSIGNE DE POSTE AU CAMP. V. DIVISION. V. GÉNIE. V. GÉNIE IDIOPLIQUE N° 3.

GÉNÉRAL DE DIVISION TURC. V. MILICE TURQUE N° 2. V. TURC, adj.

GÉNÉRAL DE JOUR. V. GRAND'GARDE. V. JOUR.

GÉNÉRAL DE LA GARDE. V. GARDE. V. GARDE IMPÉRIALE N° 2, 4. V. GARDE ROYALE N° 2. V. MAJOR.

GARDE DE LA MAISON. V. MAISON. V. MAISON DU ROI N° 2.

GÉNÉRAL DE LÉGION. V. AIGLE. V. DÉCIMATION. V. DICTATEUR. V. LÉGION. V. LÉGION ROMAINE ; id. N° 2, 6.

GÉNÉRAL DE MER. V. AMIRAL. V. GÉNÉRAL D'ARMÉE N° 9. V. MER.

GÉNÉRAL DE TERRE. V. ARMÉE DE TERRE. V. GÉNÉRAL D'ARMÉE N° 9. V. MILICE FRANÇAISE N° 2. V. TERRE.

GÉNÉRAL DES AVENTURIERS. V. AVENTURIER. V. COLONEL GÉNÉRAL DE L'INFANTERIE FRANÇAISE N° 5.

GÉNÉRAL DES FINANCES. V. CHANCELIER. V. ÉTAT-MAJOR GÉNÉRAL N° 2. V. FINANCE. V. GÉNÉRAL, subs. V. INTENDANT D'ARMÉE. V. TRÉSORIER GÉNÉRAL DES FINANCES.

GÉNÉRAL DES GALÈRES. V. GALÈRE. V. GÉNÉRAL, subs.

GÉNÉRAL DES VIVRES. V. GÉNÉRAL, subs. V. MARÉCHAL DE CAMP N° 6. V. MUNITIONNAIRE GÉNÉRAL. V. VIVRES MILITAIRES.

GÉNÉRAL D'INFANTERIE. V. CANON DE CAMPAGNE. V. COLONEL D'INFANTERIE FRANÇAISE. V. COLONEL GÉNÉRAL DE L'INFANTERIE N° 2. V. FELD-MARSCHALL-LIEUTENANT. V. FELDZEUG-MEISTER. V. FUSIL A PISTON. V. GÉNÉRAL D'ARMÉE N° 5. V. GÉNÉRAL FRANÇAIS N° 1. V. INFANTERIE. V. INFANTERIE DE BATAILLE N° 5. V. MILICE AUTRICHIENNE N° 2. V. MILICE HOLLANDAISE N° 2. V. MILICE NÉERLANDAISE N° 1. V. MILICE PRUSSIENNE N° 2. V. MILICE RUSSE N° 2. V. ORDRE DE BATAILLE. V. SERVICE DE CAMPAGNE. V. TACTIQUE, subs.

GÉNÉRAL DIRECTEUR DU DÉPÔT DE LA GUERRE. V. DÉPÔT DE LA GUERRE. V. INGÉNIEUR GÉOGRAPHE N° 4.

GÉNÉRAL DISPONIBLE. V. DISPONIBLE, adj. V. GÉNÉRAL FRANÇAIS N° 1.

GÉNÉRAL DIVISIONNAIRE. V. ARMÉE FRANÇAISE N° 2. V. COMMANDANT DE DIVISION TERRITORIALE N° 1. V. DIVISIONNAIRE, adj. V. GÉNÉRAL DE DIVISION. V. INSPECTEUR GÉNÉRAL.

GÉNÉRAL DU CADRE DE RÉSERVE. V. CADRE DE RÉSERVE. V. GÉNÉRAL FRANÇAIS N° 1, 2.

GÉNÉRAL DU GÉNIE. V. COMMISSAIRE DES GUERRES N° 6. V. CORPS DU GÉNIE. V. DOMESTIQUE MILITAIRE. V. GÉNÉRAL EN CHEF N° 5. V. GÉNÉRAL FRANÇAIS N° 1. V. GÉNIE. V. GÉNIE INDOPLIQUE N° 1, 5. V. INGÉNIEUR MILITAIRE. V. OFFICIER DU GÉNIE N° 2. V. QUARTIER-MAITRE GÉNÉRAL. V. TRANCHÉE.

GÉNÉRAL EMPLOYÉ. V. EMPLOYÉ, adj. V. GÉNÉRAL FRANÇAIS N° 1.

GÉNÉRAL EN ACTIVITÉ. V. EN ACTIVITÉ. V. GÉNÉRAL FRANÇAIS N° 1, 2, 3, 4. V. OFFICIER D'ORDONNANCE.

GÉNÉRAL EN CAMPAGNE. V. ATTAQUE DE PLACE. V. CONSIGNE DE GUERRE. V. CONSEIL DE GUERRE. V. DÉFENSE EN CAMPAGNE. V. DUC N° 1. V. EN CAMPAGNE. V. FEMME D'OFFICIER GÉNÉRAL. V. FOURRIER D'ARMÉE. V. GARDE EN CAMPAGNE. V. GARNISAIRE. V. GÉNÉRAL FRANÇAIS N° 5. V. MARAUDAGE. V. MARÉCHAL DES LOGIS D'ARMÉE N° 5. V. PRISONNIER DE GUERRE. V. TABLE D'OFFICIER.

GÉNÉRAL (généraux) EN CHEF (A, 1), ou SUPERSTRATÈGUE, OU SUPOSTRATÉGUE, OU STRATÈGE, OU STRATÉGUE, comme disaient les Grecs et les Bysantins. Sorte de GÉNÉRAUX FRANÇAIS dont les fonctions répondaient à celles des CAPITAINES GÉNÉRAUX des derniers siècles; mais le rang en différait; le Général en chef n'était qu'un GÉNÉRAL DE DIVISION momentanément élevé au COMMANDEMENT de l'ARMÉE. — On peut appliquer en grande partie aux Généraux en chef ce qui a été dit à l'égard des GÉNÉRAUX D'ARMÉE; mais les deux qualifications sont considérées à part l'une de l'autre, parce que le GÉNÉRAL D'ARMÉE est Général en chef, abstraction faite des temps et des pays; tandis que, par rapport à la FRANCE et au temps où nous vivons, le Général en chef est GÉNÉRAL D'ARMÉE; l'un est l'être moral sans acception de temps et de lieux, l'autre le personnage légal et moderne. — Examinons le sujet sous les rapports suivants : DÉNOMINATION, NOMBRE, UNIFORME, ALLOCATIONS, DROITS, AUTORITÉ, PRÉROGATIVES, FONCTIONS, SUBORDINATION, ADMINISTRATION. — N° 1. DÉNOMINATION, NOMBRE, UNIFORME, ALLOCATIONS. — Dans la MILICE RUSSE, un Général en chef n'est pas un GÉNÉRAL D'ARMÉE; ces mots au contraire sont presque identiques en FRANCE. — Dans la MILICE TURQUE, un SÉRASKIER est Général en chef. — Les lois

de la COMPOSITION n'ont introduit la DÉNOMINATION de Général en chef que depuis la GUERRE DE LA RÉVOLUTION. Dans les GUERRES plus anciennes, le titre de GÉNÉRAL D'ARMÉE, ou même absolument et simplement le substantif GÉNÉRAL, s'employaient dans le même sens. — D'abord le terme ne donna idée que d'une primauté éventuelle dans l'ÉTAT-MAJOR; il n'exprimait point un GRADE permanent; un GÉNÉRAL DE DIVISION était passagèrement revêtu du titre de Général en chef; si le rassemblement de l'armée cessait, le chef redevenait divisionnaire; il n'y avait plus qu'un échelon entre lui et le GÉNÉRAL DE BRIGADE. — Le DÉCRET DE 1793 (21 FÉVRIER) reconnaissait douze Généraux en chef. — La LOI DE L'AN SEPT (23 FRUCTIDOR) confiait le COMMANDEMENT EN CHEF à cinq GÉNÉRAUX DE DIVISION; le titre était devenu permanent. — L'ORDONNANCE DE 1832 (5 MAI) substitue à la qualification de Général en chef le titre vague de COMMANDANT EN CHEF; il n'a cette qualité qu'en vertu d'une commission temporaire. — L'UNIFORME des Généraux en chef différa surtout de celui qui était jusqu'alors en usage, parce qu'au commencement de la guerre ils prirent le CHAPEAU A LA HENRI QUATRE et la CEINTURE TRICOLORE. — Depuis le gouvernement consulaire, les Généraux en chef furent surchargés de BRODERIES; ils en avaient même à la jarretière de la culotte. — La CIRCULAIRE DE 1850 (11 SEPTEMBRE) leur donnait même ceinture qu'aux MARÉCHAUX DE FRANCE. — On a vu, au temps des assignats, la SOLDE des Généraux en chef être de huit francs par mois. — La LOI DE L'AN SEPT (23 FRUCTIDOR) ne rétribuait les Généraux en chef que comme les GÉNÉRAUX DE DIVISION; sauf une indemnité annuelle de vingt-huit mille francs. — N° 2. DROITS, AUTORITÉ, PRÉROGATIVES. — Le RÈGLEMENT DE 1792 (5 AVRIL) autorisait les Généraux en chef qui entraient en campagne à rédiger, à proclamer et à rendre exécutoire un RÈGLEMENT particulier propre à réprimer dans leur ARMÉE ces infractions extraordinaires, ces forfaitures les armes à la main, que la LÉGISLATION de paix ne saurait prévoir ni classer. Cette disposition avait surtout en vue de prévenir le SAC des villes et le PILLAGE des communes emportées de vive force. — DUMOURIEZ fit imprimer un RÈGLEMENT de ce genre. Peu auparavant il avait paru à Coblentz un RÈGLEMENT de l'armée des princes français. CUSTINE imita DUMOURIEZ; son RÈGLEMENT fut un des prétextes de sa condamnation à mort. — La rapidité avec laquelle se succédèrent les Généraux républicains a fait oublier la règle que nous venons de rappeler, et qui était reproduite dans les codes de 1793 (12 mai) et de l'an cinq (21 brumaire). Des causes nombreuses se sont opposées au maintien d'un droit qui était le plus bel apanage du Général, et qui, dans un pays où il n'existait pas et où il ne règne pas encore de jurisprudence militaire, donnait au commandant en chef le caractère de législateur, et l'autorisait à appliquer toutes peines, sauf la peine capitale. Si cette règle eût subsisté, la postérité eût pu contrôler les actes de chaque Général, en mettant en parallèle la conduite de ses soldats et l'esprit dont leur chef s'était montré animé dans sa législation écrite. — L'ordonnance de 1832 (3 mai) confie au général commandant en chef le droit de nommer les commandants d'aile, de centre, de réserve, mais non pas les commandants de corps d'armée; elle réserve à eux seuls le droit d'organiser les divisions et de détacher de leur corps les compagnies d'élite. — Le Général en chef peut seul charger de missions des officiers de l'armée, en les autorisant à en percevoir les indemnités légales. — Il fait parvenir aux généraux sous ses ordres l'ordre général du jour. — Pendant plusieurs campagnes, une compagnie de guides a été attachée aux Généraux comme gardes de leur personne. — Nos Généraux en chef jouissaient d'un droit qui ne reposait que sur des traditions, puisque aucun grand principe n'était fixé : nous voulons parler des promotions qu'ils faisaient sur le champ de bataille, et de l'avancement qu'ils accordaient en récompense des actions d'éclat, conformément aux propositions des généraux de division. — Bonaparte, Général en chef, avait élargi la voie des rémunérations en distribuant à son armée des armes d'honneur. Lorsqu'il fut parvenu au consulat, il dépouilla les Généraux du droit d'accorder de leur propre mouvement des armes d'honneur et de l'avancement en temps de guerre; ils ne conservèrent que la faculté d'enregistrer dans les bulletins historiques de leurs campagnes les noms des militaires qui s'étaient distingués, et de désigner au gouvernement les sujets qui avaient bien mérité de la patrie un jour de bataille. — L'ordonnance de 1818 (2 août, art. 255) autorisait les Généraux en chef à opérer provisoirement dans l'intérieur des corps les remplacements à l'ancienneté. — Les Généraux en chef faisant campagne ont toujours eu le droit, soit écrit, soit de tradition, de décider seuls de l'offensive ou de la défensive, de régler en conséquence les mouvements des convois et des troupes, d'établir dans les places menacées de siége et situées

dans le rayon de leur armée un commandant supérieur, de déclarer en état de siége certaine portion du territoire français, de nommer les membres des commissions d'échange, de décider de la fourniture extraordinaire de certains liquides, etc. — De tout temps ils ont prononcé, *proprio motu*, à l'égard des exécutions militaires. — Pendant quelques instants nos Généraux ont eu le droit d'assigner, à la cour martiale le siége où ils jugeaient à propos que cette cour résidât ou s'établît. — Mais de combien d'obscurités est encore enveloppée la question des droits; un procès, ému en 1832 (26 août), devant le conseil d'Etat présidé par le garde des sceaux, relativement à une transaction consentie par le Général en chef à Alger, avait amené, entre autres questions graves, celle-ci, que soulevait l'organe du ministère public : Un Général, quand même ses pouvoirs seraient illimités, peut-il, en pays conquis, engager le trésor public? Sa conclusion était qu'il ne peut le grever, et que c'est aux ressources du pays à subvenir; ainsi fut jugé le procès. — Nos vieux règlements, disons plutôt les coutumes, autorisaient les maistres de l'artillerie, et, depuis 1477, le grand maître de l'artillerie, à exiger des villes emportées les armes à la main qu'elles rachetassent leurs cloches, si elles voulaient se préserver du pillage ; c'était apparemment quand ils agissaient comme Généraux en chef que ces maîtres pouvaient exercer ce droit; l'imposition qu'ils prélevaient ainsi devenait ou était censée devenir le butin des artilleurs. — Bonaparte a renouvelé à Dantzig cette coutume, qui était tombée en oubli. — Au nombre des prérogatives des Généraux en chef sont le salut de la batterie aux champs, la composition de la garde d'honneur placée près de leur personne, et les honneurs qui doivent leur être rendus au camp, et qui sont indiqués dans la consigne de la sentinelle de police. — Le règlement de 1792 (5 juin) fixait à six escouades la garde du Général en chef; elle était commandée par un capitaine, un lieutenant et un sous-lieutenant. Le tambour battait aux champs. — Le décret de l'an douze (24 messidor) leur accorde, comme aux maréchaux de France, une garde de cinquante hommes, avec un drapeau, le jour de leur entrée d'honneur. — N° 3. Fonctions, subordination. — Le décret de 1790 (5 octobre) attachait à la personne du Général en chef quatre aides de camp. Il avait à sa disposition des ingénieurs géographes, des officiers d'administration, d'artillerie, de santé, du génie; il était aidé, pendant les dernières guerres, par un CHEF D'ÉTAT-MAJOR. Ainsi le Général n'avait à s'occuper personnellement que de sa correspondance intime ou secrète avec le MINISTRE DE LA GUERRE, avec les GÉNÉRAUX DE DIVISION, avec les LIEUTENANTS GÉNÉRAUX des CORPS D'ARMÉE. — Quant aux relations avec les CHEFS de l'ARTILLERIE, du GÉNIE, de l'ADMINISTRATION, elles regardaient, en grande partie, le CHEF D'ÉTAT-MAJOR, ou l'officier qu'on a improprement désigné sous le nom de MAJOR GÉNÉRAL. — L'OFFICIER DE TROUPES LÉGÈRES, livré entièrement à lui-même, a été regardé, non sans raison, comme un Général en chef de petit module. — L'ORDONNANCE DE 1818 (2 AOUT, art. 238) appelait LETTRES DE COMMANDEMENT les PATENTES en vertu desquelles le Général en chef exerce SES FONCTIONS : ces LETTRES lui donnent autorité sur les personnages qui, dans son ARMÉE, seraient d'un GRADE égal au sien : c'est une trace du temps où un GÉNÉRAL DE DIVISION était passagèrement à la tête de l'ARMÉE. — L'ordonnance de 1832 (5 mai) énonce que le COMMANDEMENT EN CHEF est attribué par une *commission temporaire*, ou COMMISSION D'EMPLOI qui émane du ROI. — Une LOI DE L'AN QUATRE (4 BRUMAIRE) soumet le Général en chef aux PEINES DE DISCIPLINE que lui imposerait le MINISTRE DE LA GUERRE. — N° 4. ADMINISTRATION. — A l'ARMÉE, l'AUTORITÉ ADMINISTRATIVE vient en partie se fondre dans les pouvoirs du Général. — Il a le droit d'ordonner, mais dans la limite des TARIFS, la SUBSTITUTION d'une DENRÉE DE DISTRIBUTION à une autre, si les circonstances où se trouve l'ARMÉE, ou si la pénurie des VIVRES rendent indispensable cette mesure. — Il a seul, en temps de guerre, l'autorité sur le CORPS de l'INTENDANCE, comme il l'avait autrefois sur les COMMISSAIRES. Ce corps est tenu de prendre, pour la direction de ses OPÉRATIONS, l'attache du Général; mais les pouvoirs de celui qui commande ne s'étendent pas jusqu'à faire mettre en jugement les MEMBRES de l'INTENDANCE, qu'il supposerait prévaricateurs; puisque le MINISTRE DE LA GUERRE lui-même a bien voulu se dessaisir d'un pareil droit. — Une des lois françaises qui ont été peu obéies chargeait le Général en chef d'ordonner les ABATIS destinés à la FOURNITURE du CHAUFFAGE de l'ARMÉE EN MARCHE.

GÉNÉRAL EN DISPONIBILITÉ. V. EN DISPONIBILITÉ. V. GÉNÉRAL FRANÇAIS N° 1, 2, 4.

GÉNÉRAL EN GARNISON. V. COMMANDANT DE PLACE N° 8, V. FEMME D'OFFICIER GÉNÉRAL. V. GARNISON. V. GUÉRITE. V. MAJOR DE PLACE N° 2.

GÉNÉRAL EN RETRAITE. V. EN RETRAITE. V. GÉNÉRAL FRANÇAIS N° 2, 5.

GÉNÉRAL ESPAGNOL. V. ESPAGNOL, adj. V. MILICE ESPAGNOLE N° 2, 3, 4, 6. V. RONDELLE. V. TEDZE.

GÉNÉRAL (généraux) FRANÇAIS (term. sous-génér.). Sorte de GÉNÉRAUX considérés uniquement ici par rapport à l'ARMÉE FRANÇAISE, et principalement par rapport à l'ARMÉE moderne; ils tiennent la tête des OFFICIERS D'ÉTAT-MAJOR GÉNÉRAL. — La prépondérance que la LANGUE MILITAIRE FRANÇAISE a prise sur les autres et pour longtemps tient en partie aux talents qu'ont déployés et à la réputation qu'ont acquise les grands Généraux français à partir de HENRI QUATRE; ces habiles guerriers et la quantité d'ÉCRIVAINS qui ont proclamé leurs noms et retracé leur histoire ont imposé notre idiome à toutes les ARMÉES. — Il a été traité de ce qui concerne le personnel ou l'EMPLOI des Généraux par BOHAN (1781, H), M. le colonel CARRION (1824, A), CHATEAUNEUF, COURCELLES, DANIEL (1721, A), DESPAR (1753, A), FUNDERFELT (1711, A), GUIBERT (1773, E), GUIGNARD (1725, B), LACHESNAIE (1758, I; au mot *Officier général*), LEBLOND (1758, B), M. MAUDUIT, MIRABEAU (1788, C), ODIER (1824, E, t. v, p. 22), PUYSÉGUR (1788, C), SAINT-GERMAIN (1779, C), M. SICARD, M. THIERS, TURPIN (1783, O), WIMPFEN (1783, A) et un AUTEUR anonyme (1793, B). — Le sujet sera examiné sous les rapports suivants : COMPOSITION, DÉNOMINATION, NOMBRE, NOMINATION, UNIFORME, ALLOCATIONS, DROITS, PRÉROGATIVES, RANG, FONCTIONS, DEVOIRS, INSTRUCTION, PUNITIONS, PEINES, ADMINISTRATION. — N° 1. COMPOSITION, DÉNOMINATION. — Dans les siècles derniers, la FRANCE recrutait chez les étrangers beaucoup de ses Généraux : tels furent Bercheny, BROGLIO, BERWICK, Kellermann, LOWENDAL, Luckner, MAURICE DE SAXE, Schomberg, STROZZI. On vit MONTÉCUCULI lui-même entrer en pourparlers avec LOUIS QUATORZE, qui marchanda ses SERVICES; si le salaire eût convenu à MONTÉCUCULI, il devenait Général français. Ces migrations, cette prise d'épée dans une nouvelle patrie, étaient une trace des mœurs des CONDOTTIERI et de la vénalité des AVENTURIERS. — On a vu plus tard le GÉNÉRALAT français se suffire à lui-même, et fournir largement aux appels ou aux encans des étrangers. — Les Généraux français ont compris, suivant les temps, des VICE-ROIS ou LIEUTENANTS DE ROI : c'était même chose; des MARÉCHAUX ou des GÉNÉRAUX EN CHEF : c'était à peu près même rang; des LIEUTENANTS GÉNÉRAUX et des GÉNÉRAUX DE DIVISION, des MARÉCHAUX DE CAMP et des GÉNÉRAUX DE BRIGADE. — Bien d'autres GRADES, mentionnés au mot ÉTAT-MAJOR D'AR-

MÉR., bien d'autres titres, devenus uniquement nobiliaires ou qui ont changé d'acception, tels que ceux de BARON, de DUC, de MARQUIS, de PRÉVOT, ont répondu au titre de Général ; mais c'était à des époques antérieures à celle où cette qualification avait pris l'acception sous laquelle elle est présentée ici. — L'ORDONNANCE DE 1820 (26 JANVIER) connaissait des GÉNÉRAUX EMPLOYÉS et des GÉNÉRAUX DISPONIBLES. — Celle DE 1829 (24 MAI) paraissait comprendre, en dehors de la classe des Généraux, les MARÉCHAUX DE FRANCE ; aucun RÈGLEMENT n'avait encore établi cette distinction ; et quantité de documents rangent au contraire dans une même catégorie les uns et les autres, sauf une différence hiérarchique. — Des CADRES D'ACTIVITÉ et de RÉSERVE étaient créés par les ORDONNANCES DE 1831 (27 FÉVRIER et 22 MARS), ordonnances qu'on ne retrouve ni au Bulletin des lois ni au Journal militaire. — Le MINISTRE DE LA GUERRE, au lieu de réduire les CADRES, comme le voulait l'ORDONNANCE DE 1830 (15 NOVEMBRE), les avait, par de nombreuses PROMOTIONS, augmentés de telle sorte, que, en 1831, ils excédaient de trente-huit la totalité des extinctions. Elle disposait que, à partir de 1831, ils ne seraient plus admis à la retraite que sur leur demande, faveur inouïe que révoquait l'ORDONNANCE DE 1832 (5 AVRIL). — L'ORDONNANCE DE 1835 (9 JUILLET) créait un système tout différent, et déguisait, sous le nom de CADRE DE VÉTÉRANCE, le maintien des fonctions, ou du moins la conservation des appointements au delà de la possibilité physique des services. Dans la séance du 6 juin 1836, le député Lepelletier d'Aulnay, rappelant la loi de 1832 (21 avril), disait : *Pour se soustraire aux prescriptions de l'article 13, on a imaginé un cadre de vétérance établi par ordonnance du 27 juillet 1835 ; la loi voulait que des nominations n'eussent lieu qu'après trois extinctions.* Le ministre Maison éludait la loi par l'ordonnance qui avait été un des premiers actes de son administration : elle créait une cinquième position, quand la loi n'en reconnaissait que quatre, l'activité, la non-activité, la réforme, la retraite. — La DÉNOMINATION de Général ne s'est longtemps prise qu'adjectivement ; on était d'abord CAPITAINE GÉNÉRAL, MESTRE DE CAMP GÉNÉRAL, BRIGADIER GÉNÉRAL, etc. Quand les CHARGES OU OFFICES ont donné naissance au titre OFFICIER, on a appelé génériquement OFFICIERS GÉNÉRAUX ceux qui étaient au-dessus des OFFICIERS DE CORPS ; mais le mot Général, pris substantivement, ne s'appliquait qu'à un seul personnage, à celui qui était EN CHEF. — La révolution a aboli le titre d'OFFICIER GÉNÉRAL,

a créé le titre de GÉNÉRAL EN CHEF, et dès lors le mot Général a exprimé tout GRADE depuis celui de GÉNÉRAL DE BRIGADE jusqu'à celui inclus de GÉNÉRAL EN CHEF, qui remplaçait les MARÉCHAUX abolis. — La restauration a rétabli le mot OFFICIER GÉNÉRAL ; le simple terme Général ne suffisait plus à des vanités exigeantes ; des COMMISSAIRES DES GUERRES disaient : Mon Général, à leur ORDONNATEUR ; des chirurgiens saluaient du même titre leur chef ; les hommes d'épée ont éludé le parallèle en allongeant le titre ; OFFICIER GÉNÉRAL avait d'ailleurs une certaine odeur de vieux usages qui plaisait à une cour restaurée. — Les dénominations désignatives des différentes classes de Généraux avaient également changé au commencement de la GUERRE DE LA RÉVOLUTION. Un ARRÊTÉ DE L'AN HUIT (27 MESSIDOR) témoigne comment ils se sont appelés sous le règne de BONAPARTE ; la restauration a fait revivre les désignations anciennes. — Les Généraux français prennent quelquefois la dénomination de COMMANDANT SUPÉRIEUR, lorsque, à la tête d'une troupe active, ils viennent grossir la garnison d'une PLACE DE GUERRE, dont le COMMANDANT permanent n'a qu'un GRADE inférieur au leur. — Il a existé dans l'ARMÉE FRANÇAISE, mais d'abord par le fait plus que par la règle positive, des GÉNÉRAUX D'INFANTERIE, de CAVALERIE, D'ARTILLERIE, etc. — Si la LÉGISLATION française n'a pas reconnu positivement des EMPLOIS de GÉNÉRAUX D'ARMES, ces EMPLOIS existent pourtant de fait, comme le témoignent les inspections annuelles, le COMMANDEMENT DES CAMPS, la suprématie exercée sur l'ARTILLERIE, la GENDARMERIE, le GÉNIE, les INGÉNIEURS GÉOGRAPHES ; mais, dans une armée si longtemps dépourvue de CONSTITUTION, ce défaut d'accord entre les qualifications et les EMPLOIS n'est-il pas inévitable ? — ODIER (1824, E) dit : *On concevrait mal qu'un officier qu'on appelle Général ne fût pas propre à commander toute sorte de troupe.* Ce principe trop absolu est un paradoxe, s'il s'applique à tous les Généraux ; il est admissible s'il ne concerne que le GÉNÉRAL EN CHEF. — Dans les ARMÉES D'ALLEMAGNE, dans les SERVICES D'AUTRICHE et du NORD, dans la MILICE RUSSE, il se voyait, dès l'autre siècle, ainsi que LACHESNAIE (1758, I) en fournit la preuve, des GÉNÉRAUX D'ARTILLERIE, D'INFANTERIE, DE CAVALERIE et des FELDZEUGMEISTERS qui marchaient au-dessus des LIEUTENANTS GÉNÉRAUX ; en FRANCE au contraire les OFFICIERS qu'on appelait GÉNÉRAUX D'INFANTERIE OU DE CAVALERIE n'étaient que des GÉNÉRAUX COMMANDANT transitoirement certaines BRIGADES. — N° 2. NOMBRE, NOMINATION. — Il n'y avait, SOUS FRANÇOIS

PREMIER, dans une ARMÉE, que deux ou trois Généraux, secondés par un ou deux SERGENTS DE BATAILLE. — La politique de HENRI QUATRE l'obligea à augmenter l'ÉTAT-MAJOR en transigeant avec ses adversaires et à multiplier les MARÉCHAUX DE FRANCE pour acheter la soumission des révoltés de haute classe. Les grands qui ont les ARMES A LA MAIN n'ont souvent du patriotisme ou du dévouement que jusqu'à la bourse ; désintéressement et illustration militaire ne vont pas toujours ensemble ; les VAUBAN, les CATINAT, les LATOUR D'AUVERGNE, sont rares ; et des passions cupides ont porté plus d'un Général à la DÉSERTION. — PUYSÉGUR (1748, C) se plaint amèrement de l'encombrement occasionné dans les ARMÉES de Louis QUATORZE par le faste, les DÉPENSES DE LUXE et la multitude de Généraux parasites qui s'y trouvaient ; il en compte de quatre-vingt-dix à cent par grande ARMÉE. — Sous LOUIS QUINZE, les Généraux encombrent la MAISON MILITAIRE, envahissent les antichambres, sont GOUVERNEURS DE PLACE, sont CAPITAINES des demeures royales, occupent dans la diplomatie des emplois qui auraient demandé des hommes à talents plutôt que des hommes à broderies, briguent toutes les CHARGES DE COUR, et y descendent à des fonctions flétrissantes pour l'épaulette, et qui se ressentaient, comme le dit le sardonique PUISAYE, *de l'infection des garde-robes.* — On lit dans TUARIN (1783, O) : *La quantité prodigieuse d'officiers généraux qu'il y a dans nos armées les rend pesantes par la quantité de logements qu'il leur faut, par les ordres multipliés qu'il leur faut faire passer, et par les énormes équipages qu'ils traînent après eux. Le Général ne savait qu'en faire ni où les placer ; il en avait plus que de régiments ; leurs équipages excédaient ceux de l'armée.* — MAIZEROY (1771, A, p. 32) reproduit la même censure. — BOHAN (1781, H) se plaignait que, de son temps, il y eût en activité deux cent douze LIEUTENANTS GÉNÉRAUX et quatre cent soixante-six MARÉCHAUX DE CAMP. — LESSAC (1783, A) a dit : *La guerre arrive ; le hasard et la faveur forment la liste des Généraux employés ; c'est à l'instant qui décide des destins publics que la plupart viennent faire le premier apprentissage de leur art. — Quel est le nombre des officiers généraux qu'exige notre constitution ? Il doit être déterminé par celui des troupes. La même proportion numérique qui existe dans un régiment entre les officiers et les soldats doit se trouver entre les officiers généraux et l'armée.* — Dans les dernières pages de son traité, MIRABEAU (1788, C) a montré à nu les abus criants qui désolaient alors notre

ÉTAT MILITAIRE ; l'éloquente peinture qu'il en fait signale surtout cette tourbe de quinze cents Généraux qui dévorait le TRÉSOR et infestait l'ARMÉE, la MAISON, les CORPS PRIVILÉGIÉS. — Ce qui grossissait prodigieusement la phalange des Généraux, c'est que chaque MINISTRE tenait à émettre sa *fournée :* ils s'y décidaient et s'y hâtaient surtout, quand ils sentaient mouvant le terrain du MINISTÈRE. On vit encore de ces fournées sous les MINISTRES qui prirent le portefeuille en 1819, 1824, etc. — Il n'y avait au contraire dans la MILICE PRUSSIENNE que le nombre strictement nécessaire d'officiers GÉNÉRAUX ; mais la FRANCE, qui singeait les institutions de la PRUSSE, imitait peu ce qui y était raisonnable. — C'était surtout depuis le milieu du siècle que le nombre des Généraux s'était accru outre mesure. Le rapport d'Alexandre LAMETH à l'ASSEMBLÉE CONSTITUANTE, en 1790 (20 septembre), témoigne qu'il existait cent quatre-vingts LIEUTENANTS GÉNÉRAUX et sept cent quinze MARÉCHAUX DE CAMP ; c'était un ou deux lieutenants généraux et sept à huit maréchaux de camp par RÉGIMENT ; ces abus se reproduisaient, parce que les monarques et les MINISTRES se croyaient obligés d'acheter par des faveurs aussi ruineuses l'affection ou le dévouement de personnages influents. — Les PROMOTIONS se faisaient par grosses séries qui jetaient en circulation une quantité arbitraire d'agents nouveaux, bons ou non, et réduisaient à l'inactivité les agents remplacés, soit qu'ils fussent bons ou non ; mais les Généraux dépossédés étaient dédommagés par des pensions. Ainsi, de 1779 à 1788, c'est-à-dire en temps de paix, il fut fait cinq PROMOTIONS qui, chacune, grevèrent le TRÉSOR ROYAL de cent cinquante à deux cent mille francs de PENSIONS. — L'émigration avait rétabli l'équilibre, que, en aucun temps, la puissance ministérielle, le délabrement du TRÉSOR, la sagesse du ROI, n'auraient pu obtenir ; trop d'intérêts de cour s'y seraient opposés. L'émigration fit d'elle-même ce que LOUIS SEIZE avait paru vouloir, et ce que SAINT-GERMAIN avait inutilement tenté ; une multitude de sinécures furent déracinées comme par démission, et tant de bouches inutiles qui coûtaient plus qu'une grosse ARMÉE disparurent. — La paix de 1814 vit pulluler des Généraux dont à la fois la personne était vieille et le GRADE nouveau et sans préliminaires ; la cour était toute martiale : ce n'étaient que FEUILLES DE CHÊNE brodées. Du 1er avril 1814 au 1er janvier 1815, deux cent soixante-neuf OFFICIERS GÉNÉRAUX improvisés viennent grossir et anoblir le tableau. Dans ce même temps, on distribuait six mille décorations de la Légion d'honneur ; un grave bureau semait avec libéralité les décorations du lis; on faisait officiers de la Légion d'honneur des individus qui n'en avaient jamais été chevaliers. — On nommait des officiers généraux sur les requêtes et en vertu des titres que voici : « J'étais officier en 1789; pourquoi la royauté ne m'a-t-elle pas gardé à son service? je l'aurais servie fidèlement, puisque je ne regarde que comme une fiction, comme un rêve évanoui, les services que moyennant salaire j'ai pu rendre ou offert de rendre à la révolution, au consulat, à l'empire. Bon an, mal an, puisque Dieu m'a prêté vie, j'aurais passé par les grades qui mènent au généralat; vu mon mérite, je serais infailliblement officier général, donc je dois être confirmé dans un grade que mentalement je me suis regardé comme exerçant depuis que je m'y suis reconnu apte par bénéfice d'âge. Je demande mon brevet de maréchal de camp et dans deux ans celui de lieutenant général. » — Le ministre n'avait rien à répliquer; il délivrait le brevet; les moins ambitieux ne sollicitaient qu'une pension. Tel vétéran qui avait été trois mois sous-lieutenant dans la garde constitutionnelle de Louis seize, représentait avec fondement que, campagnes non comprises, les trente années effectives, pendant lesquelles il n'avait pas servi, lui donnaient, au minimum, droit à une retraite de chef d'escadron ; un ancien militaire dans cette position touchait encore dans notre voisinage, en 1833, une pension de retraite de douze cents francs. — Tous les militaires, ou passés ou futurs, ne tenaient pas le même langage : les uns disaient : Je dois rester maréchal de France, quoique j'aie puissamment servi contre la maison qui ressaisit le pouvoir; mais mon grade est une dignité; c'est indélébile. — D'autres disaient : Je dois devenir officier général, parce que j'ai rendu au prince des services négatifs, mais méritoires, en ne le combattant point, et en suivant de mes vœux sa fortune. Il y avait ainsi des arguments d'ambition pour toutes les positions. — Vint le tour des Français qui s'étaient faits guerriers russes, anglais, autrichiens, prussiens : tous furent incorporés dans les cadres ou dans l'état-major de l'armée, ou appelés au festin des pensions et au butin des décorations. Ceux aussi qui avaient pris des grades à l'ombre des trônes révolutionnaires trouvaient moyen de se glisser; ils se résignaient à descendre un échelon; mais tels d'entre eux, sortis assez fraîchement d'un emploi de capitaine français, surnageaient maréchaux de camp français;

la transition était douce et le sacrifice léger. — Le régime impérial avait légué (en avril 1814) à la restauration vingt maréchaux, deux cent vingt-cinq lieutenants généraux et quatre cent cinquante maréchaux de camp; c'était un total de six cent quatre-vingt-quinze généraux; c'était ce qu'il eût fallu pour la conduite d'une armée de trois millions d'hommes. — La restauration ne se crut pas assez riche en officiers généraux; elle en créa cent soixante-dix-sept, dont trente-sept lieutenants généraux; jamais ministère n'avait autant prodigué de brevets. — Le nombre diminua par les ordonnances de 1815 (1er août, 18 septembre); mais la création des intendants militaires, car ils se disaient généraux, surchargea de trente-cinq le tableau. Les grades honoraires accordés de 1814 à 1830 se montèrent à plus de sept cents; on jeta aux plébéiens ces vains brevets comme consolation de l'élimination qu'ils éprouvaient après d'actifs services, mais après des services rendus pour une autre cause. — Le ministre Gouvion réduisit le chiffre, non compris les maréchaux, à trois cent quatre-vingt-dix, dont cent trente lieutenants généraux; mais, par quantité de dispositions occultes et abusives, l'état-major n'en conserva pas moins un effectif de cinq cent cinquante-quatre fonctionnaires, dont cent soixante-deux lieutenants généraux. — Ce ministre avait prononcé, et avait fait signer au roi que l'avancement serait suspendu; mais l'intrigue, la faveur, ne se le tinrent pas pour dit; et, à deux ans de là, en 1821, deux promotions eurent lieu sous un autre ministre, obérèrent d'autant le trésor, et ajoutèrent aux emplois inutiles de l'armée. — De 1821 à 1826, des ordonnances s'évertuèrent encore à réduire le nombre des Généraux, qui s'accrut au contraire par la résistance, l'influence et l'aveuglement de la cour. — Le ministre Soult, dans le rapport de 1832 (13 mars), dit cependant que Gouvion ne conserva que quatre cent vingt-trois Généraux ; mais les nuances indéchiffrables d'activité, de réserve, de disponibilité, qui sont un commode échappatoire, s'opposaient à toutes supputations. — A l'instant de la révolution de juillet il y avait quatre cent vingt-trois généraux, dont cent trente-huit lieutenants généraux. Les réformes, les retraites, les démissions en retranchèrent cent soixante-cinq; mais les ministres d'alors furent entraînés dans de fausses voies; une brusque et inévitable diminution était une bonne fortune; il ne fallait pas en abjurer les avantages et renoncer à une économie qui s'offrait d'elle-

www.ingramcontent.com/pod-product-compliance
Lightning Source LLC
LaVergne TN
LVHW021126050726
842519LV00002B/346